LA RUINA DE LA DEMOCRACIA.
ALGUNAS CONSECUENCIAS (VENEZUELA 2015)

COLECCIÓN ESTUDIOS POLÍTICOS

Títulos publicados

1. *Democracia y reforma del Estado*. Entrevistas de Alfredo Peña, 1ra Edición, 1978, 669 pp.
2. *Procesos de decisión política,* Leandro Area, 1ra Edición, 1984, 116 pp.
3. *Problemas del Estado de partidos*. Allan Brewer-Carías, 1ra Edición, 1988, 339 pp.
4. *El control institucional de la participación en la democracia venezolana*. Crisp Brian F., 1ra Edición, 1997, 367 pp.
5. *Una carta para la democracia*. Gustavo Briceño Vivas, 1ra Edición, 2012, 225 pp.
6. *Historia InConstitucional de Venezuela 1999-2012,* Asdrúbal Aguiar, 2012, 589 páginas.
7. *El golpe de enero en Venezuela (Documentos y testimonios para la historia).* Asdrúbal Aguiar, 1ra Edición, 2013, 316 pp.
8. *El golpe a la democracia dado por la Sala Constitucional,* Allan R. Brewer-Carías, 1ra Edición, 2014, 354 pp.: 2ª Edición, 2015, 426 pp.
9. *Memoria de la Venezuela enferma 2013-2014*, Asdrúbal Aguiar, 2015, 257 pp.
10. *La mentira como política de Estado, Crónica de una crisis política permanente. Venezuela 1999-2015,* Allan R. Brewer-Carías, 1ra. Edición, 2015, 478 pp.
11. *Evolución del Estado venezolano (1958-2015), de la conciliación de intereses al populismo autoritario,* Manuel Rachadell, 2015, 550 páginas.
12. *La ruina de la democracia. Algunas consecuencias (Venezuela 2015),* Allan R. Brewer-Carías, 2015, 694 páginas.

Allan R. Brewer-Carías
Profesor de la Universidad Central de Venezuela

LA RUINA
DE LA DEMOCRACIA
Algunas consecuencias
(Venezuela 2015)

Con prólogo de Asdrúbal Aguiar

Colección Estudios Políticos,
Nº 12

Editorial Jurídica Venezolana
Caracas/2015

©   Allan R. Brewer-Carías
Email: allan@brewercarias.com
Hecho el depósito de Ley
Depósito Legal: lf54020153203199
ISBN: 978-980-365-325-5

Editorial Jurídica Venezolana
Avda. Francisco Solano López, Torre Oasis, P.B., Local 4, Sabana Grande,
Apartado 17.598 – Caracas, 1015, Venezuela
Teléfono 762.25.53, 762.38.42. Fax. 763.5239
Email fejv@cantv.net
http://www.editorialjuridicavenezolana.com.ve

Impreso por: Lightning Source, an INGRAM Content company
para Editorial Jurídica Venezolana International Inc.
Panamá, República de Panamá.
Email: ejvinternational@gmail.com

Diagramación, composición y montaje
por: Francis Gil, en letra Time New Roman 10,5
Interlineado Exacto 11, Mancha 18 x 11.5 cm, libro: 22,9 X 15,2.

CONTENIDO GENERAL

NOTA DEL AUTOR

I

La democracia en Venezuela está en ruinas, consecuencia del desgobierno que durante quince años condujo al país en nombre de una supuesta revolución que comenzó desde cuando Hugo Chávez y su hueste militar (hueste en la cual se colaron algunos civiles serviles) asaltaron el poder en 1999, usando los instrumentos de la democracia pero para precisamente destruirla como régimen político representativo. Como lo destacó Luis Ugalde SJ:

> "El equívoco en Venezuela es que el Régimen llegó por vía democrática y logró hacer creer al mundo que actuaba democráticamente con el maravilloso objetivo de acabar con la pobreza. A mitad de camino trató de cambiar la Constitución por otra a la medida de sus propósitos dictatoriales y, aunque en 2007 fue derrotado con los votos, continúa anti-constitucionalmente." [1]

La consecuencia de ello es que ninguno de los elementos ni componentes esenciales de la democracia definidos en la Carta Democrática Interamericana tiene ya aplicación ni vigencia en nuestro país; ese mismo país que otrora fue ejemplo de funcionamiento de un sistema democrático representativo, que además de haber defendido a la democracia en el Continente, tanto acogió y protegió a los perseguidos políticos de las dictaduras militares de otros países, entre ellas las de Argentina, Chile y Uruguay. Ello, al menos, debió haber generado un mínimo de solidaridad de los gobiernos de los países latinoamericanos en relación con lo que le ocurre a un pueblo que ahora está inerme, vandalizado por un gobierno despilfarrador de la riqueza más grande que gobierno alguno haya podido haber recibido en corto tiempo, y que en lugar de haber logrado con ella el desarrollo social, ha convertido al pueblo en una masa más miserable y sin derechos, desprovista incluso del elemental valor humano al trabajo, reducida a la ilusa esperanza de recibir dádivas de un aparato burocrático corrupto e incompetente.

---

1   Véase Luis Ugalde, "Leopoldo, dictadura, elecciones," en *El Nacional*, Caracas, 24 de septiembre de 2015, en http://www.el-nacional.com/sj-_luis_ugalde/Leopoldo-dictadura-elecciones_0_707329426.html

En el país, en definitiva, los valores de la democracia desaparecieron para el gobierno, y con ello, los derechos ciudadanos, al punto de que quien ejercía la Presidencia de la República no tuvo otra cosa que decirle a los venezolanos, ante la posibilidad que el gobierno pudiera perder la mayoría parlamentaria en la Asamblea Nacional en las elecciones de diciembre de 2015, que no fuera la amenaza de que "Venezuela entraría en una de las más turbias y conmovedoras etapas de su vida política" en la cual "no entregaríamos la revolución y la revolución pasaría a una nueva etapa," consistente en que gobernaría "con el pueblo, en unión cívico militar," y "con la Constitución en la mano" echaría adelante "la independencia de Venezuela cueste lo que cueste, como sea;" agregando que: "quien tenga oídos que entienda, el que tenga ojos que vea clara la historia, la revolución no va a ser entregada jamás, escuchen."[2]

Por ello, seguramente, ante la misma perspectiva de la perdida de las elecciones parlamentarias, semanas antes le dijo a los venezolanos:

> "Prepárense para un tiempo de masacre y de muerte si fracasara la revolución bolivariana, prepárense..."[3]

Con esto, para el que pudiera tener dudas, quedó claro que se trataba de un gobierno que no creía en la alternabilidad republicana ni en los derechos de las minorías, y para el cual la pérdida del control del poder lo único que podía provocar era "masacre y muerte."

Una expresión más bárbara de parte de un Jefe de Estado ante la perspectiva de poder perder la mayoría parlamentaria en unas elecciones, es ciertamente muy difícil de encontrar, siendo lo dicho, la verdad, la negación más absoluta de la democracia. Si alguien quería pruebas de la barbarie, ésta ciertamente es una prueba más, irrefutable, pública y notoria.

Quizás por ello, el Secretario General de la Organización de Estados Americanos, Luis Almagro, le recordó a uno de los responsables de la destrucción de la democracia en Venezuela, en carta abierta de 17 de septiembre de 2015, refiriéndose sin duda a la "revolución bolivariana" en nombre de la cual se niega la alternabilidad y lo que se promete es "masacre y muerte," y respondiéndole a quien "parece no comprender la importancia del respeto a las minorías y lo importante que es que un gobierno le dé garantías a esas minorías," que:

---

2   Véase "Maduro amenaza con "alianza cívico-militar" en caso de perder las elecciones," en *Noticias Caracol*, 30 de octubre de 2015, en http://www.noticiascaracol.com/mundo/maduro-amenaza-con-alianza-civico-militar-en-caso-de-perder-las-elecciones.Véase igualmente en "Maduro amenaza con "alianza cívico-militar" en caso de perder las elecciones," *El Espectador*, 31 de octubre de 2015, en http://www.elespectador.com/noticias/elmundo/maduro-amenaza-alianza-civico-militar-caso-de-perder-el-video-596184.

3   Véase en https://www.facebook.com/jorge.l.a.1/videos/10207363989478447/.

"ninguna revolución puede dejar a la gente con menos derechos de los que tenía, más pobre en valores y en principios, más desiguales en las instancias de la justicia y la representación, más discriminada dependiendo de dónde está su pensamiento o su norte político. Toda revolución significa más derechos para más gente, para más personas.

La Democracia es el gobierno de las mayorías, pero también lo es garantizar los derechos de las minorías. No hay democracia sin garantías para las minorías. [...] Hay algo que está por encima de cualquier comunidad ideológica, son los valores republicanos esenciales, de los cuales no podemos prescindir en ningún pensamiento, porque hacen al derecho de los pueblos y hacen a las garantías que les debemos a cada uno de los ciudadanos y ciudadanas."

[...] La justicia que debemos construir tiene que sostenerse en la ley, y debemos sostener las leyes en la dimensión ética de los principios que surgen de la acción moral. "Todos los que están agobiados por la injusticia deben ser nuestros protegidos". Y no habrá ninguna razón para que nos callemos ante eso, cuando falten garantías del debido proceso, cuando haya denegación de justicia o cuando existan condiciones infamantes."[4]

II

Este libro contiene precisamente diversos trabajos redactados hasta octubre de 2015, antes de la realización de las elecciones parlamentarias de diciembre de este año, en los cuales analizo algunos hechos y actos políticos e institucionales de mayor relevancia ocurridos en Venezuela, producto precisamente de la ruina de la democracia, de la ausencia de justicia, de la destrucción de los valores del debido proceso, de la persecución y discriminación ideológica y de la política de aniquilamiento de las minorías.

---

4   Véase el texto de la carta dirigida a Elías Jaua, quien después de haber sido Constituyente en 1999, ha ocupado la Vicepresidencia de la República, ha sido Ministro de Relaciones Exteriores, Ministro de Tierras y Desarrollo Agrícola, Ministro para las Comunas, y titular de otra serie de carteras ministeriales, en https://www.facebook.com/jorge.l.a.1/videos/10207363989478447/. Véase además la reseña en *El Nacional*, Caracas 18 de septiembre de 2015, en http://www.el-nacional.com/mundo/Luis-Almagro-respondio-Elias-Jaua_0_703729818.html La carta de Almagro fue la respuesta a una desafortunada carta que en fecha 9 de septiembre le había enviado el Sr. Jaua, en la cual, entre otras cosas, al "recordarle" que fue electo Secretario General de la OEA con el voto de Venezuela como si ello originara compromisos ciegos, lo acusó de haber asumido "el papel esperado de procónsul que le exige el Departamento de Estado, dedicando toda su gestión a atacar a la patria libre y digna de Bolívar." Véase el texto de esta carta en twitdoc.com/4QFN. Véase la oficial del gobierno de Venezuela sobre la misma en: http://www.rnv.gov.ve/imperdible-lee-la-carta-que-escribio-elias-jaua-al-secretario-general-de-la-oea-luis-almagro-tuit/

Todos estos trabajos no son solo el reflejo del deterioro o del desmantelamiento de la democracia y del desprecio sistemático a la ley, a lo cual me he referido en otras obras,[5] sino de la ruina que ha quedado de dicha devastación después de quince años de golpes a la democracia dados por el Poder Ejecutivo y el Poder Legislativo, a los que se suman los dados por el Juez Constitucional,[6] basados todos en mentiras sobre mentiras definidas como política de Estado,[7] que ha conducido a la consolidación, sobre dicha ruina, de un Estado Totalitario[8] como el que padecemos.

Se recogen, así en este libro, precedidos, de un estudio *A manera de Introducción*, sobre "La destrucción de la democracia y la necesidad de restablecerla a través de la resistencia popular y la desobediencia civil, incluso mediante el sufragio," otros estudios que conforman las diecinueve partes del libro, así:

Primera parte: El estudio sobre "El desquiciamiento de la Administración Pública: un esfuerzo sostenido: 2000-2015," que recoge diversos análisis sobre los condicionantes políticos de la Administración Pública durante los últimos quince años, preparados como texto de base para las Videoconferencias que dicté a los alumnos del *Curso sobre Fundamentos de la Administración Pública*, Escuela de Estudios Políticos y Administrativos, Facultad de Ciencias Jurídicas y Políticas, Universidad Central de Venezuela, Caracas, 20

---

5   Véase Allan R. Brewer-Carías, *Dismantling Democracy. The Chávez Authoritarian Experiment*, Cambridge University Press, New York 2010; *Authoritarian Government v. The Rule of Law. Lectures and Essays (1999-2014) on the Venezuelan Authoritarian Regime Established in Contempt of the Constitution*, Fundación de Derecho Público, Editorial Jurídica Venezolana, Caracas 2014.

6   Allan R. Brewer-Carías, *El golpe a la democracia dado por la Sala Constitucional (De cómo la Sala Constitucional del Tribunal Supremo de Justicia de Venezuela impuso un gobierno sin legitimidad democrática, revocó mandatos populares de diputada y alcaldes, impidió el derecho a ser electo, restringió el derecho a manifestar, y eliminó el derecho a la participación política, todo en contra de la Constitución)*, Colección Estudios Políticos N° 8, segunda edición, (Con prólogo de Francisco Fernández Segado), Editorial Jurídica venezolana, Caracas 2015. Véase también Allan R. Brewer-Carías, *Crónica sobre la "In" Justicia Constitucional. La Sala Constitucional y el autoritarismo en Venezuela*, Colección Instituto de Derecho Público, Universidad Central de Venezuela, N° 2, Caracas 2007; y *Práctica y distorsión de la Justicia Constitucional en Venezuela (2008-2012)*, Colección Justicia N° 3, Acceso a la Justicia, Academia de Ciencias Políticas y Sociales, Universidad Metropolitana, Editorial Jurídica Venezolana, Caracas, 2012.

7   Allan R. Brewer-Carías, *La mentira como política de Estado. Crónica de una crisis política permanente. Venezuela 1999-2015* (Prólogo de Manuel Rachadell), Colección Estudios Políticos, N° 10, Editorial Jurídica Venezolana, Caracas, 2015.

8   Allan R. Brewer-Carías, *Estado totalitario y desprecio a la ley. La desconstitucionalización, desjuridificación, desjudicialización y desdemocratización de Venezuela*, Fundación de Derecho Público, Editorial Jurídica Venezolana, segunda edición (Con prólogo de José Ignacio Hernández), Caracas, 2015.

de noviembre de 2014 y 5 de mayo de 2015; y de la a *Cátedra de Administración Pública*, Escuela de Estudios Internacionales, Universidad Santa María, Caracas, 2 de junio de 2015; y para la presentación en las *XIV Jornadas de Derecho Público*, Facultad de Ciencias Jurídicas y Políticas, Universidad Monteávila, Caracas 5 de marzo de 2015.

Segunda parte: El estudio sobre "Del Estado democrático al servicio de los ciudadanos al Estado Totalitario al servicio de la burocracia," que recoge el texto de la Ponencia en la cual traté el tema "Del derecho administrativo al servicio de los ciudadanos en el Estado democrático de derecho, al derecho administrativo al servicio de la burocracia en el Estado totalitario: la mutación en el caso de Venezuela," presentada en el *XIV Congreso Internacional de Derecho Administrativo, Puntos de encuentro: una mirada comparada al desarrollo y futuro del Derecho Administrativo al servicio de la ciudadanía*, organizado por el XV Foro Iberoamericano de Derecho Administrativo, Facultad de Derecho, Universidad de Puerto Rico, octubre 2015.

Tercera parte: El estudio sobre "La confiscación de la autonomía de los partidos políticos," que es el comentario jurisprudencial sobre el nuevo golpe a la democracia dado por la Sala Constitucional del Tribunal Supremo mediante la sentencia N° 1.023 de 30 de julio de 2015, dictada en el caso del partido Copei, para ser publicado en la *Revista de Derecho Público, N°* 143 (Tercer Trimestre 2015, Editorial Jurídica Venezolana, Caracas 2015.

Cuarta parte: El estudio sobre "El fin de la autonomía universitaria," que es el Comentario Jurisprudencial sobre la sentencia Jurisprudencial a la sentencia N° 831 de 7 de julio de 2015 de la Sala Constitucional que llevó a las universidades nacionales en el cadalso, poniendo su autonomía en manos del verdugo judicial, al imponerles la obligación de violar la Ley de Universidades y abdicar a su autonomía garantizada en la propia Constitución, redactado para ser publicado en la *Revista de Derecho Público*, N° 143 (Tercer Trimestre 2015, Editorial Jurídica Venezolana, Caracas 2015.

Quinta parte: El estudio sobre "El desprecio a la Constitución con la creación del Estado Comunal," que recoge el trabajo que preparé sobre el tema de la reforma constitucional y la organización del Estado en Venezuela con la creación del Estado Comunal y la desconstitucionalización del Estado Constitucional, como una muestra más del desprecio a la supremacía y rigidez constitucional, para su publicación en la obra: *Libro Homenaje a Santiago Muñoz Machado, Reforma Constitucional y Organización del Estado*, Madrid 2015.

Sexta parte: El estudio sobre "La destrucción de la institución municipal como política pública," que es el texto de base de la Videoconferencia dictada en las *XIX Jornadas Internacionales sobre Federalismo, Descentralización y Municipio*, organizadas por el Centro Iberoamericano de Estudios Provinciales y Locales, Universidad de Los Andes, Mérida, 13 de marzo de 2015.

Séptima parte: El estudio sobre "La inversión del rol del Juez Constitucional en el Estado Totalitario actuando como 'consultor jurídico' del Poder Ejecutivo," que es el texto del Comentario Jurisprudencial sobre la sentencia de la Sala Constitucional N° 100 de 20 de febrero de 2015, en la cual la misma lo que hizo fue emitir un "dictamen" sobre la "Ley del 2014 para la Defensa de los Derechos Humanos y la Sociedad Civil de Venezuela," (*Venezuela Defense of Human Rights and Civil Society Act of 2014)*, emanada del Senado de los Estados Unidos de América el 8 de diciembre de 2014, para ser publicado en la *Revista de Derecho Público,* N° 141 (Primer Trimestre 2015, Editorial Jurídica Venezolana, Caracas 2015.

Octava parte: El estudio sobre "El cuestionamiento del Poder Judicial venezolano hasta por un tribunal extranjero," que es el análisis de la sentencia de 31 de julio de 2015 de la Sala IV (Sala Constitucional) de la Corte Suprema de Justicia de Costa Rica mediante la cual se liberó a un presunto estafador cuya extradición había sido solicitada por el Estado de Venezuela, basándose no solo en los errores inexcusables cometidos en la petición de extradición formulada, sino en el hecho de que la ausencia de autonomía e independencia del Poder Judicial en Venezuela no le puede garantizar a nadie la posibilidad de debido proceso, para ser publicado en la *Revista de Derecho Público,* N° 143 (Tercer Trimestre 2015, Editorial Jurídica Venezolana, Caracas 2015.

Novena parte: El estudio sobre "El amparo constitucional dictado en Venezuela contra un Estado extranjero," que es el texto del Comentario Jurisprudencial a la sentencia N° 973 de 25 de julio de 2014 de la Sala Constitucional dictada contra el Estado de Aruba, en la cual además se creó un fuero privilegiado de su competencia a favor de los altos funcionarios públicos," para ser publicado en la *Revista de Derecho Público,* N° 139 (Tercer Trimestre 2014, Editorial Jurídica Venezolana, Caracas 2014, pp. 162-173.

Décima parte: El estudio sobre "El secreto y la mentira como política de Estado y el fin de la obligación de transparencia," que es el texto del Comentario Jurisprudencial sobre la sentencia de la Sala Político Administrativa del Tribunal Supremo de Justicia N° 935 de 4 de agosto de 2015, mediante la cual se liberó inconstitucionalmente al Banco Central de Venezuela de cumplir su obligación legal de informar al país sobre los indicadores económicos, arrebatándole a los ciudadanos sus derechos a la trasparencia gubernamental, de acceso a la justicia y de acceso a la información administrativa, para ser publicado en la *Revista de Derecho Público,* N° 143 (Tercer Trimestre 2015, Editorial Jurídica Venezolana, Caracas 2015.

Décima primera parte: El estudio sobre "La desconstitucionalización de la garantía del debido proceso en las actuaciones administrativas," que es el texto del Comentario Jurisprudencial sobre la sentencia de la Sala Político Administrativa del Tribunal Supremo N° 1.604 de 25 de noviembre de 2014, para ser publicado en la *Revista de Derecho Público,* N° 141 (Primer Trimestre 2015, Editorial Jurídica Venezolana, Caracas 2015.

Décima segunda parte: El estudio sobre "Transparencia y acceso a la justicia: Progresión y regresión," que fue el texto de base redactado para la conferencia dictada en el *II Congreso Jurídico de la Hacienda Pública*, Contraloría General de la República, San José Costa Rica, 8 y 9 septiembre 2015.

Décima tercera parte: el estudio sobre "La masacre de la Constitución con los decretos de estado de excepción en los municipios fronterizos con Colombia," que es el texto del Comentario Legislativo a los Decretos Ley Nos. 1.950, 1.969, 1.989, 2.013, 2.014, 2.015 y 2.016 dictados en agosto y septiembre de 2015, mediante los cuales se aniquiló de una manera anómala, inefectiva e irregular la garantía de los derechos fundamentales en la zona, que el Juez Constitucional se abstuvo de controlar, para ser publicado en la *Revista de Derecho Público,* Nº 143 (Tercer Trimestre 2015, Editorial Jurídica Venezolana, Caracas 2015.

Décima cuarta parte: El estudio sobre "La constitucionalización del control judicial de la Administración: formalidad y frustración," que es el texto de la Ponencia sobre el régimen constitucional de la jurisdicción contencioso administrativa en Venezuela, y su inoperancia en la práctica, presentada al *XIV reunión del Foro Iberoamericano de Derecho Administrativo*, Facultad de Derecho, Universidad de Puerto Rico, San Juan de Puerto Rico, 26-30 de octubre de 2015.

Décima quinta parte: El estudio sobre "Presiones políticas contra la Corte Interamericana de Derechos Humanos: denegación de justicia y desprecio a la Ley," que es el análisis de los efectos de las presiones políticas ejercidas por el Estado de Venezuela en contra de dicha Corte, con comentarios sobre las circunstancias que rodearon la sentencia de la Corte Interamericana en el caso *Allan Brewer Carías vs. Venezuela* de 22 de junio de 2014, como un caso de denegación de justicia internacional y de desprecio al derecho, que fue el texto de la Ponencia presentada al *XII Congreso Iberoamericano de Derecho Constitucional. El Diseño institucional del Estado Democrático,* en la sección: *Eje temático: Funciones públicas y nueva relación entre el derecho constitucional, el derecho internacional y los escenarios jurídico-globales,* organizado por el Instituto Iberoamericano de Derecho Constitucional, Universidad Externado de Colombia, Bogotá, 16-17 septiembre de 2015.

Décima sexta parte: El estudio sobre "La violación de la libertad de expresión en el caso RCTV: la responsabilidad del Estado y la 'inejecutabilidad' de la sentencia internacional de condena," que es el Comentario Jurisprudencial sobre la sentencia de la Corte Interamericana de Derechos Humanos de 22 de junio de 2015 que condenó al Estado venezolano en el caso *Granier y otros (Radio Caracas Televisión), vs. Venezuela,* por violación a la libertad de expresión y de diversas garantías judiciales, y sobre cómo el Estado, ejerciendo una bizarra "acción de control de convencionalidad" ante su propio Tribunal Supremo, logró que el mismo mediante sentencia Nº 1.175 de 10 de septiembre de 2015 de la Sala Constitucional, declarase inejecutable la sentencia en su contra en Venezuela, para ser publicado en la *Revista de Derecho Público,* Nº 142 (Segundo Trimestre 2015, Editorial Jurídica Venezolana, Caracas 2015.

Décima séptima parte: el estudio sobre "La condena a Leopoldo López o de cómo los jueces del horror están obligando al pueblo a la rebelión popular," redactado con ocasión de la sentencia penal dictada en su contra el 10 de septiembre de 2015, con referencias a las confesiones del Fiscal del caso, reconociendo cómo el juicio fue una farsa en el cual alegó pruebas falsas. Noviembre 2015.

Décima octava parte: el estudio sobre "La criminalización del derecho a manifestar y el desprecio a la libertad de los estudiantes. O de cómo los jueces del horror, en el juicio contra Leopoldo López, condenaron arbitrariamente al estudiante Ángel González Suárez por haber manifestado," donde también se hacer referencias a las confesiones del Fiscal acusador que construyó las pruebas falsas en las que se basó la condena. Octubre 2015.

Y *décima novena parte*: El estudio sobre "El Estado irresponsable," que es el texto de la Nota redactada para la Presentación en el *XIII Foro Iberoamericano de Derecho Administrativo*, sobre "Responsabilidad patrimonial del Estado," organizado por el Foro Iberoamericano de Derecho Administrativo, Universidad Panamericana, Ciudad de México, 13 de octubre de 2014.

Por la importancia y la relación que tienen con todas las crónicas y estudios que conforman este libro, publicamos además, como *Apéndices*, primero, el Informe de la Comisión Internacional de Juristas titulado *Venezuela El Ocaso del Estado de Derecho (Informe Misión, Octubre 2015)*; y segundo, la *Carta de respuesta del Secretario General de la Organización de Estados Americanos Luis Almagro a la presidenta del Consejo Nacional Electoral, Tibisay Lucena*, sobre garantías en las elecciones del 6 de diciembre de 2015, de 10 de noviembre de 2015.

III

Lo importante a destacar de todos los estudios que conforman este libro, y que son testimonio del proceso de devastación de la democracia que se produjo en el país, es que ya casi no queda nada más por demoler de la misma ni de sus principios, por lo que la reconstrucción de la misma, después de tanta insensata destrucción, será una inmensa empresa que ineludiblemente, y ahora más temprano que tarde, los venezolanos tendremos de acometer en el futuro.

El ya largo ciclo histórico de la crisis del período político de la democracia de partidos instaurado a partir de 1958, crisis que comenzó a manifestarse con el suicidio de los partidos políticos a partir de 1993, puede decirse que ya está por terminar, siendo sin duda una oportunidad histórica que los venezolanos tenemos por delante para comenzar a montar el futuro período histórico político, la realización de las próximas elecciones parlamentarias de diciembre de 2015; para lo cual las mismas tendrían efectivamente que convertirse en la manifestación más contundente de fuerza, de rebelión y de resistencia popular frente al régimen autoritario, con el propósito de desplazarlo del poder, utilizando para ello uno de los medios que le reconoce al pueblo la propia Constitución.

Como lo dijo el Secretario Ejecutivo de la alianza opositora Mesa de la Unidad Democrática (MUD) a fines de octubre de 2015, ante las declaraciones de Maduro de que de perder el gobierno las elecciones parlamentarias "no entregarían la revolución: "Maduro por fin pegó una, Maduro tiene razón, él no va a entregar el poder, se lo vamos a quitar con los votos del pueblo, con los mecanismos y procedimientos que establece la Constitución."[9]

IV

El régimen que se desarrolló en el país desde 1999, en efecto, como resulta evidente de los trabajos aquí publicados y de las otras obras citadas, provocó el establecimiento de un Estado totalitario conducido por autoridades ilegítimas que han sometido a la sociedad a un terrorismo de Estado, guiadas por una ideología de odio y exterminio, con asesinatos, confiscaciones, caos económico, desabastecimiento, hambre y corrupción, definida ésta, junto con la mentira, incluso, como política de Estado. Ese régimen, en la víspera de las elecciones parlamentarias de 2015, es el que tiene que ser cambiado, y ya parece claro que solo podrá serlo por un acto de fuerza o de rebelión popular que ahora tiene que manifestarse a través de la votación popular.

Para tal fin, la sociedad civil y política debería convertir en la práctica a las elecciones parlamentarias de diciembre de 2015, en una manifestación de fuerza popular, de rebelión y resistencia frente al régimen autoritario, para desplazarlo del poder con el propósito de reconstruir la democracia. y desmontar el autoritarismo.

Así como el régimen autoritario se impuso por la fuerza de una votación en 1999, ahora también por la fuerza de otra votación el pueblo podría iniciar el desalojo de esos dirigentes del poder, ejerciendo su soberanía a través de la elección de una nueva Asamblea Nacional, como acto político tendiente a desconocer el régimen ilegítimo que gobierna al país desde 1999, que ha contrariado los valores, principios y garantías democráticos establecidos en la Constitución, y ha menoscabado los derechos humanos. Ese régimen, como lo observó Luis Ugalde SJ., tiene su fuerza en "las armas, la policía, los poderes (Ejecutivo, Legislativo, Judicial, Electoral, Moral…), el control de los medios de comunicación, de la economía en ruinas y de los dólares, de las importaciones y su distribución" en el cual "nada funciona bien, pero todo se impone con la bota militar," frente al cual, sin embargo, el gran potencial de la sociedad democrática "está en la frustración e indignación, combinado con la esperanza decidida de que es posible una Venezuela digna, democrática, justa y próspera." En esa situación, dijo con razón Luis Ugalde S.J.:

---

9   Véase "Oposición venezolana confiada en que votos "arrebatarán" poder a Maduro," en *El nuevodía.com,* 30 de octubre de 2015, en http://www.elnuevodia.com/noticias/internacionales/nota/oposicionvenezolanaconfiadaenquevotosarrebataranpodera maduro-2119643/

"La sociedad tiene que ver con claridad que al gobierno en un año se le ha volteado la población: se fueron el líder inspirador y el dinero para regalar; la inseguridad y la muerte están desatadas; arruinaron la economía; carecen de eficiencia y honestidad para gobernar y aplacar la indignación de los venezolanos de todos los colores [...] Quedan un par de meses para concentrar todas las fuerzas en la votación multitudinaria y en defenderla de las mil inhabilitaciones, trampas, coacciones...; lograr una victoria rotunda el 6 de diciembre y obligar a reconocerla. Al mismo tiempo se trabaja articulando equipos para un cambio de régimen y de modelo económico-político, sin lo cual es imposible salir de esta miseria. Con las dos cosas combinadas, tendremos transición democrática con nuevo Ejecutivo mucho antes de 2019." [10]

V

Por ello, no hay ahora otra alternativa para lograr desalojar dicho régimen del poder, que no sea por esa fuerza que sólo puede manifestarla el pueblo, como titular de la soberanía, mediante una votación. Se trata, en definitiva, de enfocar a la elección parlamentaria como una forma de manifestación de fuerza popular en ejercicio del derecho ciudadano de resistencia a la opresión que se garantiza en el artículo 350 de la Constitución, que dispone que:

> *Artículo 350.* El pueblo de Venezuela, fiel a su tradición republicana, a su lucha por la independencia, la paz y la libertad, desconocerá cualquier régimen, legislación o autoridad que contraríe los valores, principios y garantías democráticos o menoscabe los derechos humanos.

Como el Tribunal Supremo interpretó en 2003 que el ejercicio de este derecho a la desobediencia civil y a la resistencia a la opresión debía realizarse como manifestación del ejercicio de la soberanía mediante el sufragio popular conforme a lo dispuesto en el artículo 70 de la Constitución ("elección de cargos públicos, el referendo, la consulta popular, la revocación del mandato, las iniciativas legislativa, constitucional y constituyente, el cabildo abierto y la asamblea de ciudadanos y ciudadanas"),[11] el ejercicio del derecho a la resistencia y a la desobediencia civil frente a un régimen ilegítimo como el

---

10 Véase Luis Ugalde, "Leopoldo, dictadura, elecciones," en *El Nacional*, Caracas, 24 de septiembre de 2015, en http://www.el-nacional.com/sj-_luis_ugalde/Leopoldo-dictadura-elecciones_0_707329426.html.

11 Sentencia de la Sala Constitucional N° 24 de 22 de enero de 2003 (Caso: *Interpretación del artículo 350 de la Constitución*), en *Revista de Derecho Público*, N° 93-96, Editorial Jurídica Venezolana, Caracas 2003, pp. 126-127. Véase los comentarios al derecho a la resistencia y desobediencia civil en Allan R. Brewer-Carías, *La Constitución de 1999. Derecho Constitucional Venezolano*. Editorial Jurídica Venezolana, Caracas 2004, Tomo I, pp. 133 ss.; y "El derecho a la desobediencia y a la resistencia contra la opresión, a la luz de la *Declaración de Santiago*" en Carlos Villán Durán y Carmelo Faleh Pérez (directores), *El derecho humano a la paz: de la teoría a la práctica*, CIDEAL/AEDIDH, Madrid, 2013, pp. 167-189.

actual, contrario a los valores, principios y garantías democráticos y que ha menoscabado los derechos humanos, debe entonces ejercerse, por ahora, utilizando la vía del sufragio.

Para tal efecto es que precisamente las organizaciones civiles y políticas democráticas deben plantear la votación para la elección de los diputados a la Asamblea Nacional de diciembre de 2015, no como el ejercicio de elegir en determinados circuitos electorales uno que otro o muchos diputados, sino como un acto de manifestación de fuerza que sea la expresión de la voluntad popular de resistir al régimen autoritario y de desobedecer sus ejecutorias, de manera que cambiando la composición de la Asamblea Nacional, y controlando su mayoría calificada, se lo pueda barrer del ejercicio del poder.

En el período de transición que necesariamente tiene que abrirse, y en el cual sin duda tiene que haber consensos negociados,[12] pero forzados por la manifestación de fuerza de la voluntad popular,[13] para la reconstrucción democrática, por lo demás, las Fuerzas Armadas deberán cumplir su rol de velar por la estabilidad de las instituciones democráticas, acatando la Constitución por encima de cualquier otra obligación. Ello, incluso, deben garantizarlo si en el país se diera inicio a un proceso constituyente para consolidar el Estado democrático y social de derecho, federal y descentralizado políticamente, basado en la distribución vertical del Poder Público, que en 1999 quedó pendiente de estructurar.

New York, 12 de noviembre de 2015

Allan R. Brewer-Carías

---

12   Por supuesto, una vez que sean debidamente fumigados los órganos del Poder para desalojar las sabandijas que los han minado. Véase sólo la noticia que sale hoy, 12 de noviembre de 2015, en primera página de la prensa mundial: "U.S. Arrests Two Relatives Of Venezuelan President," en *The Wall Street Journal*, New York, November 12, 2015, pp. A1 y A12; "U.S. Is Holding Relatives Of Venezuelan Leader," *The New York Times*, November 12, 2015, p. A6; "Escándalo en Venezuela. EE UU detiene por tráfico de drogas a dos familiares de Maduro," *El País*, 12 de noviembre de 2015, en http://elpais.com/elpais/portada_america.html

13   Véase en "Luis Ugalde: Es necesario un consenso para la transición en Venezuela," *analitica.com*, 22 de junio de 2015, en http://www.analitica.com/actualidad/actualidad-nacional/ugalde-es-necesario-un-consenso-para-la-transicion-en-venezuela/

PRÓLOGO

EL PESO DEL PRESENTE Y LA ENSEÑANZA
DE LA HISTORIA

Asdrúbal Aguiar

*Miembro de la Real Academia
Hispanoamericana de Ciencias, Artes y Letras*

*Ex ministro de Relaciones Interiores
de Venezuela*

Una vez más, nuestro dilecto y admirado amigo Allan R. Brewer Carías, eje intelectual de la escuela de derecho público venezolana y punto de referencia para los juristas de Iberoamérica, nos reclama un prólogo para éste, su libro más reciente, *La ruina de la democracia.*

No puedo menos que ocuparme al efecto, sin hacer reservas. Se trata de acompañar –lo que es obligante e importa– una obra de estudio e investigación sostenida, cotidiana y de verdadera significación para la memoria nacional. De suyo impone su consideración colectiva.

Ella tiene para Brewer Carías un propósito y destinatarios precisos. Busca, como en otras obras suyas, de igual tramado y períodos próximos pero distintos, fijar el deshacer de nuestra república contemporánea, Venezuela, por ahíta de la cultura del olvido. Y se trata de esa misma Venezuela cuyo régimen purga y lleva al ostracismo al propio autor en el momento mismo en que la república sufre de muerte moral, por acusar la pérdida de los lazos de identidad que lograran sedimentarla a tropezones a lo largo de los siglos XIX y XX.

¡Y es que al concluir el último siglo y alejársenos a los venezolanos nuestro ingreso al siglo XXI, se repite, además, el sino de esos dos siglos precedentes y ocurre una suerte de vuelta atrás y la prórroga de nuestra historia traumática durante el siglo XIX; hijo que es de la violencia y el desenfreno, procuradora del caudillismo rural, legítimo heredero del Decreto bolivariano de Guerra a Muerte; pero esta vez aderezada por la colusión de los gobernantes de nuestro Estado con la criminalidad trasnacional y el terrorismo.

En contra de la primera fenomenología –justificativa del cesarismo democrático y razonada por el positivismo de inicios del '900– combaten con denuedo y sin mayor éxito inmediato los menos, es decir, nuestra Ilustración doméstica y de espíritu liberal: la de los Padres Fundadores de 1811, la de 1830 que dibuja nuestra república conservadora desde la Sociedad Económica de Amigos del País, y las generaciones de 1928 y 1936; todos a uno hombres de levita, armados de ideas fecundas.

En línea con esa ilustración, este libro hace memoria con insistencia y sin miedo a repetirse en los conceptos. Busca machacarlos y hacernos entender que la ciudadanía que hasta ayer ostentáramos ha sido secuestrada en el presente y que, si no hay memoria, a pesar de ello la cultura de presente que nos ha sido consustancial sigue arraigándose. Nos prohíbe avanzar hacia el futuro. De modo que, si no hacemos memoria estaremos condenados a repetir nuestra tragedia, nuestra fatalidad huérfana de toda alternativa dramática; peor aún, nos hará incapaces "de reconstruir la democracia... revalorizando la democracia".

Alguna vez le escuche decir a un fraterno amigo y escritor, que el poeta Andrés Eloy Blanco y sus compañeros de cárcel durante la dictadura gomera incurrieron en un error al arrojar al mar los grillos que les mordieran sus carnes en el Castillo de Puerto Cabello, el 1° de febrero de 1936. "Hemos echado al mar los grillos de los pies. Ahora vayamos a las escuelas a quitarle a nuestro pueblo los grillos de la cabeza, porque la ignorancia es el camino de la tiranía". Y lo cierto es que la memoria –y los museos de nuestros padecimientos– se nos ha ido de la memoria y las generaciones del porvenir atribuyen el recuerdo accidental de tales padecimientos a desvaríos de nuestro romanticismo tropical o a mudanzas de la realidad propia a la vejez.

No obstante, conviniendo con la enseñanza última o el desiderátum del poeta cumanés como lo es la educación, parece llegada la hora de sostener sin desmayo el recuerdo de nuestra historia lacerante a fin de darle sustento real a la pedagogía; para que de ella surja otra historia de civilidad permanente y nos sirva de permanente alerta. Para que no se limite la reconstrucción democrática deseada a otro fogonazo o intersticio, como el de la experiencia de la república civil que construyeran los universitarios de la FEV y la UNE sobre las dictaduras gomera y de Pérez Jiménez, y que enterraran con saña cainita los felones del 4 de febrero de 1992, privilegiando las espadas por sobre la razón.

No por azar, más allá de las aguas negras del neocolonialismo cubano y marxista que hoy hace presa de nuestra enferma nación venezolana, Hugo Chávez Frías esgrime con ardor, en 2004, al inaugurar la sede del Comando Regional Nro. 5 de la Guardia Nacional, la razón de fondo de su empresa: Reivindicar los fueros perdidos por la Fuerza Armada a manos de civiles.

El profesor Brewer Carías hace de nuevo crónica jurídica del deslave de impudicia que ocurre en el centro del poder fáctico venezolano, ésta vez a lo largo del año corriente y que ha de decantar, Dios mediante, en un ejercicio de resistencia civil a través de la fuerza del voto indignado el venidero 6 de diciembre, con motivo de las elecciones parlamentarias; sólo posible – esa reconstrucción - si media memoria, si ella se afinca en la verdad, y si su propósito final es establecer la paz, el espíritu de la convivencia a través de la Justicia. Si acaso se destierra, en consecuencia, toda forma de olvido, todo intento de impunidad. Hacer Justicia, no huelga recordarlo, nada hace con la venganza y menos implica la resurrección de la ley del talión. El autor lo dice y vuelvo a repetirlo: "Reconstruir la democracia exige revalorizar la democracia", practicándola a toda costa y afirmándola en su ejemplaridad.

De modo que, el desafío, antes que implicar el silencio de las metrallas o la resignación que sugiere dentro de nuestra historia doméstica la paz de Pozo Salado[1], apunta al ejercicio de una racionalidad crítica y ética, sustantivamente humana y humanista, del camino hacia la convivencia pacífica en una verdadera democracia.

La cohabitación, el llamado salto de talanquera justificado en la idea del diálogo necesario manipulándola, es experiencia que se ha hecho constante entre nosotros y de allí la advertencia sobre los límites que a la misma impone la "democracia moral" en esta hora dilemática: "Las defecciones... deben más alegrarnos que sumirnos en la tristeza. Los impacientes [en la tarea de la reconquista de la democracia] están de sobra en nuestras filas, porque la impaciencia es la condición previa al entreguismo. Cuando el ideal se siente de veras, la capacidad de resistencia es ilimitada frente a la corrupción y al deshonor", escribe el joven Luis Herrera Campíns –luego Presidente de Venezuela– en 1953, desde su exilio de Santiago de Compostela.

Los trabajos que se insertan en este libro pueden servir, dentro de sus límites temporales y temáticos, para una mejor comprensión del contexto del período político 1999-2015, cuando se instala la perfidia revolucionaria en Venezuela –que nada tiene que ver con las revoluciones personalistas y en demasía que nutren a nuestra historia magra– y cuando la mentira de Estado se hace sustantiva al comportamiento social. Se trata, no obstante y según lo dicho, de ensayos producidos a lo largo de 2015. Es el tiempo o el año en el que adquiere síntesis ominosa y se sale de madre el río envenenado en cuyas aguas se bañan los distintos titulares del poder público venezolano y que, feliz y aparentemente, busca su término de un modo agonal y por la inédita vía electoral. Esas aguas, contaminadas en su fuente, desde 1999, prometen diluirse al caer sobre el océano de libertad que forman las distintas generaciones de venezolanos que actualmente concurren con tesón y valentía a la empresa democrática refundacional.

---

1   Relata Rafael Caldera (*Los causahabientes, de Carabobo a Puntofijo*, Panapo, Caracas, 1999) la anécdota de don Egidio Montesinos, quien para explicar a sus discípulos la tragedia venezolana del siglo XIX y la necesidad de la paz bajo la larga dictadura que inaugura el siglo XX, les habla de Paz, una señora del pueblo Pozo Salado, situado en el Estado Lara, quien era fea, tuerta y coja: "Muchachos, no lo olviden, paz, aunque sea la de Pozo Salado".

En el informe que presento recién, en calidad de Vicepresidente regional ante la Asamblea General de la Sociedad Interamericana de Prensa, en Charleston – escala histórica del largo periplo que realiza el Precursor de nuestra libertad, Francisco de Miranda - hago síntesis cabal y emblemática del muy amplio y variado panorama que ocupan las páginas del presente libro.

Dije, entonces, que el tiempo de la simulación democrática ha quedado atrás. Todavía más, instaurada la dictadura abiertamente y en lo inmediato durante 2015, se desplaza hacia los predios de la tiranía que ya ejercen sin miramientos, sin cuidado siquiera de las formas republicanas, la diarquía gobernante: Nicolás Maduro Moros y el Capitán Diosdado Cabello, presidente de la Asamblea Nacional.

Se trata, incluso así, de una historia larga y compleja, taimada al principio y en avance por etapas, que se inicia y es constatable en la actualidad desde cuando el finado presidente militar Hugo Chávez Frías decide pactar un modus vivendi con el narcotráfico colombiano, con las Fuerzas Armadas Revolucionarias de Colombia, durante el primer año de su ejercicio presidencial, en el mes de agosto.

Por lo visto Colombia se pacifica y la violencia de su narcotráfico ahora es nuestra, por decisión del gobierno venezolano. Y Cuba dice abandonar su largo aislamiento totalitario y nos lo deja como herencia gravosa y aceptada por el gobierno de Maduro y Cabello, quienes desde ahora y progresivamente militarizan nuestras fronteras, negándoles derechos y garantías constitucionales a sus habitantes.

En 2015, el Capitán Cabello es quien ordena la persecución judicial y la prohibición de salida del país de 22 directivos del diario El Nacional, el Semanario Tal Cual, y el portal web La Patilla, para silenciarlos. Como se sabe, dichos medios reproducen la información publicada en Madrid por el periódico español ABC, dada por el ex edecán del mismo Chávez –Capitán de Corbeta Leamsy Salazar– y luego hombre de seguridad del indicado Cabello, afirmando que éste dirigiría el llamado Cartel de los Soles. En pocas palabras, desde Venezuela –según lo declarado– operaría el tráfico internacional de drogas y el lavado de sus dineros criminales. La jueza venezolana María Eugenia Núñez es la encargada, a pedido del presidente de la Asamblea Nacional, de dictar la orden de restricción que impide salir de Venezuela a los dueños y directivos de los medios señalados.

Sucesivamente, tras la mencionada suspensión de garantías a lo largo de la frontera con Colombia –tema que aborda el libro de Brewer Carías– arguyéndose la lucha contra el contrabando y ejecuta por fuerzas militares, ocurre la realización de un crimen de lesa humanidad que tipifica el artículo 7 del Estatuto de Roma de la Corte Penal Internacional. Es expulsada masivamente y obligada a emigrar, mediando actos de tortura que denuncian las propias víctimas desde la prensa internacional y colombiana, una población civil integrada por casi 15.000 neogranadinos. Son discriminados por razones de nacionalidad, a pesar de que viven integrados desde hace más de 200 años en la frontera viva occidental de Venezuela. Y ese crimen de trascendencia internacional ha lugar ante el silencio cómplice o la tolerancia de la mayoría de los gobiernos miembros de la OEA y del mismo Secretario de la UNASUR, el ex presidente colombiano Ernesto Samper.

Si no basta lo anterior, el régimen y su Tribunal Supremo, violando la Constitución y el Derecho internacional, luego disponen no acatar la decisión de la Corte Interamericana de Derechos Humanos que recién declara a Venezuela como responsable de haber violado la Convención Americana de Derechos Humanos, y le ordena restablecer la señal y bienes que le fueran confiscados a Radio Caracas Televisión, la más antigua del país y para igualmente silenciarla.

A renglón seguido, Naciones Unidas, a través del Alto Comisionado para Derechos Humanos se manifiesta "consternada". Y es que mediando recomendaciones de su Comité contra la Tortura, dada "la falta de independencia del Poder Judicial respecto del Poder Ejecutivo"; de su Relator contra la Tortura, quien confirma que han sido víctimas de tratos crueles y degradantes distintos presos políticos venezolanos, por opinar; y de su Grupo de Trabajo sobre Detenciones Arbitrarias, constatando que el líder opositor Leopoldo López ha sido arbitrariamente encarcelado; ocurre, a pesar de todo ello, la condena de éste a 13 años de prisión sin pruebas ni derecho a la defensa. La juez Susana Barreiro, operadora del citado Capitán Cabello, quien ahora busca refugio como pretendida funcionaria consular, es la autora del fallo que le redacta la Fiscalía. Considera que el discurso político de López, sometido a peritaje lexicográfico, es instigador de violencia que paradójicamente y antes bien propulsan asesinatos de Estado que ejecutan esbirros del régimen de Maduro en febrero de 2014. La cuestión es abordada con detalles en el libro, tanto como la sentencia de la Corte Interamericana sobre RCTV desacatada.

En fin, se han profundizado, además, las persecuciones y/o confiscaciones en el menguado sector privado, comercial e industrial, de sus dirigentes gremiales, acusándoles del actual desabastecimiento y el racionamiento oficial de alimentos y productos médicos que afecta a toda la población; obviándose, con el cinismo de quienes cultivan la mentira como fisiología del Estado, que se trata de una economía de importación cabalmente estatizada y afectada por la inflación más alta del mundo: La canasta alimentaria ha alcanzado un costo de 6 salarios básicos.

Treinta y seis (36) ex Jefes de Estado y de Gobierno iberoamericanos, bajo los auspicios de IDEA –Iniciativa Democrática de España y las Américas – han endosado las Declaraciones de Panamá y de Bogotá de 9 de abril y 23 de septiembre pasados, respectivamente, para confirmar la gravedad que acusa el contexto venezolano actual, descrito por Brewer Carías; y en la última piden de la comunidad internacional y su opinión pública, "otorguen su decidido apoyo y escrutinio a fin de que cuenten los venezolanos con un cuadro de garantías y justa competitividad como de transparencia que les permita realizar su compromiso de acudir a las urnas electorales" el venidero 6 de diciembre. Ello, para que la suspensión de garantías y la militarización no obstaculice el normal desarrollo de unas elecciones democráticas, y para que la ONU, la OEA y la Unión Europea luchen por alcanzar una observación técnicamente calificada sobre el riguroso andamiaje tecnológico-electoral impuesto por la dictadura. A fin de que tenga lugar, en suma, "el acceso por los partidos políticos al registro electoral y su auditoría, la apertura y el cierre legal y oportuno de las mesas de votación, en lo particular la posibilidad de que sean contados todos los votos sufragados y contrastados con los resultados electrónicos ofrecidos, asegurándose la transparencia del acto comicial y sobre todo ganar la confianza en el mismo de los electores".

Sin prensa libre, negado el Poder Electoral venezolano que conforman militantes del régimen a ser observado técnica e internacionalmente; e inhabilitados o encarcelados como han sido los líderes democráticos fundamentales como Leopoldo López; Antonio Ledezma, Alcalde Metropolitano de Caracas; el ex alcalde Daniel Ceballos; o inhabilitados políticamente, sin juicio, la diputado María Corina Machado y el dirigente político Carlos Vecchio, las elecciones parlamentarias del próximo 6 de diciembre pueden transformarse en una mascarada que intente relegitimar a los dos victimarios de las libertades, de la democracia y del Estado de Derecho en Venezuela, Maduro y el Capitán Cabello.

De allí el petitorio expreso que hace en su libro el profesor Brewer Carías:

> "Así como el régimen autoritario se impuso por la fuerza de una votación en 1999, ahora también por la fuerza de otra votación el pueblo podría iniciar el desalojo de esos dirigentes del poder, ejerciendo su soberanía a través de la elección de una nueva Asamblea Nacional, como acto político tendiente a desconocer el régimen ilegítimo que gobierna al país desde 1999, que ha contrariado los valores, principios y garantías democráticos establecidos en la Constitución, y ha menoscabado los derechos humanos".

También la SIP –lo que sólo se entiende en la actualidad y fue difícil comprenderlo a lo largo de los últimos 15 años– conoce por nuestra voz y reconoce algo que en nuestros escritos hemos compartido con el profesor Brewer Carías, a saber, la citada naturaleza engañosa del llamado Socialismo del siglo XXI, denominación que sucede a la primaria y anunciada revolución bolivariana.

En Venezuela, tanto como ocurre en Ecuador, Bolivia y Argentina, se ha instaurado un régimen de la mentira, pariente del fascismo de mediados del siglo XX. Y en él ocurre "algo más profundo y complicado que una torva ilegalidad". Es "simulación de la legalidad, es el fraude legalmente organizado de la ilegalidad".

"Bajo tal sistema –lo recuerda un eximio jurista italiano, Piero Calamandrei– las palabras de la ley no tienen más el significado registrado en el vocabulario jurídico, sino un significado diverso,... Hay un ordenamiento oficial que se expresa en las leyes, y otro oficioso, que se concreta en la práctica política sistemáticamente contraria a las leyes... La mentira política, en suma, como la corrupción o su degeneración, en el caso... se asume como el instrumento normal y fisiológico del gobierno".

El desiderátum, ante la ruina de la democracia bajo el peso de la mentira de Estado es la construcción *ex novo* de la democracia, sobre sus ruinas actuales, como lo plantea Brewer Carías. Y cabe decirlo con claridad y es la única manera de justificar los libros que como éste ha escrito el autor sobre argumentos convergentes acerca de lo que acontece en Venezuela; pues demanda encontrar una respuesta adecuada y práctica a las distintas interrogantes que pueden dificultar e incluso impedir su transición hacia la democracia: ¿Qué hacer con los responsables de violaciones graves de derechos humanos y hechos de corrupción, detentadores del poder que debería cederse por vías democráticas o de diálogo y no de la guerra? ¿Cómo reconstruir los lazos de afecto social, sobre todo en quienes han sido víctimas directas o las indirectas –como sus familias– de violaciones de derechos?

Se plantea, en otras palabras, lograr el paso de una a otra etapa y seguidamente la reconciliación nacional, pero a la vez atender y no morigerar a los reclamos de la Justicia, en modo de impedir las regresiones al cuadro de violencia institucional que se intenta superar y frustrar el anidamiento de tendencias hacia el ajusticiamiento popular, como ocurriera en 1958 con los esbirros de la Seguridad Nacional.

En la tradición latinoamericana, luego de férreas dictaduras o situaciones de violencia interna durante el siglo XX, al plantearse el camino de la reconstitución de la democracia –hoy lo vemos en Colombia y ayer en El Salvador, Argentina, Chile, Uruguay– la cuestión de mayor complejidad a resolverse es, justamente, la de la llamada Justicia transicional.

La experiencia demuestra, al efecto, lo pertinente de crear mecanismos susceptibles de fijar la verdad histórica de los hechos ocurridos en sus reales alcances y jerarquizaciones, junto a la identificación de los presuntos responsables, bajo una doble perspectiva: anclar la memoria a fin de que la ominosa experiencia vivida no se repita, y ofrecerle a la Justicia el material de trabajo que le permita determinar la "verdad judicial", previamente digerida por la opinión pública y para que los fallos de aquélla ayuden al restablecimiento de la paz y el goce de las libertades. Así lo advierto en mi libro *Memoria, verdad y justicia: derechos humanos transversales de la democracia*, publicado en 2014.

Cabe tener presente, no obstante, los riesgos –no solo en cuanto a la objetividad e imparcialidad debidas– que implican la investigación y sustanciación de los casos respectivos, en un cuadro dominante de falta de acceso a la información pública y huérfano de transparencia, cuando los acontecimientos son próximos, y sus responsables aún detentan poder.

Durante el período 1999-2015 han ocurrido en Venezuela muy graves hechos de corrupción y violaciones sistemáticas y generalizadas de derechos humanos al amparo de más de un centenar y medio de golpes al orden constitucional, purificados luego por el sirviente Tribunal Supremo de Justicia; lo que explica el reconocimiento por distintos órganos internacionales de protección de derechos humanos (ONU, CIDH) de la ausencia de independencia de la judicatura y su uso para la persecución política sistemática.

La ausencia de sentencias condenatorias del Estado dentro de las 45.474 sentencias dictadas por la Salas Político Administrativa y Constitucional del TSJ venezolano, es un emblema y habla por sí misma. Otro libro de Brewer, *Dismantling democracy in Venezuela* (Cambridge UP, 2010), el nuestro sobre *Historia inconstitucional de Venezuela: 1999-2012* (EJV, Caracas, 2012) y la de Antonio Canova y otros, *El TSJ al servicio de la revolución* (Galipán, 2014), son ilustrativas al respecto.

Vayamos a los ejemplos.

Entre 2004 y 2012 han sido estatizadas más de 2.150 empresas y 1.168 intervenidas, sin mediar compensaciones ni reparaciones a sus propietarios, quienes han sido perseguidos judicialmente por razones ideológicas, tachados por capitalistas, y ocurriendo así los efectos devastadores de orden económico y social que ahora se aprecian y tienen por víctimas a miles de trabajadores y la población venezolana en general, hoy al borde de una crisis humanitaria.

La lista de hechos relevantes y atentatorios de la democracia y el Estado de Derecho, a todo evento, es muy extensa y destaca por su esencia criminal y por la activa colusión del Estado para sus ejecutorias, que se traducen en violaciones masivas y sistemáticas de derechos humanos; e indica lo complejo de la tarea memoriosa y su sentido final, hacer Justicia e impedir, instalándolos en la memoria pública, que tales hechos se repitan en lo sucesivo, afincando la reconstrucción de la democracia sobre su eje vertebral, el servicio a la verdad.

Casos relevantes 1999-2015

- Pacto del gobierno con las FARC, que incide en la conformación de un narco-gobierno y se traduce en el incremento demencial de las muertes por homicidio y los hechos de corrupción en el mundo militar y policial (1999)
- Confiscación de fundos agrícolas y pecuarios (2001)
- Escándalo de la financiación electoral española: BBVA (2002)
- Masacre del 11 de abril, llamada Masacre de Miraflores (2002)
- Listas Tascón y Maisanta, que provocan la "muerte civil" de millones de venezolanos (2003-2004)
- Despido de 20.000 trabajadores de PDVSA y expulsión por la fuerza de sus familias de las casas que habitan en los campos petroleros (2003)
- Represión popular por las firmas que peticionan el referendo revocatorio (2004)
- Caso soldados calcinados en Fuerte Mara (2004)

- Caso FONDEN: 116.716.349 US$ (2005-2013)
- Masacre de Turumbán, Estado Bolívar (2006)
- Inhabilitaciones políticas por la Contraloría (2007, 2008)
- Condena arbitraria e ilegal de los comisarios de la PM, entre ellos Iván Simonovis (2010)
- Masacre de El Rodeo y pacto de Cabello con los "pranes" (2011)
- Extradición de Makled y descubrimiento del Cartel de los Soles (2011)
- Declaraciones de los magistrados Eladio Aponte Aponte y Luis Velásquez Alvaray, señalando la colusión del Ejecutivo con el narcotráfico y el manejo político de la Justicia penal para castigar a los opositores (2012)
- Tragedia de Amuay (2012)
- Caso de las narco-maletas de Air France (2013)
- Masacre de Febrero o del Día de la Juventud (2014)
- Expulsión masiva y discriminatoria por razones de nacionalidad de la población civil colombiana, mediante una inconstitucional suspensión de garantías (2015)

a. **Desacato de sentencias de la Corte Interamericana de Derechos Humanos**

- Caso Apitz y otros, 2008
- Caso Perozo y Rios –Globovisión y RCTV, 2009
- Caso Reverón Trujillo, 2009
- Caso Barreto Leiva, 2009
- Caso Usón Ramírez, 2009
- Caso Chocrón Chocrón, 2011
- Caso López Mendoza, 2011
- Caso Familia Barrios, 2011
- Caso Díaz Peña, 2012
- Caso Uzcátegui, 2012
- Caso Marcel Granier (2015)

b. **Peculado y corrupción**

- Caso Cavendes (2000)
- Caso Plan Bolívar 2000/Cruz Weffer: 150.000.000 US$ (2000-2001)
- Caso Sobornos Siemens: 18.782.000 US$ (2001-2007)
- Caso Coimas-De Vido-Argentina (2002-2005)

- Caso Nóbrega – Notas estructuradas: 300.000.000 US$ (2003)
- Caso Bonos de Bandagro – Nóbrega – Plaza: 1.000.000.000 US$ (2003)
- Caso Smarmatic – CNE (2004)
- Caso Juan Barreto / Alcaldía Metropolitana: 320.487.000.000 BsF (2004-2008)
- Caso Alvaray – Ciudad Judicial Lebrún: 6.857.000 US$ (2005)
- Caso Meléndez-Tesorería Nacional-Notas Estructuradas: 9.000.000.000 US$ (2006)
- Caso Diosdado Cabello – Puente Nigale: 57.000.000 US$ (2006)
- Caso Antonini Wilson: 800.000 US$ (2007)
- Caso nacionalizaciones de la Faja Petrolífera del Orinoco (2007)
- Caso Bonos Argentinos (2007)
- Caso Diosdado Cabello – Miranda: 480.000.000 BsF (2009)
- Caso PDVAL: 4.000 contenedores/122.000 toneladas de alimentos (2010)
- Caso Fideicomiso-BANDES-Argentina: 13.000.000 US$ (2010)
- Caso FONDEN: 29.000.000 US$ (2011)
- Caso Fondo Pensiones PDVSA (2011)
- Caso Derwick: 1.000.000.000 US$ (2011)
- Caso PDVSA y Desfalco Fondo Chino: 84.000.000 US $ (2011-2012)
- Caso Ferrominera: 1.200.000.000 US$ (2013)
- Caso SITME: 25.000.000.000 US$ (2013)
- Caso Bioart-Arroz Argentino: 39.000.000 US$ (2013)
- Caso Andrade y Tesorería Nacional/HSBC: 700.000.000 US $ (2015);
- Caso Aguilera/Banco Madrid: 90.000.000 US$ (2015)
- Caso Rafael Ramírez-BPAndorra: 4.200.000.000 US$ (2015).

c. Crímenes de Estado y narcotráfico

- Asesinatos del fiscal Danilo Anderson, de Antonio López Castillo y Juan Carlos Sánchez (2004)
- Asesinato del ex fiscal nacional de aduanas, Gamal Richani, quien investiga al chavista Walid Makled, cabeza visible del narcotráfico endógeno (2005)
- Asesinatos de Arturo Erlich y Freddy Farfán, tras "extravío" de 45 millones de dólares pertenecientes a FOGADE (2006 y 2009)

- Asesinados los sindicalistas del oficialismo Richard Gallardo y Luis Hernández (2008)
- Asesinatos del periodista Orel Zambrano y el veterinario Francisco Larrazábal, testigos en contra de Walid Makled (2009)
- Muerte del gobernador de Guárico, William Lara (2010)
- Caso de Lina Ron (2011)
- Asesinato de Nelly Calles Rivas, jefe del PSUV en el Estado Sucre (2011)
- Asesinato del ex gobernador apureño y capitán Jesús Aguilarte (2012)
- Asesinato de la embajadora Olga Fonseca (2012)
- Asesinato del General Wilmer Moreno, sub director de inteligencia militar (2012)
- Masacre de la familia Pérez Pacheco, en Falcón (2013)
- Asesinato del diputado Omar Guararima, jefe del PSUV en el Estado Anzoátegui (2013)
- Asesinato de Juan Montoya, jefe del colectivo Secretariado Revolucionario (2014)
- Asesinato del estudiante Bassil Da Costa (2014)
- Asesinato del Capitán Eliecer Otaiza, ex jefe de la policía política (2014)
- Asesinato del diputado Robert Serra (2014)
- Asesinato de José Miguel Odremán, líder del colectivo 5 de marzo (2014)
- Investigación de Diosdado Cabello y otros generales por la DEA (2015)

Desbordan, por lo visto, los hechos ominosos que tiñen de luto y vergüenza a nuestra historia patria, acaso azarosa y con trazas de vileza suma, pero cuyo denominador común ha sido siempre la aspiración de libertad y el anhelo de un orden civil y democrático estable. En su momento anegarán, como ya se observa, las reclamaciones de Justicia y la demanda de las sanciones ejemplarizantes e indemnizaciones que se correspondan con lo ocurrido durante los tres últimos lustros y en el cuadro de una transición hacia la democracia que será muy exigente. Nada distinto se plantea en 1935, al término de la larga dictadura con la que arranca nuestro siglo XX y, en 1958, al alcanzarse el milagro del 23 de enero y derrocarse al régimen militar imperante hasta entonces.

Lo anterior obliga, por lo señalado, a valorizar la memoria histórica en la que trabaja con tesón Allan R. Brewer Carías y cuya zaga seguimos otros juristas y analistas políticos venezolanos; tanto como se impone, desde ya, prever mecanismos que de una manera preventiva y responsable asuman el conocimiento, la sustanciación y la sucesiva denuncia de los casos más representativos de la violencia de Estado impuesta, para que sirvan al cometido de frustrar la impunidad y para darle a las víctimas y a la sociedad la satisfacción a la que tiene derecho.

Reconstruir la democracia estimándola en sus exigencias fundamentales y finalidades pide, no cabe duda, lo anterior. Pero el mismo autor se encarga de prevenirnos sobre lo vertebral y de fondo, al recordarnos que más allá de lo instrumental y reparador el desafío democratizador transita por contener al poder; cuyo ejercicio sin trabas es la fuente y explica sin justificarlos sus muchos crímenes, como los arriba mencionados y obra de quienes lo secuestraran, en nuestro caso, en nombre de un fraude "revolucionario".

"Por todo ello es que – según Brewer Carías – el principio de la separación de poderes es tan importante para la democracia, pues en definitiva, del mismo dependen todos los demás elementos y componentes esenciales de la misma". Y no le falta razón. De allí la significación que adquieren las elecciones parlamentarias planteadas para el venidero 6 de diciembre, en procura de los equilibrios perdidos en Venezuela y de otro destierro más del autoritarismo secular.

Sabemos bien, en efecto, sobre la íntima relación que existe entre el mundo del Derecho y la política, justamente, por apuntar al tema crucial de la autoridad dentro de toda sociedad y su adecuada comprensión. No por azar C.J. Friedrich (*Filosofía del Derecho*, FCE de España, 1982) recuerda los problemas que se suscitan cuando una nación tiene una visión errónea de la democracia, por entenderla como oclocracia o "utopía anárquica" o por reducirla a la proclama que hacen las mayorías mediante el voto: como si acaso el mero consenso de los opinantes mudase las realidades objetivas.

De allí que, lo esencial, más allá de las formas necesarias e imprescindibles de la experiencia democrática, entre éstas el Estado de Derecho, desde el que se forja la supremacía de la ley y la sujeción a ésta de los titulares de los poderes públicos; junto a la importancia de la legitimidad de esas leyes rectoras dentro de un Estado, miradas desde el ángulo de su justicia y apuntaladas por la convicción social; al final, para que la autoridad de la misma ley y su acatamiento no llegue a confundirse ni degenere en dictaduras o despotismos ilustrados, cabe tener presente que la autoridad democrática es obra de un escrutinio crítico y un ejercicio estricto de la razón a la luz de los valores fundacionales de la misma democracia y su teleología. El respeto a la dignidad inmanente de la persona humana y su identidad cultural e histórica exige, tanto como contener el poder y escapar del frío formalismo de las leyes, realizar una obra cotidiana que demanda equilibrios – no sincretismos de laboratorio, menos pactos espurios – y que a diario vuelve sobre las raíces de la naturaleza perfectible del hombre como individuo y ser social, por ser individuo transcendente. Cabe tensionarlo en el presente con vistas a sus mismas raíces y como punto de anclaje para conquistar con seguridad el porvenir.

Al saludar y darle la bienvenida al libro del profesor Brewer Carías e invitar a su cuidadosa lectura, me sirvo de sus propias palabras para el mejor acabado de este proemio y la mejor comprensión del mensaje que envuelven las páginas que siguen. En su obra *Historia Constitucional de Venezuela* (Editorial Alfa, Caracas, 2008, Tomo II), recuerda oportuno dos enseñanzas que pesan al momento de escarbar en búsqueda del camino democrático perdido, en un momento de crispación social y su explotación utilitaria por los déspotas de siempre: Los fundadores de nuestra república civil moderna, firmantes del Pacto de Punto Fijo, "no sólo aprendieron la dura lección del despotismo que se mantuvo durante 10 años encarnado por la dictadura de Pérez Jiménez, sino que, realmente, quizás lo que más aprendieron fue que la discordia interpartidista al extremo, desarrollada en el trienio 45/48, no podía ser un sistema político que podía funcionar, porque –más allá de sus aspiraciones democratizadoras– no estaba fundado en reglas de juego claras que permitieran la participación política".

"Los partidos políticos venezolanos, obligados por el despotismo a laborar en la clandestinidad, convinieron en una acción concertada y unida para abrirle a Venezuela caminos hacia el orden democrático", explica Rómulo Betancourt al revelar el propósito y las razones del hoy maltratado "puntofijismo", modelo de diálogo entre demócratas para alcanzar los predios de la democracia.

Caracas, 19 de octubre de 2015

A MANERA DE INTRODUCCIÓN:

LA DESTRUCCIÓN DE LA DEMOCRACIA Y LA NECESIDAD DE RESTABLECERLA POR UN ACTO DE FUERZA A TRAVÉS DE LA RESISTENCIA POPULAR Y LA DESOBEDIENCIA CIVIL, MANIFESTADO MEDIANTE EL SUFRAGIO

INTRODUCCIÓN

Durante los últimos quince años, la democracia en Venezuela ha sido progresivamente demolida por quienes desde 1999 asaltaron el poder y se apoderaron de la conducción del Estado,[1] trastocando el régimen de Estado democrático y social de derecho y de justicia que tanto había costado establecer desde 1958, en el de un Estado Totalitario,[2] manejado por una burocracia que ha destruidos sus valores y principios.

Pero la democracia, por más destrucción que haya ocurrido en el país, sin duda será reconstruida en un futuro, para lo cual el país tendrá que pasar por un período y proceso de transición que desmonte el autoritarismo, con consensos forzados por la manifestación de la voluntad popular, a los efectos de rescatar el primero de los elementos fundamentales de la democracia que es el de asegurar la legitimidad democrática de los gobernantes, mediante su elección popular en el marco de los principios de la democracia representativa. Ello implica la libre y trasparente posibilidad de elección popular de todos los altos titulares de los poderes públicos.

Por más elemental que ello sea, hay que recordarlo, para poder sentar las bases de la transición hacia la democracia, esa elección popular debe efectuarse, *primero*, por lo que se refiere a los titulares de los Poderes Ejecutivo y

---

1   Véase Allan R. Brewer-Carías, *Dismantling Democracy. The Chávez Authoritarian Experiment*, Cambridge University Press, New York, 2010.

2   Allan R. Brewer-Carías, *Estado totalitario y desprecio a la ley. La desconstitucionalización, desjuridificación, desjudicialización y desdemocratización de Venezuela*, Fundación de Derecho Público, Editorial Jurídica Venezolana, segunda edición (Con prólogo de José Ignacio Hernández), Caracas 2015.

Legislativo, mediante una elección popular directa, en elecciones "periódicas, libres, justas y basadas en el sufragio universal y secreto," como expresión de la soberanía del pueblo; y *segundo*, por lo que se refiere a titulares de los otros poderes públicos (Poder Judicial, Poder Ciudadano y Poder Electoral), mediante una elección popular indirecta, por el Cuerpo elector de segundo grado que es la Asamblea Nacional, con las garantías de participación política que establece la Constitución.

No hay otra forma de reconstruir la democracia que no sea revalorizando la democracia representativa, y enterrando definitivamente las pretensiones autoritarias de sustituirla por una supuesta "democracia participativa."[3] El vano intento de hacerlo mediante el mal llamado "nuevo constitucionalismo,"[4] aplicado en Venezuela desde 1999 y seguido en Ecuador y Bolivia, a lo que ha conducido es a la destrucción de la democracia en sí misma, mediante la consolidación de un régimen autoritario sin control,[5] apelando a demagogias plebiscitarias sin legitimidad electoral alguna.

La elección democrática representativa de los gobernantes es lo que puede garantizar la efectiva vigencia de todos los otros elementos esenciales de la democracia, que además de la elección, conforme a la *Carta Democrática Interamericana*, son el respeto a los derechos humanos y las libertades fundamentales; al acceso al poder y su ejercicio con sujeción al Estado de dere-

---

3   Véase Allan R. Brewer-Carías, "La necesaria revalorización de la democracia representativa ante los peligros del discurso autoritario sobre una supuesta "democracia participativa" sin representación," en *Derecho Electoral de Latinoamérica. Memoria del II Congreso Iberoamericano de Derecho*, Bogotá, 31 agosto-1 septiembre 2011, Consejo Superior de la Judicatura, ISBN 978-958-8331-93-5, Bogotá 2013, pp. 457-482.

4   Como bien lo ha expresado Roberto Gargarella, el llamado "nuevo constitucionalismo latinoamericano" lo que ha hecho es reproducir "las viejas estructuras autoritarias que recibimos en legado de los siglos XVIII y XIX," no habiendo en forma alguna "proyecto democrático y de avanzada bajo organizaciones de poder concentradas en Ejecutivos o monarcas, que representan la negación política de la democracia que declaman." Por ello, respecto de dicho "nuevo constitucionalismo," ha denunciado acertadamente "un modo errado de pensar el constitucionalismo, que después de más de doscientos años de práctica no ha aprendido a reconocer lo obvio, esto es, que el poder concentrado (político, económico) no puede sino resistir la puesta en práctica de los derechos nuevos, porque ella promete socavar también el poder de quienes hoy gobiernan discrecionalmente, bajo el control de nadie." Véase Roberto Gargarella, "El "nuevo constitucionalismo latinoamericano. Los recientes textos fundamentales tienen elementos autoritarios propios del siglo XIX," en *El País. Opinión*, 20 de agosto de 2014, en http://elpais.com/el-pais/2014/07/31/opinion/14068-16088_091940.html.

5   Véase Allan R. Brewer-Carías, "Los problemas del control del poder y el autoritarismo en Venezuela", en Peter Häberle y Diego García Belaúnde (Coordinadores), *El control del poder. Homenaje a Diego Valadés,* Instituto de Investigaciones Jurídicas, Universidad Nacional Autónoma de México, Tomo I, México 2011, pp. 159-188.

cho; la existencia de un régimen plural de partidos y organizaciones políticas, y la separación e independencia de los poderes públicos (art. 3).

De ello resulta además, en todo caso, que la democracia no se agota en el primer elemento esencial de la misma, es decir, en la necesaria elección popular de los representantes, pues dicho elemento está imbricada con los otros, siendo todos ellos interdependientes, de manera que las fallas, carencias, o ausencia de cualquiera de ellos, afecta directamente la propia vigencia de los demás, y de la propia democracia.

Tan ello es así que en definitiva, todos los elementos de la democracia dependen, por una parte, del primero de los mencionados que es la efectiva elección popular de los gobernantes, y a la vez, del último de ellos que es la efectiva existencia y operatividad de un sistema de separación e independencia de los órganos que ejercen los poderes públicos. Ambos elementos, elección popular y separación de poderes, son los que puede permitir controlar al poder del Estado mediante el aseguramiento efectivo del acceso a una justicia independiente y autónoma; y su reconstrucción es el único camino para poder construir la transición hacia la democracia.

Y ello es así, porque en definitiva, sin la efectiva vigencia de un sistema de órganos del Estado con titulares electos, montado sobre un sistema de separación e independencia de los poderes públicos, y entre ellos, del poder judicial que pueda permitir el control del ejercicio del poder, en la práctica no podría haber elecciones libres y justas, ni efectiva representatividad democrática; no podría haber pluralismo político, ni efectiva participación democrática en la gestión de los asuntos públicos; no podría haber real y efectiva garantía del respeto de los derechos humanos y de las libertades fundamentales; y no podría asegurarse que el acceso al poder y su ejercicio se hagan con sujeción al Estado de derecho, es decir, que realmente exista y funciones un gobierno sometido a la Constitución y a las leyes.[6]

Igualmente, sin la efectiva vigencia de un sistema de separación e independencia de los poderes públicos que permita el control de los mismos, ninguno de los componentes esenciales de la democracia a los que alude la misma *Carta Democrática Interamericana* podría llegar a tener efectiva aplicación, es decir, no podría haber posibilidad real de exigir la transparencia y probidad de las actividades gubernamentales, y la responsabilidad de los gobernantes en la gestión pública; no habría forma de garantizar el efectivo respeto de los derechos sociales, ni la libertad de expresión y de prensa; no se podría asegurar la subordinación de todas las autoridades del Estado, incluyendo la militar, a las instituciones civiles del Estado; en definitiva, no se podría asegurar el respeto al Estado de derecho.

---

6   Véase Allan R. Brewer-Carías, *Constitución, democracia y control del poder*, (Prólogo de Fortunato González Cruz), Centro Iberoamericano de Estudios Provinciales y Locales (CIEPROL), Consejo de Publicaciones/Universidad de Los Andes/Editorial Jurídica Venezolana. Mérida, octubre 2004.

De lo anterior resulta, por tanto, que sólo cuando en un Estado exista un sistema de efectiva elección popular de sus gobernantes, y un efectivo sistema de separación de poderes que permita la posibilidad real de que el poder pueda ser controlado, es que puede haber democracia, y sólo en esta es que los ciudadanos pueden encontrar asegurados sus derechos. Ello es precisamente lo que en Venezuela es necesario reconstruir.

En efecto, en Venezuela, a pesar de todas las declaraciones contenidas en el texto de la Constitución vigente de 1999, la práctica política del gobierno durante todo el tiempo de su vigencia ha conducido a la situación actual de deterioro político de la democracia precisamente caracterizada, por una parte, por la ausencia de una efectiva representatividad electoral y popular de los gobernantes; y por la otra, por la ausencia de un efectivo sistema de separación de poderes entre los órganos del Estado, y con ello, a la destrucción del Estado de derecho y de la democracia misma.[7] Ello, en la práctica, ha convertido a la Constitución en una gran mentira, por su inaplicación, deformación y mutación en fraude a su texto,[8] dando pie a la consolidación de un Estado totalitario que desprecia al derecho y a la ley, y que permite a los gobernantes conducir al país mediante la mentira como política de Estado;[9] en decir, dando lugar a la existencia de un Estado sin Constitución.[10]

---

7   Véase Allan R. Brewer-Carías, "La demolición del Estado de derecho y la destrucción de la democracia en Venezuela (1999-2009)," en José Reynoso Núñez y Herminio Sánchez de la Barquera y Arroyo (Coordinadores), *La democracia en su contexto. Estudios en homenaje a Dieter Nohlen en su septuagésimo aniversario,* Instituto de Investigaciones Jurídicas, Universidad Nacional Autónoma de México, México 2009, pp. 477-517

8   Véase Allan R. Brewer-Carías, *Reforma constitucional y fraude a la Constitución (1999-2009),* Academia de Ciencias Políticas y Sociales, Caracas 2009; "¿Reforma constitucional o mutación constitucional?: La experiencia venezolana." en *Revista de Derecho Público,* N° 137 (Primer Trimestre 2014, Editorial Jurídica Venezolana, Caracas 2014, pp. 19-65; Jesús María Alvarado Andrade, quien considera que el problema es que no hay Constitución en el país, y la mentira es precisamente sostener que existe una, en "Aproximación a la tensión Constitución y libertad en Venezuela" en *Revista de Derecho Público,* N° 123, Editorial Jurídica Venezolana, Caracas, 2010, pp. 17-43.

9   Véase Allan R. Brewer-Carías, *La mentira como política de estado. Crónica de una crisis política permanente. Venezuela 1999-2015* (Prólogo de Manuel Rachadell), Colección Estudios Políticos, N° 10, Editorial Jurídica Venezolana, Caracas 2015.

10   Tal como lo ha analizado Manuel Rachadell, *Evolución del Estado venezolano 1958-2015. De la conciliación de intereses al populismo autoritario,* Colección Estudios Políticos, N° 11, Editorial Jurídica Venezolana, Caracas 2015, pp. 237 ss.

I.   SOBRE LA AUSENCIA DE UNA EFECTIVA ELECCIÓN POPULAR LIBRE Y TRASPARENTE DE LOS GOBERNANTES Y SU NECE-SARIO RESTABLECIMIENTO

En efecto, para asegurar la democracia, y en ella, un sistema de separación de poderes montado sobre la independencia y autonomía de los mismos, la Constitución de Venezuela de 1999 establece el principio de que todos los titulares de los poderes públicos deben ser electos popularmente, y eso es lo que hay que comenzar a aplicar a partir del necesario proceso de transición que se operará en el futuro.

Para ello no hay que reformar la Constitución, sino aplicar su texto, pues ello deriva del principio declarado en el mismo de que el pueblo ejerce la soberanía "indirectamente" mediante el sufragio por los órganos que ejercen el Poder Público (art. 5), que es como se puede asegurar el derecho de los ciudadanos de participar libremente en los asuntos públicos por medio de representantes elegidos (art. 62), en unos casos, a través de votaciones libres, universales, directas y secretas (art. 63); y en otros, a través de elecciones indirectas, de segundo grado.

La *elección popular directa* por el pueblo de sus representantes, con voto universal y secreto, está establecida, primero, en el artículo 228 de la Constitución respecto de la elección mediante "votación universal, directa y secreta" del titular del Poder Ejecutivo, es decir, del Presidente de la República; y segundo, en el artículo 186 de la Constitución respecto de la elección de los titulares del Poder Legislativo, es decir, los diputados a la Asamblea Nacional, al exigir una "votación universal, directa, personificada y secreta con representación proporcional."

Ello implica que nadie que no haya sido electo por votación popular directa y secreta puede ejercer el cargo de Presidente de la República o el cargo de diputado, de cuya titularidad quienes hayan sido electos democráticamente solo pueden ser despojados mediante revocación popular del mandato por iniciativa popular (art. 72). En una democracia, por tanto, no puede ocurrir que se revoque el mandato de un funcionario, como ocurrió en 2004, respecto del mandato del Presidente H. Chávez, y que siga ejerciendo el cargo porque un Consejo Nacional Electoral, sometido al Poder Ejecutivo, con el auxilio de la Sala Constitucional del Tribunal Supremo, también sometida al mismo, hayan transformado inconstitucionalmente el referendo revocatorio en un "referendo ratificatorio."[11] En una democracia tampoco puede ocurrir, como sucedió en 2014, que violando la soberanía popular sea la Sala Constitucional

---

11   Véase Allan R. Brewer-Carías, "La Sala Constitucional vs. el derecho ciudadano a la revocatoria de mandatos populares: de cómo un referendo revocatorio fue inconstitucionalmente convertido en un "referendo ratificatorio," en el libro *Crónica sobre la "in" justicia constitucional. La Sala Constitucional y el autoritarismo en Venezuela*, Colección Instituto de Derecho Público, Universidad Central de Venezuela, N° 2, Caracas, 2007, pp. 349-378.

la que revoque el mandato de una diputada, usurpando la voluntad popular, violando abiertamente la Constitución.[12]

Tampoco puede ocurrir en una democracia que se "designe" para ejercer la titularidad del Poder Ejecutivo a un funcionario sin legitimidad democrática producto de la elección popular directa, tal como ocurrió en enero de 2013, cuando la Sala Constitucional del Tribunal Supremo de Justicia invistió como Presidente de la República al Sr. Nicolás Maduro, quien no había sido electo popularmente en forma directa para ningún cargo, pues era Vicepresidente designado por nombramiento, quien ejerció ilegítimamente dicho cargo.[13]

Todo ello tiene su origen en el control total que ha ejercido el Poder Ejecutivo sobre el Poder Electoral. Este último, como una rama más del Poder Público, conforme a la Constitución, tiene la competencia para organizar, administrar, dirigir y vigilar todos los actos relativos a la elección de los cargos de representación popular de los poderes públicos (art. 136); para lo cual sus órganos deberían regirse por el principio de independencia orgánica y autonomía funcional (art. 294), que es lo único que podría permitir garantizar "la igualdad, confiablidad, imparcialidad, transparencia y eficiencia de los procesos electorales, así como la aplicación de la personificación del sufragio y la representación proporcional"(art. 293, in fine).

Todo ello, sin embargo, ha sido sistemáticamente burlado en la Venezuela de los últimos tres lustros, con el secuestro progresivo del Poder Electoral por parte del Poder Ejecutivo,[14] usando el control político que ha ejercicio a través del partido oficial de gobierno sobre la Asamblea Nacional y sobre la Sala Constitucional del Tribunal Supremo de Justicia.[15] En efecto, esa acción

---

12 Véase Allan R. Brewer-Carías, "La revocación del mandato popular de una diputada a la Asamblea Nacional por la Sala Constitucional del Tribunal Supremo de oficio, sin juicio ni proceso alguno (El caso de la Diputada María Corina Machado)," en *Revista de Derecho Público,* N° 137 (Primer Trimestre 2014, Editorial Jurídica Venezolana, Caracas, 2014, pp. 165-189.

13 Véase Allan R. Brewer-Carías, "Crónica sobre la anunciada sentencia de la Sala Constitucional del Tribunal Supremo de 9 de enero de 2013 mediante la cual se conculcó el derecho ciudadano a la democracia y se legitimó la usurpación de la autoridad en golpe a la Constitución," en Asdrúbal Aguiar (Compilador), *El Golpe de Enero en Venezuela (Documentos y testimonios para la historia),* Editorial Jurídica Venezolana, Caracas, 2013, pp. 133-148.

14 Véase Allan R. Brewer-Carías, "El secuestro del Poder Electoral y la confiscación del derecho a la participación política mediante el referendo revocatorio presidencial: Venezuela 2000-2004," en Juan Pérez Royo, Joaquín Pablo Urías Martínez, Manuel Carrasco Durán, Editores), *Derecho Constitucional para el Siglo XXI. Actas del Congreso Iberoamericano de Derecho Constitucional,* Tomo I, Thomson-Aranzadi, Madrid, 2006, pp. 1081-1126.

15 Véase Allan R. Brewer-Carías, "La Sala Constitucional vs. el Estado Democrático de derecho: el secuestro del Poder Electoral, *Crónica sobre la "in" justicia constitucional. La Sala Constitucional y el autoritarismo en Venezuela,* Colección Instituto de

se ha logrado eliminando totalmente la posibilidad efectiva de participación ciudadana en la elección de sus titulares,[16] lo que ha originado un Poder Electoral totalmente carente de independencia, y que ha funcionado como una especie de "agencia electoral" del partido oficial de gobierno. Ese Poder Electoral ha sido el que durante los últimos quince años ha conducido los "procesos electorales" que se han efectuado, pero sin que en los mismos haya habido garantía alguna de igualdad, de confiablidad, de imparcialidad, de transparencia y de eficiencia de los procesos electorales, ni efectiva aplicación, ni de la personificación del sufragio, y mucho menos de la representación proporcional;[17] sino muy por el contrario, procesos electorales cuestionados y cuestionables, pero a la vez sin posibilidad de ser controlados debido a la sumisión del Tribunal Supremo de Justicia al poder político, como ocurrió en 2014.[18]

Por otra parte, en cuanto a la *elección popular indirecta que* se establece en la Constitución, como elección popular de *segundo grado*, la misma deber-

---

Derecho Público, Universidad Central de Venezuela, N° 2, Caracas, 2007, pp. 197-230.

16   Véase Allan R. Brewer-Carías, "La participación ciudadana en la designación de los titulares de los órganos no electos de los Poderes Públicos en Venezuela y sus vicisitudes políticas", en *Revista Iberoamericana de Derecho Público y Administrativo*, Año 5, N° 5-2005, San José, Costa Rica 2005, pp. 76-95.

17   Véase Allan R. Brewer-Carías, "El juez constitucional vs. el derecho al sufragio mediante la representación proporcional," *Crónica sobre la "in" justicia constitucional. La Sala Constitucional y el autoritarismo en Venezuela*, Colección Instituto de Derecho Público, Universidad Central de Venezuela, N° 2, Caracas 2007, pp. 337-348.

18   La última manifestación fue la sistemática declaratoria de inadmisibilidad de todas las demandas de impugnación de la supuesta elección de Nicolás Maduro como Presidente de la República en 2013. Véase Allan R. Brewer-Carías, "Crónica sobre las vicisitudes de la impugnación de la elección presidencial de 14 de abril de 2013 ante la Sala Electoral, el avocamiento de las causas por la Sala Constitucional, y la ilegítima declaratoria de la "legitimidad" de la elección de Nicolás Maduro mediante una "Nota de prensa" del Tribunal Supremo," en Asdrúbal Aguiar (Compilador), *El Golpe de Enero en Venezuela (Documentos y testimonios para la historia)*, Editorial Jurídica Venezolana, Caracas 2013, pp. 297-314; y "El Juez Constitucional y la ilegítima declaración, mediante una "nota de prensa," de la "legitimidad" de la elección presidencial del 14 de abril de 2013," en *Revista de Derecho Público*, N° 135 (julio-septiembre 2013), Editorial Jurídica Venezolana, Caracas 2013, pp. 205-216. Véase además en Allan R. Brewer-Carías, *El golpe a la democracia dado por la Sala Constitucional (De cómo la Sala Constitucional del Tribunal Supremo de Justicia de Venezuela impuso un gobierno sin legitimidad democrática, revocó mandatos populares de diputada y alcaldes, impidió el derecho a ser electo, restringió el derecho a manifestar, y eliminó el derecho a la participación política, todo en contra de la Constitución)*, Colección Estudios Políticos N° 8, Editorial Jurídica Venezolana, segunda edición, (Con prólogo de Francisco Fernández Segado), Caracas 2015, pp. 55 a 132.

ía regir para la elección de todos los titulares de los otros órganos del Poder Público: *primero*, del Poder Judicial, es decir, de los Magistrados del Tribunal Supremo de Justicia (art. 264, 265); *segundo*, del Poder Ciudadano, es decir, del Contralor General de la República, del Fiscal General de la República y del Defensor del Pueblo (art. 279); y *tercero*, del Poder Electoral, es decir, de los Rectores del Consejo Nacional Electoral (art. 296); correspondiendo dicha elección popular única y exclusivamente a una mayoría calificada de los diputados a la Asamblea Nacional, que en esos casos no actúa como cuerpo legislador sino como "cuerpo elector" o "cuerpo electoral" de segundo grado

En estos casos de elección popular indirecta, la Constitución buscó asegurar una máxima representatividad democrática al exigir el voto de una mayoría calificada de las 2/3 partes de los diputados para la elección; y a la vez, una máxima participación democrática, al exigir que los candidatos a los Poderes Públicos a ser electos por la Asamblea Nacional actuando como cuerpo elector, solo pueden ser postulados o nominados por sendos Comités de Postulaciones regulados constitucionalmente, todos los cuales deberían estar integrados únicamente y exclusivamente "por representantes de los diversos sectores de la sociedad" (Comité de Postulaciones Judiciales, art. 270; Comité de Evaluación de Postulaciones del Poder Ciudadano, art. 279; y Comité de Postulaciones Electorales art. 295).

Todo ello implica que nadie que no haya sido electo por votación popular indirecta por la mayoría calificada de diputados con la participación ciudadana en esa forma establecida en la Constitución, puede ejercer el cargo de Rector del Consejo Nacional Electoral, de Contralor General de la República, de Fiscal General de la República, de Defensor del Pueblo y de Magistrado del Tribunal Supremo de Justicia, quienes solo pueden perder su investidura por decisión del cuerpo elector de diputados con la misma mayoría calificada.

En franco contraste con todas esas previsiones constitucionales, las mismas sin embargo, han sido sistemáticamente ignoradas y violadas en la práctica política y legislativa en los últimos quince años, de manera que en cuanto a la legitimidad democrática de la elección popular indirecta, desde 2000, la exigencia constitucional de la máxima participación ciudadana ha sido sistemáticamente violada, al haberse integrado por la Asamblea Nacional a los Comités de Postulaciones para la nominación de los candidatos, por una mayoría de diputados, los cuales por esencia no son "representantes" de los diversos sectores de la sociedad civil, que es lo que exige la Constitución.[19] Ello se estableció así inconstitucionalmente en la Ley Especial para la Desig-

---

19   Véase los comentarios sobre la inconstitucional práctica legislativa reguladora de los Comités de Postulaciones integradas, cada uno, con una mayoría de diputados, convirtiéndolas en simples "comisiones parlamentarias ampliadas," en Allan R. Brewer-Carías, "La participación ciudadana en la designación de los titulares de los órganos no electos de los Poderes Públicos en Venezuela y sus vicisitudes políticas", en *Revista Iberoamericana de Derecho Público y Administrativo*, Año 5, N° 5-2005, San José, Costa Rica 2005, pp. 76-95.

nación de los Titulares de los Poderes Públicos de 2000,[20] y se repitió en las Leyes Orgánicas del Poder Electoral,[21] del Poder Ciudadano[22] y del Tribunal Supremo de Justicia sancionadas a partir de 2004, donde quedaron configurados los mencionados Comités como simples "comisiones parlamentarias ampliadas," totalmente controladas por la fracción mayoritaria de la Asamblea Nacional. La consecuencia fue que todas las elecciones o designaciones de los titulares de los Poderes Electoral, Ciudadano y Judicial durante los últimos quince años, han sido hechas sin que se haya respetado la garantía constitucional de la participación ciudadana mediante unos Comités de Postulaciones integrados únicamente por representantes de los diversos sectores de la sociedad.

Adicionalmente, en cuanto a la misma legitimidad democrática de la elección popular indirecta, la exigencia constitucional de la máxima representatividad democrática también ha sido sistemáticamente violada.

En primer lugar, mediante la designación, en 2014, de los magistrados del Tribunal Supremo de Justicia, del Contralor General de la República, del Fiscal General de la República y del Defensor del Pueblo, por una simple mayoría de votos de los diputados de la Asamblea Nacional (actuando como órgano legislativo), usurpando el carácter de cuerpo electoral de segundo grado que sólo puede ejercer una mayoría calificada de las 2/3 partes de los diputados.[23]

Y en segundo lugar, mediante la designación de los miembros del Consejo Nacional Electoral, tanto en 2004[24] como en 2014,[25] por la Sala Constitucio-

---

20   *Gaceta Oficial* N° 37.077 de 14 de noviembre de 2000. La impugnación por inconstitucional de dicha Ley en 2000, hay que recordarlo, le costó el cargo a la primera Defensora del Pueblo que había electo la Asamblea Constituyente en 1999.

21   *Gaceta Oficial* N° 37.573 de 19 de noviembre de 2002.

22   *Gaceta Oficial* N° 37.310 de 25 de octubre de 2001.

23   Véase Allan R. Brewer-Carías, "El golpe de Estado dado en diciembre de 2014 en Venezuela con la inconstitucional designación de las altas autoridades del Poder Público," en *El Cronista del Estado Social y Democrático de Derecho*, N° 52, Madrid 2015, pp. 18-33; José Ignacio Hernández, "La designación del Poder Ciudadano: fraude a la Constitución en 6 actos;" en *Prodavinci*, 22 de diciembre, 2014, en http://prodavinci.com/blogs/la-designacion-del-poder-ciudadano-fraude-a-la-constitucion-en-6-actos-por-jose-i-hernandez/.

24   Véase sentencia de la Sala Constitucional del Tribunal Supremo N° 2073 de 4 de agosto de 2003 (Caso: *Hermánn Escarrá Malaver y otros*), en http://historico.tsj.gov.ve/decisiones/scon/agosto/2073-040803-03-1254%20Y%201308.HTM; y sentencia N° 2341 del 25 de agosto de 2003 (Caso: *Hermánn Escarrá M. y otros)* en Véase en http://historico.tsj.gov.ve/deci-siones/scon/agosto/PODER%20ELEC-TORAL.HTM. Véanse los comentarios en Allan R. Brewer-Carías, "El control de la constitucionalidad de la omisión legislativa y la sustitución del Legislador por el Juez Constitucional: el caso del nombramiento de los titulares del Poder Electoral en Venezuela," en *Revista Iberoamericana de Derecho Procesal Constitucional*, N° 10 Ju-

nal del Tribunal Supremo, usurpando el carácter de cuerpo electoral que solo pueden tener los diputados de la Asamblea Nacional actuando mediante el voto de las 2/3 partes de los mismos .

En esta forma, durante los últimos quince años se han violado sistemáticamente las previsiones constitucionales establecidas para garantizar la elección popular democrática de los titulares de los Poderes Públicos, en este caso, de los Poderes Electoral, Ciudadano y Judicial, y poder así garantizar su independencia y autonomía, que solo puede lograrse asegurándose la elección popular indirecta de segundo grado con máxima representatividad y máxima participación democráticas. Lo contrario es lo que ha ocurrido, de lo que ha resultado la conformación de unos Poderes Públicos totalmente controlados por el Poder político que ejerce el gobierno mediante el control partidista de una mayoría simple de diputados de la Asamblea Nacional, habiendo quedado integrados los Poderes Electoral, Ciudadano y Judicial con militantes y seguidores del partido de gobierno.

De lo anterior resulta, por tanto, que la única posibilidad que existe de restituir la democracia en Venezuela, tiene que pasar por el restablecimiento del elemento esencial de la democracia que es el de la elección popular de los gobernantes mediante elecciones libres y trasparentes, controladas por órganos independientes y autónomos, lo que exige el respeto de las garantías democráticas representativa y participativa establecidas en la Constitución, para asegurar su independencia y autonomía, comenzando por el Poder Electoral de modo que pueda asegurarse con imparcialidad, el desarrollo de elecciones libres y justas.

La transición hacia la democracia, por tanto, tiene que comenzar por el control democrático de la mayoría de la Asamblea Nacional, que es el órgano político de mayor importancia en el marco de la Constitución, a los efectos, *primero*, de rescatar la función legislativa, la cual durante los últimos quince años ha sido inconvenientemente delegada en el Poder Ejecutivo; *segundo*, de controlar política y administrativamente al Poder Ejecutivo; y *tercero* de funcionar conforme a la Constitución en la elección y remoción popular de los titulares de los Poderes Públicos Judicial, Ciudadano y Electoral, garantizando la participación ciudadano conforme a la Constitución.

---

lio-Diciembre 2008, Editorial Porrúa, Instituto Iberoamericano de Derecho Procesal Constitucional, México 2008, pp. 271-286.

25   Véase sentencia de la Sala Constitucional del Tribunal Supremo N° 1865 de 26 de diciembre de 2014, en La sentencia inicialmente la consulté en http://www.tsj.gob.ve/decisiones/scon/diciembre/173497-1865-261214-2014-14-1343.HTML Posteriormente sólo estuvo disponible en http://historico.tsj.gov.ve/decisiones/scon/diciembre/173497-1865-261214-2014-14-1343.HTML. Véase Allan R. Brewer-Carías, "El golpe de Estado dado en diciembre de 2014 en Venezuela con la inconstitucional designación de las altas autoridades del Poder Público," en *El Cronista del Estado Social y Democrático de Derecho,* N° 52, Madrid 2015, pp. 18-33.

Por lo anterior, es claro, por tanto, que por ahora, solo cuando las fuerzas democráticas controlen políticamente mediante elección popular la mayoría calificada de la Asamblea Nacional, es que se podrá originar un proceso de transición hacia la democracia, y comenzar a desmantelarse el Estado totalitario que la ha destruido.

II. SOBRE LA DEMOLICIÓN DEL PRINCIPIO DE LA SEPARACIÓN DE PODERES

Esa elección popular democrática, por otra parte, es la única que puede garantizar el restablecimiento del principio de la separación de poderes, que también ha sido progresivamente demolido en Venezuela, abandonándose incluso el largo tratamiento jurisprudencial que siempre tuvo el principio como fundamento del ordenamiento constitucional.[26]

En efecto, puede decirse que no puede haber democracia sin separación de poderes, habiendo sido dicho principio el fundamento ideológico del Estado liberal inserto el todas las Constituciones desde 1811, incluida la Constitución de 1999,[27] el cual debe originar en los términos de la misma, unos órganos independientes y autónomos entre sí, que ejercen las diversas ramas del Poder Público: Legislativa, Ejecutiva, Judicial, Ciudadana y Electoral.

Recordemos además, que la Constitución de 1999 adoptó ese novedoso sistema de una *penta* separación orgánica del Poder Público Nacional, al hacerlo no entre tres, sino entre cinco Poderes, agregando a los tradicionales Poderes Legislativo, Ejecutivo y Judicial, dos nuevos, los Poderes Ciudadano y Electoral, correspondiendo entonces su ejercicio a cinco complejos orgánicos diferenciados y separados. Estos son, respectivamente, la Asamblea Nacional; el Presidente, sus Ministros y el resto de los órganos del denominado "Ejecutivo Nacional"; el Tribunal Supremo de Justicia y los demás tribunales de la República, así como la Dirección Ejecutiva de la Magistratura y los otros órganos de gobierno y administración del Poder Judicial (Art. 267); el Ministerio Público o Fiscalía General de la República (Art. 284), la Contraloría General de la República (Art. 267) y la Defensoría del Pueblo (Art. 280); y el Consejo Nacional Electoral, sus Comisiones y Juntas (Art. 293). Estos cinco conjuntos orgánicos conforme a la Constitución se deberían en-

---

26 Véase Allan R. Brewer-Carías, *Los Principios fundamentales del derecho público (Constitucional y Administrativo)*, Editorial Jurídica venezolana, Caracas 2005, pp. 67 ss. Véase por ejemplo, la Sala Constitucional del Tribunal Supremo en la sentencia N° 1368 de 13 de agosto de 2008, en http://www.tsj.gov.ve/decisiones/scon/Agosto/1368-130808-01-2503.htm.

27 Véase en general, Manuel García Pelayo, "La división de poderes y la Constitución Venezolana de 1961," en *Libro Homenaje a Rafael Caldera: Estudios sobre la Constitución*, Tomo III, Facultad de Ciencias Jurídicas y Políticas, Universidad Central de Venezuela, Caracas 1979, pp. 1403 y 1420; Hildegard Rondón de Sansó, "La separación de los poderes en Venezuela," en *Libro Homenaje a Rafael Caldera: Estudios sobre la Constitución*, Tomo III, Facultad de Ciencias Jurídicas y Políticas, Universidad Central de Venezuela, Caracas 1979, pp. 1369-1403.

contrar separados, autónomos e independientes entre sí, y cada uno de ellos con sus competencias constitucionales y legales específicas.[28]

Por tanto, de acuerdo con lo establecido en el artículo 136 de la Constitución, la separación de poderes y la asignación de funciones propias a los órganos que ejercen los Poderes Públicos,[29] se establece como lo dijo el Tribunal Supremo en alguna ocasión, a los efectos de garantizar el "control del ejercicio del Poder Público entre sus órganos, para asegurar la sujeción del obrar público a reglas y principios del derecho y, evidencia que el referido principio tiene carácter instrumental, en tanto está destinado a hacer efectiva la sujeción de los órganos del Poder Público al bloque de la constitucionalidad."[30]

De ello deriva que el principio, por tanto, no sea un simple principio de organización al que se le pueda quitar su base garantista de la libertad, de los derechos fundamentales y de la democracia, que es el objetivo del sistema de control. Sin embargo, en su afán de "desideologizar" el principio, desde 2004 la Sala Constitucional como órgano sometido al poder, ha afirmado que el mismo "no es un principio ideológico, propio de la democracia liberal, sino un principio técnico del cual depende la vigencia de la seguridad jurídica como valor fundante del derecho,"[31] pretendiendo ignorar su valor esencial, precisamente como principio de la ideología de la democracia liberal, que lo considera esencial para la existencia de la propia democracia y la libertad.

Esa afirmación de la Sala Constitucional, en todo caso, no fue una afirmación inocente, sino que fue el comienzo de un viraje anti democrático de la jurisprudencia constitucional que llevó a la Sala, cinco años después, a afirmar despectivamente en sentencia N° 1049 de 23 de julio de 2009,[32] que "*la*

28 Conforme lo ha señalado la sentencia N° 3098 de la Sala Constitucional (Caso: *nulidad artículos Ley Orgánica de la Justicia de Paz*) de 13-12-2004, la "redistribución orgánica del Poder Público" que establece la Constitución obedece, "según la Exposición de Motivos de la Constitución de 1999, a la necesidad de otorgar independencia y autonomía funcional a los órganos que están encargados de desarrollar determinadas competencias, especialmente las de ejecución de "*procesos electorales, así como el de la función contralora y la defensa de los derechos humanos*". Véase en *Gaceta Oficial* N° 38.120 de 02-02-2005.

29 Véase Allan R. Brewer-Carías, *Los Principios fundamentales del derecho público (Constitucional y Administrativo)*, Editorial Jurídica Venezolana, Caracas 2005, pp. 67 ss.

30 Véase sentencia N° 2208 de 28 de noviembre de 2007 (Caso *Antonio José Varela y Elaine Antonieta Calatrava Armas vs. Proyecto de Reforma de la Constitución de la República Bolivariana de Venezuela*), citada en la sentencia, en *Revista de Derecho Público*, N° 112, Editorial Jurídica Venezolana, Caracas 2007, pp. 601-606.

31 *Idem*: Sentencia N° 3098 de la Sala Constitucional (Caso: *Nulidad artículos Ley Orgánica de la Justicia de Paz*) de 14-12-2004, en *Gaceta Oficial* N° 38.120 de 02-02-2005.

32 Véase en http://www.tsj.gov.ve/decisiones/scon/Julio/1049-23709-2009-04-2233.html.

llamada división, distinción o separación de poderes fue, al igual que la teoría de los derechos fundamentales de libertad, un instrumento de la doctrina liberal del Estado mínimo," concebido no como "un mero instrumento de organización de los órganos del Poder Público, sino un modo mediante el cual se pretendía asegurar que el Estado se mantuviera limitado a la protección de los intereses individualistas de la clase dirigente."

Descubrió así la Sala Constitucional, aun cuando distorsionándolo, el verdadero sentido de la separación de poderes, no sólo como mero instrumento de organización del Estado, sino como principio esencial de la democracia, la propia del Estado de derecho, para garantizar los derechos y libertades fundamentales, aun cuando por supuesto no sólo de "intereses individualistas de la clase dirigente" como con sesgo ideológico la confina el Tribunal Supremo.

Con este elemento "desideologizante" inserto en la jurisprudencia, en la cual incluso se calificó al principio como un principio "conservador,"[33] la Sala Constitucional luego comenzó a referirse al mismo con mero carácter instrumental argumentando que ciertamente "no supone una distribución homogénea, exclusiva o excluyente, o no en todos los casos, de tareas, potestades o técnicas entre los conglomerados de órganos del Poder Público," en el sentido de que "la Constitución de 1999 no refleja una estructura organizativa en la que la distribución de tareas entre los distintos Poderes corra paralela a una asignación de potestades homogéneas, exclusivas o excluyentes entre los mismos."[34]

Lo cierto, en todo caso, es que a pesar de la instrumentalidad mencionada el principio de la separación para la organización de los poderes del Estado, es por sobre todo el fundamento para el control del poder, y particularmente, para el control judicial de la constitucionalidad y legalidad de los actos del Estado, a los efectos de que el magistrado que tiene poder no pueda abusar de él, para lo cual deben imponérsele límites, de manera que mediante la distribución del poder, "el poder limite al poder "y se evite que "se pueda abusar del poder;" en definitiva, como uno de los elementos esenciales de la democracia que garantiza el control del poder.[35]

---

33   Véase sentencia de la Sala Constitucional N° 1683 de 4 de noviembre de 2008 (Caso: *Defensoría del Pueblo*), en *Revista de Derecho Público*, N° 116, Editorial Jurídica Venezolana, Caracas 2008, pp. 222 ss.

34   Véase en http://www.tsj.gov.ve/decisiones/scon/Julio/1049-23709-2009-04-2233.html

35   Véase Allan R. Brewer-Carías, "Los problemas del control del poder y el autoritarismo en Venezuela," en Peter Häberle y Diego García Belaúnde (Coordinadores), *El control del poder. Homenaje a Diego Valadés,* Instituto de Investigaciones Jurídicas, Universidad Nacional Autónoma de México, Tomo I, México 2011, pp. 159-188; "Sobre los elementos de la democracia como régimen político: representación y control del poder," en *Revista Jurídica Digital IUREced,* Edición 01, Trimestre 1, 2010-2011, en http://www.megaupload.com/?d=ZN9Y2W1R; "Democracia: sus elementos y componentes esenciales y el control del poder," en *Grandes temas para un observatorio electoral ciudadano, Tomo I, Democracia: retos y fundamentos, (Compilado-*

Por todo ello es que el principio de la separación de poderes es tan importante para la democracia pues, en definitiva, del mismo dependen todos los demás elementos y componentes esenciales de la misma. En efecto, en definitiva, sólo controlando al Poder es que puede haber elecciones libres y justas, así como efectiva representatividad; sólo controlando al Poder es que puede haber pluralismo político; sólo controlando al Poder es que podría haber efectiva participación democrática en la gestión de los asuntos públicos; sólo controlando al Poder es que puede haber transparencia administrativa en el ejercicio del gobierno, así como rendición de cuentas por parte de los gobernantes; sólo controlando el Poder es que se puede asegurar un gobierno sometido a la Constitución y las leyes, es decir, un Estado de derecho y la garantía del principio de legalidad; sólo controlando el Poder es que puede haber un efectivo acceso a la justicia de manera que ésta pueda funcionar con efectiva autonomía e independencia; y en fin, sólo controlando al Poder es que puede haber real y efectiva garantía de respeto a los derechos humanos. De lo anterior resulta, por tanto, que sólo cuando existe un sistema de control efectivo del Poder es que puede haber democracia, y sólo en esta es que los ciudadanos pueden encontrar asegurados sus derechos debidamente equilibrados con los Poderes Públicos.

No es difícil, por tanto, entender que ha sido precisamente por la ausencia de una efectiva separación de poderes que en Venezuela la democracia haya sido tan afectada en los tres últimos lustros, período en el cual se ha producido un proceso continuo y sistemático de desmantelamiento de la misma, en paralelo con un proceso de concentración del poder, y que ha conducido, entre otro aspectos graves, al desmantelamiento de la autonomía e independencia del Poder Judicial en su conjunto,[36] y en particular, al control político

---

ra Nuria González Martín), Instituto Electoral del Distrito Federal, México 2007, pp. 171-220; "Los problemas de la gobernabilidad democrática en Venezuela: el autoritarismo constitucional y la concentración y centralización del poder," en Diego Valadés (Coord.), *Gobernabilidad y constitucionalismo en América Latina*, Universidad Nacional Autónoma de México, México 2005, pp. 73-96.

36 Véase, *en general*, Allan R. Brewer-Carías, "La progresiva y sistemática demolición de la autonomía e independencia del Poder Judicial en Venezuela (1999-2004)," en *XXX Jornadas J.M Domínguez Escovar, Estado de Derecho, Administración de Justicia y Derechos Humanos*, Instituto de Estudios Jurídicos del Estado Lara, Barquisimeto 2005, pp. 33-174; Allan R. Brewer-Carías, "El constitucionalismo y la emergencia en Venezuela: entre la emergencia formal y la emergencia anormal del Poder Judicial," en Allan R. Brewer-Carías, *Estudios Sobre el Estado Constitucional (2005-2006)*, Editorial Jurídica Venezolana, Caracas 2007, pp. 245-269; y Allan R. Brewer-Carías "La justicia sometida al poder. La ausencia de independencia y autonomía de los jueces en Venezuela por la interminable emergencia del Poder Judicial (1999-2006),"en *Cuestiones Internacionales. Anuario Jurídico Villanueva 2007*, Centro Universitario Villanueva, Marcial Pons, Madrid 2007, pp. 25-57, *disponible en* www.allanbrewercarias.com, (Biblioteca Virtual, II.4. Artículos y Estudios Nº 550, 2007) pp. 1-37. Véase también Allan R. Brewer-Carías, *Historia Constitucional de Venezuela*, Editorial Alfa, Tomo II, Caracas 2008, pp. 402-454.

por parte del Ejecutivo Nacional del Tribunal Supremo y de su Sala Constitucional, los cuales han sido puestos al servicio del autoritarismo,[37] afectando su rol de garantes de la Constitución y de los derecho humanos.[38]

Por ello, incluso, la Comisión Interamericana de Derechos Humanos en su *Informe Anual de 2009*, al indicar, después de analizar la situación de los derechos humanos y la situación de deterioro institucional en el país, que ello "indica la ausencia de la debida separación e independencia entre las ramas del gobierno en Venezuela;"[39] situación que explica la absurda afirmación ese mismo año de 2009, de la Presidenta del Tribunal Supremo de Venezuela, en el sentido de que "la división de poderes debilita al Estado,' y que "hay que reformarla."[40]

En ese contexto, por supuesto, la Sala Constitucional del Tribunal Supremo de Justicia, como Jurisdicción Constitucional, durante los tres últimos

---

37   Véase Allan R. Brewer-Carías, "El rol del Tribunal Supremo de Justicia en Venezuela, en el marco de la ausencia de separación de poderes, producto del régimen autoritario," en *Segundo Congreso Colombiano de Derecho Procesal Constitucional, Bogotá D.C., 16 de marzo de 2011*, Centro Colombiano de Derecho Procesal Constitucional, Universidad Católica de Colombia, Bogotá de Bogotá 2011, pp. 85-111; "El juez constitucional al servicio del autoritarismo y la ilegítima mutación de la Constitución: el caso de la Sala Constitucional del Tribunal Supremo de Justicia de Venezuela (1999-2009)," en *Revista de Administración Pública*, Nº 180, Madrid 2009, pp. 383-418, y en *IUSTEL, Revista General de Derecho Administrativo*, Nº 21, junio 2009, Madrid, ISSN-1696-9650; y "Los problemas del control del poder y el autoritarismo en Venezuela," en Peter Häberle y Diego García Belaúnde (Coordinadores), *El control del poder. Homenaje a Diego Valadés*, Instituto de Investigaciones Jurídicas, Universidad Nacional Autónoma de México, Tomo I, México 2011, pp. 159-188.

38   Véase Allan R. Brewer-Carías, "El proceso constitucional de amparo en Venezuela: su universalidad y su inefectividad en el régimen autoritario," en *Horizontes Contemporáneos del Derecho Procesal Constitucional. Liber Amicorum Néstor Pedro Sagüés*, Centro de Estudios Constitucionales del Tribunal Constitucional, Lima 2011, Tomo II, pp. 219-261.

39   Véase IACHR, *2009 Annual Report*, para. 472, en http://www.cidh.oas.org/annualrep/ 2009eng/Chap.IV.f.eng.htm. El Presidente de la Comisión, Felipe González, dijo en abril de 2010: "Venezuela es una democracia que tiene graves limitaciones, porque la democracia implica el funcionamiento del principio de separación de poderes, y un Poder Judicial libre de factores políticos." Véase en Juan Francisco Alonso, "Últimas medidas judiciales certifican informe de la CIDH," en *El Universal*, Apr. 4, 2010. Available at http://universo.eluniver-sal.com/2010/04/04/pol_art_ultimas-medidas-jud_1815569.shtml.

40   Véase en Juan Francisco Alonso, "La división de poderes debilita al estado. La presidenta del TSJ [Luisa Estela Morales] afirma que la Constitución hay que reformarla," *El Universal*, Caracas 5 de diciembre de 2009, en http://www.eluniversal.com/2009/12/05/pol_art_morales:-la-divisio_1683109.shtml. Véase la exposición completa de la presidenta del Tribunal Supremo en http://www.tsj.gov.ve/informacion/notasdeprensa/notasde-prensa.asp?codigo=7342.

lustros dejó de ser el garante último de la supremacía constitucional, dado el sometimiento al poder que ha sufrido, convirtiéndose en un mero agente ejecutor de las políticas públicas. Ello se confirmó, por ejemplo, con lo expresado en el discurso de "apertura del Año Judicial" pronunciado el 5 de febrero de 2011 por un Magistrado de la Sala Electoral del Tribunal Supremo, en el cual destacó que "el Poder Judicial venezolano está en el deber de dar su aporte para la eficaz ejecución, en el ámbito de su competencia, de la Política de Estado que adelanta el gobierno nacional" en el sentido de desarrollar "una acción deliberada y planificada para conducir un socialismo bolivariano y democrático," y que "la materialización del aporte que debe dar el Poder Judicial para colaborar con el desarrollo de una política socialista, conforme a la Constitución y la leyes, viene dado por la conducta profesional de jueces, secretarios, alguaciles y personal auxiliar."[41]

Con ello quedó claro cuál ha sido la razón del rol asumido por el Tribunal Supremo de Justicia, y que como se anunció en dicha apertura del Año Judicial de 2011, no es otro que la destrucción del "llamado estado de derecho" y "de las estructuras liberales-democráticas," con el objeto de la "construcción del Socialismo Bolivariano y Democrático."

En esta forma la Jurisdicción Constitucional controlada por el poder, no sólo ha dejado de ser la garante suprema de la Constitución, sino que se ha convertido en agente activo de mutaciones constitucionales ilegítimas, por ejemplo, para cambiar la forma federal del Estado,[42] o para desmontar el bloque de la constitucionalidad, al reservarse la decisión sobre la aplicación preferente de los tratados internacionales en materia de derechos humanos[43] e, incluso, para implementar las reformas constitucionales que fueron rechazadas por el pueblo mediante referendo en 2007 mediante interpretaciones

---

41   El Magistrado Fernando Vargas, quien fue el Orador de Orden, además agregó que "Así como en el pasado, bajo el imperio de las constituciones liberales que rigieron el llamado estado de derecho, la Corte de Casación, la Corte Federal y de Casación o la Corte Suprema de Justicia y demás tribunales, se consagraban a la defensa de las estructuras liberal-democráticas y combatían con sus sentencias a quienes pretendían subvertir ese orden en cualquiera de las competencias ya fuese penal, laboral o civil, de la misma manera este Tribunal Supremo de Justicia y el resto de los tribunales de la República, deben aplicar severamente las leyes para sancionar conductas o reconducir causas que vayan en desmedro de la construcción del Socialismo Bolivariano y Democrático." Véase la Nota de Prensa oficial difundida por el Tribunal Supremo. Véase en http://www.tsj.gov.ve/informacion/no-tasdeprensa/notasdeprensa.asp?codigo=8239.

42   Véase Allan R. Brewer-Carías, "La Sala Constitucional como poder constituyente: la modificación de la forma federal del estado y del sistema constitucional de división territorial del poder público, en *Revista de Derecho Público*, Nº 114, Editorial Jurídica Venezolana, Caracas 2008, pp. 247-262.

43   Véase Allan R. Brewer-Carías, "El juez constitucional vs. La justicia internacional en materia de derechos humanos," en *Revista de Derecho Público*, Nº 116, (julio-septiembre 2008), Editorial Jurídica Venezolana, Caracas 2008, pp. 249-26.

constitucionales vinculantes.[44] Y además, ha sido precisamente la Sala Constitucional del Tribunal Supremo, el vehículo utilizado por los otros poderes del Estado para secuestrar y tomar control directo de otras ramas del Poder Público.

Así sucedió con el Poder Electoral, en 2002, después de la sanción de la Ley Orgánica del Poder Electoral,[45] cuando la Sala Constitucional, al declarar sin lugar un recurso de inconstitucionalidad que había ejercido el propio Presidente de la República contra una Disposición Transitoria de dicha Ley Orgánica, en un *obiter dictum* consideró que dicha Ley era "inaplicable" al entonces en funciones Consejo Nacional Electoral en materia de quórum para decidir, impidiéndosele entonces a dicho órgano poder tomar decisión alguna, al considerar que debía hacerlo con una mayoría calificada de 4/5 que no estaba prevista en la Ley (la cual disponía la mayoría de 3/5). Para ello, la Sala "revivió" una previsión que estaba en el derogado Estatuto Electoral transitorio que se había dictado en 2000 sólo para regir las elecciones de ese año, y que ya estaba inefectivo.[46] Con ello, por la composición de entonces del Consejo Nacional Electoral, la Sala Constitucional impidió que dicho órgano funcionara y entre otras tareas, que pudiera, por ejemplo, darle curso a la iniciativa popular de más de tres millones de firmas de convocar un referendo consultivo sobre la revocación del mandato del Presidente de la República.

En todo caso, ello significó, en la práctica, la parálisis total y absoluta del Poder Electoral, lo que se consolidó por decisión de otra Sala del Tribunal Supremo, la Sala Electoral, primero, impidiendo que uno de los miembros del Consejo pudiese votar,[47] y segundo, anulando la convocatoria que había

---

44   Véase en general sobre estas mutaciones constitucionales lo que hemos expresado en Allan R. Brewer-Carías, "El juez constitucional al servicio del autoritarismo y la ilegítima mutación de la Constitución: el caso de la Sala Constitucional del Tribunal Supremo de Justicia de Venezuela (1999-2009)", en *Revista de Administración Pública*, N° 180, Madrid 2009, pp. 383-418; "La fraudulenta mutación de la Constitución en Venezuela, o de cómo el juez constitucional usurpa el poder constituyente originario," en *Anuario de Derecho Público*, Centro de Estudios de Derecho Público de la Universidad Monteávila, Año 2, Caracas, 2009, pp. 23-65; "La ilegítima mutación de la Constitución por el juez constitucional y la demolición del Estado de derecho en Venezuela.," *Revista de Derecho Político*, N° 75-76, Homenaje a Manuel García Pelayo, Universidad Nacional de Educación a Distancia, Madrid, 2009, pp. 291-325; "El juez constitucional al servicio del autoritarismo y la ilegítima mutación de la Constitución: el caso de la Sala Constitucional del Tribunal Supremo de Justicia de Venezuela (1999-2009)", en *IUSTEL, Revista General de Derecho Administrativo*, N° 21, junio 2009, Madrid, ISSN-1696-9650.

45   Véase en *Gaceta Oficial* N° 37.573 de 19-11-2002.

46   Véase Sentencia N° 2747 de 7 de noviembre de 2002 (Exp. 02-2736).

47   Véase Sentencia N° 3 de 22 de enero de 2003 (Caso: *Darío Vivas y otros*). Véase en Allan R. Brewer-Carías, "El secuestro del Poder Electoral y de la Sala Electoral del Tribunal Supremo y la confiscación del derecho a la participación política mediante

hecho el Consejo para un referendo consultivo sobre la revocación del mandato del Presidente.[48]

La respuesta popular a estas decisiones, sin embargo, fue una nueva iniciativa popular respaldada por tres millones y medio de firmas para la convocatoria de un nuevo referendo revocatorio del mandato del Presidente de la República, para cuya realización resultaba indispensable designar los nuevos miembros del Consejo Nacional Electoral. La bancada oficialista en la Asamblea Nacional no pudo hacer por si sola dichas designaciones, pues en aquél entonces no controlaba la mayoría de los 2/3 de los diputados que se requerían para ello, por lo que ante la imposibilidad o negativa de llegar a acuerdos con la oposición, y ante la perspectiva de que no se nombraran los miembros del Consejo Nacional Electoral, la vía que se utilizó para lograrlo, bajo el total control del gobierno, fue que la Sala Constitucional lo hiciera.

Para ello, se utilizó la vía de decidir un recurso de inconstitucionalidad contra la omisión legislativa en hacer las designaciones, que se había intentado, de manera que al decidir el recurso, la Sala, en lugar de exhortar a la Asamblea Nacional para que hiciera los nombramientos como corres-pondía, como antes se ha indicado, procedió a hacerlo directamente, usurpando la función del Cuerpo Electoral de segundo grado del Parlamento, y peor aún, sin cumplir con las condiciones constitucionales requeridas para hacer las elecciones.[49] Con esta decisión, la Sala Constitucional le aseguró al gobierno el completo control del Consejo Nacional Electoral, secuestrando a la vez el derecho ciudadano a la participación política, y permitiendo al partido de gobierno manipular los resultados electorales.

La consecuencia de todo ello ha sido, como se ha indicado anteriormente, que las elecciones que se han celebrado en Venezuela durante la última década, han sido organizadas por una rama del Poder Público supuestamente independiente pero tácticamente controlada por el gobierno, totalmente parcializada. Esa es la única explicación que se puede dar, por ejemplo, al hecho de

---

el referendo revocatorio presidencial: Venezuela: 2000-2004," en *Revista Costarricense de Derecho Constitucional,* Tomo V, Instituto Costarricense de Derecho Constitucional, Editorial Investigaciones Jurídicas S.A., San José 2004, pp. 167-312.

48 Véase Sentencia Nº 32 de 19 de marzo de 2003 (Caso: *Darío Vivas y otros*). Véase Allan R. Brewer-Carías, en "El secuestro del Poder Electoral y la confiscación del derecho a la participación política mediante el referendo revocatorio presidencial: Venezuela 2000-2004," en *Revista Jurídica del Perú*, Año LIV Nº 55, Lima, marzo-abril 2004, pp. 353-396.

49 Véase sentencia Nº 2073 de 4 de agosto de 2003 (Caso: *Hermánn Escarrá Malaver y otros*); y sentencia Nº 2341 del 25 de agosto de 2003 (Caso: *Hermánn Escarrá y otros*). Véase en Allan R. Brewer-Carías, "El secuestro del poder electoral y la conficación del derecho a la participación política mediante el referendo revocatorio presidencial: Venezuela 2000-2004," en *Stvdi Vrbinati, Rivista trimestrale di Scienze Giuridiche, Politiche ed Economiche*, Año LXXI – 2003/04 Nuova Serie A – N. 55,3, Università degli studi di Urbino, pp.379-436.

que siempre se haya desconocido cuál fue el resultado oficial de la votación efectuada en el referendo que rechazó la reforma propuesta por el Presidente de la República en 2007. Ello es igualmente lo que explica que se pudiera sancionar la Ley Orgánica de los Procesos Electorales en 2008, para materialmente, en fraude a la Constitución, al eliminarse la representación proporcional en la elección de los diputados a la Asamblea Nacional, al punto de que en las elecciones legislativas de septiembre de 2010, con una votación inferior al cincuenta por ciento de los votos, el partido oficial obtuvo casi los 2/3 de diputados a la Asamblea Nacional.

En definitiva, el principio de la separación de poderes, como principio fundamental del ordenamiento constitucional, no es ni puede ser considerado solamente como un principio técnico de organización del Estado, para solamente asegurar el adecuado ejercicio de las diversas funciones estatales por parte de los diversos órganos que ejercen el Poder Público. Al contrario, tiene que ser considerado como un principio esencial de la configuración del Estado constitucional y democrático de derecho, el cual sin duda tiene un carácter ideológico vinculado al liberalismo democrático, concebido para asegurar el sistema de control y limitación del poder que le es esencial. Su justificación, precisamente es esa: asegurar la libertad y la vigencia de los derechos fundamentales mediante la limitación y control del poder.

De todo lo anterior también resulta por tanto, que la única posibilidad que existe de restablecer la democracia en Venezuela, tiene que pasar también por el restablecimiento del otro elemento esencial de la democracia, que además de la elección popular de los gobernantes, es la efectiva existencia del principio de separación de los poderes públicos que como órganos independientes y autónomos se puedan controlar entre sí.

Para ello, es decir, para restablecer la separación de poderes, la transición hacia la democracia, como antes dijimos, también tiene que comenzar por ahora, por el control democrático de la mayoría de la Asamblea Nacional, para asegurar la elección y remoción popular de los titulares de los Poderes Públicos Judicial, Ciudadano y Electoral, garantizando la participación ciudadano conforme a la Constitución; y además, controle políticamente al gobierno. Ello confirma que solo cuando las fuerzas democráticas controlen políticamente mediante elección popular la mayoría calificada de la Asamblea Nacional es que se podrá originar un proceso de transición hacia la democracia, y comenzar a desmantelarse el Estado totalitario que la ha destruido.

III. SOBRE EL DERECHO CIUDADANO A LA RESISTENCIA Y DESOBEDIENCIA CIVIL FRENTE A AUTORIDADES ILEGÍTIMAS Y LA ALTERNATIVA DE SU MANIFESTACIÓN A TRAVÉS DE LAS VOTACIONES POPULARES

El desmantelamiento de la democracia, y en particular, de sus pilares fundamentales, es decir, la elección popular de los gobernantes y la separación de poderes, como se ha dicho, lo que ha producido en el país es un Estado totalitario conducido por autoridades ilegítimas, que no tienen legitimidad democrática, por lo que frente a ello, el pueblo tiene derecho a rebelarse utilizando los medios que para ello le reconoce la propia Constitución.

En efecto, el gobierno de fuerza que desde 1999 se apoderó de Venezuela, y que ha edificado el Estado totalitario demoliendo las instituciones democráticas, conculcando las libertades y negando los derechos de las personas, sometiendo a la sociedad a un terrorismo de Estado guiado por una ideología de odio y exterminio, con asesinatos, confiscaciones, caos económico, desabastecimiento, hambre y corrupción, definida ésta incluso como política de Estado, parece claro que ya no podrá ser cambiado sino por un acto de fuerza popular que debe ser manifestado con el ejercicio de la soberanía popular a través de la votación. Es decir, por ejemplo, frente a unas elecciones parlamentarias, la sociedad civil y política tienen que convertirlas en la práctica, en una manifestación de fuerza popular, de resistencia frente al régimen autoritario, para desplazarlo del poder.

Así como el régimen autoritario se impuso con la fuerza de una votación en 1999, y por ello ha prevalecido sobre todos; por ahora, solo por la fuerza de otra votación es que el pueblo puede desalojar a esos dirigentes del poder, ejerciendo su soberanía y manifestándola por ejemplo mediante la elección de una nueva Asamblea Nacional, como acto tendiente a desconocer el régimen ilegítimo que gobierna desde 1999, que ha contrariado los valores, principios y garantías democráticos establecidos en la Constitución, y ha menoscabado los derechos humanos.

No hay otra alternativa para lograr desalojar dicho régimen del poder, que no sea por esa fuerza que sólo puede manifestarla el pueblo, como titular de la soberanía, mediante una votación. Es decir, esa fuerza no debería derivar de algún pronunciamiento aislado de cúpulas militares, ni de pactos o negociaciones entre personas, ni de un ejercicio electoral aislado como si se tratase de designar algunos representantes más en una contienda democrática normal, sino de un proceso electoral producto del ejercicio directo de la soberanía expresado como un rechazo absoluto al régimen autoritario de manera que todos los demócratas, del gobierno y la oposición, oigan el clamor popular y divisen definitivamente el abismo al cual se está precipitando al país. En definitiva, solo el pueblo es quien puede manifestarse para evitar la confrontación entre hermanos a la cual el régimen quiere llevar al país, y que de llegar a darse, tendría efectos aún más devastadores. Con el control de la Asamblea Nacional hay que obligar a quienes han destruido al Estado y minado a la sociedad a llegar a un pacto o acuerdo, para prevenir una guerra, evitando a toda costa que se llegue al mismo pacto pero como una forma de armisticio, para poner fin a la misma.

En definitiva, es el pueblo, como depositario de la soberanía y del poder constituyente originario, el único que a través de sus representantes electos en una Asamblea Nacional puede articular la necesaria reconciliación nacional de todos los venezolanos, y reflejarla en la reconstrucción del Estado social y democrático de derecho, descentralizado y de justicia por el que ha estado clamando el país, en sustitución del Estado totalitario actual, devolviéndole a los venezolanos su derecho a vivir en paz, y superar la aberrante situación de miedo y terror a la cual nos ha sometido el régimen, al definir como política de Estado, incluso el uso de la violencia física e institucional.

Por otra parte, solo el pueblo, manifestando su voluntad a través de la elección de la nueva Asamblea Nacional puede exigir y lograr que se desmonte el monopolio de la esperanza que ilegítimamente ha asumido y controlado el Estado, materializado en las dádivas y subsidios degradantes con los cuales el gobierno ha engañado al pueblo, obligando a las personas a ser más pobres y en todo caso dependiente de una burocracia ineficiente, arrebatándole a los ciudadanos su propia esperanza para que basadas en el trabajo y los valores esenciales de una sociedad democrática, puedan ser artífices de su propio destino.

Además, solo el pueblo, mediante una iniciativa popular de esta naturaleza, es el que además podrá desmontar la situación de miedo y terror, a la cual, también como política del régimen totalitario se ha sometido a la población, para lo cual al amparo de la impunidad, definida también como política de Estado, éste incluso ha renunciado al monopolio de las armas, permitiendo que grupos de sectores de la población, aterroricen, amedrenten y asesinen impunemente a otros.

Se trata en definitiva, por ejemplo de tratar adelante la elección parlamentaria como una forma de manifestación de fuerza popular en ejercicio del derecho ciudadano de resistencia a la opresión que se garantiza en el último de los artículos de la Constitución de Venezuela de 1999, que dispone que:

> *Artículo 350.* El pueblo de Venezuela, fiel a su tradición republicana, a su lucha por la independencia, la paz y la libertad, desconocerá cualquier régimen, legislación o autoridad que contraríe los valores, principios y garantías democráticos o menoscabe los derechos humanos.

Esta norma, en efecto, consagra el derecho constitucional a la desobediencia civil y a la resistencia contra regímenes políticos ilegítimos, la legislación que se sancione y cualquier autoridad que sea inconstitucional o que actúen en contra de la Constitución o que menoscabe los derechos humanos que la misma declara. Es el derecho ciudadano a que no se vulnere la Constitución que establece los valores, principios y garantías democráticos, y a que se asegure le supremacía de la misma, particularmente cuando la Jurisdicción Constitucional no la garantiza, como es el caso de Venezuela, por estar controlada políticamente; en definitiva, es el derecho a procurar que se restablezca el orden constitucional violado.

El derecho a la resistencia a la opresión, por tanto, deriva del derecho ciudadano a la supremacía constitucional, y su ejercicio encuentra justificación cuando los mecanismos institucionales del Estado dispuestos para garantizar dicha supremacía no funcionan. Es en ese contexto, en nuestro criterio, que los ciudadanos deben ejercer su derecho a desobedecer y resistir todo régimen que contraríe el valor fundamental de vivir en paz, los valores democráticos y el respeto a los derechos humanos. [50].

Por tanto, ante la violación de la Constitución por las autoridades constituidas, en un Estado como en Venezuela en la actualidad, donde no hay garantía de que los órganos del Poder Público que ejercen sus funciones constitucionales de balance, contrapeso y control, y en particular, donde el sistema de justicia constitucional no funciona por habérselo puesto al servicio del autoritarismo; particularmente cuando el régimen autoritario ha tenido su origen en elecciones, así hayan sido fraudulentas, sin duda se plantea el dilema o conflicto democrático y constitucional que tiene que condicionar la conducta de los ciudadano, entre rechazar, desobedecer o resistir frente a leyes y autoridades ilegítimas, inconstitucionales e injustas; u obedecerlas de acuerdo con la obligación constitucional, acatándolas y cumpliéndolas. Este es el meollo del ejercicio del derecho a la desobediencia civil y a la resistencia frente a la opresión, que deriva del artículo 350 de la Constitución y que corresponde con razón a toda persona, individualmente o en grupo, para garantizar la resistencia a cumplir y acatar leyes que son ilegítimas, inconstitucionales e injustas.[51]

---

50 En efecto, a pesar de que los ciudadanos de cualquier Estado, como integrantes de una sociedad regulada por leyes, tienen el deber de obediencia a las mismas, ello no excluye que el Estado tenga, a la vez, la obligación de garantizar el goce y ejercicio irrenunciable, indivisible e interdependiente de los derechos de las personas, conforme al principio de la progresividad y sin discriminación, por lo que el respeto y garantía de los derechos humanos son obligatorios para los órganos que ejercen el Poder Público. Además, la Constitución de 1999 declara expresamente como nulos todos los actos dictados en ejercicio del Poder Público que violen o menoscaben los derechos que la misma garantiza (art. 25), haciendo responsables en lo penal, civil y administrativo a los funcionarios públicos que ordenen o ejecuten esos actos violatorios.

51 Sobre la desobediencia civil y el artículo 350 de la Constitución, véase: María L. Álvarez Chamosa y Paola A. A. Yrady, "La desobediencia civil como mecanismo de participación ciudadana", en *Revista de Derecho Constitucional,* N° 7 (Enero-Junio). Editorial Sherwood, Caracas, 2003, pp. 7-21; Andrés A. Mezgravis, "¿Qué es la desobediencia civil?", en *Revista de Derecho Constitucional,* N° 7 (enero-junio), Editorial Sherwood,Caracas, 2003, pp. 189-191; Marie Picard de Orsini, "Consideraciones acerca de la desobediencia civil como instrumento de la democracia", en *El Derecho Público a comienzos del siglo XXI. Estudios homenaje al Profesor Allan R. Brewer-Carías,* Tomo I, Instituto de Derecho Público, UCV, Civitas Ediciones, Madrid, 2003, pp. 535-551; y Eloisa Avellaneda y Luis Salamanca, "El artículo 350 de la Constitución: derecho de rebelión, derecho resistencia o derecho a la desobediencia civil", en *El Derecho Público a comienzos del siglo XXI. Estudios homenaje al Profesor Allan R. Brewer-Carías,* Tomo I, Instituto de Derecho Público, UCV, Civitas Ediciones, Madrid, 2003, pp. 553-583. Véase además, lo que hemos expuesto en Allan R. Brewer-Carías, *La Constitución de 1999. Derecho Constitucional Venezolano.* Editorial Jurídica Venezolana, Caracas 2004, Tomo I, pp. 133 ss.

La norma tiene su origen remoto en los planteamientos de John Locke (derecho a la insurrección),[52] que incluso tuvieron consagración en el último de los artículos de la Declaración de los Derechos del Hombre y del Ciudadano de la Constitución Francesa de 1793,[53] y que ha conducido incluso a la inclusión del derecho a la rebelión contra los gobiernos de fuerza en el artículo 333 de la Constitución de 1999, cuando establece el deber de "todo ciudadano investido o no de autoridad, de colaborar en el restablecimiento de la efectiva vigencia de la Constitución," si la misma perdiera "su vigencia o dejare de observarse por acto de fuerza o porque fuere derogada por cualquier otro medio distinto al previsto en ella."[54]

Pero frente a leyes inconstitucionales, ilegítimas e injustas dictadas por los órganos del Poder Público, que a la vez son considerados ilegítimos, en realidad, no se está en presencia de este deber-derecho a la rebelión, sino del derecho a la resistencia y del derecho a la desobediencia civil, en particular por la ausencia de efectivo control judicial de la constitucionalidad o de la garantía de la justicia constitucional por estar la Jurisdicción Constitucional controlada por el Poder, que tiene que colocarse en la balanza de la conducta ciudadana junto con el deber constitucional de la obediencia a las leyes.

El tema central en esta materia, por supuesto, es la determinación de cuándo desaparece la obligación de la obediencia a las leyes y cuándo se reemplaza por la también obligación-derecho de desobedecerlas, y esto ocurre, en general, cuando la ley es injusta; cuando es ilegítima, porque por ejemplo emana de un órgano que tiene un origen ilegítimo o que no tiene poder para legislar, o cuando es nula, por violar la Constitución; y no hay un sistema de justicia constitucional que funcione.

---

52   Véase John Locke, *Two Treaties of Government* (ed. P. Laslett), Cambridge 1967, p. 211.

53   *Art. 35.* Cuando el gobierno viole los derechos del pueblo, la insurrección es, para el pueblo y para cada porción del pueblo, el más sagrado de los derechos y el más indispensable de los deberes.

54   Es el único caso en el cual una Constitución pacifista como la de Venezuela de 1999, admite que pueda haber un acto de fuerza para reaccionar contra un régimen que por la fuerza haya irrumpido contra la Constitución. Sobre ello, ha señalado la Sala Constitucional en sentencia Nº 24 de 22 de enero de 2003 (Caso: *Interpretación del artículo 350 de la Constitución*) que: "El derecho de resistencia a la opresión o a la tiranía, como es el caso de los regímenes de fuerza surgidos del pronunciamiento militar, que nacen y actúan con absoluta arbitrariedad, está reconocido en el artículo 333 de la Constitución, cuya redacción es casi idéntica al artículo 250 de la Carta de 1961. Esta disposición está vinculada, asimismo, con el artículo 138 *eiusdem*, que declara que "Toda autoridad usurpada es ineficaz y sus actos son nulos." El derecho a la restauración democrática (defensa del régimen constitucional) contemplado en el artículo 333, es un mecanismo legítimo de desobediencia civil que comporta la resistencia a un régimen usurpador y no constitucional." Véase en *Revista de Derecho Público*, Nº 93-96, Editorial Jurídica Venezolana, Caracas 2003, pp. 126-127.

La actitud del ciudadano en esta situación de derecho a la desobediencia de la ley, como manifestación del derecho a resistencia, puede expresarse de diversas formas y entre ellas, individualmente mediante la objeción de conciencia,[55] y también individual o colectivamente mediante la desobediencia civil, y la resistencia pasiva o activa, todas como manifestaciones cívicas no violentas,[56] aun cuando las últimas se diferencian de la desobediencia civil en cuanto a que esta es fundamentalmente una manifestación colectiva, que lo que persigue de inmediato es demostrar públicamente la injusticia, la ilegitimidad o la inconstitucionalidad de la ley o de un régimen o una autoridad, con el fin de inducir, por ejemplo, al legislador a reformarla o al régimen o a la autoridad a transformarse.[57]

La desobediencia civil, por ello, es una acción que se justifica o que debe considerarse licita, debida e incluso, tolerada, a diferencia de cualquier otra trasgresión o violación de la ley, pues lo que persigue es el restablecimiento de la justicia, de la legitimidad o de la constitucionalidad, mediante una re-

---

55 La objeción de conciencia es una conducta individual; de carácter omisivo, en el sentido que consiste en no hacer lo que se ordena; en forma pública; pacífica; parcial, porque está dirigida al cambio de una norma; y de orden pasivo, porque la resistencia a la norma y el derecho de incumplirla se hace con conciencia de aceptar las consecuencias o sanciones que se imponen por la violación. El derecho a la objeción de conciencia está regulado –mal regulado– en el artículo 61 de la Constitución de Venezuela, que establece que "la objeción de conciencia no puede invocarse para eludir el cumplimiento de la ley o impedir a otros su cumplimiento o el ejercicio de sus derechos," cuando en realidad, lo que debió decir es que no puede invocarse para eludir la aplicación de las sanciones derivadas del incumplimiento de la ley. De lo contrario, no sería tal derecho.

56 Por otra parte, en cuanto a la resistencia pasiva, como la definió el propio Mahatma Gandhi "es un método que consiste en salvaguardar los derechos mediante la aceptación del sufrimiento" lo que es "lo contrario de la resistencia mediante las armas" (M. K. Gandhi, *La Civilización occidental y nuestra Independencia*, Buenos Aires, 1959, p. 84 y ss.). Consiste en la negativa a obedecer los dictados de la ley, aceptando la sanción punitiva que resulta de la desobediencia, pero con la certidumbre de no estar obligado a obedecer la ley que desaprueba la conciencia (*Idem*, pp. 85-86). En la misma línea se ubica la resistencia activa, la cual también es una conducta no sólo contra la parte perceptiva de una Ley sino contra su parte punitiva; y no sólo de carácter individual sino muchas veces colectiva, como por ejemplo, la conducta comisiva de *hacer lo que la ley prohíbe* y, además, buscando eludir la pena. En todo caso, es de carácter público y parcial. La resistencia activa se materializó, por ejemplo, en los movimientos por la integración racial que liderizó Martín Luther King en la década de los cincuenta.(El movimiento por los derechos civiles liderado, entre otros, por M. L. King, se desarrolló a partir de la sentencia de la Corte Suprema de los Estados Unidos, *Brown vs. Topeka Bord of Education,* 1954).

57 La expresión desobediencia civil comenzó a difundirse en los Estados Unidos luego del clásico ensayo de Henry David Thoreau, *Civil Disobedience,* 1849. Véase las referencias en Norberto Bobbio, "Desobediencia Civil" en Norberto Bobbio y Nicola Matteucci (directores). *Diccionario de Política,* 1982, Vol. I, p. 535.

forma legal o una trasformación política. Por ello, la desobediencia civil no se considera destructiva sino innovativa, y quienes la asumen no consideran que realizan un acto de trasgresión del deber ciudadano de cumplir la ley, sino que lo que cumplen es con el deber ciudadano de velar porque los regímenes políticos sean democráticos o porque las leyes sean justas, legítimas y acorde con la Constitución.[58] La desobediencia civil, por tanto, es una actitud propia de los buenos ciudadanos.

El efecto demostrativo de la desobediencia civil exige, en todo caso, su carácter colectivo y publicitado al máximo;[59] de lo contrario, sería una desobediencia común, que por lo general es secreta, como la que hace el evasor de impuestos. La desobediencia civil, por tanto, tiene que ser expuesta al público, evidenciando que el deber que tiene todo ciudadano de cumplir la ley, sólo puede existir cuando el legislador respete la obligación de sancionar leyes justas y constitucionales.

La desobediencia civil, así, a pesar de que pueda ser considerada formalmente como una acción que se aparta de la ley, es sin embargo legítima, colectiva, pública y pacífica, es decir, no violenta, que tiene su fundamento, precisamente, como decía Norberto Bobbio[60] en "principios éticos superiores para obtener un cambio de las leyes" o en los valores que establece el artículo 350 de la Constitución, cuando se considere que el régimen, la legislación o la autoridad contraríe los valores, principios y garantías democráticos o menoscabe los derechos humanos; y el conflicto no pueda ser resuelto por la Jurisdicción Constitucional.[61]

---

58   A finales de 2001, en Venezuela se dieron dos manifestaciones colectivas que puede considerarse que encuadran en la desobediencia civil: en primer lugar, con la realización del proceso electoral del directorio de la Conferencia de Trabajadores de Venezuela, a pesar de que el Consejo Nacional Electoral había ordenado que no se realizaron dichas elecciones y había dicho que desconocería a la directiva electa; *El Universal*, Caracas, 17-08-01, p. 1-6; en segundo lugar, con la realización de la elección de los jueces de paz en diversos Municipios, entre ellos Chacao, organizada por las autoridades municipales a pesar de la posición en contra del Consejo Nacional Electoral que reclamaba para sí la organización de esas elecciones y desconociendo la medida cautelar en contra adoptada por el Tribunal Supremo de Justicia.

59   Un típico ejemplo en Venezuela del carácter demostrativo de ruptura contra un ordenamiento, fue la ruptura en público de la *Gaceta Oficial* que contenía la Ley de Tierras y Desarrollo Rural, por el Presidente de la Federación de Ganaderos, Dr. José Luis Vetancourt, noviembre 2001; y la ruptura de la boleta electoral en el referendo sindical de diciembre de 2000 por Carlos Melo, *El Universal*, Caracas, 04-12-00, p. 1-8.

60   Véase Norberto Bobbio, "Desobediencia Civil" en Norberto Bobbio y Nicola Matteucci (directores). *Diccionario de Política*, 1982, Vol. I, pp. 533 ss.

61   Como lo ha resumido Juan Ignacio Ugartemedia Eceizabarrena en la primera frase de su libro sobre el tema, la desobediencia civil "es un fenómeno que se configura como una forma peculiar de protesta contra determinadas actuaciones del poder público llevada a cabo por motivos de justicia." Véase Juan Ignacio Ugartemedia Eceizaba-

Por ello, en Venezuela, la desobediencia civil no sólo es un tema de filosofía política, sino de derecho constitucional, pues es la propia Constitución la que consagra expresamente el derecho ciudadano a la desobediencia civil, incluso más allá de la sola resistencia a la ley. Las condiciones para el ejercicio del derecho a la desobediencia civil y resistencia a la opresión en aplicación, por ejemplo, del antes mencionado artículo 350 de la Constitución, en nuestro criterio,[62] serían las siguientes:

En *primer lugar*, se establece como un derecho constitucional del "pueblo de Venezuela", es decir, se trata de un derecho de ejercicio colectivo y, consecuencialmente, público. No se puede justificar en esta norma, cualquier violación individual de una ley.

En *segundo lugar*, es un derecho basado en la tradición republicana del pueblo, su lucha por la independencia, la paz y la libertad. Se trata, por tanto, de un derecho ciudadano democrático, de carácter pacífico y no violento. No se pueden justificar en esta norma, acciones violentas que son incompatibles con los principios constitucionales que rigen al Estado, a la sociedad y al ordenamiento jurídico.

En *tercer lugar*, el derecho colectivo a la desobediencia civil ("desconocerá", dice la norma) surge cuando el régimen, la legislación o la autoridad, primero, "contraríe los valores, principios y garantías democráticas"; y segundo, "menoscabe los derechos humanos".

En *cuarto lugar,* la desobediencia civil que tiene su fundamento en el artículo 350 de la Constitución, como derecho ciudadano colectivo, de ejercicio público y pacífico, se puede plantear no sólo respecto de la legislación, sino de "cualquier régimen... o autoridad" que, como se dijo, contraríe los valores, principios y garantías democráticos o menoscabe los derechos humanos.

---

rrena, *La desobediencia civil en el Estado constitucional democrático*, Marcial Pons, Madrid 1999, p. 15.

62   Así lo expresamos a comienzos de 2002, en la conferencia sobre "Democracia y desobediencia civil (La democracia venezolana a la luz de la Carta Democrática Interamericana)"dictada en las "Jornadas Día de los Derechos Civiles. El ABC de la No violencia activa y de la desobediencia civil," organizada por la Asociación Civil Queremos Elegir, en la Cámara de Industriales de Venezuela. Caracas, 26 de enero 2002, disponible en http://allanbrewercarias.com/Con-tent/449725d9-f1cb-474b-8ab2-41efb849fea2/Content/I.1.844.pdf; y en el documento "*Aide Memoire, febrero 2002. La democracia venezolana a la luz de la Carta Democrática Interamericana,*" disponible en http://allanbrewer-carias.com/Content/449725d9-f1cb-474b-8ab2-41efb849fea3/Content/I,%202,%2021.%20La%20democracia%20venezolana%20a%20la%20luz%20de%20la%20Carta%20Democratica%20Interamericana%20_02-02-_SIN%20PIE%20DE%20PAGINA.pdf Véase igualmente, Allan R. Brewer-Carías, *La Crisis de la democracia venezolana (la carta democrática Inter-americana y los sucesos de abril de 2002)*, Ediciones El Nacional, Caracas 2002, pp. 39 ss.; y *La Constitución de 1999. Derecho Constitucional Venezolano*. Editorial Jurídica Venezolana, Caracas 2004, Tomo I, pp. 133 ss.

Este derecho constitucional del pueblo, se establece, por tanto, no sólo frente a las leyes (legislación), sino frente a cualquier régimen o autoridad que contraríe los valores, principios y garantías democráticas o menoscabe los derechos humanos, lo que lo amplía considerablemente respecto del tradicional ámbito político institucional de la misma conocido en la ciencia política, que la reduce a la desobediencia de las leyes para lograr su reforma.

La desobediencia civil en la Constitución, por tanto, no sólo tiene el efecto demostrativo de buscar la reforma de leyes injustas, ilegítimas o inconstitucionales, sino de buscar cambiar el régimen o la autoridad que contraríe los valores, principios y garantías democráticos establecidos en la Constitución o los definidos en la *Carta Democrática Interamericana*; o que menosprecie los derechos humanos enumerados en la Constitución y en los tratados, pactos y convenciones relativas a derechos humanos suscritos y ratificados por Venezuela, los cuales tienen jerarquía constitucional y prevalecen en el orden interno en la medida en que contengan normas sobre su goce y ejercicio más favorables a las establecidas en la Constitución y en las leyes (art. 23).

En todo caso, tratándose de un derecho constitucional colectivo, del pueblo de Venezuela, la desobediencia civil tiene que ser motorizada por las organizaciones sociales, por los organismos de la sociedad civil, por los sectores de la sociedad, y por los partidos políticos, es decir, por toda organización que sea de carácter no estatal. He aquí el gran valor y poder de la sociedad civil organizada, esa que está fuera del alcance del Estado.[63] La sociedad civil así, es la esfera de las relaciones entre individuos, entre grupos y entre sectores de la sociedad, que en todo caso se desarrollan fuera de las relaciones de poder que caracterizan a las instituciones estatales. En este ámbito de la sociedad civil, en consecuencia, entre otras están las organizaciones con fines políticos (partidos políticos); las organizaciones religiosas; las organizaciones sociales; las organizaciones ambientales; las organizaciones comunitarias y vecinales; las organizaciones educativas y culturales; las organizaciones para la información (medios de comunicación) y las organizaciones económicas y cooperativas que el Estado, por otra parte, tiene la obligación constitucional de respetar y proteger e, incluso, de estimular, facilitar y promover (arts. 52, 57, 59, 67, 100, 106, 108, 112, 118, 127, 184 y 308). En definitiva, conforme a la sentencia de la Sala Electoral del Tribunal Supremo de Justicia N° 30 del

---

63   El pueblo organizado es la sociedad civil y esta es la organización que se contrapone al Estado. Como lo ha dicho la Sala Constitucional en sentencia N° 1395 de 21 de noviembre de 2000 (Caso: *Gobernación del Estado Mérida y otras vs. Ministerio de Finanzas*), "la sociedad civil es diferente al Estado y a los entes que lo componen (Estados, Municipios, Institutos Autónomos, Fundaciones Públicas, Sociedades con capital de los Poderes Públicos, etc.). En consecuencia, el Estado no puede formar parte, bajo ninguna forma directa o indirecta, de la sociedad civil. Fundaciones, Asociaciones, Sociedades o grupos, totalmente financiados por el Estado, así sean de carácter privado, no pueden representarla, a menos que demuestren que en su dirección y actividades no tiene ninguna influencia el Estado." Véase en *Revista de Derecho Público*, N° 84, Editorial Jurídica Venezolana, Caracas 2000, p. 315 ss.

28 de marzo de 2001 (Caso: *Víctor Maldonado vs. Ministerio de la Familia*) la llamada 'sociedad civil', debe ser entendida "como la organización democrática de la sociedad, *no estatal*, política, religiosa o militar, que busca fines públicos coincidentes con los del Estado."[64] Sin embargo, no debe dejar de mencionarse que la doctrina autoritaria de la Sala Constitucional ha llegado al absurdo de negarle a los partidos políticos ser parte de la sociedad civil,[65] y aún más, a la negación de la diferenciación entre sociedad civil y el Esta-

---

64 Véase en *Revista de Derecho Público*, N° 85-88, Editorial Jurídica Venezolana, Caracas 2001, pp. 338-343. Sin embargo, respecto de las organizaciones de la sociedad civil, la Sala Constitucional en Venezuela le ha dado una interpretación restrictiva al término, expresando en la sentencia N° 1050 de 23 de agosto de 2000 (Caso: *Ruth Capriles y otros vs. Consejo Nacional Electoral*), que "mientras la ley no cree los mecanismos para determinar quiénes pueden representar a la sociedad civil en general o a sectores de ella en particular, y en cuáles condiciones ejercer tal representación, no puede admitirse como legítimos representantes de la sociedad civil, de la ciudadanía, etc., a grupos de personas que por iniciativa propia se adjudiquen tal representación, sin que se conozca cuál es su respaldo en la sociedad ni sus intereses; y sin que pueda controlarse a qué intereses responden: económicos, políticos, supranacionales, nacionales o internacionales." (Véase en *Revista de Derecho Público*, N° 83, Editorial Jurídica Venezolana, Caracas 2000, pp. 182-184). La Sala, por tanto, a pesar de que reiteró el principio de que las normas constitucionales sobre participación ciudadana tienen aplicación inmediata, a pesar de que no tengan desarrollo legislativo, "ello no se extiende a cualquier grupo que se auto-proclame representante de la sociedad civil, y que sin llenar requisito legal alguno, pretenda, sin proporcionar prueba de su legitimidad, más allá del uso de los medios de comunicación para proyectarse públicamente, obrar por ante la Sala Constitucional, sin ni siquiera poder demostrar su legitimación en ese sentido;" concluyendo con la siguiente afirmación reductiva del derecho a la participación: "La función pública se haría caótica, si cualquier asociación o grupo de personas, arrogándose la representación de la ciudadanía o de la sociedad civil, pretendiere fuese consultada antes de la toma de cualquier decisión; o exigiere de los poderes del Poder Público la entrega de documentos, datos o informaciones sin que la ley los faculte para ello; o quisiera ingresar a dependencias del Estado a indagar sobre lo que allá acontece sin que ninguna disposición legal se lo permita. Tal situación caótica se acentuaría si estos entes mediante el uso de los medios de comunicación tratasen de formar matrices de opinión pública favorables a sus pretensiones cuando ellas carecen de fundamento legal. De allí, que se hace impretermitible, para el desarrollo de los derechos de tales organizaciones ciudadanas, que la ley establezca los requisitos y condiciones a cumplir para que puedan ser considerados representantes de la sociedad civil y de la ciudadanía." (Véase en *Revista de Derecho Público*, N° 83, Editorial Jurídica Venezolana, Caracas 2000, p. 182 ss.).

65 En efecto, en forma contradictoria, en la mencionada sentencia N° 1395 de 21 de noviembre de 2000 (Caso: *Gobernación del Estado Mérida y otras vs. Ministerio de Finanzas*), la Sala Constitucional le negó a los partidos políticos el ser parte de la sociedad civil, indicando: "Que estando el Estado conformado por ciudadanos que pertenecen a fuerzas políticas, la sociedad civil tiene que ser diferente a esas fuerzas, cuyos exponentes son los partidos o grupos políticos. Consecuencia de ello, es que las organizaciones políticas no conforman la sociedad civil, sino la sociedad política cuyos espacios están delimitados por la Constitución y las leyes. Por lo tanto, todo ti-

do, llegando a considerar alguno de sus magistrados que "todos los ciudadanos y demás integrantes del cuerpo social están dentro del Estado."[66]

Aparte, de estas afirmaciones y tendencias restrictivas, lo cierto es que frente al derecho a la desobediencia civil y a la resistencia a la opresión, son las organizaciones de la sociedad civil, incluyendo los partidos políticos,[67] las

---

po de participación partidista en personas jurídicas, desnaturaliza su condición de organizaciones representativas de la sociedad civil. La sociedad civil la forman los organismos e instituciones netamente privados, mientras que la sociedad política es el dominio directo que se expresa en el Estado y en el gobierno jurídico, en el cual contribuyen los partidos en un régimen democrático." Véase en *Revista de Derecho Público*, N° 84, Editorial Jurídica Venezolana, Caracas 2000, p. 315 ss.

66   En efecto en la Sala Constitucional del Tribunal Supremo de Justicia, en 2012, los criterios apuntaban hacia otra dirección completamente autoritaria. Eso es lo que se desprende, al menos, de lo que expuso el magistrado Arcadio Delgado Rosales en el acto de apertura del Año Judicial en enero de 2012. Allí expuso, basándose nada menos que en Carl Schmitt, que: "… debemos advertir desde el inicio que la sociedad como condición existencial del Estado es una sola y la insistencia en pretender excluir o distinguir de la globalidad a "ciudadanos" integrantes de la "sociedad civil" es una construcción ideológica liberal, en la cual hay reminiscencias censitarias, de desprecio a las clases populares y de odio al Estado como unidad política que, como veremos más adelante, es concebido como una amenaza latente contra la concepción individualista. Por tanto, rechazamos la escisión de la totalidad social (sociedad civil/sociedad militar; sociedad civil/sociedad política) y, en consecuencia, la pretendida división entre actores e interacciones sociales al interior del sistema político y los actores e interacciones al "exterior" del mismo. Todos los ciudadanos y demás integrantes del cuerpo social están dentro del Estado y, como tales, son actores sociales y, potencialmente, políticos". Esta afirmación no sólo demuestra el desconocimiento de la Constitución en donde se evidencia y describe precisamente la separación entre relaciones entre sectores de la sociedad y relaciones de la sociedad para con el Estado, sino además evidencia el desconocimiento de sentencias antes referidas, proponiendo una fórmula clásica de los movimientos totalitarios, en los cuales el individuo se instrumentaliza al servicio del Estado, eliminando la distinción Estado /sociedad, lo cual es violatorio de los derechos humanos . *Cfr.* Arcadio Delgado Rosales, "Reflexiones sobre el sistema político y el Estado Social" en Sesión solemne. Apertura Actividades Judiciales. Discurso de Orden, Tribunal Supremo de Justicia, Caracas, 2012. http://www.tsj.gov.ve/informacion/miscela-neas/DiscursoMagADR.pdf

67   Por ejemplo, la sociedad civil organizada, por ejemplo, realizó una muy importante movilización contra el Decreto 1011 de 04-10-00 que contiene el Reglamento del Ejercicio de la Profesión Docente (*G.O.* N° 5496 *Extra.* de 31-10-00), en el cual se reguló a los Supervisores Itinerantes Nacionales, a los efectos de realizar "supervisiones integrales en todos los planteles establecidos a nivel nacional". Como consecuencia de esas supervisiones de cada plantel, esos supervisores podían recomendar la intervención del plantel y la suspensión de los miembros de sus cueros directivos (art. 32,6). La movilización fue contra la posibilidad de aplicación de esta norma respecto de los planteles privados. Véase, en particular, *El Universal*, Caracas, 07-12-00, p. 1-9; 12-12-00, p. 1-12; 13-12-00, p. 1-9; 14-12-00, pp. 1-6, 1-10; 15-12-00, p. 1-2; 17-12-00, p. 1-8; 18-12-00, p. 1-6; 19-12-00, p. 1-10 y 20-12-00, p. 1-2. El Ministro de Educación, a pesar de haber señalado que el Decreto si se aplicaba a la edu-

que precisamente en nombre del pueblo pueden motorizar la reacción contra las leyes injustas o inconstitucionales y, en última instancia, ejercer el derecho a la desobediencia civil que regula la Constitución, también, contra el régimen o la autoridad que contraríe los valores, principios y garantías democráticas o menoscabe los derechos humanos.

Y lo cierto es que a pesar de los diversos esfuerzos restrictivos del juez constitucional en Venezuela de reducir y restringir el ejercicio del derecho a la desobediencia civil y a la resistencia frente a la opresión, el mismo ha adquirido cada vez más importancia, porque en ausencia de una justicia constitucional efectiva[68] que asegure la tutela judicial efectiva de los derechos, dichos derechos no sólo se puede ejercer constitucionalmente ante leyes inconstitucionales como muchas de las que han sido dictadas en Venezuela en la última década mediante decretos leyes,[69] sino ante el régimen y autoridad que tenemos, que cada vez más contradice los valores, principios y garantías democráticas y menoscaba los derechos humanos. Por ello, incluso, más que un derecho a la desobediencia civil, comenzamos a estar en presencia de un deber ciudadano que debe cumplirse para salvaguardar nuestra democracia y proteger nuestros derechos.

Y ello debe ocurrir incluso conforme a la interpretación constitucional vinculante y restrictiva del artículo 350 de la Constitución adoptada por la Sala Constitucional del Tribunal Supremo de Justicia, al decidir un recurso de

---

cación privada, *El Universal*, Caracas, 12-12-00, p. 1-12, luego señaló que no se aplicaba, *El Universal*, Caracas, 18-12-00, p. 1-6. Pretendió el Ministro "aclarar" esto en un "reglamento del reglamento", totalmente improcedente, *El Universal*, Caracas, 12-12-00, p. 1-8. El Decreto fue impugnado ante el Tribunal Supremo, *El Universal*, Caracas, 22-12-00, p. 1-2, cuya Sala Constitucional un año después (19-12-01) decidió sin lugar la acción aclarando el contenido del Decreto, *El Nacional*, Caracas, 20-12-01, p. C-2, en virtud de la "reglamentación" realizada por el Ministerio mediante Resolución, en el cual subsanó las fallas del Decreto, *El Nacional*, Caracas, 27-12-01, p. 1-4. Otra movilización de la sociedad civil organizada que debe destacarse fue la realizada en caracas, el 11 de abril de 2002 exigiendo la renuncia del Presidente de la República. Véase sobre la misma y los sucesos políticos derivados en Allan R. Brewer-Carías, *La Crisis de la democracia venezolana (La Carta Democrática Interamericana y los sucesos de abril de 2002)*, Ediciones El Nacional, Caracas 2002.

68   Véase Allan R. Brewer-Carías, *Crónica sobre la "In" Justicia Constitucional. La Sala Constitucional y el autoritarismo en Venezuela*. Colección Instituto de Derecho Público, Universidad Central de Venezuela, Nº 2, Caracas, 2007, 702 pp.

69   Véase por ejemplo, sobre los dictados en 2000, en Allan R. Brewer-Carías, "Apreciación general sobre los vicios de inconstitucionalidad que afectan los Decretos Leyes Habilitados," en *Ley Habilitante del 13-11-2000 y sus Decretos Leyes*, Academia de Ciencias Políticas y Sociales, Serie Eventos Nº 17. Caracas 2002, pp. 63-103; y sobre los dictados en 2008, los trabajos publicados en *Revista de Derecho Público*, Nº 115 *(Estudios sobre los Decretos Leyes)*, Editorial Jurídica Venezolana. Caracas, 2009.

interpretación ejercido a conveniencia del poder,[70] mediante sentencia N° 24 de 22 de enero de 2003 (Caso: *Interpretación del artículo 350 de la Constitución*),[71] enmarcando y restringiendo el ejercicio del derecho ciudadano a la desobediencia civil y a la resistencia a la opresión, vaciando materialmente de contenido la norma del artículo 350 de la Constitución, y reduciéndolo a su ejercicio solo mediante votaciones populares. Lo importante es precisamente que la sociedad civil y los partidos políticos conviertan la elección, así sea de los miembros de la Asamblea Nacional, en un acto de resistencia colectiva frente a la opresión.

La Sala Constitucional, en efecto, en relación con la expresión "pueblo" contenida en la norma, como titular del derecho a la resistencia y a la desobediencia civil, que es de ejercicio colectivo, ha interpretado que "debe vincularse al principio de la soberanía popular que el Constituyente ha incorporado al artículo 5 del texto fundamental," agregando que "el sentido que debe asignarse al pueblo de Venezuela es el conjunto de las personas del país y no una parcialidad de la población, una clase social o un pequeño poblado, y menos individualidades." De allí, la Sala concluyó señalando que "en la medida en que la soberanía reside de manera fraccionada en todos los individuos que componen la comunidad política general que sirve de condición existencial del Estado Nacional, siendo cada uno de ellos titular de una porción o alícuota de esta soberanía, tienen el derecho y el deber de oponerse al régimen, legislación o autoridad que resulte del ejercicio del poder constituyente originario que contraríe principios y garantías democráticos o menoscabe los derechos humanos; y así se decide."

De ello, resultó, en definitiva, que la Sala Constitucional redujo el ejercicio del derecho a la desobediencia civil y a la resistencia a la opresión en un ejercicio de la soberanía por el pueblo, lo que apunta a que en general sólo podría ejercerse mediante el sufragio popular, indicando en la misma sentencia N° 24 de 22 de enero de 2003 que el desconocimiento al cual alude la norma del artículo 350, sólo "puede manifestarse constitucionalmente mediante los diversos mecanismos para la participación ciudadana contenidos en la Carta Fundamental, en particular los de naturaleza política, preceptuados en el artículo 70,

---

70   Véase sobre este recurso de interpretación, que con frecuencia se ha ejercido con objeto completamente desligado de algún caso concreto o controversia constitucional, el cual fue "creado" por la propia Sala Constitucional sin fundamento en la Constitución, lo que hemos expuesto en Allan R. Brewer-Carías, *"Quis Custodiet Ipsos Custodes*: De la interpretación constitucional a la inconstitucionalidad de la interpretación," en *VIII Congreso Nacional de derecho Constitucional, Perú*, Fondo Editorial 2005, Colegio de Abogados de Arequipa, Arequipa, septiembre 2005, pp. 463-489; y en *Revista de Derecho Público*, N° 105, Editorial Jurídica Venezolana, Caracas 2006, pp. 7-27.; y en "Le recours d'interprétation abstrait de la Constitution au Vénézuéla", en *Le renouveau du droit constitutionnel, Mélanges en l'honneur de Louis Favoreu*, Dalloz, Paris, 2007, pp. 61-70.

71   Véase en *Revista de Derecho Público*, N° 93-96, Editorial Jurídica Venezolana, Caracas 2003, pp. 126-127.

a saber: "la elección de cargos públicos, el referendo, la consulta popular, la revocación del mandato, las iniciativas legislativa, constitucional y constituyente, el cabildo abierto y la asamblea de ciudadanos y ciudadanas."[72]

Pues bien, y precisamente por esa interpretación restrictiva del derecho a la resistencia y a la desobediencia civil frente a un régimen como el actual, junto con la legislación que ha dictado y la autoridad que ejerce, contraria a los valores, principios y garantías democráticos y que ha menoscabado los derechos humanos; dicho derecho debe ejercerse como tal, utilizando por ahora la vía del sufragio, es decir, de las elecciones que se realicen en el país, como por ejemplo debe ocurrir en la votación para la elección de los diputados a la Asamblea Nacional, en cuya campaña las organizaciones civiles y políticas democráticas deben participar pero planteando la elección, no para votar en determinados circuitos electorales uno que otro o muchos diputados, sino como un acto de manifestación de fuerza que sea la expresión de la voluntad popular,[73] tanto para resistir al régimen autoritario y desobedecer sus ejecutorias, como para barrerlo del ejercicio del poder, mediante el control que se debería lograr de la mayoría calificada de la Asamblea Nacional.[74]

---

72   Por ello, la Sala Constitucional, en la citada sentencia N° 24 de 22 de enero de 2003, al interpretar la norma del mencionado artículo 350, primero, aclaró, que la misma al ser aislada no debía conducir "a conclusiones peligrosas para la estabilidad política e institucional del país, ni para propiciar la anarquía;" y luego, contra el "argumento del artículo 350 para justificar el 'desconocimiento' a los órganos del poder público democráticamente electos," ello lo consideró "impertinente" "de conformidad con el ordenamiento constitucional vigente," advirtiendo que: "se ha pretendido utilizar esta disposición como justificación del 'derecho de resistencia' o 'derecho de rebelión' contra un gobierno violatorio de los derechos humanos o del régimen democrático, cuando su sola ubicación en el texto Constitucional indica que ese no es el sentido que el constituyente asigna a esta disposición." Véase en *Revista de Derecho Público*, N° 93-96, Editorial Jurídica Venezolana, Caracas 2003, pp. 128-130.

73   Como lo indicó Oswaldo Álvarez Paz, al referirse a las elecciones parlamentarias de diciembre de 2015, "Ellas forman parte de lo que está por venir, pero es útil recordar que la verdadera naturaleza del problema de Venezuela no es electoral sino existencial, de valores y principios muy erosionados por los bárbaros que controlan al régimen. Cada día crece el descontento, el rechazo profundo de una población hastiada de tanta ineficiencia y corrupción. Está en el ambiente. El cambio no puede esperar más. Se trata de algo más que obtener unas cuantas diputaciones adicionales en diciembre. Hablamos de la reconstrucción democrática de un país en ruinas. Los caminos están a la vista," en Oswaldo Álvarez Paz, "El final está próximo," en *El Nacional*, 22 de septiembre de 2015, en http://alvarezpaz.blogspot.com/.

74   Como lo planteó Leopoldo López en la carta que dirigió a los venezolanos al ser condenado injustamente a prisión el 10 de septiembre de 2015: "Para que Venezuela salga adelante debemos cambiar el sistema. Pero para que eso suceda debemos quitarle el poder a la élite corrupta que nos gobierna. El próximo 6 de diciembre tenemos una excelente oportunidad para avanzar en esa dirección. Ese día, con irreverencia, con revire democrático, salgamos con toda nuestra fuerza a votar y a defender en todos y cada uno de los centros electorales y en la propia calle, la voluntad de cambio que de manera arrolladora la inmensa mayoría de los venezolanos vamos a expresar

Para ello, por supuesto, es esencial la unidad de la oposición, pues como lo ha demostrado Beatriz Magaloni, la "unidad de la oposición y la amenaza creíble de masiva desobediencia civil, hace más difícil a los autócratas poder robar las elecciones," pues además, "si hay una masiva revolución contra el fraude, los militares puede que en cambio se cambien de lado, permitiendo que la democracia emerja."[75]

Y así poder entrar definitivamente en un proceso de transición a la democracia montado sobre los dos principios fundamentales antes mencionados: la elección popular directa o indirecta de todos los titulares de los Poderes Públicos, y la separación y autonomía e independencia de todos los poderes públicos, sin lo cual no puede haber democracia. En esa tarea, sin duda, para garantizar esa transición, en la cual tendrá que haber consensos forzados por la manifestación de fuerza de la voluntad popular,[76] las Fuerzas Armadas ineludiblemente deben comprometerse a cumplir con su rol fundamental en una sociedad democrática que como institución no deliberante y apolítica es el velar por la estabilidad de las instituciones democráticas, respetando la

---

en las urnas." Véase el texto en "Lea aquí la carta de Leopoldo López a los venezolanos emitida desde Ramo Verde," Caracas 11 de septiembre de 2015, en http://prodavinci.com/2015/09/11/actualidad/lea-aqui-la-carta-de-leopoldo-lopez-a-los-venezolanos-emitida-desde-ramo-verde/ Véase igual-mente en: http://www.el-nacional.com/politica/Lee-Leopoldo-Lopez-publicada-sentencia_0_700130144.html; y en *The New York Times*, New York, September 25, 2015, p. A35.

75   Véase Beatriz Magaloni, Stanford University, "The Game f Electoral Fraud and the ousting of Authoritarian Rule," en *American Journal of Political Science*, Vol. 54, Nº 3, July 2010, p. 763.

76   Como lo observó Luis Ugalde S.J., "para que se dé el proceso de la transición hacia la democracia en Venezuela es necesario llegar a un consenso entre el Gobierno y la oposición." Como el país va a seguir empeorando, agregó: "No hay ninguna otra fórmula ni externa ni interna, sino crear un consenso más amplio con aquellos que, hasta hoy, yo he considerado bandidos. A eso se llega porque cada día estamos peor y se va a sentir la presión por todos lados. Va a haber un clamor. Aquí estamos cerca del clamor y, por su parte, la oposición tiene que aceptar lo mismo."[...] "Tiene que haber una visión de transición y que ambas partes se sacrifiquen por algo que vale la pena", puntualizó. [...] "El problema no es si la oposición acepta, sino si el Gobierno acepta y para eso hay que obligar", aseveró.   Las afirmaciones fueron expresadas en La mesa del editor de Analítica.com, 22 de junio de 2015, concluyendo la reseña del evento indicando que "Los panelistas señalaron que el Gobierno no va a dialogar porque le guste dialogar, ya que va contra todos sus principios, pero la realidad del día a día, la desesperación de la gente y las elecciones van a obligar a que se dé este paso hacia un consenso y un Gobierno de transición, sin embargo, Ugalde señaló que la transición no será ninguna estrella del Gobierno, ni de la oposición porque las negociaciones son odiosas." Véase en "Luis Ugalde: Es necesario un consenso para la transición en Venezuela," *analitica.com*, 22 de junio de 2015, en http://www.ana-litica.com/actualidad/actualidad-nacional/ugalde-es-necesario-un-consenso-para-la-transicion-en-venezuela/

Constitución y las leyes cuyo acatamiento debe estar siempre por encima de cualquier otra obligación.

Luego, como parte del forzado consenso para la transición democrática, se podrá iniciar un proceso constituyente por la misma iniciativa popular, como manifestación de fuerza soberana, para realizar la tarea institucional que quedó pendiente en 1999,[77] que fue la de establecer efectivamente un Estado democrático y social de derecho, federal y descentralizado políticamente, basado en la distribución vertical del Poder Público en los tres niveles territoriales de gobierno, con representantes electos mediante sufragio universal directo y secreto, para asegurar la participación política de los ciudadanos en los asuntos públicos.

New York, 6 de octubre de 2015.

---

77   Véase Allan R. Brewer-Carías, "Propuesta sobre la forma federal del Estado en la nueva Constitución: Nuevo federalismo y nuevo municipalismo," (6-9-1999) y "Propuesta sobre la regulación del principio democrático representativo y participativo," en *Debate Constituyente, (Aportes a la Asamblea Nacional Constituyente),* Tomo I (8 agosto-8 septiembre), Fundación de Derecho Público, Editorial Jurídica Venezolana, Caracas 1999, pp. 183-199; y "Razones del voto NO en el referéndum sobre la Constitución" (30-11-1999) en *Debate Constituyente, (Aportes a la Asamblea Nacional Constituyente),* Tomo III (18 octubre-30 Noviembre), Fundación de Derecho Público, Editorial Jurídica Venezolana, Caracas 1999, pp. 313-340.

PRIMERA PARTE

EL DESQUICIAMIENTO DE LA ADMINISTRACIÓN PÚBLICA: UN ESFUERZO SOSTENIDO: 2000-2015[*]

La Administración Pública es ante todo un instrumento esencial del Estado establecido para gerenciar, en su nombre y por su cuenta, la satisfacción de las necesidades colectivas de la sociedad que constitucional y legalmente esté obligado a asumir, por lo que como tal instrumento, su misión esencial es estar al servicio de los ciudadanos o administrados.

Por ello, siendo un instrumento del Estado, por su carácter vicarial o servicial, es evidente que la misma está necesariamente condicionada, en su concepción, organización y funcionamiento, por la propia concepción del Estado de la cual forme parte en un momento dado y en un país determinado, conforme al régimen político existente, y a la práctica política del gobierno que lo conduzca.[1]

---

[*] Texto de base de la Videoconferencia sobre "Los condicionamientos políticos de la Administración Pública" dictada para los alumnos del *Curso sobre Fundamentos de la Administración Pública*, Escuela de Estudios Políticos y Administrativos, Facultad de Ciencias Jurídicas y Políticas, Universidad Central de Venezuela, Caracas, 20 de noviembre de 2014 y 5 de mayo de 2015; y de la *Cátedra de Administración Pública*, Escuela de Estudios Internacionales, Universidad Santa María, Caracas, 2 de junio de 2015; y en las *XIV Jornadas de Derecho Público*, Facultad de Ciencias Jurídicas y Políticas, Universidad Monteávila, Caracas 5 de marzo de 2015.

[1] Sobre el tema de los condicionantes políticos de la Administración, ya nos ocupamos desde hace unos buenos años, en Allan R. Brewer-Carías, "Les conditionnements politiques de l'administration publique dans les pays d'Amérique Latine", en *Revue Internationale des Sciences Administratives*, Vol. XLV, N° 3, Institut International des Sciences Administratives, Bruselas 1979, pp. 213-233; y "Los condicionamientos políticos de la Administración Pública en los países latinoamericanos" en *Revista de la Escuela Empresarial Andina*, Convenio Andrés Bello, N° 8, Año 5, Lima 1980, pp. 239-258. Igualmente en nuestro libro *Fundamentos de la Administración Pública*, Tomo I, Colección Estudios Administrativos, N° 1, Editorial Jurídica Venezolana, Caracas 1980, 386 pp.; 2ª edición, 1984.

Bajo este ángulo, por tanto, al referirnos a la Administración Pública contemporánea en Venezuela, conforme a sus condicionamientos políticos, trataremos de identificar en primer lugar, cuál es la concepción del Estado que existe en la actualidad en el país, partiendo del que define la Constitución como Estado democrático y social de derecho y de justicia y de economía mixta, pero que en realidad se ha configurado como un Estado totalitario; en segundo lugar, cuáles han sido las consecuencias de la configuración de ese Estado Totalitario sobre la Administración Pública, en particular, el proceso de una inflación de la organización administrativa que se ha producido, tanto en la Administración Central como en la Administración descentralizada, y la creación de una Administración paralela, con organizaciones denominadas "Misiones" que sin embargo no están sometidas al régimen de la Ley Orgánica de la Administración Pública; en tercer lugar, cuál es la forma del Estado en el país, partiendo de la fórmula constitucional del Estado federal descentralizado, pero que en realidad se ha configurado como un Estado centralizado con membrete federal, y el impacto que ello ha tenido en la centralización progresiva de la Administración Pública; y en cuarto lugar, cuál es el impacto de la creación de un Estado Comunal o del Poder Popular, en paralelo al Estado Constitucional, sobre éste último y la Administración Pública, en particular, por el ahogamiento progresivo de la Administración Pública Municipal.

I. LA ADMINISTRACIÓN PÚBLICA Y LA CONCEPCIÓN DEL ESTADO: EL PASO DEL ESTADO DEMOCRÁTICO Y SOCIAL DE DERECHO Y DE JUSTICIA, Y DESCENTRALIZADO PREVISTO EN LA CONSTITUCIÓN, AL ESTADO TOTALITARIO DESARROLLADO AL MARGEN DE LA MISMA

En cuanto al primer aspecto a considerar, sobre la concepción política del Estado, como hay que hacer respecto de cualquier Estado, para precisarla lo primero que debe hacerse es acudir a la fuente suprema del ordenamiento que lo regula, que no es otra que la Constitución, en la cual, además, en el mundo contemporáneo, en casi todos los países se ha progresivamente constitucionalizado no sólo a la propia Administración Pública, sino al derecho que la regula, es decir, al propio derecho administrativo, que ahora encuentra en ella, como ley suprema, la principal de sus fuentes. [2]

---

2   Sobre el proceso de constitucionalización del derecho administrativo en Colombia y en Venezuela, véase Allan R. Brewer-Carías, "El proceso de constitucionalización del Derecho Administrativo en Colombia" en Juan Carlos Cassagne (Director), *Derecho Administrativo. Obra Colectiva en Homenaje al Prof. Miguel S. Marienhoff*, Buenos Aires 1998, pp. 157-172, y en *Revista de Derecho Público*, Nº 55-56, Editorial Jurídica Venezolana, Caracas, julio-diciembre 1993, pp. 47-59; y "Algunos aspectos de proceso de constitucionalización del derecho administrativo en la Constitución de 1999" en *Los requisitos y vicios de los actos administrativos. V Jornadas Internacionales de Derecho Administrativo Allan Randolph Brewer-Carías, Caracas 1996*, Fundación Estudios de Derecho Administrativo (FUNEDA), Caracas 2000, pp. 23-37.

Por ello, es un signo de las Constituciones contemporáneas, del cual no se escapa la Constitución venezolana de 1999, encontrar en sus normas previsiones, por ejemplo, sobre el régimen sobre la organización, funcionamiento y actividad de la Administración Pública como complejo orgánico integrada en los órganos del Poder Ejecutivo; sobre el ejercicio de la función administrativa, realizada aún por otros órganos del Estado distintos a la Administración; sobre las relaciones jurídicas que se establecen cotidianamente entre las personas jurídicas estatales, cuyos órganos son los que expresan la voluntad de la Administración, y los administrados; sobre los fines públicos y colectivos que estas persiguen, situados por encima de los intereses particulares; sobre los poderes y prerrogativas de los cuales disponen para hacer prevalecer los intereses generales y colectivos frente a los intereses individuales, y además, de los límites impuestos por normas garantizadoras de los derechos y garantías de los administrados, incluso frente a la propia Administración.

Por tanto, en nuestro caso, para identificar la concepción del Estado que deberíamos tener en Venezuela, y consecuentemente, las características de la Administración Pública que debería existir, lo primero que hay que hacer es acudir al texto mismo de la Constitución de 1999, en particular, sus artículos 2, 3, 4 y 299, que disponen que:

Primero, que "Venezuela se constituye en un Estado democrático y social de Derecho y de Justicia, que propugna como valores superiores de su ordenamiento jurídico y de su actuación, la vida, la libertad, la justicia, la igualdad, la solidaridad, la democracia, la responsabilidad social y, en general, la preeminencia de los derechos humanos, la ética y el pluralismo político" (Artículo 2)

Segundo, que la República "es un Estado federal descentralizado en los términos consagrados en la Constitución, y se rige por los principios de integridad territorial, cooperación, solidaridad, concurrencia y corresponsabilidad (Artículo 4).

Tercero, que los "fines esenciales" del Estado son: "la defensa y el desarrollo de la persona y el respeto a su dignidad, el ejercicio democrático de la voluntad popular, la construcción de una sociedad justa y amante de la paz, la promoción de la prosperidad y bienestar del pueblo y la garantía del cumplimiento de los principios, derechos y deberes reconocidos y consagrados en la Constitución," siendo "la educación y el trabajo" los procesos fundamentales para alcanzar dichos fines (Artículo 3).

Y *cuarto*, que "el régimen socioeconómico" de la República, "se fundamenta en los principios de justicia social, democracia, eficiencia, libre competencia, protección del ambiente, productividad y solidaridad, a los fines de asegurar el desarrollo humano integral y una existencia digna y provechosa para la colectividad," a cuyo efecto, "el Estado, conjuntamente con la iniciativa privada, promoverá el desarrollo armónico de la economía nacional con el fin de generar fuentes de trabajo, alto valor agregado nacional, elevar el nivel de vida de la población y fortalecer la soberanía económica del país, garantizando la seguridad jurídica, solidez, dinamismo, sustentabilidad, permanencia y equidad del crecimiento de la economía, para lograr una justa distribución de la riqueza mediante una planificación estratégica democrática, participativa y de consulta abierta" (Artículo 299)

Mejor y más completa definición formal del Estado democrático y social de derecho y de justicia, de economía mixta, y descentralizado en el texto de una Constitución, ciertamente es casi imposible encontrar.

Si esa definición constitucional del Estado se ajustara a la realidad, en Venezuela tendríamos entonces un Estado Constitucional de derecho, y además, democrático, descentralizado, social, de economía mixta y de justicia, que tendría entonces que responder a los principios democráticos del pluralismo y alternabilidad republicana que tendrían que estar garantizados mediante un sistema de democracia representativa y participativa; donde la Administración Pública tendía que ser una Administración democrática, garante del pluralismo y de la participación de todos; y la misma y todos los órganos del Estado tendrían que estar sometidos al derecho y a la justicia, a través de un riguroso sistema de control judicial contencioso administrativo de la actividad administrativa; en el cual privase la primacía de los derechos y garantías constitucionales de los ciudadanos, y que estuviese montado sobre un sistema económico de economía mixta con la participación conjunta, en un marco de libertad económica, tanto del Estado como de la iniciativa privada, en el cual el derecho que lo regule debería asegurar el punto de equilibrio entre las prerrogativas estatales y los derechos ciudadanos.[3]

En ese Estado que regula la Constitución con lenguaje florido, la Administración Pública tendría además que ser una Administración social, a cargo de políticas sociales, en la búsqueda, junto con la iniciativa privada, de la justicia social, y una Administración Pública descentralizada, compuesta por diversos niveles administrativos territoriales, dotados de autonomía. Además, dicha Administración Pública debería funcionar, en su tarea de gestionar el interés general y asegurar la satisfacción de las necesidades colectivas, sobre la base de los principios de seguridad jurídica, trasparencia, igualdad e imparcialidad, dando con ello, plena garantía a los derechos de los administrados, en un marco de transparencia gubernamental y de pulcro manejo de los recursos financieros sometidos a escrupulosos controles fiscales. Es decir, un en esa concepción constitucional, estaríamos frente a un Estado donde se debería asegurar que los recursos públicos sean invertidos conforme a los principios de buena administración, con la erradicación o persecución de la corrupción administrativa; con una Administración conducida por un servicio civil basa-

---

3   Véase Allan R. Brewer-Carías, "El derecho a la democracia entre las nuevas tendencias del Derecho Administrativo como punto de equilibrio entre los Poderes de la Administración y los derecho del administrado," en Víctor Hernández Mendible (Coordinador), *Desafíos del Derecho Administrativo Contemporáneo (Conmemoración Internacional del Centenario de la Cátedra de Derecho Administrativo en Venezuela*, Tomo II, Ediciones Paredes, Caracas 2009, pp. 1417-1439.

do en la meritocracia, que tendría que estar al servicio exclusivo del Estado y no de una determinada parcialidad política; a la cual los ciudadanos puedan controlar en su funcionamiento mediante mecanismos efectivos de participación y mediante el ejercicio de las acciones judiciales necesarias ante un Poder Judicial independiente que pueda efectivamente asegurar su sometimiento al derecho.

Frente a todo ello, sin embargo, lo que primero corresponde es determinar si realmente, en la práctica política del gobierno del Estado de Venezuela, el Estado que tenemos responde a esa concepción y a esos principios, o si realmente solo se trata de enunciados floridos de lo que debería ser, y nada más; pues es claro que a estas alturas del conocimiento de las ciencias políticas, es evidente que para analizar un régimen político y la estructura de un Estado, no sólo debemos basarnos en las solas denominaciones y definiciones oficiales de los Estado insertas en las Constituciones.

Y efectivamente al confrontar ese Estado descrito en la Constitución con la realidad, lo que resulta es que el Estado que se ha desarrollado en los últimos quince años no es para nada ni un Estado de derecho, ni es democrático, ni es social, ni es de economía mixta, ni es de justicia, ni es descentralizado, pues más bien, en contra de lo que dice la Constitución, lo que se ha desarrollado al amparo del autoritarismo político ha sido un Estado totalitario

No hay que olvidar que lo que dice la Constitución no sólo no existe en la realidad, sino que incluso realidad, ni siquiera fue la intención de implementarlo de quienes asaltaron el poder en 1999, mediante una Asamblea Constituyente que controlaron totalmente, luego del intento de golpe de Estado que procuraron dar en 1992.[4] El texto constitucional, por lo demás, ante los oídos sordos de quienes obnubilados por el deseo y las promesas de cambio del momento no se percataron de lo que se estaba aprobando, como lo denuncié en su momento, tenía ya el germen para el establecimiento de un Estado autoritario,[5] que más pronto que tarde derivó en el Estado totalitario y populista

---

4   Así se puede apreciar de los papeles del golpe de Estado de 1992 en los cuales la intención era establecer un Estado totalitario y comunista, publicados en: Kléber Ramírez Rojas, *Historial documental de 4 de febrero*, Colección Alfredo Maneiro, Ministerio de la Cultura, Fundación Editorial El Perro y la Rana, Caracas 2006.

5   En 1999, al propugnar el voto NO por la Constitución de 1999 elaborada por la Asamblea Constituyente y sometida a aprobación popular, advertí que si la Constitución se aprobaba, ello iba a implicar la implantación en Venezuela, de "un esquema institucional concebido para el autoritarismo derivado de la combinación del centralismo del Estado, el presidencialismo exacerbado, la democracia de partidos, la concentración de poder en la Asamblea y el militarismo, que constituye el elemento central diseñado para la organización del poder del Estado." En mi opinión –agregué–, esto no era lo que en 1999 se requería para el perfeccionamiento de la democracia; la cual al contrario, se debió basar "en la descentralización del poder, en un presidencialismo controlado y moderado, en la participación política para balancear el poder del Estado y en la sujeción de la autoridad militar a la autoridad civil" Documento de 30 de noviembre de 1999. *V.* en Allan R. Brewer–Carías, *Debate Constituyente (Aportes*

de la actualidad;[6] con el cual lo que se ha hecho es desmantelar la democracia,[7] violándose y moldeándose el orden jurídico tal como los gobernantes han querido, sin control alguno entre los poderes públicos ya que todos responden al unísono a un solo mando, empobreciendo y haciendo miserable a un país otrora próspero,[8] y donde simplemente se ha eliminado la justicia.

---

a la Asamblea Nacional Constituyente), Tomo III, Fundación de Derecho Público, Editorial Jurídica Venezolana, Caracas, 1999, p. 339.

6   Aun cuando no se trata ahora de entrar en la definición del Estado totalitario o del totalitarismo como sistema político de dominación total de la sociedad, estimo que basta recurrir a lo expresado por Raymond Aron en su obra *Démocratie et totalitarisme,* donde destaca los caracteres del totalitarismo, como un régimen político donde la concentración del poder es total; existe un partido único que se fusiona al Estado y que posee el monopolio de la actividad política "legítima" y de la aplicación de la ideología del Estado, que se convierte en verdad oficial del Estado; el Estado asume el monopolio de los medios de persuasión y coacción, y de los medios de comunicación; la economía es totalmente controlada por el Estado y se convierte en parte del mismo; se produce la politización de toda actividad, originándose una confusión entre sociedad civil y Estado, de manera que las faltas cometidas por los individuos en el marco de la actividad política, económica o profesional se conforman simultáneamente como faltas ideológicas, originando un terror ideológico y policial. Véase la edición en castellano: *Democracia y totalitarismo,* Seix Barral, Madrid 1968, La diferencia con el *autoritarismo, es que en éste* la concentración del poder sin aceptación de oposición, no excluye la admisión de un cierto pluralismo en sus apoyos y la carencia de una intención o capacidad de homogeneización total de la sociedad. Véase por ejemplo, José Linz, *Totalitarian and Authoritarian Regimes*, Rienner, 2000. Por ello, en los últimos lustros se podía calificar el régimen político venezolano como autoritario. Ya, sin embargo, comienza a aparecer el totalitarismo con toda su faz. Por ejemplo, la Conferencia Episcopal de Venezuela ha advertido la situación al expresar, sobre lo grave de la situación el panorama político actual, sobre "la pretensión de imponer un modelo político totalitario y un sistema educativo fuertemente ideologizado y centralizado" así como "la criminalización de las protestas y la politización del poder judicial, que se manifiesta, entre otras cosas, en la existencia de presos políticos y en la situación de tantos jóvenes privados de libertad por haber participado en manifestaciones" Véase reportaje de Sergio Mora: "Los obispos de Venezuela: Pretenden imponer un modelo totalitario", en Zenit. El mundo visto desde *Roma*, Roma, 12 julio 2014, en http://www.zenit.org/es/articles/los-obispos-de-venezuela-pretenden-imponer-un-modelo-totalitario.

7   Véase Allan R. Brewer-Carías, *Dismantling Democracy. The Chávez Authoritarian Experiment*, New York, 2010; y "La demolición del Estado de derecho y la destrucción de la democracia en Venezuela (1999-2009)," en José Reynoso Núñez y Herminio Sánchez de la Barquera y Arroyo (Coordinadores), *La democracia en su contexto. Estudios en homenaje a Dieter Nohlen en su septuagésimo aniversario,* Instituto de Investigaciones Jurídicas, Universidad Nacional Autónoma de México, México 2009, pp. 477-517.

8   Por eso Nelson Castellanos con razón anotó recientemente sobre "la gran mentira bolivariana, esa que prometió un proyecto social y terminó instalando el sistema comunista de los Castro. La que ofreció trabajar para los pobres, cuando su intención era seguir manteniéndolos abajo, para poder manipularlos.// Una banda que se pre-

La realidad es entonces que a pesar de que la Constitución nos diga que Venezuela se constituye en un Estado democrático y social de derecho y de justicia, y además, Federal descentralizado, lo que tenemos, luego de un despiadado proceso de desinstitucionalización, de desjuridificación, de desjudicialización, de desdemocratización, de desconstitucionalización y de desadministración,[9] es un Estado Totalitario caracterizado por una concentración total del poder; donde no hay control ni balance entre los poderes del Estado; donde existe un partido político estatal y militar único, fusionado al propio Estado, que actúa como instrumento facilitador, con una ideología única que se califica como "socialismo," concebida como la actividad política "legítima" u "oficial," contraria al pluralismo; que rechaza la democracia representativa y el parlamentarismo; y en el cual, además, se niegan los derechos individuales y la libertad como valor máximo de la democracia, siendo sustituidos por derechos colectivos respecto de los cuales el Estado supuestamente sería el único presuntamente depositario, desconociéndose con ello, además, la solidaridad social y la primacía de la dignidad de la persona humana; un Estado que si bien desde 1975 controlaba con exclusividad la producción del petróleo, ahora ha asumido el monopolio total de todos los medios de producción, de manera que la economía es ahora totalmente controlada por el Estado y se ha convertido en parte del mismo, dando origen a un extraordinario sistema de Capitalismo de Estado, que ha oprimido a las iniciativas privadas, entre otros medios, además de con limitaciones de toda índole, mediante confiscaciones y requisiciones al margen de la Constitución. Un Estado; además, que ha asumido el control total de los medios de persuasión y coacción, incluso mediante la intervención de las policías locales, y la creación de milicias desordenadas que ahora atentan contra el propio Estado; que, además, ha asumido el monopolio de los medios de comunicación, con cuya actividad se ha producido la politización de toda actividad particular, originándose una confusión entre sociedad civil y Estado, de manera que las faltas cometidas por los individuos en el marco de su actividad individual se conforman simultáneamente como faltas ideológicas, procurándose la eliminación de cualquier tipo de opinión disidente a la oficial, sirviéndose para ello de la policía y de los militares.

---

ocupó por enriquecerse rápidamente y por tomar el control de todos los poderes del Estado, afin de no tener que irse nunca. Aunque para ello violara leyes y derechos, reprimiera o persiguiera a los ciudadanos que pretendieron oponerse a sus planes de perennidad." En "La mentira Bolivariana", en Noticiero Digital.com, julio 13, 2014, en http://www.noti-cierodigital.com/2014/07/la-mentira-bolivariana/.

9   Véase Jesús María Alvarado Andrade, "Sobre Constitución y Administración Pública ¿Es realmente el Derecho Administrativo en Venezuela un Derecho Constitucional Concretizado?" en HERNÁNDEZ G, José Ignacio (Coord.), *100 Años de Enseñanza del Derecho Administrativo en Venezuela 1909-2009*, Centro de Estudios de Derecho Público de la Universidad Monteávila, Fundación de Estudios de Derecho Administrativo (FUNEDA), Caracas, 2011, pp. 165-263.

Por todo ello, lamentablemente, es que se puede afirmar que el Estado que hoy tenemos en Venezuela no ya un Estado democrático y social de derecho y de justicia, descentralizado, sino que es un Estado Totalitario, desvinculado a la democracia y que ha configurado una Administración Pública que pasó de servir al ciudadano a servir al propio Estado, y colocada, por tanto, al margen su misión de garantizar el equilibrio entre los poderes del Estado y los derechos de las personas, atendiendo ahora sólo a velar por la imposición a la población inerme, de políticas autoritarias, incluso violando la Constitución y las leyes.

Ese Estado Totalitario de la actualidad, en efecto:

En *primer lugar*, ha hecho desaparecer todo vestigio del Estado de derecho que prevé la Constitución, lo que ha resultado, primero, de la violación sistemática de la Constitución que ha perdido su carácter de ley suprema y su rigidez; segundo, del sistemático proceso de maleabilidad, mutabilidad y desrigidización constitucional conducido, entre otros, por el Tribunal Supremo,[10] todo lo cual ha producido una completa desjuridificación del propio Estado; y tercero, de la creación, incluso fuera de la Constitución, de un Estado paralelo al Estado Constitucional, denominado Estado Comunal o Estado del Poder Popular,[11] lo que ha provocado la completa desconstitucionalización del mismo.

En *segundo lugar*, el Estado totalitario ha hecho desaparecer, igualmente, todo vestigio del Estado democrático que regula la Constitución, lo que ha resultado primero, de la distorsión de la representatividad política en la legislación electoral, de manera que con minoría de votos se obtenga mayoría de

---

10   Véase por ejemplo, lo expuesto en Allan R. Brewer-Carías, *Crónica sobre la "in" justicia constitucional. La Sala Constitucional y el autoritarismo en Venezuela*, Colección Instituto de Derecho Público, Universidad Central de Venezuela, Nº 2, Caracas 2007; *Práctica y distorsión de la justicia constitucional en Venezuela (2008-2012)*, Colección Justicia Nº 3, Acceso a la Justicia, Academia de Ciencias Políticas y Sociales, Universidad Metropolitana, Editorial Jurídica Venezolana, Caracas 2012.

11   Véase lo expuesto en Allan R. Brewer-Carías, "La desconstitucionalización del Estado de derecho en Venezuela: del Estado Democrático y Social de derecho al Estado Comunal Socialista, sin reformar la Constitución," *en Libro Homenaje al profesor Alfredo Morles Hernández, Diversas Disciplinas Jurídicas,* (Coordinación y Compilación Astrid Uzcátegui Angulo y Julio Rodríguez Berrizbeitia), Universidad Católica Andrés Bello, Universidad de Los Andes, Universidad Monteávila, Universidad Central de Venezuela, Academia de Ciencias Políticas y Sociales, Vol. V, Caracas 2012, pp. 51-82; en Carlos Tablante y Mariela Morales Antoniazzi (Coord.), *Descentralización, autonomía e inclusión social. El desafío actual de la democracia,* Anuario 2010-2012, Observatorio Internacional para la democracia y descentralización, En Cambio, Caracas 2011, pp. 37-84; y en *Estado Constitucional,* Año 1, Nº 2, Editorial Adrus, Lima, junio 2011, pp. 217-236.

representantes; [12] segundo, de las fallas en la implementación de la democracia participativa, que ha resultado ser un esquema de movilización popular basada en repartos controlados por el Poder central; [13] tercero, de la ausencia de separación de poderes en la organización del Estado, en particular, de la ausencia de autonomía e independencia del Poder Judicial; [14] cuarto, de la distorsión de la Administración Pública que dejó de estar al servicio del ciudadano; quinto, de la militarización avasallante de la sociedad y del Estado; sexto, de la eliminación de la libertad de expresión y comunicación; y séptimo, de la eliminación y violación del principio democrático, al hacer imposible la iniciativa popular de revocación de mandatos, pero permitiendo la revocación de mandaos populares por parte del Tribunal Supremo, en contra de la Constitución. [15]

En *tercer lugar*, el Estado totalitario también ha hecho desaparecer todo vestigio del Estado Social y de Economía Mixta que regula la Constitución, primero, mediante la eliminación de la libertad económica, el ahogamiento de la iniciativa privada y la eliminación de la garantía del derecho de propiedad; segundo, por la política que ha castigado toda generación de riqueza, resultando la configuración de un Estado montado sobre una política de subsidios y repartos directos; tercero, mediante la formulación de un esquema de economía comunista donde el Estado ha acaparado la totalidad de la actividad

---

12   Véase Allan R. Brewer-Carías, *El golpe a la democracia dado por la Sala Constitucional*, Colección Estudios Políticos Nº 8, Editorial Jurídica venezolana, Caracas 2014.

13   Véase Allan R. Brewer-Carías, "La necesaria revalorización de la democracia representativa ante los peligros del discurso autoritario sobre una supuesta "democracia participativa" sin representación," en *Derecho Electoral de Latinoamérica. Memoria del II Congreso Iberoamericano de Derecho*, Bogotá, 31 agosto-1 septiembre 2011, Consejo Superior de la Judicatura, ISBN 978-958-8331-93-5, Bogotá 2013, pp. 425-449.

14   Véase por ejemplo, Allan R. Brewer-Carías, "La justicia sometida al poder [La ausencia de independencia y autonomía de los jueces en Venezuela por la interminable emergencia del Poder Judicial (1999-2006)]" en *Cuestiones Internacionales. Anuario Jurídico Villanueva 2007*, Centro Universitario Villanueva, Marcial Pons, Madrid 2007, pp. 25-57; y "Sobre la ausencia de independencia y autonomía judicial en Venezuela, a los doce años de vigencia de la constitución de 1999 (O sobre la interminable transitoriedad que en fraude continuado a la voluntad popular y a las normas de la Constitución, ha impedido la vigencia de la garantía de la estabilidad de los jueces y el funcionamiento efectivo de una "jurisdicción disciplinaria judicial"), en *Independencia Judicial*, Colección Estado de Derecho, Tomo I, Academia de Ciencias Políticas y Sociales, Acceso a la Justicia org., Fundación de Estudios de Derecho Administrativo (Funeda), Universidad Metropolitana (Unimet), Caracas 2012, pp. 9-103.

15   Véase Allan R. Brewer-Carías, Véase Allan R. Brewer-Carías, *El golpe a la democracia dado por la Sala Constitucional*, Colección Estudios Políticos Nº 8, Editorial Jurídica venezolana, Caracas 2014.

económica, basado en sistema de Capitalismo de Estado;[16] cuarto, mediante la total burocratización del Estado, que se ha convertido en el principal empleador, a costa de haber hecho desaparecer el servicio civil basado en la meritocracia; y quinto, mediante el desarrollo de un Estado Populista, con la forma ahora de Estado Comunal y del Poder Popular, que lo conforme, en todo caso, como un Estado Clientelar.

En *cuarto lugar*, el Estado totalitario adicionalmente ha hecho desaparecer todo vestigio del Estado de Justicia que regula la Constitución, lo que ha resultado primero, de la ausencia de leyes justas y la multiplicación de leyes inconsultas; [17] segundo, de una extrema inflación de la inseguridad jurídica, con reformas de las leyes que se realizan mediante su simple re-publicación en la *Gaceta Oficial*, sin que sean producto de la voluntad popular; [18] tercero, del sometimiento político del Poder Judicial al Poder Ejecutivo y la Asamblea Nacional, habiendo desaparecido todo vestigio de autonomía e independencia del mismo; cuarto, del hecho de que el Estado se ha escapado de la justicia interna, al no existir materialmente control contencioso administrativo, ni posibilidad de condena al Estrado por responsabilidad, y además, de haberse escapado también de la justicia internacional, al denunciar la Convención Americana de Derechos Humanos[19] tornándose en un Estado irresponsable; quinto, de haberse puesto la Justicia al servicio del autoritarismo, al punto de que áreas de actividad social carecen de justicia, como es la justicia de paz; y sexto, de haberse desarrollado un sistema de injusticia como consecuencia de la impunidad.

Y por último, en *quinto lugar*, el Estado totalitario también ha hecho desaparecer todo vestigio del Estado descentralizado que bajo una concepción

---

16   Véase Allan R. Brewer-Carías, "Sobre la Ley Orgánica del Sistema Económico Comunal o de cómo se implanta en Venezuela un sistema económico comunista sin reformar la Constitución," en *Revista de Derecho Público*, N° 124, (octubre-diciembre 2010), Editorial Jurídica Venezolana, Caracas 2010, pp. 102-109.

17   Véase Allan R. Brewer-Carías, El fin de la llamada "democracia participativa y protagónica" dispuesto por la Sala Constitucional en fraude a la Constitución, al justificar la emisión de legislación inconsulta en violación al derecho a la participación política, *Revista de Derecho Público,* N° 137 (Primer Trimestre 2014, Editorial Jurídica Venezolana, Caracas 2014, pp. 157-164.

18   Véase Allan R. Brewer-Carías, "Autoritarismo e inseguridad jurídica en Venezuela. O sobre la irregular forma utilizada para "reformar" la Constitución y las leyes," en Rafael Valim, José Roberto Pimenta Oliveira, e Augusto Neves Dal Pozzo (Coordenadores), *Tratado sobre o princípio da segurança jurídica no Direito Administrativo*, Editora Fórum, Sao Paulo, 2013.

19   Véase Allan R. Brewer-Carías, "La reciente tendencia hacia la aceptación del arbitraje en la contratación estatal en el derecho venezolano," en Jaime Rodríguez Arana, Miguel Ángel Sendín, Jorge E. Danós Ordóñez, Jorge Luis Cáceres Arce, Verónica Rojas Montes, Neil Amador Huáman Paredes (Coordinadores), *Contratación Pública. Doctrina Nacional e Internacional,* Volumen II, XII Foro Iberoamericano de Derecho Administrativo, Adrus Editores, Arequipa 2013, pp. 803-830.

centralista de la llamada "federación descentralizada" reguló la Constitución, lo que se ha consolidado primero, con el desbalance introducido a favor de los órganos del nivel nacional de gobierno en la distribución territorial de competencias; segundo, con un Municipio que no se llegó a configurar efectivamente como la unidad primaria de la organización nacional, pero que ahora tiende a desaparecer con la política de desmunicipalización resultante de la estructuración del Estado Comunal; tercero, con la creación, en paralelo a las entidades políticas territoriales previstas en la Constitución, pero fuera de sus regulaciones, de mencionado Estado Comunal o del Poder Popular, estructurando Comunas[20] para acabar con los Estados y Municipios, los cuales han sido vaciados de competencia a favor de las mismas; y por último, cuarto, con el ahogamiento y neutralización de las mismas entidades políticas territoriales en paralelo, por parte de los órganos del Poder Ejecutivo Nacional.

Todo ello incluso se ha hecho mediante leyes orgánicas que han pretendido regular supuestamente mecanismos de ejercicio de directo de la soberanía, como son las Asambleas de ciudadanos y Comunas, sin sufragio ni representación, controladas por el partido oficial de gobierno y dependientes directamente del Poder Ejecutivo Nacional; que lejos de ser instrumentos de participación política, por la ausencia de descentralización, lo que han hecho es configurar un sistema de centralización y control férreo de las comunidades por parte el Poder Central. Se trata más bien de un "edificio" de organizaciones para evitar que el pueblo efectivamente participe y ejerza la soberanía, y para imponerle, mediante férreo control central, políticas por las cuales nunca ha votado ni tendrá la ocasión de votar, basado en una concepción única, que es el socialismo, de manera que quien no sea socialista está automáticamente discriminado, desplazado e impedido de "participar."

No es posible, por tanto, en el marco de esas Leyes Orgánicas del Poder Popular poder conciliar el pluralismo que garantiza la Constitución y el principio de la no discriminación por razón de "opinión política," con las disposiciones de dichas leyes que persiguen todo lo contrario, es decir, el establecimiento de un Estado Comunal, cuyas instancias sólo pueden actuar en función del socialismo y de las cuales todo ciudadano que tenga otra opinión, queda automáticamente excluido.

En esta forma, al fraude a la Constitución,[21] y además, en fraude a la voluntad popular, que votó en contra de esas reformas que se quisieron introdu-

---

20   Véase Allan R. Brewer-Carías, Claudia Nikken, Luis A. Herrera Orellana, Jesús María Alvarado Andrade, José Ignacio Hernández y Adriana Vigilanza, *Leyes Orgánicas sobre el Poder Popular y el Estado Comunal (Los Consejos Comunales, las Comunas, la Sociedad Socialista y el Sistema Económico Comunal),* Editorial Jurídica Venezolana, Caracas 2011.

21   Véase Allan R. Brewer-Carías, *Reforma constitucional y fraude a la Constitución (1999-2009),* Academia de Ciencias Políticas y Sociales, Caracas 2009; *Dismantling Democracy. The Chávez Authoritarian Experiment,* Cambridge University Press, New York 2010.

cir en la Constitución en 2007, se le ha impuesto a los venezolanos mediante leyes orgánicas, y por tanto, inconstitucionales, un modelo de Estado totalitario, comunista y centralizado por el cual nadie ha votado, con lo que se ha cambiado radical e inconstitucionalmente el texto de la Constitución de 1999, que no ha sido reformado conforme a sus previsiones, en abierta contradicción y desprecio, se insiste, al rechazo popular mayoritario que se expresó en diciembre de 2007 a la reforma constitucional que entonces se intentó realizar incluso violando la propia Constitución.[22]

Es a ese marco de Estado totalitario y de desconstitucionalización del Estado, bien alejado al modelo de Estado democrático y social de derecho y de justicia, descentralizado, del cual habla la Constitución, al cual hoy responde la Administración Pública que es su instrumento, y que nos la muestran ya como una institución que dejó de estar al servicio del ciudadano, que abandonó su rol de servir de punto de equilibrio entre los poderes y prerrogativas del Estado y las garantías de derechos de los particulares, pasando, en un marco de su desquiciamiento, a servir ahora, sin seguridad jurídica alguna, exclusivamente al Estado, a sus poderes y prerrogativas, en la medida en que los gobernantes decidan, sin control judicial de naturaleza alguna; siendo su misión el servir de medio de imposición de la voluntad del Estado y de los funcionarios, a los ciudadanos.

Es decir, la Administración se ha convertido en una estructura burocrática discriminadora, sin garantía alguna de imparcialidad, con la cual los ciudadanos ahora sólo pueden entrar en relación en dos formas: por una parte, los que son privilegiados del poder, como consecuencia de la pertenencia política al régimen o a su partido único, con todas las prebendas y parcialidades de parte de los funcionarios; y por otra parte, los que como marginados del poder acuden a la Administración por necesidad ciudadana, a rogar las más elementales actuaciones públicas, como es por ejemplo solicitar autorizaciones, licencias, permisos o habilitaciones, las cuales no siempre son atendidas y más bien tratadas como si lo que se estuviera requiriendo fueran favores y no derechos o el cumplimiento de obligaciones públicas, con el consecuente "pago" por los servicios recibidos, y no precisamente a través de timbres fiscales que es lo propio de las tasas legalmente establecidas. En ambas situaciones, lamentablemente, el equilibrio entre poderes del Estado y derechos ciudadanos de los administrados ha desaparecido, sin que existan elementos de control para restablecerlo, de manera que se privilegia y se margina, sin posibilidad alguna de control.

La consecuencia de todo este esquema de ausencia de Estado Social y de Estado de economía mixta, y el establecimiento en su lugar del Estado comunista, burocratizado, populista y clientelar, ha sido que en nombre del "socia-

---

22 Véase Allan R. Brewer-Carías, *La reforma constitucional de 2007 (Comentarios al proyecto inconstitucionalmente sancionado por la Asamblea Nacional el 2 de noviembre de 2007)*, Colección Textos Legislativos, N° 43, Editorial Jurídica Venezolana, Caracas 2007.

lismo," Venezuela hoy tiene el record de ser el país que ocupa el primer lugar en el índice de miseria del mundo,[23] y la sociedad con el más alto riesgo de América Latina.[24] Esa es la hazaña o el milagro de la política económica del gobierno durante los pasados quince años, que tanto va a costar superar en el futuro,[25] lo que se suma el indicado primer lugar en criminalidad, falta de transparencia e inflación.

Todo lo cual, sin duda, ha sido uno de los objetivos del gobierno durante los últimos quince años de manera que como lo ha expresado Pedro Palma, la explicación de lo incomprensible, es decir, del "milagro económico" de destrucción a mansalva de la economía y de la creación de miseria, está en que para el gobierno lo importante es mantener la condición de pobreza:

> "pues ella crea dependencia del Estado y abona el terreno para el clientelismo político, asegurándose el apoyo incondicional de una amplia masa poblacional a través de la manipulación informativa y de la explotación descarada de su ignorancia y buena fe. Eso, a su vez, facilita el logro e uno de los objetivos buscados, cual es la eliminación de la vieja oligarquía del anterior sistema, para sustituirlo por otra, pero revolucionaria."[26]

Por eso se ha hablado, con razón, de que la política de Estado en Venezuela es la de una "una fábrica de pobres,"[27] o como lo ha resumido Leandro Area, al referirse a la noción del "Estado Misional":

---

23   Venezuela tiene el "ignominioso" primer lugar en el Índice de miseria del mundo. Véase el Informe de Steve H. Hanke, "Measury Misery arround the World," publicado en mayo 2104, en *Global Asia*, en http://www.cato.org/publications/commentary/measuring-misery-around-world Véase igualmente *Índice Mundial de Miseria*, 2014, en http://www.razon.com.mx/spip.php?article215150; y en http://vallartaopina.net/2014/05/23/en-indice-mundial-de-miseria-venezuela-ocupa-primer-lugar/.

24   Véase en http://www.elmundo.com.ve/noticias/actualidad/noticias/infografia-riesgo-pais-de-venezuela-cerro-el-201.aspx.

25   Pedro Carmona Estanga ha resumido la hazaña económica del régimen explicando que: "Por desgracia para el país, a lo largo de estos 16 años se han dilapidado unos US$ 1,5 billones que no volverán, de los cuales no quedan sino la destrucción del aparato productivo, el deterioro de la calidad de vida, de la infraestructura, de la institucionalidad, y distorsiones macroeconómicas y actitudinales en la población de una profundidad tal, que costará sudor y sangre superar a las generaciones venideras. Esa es la hazaña histórica lograda y cacareada por el régimen." Véase Pedro Carmona Estanga, "La destrucción de Venezuela: hazaña histórica," 19 de octubre de 2014, en http://pcarmonae.blogspot.com/2014/10/la-destruccion-de-venezuela-hazana.html.

26   Véase Pedro Palma, "Las Revoluciones fatídicas", en *El Nacional*, Caracas, 8 de septiembre de 2014, en http://www.el-nacional.com/pedro_palma/Revoluciones-fatidicas_0_478752208.html.

27   En tal sentido, Brian Fincheltub, ha destacado que "Las misiones se convirtieron en fábrica de personas dependientes, sin ninguna estabilidad, que confiaban su subsis-

"El consumo, por su parte, en un país que no produce nada, viene determinado por la oferta restringida de quien monopoliza, petroliza, en todos los sentidos, los productos de la cesta de las mercancías de consumo social entre los que destacan el trabajo, la salud, la educación, la vivienda, etc. Populismo, demagogia, asistencialismo, plebeyismo, "peronismo", cultura de la sumisión, degradación de la civilidad, desesperanza aprehendida, envilecimiento, etc., son expresiones, realidades, cercanas a la idea del Estado misional."[28]

Este Estado Misional, Comunista, Burocrático, Populista, Comunal y del Poder Popular y Clientelar, acaparador de toda la actividad económica, en definitiva, es el que ha sustituido al Estado Social y de Economía Mixta que está en la Constitución, conduciendo a su negación total, pues se ha convertido como observa Isaac Villamizar, es un "Estado inepto, secuestrado por la élite de la burguesía corrupta gubernamental, que niega todos los derechos sociales y económicos constitucionales, y que manipula la ignorancia y pobreza de las clases sociales menos favorecidas," argumentando al contrario, que:

"Si Venezuela fuera un Estado Social, no habría neonatos fallecidos por condiciones infecciosas en hospitales públicos. Si Venezuela fuera un Estado Social, toda persona tendría un empleo asegurado o se ejercería plenamente la libertad de empresa y de comercio. Si Venezuela fuera un Estado Social no exhibiríamos deshonrosamente las tasas de homicidios más altas del mundo. Si Venezuela fuera un Estado Social no estaría desaparecida la cabilla y el cemento y las cementeras intervenidas estarían produciendo al máximo de su capacidad instalada. Si Venezuela fuera un Estado Social todos los establecimientos de víveres y artículos de primera necesidad estarían abarrotados en sus anaqueles. Si Venezuela fuera un Estado Social las escuelas no tendrían los techos llenos de filtraciones, estarían dotadas de materiales suficientes para la enseñanza-aprendizaje y los maestros y profesores serían el mejor personal pagado del país. Si Venezuela fuera un Estado Social no habría discriminación por razones políticas e ideológicas para tener acceso a cualquier servicio, beneficios y auxilios públicos y bienes de primera necesidad. Si Venezuela fuera un Estado Social el problema de la basura permanente en las

---

tencia exclusivamente al Estado. Nunca hubo interés de sacar a la gente de la pobreza porque como reconoció el propio ministro Héctor Rodríguez, se "volverían escuálidos". Es decir, se volverían independientes y eso es peligrosísimo para un sistema cuya principal estrategia es el control." Véase Brian Fincheltub, "Fabrica de pobres," en *El Nacional*, Caracas, 5 de junio de 2014, en http://www.el-nacional.com/opinion/Fabrica-pobres_0_421757946.html.

28 Véase Leandro Area, "El 'Estado Misional' en Venezuela," en *Analítica.com*, 14 de febrero de 2014, en http://analitica.com/opinion/opinion-nacional/el-estado-misional-en-venezuela/.

grandes ciudades ya estaría resuelto con los métodos más modernos, actualizados y pertinentes a la protección ambiental."[29]

En ese panorama se entiende entonces, la magnitud y significado del condicionamiento político que ese Estado Totalitario ha ocasionado en la Administración Pública, la cual básicamente ha abandonado el parámetro de su misión establecido en el artículo 141 de la Constitución, que al contrario, requeriría que la misma estuviese al servicio de los ciudadanos, fundamentada "en los principios de honestidad, participación, celeridad, eficacia, eficiencia, transparencia, rendición de cuentas y responsabilidad en el ejercicio de la función pública, con sometimiento pleno a la ley y al derecho," nada de lo cual se cumple.

II. EL IMPACTO DEL ESTADO TOTALITARIO SOBRE LA ADMINISTRACIÓN PÚBLICA: LA INFLACIÓN DE LA ORGANIZACIÓN ADMINISTRATIVA Y LA CREACIÓN DE LAS "MISIONES" NO SOMETIDAS A LA LEY ORGÁNICA DE LA ADMINISTRACIÓN PÚBLICA

Ese Estado Totalitario que hoy tenemos, y que como se dijo, es la negación del Estado democrático y social de derecho y de justicia, descentralizado del que nos habla la Constitución, si en alguna organización ha tenido un impacto directo ha sido en la Administración Pública, la cual para responder a políticas populistas, primero, se ha convertido en una Administración burocrática y burocratizada, producto de la desaparición, persecución y estigmatización de la iniciativa privada, y con ello, de toda posibilidad de efectiva generación de riqueza y de empleo en el país, el cual sólo la iniciativa privada puede asegurar; con la lamentable generación de altas tasas de desempleo o de empleo informal; segundo, ha sufrido una inflación inusitada, tanto en los órganos de la Administración Ministerial como en las entidades descentralizadas; y tercero, ha sido objeto de la creación de una Administración paralela, con la creación de las "Misiones," lo que globalmente ha provocado una colosal indisciplina presupuestaria.

1.   *La burocratización de la Administración Pública*

Al perseguirse al sector privado y destruirse el aparato productivo, buena parte de la política social del gobierno, como solución al desempleo, lamentablemente ha conducido a la total burocratización de la Administración Pública, lo que ha provocado el aumento del empleo público a niveles nunca antes vistos, por supuesto bien lejos de la meritocracia que prescribe la Constitución, conforme a la cual el ingreso a la función pública debería ser sólo mediante concursos públicos (art. 146). La consecuencia de esta política ha sido que la Administración Pública en Venezuela, después de quince años de estatizaciones, hoy tiene casi el mismo número de empleados públicos civiles

29   Véase Isaac Villamizar, "Cuál Estado Social?," en *La Nación*, San Cristóbal, 7 de octubre de 2014, en http://www.lanacion.com.ve/columnas/opinion/cual-estado-social/.

que los que, por ejemplo, existen en toda la Administración Federal de los Estados Unidos.[30] Ello significa que durante los últimos 10 años el número de empleados públicos aumentó en un 156%, pero con una disminución lamentablemente, quizás en proporción mayor, respecto de la eficiencia de la Administración en la prestación de los servicios sociales.[31]

En ese esquema de burocracia estatal, por otra parte, quedó simplemente en el papel la norma constitucional que prescribe que "los funcionarios públicos están al servicio del Estado y no de parcialidad política alguna," y de que su "nombramiento o remoción no pueden estar determinados por la afiliación u orientación política" (art. 145), pues en la práctica gubernamental actual sucede todo lo contrario, de manera que para ingresar y permanecer en la función pública, el interesado tiene que haber demostrado lealtad al gobierno y a la doctrina oficial, obligándoseles a estar al servicio del partido de gobierno, de manera que quien no se adapte a ese principio, es simplemente removido de su cargo, sin contemplación. Esta "nueva" función pública es la antítesis de lo que antes se conocía como el estatuto de la función pública, que tenía una Ley que la regulaba, la cual incluso establece concursos para ingresar a la carrera administrativa, y causales de destitución, todo lo cual, en realidad, cayó en desuso.

2. La inflación organizativa en la Administración Pública Central

La implementación de las políticas populistas por parte del Estado Totalitario ha tenido también un fuerte y directo impacto en la organización de la Administración Pública, que lejos de obedecer a criterios racionales de reforma administrativa, lo que ha provocado es una desusada inflación organizacional que ha originado un desquiciamiento de la organización administrativa en su conjunto.

Ello se ha evidenciado, ante todo, en la organización ministerial, que constituye el grueso de la Administración Pública Central, originado particularmente por el ejercicio incontrolado y sin plan de naturaleza alguna, de la

---

30   En ésta última, por ejemplo, en 2012 existían aproximadamente 2.700.000 de empleados públicos civiles que sirven a 316 millones de personas, y Venezuela, que tiene una población de 30 millones de personas, en 2012 contaba con cerca de 2.470.000 (comparado con los 90.000 que había en 1998). Véase la información de la Office of Personal Management, en http://www.opm.gov/policy-data-oversight/data-analysis-documentation/federal-employment-reports/historical-tables/total-government-employment-since-1962/. Véase Víctor Salmerón, "A ritmo de 310 por día crecen los empleados públicos," en El Nacional, Caracas 2 de diciembre de 2012, en http://www.eluniversal.com/economia/121202/a-ritmo-de-310-por-dia-crecen-los-empleados-publicos.

31   Véase Jairo Márquez Lugo, "Venezuela tiene más empleados que Estados Unidos," en http://entresocios.net/ciudadanos/venezuela-tiene-mas-empleados-publicos-que-estados-unidos. Véanse también los datos en: "1999 versus 2013: Gestión del Desgobierno en números," en https://twitter.com/sushidavid/sta-tus/451006280061046784.

atribución que la Ley Orgánica de la Administración Pública,[32] siguiendo lo prescrito en la Constitución, desde 2001 asignó al Presidente de la República en Consejo de Ministros, para fijar, mediante decreto, "el número, denominación, competencia y organización de los ministerios y otros órganos de la Administración Pública Nacional, así como sus entes adscritos, con base en parámetros de adaptabilidad de las estructuras administrativas a las políticas públicas que desarrolla el Poder Ejecutivo Nacional y en los principios de organización y funcionamiento establecidos en la presente ley" (art. 61).

Fue precisamente, conforme a dicha atribución constitucional, que en los últimos quince años se fueron dictado innumerables decretos ejecutivos cambiando, sin orden ni concierto, sobre la organización ministerial a medida que surgían nuevas y circunstanciales exigencias administrativas, creando ministerios, eliminándolos, fusionándolos, dividiéndolos y recreándolos, a medida que además se quería dar algún cargo ministerial a determinadas personas. Así, luego de sancionare la reforma de la Ley Orgánica de la Administración Pública de 2008, mediante el Decreto N° 6.670 de 22 de abril de 2009[33] se reguló la organización y funcionamiento de la Administración Pública Central, estableciéndose veintiséis (26) Ministerios, enumerándose sus competencias, denominándoselos – siguiendo la pauta ya establecida en el Decreto similar de marzo de 2007[34] como "Ministerios del Poder Popular," pero sin base constitucional alguna, sin duda en la búsqueda de implementar una de las rechazadas reformas constitucionales de 2007, que fue la creación del Estado del Poder Popular. Luego de la reforma de la Ley Orgánica de la Administración Pública de 2009, y con la creación sucesiva y en forma aislada de nuevos Ministerios, para 2014 ya la Administración Ministerial había adquirido una dimensión monstruosa, formada en su cúspide por treinta y seis (36) Ministerios del Despacho Ejecutivo (de los 16 que eran en 1999), pero adicionalmente con ciento siete (107) Viceministros designados.[35]

---

32 La Ley Orgánica der la Administración Pública fue dictada inicialmente en 2001, reformada en 2008 y vuelta a reformar en 2014. Véase el Decreto Ley 1424 de 17 de noviembre de 2014, *Gaceta Oficial* N° 6147 Extra de 17 de noviembre de 2014.

33 *Gaceta Oficial* N° 39.163 de 22-04-2009.

34 Decreto 5.246 de 20-03-2007 en *Gaceta Oficial* N° 38.654 de 28-03-2007.

35 Véanse el reportaje "Venezuela rompió récord mundial con la mayor cantidad de ministerios," en *Notitarde.com*, 3 de julio de 2014, en http://www.notitarde.com/Pais/Venezuela-rompio-record-mundial-con-la-mayor-cantidad-de-ministerios-2189733/2014/07/03/336113. Véase además, los datos en "1999 versus 2013: Gestión del Desgobierno en números", en https://twitter.com/sushidavid/status/451006280061046784. Véase también la información en Nelson Bocaranda, "Runrunes del jueves 21 de agosto de 2014," en http://www.lapatilla.com/site/2014/08/21/runrunes-del-jueves-21-de-agosto-de-2014/.

En septiembre de 2014, el Presidente de la República procedió de nuevo a suprimir y fusionar varios ministerios,[36] incluso alguno de la importancia como el Ministerio del Ambiente y de los Recursos Naturales Renovables, y además, creó y designó seis (6) Vicepresidentes sectoriales, [37] además de la Vicepresidencia Ejecutiva. Es esa forma, el Gabinete ejecutivo quedó integrado con los siguientes veintisiete (27) Ministerios: Ministerio del Poder Popular del Despacho de la Presidencia y Seguimiento de la gestión de Gobierno; Ministerio del Poder Popular para Relaciones Interiores, Justicia y Paz; Ministerio del Poder Popular para Relaciones Exteriores; Ministerio del Poder Popular para la Economía, Finanzas y Banca Pública; Ministerio del Poder Popular para la Planificación; Ministerio del Poder Popular para la Defensa; Ministerio del Poder Popular para Comercio; Ministerio del Poder Popular para las Industrias; Ministerio del Poder Popular para el Turismo; Ministerio del Poder Popular para la Agricultura y Tierras; Ministerio del Poder Popular para la Educación Universitaria, Ciencia y Tecnología; Ministerio del Poder Popular para la Educación; Ministerio del Poder Popular para la Salud; Ministerio del Poder Popular para el proceso social del Trabajo; Ministerio del Poder Popular para Transporte Terrestre y Obras Públicas; Ministerio del Poder Popular para Trasporte Acuático y Aéreo; Ministerio del Poder Popular para Petróleo y Minería; Ministerio del Poder Popular para la Vivienda, el Hábitat y el Ecosocialismo; Ministerio del Poder Popular para la Comunicación y la Información; Ministerio del Poder Popular para las Comunas y Movimientos Sociales; Ministerio del Poder Popular para la Alimentación; Ministerio del Poder Popular para la Cultura; Ministerio del Poder Popular para la Juventud y el Deporte; Ministerio del Poder Popular para los Pueblos Indígenas; Ministerio del Poder Popular para la Energía Eléctrica; Ministerio del Poder Popular para la Mujer y la Igualdad de Género; y Ministerio del Poder Popular para el servicio Penitenciario. [38]

El 17 de noviembre de 2014, mediante Decreto Ley N° 1424, se reformó una vez más la Ley Orgánica de la Administración Pública,[39] consistiendo dicha reforma, básicamente en los siguientes aspectos:

En *primer lugar*, si bien se conservó la orientación de regular a la "Administración Pública" como una sola organización que comprende la de la República (nacional), la de los estados y la municipal (art. 1), en forma centralizada, sometida toda a los lineamientos de la planificación centralizada, bajo la dirección del Presidente de la República (art. 46) y la coordinación del Vicepresidente ejecutivo (art. 49,3), en cuanto al ámbito de aplicación de la misma

---

36   Véase Decretos N° 1226, 1227 y 1228 de 2 de septiembre de 2014, en *Gaceta Oficial* N° 40.489 de 3 de septiembre de 2014.

37   Véanse el Decreto N° 1213 de 2 de septiembre de 2014, en *Gaceta Oficial* N° 40489 de 3 de septiembre de 2014.

38   *Idem.*

39   *Gaceta Oficial* Extra N° 6147 de 17-11-2014.

se estableció que es respecto de la "Administración Pública Nacional, *así como* de las de los estados, distritos metropolitanos, el Distrito capital, el territorio federal Miranda y las de los municipios"(art. 2).

En *segundo lugar*, en el texto de la Ley se incorporó formalmente la denominación de Ministerios "del Poder Popular" (arts. 49, 50, 52, 60, 64, 68, 79, 85, 94, 123) que hasta entonces sólo se había establecido de hecho en la práctica gubernamental para denominar los despachos ministeriales, sin base legal alguna.

En *tercer lugar*, se eliminó la inclusión entre los Órganos Superiores del Nivel Central de la Administración Pública Nacional (art. 44), de la Comisión Central de Planificación, la cual sin embargo se continuó regulando como un órgano del Nivel Central de la Administración Pública Nacional (arts. 60).

En *cuarto lugar*, se creó como órgano superior de dirección del Nivel Central de la Administración Pública Nacional, a las "Vicepresidencias Sectoriales," eliminándose las anteriores "juntas sectoriales" (arts. 44, 49-51), establecidas para la supervisión y control de los ministerios que se agrupen en los sectores. Ésta en realidad puede considerarse como la única reforma realmente sustantiva introducida en 2014, regulándose dichas Vicepresidencias Sectoriales como órganos encargados de la supervisión y control funcional, administrativo y presupuestario de los ministerios del poder popular que determine el Presidente de la república, quien además debe fijar el número, denominación, organización, funcionamiento y competencias de dichas Vicepresidencias (art. 49).

En *quinto lugar*, se incorporó en la regulación de la Ley a una figura nueva denominada "jefe de gobierno" (art. 34, 41) que está relacionada con la figura de las "autoridades regionales" como integrantes de "los órganos superiores de dirección del Nivel Central de la Administración Pública nacional" (art. 44, 71).

En *sexto lugar*, la reincorporación en el texto de la ley de la noción de "autonomía", para calificar a los "institutos públicos" denominándose ahora "institutos públicos y autónomos" (arts. 98-102, 107).

En *séptimo lugar*, se estableció el régimen de la desconcentración administrativa mediante la creación de órganos y servicios desconcentrados, no sólo en el seno de los ministerios, sino de la Vicepresidencia ejecutiva, de las vicepresidencias sectoriales, y de las oficinas nacionales (arts. 92 ss.).

Y en *octavo lugar*, la previsión de posibilidad de la adscripción de los "entes" no sólo a "órganos" de la Administración, sino también a otros "entes" (arts. 118, 119, 120).

Ahora bien, en cuanto a la organización y funcionamiento de los Ministerios, de acuerdo con la nueva reforma de la Ley Orgánica de noviembre de 2014, mediante el Decreto N° 1.612 de 18 de febrero de 2015[40] sobre organi-

---

40   *Gaceta Oficial* N° 1.612 de 18-02-2015.

zación y funcionamiento de la Administración Pública Central, se establecieron los siguientes veintisiete (27) Ministerios y se enumeraron sus competencias, denominándoselos, siguiendo la pauta ya establecida en los Decretos similares de 2007 y 2009,[41] como "Ministerios del Poder Popular" pero ahora con base legal: 1. Ministerio del Poder Popular del Despacho de la Presidencia y Seguimiento de la gestión de Gobierno; 2. Ministerio del Poder Popular para Relaciones Interiores, Justicia y Paz; 3. Ministerio del Poder Popular para Relaciones Exteriores; 4. Ministerio del Poder Popular para Economía y Finanzas; 5. Ministerio del Poder Popular para la Defensa; 6. Ministerio del Poder Popular para el Comercio; 7. Ministerio del Poder Popular para las Industrias; 8. Ministerio del Poder Popular para el Turismo; 9. Ministerio del Poder Popular para la Agricultura y Tierras; 10. Ministerio del Poder Popular para la Educación; 11. Ministerio del Poder Popular para la Salud; 12. Ministerio del Poder Popular para el Proceso Social del Trabajo; 13. Ministerio del Poder Popular para Eco-socialismo, Hábitat y Viviendas; 14. Ministerio del Poder Popular de Petróleo y Minería; 15. Ministerio del Poder Popular de Planificación; 16. Ministerio del Poder Popular para Educación Universitaria, Ciencia y Tecnología; 17. Ministerio del Poder Popular para la Comunicación y la Información; 18. Ministerio del Poder Popular para las Comunas y los Movimientos Sociales; 19. Ministerio del Poder Popular para la Alimentación; 20. Ministerio del Poder Popular para la Cultura; 21. Ministerio del Poder Popular para la Juventud y el Deporte; 22. Ministerio del Poder Popular para los Pueblos Indígenas; 23. Ministerio del Poder Popular para la Mujer y la Igualdad de Género 24. Ministerio del Poder Popular para el Servicio Penitenciario; 25. Ministerio del Poder Popular para el Transporte Acuático y Aéreo; 26. Ministerio del Poder Popular para el Transporte Terrestre y Obras Públicas; 27. Ministerio del Poder Popular para la Energía Eléctrica.[42].

En todo caso, de acuerdo con el artículo 17 del decreto de Organización y Funcionamiento de la Administración Pública, conforme a la Ley Orgánica, la estructura organizativa básica de cada Ministerio, está integrada por el Despacho del Ministro y los Despachos de los Viceministros; y además por los siguientes órganos: En el *nivel de apoyo*, por las Direcciones Generales, y las siguientes unidades con rango de Dirección general: Oficinas Estratégicas de Seguimiento y Evaluación de Políticas Públicas; Consultorías Jurídicas; Oficinas de Auditoría Interna; Oficinas de Atención Ciudadana; Oficinas de Gestión Comunicacional; Oficinas de Planificación y Presupuesto; Oficinas

---

41   Decreto N° 1.612 6.670 de 22 de abril de 2009 en *Gaceta Oficial* N° 39.163 de 22-04-2009; y Decreto 5.246 de 20-03-2007 en *Gaceta Oficial* N° 38.654 de 28-03-2007.

42   Sobre la evolución del número y competencias de los Ministerios antes de la reforma constitucional de 1999, véase Allan R. Brewer-Carías, *Principios del Régimen Jurídico de la Organización Administrativa... cit.*, pp. 127 y ss. Sobre la misma materia con posterioridad a 1999 véase Jesús María Alvarado Andrade, "Consideraciones sobre la evolución de la Administración Ministerial", en este libro.

de gestión Humana; Oficinas de Gestión Administrativa; y Oficinas de Tecnología de la Información y la Comunicación. En el *nivel sustantivo*, cada Ministerio está integrado por los Despachos de los Viceministros, Direcciones Generales, Direcciones, y las Divisiones dependientes jerárquicamente de las mismas. Y en el *nivel desconcentrado territorialmente,* por las unidades que ejerzan representación del Ministerio a nivel regional, estadal, municipal o comunal.

Cada Ministerio debe estar regulado internamente por un Reglamento Orgánico dictado por el Presidente en Consejo de Ministros, en el cual se deben determinar la estructura y las funciones de los Viceministros y de las demás dependencias que integran cada Ministerio. [43] En los mencionados Reglamentos Orgánicos, de acuerdo con el artículo 65 del Decreto de Organización y Funcionamiento de 2015, dictados con la participación de los Vicepresidentes Sectoriales, se deberá establecer la adscripción de los entes descentralizados a los diversos Ministerios.

3.   *La inflación organizativa en la Administración Pública descentralizada funcionalmente*

Pero el desquiciamiento de la Administración Pública no sólo ha afectado a la Administración Central, sino también a la Administración descentralizada la cual ha sufrido también un proceso de inflación organizativa inusitada, derivada de la intervención total del Estado en la economía, y de la estatización de todo tipo de empresas otrora privadas, dando origen a la creación de cientos y cientos de empresas pública, incluso de Empresas del Estado, sin control ni coordinación alguna, todo lo cual ha complicado en demasía el aparato burocrático del Estado. Por todo eso, con toda razón, *The Economist* estimaba en septiembre de 2014, que Venezuela era "probablemente la economía peor gerenciada del mundo," donde "el precio de la sobrevivencia de la revolución parece ser la muerte lenta del país;"[44] gerencia de la economía que durante más de una década estuvo a cargo de un ingeniero mecánico, y que en 2014, se ha entregado a un militar general del ejército,[45] teniendo ambos, en común, la formación que deriva de haber sido sólo burócratas durante

---

43   Véase los Decretos N° 1.614 a 1.629, mediante los cuales se dictan los Reglamentos Orgánicos de los Ministerios del Poder Popular para Industrias; para Energía Eléctrica; de Economía y Finanzas; para el Proceso Social del Trabajo; para las Comunas y los Movimientos Sociales; de Planificación; de Petróleo y Minería; para la Agricultura y Tierras; para el Servicio Penitenciario; para la Defensa; para Relaciones Interiores, Justicia y Paz; del Despacho de la Presidencia y Seguimiento de la Gestión de Gobierno; para los Pueblos Indígenas; para Educación Universitaria, Ciencia y Tecnología; para la Mujer y la Igualdad de Género; y para la Cultura.- (Véase *Gaceta Oficial* N° 6.176 Extra. De 20 de febrero de 2015.

44   Véase "Venezuela's Economy. Of oil and coconut water. Probably the world's managed economy," en *The Economist*, N° 8905, September 20th. 2014, pp. 31-32.

45   *Idem.*

los tres últimos lustros. Ello ha provocado que en el país se haya producido lo que se ha calificado como "un milagro económico a la inversa, de los que se registran tan pocos en el devenir de los pueblos," y es el de haber convertido "en país miserable el más rico de América."[46]

Ahora, en cuanto a la regulación de dichas empresas del Estado debe observarse que el artículo 100 de la Ley Orgánica de 2001 las definía como "las sociedades mercantiles en las cuales la República, los estados, los distritos metropolitanos y los municipios, o alguno de los entes descentralizados funcionalmente regulados en la Ley Orgánica, solos o conjuntamente, tuvieran una participación mayor al 50% del capital social."[47] En la reforma de la Ley Orgánica de 2008, lo que se ha ratificado en la reforma de la Ley Orgánica de 2014, esta definición se eliminó del artículo 103, e ignorando la "forma de derecho privado" conceptualmente esencial de las empresas del Estado conforme a los principios de la descentralización establecidos en el artículo 29 de la misma Ley, se las definió eliminándose toda referencia a su carácter "de sociedades mercantiles," calificándolas en forma totalmente contradictoria, como "*personas jurídicas de derecho público* constituidas de acuerdo a las normas de derecho privado," en los entes públicos tengan una participación mayor al cincuenta por ciento del capital social. Frente a tamaña contradicción, si bien se podría concluir que se podría tratar de un error de la Ley, sin embargo, por la forma del cambio, no pasa de ser obra de la ignorancia en materia de organización administrativa. Solo eso explica que se califique en forma contradictoria a las empresas del Estado, como entes "con forma de derecho privado" (art. 29) y, a la vez, como "personas de derecho público" (art. 103);

Ello, por lo demás, explica la aversión que los redactores de la reforma de la Ley Orgánica de 2008 tuvieron con respecto a la noción y palabra "autonomía," lo que se reflejó por ejemplo, en la transformación de los "servicios autónomos sin personalidad jurídica" en "servicios desconcentrados" (art. 93), y en la creación de los "institutos públicos" en lugar de los "institutos autónomos," como entes descentralizados funcionalmente, aun cuando sin poder eliminar los últimos por tratarse de una institución que tiene rango constitucional (art. 96). En la reforma de la Ley Orgánica de 2014, sin embargo, se estructuró el régimen de los "institutos públicos" y de los "institutos autónomos" bajo una sola denominación de "institutos públicos o autónomos" (arts. 98 ss.).

---

46   Véase Fernando Londoño en el diario *El Tiempo* de Bogotá, reproducido por el Jefe de Redacción (Elides Rojas) del diario *El Universal* de Caracas el 24 de mayo de 2014. "Fernando Londoño en *El Tiempo*: Venezuela en llamas. Santos calla," en *El Universal*, Caracas 24 de mayo de 2014, en http://www.eluniversal.com/blogs/sobre-la-marcha/140524/fernando-londono-en-el-tiempo-venezuela-en-llamas-santos-calla.

47   Véase Allan R. Brewer-Carías, *Régimen de las Empresas Públicas en Venezuela*, Caracas 1981.

4.   *La creación de una Administración Pública paralela: las "Misiones".*

Además de la hiperinflación que se ha presentado en la Administración ministerial y en la Administración descentralizada, la política social populista del Estado basada en la configuración de todo tipo de subsidios, como si los recursos del petróleo fuesen ilimitados e invariables, ha conducido a la definición de programas de políticas públicas denominados "Misiones," que después de varios años de implementación encontraron cabida expresa en la reforma de la Ley Orgánica de la Administración Pública de 2008, pero paradójicamente para quedar excluidas de sus regulaciones;[48] es decir, como una Administración paralela a la Administración Central; todo lo cual se ha ratificado en la reforma de la Ley Orgánica de la Administración Pública dictada mediante Decreto Ley 1.424 de 17 de noviembre de 2014.[49]

La consecuencia ha sido, entonces, que además de la existencia de entes y de los órganos en la organización de la Administración Pública, ahora se han insertado en la misma a las "Misiones" –que en realidad no son nada distinto, en su forma jurídica de los tradicionales entes y órganos administrativos, pero con la diferencia de que se los denomina "Misiones,"– pero con la absurda característica, como se dijo, de que las mismas quedan fuera de la regulación de dicha Ley Orgánica de la Administración Pública, como una especie de Administración Paralela.[50].

La consecuencia de este signo del Estado populista en relación con la Administración Pública es ostensible, pues implica que el derecho administrativo, cuyo objeto es regular a la Administración Pública, integrado en la Ley Orgánica de la Administración Pública, simplemente no la regula totalmente pues no se aplica a estas "Misiones" que, por tanto, pueden actuar al margen del derecho de la organización administrativa, a pesar de que son las que manejan fuera de la disciplina fiscal y presupuestaria, ingentes recursos del Estado, con el consecuente desquiciamiento de la Administración Pública y del derecho administrativo.

Pero por otra parte del tema jurídico, desde el punto de vista social, si bien la tarea de las "Misiones" de "administrar" el sistema extendido de subsidios directos a las personas de menos recursos contribuyó efímeramente y con una

---

48   Véase Allan R. Brewer-Carías, "Una nueva tendencia en la organización administrativa venezolana: las "misiones" y las instancias y organizaciones del "poder popular" establecidas en paralelo a la administración pública," en *Retos de la Organización Administrativa Contemporánea, X Foro Iberoamericano de Derecho Administrativo* (26-27 de septiembre de 2011), Corte Suprema de Justicia, Universidad de El Salvador, Universidad Doctor José Matías Delgado, San Salvador, El Salvador, 2011.

49   Decreto Ley 1424 de 17 de noviembre de 2014, *Gaceta Oficial* Nº 6147 Extra de 17 de noviembre de 2014.

50   Véase José Ignacio Hernández, "La administración paralela como instrumento del Poder Público," en *Revista de Derecho Público*, Nº 112, Editorial Jurídica Venezolana, Caracas 2007, 175 ss.

carga electoral conocida, a aumentar el ingreso de una parte importante de la población, éste sin embargo, con el fomento del consumismo exagerado que eliminó espacio para el ahorro, y con la inflación galopante que para mayo de 2014 ya alcanzaba el 60%,[51] dicho incremento se ha disipado, dejando como secuela el deterioro de los valores fundamentales de toda sociedad, como consecuencia de recibir beneficios sin enfrentar sacrificios o esfuerzos, como por ejemplo, el valor del trabajo productivo como fuente de ingreso, que materialmente se ha eliminado, sustituido por el que encuentra, que es preferible recibir sin trabajar.

Este Estado Populista ha sido lo Leandro Area ha calificado acertadamente como un "Estado Misional," por estar montado sobre dichas Misiones "como actores colectivos no formales de política pública, que manejan un oscuro e inmenso mar de recursos," resultando ser un "espécimen no incluido aún en las tipologías de la Ciencia Política," entendiendo por tal:

> "aquel Estado que haciendo uso de sus recursos materiales y simbólicos le impone, por fuerza u operación de compra-venta o combinación de ambas a la sociedad, un esquema de disminución, de minusvalía consentida, en sus capacidades y potencialidades de crecimiento a cambio de sumisión. [...] Se encarama sobre ella en su ayer, hoy y mañana, amaestrándola con la dieta diaria cuyo menú depende del gusto del gobernante. Confisca, privatiza, invade, expropia, conculca, controla, asfixia, acoquina hasta decir basta, poniendo en evidencia lo frágil del concepto de propiedad privada creando así miedo, emigración, desinversión, fuga de capitales. Y aunque usted no lo crea esas son metas o simples desplantes o locura u obscura necesidad de auto bloqueo como forma de amurallarse para obtener inmunidad e impunidad para sus tropelías, frente a la mirada de una época que no los reconoce sino como entes del pasado, objeto de museo o de laboratorio, insectos atrapados en el ámbar del tiempo; fracaso, derrota." [52]

A lo anterior agrega el mismo Leandro Area, que dicho Estado Misional en definitiva es un tipo de Estado Socialista, que nada tiene que ver con el Estado Social del cual habla la Constitución, concebido en paralelo al Estado Constitucional, "con la intención de acabarlo o mejor, de extinguirlo." Para ello, indica Area:

> "El gobierno crea misiones a su antojo que son estructuras burocráticas y funcionales "sui generis" y permanentes, con un control jurisdiccional inexistente y que actúa con base a los intereses de dominio.

---

51 Véase César Miguel Rondón, "Cada vez menos país," en *Confirmado*, 16-8-2014, en http://confirmado.com.ve/opinan/cada-vez-menos-pais/

52 Véase Leandro Area, "El 'Estado Misional' en Venezuela," en *Analítica.com*, 14 de febrero de 2014, en http://analitica.com/opinion/opinion-nacional/el-estado-misional-en-venezuela/.

Además si el gobernante se encuentra por encima del bien y del mal, como es el caso venezolano, nadie es capaz de controlar sus veleidades y apetitos. En ese sentido el Estado es un apéndice del gobernante que es el repartidor interesado de los bienes de toda la sociedad y que invierte a su gusto, entre otras bagatelas, en compra de conciencias y voluntades de acólitos y novicios aspirantes. Por su naturaleza, todo Estado misional es un Estado depredador sin comillas. Vive de la pobreza, la estimula, la paga, organiza, la convierte en ejercito informal y también paralelo. El gobierno y su partido los tiene censados, chequeados, uniformados de banderas, consignas y miedos. Localizados, inscritos, con carnet, lo que quiere decir que fotografiados, listos para la dádiva, la culpa, castigos y perdones."[53]

Por todo ello, por tanto, las misiones, sujetas como lo observa Heinz Sonntag, a un "patrón de organización destinado a darles dadivas a los sectores pobres y garantizar así su adhesión a la Revolución Bolivariana," [54] además de haber provocado más miseria y control de conciencia sobre una población de menos recursos totalmente dependiente de la burocracia estatal y sus dádivas, en las cuales creyó encontrar la solución definitiva para su existencia, también provocó el deterioro de otra parte de la población, particularmente la clase media, que junto con todos los demás componentes de la misma ha visto desaparecer su calidad de vida, y sufren en conjunto los embates de la inflación y de la escases. [55] Y todo ello, con un deterioro ostensible y trágico de los servicios públicos más elementales como los servicios de salud y atención médica.

Dichas 'Misiones," como se dijo, encontraron cabida en el propio texto de la reforma de la Ley Orgánica de la Administración Pública de 2008, establecidas, además de los "órganos" y "entes," como una "nueva" figura organiza-

---

53   *Idem.*

54   Véase Heinz Sonntag, "¿Cuántas Revoluciones más?" en El *Nacional*, Caracas 7 de octubre de 2014, en http://www.el-nacional.com/heinz_sonntag/Cuantas-Revoluciones_0_496150483.html.

55   Como el mismo Area lo ha descrito en lenguaje común y gráfico, pero tremendamente trágico: "Vivimos pues "boqueando" y de paso corrompiéndonos por las condiciones impuestas por y desde el poder que nos obligan a vivir como "lateros", "balseros", "abasteros" mejor dicho, que al estar "pelando" por lo que buscamos y no encontramos, tenemos que andar en gerundio, ladrando, mamando, haciendo cola, bajándonos de la mula, haciéndonos los bolsas o locos, llevándonos de caleta algo, caribeando o de chupa medias, pagando peaje, tracaleando, empujándonos los unos contra los otros, en suma, degradándonos, envileciéndonos, para satisfacer nuestras necesidades básicas de consumo. Es asfixia gradual y calculada, material y moral. Desde el papel toilette hasta la honestidad. ¡Pero tenemos Patria! Falta el orgullo, la dignidad, el respeto, el amor a uno mismo." Véase en "El 'Estado Misional' en Venezuela," en *Analítica.com*, 14 de febrero de 2014, en http://analitica.com/opinion/opinion-nacional/el-estado-misional-en-venezuela/.

tiva de la Administración Pública (arts. 15 y 132), pero con la peculiaridad contradictoria mencionada de que se las excluye, en general, de la aplicación de las normas de la propia Ley Orgánica que las creó, la cual básicamente, como se ha ratificado en la reforma de 2014, continúa destinada a regular sólo a los "órganos y entes" de la Administración. En esta forma, por primera vez se reguló legislativamente una forma de organización administrativa, que no tiene "sin forma" organizativa precisa, y que desde 2003 se había venido utilizando para atender programas concretos de la Administración Pública.

Sobre ellas, en todo caso, lo único que se establece en la Ley Orgánica es la atribución al Presidente de la República en Consejo de Ministros, de la potestad de crear dichas "misiones" cuando circunstancias especiales lo ameriten, "destinadas a atender a la satisfacción de las necesidades fundamentales y urgentes de la población, las cuales estarán bajo la rectoría de las políticas aprobadas conforme a la planificación centralizada," debiendo, en el decreto de creación, determinar el órgano o ente de adscripción o dependencia, formas de financiamiento, funciones y conformación del nivel directivo encargado de dirigir la ejecución de las actividades encomendadas (art. 132).

Debe recordarse, por otra parte, que las mencionadas "misiones," como integrando la Administración Pública, fue uno de los aspectos que se pretendió constitucionalizar en el proyecto de Reforma Constitucional de 2007 que fue rechazado por el pueblo en el referendo de diciembre de 2007,[56] en la cual se propuso una nueva redacción del artículo 141 constitucional, que se buscaba que pasara de regular un régimen universal aplicable a toda "la Administración Pública," a establecer varias "administraciones públicas", las cuales, incluso, contra toda técnica legislativa, se las buscaba "clasificar" en el texto mismo de la Constitución en las siguientes dos "categorías": "las *administraciones públicas burocráticas o tradicionales*, que son las que atienden a las estructuras previstas y reguladas en esta Constitución"; y "las *misiones*, constituidas por organizaciones de variada naturaleza, creadas para atender a la satisfacción de las más sentidas y urgentes necesidades de la población, cuya prestación exige de la aplicación de sistemas excepcionales, e incluso, experimentales, los cuales serán establecidos por el Poder Ejecutivo mediante reglamentos organizativos y funcionales".

Es decir, con el rechazado proyecto de reforma constitucional de 2007, en lugar de corregirse el descalabro administrativo que se había producido a partir de 2003 por el desorden organizativo y la indisciplina presupuestaria derivada de fondos asignados a programas específicos del gobierno a través de las "misiones", concebidas en general fuera del marco de la organización general del Estado, lo que se buscaba era constitucionalizar dicho desorden administrativo, calificándose en el propio texto constitucional a las estructuras administrativas del Estado Constitucional como "burocráticas o tradicio-

---

Véase Allan R. Brewer-Carías, *La Reforma Constitucional de 2007 (Comentarios al proyecto inconstitucionalmente sancionado por la Asamblea Nacional el 2 de noviembre de 2007)*, Editorial Jurídica Venezolana, Caracas 2007.

nales", renunciando a que las mismas fueran reformadas para convertirlas en instrumentos para que, precisamente, pudieran atender a la satisfacción de las más sentidas y urgentes necesidades de la población.

Posteriormente, con la reforma de la Ley Orgánica de 2008, ratificado en la Ley Orgánica de 2014, como se dijo, se regularizó legislativamente a las "misiones,"[57] pero precisamente para no regularlas, pues la Ley, como hemos dicho, se destina íntegramente a regular exclusivamente a los "órganos y entes," dejando fuera de sus regulaciones a las "misiones," estando sin embargo, todas, en común, solo sujetas a "los lineamientos dictados conforme a la planificación centralizada" (art. 15).

Sobre esta "novedad legislativa" de estas misiones, como se indicó en la Exposición de Motivos del Decreto Ley de la Ley Orgánica de 2008, las mismas "nacieron como organismo de ejecución de políticas públicas, obteniendo niveles óptimos de cumplimiento de los programas y proyectos asignados, y se conciben dentro del proyecto, como aquellas destinadas a atender a la satisfacción de las necesidades fundamentales y urgentes de la población, que pueden ser creadas por el Presidente de la República en Consejo de Ministros, cuando circunstancias especiales lo ameriten."

La consecuencia de ello es que se estableció en la Ley la misma distinción que se quiso establecer en la Constitución en 2007, entre una Administración Pública "tradicional" conformada por órganos y entes del Estado Constitucional que es la regulada precisamente en la Ley Orgánica, y otra Administración Pública paralela, supuestamente "no tradicional," conformada por las misiones, destinada "a atender a la satisfacción de las necesidades fundamentales y urgentes de la población", como si la primera no tuviera esa función, pero con la diferencia de que la primera está sometida estrictamente a todas las prescripciones de la Ley Orgánica, y la segunda no está sometida a todas dichas previsiones. Es decir, se creó una nueva organización en la Ley para excluirla de su régimen, el cual como se puede apreciar del conjunto de su normativa, en su casi totalidad sólo rige para los "órganos y entes."[58],

En todo caso, con anterioridad a la entrada en vigencia de la Ley Orgánica de 2008, y con la denominación de "misiones" lo que se fue creando fue una serie de organizaciones administrativas como Administraciones paralelas,[59]

57   Véase Cosimina G. Pellegrino Pacera, "La reedición de la propuesta constitucional de 2007 en el Decreto N° 6.217 con rango, valor y fuerza de Ley Orgánica de la Administración Pública," en *Revista de Derecho Público N° 115 (Estudios sobre los decretos leyes)*, Editorial Jurídica Venezolana, Caracas 2008, pp. 163 ss.

58   En igual sentido, las "misiones" también quedan excluidas de la aplicación de la Ley Orgánica de Simplificación de Trámites Administrativos, pues la misma solo se aplica a "los órganos y entes" de la misma (art. 2). *Gaceta Oficial* N° 5.891 *Extraordinaria* de 22-7-2008.

59   Véase Manuel Rachadell, "La centralización del poder en el Estado federal descentralizado," en *Revista de Derecho Público N° 115 (Estudios sobre los decretos leyes)*, Editorial Jurídica Venezolana, Caracas 2008, pp. 115-116, 125.

con el objeto de atender programas puntuales, utilizándose para ello, muy desordenadamente, las más variadas "formas" organizativas autorizadas en la Ley Orgánica, en algunos casos de órganos, como son las Comisiones Presidenciales o Interministeriales, o de entes, como las fundaciones del Estado. A tal efecto, por ejemplo, utilizándose la figura de las *Comisiones Presidenciales o Interministeriales*, se establecieron las siguientes "misiones": -Misión Ribas,[60] Misión Alimentación (Mercal),[61] Misión Guaicaipuro,[62] Misión Árbol,[63] Misión Robinson,[64] Misión Villanueva,[65] y Misión Madres Del Barrio "Josefa Joaquina Sánchez."[66] Por su parte, utilizándose la figura de las *fundaciones del Estado*, se establecieron las siguientes "misiones": *Misión Barrio Adentro*,[67] *Misión Che Guevara*, que sustituyó a la "Misión Vuelvan Caras," "dentro del objetivo supremo de alcanzar la Misión Cristo: Pobreza y Miseria Cero,"[68] *Misión Identidad*,[69] *Misión Milagro*,[70] *Misión Sucre*,[71] *Misión Negra Hipólita*,[72] y *Misión Piar*.[73]

Como se puede apreciar, hasta la promulgación de la Ley Orgánica de 2008, las "misiones" se crearon adoptando la forma de "órganos" como las Comisiones Presidenciales o Interministeriales, o la forma de "entes" descentralizados, conforme a la forma de derecho privado de las Fundaciones del Estado, mostrando en todo caso, una falta total de coherencia, particularmente en cuanto al manejo presupuestario, ya que las mismas han manejado ingentes recursos públicos. En los casos de las Misiones configuradas como Comisiones Presidenciales o Interministeriales, las previsiones presupuestarias establecidas en los decretos de creación en general se refieren solo a los gastos administrativos que ocasione el funcionamiento de las mismas, agregándose muchas veces, que los gastos de la ejecución de las misiones están a cargo del presupuesto de respectivo Ministerio, conforme a la competencia en la materia específica.

---

60   *Gaceta Oficial* N° 37.798 del 16 de octubre de 2003.
61   *Gaceta Oficial* N° 38.603 del 12 de enero de 2007.
62   *Gaceta Oficial* N° 38.758 del 30 de agosto de 2007.
63   *Gaceta Oficial* N° 38.445 del 26 de mayo de 2006.
64   *Gaceta Oficial* N° 37.711 del 13 de junio de 2003.
65   *Gaceta Oficial* N° 38.647 del 19 de marzo de 2007.
66   *Gaceta Oficial* N° 38.549 del 25 de octubre de 2006.
67   *Gaceta Oficial* N° 38.423 del 25 de abril de 2006.
68   *Gaceta Oficial* N° 38.819 del 27 de noviembre de 2007.
69   *Gaceta Oficial* N° 38.188 del 17 de mayo de 2005.
70   *Gaceta Oficial* N° 38.632 del 26 de febrero de 2007.
71   *Gaceta Oficial* N° 38.188 del 17 de mayo de 2005.
72   *Gaceta Oficial* N° 38.776 del 25 de septiembre de 2007.
73   *Gaceta Oficial* N° 38.282 del 28 de septiembre de 2005.

En los casos de las Fundaciones del Estado, como entes descentralizados, en los decretos de creación en general se han dispuesto los aportes públicos al patrimonio de las mismas, que deben asignarse en Ley de Presupuesto; o mediante el aportes de bienes muebles e inmuebles propiedad de la República.

En todo caso, sea que se trate de Fundaciones o de Comisiones, en la mayoría de los casos, la actividad desplegada forma parte de las competencias asignadas a los Ministerios, pero desarrolladas sin relación efectiva con los mismos.

5.   *La regulación legislativa de las "Misiones".*

Después de seis años de su insuficiente regulación en la Ley Orgánica de la Administración Pública de 2008, que no se corrigió en la reforma de 2014, el 13 de noviembre de 2014 se dictó el Decreto Ley de la Ley Orgánica de Misiones, Grandes Misiones y Micro misiones,[74] con el objeto regular los "mecanismos a través de los cuales el Estado Venezolano, conjunta y articuladamente con el Poder Popular bajo sus diversas formas de expresión y organización, promueven el desarrollo social integral; así como la protección social de los ciudadanos" mediante el establecimiento de las mencionadas misiones "orientadas a asegurar el ejercicio universal de los derechos sociales consagrados en la Constitución" (Art. 1).

Entre los fines de la Ley se destaca el de establecer los criterios para la creación, desarrollo, supresión o fusión de las Misiones, el "Sistema Nacional de Misiones, Grandes Misiones y Micro-misiones como la estructura orgánica del Estado y del Poder Popular," y "garantizar las condiciones para el financiamiento de las Misiones, Grandes Misiones y Micro-misiones (art. 6).

Las disposiciones de la Ley se declararon como "de orden público" siendo sus normas aplicables "en todo el territorio de la República a la Administración Pública Nacional, Estadal y Municipal, a las organizaciones del Poder Popular, así como a todas las personas naturales o jurídicas de derecho público o privado que tengan responsabilidades, obligaciones, derechos y deberes vinculados al ejercicio de los derechos sociales de las personas y del pueblo. (art. 5); y además, la ley declaró como "de interés general" y con el "carácter de servicio público" todas las actividades vinculadas a la prestación de bienes y servicios a la población objeto de las Misiones (art. 7).

A.   *La Misión como política pública:*

Siguiendo la orientación que se adoptó en la Ley Orgánica de la Administración Pública, la ley Orgánica de Misiones las reguló, exclusivamente, una "política pública destinada a materializar de forma masiva, acelerada y progresiva las condiciones para el efectivo ejercicio y disfrute universal de uno o más derechos sociales de personas o grupos de personas, que conjuga la agilización de los procesos estatales con la participación directa del pueblo en su

---

74   Véase en *Gaceta Oficial* N° 6.154 Extra. de 19 de noviembre de 2014.

gestión, en favor de la erradicación de la pobreza y la conquista popular de los derechos sociales consagrados en la Constitución," (art. 4.1) que por tanto, se ejecuta por los órganos y entes que se determine en el acto de su creación (art. 36).

A tal efecto, el artículo 8 de la Ley enumera entre los derechos sociales a ser desarrollados y atendidos por las Misiones, además de los consagrados en la ley y en los tratados y acuerdos suscritos y ratificados por la República, los derechos a la alimentación, a la protección de la familia, a la identidad, a la vivienda y al hábitat, a la salud, a la seguridad social, al trabajo, a la educación, a la cultura, al deporte y la recreación, a los servicios básicos, a la seguridad personal, y de los pueblos y comunidades indígenas.

Además de los cometidos por los que fueren creadas, las Misiones, conforme al artículo 13 de la ley, deben atender al desarrollo de proyectos socioproductivos que contribuyan al fortalecimiento de la soberanía del país, a la satisfacción de las necesidades de la población y "a la construcción de la Venezuela potencia."

A los efectos de la ejecución de la Ley, como actor en la política pública denominada Misión, la Ley identifica al "Misionero" que son tanto "los ciudadanos que desde su accionar diario contribuyen al desarrollo de los planes y acciones en favor del cumplimiento de los objetivos de cada misión desde el ámbito institucional, así como a los grupos y personas sujetos de atención específicos de las Misiones, Grandes Misiones y Micro-misiones, quienes se organizan en los territorios para empoderarse de sus derechos y contribuir a la transformación de la sociedad a través del poder popular"(Art. 4.4). Los artículos 9 y 10 de la Ley enumeran los derechos y deberes de dichos misioneros.

B. *Prestaciones de bienes y servicios a cargo de las Misiones*

Conforme se indica en el artículo 11 de la Ley, corresponde a las Misiones las siguientes prestaciones de bienes y servicios: 1. Programas de atención a grupos y personas en situación de vulnerabilidad. 2. Atención en los diversos niveles del Sistema Público Nacional de Salud. 3. Establecimientos de servicios sociales, entre los que se incluyen centros educativos, de salud, deportivos, de alimentación, culturales, recreativos y de protección especial. 4. Transferencias dinerarias condicionadas. 5. Pensiones no contributivas. 6. Subsidios. 7. Ayudas técnicas para personas con discapacidad. 8. Suministro de medicamentos. 9. Desarrollo de equipamiento urbano. 10. Jornadas de atención de los servicios sociales. 11. Desarrollo de actividades educativas, culturales, deportivas y recreativas. 12. Suministro de bienes esenciales para el disfrute de los derechos a la educación, la salud, el deporte, la cultura, entre otros. 13. Suministro de servicios básicos, entre los que se incluye el agua, la electricidad, el gas, la telefonía, el internet, aseo urbano, vialidad, transporte público y saneamiento ambiental. 14. Financiamiento de proyectos socioproductivos. 15. Financiamiento y subsidio de la vivienda.

En ese marco de prestaciones, uno de los objetivos del Sistema Nacional de Misiones es "erradicar la pobreza" (art. 15.2); para cuyo efecto se dispone que a los efectos del desarrollo de sus actividades prestacionales en estas áreas de actividad, los órganos y entes que participen en la ejecución de las Misiones se deben regir para la definición, identificación y medición de la pobreza, por los lineamientos y criterios que establezca el Consejo Nacional de Política Social y el Instituto Nacional de Estadística, sin menoscabo del uso de otros datos que se estimen convenientes.

C.   *La Administración de las Misiones o el aparataje burocrático de las Misiones*

Aparte de las previsiones generales de la Ley, lo que la misma ha hecho es organizar un aparataje burocrático, que podría denominarse la "Administración de la Misiones" que dirigido por un "Alto Mando del Sistema" integrado por el Presidente de la República, Vicepresidentes y Ministros, se integra en un Sistema Nacional de Misiones compuesto por órganos de Dirección del mismo en los niveles político-territoriales; una Coordinación General del Sistema; un Consejo Nacional de Política Social; un Servicio Nacional de Información Social; el Fondo Nacional de Misiones (art. 43), las organizaciones de las diversas Misiones, Grandes Misiones y Micro-misiones, y un Consejo Nacional de Misioneros (art. 16).

Además, en los niveles estadales, el Sistema debe contar con "Coordinaciones Estadales" (art. 24) como sus instancias de dirección a nivel estadal; y con "Coordinaciones Municipales, como instancias de dirección del Sistema a nivel municipal (art. 26), las cuales deben crear instancias de articulación comunal denominadas Mesas de Misiones de la Comuna, (art. 28), y donde un haya Comuna, se denominarán "comités de trabajo del Consejo Comunal" (art. 29).

En el Sistema, además, se establecen las "Bases de Misiones" "como espacios para la prestación de servicios de las Misiones y de otros servicios públicos, destinados a la atención y protección integral de las comunidades y familias" (art. 32), desde donde las Misiones desarrollarán los siguientes ámbitos de atención: 1. Promoción y fortalecimiento de las organizaciones del Poder Popular. 2- Atención Primaria en Salud, incluyendo visitas domiciliarias y seguimiento nutricional. 3. Desarrollo de los programas de abastecimiento y comercialización de alimentos. 4. Promoción de la inserción y de la permanencia escolar de todos los niños, niñas y adolescentes. 5. prestación de servicios de identificación, registro civil y trámites de servicios públicos. 6. Promoción de actividades y emprendimientos productivos. Y 7. Desarrollo de programación cultural, deportiva y recreativa (art 35).

D.   *Principios para la creación de Misiones*

La Ley Orgánica, por otra parte ha establecido una serie de principios para la creación de las Misiones por parte del Presidente de la República en Consejo de Ministros, "bajo la rectoría de las políticas aprobadas conforme a la planificación centralizada," para lo cual debe "estar precedida por un estudio diagnóstico y un análisis prospectivo de la situación y problema que se busca atender o resolver elaborado por el Consejo Nacional de Política Social."

Tratándose de una política pública, las Misiones deben atribuirse en el Decreto de su creación, a un determinado órgano o ente de la Administración 'Pública, en los términos dela ley Orgánica de la Administración Pública, al cual se atribuye la responsabilidad de la ejecución de la misma, las formas de financiamiento, funciones y la conformación del nivel directivo encargado de dirigir la ejecución de las actividades encomendadas (art. 36). En caso de supresión de las Misiones, el Decreto respectivo, en caso que se hayan creado órganos o entes para la ejecución de las mismas debe disponer el cumplimiento de las formalidades legales para su supresión y liquidación (art. 37).

El Presidente igualmente puede resolver la fusión de las mismas estableciendo las reglas básicas para su funcionamiento (art. 38), y podrá, igualmente modificar el objeto de las mismas estableciendo las nuevas reglas para su funcionamiento (art. 39).

E. *La organización popular en el marco de las Misiones*

La Ley Orgánica, por otra parte, ha regulado los principios de organización popular en el marco de las Misiones, estableciendo las siguientes instancias de participación y organización comunitaria: 1. El Consejo de Planificación Comunal. 2. El Consejo de Contraloría Comunal. 3. El Consejo Nacional de Misioneros y Misioneras. 4. El Comité de trabajo de la Comuna y del Consejo Comunal. Y 5. El Área de trabajo (art. 45).

Entre estos órganos, se destaca el Consejo Nacional de Misioneros, creado como una instancia de encuentro, evaluación y de formulación de propuestas de los voceros de las Misiones, en el cual además deben participar las autoridades de los órganos y entes responsables de la ejecución de las Misiones (art. 46); y tendrá como objetivo generar un espacio nacional para el debate, la evaluación y el fortalecimiento de las Misiones (art. 47). Dicho Consejo está conformado por el Presidente de la República, los voceros nacionales de cada una de las Misiones, que hayan sido electos por las organizaciones de base que congregan a los Misioneros, por los Jefes de las Misiones, y por los Ministros o Viceministros de los órganos que tienen rectoría sobre las Misiones (art. 48).

F. *El Fondo Nacional de Misiones y el financiamiento de las Misiones*

El artículo 43 de la ley Orgánica "creó" el Fondo Nacional de Misiones "para la gestión, asignación y administración de recursos destinados a las mismas" pero sin establecer si se trata de un órgano o de un ente, dejando al Presidente de la República la determinación eventual mediante Reglamento de "la naturaleza jurídica del ente u órgano que administrara los recursos asignados a este fondo y su patrimonio," lo cual excluye la posibilidad de que se trate de un ente de derecho público (instituto autónomo o público), que solo podría ser creado por Ley conforme a la Constitución y a la Ley Orgánica de la Administración Pública.

Dicho Fondo, en todo caso, conforme al artículo 44 de la ley Orgánica de Misiones, tiene a su cargo administrar, centralizar y sistematizar la gestión y asignación de los recursos destinados a los subsidios, transferencias dinerarias condicionadas y financiamientos de proyectos socio-productivos de las Misiones.

En cuanto al financiamiento de las Misiones la Ley Orgánica declaró los recursos destinados para su desarrollo como "prioritarios y de interés público," estableciendo que los mismos "no podrán sufrir disminuciones en sus montos presupuestarios, excepto en los casos y términos que establezca la Ley de Presupuesto" (art. 50). Igualmente La Ley estableció el principio de progresividad de la inversión social, lo que implica que las asignaciones presupuestarias destinadas a la misma "no podrán ser inferiores, en términos reales, al del ejercicio económico financiero anterior, por lo cual tendrá carácter progresivo y sustentable, con base en la disponibilidad de recursos a partir de los ingresos previstos en la Ley de Presupuesto y en los fondos de inversión administrados por el Poder Ejecutivo" (art. 50).

La distribución de los recursos previstos para las Misiones debe ser recomendada por el Consejo Nacional de Política Social al Alto Mando del Sistema Nacional de Misiones antes de su incorporación en la Ley de Presupuesto (art. 52); estableciendo la Ley, además, los siguientes criterios para la distribución de los recursos: Primero, la inversión social per cápita no debe ser menor en términos reales al asignado el año inmediato anterior; y segundo, la misma se debe destinar de forma prioritaria a las personas y comunidades en situación de pobreza y pobreza extrema; se debe basar en indicadores y lineamientos generales de eficacia y de cantidad y calidad en la prestación de los servicios sociales, establecidos por el Consejo Nacional de Política Social; y debe estar orientada a la promoción de un desarrolle regional equilibrado.

III. LA FORMA FEDERAL DEL ESTADO, y LA CENTRALIZACIÓN PROGRESIVA DE LA ADMINISTRACIÓN PÚBLICA

El otro condicionante político esencial de la Administración Pública, además de la concepción del Estado, es la forma del Estado, según se trate de un Estado unitario centralizado o de un Estado descentralizado, y entre éstos, de un Estado federal. Ello originará una Administración Pública centralizada o descentralizada territorialmente, en este último caso, abierta a la participación política.

1. *El Estado Constitucional en Venezuela, como Federación centralizada, la centralización de la Administración Pública*

En cuanto a la forma del Estado venezolano, si nos atenemos a la definición de la Constitución de 1999, en la misma, además de declarar que se establece un Estado democrático y social de derecho y de justicia, el cual, como se ha indicado, no existe en la realidad, también prevé que la República se

organiza como "un Estado federal descentralizado" que "se rige por los principios de integridad territorial, cooperación, solidaridad, concurrencia y corresponsabilidad" (art. 4).

Esa debería ser la forma del Estado Constitucional en Venezuela, la de un
Estado Federal descentralizado, derivado de un sistema de distribución vertical
del Poder Público en tres niveles territoriales, entre el Poder Nacional, el Poder
de los Estados y el Poder Municipal (art. 136), cada uno debiendo tener siempre
un gobierno de carácter "electivo, descentralizado, alternativo, responsable,
pluralista y de mandatos revocables," tal como lo exige el artículo 6 de la
Constitución; y cada nivel territorial con su respectiva Administración Pública.

La realidad de las propias disposiciones constitucionales, sin embargo, lo
que muestra es un Estado con un régimen "centralista" a pesar del calificativo
de "descentralizado," siendo esa contradicción el signo más característico de
la Constitución al regular el régimen de las entidades territoriales,[75] pues en
paralelo, a regular la autonomía política, normativa y administrativa de los
Estados y Municipios, el texto la niega al remitir a la Ley para su regulación,
con lo que la garantía constitucional de la misma desapareció; a lo que se
agrega un marcado desbalance en la distribución de competencias.

En efecto, la autonomía de los entes territoriales, es decir, de los Estados y
de los Municipios, ante todo, como sucede en toda federación o Estado descentralizado, exigía la previsión de su garantía constitucional, en el sentido de
que los límites a la misma sólo podían estar en la propia Constitución, y no
podía ser remitida su regulación por ley nacional posterior. La Constitución
de 1999, sin embargo, al regular el funcionamiento y la organización de los
Consejos Legislativos Estadales remitió su regulación a la ley nacional (art.
162), que se dictó en 2001, como Ley Orgánica de los Consejos Legislativos
de los Estados,[76] lo cual, además de contradictorio con la atribución a los
mismos de dictarse su propia Constitución para organizar sus poderes públicos (art. 164.1), se configuró como una intromisión inaceptable del Poder
Nacional en el régimen de los Estados.

En cuanto a los Municipios, la autonomía municipal tradicionalmente garantizada en la propia Constitución, también se interfirió en la Constitución,
al señalarse que los Municipios gozan de la misma, no sólo "dentro de los

---

75   Ello lo advertimos apenas se sancionó la Constitución en Allan R. Brewer-Carías,
      *Federalismo y municipalismo en la Constitución de 1999 (Alcance de una reforma
      insuficiente y regresiva)*, Cuadernos de la Cátedra Allan R. Brewer-Carías de Dere-
      cho Público, N° 7, Universidad Católica del Táchira, Editorial Jurídica Venezolana,
      Caracas-San Cristóbal 2001; y "El Estado federal descentralizado y la centralización
      de la federación en Venezuela. Situación y perspectiva de una contradicción consti-
      tucional" en *Federalismo y regionalismo,* Coordinadores Diego Valadés y José Mar-
      ía Serna de la Garza, Universidad Nacional Autónoma de México, Tribunal Superior
      de Justicia del Estado de Puebla, Instituto de Investigaciones Jurídicas, Serie Doctri-
      na Jurídica N° 229, México 2005, pp. 717-750.

76   *Gaceta Oficial* N° 37.282 del 13 de septiembre de 2001.

límites" establecidos en la Constitución, sino de los establecidos en la ley nacional (art. 168), con lo cual el principio descentralizador básico, que es la autonomía, quedó minimizado.

La centralización, por otra parte ha sido el signo característico regularse constitucionalmente a la Administración Pública, mediante la incorporación de una sección específica dedicada a la misma en el Título IV del Poder Público, cuyas normas se aplican a todos los "órganos" y "entes" que conforman las Administraciones Públicas en los tres niveles territoriales, es decir, en la República (administración pública nacional), los Estados (administración pública estadal), y los Municipios (administración pública municipal). Conforme a esas normas, dicho universo de la Administración Pública encontró regulación global en la Ley Orgánica de la Administración Pública de 2001, la cual, siendo una ley nacional, sus disposiciones fueron básicamente "aplicables a la Administración Pública Nacional" (art. 2), pero disponiéndose, en relación con los órganos de los otros Poderes públicos estadales y municipales, que los principios y normas de la Ley Orgánica que se refirieran "en general a la Administración Pública, o expresamente a los Estados, Distritos Metropolitanos y Municipios," serían de "obligatoria observancia por éstos, quienes desarrollarán los mismos dentro del ámbito de sus respectivas competencias". Con ello, se respetaba la autonomía administrativa de los Estados y Municipios, y de sus propias Administraciones Públicas, que debía ejercerse dentro de un marco legal común. En cuanto a las demás regulaciones de la Ley Orgánica, regía el mismo principio de su posible aplicación supletoria a las Administraciones Públicas de los Estados y Municipios (art. 2).

En esta definición del ámbito de aplicación de la Ley Orgánica de la Administración Pública, sin embargo, con la reforma de la Ley Orgánica de 2008, se produjo una centralización administrativa al regularse entonces legalmente una sola "Administración Pública," "nacionalizándose" totalmente el régimen de la misma, al disponer que sus normas se aplican a la Administración Pública que abarca los tres niveles de distribución vertical del poder, es decir, "incluidos los estados, distritos metropolitanos y municipios, quienes deberán desarrollar su contenido dentro del ámbito de sus respectivas competencias" (art. 2). En la reforma de 2014, se ratificó el régimen único a pesar de hacer referencia a la "Administración Pública Nacional": al establecerse que sus normas "serán aplicables a la Administración Pública Nacional, así como a las de los estados, distritos metropolitanos, el Distrito capital, el Territorio Insular Miranda y las de los municipios, quienes deberán desarrollar su contenido dentro del ámbito de sus respectivas competencias" (art. 2).

Además, la Ley Orgánica centraliza totalmente la Administración Pública, al someterla (incluyendo la de los Estados y Municipios) a los lineamientos dictados por la Comisión Nacional de Planificación o conforme con la planificación centralizada (arts. 15, 18, 23, 32, 57, 78, 88, 93, 101, 120, 122, 132), a la dirección del Presidente de la República (art. 46) y a la coordinación del Vicepresidente de la República (art. 48,3). Es decir, la Ley Orgánica de 2008 reformada en 2014 no es que establece un régimen normativo común para todas las

Administraciones Públicas, sino que regula una sola Administración Pública, totalmente centralizada, sin que los Gobernadores y Alcaldes tengan autonomía alguna en sus Administraciones Públicas, ya que las mismas están bajo la dirección del Presidente de la República, la coordinación del Vicepresidente ejecutivo y sometidas a los lineamientos de la planificación centralizada a cargo de un Ministerio del Poder Popular y una Comisión Central de Planificación que es un órgano de coordinación y control nacional.

Por otra parte, en cuanto al carácter supletorio de la Ley, sólo se refiere a las Administraciones de los demás órganos del Poder Público nacional, al disponer que "las disposiciones de la presente Ley se aplicarán supletoriamente a los demás órganos y entes del Poder Público" (art. 2).

2. *El desbalance hacia el nivel nacional en la distribución territorial del Poder*

La progresiva centralización de la Administración Pública también ha sido consecuencia del sistema de distribución de competencias del Poder Público entre los entes político territoriales que se adoptó en la Constitución, que ha atentado contra la descentralización política, lo que ha conducido a que casi todas las competencias públicas quedaron en el Poder Nacional. Los Estados, en la Constitución, materialmente carecen de materias sobre las cuales actuar como competencia exclusiva de los mismos, a pesar de que el artículo 164 hable, precisamente, de "competencias exclusivas."[77] Las pocas indicadas en dicha norma, en realidad, son en su mayoría materias de competencia parcial de los Estados, en algunos casos concurrentes con el Poder Nacional o con el Poder Municipal, y en cuanto a las competencias que se habían descentralizado y convertido en "exclusiva" de los Estados, como la de la administración y manejo de los aeropuertos y puertos nacionales ubicados en cada Estado, como se dijo, fue centralizada o nacionalizada por la Sala Constitucional del Tribunal Supremo de Justicia en 2008, mutándose a tal efecto la Constitución.[78]

En materia de competencias concurrentes, que los Estados hubieran podido haber asumido mediante ley estadal, las mismas, en la Constitución, que-

---

77   Véase Allan R. Brewer-Carías, "La distribución territorial de competencias en la Federación venezolana" en *Revista de Estudios de Administración Local. Homenaje a Sebastián Martín Retortillo,* N° 291, enero-abril 2003, Instituto Nacional de Administración Pública, Madrid 2003, pp. 163-200.

78   Véase sentencia de la Sala Constitucional, N° 565 de 15 de abril de 2008 (*caso Procuradora General de la República, recurso de interpretación del artículo 164.10 de la Constitución de 1999*) en http://www.tsj.gov.ve/deci-siones/scon/Abril/565-150408-07-1108.htm. Véase los comentarios sobre esta sentencia, en Allan R. Brewer-Carías, "La Sala Constitucional como poder constituyente: la modificación de la forma federal del estado y del sistema constitucional de división territorial del poder público, en *Revista de Derecho Público*, N° 114, (abril-junio 2008), Editorial Jurídica Venezolana, Caracas 2008, pp. 247-262.

daron sujetas a lo dispuesto en unas leyes nacionales denominadas "de base," con lo que pueden quedar condicionadas (art. 165), quedando en todo caso sujetas a lo dispuesto en la ley nacional. Y si bien en la Constitución se estableció la garantía de participación previa de los Estados en el proceso de elaboración de leyes nacionales que los puedan afectar (art. 206), que podía permitir a los Estados expresar su opinión sobre leyes que los afecten, ello nunca se ha garantizado en la práctica legislativa.

Y así las leyes nacionales dictadas en relación con materias de competencias concurrentes, en todo caso, lo que han producido es más bien una acentuada centralización, casi total, de las mismas, como ha ocurrido en materia de policía, respecto de la cual, los Estados y Municipios han sido vaciados casi completamente.[79]

Por otra parte, en cuanto a la distribución de competencias entre los entes territoriales, el proceso de descentralización exigía, además, la asignación efectiva de competencias tributarias a los Estados, sobre todo en materia de impuestos al consumo, como sucede en casi todas las Federaciones. Los avances que se discutieron incluso en la Asamblea Constituyente en esta materia, sin embargo, se abandonaron, quitándosele a los Estados todas las competencias tributarias que se le habían asignado, con lo que incluso se retrocedió aún más respecto del esquema que existía en la Constitución de 1961.

Por tanto, en realidad, la Constitución de 1999 terminó de vaciar totalmente a los Estados de competencias tributarias, estableciéndose incluso en la Constitución una competencia residual, no a favor de los Estados como ocurre en las federaciones, sino en forma contraria al principio federal, a favor del Poder Nacional, en materia de impuestos, tasas y rentas no atribuidas a los Estados y Municipios por la Constitución o por la ley (art. 156,12). En consecuencia, a los Estados sólo les quedaron las competencias en materia de papel sellado, timbres y estampillas como se había establecido en la Ley Orgánica de Descentralización, Delimitación y Transferencia de Competencias del Poder Público de 1989,[80] y nada más, pues incluso las materias que se les

---

79   Lo que comenzó a realizarse con la Ley de Coordinación de Seguridad Ciudadana, en *Gaceta Oficial* N° 37.318 del 6 de noviembre de 2001. Véase además, la Ley Orgánica del Servicio de Policía y del Cuerpo de Policía Nacional, y la Ley Orgánica de la Función Policial en *Gaceta Oficial* N° 5940 de 7 de diciembre de 2009.

80   Véase Allan R. Brewer-Carías, "Bases legislativas para la descentralización política de la federación centralizada (1990: El inicio de una reforma", en Allan R. Brewer-Carías (Coordinador y editor), Carlos Ayala Corao, Jorge Sánchez Meleán, Gustavo Linares y Humberto Romero Muci, *Leyes para la Descentralización Política de la Federación*, Colección Textos Legislativos, N° 11, Editorial Jurídica Venezolana, Caracas 1990, pp. 7-53; y "La descentralización política en Venezuela: 1990. El inicio de una reforma" en Dieter Nohlen (editor), *Descentralización Política y Consolidación Democrática Europa-América del Sur*, Madrid-Caracas 1991, pp. 131-160.

había transferido como las relativas a la atención de la salud, han sido progresivamente centralizadas.[81]

La consecuencia de todo ese proceso de centralización es que los Estados y sus Administraciones Públicas han seguido siendo totalmente dependientes de los aportes provenientes del Presupuesto Nacional (Situado Constitucional), habiéndose atribuido la coordinación de la inversión de sus ingresos a un Consejo Federal de Gobierno (art. 185), que conforme a la Ley que lo reguló, lo que ha hecho es reforzar el control de los mismos por parte de los órganos nacionales. En efecto, en dicha la Ley Orgánica que regula el Consejo Federal de Gobierno de 2010,[82] además de preverse su organización y funcionamiento, se establecen "los lineamientos de la planificación y coordinación de las políticas y acciones necesarias para el adecuado desarrollo regional," e igualmente, "el régimen para la transferencia de las competencias entre los entes territoriales, y a las organizaciones detentadoras de la soberanía originaria del Estado" (art. 1). En este último caso, además, haciendo referencia, sin duda, a los órganos del llamado Poder Popular o Estado Comunal, lo que significa que además del centralismo por asunción de poderes de intervención por parte del Poder Central, se ha previsto otro mecanismo de centralización pero por "vaciamiento" de competencias hacia las entidades del llamado Poder Popular que están controlados precisamente por el Poder Nacional.

Conforme a dicha Ley Orgánica, en efecto, dicho Consejo Federal es el órgano encargado de la planificación y coordinación de las políticas y acciones para el desarrollo del proceso de descentralización y transferencia de competencias del Poder Nacional a los Estados y Municipios, teniendo los lineamientos que dicte en materia de transferencia de competencias, carácter "vinculantes para las entidades territoriales" (art. 2). La Ley Orgánica estableció, además, que dicha transferencia de competencias "es la vía para lograr el fortalecimiento de las organizaciones de base del Poder Popular y el desarrollo armónico de los Distritos Motores de Desarrollo y regiones del país," (art. 7), órganos todos que por lo demás, como se ha dicho, son dependientes del Ejecutivo Nacional.

3.   *El ahogamiento y neutralización de las entidades territoriales por parte de la Administración Pública Nacional*

Pero el proceso de centralización de la Administración Pública no sólo se ha producido los el desbalance en el régimen de distribución de competencias entre los entes territoriales, a favor del ámbito nacional, sino por la acción de los propios órganos del Poder Nacional, que han venido, a la vez, ahogando directamente a las entidades territoriales.

---

81   Véase por ejemplo el Decreto N° 6.543, "mediante el cual se decreta la transferencia al Ministerio del Poder Popular para la Salud, de los Establecimientos y las Unidades Móviles de Atención Médica adscrito a la Gobernación del estado Bolivariano de Miranda," en *Gaceta Oficial* N° 39.072 de 3-12-2008.

82   Véase en *Gaceta Oficial* N° 5.963 Extra. de 22-2-2010.

Ello ha ocurrido, por ejemplo, mediante el establecimiento de una estructura organizativa de la Administración Pública nacional, dependiente del Vicepresidente Ejecutivo de la República, en forma paralela y superpuesta a la Administración de los Estados, denominada como "Órganos Desconcentrados de las Regiones Estratégicas de Desarrollo Integral (REDI),"[83] a cargo de funcionarios denominados "Autoridades Regionales," las cuales además, tienen "Dependencias" en cada Estado de la República, que están a cargo de Delegaciones Estadales, todos del libre nombramiento del Vicepresidente de la República.

Estos Delegados, que ejercen sus funciones "dentro del territorio del Estado que le ha sido asignado" (art. 19), se los ha concebido como los canales de comunicación de los Gobernadores de Estado con el Poder Nacional y viceversa, del Poder Nacional con los Estados, teniendo además como misión "realizar las acciones tendentes a impulsar la integración y operación de las comunidades organizadas, instancias del poder popular, organizaciones del poder popular, los consejos de economía y contraloría comunal bajo su demarcación, en términos de la normatividad aplicable, cumpliendo con los criterios establecidos por la Autoridad Regional de las Regiones Estratégicas de Desarrollo Integral (REDI)"(art. 20). En definitiva, estas Autoridades nacionales Regionales y los Delegados Estadales, son los órganos administrativos del Poder Nacional montados en paralelo a las autoridades estadales, con el objeto de asegurar el vaciamiento de sus competencias y la neutralización del poder de los Gobernadores de Estado, particularmente si no son miembros del partido oficial; todo ello dentro de un proceso de planificación centralizada que se ha regulado en la Ley de la Regionalización Integral para el Desarrollo Socio productivo de la Patria de 2014,[84] que establece zonas económicas especiales de desarrollo, buscándose "regularizar" las estructuras administrativas nacionales de intervención y sometimiento de las entidades político territoriales.

En todo caso, un ejemplo del proceso de ahogamiento y neutralización de las entidades territoriales de la República, particularmente de las existentes en la Región Capital, ocurrió en 2008, con la creación de autoridades en el Distrito Capital totalmente dependientes del Poder Ejecutivo, violándose la Constitución. En efecto, en la Constitución de 1999 se había buscado cambiar radicalmente la concepción del viejo Distrito Federal creado desde 1863 como entidad dependiente del Poder Nacional, estableciéndose el Distrito Capital como una entidad política más de la República (art. 16), con sus propios órganos legislativo y ejecutivo de gobierno democrático, es decir, integrado por funcionarios electos popularmente, que debía ser regulado por el Poder

---

83 Véase Resolución N° 031 de la Vicepresidencia de la República, mediante la cual se establece la Estructura y Normas de Funcionamiento de los órganos Desconcentrados de las Regiones Estratégicas de Desarrollo Integral (REDI), en *Gaceta Oficial* N° 40.193 de 20-6-2013.

84 Véase en *Gaceta Oficial* N° 6.151 de 18 de noviembre de 2014.

Nacional (art. 156,10). Debe mencionarse que ese esquema de autonomía territorial también se pretendió reformar en la rechazada Reforma Constitucional de 2007, en la cual se buscaba eliminar el Distrito Capital y recrear la desaparecida figura del Distrito Federal como entidad totalmente dependiente del Poder Nacional, en particular del Presidente de la República, sin gobierno propio.

Después del rechazo popular a dicha reforma constitucional, sin embargo, esta reforma se ha implementado en fraude a la Constitución, y por supuesto a la voluntad popular, mediante la Ley Especial Sobre la Organización y Régimen del Distrito Capital,[85] en la cual se lo ha regulado como una dependencia del Poder Nacional, con el mismo ámbito territorial del extinto Distrito Federal; y con un supuesto "régimen especial de gobierno," conforme al cual, la función legislativa en el Distrito está a cargo de la Asamblea Nacional, y el órgano ejecutivo es ejercido por un Jefe de Gobierno (art. 3), que de acuerdo con el artículo 7 de la Ley Especial, es "de libre nombramiento y remoción" por parte del Presidente de la República; es decir, un "régimen especial de gobierno" dependiente del Poder Central.

Con ello, en el mismo territorio del Municipio Libertador y de parte del territorio del Distrito metropolitano a cargo de un Alcalde y un Consejo Metropolitanos de Caracas, se le ha superpuesto una estructura nacional, como entidad dependiente funcionalmente del Ejecutivo nacional, sin gobierno democrático ni autonomía político territorial, ignorando además la existencia del régimen municipal metropolitano a dos niveles previsto en la Constitución, duplicando las funciones del mismo, dispuesto para ahogarlo y controlarlo.

Como consecuencia de todo lo anteriormente expuesto, puede decirse entonces que la Federación que se plasmó en la Constitución de 1999 no sólo siguió siendo, más acentuadamente, la misma Federación centralizada desarrollada en las décadas anteriores, sino que los pocos elementos que podían contribuir a su descentralización política, fueron desmontados progresivamente en los últimos tres lustros.

En esta perspectiva, el Estado venezolano que nunca ha sido ni ha tenido realmente las características de un " Federal descentralizado," expresión que sólo fue una etiqueta contradictoria e ilusa inserta en una Constitución centralista, progresivamente se ha centralizado aún más, ubicándose todo el poder público en el Estado nacional, que ahora está configurado como un Estado Totalitario y centralizado. Esa centralización ha sido el resultado de un progresivo desbalance hacia el nivel nacional en la distribución territorial del Poder, en el cual se ha vaciado a los Estados de toda competencia sustantiva, y a los Municipios se les ha quitado su carácter de unidad primaria en la organización nacional, montándose en paralelo y en contra de la Constitución, una organización del llamado Poder Popular Estado Comunal, integrada por

---

85   Véase en *Gaceta Oficial* N° 39.156 de 13 de abril de 2009.

Comunas y Consejos Comunales, que han venido neutralizando y ahogando a los Municipios, como instrumentos realmente del Poder nacional. Con ese esquema estatal, sin duda, el derecho público y administrativo que se ha desarrollado es un derecho propio de un Estado centralizado.

IV. LA CREACIÓN DEL ESTADO COMUNAL O DEL PODER POPU-LAR, EN PARALELO AL ESTADO CONSTITUCIONAL Y EL AHOGAMIENTO PROGRESIVO DE LA ADMINISTRACIÓN MU-NICIPAL

1. *La creación del Estado Comunal en paralelo al Estado Constitucional*

Conforme a las previsiones de la Constitución, así ese haya concebido al Estado, realmente, como una "federación centralizada" montada en un sistema desbalanceado de distribución de competencias entre los tres niveles territoriales (nacional, estadal y municipal), el régimen constitucional impide crear por ley instancias políticas que vacíen de competencias a los órganos del Estado (la República, los Estados, los Municipios y demás entidades locales) y menos aún establecerlos con funciones políticas sin que se asegure su carácter electivo mediante la elección de representantes del pueblo a través de sufragio universal, directo y secreto; sin que se asegure su autonomía política propia del carácter "descentralizado" del Estado; y sin que se garantice su carácter pluralista, en el sentido de que no pueden estar vinculados a una sola ideología determinada como es el Socialismo.

El modelo de Estado Constitucional, sin embargo, como se ha dicho, se intentó cambiar mediante la mencionada Reforma Constitucional sancionada por la Asamblea Nacional en noviembre de 2007, con el objeto de establecer un Estado Socialista, Centralizado, Militarista y Policial[86] denominado "Estado del Poder Popular" o "Estado Comunal,"[87] la cual sin embargo, una vez sometida a consulta popular, fue rechazada por el pueblo el 7 de diciembre de 2007.[88]

Sin embargo, en burla a la dicha voluntad popular, y en fraude a la Constitución, desde antes de que se efectuara dicho referendo, la Asamblea Nacional en abierta violación a la Constitución, comenzó a desmantelar el Estado Consti-

---

86 Véase Allan R. Brewer-Carías, *Hacia la Consolidación de un Estado Socialista, Centralizado, Policial y Militarista. Comentarios sobre el sentido y alcance de las propuestas de reforma constitucional 2007*, Colección Textos Legislativos, N° 42, Editorial Jurídica Venezolana, Caracas 2007.

87 Véase Allan R. Brewer-Carías, *La reforma constitucional de 2007 (Comentarios al Proyecto inconstitucionalmente sancionado por la Asamblea Nacional el 2 de noviembre de 2007)*, Colección Textos Legislativos, N° 43, Editorial Jurídica Venezolana, Caracas 2007.

88 Véase Allan R. Brewer-Carías, "La proyectada reforma constitucional de 2007, rechazada por el poder constituyente originario", en *Anuario de Derecho Público 2007*, Año 1, Instituto de Estudios de Derecho Público de la Universidad Monteávila, Caracas 2008, pp. 17-65.

tucional para sustituirlo por un Estado Socialista mediante la estructuración *paralela* de un Estado del Poder Popular o Estado Comunal, lo que comenzó a hacer a través de la sanción de la Ley de los Consejos Comunales de 2006,[89] reformada posteriormente y elevada al rango de ley orgánica en 2009.[90] Posteriormente, puede decirse que el empeño por implantar en Venezuela un Estado Socialista fue rechazado de nuevo con ocasión de las elecciones legislativas efectuadas el 26 de septiembre de 2010, las cuales fueron planteadas por el Presidente de la República de entonces y por la mayoría oficialista de la propia Asamblea Nacional, quienes hicieron una masiva campaña a favor de sus candidatos, como un "plebiscito" respecto al propio Presidente, su actuación y sus políticas socialistas ya previamente rechazadas por el pueblo en 2007; "plebiscito" que el Presidente de la República y su partido perdieron abrumadoramente pues la mayoría del país votó en contra de las mismas.

Sin embargo, al haber perdido el Presidente y su partido, a raíz de dichas elecciones parlamentarias, el control absoluto que ejercían sobre la Asamblea Nacional, lo que a partir de entonces les debía impedir imponer sin límites cualquier ley, en diciembre de 2010, unos días antes de que la nueva Asamblea Nacional se constituyera y los nuevos diputados electos pudieran tomar posesión de sus cargos en enero de 2011, atropelladamente y de nuevo en fraude a la voluntad popular y a la Constitución, la ya deslegitimada Asamblea Nacional procedió a sancionar un conjunto de Leyes Orgánicas del Poder Popular, de las Comunas, del Sistema Económico Comunal, de Planificación Pública y Comunal y de Contraloría Social,[91] mediante las cuales se buscó terminar de definir, al margen de la Constitución, el marco normativo de un nuevo Estado, *paralelo al Estado Constitucional*, que no es otra cosa que un Estado Comunista, es decir, Socialista, Centralizado, Militarista y Policial, denominado "Estado Comunal," que ha originado otra "nueva" Administración Pública paralela a la Administración Pública que regula en la Ley Orgánica de la Administración Pública.[92]

Además de dichas Leyes Orgánicas, en el mismo marco de estructuración del "Estado Comunal" montado sobre el "Poder Popular" se reformó de la Ley Orgánica del Poder Público Municipal, y las Leyes de los Consejos Estadales de Planificación y Coordinación de Políticas Públicas, y de los Consejos Locales de Planificación Pública.[93] En diciembre de 2010, además, se trató de

---

89   Véase en *Gaceta Oficial* N° 5.806 Extra. de 10-04-2006.

90   Véase en *Gaceta Oficial* N° 39.335 de 28-12-2009.

91   Véase en *Gaceta Oficial* N° 6.011 Extra. de 21-12-2010.

92   Véase sobre estas leyes Allan R. Brewer-Carías, Claudia Nikken, Luis A. Herrera Orellana, Jesús María Alvarado Andrade, José Ignacio Hernández y Adriana Vigilanza, *Leyes Orgánicas sobre el Poder Popular y el Estado Comunal (Los Consejos Comunales, las Comunas, la Sociedad Socialista y el Sistema Económico Comunal)*, Editorial Jurídica Venezolana, Caracas 2011.

93   Véase en *Gaceta Oficial* N° 6.015 Extra. de 30-12-2010.

aprobar la Ley Orgánica del Sistema de Transferencia de Competencias y Atribuciones de los Estados y Municipios a las Organizaciones del Poder Popular, la cual sin embargo no llegó a ser sancionada,[94] aun cuando en 2012 se materializó con la la Ley Orgánica para la Gestión Comunitaria de Competencias, Servicios y Otras Atribuciones (Decreto Ley N° 9.043),[95] habiendo sido reformada en 2014, por la Ley Orgánica para la Transferencia al Poder Popular de la Gestión y Administración Comunitaria de Servicios.[96]

El Estado Comunal, mediante la progresiva desconstitucionalización progresiva del Estado Constitucional, al margen y en contra de las instituciones previstas en la Constitución, ha venido configurando "nuevos" órganos y entes como si fueran las "unidades primarias en la organización nacional" para supuestamente garantizar la participación de los ciudadanos en la acción pública, pero suplantando a los Estados y Municipios como entes descentralizados del Estado federal. Esta estructuración del Estado Comunal, además, se ha hecho negándole recursos financieros a los propios del Estado Constitucional (Estados y Municipios), montando un sistema de entidades denominadas del Poder Popular, creadas al margen de la Constitución y en paralelo a los órganos del Poder Público. Estas son básicamente los antes mencionadas Comunas y Consejos Comunales, creadas como instrumentos para la recepción de subsidios directos y reparto de recursos presupuestarios públicos, pero con un grado extremo de exclusión, lo que deriva de su propia existencia que sólo se puede materializar con el registro de las mismas ante el "Ministerio del Poder Popular para las Comunas y Movimientos Sociales" que además depende del "Vicepresidente del Consejo de Ministros para Desarrollo del Socialismo Territorial," por supuesto, siempre que estén controlados y manejados por el partido de gobierno, sean socialistas y comprometidas con la política socialista del Estado; condición indispensable para poder ser aceptados como instrumentos de supuesta "participación protagónica," y de recepción de subsidios dinerarios directos, que por lo demás se están sometidos a control fiscal alguno.

En efecto, la práctica legislativa y gubernamental desarrollada después del rechazo popular a la reforma constitucional de 2007 que pretendía consolidar un Estado totalmente centralizado, y además, crear en paralelo al Estado Constitucional, a una estructura denominada como "Estado del Poder Popular" o "Estado Comunal," ha originado que el mismo haya sido efectivamente crearlo al margen de la Constitución con el propósito de desmantelar el Estado Constitucional federal, centralizando hacia el nivel nacional competencias estadales, y transfiriendo competencias estadales y municipales hacia los

---

94   El proyecto de esta Ley fue aprobado en Primera Discusión en la Asamblea Nacional el 21 de diciembre de 2010. Para el 31 de diciembre de 2010 quedó en discusión en la Asamblea Nacional.

95   Véase en *Gaceta Oficial* N° 6.097 Extra. de 15 de junio de 2012.

96   Véase en *Gaceta Oficial* N° 40.540 de 13 de noviembre de 2014.

Consejos Comunales, que a su vez como se ha dicho, dependen del Ejecutivo Nacional.[97]

En ese esquema, el proceso de desconstitucionalización, centralismo y desmunicipalización en Venezuela, en los últimos años se ha llevado a cabo, en *primer lugar*, mediante el establecimiento como obligación legal para los órganos, entes e instancias del Poder Público, es decir del Estado Constitucional, de promover, apoyar y acompañar las iniciativas populares para la constitución, desarrollo y consolidación de las diversas formas organizativas y de autogobierno del pueblo, es decir, del llamado Estado Comunal (art. 23).[98]

En *segundo lugar*, la desconstitucionalización del Estado se ha impuesto mediante la sujeción de todos los órganos del Estado Constitucional que ejercen el Poder Público, a los mandatos de las organizaciones del Poder Popular, al instituirse un nuevo principio de gobierno, consistente en "gobernar obedeciendo" (artículo 24).[99] Como las organizaciones del Poder Popular no tienen autonomía política pues sus "voceros" no son electos democráticamente mediante sufragio universal, directo y secreto, sino designados por asambleas de ciudadanos controladas e intervenidas por el partido oficial y el Ejecutivo Nacional que controla y guía todo el proceso organizativo del Estado Comunal, en el ámbito exclusivo de la ideología socialista, sin que tenga cabida vocero alguno que no sea socialista; en definitiva, esto de "gobernar obedeciendo" es una limitación a la autonomía política de los órganos del Estado Constitucional electos, como la Asamblea Nacional, los Gobernadores y Con-

---

97 Véase en general sobre este proceso de desconstitucionalización del Estado, Allan R. Brewer-Carías, "La desconstitucionalización del Estado de derecho en Venezuela: del Estado Democrático y Social de derecho al Estado Comunal Socialista, sin reformar la Constitución," *en Libro Homenaje al profesor Alfredo Morles Hernández, Diversas Disciplinas Jurídicas,* (Coordinación y Compilación Astrid Uzcátegui Angulo y Julio Rodríguez Berrizbeitia), Universidad Católica Andrés Bello, Universidad de Los Andes, Universidad Monteávila, Universidad Central de Venezuela, Academia de Ciencias Políticas y Sociales, Vol. V, Caracas 2012, pp. 51-82; en Carlos Tablante y Mariela Morales Antoniazzi (Coord.), *Descentralización, autonomía e inclusión social. El desafío actual de la democracia,* Anuario 2010-2012, Observatorio Internacional para la democracia y descentralización, En Cambio, Caracas 2011, pp. 37-84; y en *Estado Constitucional,* Año 1, N° 2, Editorial Adrus, Lima, junio 2011, pp. 217-236.

98 Una norma similar está en el artículo 62 de la Ley Orgánica de las Comunas, a los efectos de "la constitución, desarrollo y consolidación de las comunas como forma de autogobierno."

99 El artículo 24 de la Ley Orgánica del Poder Popular, en efecto, dispone sobre las "Actuaciones de los órganos y entes del Poder Público" que "Todos los órganos, entes e instancias del Poder Público guiarán sus actuaciones por el principio de gobernar obedeciendo, en relación con los mandatos de los ciudadanos, ciudadanas y de las organizaciones del Poder Popular, de acuerdo a lo establecido en la Constitución de la República y las leyes."

sejos Legislativos de los Estados y los Alcaldes y Concejos Municipales, a quienes se le impone en definitiva la obligación de obedecer lo que disponga el Ejecutivo Nacional y el partido oficial enmarcado en el ámbito exclusivo del socialismo como doctrina política, con la máscara del Poder Popular. La voluntad popular expresada en la elección de representantes del Estado Constitucional, por tanto, en este esquema del Estado Comunal no tiene valor alguno, y al pueblo se le confisca su soberanía trasladándola de hecho a unas asambleas que no lo representan.

En *tercer lugar*, la desconstitucionalización del Estado Constitucional se ha reforzado con el establecimiento de la obligación para los órganos y entes del Poder Público en sus relaciones con el Poder Popular, de dar "preferencia a las comunidades organizadas, a las comunas y a los sistemas de agregación y articulación que surjan entre ellas, en atención a los requerimientos que las mismas formulen para la satisfacción de sus necesidades y el ejercicio de sus derechos, en los términos y lapsos que establece la ley" (art. 29). Igualmente se ha previsto que los órganos, entes e instancias del Poder Público, es decir, del Estado Constitucional, en sus diferentes niveles político-territoriales, deben adoptar "medidas para que las organizaciones socio-productivas de propiedad social comunal, gocen de prioridad y preferencia en los procesos de contrataciones públicas para la adquisición de bienes, prestación de servicios y ejecución de obras" (art. 30).[100]

En *cuarto lugar*, la desconstitucionalización del Estado también ha derivado de la previsión de la obligación para la República, los Estados y Municipios, de acuerdo con la ley que rige el proceso de transferencia y descentralización de competencias y atribuciones, de trasferir "a las comunidades organizadas, a las comunas y a los sistemas de agregación que de éstas surjan; funciones de gestión, administración, control de servicios y ejecución de obras atribuidos a aquéllos por la Constitución de la República, para mejorar la eficiencia y los resultados en beneficio del colectivo" (art. 27).[101] Con ello, se dispuso legalmente el vaciamiento de competencias de los Estados y Municipios, de manera que queden como estructuras vacías, con gobiernos representativos electos por el pueblo pero que no tienen materias sobre las cuales gobernar.

---

100 En particular, conforme al artículo 61 de la Ley Orgánica de las Comunas, se dispone que "todos los órganos y entes del Poder Público comprometidos con el financiamiento de proyectos de las comunas y sus sistemas de agregación, priorizarán aquéllos que impulsen la atención a las comunidades de menor desarrollo relativo, a fin de garantizar el desarrollo territorial equilibrado.

101 Esta misma norma se repite en la Ley Orgánica de las Comunas (art. 64). El 31 de diciembre de 2010, aún estaba pendiente en la Asamblea Nacional la segunda discusión del proyecto de Ley Orgánica del Sistema de Transferencia de Competencias y atribuciones de los Estados y Municipios a las organizaciones del Poder Popular.

2.   *Las Comunas versus la Administración municipal*

La estructuración paralela del Estado Comunal o del Poder Popular, con la creación de las Comunas, ha tenido un impacto fundamental en la Administración Municipal, con la creación, al margen de la Constitución, de las Comunas, que han sido concebidas en la Ley Orgánica del Poder Popular, precisamente para suplantar al Municipio constitucional, como la "célula fundamental" de dicho Estado Comunal.[102]

Para ese efecto, a la Comuna se la definió en el artículo 15.2 de esta Ley Orgánica del Poder Popular, como el "espacio socialista que como entidad local es definida por la integración de comunidades vecinas con una memoria histórica compartida, rasgos culturales, usos y costumbres que se reconocen en el territorio que ocupan y en las actividades productivas que le sirven de sustento y sobre el cual ejercen los principios de soberanía y participación protagónica como expresión del Poder Popular, en concordancia con un régimen de producción social y el modelo de desarrollo endógeno y sustentable contemplado en el Plan de Desarrollo, Económico y Social de la Nación." Esta misma definición de la Comuna como "espacio socialista," está también en el artículo 5 de la Ley Orgánica de las Comunas; noción que implica que la misma está vedada a todo aquél que no sea socialista o que no crea en el socialismo, o que no comulgue con el socialismo como doctrina política. La concepción legal de la Comuna, por tanto, es contraria al pluralismo democrático que garantiza la Constitución (art. 6), siendo abiertamente discriminatoria y contraria a la igualdad que también garantiza el artículo 21 de la Constitución.

Pero para consolidar la institución, aún en forma contraria al pluralismo, en la Ley Orgánica del Poder Popular se define a la Comuna como una "entidad local," y la misma calificación se encuentra en el artículo 1 de la Ley Orgánica de las Comunas, que la define "como entidad local donde los ciudadanos y ciudadanas en el ejercicio del Poder Popular, ejercen el pleno derecho de la soberanía y desarrollan la participación protagónica mediante formas de autogobierno para la edificación del estado comunal, en el marco del Estado democrático y social de derecho y de justicia" (art. 1). También en la reforma de la Ley Orgánica del Poder Público Municipal de diciembre de 2010, se incluyó a las comunas en el listado de las "entidades locales territoriales" (art. 19) disponiéndose que las mismas, al estar reguladas por una

---

102   Véase en *Gaceta Oficial* N° 6.011 Extra. de 21-12-2010. Véase sobre esta Ley el libro de Allan R. Brewer-Carías, Claudia Nikken, Luis A. Herrera Orellana, Jesús María Alvarado Andrade, José Ignacio Hernández y Adriana Vigilanza, *Leyes Orgánicas sobre el Poder Popular y el Estado Comunal (Los Consejos Comunales, las Comunas, la Sociedad Socialista y el Sistema Económico Comunal)*, Colección Textos Legislativos N° 50, Editorial Jurídica Venezolana, Caracas, 2011. Véase además, Allan R. Brewer-Carías, "La Ley Orgánica del Poder Popular y la desconstitucionalización del Estado de derecho en Venezuela," en *Revista de Derecho Público*, N° 124, (octubre-diciembre 2010), Editorial Jurídica Venezolana, Caracas 2010, pp. 81-101.

legislación diferente como es la relativa al Poder Popular, y al poder constituirse "entre varios municipios," quedan exceptuadas de las disposiciones de la Ley Orgánica del Poder Público Municipal.

Ahora bien, en cuanto a calificar a las Comunas como "entidades locales," el Legislador olvidó que conforme a la Constitución (arts. 169, 173), esta expresión de "entidad local" sólo se puede aplicar a las "entidades políticas" del Estado en las cuales necesariamente tiene que haber gobiernos integrados por representantes electos mediante sufragio universal, directo y secreto (arts. 63, 169), ceñidos a los principios establecidos en el artículo 6 de la Constitución, es decir, que ser "siempre democrático, participativo, electivo, descentralizado, alternativo, responsable, pluralista y de mandatos revocables."

Conforme a la Constitución, por tanto, no puede haber "entidades locales" con gobiernos que no sean democráticos representativos en los términos mencionados, y menos "gobernadas" por "voceros" designados por otros órganos públicos. Y esto es precisamente lo que ocurre con los llamados "gobiernos de las comunas," que conforme a esta legislación sobre el Poder Popular y sus organizaciones, no se garantiza su origen democrático mediante elección por sufragio universal, directo y secreto, siendo en consecuencia inconstitucional su concepción. Por ello, con razón, Silva Michelena se ha referido al Estado Comunal como un "Estado de siervos," indicando que:

"El establecimiento de las comunas es la demolición de la República porque la República está asentada sobre el municipio que es su célula primaria. Las gobernaciones, consejos municipales, asambleas legislativas, alcaldes son la base de una República democrática. En esta estructura el voto es universal, directo y secreto. En las leyes aprobadas para las comunas se deja ese tema abierto sin mayor precisión, solo se menciona que habrá una elección popular, pero es a mano alzada, consulté con constitucionalistas y personas que han estado en consejos comunales en varios estados del país y es así. Después no hay más elecciones, la votación es de segundo o tercer grado.

Este es un sistema que sirve para que el chavismo continúe en el poder, la idea es que los voceros elegidos a mano alzada sean representantes del partido."[103]

---

103 Véase en Víctor Salmerón, "La comuna es una sociedad de súbditos," Entrevista a Héctor Silva Michelena, en *Prodavinci*, 25 de septiembre de 2014, en http://prodavinci.com/2014/09/25/actualidad/la-comuna-es-una-sociedad-de-subditos-entrevista-a-hector-silva-michelena-por-victor-salmeron/1nm. Véase además, Héctor Silva Michelena, *Estado de Siervos. Desnudando al Estado Comunal*, bid & co., Caracas 2014.

3. *El Estado Comunal y el ahogamiento de la Administración Pública municipal*

En este esquema de establecimiento del Estado del Poder Popular y el Estado Comunal, a los efectos de ahogar y estrangular progresivamente el Estado Constitucional, por tanto, la primera de las instituciones territoriales afectadas ha sido el Municipio, el cual, siendo la unidad política primaria dentro la organización de la República, ha quedado desvinculado totalmente del proceso de desarrollo comunal y de la llamada participación popular. A tal efecto, además de la sanción de las Leyes Orgánicas del Poder Popular, en fraude a la Constitución y a la voluntad popular que había rechazado la reforma constitucional de 2007, en el mismo mes de diciembre de 2010, se introdujeron diversas reformas la Ley Orgánica del Poder Público Municipal (LOPP),[104] en la cual, entre otros aspectos, se reguló lo siguiente:

En primer lugar, la previsión, como objetivo de la Ley, además de la regulación de los Municipios y su gobierno, del denominado proceso de "descentralización y la transferencia de competencias a las comunidades organizadas, y a las comunas en su condición especial de entidad local, como a otras organizaciones del Poder Popular" (Art. 1). Se entiende que se trata de un proceso de transferencia de "competencias," pero la misma no puede calificarse como "descentralización," pues ésta, conceptualmente en el derecho administrativo y en el marco territorial y político, exige que las entidades receptoras de las competencias a ser transferidas, sean entidades locales concebidas como entidades políticas con gobiernos electos democráticamente. Es decir, no puede haber conceptualmente descentralización política cuando la transferencia de competencias se conduce a órganos dependientes del Poder Central; y las Comunas, a pesar de que se las denomine como "entidades locales especiales," no son gobernadas por órganos cuyos integrantes sean electos por votación universal directa y secreta. Las mismas, por tanto, no tienen autonomía política ni pueden formar parte del esquema de descentralización territorial del Estado, sino que son conducidas por "voceros" designados a mano alzada por asambleas controladas por el partido oficial, sujetas al gobierno nacional.

En segundo lugar, el artículo 2 de la Ley Orgánica del Poder Municipal, a pesar de que repite el principio constitucional de que el Municipio "constituye la unidad política primaria de la organización nacional de la República," ya no habla de que "gozan de autonomía" como lo garantiza el artículo 168 de la Constitución, sino de que "ejerce sus competencias de manera autónoma." Ello, sin embargo, es contradicho con lo que la propia Ley establece al disponer de que "el municipio se regirá por el Sistema Nacional de Planificación establecido en la ley que regula la materia," (art. 110) que en Venezuela, muy anacrónicamente es una planificación centralizada y obligatoria regulada

---

104   Véase en *Gaceta Oficial* N° 6.015 Extraordinario del 28 de diciembre de 2010.

en la Ley que creó la Comisión Central de Planificación,[105] y desarrollada en la ley Orgánica de Planificación Pública y Popular. [106]

A tal efecto, en la Ley Orgánica del Poder Público Municipal, además, se eliminó la iniciativa ejecutiva de la planificación local que se asignaba al Alcalde, quien debía presentar al Consejo Local de Planificación las líneas maestras de su plan de gobierno, y se establece, en cambio, que el Consejo Local de Planificación Pública es "el órgano encargado de diseñar el Plan Municipal de Desarrollo y los demás planes municipales, en concordancia con los lineamientos que establezca el Plan de Desarrollo Económico y Social de la Nación y los demás planes nacionales y estadales, garantizando la participación protagónica del pueblo en su formulación, ejecución, seguimiento, evaluación y control, en articulación con el Sistema Nacional de Planificación" (art. 111).

Ese Consejo, además, en la Ley Orgánica, quedó encargado de "diseñar el Plan de Desarrollo Comunal, en concordancia con los planes de desarrollo comunitario propuestos por los Consejos Comunales y los demás planes de interés colectivo, articulados con el Sistema Nacional de Planificación, de conformidad con lo establecido en la legislaciones que regula a las Comunas y los Consejos Comunales;" contando para ello con el apoyo de los órganos y entes de la Administración Pública. A tales efectos, agrega la norma, "es deber de las instancias que conforman la organización del municipio, atender los requerimientos de los diversos consejos de planificación existentes en cada una de las comunas para el logro de sus objetivos y metas" (art. 112).

En tercer lugar, en la reforma de la Ley Orgánica del Poder Púbico Municipal se encasilló y limitó el rol del Municipio como promotor de la participación del pueblo sólo "a través de las comunidades organizadas," que son las que se regulan en las Leyes Orgánicas del Poder Popular como dependientes del Poder Ejecutivo nacional y orientadas exclusivamente a desarrollar el socialismo, en contra de la previsión del artículo 62 de la Constitución que garantiza el carácter libre de la participación, y en contra del pluralismo que también establece la Constitución. La desvinculación de las comunidades organizadas respecto del Municipio, se aseguró además, en la propia Ley, al excluirse su registro ante los órganos competentes "del Municipio" como decía la Ley Orgánica anterior que se reformó, previéndose ahora su registro sólo ante "los órganos competentes" (art. 33.3) que en las Leyes Orgánica del

---

105 Véase Allan R. Brewer-Carías, "Comentarios sobre la inconstitucional creación de la Comisión Central de Planificación, centralizada y obligatoria", en *Revista de Derecho Público*, N° 110, (abril-junio 2007), Editorial Jurídica Venezolana, Caracas 2007, pp. 79-89.

106 Véase en *Gaceta Oficial* N° 6.011 Extraordinario del 21 de diciembre de 2010. Dicha Ley ha sido reformada de nuevo en noviembre de 2014. Véase en *Gaceta Oficial* N° 6.148 Extra de 18 de noviembre de 2014. Al concluir la redacción de este texto, dicha Gaceta no había circulado.

Poder Popular es uno de los Ministerios del Ejecutivo Nacional, el Ministerio del Poder Popular para las Comunas y Movimientos Sociales.

Es decir, con la reforma de la Ley Orgánica del Poder Municipal se produjo la total desmunicipalización de las entidades locales, y su total control por el Poder central. Se recuerda, además, que de acuerdo con la Ley Orgánica del Poder Popular (art. 32), los Consejos Comunales y las Comunas adquieren personalidad jurídica mediante el registro ante el Ministerio del Poder Popular de las Comunas y Movimientos Sociales, con lo que, en definitiva, se deja en manos del Ejecutivo Nacional la decisión de registrar o no un Consejo Comunal, una Comuna o una Ciudad comunal, y ello debe hacerse, por supuesto, aplicando la letra de la Ley, lo que significa que si está dominada por "voceros" que no sean socialistas, no cabe su registro ni, por tanto, su reconocimiento como persona jurídica, así sea producto genuino de una iniciativa popular.

En cuarto lugar, como parte de ese proceso de desmunicipalización de la vida local, a las Comunas, se las buscó incorporar en el régimen del Poder Público Municipal como "entidad local territorial" (art. 19) aun cuando de "carácter especial," pues conforme al artículo 19, "se rige por su ley de creación," y pueden constituirse "dentro del territorio del Municipio o entre los límites político administrativo de dos o más municipios, sin que ello afecte la integridad territorial de los municipios donde se constituya." Pero a pesar de ser tales "entidades locales" de carácter especial, sin embargo, se las excluyó completamente del régimen de la Ley Orgánica del Poder Municipal quedando "reguladas por la legislación que norma su constitución, conformación, organización y funcionamiento" (art. 5). Ello se reafirmó en el artículo 33 de la Ley, al disponer que "los requisitos para la creación de la comuna, en el marco de su régimen especial como entidad local," son los establecidos en la propia Ley Orgánica de las Comunas.

Es precisamente hacia las Comunas, además de hacia las Comunidades, Consejos Comunales, empresas de propiedad social y otras entidades de base del Poder Popular, hacia las cuales se prevé que se deben vaciar a los Municipios de sus competencias, lo cual se concretó en 2012 al dictarse la Ley Orgánica para la Gestión Comunitaria de Competencias, Servicios y Otras Atribuciones, [107] reformada en 2014, pasando a denominarse Ley Orgánica para la Transferencia al Poder Popular de la Gestión y Administración Comunitaria de Servicios, bienes y otras atribuciones, [108] precisamente con el objeto de implementar la "transferencia de la gestión y administración de servicios, actividades, bienes y recursos del Poder Público a las Comunidades, Comunas, Consejos Comunales, Empresas de propiedad Social Directas o Indirectas y otras organizaciones de base del Poder Popular legítimamente registradas. Ni más ni menos que la destrucción de los Municipios, siendo lo más grave la "motivación" legal que se dio en la ley Orgánica de 2012 para

---

107 Véase en *Gaceta Oficial* N° 6.097 Extra. de 15 de junio de 2012.

108 Véase en *Gaceta Oficial* N° 40.540 de 13 de noviembre de 2014.

dicha transferencia, que era la peregrina idea de que los Municipios, que son los que están gobernados por representantes electos mediante sufragio universal, directo y secreto, supuestamente – así lo decía la letra de la Ley - , supuestamente "usurparon lo que es del pueblo soberano;" es decir, los órganos representativos locales "usurparon lo que es del pueblo," y por tanto, supuestamente con el establecimiento del Estado Comunal, se "restituyen al Pueblo Soberano, a través de las comunidades organizadas y las organizaciones de base del poder popular, aquellos servicios, actividades, bienes y recursos que pueden ser asumidas, gestionadas y administradas por el pueblo organizado" (art. 5.3, Ley Orgánica de 2012). Esta redacción absurda fue sin embargo modificada en la reforma de 2014, eliminándose la noción de "usurpación" como motivación de la transferencia y limitándose la idea de "restitución al pueblo soberano" sólo al supuesto de que una entidad territorial por cuenta propia, decida hacer la transferencia pero conforme al Plan Regional de Desarrollo y autorización del Consejo Federal de Gobierno (art. 5.3).

En todo caso, se destaca que la transferencia de la gestión y administración de servicios, actividades, bienes y recursos del Poder Público a las Comunidades, Comunas, Consejos Comunales, Empresas de propiedad Social Directas o Indirectas y otras organizaciones de base del Poder Popular, debe hacerse conforme a los lineamientos que a tal efecto dicte el Consejo Federal de Gobierno (art. 20), que es un órgano controlado por el Poder Central, siendo los mecanismos de transferencia "de obligatorio cumplimiento a todas las instituciones del poder público para reivindicar al pueblo, su poder para decidir y gestionar su futuro y formas de organización" (art. 3). La transferencia a dichas organizaciones, además debe hacerse a las mismas siempre que sean "legítimamente registradas" (art. 2), por supuesto, por el gobierno central, a través del Ministerio del Poder Popular para las Comunas y los movimientos sociales, lo que sólo es posible si son socialistas. Y lo más insólito es que las áreas prioritarias para dicha transferencia son las de "atención primaria de salud, mantenimiento de centros educativos, producción de materiales y construcción de vivienda, políticas comunitarias de deporte y mantenimiento de instalaciones deportivas, actividades culturales y mantenimiento de instalaciones culturales, administración de programas sociales, protección del ambiente y recolección de desechos sólidos, administración y mantenimiento de áreas industriales, mantenimiento y conservación de áreas urbanas, prevención y protección comunal, construcción de obras comunitarias y administración y prestación de servicios públicos, financieros, producción, distribución de alimentos y de bienes de primera necesidad, entre otras" (art. 27),[109] es

---

109 Véase sobre la Ley Orgánica de 2012, los comentarios de: José Luis Villegas Moreno, "Hacia la instauración del Estado Comunal en Venezuela: Comentario al Decreto Ley Orgánica de la Gestión Comunitaria de Competencia, Servicios y otras Atribuciones, en el contexto del Primer Plan Socialista-Proyecto Nacional Simón Bolívar 2007-2013"; de Juan Cristóbal Carmona Borjas, "Decreto con rango, valor y fuerza de Ley Orgánica para la Gestión Comunitaria de Competencias, Servicios y otras atribuciones;" de Cecilia Sosa G., "El carácter orgánico de un Decreto con fuerza de

decir, materialmente de todo lo imaginable como acción de gobierno local. Con ello, como se dijo, es claro que lo que se busca vaciar totalmente de competencias a los entes políticos territoriales, específicamente a los Municipios[110] y ahogarlos financieramente, para lo cual, como lo afirmó la Sala Constitucional en la sentencia que analizó el carácter orgánico de la Ley, la misma "incide de forma evidente en la estructura orgánica o institucional de un Poder Público como es el Poder Ejecutivo, y a su vez los distintos entes político-territoriales quienes *están sujetos* a los planes de transferencia planteados en sus normas."[111]

Por supuesto, este proceso de transferencia no es, en absoluto, un proceso de "descentralización," por más que así se lo califique expresamente en el artículo 20 de la Ley Orgánica, y en el artículo 5.3 de la misma se invoque el artículo 184 de la Constitución, pues para descentralizar es necesario que los entes recipiendarios de las competencias sean entidades políticas locales, con gobiernos democráticos a cargo de personas electas mediante sufragio universal directo y secreto. En este caso, todas las llamadas "organizaciones de base del Poder Popular" en definitiva son entidades dependientes y controladas por el Poder Ejecutivo nacional, por lo que la transferencia de competencias a las mismas en realidad es un procedo una "centralización administrativa." Como lo destacó José Ignacio Hernández, "la descentralización no se concibe aquí como la transferencia de competencias a favor de Estados y Municipios para democratizar el Poder acercándolo al ciudadano," pues "la transferencia de competencias del Poder Nacional, Estadal y Municipal –así como por parte de

---

Ley (no habilitado) para la gestión comunitaria que arrasa lentamente con los Poderes estadales y municipales de la Constitución;" de José Ignacio Hernández, "Reflexiones sobre el nuevo régimen para la Gestión Comunitaria de Competencias, Servicios y otras Atribuciones;" de Alfredo Romero Mendoza, "Comentarios sobre el Decreto con rango, valor y fuerza de Ley Orgánica para la Gestión Comunitaria de Competencias, Servicios y otras Atribuciones;," y de Enrique J. Sánchez Falcón, "El Decreto con Rango, Valor y Fuerza de Ley Orgánica para la Gestión Comunitaria de Competencias, Servicios y otras Atribuciones o la negación del federalismo cooperativo y descentralizado," en *Revista de Derecho Público*, N° 130, Editorial Jurídica Venezolana, Caracas 2012, pp. 127 ss.

110   Como observó Cecilia Sosa Gómez, para entender esta normativa hay que "aceptar la desaparición de las instancias representativas, estadales y municipales, y su existencia se justicia en la medida que año a año transfiera sus competencias hasta que desaparezcan de hecho, aunque sigan sus nombres (Poderes Públicos Estadal y Municipal) apareciendo en la Constitución. El control de estas empresas, las tiene el Poder Público Nacional, específicamente el Poder Ejecutivo, en la cabeza de un Ministerio." Véase Cecilia Sosa G., "El carácter orgánico de un Decreto con fuerza de Ley (no habilitado) para la gestión comunitaria que arrasa lentamente con los Poderes estadales y municipales de la Constitución," en *Revista de Derecho Público*, N° 130, Editorial Jurídica Venezolana, Caracas 2012, p. 152.

111   Véase sentencia N° 821 de la Sala Constitucional (Exp. N° AA50–T–2012–0702) de 18 de junio de 2012, en http://www.tsj.gov.ve/decisiones/scon/junio/821-18612-2012-12-0704.HTML.

los Distritos– a favor de las instancias del Poder Popular, [...] desnaturaliza el concepto constitucional de descentralización, pues el Poder Popular, como quedó regulado en las Leyes del Poder Popular, es en realidad el conjunto de instancias reguladas y controladas por el Poder Ejecutivo Nacional cuyo objetivo único, exclusivo y excluyente es el socialismo, que pasa a ser así a ser doctrina de Estado." [112]

En quinto lugar, también debe observarse, como antes se indicó, que se eliminó el carácter de entidad local que en la Constitución tienen las parroquias, y por tanto, se eliminó su carácter democrático representativo. Es más, en la Disposición Transitoria segunda de la Ley Orgánica se dispuso que unos días después de la promulgación de la Ley, los miembros principales y suplentes, así como los secretarios de las actuales juntas parroquiales, cesaran en sus funciones. En esta forma, eliminadas las Juntas parroquiales, las cuales en el artículo 35 de la Ley Orgánica pasaron a denominarse "juntas parroquiales comunales," las mismas se regularon sólo como entidades con "facultades consultivas, de evaluación y articulación entre el poder popular y los órganos del Poder Público Municipal," con las funciones enumeradas en el artículo 37 de la Ley Orgánica, de la cual se eliminó todo vestigio de gobierno local representativo.

En esta forma, cada una de dichas juntas parroquiales comunales debe ser "coordinada por una junta parroquial comunal integrada por cinco miembros y sus respectivos suplentes cuando corresponda a un área urbana y tres miembros y sus respectivos suplentes cuando sea no urbana, elegidos o elegidas para un período de dos años," pero no por el pueblo mediante sufragio universal, directo y secreto, sino "por los voceros de los consejos comunales de la parroquia respectiva," quienes "en dicha elección deberán ser fiel expresión del mandato de sus respectivas asambleas de ciudadanos." La norma prevé que dicha designación, debe ser "validada por la asamblea de ciudadanos," quedando eliminado, en esta forma, toda suerte de sufragio universal, directo y secreto y con ello, la democracia representativa.

Al desmunicipalizarse las juntas parroquiales comunales, y eliminarse su carácter de entidad política local de orden democrático representativo, el artículo 36 previó que sus miembros, que deben ser avalados por la asamblea de ciudadanos, incluso pueden ser menores de edad, aun cuando mayores de quince años, e incluso extranjeros.

4.   *Las organizaciones y expresiones organizativas de la Administración Pública del Poder Popular*

Además de las instancias del Poder Popular, en la LOPP se establecen previsiones tendientes a regular dos formas organizativas específicas del Poder Popular: las organizaciones y las expresiones organizativas del Poder

---

112 Véase José Ignacio Hernández, "Reflexiones sobre el nuevo régimen para la Gestión Comunitaria de Competencias, Servicios y otras Atribuciones," en *Revista de Derecho Público*, Nº 130, Editorial Jurídica Venezolana, Caracas 2012, pp. 157

Popular, que originarán, por supuesto, sendas nuevas Administraciones Públicas, las cuales tienen conforme al artículo 11.1 de la LOPP, como fin esencial," Consolidar la democracia participativa y protagónica, en función de la insurgencia del Poder Popular como hecho histórico para la construcción de la sociedad socialista, democrática, de derecho y de justicia." En esta forma, con el agregado de "socialista" que esta previsión impone a la sociedad, se rompe el principio del pluralismo que garantiza la propia Constitución, abriendo la vía para la discriminación política de todo aquél ciudadano que no sea socialista, a quien se le niega el derecho político a participar.

Ahora bien, en cuanto a las organizaciones del Poder Popular, conforme al artículo 9 de la Ley Orgánica del Poder Popular, las mismas "son las diversas formas del pueblo organizado, constituidas desde la localidad o de sus referentes cotidianos por iniciativa popular, que integran a ciudadanos y ciudadanas con objetivos e intereses comunes, en función de superar dificultades y promover el bienestar colectivo, para que las personas involucradas asuman sus derechos, deberes y desarrollen niveles superiores de conciencia política. Las organizaciones del Poder Popular actuarán democráticamente y procurarán el consenso popular entre sus integrantes." Estas organizaciones del Poder Popular se constituyen por iniciativa de los ciudadanos y ciudadanas, de acuerdo con su naturaleza, por intereses comunes, necesidades, potencialidades y cualquier otro referente común, según lo establecido en la ley que rija el área de su actividad (art. 12).

Estas organizaciones del Poder Popular, al igual que las instancias del Poder Popular, conforme al artículo 32 de la Ley Orgánica del Poder Popular, adquieren su personalidad jurídica mediante el registro ante el Ministerio del Poder Popular con competencia en materia de participación ciudadana, atendiendo a los procedimientos que se establezcan en el Reglamento de la presente Ley. Queda entonces en manos del Ejecutivo Nacional, por tanto, el reconocimiento formal de estas organizaciones, de mantera que todas aquellas que no sean socialistas por ser contrarias a los fines prescritos en la Ley (art.1), serían rechazadas. En las registradas, por lo demás, no tendrían cabida los ciudadanos que no compartan la ideología socialista.

En cuanto a las "expresiones organizativas del Poder Popular," conforme se dispone en el artículo 10 de la Ley Orgánica del Poder Popular, las mismas son "integraciones de ciudadanos y ciudadanas con objetivos e intereses comunes, constituidas desde la localidad, de sus referentes cotidianos de ubicación o espacios sociales de desenvolvimiento, que de manera transitoria y en base a los principios de solidaridad y cooperación, procuran el interés colectivo."

Estas expresiones del Poder Popular se constituyen, por iniciativa popular y como respuesta a las necesidades y potencialidades de las comunidades, de conformidad con la Constitución de la República y la ley (art. 13).

Conforme a la Disposición final Tercera, el ejercicio de la participación del pueblo y el estímulo a la iniciativa y organización del Poder Popular establecidos en la Ley, se deben aplicar en los pueblos y comunidades indígenas, de acuerdo a sus usos, costumbres y tradiciones.

5. *Las diversas organizaciones socioproductivas de la "Administración Pública" del sistema económico comunal*

En particular, en el marco del Estado Comunal paralelo, como consecuencia de la estructuración de un "sistema económico comunal," la Ley Orgánica del Sistema Económico Comunal,[113] buscando sustituir el sistema económico de economía mixta consagrado en la Constitución de 1999, por un sistema económico comunista, basado en la propiedad social de los medios de producción, la eliminación de la división social del trabajo y la reinversión social del excedente, ha regulado las "organizaciones socioproductivas" como los "actores" fundamentales que se han diseñado para dar soporte al sistema económico comunal, pues es a través de ellas que se desarrolla el "modelo productivo socialista" que propugna. Dichas organizaciones socioproductivas, que se configuran como una "nueva" Administración Pública económica, se definen como las:

> "unidades de producción constituidas por las instancias del Poder Popular, el Poder Público o por acuerdo entre ambos, con objetivos e intereses comunes, orientadas a la satisfacción de necesidades colectivas, mediante una economía basada en la producción, transformación, distribución, intercambio y consumo de bienes y servicios, así como de saberes y conocimientos, en las cuales el trabajo tiene significado propio, auténtico; sin ningún tipo de discriminación" (art. 9).[114]

Esta afirmación legal, que proviene de los mismos viejos manuales comunistas basados en las apreciaciones de Marx y Engels en las sociedades anteriores a las europeas de mitades del siglo XIX sobre el trabajo asalariado, su explotación y carácter esclavista y discriminatorio, particularmente en relación con las mujeres,[115] lo cual no tiene ninguna relación con la actualidad en ningún país occidental, parecería que parte de supuesto de que en Venezuela, el trabajo hasta ahora no habría tenido "significado propio" y no habría sido

---

113 Véase en *Gaceta Oficial* N° 6.011 Extra. de 21 de diciembre de 2010.

114 La Ley de 2008 las definía como las: "unidades comunitarias con autonomía e independencia en su gestión, orientadas a la satisfacción de necesidades de sus miembros y de la comunidad en general, mediante una economía basada en la producción, transformación, distribución e intercambio de saberes, bienes y servicios, en las cuales el trabajo tiene significado propio y auténtico; y en las que no existe discriminación social ni de ningún tipo de labor, ni tampoco privilegios asociados a la posición jerárquica" (art. 8). Dicha autonomía e independencia desapareció totalmente de la nueva LOSEC.

115 Al referirse al trabajo en la misma obra la Ideología Alemana, Marx y Engels hablaron de la "explotación del hombre por el hombre": y se refirieron a la "distribución desigual, tanto cuantitativa como cualitativamente, del trabajo y de sus productos." *Idem*.

"auténtico," y además, se habría realizado basado en la "discriminación," lo que no tiene base ni sentido algunos. El trabajo es la tarea desarrollada por el hombre generalmente sobre una materia prima con ayuda de instrumentos con la finalidad de producir bienes y servicios; y es, por tanto, el medio para la producción de la riqueza. Ese es el sentido propio y auténtico del trabajo, en cualquier parte del mundo, y su división es de la esencia de la productividad en una sociedad, pues una sola persona no podría nunca cubrir todas las fases de la producción o comercialización de bienes o de la prestación de servicios. De manera que no se entiende qué es lo que se quiere decir que, con la nueva Ley, el trabajo supuestamente ahora adquirirá un significado "propio y auténtico." Por otra parte, en la definición se sugiere que supuestamente hasta ahora, el trabajo se habría realizado en el país sobre la base de la explotación y la discriminación, lo que está desmentido por la avanzada legislación laboral que ha habido desde la década de los cuarenta.

Ahora bien, ese trabajo con sentido "propio y auténtico," y "sin discriminación," al que se refiere la Ley Orgánica del Sistema Económico Comunal, es el que supuestamente ahora sería garantizado a través de las "organizaciones socioproductivas" que se regulan en la ley, mediante las cuales, en forma exclusiva, se desarrollará la economía del país, y que conforme al artículo 10 de la Ley Orgánica del Sistema Económico Comunal, son sólo cuatro: primero, las empresas del Estado Comunal; segundo, las empresas públicas del Estado Constitucional; tercero, las unidades productivas familiares; y cuarto, los grupos de trueque, variándose sustantivamente las formas que se regulaban en el régimen de la derogada Ley de 2008.[116]

O sea, que del trabajo en empresas privadas en las cuales los trabajadoras tienen herramientas para lograr mejores condiciones que ha sido una de las bases del sistema económico del país, se quiere pasar al trabajo exclusivamente en empresas de carácter público, creadas por las instancias del Estado Comunal y por los órganos y entes del Estado Constitucional, sometidas todas

---

116 Debe señalarse que la Ley derogada de 2008 establecía además, como unidades socioproductivas, las siguientes unidades de trabajo colectivo para la producción y distribución social y para la autogestión: Primero, la Empresa de Producción Social, que era la "unidad de trabajo colectivo destinada a la producción de bienes o servicios para satisfacer necesidades sociales y materiales a través de la reinversión social de sus excedentes, con igualdad sustantiva entre sus integrantes." (art. 9.3), entendiéndose como "trabajo colectivo" la "actividad organizada y desarrollada por los miembros de las distintas formas organizativas, basada en relaciones de producción no alienada, propia y auténtica, con una planificación participativa y protagónica (art. 5.2). Segundo, la Empresa de Distribución Social, que era la "unidad de trabajo colectivo destinada a la distribución de bienes o servicios para satisfacer necesidades sociales y materiales a través de la reinversión social de sus excedentes, con igualdad sustantiva entre sus integrantes." (art. 9.4). Y tercero, la Empresa de Autogestión, que era la "unidad de trabajo colectivo que participan directamente en la gestión de la empresa, con sus propios recursos, dirigidas a satisfacer las necesidades básicas de sus miembros y de la comunidad." (art. 9.5).

a una planificación centralizada, en las cuales no puede haber movimientos sindicales u organizaciones de trabajadores libres que puedan presionar para el logro de mejores condiciones laborales, y donde el "empresario" en definitiva resultará ser un burócrata de un régimen autoritario que usa el "excedente" para su propio confort, explotando a los asalariados alienados.

En *primer lugar*, están las "empresas de propiedad social directa comunal," o empresas del Estado Comunal, concebidas como la "unidad socioproductiva constituida por las instancias de Poder Popular en sus respectivos ámbitos geográficos, destinada al beneficio de los productores y productoras que la integran, de la colectividad a las que corresponden y al desarrollo social integral del país, a través de la reinversión social de sus excedentes" (art. 10.1).

Se trata siempre de empresas de propiedad social directa comunal creadas por las diversas instancias del Poder Popular, cuya gestión y administración es por tanto siempre ejercida la instancia que la constituya, de manera que siempre tienen un ámbito geográfico local limitado, confinadas a una comuna o alguna agregación de comunas.

Estas empresas del Estado Comunal, es decir, aquellas "de propiedad social directa comunal," como se establece en el artículo 12, deben ser constituidas "mediante documento constitutivo estatutario, acompañado del respectivo proyecto socioproductivo, haciendo este último las veces de capital social de la empresa," el cual debe ser "elaborado con base en las necesidades y potencialidades de las comunidades de la instancia del Poder Popular a la que corresponda, y de acuerdo al plan de desarrollo del correspondiente sistema de agregación comunal." En los documentos de las empresas de propiedad social comunal deben siempre indicarse tal carácter, bien sea con la mención expresa de "Empresa de Propiedad Social" o abreviación mediante las siglas "EPS" (art. 17).

En *segundo lugar* están las "empresa de propiedad social indirecta comunal," o empresas públicas del Estado Constitucional, concebidas como la "unidad socioproductiva constituida por el Poder Público en el ámbito territorial de una instancia del Poder Popular, destinadas al beneficio de sus productores y productoras, de la colectividad del ámbito geográfico respectivo y del desarrollo social integral del país, a través de la reinversión social de sus excedentes" (art. 10.2). En estos casos se trata siempre de empresas de propiedad social indirecta comunal, constituidas por los órganos del Poder Público (República, Estados y Municipios), es decir, empresas públicas nacionales, estadales y municipales pero siempre creadas en un ámbito geográfico y territorial limitado reducido al de alguna instancia del Poder Popular, y cuya gestión y administración corresponde siempre, como principio, al ente u órgano del Poder Público que las constituya; sin que ello obste para que, progresivamente, la gestión y administración de estas empresas sea transferida a las instancias del Poder Popular, en cuyo caso, se constituirían en empresas de propiedad social comunal directa, es decir, en empresas del Estado Comunal.

En cuanto a estas empresas públicas constituidas por órganos o entes de la Administración Pública, es decir, del Poder Público, que son las "de propiedad social indirecta comunal," dispone el artículo 13, que las mismas son constituidas mediante "documento constitutivo estatutario, de acuerdo a las normativas que rijan al órgano o ente público encargado de su constitución." Se entiende que se refiere al acto ejecutivo por medio del cual se decide en la Administración Central o descentralizada, la creación de una empresa, en los términos de la Ley Orgánica de la Administración Pública.

En *tercer lugar*, están las "unidades productivas familiares," es decir, empresas de carácter netamente familiar, concebidas como "una organización cuyos integrantes pertenecen a un núcleo familiar que desarrolla proyectos socioproductivos dirigidos a satisfacer sus necesidades y las de la comunidad; y donde sus integrantes, bajo el principio de justicia social, tienen igualdad de derechos y deberes" (art. 10.3).

Conforme al artículo 14 de la Ley, el grupo familiar que puede confirmar estas empresas familiares, debe estar "integrado por personas relacionadas hasta el cuarto grado de consanguinidad y segundo de afinidad," y debe estar sustentada "en los saberes y el conocimiento propios del grupo familiar, destinado al beneficio de sus integrantes y a satisfacer necesidades de la comunidad donde el grupo familiar tenga su domicilio." Por tanto, un grupo de amigos y relacionados con intereses comunes, no podría establecer una unidad socioproductiva de esta naturaleza, destinada beneficiar a sus integrantes y a satisfacer necesidades de la comunidad.

En cuanto a estas "unidades productivas familiares," el artículo 14 establece que cada una de las mismas se constituye "por un grupo familiar integrado por personas relacionadas hasta el cuarto grado de consanguinidad y segundo de afinidad, mediante documento constitutivo estatutario y un proyecto socioproductivo sustentado en los saberes y el conocimiento propios del grupo familiar, destinado al beneficio de sus integrantes y a satisfacer necesidades de la comunidad donde el grupo familiar tenga su domicilio."

Por último, en *cuarto lugar*, la Ley Orgánica del Sistema Económico Comunal regula como organización socioproductiva a los "grupos de intercambio solidario," como organizaciones de "trueque" concebidas como el conjunto de "prosumidores" organizados voluntariamente, "con la finalidad de participar en alguna de las modalidades de los sistemas alternativos de intercambio solidario." A los efectos de estos Grupos, estos llamados "prosumidores" se definen en la Ley Orgánica como las "personas que producen, distribuyen y consumen bienes, servicios, saberes y conocimientos, mediante la participación voluntaria en los sistemas alternativos de intercambio solidario, para satisfacer sus necesidades y las de otras personas de su comunidad" (art. 16.6). Es imposible leer estas modalidades de "trueque" como uno de los pilares fundamentales del sistema de producción socialista que propugna esta Ley, sin que venga a la memoria, precisamente, el esquema utópico descrito por Marx y Engels respecto de una sociedad primitiva en la cual como decían, se pudiera, el mismo día, ser cazador, pescador, pastor y crítico, de manera que durante el transcurso del día incluso se pudiera intercambiar liebres o gallinas por unos peces!! Es posible que ello pudiera aplicarse respecto de grupos o humanos o comunidades aislados que pueda haber en territorios inaccesibles, como forma de vida cotidiana, pero no es más que un disparate pensar que se pueda aplicar en las grandes urbes contemporáneas y en las intercomunicadas áreas rurales del país, salvo que se las reduzca todas, a la miseria.

Estos grupos de intercambio solidario, conforme al artículo 15 de la Ley Orgánica del Sistema Económico Comunal, se constituyen mediante acta de asamblea de prosumidores "en la cual toda persona natural o jurídica puede pertenecer a un determinado grupo de intercambio solidario para ofrecer y recibir saberes, conocimientos, bienes y servicios," siempre y cuando cumpla con lo establecido en la Ley y su Reglamento. En este último caso, el acuerdo solidario, conforme se indica en el artículo 44 de la ley, se debe llevar a cabo a través de una asamblea constitutiva de prosumidores en la que se debe proponer la denominación del grupo, de "la moneda comunal" que se va a utilizar, así como "la especificación y organización del sistema alternativo de intercambio solidario," el cual se debe regir por lo dispuesto en la Ley y su Reglamento.

Todas estas organizaciones socioproductivas que contempla la Ley Orgánica del Sistema Económico Comunal, conforme se dispone en el artículo 16 de la misma, no adquieren personalidad jurídica mediante la inscripción de su documento constitutivo en el registro mercantil, sino mediante el registro del mismo "ante el órgano coordinador" que no es otro que el Ministerio de las Comunas (art. 8.1), donde debe establecerse una dependencia funcional de verificación, inscripción y registro con el fin de mantener el seguimiento y control de las organizaciones socioproductivas y de los espacios de intercambio solidario del país (art. 19). Nada se indica en la Ley, sin embargo, sobre la publicidad de este registro, es decir, sobre el acceso del público al mismo, ni sobre la potestad del funcionario innominado a cargo de la inscripción de dar fe pública o autenticidad a los documentos registrados. Parecería que se trata de desmantelar el sistema registral general, sin reformar la ley respectiva.

El Ministerio de las Comunas, sólo puede abstenerse de registrar una organización socioproductiva, además de cuando no se acompañen los documentos exigidos en la Ley o si éstos presentan alguna deficiencia u omisión no subsanada, "cuando el proyecto socio productivo de la organización tenga por objeto finalidades distintas a las previstas en la Ley." (Art. 18) Por tanto, ninguna organización socioproductiva que no sea socialista o que no responda al modelo productivo socialista podría ser registrada.

APRECIACIÓN GENERAL

De todo lo anteriormente expuesto, se confirma que uno de los condicionantes de mayor importancia que tiene la Administración Pública en cualquier país, lo constituyen los condicionantes políticos, sin cuya consideración no es posible determinar las características, modalidades de organización, principios de funcionamiento y los objetivos de la misma; siendo dichos condicionamientos, en primer lugar, la concepción del Estado del cual la Administración es el instrumento para gerenciar el interés general y satisfacer las necesidades colectivas; y en segundo lugar, la forma del Estado que es la que contribuye a conformar a la Administración Pública en todo el territorio del Estado.

Si bien es cierto que para identificar uno y otro condicionante político de la Administración Pública hay que acudir a las previsiones constitucionales que rigen al Estado, es evidente que ello no es suficiente, y en muchas veces es más bien engañoso, pues en la práctica política los Estados responden a otros principios distintos a los plasmados en las Constituciones.

Es el caso de Venezuela, donde a pesar de que la Constitución define al Estado como un Estado democrático y social de derecho y de justicia, en mismo, en la práctica política de los últimos lustros, se ha configurado como un Estado totalitario, que impide que la Administración Pública, pueda ser una Administración democrática y social, que asegure el equilibrio entre los poderes públicos y las derechos de los administrados, sometida al derecho, y controlada por un poder judicial independiente. Más bien se ha configurado como una Administración burocrática que dejó de estar al servicio del ciudadano, y que sirve a la burocracia estatal misma, y cuyas acciones hacia los ciudadanos sólo son consecuencia de políticas populistas, que persiguen las iniciativas privadas, signadas por una ideología oficial que es la antítesis al pluralismo, donde se discrimina políticamente.

Esa Administración Pública burocratizada, consecuencia de las políticas del Estado totalitario, ha sufrido un proceso de inflación organizativa, tanto en la Administración Central por la multiplicación sin plan ni control de los Ministerios, de los cargos de viceministros y de Vicepresidencias sectoriales; como en la Administración descentralizada funcionalmente con la creación de cientos y cientos de empresa públicas y otras entidades estatales, sin concierto alguno. Además, esa Administración Pública tradicional, ha visto crecer una nueva Administración paralela, configurada por las Misiones, reguladas en la Ley Orgánica de la Administración Pública pero para que no se rijan por sus normas, las cuales sólo en 2014 parecen encontrar un cuerpo normativo que las rige.

Por otra parte, a pesar también de que la Constitución defina al Estado como un Estado federal descentralizado, en la práctica política de los últimos lustros, se ha configurado como un Estado centralizado, con un desbalance evidente de competencias a favor del Poder nacional, y un debilitamiento competencial progresivo de los niveles estadales y municipales, lo que impide que la Administración Pública, pueda ser una Administración descentralizada con los tres niveles territoriales (nacional, estadal y municipal) de los que habla el texto constitucional. Más bien se ha configurado como una Administración centralizada, que deriva, en primer lugar del régimen mismo unitario regulado en la Ley Orgánica de la Administración Pública, aplicable a todos las entidades territoriales, que incluso se las sujetan a las instrucciones de los órganos de los niveles superiores de la Administración nacional; en segundo lugar, del proceso de centralización de competencias en desmedro de las de los Estados hacia el nivel nacional; y en tercer lugar, por la estructuración a nivel de la Administración nacional, de órganos nacionales incluso llamados "jefes de gobierno" con competencia regional y estadal, en paralelo y super-puestas a las Administraciones de los Estados o de la Administración munici-pal metropolitana de Caracas.

Y por último, a pesar de que la Constitución regula un Estado que pode-mos denominar Estado Constitucional, al cual debería responder la propia Administración Pública, a partir de 2010, mediante un proceso de desconsti-tucionalización del Estado Constitucional, mediante legislación ordinaria se ha creado un nuevo Estado paralelo, denominado Estado Comunal o del Po-der Popular, totalmente al margen de la Constitución, con el objeto de vaciar progresivamente de competencias a los órganos del Estado Constitucional, mediante su transferencia obligatoria a las Comunidades, Consejos Comuna-les y Comunas, que son órganos dirigidos por "voceros" que no son electos popularmente mediante sufragio, y cuya existencia depende exclusivamente de lo que decida un Ministerio del Ejecutivo nacional, que es el que las regis-tra para que incluso puedan tener personalidad jurídica.

La misión última del Estado Comunal, en un proceso conducido y contro-lado por el poder central, mediante el partido de gobierno que actúa como facilitador, es asegurar el vaciamiento progresivo de las competencias muni-cipales y su total transferencia a entes que controla el poder central, con la consecuente desmunicipalización del país, y la centralización total del Estado y consecuentemente de su administración pública.

En ese proceso de estructuración del Estado Comunal, por último, una nueva Administración pública está en proceso de configurarse, integrada por organizaciones socioproductivas, básicamente, empresas públicas, en el uni-verso del sistema económico comunal que se ha previsto legalmente, confor-me a la más clásica ortodoxia comunista que se regula en la Ley Orgánica de dicho sistema, montado sobre los tres pilares utópicos de la propiedad social de los medios de producción, la eliminación de la división social del trabajo, y la reinversión social del excedente.

New York, junio 2015.

SEGUNDA PARTE

EL ESTADO TOTALITARIO Y LA ADMINISTRACIÓN PÚBLICA AL SERVICIO DE LA BUROCRACIA *

I

La idea del derecho administrativo como derecho "*al servicio de la ciudadanía*" que es el tema central de este Congreso Internacional de Derecho Administrativo, puede decirse que responde a los principios del derecho administrativo del Estado democrático de derecho que ha dominado la conformación de nuestra disciplina en las últimas décadas, y que incluso, ha encontrado consagración constitucional en muchos de nuestros países.

Fue el caso, por ejemplo, de la Constitución de Venezuela de 1999, cuyo texto formal, sin duda, está imbuido del postulado esencial de nuestra disciplina que deriva del necesario equilibrio que debe existir en las relaciones jurídicas que se establecen entre Administración y administrados, entre los poderes y prerrogativas de Administración y los derechos y garantías de los ciudadanos. Por ello, por ejemplo, el importante texto de la norma de la Constitución que regula a la Administración Pública, en la cual se expresa que la misma:

"*está al servicio de los ciudadanos*, y se fundamenta en los principios de honestidad, participación, celeridad, eficacia, eficiencia, transparencia, rendición de cuenta y responsabilidad en el ejercicio de la función pública, con sometimiento pleno a la ley y al derecho" (art. 141)

A todos esos efectos, por tanto, el texto fundamental además garantiza igualmente a los ciudadanos el derecho al debido proceso, no sólo en las ac-

---

* Texto de la Ponencia sobre "Del derecho administrativo al servicio de los ciudadanos en el Estado democrático de derecho al derecho administrativo, al servicio de la burocracia en el Estado totalitario: la mutación en el caso de Venezuela," preparada para el *XIV Congreso Internacional de Derecho Administrativo, Puntos de encuentro: una mirada comparada al desarrollo y futuro del Derecho Administrativo al servicio de la ciudadanía,* organizado por el XV Foro Iberoamericano de Derecho Administrativo, Facultad de Derecho, Universidad de Puerto Rico, octubre 2015.

tuaciones judiciales sino en los procedimientos administrativos (art. 49), constitucionalizando además la jurisdicción contencioso administrativa, regulando no sólo el control de legalidad de las actuaciones administrativas, sino la posibilidad de anular actos administrativos incluso afectados del vicio de "desviación de poder" (art. 295). La Constitución, además, garantiza derecho a ser informados oportuna y verazmente por la Administración Pública sobre el estado de las actuaciones en que estén directamente interesados, y a conocer las resoluciones definitivas que se adopten sobre el particular. Igualmente la Constitución garantiza a los ciudadanos el derecho de acceso a los archivos y registros administrativos, sin perjuicio de los "límites aceptables dentro de una sociedad democrática" (Art. 143).

Para todo ello, la Constitución impone a los funcionarios públicos la obligación de que deben "estar al servicio del Estado y no de parcialidad alguna", para lo cual garantiza que "su nombramiento o remoción no podrán estar determinados por la afiliación u orientación política" (Art. 145).).

Mejor y más claras previsiones constitucionales sobre qué es lo que debería ser la Administración Pública y el derecho administrativo, y las bases de la relación entre la misma y los ciudadanos, es ciertamente difícil de conseguir en el derecho comparado.

II

Pero por supuesto, la sola consagración de esos principios y de los derechos y deberes que imponen en los textos constitucionales, no es suficiente para que el equilibrio entre el poder del Estado y los derechos ciudadanos sea efectivo, y la Administración realmente esté al servicio de los ciudadanos.

Es en realidad la práctica política del gobierno la que en realidad pone de manifiesto si la Administración de un Estado conformado constitucionalmente como un Estado de derecho, realmente se conduce como tal en su funcionamiento y actuación, y si el derecho administrativo aplicado al mismo obedece o no efectivamente a parámetros democráticos.

Y de nuevo, basta estudiar el caso venezolano para constatar que el "Estado democrático y social de derecho y de justicia" y descentralizado tal como lo definen los artículos 2 y 4 de la Constitución, en la práctica política del gobierno autoritario que se apoderó de la República desde 1999,[1] no es tal, es decir, no es un Estado democrático, no es un Estado social, no es un Estado de derecho, no es un Estado de Justicia y no es un Estado descentralizado; y más bien es un Estado Totalitario que no está realmente sometido al derecho, cuyas normas se ignoran y desprecian, o se mutan o amoldan a discreción por los gobernantes; todos los poderes están concentrados en el Ejecutivo, que

---

1   Véase Allan R. Brewer-Carías, *Authoritarian Government vs. The Rule of Law, Lectures and Essays (1999-2014) on the Venezuelan Authoritarian Regime Established in Contempt of the Constitution*, Fundación de Derecho Público, Editorial Jurídica Venezolana, Caracas 2014.

han aniquilado a la democracia, han pervertido la participación y han concentrado todos los medios de comunicación; no está sometido a control judicial alguno, por la sumisión del Poder Judicial al Poder Ejecutivo; de todo lo cual se puede caracterizar más bien como un "Estado de la injusticia," todo lo cual afecta tremendamente al derecho administrativo. En el mismo, además, el Juez Constitucional controlado ha sido el instrumento más letal para afianzar el autoritarismo. [2]

Y es que si algo es definitivo en esta perspectiva, es que el derecho administrativo no es, ni puede ser independiente de la actuación del gobierno, sea que del mismo resulte en un modelo político de Estado autoritario o de Estado democrático. Y para identificar dicho modelo por supuesto no podemos acudir a etiquetas o a definiciones constitucionales, sino a la práctica política del gobierno.

Un Estado autoritario será el resultado de la actuación de un gobierno autoritario, y en el mismo, lejos de haber un equilibrio entre los poderes de la Administración y los derechos de los particulares, lo que existe es más bien un marcado desequilibrio a favor del régimen de la Administración, con pocas posibilidades de garantía de los derechos de los particulares frente a su actividad.

En cambio, el equilibrio antes mencionado sólo tiene posibilidad de pleno desarrollo en Estados con gobiernos democráticos, donde la supremacía constitucional esté asegurada, la separación y distribución del Poder sea el principio medular de la organización del Estrado, donde el ejercicio del Poder Público pueda ser efectivamente controlado judicialmente y por los otros medios dispuestos en la Constitución, y donde los derechos de los ciudadanos sean garantizados por un Poder Judicial independiente y autónomo. Nada de ello se encuentra en los Estados con un régimen de gobierno autoritario, así sus gobernantes hayan podido haber sido electos, y se arropen con el lenguaje a veces florido de los textos constitucionales.

III

De todo lo anterior resulta evidente, por tanto, que cuando se habla de Administración al servicio de los ciudadanos en el marco de Estado democrático de derecho, y por tanto, del derecho administrativo como derecho de la democracia, ésta tiene que existir real y efectivamente y no sólo en el papel de las Constituciones y de las leyes, sino en la práctica de la acción del gobierno que origine un sistema político en el cual además de todos los derechos y garantías constitucionales generalmente conocidos (políticos, individuales, sociales, económicos, culturales, ambientales), se garantice efectivamente el derecho ciudadano a la Constitución y a su supremacía constitucio-

---

2   Véase Allan R. Brewer-Carías, "El juez constitucional al servicio del autoritarismo y la ilegítima mutación de la Constitución: el caso de la Sala Constitucional del Tribunal Supremo de Justicia de Venezuela (1999-2009)", en *Revista de Administración Pública*, Nº 180, Madrid 2009, pp. 383-418.

nal, es decir el derecho ciudadano a la propia democracia,[3] y el derecho de poder ejercer el control sobre las actividades gubernamentales, que hasta cierto punto son tan políticos como los clásicos derechos al sufragio, al desempeño de cargos públicos, a asociarse en partidos políticos y, más recientemente, el derecho a la participación política.

Estos derechos que son nuevos sólo en su enunciado, derivan de la comprensión cabal de lo que significa un régimen democrático, que sólo es aquél donde concurren una serie de *elementos esenciales* que por lo demás se enumeran en la *Carta Democrática Interamericana* de 2001, y que son los derechos: 1) al respeto a los derechos humanos y las libertades fundamentales; 2) al acceso al poder y su ejercicio con sujeción al Estado de derecho; 3) a la celebración de elecciones periódicas, libres, justas y basadas en el sufragio universal y secreto, como expresión de la soberanía del pueblo; 4) al régimen plural de partidos y organizaciones políticas y 5) a la separación e independencia de los poderes públicos (art. 3).

No hay ni puede haber democracia ni una Administración al servicio del ciudadano, si éste no tiene garantizado su derecho político a la efectividad de esos elementos esenciales, que es lo que permite en definitiva distinguir un Estado democrático de derecho de un Estado de régimen autoritario. En este, a pesar de todas sus etiquetas constitucionales, esos derechos o elementos esenciales no pueden ser garantizados, por la ausencia de controles al ejercicio del poder, aun cuando pueda tratarse de Estados en los cuales los gobiernos puedan haber tenido su origen en algún ejercicio electoral.

Entre todos esos derechos políticos a la democracia, está por supuesto, el derecho a la separación de poderes, que implica el derecho a ejercer el control del poder. Ello además, es lo que permite que se puedan materializar otros derechos políticos del ciudadano en una sociedad democrática, identificados en la misma Carta Democrática Interamericana como *componentes fundamentales* de la democracia, como son los derechos a: 1) la transparencia de las actividades gubernamentales; 2) la probidad y la responsabilidad de los gobiernos en la gestión pública; 3) el respeto de los derechos sociales; 4) el respeto de la libertad de expresión y de prensa; 5) la subordinación constitucional de todas las instituciones del Estado a la autoridad civil legalmente constituida y 6) el respeto al Estado de derecho de todas las entidades y sectores de la sociedad (art. 4).

Entre esos derechos se destaca el derecho a la separación de poderes, materializado en el derecho al control del poder, que es el fundamento del propio derecho administrativo en una sociedad democrática, pues es precisamente el elemento fundamental para garantizar el necesario equilibrio mencionado

---

3   Véase Allan R. Brewer–Carías, "Prólogo: Sobre el derecho a la democracia y el control del poder", al libro de Asdrúbal Aguiar, *El derecho a la democracia. La democracia en el derecho y la jurisprudencia interamericanos. La libertad de expresión, piedra angular de la democracia*, Editorial Jurídica Venezolana, Caracas 2008, pp. 19 ss.

entre los poderes y prerrogativas de la Administración del Estado y los derechos ciudadanos, y que en consecuencia, la Administración esté efectivamente al servicio de los ciudadanos y no de la propia burocracia estatal.

Para ello, por supuesto, la condición esencial es que los poderes sean efectivamente autónomos e independientes, para lo cual, de nuevo, no bastan las declaraciones constitucionales y ni siquiera la sola existencia de elecciones, siendo demasiadas las experiencias en el mundo contemporáneo de toda suerte de tiranos que usaron el voto popular para acceder al poder, y que luego, mediante su ejercicio incontrolado, desmantelar la democracia y desarrollar gobiernos autoritarios, contrarios al pueblo, que acabaron con la propia democracia y con todos sus elementos,[4] comenzando por el irrespeto a los derechos humanos. Situación que por lo demás ha sido la de Venezuela, donde se ha arraigado un gobierno autoritario partiendo de elementos que se insertaron en la misma Constitución de 1999.[5]

En ella, en efecto, a pesar de establecerse una peta división del poder público en Legislativo, Ejecutivo, Judicial, Ciudadano y Electoral, se dispuso el germen de la concentración del poder en manos de la Asamblea Nacional y, consecuencialmente, del Poder Ejecutivo que la controla políticamente, con lo cual, progresivamente, los otros Poderes Públicos, y particularmente el Poder Judicial[6], el Poder Ciudadano y el Poder Electoral[7] han quedado some-

---

4   Véase Allan R. Brewer-Carías, *Dismantling Democracy. The Chávez Authoritarian Experiment*, Cambridge University Press, New York 2010.

5   Véase los comentarios críticos a la semilla autoritaria en la Constitución de 1999, en Allan R. Brewer–Carías, *Debate Constituyente (Aportes a la Asamblea Nacional Constituyente), Tomo III (18 octubre–30 noviembre 1999)*, Fundación de Derecho Público–Editorial Jurídica Venezolana, Caracas, 1999, pp. 311–340; "Reflexiones críticas sobre la Constitución de Venezuela de 1999," en el libro de Diego Valadés, Miguel Carbonell (Coordinadores), *Constitucionalismo Iberoamericano del Siglo XXI*, Cámara de Diputados. LVII Legislatura, Universidad Nacional Autónoma de México, México 2000, pp. 171–193; en *Revista de Derecho Público*, N° 81, Editorial Jurídica Venezolana, Caracas, enero–marzo 2000, pp. 7–21; en *Revista Facultad de Derecho, Derechos y Valores*, Volumen III N° 5, Universidad Militar Nueva Granada, Santafé de Bogotá, D.C., Colombia, Julio 2000, pp. 9–26; y en el libro *La Constitución de 1999*, Biblioteca de la Academia de Ciencias Políticas y Sociales, Serie Eventos 14, Caracas, 2000, pp. 63–88.

6   Véase Allan R. Brewer–Carías, "La progresiva y sistemática demolición de la autonomía en independencia del Poder Judicial en Venezuela (1999–2004)", en *XXX Jornadas J.M Domínguez Escovar, Estado de derecho, Administración de justicia y derechos humanos*, Instituto de Estudios Jurídicos del Estado Lara, Barquisimeto, 2005, pp. 33–174; y "La justicia sometida al poder [La ausencia de independencia y autonomía de los jueces en Venezuela por la interminable emergencia del Poder Judicial (1999–2006)]" en *Cuestiones Internacionales. Anuario Jurídico Villanueva 2007*, Centro Universitario Villanueva, Marcial Pons, Madrid, 2007, pp. 25–57.

7   Véase Allan R. Brewer–Carías, "El secuestro del Poder Electoral y la confiscación del derecho a la participación política mediante el referendo revocatorio presidencial:

tidos a la voluntad del Ejecutivo. Por ello en noviembre de 1999, aún antes de que la Constitución se sometiera a referendo aprobatorio, advertí que si la Constitución se aprobaba, ello iba a implicar la implantación en Venezuela, de:

"un esquema institucional concebido para el autoritarismo derivado de la combinación del centralismo del Estado, el presidencialismo exacerbado, la democracia de partidos, la concentración de poder en la Asamblea y el militarismo, que constituye el elemento central diseñado para la organización del poder del Estado."[8].

IV

Ha sido todo este sistema de ausencia de autonomía y de independencia de los poderes del Estado respecto del Ejecutivo Nacional, lo que ha eliminado toda posibilidad real de asegurar un equilibrio entre el poder de la Administración del Estado y los derechos ciudadanos, siendo difícil por tanto poder identificar a la Administración Pública como entidad que esté al servicio de estos, los cuales lamentablemente ahora sólo pueden entrar en relación con la misma en dos formas:

Por una parte, los que son privilegiados del poder, como consecuencia de la pertenencia política al régimen o a su partido único, con todas las prebendas y parcialidades de parte de los funcionarios.

Y por otra parte, los que como marginados del poder acuden a la Administración por necesidad ciudadana, a rogar las más elementales actuaciones públicas, como es por ejemplo solicitar autorizaciones, licencias, permisos o habilitaciones, las cuales no siempre son atendidas y más bien tratadas como si lo que se estuviera requiriendo fueran favores y no derechos o el cumplimiento de obligaciones públicas.

En ambas situaciones, lamentablemente, el equilibrio entre poderes del Estado y derechos ciudadanos de los administrados ha desaparecido, sin que existan elementos de control para restablecerlo: se privilegia y se margina, como producto de una discriminación política antes nunca vista, sin posibilidad alguna de control.

En ese marco, el derecho administrativo formalmente concebido para la democracia, en la práctica pasó a ser un instrumento más del autoritarismo,

---

Venezuela 2000–2004,", en *Boletín Mexicano de Derecho Comparado*, Instituto de Investigaciones Jurídicas, Universidad Nacional Autónoma de México, N° 112. México, enero–abril 2005 pp. 11–73; *La Sala Constitucional versus el Estado Democrático de Derecho. El secuestro del poder electoral y de la Sala Electoral del Tribunal Supremo y la confiscación del derecho a la participación política*, Los Libros de El Nacional, Colección Ares, Caracas, 2004, 172 pp.

8   Documento de 30 de noviembre de 1999. *V.* en Allan R. Brewer–Carías, *Debate Constituyente (Aportes a la Asamblea Nacional Constituyente)*, Tomo III, Fundación de Derecho Público, Editorial Jurídica Venezolana, Caracas, 1999, p. 339.

habiendo incluso la jurisdicción contencioso administrativo cesado de ser el instrumento para asegurar el control jurisdiccional de la Administración y de sus actuaciones administrativas. Ello, en particular, se evidenció abiertamente desde 2003 con la lamentable destitución *in limine* de los magistrados de la Corte Primera de lo Contencioso Administrativa con ocasión de un proceso contencioso administrativo de nulidad y amparo iniciado el 17 de julio de 2003 a solicitud de la Federación Médica Venezolana en contra los actos del Alcalde Metropolitano de Caracas, del Ministro de Salud y del Colegio de Médicos del Distrito Metropolitano de Caracas, por la contratación indiscriminada de médicos extranjeros no licenciados para ejercer la medicina en el país; todo en violación de la Ley de Ejercicio de la Medicina, para atender el desarrollo de un importante programa asistencial de salud en los barrios de Caracas.[9] El haber dictado el 21 de agosto de 2003 una medida cautelar en el caso, ordenando la suspensión temporal del programa de contratación[10] desató la ira del régimen de manera que después de anunciarse que no se acataría por el gobierno,[11] la policía política allanó la sede de la Corte Primera, y luego de destituidos sus cinco magistrados, su sede fue intervenida,[12] permaneciendo cerrada sin jueces por más de diez meses,[13] tiempo durante el cual simplemente no hubo justicia contencioso administrativa en el país. La consecuencia elemental fue que los nuevos magistrados nombrados, con todo ello, comenzaron a "entender" entonces cómo debían comportarse en el futuro frente al poder; todo lo que condujo a que la Jurisdicción contencioso administrativa en Venezuela, de raigambre y jerarquía constitucional, simplemente hoy por hoy no existe en la práctica.[14]

---

9   Véase Claudia Nikken, "El caso "Barrio Adentro": La Corte Primera de lo Contencioso Administrativo ante la Sala Constitucional del Tribunal Supremo de Justicia o el avocamiento como medio de amparo de derechos e intereses colectivos y difusos," en *Revista de Derecho Público*, N° 93–96, Editorial Jurídica Venezolana, Caracas, 2003, pp. 5 ss.

10 Véase la decisión de 21 de agosto de 2003 en *Revista de Derecho Público*, N° 93–96, Editorial Jurídica Venezolana, Caracas, 2003, pp. 445 ss.

11 El Presidente de la República dijo: "*Váyanse con su decisión no sé para donde, la cumplirán ustedes en su casa si quieren…*", en el programa de TV *Aló Presidente*, N° 161, 24 de Agosto de 2003.

12 Véase la información en *El Nacional*, Caracas, Noviembre 5, 2003, p. A2. En la misma página el Presidente destituido de la Corte Primera dijo: "*La justicia venezolana vive un momento tenebroso, pues el tribunal que constituye un último resquicio de esperanza ha sido clausurado*".

13 Véase en *El Nacional*, Caracas, Octubre 24, 2003, p. A–2; y *El Nacional*, Caracas, Julio 16, 2004, p. A–6.

14 Véase Antonio Canova, Véase Antonio Canova González, *La realidad del contencioso administrativo venezolano (Un llamado de atención frente a las desoladoras estadísticas de la Sala Político Administrativa en 2007 y primer semestre de 2008)*, Funeda, Caracas 2008.

El caso llegó incluso ante la Corte Interamericana de Derechos Humanos, la cual en 2008 condenó al Estado,[15] siendo la respuesta del mismo, la sentencia de la Sala Constitucional del Tribunal Supremo, Nº 1.939 de 12 de diciembre de 2008,[16] la cual citando como precedente una sentencia del Tribunal Superior Militar del Perú de 2002, declaró la sentencia del tribunal internacional como "inejecutable" en Venezuela, solicitando al Ejecutivo que denunciara la Convención Americana de Derechos Humanos que supuestamente había usurpado los poderes del Tribunal Supremo, lo que el Ejecutivo cumplió cabalmente en 2012.

Este caso emblemático, por supuesto, contrasta con las previsiones de la Constitución de 1999, en la cual se encuentra una de las declaraciones de derechos más completas de América Latina, y sobre su protección por medio de la acción de amparo, así como previsiones expresas sobre la Jurisdicción Constitucional y la Jurisdicción Contencioso Administrativa difícilmente contenidas con tanto detalle en otros textos constitucionales.[17] Ello, por otra parte, lo que muestra es que para que exista control de la actuación del Estado no bastan declaraciones formales en la Constitución, sino que es indispensable que el Poder Judicial sea autónomo e independiente, y esté fuera del alcance del Poder Ejecutivo. Al contrario, cuando el Poder Judicial está controlado por el Poder Ejecutivo, como lo muestra el caso citado, las declaraciones constitucionales de derechos se convierten en letra muerta, y el derecho administrativo no puede servir para garantizar ningún equilibrio entre poderes del Estado y derechos ciudadanos, convirtiéndose solo en un instrumento más del autoritarismo.

De todo lo anterior resulta, por tanto, que para que exista democracia como régimen político en un Estado constitucional y democrático de derecho, para que exista una Administración al servicio de los ciudadanos, y para que exista un derecho administrativo que garantice el equilibrio entre el poder del Estado y los derechos ciudadanos, no son suficientes las declaraciones contenidas en los textos constitucionales que por ejemplo, como es el caso en Venezuela, hablen y regulen el derecho al sufragio y la participación política; la

---

15 Véase sentencia de la Corte Interamericana de 5 de agosto de 2008, Caso *Apitz Barbera y otros ("Corte Primera de lo Contencioso Administrativo") vs. Venezuela*, Excepción Preliminar, Fondo, Reparaciones y Costas, Serie C Nº 182, en www.corteidh.or.cr.

16 Véase sentencia de la Sala Constitucional, sentencia Nº 1.939 de 18 de diciembre de 2008 (Caso *Abogados Gustavo Álvarez Arias y otros*), en http://www.tsj.gov.ve/decisiones/scon/Diciembre/1939-181208-2008-08-1572.html

17 Véase Allan R. Brewer-Carías, "Sobre la justicia constitucional y la justicia contencioso administrativo. A 35 años del inicio de la configuración de los procesos y procedimientos constitucionales y contencioso administrativos (1976-2011)," en *El contencioso administrativo y los procesos constitucionales* (Directores Allan R. Brewer Carías y Víctor Rafael Hernández Mendible), Colección Estudios Jurídicos Nº 92, Editorial Jurídica Venezolana, Caracas, 2011, pp. 19-74.

división o separación horizontal del Poder Público, y su distribución vertical o territorial del poder público, de manera que los diversos poderes del Estado puedan limitarse mutuamente; así como tampoco bastan las declaraciones que se refieran a la posibilidad de los ciudadanos de controlar el poder del Estado, mediante elecciones libres y justas que garanticen la alternabilidad republicana; mediante un sistema de partidos que permita el libre juego del pluralismo democrático; mediante la libre manifestación y expresión del pensamiento y de la información que movilice la opinión pública; o mediante el ejercicio de recursos judiciales ante jueces independientes que permitan asegurar la vigencia de los derechos humanos y el sometimiento del Estado al derecho.

Tampoco bastan las declaraciones constitucionales sobre la "democracia participativa y protagónica" o la descentralización del Estado; así como tampoco la declaración extensa de derechos humanos. Tampoco es suficiente que se haya producido un completo proceso de constitucionalización del derecho administrativo, insertando en la Constitución todos sus principios más esenciales.

Además de todas esas declaraciones, es necesaria que haya un gobierno democrático y que la práctica política democrática asegure efectivamente la posibilidad de controlar el poder, como única forma de garantizar la vigencia del Estado de derecho, y el ejercicio real de los derechos humanos; y que el derecho administrativo pueda consolidarse como un régimen jurídico de la Administración que disponga el equilibrio entre los poderes del Estado y los derechos de los administrados.

V

Lamentablemente, en Venezuela, después de las cuatro décadas de práctica democrática que vivió el país entre 1959 y 1999, durante estos últimos tres lustros, a partir de 1999 hasta la fecha, en fraude continuo a la Constitución efectuado por el Legislador y por el Tribunal Supremo de Justicia, guiados por el Poder Ejecutivo, a pesar de las excelentes normas constitucionales que están insertas en el Texto fundamental derivadas del proceso de constitucionalización del derecho administrativo, se ha venido estructurando un Estado Totalitario en contra de las mismas, que ha aniquilado toda posibilidad real de control del ejercicio del poder y, en definitiva, el derecho mismo de los ciudadanos a la democracia.[18]

Y con ello, toda posibilidad de que el derecho administrativo sea ese derecho que asegure el equilibrio entre los poderes del Estado y los derechos ciudadanos que el Estado democrático de derecho exige, con una Administración al servicio de los ciudadanos, convirtiéndose más bien en un derecho administrativo al servicio exclusivo de la Administración, de su burocracia y de

---

18   Véase Allan R. Brewer-Carías, *Estado Totalitario y desprecio a la Ley. La desconstitucionalización, desjuridificación, desjudicialización y des democratización de Venezuela*, Editorial Jurídica Venezolana, Caracas 2014.

los funcionarios que la componen, donde no hay campo para reclamo o control, sino sólo para el acatamiento sin discusión.

En ese marco, por tanto, de nada vale el proceso de constitucionalización del derecho administrativo, que en la práctica es letra muerta, todo lo cual nos evidencia precisamente la importancia del modelo político en la conformación de nuestra disciplina.

El derecho administrativo, no debemos olvidarlo, es, ante todo, un derecho estatal[19] o un derecho del Estado, lo que implica que el mismo inevitablemente está vinculado al modelo político en el cual opera el propio Estado conforme a la práctica política de su gobierno, siendo ello, históricamente, uno de los más importantes elementos condicionantes de nuestra disciplina.[20]

Por tanto, el derecho administrativo que la mayoría de nosotros hemos conocido, estudiado y enseñado en el último medio siglo, cuando en el mundo occidental los países han gozado de cierta estabilidad democrática, puede decirse que en general ha sido el derecho administrativo del Estado de derecho, que como modelo político tuvo su origen a comienzos del siglo XIX como consecuencia de los aportes de la Revolución Norteamericana (1776) y de la Revolución francesa (1789) al constitucionalismo moderno;[21] el cual fundamentalmente resulto luego del hecho político fundamental del pase efectivo de la soberanía, desde el Monarca al pueblo, dando origen al desarrollo del principio de la representatividad democrática. En ese marco, el Estado se organizó conforme al principio de la separación de poderes, que permitió el control recíproco entre los diversos órganos del Estado, entre ellos, por parte el poder judicial, montado además en la necesaria garantía de los derechos ciudadanos frente al propio Estado, los que comenzaron a ser declarados constitucionalmente.

Fue en ese marco político cuando el derecho administrativo comenzó a ser un orden jurídico que además de regular a los órganos del Estado y su actividad, también comenzó a regular las relaciones jurídicas que en cierto plano igualitario se comenzaron a establecer entre el Estado y los ciudadanos, y que

---

19   Véase André Demichel, *Le droit administratif. Essai de réflexion théorique,* París, 1978, p. 14.

20   Sobre el tema, bajo el ángulo de la Administración, nos ocupamos hace años en Allan R. Brewer-Carías, "Les conditionnements politiques de l'administration publique dans les pays d'Amérique Latine", en *Revue Internationale des Sciences Administratives,* Vol. XLV, N° 3, Institut International des Sciences Administratives, Bruselas 1979, pp. 213-233; y "Los condicionamientos políticos de la Administración Pública en los países latinoamericanos" en *Revista de la Escuela Empresarial Andina,* Convenio Andrés Bello, N° 8, Año 5, Lima 1980, pp. 239-258.

21   Véase Allan R. Brewer-Carías, *Reflexiones sobre la revolución norteamericana (1776), la revolución francesa (1789) y la revolución hispanoamericana (1810-1830) y sus aportes al constitucionalismo moderno*, 2ª Edición Ampliada, Serie Derecho Administrativo N° 2, Universidad Externado de Colombia, Editorial Jurídica Venezolana, Bogotá 2008.

ya no sólo estaban basadas en la antigua ecuación entre prerrogativa del Estado y la sujeción de las personas a la autoridad, sino entre poder del Estado y derecho de los ciudadanos; todo lo cual terminó incrustándose en el propio texto de las Constituciones.

La consecuencia de todo ello fue que progresivamente, como ocurrió en el caso venezolano, el derecho administrativo y sus principios terminaron encontrando su fuente jurídica primaria y más importante en la propia Constitución, en la cual ahora se encuentran regulaciones sobre la organización, funcionamiento y actividad de la Administración Pública como complejo orgánico integrada en los órganos del Poder Ejecutivo; sobre el ejercicio de la función administrativa, realizada aún por otros órganos del Estado distintos a la Administración; sobre las relaciones jurídicas que se establecen cotidianamente entre las personas jurídicas estatales cuyos órganos son los que expresan la voluntad de la Administración, y los administrados; sobre los fines públicos y colectivos que estas persiguen, situados por encima de los intereses particulares; sobre los poderes y prerrogativas de los cuales disponen para hacer prevalecer los intereses generales y colectivos frente a los intereses individuales, y además, de los límites impuestos por normas garantizadoras de los derechos y garantías de los administrados, incluso frente a la propia Administración.

En el mundo contemporáneo, en consecuencia, ese derecho administrativo que se ha incrustado en la Constitución,[22] es sin duda, como se dijo, el propio de un derecho del Estado de derecho, y su desarrollo y efectividad debería estar condicionado por los valores democráticos que están a la base del mismo.

Lo anterior implica, sin embargo, que a diferencia de otras ramas del derecho, por su vinculación con el Estado y el régimen político, el derecho administrativo no puede considerase como una rama políticamente neutra, y menos aún como un orden jurídico que haya adquirido esa relativa rigidez o estabilidad como el que podría encontrarse en otras ramas.

El derecho administrativo, aun conservando principios esenciales, inevitablemente tiene siempre un grado el dinamismo que lo hace estar en constante evolución, como consecuencia directa, precisamente, de la propia evolución

---

22 Sobre el proceso de constitucionalización del derecho administrativo en Colombia y en Venezuela, véase Allan R. Brewer-Carías, "El proceso de constitucionalización del Derecho Administrativo en Colombia" en Juan Carlos Cassagne (Director), *Derecho Administrativo. Obra Colectiva en Homenaje al Prof. Miguel S. Marienhoff,* Buenos Aires 1998, pp. 157-172, y en *Revista de Derecho Público,* N° 55-56, Editorial Jurídica Venezolana, Caracas, julio-diciembre 1993, pp. 47-59; y "Algunos aspectos de proceso de constitucionalización del derecho administrativo en la Constitución de 1999" en *Los requisitos y vicios de los actos administrativos. V Jornadas Internacionales de Derecho Administrativo Allan Randolph Brewer-Carías, Caracas 1996,* Fundación Estudios de Derecho Administrativo (FUNEDA), Caracas 2000, pp. 23-37.

del Estado, siempre necesitando adaptarse a los cambios que se operan en el ámbito social y político de cada sociedad, por lo que siempre terminan reflejando los condicionamientos políticos y sociales vigentes en un momento dado.[23] De allí aquella gráfica expresión de Prosper Weil en el sentido de que el derecho administrativo sufre, permanentemente, de una "crisis de crecimiento,"[24] que en definitiva, nunca concluye, pues las transformaciones económicas y sociales del mundo no cesan, y con ellas las del Estado y del rol que cumple.

VI

Pero si nos atenemos solamente a la conformación del andamiaje constitucional del Estado en el mundo contemporáneo occidental, como Estado de derecho, hay una constante subyacente en el condicionamiento del derecho administrativo, que son los principios democráticos que ahora le son esenciales a mismo,[25] como por ejemplo quedó plasmado en una aislada sentencia de la Sala Político Administrativa del Tribunal Supremo de Justicia de Venezuela de 2000, lamentablemente olvidada muy rápidamente, en la cual se afirmó que:

"el derecho administrativo es ante y por sobre todo un derecho democrático y de la democracia, y su manifestación está íntimamente vinculada a la voluntad general (soberanía) de la cual emana."[26]

---

23   Véase Martín Bassols, "Sobre los principios originarios del derecho administrativo y su evolución", en *Libro homenaje al profesor Juan Galván Escutia,* Valencia, 1980, p. 57. Véase igualmente, Alejandro Nieto "La vocación del derecho administrativo de nuestro tiempo", *Revista de Administración Pública,* N° 76, Madrid, Centro de Estudios Constitucionales 1975; también en *34 artículos seleccionados de la Revista de Administración Pública con ocasión de su centenario,* Madrid, 1983, pp. 880 y 881.

24   Véase Prosper Weil, *El derecho administrativo,* Madrid, 1966, p. 31.

25   Véase Allan R. Brewer–Carías, "El Derecho a la democracia entre las nuevas tendencias del derecho administrativo como punto de equilibrio entre los poderes de la Administración y los derechos del Administrado," en *Revista Mexicana "Statum Rei Romanae" de Derecho Administrativo*. Homenaje al profesor Jorge Fernández Ruiz, Asociación Mexicana de Derecho Administrativo, Facultad de Derecho y Criminología de la Universidad Autónoma de Nuevo León, México, 2008, pp. 85–122; y "Prólogo: Sobre el derecho a la democracia y el control del poder", al libro de Asdrúbal Aguiar, *El derecho a la democracia. La democracia en el derecho y la jurisprudencia interamericanos. La libertad de expresión, piedra angular de la democracia,* Editorial Jurídica Venezolana, Caracas, 2008, pp. 19 ss.

26   Véase la sentencia N° 1028 del 9 de mayo de 2000 en *Revista de Derecho Público,* N° 82, Editorial Jurídica Venezolana, Caracas, 2000, p. 214. Véase también, sentencia de la misma Sala de 5 de octubre de 2006, N° 2189 (Caso: *Seguros Altamira, C.A. vs. Ministro de Finanzas*), en *Revista de Derecho Público,* N° 108, Editorial Jurídica Venezolana, Caracas, 2006, p. 100.

Ello debería ser así, y es cierto, como antes indicamos, si nos quedamos solo en la denominación y definición formal del Estado que se inserta en las Constituciones, como por ejemplo sucede precisamente en la de Venezuela antes citada, en cuyo artículo 2 se indica que:

"Venezuela se constituye en un Estado democrático y social de Derecho y de Justicia, que propugna como valores superiores de su ordenamiento jurídico y de su actuación, la vida, la libertad, la justicia, la igualdad, la solidaridad, la democracia, la responsabilidad social y, en general, la preeminencia de los derechos humanos, la ética y el pluralismo político."

Si nos atenemos a esa definición, repito, mejores enunciados formales del Estado democrático en el texto de una Constitución es ciertamente imposible encontrar como marco general del ordenamiento jurídico que debería ser aplicable al Estado, y que debería moldear el derecho administrativo. Sin embargo, ante esas definiciones, lo que corresponde es determinar si realmente, en los respectivos países, la práctica política del gobierno responde a esos principios, o si son simples enunciados floridos, y nada más, de un Estado nada democrático, como es el caso de Venezuela.

Ello no significa, sin embargo, que en los países que carecen de régimen democrático no haya derecho administrativo. No olvidemos la experiencia española de los últimos veinte años del franquismo, durante los cuales precisamente se desarrolló el derecho administrativo que tanta influencia tuvo en nuestros países latinoamericanos, particularmente por la labor de los profesores que se aglutinaron en torno a la *Revista de Administración Pública*, con Eduardo García de Enterría a la cabeza. Ni olvidemos la propia experiencia de nuestros propios países, en las tantas épocas de autoritarismo que creíamos ya desaparecidas.

No había democracia, pero sin duda, sí había derecho administrativo porque a pesar del autoritarismo, el régimen permitía la existencia de cierto equilibrio entre los poderes del Estado y los derechos ciudadanos; y a pesar de que no podía haber control sobre el comportamiento político del gobierno, algo de control contencioso administrativo si se permitía. Y para no irnos muy lejos, la raíz del derecho administrativo contemporáneo en Venezuela puede situarse precisamente en la rica jurisprudencia de la antigua Corte Federal que funcionó hasta 1961, contenida en múltiples sentencias que emanaron de dicho alto tribunal igualmente en la década de los cincuenta del siglo pasado, dictadas en plena dictadura militar que duró hasta 1958.[27] Tampoco había democracia, pero sin duda, en el marco de un régimen autoritario ya se

---

27   Véase Allan R. Brewer-Carías, *Las instituciones fundamentales del derecho administrativo y la jurisprudencia venezolanas*, Caracas 1964; y *Jurisprudencia de la Corte Suprema 1930-1974 y estudios de derecho administrativo,* Ediciones del Instituto de Derecho Público, Facultad de Derecho, Universidad Central de Venezuela, ocho volúmenes, Caracas 1975-1979.

estaban sentando las bases del derecho administrativo contemporáneo en Venezuela como lo hemos conocido en las últimas décadas del siglo XX, por la existencia al menos de principio, del antes mencionado equilibrio, por la existencia al menos del mencionado equilibrio.

Pero por supuesto, en aquél entonces no se trataba de un derecho administrativo de un Estado democrático de derecho, sino de un Estado autoritario con alguna sujeción al derecho. Es decir, en otros términos más generales, porque ejemplos como los indicados los podemos encontrar en la historia de nuestra disciplina de todos nuestros países, puede decirse que el sometimiento del Estado al derecho, que fue lo que originó el derecho administrativo desde comienzos del siglo XIX, no siempre tuvo el estrecho vínculo con la democracia, como régimen político, como hoy lo consideramos.

En realidad, el elemento esencial que caracteriza al derecho administrativo de un Estado democrático de derecho se encuentra cuando el derecho administrativo deja de ser un derecho exclusivamente del Estado, llamado a regular sólo su organización, su funcionamiento, sus poderes y sus prerrogativas, y pasa a ser realmente un derecho administrativo encargado de garantizar el punto de equilibrio antes mencionado que en una sociedad democrática tiene que existir entre los poderes del Estado y los derechos de los administrados. En el marco de un régimen autoritario, ese equilibrio por esencia no existe, o es muy débil o maleable, y por ello es que en dicho régimen el derecho administrativo no es un derecho democrático, aun cuando pretenda someter el Estado al derecho.

Como también lo señaló la Sala Político Administrativa del Tribunal Supremo de Justicia de Venezuela en la misma lamentablemente olvidada sentencia N° 1028 de 9 de mayo de 2000,

> "El derecho administrativo se presenta dentro de un estado social de derecho como el punto de equilibrio entre el poder (entendido éste como el conjunto de atribuciones y potestades que tienen las instituciones y autoridades públicas, dentro del marco de la legalidad), y la libertad (entendida ésta como los derechos y garantías que tiene el ciudadano para convivir en paz, justicia y democracia)."[28]

Ello es precisamente lo que caracteriza al derecho administrativo en un orden democrático, que no es otra cosa que ser el instrumento para asegurar la sumisión del Estado al derecho pero con a la misión de garantizar el respeto a los derechos ciudadanos, en medio de una persistente lucha histórica por controlar el poder y contra las "inmunidades del poder,"[29] que es lo que ha caracterizado el devenir de nuestra disciplina. Ese equilibrio entre el poder y

---

28 Véase en *Revista de Derecho Público*, N° 82, Editorial Jurídica Venezolana, Caracas 2000, p. 214.

29 Véase Eduardo García de Enterría, *La lucha contra las inmunidades de poder en el derecho administrativo*, Madrid 1983.

el ciudadano, siempre latente, pero débil al inicio, efectivamente se comenzó consolidar bien entrado el Siglo XX, luego de la segunda guerra mundial, cuando el derecho administrativo comenzó a ser un derecho regulador no sólo del Estado, sino de los derechos ciudadanos en un marco democrático.

Con ello se consolidó la concepción del derecho administrativo de las sociedades democráticas como el instrumento por excelencia para, por una parte garantizar la eficiencia de la acción administrativa y la prevalencia de los intereses generales y colectivos, y por la otra, para asegurar la protección del administrado frente a la Administración; con lo cual se superó aquella caracterización del derecho administrativo que advertía hace años Fernando Garrido Fallo, cuando nos indicaba que se nos presentaba como "un hipócrita personaje de doble faz," que encerraba una "oposición aparentemente irreductible" entre el conjunto de prerrogativas que posee y que "sitúan a la Administración en un plano de desigualdad y favor en sus relaciones con los particulares"; y el conjunto de derechos y garantías de estos, que lo llevaban a regular lo que llamó "la más acabada instrumentación técnica del Estado liberal."[30]

Ese juego dialéctico entre esos dos puntos extremos contrapuestos: por una parte, los poderes y las prerrogativas administrativas de la Administración, y por la otra, los derechos y las garantías de los administrados, es lo que permitió expresar a Marcel Waline, también hace unos buenos años, que por una parte se evite el inmovilismo y la impotencia de la Administración, y por la otra, se evite la tiranía. [31] La existencia o no del mencionado equilibrio, o la existencia de un acentuado desbalance o desequilibro entre los dos extremos, es lo que resulta del modelo político en el cual se mueve y aplica el derecho administrativo. De allí, más democrático será el derecho administrativo solo si el equilibrio es acentuado; y menos democrático será si su regulación se limita sólo a satisfacer los requerimientos del Estado, ignorando o despreciando el otro extremo, es decir, el de las garantías y derechos ciudadanos.

El reto del derecho administrativo, por tanto, está en lograr y asegurar el equilibrio mencionado para lo cual es necesario que el Estado esté configurado no sólo como un Estado de derecho sino como un Estado democrático, lo cual sólo es posible si el mismo asegura efectivamente el control del ejercicio del poder. Sin dicho control, el derecho administrativo no pasa de ser un derecho del Poder Ejecutivo o de la Administración Pública, montado sobre un desequilibrio o desbalance, en el cual las prerrogativas y poderes de la Administración pudieran predominar en el contenido de su regulación.

---

30   Véase Fernando Garrido Falla, "Sobre el derecho administrativo", en *Revista de Administración Pública,* N° 7, Instituto de Estudios Políticos, Madrid, 1952, p. 223

31   Véase Marcel Waline, *Droit administratif,* París, 1963, p. 4.

VII

Pero para que el equilibrio se logre y sea efectivo, es evidente que no bastan las declaraciones formales en las Constituciones, ni que el derecho administrativo se haya llegado a constitucionalizar efectivamente, como ocurrió en Venezuela, y hemos destacado anteriormente respecto de la Constitución de 1999, cuyo texto formal está incluso imbuido del mencionado postulado del equilibrio en la relación Administración-administrados, dando cabida a un conjunto de previsiones para asegurarlo, regulando la actuación de la Administración y protegiendo en paralelo los derechos e intereses de las personas, pero sin el sacrificio o menosprecio de los intereses particulares, a pesar de la prevalencia de los intereses generales o colectivos.

Todo ello, sin embargo, como indiqué al inicio, ha quedado sólo como florido lenguaje que no se aplica, por el desarrollo progresivo, por el germen que tenía la Constitución, de un Estado autoritario, que más pronto que tarde derivó en el Estado totalitario y populista de la actualidad;[32] con el cual lo que se ha hecho es desmantelar la democracia,[33] violándose y moldeándose el orden jurídico tal como los gobernantes han querido, sin control alguno entre los poderes públicos ya que todos responden al unísono a un solo mando, empobreciendo y haciendo miserable a un país otrora próspero,[34] y donde

---

32   Sobre ello véase Raymond Aron, *Democracia y totalitarismo,* Seix Barral, Madrid 1968; José Linz, *Totalitarian and Authoritarian Regimes*, Rienner, 2000. La Conferencia Episcopal de Venezuela ha advertido la situación al expresar, sobre lo grave de la situación el panorama político actual, sobre "la pretensión de imponer un modelo político totalitario y un sistema educativo fuertemente ideologizado y centralizado" así como "la criminalización de las protestas y la politización del poder judicial, que se manifiesta, entre otras cosas, en la existencia de presos políticos y en la situación de tantos jóvenes privados de libertad por haber participado en manifestaciones" Véase reportaje de Sergio Mora: "Los obispos de Venezuela: Pretenden imponer un modelo totalitario,", en Zenit. El mundo visto desde *Roma*, Roma, 12 julio 2014, en http://www.zenit.org/es/articles/los-obispos-de-venezuela-pretenden-imponer-un-modelo-totalitario.

33   Véase Allan R. Brewer-Carías, *Dismantling Democracy. The Chávez Authoritarian Experiment*, New York, 2010; y "La demolición del Estado de derecho y la destrucción de la democracia en Venezuela (1999-2009)," en José Reynoso Núñez y Herminio Sánchez de la Barquera y Arroyo (Coordinadores), *La democracia en su contexto. Estudios en homenaje a Dieter Nohlen en su septuagésimo aniversario,* Instituto de Investigaciones Jurídicas, Universidad Nacional Autónoma de México, México 2009, pp. 477-517.

34   Ello ha provocado que en el país se haya producido lo que se ha calificado como "un milagro económico a la inversa, de los que se registran tan pocos en el devenir de los pueblos," y es el de haber convertido "en país miserable el más rico de América." Véase Fernando Londoño en el diario *El Tiempo* de Bogotá, reproducido por el Jefe de Redacción (Elides Rojas) del diario *El Universal* de Caracas el 24 de mayo de 2014. "Fernando Londoño en *El Tiempo*: Venezuela en llamas. Santos calla," en *El Universal,* Caracas 24 de mayo de 2014, en http://www.eluniversal.com/blogs/sobre-

simplemente se ha eliminado la justicia. Y todo ello, mediante un proceso de desinstitucionalización, desjuridificación, desjudicialización, y desdemocratización, y además, de desconstitucionalización y de desadministración, originando un Estado Totalitario,[35] caracterizado por una concentración total del poder; donde no hay control ni balance entre los poderes del Estado; donde existe un partido político estatal y militar único, fusionado al propio Estado, que actúa como instrumento facilitador, con una ideología única que se califica como "socialismo," concebida como la actividad política "legítima" u "oficial," contraria al pluralismo; que rechaza la democracia representativa y el parlamentarismo; y en el cual, además, se niegan los derechos individuales y la libertad como valor máximo de la democracia, siendo sustituidos por derechos colectivos respecto de los cuales el Estado supuestamente sería el único presuntamente depositario, desconociéndose con ello, además, la solidaridad social y la primacía de la dignidad de la persona humana; un Estado que si bien desde 1975 controlaba con exclusividad la producción del petróleo, ahora ha asumido el monopolio total de todos los medios de producción, de manera que la economía es ahora totalmente controlada por el Estado y se ha convertido en parte del mismo, dando origen a un extraordinario sistema de Capitalismo de Estado, que ha oprimido a las iniciativas privadas, entre otros medios, además de con limitaciones de toda índole, mediante confiscaciones y requisiciones al margen de la Constitución. Un Estado; además, que ha asumido el control total de los medios de persuasión y coacción, incluso mediante la intervención de las policías locales, y la creación de milicias desordenadas que ahora atentan contra el propio Estado; que, además, ha asumido el monopolio de los medios de comunicación, con cuya actividad se ha producido la politización de toda actividad particular, originándose una confusión entre sociedad civil y Estado, de manera que las faltas cometidas por los individuos en el marco de su actividad individual se conforman simultáneamente como faltas ideológicas, procurándose la eliminación de cualquier tipo de opinión disidente a la oficial, sirviéndose para ello de la policía y de los militares.

Por todo ello, lamentablemente, es que se puede afirmar que el Estado que hoy tenemos en Venezuela no solo es un Estado democrático y social de derecho y de justicia, descentralizado, sino que es un Estado Totalitario, desvin-

---

la-mar-cha/140524/fernando-londono-en-el-tiempo-venezuela-en-llamas-santos-calla.

35 Véase Allan R. Brewer-Carías, *Estado Totalitario y desprecio a la Ley (La desconstitucionalización, desjuridificación, de desjudicialización, y de desdemocratización, de Venezuela)*, Editorial Jurídica Venezolana, Caracas 2014. Véase asimismo Jesús María Alvarado Andrade, "Sobre Constitución y Administración Pública ¿Es realmente el Derecho Administrativo en Venezuela un Derecho Constitucional Concretizado?" en HERNÁNDEZ G, José Ignacio (Coord.), *100 Años de Enseñanza del Derecho Administrativo en Venezuela 1909-2009*, Centro de Estudios de Derecho Público de la Universidad Monteávila- Fundación de Estudios de Derecho Administrativo (FUNEDA), Caracas, 2011, pp. 165-263.

culado a la democracia y que ha configurado una Administración Pública que pasó de servir al ciudadano a servir al propio Estado, y colocada, por tanto, al margen su misión de garantizar el equilibrio entre los poderes del Estado y los derechos de las personas, atendiendo ahora sólo a velar por la imposición a la población inerme, de políticas autoritarias, incluso violando la Constitución y las leyes.

Ese Estado Totalitario de la actualidad, en efecto:

En *primer lugar*, ha hecho desaparecer todo vestigio del Estado de derecho que prevé la Constitución, lo que ha resultado, primero, de la violación sistemática de la Constitución que ha perdido su carácter de ley suprema y su rigidez; segundo, del sistemático proceso de maleabilidad, mutabilidad y desrigidización constitucional conducido, entre otros, por el Tribunal Supremo,[36] todo lo cual ha producido una completa desjuridificación del propio Estado; y tercero, de la creación, incluso fuera de la Constitución, de un Estado paralelo al Estado Constitucional, denominado Estado Comunal o Estado del Poder Popular,[37] lo que ha provocado la completa desconstitucionalización del mismo.

En *segundo lugar*, el Estado totalitario ha hecho desaparecer, igualmente, todo vestigio del Estado democrático que regula la Constitución, lo que ha resultado primero, de la distorsión de la representatividad política en la legislación electoral, de manera que con minoría de votos se obtenga mayoría de representantes;[38] segundo, de las fallas en la implementación de la democracia participativa, que ha resultado ser un esquema de movilización popular

---

36 Véase por ejemplo, lo expuesto en Allan R. Brewer-Carías, *Crónica sobre la "in" justicia constitucional. La Sala Constitucional y el autoritarismo en Venezuela*, Colección Instituto de Derecho Público, Universidad Central de Venezuela, N° 2, Caracas 2007; *Práctica y distorsión de la justicia constitucional en Venezuela (2008-2012)*, Colección Justicia N° 3, Acceso a la Justicia, Academia de Ciencias Políticas y Sociales, Universidad Metropolitana, Editorial Jurídica Venezolana, Caracas, 2012.

37 Véase lo expuesto en Allan R. Brewer-Carías, "La desconstitucionalización del Estado de derecho en Venezuela: del Estado Democrático y Social de derecho al Estado Comunal Socialista, sin reformar la Constitución," *en Libro Homenaje al profesor Alfredo Morles Hernández, Diversas Disciplinas Jurídicas,* (Coordinación y Compilación Astrid Uzcátegui Angulo y Julio Rodríguez Berrizbeitia), Universidad Católica Andrés Bello, Universidad de Los Andes, Universidad Monteávila, Universidad Central de Venezuela, Academia de Ciencias Políticas y Sociales, Vol. V, Caracas 2012, pp. 51-82; en Carlos Tablante y Mariela Morales Antoniazzi (Coord.), *Descentralización, autonomía e inclusión social. El desafío actual de la democracia,* Anuario 2010-2012, Observatorio Internacional para la democracia y descentralización, En Cambio, Caracas, 2011, pp. 37-84; y en *Estado Constitucional,* Año 1, N° 2, Editorial Adrus, Lima, junio 2011, pp. 217-236.

38 Véase Allan R. Brewer-Carías, *El golpe a la democracia dado por la Sala Constitucional,* Colección Estudios Políticos N° 8, Editorial Jurídica venezolana, Caracas, 2014.

basada en repartos controlados por el Poder central;[39] tercero, de la ausencia de separación de poderes en la organización del Estado, en particular, de la ausencia de autonomía e independencia del Poder Judicial;[40] cuarto, de la distorsión de la Administración Pública que dejó de estar al servicio del ciudadano; quinto, de la militarización avasallante de la sociedad y del Estado; sexto, de la eliminación de la libertad de expresión y comunicación; y séptimo, de la eliminación y violación del principio democrático, al hacer imposible la iniciativa popular de revocación de mandatos, pero permitiendo la revocación de mandaos populares por parte del Tribunal Supremo, en contra de la Constitución.[41]

En *tercer lugar*, el Estado totalitario también ha hecho desaparecer todo vestigio del Estado Social y de Economía Mixta que regula la Constitución, primero, mediante la eliminación de la libertad económica, el ahogamiento de la iniciativa privada y la eliminación de la garantía del derecho de propiedad; segundo, por la política que ha castigado toda generación de riqueza, resultando la configuración de un Estado montado sobre una política de subsidios y repartos directos; tercero, mediante la formulación de un esquema de economía comunista donde el Estado ha acaparado la totalidad de la actividad económica, basado en sistema de Capitalismo de Estado;[42] cuarto, mediante

---

39 Véase Allan R. Brewer-Carías, "La necesaria revalorización de la democracia representativa ante los peligros del discurso autoritario sobre una supuesta "democracia participativa" sin representación," en *Derecho Electoral de Latinoamérica. Memoria del II Congreso Iberoamericano de Derecho*, Bogotá, 31 agosto-1 septiembre 2011, Consejo Superior de la Judicatura, ISBN 978-958-8331-93-5, Bogotá, 2013, pp. 425-449.

40 Véase por ejemplo, Allan R. Brewer-Carías, "La justicia sometida al poder [La ausencia de independencia y autonomía de los jueces en Venezuela por la interminable emergencia del Poder Judicial (1999-2006)]" en *Cuestiones Internacionales. Anuario Jurídico Villanueva 2007*, Centro Universitario Villanueva, Marcial Pons, Madrid 2007, pp. 25-57; y "Sobre la ausencia de independencia y autonomía judicial en Venezuela, a los doce años de vigencia de la constitución de 1999 (O sobre la interminable transitoriedad que en fraude continuado a la voluntad popular y a las normas de la Constitución, ha impedido la vigencia de la garantía de la estabilidad de los jueces y el funcionamiento efectivo de una "jurisdicción disciplinaria judicial"), en *Independencia Judicial*, Colección Estado de Derecho, Tomo I, Academia de Ciencias Políticas y Sociales, Acceso a la Justicia org., Fundación de Estudios de Derecho Administrativo (Funeda), Universidad Metropolitana (Unimet), Caracas, 2012, pp. 9-103.

41 Véase Allan R. Brewer-Carías, *El golpe a la democracia dado por la Sala Constitucional*, Colección Estudios Políticos N° 8, Editorial Jurídica venezolana, Caracas, 2014.

42 Véase Allan R. Brewer-Carías, "Sobre la Ley Orgánica del Sistema Económico Comunal o de cómo se implanta en Venezuela un sistema económico comunista sin reformar la Constitución," en *Revista de Derecho Público*, N° 124, (octubre-diciembre 2010), Editorial Jurídica Venezolana, Caracas, 2010, pp. 102-109.

la total burocratización del Estado, que se ha convertido en el principal empleador, a costa de haber hecho desaparecer el servicio civil basado en la meritocracia; y quinto, mediante el desarrollo de un Estado Populista, con la forma ahora de Estado Comunal y del Poder Popular, que lo conforme, en todo caso, como un Estado Clientelar.

En *cuarto lugar*, el Estado totalitario adicionalmente ha hecho desaparecer todo vestigio del Estado de Justicia que regula la Constitución, lo que ha resultado primero, de la ausencia de leyes justas y la multiplicación de leyes inconsultas; [43] segundo, de una extrema inflación de la inseguridad jurídica, con reformas de las leyes que se realizan mediante su simple re-publicación en la *Gaceta Oficial*, sin que sean producto de la voluntad popular; [44] tercero, del sometimiento político del Poder Judicial al Poder Ejecutivo y la Asamblea Nacional, habiendo desaparecido todo vestigio de autonomía e independencia del mismo; cuarto, del hecho de que el Estado se ha escapado de la justicia interna, al no existir materialmente control contencioso administrativo, ni posibilidad de condena al Estrado por responsabilidad, y además, de haberse escapado también de la justicia internacional, al denunciar la Convención Americana de Derechos Humanos[45] tornándose en un Estado irresponsable; quinto, de haberse puesto la Justicia al servicio del autoritarismo, al punto de que áreas de actividad social carecen de justicia, como es la justicia de paz; y sexto, de haberse desarrollado un sistema de injusticia como consecuencia de la impunidad.

Y por último, en *quinto lugar*, el Estado totalitario también ha hecho desaparecer todo vestigio del Estado descentralizado que bajo una concepción centralista de la llamada "federación descentralizada" reguló la Constitución, lo que se ha consolidado primero, con el desbalance introducido a favor de los órganos del nivel nacional de gobierno en la distribución territorial de competencias; segundo, con un Municipio que no se llegó a configurar efectivamente como la unidad primaria de la organización nacional, pero que ahora

---

43   Véase Allan R. Brewer-Carías, El fin de la llamada "democracia participativa y protagónica" dispuesto por la Sala Constitucional en fraude a la Constitución, al justificar la emisión de legislación inconsulta en violación al derecho a la participación política, *Revista de Derecho Público*, N° 137 (Primer Trimestre 2014, Editorial Jurídica Venezolana, Caracas, 2014, pp. 157-164.

44   Véase Allan R. Brewer-Carías, "Autoritarismo e inseguridad jurídica en Venezuela. O sobre la irregular forma utilizada para "reformar" la Constitución y las leyes," en Rafael Valim, José Roberto Pimenta Oliveira, e Augusto Neves Dal Pozzo (Coordenadores), *Tratado sobre o princípio da segurança jurídica no Direito Administrativo*, Editora Fórum, Sao Paulo, 2013.

45   Véase Allan R. Brewer-Carías, "La reciente tendencia hacia la aceptación del arbitraje en la contratación estatal en el derecho venezolano," en Jaime Rodríguez Arana, Miguel Ángel Sendín, Jorge E. Danós Ordóñez, Jorge Luis Cáceres Arce, Verónica Rojas Montes, Neil Amador Huáman Paredes (Coordinadores), *Contratación Pública. Doctrina Nacional e Internacional,* Volumen II, XII Foro Iberoamericano de Derecho Administrativo, Adrus Editores, Arequipa, 2013, pp. 803-830.

tiende a desaparecer con la política de desmunicipalización resultante de la estructuración del Estado Comunal; tercer, con la creación, en paralelo a las entidades políticas territoriales previstas en la Constitución, pero fuera de sus regulaciones, de mencionado Estado Comunal o del Poder Popular, estructurando Comunas[46] para acabar con los Estados y Municipios, los cuales han sido vaciados de competencia a favor de las mismas; y por último, cuarto, con el ahogamiento y neutralización de las mismas entidades políticas territoriales en paralelo, por parte de los órganos del Poder Ejecutivo Nacional.

Todo ello incluso se ha hecho mediante leyes orgánicas que han pretendido regular supuestamente mecanismos de ejercicio de directo de la soberanía, como son las Asambleas de ciudadanos y Comunas, sin sufragio ni representación, controladas por el partido oficial de gobierno y dependientes directamente del Poder Ejecutivo Nacional; que lejos de ser instrumentos de participación política, por la ausencia de descentralización, lo que han hecho es configurar un sistema de centralización y control férreo de las comunidades por parte el Poder Central. Se trata más bien de un "edificio" de organizaciones para evitar que el pueblo efectivamente participe y ejerza la soberanía, y para imponerle, mediante férreo control central, políticas por las cuales nunca ha votado ni tendrá la ocasión de votar, basado en una concepción única, que es el socialismo, de manera que quien no sea socialista está automáticamente discriminado, desplazado e impedido de "participar."

No es posible, por tanto, en el marco de esas Leyes Orgánicas del Poder Popular poder conciliar el pluralismo que garantiza la Constitución y el principio de la no discriminación por razón de "opinión política," con las disposiciones de dichas leyes que persiguen todo lo contrario, es decir, el establecimiento de un Estado Comunal, cuyas instancias sólo pueden actuar en función del socialismo y de las cuales todo ciudadano que tenga otra opinión, queda automáticamente excluido.

En esta forma, al fraude a la Constitución,[47] y además, en fraude a la voluntad popular, que votó en contra de esas reformas que se quisieron introducir en la Constitución en 2007, se le ha impuesto a los venezolanos mediante leyes orgánicas, y por tanto, inconstitucionales, un modelo de Estado totalitario, comunista y centralizado por el cual nadie ha votado, con lo que se ha cambiado radical e inconstitucionalmente el texto de la Constitución de 1999, que no ha sido reformado conforme a sus previsiones, en abierta contradic-

---

46 Véase Allan R. Brewer-Carías, Claudia Nikken, Luis A. Herrera Orellana, Jesús María Alvarado Andrade, José Ignacio Hernández y Adriana Vigilanza, *Leyes Orgánicas sobre el Poder Popular y el Estado Comunal (Los Consejos Comunales, las Comunas, la Sociedad Socialista y el Sistema Económico Comunal)*, Editorial Jurídica Venezolana, Caracas, 2011.

47 Véase Allan R. Brewer-Carías, *Reforma constitucional y fraude a la Constitución (1999-2009)*, Academia de Ciencias Políticas y Sociales, Caracas 2009; *Dismantling Democracy. The Chávez Authoritarian Experiment*, Cambridge University Press, New York, 2010.

ción y desprecio, se insiste, al rechazo popular mayoritario que se expresó en diciembre de 2007 a la reforma constitucional que entonces se intentó realizar incluso violando la propia Constitución.[48]

VIII

Es a ese marco de Estado totalitario y de desconstitucionalización del Estado, bien alejado al modelo de Estado democrático y social de derecho y de justicia, descentralizado, del cual habla la Constitución, al cual hoy responde la Administración Pública que es su instrumento, y que nos la muestran ya como una institución que dejó de estar al servicio del ciudadano, que abandonó su rol de servir de punto de equilibrio entre los poderes y prerrogativas del Estado y las garantías de derechos de los particulares, pasando, en un marco de su desquiciamiento, a servir ahora, sin seguridad jurídica alguna, exclusivamente al Estado, a sus poderes y prerrogativas, en la medida en que los gobernantes decidan, sin control judicial de naturaleza alguna; siendo su misión el servir de medio de imposición de la voluntad del Estado y de los funcionarios, a los ciudadanos.

Es decir, la Administración se ha convertido en una estructura burocrática discriminadora, sin garantía alguna de imparcialidad, con la cual los ciudadanos ahora sólo pueden entrar en relación en dos formas: por una parte, los que son privilegiados del poder, como consecuencia de la pertenencia política al régimen o a su partido único, con todas las prebendas y parcialidades de parte de los funcionarios; y por otra parte, los que como marginados del poder acuden a la Administración por necesidad ciudadana, a rogar las más elementales actuaciones públicas, como es por ejemplo solicitar autorizaciones, licencias, permisos o habilitaciones, las cuales no siempre son atendidas y más bien tratadas como si lo que se estuviera requiriendo fueran favores y no derechos o el cumplimiento de obligaciones públicas, con el consecuente "pago" por los servicios recibidos, y no precisamente a través de timbres fiscales que es lo propio de las tasas legalmente establecidas. En ambas situaciones, lamentablemente, el equilibrio entre poderes del Estado y derechos ciudadanos de los administrados ha desaparecido, sin que existan elementos de control para restablecerlo, de manera que se privilegia y se margina, sin posibilidad alguna de control.

La consecuencia de todo este esquema de ausencia de Estado Social y de Estado de economía mixta, y el establecimiento en su lugar del Estado comunista, burocratizado, populista y clientelar, ha sido que en nombre del "socialismo," Venezuela hoy tiene el record de ser el país que ocupa el primer lugar

---

48   Véase Allan R. Brewer-Carías, *La reforma constitucional de 2007 (Comentarios al proyecto inconstitucionalmente sancionado por la Asamblea Nacional el 2 de noviembre de 2007),* Colección Textos Legislativos, Nº 43, Editorial Jurídica Venezolana, Caracas, 2007.

en el índice de miseria del mundo,[49] y la sociedad con el más alto riesgo de América Latina.[50] Esa es la hazaña o el milagro de la política económica del gobierno durante los pasados quince años, que tanto va a costar superar en el futuro,[51] lo que se suma el indicado primer lugar en criminalidad, falta de transparencia e inflación.

Todo lo cual, sin duda, ha sido uno de los objetivos del gobierno durante los últimos quince años de manera que como lo ha expresado Pedro Palma, la explicación de lo incomprensible, es decir, del "milagro económico" de destrucción a mansalva de la economía y de la creación de miseria, está en que para el gobierno lo importante es mantener la condición de pobreza:

> "pues ella crea dependencia del Estado y abona el terreno para el clientelismo político, asegurándose el apoyo incondicional de una amplia masa poblacional a través de la manipulación informativa y de la explotación descarada de su ignorancia y buena fe. Eso, a su vez, facilita el logro e uno de los objetivos buscados, cual es la eliminación de la vieja oligarquía del anterior sistema, para sustituirlo por otra, pero revolucionaria."[52]

Por eso se ha hablado, con razón, de que la política de Estado en Venezuela es la de una "una fábrica de pobres,"[53] o como lo ha resumido Leandro Area, al referirse a la noción del "Estado Misional":

---

49   Venezuela tiene el "ignominioso" primer lugar en el Índice de miseria del mundo. Véase el Informe de Steve H. Hanke, "Measury Misery arround the World," publicado en mayo 2104, en *Global Asia*, en http://www.cato.org/publica-tions/commentary/measuring-misery-around-world Véase igualmente *Índice Mundial de Miseria*, 2014, en http://www.razon.com.mx/spip.php?article215150; y en http://vallartaopina.net/2014/05/23/en-indice-mundial-de-miseria-venezuela-ocupa-primer-lugar/.

50   Véase en http://www.elmundo.com.ve/noticias/actualidad/noticias/infografia-riesgo-pais-de-venezuela-cerro-el-201.aspx.

51   Pedro Carmona Estanga ha resumido la hazaña económica del régimen explicando que: "Por desgracia para el país, a lo largo de estos 16 años se han dilapidado unos US$ 1,5 billones que no volverán, de los cuales no quedan sino la destrucción del aparato productivo, el deterioro de la calidad de vida, de la infraestructura, de la institucionalidad, y distorsiones macroeconómicas y actitudinales en la población de una profundidad tal, que costará sudor y sangre superar a las generaciones venideras. Esa es la hazaña histórica lograda y cacareada por el régimen." Véase Pedro Carmona Estanga, "La destrucción de Venezuela: hazaña histórica," 19 de octubre de 2014, en http://pcarmonae.blogspot.com/2014/10/la-destruccion-de-venezuela-hazana.html.

52   Véase Pedro Palma, "Las Revoluciones fatídicas,", en *El Nacional*, Caracas, 8 de septiembre de 2014, en http://www.el-nacional.com/pedro_palma/Revoluciones-fatidicas_0_478752208.html.

53   En tal sentido, Brian Fincheltub, ha destacado que "Las misiones se convirtieron en fábrica de personas dependientes, sin ninguna estabilidad, que confiaban su subsistencia exclusivamente al Estado. Nunca hubo interés de sacar a la gente de la pobreza porque como reconoció el propio ministro Héctor Rodríguez, se "volverían escuáli-

"El consumo, por su parte, en un país que no produce nada, viene determinado por la oferta restringida de quien monopoliza, petroliza, en todos los sentidos, los productos de la cesta de las mercancías de consumo social entre los que destacan el trabajo, la salud, la educación, la vivienda, etc. Populismo, demagogia, asistencialismo, plebeyismo, "peronismo", cultura de la sumisión, degradación de la civilidad, desesperanza aprehendida, envilecimiento, etc., son expresiones, realidades, cercanas a la idea del Estado misional."[54]

Este Estado Misional, Comunista, Burocrático, Populista, Comunal y del Poder Popular y Clientelar, acaparador de toda la actividad económica, en definitiva, es el que ha sustituido al Estado Social y de Economía Mixta que está en la Constitución, conduciendo a su negación total, pues se ha convertido como observa Isaac Villamizar, es un "Estado inepto, secuestrado por la élite de la burguesía corrupta gubernamental, que niega todos los derechos sociales y económicos constitucionales, y que manipula la ignorancia y pobreza de las clases sociales menos favorecidas," argumentando al contrario, que:

"Si Venezuela fuera un Estado Social, no habría neonatos fallecidos por condiciones infecciosas en hospitales públicos. Si Venezuela fuera un Estado Social, toda persona tendría un empleo asegurado o se ejercería plenamente la libertad de empresa y de comercio. Si Venezuela fuera un Estado Social no exhibiríamos deshonrosamente las tasas de homicidios más altas del mundo. Si Venezuela fuera un Estado Social no estaría desaparecida la cabilla y el cemento y las cementeras intervenidas estarían produciendo al máximo de su capacidad instalada. Si Venezuela fuera un Estado Social todos los establecimientos de víveres y artículos de primera necesidad estarían abarrotados en sus anaqueles. Si Venezuela fuera un Estado Social las escuelas no tendrían los techos llenos de filtraciones, estarían dotadas de materiales suficientes para la enseñanza-aprendizaje y los maestros y profesores serían el mejor personal pagado del país. Si Venezuela fuera un Estado Social no habría discriminación por razones políticas e ideológicas para tener acceso a cualquier servicio, beneficios y auxilios públicos y bienes de primera necesidad. Si Venezuela fuera un Estado Social el problema de la basura permanente en las

---

dos". Es decir, se volverían independientes y eso es peligrosísimo para un sistema cuya principal estrategia es el control." Véase Brian Fincheltub, "Fabrica de pobres," en *El Nacional*, Caracas, 5 de junio de 2014, en http://www.el-nacional.com/opinion/Fabrica-pobres_0_421757946.html.

54   Véase Leandro Area, "El 'Estado Misional' en Venezuela," en *Analítica.com*, 14 de febrero de 2014, en http://analitica.com/opinion/opinion-nacional/el-estado-misional-en-venezuela/.

grandes ciudades ya estaría resuelto con los métodos más modernos, actualizados y pertinentes a la protección ambiental."[55]

En ese panorama se entiende entonces, la magnitud y significado del condicionamiento político que ese Estado Totalitario ha ocasionado en la Administración Pública, la cual básicamente ha abandonado el parámetro de su misión establecido en el artículo 141 de la Constitución, que al contrario, requeriría que la misma estuviese al servicio de los ciudadanos, fundamentada "en los principios de honestidad, participación, celeridad, eficacia, eficiencia, transparencia, rendición de cuentas y responsabilidad en el ejercicio de la función pública, con sometimiento pleno a la ley y al derecho," nada de lo cual se cumple.

Al contrario, la misma, para responder a políticas populistas del Estado Totalitario, primero, se ha convertido en una Administración burocrática y burocratizada, producto de la desaparición, persecución y estigmatización de la iniciativa privada, y con ello, de toda posibilidad de efectiva generación de riqueza y de empleo en el país, el cual sólo la iniciativa privada puede asegurar; con la lamentable generación de altas tasas de desempleo o de empleo informal; segundo, ha sufrido una inflación inusitada, tanto en los órganos de la Administración Ministerial como en las entidades descentralizadas; y tercero, ha sido objeto de la creación de una Administración paralela, con la creación de las "Misiones," lo que globalmente ha provocado una colosal indisciplina presupuestaria.

En particular, al perseguirse al sector privado y destruirse el aparato productivo, buena parte de la política social del gobierno, como solución al desempleo, lamentablemente ha conducido a la total burocratización de la Administración Pública, lo que ha provocado el aumento del empleo público a niveles nunca antes vistos, por supuesto bien lejos de la meritocracia que prescribe la Constitución, conforme a la cual el ingreso a la función pública debería ser sólo mediante concursos públicos (art. 146). La consecuencia de esta política ha sido que la Administración Pública en Venezuela, después de quince años de estatizaciones, hoy tiene casi el mismo número de empleados públicos civiles que los que, por ejemplo, existen en toda la Administración Federal de los Estados Unidos.[56] Ello significa que durante los últimos 10

---

55   Véase Isaac Villamizar, "Cuál Estado Social?," en *La Nación*, San Cristóbal, 7 de octubre de 2014, en http://www.lanacion.com.ve/columnas/opinion/cual-estado-social/.

56   En ésta última, por ejemplo, en 2012 existían aproximadamente 2.700.000 de empleados públicos civiles que sirven a 316 millones de personas, y Venezuela, que tiene una población de 30 millones de personas, en 2012 contaba con cerca de 2.470.000 (comparado con los 90.000 que había en 1998). Véase la información de la Office of Personal Management, en http://www.opm.gov/policy-data-oversight/data-analysis-documentation/federal-employment-reports/historical-tables/total-government-employment-since-1962/. Véase Víctor Salmerón, "A ritmo de 310 por día crecen los empleados públicos," en *El Nacional*, Caracas 2 de diciembre de 2012,

años el número de empleados públicos aumentó en un 156%, pero con una disminución lamentablemente, quizás en proporción mayor, respecto de la eficiencia de la Administración en la prestación de los servicios sociales.[57]

IX

Esquema de burocracia estatal, por supuesto, el impacto que ha tenido un impacto determinante sobre el derecho administrativo, en articular sobre el funcionariado y la organización administrativa.

Por ejemplo, en cuanto al funcionariado, quedó simplemente en el papel la norma constitucional antes referida que prescribe que "los funcionarios públicos están al servicio del Estado y no de parcialidad política alguna," y que su "nombramiento o remoción no pueden estar determinados por la afiliación u orientación política" (art. 145), pues en la práctica gubernamental actual sucede todo lo contrario, de manera que para ingresar y permanecer en la función pública, el interesado tiene que haber demostrado lealtad al gobierno y a la doctrina oficial, obligándoseles a estar al servicio del partido de gobierno, de manera que quien no se adapte a ese principio, es simplemente removido de su cargo, sin contemplación. Esta "nueva" función pública es la antítesis de lo que antes se conocía como el estatuto de la función pública, que tenía una Ley (Ley del Estatuto de la Función Pública) que la regulaba, la cual incluso establece concursos para ingresar a la carrera administrativa, y causales de destitución, todo lo cual, en realidad, cayó en desuso.

Por otra parte, la implementación de las políticas populistas por parte del Estado Totalitario ha tenido también un fuerte y directo impacto en la organización de la Administración Pública, que lejos de obedecer a criterios racionales de reforma administrativa, lo que ha provocado es una desusada inflación organizacional que ha originado un desquiciamiento de la organización administrativa en su conjunto. El número de Ministerios se ha multiplicado por tres (de 16 Ministerios en 1998 se pasó a 36 Ministerios en 2014), los Viceministros se multiplicaron por diez (de 16 en 1998 se pasó a 107 en 2014) y Vicepresidentes se multiplicaron por seis.[58] La Administración des-

---

en http://www.eluniversal.com/economia/121202/a-ritmo-de-310-por-dia-crecen-los-empleados-publicos.

57 Véase Jairo Márquez Lugo, "Venezuela tiene más empleados que Estados Unidos," en http://entresocios.net/ciudadanos/venezuela-tiene-mas-empleados-publicos-que-estados-unidos. Véanse también los datos en: "1999 versus 2013: Gestión del Desgobierno en números," en https://twitter.com/sushidavid/sta-tus/451006280061046784.

58 Véanse el reportaje "Venezuela rompió récord mundial con la mayor cantidad de ministerios," en *Notitarde.com*, 3 de julio de 2014, en http://www.notitar-de.com/Pais/Venezuela-rompio-record-mundial-con-la-mayor-cantidad-de-ministerios-2189733/2014/07/03/336113. Véase además, los datos en "1999 versus 2013: Gestión del Desgobierno en números," en https://twitter.com/sushida-vid/status/451006280061046784. Véase también la información en Nelson Bocaran-da, "Runrunes del jueves 21 de agosto de 2014," en http://www.lapatilla.com/si-te/2014/08/21/runrunes-del-jueves-21-de-agosto-de-2014/.

centralizada se multiplicó ilimitadamente con la creación de toda suerte de empresas públicas e institutos autónomos producto de las nacionalizaciones, expropiaciones y confiscaciones de empresas, lamentablemente en manos de una burocracia ineficiente, con gerentes casi todos militares o exmilitares, pasando el país a tener una de las peores gerencias públicas.[59]

Además de la hiperinflación que se ha presentado en la Administración ministerial y en la Administración descentralizada, la política social populista del Estado basada en la configuración de todo tipo de subsidios, como si los recursos del petróleo fuesen ilimitados e invariables, ha conducido a la definición de programas de políticas públicas denominados "Misiones," que después de varios años de implementación encontraron cabida expresa en la reforma de la Ley Orgánica de la Administración Pública de 2008, pero paradójicamente para quedar excluidas de sus regulaciones;[60] es decir, como una Administración paralela a la Administración Central; todo lo cual se ha ratificado en la reforma de la Ley Orgánica de la Administración Pública dictada mediante Decreto Ley 1.424 de 17 de noviembre de 2014.[61]

La consecuencia ha sido, entonces, que además de la existencia de entes y de los órganos en la organización de la Administración Pública, ahora se han insertado en la misma a las "Misiones" –que en realidad no son nada distinto, en su forma jurídica de los tradicionales entes y órganos administrativos, pero con la diferencia de que se los denomina "Misiones,"– pero con la absurda característica, como se dijo, de que las mismas quedan fuera de la regulación de dicha Ley Orgánica de la Administración Pública, como una especie de Administración Paralela.[62].

Este Estado Populista ha sido lo Leandro Area ha calificado acertadamente como un "Estado Misional," por estar montado sobre dichas Misiones "como actores colectivos no formales de política pública, que manejan un oscuro e inmenso mar de recursos," resultando ser un "espécimen no incluido aún en las tipologías de la Ciencia Política," entendiendo por tal:

---

59 Véase "Venezuela's Economy. Of oil and coconut water. Probably the world's managed economy," en *The Economist*, N° 8905, September 20th. 2014, pp. 31-32.

60 Véase Allan R. Brewer-Carías, "Una nueva tendencia en la organización administrativa venezolana: las "misiones" y las instancias y organizaciones del "poder popular" establecidas en paralelo a la administración pública," en *Retos de la Organización Administrativa Contemporánea, X Foro Iberoamericano de Derecho Administrativo* (26-27 de septiembre de 2011), Corte Suprema de Justicia, Universidad de El Salvador, Universidad Doctor José Matías Delgado, San Salvador, El Salvador, 2011.

61 Decreto Ley 1424 de 17 de noviembre de 2014, *Gaceta Oficial* N° 6147 Extra de 17 de noviembre de 2014.

62 Véase José Ignacio Hernández, "La administración paralela como instrumento del Poder Público," en *Revista de Derecho Público*, N° 112, Editorial Jurídica Venezolana, Caracas, 2007, 175 ss.

"aquel Estado que haciendo uso de sus recursos materiales y simbólicos le impone, por fuerza u operación de compra-venta o combinación de ambas a la sociedad, un esquema de disminución, de minusvalía consentida, en sus capacidades y potencialidades de crecimiento a cambio de sumisión. [...] Se encarama sobre ella en su ayer, hoy y mañana, amaestrándola con la dieta diaria cuyo menú depende del gusto del gobernante. Confisca, privatiza, invade, expropia, conculca, controla, asfixia, acoquina hasta decir basta, poniendo en evidencia lo frágil del concepto de propiedad privada creando así miedo, emigración, desinversión, fuga de capitales. Y aunque usted no lo crea esas son metas o simples desplantes o locura u obscura necesidad de auto bloqueo como forma de amurallarse para obtener inmunidad e impunidad para sus tropelías, frente a la mirada de una época que no los reconoce sino como entes del pasado, objeto de museo o de laboratorio, insectos atrapados en el ámbar del tiempo; fracaso, derrota." [63]

A lo anterior agrega el mismo Leandro Area, que dicho Estado Misional en definitiva es un tipo de Estado Socialista, que nada tiene que ver con el Estado Social del cual habla la Constitución, concebido en paralelo al Estado Constitucional, "con la intención de acabarlo o mejor, de extinguirlo." Para ello, indica Area:

"El gobierno crea misiones a su antojo que son estructuras burocráticas y funcionales "sui generis" y permanentes, con un control jurisdiccional inexistente y que actúa con base a los intereses de dominio. Además si el gobernante se encuentra por encima del bien y del mal, como es el caso venezolano, nadie es capaz de controlar sus veleidades y apetitos. En ese sentido el Estado es un apéndice del gobernante que es el repartidor interesado de los bienes de toda la sociedad y que invierte a su gusto, entre otras bagatelas, en compra de conciencias y voluntades de acólitos y novicios aspirantes. Por su naturaleza, todo Estado misional es un Estado depredador sin comillas. Vive de la pobreza, la estimula, la paga, organiza, la convierte en ejercito informal y también paralelo. El gobierno y su partido los tiene censados, chequeados, uniformados de banderas, consignas y miedos. Localizados, inscritos, con carnet, lo que quiere decir que fotografiados, listos para la dádiva, la culpa, castigos y perdones." [64]

Por todo ello, por tanto, las misiones, sujetas como lo observa Heinz Sonntag, a un "patrón de organización destinado a darles dadivas a los secto-

---

63   Véase Leandro Area, "El 'Estado Misional' en Venezuela," en *Analítica.com*, 14 de febrero de 2014, en http://analitica.com/opinion/opinion-nacional/el-estado-misional-en-venezuela/.

64   *Idem.*

res pobres y garantizar así su adhesión a la Revolución Bolivariana," [65] además de haber provocado más miseria y control de conciencia sobre una población de menos recursos totalmente dependiente de la burocracia estatal y sus dádivas, en las cuales creyó encontrar la solución definitiva para su existencia, también provocó el deterioro de otra parte de la población, particularmente la clase media, que junto con todos los demás componentes de la misma ha visto desaparecer su calidad de vida, y sufren en conjunto los embates de la inflación y de la escases. [66] Y todo ello, con un deterioro ostensible y trágico de los servicios públicos más elementales como los servicios de salud y atención médica.

X

Debe mencionarse, por último, que dichas Misiones, como parte integrante de la Administración Pública, formaron parte de uno de los aspectos que se pretendió constitucionalizar en Venezuela con el proyecto de Reforma Constitucional de 2007 que fue rechazado por el pueblo en el referendo de diciembre de 2007,[67] en la cual se propuso una nueva redacción del artículo 141 constitucional, que es el que hemos destacado desde el inicio de estos comentarios.

La reforma propuesta consistió en que a pesar de que se conservó parte de la enumeración de los principios que deben guiar la acción de Administración, ("honestidad, participación, celeridad, eficacia, eficiencia, transparencia, rendición de cuentas y responsabilidad en el ejercicio de la función pública, con sometimiento pleno a la ley"), en cambio, precisamente se propuso eliminar el que quizás es el principio más importante que estableció la Constitución de 1999 en relación con la Administración Pública, y que es que como una universalidad de entes y órganos, todos debe estar siempre *al servicio de*

---

65 Véase Heinz Sonntag "¿Cuántas Revoluciones más?" en El *Nacional*, Caracas 7 de octubre de 2014, en http://www.el-nacional.com/heinz_sonntag/Cuantas-Revoluciones_0_496150483.html.

66 Como el mismo Area lo ha descrito en lenguaje común y gráfico, pero tremendamente trágico: "Vivimos pues "boqueando" y de paso corrompiéndonos por las condiciones impuestas por y desde el poder que nos obligan a vivir como "lateros", "balseros", "abasteros" mejor dicho, que al estar "pelando" por lo que buscamos y no encontramos, tenemos que andar en gerundio, ladrando, mamando, haciendo cola, bajándonos de la mula, haciéndonos los bolsas o locos, llevándonos de caleta algo, caribeando o de chupa medias, pagando peaje, tracaleando, empujándonos los unos contra los otros, en suma, degradándonos, envileciéndonos, para satisfacer nuestras necesidades básicas de consumo. Es asfixia gradual y calculada, material y moral. Desde el papel toilette hasta la honestidad. ¡Pero tenemos Patria! Falta el orgullo, la dignidad, el respeto, el amor a uno mismo." Véase en "El 'Estado Misional' en Venezuela," en *Analítica.com*, 14 de febrero de 2014, en http://analitica.com/opinion/opinion-nacional/el-estado-misional-en-venezuela/.

67 Véase Allan R. Brewer-Carías, *La Reforma Constitucional de 2007 (Comentarios al proyecto inconstitucionalmente sancionado por la Asamblea Nacional el 2 de noviembre de 2007)*, Editorial Jurídica Venezolana, Caracas, 2007.

los ciudadanos. Con la reforma de 2007, se pretendía sustituir dicho principio, buscando prever al contrario, que la Administración lo que *estaba era sólo al servicio del Estado*. Por ello, el artículo 141 se proponía que comenzara indicando solo que

> "Las administraciones públicas son las estructuras organizativas *destinadas a servir de instrumento a los poderes públicos* para el ejercicio de sus funciones, y para la prestación de los servicios".

Con la nueva redacción que se proponía para el artículo 141, por otra parte, se ha buscaba fragmentar a la Administración Pública, en el propio texto constitucional, pasándose de un régimen universal de la misma, a buscar regular varias "administraciones públicas", las cuales, incluso, contra toda técnica legislativa, se las "clasificó" en el proyecto de articulado en las siguientes dos "categorías": primero,

> "*las administraciones públicas burocráticas o tradicionales*, que son las que atienden a las estructuras previstas y reguladas en esta Constitución";

y segundo,

> "*las misiones*, constituidas por organizaciones de variada naturaleza, creadas para atender a la satisfacción de las más sentidas y urgentes necesidades de la población, cuya prestación exige de la aplicación de sistemas excepcionales, e incluso, experimentales, los cuales serán establecidos por el Poder Ejecutivo mediante reglamentos organizativos y funcionales."

Es decir, con el proyecto de reforma constitucional de 2007, afortunadamente rechazado por el pueblo, en lugar de corregirse el descalabro administrativo que se había venido produciendo en los últimos años por la indisciplina presupuestaria derivada de fondos asignados a programas específicos del gobierno denominados "misiones," concebidos fuera de la organización general de la Administración ministerial o Central, lo que se buscaba era constitucionalizar el desorden administrativo, calificándose a las estructuras administrativas del Estado como "burocráticas o tradicionales", renunciando a que las mismas fueran reformadas para convertirlas en instrumentos para que, precisamente, pudieran atender a la satisfacción de las más sentidas y urgentes necesidades de la población.

Como se dijo, la reforma constitucional de 2007 fue afortunadamente rechazada, pero sin embargo, en fraude a la voluntad popular y a la propia Constitución, la misma ha sido implementada por el Estado Totalitario, inconstitucionalmente mediante leyes, en todos sus aspectos, incluyendo lo que se buscaba con la mencionada reforma del artículo 141 [68] pues se ha logrado

---

68   Véase Cosimina G. Pellegrino Pacera, "La reedición de la propuesta constitucional de 2007 en el Decreto N° 6.217 con rango, valor y fuerza de Ley Orgánica de la Ad-

el objetivo buscado, que es eliminar en la práctica la concepción de que la Administración Pública está al servicio del ciudadano, y desarrollar en su lugar una Administración Pública al servicio de la burocracia, es decir de las propias estructuras del Estado, estableciéndose para ello además, una administración paralela[69] a la "tradicional",[70] conformada por las "misiones," reguladas ahora en una Ley específica, la Ley Orgánica de Misiones, Grandes Misiones y Micro-misiones.[71]

New York, mayo de 2015

---

ministración Pública," en *Revista de Derecho Público* N° 115 *(Estudios sobre los decretos leyes),* Editorial Jurídica Venezolana, Caracas, 2008, pp. 163 ss.

69   Véase José Ignacio Hernández, "La administración paralela como instrumento del Poder Público," en *Revista de Derecho Público,* N° 112, Editorial Jurídica Venezolana, Caracas, 2007, 175 ss.

70   *Gaceta Oficial* Extra N° 6147 de 17-11-2014.

71   Que es la regulada en la Ley Orgánica de la Administración Pública. Véase en *Gaceta Oficial* N° 6.154 Extra. de 19 de noviembre de 2014. Véase sobre esta Ley Allan R. Brewer-Carías, Rafael Chavero G., José M. Alvarado Andrade, *Ley Orgánica de la Administración Pública,* Editorial Jurídica Venezolana, Caracas, 2015.

TERCERA PARTE
LA CONFISCACIÓN DE LA AUTONOMÍA DE LOS PARTIDOS POLÍTICOS[*]

I

La Sala Constitucional del Tribunal Supremo de Justicia, mediante sentencia N° 1023 de 30 de julio de 2015,[1] ha dado un nuevo golpe a la democracia en Venezuela, poniendo fin a la actuación libre de los partidos políticos como mecanismos institucionales de asociación política e instrumentos para la libre participación de los ciudadanos en la vida política del país; confiscado el derecho de los partidos a ser conducidos por sus autoridades electas.

Los partidos políticos, en efecto, son esencialmente organizaciones de creación libre en el marco del pluralismo político, destinadas a asegurar mediante métodos democráticos de organización, funcionamiento y dirección, la participación política de los ciudadanos en el proceso político y en particular, en los procesos electorales tendientes a conformar las instituciones representativas del Estado. En cumplimiento de dichos fines, en general, contribuyen a la conducción de la política nacional y a la formación y orientación de la voluntad política de sus afiliados y de los ciudadanos en general, mediante la formulación de programas, la presentación y apoyo de candidatos en las correspondientes elecciones, y la realización de actividades de proselitismo y orientación política.[2]

---

[*] Texto del Comentario Jurisprudencial sobre "Un nuevo golpe a la democracia: la confiscación de la autonomía de los partidos políticos decretada por el Juez Constitucional," redactado para ser publicado en la *Revista de Derecho Público,* N° 143 (Tercer Trimestre 2015, Editorial Jurídica Venezolana, Caracas, 2015.

[1] Véase en http://historico.tsj.gob.ve/decisiones/scon/julio/180187-1023-30715-2015-15-0860.HTML.

[2] Véase sobre el régimen de los partidos políticos en Venezuela, véase Allan R. Brewer-Carías, "Regulación jurídica de los partidos políticos en Venezuela", en Daniel Zovatto (Coordinador), *Regulación jurídica de los partidos políticos en América Latina,* Universidad nacional Autónoma de México, International IDEA, México 2006, pp. 893-937; "Algunas notas sobre el régimen jurídico-administrativo de los partidos

En Venezuela, su existencia deriva constitucionalmente, por una parte, del derecho constitucional de "toda persona" de "asociarse con fines lícitos, de conformidad con la ley," estando obligado el Estado, específicamente, "a facilitar el ejercicio de este derecho" tal como lo dispone el artículo 52 de la Constitución; y por la otra, del derecho que todos los ciudadanos tienen "de asociarse con fines políticos, mediante métodos democráticos de organización, funcionamiento y dirección," tal como lo garantiza el artículo 67 de la Constitución.

De acuerdo con la Constitución, y esta es la única previsión expresa en la materia del funcionamiento de los partidos, "sus organismos de dirección y sus candidatos a cargos de elección popular serán seleccionados en elecciones internas con la participación de sus integrantes," elecciones internas que además, conforme al artículo 293.6 constitucional, le corresponde organizar al Consejo Nacional Electoral. Este cuerpo, además, conforme al artículo 193.8, tiene competencia para "organizar la inscripción y registro" de los partidos políticos "y velar porque cumplan las disposiciones sobre su régimen establecidas en la Constitución y en la ley," con la potestad de decidir "sobre las solicitudes de constitución, renovación y cancelación de organizaciones con fines políticos, la determinación de sus autoridades legítimas y sus denominaciones provisionales, colores y símbolos."

Estas son competencias de rango constitucional que solo el Consejo Nacional Electoral, como órgano del Poder Electoral, tiene y puede ejercer, en particular, en lo que se refiere a los conflictos que puedan surgir en cuanto a la "determinación de las autoridades legítimas" de los partidos políticos. El Tribunal Supremo de Justicia también está sujeto a la Constitución, y no puede ejercer dicha competencia,[3] y si acaso podría llegar a conocer de esa materia ello sería exclusivamente a través de la Sala Electoral, al ejercer su competencia contencioso electoral de control de constitucionalidad y legalidad de las decisiones que pudiera adoptar el Consejo Nacional Electoral. La Sala Constitucional, en ningún caso tiene competencia para decidir en esa materia.

---

políticos en el derecho venezolano" en *Revista de Derecho Español y Americano*, Instituto de Cultura Hispánica, Nº 8, Año X, Madrid, abril-junio 1965, pp. 27-46.

3   No es la primera vez que la Sala Constitucional interfiere en el funcionamiento de los partidos políticos. Véase Allan R. Brewer-Carías, "El juez constitucional usurpando, de oficio, funciones del Poder Electoral en materia de control de partidos políticos y de respaldo de candidaturas presidenciales," en *Revista de Derecho Público*, Nº 132 (octubre- diciembre 2012), Editorial Jurídica Venezolana, Caracas 2012, pp. 195-200; y "El juez constitucional como constituyente: el caso del financiamiento de las campañas electorales de los partidos políticos en Venezuela," en *Revista de Derecho Público*, Nº 117, (enero-marzo 2009), Caracas, 2009, pp. 195-203.

II

Sin embargo, sin competencia alguna para ello, y además, violando el derecho a la defensa que de acuerdo con la Constitución es "inviolable" en todo estado y grado de todas las actuaciones judiciales y administrativas (art. 49), la Sala Constitucional, sin audiencia dada a la directiva del partido Copei Partido Popular, la ha removido de sus cargos, y ha nombrado unas nuevas autoridades del Partido, confiscando el derecho ciudadano a la participación política, y el derecho de los partidos a dirigirse por las autoridades electas en los procesos organizados por el Consejo Nacional Electoral.

Eso es lo que ha hecho la Sala Constitucional al decidir de un plumazo, exactamente como lo pidieron los accionantes

1. Suspender en el ejercicio de sus cargos a los miembros de la Mesa Directiva Nacional, y por tanto, la Dirección Política Nacional del partido Copei Partido Popular.

2. Designar una Junta *ad hoc*, integrada por un conjunto de ciudadanos que fueron precisamente los que intentaron la acción de amparo que motivó la sentencia, y que no han sido electos mediante métodos democráticos por la militancia de dicho partido. Dicha Junta *ad hoc,* la designó la Sala Constitucional, provisionalmente "hasta tanto se resuelva el fondo de la presente causa," disponiendo la Sala que sus integrantes deben "ejercer las funciones y cumplir con las disposiciones previstas en los Estatutos de la mencionada organización política, y en tal sentido, formarán parte de la Dirección Nacional, la Mesa Directiva Nacional y la Junta Ejecutiva Nacional, de conformidad con lo establecido en los artículos 25 y siguientes del referido Estatuto." O sea, la Sala Constitucional, en contra de la Constitución y de los Estatutos del partido, eligió a sus autoridades y les confirió el ejercicio de todas las competencias estatutarias que tienen las mismas, excepto las de disposición de los bienes del partido, restringiendo sus funciones en esta materia a ejecutar "actos de simple administración y mantenimiento de las instalaciones."

3. Ordenar realizar una "consulta estatutaria a las Direcciones Políticas Estadales de *"COPEI PARTIDO POPULAR"* sobre las postulaciones en los comicios parlamentarios del presente año, con carácter de urgencia, de acuerdo al lapso preclusivo del cronograma realizado por el Consejo Nacional Electoral."

4. Ordenar al Consejo Nacional Electoral "abstenerse de aceptar cualquier postulación que no sean de las acordadas conforme a los procedimientos establecidos por la Mesa Directiva *ad hoc*."

Finalmente, la Sala Constitucional como supremo controlador de todo lo que ocurre en el país, estimó necesario precisarle al Presidente Nacional y demás miembros de la Dirección Nacional de Copei Partido Popular "que la presente medida cautelar debe ser acatada y ejecutada inmediata e incondicionalmente, so pena de incurrir en desacato, una vez cumplido el procedimiento respectivo de acuerdo al precedente jurisprudencial sentado en las sentencias números 138/2014 y 245/2014," es decir, bajo amenaza de detención y encarcelamiento, tal como sucedió en esos casos con los Alcaldes cuyos mandatos fueron revocados en 2014.

III

Para llegar a esta absurda, inconstitucional y abusiva decisión, la Sala Constitucional ni siquiera conoció de alguna acción de amparo buscando reconocer o desconocer autoridades del partido cuya elección hubiese sido cuestionada, sino pura y simplemente inventó que habría una cuestión de protección de derechos e intereses difusos o colectivos del país, por la queja de algunos miembros de unos pocos Estados de un determinado partido de no estar de acuerdo con las decisiones adoptadas por la directiva legítimamente electa del mismo, que buscaban evitar que la misma pudiera conducir el proceso de selección y postulación de candidatos a las elecciones parlamentarias. Ello, por lo visto, para la Sala Constitucional era una cuestión *"de evidente trascendencia nacional."*

Es decir, que la discrepancia interna entre militantes de un partido político sobre la conducción política del mismo, ahora ya no se resuelve en elecciones internas del partido, sino que es la Sala Constitucional la que se arroga la competencia para decidir cuál es o debe ser la política que debe desarrollar un partido político, que la Sala considera adecuada conforme a su conveniencia como agente del Estado, al punto de llegar a remover la directiva del mismo si le parece que no tiene una línea de conducción ajustada a lo que sus Magistrados piensen.

En este caso de Copei Partido Popular, decidido como una medida cautelar, en efecto, lo que se intentó fue una "amparo constitucional por intereses colectivos y difusos" por un grupo de militantes del partido Copei Partido Popular, en representación de "los derechos e intereses colectivos de los afiliados a Copei Partido Popular en los Estados Anzoátegui, Aragua, Delta Amacuro, Yaracuy, Nueva Esparta, Táchira y Zulia"; "contra las *"vías de hecho* que ejecuta la Dirección Política Nacional de Copei Partido Popular.*"*

La acción se intentó el día lunes 27 de julio de 2015 y la decisión se adoptó tres días después, el día jueves 30 de julio de 2015, el mismo día cuando se designó la magistrado Ponente, lo que evidentemente sugiere que para ese momento ya la Ponencia de la sentencia estaba preparada.

Los accionantes, todos, fueron electos como miembros de los cuerpos directivos del partido, unos de las Mesas directivas de unos Estados, y otros, en la Dirección Política Nacional del partido Copei Partido Popular, en representación de dichos Estados de la República; en un todo, en un proceso electoral realizado bajo el cumplimiento de la decisión de la Sala Electoral contenida en la sentencia N° 118 del 16 de noviembre de 2011 (caso: *Luis Ignacio Planas y otros*), cuya ejecución forzosa se decretó en sentencia N° 37 de 13 de marzo de 2012 (caso: *Roberto Enríquez*)." Ante la sustitución de algunos de ellos mediante decisión de la Dirección Política Nacional la Sala Electoral del Tribunal Supremo de Justicia decretó medidas de amparo cautelar "en favor de los Directivos de los Estados Delta Amacuro, Anzoátegui, Yaracuy y Aragua, ordenando sus incorporaciones provisionales a los cargos para los que fueron electos en Copei Partido Popular".

Ahora bien, la acción de amparo que originó la medida cautelar comentada, no se intentó contra decisión alguna que hubiera podido violar el derecho de los asociados electos a ejercer los cargos para los cuales fueron designados, sino en sustancia, contra la decisión anunciada el 23 de febrero de 2015 por el Presidente Nacional de Copei Partido Popular, de que el Partido "había decidido suscribir el *Documento de la Transición* (…)," decisión que conforme lo alegaron los accionantes : "fue ejecutada sin convocar a reunión de la DPN y sin consultar a las Directivas de los Estados," considerando el asunto como "una materia de tanta trascendencia nacional y de eminente orden democrático". Y además, contra la actitud de la Dirección Política Nacional de no querer entregar por escrito sus decisiones de reincorporación de los miembros desplazados y reincorporados, "hasta tanto se verifique el proceso de postulación para las elecciones parlamentarias de este año, toda vez que así se aseguran evadir la consulta estatutaria a los Estados en los que las autoridades electas han solicitado que se les permita el ejercicio de sus cargos".

De allí el resumen del fundamento de la acción que hicieron los accionantes, según lo indica la Sala en su sentencia:

> "Que "[l]as actuaciones que se impugnan son las VÍAS DE HECHO que ejecuta la Dirección Política Nacional de COPEI PARTIDO POPULAR en nuestra contra y en contra de los afiliados de los Estados Delta Amacuro, Anzoátegui, Yaracuy, Aragua, Táchira, Zulia y Nueva Esparta, consistentes en llevar a cabo una acción política con fundamento en una línea estratégica inconsulta respecto a las autoridades electas de nuestro Partido, tanto a nivel nacional como regional, desconociendo el derecho a la participación y al ejercicio de la democracia interna, evadiendo las consultas candidaturales en el inminente proceso electoral de este año, y desconociendo decisiones judiciales que han protegido a las autoridades electas de distintos Estados del país".

Esas conductas fueron calificadas como *las vías de hecho que sistemáticamente ha venido ejecutando la Dirección Política Nacional de COPEI PARTIDO POPULAR"* las cuales supuestamente "transgreden Leyes Nacionales como la Ley Orgánica de Procesos Electorales y la Ley de Partidos Políticos. Igualmente, contrarían los Estatutos e dicha Organización Política" pero sin indicar norma específica alguna; pero agregando simplemente que:

> "tanto la Mesa Directiva Nacional como la Dirección Política Nacional (DPN) de COPEI PARTIDO POPULAR se han dado a la tarea de vulnerar la voluntad de los afiliados de nuestra organización, *estableciendo criterios por encima de éstos, de las bases y de las diferentes estructuras del Partido.* Así, el empeño de la DPN en llevar adelante una *acción política inconsulta* y desconocer a las autoridades electas de los Estados y fijar candidatos y candidatas sin que las Direcciones Estadales sean consultadas previamente, acarrea toda una suerte le violaciones

constitucionales, específicamente, de las normas aquí transcritas, o que se traduce en un ejercicio abusivo, antidemocrático y desleal de las atribuciones que les son conferidas a los Miembros que integran esas instancias partidistas. Puede decirse que es público y notorio que el ciudadano Roberto Enríquez, Presidente Nacional de COPEI PARTIDO POPULAR, *ha colocado sus intereses personales por encima de los del Partido, comprometiendo a nuestra organización en eventos y determinaciones políticas no debatidas por nosotros y asignando candidaturas inconsultas* con una mayoría precaria de la DPN, desmejorando y coartando toda posibilidad de participación de los cuadros políticos del COPEI en el país, por lo que consideramos que dicho comportamiento encuadra en las sanciones emanadas de los estatutos del Partido, en su artículo 77, literal 'a' (Actuaciones contrarias a las obligaciones establecidas en los presentes estatutos, de los reglamentos, órdenes, directivas y líneas políticas y de acción fijadas por los organismos competentes), no existiendo actualmente instancia partidista con la idoneidad suficiente para enjuiciar y hacer cesar estas deleznables acciones".

De todo lo anterior, concluyeron los accionantes que "todas las violaciones constitucionales anteriormente reseñadas, permiten advertir la existencia de una lesión a una serie de derechos de significativo carácter constitucional, además *de evidente trascendencia nacional*, pues, en particular, refieren a derechos políticos reconocidos en los artículos 62, 63 y 67 70 de la Constitución de la República Bolivariana de Venezuela, y a la materia electoral, que es de eminente orden público," para cuyo goce efectivo consideraron que era:

"menester que la garantía de la tutela judicial efectiva prevista en el artículo 26 constitucional se materialice en este caso concreto, procediendo este Alto Tribunal a declarar con lugar el presente recurso de amparo, ordenando, consiguientemente, el cese inmediato de las vías le hecho que aquí hemos identificado, y que son ejecutadas por la Mesa Directiva y la Dirección Política Nacional de COPEI PARTIDO POPULAR".

Las denuncias formuladas por los accionantes, en definitiva, se refirieron a lo que denominaron:

"vías de hecho que se identifican y denuncian en el presente recurso, tienen como único fin burlar la autoridad de los afiliados y las autoridades electas de los Estados de cara a la selección e inscripción de candidatos en las elecciones del próximo 6 de diciembre, postulaciones que quieren materializar las primeras en lesión abierta y flagrante de derechos y principios democráticos de índole constitucional que ostentan los segundos.

IV

Para resolver sobre su propia competencia, basada en la previsión legal que le atribuye la de conocer de las "las demandas y pretensiones de amparo para la protección de intereses difusos y colectivos *cuando la controversia tenga trascendencia nacional*", la Sala se limitó a afirmar que la acción interpuesta estaba dirigida a

> "*salvaguardar el derecho de participación en la elección de representantes y de asociación con fines políticos mediante métodos democráticos de organización, funcionamiento y dirección*" que involucran el ejercicio y tutela de derechos políticos, "*respecto a los efectos que se reflejan de la vigencia de alguna actuación con miras a postular candidatos realizado por la DPN* [Dirección Política Nacional] del partido COPEI PARTIDO POPULAR", en protección del derecho constitucional a la participación política, regulado en los artículos 62, 67 y 70 de la Constitución de la República Bolivariana de Venezuela."

Y sin mayor razonamiento, solo con lo narrado por los accionantes, afirmó que "se desprende un conjunto de elementos que permiten advertir la *existencia de una potencial lesión a una serie de derechos de significativo carácter constitucional, además de evidente trascendencia nacional* […], razón por la cual, esta Sala declaró que existían "elementos suficientes para declarar *de oficio* la urgencia de la presente solicitud de amparo," y para el otorgamiento de las antes mencionadas medidas cautelares en los mismos términos exactos a como se solicitaron, nombrando a los propios accionantes como los nuevos miembros de la "Mesa Directiva Nacional, y por tanto, a la Dirección Política Nacional de "Copei Partido Popular;" y todo ello, no porque la directiva suspendida hubiera sido electa en violación de la Ley, en cuyo caso podría haberse hablado de que habría una cuestión constitucional vulnerada, sino porque simplemente los accionantes, como militantes del propio partido, no estaban de acuerdo con la conducción política del Partido que realizaba dicha directiva nacional.

Con esta sentencia, en definitiva, la Sala Constitucional trastocó el régimen de los partidos políticos, y considerándolos –aun cuando sin decirlo – como simples apéndices del Estado, se arrogó el poder de juzgar sobre la forma de conducción de los mismos, sobre las políticas conducidas por la directiva de los partidos, de manera que los militantes de los mismos, antes que buscar las soluciones por las vías estatutarias, ahora pueden acudir ante la Sala Constitucional, para que esta resuelva conforme le interese al Estado y no a la militancia misma del partido en cuestión.

En fin, del texto de la sentencia, lo que se aprecia es que es una decisión que en realidad no ha sido dictada por un "órgano judicial" imparcial, sino más bien por un operador político del Estado, con el objeto de impedir que los partidos políticos, a través de sus directivas electas legítimamente, puedan decidir la política que mejor juzguen que interesa al partido en cuestión, como es por ejemplo, la firma de alguna declaración política (por ejemplo la llamada "Declaración sobre la transición,"), e impedir, además igualmente que los partidos puedan postular libremente sus candidatos para las elecciones parlamentarias, cuando en definitiva puedan representar alguna posición de oposición al gobierno.

Con ello, como dijimos, se ha lesionado el derecho constitucional de asociación, y se ha confiscado el derecho a la participación política a través de partidos políticos que puedan actuar libremente, como partidos de oposición. Con esta decisión, esos partidos comienzan a estar proscritos, pues no interesan al Estado, escudándose el mismo para lograrlo, en una supuesta decisión de carácter "judicial," pero que en definitiva no es otra que eliminar cualquier manifestación de oposición al gobierno.

Con esta decisión, la Sala Constitucional le ha dado otro golpe a la democracia, en este caso, al derecho político a asociarse en paridos políticos, y al derecho a que los mismos se conduzcan por sus autoridades electas,[4] lo que se suma a los golpes ya dados anteriormente por la propia Sala Constitucional en otras sentencias contra la misma democracia,[5] en su afán de afianzar al Esta-

---

4   Por ello, hay que saludar la respuesta dada a la sentencia por las autoridades regionales del partido Copei, en Consejo Federal, según reseña de prensa del día 31 de agosto de 2015, que "acudieron a la sede nacional de la tolda socialcristiana para asumir la conducción del partido," haciendo referencia a un "documento que refleja los acuerdos de la máxima autoridad estatuaria" que son los siguientes: "Solicitar al Tribunal Supremo de Justicia darle carácter de urgencia a este caso para que se concluya esta causa, y se respeten nuestros derechos políticos. / Desconocer a la junta ad hoc, y declaramos espuria cualquier actuación que la misma haga. / Declaramos que la junta ad hoc designada por el Tribunal Supremo de Justicia NO REPRESENTA A COPEI. / Ordenamos a la junta ad hoc abstenerse de declarar y actuar en representación política de nuestro partido Copei y sus regiones. / Declaramos que solo reconocemos como autoridades de Copei a la Junta Directiva y Dirección Política Nacional electa el mes de junio del año 2012. / Ordenamos a los militantes y compañeros de todos los estados incorporarse a la respectiva Mesa de la Unidad Democrática para garantizar el triunfo de la Unidad." Finalmente, indica la nota de prensa que "el presidente del consejo federal copeyano, Rogelio Boscán, denunció que la junta provisional ha "violentado todos nuestros derechos y ha desacatado el mandato recibido por el Tribunal Supremo de Justicia de hacer las consultas para las candidaturas parlamentarias "con el carácter de urgencia, de acuerdo al lapso del cronograma realizado por el Consejo Nacional Electoral." Véase "Restituyen autoridades electas de Copei," en *La Patilla.com*, 31 de agosto de 2015, en http://www.lapatilla.com/site/2015/08/31/restituyen-autoridades-electas-de-copei/.

5   Véase Allan R. Brewer-Carías, *El golpe a la democracia dado por la Sala Constitucional (De cómo la Sala Constitucional del Tribunal Supremo de Justicia de Venezuela impuso un gobierno sin legitimidad democrática, revocó mandatos populares de diputada y alcaldes, impidió el derecho a ser electo, restringió el derecho a manifestar, y eliminó el derecho a la participación política, todo en contra de la Constitución)*, Colección Estudios Políticos N° 8, Editorial Jurídica Venezolana, Segunda edición (Con prólogo de Francisco Fernández Segado),Caracas, 2015.

do Totalitario en desprecio total a la Constitución a la Ley, [6] como han sido los dados contra los derechos de los ciudadanos a ser gobernados por representantes electos; [7] a ser elegidos para cargos de representación popular;, y a no ser inhabilitados políticamente sino por sentencia judicial; [8] a que los mandatos de los representantes electos solo puedan ser revocados por vota-

---

6   Véase Allan R. Brewer-Carías, *Estado Totalitario y desprecio a la Ley. La desconstitucionalización, desjuridificación, desjudicialización y desdemocratización de Venezuela*, Fundación de Derecho Público, Editorial Jurídica Venezolana, segunda edición, (Con prólogo de José Ignacio Hernández), Caracas, 2015.

7   Véase Allan R. Brewer-Carías, "El juez constitucional y la demolición del principio democrático de gobierno. O de cómo la Jurisdicción Constitucional en Venezuela impuso arbitrariamente a los ciudadanos, al inicio del período constitucional 2013-2019, un gobierno sin legitimidad democrática, sin siquiera ejercer actividad probatoria alguna, violentando abiertamente la Constitución," en *Revista de Derecho Público*, N° 133 (enero-marzo 2013), Editorial Jurídica Venezolana, Caracas 2013, pp. 179-212; y "Crónica sobre la anunciada sentencia de la Sala Constitucional del Tribunal Supremo de 9 de enero de 2013 mediante la cual se conculcó el derecho ciudadano a la democracia y se legitimó la usurpación de la autoridad en golpe a la Constitución," en Asdrúbal Aguiar (Compilador), *El Golpe de Enero en Venezuela (Documentos y testimonios para la historia)*, Editorial Jurídica Venezolana, Caracas, 2013, pp. 133-148.

8   Véase Allan R. Brewer-Carías, "La incompetencia de la Administración Contralora para dictar actos administrativos de inhabilitación política restrictiva del derecho a ser electo y ocupar cargos públicos (La protección del derecho a ser electo por la Corte Interamericana de Derechos Humanos en 2012, y su violación por la Sala Constitucional del Tribunal Supremo al declarar la sentencia de la Corte Interamericana como "inejecutable"), en Alejandro Canónico Sarabia (Coord.), *El Control y la responsabilidad en la Administración Pública, IV Congreso Internacional de Derecho Administrativo, Margarita 2012*, Centro de Adiestramiento Jurídico, Editorial Jurídica Venezolana, Caracas, 2012, pp. 293-371.

ción popular;[9] a manifestar pacíficamente por razones políticas; [10] y a la neutralidad política de la Fuerza Armada. [11]

New York, 31 de julio / 31 de agosto de 2015

---

9   Véase Allan R. Brewer-Carías, "La revocación del mandato popular de una diputada a la Asamblea Nacional por la Sala Constitucional del Tribunal Supremo de oficio, sin juicio ni proceso alguno (El caso de la Diputada María Corina Machado)," en *Revista de Derecho Público,* N° 137 (Primer Trimestre 2014, Editorial Jurídica Venezolana, Caracas 2014, pp. 165-189; y "La ilegítima e inconstitucional revocación del mandato popular de Alcaldes por la Sala Constitucional del Tribunal Supremo, usurpando competencias de la Jurisdicción penal, mediante un procedimiento "sumario de condena y encarcelamiento. (El caso de los Alcaldes Vicencio Scarno Spisso y Daniel Ceballo)," en *Revista de Derecho Público,* N° 138 (Segundo Trimestre 2014, Editorial Jurídica Venezolana, Caracas, 2014, pp. 176-213.

10   Véase Allan R. Brewer-Carías, "Un atentado contra la democracia: el secuestro del derecho político a manifestar mediante una ilegítima "reforma" legal efectuada por la Sala Constitucional del Tribunal Supremo," en *Revista de Derecho Público,* N° 138 (Segundo Trimestre 2014, Editorial Jurídica Venezolana, Caracas, 2014, pp. 157-169.

11   Véase Allan R. Brewer-Carías, "Una nueva mutación constitucional: el fin de la prohibición de la militancia política de la Fuerza Armada nacional, y el reconocimiento del derecho de los militares activos a participar en la actividad política, incluso en cumplimiento de las órdenes de la superioridad jerárquica," en *Revista de Derecho Público,* N° 138 (Segundo Trimestre 2014, Editorial Jurídica Venezolana, Caracas, 2014, pp. 170-175.

CUARTA PARTE

EL FIN DE LA AUTONOMÍA UNIVERSITARIA

A propósito de la obligación impuesta por la Sala Constitucional a las Universidades Nacionales de violar la Ley de Universidades y abdicar a la autonomía universitaria garantizada en la Constitución *

La Sala Constitucional del Tribunal Supremo de Justicia, mediante sentencia N° 831 de 7 de julio de 2015,[1] dictada en un proceso de protección de intereses difusos o colectivos, decretó una medida cautelar, como lo dice el texto que la sentencia mandó a insertar en la *Gaceta Judicial*, ordenando

"a la Universidad Central de Venezuela y a todas las universidades nacionales, *cumplir con los lineamientos emitidos por el Consejo Nacional de Universidades* (CNU), mediante la Oficina de Planificación del Sector Universitario (OPSU), en desarrollo de las políticas del Estado, en apoyo al Proceso Nacional de Ingreso a través del Sistema Nacional de Ingreso, en las diferentes fases que lo comprenden, asignando las plazas que otorgan esas casas de estudios, e incluyendo efectivamente a las y los estudiantes regulares, bachilleres y técnicos medios a la educación universitaria, haciendo especial énfasis en la igualdad de condiciones y equiparación de oportunidades sin discriminaciones sociales, religiosas, étnicas o físicas, atendiendo las resoluciones y recomendaciones tomadas por el Consejo Nacional de Universidades (CNU), y *otorgando los cupos para el ingreso de nuevos estudiantes, tal como lo ha establecido la Oficina de Planificación del Sector Universitario (OPSU),aun y cuando se hayan aplicado pruebas internas.*"

---

*   Texto del Comentario Jurisprudencial sobre "Las universidades nacionales en el cadalso y la autonomía universitaria en manos del verdugo judicial. A propósito de la obligación impuesta por la Sala Constitucional a las universidades nacionales de violar la Ley de Universidades y abdicar a la autonomía universitaria garantizada en la Constitución," redactado para ser publicado en la *Revista de Derecho Público*, N° 143 (Tercer Trimestre 2015, Editorial Jurídica Venezolana, Caracas, 2015.

1   Véase *Caso Eirimar del Valle Malavé Rangel vs. autoridades de la Universidad Central de Venezuela y otras Universidades nacionales*, en http://historico.tsj.gob.ve/decisiones/scon/julio/179242-831-7715-2015-15-0572.HTML

Para adoptar una orden judicial de esta naturaleza, hasta un lego pensaría que el Tribunal Supremo al menos debió haber analizado la Constitución, la Ley Orgánica de Educación y la Ley de Universidades, para poder llegar a esta conclusión de ordenarle a las autoridades universitarias de las Universidades autónomas, "cumplir con los lineamientos" fijados por una dependencia del Ministerio de Educación (la Oficina de Planificación del Sector Universitario), y proceder a otorgar "los cupos para el ingreso de nuevos estudiantes, tal como lo ha establecido la Oficina de Planificación del Sector Universitario (OPSU),aun y cuando se hayan aplicado pruebas internas."

Sin embargo, no solo los legos sino los abogados, si se leen la sentencia, pueden constatar con asombro que esta orden se dictó por el Juez constitucional, no sólo sin haber estudiado el derecho aplicable sino sin siquiera haber al menos citado alguna norma de dichos instrumentos legales. Así resuelve ahora en el Tribunal Supremo y dicta sentencia sin argumentación ni argumentos jurídicos y sin siquiera analizar ni mencionar las normas del ordenamiento jurídico, adoleciendo la sentencia de fundamentación jurídica.

I.   LA AUTONOMÍA UNIVERSITARIA EN LA CONSTITUCIÓN Y LOS INTENTOS FORMALES, ALGUNOS FALLIDOS, POR RESTRINGIRLA

En efecto, la primera norma de la cual debó tomar conocimiento la sala Constitucional para decidir la medida cautelar mencionada debió haber sido el artículo 109 de la Constitución de 1999, la cual como quizás ninguna constitución en el mundo lo hace, consagra el principio de la autonomía universitaria, estableciendo lo siguiente:

> **Artículo 109.** El Estado reconocerá la autonomía universitaria como principio y jerarquía que permite a los profesores, profesoras, estudiantes, egresados y egresadas de su comunidad dedicarse a la búsqueda del conocimiento a través de la investigación científica, humanística y tecnológica, para beneficio espiritual y material de la Nación. Las universidades autónomas se darán sus normas de gobierno, funcionamiento y la administración eficiente de su patrimonio bajo el control y vigilancia que a tales efectos establezca la ley. Se consagra la autonomía universitaria para planificar, organizar, elaborar y actualizar los programas de investigación, docencia y extensión. Se establece la inviolabilidad del recinto universitario. Las universidades nacionales experimentales alcanzarán su autonomía de conformidad con la ley.

Se trata, por tanto de una garantía constitucional mediante la cual, se asegura a las Universidades Autónomas, además de su autogobierno, el derecho de auto-normarse, es decir, conforme a su autonomía normativa, dictar sus propias normas de gobierno y de funcionamiento, en particular las destinadas a planificar, organizar, elaborar y actualizar sus programas de investigación, docencia y extensión.

Conforme a esta potestad de rango constitucional, por tanto, desde siempre y como parte de su autonomía normativa en materia de docencia, las Universidades Nacionales han establecido sus propios principios, sistemas y métodos de selección académica con el objeto de asegurar la inscripción en las diversas carreras universitarias, conforme a la capacidad de las mismas, de los estudiantes egresados de la Educación secundaria, y apuntando siempre a lograr los mejores niveles de excelencia.

En paralelo al desarrollo y consolidación del gobierno autoritario desde 2000, el mismo ha venido progresivamente minando la autonomía universitaria, afectándola en muchas formas, en particular en el proceso mismo de elección de sus propias autoridades, llegando incluso a ser una de las propuestas de la reforma constitucional presentada a la Asamblea Nacional por el Presidente Hugo Chávez en 2007.

En el proyecto inicialmente elaborado por la Comisión Presidencial designada por el Presidente, sobre el tema de la autonomía universitaria se propuso incorporar al artículo 109 de la Constitución de 1999, diversas previsiones con los siguientes objetivos:

Primero, sujetar la autonomía universitaria a la planificación nacional, indicándose que la búsqueda del conocimiento mediante la autonomía universitaria prevista en la Constitución, debía hacerse para beneficio de la Nación, pero sujeta a la planificación nacional, proponiéndose agregar a la norma que el objetivo era privilegiar "la satisfacción de las necesidades de ésta en tales áreas, y en **coordinación con los planes de desarrollo nacional** sobre dichas materias y los requerimientos de profesionales y personal calificado de la República".

Segundo, encasillar el privilegio del autogobierno universitario, mediante la propuesta de agregar a la norma que garantiza que las Universidades se darán sus normas de gobierno, la expresión que ello debe ser "de acuerdo con los principios de la democracia participativa y protagónica". Se propuso, además, agregar al artículo los siguientes principios para las elecciones universitarias que la ley debía garantizar: la igualdad entre el voto de los estudiantes y el de los profesores para elegir las autoridades universitarias; el derecho al sufragio a todos los docentes por concurso de oposición; y que las elecciones de rector, vicerrectores, secretario, decanos y directores de escuelas de las universidades se decidan por mayoría absoluta de los universitarios que concurran a votar".

Tercero, limitar el principio de la inviolabilidad del recinto universitario, al disponerse que ello debía ser "con las excepciones que establezca la Ley", quedando la inviolabilidad a la merced del legislador, que fue lo que la Constitución de 1999 quiso evitar.

Con base en estas ideas el Presidente presentó ante la Asamblea Nacional un proyecto de reforma constitucional, el cual fue sancionado por esta en noviembre de 2007, que buscaba reformar el artículo 109 de la Constitución con el objeto de limitar seriamente la autonomía universitaria, mediante los siguientes agregados:

En primer lugar, se incorporó una disposición según la cual "se reconoce a los trabajadores y trabajadoras de las universidades como integrantes con plenos derechos de la comunidad universitaria, una vez cumplidos los requisitos de ingreso, permanencia y otros que paute la ley".

En segundo lugar, en cuanto al derecho de las universidades autónomas de darse "sus normas de gobierno," ese privilegio del autogobierno universitario se encasilló al agregarse a la norma que garantiza que las Universidades se darán sus normas de gobierno, la expresión que ello debe ser *"de acuerdo con los principios de la democracia participativa y protagónica"*.

En tercer lugar, se agregaron a la norma del artículo 109, cambios radicales relativos al sistema de autogobierno universitario y de elección de sus autoridades, al disponerse que la ley, primero, debía garantizar "el voto paritario de los y las estudiantes, los profesores y las profesoras, trabajadores y trabajadoras para elegir las autoridades universitarias", con lo que la comunidad dejaba de ser solamente académica; segundo, que debía consagrar "el derecho al sufragio a todos los y las docentes que hayan ingresado por concurso de oposición, desde la categoría de instructor o instructora hasta titular"; y tercero, que debía establecer "las normas para que las elecciones universitarias se decidan en una sola vuelta", es decir, eliminando toda posibilidad de conformaciones de autoridades con base en mayorías absolutas.

La reforma constitucional propuesta, como es sabido, fue rechazada por el pueblo en el referendo de diciembre de 2007, lo que en este campo tampoco fue para que el régimen comenzase a implementar las rechazadas reformas mediante leyes, decisiones y sentencias que por ejemplo, afectaron el régimen de autogobierno universitario en cuanto al sistema de elección de las autoridades universitarias.[2] Ello se implementó, en efecto, en la Ley Orgánica de Educación de 2009, en la cual, al regularse en el artículo 34 el "principio de autonomía" universitaria, se dispuso que la misma se debía ejercer, entre otras mediante las siguientes funciones:

"3. Elegir y nombrar sus autoridades con base en la democracia participativa, protagónica y de mandato revocable, para el ejercicio pleno y en igualdad de condiciones de los derechos políticos de los y las integrantes de la comunidad universitaria, profesores y profesoras, estudiantes, personal administrativo, personal obrero y, los egresados y las egre-

---

2   Véase por ejemplo las sentencias de la Sala Electoral del Tribunal Supremo de Justicia N° 104 (Universidad Central de Venezuela) de 10 de agosto de 2011 en http://historico.tsj.gob.ve/decisiones/selec/agosto/104-10811-2011-2011-000033.HTML; N° 134 (Universidad del Zulia) de 21 de noviembre de 2011, en http://historico.tsj.gob.ve/decisiones/selec/noviembre/134-241111-2011-2011-000022.HTML; y N° 138 (universidad Nacional Abierta), en http://historico.tsj.gob.ve/decisiones/selec/noviembre/138-241111-2011-2010-000004.HTML.

sadas de acuerdo al Reglamento. Se elegirá un consejo contralor conformado por los y las integrantes de la comunidad universitaria."

II. EL RÉGIMEN DE SELECCIÓN DE ALUMNOS EN LAS UNIVERSIDADES NACIONALES Y SU VIOLACIÓN POR EL MINISTERIO DE EDUCACIÓN

La Ley Orgánica de Educación, sin embargo, en cuanto al régimen de la educación universitaria en su artículo 35.2 nada reguló directamente, salvo remitir a lo que se establece en las leyes especiales, en particular respecto de lo relativo al: "ingreso de estudiantes al sistema mediante un régimen que garantice la equidad en el ingreso, la permanencia y su prosecución a lo largo de los cursos académicos."

Y a tal efecto, la Ley de Universidades de 1970 atribuye a los Consejos Universitarios establecer el régimen de selección de los alumnos, mediante la atribución de "Fijar el número de alumnos para el primer año y determinar los procedimientos de selección de aspirantes," (art. 26.9), pudiendo el Consejo Nacional de Universidades establecer pautas o "recomendar los correspondientes procedimientos de selección de aspirantes" (art. 20.6).

Este es el marco constitucional y legal para el régimen de selección de alumnos en las Universidades nacionales, de manera que conforme al mismo, en mayo de 2008, el Consejo Nacional de Universidades en el cual participan todas las Universidades nacionales, aprobó las pautas para el ingreso de los bachilleres en las Universidades nacionales, estableciendo que un 30% de los cupos en las mismas los fijaría la Oficina de Planificación del Sector Universitario (OPSU), quedando el 70 % restante para ser asignados por las propias universidades mediante los mecanismos internos de admisión de cada una de ellas.

Sin embargo, en *Gaceta Oficial* No. 40.660 de 14 de mayo de 2015, se publicaron por el Ministerio de Educación unas "Normas sobre Perfeccionamiento del Sistema de Ingreso a la Educación Universitaria"[3] conforme a las cuales la Oficina de Planificación del Sector Universitario (OPSU), que es una dependencia administrativa del Ministerio de Educación Universitaria, adoptó la decisión de asignar cupos directamente en las Universidades nacionales muy por encima del 30 % acordado por recomendación del Consejo Nacional de Universidades, para lo cual, por supuesto, no tiene competencia alguna pues ello equivale sustituirse en el propio Consejo Nacional de Universidades, y además, en los Consejos Universitarios de las Universidades autónomas.

---

3   Véase "OPSU tomó 100% de los cupos de ingreso a la USB y 71% de la UCV Por resolución aprobada por la mayoría de sus miembros, en una sesión realizada el 6 de marzo de 2008, el CNU eliminó las pruebas internas de admisión en las universidades del país MAY 21, 2015 "en: http://notihoy.com/opsu-tomo-100-de-los-cupos-de-ingreso-a-la-usb-y-71-de-la-ucv/.

Por supuesto, frente a semejante arbitrariedad y usurpación de competencias, en violación de la propia Constitución, como era de esperarse, todas las autoridades de las Universidades nacionales se pronunciaron formal y públicamente en contra de la medida, no sólo en forma individual, sino incluso a través de la Asociación Venezolana de Rectores Universitarios [4] anunciando incluso algunas autoridades universitarias la impugnación en vía judicial de la inconstitucional e ilegal medida administrativa.[5]

III. LA TRANSFORMACIÓN, DE OFICIO, DE LA ACCIÓN INTENTADA POR PARTE DE LA SALA CONSTITUCIONAL PARA PODER CONOCER DE UNA ACCIÓN PARA LO CUAL CARECÍA DE COMPETENCIA

Pero antes de que las autoridades universitarias pudieran discutir y obtener justicia ante los órganos de la jurisdicción contencioso administrativa contra la inconstitucional e ilegal decisión administrativa de la Oficina de Planificación del Sector Universitario, la Sala Constitucional del Tribunal Supremo de Justicia mediante sentencia de 7 de julio de 2015,[6] procedió a admitir una solicitud de amparo constitucional, que la Sala misma convirtió en una acción de protección de intereses colectivos o difusos, presentada el 22 de mayo de 2015 por una menor de edad (Eirimar del Valle Malavé Rangel), representada por su señora madre, sin asistencia de abogado, con el único propósito de asegurar la ejecución, de antemano, de la arbitraria decisión gubernamental, y proceder a criminalizar cualquier cuestionamiento o incumplimiento de la misma; y lo más curioso del proceder, fue que lo hizo mediante una sentencia dictando una medida cautelar, en la cual ni siquiera una sola vez se citó o se hizo referencia ni al artículo 109 de la Constitución, ni al artículo 35.2 de la ley Orgánica de Educación, ni a los artículos 20.6 y 26.9 de la ley de Universidades.

O sea, se demolió inmisericordemente la autonomía universitaria; ignorándose olímpicamente el ordenamiento constitucional y legal que la regula; y ello se hizo mediante la criminalización de antemano de cualquier acción que pudieran adoptar las autoridades universitarias en ejercicio de sus propias competencias constitucionales y legales.

En efecto, la joven recurrente "actuando en nombre propio, y en el de la población estudiantil venezolana egresada o por egresar del nivel de educa-

---

4   Véase por ejemplo en: http://notihoy.com/asociacion-venezolana-de-rectores-univer-sitarios-evalua-devolver-lista-de-admitidos-por-la-opsu; y en http://www.eluniver-sal.com/nacional-y-politica/150522/averu-rechaza-injerencia-del-gobierno-en-asigna-cion-de-cupos-universit.

5   Véase por ejemplo en: http://www.lapatilla.com/site/2015/05/27/ucv-emprendera-acciones-legales-por-asignacion-de-cupos/.

6   Véase sentencia N° 831 (*Caso Eirimar del Valle Malavé Rangel vs. autoridades de la Universidad Central de Venezuela y otras Universidades nacionales*), en http://histo-rico.tsj.gob.ve/decisiones/scon/julio/179242-831-7715-2015-15-0572.HTML.

ción media," interpuso una acción de amparo constitucional para "la defensa de intereses colectivos y difusos de la población estudiantil venezolana" contra de "las autoridades de la Universidad Central de Venezuela y del resto de las Universidades Autónomas" que según la recurrente habían "manifestado pública y notoriamente que pretenden contrariar los resultados del sistema establecido por la Oficina de Planificación del Sector Universitario," obstaculizando "el acceso a la Educación Universitaria" y desconociendo las Normas sobre el Perfeccionamiento del Sistema de Ingreso a la Educación Universitaria," todo lo cual a juicio de la recurrente constituía una "amenaza de violación tanto por acción como por omisión" del "derecho de educación así como el derecho al libre desenvolvimiento de la personalidad" garantizados en los artículos 20, 102 y 103 de la Constitución.

La recurrente solicitó en su acción, que se ordenase "al Rector de la Universidad Central de Venezuela, para que girase "las instrucciones necesarias para inscribir a los ciudadanos según los criterios establecidos por la OPSU," extendiéndose la medida a juicio de la Sala "a las otras Universidades Autónomas." Solicitó también la recurrente que por vía cautelar se permita el registro de los estudiantes "según el sistema desarrollado por OPSU y que corresponden a esas Universidades Autónomas."

La Sala Constitucional, para conocer del asunto, ignoró la acción de amparo constitucional que había sido intentada y respecto de la cual no tenía competencia para conocer, pasando de oficio a transformarla, convertirla o "reconducirla en una demanda de protección de derechos e intereses colectivos [de trascendencia nacional], ejercida conjuntamente con solicitud de medida cautelar innominada, conforme al procedimiento establecido en el artículo 146 y siguientes de la Ley Orgánica del Tribunal Supremo de Justicia," para la cual si tenía competencia expresa de acuerdo al artículo 21.25 de la misma Ley.

IV. LA FIJACIÓN, DE OFICIO, DEL OBJETO DEL PROCESO

La Sala Constitucional, además de transformar la acción intentada para justificar su propia competencia para actuar, pasó de seguidas a definir, también de oficio, el objeto de la pretensión que se había arrogado conocer, consistente en determinar:

"si las universidades autónomas, experimentales e institutos universitarios de educación universitaria pública, están en la obligación de registrar, ingresar e iniciar las actividades lectivas de los ciudadanos y ciudadanas (bachilleres) en las carreras correspondientes según el sistema desarrollado por la Oficina de Planificación del Sector Universitario (OPSU), a fin de evitar discriminación alguna, y en resguardo del derecho a la educación, evitando la pérdida del período académico, lo cual constituiría una violación de los derechos fundamentales reconocidos en la Constitución y tutelables mediante una demanda por intereses colectivos."

Este objeto del proceso, fijado por la Sala, de establecer judicialmente "si las universidades autónomas, experimentales e institutos universitarios de educación universitaria pública, *están en la obligación de* registrar, ingresar e iniciar las actividades lectivas de los ciudadanos y ciudadanas (bachilleres) en las carreras correspondientes según el sistema desarrollado por la Oficina de Planificación del Sector Universitario (OPSU)," por supuesto, lo primero que implica es la obligación de la misma Sala de determinar, conforme a la garantía de la autonomía universitaria que consagra la Constitución y las previsiones legales aplicables, cuales son las competencias tanto de las Universidades e instituciones de educación superior como del Ministerio de Educación en la materia, para poder juzgar, incluso adoptando alguna medida cautelar, si efectivamente existe la obligación antes mencionada de parte de las Universidades de efectuar el registro de alumnos únicamente conforme al sistema adoptado por la Oficina de Planificación del Sector Universitario (OPSU).

A pesar de que la Sala le dedicó en la sentencia casi un tercio de sus páginas a determinar los efectos jurídicos del hecho de que la recurrente no hubiera presentado la demanda asistida de abogado, sin embargo, ni una sola letra de la sentencia la destinó a precisar los fundamentos constitucionales o legales de la referida presunta obligación de las instituciones universitarias que fijó como objeto principal del proceso, lo que era esencial a todos los efectos, incluso para poder ponderar los intereses en juego y poder adoptar alguna medida cautela conforme a las previsiones de los artículos 130 y 163 de la Ley Orgánica del Tribunal Supremo de Justicia.

V. LA DECISIÓN CAUTELAR SIN PONDERAR LOS INTERESES EN CONFLICTO, RESOLVIENDO SOBRE LA COMPETENCIAS DE LOS ÓRGANOS ADMINISTRATIVOS INVOLUCRADOS SIN BASARSE EN NORMA ALGUNA DEL ORDENAMIENTO.

Sin realizar consideración alguna de los fundamentos constitucionales y legales de las competencias administrativas que estaban a la base del objeto del proceso, lo que se constata incluso por el hecho de que ni siquiera se citó el artículo 109 de la Constitución ni artículo alguno de la Ley Orgánica de Educación ni de la Ley de Universidades, la Sala Constitucional pasó a resolver sobre la medida cautelar solicitada, revisando en forma "preliminar y no definitiva" el "hecho público y notorio" derivado de "varios medios de comunicación, prensa escrita y electrónica, también audiovisual, considerado como elemento probatorio," referidos a las reacciones de las autoridades universitarias ante la decisión de la Oficina de Planificación del Sector Universitario," y analizando los alegatos de la demandada, concluyó afirmando que *"de la ponderación de los derechos e intereses colectivos* que se señalaron como afectados por la situación de hecho que fundamentó la presente solicitud, que hay elementos que hacen presumir la amenaza de los derechos fundamentales a la educación," tanto de la recurrente "como del resto de la población estudiantil venezolana egresada o por egresar del nivel de educación media."

La Sala, en este párrafo hizo una afirmación falsa, pues en realidad para decidir la medida cautelar no hizo "ponderación" alguna de los derechos e intereses colectivos señalados como afectados, que solo podía resultar de confrontar los alegatos de la recurrente sobre amenaza de violación de derechos constitucionales, con la precisión del ámbito de la garantía constitucional de la autonomía universitaria y las competencias legales y reglamentarias, conforme a ella, de los órganos de la Administración y de las instituciones universitarias.

La Sala, al contrario, ignorando el derecho, procedió a aceptar que los estudiantes egresados o por egresar del nivel de educación media:

> "pueden ver amenazado su derecho a la educación, en la medida en que las autoridades de la Universidad Central de Venezuela, y de las demás universidades nacionales, puedan incurrir en acciones u omisiones, que le impidan a estos bachilleres realizar el registro, ingreso e inicio de las actividades lectivas en las carreras correspondientes según el sistema desarrollado por la Oficina de Planificación del Sector Universitario (OPSU), del Consejo Nacional de Universidades."

Pero para hacer esta afirmación, la Sala ni siquiera por simple curiosidad se asomó a determinar cuál era la competencia legal de las Universidades para poder adoptar alguna eventual acción u omisión de las comentadas en la prensa, o de la Oficina de Planificación del Sector Universitario para haber adoptado la decisión relativa a cupos universitarios.

Y sin ponderar los intereses alegados en la demanda intentada con los intereses de las Universidades nacionales protegidos en la Constitución y las leyes, y que están esencialmente encargadas en las mismas de asegurar a todos el derecho a la educación universitaria, y por tanto, sin verificar cual podría ser el buen derecho que corresponde a las mismas conforme a la Constitución y a las leyes, la Sala Constitucional, a pesar de que advirtiera que decidía "sin que ello represente un juicio definitivo sobre el caso," procedió efectivamente a decidir tutelando "cautelarmente" la pretensión aducida supuestamente "para evitar la concreción de un daño irreparable al derecho fundamental a la educación," sin evaluar el mayor daño que podía infligir a la Constitución y al principio de la autonomía universitaria y por ende al derecho a la educación, consideró que lo argumentado por la recurrente y lo que se deducía de las opiniones reflejadas en la prensa:

> "constituye una presunción de buen derecho -*fumus boni iuris*- que obra en beneficio de la demandante y de todos los estudiantes egresados o por egresar del nivel de educación media que podrían ser afectados por la posible negativa, a través de acciones u omisiones de las autoridades de la Universidad Central de Venezuela, y demás universidades nacionales, de registrar e ingresar ante las casas de estudios, como parte del po-

sible desconocimiento a los resultados del sistema establecido por la Oficina de Planificación del Sector Universitario (OPSU)."

Pero no contenta con la decisión, la Sala Constitucional, procedió a adelantar opinión sobre las competencias legales de los órganos de la Administración ministerial y de las Universidades, pero sin analizar ni hacer referencia alguna a una sola norma del ordenamiento jurídico, afirmando que

"las pruebas internas que hasta la fecha han venido realizando las universidades autónomas y experimentales, e institutos universitarios de educación universitaria pública, *contradicen el procedimiento* que se aplica en el Sistema Nacional de Ingreso a la Educación Superior, implementado por el Consejo Nacional de Universidades (CNU), por intermedio de la Oficina de Planificación del Sector Universitario (OPSU), lo cual podría acarrear confusión entre los bachilleres que han solicitado su ingreso a estos centros públicos de educación superior, y, por ende, afectar sus derechos."

No se percató la Sala Constitucional, o no quiso percatarse que en realidad era todo lo contrario, es decir, que el procedimiento que se aplica en el Sistema Nacional de Ingreso a la Educación Superior, implementado por el Consejo Nacional de Universidades (CNU), por intermedio de la Oficina de Planificación del Sector Universitario (OPSU), era el que contradecía las pruebas internas que hasta la fecha han venido realizando las universidades autónomas y experimentales, e institutos universitarios de educación universitaria pública conforme a sus competencias legales.

VI. LA USURPACIÓN DE LA AUTONOMÍA UNIVERSITARIA Y LA CRIMINALIZACIÓN DE LA ACCIÓN ADMINISTRATIVA

La consecuencia de esta arbitraria decisión judicial, fue entonces, que la Sala Constitucional, ignorando lo establecido en el artículo 109 de la Constitución y la misión esencial de las Universidades nacionales de asegurar la educación universitaria de excelencia, pretendió supuestamente "garantizar el derecho a la educación" regulados en los artículos 102 y 103 de la misma Constitución, y proceder "en protección de los derechos y garantías constitucionales de todos los ciudadanos y ciudadanas, así como la situación fáctica planteada por la demandante, la verosimilitud de las injurias constitucionales invocadas, al igual que los hechos públicos y notorios" de los cuales tuvo conocimiento, a dictar las siguientes medidas cautelares "a fin de evitar perjuicios irreparables de las situaciones jurídicas que se denuncian lesionadas':

1.- Ordenar a la Universidad Central de Venezuela, y a todas las universidades nacionales, cumplir con los lineamientos emitidos por el Consejo Nacional de Universidades (CNU), mediante la Oficina de Planificación del Sector Universitario (OPSU), en desarrollo de las políticas del Estado, en apoyo al Proceso Nacional de Ingreso a través del Sistema Nacional de Ingreso, en las diferentes fases que lo comprenden, asignando las plazas que otorgan esas casas de estudios, sin que sus mecanismos de ingreso afecten las asignaciones de cupos por la referida Oficina de Planificación del Sector Universitario (OPSU), e incluyendo efectivamente a las y los estudiantes regulares, bachilleres y técnicos medios a la educación universitaria, haciendo especial énfasis en la igualdad de condiciones y equiparación de oportunidades sin discriminaciones sociales, religiosas, étnicas o físicas, atendiendo las resoluciones y recomendaciones tomadas por el Consejo Nacional de Universidades (CNU), y otorgando los cupos para el ingreso de nuevos estudiantes, tal como lo ha establecido la Oficina de Planificación del Sector Universitario (OPSU), aun y cuando se hayan aplicado pruebas internas.

2.- Ordenar a la Universidad Central de Venezuela permita a la demandante de autos y a todos los estudiantes a quienes les haya sido asignado un cupo por intermedio del Sistema Nacional de Ingreso para cursar estudios en las diferentes carreras en dicha universidad, el registro y posterior inscripción oportuna de los mismos, de acuerdo a los criterios y lapsos establecidos por la Oficina de Planificación del Sector Universitario (OPSU), además de que éstos inicien sus actividades académicas una vez inscritos en el periodo lectivo que les corresponda de acuerdo a la referida asignación por la Oficina de Planificación del Sector Universitario (OPSU), sin discriminación ni distinción alguna con los demás estudiantes.

3.- Ordenar a todas las Universidades Nacionales que se encuentren ubicadas en el territorio de la República Bolivariana de Venezuela, permitan a todos los estudiantes a quienes les haya sido asignado un cupo por intermedio del Sistema Nacional de Ingreso para cursar estudios en las diferentes carreras en dichas universidades, el registro y posterior inscripción oportuna de los mismos, de acuerdo a los criterios y lapsos establecidos por la Oficina de Planificación del Sector Universitario (OPSU), además de que éstos inicien sus actividades académicas una vez inscritos en el periodo lectivo que les corresponda de acuerdo a la referida asignación por la Oficina de Planificación del Sector Universitario (OPSU), sin discriminación ni distinción alguna con los demás estudiantes.

Finalmente ordenó la Sala Constitucional a la Universidad Central de Venezuela y demás universidades nacionales, "la ejecución inmediata e incondicional de lo ordenado" y no sólo a eso, sino a "no desplegar actuaciones que vayan en contra de los lineamientos de la Oficina de Planificación del Sector Universitario (OPSU)."

En la decisión no hay ni una sola palabra para explicar en qué consiste la autonomía universitaria como principio constitucional y su vinculación con la garantía constitucional del derecho a la educación universitaria, ni hay referencia alguna para determinar cuál es su contenido esencial, al punto de que deliberadamente la Sala Constitucional ni siquiera menciona el artículo 109 de la Constitución. Por ello, también deliberadamente, la Sala Constitucional obvió toda consideración sobre el propio contenido del derecho a la educación que consideró supuestamente amenazado de violación por parte de unas autoridades universitarias que lo que han argumentado es que existe en la Constitución la garantía de la autonomía universitaria que les da el derecho de velar por los sistemas de admisión en las Universidades nacionales.

La Sala Constitucional tampoco entró a analizar, como era su obligación para decidir, cómo podía con su decisión supuestamente destinada a impedir que se concretara la "amenaza" de violación del derecho a la educación, violar sin embargo la garantía constitucional de la autonomía universitaria destinada, como se dijo, a la vez, a garantizar el derecho a la educación en las Universidades nacionales. En fin, nada argumentó sobre la ponderación de intereses que estaba obligada a realizar, para proceder a aniquilar la autonomía universitaria destinada constitucionalmente a garantizar el derecho a la educación universitaria, supuestamente invocando el mismo derecho constitucional a la educación .

Con esta decisión, en realidad, la Sala Constitucional, sin argumentos jurídicos, procedió más como agente gubernamental que como juez, y en definitiva decidió que la autonomía universitaria dejó de existir en el país en materia de selección de los alumnos por parte de las Universidades nacionales, y que las mismas están sujetas a lo que disponga una Oficina del Ministerio de Educación, ordenándole judicialmente a las Universidades abdicar a su autonomía y someterse a las prescripciones dictadas por la Administración Central.

Y lo grave de todo es que desde el punto de vista administrativo, lo que la Sala logró fue en definitiva convertir a las autoridades de las Universidades autónomas en órganos subordinados a una oficina administrativa del Ministerio de Educación, y además, criminalizar cualquier acción u omisión administrativa con amenaza de cárcel, al advertirle a las autoridades universitarias que:

> "el incumplimiento del presente mandamiento acarreará todas las responsabilidades correspondientes que establece el ordenamiento jurídico."

Ello, no significa otra cosa que como ya ocurrió con el caso de los Alcaldes en 2014,[7] a quienes se achacó el desacato a lo ordenado por la Sala Cons-

---

7   Véase la sentencia N° 245 el día 9 de abril de 2014 del caso del Alcalde *Vicencio Scarano Spisso*, del Municipio San Diego del Estado Carabobo, en http://www.tsj.gov.ve/decisiones/scon/abril/162860-245-9414-2014-14-0205.HTML; y el N° 263 el 11 de abril de 2014 del caso *Daniel Ceballos*, Alcalde del Municipio San Cristóbal del Estado Táchira en http://www.tsj.gov.ve/decisiones/scon/abril/162992-263-10414-2014-14-0194.HTML. Véase los comentarios en Allan R. Brewer-Carías, "La ilegítima e inconstitucional revocación del mandato popular de Alcaldes por la Sala Constitucional del Tribunal Supremo, usurpando competencias de la Jurisdicción penal, mediante un procedimiento "sumario de condena y encarcelamiento. (El caso de los Alcaldes Vicencio Scarno Spisso y Daniel Ceballo)," en *Revista de Derecho Público*, N° 138 (Segundo Trimestre 2014, Editorial Jurídica Venezolana, Caracas 2014, pp. 176-213.

titucional en un amparo cautelar, que terminaron juzgados penalmente por la propia Sala Constitucional, la cual revocó su mandato y los encarceló, en usurpación incluso de la competencia de los tribunales de la Jurisdicción penal.

No otra cosa es lo que se deriva de la amenaza de que el incumplimiento del mandato judicial cautelar, "acarreará todas las responsabilidades correspondientes que establece el ordenamiento jurídico."

Con esta decisión, ni más ni menos, las Universidades nacionales han sido finalmente llevadas el cadalso por el régimen autoritario, y el principio constitucional de la autonomía universitaria ha quedado en manos del verdugo judicial, en este caso, la Sala Constitucional del Tribunal Supremo de Justicia, para ser definitivamente aniquilada.

New York, 8 de julio de 2015.

QUINTA PARTE

DESPRECIO A LA CONSTITUCIÓN CON LA CREACIÓN DEL ESTADO COMUNAL[*]

I. LA SUPREMACÍA Y RIGIDEZ CONSTITUCIONAL EN LA ORGA-
NIZACIÓN DEL ESTADO Y EL DERECHO CIUDADANO A DICHA
SUPREMACÍA

Las Constituciones se sancionan por el pueblo como normas supremas y rígidas que solo el pueblo puede modificar, para determinar la organización del Estado y declarar los derechos fundamentales. Por ello, el principio ya elemental de que la supremacía constitucional y de la rigidez de la Constitución que ubica sus normas fuera del alcance del legislador ordinario.

Ello incluso se expresa en el propio texto de las Constituciones como es el caso de la de Venezuela de 1999, que declara que la misma "es la norma suprema y el fundamento del ordenamiento jurídico" (art. 7) asignando a todos los jueces "la obligación de asegurar la integridad de esta Constitución," y de aplicar sus previsiones con preferencia a cualquier otra norma (art. 334),[1] y en particular al Tribunal Supremo de Justicia la de garantizar "la supremacía y efectividad de las normas y principios constitucionales" (art. 335). La misma Constitución, además, la garantía de su rigidez para asegurar que siendo producto de la voluntad popular, su reforma o modificación esté fuera del alcance del legislador ordinario, estableciendo, en cambio, meca-nismos y procedimientos específicos para las reformas y enmiendas constitu-

---

[*] Texto del trabajo sobre "Reforma constitucional y organización del Estado en Vene-zuela: el desprecio a la supremacía y rigidez constitucional, la creación del Estado comunal y la desconstitucionalización del Estado constitucional," preparado para su publicación en la obra: *Libro Homenaje a Santiago Muñoz Machado, Reforma Cons-titucional y Organización del Estado*, Madrid 2015.

1 Me correspondió proponer en la Asamblea Nacional Constituyente de 1999 la consa-gración en forma expresa de dichos principios constitucionales en los artículos 7 y 334. Véase Allan R. Brewer-Carías, *Debate Constituyente, (Aportes a la Asamblea Nacional Constituyente),* Tomo II, (9 septiembre-17 octubre 1999), Fundación de Derecho Público-Editorial Jurídica Venezolana, Caracas, 1999, p. 24.

cionales, y para la reforma total mediante una Asamblea Constituyente, que sólo pueden realizarse con participación popular (arts. 340-349).

Estas declaraciones dan origen, ante todo, al que quizás es el principal derecho ciudadano que es el derecho a la Constitución misma y a su supremacía,[2] lo que implica el derecho a que el texto fundamental no pierda vigencia, ni sea violado; el derecho a que no pueda sea reformado o modificado mediante los procedimientos previstos en la Constitución; y el derecho a poder controlar la constitucionalidad de todos los actos estatales que atenten contra dichos derechos.

El principio de la supremacía constitucional fue el gran y principal aporte de la revolución norteamericana al constitucionalismo moderno,[3] y su desarrollo progresivo ha sido el fundamento de los sistemas de justicia constitucional en el mundo contemporáneo, incluyendo los destinados a la protección, amparo o tutela de los derechos y libertades consagrados en las Constituciones. Recordemos que sobre el mismo, Alexander Hamilton en *El Federalista*, al referirse al papel de los jueces como intérpretes de la ley, señaló en 1788:

> "Una Constitución es, de hecho, y así debe ser vista por los jueces, como ley fundamental, por tanto, corresponde a ellos establecer su significado así como el de cualquier acto proveniente del cuerpo legislativo Si se produce una situación irreconocible entre los dos, por supuesto, aquel que tiene una superior validez es el que debe prevalecer; en otras palabras, la Constitución debe prevalecer sobre las leyes, *así como la intención del pueblo debe prevalecer sobre la intención de sus agentes*".[4]

De esta afirmación, además del poder de los jueces para poder controlar la constitucionalidad de las leyes, se destaca la afirmación esencial de que si la Constitución es producto de la voluntad popular, los gobernantes no pueden reformar la Constitución sino en la forma como el pueblo lo dispone en el propio texto, pues lo contrario significaría como lo destacó Hamilton en el mismo trabajo que: "*los representantes del pueblo son superiores al pueblo mismo*". De allí este derecho a la Constitución y a su supremacía, como derecho al respecto de la propia, el cual por lo demás, en Venezuela tiene sus antecedentes en el propio texto de la Constitución de Federal de los Estados

---

2   Al tema me he referido en diversos trabajos, y entre ellos, en el libro Allan R. Brewer-Carías, *Mecanismos nacionales de protección de los derechos humanos (Garantías judiciales de los derechos humanos en el derecho constitucional comparado latinoamericano),* Instituto Interamericano de Derechos Humanos, San José, 2005, pp. 74 ss.

3   Véase Allan R. Brewer-Carías, *Reflexiones sobre la Revolución Americana (1776), la Revolución Francesa (1789) y la revolución Hispanoamericana (1810-1830) y sus aportes al constitucionalismo moderno,* Colección Derecho Administrativo N° 2, Universidad Externado de Colombia, Bogotá 2008.

4   *The Federalist* (ed. por B.F. Wrigth), Cambridge, Mass. 1961, pp. 491-493.

de Venezuela de 21 de diciembre de 1811,[5] que fue la primera constitución moderna en el mundo hispano y americano, al expresar en su artículo 227, no sólo su carácter de "Ley Suprema del Estado en toda la extensión de la Confederación," sino la obligación de todas de todos, autoridades y ciudadanos de obedecerlas sus previsiones "religiosamente sin excusa ni pretexto alguno;" declarando a la vez que "las leyes que se expiden contra el tenor de ella no tendrán ningún valor sino cuando hubieren llenado las condiciones requeridas para una justa y legítima revisión y sanción".

Estos mecanismos de revisión constitucional, como formas específicas de manifestación del poder constituyente derivado, se han regulado en Venezuela siempre con participación popular, mediante la adopción de enmiendas y reformas que siempre requieren de su aprobación popular por la vía de referendo, o a través de la convocatoria de una Asamblea Nacional Constituyente por iniciativa popular (arts. 340 a 341).

Cualquier reforma o modificación de la Constitución mediante otros mecanismos, sería completamente ilegítimo, dando en su caso derecho al pueblo a rebelarse, como lo expresa el propio texto de la Constitución de 1999, al declarar que "el pueblo venezolano, fiel a su tradición republicana, a su lucha por la independencia, la paz y la libertad, desconocerá cualquier régimen, legislación o autoridad que contraríe los valores, principios y garantías democráticas o menoscabe los derechos humanos" (art. 350). Esta norma es el fundamento constitucional contemporáneo del derecho a la desobediencia civil,[6] cuyo antecedente remoto sin embargo, se puede ubicar en el artículo 35 de la Constitución Francesa de 1793, que era el último de los artículos de la Declaración de los Derechos del Hombre y del Ciudadano que la precedía, en el cual se estableció que "Cuando el gobierno viole los derechos del pueblo, la insurrección es, para el pueblo y para cada porción del pueblo, el más sagrado de los derechos y el más indispensable de los deberes".

---

5   La que fue la primera Constitución nacional sancionada en Hispano América. Véase Allan R. Brewer-Carías, *Las Constituciones de Venezuela,* Academia de Ciencias Políticas y Sociales, Caracas 2008, Tomo I.

6   Sobre la desobediencia civil y el artículo 350 de la Constitución de Venezuela, véase: María L. Álvarez Chamosa y Paola A. A. Yrady, "La desobediencia civil como mecanismo de participación ciudadana", en *Revista de Derecho Constitucional,* N° 7 (Enero-Junio). Editorial Sherwood, Caracas, 2003, pp. 7-21; Andrés A. Mezgravis, "¿Qué es la desobediencia civil?", en *Revista de Derecho Constitucional,* N° 7 (enero-junio), Editorial Sherwood,Caracas, 2003, pp. 189-191; Marie Picard de Orsini, "Consideraciones acerca de la desobediencia civil como instrumento de la democracia", en *El Derecho Público a comienzos del siglo XXI. Estudios homenaje al Profesor Allan R. Brewer-Carías,* Tomo I, Instituto de Derecho Público, UCV, Civitas Ediciones, Madrid, 2003, pp. 535-551; y Eloisa Avellaneda y Luis Salamanca, "El artículo 350 de la Constitución: derecho de rebelión, derecho resistencia o derecho a la desobediencia civil", en *El Derecho Público a comienzos del siglo XXI. Estudios homenaje al Profesor Allan R. Brewer-Carías,* Tomo I, Instituto de Derecho Público, UCV, Civitas Ediciones, Madrid, 2003, pp. 553-583.

Pero por supuesto, ese derecho a la rebelión en el Estado constitucional, tiene un sustituto y es el derecho a la justicia constitucional. Es decir, como lo recordó Sylvia Snowiss en su análisis histórico sobre los orígenes de la justicia constitucional de Norteamérica, los sistemas de control de constitucionalidad efectivamente surgieron como un sustituto a la revolución[7], en el sentido de que si los ciudadanos tienen derecho a la supremacía constitucional como pueblo soberano, cualquier violación de la Constitución podría dar lugar a la revocatoria del mandato a los representantes o a su sustitución por otros, en aplicación del derecho a la resistencia o revuelta que defendía John Locke[8]. Antes del surgimiento del Estado de derecho, en caso de opresión de los derechos o de abuso o usurpación del poder, la revolución era la vía de solución a los conflictos entre el pueblo y los gobernantes. Como sustituto de la misma, sin embargo, precisamente surgió el poder atribuido a los jueces para dirimir los conflictos constitucionales entre los poderes constituidos o entre éstos y el pueblo. Esa es, precisamente, la tarea del juez constitucional, quedando configurada la justicia constitucional como la principal garantía al derecho ciudadano a la supremacía constitucional, de manera que si ésta no funciona o es inoperante para proteger la voluntad popular, surge entonces de nuevo el derecho a la rebelión del pueblo.

En todo caso, todas estas no son más que manifestaciones del derecho que los ciudadanos tienen a la Constitución y a su supremacía, que es necesario continuar reafirmando y consolidando, sobre todo ante regímenes que en fraude a la Constitución y a la propia democracia, han venido usando sus propias normas para violarlas y demoler las bases de la democracia, tal como ha venido ocurriendo en Venezuela en estos comienzos del Siglo XXI.

En efecto, en la Constitución de 1999, el principio de la rigidez de la Constitución se reflejó en la previsión de procedimientos específicos para la revisión de la Constitución, proscribiendo que puedan realizarse modificaciones a la Constitución por la Asamblea Nacional mediante el solo procedimiento de formación de las leyes, y exigiéndose siempre para cualquier revisión constitucional, la participación del pueblo como poder constituyente originario.[9]

---

7 Véase Silvia Snowiss, *Judicial Review and the Law of the Constitution*, Yale University Press 1990, p. 113.

8 Véase John Locke, *Two Treatises of Government* (ed. Peter Laslett), Cambridge UK, 1967, pp. 211 y 221 ss.

9 Véase sobre este tema Allan R. Brewer-Carías, "Reforma Constitucional y Control de Constitucionalidad," en *Reforma de la Constitución y control de constitucionalidad. Congreso Internacional*, Pontificia Universidad Javeriana, Bogotá Colombia, Bogotá, 2005, pp. 108-159; y en *Libro Homenaje al Padre José Del Rey Fajardo S.J.*, Fundación de Derecho Público, Universidad Valle del Momboy, Editorial Jurídica Venezolana, Caracas Valera, 2005, Tomo II, pp. 977-1011. Igualmente, Allan R. Brewer-Carías, "Modelos de revisión constitucional en América Latina," en *Boletín*

Esos procedimientos son: las Enmiendas Constitucionales, las Reformas Constitucionales y la Asamblea Nacional Constituyente, según la importancia de las modificaciones a la Constitución, de manera que para la aprobación de las "enmiendas" se estableció la sola participación del pueblo como poder constituyente originario manifestado mediante referendo aprobatorio; para la aprobación de la "reforma constitucional" se estableció la participación de uno de los poderes constituidos, -la Asamblea Nacional- y, además, del pueblo como poder constituyente originario manifestado mediante referendo; y para la revisión constitucional mediante una "Asamblea Nacional Constituyente", se estableció la participación del pueblo como poder constituyente originario, para primero, decidir mediante referendo su convocatoria, y segundo, para la elección de los miembros de la Asamblea Constituyente.[10].

De lo anterior resulta que no puede utilizarse uno de los procedimientos de revisión constitucional para fines distintos a los regulados en la propia Constitución, pues de lo contrario, se incurriría en un fraude constitucional[11], tal como ocurrió precisamente con la reforma constitucional sancionada en fraude a la Constitución[12] por la Asamblea Nacional el 2 de noviembre de 2007, y que a pesar de que fue rechazada por voto popular en el referendo del 2 de diciembre de 2007; posteriormente y en fraude a la voluntad popular, fue implementada mediante leyes sin que el Juez Constitucional se hubiese pronunciado.

---

de la Academia de Ciencias Políticas y Sociales, enero-diciembre 2003, N° 141, Año LXVV, Caracas 2004, pp. 115-154.

10   Sobre el significado de estos procedimientos, véase sentencia N° 1140 de la Sala Constitucional de 05-19-2000, en *Revista de Derecho Público*, N° 84, Editorial Jurídica Venezolana, Caracas, 2000.

11   La Sala Constitucional del Tribunal Supremo de Justicia en la sentencia N° 74 de 25-01-2006 señaló que un *fraude a la Constitución* ocurre cuando se destruyen las teorías democráticas "mediante el procedimiento de cambio en las instituciones existentes aparentando respetar las formas y procedimientos constitucionales", o cuando se utiliza "del procedimiento de reforma constitucional para proceder a la creación de un nuevo régimen político, de un nuevo ordenamiento constitucional, sin alterar el sistema de legalidad establecido, como ocurrió con el *uso fraudulento de los poderes* conferidos por la ley marcial en la Alemania de la Constitución de *Weimar*, forzando al Parlamento a conceder a los líderes fascistas, en términos de dudosa legitimidad, la plenitud del poder constituyente, otorgando un poder legislativo ilimitado"; y que un *falseamiento de la Constitución* ocurre cuando se otorga "a las normas constitucionales una interpretación y un sentido distinto del que realmente tienen, que es en realidad una modificación no formal de la Constitución misma", concluyendo con la afirmación de que "*Una reforma constitucional sin ningún tipo de límites, constituiría un fraude constitucional*". Véase en *Revista de Derecho Público*, N° 105, Editorial Jurídica Venezolana, Caracas 2006, pp. 76 ss.

12   Véase Allan R. Brewer-Carías, *Reforma constitucional y fraude a la Constitución (1999-2009)*, Academia de Ciencias Políticas y Sociales, Caracas 2009.

II. EL DESPRECIO A LA RIGIDEZ CONSTITUCIONAL EN LA PRÁCTICA CONSTITUCIONAL VENEZOLANA: LA "REFORMA CONSTITUCIONAL" DE 2007 QUE FUE RECHAZADA POR EL PUEBLO

Sin embargo, a pesar de estas previsiones constitucionales tan precisas, la práctica política y constitucional venezolana en los últimos tres lustros lo que mostró fue un desprecio abierto al principio de la rigidez constitucional y por tanto, a la supremacía constitucional, habiéndose modificado o intentado modificar la Constitución por medios y procedimientos distintos, es decir, en fraude a la Constitución.[13] Esto ocurrió, destacadamente en 2007 cuanto se intentó aprobar una "reforma constitucional" que requería la convocatoria de una Asamblea nacional Constituyente, procedimiento inconstitucional que el juez constitucional se negó a controlar; y más descaradamente aún, a partir de 2008, luego del rechazo popular de la reforma mencionada, mediante su implementación a través de leyes y decretos leyes.

En efecto, la reforma constitucional propuesta tocaba los aspectos esenciales de la organización del Estado Constitucional, que conforme a la Constitución de 1999, se encuentra estructurado como un Estado Democrático y Social de Derecho y de Justicia con la forma de un Estado federal descentralizado,[14] sobre la base de tres bases político-constitucionales:

En primer lugar, un sistema de control de poder, al establecer el principio fundamental de la separación de poderes, entre cinco y no sólo tres poderes del Estado, pues además de los clásicos Legislativo, Ejecutivo y Judicial, se han incluido el Poder Electoral y el Poder Ciudadano, regularizándose la autonomía de viejos órganos constitucionales; y un sistema de distribución vertical del Poder Público en tres niveles territoriales, entre el Poder Nacional, el Poder de los Estados y el Poder Municipal (art. 136), cada uno con autonomía política y debiendo tener siempre un gobierno de carácter "electivo, descentralizado, alternativo, responsable, pluralista y de mandatos revocables."

En segundo lugar un sistema político democrático, de democracia representativa mediante la elección de los representantes por sufragio directo, uni-

---

13 Véase Allan R. Brewer-Carías, *Reforma constitucional y fraude a la constitución (1999-2009)*, Academia de Ciencias Políticas y Sociales, Caracas 2009; y "Reforma Constitucional y fraude a la Constitución: el caso de Venezuela 1999-2009," en Pedro Rubén Torres Estrada y Michael Núñez Torres (Coordinadores), *La reforma constitucional. Sus implicaciones jurídicas y políticas en el contexto comparado*, Cátedra Estado de Derecho, Editorial Porrúa, México 2010, pp. 421-533. Véanse además todos los estudios sobre los Decretos Leyes de 2008 y la implementación fraudulenta de la reforma constitucional rechazada en 2007, publicados en la *Revista de Derecho Público*, N° 115 (Estudios sobre los decretos leyes), Editorial Jurídica Venezolana, Caracas 2008.

14 Véase el estudio de la Constitución en cuanto a la regulación de este modelo de Estado Constitucional en Allan R. Brewer-Carías, *La Constitución de 1999. Derecho Constitucional venezolano*, 2 tomos, Caracas 2004.

versal y secreto, es decir, de democracia indirecta, que siempre posibilita la participación política, enriquecida con elementos de democracia directa, al preverse todos los tipos imaginables de referendos (aprobatorios, abrogatorios y revocatorios), las consultas populares y las asambleas de ciudadanos.

En tercer lugar, un sistema económico conforme a un modelo de económico de economía mixta, basado en el principio de la libertad como opuesto al de economía dirigida, similar al que existe en todos los países contemporáneos desarrollados de Occidente,[15] con la participación del Estado como promotor del desarrollo económico, regulador de la actividad económica, y planificador con la participación de la sociedad civil. En definitiva, es un sistema de economía social de mercado que se basa en la libertad económica, pero que debe desenvolverse conforme a principios de justicia social.

Ese sistema estatal de Estado Federal Descentralizado Democrático Social de Derecho y de Justicia, y su sistema de economía mixta, como se dijo, fue precisamente el que se trató de cambiar radicalmente, mediante una propuesta formulada por el Presidente de la República en 2007, para sustituirlo por un sistema de Estado Socialista, centralizado, Militarista y Policial[16] montado

---

15   Véase sobre la Constitución Económica, lo que hemos expuesto en Allan R. Brewer-Carías, *La Constitución de 1999. Derecho Constitucional Venezolano*, Tomo II, Editorial Jurídica venezolana, Caracas 2004 pp. 53 ss.; y en "Reflexiones sobre la Constitución Económica" en *Estudios sobre la Constitución Española. Homenaje al Profesor Eduardo García de Enterría*, Madrid, 1991, pp. 3.839 a 3.853. Véase, además, Henrique Meier, "La Constitución económica", en *Revista de Derecho Corporativo*, Vol. 1, N° 1. Caracas, 2001, pp. 9-74; Dagmar Albornoz, "Constitución económica, régimen tributario y tutela judicial efectiva", en *Revista de Derecho Constitucional*, N° 5 (julio-diciembre), Editorial Sherwood, Caracas, 2001, pp. 7-20; Ana C. Nuñez Machado, "Los principios económicos de la Constitución de 1999", en *Revista de Derecho Constitucional*, N° 6 (enero-diciembre), Editorial Sherwood, Caracas, 2002, pp. 129-140; Claudia Briceño Aranguren y Ana C. Núñez Machado, "Aspectos económicos de la nueva Constitución", en *Comentarios a la Constitución de la República Bolivariana de Venezuela*, Vadell Hermanos, Editores, Caracas, 2000, pp. 177 y ss.

16   Véase Allan R. Brewer-Carías, *Hacia la Consolidación de un Estado Socialista, Centralizado, Policial y Militarista. Comentarios sobre el sentido y alcance de las propuestas de reforma constitucional 2007*, Colección Textos Legislativos, N° 42, Editorial Jurídica Venezolana, Caracas 2007; Allan R. Brewer-Carías, *La reforma constitucional de 2007 (Comentarios al Proyecto inconstitucionalmente sancionado por la Asamblea Nacional el 2 de noviembre de 2007)*, Colección Textos Legislativos, N° 43, Editorial Jurídica Venezolana, Caracas 2007; "Estudio sobre la propuesta presidencial de reforma constitucional para la creación de un Estado Socialista, Centralizado y Militarista en Venezuela (análisis del anteproyecto presidencial, agosto 2007," en *Anuario da Facultade de Dereito da Universidade da Coruña, Revista jurídica interdisciplinaria internacional*, Con. 12, La Coruña 2008, pp. 87-125; "Hacia la creación de un Estado Socialista, Centralizado y Militarista en Venezuela. Análisis de la propuesta presidencial de reforma constitucional," en *Estudios Jurídicos*, Volumen XIII, Enero 2004-Diciembre 2007, Asociación Hipólito Herrera Billi-

sobre los siguientes tres sistemas políticos constitucionales antagónicos a los del Estado Constitucional:

Primero, un sistema de concentración del Poder del Estrado en el Poder Ejecutivo, con el apoyo militar; y además, por la completa centralización del poder por el desmantelamiento de la federación y la minimización del régimen municipal.

En segundo lugar, un sistema democrático exclusivamente de democracia directa, excluyente de la representatividad y el sufragio.

Y en tercer lugar, un sistema de economía socialista de planificación centralizada donde desaparecía de la Constitución la garantía de la libertad económica y se reformaba el artículo relativo al derecho de propiedad, de manera de eliminar su garantía. Estos cambios, al decir de voto salvado emitido por uno de los Magistrados que más contribuyeron en los años recientes desde el Tribunal Supremo, al afianzamiento del régimen autoritario, constituía, ni más ni menos, que una "transformación de la estructura del Estado, particularmente "al limitar la propiedad privada solo sobre bienes de uso, es decir aquellos que una persona utiliza (sin especificarse en cual forma); o de consumo, que no es otra cosa que los fungibles,"[17] la cual sin duda, requería de una revisión constitucional mediante una Asamblea Constituyente.

1. *La reforma constitucional de 2007 sancionada por la Asamblea Nacional pero rechazada por el pueblo*

Como se ha dicho, a pesar de la previsión expresa de los procedimientos para la reforma constitucional antes indicados, el Presidente Hugo Chávez, en enero de 2007, al tomar posesión de su segundo mandato presidencial (2007-2013), anunció al país que propondría una serie de reformas a la Constitución de 1999. Para ello, asignó a un Consejo Presidencial para la Reforma de la Constitución,[18] presidido por la Presidenta de la Asamblea Nacional e integrado por todos los altos funcionarios del Estado (Presidenta del Tribunal Supremo de Justicia, Defensor del Pueblo, Procuradora General de la República, y Fiscal General de la República, entre otros), comprometiendo así de antemano a todos los Poderes Públicos, la elaboración del proyecto, in-

---

ni, Santo Domingo, República Dominica 2008, pp. 17-66; "Estudio sobre la propuesta presidencial de reforma constitucional para la creación de un Estado Socialista, Centralizado y Militarista en Venezuela (Agosto 2007)", *Revista de Derecho Público*", N° 111, (julio-septiembre 2007), Editorial Jurídica Venezolana, Caracas, 2007, pp. 7-42.

17 Véase Voto salvado a la sentencia N° 2042 de la Sala Constitucional de 2 de noviembre de 2007 en la cual se declaró inadmisible un amparo constitucional ejercido contra el Presidente de la República y la Asamblea Nacional, con motivo de la inconstitucional "reforma constitucional" de 2007, en *Revista de Derecho Público*, N° 112 (Estudios sobre la reforma constitucional), Editorial Jurídica Venezolana, Caracas, 2007, pp. 642 ss.

18 Véase Decreto N° 5138 de 17-01-2007, *Gaceta Oficial,* N° 38.607, de 18-01-2007.

dicándole en forma expresa que se debía realizar "de conformidad con los lineamientos del Jefe de Estado en estricta confidencialidad" (art. 2).[19] Es decir, el Consejo no tenía libertad alguna de pensamiento, y su trabajo debía desarrollarse en estricta confidencialidad, lo que de por sí es contrario a los principios que deben guiar cualquier reforma constitucional en un país democrático.

Las reformas se refirieron, a muchos aspectos esenciales del régimen de organización del Estado y de los derechos fundamentales (por ello se requería de la convocatoria una Asamblea Constituyente), y entre ellas, las que apuntaban a desmontar definitivamente las bases constitucionales del Estado democrático, entre ellas, la forma Federal del Estado, que en Venezuela tiene más de doscientos años de tradición, que ha estado basada en un esquema de descentralización política que distribuye el poder público, que aun cuando en forma precaria, [20] distribuye el Poder Público entre tres niveles políticos territoriales: el nacional (la República), el de los Estados y el municipal. Va a ser básicamente en relación con este aspecto de la reforma constitucional rechazada e inconstitucionalmente implementada, al cual limitaremos los comentarios de este trabajo, siguiendo la pauta de los organizadores para el *Libro Homenaje* a nuestro amigo Santiago Muñoz Machado, en el cual con gusto participamos, tratando un tema respecto de Venezuela, que sería paralelo lo que en España sería el régimen del Estado autonómico y sus reformas.

En efecto, las pautas para la reforma constitucional en Venezuela de 2007 fue dada en diversos discursos y alocuciones del Presidente de la República, comenzando por su "Discurso de Presentación del Anteproyecto de reforma a la Constitución ante la Asamblea Nacional" en agosto de 2007,[21] en el cual señaló con toda claridad que el objetivo central de la reforma que estaba pro-

---

19   Ello también lo declaró públicamente, además, la Presidenta de la Asamblea Nacional al instalarse el Consejo. Véase en *El Universal*, 20-02-2007.

20   Ello lo advertimos apenas se sancionó la Constitución en Allan R. Brewer-Carías, *Federalismo y municipalismo en la Constitución de 1999 (Alcance de una reforma insuficiente y regresiva)*, Cuadernos de la Cátedra Allan R. Brewer-Carías de Derecho Público, N° 7, Universidad Católica del Táchira, Editorial Jurídica Venezolana, Caracas-San Cristóbal 2001; y "El Estado federal descentralizado y la centralización de la federación en Venezuela. Situación y perspectiva de una contradicción constitucional" en *Federalismo y regionalismo*, Coordinadores Diego Valadés y José María Serna de la Garza, Universidad Nacional Autónoma de México, Tribunal Superior de Justicia del Estado de Puebla, Instituto de Investigaciones Jurídicas, Serie Doctrina Jurídica N° 229, México, 2005, pp. 717-750.

21   Véase *Discurso de Orden pronunciado por el ciudadano Comandante Hugo Chávez Frías, Presidente Constitucional de la República Bolivariana de Venezuela en la conmemoración del Ducentésimo Segundo Aniversario del Juramento del Libertador Simón Bolívar en el Monte Sacro y el Tercer Aniversario del Referendo Aprobatorio de su mandato constitucional*, Sesión especial del día Miércoles 15 de agosto de 2007, Asamblea Nacional, División de Servicio y Atención legislativa, Sección de Edición, Caracas, 2007.

poniendo era "la construcción de la Venezuela bolivariana y socialista"[22]; para sembrar "el socialismo en lo político y económico"[23], lo que –dijo- no se había hecho en la Constitución de 1999. Cuando ésta se sancionó – agregó el Jefe de Estado - "no proyectábamos el socialismo como camino," añadiendo que "así como el candidato Hugo Chávez repitió un millón de veces en 1998, "Vamos a Constituyente," el candidato Presidente Hugo Chávez dijo: "Vamos al Socialismo", y presumió entonces que "todo el que votó por el candidato Chávez, votó por ir al socialismo."[24]

Por ello, el Anteproyecto de Constitución que presentó ante la Asamblea Nacional, era para "la construcción del Socialismo Bolivariano, el Socialismo venezolano, nuestro Socialismo, nuestro modelo socialista"[25], cuyo "núcleo básico e indivisible" era "la comunidad", "donde los ciudadanos y las ciudadanas comunes, tendrán el poder de construir su propia geografía y su propia historia"[26]. Y todo ello bajo la premisa de que "sólo en el socialismo será posible la verdadera democracia"[27], pero por supuesto, una "democracia" sin representación que, como lo propuso el Presidente y fue sancionado por la Asamblea Nacional en la rechazada reforma del artículo 136 de la Constitución, decía que *no nace del sufragio ni de elección alguna*, sino que nace de la condición de los grupos humanos organizados como base de la población". Es decir, se buscaba establecer una "democracia" que no era democracia, pues en el mundo moderno no hay ni ha habido democracia sin elección de representantes.

La reforma, por tanto, apuntaba a la conformación de un Estado del Poder Popular o del Poder Comunal, o Estado Comunal, estructurado sobre la base

---

22 *Idem*, p. 4.

23 *Idem*, p. 33.

24 *Idem*, p. 4. Es decir, se pretende imponer al 56% de los votantes que no votaron por la reelección presidencial, la voluntad expresada por sólo el 46% de los votantes inscritos en el Registro Electoral que votaron por la reelección del Presidente. Según las cifras oficiales del CNE, en las elecciones de 2006, de un universo de 15.784.777 votantes inscritos en el Registro Electoral, sólo 7.309.080 votaron por el Presidente.

25 Véase *Discurso…* p. 34.

26 *Idem*, p. 32.

27 *Idem*, p. 35. Estos conceptos se recogen igualmente en la *Exposición de Motivos* para la Reforma Constitucional, Agosto 2007, donde se expresa la necesidad de "ruptura del modelo capitalista burgués" (p. 1), de desmontar la superestructura que le da soporte a la producción capitalista"(p. 2); de "dejar atrás la democracia representativa para consolidar la democracia participativa y protagónica"(p. 2); de "crear un enfoque socialista nuevo" (p. 2) y "construir la vía venezolana al socialismo"(p. 3); de producir "el reordenamiento socialista de la geopolítica de la Nación" (p. 8); de la "construcción de un modelo de sociedad colectivista" y "el Estado sometido al poder popular"(p. 11); de "extender la revolución para que Venezuela sea una República socialista, bolivariana", y para "construir la vía venezolana al socialismo; construir el socialismo venezolano como único camino a la redención de nuestro pueblo"(p. 19).

de unos Consejos Comunales que ya se habían creado por ley y al margen de la Constitución en 2006,[28] como unidades u organizaciones sociales no electas mediante sufragio universal, directo y secreto y sin autonomía territorial, supuestamente dispuestos para canalizar la participación ciudadana, pero conforme a un sistema de conducción centralizado desde la cúspide del Poder Ejecutivo Nacional.

Dicho Estado Comunal se proponía además que funcionase como un Estado bajo una doctrina "bolivariana" que se identificaba como el "Socialismo del Siglo XXI," como doctrina oficial, sustituyendo al sistema plural de libertad de pensamiento y acción que siempre había existido en el país y, en particular, sustituyendo la libertad económica y el Estado de economía mixta, por un sistema de economía estatista y colectivista, de capitalismo de Estado, sometido a una planificación centralizada, minimizando el rol del individuo y eliminando todo vestigio de libertad económica y de propiedad privada.[29] Para ello, en la reforma propuesta sólo se reconocía y garantizaban las siguientes "diferentes formas de propiedad": "La propiedad pública" que era "aquella que pertenece a los entes del Estado;" la propiedad social que era aquella "que pertenece al pueblo en su conjunto y las futuras generaciones;" "la propiedad colectiva" que era "la perteneciente a grupos sociales o personas, para su aprovechamiento, uso o goce en común;" "la propiedad mixta" que era "la conformada entre el sector público, el sector social, el sector colectivo y el sector privado, en distintas combinaciones;" y "la propiedad privada" que era "aquella que pertenece a personas naturales o jurídicas y que se reconoce sobre bienes de uso, consumo y medios de producción legítimamente adquiridos."

Se trataba de una transformación de aspectos esenciales y fundamentales del Estado, como nunca antes había acaecido en la historia constitucional de Venezuela, para establecer un Estado socialista, centralizado, policial y militarista, lo que solo podía hacerse mediante el procedimiento de convocatoria de una Asamblea Constituyente, y nunca por el de la "reforma constitucional"

---

28   Ley de Consejos Comunales, *Gaceta Oficial*, N° 5806 *Extra.*, 10-04-2006. Véase Allan R. Brewer-Carías, "El inicio de la desmunicipalización en Venezuela: La organización del Poder Popular para eliminar la descentralización, la democracia representativa y la participación a nivel local", en *AIDA, Opera Prima de Derecho Administrativo. Revista de la Asociación Internacional de Derecho Administrativo*, Universidad Nacional Autónoma de México, Facultad de Estudios Superiores de Acatlán, Coordinación de Postgrado, Instituto Internacional de Derecho Administrativo "Agustín Gordillo", Asociación Internacional de Derecho Administrativo, México, 2007, pp. 49 a 67.

29   Véase el *Proyecto de Exposición de Motivos para la Reforma Constitucional, Presidencia de la República, Proyecto Reforma Constitucional. Propuesta del Presidente Hugo Chávez Agosto 2007*. El texto completo fue publicado como *Proyecto de Reforma Constitucional. Versión atribuida al Consejo Presidencial para la reforma de la Constitución de la República Bolivariana de Venezuela*, Caracas, Atenea, 1 de julio de 2007.

que sin embargo fue el utilizado en fraude a la Constitución, engañando al pueblo.[30] La reforma, en efecto, buscaba:

Primero, transformar el Estado en un *Estado Socialista*, con una doctrina política oficial de carácter socialista, que se denomina además como "doctrina bolivariana", con lo cual se eliminaba toda posibilidad de pensamiento distinto al oficial y, por tanto, toda disidencia, pues la doctrina política oficial se incorporaba en la Constitución, como política y doctrina del Estado y la Sociedad, constituyendo un deber constitucional de todos los ciudadanos cumplir y hacerla cumplir. Con ello, se sentaban las bases para la criminalización de la disidencia.

Segundo, transformar el Estado en un *Estado Centralizado*, de poder concentrado bajo la ilusión del Poder Popular, lo que implicaba la eliminación definitiva de la forma federal del Estado, imposibilitando la participación política y degradando la democracia representativa; todo ello, mediante la supuesta organización de la población para la participación en los Consejos del Poder Popular, como los Comunales, que son instituciones sin autonomía política alguna, cuyos miembros se declaraba que no eran electos, y que son controlados desde la Jefatura del gobierno y para cuyo funcionamiento, el instrumento preciso era el partido único que el Estado ha tratado de crear durante 2007.

Tercero, transformar el Estado en un *Estado de economía estatista, socialista y centralizada*, propia de un capitalismo de Estado, con lo que se eliminaba la libertad económica y la iniciativa privada, y desaparecía la propiedad privada, que con la reforma hubieran dejado de ser derechos constitucionales, dándosele al Estado la propiedad de los medios de producción, la planificación centralizada y la posibilidad de confiscar bienes de las personas materialmente sin límites, configurándolo como un Estado del cual todo dependía, y a cuya burocracia quedaba sujeta la totalidad de la población. Ello chocaba, sin embargo, con las ideas de libertad y solidaridad social que se proclamaban en la propia Constitución, sentando las bases para que el Estado sustituyera a la propia sociedad y a las iniciativas particulares, minimizándoselas.

Cuarto, transformar el Estado en un *Estado Policial* (represivo), con la tarea fundamental de someter a toda la población a la doctrina oficial socialista y "bolivariana", y velar que la misma se cumpliera en todos los órdenes, lo que se aseguraba mediante la regulación, con acentuado carácter regresivo y represivo del ejercicio de los derechos civiles en situaciones de excepción, previéndose amplios márgenes de restricción y suspensión.

Quinto, transformar el Estado en un *Estado Militarista*, dado el rol que se le daba a la "Fuerza Armada Bolivariana" en su configuración y funciona-

---

30   Sobre el concepto de fraude a la Constitución véase la sentencia de la Sala Constitucional del Tribunal Supremo de Justicia, N° 74 de 25-01-2006, en *Revista de Derecho Público* N° 105, Editorial Jurídica Venezolana, Caracas, 2006, pp. 76 y ss.

miento, toda sometida al Jefe de Estado, y con la creación del nuevo componente de la Milicia Popular Bolivariana.[31]

Dada lo fundamental de esas reformas, la propuesta en 2007 fue de carácter fraudulento, como lo advirtieron reiteradamente diversas instituciones representativas del país,[32] e incluso algún Magistrado del Tribunal Supremo de Justicia lo observó,[33] la cual encajaba precisamente en los términos usados

---

31   Véase sobre estas reformas, Allan R. Brewer-Carías, *La reforma constitucional de 2007 (Comentarios al proyecto inconstitucionalmente sancionado por la Asamblea Nacional el 2 de noviembre de 2007)*, Editorial Jurídica Venezolana, Caracas 2007.

32   En tal sentido se pronunciaron, por ejemplo, las Academias de Medicina, Ciencias Políticas y Sociales, y de Ingeniería y el Hábitat (23-10-2007, *El Universal*); la Conferencia Episcopal Venezolana (19-10-2007, *El Nacional*), el Instituto de Previsión Social del Abogado, los Colegios de Abogados de Distrito Capital, de los Estados Miranda, Aragua, Cojedes, Falcón, Lara, Guárico, Carabobo y la Confederación de Profesionales Universitarios de Venezuela (02-11-2007). Incluso, es significativo que el día 5 de noviembre de 2007, el general Raúl Baduel, quien fuera Ministro de la Defensa del Presidente Chávez hasta julio de 2007, se hubiera pronunciado públicamente sobre el tema advirtiendo sobre el proceder de los Poderes Ejecutivo y Legislativo "que innecesariamente y de forma atropellada, mediante procedimientos fraudulentos, quieren imponer una propuesta que requiere una consulta más amplia a través de una Asamblea Nacional Constituyente"; que con ello, ambos Poderes "le están quitando poder al pueblo alterando los valores, los principios y la estructura del Estado sin estar facultados para ello, ya que el Poder Constituyente reside en el pueblo y es el único capaz de llevar a cabo un cambio de esa magnitud", que "esta propuesta de reforma sólo le está quitando poder al pueblo por dos vías, primero, porque usurpa de manera fraudulenta el Poder Constituyente del pueblo y segundo, porque las autoridades de la nueva geometría del poder que se crearía no serían elegidas por el pueblo"; y que "de culminar este proceso con la aprobación del mismo por las vías propuestas y la Asamblea Nacional, se estaría consumando en la práctica un golpe de Estado, violando de manera descarada el texto constitucional y sus mecanismos e introduciendo cambios de manera fraudulenta", *El Universal*, Caracas, 6-11-07.

33   El Magistrado Jesús Eduardo Cabrera se refirió al tema en términos precisos en su Voto salvado a la sentencia N° 2042 de la Sala Constitucional de 2 de noviembre de 2007, antes citada, así: 1.- En sentencia de 24 de enero de 2002, con ponencia de quien suscribe esta Sala expreso: "Las directrices del Estado Social de Derecho, inciden sobre las libertades económicas y sobre el derecho de propiedad...". Igualmente el fallo citado acotó: "No es que el Estado Social de Derecho propende a un Estado Socialista, o no respete la libertad de empresa o el derecho de propiedad..."; sin embargo puede "restringir la propiedad con fines de utilidad pública o interés general, o limitar legalmente la libertad económica por razones de desarrollo humano, seguridad, sanidad, protección del ambiente u otros de interés social (artículo 112 Constitucional)". Apuntó igualmente el fallo citado que el Estado Social persigue mantener un equilibrio entre clases, o entre el Estado y los ciudadanos. Ahora bien, los artículos 70, 113, 158, 168, 184, 300, 318 y 321 del Anteproyecto para la primera reforma constitucional propuesta por el Presidente de la República, plantea la construcción del socialismo, de la democracia socialista. En criterio de quien disiente, un sistema de organización social o económico basado en la propiedad y administración colecti-

por el propio Tribunal Supremo al referirse al "uso fraudulento de los poderes conferidos por la ley marcial en la Alemania de la Constitución de Weimar, forzando al Parlamento a conceder a los líderes fascistas, en términos de dudosa legitimidad, la plenitud del poder constituyente, otorgando un poder legislativo ilimitado."[34]

De nada valió, sin embargo, que el procedimiento constitucional utilizado se hubiese impugnado mediante toda suerte de acciones judiciales (de amparo y de inconstitucionalidad) ante el Tribunal Supremo, pues la Sala Constitucional del mismo, muy consciente y deliberadamente se negó y se abstuvo de controlar la constitucionalidad del procedimiento utilizado, razón por la cual la reforma sancionada por la Asamblea Nacional fue sometida a referendo el 2 de diciembre de 2007, habiendo sin embargo sido rechazada por el pueblo.[35].

---

va o estatal de los medios de producción, como lo es básicamente el socialista, en sus distintas concepciones, cual es el propuesto en el Proyecto de Reforma, chocaría con lo que quien suscribe, y la propia Sala, era considerado Estado Social, y ello -en criterio del disidente- puede afectar toda la estructura y los principios fundamentales del Texto Constitucional, hasta el punto que un nuevo ordenamiento jurídico tendría que ser creado para desarrollar la construcción del socialismo. No es que Venezuela no puede convertirse en un Estado Socialista. Si ello lo decide el pueblo, es posible; pero a juicio del voto salvante, tal logro sería distinto al que la Sala ha sostenido en el fallo de 24 de enero de 2002 (Caso: Créditos Indexados) y ello conduciría no a una reforma de la Constitución sino a una nueva Constitución, la cual debería ser votada por el Poder Constituyente Originario. Al menos, en nuestro criterio esto es la consecuencia del fallo N° 85 de 24 de enero de 2002." Véase sentencia del Tribunal Supremo de Justicia en Sala Constitucional N° 2042 del 2 de Noviembre de 2007, *Caso Néstor Luis Romero Méndez* en http://www.tsj.gov.ve/decisiones/scon/Noviembre/2042-021107-07-1374.htm.

34 Véase la sentencia de la Sala Constitucional del Tribunal Supremo de Justicia N° 74 de 25-01-2006, en *Revista de Derecho Público,* N° 105, Editorial Jurídica Venezolana, Caracas, 2006, pp. 76 y ss.

35 Tomando en cuenta los resultados anunciados por el Consejo Nacional Electoral en día 2 de diciembre en la noche, de un universo de más de 16.109.664 de electores inscritos, sólo acudieron a votar 9.002.439 votantes, lo que significó un 44.11% de abstención; y de los electores que votaron, votaron por rechazar la reforma (voto NO) por el Bloque de artículos marcado A, 4.504.354 de votantes, con 50.70% y por el Bloque de artículos marcado B, 4.522.332 de votantes, con 51.05%. Es decir, sólo votaron por aprobar la reforma (voto SÍ), por el bloque A 4 379 392 votantes, con 49.29%; y por el bloque B 4.335.136 votantes con 48.94%. Ello equivale a que sólo el 28% del universo de los electores inscritos en el Registro Electoral votaron por aprobar la reforma constitucional. En dicho referendo, por tanto, en realidad, no fue que "triunfó" el voto NO por poco margen, como aludió el Presidente de la República, Hugo Chávez, sino que lo que ocurrió fue que su propuesta de reforma fue rechazada por el 72% de los electores inscritos, quienes, o votaron por el NO (50.7%), o simplemente no acudieron a votar para pronunciarse por la reforma.

2.   *La renuncia por parte del Juez Constitucional a controlar el fraude a la Constitución perpetrado con la reforma constitucional de 2007*

Como se ha dicho, lo más insólito de todo el fraudulento procedimiento seguido para sancionar la rechazada "reforma constitucional" para desmantelar al Estado Constitucional y federal, fue sin duda la renuncia de la Jurisdicción Constitucional a ejercer el control de la constitucionalidad del mismo, y en particular, del acto ejecutivo del Presidente de la República de presentación del anteproyecto de reforma ante la Asamblea Nacional el 15 de agosto de 2007; del acto legislativo de ésta sancionando el proyecto el día 2 de noviembre de 2007, y del acto político de convocatoria a referendo del Consejo Nacional Electoral el mismo día, cuando por las trasformaciones fundamentales que contenía, lo que exigía era la convocatoria de una Asamblea Nacional Constituyente.

Dichos actos estatales, como se dijo, se impugnaron de inconstitucionalidad, y en todos los casos, las sentencias dictadas por la Sala Constitucional del Tribunal Supremo entre octubre y noviembre de 2007, desconocieron el derecho ciudadano a la supremacía constitucional y a la tutela judicial efectiva, declarando las acciones como inadmisibles e "improponibles." Se consideró, en algunos casos, que los recurrentes carecían de legitimación, a pesar de tratarse en unos casos de acciones de amparo en protección de derechos colectivos o difusos, contrariando doctrina de la propia Sala, como la sentada en sentencia que había suspendido las elecciones generales en mayo de 2000, en beneficio "tanto para las personas naturales y organizaciones que han solicitado la protección de amparo constitucional como para todos los electores en su conjunto;"[36] y en otros casos, se consideró que los actos impugnados eran actos de "trámite" de un proceso complejo desarrollado en etapas sucesivas, es decir, que no producían efectos jurídicos externos, ni gravamen a los derechos de los ciudadanos, concluyendo que solamente podían ser impugnados una vez concluido el procedimiento una vez efectuado el referendo aprobatorio, y por supuesto, si la reforma resultaba aprobada.[37]

---

36   Véase sentencia de la Sala Constitucional N° 483 de 29-05-2000, Caso: *"Queremos Elegir" y otros*, en *Revista de Derecho Público*, N° 82, Caracas, 2000, Editorial Jurídica Venezolana, pp. 489-491.

37   La primera sentencia en la materia del Tribunal Supremo de Justicia en Sala Constitucional fue la N° 1974 de 23-10-2007, *Caso José Ignacio Guedez Yépez* en http://www.tsj.gov.ve/decisiones/scon/Octubre/1974-231007-07-1055.htm.   Véase además, entre otras: sentencia del Tribunal Supremo de Justicia en Sala Constitucional N° 2042 del 2 de Noviembre de 2007, *Caso Néstor Luis Romero Méndez* en http://www.tsj.gov.ve/decisiones/scon/Noviembre/2042-021107-07-1374.htm ; sentencia del Tribunal Supremo de Justicia en Sala Constitucional N° 2108 del 7 de Noviembre de 2007, *Caso Jorge Paz Nava y otros* en http://www.tsj.gov.ve/decisiones/scon/Noviembre/2108-071107-07-1484.htm; sentencia del Tribunal Supremo de Justicia en Sala Constitucional N° 2147 del 13 de Noviembre de 2007, *Caso Rafael Ángel Briceño*, en http://www.tsj.gov.ve/decisio-nes/scon/Noviembre/2147-131107-

Estas sentencias, en todo caso, desde el inicio ya habían sido anunciadas por la propia Presidenta del Tribunal Supremo, quien además, era miembro del Consejo Presidencial para la Reforma Constitucional, y quien dos días después de que el Presidente de la República presentara su Anteproyecto de reforma ante la Asamblea, ya se había adelantado a cualquier posible y previsible impugnación por inconstitucionalidad de la iniciativa presidencial y del trámite parlamentario, emitiendo opinión anticipada impunemente, prejuzgando cualquier asunto. Dijo en efecto, que dejaba "en claro que la Sala Constitucional no tramitará ninguna acción relacionada con las modificaciones al texto fundamental, hasta tanto éstas no hayan sido aprobadas por los ciudadanos en el referendo," agregando que "cualquier acción debe ser presentada después del referendo cuando la reforma ya sea norma, porque no podemos interpretar una tentativa de norma. Después de que el proyecto sea una norma podríamos entrar a interpretarla y a conocer las acciones de nulidad".[38]

Y eso fue, precisamente, lo que decidió la Sala Constitucional en su sentencia N° 2189 de Noviembre de 2007 (Caso *Confederación de Profesionales Universitarios de Venezuela (CONFEPUV)* y otros), (Ponente: Arcadio Delgado Rosales), en la cual participó la Magistrado Presidenta, pues no se inhibió como hubiera correspondido en un Estado de derecho al haber adelantado públicamente opinión sobre lo decidido comprometiendo su imparcialidad[39], declarando como "*improponible*" la acción de inconstitucionalidad contra el acto de la Asamblea Nacional que había sancionado la reforma constitucional;[40] "inventando" así incluso una nueva categoría de decisiones

---

07-1476.htm; sentencia del Tribunal Supremo de Justicia en Sala Constitucional N° 2191 del 22 de Noviembre de 2007, *Caso Yvett Lugo Urbaéz* en http://www.tsj.gov.ve/decisiones/scon/Noviembre/2191-221107-07-1605.htm (Criterio reiterado también en las sentencias 2108/2007; 2147/2007 y 2189/2007 de esta misma Sala); sentencia del Tribunal Supremo de Justicia en Sala Constitucional N° 2193 del 22 de Noviembre de 2007, *Caso Luis Hueck Henríquez* en http://www.tsj.gov.ve/decisiones/scon/Noviembre/2193-221107-07-1641.htm; sentencia del Tribunal Supremo de Justicia en Sala Constitucional, N° 2198 del 23 de Noviembre de 2007, *Caso Moisés Troconis Villareal* en http://www.tsj.gov.ve/decisiones/scon/Noviembre/2198-231107-07-1645.htm; Sentencia del Tribunal Supremo de Justicia en Sala Constitucional N° 2211 de 29-11-2007, *Caso Claudia Nikken y Flavia Pesci Feltri*, en http://www.tsj.gov.ve/decisiones/scon/Noviembre/2211-291107-07-1617.htm

38   Reseña del periodista Juan Francisco Alonso, en *El Universal*, Caracas 18-08-07.

39   Conforme al artículo 8 del Código de Ética del Juez, "La imparcialidad constituye supuesto indispensable para la correcta administración de justicia, y por ello el magistrado...juez... que se hallare incurso en alguna causal de inhibición o recusación o viere comprometida su imparcialidad por alguna circunstancia previa o sobreviniente al proceso del cual deba conocer, debe separarse inmediatamente del mismo sin esperar a que se le recuse."

40   Véase la sentencia del Tribunal Supremo de Justicia en Sala Constitucional N° 2189 de 22 de Noviembre de 2007, Caso *Confederación de Profesionales Universitarios*

de la Jurisdicción Constitucional, distinta a la inadmisibilidad, o a declarar sin lugar la acción, con lo que en definitiva se negó el derecho mismo de acceso a la justicia y a obtener tutela judicial.

Sin embargo, y a pesar de todas estas inconstitucionalidades y abstención del Juez Constitucional, como se dijo, fue el pueblo el que rechazó la inconstitucional reforma constitucional planteada en 2007.

III. LAS RECHAZADAS REFORMAS CONSTITUCIONALES PROPUESTAS SOBRE LA ORGANIZACIÓN DEL ESTADO (FEDERAL) Y SU INCONSTITUCIONAL IMPLEMENTACIÓN POSTERIOR EN FRAUDE A LA VOLUNTAD POPULAR

Sin embargo el rechazo popular a la reforma expresado en el referendo de diciembre de 2007 de nada valió, pues las mismas, todas, fueron implementadas violándose la Constitución y en fraude a la voluntad popular.

En efecto, como se ha dicho, la dicha reforma constitucional de 2007, tocaba las bases fundamentales de la organización del Estado en Venezuela, en particular, en relación con la ampliación constitucional de la llamada "doctrina bolivariana"; con la sustitución del Estado democrático y social de derecho por el Estado Socialista, desmantelando el sistema económico de economía mixta; y con la eliminación de la descentralización como política de Estado supuestamente en aras de la participación política, la cual por otra parte se limitaba. Y todas ellas, a pesar del rechazo popular fueron inconstitucionalmente implementadas.

1. *El rechazo popular al establecimiento de una "doctrina bolivaria-na" como doctrina del Estado socialista que se proponía establecer, abandonando la representatividad democrática*

En efecto, entre las innovaciones que había introducido la Constitución de 1999, había estado el cambio de la denominación de la República de Venezuela por el de "República Bolivariana de Venezuela" (art. 1), lo cual por supuesto nada tenía que ver con Simón Bolívar y su pensamiento, habiendo obedecido en su momento a una motivación estrictamente político partidaria, partisana o partidista[41], vinculada al partido "bolivariano" que Chávez estaba construyendo, y que como denominación no se podía utilizar para identificar un partido político.[42]

---

de Venezuela *(CONFEPUV) y otros*, en http://www.tsj.gov.ve/decisiones/scon/Noviembre/2189-221107-07-1596.htm.

41 Véase lo que expusimos en Allan R. Brewer-Carías, *La Constitución de 1999*, Editorial Arte, Caracas 1999, pp. 44 ss.

42 De acuerdo con la Ley de Partidos Políticos, *Gaceta Oficial* Nº 27.725, de 30-04-1965, los partidos políticos no pueden usar los nombres de los próceres ni los símbolos de la patria. La organización política que el Presidente había formado antes de la campaña presidencial de 1998, se llamó el Movimiento Bolivariano 2000, nombre

En 2007, en todo caso, el Presidente de la República pasó a otro estadio, y lo que quiso fue entonces identificar la doctrina bolivariana, no con el pensamiento del Libertador, sino con el modelo socialista de sociedad y Estado, buscando que el "bolivarianismo" pasara a ser su ideología política. Por ello propuso denominar, por ejemplo, a todos los componentes de la Fuerza Armada como "bolivariana" (art. 156,8; 236,6; 328 y 329), a la cual se le asignaba el cumplimiento de su misión de defensa que debía realizar "mediante el estudio, planificación y ejecución de la doctrina militar bolivariana."

La reforma fue rechazada, pero sin embargo, a partir de 2008, mediante decreto ley contentivo de la Ley Orgánica de la Fuerza Armada Bolivariana,[43] el gobierno comenzó a implementarla sistemáticamente, adoptándose oficialmente la denominación de las Fuerzas Armadas como "Bolivarianas", incluso con la creación de un componente adicional, la "Milicia Bolivariana", y la creación adicional de la Policía Nacional Bolivariana.

También, posteriormente, en 2010, mediante la sanción de la Ley Orgánica del Poder Popular,[44] se estableció que "la organización y participación del pueblo en el ejercicio de su soberanía se inspira en la doctrina del Libertador Simón Bolívar, y se rige por los principios y valores socialistas" (art. 5).[45] Ello por supuesto, era históricamente insostenible pues no hay forma alguna de poder vincular "la doctrina del Libertador Simón Bolívar" con los principios y valores socialistas. En la obra de Bolívar y en relación con su concepción del Estado nada puede encontrarse al respecto,[46] no siendo la norma sino

---

que no podía ser usado. Por ello, el partido político que fundó se denominó Movimiento V República.

43   Véase Decreto Ley N° 6.239, de ley Orgánica de la Fuerza Armada Bolivariana, en *Gaceta Oficial* N° 5.933, Extra., de 21 de Octubre de 2009. Véase en general, Alfredo Arismendi A., "Fuerza Armada Nacional: Antecedentes, evolución y régimen actual," in *Revista de Derecho Público*, N° 115 (Estudios sobre los Decretos Leyes), Editorial Jurídica Venezolana, Caracas 2008, pp. 187-206; Jesús María Alvarado Andrade, "La nueva Fuerza Armada Bolivariana (Comentarios a raíz del Decreto N° 6.239, con rango, valor y fuerza de Ley Orgánica de la Fuerza Armada Nacional Bolivariana)," *id.*, pp. 207-214

44   Véase en *Gaceta Oficial* N° 6.011 Extra. de 21-12-2010. Véase en general sobre estas leyes, Allan R. Brewer-Carías, Claudia Nikken, Luis A. Herrera Orellana, Jesús María Alvarado Andrade, José Ignacio Hernández y Adriana Vigilanza, *Leyes Orgánicas sobre el Poder Popular y el Estado Comunal (Los consejos comunales, las comunas, la sociedad socialista y el sistema económico comunal)* Colección Textos Legislativos N° 50, Editorial Jurídica Venezolana, Caracas 2011.

45   La misma expresión se utilizó en la Ley Orgánica de las Comunas respecto de la constitución, conformación, organización y funcionamiento de las mismas (art. 2); en la Ley Orgánica de los Consejos Comunales respecto de los mismos (art. 1), y en la Ley Orgánica de Contraloría Social (art. 6).

46   Véase Allan R. Brewer-Carías, "Ideas centrales sobre la organización el Estado en la Obra del Libertador y sus Proyecciones Contemporáneas" en *Boletín de la Academia de Ciencias Políticas y Sociales*, N° 95-96, enero-junio 1984, pp. 137-151.

una pretensión más de continuar manipulando el "culto" a Bolívar para justificar los autoritarismos, como tantas veces ha ocurrido antes en nuestra historia. [47] Por lo demás, no hay que olvidar que si algo hubiese habido de socialismo en las ideas de Bolívar, Karl Marx, quien una década después de haber publicado su obra fundamental sobre el comunismo, en conjunto con Engels, que fue *La ideología alemana*,[48] escribió la entrada sobre Simón Bolívar en la *Nueva Enciclopedia Americana* editada en Nueva York,[49] lo habría advertido. Lejos de ello, dicho trabajo de Marx más bien, ha sido uno de los escritos más críticos sobre Bolívar que se conocen en la bibliografía bolivariana.

Por otra parte, vinculado a la doctrina bolivariana, con la propuesta de reforma constitucional se buscó sustituir al Estado democrático y social de derecho y de justicia previsto en el texto de 1999, por un Estado Socialista o del Poder Popular, a cuyo efecto en el artículo 16 de la Constitución de buscó crear las comunas y comunidades como "el núcleo territorial básico e indivisible del Estado Socialista Venezolano"; en el artículo 70, al definirse los medios de participación se pretendió indicar que era solo "para la construcción del socialismo", haciéndose mención a las diversas asociaciones "constituidas para desarrollar los valores de la mutua cooperación y la solidaridad socialista"; en el artículo 112 se propuso establecer sobre el modelo económico del Estado, que era para crear "las mejores condiciones para la construcción colectiva y cooperativa de una economía socialista"; en el artículo 113 se

---

47   Así fue el caso de Antonio Guzmán Blanco en el siglo XIX, y de Cipriano Castro, Juan Vicente Gómez, Eleazar López Contreras y Marcos Pérez Jiménez en el siglo XX. John Lynch ha señalado sobre esto que: "El tradicional culto a Bolívar ha sido usado como ideología de conveniencia por dictadores militares, culminando con los regímenes de Juan Vicente Gómez y Eleazar López Contreras; quienes al menos respetaron, más o menos, los pensamientos básicos del Libertador, aun cuando tergiversaron su significado." Concluye Lynch señalando que en el caso de Venezuela, en la actualidad, el proclamar al Libertador como fundamento de las políticas del régimen autoritario, constituye una distorsión de sus ideas. Véase John Lynch, *Simón Bolívar: A Life*, Yale University Press, New Haven 2007, p. 304. .Véase también, Germán Carrera Damas, *El culto a Bolívar, esbozo para un estudio de la historia de las ideas en Venezuela*, Universidad Central de Venezuela, Caracas 1969; Luis Castro Leiva, *De la patria boba a la teología bolivariana*, Monteávila, Caracas 1987; Elías Pino Iturrieta, *El divino Bolívar. Ensayo sobre una religión republicana*, Alfail, Caracas 2008; Ana Teresa Torres, *La herencia de la tribu. Del mito de la independencia a la Revolución bolivariana*, Editorial Alfa, Caracas 2009. Sobre la historiografía en relación con estos libros véase Tomás Straka, *La épica del desencanto*, Editorial Alfa, Caracas 2009.

48   Véase en Karl Marx and Frederich Engels, "The German Ideology," en *Collective Works*, Vol. 5, International Publishers, New York 1976, p. 47. Véanse además los textos pertinentes en http://www.educa.madrid.org/cms_tools/files/0a24636f-764c-4e03-9c1d-6722e2ee60d7/Texto%20Marx%20y%20Engels.pdf.

49   Véase el trabajo de Karl Marx en *The New American Cyclopaedia*, Vol. III, 1858, sobre "Bolivar y Ponte, Simón," en http://www.marxists.org/archive/marx/works/-1858/01/bolivar.htm.

buscó regular la constitución de "empresas mixtas o unidades de producción socialistas"; en el artículo 158, se buscó eliminar toda mención a la descentralización como política nacional, y al contrario definir como política nacional, "la participación protagónica del pueblo, restituyéndole el poder y creando las mejores condiciones para la construcción de una democracia socialista"; en el artículo 168 relativo al Municipio, se buscó precisar la necesidad de incorporar "la participación ciudadana a través de los Consejos del Poder Popular y de los medios de producción socialista"; en el artículo 184 se buscó orientar el vaciamiento de competencias de los Estados y Municipios para permitir "la construcción de la economía socialista"; en el artículo 299, relativo al régimen socioeconómico de la República, se pretendió establecer que el mismo se debía fundamentar "en los principios socialistas"; en el artículo 300 relativo a la creación de empresas públicas, se pretendió precisar que ello era sólo "para la promoción y realización de los fines de la economía socialista"; en el artículo 318, sobre el sistema monetario nacional en el cual se pretendió indicar que el mismo era solo para el "logro de los fines esenciales del Estado Socialista", todo de acuerdo con el Plan de Desarrollo Integral de la Nación cuyo objetivo, se pretendía regular que era "para alcanzar los objetivos superiores del Estado Socialista"; y en el artículo 321 sobre el régimen de las reservas internacionales, respecto de las cuales los fondos de las mismas se pretendió que fueran solo para "el desarrollo integral, endógeno, humanista y socialista de la Nación.

Todas estas reformas, que fueron todas rechazadas por el pueblo, fueron sin embargo sistemáticamente implementadas, evidentemente, en forma inconstitucional y en fraude a la voluntad popular, una vez que el gobierno adoptó un definitivo signo marxista, tal como resultó de la declaración del propio Presidente de la República a comienzos de 2010, de asumir el marxismo,[50] todo lo cual fue incorporado también ese mismo año 2010, en la Declaración de Principios del partido oficial.[51] Y esa implementación se hizo mediante la sanción de una multitud de leyes y sobre todo, de decretos leyes dictados por el gobierno, en todas las áreas a las que se referían las propuestas, decretándose una transformación radical del Estado, estableciendo un Estado Socialista por el cual nadie había votado, y más bien había sido rechazado. Todo se hizo estableciendo un Estado paralelo al Estado Constitucional, denominado Estado Comunal o del Poder Popular, que ha afectado sensiblemente la organización territorial del Estado. Ello afectó por ejemplo a los Municipios

---

50 En su Mensaje anual ante la Asamblea Nacional, el 15 de enero de 2010, el Presidente Chávez declaró, que ""asumía el marxismo" aunque confesó que nunca había leído los trabajos de Marx. Véase María Lilibeth Da Corte, "Por primera vez asumo el marxismo," en *El Universal*, Caracas Jan. 16, 2010, http://www.eluniversal.com/2010/01/16/pol_art_por-primera-vez-asu_1726209.shtml.

51 Véase la "Declaración de Principios, I Congreso Extraordinario del Partido Socialista Unido de Venezuela," Apr. 23, 2010, at http://psuv.org.ve/files/tcdocumentos/Declaracion-de-principios-PSUV.pdf.

(Ley Orgánica del Poder Público Municipal 2010), a los mecanismos llamados de participación popular (Ley Orgánica del Poder Popular, Ley Orgánica de los Consejos Comunales, Ley Orgánica de las Comunas 2010), y al régimen de la economía (Ley Orgánica del Sistema Económico Comunal 2010).[52] En este último aspecto, incluso el proceso se había iniciado con el Decreto Ley N° 6.130 de 2008, contentivo de la Ley para el Fomento y Desarrollo de la Economía Popular,[53] dando pie a la ejecución de una política masiva de estatización de empresas, de ocupación de otras, de expropiación y confiscación de toda clase de bienes.[54]

En particular, y por lo que respecta a la implementación fraudulenta de la rechazada reforma constitucional en materia económica, mediante la Ley Orgánica del Sistema Económico Comunal de 2010,[55] se lo concibió como la

---

52   Véase sobre el conjunto de Leyes: Allan R. Brewer-Carías, Claudia Nikken, Luis A. Herrera Orellana, Jesús María Alvarado Andrade, José Ignacio Hernández y Adriana Vigilanza, *Leyes Orgánicas sobre el Poder Popular (Los Consejos Comunales, las Comunas, la Sociedad Socialista y el Sistema Económico Comunal)*, Editorial Jurídica Venezolana, Caracas, 2011. Véase Lolymar Hernández Camargo, "Límites del poder ejecutivo en el ejercicio de la habilitación legislativa: Imposibilidad de establecer el contenido de la reforma constitucional rechazada vía habilitación legislativa," en *Revista de Derecho Público 115 (Estudios sobre los Decretos Leyes)*, Editorial Jurídica Venezolana, Caracas 2008, pp. 51 ff.; Jorge Kiriakidis, "Breves reflexiones en torno a los 26 Decretos-Ley de julio-agosto de 2008, y la consulta popular refrendaría de diciembre de 2007," *id.*, pp. 57 ff.; José Vicente Haro García, "Los recientes intentos de reforma constitucional o de cómo se está tratando de establecer una dictadura socialista con apariencia de legalidad (A propósito del proyecto de reforma constitucional de 2007 y los 26 decretos leyes del 31 de julio de 2008 que tratan de imponerla)," *id.*, pp. 63 ss.; Ana Cristina Nuñez Machado, "Los 26 nuevos Decretos-Leyes y los principios que regulan la intervención del Estado en la actividad económica de los particulares," *id.*, pp. 215-20; Aurilivi Linares Martínez, "Notas sobre el uso del poder de legislar por decreto por parte del Presidente venezolano," *id.*, pp. 79-89; Carlos Luis Carrillo Artiles, "La paradójica situación de los Decretos Leyes Orgánicos frente a la Ingeniería Constitucional de 1999," *id.*, pp. 93-100; Freddy J. Orlando S., "El "paquetazo," un conjunto de leyes que conculcan derechos y amparan injusticias," *id.*, pp. 101-104.

53   Véase en *Gaceta Oficial* N° 5.890 Extra. de 31 de julio de 2008.

54   Véase en general, Antonio Canova González, Luis Alfonso Herrera Orellana, and Karina Anzola Spadaro, *¿Expropiaciones o vías de hecho? (La degradación continuada del derecho fundamental de propiedad en la Venezuela actual,"* Funeda, Universidad Católica Andrés Bello, Caracas 2009.

55   Véase Allan R. Brewer-Carías, "La reforma de la Constitución económica para implantar un sistema económico comunista (o de cómo se reforma la Constitución pisoteando el principio de la rigidez constitucional), en Jesús María Casal y María Gabriela Cuevas (Coordinadores), *Homenaje al Dr. José Guillermo Anduesa. Desafíos de la República en la Venezuela de hoy. Memoria del XI Congreso Venezolano de Derecho Constitucional*, Universidad Católica Andrés Bello, Caracas 2013, Tomo I, pp. 247-296.

"herramienta fundamental para construcción de la nueva sociedad" pero solo con base en "los principios y valores socialistas," también supuestamente inspirado en la doctrina de Simón Bolívar (art. 5), en la cual como se buscaba en la reforma rechazada, la propiedad privada quedó reducida a la mínima expresión, sustituyéndosela en la Ley por la "propiedad social" como dominio del Estado, lo que significa que en la práctica, no se trata de ningún derecho que sea "de la sociedad," sino del aparato Estatal, cuyo desarrollo, regido por un sistema de planificación centralizada, elimina toda posibilidad de libertad económica e iniciativa privada, y convierte a las "organizaciones socio-productivas" en meros apéndices del aparato estatal.

Ese sistema de "*propiedad social comunal*," además, debe ser desarrollado exclusivamente a través de "organizaciones socio-productivas bajo formas de propiedad comunal," conforme a un "modelo productivo socialista, que se define en ley como el:

> "modelo de producción basado en la propiedad social, orientado hacia la eliminación de la *división social del trabajo* propio del modelo capitalista. El modelo de producción socialista está dirigido a la satisfacción de necesidades crecientes de la población, a través de nuevas formas de generación y apropiación así como de la *reinversión social del excedente*" (art. 6.12).

Basta destacar de esta definición legal, sus tres componentes fundamentales para entender de qué se trata, y que son: la propiedad social, la eliminación de la división social del trabajo y la reinversión social del excedente; que los redactores de la norma, sin duda, se copiaron de algún Manual vetusto de revoluciones comunistas fracasadas, parafraseando en el texto de una Ley lo que Carlos Marx y Federico Engels escribieron hace más de 150 años, en 1845 y 1846, al definir la sociedad comunista.[56]

En todas las leyes reguladoras de esas materias, y en tantas otras más relacionadas, se ha venido calificando a absolutamente todas las políticas del Estado solo para la construcción del socialismo, y para el establecimiento de un Estado socialista, denominación que además se fue incorporando sistemáticamente en todo tipo de servicios, dependencias, institutos autónomos o empresas del Estado, de manera que en la actualidad es difícil encontrar alguna institución o entidad que no tenga la denominación de "socialista."

Pero además, en el contexto de la construcción del Estado socialista bajo la "doctrina bolivariana," la reforma constitucional buscaba formalmente sustituir la representatividad democrática, que es la base democrática del Estado, conforme al artículo 5° de la Constitución de 1999, mediante elección popular, de primer grado y de segundo grado; lo que se complementó con la

---

56   Véase en Karl Marx and Frederich Engels, "The German Ideology," en *Collective Works*, Vol. 5, International Publishers, New York 1976, p. 47. Véanse además los textos pertinentes en http://www.educa.madrid.org/cms_tools/files/0a24636f-764c-4e03-9c1d-6722e2ee60d7/Texto%20Marx%20y%20Engels.pdf.

posibilidad de en ciertos casos (referendos por ejemplo), de ejercicio directo. Ello implica que conforme a la Constitución no existe ni puede existir democracia que no sea representativa, siendo de la esencia del régimen político democrático la idea de que el pueblo, titular de la soberanía, no la ejerce directamente, sino a través de representantes, con especial arraigo a nivel local, conforme a un modelo de descentralización política que permita el autogobierno local.

Todo este sistema democrático era el que se buscaba desmantelar con el rechazado proyecto de reforma constitucional, destinado a la construcción de un esquema de concentración del Poder, de centralismo y de socialismo, montado sobre una sociedad colectivista y con base a una supuesta "participación protagónica,"[57] eliminando de la Constitución toda referencia a la descentralización política, y por tanto, a la efectiva posibilidad de participación. Además, eliminando la democracia representativa para sustituirla por una supuesta "democracia participativa," a través de unos consejos comunales controlados desde la cúspide del poder ejecutivo nacional. que incluso ya se habían creado mediante Ley en 2006[58], anticipándose a la reforma que luego resultó fallida, pero en los cuales ya se había regulado como lo proponía la reforma rechazada, que sus miembros no son electos mediante sufragio sino designados por Asambleas de ciudadanos controladas por el propio Poder Ejecutivo Nacional.

Todo ello, sin embargo, fue lo que con la rechazada reforma constitucional, se pretendía consolidar en la propia Constitución, al proponerse una "nueva geometría del poder" en la cual se sustituía a los Municipios, por las comunidades, como el "núcleo territorial básico e indivisible del Estado Socialista Venezolano", que debían agrupar a las comunas (socialistas)[59] como

---

57 En la *Exposición de Motivos del Proyecto de Reforma Constitucional* presentado por el Presidente de la República en agosto 2007, se lee que el Poder Popular "es la más alta expresión del pueblo para la toma de decisiones en todos sus ámbitos (político, económico, social, ambiental, organizativo, internacional y otros) para el ejercicio pleno de su soberanía. Es el poder constituyente en movimiento y acción permanente en la construcción de un modelo de sociedad colectivista de equidad y de justicia. Es el poder del pueblo organizado, en las más diversas y disímiles formas de participación, al cual está sometido el poder constituido. No se trata del poder del Estado, es el Estado sometido al poder popular. Es el pueblo organizado y organizando las instancias de poder que decide las pautas del orden y metabolismo social y no el pueblo sometido a los partido políticos, a los grupos de intereses económicos o a una particularidad determinada", *cit.*, p 11.

58 Véase los comentarios sobre ello en Allan R. Brewer-Carías et al, *Ley Orgánica del Poder Público Municipal*, Editorial Jurídica Venezolana, Caracas 2007, pp. 75 y ss.

59 En la *Exposición de Motivos* del Proyecto de Reforma Constitucional presentado por el Presidente de la República en agosto 2007, a las comunas se las califica como "comunas socialistas", y se la define como "Es un conglomerado social de varias comunidades que poseen una memoria histórica compartida, usos, costumbres y rasgos culturales que los identifican, con intereses comunes, agrupadas entre sí con fines

"células sociales del territorio", las cuales se debían agrupar en ciudades que eran las que se pretendía concebir como "la unidad política primaria de la organización territorial nacional". En la rechazada reforma constitucional, como se dijo, se buscó establecer en forma expresa que los integrantes de los diversos Consejos del Poder Popular no nacían "del sufragio ni de elección alguna, sino que nace de la condición de los grupos humanos organizados como base de la población."

Con ello, en definitiva, en nombre de una "democracia participativa y protagónica", lo que se buscaba era poner fin en Venezuela a la democracia representativa a nivel local, y con ello, de todo vestigio de autonomía política territorial que es la esencia de la descentralización, además de reducirse le posibilidad misma de participación – la cual se proponía que dejara de ser libre como lo indica el artículo 62 de la Constitución - solo con el único y exclusivo propósito de "la construcción del socialismo", de manera que quien no quisiera construir socialismo alguno, quedaba excluido del derecho a la participación política, que sólo estaba destinado a desarrollar los valores de "la solidaridad socialista. Además, en sustitución del concepto amplio de participación ciudadana que establece el artículo 168 de la Constitución y que deben desarrollar los Municipios, con la rechazada reforma constitucional se pretendía establecer la obligación de los Municipios de "incorporar, dentro del ámbito de sus competencias, la participación ciudadana a través de los Consejos del Poder Popular y de los medios de producción socialista", eliminándose toda posibilidad de otras formas de participación, la cual dejaba de ser libre.

Todas estas reformas constitucionales rechazadas de 2007, sin embargo, también fueron igualmente implementadas mediante la reforma de la Ley Orgánica del Poder Municipal de 2010 y de la sanción de las Leyes Orgánicas del Poder Popular de ese mismo año, que han establecido un Estado paralelo al Estado Constitucional, denominado Estado Comunal o del Poder Popular como se explica más adelante, desconstitucionalizando el Estado.

2. *El rechazo popular a la eliminación de la Federación y a la descentralización política como forma de Estado, y a la creación de un Estado Comunal o del Poder Popular*

Como antes se dijo, la federación ha sido una constante en la historia constitucional venezolana, al punto de que la Constitución de 1999 no sólo precisó que "la República Bolivariana de Venezuela es un *Estado federal descentralizado* en los términos consagrados por esta Constitución" (art. 4); sino que definió a la descentralización como política de Estado (arts. 16, 84, 166, 184, 185, 269, 272, 285, 300) para "profundizar la democracia, acercando el poder a la población y creando las mejores condiciones, tanto para el

---

político-administrativos, que persiguen un modelo de sociedad colectiva de equidad y de justicia", *cit.*, p. 12

ejercicio de la democracia como para la prestación eficaz y eficiente de los cometidos estatales" (art. 158).

Todo ello, sin embargo, se buscó elimina con la rechazada reforma constitucional de 2007, en la cual siguiendo la orientación de la práctica política centralista de los últimos años, definitivamente pretendía centralizar completamente el Estado, eliminándose todo vestigio de descentralización como organización y política pública, de autonomía territorial y de democracia representativa a nivel local, es decir, de la unidad política primaria en el territorio, lo que tocaba otro aspecto fundamental y medular del Estado venezolano, que es la forma federal. Con la rechazada reforma constitucional, en efecto, se buscaba eliminar todo posibilidad de autonomías, creando instancias territoriales solo sometidas al poder central, mediante las cuales un Poder Popular supuestamente iba a desarrollar "formas de agregación comunitaria política territorial" que constituían formas de "autogobierno," pero sin democracia representativa alguna, sino sólo como supuesta "expresión de democracia directa" (art. 16). Con ello se buscaba, como lo dijo el Presidente de la República en 2007, "el desarrollo de lo que nosotros entendemos por descentralización, porque el concepto cuartorepublicano de descentralización es muy distinto al concepto que nosotros debemos manejar. Por eso, incluimos aquí la participación protagónica, la transferencia del poder y crear las mejores condiciones para la construcción de la democracia socialista,"[60] pero a entidades sin autonomía política controladas por el poder central.

Otro objetivo de la reforma constitucional rechazada fue la inversión de la distribución de competencias públicas prevista en la Constitución entre los tres niveles territoriales de gobierno (nacional, estadal y municipal), de manera de centralizar materialmente todas las competencias del Poder Público en el nivel nacional (arts. 156, 164), vaciándose de competencias a los Estados y obligándose a los Municipios a transferir sus competencias a unos Consejos Comunales integrados por "voceros" no electos y sin representatividad democrática, con lo que en definitiva se buscaba que aquellos quedasen como entelequias vacías.

Entre las reformas propuestas estaba además la que buscaba que se asignara al Poder Nacional competencia para "la ordenación y gestión del territorio y el régimen territorial del Distrito Federal, los Estados, los Municipios, las Dependencias Federales y demás entidades regionales" (artículo 156,10,); y para "la creación, supresión, ordenación y gestión de provincias federales, regiones estratégicas de defensa, territorios federales, municipios federales, ciudades federales y comunales, distritos funcionales, regiones marítimas y distritos insulares" (Artículo 156,11,), con lo cual los Estados y Municipios hubieran dejado de ser "entidades políticas" perdiendo efectiva autonomía, y pasaran a depender totalmente del Poder Nacional, como órganos sin autonomía alguna, es decir, como administraciones periféricas del Poder Central

---

60   Véase *Discurso*...., citado *supra*, nota 16.

sometidas a la ordenación y gestión que establezca el Poder Nacional. Por ello también se buscaba reformar el artículo 164,2 de la Constitución, para establecer que los Estados tuvieran competencia para ejercer "la coordinación de sus municipios y demás entidades locales", lo que también hubiera implicado la eliminación de la autonomía municipal.

La centralización de todas las competencias del Poder Público en el nivel nacional llegaba a tal extremo en la rechazada reforma constitucional que con la misma se pretendía eliminar formalmente la tradicional competencia residual de los Estados (art. 164,11) –que existe en todas las federaciones del mundo-, respecto de toda otra competencia no asignada expresamente a los otros niveles de gobierno (nacional y municipal), y en cambio, establecer dicha competencia residual a favor del Poder nacional (art. 156,36), dejando a los Estados, sólo y exclusivamente, competencia en "todo lo que le atribuya esta Constitución o ley nacional" (art. 164,10).

Para desmantelar la Federación, en particular en cuanto a los Estados y Municipios, la reforma constitucional buscó elimina la garantía constitucional de la autonomía municipal y el principio de la descentralización político como condición esencial de la división territorial (art 16), para lo cual en el artículo 168, en relación con los Municipios, se buscó eliminarles el carácter de unidad política primaria que tienen en la Constitución, y en su lugar establecer a la ciudad, a las comunas, y a las comunidades, como "el núcleo territorial básico e indivisible del Estado Socialista Venezolano." A partir de este esquema inicial, en el artículo 16 del proyecto de la rechazada de reforma constitucional, se buscó cambiar radicalmente la división política del territorio nacional en "entidades políticas" (Estados, Distrito Capital, dependencias federales, territorios federales y Municipios y otras entidades locales), eliminándose la exigencia de que todo el territorio nacional se debe organizar en municipios; autorizándose al Presidente de la República, para decretar "regiones" y toda suerte de ámbitos territoriales, en un esquema totalmente centralizado, así como para designar y remover "las autoridades respectivas" de dichas entidades que de haberse aprobado la reforma constitucional hubieran quedado sujetas completamente al Poder Central.

Todas estas reformas rechazadas, sin embargo, también fueron implementadas a partir de 2008 mediante las reformas sucesivas a la Ley Orgánica de la Administración Publica, como se indica más adelante.

En cuanto al régimen político de la ciudad capital, Caracas, la Constitución de 1999 aseguró definitivamente un régimen de gobierno local descentralizado y democrático, en dos niveles de gobierno, en los cuales se debe garantizar la autonomía municipal y la participación política de las diversas entidades que componen la ciudad, para lo cual se eliminó la antigua figura territorial del "Distrito Federal" que se había creado en 1864, y que hasta 1999 careció de autogobierno. Con la rechazada reforma constitucional de 2007, sin embargo, se pretendió volver al mismo esquema del siglo XIX, estableciendo para Caracas, un esquema de gobierno con autoridades totalmente sujetas y controladas por el Poder Nacional, y en particular, por el Presidente de la República.

Esa reforma, también rechazada por el pueblo, sin embargo, igualmente fueron implementadas en forma inconstitucional, mediante la Ley de Creación del Distrito Capital, eliminándosele el carácter de entidad local autónoma que regula la Constitución,[61] reviviéndose precisamente al viejo Distrito Federal, aun cuando con otro nombre, con autoridades de "gobierno" totalmente dependientes del Poder Ejecutivo.

Adicionalmente, de acuerdo con la reforma constitucional, en el mismo sentido de las propuestas antes comentadas, se buscó eliminar del artículo 168 constitucional la previsión de que el Municipio es la "unidad política primaria de la organización nacional," lo que se pretendía atribuir a otros entes controlados por el poder central sin autonomía política, como las comunas; y como además, se buscó eliminar del artículo 173 la consagración de las "parroquias" como entidades locales.

Estas reformas, también en fraude a la voluntad popular, fueron todas implementadas con la reforma de la Ley Orgánica del Poder Público Municipal de 2010, en la cual se precisamente identificó a las comunas como dicha unidad política primaria en la organización nacional, y se eliminó el carácter representativo de las parroquias, eliminándose su elección popular, como se comenta también más adelante.

Todo el esquema anterior de desmantelamiento del Estado federal y de la organización territorial del Estado Constitucional basada en la descentralización política, culminaba en la propuesta de reforma constitucional, con el establecimiento en la fórmula constitucional de distribución vertical del Poder Público entre el Poder Municipal, el Poder Estadal y el Poder Nacional (art. 136), de un nuevo poder denominado "Poder Popular." A éste se lo pretendía regular como el medio para que supuestamente "el pueblo," como el depositario de la soberanía, la ejerciera "directamente," pero con la advertencia expresa como se ha dicho, de que dicho Poder Popular "no nace del sufragio ni de elección alguna, sino que nace de la condición de los grupos humanos organizados como base de la población", sino mediante la constitución de comunidades, comunas y el autogobierno de las ciudades, a través de toda suerte de consejos comunales y de otra índole.

Se pretendía, con ello, agregar al Poder Popular como un Poder Público más en la organización territorial, buscando establecer un Estado paralelo al Estado Constitucional, y ello, también, a pesar del rechazo popular a la reforma, fue implementado inconstitucionalmente y en fraude a la voluntad popular, al crearse formalmente el "Estado del Poder Popular" o "Estado Co-

61 Véase en *Gaceta Oficial* N° 39.156, de 13 de abril de 2009. Véase en general, Allan R. Brewer-Carías et al., *Leyes sobre el Distrito Capital y el Área Metropolitana de Caracas*, Editorial Jurídica Venezolana, Caracas 2009.

munal," mediante la reforma de la Ley de los Consejos Comunales en 2009,[62] y la sanción en 2010 del conjunto de Leyes Orgánicas del Poder Popular, de las Comunas, del Sistema Económico Comunal, de Planificación Pública y Comunal y de Contraloría Social,[63] y de Ley de la Comisión de Planificación Centralizada.[64] Además, en el mismo marco de estructuración del Estado Comunal montado sobre el Poder Popular se reforzó su implementación adicional con la mencionada reforma de la Ley Orgánica del Poder Público Municipal de 2010, y de las Leyes de los Consejos Estadales de Planificación y Coordinación de Políticas Públicas, y de los Consejos Locales de Planificación Pública;[65] con todo lo cual se produjo la desconstitucionalización del Estado

IV. LA DESCONSTITUCIONALIZACIÓN DEL ESTADO CONSTITUCIONAL EN MATERIA DE ORGANIZACIÓN TERRITORIAL

En efecto, el resultado de todo el anterior inconstitucional proceso de implementación de una reforma constitucional que había sido rechazada por el pueblo, en fraude a su voluntad, ha sido en definitiva que en Venezuela se ha producido una desconstitucionalización del Estado Constitucional, específicamente al haberse estructurado en paralelo al mismo, un "Estado del Poder Popular" o "Estado Comunal," mediante leyes ordinarias como son las Leyes Orgánicas: del Poder Popular, de los Consejos Comunales, de las Comunas, del Sistema Económico Comunal, de Planificación Pública y Comunal y de Contraloría Social,[66] mediante las cuales incluso se ha originado una "nueva" Administración Pública paralela a la Administración Pública que regula en la

---

62 Véase en *Gaceta Oficial* N° 39.335 de 28-12-2009. Véase la sentencia N° 1.676 de 03-12-2009 de la Sala Constitucional del Tribunal Supremo de Justicia sobre la constitucionalidad del carácter orgánico de esta Ley Orgánica de los Consejos Comunales, en http://www.tsj.gov.ve/decisiones/scon/diciembre/1676-31209-2009-09-1369.html. Véase sobre esta Ley: Allan R. Brewer-Carías, *Ley Orgánica de los Consejos Comunales,* Editorial Jurídica Venezolana, Caracas 2010

63 Véase en *Gaceta Oficial* N° 6.011 Extra. de 21-12-2010. Véase en general sobre estas leyes, Allan R. Brewer-Carías, Claudia Nikken, Luis A. Herrera Orellana, Jesús María Alvarado Andrade, José Ignacio Hernández y Adriana Vigilanza, *Leyes Orgánicas sobre el Poder Popular y el Estado Comunal (Los consejos comunales, las comunas, la sociedad socialista y el sistema económico comunal)* Colección Textos Legislativos N° 50, Editorial Jurídica Venezolana, Caracas 2011; Allan R. Brewer-Carías, "La Ley Orgánica del Poder Popular y la desconstitucionalización del Estado de derecho en Venezuela," en *Revista de Derecho Público*, N° 124, Editorial Jurídica Venezolana, Caracas 2010, pp. 81-101.

64 Véase en *Gaceta Oficial* N° 5.841, Extra. de 22 de junio de 2007. Véase Allan R. Brewer-Carías, "Comentarios sobre la inconstitucional creación de la Comisión Central de Planificación, centralizada y obligatoria", *Revista de Derecho Público*", N° 110, (abril-junio 2007), Editorial Jurídica Venezolana, Caracas 2007, pp. 79-89.

65 Véase en *Gaceta Oficial* N° 6.015 Extra. de 30-12-2010.

66 Véase en *Gaceta Oficial* N° 6.011 Extra. de 21-12-2010.

Ley Orgánica de la Administración Pública.[67] Además de dichas Leyes Orgánicas, en el mismo marco de estructuración del "Estado Comunal" montado sobre el "Poder Popular" en contra de lo previsto en la Constitución, se reformó de la Ley Orgánica del Poder Público Municipal, y las Leyes de los Consejos Estadales de Planificación y Coordinación de Políticas Públicas, y de los Consejos Locales de Planificación Pública; [68] y además, en 2012 se dictó la Ley Orgánica para la Gestión Comunitaria de Competencias, Servicios y Otras Atribuciones (Decreto Ley N° 9.043),[69] transformada en 2014, en la Ley Orgánica para la Transferencia al Poder Popular de la Gestión y Administración Comunitaria de Servicios.[70]

Con todas estas leyes, mediante la progresiva desconstitucionalización del Estado Constitucional, se ha venido configurando el Estado Comunal, estableciéndose "nuevos" órganos y entes como si fueran las "unidades primarias en la organización nacional" para supuestamente garantizar la participación de los ciudadanos en la acción pública, pero suplantando a los Estados y Municipios como entes descentralizados del Estado federal.

Esta estructuración del Estado Comunal, además, se ha hecho negándole recursos financieros a los propios del Estado Constitucional (Estados y Municipios), montando un sistema de entidades denominadas del Poder Popular, que son básicamente las Comunas y los Consejos Comunales, creados como instrumentos para la recepción de subsidios directos y reparto de recursos presupuestarios públicos, pero con un grado extremo de exclusión, lo que deriva de su propia existencia que sólo se puede materializar con el registro de las mismas ante el "Ministerio del Poder Popular para las Comunas y Movimientos Sociales" que además depende del "Vicepresidente del Consejo de Ministros para Desarrollo del Socialismo Territorial," por supuesto, siempre que estén controlados y manejados por el partido de gobierno, sean socialistas y comprometidas con la política socialista del Estado; condición indispensable para poder ser aceptados como instrumentos de supuesta "participación protagónica," y de recepción de subsidios dinerarios directos, que por lo demás se están sometidos a control fiscal alguno.[71]

---

67   Véase sobre estas leyes Allan R. Brewer-Carías, Claudia Nikken, Luis A. Herrera Orellana, Jesús María Alvarado Andrade, José Ignacio Hernández y Adriana Vigilanza, *Leyes Orgánicas sobre el Poder Popular y el Estado Comunal (Los Consejos Comunales, las Comunas, la Sociedad Socialista y el Sistema Económico Comunal),* Editorial Jurídica Venezolana, Caracas 2011.

68   Véase en *Gaceta Oficial* N° 6.015 Extra. de 30-12-2010.

69   Véase en *Gaceta Oficial* N° 6.097 Extra. de 15 de junio de 2012.

70   Véase en *Gaceta Oficial* N° 40.540 de 13 de noviembre de 2014.

71   Véase en general sobre este proceso de desconstitucionalización del Estado, Allan R. Brewer-Carías, "La desconstitucionalización del Estado de derecho en Venezuela: del Estado Democrático y Social de derecho al Estado Comunal Socialista, sin reformar la Constitución," *en Libro Homenaje al profesor Alfredo Morles Hernández, Diversas Disciplinas Jurídicas,* (Coordinación y Compilación Astrid Uzcátegui An-

En ese esquema, este proceso de desconstitucionalización, de centralismo y de desmunicipalización se ha llevado a cabo, en *primer lugar*, mediante el establecimiento como obligación legal para los órganos, entes e instancias del Poder Público, es decir del Estado Constitucional, de promover, apoyar y acompañar las iniciativas populares para la constitución, desarrollo y consolidación de las diversas formas organizativas y de autogobierno del pueblo, es decir, del llamado Estado Comunal (art. 23).[72]

En *segundo lugar*, la desconstitucionalización del Estado se ha impuesto mediante la sujeción de todos los órganos del Estado Constitucional que ejercen el Poder Público, a los mandatos de las organizaciones del Poder Popular, al instituirse un nuevo principio de gobierno, consistente en "gobernar obedeciendo" (artículo 24).[73] Como las organizaciones del Poder Popular no tienen autonomía política pues sus "voceros" no son electos democráticamente mediante sufragio universal, directo y secreto, sino designados por asambleas de ciudadanos controladas e intervenidas por el partido oficial y el Ejecutivo Nacional que controla y guía todo el proceso organizativo del Estado Comunal, en el ámbito exclusivo de la ideología socialista, sin que tenga cabida vocero alguno que no sea socialista; en definitiva, esto de "gobernar obedeciendo" es una limitación a la autonomía política de los órganos del Estado Constitucional electos, como la Asamblea Nacional, los Gobernadores y Consejos Legislativos de los Estados y los Alcaldes y Concejos Municipales, a quienes se le impone en definitiva la obligación de obedecer lo que disponga el Ejecutivo Nacional y el partido oficial enmarcado en el ámbito exclusivo del socialismo como doctrina política, con la máscara del Poder Popular. La voluntad popular expresada en la elección de representantes del Estado Constitucional, por tanto, en este esquema del Estado Comunal no tiene valor alguno, y al pueblo se le confisca su soberanía trasladándola de hecho a unas asambleas que no lo representan.

---

gulo y Julio Rodríguez Berrizbeitia), Universidad Católica Andrés Bello, Universidad de Los Andes, Universidad Monteávila, Universidad Central de Venezuela, Academia de Ciencias Políticas y Sociales, Vol. V, Caracas 2012, pp. 51-82; en Carlos Tablante y Mariela Morales Antoniazzi (Coord.), *Descentralización, autonomía e inclusión social. El desafío actual de la democracia*, Anuario 2010-2012, Observatorio Internacional para la democracia y descentralización, En Cambio, Caracas 2011, pp. 37-84; y en *Estado Constitucional*, Año 1, N° 2, Editorial Adrus, Lima, junio 2011, pp. 217-236.

72 Una norma similar está en el artículo 62 de la Ley Orgánica de las Comunas, a los efectos de "la constitución, desarrollo y consolidación de las comunas como forma de autogobierno."

73 El artículo 24 de la Ley Orgánica del Poder Popular, en efecto, dispone sobre las "Actuaciones de los órganos y entes del Poder Público" que "Todos los órganos, entes e instancias del Poder Público guiarán sus actuaciones por el principio de gobernar obedeciendo, en relación con los mandatos de los ciudadanos, ciudadanas y de las organizaciones del Poder Popular, de acuerdo a lo establecido en la Constitución de la República y las leyes."

En *tercer lugar*, la desconstitucionalización del Estado Constitucional se ha reforzado con el establecimiento de la obligación para los órganos y entes del Poder Público en sus relaciones con el Poder Popular, de dar "preferencia a las comunidades organizadas, a las comunas y a los sistemas de agregación y articulación que surjan entre ellas, en atención a los requerimientos que las mismas formulen para la satisfacción de sus necesidades y el ejercicio de sus derechos, en los términos y lapsos que establece la ley" (art. 29). Igualmente se ha previsto que los órganos, entes e instancias del Poder Público, es decir, del Estado Constitucional, en sus diferentes niveles político-territoriales, deben adoptar "medidas para que las organizaciones socio-productivas de propiedad social comunal, gocen de prioridad y preferencia en los procesos de contrataciones públicas para la adquisición de bienes, prestación de servicios y ejecución de obras" (art. 30).[74]

En *cuarto lugar*, la desconstitucionalización del Estado también ha derivado de la previsión de la obligación para la República, los Estados y Municipios, de acuerdo con la ley que rige el proceso de transferencia y descentralización de competencias y atribuciones, de trasferir "a las comunidades organizadas, a las comunas y a los sistemas de agregación que de éstas surjan; funciones de gestión, administración, control de servicios y ejecución de obras atribuidos a aquéllos por la Constitución de la República, para mejorar la eficiencia y los resultados en beneficio del colectivo" (art. 27).[75] Con ello, se dispuso legalmente el vaciamiento de competencias de los Estados y Municipios, de manera que queden como estructuras vacías, con gobiernos representativos electos por el pueblo pero que no tienen materias sobre las cuales gobernar.

La estructuración paralela de ese Estado Comunal o del Poder Popular, en particular ha tenido un impacto fundamental en la Administración Municipal, con la creación de las Comunas al margen de la Constitución, que han sido concebidas en la Ley Orgánica del Poder Popular, precisamente para suplantar al Municipio constitucional, como la "célula fundamental" de dicho Estado Comunal,[76] como se había propuesto en la reforma constitucional fallida

---

74   En particular, conforme al artículo 61 de la Ley Orgánica de las Comunas, se dispone que "todos los órganos y entes del Poder Público comprometidos con el financiamiento de proyectos de las comunas y sus sistemas de agregación, priorizarán aquéllos que impulsen la atención a las comunidades de menor desarrollo relativo, a fin de garantizar el desarrollo territorial equilibrado.

75   Esta misma norma se repite en la Ley Orgánica de las Comunas (art. 64). El 31 de diciembre de 2010, aún estaba pendiente en la Asamblea Nacional la segunda discusión del proyecto de Ley Orgánica del Sistema de Transferencia de Competencias y atribuciones de los Estados y Municipios a las organizaciones del Poder Popular.

76   Véase en *Gaceta Oficial* Nº 6.011 Extra. de 21-12-2010. Véase sobre esta Ley el libro de Allan R. Brewer-Carías, Claudia Nikken, Luis A. Herrera Orellana, Jesús María Alvarado Andrade, José Ignacio Hernández y Adriana Vigilanza, *Leyes Orgánicas sobre el Poder Popular y el Estado Comunal (Los Consejos Comunales, las Comunas, la Sociedad Socialista y el Sistema Económico Comunal)*, Colección Tex-

de 2007. Para ese efecto, a la Comuna se la definió en la Ley Orgánica del Poder Popular, como una "entidad local," olvidándose el Legislador que conforme a la Constitución (arts. 169, 173), esta expresión de "entidad local" sólo se puede aplicar a las "entidades políticas" del Estado en las cuales necesariamente tiene que haber gobiernos integrados por representantes electos mediante sufragio universal, directo y secreto (arts. 63, 169), ceñidos a los principios establecidos en el artículo 6 de la Constitución, es decir, que ser "siempre democrático, participativo, electivo, descentralizado, alternativo, responsable, pluralista y de mandatos revocables."

Conforme a la Constitución, por tanto, no puede haber "entidades locales" con gobiernos que no sean democráticos representativos en los términos mencionados, y menos "gobernadas" por "voceros" designados a mano alzada sin elección universal y directa, siendo en consecuencia inconstitucional su concepción.

Pero por supuesto, ello no ha importado en el establecimiento del Estado del Poder Popular y el Estado Comunal, y con el propósito de ahogar y estrangular progresivamente el Estado Constitucional, la primera de las instituciones territoriales afectadas ha sido el Municipio, el cual, siendo la unidad política primaria dentro la organización de la República, ha quedado desvinculado totalmente del proceso de desarrollo comunal y de la llamada participación popular. Para tal fin, además, siempre buscando implementar la reforma constitucional rechazada, en diciembre de 2010 se introdujeron diversas reformas la Ley Orgánica del Poder Público Municipal (LOPP),[77] en la cual, entre otros aspectos, se reguló lo siguiente:

En primer lugar, se estableció como objetivo de la Ley, además de la regulación de los Municipios y su gobierno, del denominado proceso de "descentralización y la transferencia de competencias a las comunidades organizadas, y a las comunas en su condición especial de entidad local, como a otras organizaciones del Poder Popular" (Art. 1). Se entiende que se trata de un proceso de transferencia de "competencias," pero la misma por supuesto no podría calificarse como "descentralización," pues ésta, conceptualmente, y en el marco territorial y político, exige que las entidades receptoras de las competencias a ser transferidas, sean entidades locales concebidas como entidades políticas con gobiernos electos democráticamente. Es decir, no puede haber conceptualmente descentralización política cuando la transferencia de competencias se conduce a órganos dependientes del Poder Central; y las Comunas, a pesar de que se las denomine como "entidades locales especiales," no son gobernadas por órganos cuyos integrantes sean electos por votación universal directa y secreta. Las mismas, por tanto, no tienen autonomía política

---

tos Legislativos N° 50, Editorial Jurídica Venezolana, Caracas 2011. Véase además, Allan R. Brewer-Carías, "La Ley Orgánica del Poder Popular y la desconstitucionalización del Estado de derecho en Venezuela," en *Revista de Derecho Público*, N° 124, (octubre-diciembre 2010), Editorial Jurídica Venezolana, Caracas 2010, pp. 81-101.

77 Véase en *Gaceta Oficial* N° 6.015 Extraordinario del 28 de diciembre de 2010.

ni pueden formar parte del esquema de descentralización territorial del Estado, sino que son conducidas por "voceros" designados a mano alzada por asambleas controladas por el partido oficial, sujetas al gobierno nacional.

En segundo lugar, el artículo 2 de la Ley Orgánica del Poder Municipal, a pesar de que repite el principio constitucional de que el Municipio "constituye la unidad política primaria de la organización nacional de la República," ya no habla de que "gozan de autonomía" como lo garantiza el artículo 168 de la Constitución, sino de que "ejerce sus competencias de manera autónoma." Ello, sin embargo, es contradicho con lo que la propia Ley establece al disponer de que "el municipio se regirá por el Sistema Nacional de Planificación establecido en la ley que regula la materia," (art. 110) que en Venezuela, muy anacrónicamente es una planificación centralizada y obligatoria regulada en la Ley que creó la Comisión Central de Planificación,[78] y desarrollada en la Ley Orgánica de Planificación Pública y Popular.[79]

En tercer lugar, en la reforma de la Ley Orgánica del Poder Púbico Municipal se encasilló y limitó el rol del Municipio como promotor de la participación del pueblo sólo a poder realizarlo "a través de las comunidades organizadas," que son las que se regulan en las Leyes Orgánicas del Poder Popular como dependientes del Poder Ejecutivo nacional y orientadas exclusivamente a desarrollar el socialismo, en contra de la previsión del artículo 62 de la Constitución que garantiza el carácter libre de la participación, y en contra del pluralismo que también establece la Constitución. La desvinculación de las comunidades organizadas respecto del Municipio, se aseguró, además, en la propia Ley, al excluirse su registro ante los órganos competentes "del Municipio" como decía la Ley Orgánica anterior que se reformó, previéndose ahora su registro sólo ante "los órganos competentes" (art. 33.3) que en las Leyes Orgánica del Poder Popular es uno de los Ministerios del Ejecutivo Nacional, el Ministerio del Poder Popular para las Comunas y Movimientos Sociales.

Es decir, con la reforma de la Ley Orgánica del Poder Municipal se produjo la total desmunicipalización de las entidades locales, y su total control por el Poder central. Se recuerda, además, que de acuerdo con la Ley Orgánica del Poder Popular (art. 32), los Consejos Comunales y las Comunas adquieren personalidad jurídica mediante el registro ante el Ministerio del Poder Popular de las Comunas y Movimientos Sociales, con lo que, en definitiva, se deja en manos del Ejecutivo Nacional la decisión de registrar o no un Consejo Comunal, una Comuna o una Ciudad comunal, y ello debe hacerse, por su-

---

78   Véase Allan R. Brewer-Carías, "Comentarios sobre la inconstitucional creación de la Comisión Central de Planificación, centralizada y obligatoria", en *Revista de Derecho Público*, N° 110, (abril-junio 2007), Editorial Jurídica Venezolana, Caracas 2007, pp. 79-89.

79   Véase en *Gaceta Oficial* N° 6.011 Extraordinario del 21 de diciembre de 2010. Dicha Ley ha sido reformada de nuevo en noviembre de 2014. Véase en *Gaceta Oficial* N° 6.148 Extra de 18 de noviembre de 2014. Al concluir la redacción de este texto, dicha Gaceta no había circulado.

puesto, aplicando la letra de la Ley, lo que significa que si está dominada por "voceros" que no sean socialistas, no cabe su registro ni, por tanto, su reconocimiento como persona jurídica, así sea producto genuino de una iniciativa popular.

En cuarto lugar, como parte de ese proceso de desmunicipalización de la vida local, a las Comunas, se las buscó incorporar en el régimen del Poder Público Municipal como "entidad local territorial" (art. 19) aun cuando de "carácter especial," pues conforme al artículo 19, "se rige por su ley de creación," y pueden constituirse "dentro del territorio del Municipio o entre los límites político administrativo de dos o más municipios, sin que ello afecte la integridad territorial de los municipios donde se constituya." Pero a pesar de ser tales "entidades locales" de carácter especial, sin embargo, se las excluyó completamente del régimen de la Ley Orgánica del Poder Municipal quedando "reguladas por la legislación que norma su constitución, conformación, organización y funcionamiento" (art. 5). Ello se reafirmó en el artículo 33 de la Ley, al disponer que "los requisitos para la creación de la comuna, en el marco de su régimen especial como entidad local," son los establecidos en la propia Ley Orgánica de las Comunas.

Es precisamente hacia las Comunas, además de hacia las Comunidades, Consejos Comunales, empresas de propiedad social y otras entidades de base del Poder Popular, hacia las cuales se prevé que se deben vaciar a los Municipios de sus competencias, todo lo cual se concretó en 2012 al dictarse la Ley Orgánica para la Gestión Comunitaria de Competencias, Servicios y Otras Atribuciones, [80] reformada en 2014, pasando a denominarse Ley Orgánica para la Transferencia al Poder Popular de la Gestión y Administración Comunitaria de Servicios, bienes y otras atribuciones,[81] precisamente con el objeto de implementar la "transferencia de la gestión y administración de servicios, actividades, bienes y recursos del Poder Público a las Comunidades, Comunas, Consejos Comunales, Empresas de propiedad Social Directas o Indirectas y otras organizaciones de base del Poder Popular legítimamente registradas.

Con la misma, ni más ni menos que se busca es la destrucción de los Municipios, siendo lo más grave de la normativa la "motivación" legal que se dio en la Ley Orgánica de 2012 para justificar dicha transferencia, que era la peregrina idea de que los Municipios, que son los que están gobernados por representantes electos mediante sufragio universal, directo y secreto, supuestamente –así lo decía la letra de la Ley–, supuestamente "usurparon lo que es del pueblo soberano;" es decir, los órganos representativos locales "usurparon lo que es del pueblo," y por tanto, supuestamente con el establecimiento del Estado Comunal, se "restituyen al Pueblo Soberano, a través de las comunidades organizadas y las organizaciones de base del poder popular, aquellos servicios, actividades, bienes y recursos que pueden ser asumidas, gestiona-

---

80   Véase en *Gaceta Oficial* N° 6.097 Extra. de 15 de junio de 2012.
81   Véase en *Gaceta Oficial* N° 40.540 de 13 de noviembre de 2014.

das y administradas por el pueblo organizado" (art. 5.3, Ley Orgánica de 2012). Esta redacción absurda fue sin embargo modificada en la reforma de 2014, eliminándose la noción de "usurpación" como motivación de la transferencia y limitándose la idea de "restitución al pueblo soberano" sólo al supuesto de que una entidad territorial por cuenta propia, decida hacer la transferencia pero conforme al Plan Regional de Desarrollo y autorización del Consejo Federal de Gobierno (art. 5.3).

En todo caso, se destaca que la transferencia de la gestión y administración de servicios, actividades, bienes y recursos del Poder Público a las Comunidades, Comunas, Consejos Comunales, Empresas de propiedad Social Directas o Indirectas y otras organizaciones de base del Poder Popular, debe hacerse conforme a los lineamientos que a tal efecto dicte el Consejo Federal de Gobierno (art. 20), que es un órgano controlado por el Poder Central, siendo los mecanismos de transferencia "de obligatorio cumplimiento a todas las instituciones del poder público para reivindicar al pueblo, su poder para decidir y gestionar su futuro y formas de organización" (art. 3). La transferencia a dichas organizaciones, además debe hacerse a las mismas siempre que sean "legítimamente registradas" (art. 2), por supuesto, por el gobierno central, a través del Ministerio del Poder Popular para las Comunas y los movimientos sociales, lo que sólo es posible si son socialistas. Y lo más insólito es que las áreas prioritarias para dicha transferencia son las de "atención primaria de salud, mantenimiento de centros educativos, producción de materiales y construcción de vivienda, políticas comunitarias de deporte y mantenimiento de instalaciones deportivas, actividades culturales y mantenimiento de instalaciones culturales, administración de programas sociales, protección del ambiente y recolección de desechos sólidos, administración y mantenimiento de áreas industriales, mantenimiento y conservación de áreas urbanas, prevención y protección comunal, construcción de obras comunitarias y administración y prestación de servicios públicos, financieros, producción, distribución de alimentos y de bienes de primera necesidad, entre otras" (art. 27),[82] es

---

82 Véase sobre la Ley Orgánica de 2012, los comentarios de: José Luis Villegas Moreno, "Hacia la instauración del Estado Comunal en Venezuela: Comentario al Decreto Ley Orgánica de la Gestión Comunitaria de Competencia, Servicios y otras Atribuciones, en el contexto del Primer Plan Socialista-Proyecto Nacional Simón Bolívar 2007-2013"; de Juan Cristóbal Carmona Borjas, "Decreto con rango, valor y fuerza de Ley Orgánica para la Gestión Comunitaria de Competencias, Servicios y otras atribuciones;" de Cecilia Sosa G., "El carácter orgánico de un Decreto con fuerza de Ley (no habilitado) para la gestión comunitaria que arrasa lentamente con los Poderes estadales y municipales de la Constitución;" de José Ignacio Hernández, "Reflexiones sobre el nuevo régimen para la Gestión Comunitaria de Competencias, Servicios y otras Atribuciones;" de Alfredo Romero Mendoza, "Comentarios sobre el Decreto con rango, valor y fuerza de Ley Orgánica para la Gestión Comunitaria de Competencias, Servicios y otras Atribuciones;," y de Enrique J. Sánchez Falcón, "El Decreto con Rango, Valor y Fuerza de Ley Orgánica para la Gestión Comunitaria de Competencias, Servicios y otras Atribuciones o la negación del federalismo coopera-

decir, materialmente de todo lo imaginable como acción de gobierno local. Con ello, como se dijo, es claro que lo que se busca es vaciar totalmente de competencias a los entes políticos territoriales, específicamente a los Municipios[83] y ahogarlos financieramente, para lo cual, como lo afirmó la Sala Constitucional en la sentencia que analizó el carácter orgánico de la Ley, la misma "incide de forma evidente en la estructura orgánica o institucional de un Poder Público como es el Poder Ejecutivo, y a su vez los distintos entes político-territoriales quienes *están sujetos* a los planes de transferencia planteados en sus normas."[84]

Por supuesto, este proceso de transferencia no es, en absoluto, un proceso de "descentralización," pues todas las llamadas "organizaciones de base del Poder Popular" en definitiva son entidades dependientes y controladas por el Poder Ejecutivo nacional, por lo que la transferencia de competencias a las mismas en realidad es un procedo una "centralización administrativa."

En quinto lugar, también debe observarse, como antes se indicó, que se eliminó el carácter de entidad local que en la Constitución tienen las parroquias, y por tanto, se eliminó su carácter democrático representativo. Es más, en la Disposición Transitoria segunda de la Ley Orgánica se dispuso que unos días después de la promulgación de la Ley, los miembros principales y suplentes, así como los secretarios de las actuales juntas parroquiales, cesaron en sus funciones. En esta forma, eliminadas las Juntas parroquiales, las cuales en el artículo 35 de la Ley Orgánica pasaron a denominarse "juntas parroquiales comunales," las mismas se regularon sólo como entidades con "facultades consultivas, de evaluación y articulación entre el poder popular y los órganos del Poder Público Municipal," con las funciones enumeradas en el artículo 37 de la Ley Orgánica, de la cual se eliminó todo vestigio de gobierno local representativo.

A todo lo anterior, en el proceso de desmantelamiento del Estado Constitucional como Estado federal, se debe agregar que además de haberse implementado progresivamente, a la par del vaciamiento de competencias de los

---

tivo y descentralizado," en *Revista de Derecho Público*, N° 130, Editorial Jurídica Venezolana, Caracas 2012, pp. 127 ss.

83   Como observó Cecilia Sosa Gómez, para entender esta normativa hay que "aceptar la desaparición de las instancias representativas, estadales y municipales, y su existencia se justicia en la medida que año a año transfiera sus competencias hasta que desaparezcan de hecho, aunque sigan sus nombres (Poderes Públicos Estadal y Municipal) apareciendo en la Constitución. El control de estas empresas, las tiene el Poder Público Nacional, específicamente el Poder Ejecutivo, en la cabeza de un Ministerio." Véase Cecilia Sosa G., "El carácter orgánico de un Decreto con fuerza de Ley (no habilitado) para la gestión comunitaria que arrasa lentamente con los Poderes estadales y municipales de la Constitución," en *Revista de Derecho Público*, N° 130, Editorial Jurídica Venezolana, Caracas 2012, p. 152.

84   Véase sentencia N° 821 de la Sala Constitucional (Exp. N° AA50–T–2012–0702) de 18 de junio de 2012, en http://www.tsj.gov.ve/decisiones/scon/junio/821-18612-2012-12-0704.HTML.

Municipios hacia entidades n democrático-representativas, la centralización de competencias dc loe Estados por el Poder Nacional, se ha regulado un marco de acción de los órganos nacionales para ahogar directamente a las entidades territoriales.

Ello ha ocurrido, por ejemplo, implementándose también aspectos de la reforma constitucional rechazada de 2007, mediante el establecimiento de una estructura organizativa de la Administración Pública nacional, dependiente del Vicepresidente Ejecutivo de la República, en forma paralela y superpuesta a la Administración de los Estados, denominada como "Órganos Desconcentrados de las Regiones Estratégicas de Desarrollo Integral (REDI),"[85] a cargo de funcionarios denominados "Autoridades Regionales," o "Jefes de Gobierno" según la denominación de la Ley Orgánica de la Administración Pública Nacional de 2014 (art. 34.41), como integrantes de "los órganos superiores de dirección del Nivel Central de la Administración Pública nacional" (art. 44, 71); los cuales además, tienen "Dependencias" en cada Estado de la República, que están a cargo de Delegaciones Estadales, todos del libre nombramiento del Vicepresidente de la República.

Estos Delegados, que ejercen sus funciones "dentro del territorio del Estado que le ha sido asignado" (art. 19), se los ha concebido como los canales de comunicación de los Gobernadores de Estado con el Poder Nacional y viceversa, del Poder Nacional con los Estados, teniendo además como misión "realizar las acciones tendentes a impulsar la integración y operación de las comunidades organizadas, instancias del poder popular, organizaciones del poder popular, los consejos de economía y contraloría comunal bajo su demarcación, en términos de la normatividad aplicable, cumpliendo con los criterios establecidos por la Autoridad Regional de las Regiones Estratégicas de Desarrollo Integral (REDI)"(art. 20). En definitiva, estas Autoridades nacionales Regionales y los Delegados Estadales, son los órganos administrativos del Poder Nacional montados en paralelo a las autoridades estadales, con el objeto de asegurar el vaciamiento de sus competencias y la neutralización del poder de los Gobernadores de Estado, particularmente si no son miembros del partido oficial; todo ello dentro de un proceso de planificación centralizada que se ha regulado en la Ley de la Regionalización Integral para el Desarrollo Socio productivo de la Patria de 2014,[86] que establece zonas económicas especiales de desarrollo, buscándose "regularizar" las estructuras administrativas nacionales de intervención y sometimiento de las entidades político territoriales.

En todo caso, un ejemplo del proceso de ahogamiento y neutralización de las entidades territoriales de la República, particularmente de las existentes en

---

85   Véase Resolución N° 031 de la Vicepresidencia de la República, mediante la cual se establece la Estructura y Normas de Funcionamiento de los órganos Desconcentrados de las Regiones Estratégicas de Desarrollo Integral (REDI), en *Gaceta Oficial* N° 40.193 de 20-6-2013.

86   Véase en *Gaceta Oficial* N° 6.151 de 18 de noviembre de 2014.

la Región Capital, como se ha indicado, ocurrió en 2008, con la creación de autoridades en el Distrito Capital totalmente dependientes del Poder Ejecutivo, violándose la Constitución. En la Constitución de 1999 se había buscado cambiar radicalmente la concepción del viejo Distrito Federal creado desde 1863 como entidad dependiente del Poder Nacional, estableciéndose el Distrito Capital como una entidad política más de la República (art. 16), con sus propios órganos legislativo y ejecutivo de gobierno democrático, es decir, integrado por funcionarios electos popularmente, que debía ser regulado por el Poder Nacional (art. 156,10). Como se dijo, ese esquema de autonomía territorial también se pretendió reformar en la rechazada Reforma Constitucional de 2007, en la cual se buscaba eliminar el Distrito Capital y recrear la desaparecida figura del Distrito Federal como entidad totalmente dependiente del Poder Nacional, en particular del Presidente de la República, sin gobierno propio.

Pero después del rechazo popular a dicha reforma constitucional, sin embargo, esta reforma también se ha implementado en fraude a la Constitución, y por supuesto a la voluntad popular, mediante la sanción de la Ley Especial Sobre la Organización y Régimen del Distrito Capital,[87] en la cual se lo ha regulado como una dependencia del Poder Nacional, con el mismo ámbito territorial del extinto Distrito Federal; y con un supuesto "régimen especial de gobierno," conforme al cual, la función legislativa en el Distrito está a cargo de la Asamblea Nacional, y el órgano ejecutivo es ejercido por un Jefe de Gobierno (art. 3), que de acuerdo con el artículo 7 de la Ley Especial, es "de libre nombramiento y remoción" por parte del Presidente de la República; es decir, un "régimen especial de gobierno" dependiente del Poder Central.

Con ello, en el mismo territorio del Municipio Libertador y de parte del territorio del Distrito Metropolitano de Caracas a cargo de un Alcalde y un Consejo Metropolitanos, se le ha superpuesto una estructura nacional, como entidad dependiente funcionalmente del Ejecutivo nacional, sin gobierno democrático ni autonomía político territorial, ignorando además la existencia del régimen municipal metropolitano a dos niveles previsto en la Constitución, duplicando las funciones del mismo, dispuesto para ahogarlo y controlarlo.

Como consecuencia de todo lo anteriormente expuesto, puede decirse entonces que la Federación que se plasmó en la Constitución de 1999 no sólo siguió siendo, más acentuadamente, la misma Federación centralizada desarrollada en las décadas anteriores, sino que los pocos elementos que podían contribuir a su descentralización política, fueron desmontados progresivamente en los últimos tres lustros.

En esta perspectiva, el Estado venezolano que nunca ha sido ni ha tenido realmente las características de uno "Federal descentralizado," expresión que sólo fue una etiqueta contradictoria e ilusa inserta en una Constitución centra-

---

87   Véase en *Gaceta Oficial* N° 39.156 de 13 de abril de 2009.

lista, progresivamente se ha centralizado aún más, ubicándose todo el poder público en el Estado nacional, que ahora está configurado como un Estado Totalitario y centralizado. [88] Esa centralización ha sido el resultado de un progresivo desbalance hacia el nivel nacional en la distribución territorial del Poder, en el cual se ha vaciado a los Estados de toda competencia sustantiva, y a los Municipios se les ha quitado su carácter de unidad primaria en la organización nacional, montándose en paralelo y en contra de la Constitución, la organización del llamado Poder Popular o del Estado Comunal, integrada por Comunas y Consejos Comunales, que han venido neutralizando y ahogando a los Municipios, como instrumentos realmente del Poder nacional.

En esta forma, al fraude a la Constitución, que ha sido la técnica constantemente aplicada por el gobierno autoritario en Venezuela desde 1999 para imponer sus decisiones a los venezolanos al margen de la Constitución,[89] se sumó posteriormente el fraude a la voluntad popular, al imponerle a los venezolanos mediante leyes orgánicas, un modelo de Estado por el cual nadie ha votado y que cambia radical e inconstitucionalmente el texto de la Constitución de 1999, que no ha sido reformado conforme a sus previsiones, en abierta contradicción al rechazo popular mayoritario que se expresó en diciembre de 2007 respecto de la reforma constitucional que se intentó realizar incluso violando la propia Constitución, e incluso, al rechazo popular mayoritario del pueblo que se expresó respecto de la política del Presidente de la República y de su Asamblea Nacional con ocasión de las elecciones parlamentarias del 26 de septiembre de 2010, que perdió.

New York, mayo de 2015.

---

88   Véase Allan R. Brewer-Carías, *Estado Totalitario y desprecia a la Ley (La desconstitucionalización, desjudicialización, desjuridificación, y desdemocratización del Estado en Venezuela)*, Editorial Jurídica Venezolana, Caracas 2014.

89   Véase Allan R. Brewer-Carías, *Reforma constitucional y fraude a la Constitución (1999-2009)*, Academia de Ciencias Políticas y Sociales, Caracas 2009; *Dismantling Democracy. The Chávez Authoritarian Experiment*, Cambridge University Press, New York 2010.

SEXTA PARTE

LA DESTRUCCIÓN DE LA INSTITUCIÓN MUNICIPAL COMO POLÍTICA PÚBLICA[*]

Para que exista un Estado democrático no bastan las declaraciones constitucionales, y ni siquiera, la sola existencia de elecciones. Ya el mundo contemporáneo ha conocido demasiadas experiencias de toda suerte de tiranos que usaron el voto popular para acceder al poder, y que luego, mediante su ejercicio incontrolado, desmantelaron y están desmantelando la propia democracia y han desarrollado gobiernos autoritarios, contrarios al pueblo, que acabaron con aquella y con todos sus elementos,[1] comenzando por el irrespeto a los derechos humanos. Esta es la lamentable situación que se ha dado en Venezuela, donde se ha arraigado un gobierno autoritario y un Estado Totalitario, partiendo de elementos que se insertaron en la misma Constitución de 1999,[2] lo que permite afirmar que hoy, lamentablemente, no tenemos un Estado democrático.

---

[*] Texto de la Videoconferencia dictada en las *XIX Jornadas Internacionales sobre Federalismo, Descentralización y Municipio*, organizadas por el Centro Iberoamericano de Estudios Provinciales y Locales, Universidad de Los Andes, 13 de marzo de 2015.

1 Véase en relación con el caso de Venezuela: Allan R. Brewer-Carías, *Dismantling Democracy. The Chávez Authoritarian Experiment*, Cambridge University Press, New York 2010.

2 Véase los comentarios críticos a la semilla autoritaria en la Constitución de 1999, en Allan R. Brewer–Carías, *Debate Constituyente (Aportes a la Asamblea Nacional Constituyente), Tomo III (18 octubre–30 noviembre 1999)*, Fundación de Derecho Público–Editorial Jurídica Venezolana, Caracas, 1999, pp. 311–340; "Reflexiones críticas sobre la Constitución de Venezuela de 1999," en el libro de Diego Valadés, Miguel Carbonell (Coordinadores), *Constitucionalismo Iberoamericano del Siglo XXI*, Cámara de Diputados. LVII Legislatura, Universidad Nacional Autónoma de México, México 2000, pp. 171–193; en *Revista de Derecho Público*, N° 81, Editorial Jurídica Venezolana, Caracas, enero–marzo 2000, pp. 7–21; en *Revista Facultad de Derecho, Derechos y Valores*, Volumen III N° 5, Universidad Militar Nueva Granada, Santafé de Bogotá, D.C., Colombia, Julio 2000, pp. 9–26; y en el libro *La Consti-*

Más bien, lo que tenemos es un Estado donde no existe una efectiva democracia representativa; donde no existe democracia participativa, no pasando la "democracia participativa y protagónica" que tanto se pregona, de ser un esquema, si acaso, de movilización popular pero controlada por el gobierno central; donde no hay separación de poderes; donde no sólo los militares no están sometidos a la autoridad civil, sino que los mismos controlan el poder y a la Administración; donde no hay libertad de expresión, habiendo quedado en su mínima expresión, entre otros factores, por el acaparamiento de los medios de comunicación por parte del Estado; y donde se ha venido destruyendo la institución municipal, precisamente, bajo la excusa de promover una supuesta "participación protagónica" del pueblo.

Es a ello a lo que precisamente quisiera referirme en estas Jornadas, a esa destrucción de la institución municipal, la cual por lo demás es un objetivo de la política pública definida por el gobierno autoritario, la cual incluso ha quedado expresada en forma explícita en el texto mismo de una de las tantas leyes dictadas, la Ley Orgánica para la Gestión Comunitaria de Competencias, Servicios y Otras Atribuciones dictada en 2012 (Decreto Ley N° 9.043),[3] con el objeto de implementar la "transferencia de la gestión y administración de servicios, actividades, bienes y recursos del Poder Público Nacional y de las entidades político territoriales, al pueblo organizado," al adoptar como "motivación" legal para dicha transferencia, la peregrina idea de que los Municipios, que son los que están gobernados por representantes electos mediante sufragio universal, directo y secreto, supuestamente – así lo dice la letra de la Ley -, "usurparon lo que es del pueblo soberano;" es decir, los órganos representativos locales "usurparon lo que es del pueblo," !! y por tanto, supuestamente con el establecimiento del Estado Comunal, se "restituyen al Pueblo Soberano, a través de las comunidades organizadas y las organizaciones de base del poder popular, aquellos servicios, actividades, bienes y recursos que pueden ser asumidas, gestionadas y administradas por el pueblo organizado" (art. 5.3).

Con esa sola formulación legal, lo que resulta evidente es que el objetivo es la destrucción de la democracia y con ella del Municipio, por lo cual la misma participación, que tanto se pregona, en la realidad, como en cualquiera de las más típicas democracias formales, se ha reducido a la sola participación mediante voto en las elecciones; y ello, *primero*, porque los mecanismos de democracia directa, como las asambleas de ciudadanos han sido secuestrados por el Poder Ejecutivo nacional y el partido de gobierno, habiendo sido convertidas en instrumentos de políticas populistas como parte de la estructura del denominado Estado Comunal o del Poder Popular, creado en 2010 mediante leyes orgánicas, al margen de la Constitución y en paralelo al Esta-

---

tución de 1999, Biblioteca de la Academia de Ciencias Políticas y Sociales, Serie Eventos 14, Caracas, 2000, pp. 63–88.

3   Véase en *Gaceta Oficial* N° 6.097 Extra. de 15 de junio de 2012.

do Constitucional;[4] *segundo*, porque los mecanismos de democracia semidirecta, como los referendos, se han hecho de imposible ejercicio por las condiciones y requisitos legales impuestos para que puedan convocarse por iniciativa popular como lo exige la Constitución;[5] y *tercero*, porque los mecanismos de participación ciudadana directamente previstos en la Constitución han sido arrebatados al pueblo, *en primer lugar*, al distorsionarse en la legislación la integración de los Comités de Postulaciones Judiciales, Electorales y del Poder Ciudadano, donde debía haber representantes de los diversos sectores de la sociedad, pero que quedaron bajo el control político de la mayoría oficialista de la Asamblea Nacional sin que el ciudadano y sus organizaciones pueda participar;[6] y en *segundo lugar*, al haberse además vaciado, por la Sala Constitucional, la norma constitucional que prevé la consulta popular necesaria e indispensable antes de la sanción de las leyes, al haber dispuesto, en fraude a la Constitución, que ello no se aplica a la legislación delegada, dictada mediante decretos leyes, que en definitiva en los últimos quince años se ha convertido en la forma normal de legislación en el país.[7]

Pero la ausencia de participación política también ha quedado evidenciada contradictoriamente, en la forma cómo se ha estructurado el antes mencionado Estado del Poder Popular o Estado Comunal, sobre la base de Consejos Comunales comandados por unos denominados "voceros" que no son electos,

---

4   Véase las Leyes Orgánicas del Poder Popular en *Gaceta Oficial* N° 6011 de 21 de diciembre de 2010. Véanse los comentarios en Allan R. Brewer-Carías et al., *Leyes Orgánicas del Poder Popular (Los Consejos Comunales, las Comunas, la Sociedad socialista y el Sistema Económico Comunal)*, Editorial Jurídica Venezolana, Caracas 2011.

5   Véase Allan R. Brewer-Carías, *La Sala Constitucional versus el Estado democrático de derecho. El secuestro del Poder Electoral y de la Sala Electoral del Tribunal Supremo y la confiscación del derecho a la participación política*, Los Libros de El Nacional, Colección Ares, Caracas 2004; "El secuestro del Poder Electoral y la confiscación del derecho a la participación política mediante el referendo revocatorio presidencial: Venezuela 2000-2004," en *Boletín Mexicano de Derecho Comparado*, Instituto de Investigaciones Jurídicas, Universidad Nacional Autónoma de México, N° 112. México, enero-abril 2005 pp. 11-73.

6   Véase Allan R. Brewer-Carías, "La participación ciudadana en la designación de los titulares de los órganos no electos de los Poderes Públicos en Venezuela y sus vicisitudes políticas", en *Revista Iberoamericana de Derecho Público y Administrativo*, Año 5, N° 5-2005, San José, Costa Rica 2005, pp. 76-95; y "Sobre el nombramiento irregular por la Asamblea Nacional de los titulares de los órganos del poder ciudadano en 2007", en *Revista de Derecho Público*, N° 113, Editorial Jurídica Venezolana, Caracas 2008, pp. 85-88.

7   Véase Allan R. Brewer-Carías, "Apreciación general sobre los vicios de inconstitucionalidad que afectan los Decretos Leyes Habilitados" en *Ley Habilitante del 13-11-2000 y sus Decretos Leyes*, Academia de Ciencias Políticas y Sociales, Serie Eventos N° 17, Caracas 2002, pp. 63-103; y "El derecho ciudadano a la participación popular y la inconstitucionalidad generalizada de los decretos leyes 2010-2012, por su carácter inconsulto," en *Revista de Derecho Público*, N° 130, (abril-junio 2012), Editorial Jurídica Venezolana, Caracas 2012, pp. 85-88.

sino impuestos en asambleas de ciudadanos por el partido de gobierno que las controla, y sin cuyo manejo ni siquiera pueden obtener reconocimiento por el Ministerio de la Participación.[8]

En realidad, la "democracia participativa" que se ha vendido supuestamente consolidando a través de la creación de estas organizaciones del llamado "Poder Popular," no es más que una falacia de participación,[9] pues se trata de instituciones propias del populismo de Estado, que maneja el Poder Central, para repartir recursos fuera de los canales regulares del Estado y particularmente fuera de los gobiernos locales, vaciando en paralelo a los Municipios de competencias.

Se trata de instituciones que dependen totalmente, incluso en su propia existencia, de una decisión del mencionado Ministerio del Ejecutivo Nacional. En esos Consejos, en realidad, el único que "participa" es el partido de gobierno y los derivados de su clientelismo, y si alguna participación se le da a la población local en el proceso de inversión de los recursos repartidos, por supuesto es sólo parcial, solo para los sectores que se identifican con el socialismo como doctrina oficial. De resto, lo que hay es exclusión y marginamiento.

Ese proceso de creación de un Estado Comunal o del Poder Popular, por otra parte, contradice la esencia del Estado democrático, que es la descentralización política, así sea en la forma precaria cómo se estableció en el marco de la Federación Centralizada que reguló la Constitución de 1999, que presupone la existencia de entes político territoriales autónomos en la organización del Estado, particularmente de los Municipios.

Por ello, al contrario, con el establecimiento del Estado del Poder Popular y el Estado Comunal, y ahogar y estrangular progresivamente el Estado Constitucional, la primera de las instituciones territoriales afectadas, por supuesto, ha sido el Municipio, el cual, a pesar de ser en la Constitución la unidad política primaria dentro la organización de la República, ha quedado totalmente desvinculado del proceso de desarrollo comunal y de la llamada participación popular. Todo ello se ha consolidado mediante diversas reformas legales que se produjeron en 2010, primero con la inconstitucional sanción de las Leyes Orgánicas del Poder Popular, en fraude a la Constitución y a la voluntad popular que había rechazado la reforma constitucional de 2007 y con la reforma

8   Véase Allan R. Brewer-Carías, *Ley Orgánica de Consejos Comunales,* Colección Textos Legislativos, Nº 46, Editorial Jurídica Venezolana, Caracas 2010.
9   Véase Allan R. Brewer-Carías, "La necesaria revalorización de la democracia representativa ante los peligros del discurso autoritario sobre una supuesta "democracia participativa" sin representación," en *Derecho Electoral de Latinoamérica. Memoria del II Congreso Iberoamericano de Derecho,* Bogotá, 31 agosto-1 septiembre 2011, Consejo Superior de la Judicatura, ISBN 978-958-8331-93-5, Bogotá 2013, pp. 425-449. Véase además, el texto de la Ponencia: "La democracia representativa y la falacia de la llamada "democracia participativa," *Congreso Iberoamericano de Derecho Electoral,* Universidad de Nuevo León, Monterrey, 27 de noviembre 2010.

la Ley Orgánica del Poder Público Municipal (LOPP)[10] reformas en las cuales, entre otros aspectos, se reguló lo siguiente:

En primer lugar, la previsión, como objetivo de la Ley Orgánica del Poder Público Municipal, además de la regulación de los Municipios y su gobierno, del denominado proceso de "descentralización y la transferencia de competencias a las comunidades organizadas, y a las comunas en su condición especial de entidad local, como a otras organizaciones del Poder Popular" (Art. 1) lo que en realidad no es "descentralización" alguna, pues para que un proceso de transferencia de "competencias" pueda conceptualmente calificarse como "descentralización," se exige que las entidades receptoras de las competencias a ser transferidas, sean entidades locales con gobiernos electos democráticamente. Es decir, no puede haber conceptualmente descentralización política cuando la transferencia de competencias se conduce a órganos dependientes del Poder Central; y las Comunas, las cuales a pesar de que se las denomine como "entidades locales especiales," no son gobernadas por órganos cuyos integrantes sean electos por votación universal directa y secreta. Estas, por tanto, no tienen autonomía política ni pueden formar parte del esquema de descentralización territorial del Estado, sino que son conducidas por "voceros" designados a mano alzada por asambleas controladas por el partido oficial, sujetas al gobierno nacional.

En segundo lugar, el artículo 2 de la Ley Orgánica del Poder Municipal, a pesar de que repite el principio constitucional de que el Municipio "constituye la unidad política primaria de la organización nacional de la República," las mismas ya no "gozan de autonomía," al disponer que "el municipio se rige por el Sistema Nacional de Planificación establecido en la ley que regula la materia," (art. 110) que en Venezuela, muy anacrónicamente es una planificación centralizada y obligatoria regulada en la Ley que creó la Comisión Central de Planificación,[11] y desarrollada en la ley Orgánica de Planificación Pública y Popular.[12]

En tercer lugar, en la reforma de la Ley Orgánica del Poder Púbico Municipal se encasilló y limitó el rol del Municipio como promotor de la participación del pueblo sólo "a través de las comunidades organizadas," que son las que se regulan en las Leyes Orgánicas del Poder Popular como dependientes del Poder Ejecutivo Nacional y orientadas exclusivamente a desarrollar el socialismo, en contra de la Constitución (art. 62) que garantiza el carácter libre de la participación, y en contra del pluralismo que también establece la Constitución. La desvinculación de las comunidades organizadas respecto del Municipio, se aseguró además, en la propia Ley, al excluirse su registro de las

---

10 Véase en *Gaceta Oficial* N° 6.015 Extraordinario del 28 de diciembre de 2010.
11 Véase Allan R. Brewer-Carías, "Comentarios sobre la inconstitucional creación de la Comisión Central de Planificación, centralizada y obligatoria", en *Revista de Derecho Público*, N° 110, (abril-junio 2007), Editorial Jurídica Venezolana, Caracas 2007, pp. 79-89.
12 Véase en *Gaceta Oficial* N° 6.011 Extraordinario del 21 de diciembre de 2010.

232   ALLAN R. BREWER-CARÍAS

mismas ante los Municipios como decía la Ley Orgánica anterior que se reformó, previéndose ahora su registro sólo ante "los órganos competentes" (art. 33.3) que en las Leyes Orgánica del Poder Popular es uno de los Ministerios del Ejecutivo Nacional, el Ministerio del Poder Popular para las Comunas y Movimientos Sociales.

Es decir, con la reforma de la Ley Orgánica del Poder Municipal se produjo la total desmunicipalización de las entidades locales, y su total control por el Poder central, ya que los Consejos Comunales y las Comunas adquieren personalidad jurídica mediante el registro ante el Ministerio del Poder Popular de las Comunas y Movimientos Sociales, con lo que, en definitiva, se deja en manos del Ejecutivo Nacional la decisión de registrar o no un Consejo Comunal, y ello debe hacerse, por supuesto, aplicando la letra de la Ley, lo que significa que si está conducida por "voceros" que no sean socialistas, no cabe su registro ni, por tanto, su reconocimiento como persona jurídica, así sea producto genuino de una iniciativa popular.

En cuarto lugar, como parte de ese proceso de desmunicipalización de la vida local, a las Comunas, se las buscó incorporar en el régimen del Poder Público Municipal como "entidad local territorial" (art. 19) aun cuando de "carácter especial," pero a la vez se las excluyó completamente del régimen de la Ley Orgánica del Poder Municipal quedando "reguladas por la legislación que norma su constitución, conformación, organización y funcionamiento" (art. 5), que es la Ley Orgánica de las Comunas.

Es precisamente hacia las Comunas, hacia las cuales se prevé que se deben vaciar a los Municipios de sus competencias, lo cual se concretó a partir de 2012 en la antes mencionada Ley Orgánica para la Gestión Comunitaria de Competencias, Servicios y Otras Atribuciones (Decreto Ley N° 9.043),[13] para implementar la transferencia de las competencias municipales "al pueblo organizado." Dicha trasferencia, ejecutar la supuesta "restitución" de las mencionadas competencias al pueblo organizado, debe hacerse conforme a los lineamientos que a tal efecto dicte el Consejo Federal de Gobierno (art. 20), que es un órgano controlado por el Poder Central, a través de un solo tipo de órgano que son los denominados "Empresas Comunales de Propiedad Social de servicios y socioproductivas, o las organizaciones de base del Poder Popular y demás formas de organización de las comunidades," siempre que las mismas sean "legítimamente reconocidas," por supuesto, por el gobierno central, lo que sólo es posible si son socialistas.

Y lo más insólito es que las áreas prioritarias para dicha transferencia son las de salud, educación, vivienda, deporte, cultura, programas sociales, protección del ambiente, recolección de desechos sólidos, áreas industriales, mantenimiento y conservación de áreas urbanas, prevención y protección comunal, construcción de obras comunitarias, servicios públicos, además de prestación de servicios financieros y producción y distribución de alimentos y

---

13   Véase en *Gaceta Oficial* N° 6.097 Extra. de 15 de junio de 2012.

de bienes de primera necesidad, entre otras" (art. 27),[14] es decir, materialmente de todo lo imaginable como acción de gobierno local.

Con ello, como se dijo, es claro que lo que se busca vaciar totalmente de competencias a los entes políticos territoriales, específicamente a los Municipios[15] y ahogarlos financieramente.[16]

Y *en quinto lugar*, también debe observarse, que con la reforma de la ley Orgánica del Poder Público Municipal de 2010, se eliminó a las parroquias como entidades locales, a pesar de que incluso están previstas así en la Constitución, al eliminarse totalmente su carácter democrático representativo, habiéndose cesado a todas las Juntas Parroquiales que habían sido electas, por supuesto en contra del principio democrático. Dichas Juntas ahora pasaron a denominarse "juntas parroquiales comunales," con solo "facultades consultivas, de evaluación y articulación entre el poder popular y los órganos del

---

14 Véase sobre esta Ley los comentarios de: José Luis Villegas Moreno, "Hacia la instauración del Estado Comunal en Venezuela: Comentario al Decreto Ley Orgánica de la Gestión Comunitaria de Competencia, Servicios y otras Atribuciones, en el contexto del Primer Plan Socialista-Proyecto Nacional Simón Bolívar 2007-2013"; de Juan Cristóbal Carmona Borjas, "Decreto con rango, valor y fuerza de Ley Orgánica para la Gestión Comunitaria de Competencias, Servicios y otras atribuciones;" de Cecilia Sosa G., "El carácter orgánico de un Decreto con fuerza de Ley (no habilitado) para la gestión comunitaria que arrasa lentamente con los Poderes estadales y municipales de la Constitución;" de José Ignacio Hernández, "Reflexiones sobre el nuevo régimen para la Gestión Comunitaria de Competencias, Servicios y otras Atribuciones;" de Alfredo Romero Mendoza, "Comentarios sobre el Decreto con rango, valor y fuerza de Ley Orgánica para la Gestión Comunitaria de Competencias, Servicios y otras Atribuciones;," y de Enrique J. Sánchez Falcón, "El Decreto con Rango, Valor y Fuerza de Ley Orgánica para la Gestión Comunitaria de Competencias, Servicios y otras Atribuciones o la negación del federalismo cooperativo y descentralizado," en *Revista de Derecho Público*, Nº 130, Editorial Jurídica Venezolana, Caracas, 2012, pp. 127 ss.

15 Como observó Cecilia Sosa Gómez, para entender esta normativa hay que "aceptar la desaparición de las instancias representativas, estadales y municipales, y su existencia se justicia en la medida que año a año transfiera sus competencias hasta que desaparezcan de hecho, aunque sigan sus nombres (Poderes Públicos Estadal y Municipal) apareciendo en la Constitución. El control de estas empresas, las tiene el Poder Público Nacional, específicamente el Poder Ejecutivo, en la cabeza de un Ministerio." Véase Cecilia Sosa G., "El carácter orgánico de un Decreto con fuerza de Ley (no habilitado) para la gestión comunitaria que arrasa lentamente con los Poderes estadales y municipales de la Constitución," en *Revista de Derecho Público*, Nº 130, Editorial Jurídica Venezolana, Caracas, 2012, p. 152.

16 Para ello, como lo afirmó la Sala Constitucional en la sentencia que analizó el carácter orgánico de la Ley, la misma "incide de forma evidente en la estructura orgánica o institucional de un Poder Público como es el Poder Ejecutivo, y a su vez los distintos entes político-territoriales quienes *están sujetos* a los planes de transferencia planteados en sus normas." Véase sentencia Nº 821 de la Sala Constitucional (Exp. Nº AA50–T–2012–0702) de 18 de junio de 2012, en http://www.tsj.gov.ve/decisiones/scon/junio/821-18612-2012-12-0704.HTML.

Poder Público Municipal," eliminándose todo vestigio de gobierno local representativo.

Todo esto que vengo de resumir, no hace otra cosa sino confirmar que en Venezuela, durante los últimos tres lustros, lo que se ha desarrollado en relación con el Estado ha sido un proceso sistemático y permanente de demolición de las instituciones públicas y privadas que antes existían, particularmente las desarrolladas en el marco del Estado Constitucional, mediante su desconstitucionalización, desmunicipalización y desdemocratización, que han configurado progresivamente al Estado como un Estado totalitario,[17] que terminó sustituyendo al Estado democrático, social, de derecho, descentralizado y de justicia del que habla la Constitución, pero sin que la misma se haya reformado conforme a los procedimientos de revisión constitucional.

En particular, en lo que nos interesa para estas Jornadas del CIEPROL, ese Estado totalitario ha hecho desaparecer todo vestigio del Estado descentralizado aún bajo una concepción centralista de la "federación descentralizada" regulada la Constitución, habiéndose consolidado un desbalance hacia el nivel nacional en la distribución territorial del poder; lo que se ha agravado con la mencionada creación, en paralelo al Municipio y a las entidades políticas territoriales previstas en la Constitución, de otras no previstas en la misma que son las del Estado Comunal, para precisamente acabar con los Municipios, los cuales han sido vaciados de competencia a favor de las mismas. Ese Estado paralelo, del Poder Popular o Comunal, además, proclama la negación de la representatividad democrática, con organizaciones integradas por los antes mencionados "voceros" "nombrados" a mano alzada en "asambleas de ciudadanos" controladas por el partido de gobierno, y por un Ministerio del Ejecutivo Nacional, el "Ministerio del Poder Popular para las Comunas y Movimientos Sociales" que es el instrumento para la centralización y control férreo de las comunidades por el Poder Central. Por ello, la aversión al sufragio universal, directo y secreto que se aprecia en las leyes dictadas para su implementación.

De todo esto lo que resulta es que la supuesta democracia participativa no es más que una falacia, pues en definitiva en el "edificio" del Estado Comunal se le niega al pueblo el derecho de elegir libremente mediante sufragio universal, directo y secreto a quienes van a representarlo en todos esos ámbitos. Se trata más bien de un "edificio" de organizaciones para evitar que el pueblo realmente ejerza la soberanía e imponerle mediante férreo control central, políticas por las cuales nunca tendrá la ocasión de votar; respondiendo todas a una concepción única, que es el Socialismo, de manera que quien

---

17   Véase Allan R. Brewer-Carías, *Estado Totalitario y desprecio a la Ley. La desconstitucionalización, desjuridificación, desjudicialización y desdemocratización del Estado en Venezuela*, Editorial Jurídica Venezolana, Caracas, 2015.

no sea socialista está automáticamente discriminado e impedido de participar.[18]

Y como he dicho, todo ello establecido en fraude a la voluntad popular, al imponerle a los venezolanos mediante leyes orgánicas, un modelo de Estado totalitario y centralizado por el cual nadie ha votado, con lo que se ha cambiado radical e inconstitucionalmente el texto de la Constitución de 1999, que no ha sido reformado conforme a sus previsiones, en abierta contradicción y desprecio al rechazo popular mayoritario que se expresó en diciembre de 2007 a la reforma constitucional que entonces se intentó realizar incluso violando la propia Constitución.

Esa es la realidad del proceso político de implementación de un Estado Totalitario en Venezuela, que con un ropaje de Estado Comunal y de supuesta participación protagónica, encierra un Estado totalmente centralizado y cuya primera víctima institucional ha sido precisamente el Municipio, por el que tanto hemos estudiado y seguiremos estudiando, con la ayuda de instituciones como el CIEPROL.

Nueva York, 13 de Marzo de 2015

---

18 Véase el reportaje: "El Estado Comunal excluye a la mitad de la población," donde se cita lo expuesto por Maria Pilar García-Guadilla, en *Aporrea*: "El modelo reproduce un modelo de inclusión excluyente porque ignora a quienes difieren de la ideología socialista, es decir, la mitad de la población, si se revisan los últimos resultados electorales.[...] El financiamiento de los proyectos productivos pasa por el aparato político-ideológico (el PSUV), correa transmisora de las prebendas, Y en las Asambleas solo serán reconocidos como interlocutores del Estado las comunas socialistas." Véase en *El Nacional*, Caracas 7 de septiembre de 2014, en http://www.el-nacional.com/politica/comunal-excluye-mitad-poblacion_0_477552461.html

SÉPTIMA PARTE

EL JUEZ CONSTITUCIONAL ACTUANDO COMO 'CONSULTOR JURÍDICO' DEL PODER EJECUTIVO: INVERSIÓN DE ROLES EN EL ESTADO TOTALITARIO[*]

I. LA FALLA MANIFIESTA EN LA CONDUCCIÓN DE LAS RELA-CIONES EXTERIORES POR PARTE DEL JEFE DE ESTADO, Y LA SOLICITUD AL TRIBUNAL SUPREMO DE LA EMISIÓN DE UN "DICTAMEN" SOBRE LA *"LEY DEL 2014 PARA LA DEFENSA DE LOS DERECHOS HUMANOS Y LA SOCIEDAD CIVIL DE VENEZUE-LA"* DE LOS ESTADOS UNIDOS.

Tal como lo dispone el artículo 236 de la Constitución, si hay alguna función del Estado cuyo ejercicio corresponde exclusivamente al Presidente de la República en su carácter de Jefe de Estado (art. 226), además de "dirigir la acción del Gobierno" (ord. 2), es la de "dirigir las relaciones exteriores de la República" (ord. 4).

Por ello, con ocasión de la sanción por el Senado de los Estados Unidos de América el 8 de diciembre de 2014, de la "Ley del 2014 para la Defensa de los Derechos Humanos y la Sociedad Civil de Venezuela," (*Venezuela Defense of Human Rights and Civil Society Act of 2014*),[1] cualquier observación, reacción o protesta del Estado venezolano en relación con la misma, correspondía se expresada y manifestada por el Presidente de la República como

---

* Texto del Comentario Jurisprudencial sobre "La inconstitucional confusión e inversión de roles en el Estado totalitario: El Juez Constitucional actuando como "consultor jurídico" dependiente del Poder Ejecutivo en la emisión de un "dictámen" sobre la "Ley del 2014 del Senado de los Estados Unidos para la defensa de los derechos humanos y la sociedad civil de Venezuela," redactado para ser publicado en la *Revista de Derecho Público*, Nº 141 (Primer Trimestre 2015, Editorial Jurídica Venezolana, Caracas 2015.

1 Véase el texto de la Ley en: https://www.govtrack.us/congress/bills/113/s2142/text. Véase la información sobre su sanción en http://cnnespanol.cnn.com/2014/12/09/ senado-de-ee-uu-aprueba-proyecto-que-contempla-sanciones-contra-miembros-del-gobierno-de-venezuela/

Jefe de Estado, correspondiendo además al Ministro de Relaciones Exteriores, como órgano inmediato del Presidente como Jefe del Ejecutivo Nacional (arts. 226 y 242), la preparación de cualquier comunicado oficial en relación con dicha Ley.

Dicha Ley, como lo resumió el Viceprocurador de la República en escrito de 11 de febrero de 2015, que se comenta más adelante, está "dirigida a imponer sanciones a cualquier funcionario actual o anterior, o cualquier persona que actúe en representación del gobierno venezolano, que haya perpetrado o sea responsable por ordenar o dirigir actos de violencia o de abusos de los derechos humanos en Venezuela, contra las personas que participaron en las protestas antigubernamentales que iniciaron el 4 de febrero de 2014 y de futuros actos de violencia similares."

Correspondía por tanto al Poder Ejecutivo de la República, si era el caso, protestar ante el gobierno de los Estados Unidos sobre dichas sanciones. Sin embargo, sobre el ejercicio de dicha función, lo que se conoce es la expresión pública de quien ejerce la jefatura del Estado, Sr. Nicolás Maduro, manifestada el día siguiente de la sanción de dicha Ley en los Estados Unidos, el 9 de diciembre de 2014, indicando que "Los insolentes senadores norteamericanos aprobaron una ley y que para sancionar a Venezuela,: y preguntándose: ";quién es el senado de EEUU para sancionar a la patria de Bolívar?", para en definitiva limitarse a pedir respeto a EEUU, indicando que "No aceptamos sanciones, es la patria de Bolívar que ustedes tienen que aprender a respetar".[2]

Días después de esas manifestaciones, según reportó el 19 de diciembre de 2014 el diario *La Izquierda Diario*:

> "apenas se diera a conocer el dictamen del mandatario estadounidense, Nicolás Maduro afirmó que Obama, ha dado "un paso en falso" en contra de Venezuela: "Repudio las insolentes medidas tomadas por la Elite Imperial de los Estados Unidos contra Venezuela". Antes de la decisión de Washington de normalizar sus relaciones con Cuba, Maduro encabezó el lunes 15 una concentración en la que invitó a Estados Unidos a "meterse su visa, donde tiene que meterse la visa."[3]

En las semanas siguientes no se conoció de ninguna "Nota diplomática" de protesta ni de alguna otra respuesta oficial y razonada del Estado venezolano presentada ante el gobierno de los Estados Unidos de América, y lo único que se conoce fue el discurso del Sr. Maduro ante el Tribunal Supremo de Justicia, con ocasión de la apertura del año judicial de 2015, pronunciado el día 2 de febrero de 2015, en el cual según reseña de *Infocifras*:

---

2   Véase en: http://versionfinal.com.ve/principales/maduro-encabeza-ascenso-de-oficiales-tecnicos-de-la-fuerza-armada/.

3   Véase en: http://www.laizquierdadiario.com/Estados-Unidos-aprueba-sanciones-al-gobierno-de-Maduro.

"solicitó al Tribunal Supremo de Justicia la *elaboración de un dictamen contra las sanciones impuestas* por el gobierno de Estado Unidos sobre algunos funcionarios del gobierno nacional.

"Creo necesario un dictamen en relación a las pretendidas sanciones ante el Congreso de EE UU", dijo Maduro.

Durante el discurso de apertura del año judicial 2015, el jefe de Estado señaló que la sanción del Senado estadounidense pasa "por encima del Poder Judicial y de nuestra Constitución (…) me pregunto si el congreso de EE UU tiene jurisdicción sobre Venezuela para dictar leyes" se cuestionó Maduro.

Instó a los magistrados a utilizar sus "facultades autónomas", como poder de la República, para emitir opiniones y sentencias sobre el marco de las leyes internacionales, al tiempo que hizo un llamado a promover la discusión en las bases de la organización popular."[4]

Luego, el 4 de febrero de 2015, el mismo Presidente de la República anunció lo que sin duda ya sabía, en un discurso en la Universidad Militar de Venezuela, indicando que: "la titular del Tribunal Supremo de Justicia, Gladys Gutiérrez, le dijo que *acogía su idea de rechazar las sanciones* de Estados Unidos a funcionarios del gobierno y enviar magistrados a países de América Latina para denunciar la injerencia," anunciando que "Muy pronto el alto tribunal dictará una sentencia histórica sobre la pretendida ley de sanciones del Congreso de Estados Unidos, repudiándola, rechazándola."[5]

Es decir, ni más ni menos, el Jefe de Estado, en lugar de ejercer sus funciones constitucionales, lo que hizo simplemente fue quizás solicitarle al Tribunal Supremo de Justicia, como si se tratara de una dependencia jerárquica más del Poder Ejecutivo, la elaboración de un "dictamen" sobre la Ley aprobada por el Senado de los Estados Unidos, como si dicho Supremo Tribunal fuese la "consultoría jurídica" del Poder Ejecutivo, o aceptar que el Tribunal Supremo jugara ese rol, confirmando con ello la unicidad y concentración total del Poder en el Estado Totalitario que existe en el país,[6]

En virtud de dicha solicitud-orden dada por quien ejerce la Jefatura del Estado al Tribunal Supremo, para que emitiera el "dictamen" indicado, la implementación de la misma se concretó con la solicitud formulada la semana siguiente, el día 11 de febrero de 2015, ante la Sala Constitucional del mismo, por el "Viceprocurador General de la Republica," bajo la forma de una "*de-*

---

4   Véase en *Infocifras*, 2 de febrero de 2015, en: https://cifrasonlinecomve.word-press.com/2015/02/02/maduro-exige-dictamen-del-tsj-contra-sanciones-de-ee-uu/

5   Véase "Maduro anuncia que TSJ emitirá sentencia contra sanciones de Estados Unidos," en *El Nacional*, 5 de febrero de 2015, en: http://www.el-nacional.com/politica/Maduro-TSJ-sentencia-sanciones-Unidos_0_568743296.html.

6   Véase Allan R. Brewer-Carías, *Estado Totalitario y Desprecio a la Ley*, Editorial Jurídica Venezolana, Caracas 2014.

manda de interpretación de los artículos 1, 5 y 322 de la Constitución." La
Procuraduría General de la República, en efecto, es el órgano del Poder Ejecutivo encargado de "asesorar, defender y representar, tanto judicial como
extrajudicialmente, los bienes, derechos e intereses patrimoniales de la República" (art 247); competencia que al decir de la Procuraduría, para fundamentar su legitimación para interponer demandar, "no se limita a la defensa
de un patrimonio susceptible de estimación económica de la República, sino
que el mismo debe ser entendido en su amplia acepción, es decir, en su *latu
sensu* tal como lo expresa el artículo 1 de la Constitución, el cual es objeto del
presente recurso de interpretación."

Y así fue entonces cómo la Sala Constitucional del Tribunal Supremo procedió a cumplir la orden que le había dado el Jefe de Estado, abocándose a la
elaboración del "dictamen" jurídico que le había sido solicitado-ordenado,
encubriéndolo sin embargo, bajo la forma de una "sentencia" que es la No.
100 de fecha 20 de febrero de 2015,[7] de supuesta interpretación de los artículos 1, 5 y 322 de la Constitución, que establecen es lo siguiente:

> *Artículo 1.* La República Bolivariana de Venezuela es irrevocable-
> mente libre e independiente y fundamenta su patrimonio moral y sus va-
> lores de libertad, igualdad, justicia y paz internacional en la doctrina de
> Simón Bolívar, el Libertador.
>
> Son derechos irrenunciables de la Nación la independencia, la liber-
> tad, la soberanía, la inmunidad, la integridad territorial y la autodetermi-
> nación nacional.
>
> *Artículo 5.* La soberanía reside intransferiblemente en el pueblo,
> quien la ejerce directamente en la forma prevista en esta Constitución y
> en la ley, e indirectamente, mediante el sufragio, por los órganos que
> ejercen el Poder Público.

Los órganos del Estado emanan de la soberanía popular y a ella están sometidos.

> *Artículo 322.* La seguridad de la Nación es competencia esencial y
> responsabilidad del Estado, fundamentada en el desarrollo integral de
> ésta y su defensa es responsabilidad de los venezolanos y venezolanas;
> también de las personas naturales y jurídicas, tanto de derecho público
> como de derecho privado, que se encuentren en el espacio geográfico na-
> cional.

Por supuesto, de todo lo anterior, *primero*, basta leer dichas tres normas
para evidenciar, como el propio Viceprocurador General de la República lo
expresó en su demanda, que "los artículos objeto de interpretación, establecen
claramente que, la República Bolivariana de Venezuela, es libre e indepen-

---

7   Véase   en: http://historico.tsj.gob.ve/decisiones/scon/febrero/174494-100-20215-
     2015-15-0142.HTML.

diente, siendo que dicha independencia está fundamentada en la defensa de su patrimonio moral y sus valores de libertad, igualdad y paz internacional, cuyos derechos son irrenunciables, que no permiten injerencias externas, en atención al derecho de libre determinación de los pueblos o derecho de autoderminación, principio fundamental del Derecho Internacional Público que tiene carácter inalienable, lo que sin duda constituye una reafirmación de la independencia como elemento esencial de la existencia del Estado, como soberano y libre de toda dominación o protección de potencia extranjera;" y *segundo*, basta leer la sentencia para percatarse que la misma en nada está destinado a "interpretar" las tres normas citadas. Su objeto y contenido es otro, ni más ni menos, que expresar lo que debió haber hecho el Ejecutivo Nacional, por lo que independientemente de las razones o no para rechazar la mencionada ley extranjera, la sentencia está viciada de usurpación de funciones, y es nula de nulidad absoluta e ineficaz (art. 138 de la Constitución).

Por lo demás, de la misma petición formulada por el Viceprocurador, se evidencia que nada alegó sobre supuesta "ambigüedad o carencia" de dichas normas constitucionales, que hubiera podido generar dudas en cuanto a su contenido y alcance, para que ameritasen una interpretación constitucional por parte del Tribunal Supremo.

Por ello, precisamente, la sentencia de la Sala Constitucional No. 100 de 20 de febrero de 2015, nada "interpretó" en relación con dichas normas, habiéndose limitado en realidad a expresar el "dictamen" jurídico cuya redacción correspondía al Poder Ejecutivo, y que éste le había solicitado.

II. LA VÍA ESCOGIDA PARA LA EMISIÓN DEL DICTAMEN "EJECUTIVO" SOLICITADO POR EL PODER EJECUTIVO A LA SALA CONSTITUCIONAL: UNA FALSA "DEMANDA" DE INTERPRETACIÓN CONSTITUCIONAL, PERO SIN ARGUMENTO INTERPRETATIVO ALGUNO

La vía para obtener del tribunal Supremo de Justicia el dictamen solicitado-ordenado, fue un supuesto recurso de interpretación constitucional intentado en relación con los mencionados artículos 1, 5 y 322 de la Constitución, lo cual era falso, pues como lo expresó el propio Viceprocurador en su demanda, las mismas *"establecen claramente,"* los dos primeros, la "declaración de Venezuela como una República libre e independiente, siendo el pueblo el que ostenta la soberanía, y el último referente a la Seguridad de la Nación."[8] Sobre esas normas, por tanto, por su claridad, nada había que interpretar.

Sin embargo, contradictoriamente, el mismo funcionario, por orden del Presidente de la República, intentó la demanda de interpretación constitucional de dichas normas, argumentando sobre una supuesta "incertidumbre jurí-

---

8   Las referencias al escrito de demanda del Viceprocurador, se toman de la reseña del mismo que se hace en el propio texto de la sentencia N° 100 de la Sala Constitucional de 20 de febrero de 2015.

dica" que le surgía "*acerca del alcance del contenido*" de las mismas, como "*consecuencia*" de la sanción *por el* Senado de los Estados Unidos de América, el 8 de diciembre de 2014, de la "*Ley del 2014 para la Defensa de los Derechos Humanos y la Sociedad Civil de Venezuela*'['*Venezuela Defense of Human Rights and Civil Society Act of 2014;* considerando que con ello existiría una "*duda razonable relativa al contenido y alcance*" de las normas, pues dicha Ley extranjera estaba:

> "dirigida a imponer sanciones a <u>cualquier funcionario</u> actual o anterior, o cualquier persona que actúe en representación del gobierno venezolano, que haya perpetrado o sea responsable por ordenar o dirigir actos de <u>violencia o de abusos de los derechos humanos en Venezuela, contra las personas que participaron en las protestas antigubernamentales que iniciaron el 4 de febrero de 2014 y de futuros actos de violencia similares</u>, previendo para ello, que el Presidente de ese país impondrá a las personas que él determine, las siguientes sanciones: Bloqueo de Activos, [...] ubicados en los Estados Unidos de América, [...];Exclusión del país, rechazo de una visa, revocatoria de la inmigración o nacionalidad de conformidad con la Ley que regula la materia inmigratoria de ese país, u otra documentación del extranjero"[...]. Adicionalmente, dicha Ley prevé que cualquier persona que viole o intente violar cualquier autorización, resolución judicial o prohibición, establecida en ese texto legal" (sic)"

Sobre estas sanciones previstas en una Ley extranjera, que el representante de la Procuraduría consideró que "ni siquiera tienen una clara intención de castigo, pues ellas se traducen en medidas que ya corresponden al Ejecutivo norteamericano por aplicación ordinaria de su ordenamiento jurídico," el mismo funcionario estimó en cuanto a la Ley, que la misma era un "acto del Poder Legislativo de un gobierno extranjero cuyos efectos recaen de manera selectiva sobre ciudadanos venezolanos, en razón del ejercicio de funciones públicas en nuestro país." Ello, precisamente, a juicio del Procurador, constituía la "situación jurídica concreta y específica" necesaria para poder plantear el recurso de interpretación constitucional ante el Tribunal Supremo, de unas normas que establecían claramente lo que indicaban, lo que fundamentó aduciendo que:

> "Este acto legislativo, así como las potenciales consecuencias de su aplicación, la difusión mediática que se le ha pretendido dar y las declaraciones y opiniones del Gobierno Norteamericano al respecto, conforman un ambiente político en la comunidad internacional y una visión económica de la República Bolivariana de Venezuela que vulnera la realidad y somete a juicio la institucionalidad del Estado venezolano."

Agregó el Procurador, que si bien su recurso no tenía por objeto "precisar la constitucionalidad de la mencionada Ley norteamericana, menos aún a la luz de un Derecho foráneo," consideró que el señalamiento en dicha Ley extranjera de "responsabilidad por la comisión de delitos de lesa humanidad por funcionarios venezolanos, en territorio venezolano," a los cuales se impondrían "las sanciones descritas en la mencionada Ley," si bien:

> "no tiene efecto jurídico alguno en la República Bolivariana de Venezuela, ni en ningún otro país del mundo, sí repercute en la imagen de dicho funcionario, con ocasión del ejercicio de sus funciones y, en consecuencia, afecta negativamente la percepción de legitimidad e institucionalidad de ciudadanos venezolanos respecto del Poder Público venezolano, fundamentándolo además en un falso matiz de legalidad".

El Procurador continuó fundamentando sobre la situación fáctica que originó su demanda, indicando que en definitiva, la mencionada Ley dictada en un país extranjero tenía "como objeto señalar a Venezuela ante la comunidad mundial, como una Nación que por decisión de su gobierno, o quien detenta el poder, comete tropelías y desmanes que conculcan los derechos humanos del pueblo venezolano" donde se ha producido "la presunta acumulación de poder en el Poder Ejecutivo, trayendo como consecuencia el deterioro de las garantías a los derechos humanos que a juicio de ese instrumento han permitido al gobierno nacional intimidar, censurar y enjuiciar a todas aquellas personas que lo han criticado".

Ello, consideró el Procurador que generaba:

> "una visión distorsionada del Estado venezolano, de su Gobierno, del Poder Público constituido legítimamente, tratando de generar como consecuencias, dentro del país y en la comunidad internacional: desconfianza; sensación de inestabilidad política, económica y social; falta de institucionalidad y Estado de Derecho; ausencia de derechos públicos y de los órganos para su garantía y control; etc. En resumen, el caldo de cultivo para argumentos como el de 'Estado forajido' y la inminencia de una intervención internacional".

En definitiva, el representante de la Procuraduría consideró que "aun cuando la jurisdicción de la Ley norteamericana ciertamente no alcanza nuestro territorio" sin embargo, estimó que "tras el bastidor de una presunta actuación institucional del Congreso de los Estados Unidos de Norteamérica," en realidad se escondía, un ataque contra la existencia misma del Estado venezolano, sus instituciones y su pueblo;" agregando finalmente que "a pesar de que las mencionadas normas sancionatorias parecieran tener un carácter programático, su contenido representa para el Estado venezolano una injerencia en sus asuntos internos, vulnerando su soberanía, dado su ensañamiento contra los funcionarios que ejercen altos cargos del Poder Público Nacional".

Todo lo anterior, a juicio del representante de la Procuraduría, configuraban los:

> "argumentos fácticos que contextualizan la situación en la cual se ha colocado al Estado venezolano como consecuencia de actuaciones presuntamente legítimas del Poder Legislativo de un gobierno extranjero,

habilitando a su vez al Poder Ejecutivo a realizar actos en menoscabo de la soberanía, la autodeterminación, la independencia y otros valores superiores de la República Bolivariana de Venezuela".

De ello entonces dedujo el representante de la Procuraduría General, que "el actual escenario genera una profunda duda respecto de la actuación que debe tener el Estado venezolano ante una situación como la generada por la Ley" ["Ley de Defensa de los Derechos Humanos y la Sociedad Civil de Venezuela por los EE.UU"], todo lo cual evidenciaban unas:

"circunstancias excepcionales de las que derivan una duda razonable de intromisión de un Estado extranjero en los asuntos internos de Venezuela, pretendiendo vulnerar su soberanía y los derechos como Nación a la independencia, la libertad, y la autodeterminación nacional, poniendo en riesgo la seguridad de la Nación"

Y precisamente para "despejar" esa duda, fue que la Procuraduría solicitó de la Sala Constitucional la "correcta interpretación de la extensión de los preceptos constitucionales que desarrollan dichos principios, esenciales a la existencia misma del Estado venezolano" pues "aunque la Ley mencionada no modifica aspectos del ordenamiento jurídico nacional, sus efectos pueden llegar a vulnerar caracteres esenciales al Estado venezolano mismo, como la libertad, la independencia, la igualdad, la justicia y la paz internacional;" agregando finalmente como conclusión que;

"la mencionada Ley extranjera se inmiscuye en asuntos internos de la República, siendo necesaria la guía doctrinaria de esa digna Sala para precisar de forma infalible el valor de los preceptos constitucionales a la hora de determinar la existencia de las conductas distorsionadas que ya se han explicado, por parte de potencias extranjeras, con pretensiones de dirección de los destinos de un país. Ello seguramente resguardará la actuación del Poder Público, en su conjunto, frente a las particularidades de las situaciones planteadas."

Esta conclusión la completó el Procurador, luego de constatar que la Constitución *ampara los derechos humanos de los habitantes de la República,* "peguntándose entonces primero, sobre:

"cómo puede un instrumento jurídico dictado por una autoridad gubernamental extranjera, regular supuestos de hechos que conlleven consecuencias jurídicas como sancionar a funcionarios públicos actuales o anteriores, así como a representantes del gobierno venezolano o que tengan relación con estos, violentando de esta manera la soberanía nacional y el principio de la autodeterminación de los pueblos previstos en nuestra Carta Magna".

Y segundo sobre

"si el Senado de los Estados Unidos de Norteamérica tiene jurisdicción para dictar leyes que sancionen a nacionales de otros Estados, sobre presuntos delitos ocurridos en el territorio de dichos Estados, que presuntamente afectan a los nacionales de dichos Estados y que deben ser perseguidos y castigados en éstos, si resultare procedente de las debidas averiguaciones".

En definitiva, de esto resulta que lo que el Viceprocurador requirió del Tribunal Supremo, no fue realmente una interpretación de los artículos 1, 5 y 322 de la Constitución, que según él mismo "establecen claramente" lo que disponen, sino que decidiera sobre cuál es el sentido y alcance de la competencia que tienen los órganos legislativos y ejecutivos de un Estado extranjero, conforme a sus propias leyes, para dictar los actos jurídicos que las mismas prevén; todo lo cual fue reconocido por la propia Sala Constitucional al admitir la solicitud de interpretación formulada, y declararla de mero derecho, con base en hechos que:

"se vinculan al instrumento llamado como *ley para la defensa de los derechos humanos y la sociedad civil en Venezuela 2014*" y a otras actuaciones desplegadas por los Estados Unidos de América, con incidencia directa en todo el Pueblo venezolano, en su Estado y en la Comunidad Internacional."

III. EL VERDADERO SENTIDO DEL SUPUESTO PROCESO JUDICIAL DE "INTERPRETACIÓN CONSTITUCIONAL," QUE EN REALIDAD ERA JUZGAR Y CONDENAR, EN EL ÁMBITO DE LAS RELACIONES INTERNACIONALES, LA COMPETENCIA DE OTROS ESTADOS PARA DICTAR SUS PROPIAS LEYES

Precisamente por el sentido de la petición formulada por el Viceprocurador General de la república, la propia Sala Constitucional, desde la primera línea de la parte motiva de su sentencia, aun cuando identificó el asunto que se le sometió a su consideración, como "la interpretación de los artículos 1, 5 y 322 de la Constitución de la República Bolivariana de Venezuela, con relación a la aprobación del documento denominado *ley para la defensa de los derechos humanos y la sociedad civil en Venezuela 2014*" y otras acciones emprendidas por autoridades de los Estados Unidos de América, con relación al Pueblo y al Estado venezolano;" en realidad lo que constató es que no se encontraba:

"ante una solicitud ordinaria de interpretación constitucional, sino ante una solicitud de interpretación por ordenación implícita encauzada a la protección y resguardo de la vigencia y efectiva aplicación de la Constitución de la República Bolivariana de Venezuela." (?).

En todo caso, precisamente por ello, la Sala Constitucional en su sentencia identificó el objeto del proceso con base en los fundamentos aducidos, no como un proceso de interpretación constitucional, sino como una tarea en la cual además de "formular el examen y estudio en el plano jurídico a los fines de resolver el requerimiento jurisdiccional presentado," se trataba de:

"advertir ante la comunidad internacional, respetuosa del derecho, la justicia y la paz, la violación de las costumbres y normas del Derecho Internacional, derivadas del instrumento llamado "*ley para la defensa de los derechos humanos y la sociedad civil en Venezuela 2014*", aprobado por los Estados Unidos de América, junto a otros actos similares de hostilidad provenientes de autoridades y poderes de ese Estado, interviniendo en los asuntos internos del Estado venezolano, empleando como justificación supuestas violaciones a los derechos humanos ocurridas en la República Bolivariana de Venezuela."

Para ello, la Sala Constitucional, de entrada, en la parte motiva de su sentencia-dictamen, anunció que su fallo, además, perseguía:

"el deber humano de reivindicar los derechos de todos los pueblos que históricamente han sido víctimas de acciones injerencistas e irrespetuosas y, al mismo tiempo, alzar la voz de la conciencia jurídica universal para que cese toda acción que atente contra el Derecho Internacional, el Derecho de los pueblos y la humanidad."

Con base en estas premisas y luego de destacar como "punto previo" la paradoja que a juicio de la Sala surgía de unas acciones externas (como las derivadas de la ley extranjera) que "sustentan a la ligera en la protección del Pueblo venezolano," pero que a la vez "atentan contra la ordenación social, política, económica y jurídica que el mismo se ha dado legítimamente, en fin, contra su libre determinación, su soberanía, su independencia y su democracia," la misma pasó a transcribir *in extenso* los "textos declarativos del Derecho Internacional, atinentes a los Derechos Humanos y a los derechos de los pueblos, así como a algunos principios ordenadores de las relaciones de la comunidad internacional," y entre ellos, los Preámbulos de la Declaración Universal de Derechos Humanos, de la Carta de la Naciones Unidas, del Pacto Internacional de los Derechos Civiles y Políticos, del Pacto Internacional de Derechos Económicos, Sociales y Culturales, así como diversas normas de Pacto Internacional de los Derechos Civiles y Políticos. De todas esas normas, la Sala dedujo, de entrada, del "examen jurídico" que la ocupaba, "las graves violaciones del orden que vincula jurídicamente a los Estados Unidos de América con la República Bolivariana de Venezuela y, en general, con la comunidad internacional."

Luego pasó la Sala, en su sentencia, a analizar "los principios de soberanía, independencia e igualdad soberana, como "conceptos interrelacionados," y sobre su significado que tienen en el mundo contemporáneo con abundantes citas doctrinales, concluyendo sobre la soberanía, que "ningún país debe imponer a otros, por su sola voluntad, sin el consentimiento de éstos, disposiciones jurídicas que vinculen a sus nacionales fuera del ámbito territorial del

Estado transgresor, y lo contrario vulneraría gravemente las normas que reconocen el derecho de soberanía de los Estados;" y sobre la independencia e igualdad, "que ningún Estado puede arrogarse o ejercer en solitario potestades que a todos los Estados les corresponde y que están asociadas al establecimiento de un conjunto de normas que vinculan tanto a las personas naturales como jurídicas que sean nacionales de dicho Estado, y a la efectividad de dichas normas dentro de su territorio, tanto a nacionales como a extranjeros, salvo las excepciones que el propio Derecho internacional reconoce."

Seguidamente la Sala pasó a transcribir y analizar otro conjunto de normas internacionales, específicamente de la "Declaración sobre la inadmisibilidad de la Intervención en los Asuntos Internos de los Estados Protección de su Independencia y Soberanía" (Asamblea General de las Naciones Unidas,1965); de la Convención sobre Derechos y Deberes de los Estados (Séptima Conferencia Internacional Americana, Montevideo 1933); de la Carta de la Organización de los Estados Americanos –OEA- (1948); de la Resolución 2625 (XXV) de la Asamblea General de las Naciones Unidas contentiva de la Declaración Relativa a los Principios de Derecho Internacional Referentes a las Relaciones de Amistad y a la Cooperación entre los Estados de Conformidad con la Carta de las Naciones Unidas (1970); de la Declaración sobre los principios de derecho internacional referentes a las relaciones de amistad y a la cooperación entre los Estados, de conformidad con la Carta de Naciones Unidas, adjunta a la Resolución 2625 (XXV) del 24 de octubre de 1970; destacando de todos estos instrumentos que "el Derecho Internacional consagra, desde tiempos remotos, los principios de no intervención directa o indirecta, y sea cual fuere el motivo, en los asuntos internos o externos de cualquier otro."

Luego de citas doctrinales sobre el mismo tema, la Sala para "la delimitación fáctica que motivó la solicitud que aquí se resuelve," se refirió al fenómeno "denominado por varios sectores de la filosofía como la inversión de los derechos humanos […] en cuyo nombre se aniquila a los propios derechos humanos," refiriéndose en particular a una sentencia de la Corte Internacional de Justicia, "en el caso relativo a las actividades militares y paramilitares en y contra Nicaragua (Nicaragua contra los Estados Unidos de América), fallo del 27 de junio de 1986, [que] decidió que los Estados Unidos de América actuaron en perjuicio de la República de Nicaragua (http://www.icj-cij.org/homepage/sp/)," destacando en especial de dicho fallo internacional, lo resuelto "sobre el principio de no intervención." Sobre este principio, además, la sentencia de la Sala hizo mención a "las 23 resoluciones de la Asamblea General de Naciones Unidas, en las que solicitan con aprobación de mayoría contundente de los países que la integran, el fin del bloqueo económico impuesto por Estados Unidos a la República de Cuba."

De todo el análisis efectuado de los diferentes instrumentos internacionales antes mencionados, tal y como se tratara – como en efecto se trató- de un dictamen jurídico de un órgano ejecutivo a cargo de la conducción de las relaciones exteriores de la República – la Sala se refirió a "los principios que orientan las relaciones internacionales tales como la independencia, igualdad entre los Estados, libre determinación y no intervención en sus asuntos internos, solución pacífica de los conflictos internacionales, cooperación, respeto de los derechos humanos y solidaridad entre los pueblos en la lucha por su emancipación y el bienestar de la humanidad," concluyendo la Sala, sin más, "que el instrumento dado a conocer como *"ley para la defensa de los derechos humanos y la sociedad civil en Venezuela 2014"*, vulnera precisamente los axiomas básicos del Derecho Internacional," y "viola el principio de igualdad soberana entre los Estados, según el cual estos poseen, en el plano jurídico internacional, los mismos deberes y derechos." De todo ello, consideró la Sala, en consecuencia, que:

> "el acto legislativo extranjero referido por la parte solicitante, además de representar un abierto quebrantamiento de la aludida prohibición al constituir una intervención en asuntos de la jurisdicción interna del Estado venezolano, principalmente carece de validez y efectividad en tanto los Estados Unidos de América no tienen jurisdicción alguna para sancionar y promulgar actos de faz legal con aplicación en la República Bolivariana de Venezuela. En tal virtud, encuentra esta Sala Constitucional que es absolutamente nula la ubicación o existencia en el plano jurídico para la República Bolivariana de Venezuela y sus nacionales, del acto o documento extranjero aludido en la solicitud presentada ante esta Máxima Instancia de la Jurisdicción Constitucional."

Finalizó su argumentación la Sala, transcribiendo los diversos Comunicados de organizaciones internacionales en apoyo del Estado de Venezuela, como los emitidos por la Alianza Bolivariana para los Pueblos de Nuestra América – Tratado de Comercio de los Pueblos (ALBA-TCP) (10-2-2015); la Comunidad de Estados Latinoamericanos y Caribeños (CELAC), la Unión de Naciones Suramericanas (UNASUR), y el Movimiento de Países No Alineados (MNOAL), considerando que esas manifestaciones "constituyen el testimonio de la solidaridad entre los pueblos que profesan volitivamente el respeto al Derecho, y que luchan por alcanzar el bienestar general, ajenos a cualquier intento de dominación o neocolonialismo."

En el resto de la parte motiva de la "sentencia," la Sala reiteró repetidamente las mismas apreciaciones sobre los principios de soberanía, independencia, igualdad y no intervención, refiriéndose además a los principios de seguridad de la Nación, y a que "resulta injustificable e inaceptable que un país procure legislar y sancionar fuera de las fronteras del mismo;" a las "repudiables actuaciones injerencistas" que se hacen en nombre de la ley extranjera; a que "ningún otro Estado tiene potestad para imponerle al pueblo venezolano ordenamiento jurídico o establecerle una forma de pensar y autodeterminarse política, jurídica y socialmente en general;" a que "la actuación unilateral que aquí se objeta, tiene como írrito propósito alterar la forma política del pueblo y del Estado venezolano;" y en fin, a que por su rol de "máximo y último garante jurisdiccional del orden constitucional y de los derechos" de los venezolanos, "tiene el deber fundamental de tutelar la voluntad del Pueblo y condenar cualquier acción que atente contra ellos, en este caso, las acciones injerencistas del Congreso y del Ejecutivo estadounidense, que con ellas han llevado a esas instituciones por el camino de la antijuridicidad y la ilegitimidad, para deshonra del pueblo al cual se deben."

Todo ello siguiendo parcialmente lo argumentado contradictoriamente por el Viceprocurador solicitante del pronunciamiento de la Sala Constitucional, quien en su "demanda," , por una parte expresó que *la mencionada Ley extranjera se inmiscuye en asuntos internos de la República;"* y por la otra fue reiterativo en considerar que la mencionada Ley extranjera: *"no tiene efecto jurídico alguno en la República Bolivariana de Venezuela, ni en ningún otro país del mundo;"* y *"no modifica aspectos del ordenamiento jurídico nacional."*

IV. LA "SENTENCIA INTERPRETATIVA" QUE NADA INTERPRETÓ Y MÁS BIEN, SE CONFIGURÓ COMO UNA MANIFESTACIÓN POLÍTICA DEL ESTADO QUE SOLO PODÍA EMANAR DEL PODER EJECUTIVO

De todo lo expuesto a lo largo de la parte motiva de la sentencia, ninguna línea ni párrafo de la misma lo destinó la Sala a considerar posibles ambigüedades o carencias de los artículos 1, 5 y 322 de la Constitución, que ameritasen ser interpretados; ni ejercicio alguno de interpretación de dichas normas, siendo su contenido pura y simplemente, un pronunciamiento del Estado venezolano en materia de relaciones internacionales que constitucionalmente sólo el Poder Ejecutivo podía hacer.

Por ello, la apreciación final de la Sala Constitucional sobre "la manifiesta ilegitimidad, nacional e internacional, de la *"ley para la defensa de los derechos humanos y la sociedad civil en Venezuela 2014"*, y de las acciones emprendidas por los Estados Unidos de América en contra del Estado venezolano," las cuales consideró como una "circunstancia generadora de responsabilidad interna e internacional de ese Estado y las autoridades respectivas, ante su pueblo y ante la Comunidad de Naciones," generando, esos "hechos ilícitos internacionales," entre otros, los siguientes "derechos del Estado objeto de perjuicios":

"(1) denunciar y exigir el cese de la conducta ilícita, (2) exigir las debidas garantías de que las mismas no se repetirán, (3) ver reparada plenamente la lesión, sea mediante la restitución, la indemnización o la satisfacción, y (4) exhortar a los demás países y a la comunidad internacional, para que coadyuven a tutelar esos derechos, en virtud, entre otros, de los principios de solidaridad y reciprocidad, justicia y paz internacional."

Con base en todo ello, la sentencia-dictamen, en lugar de interpretar los artículos 1, 5 y 322 de la Constitución, que era lo que se la había solicitado por el Viceprocurador General de la República, lo que hizo fue concluir con el siguiente pronunciamiento, como si se tratase de una Nota diplomática o de un Comunicado del Ministerio de Relaciones Exteriores:

"1. Que los Estados Unidos de América no tienen jurisdicción alguna, de ninguna intensidad, forma o atributo, para sancionar y promulgar actos de faz legal con aplicación en la República Bolivariana de Venezuela, siendo que el documento identificado como "*ley para la defensa de los derechos humanos y la sociedad civil en Venezuela 2014*", carece de validez y efectividad y es absolutamente nula su ubicación o existencia en el plano jurídico para la República Bolivariana de Venezuela y sus nacionales.

2. Que la "*ley para la defensa de los derechos humanos y la sociedad civil en Venezuela 2014*", así como otras acciones emprendidas por los Estados Unidos de América, en contra de la República Bolivariana de Venezuela, del Estado venezolano y del Pueblo venezolano, no sólo vulneran todas las fuentes del Derecho Internacional (principios, jurisprudencia, costumbres y tratados y otros instrumentos internacionales), sino que adversan los más emblemáticos criterios jurídicos y éticos de la humanidad, además de quebrantar normas, valores, principios, derechos y garantías tanto del Derecho interno de la República Bolivariana de Venezuela, como, probablemente, del propio Derecho interno de aquel Estado que ha desplegado estas írritas y lamentables acciones de agresión.

3. Que esas acciones injerencistas generan responsabilidad internacional para los Estados Unidos de América y para las autoridades respectivas que las han desplegado o han ayudado a desplegarlas; incluso, pudieran generar responsabilidad jurídica ante su pueblo y ante el orden interno de la República Bolivariana de Venezuela; razón por la que las autoridades venezolanas están legitimadas para encausar las investigaciones y los procesos correspondientes.

4. Que la comisión de estos hechos antijurídicos generan, entre otros, los derechos del Estado objeto de perjuicios, a través de los medios que establece el orden internacional, (1) a denunciar y exigir el cese de la conducta ilícita, (2) a exigir las debidas garantías de que las mismas no se repetirán, (3) a ver reparada plenamente la lesión, sea mediante la restitución, la indemnización o la satisfacción, y (4) exhortar a los demás países y a la comunidad internacional, para que coadyuven a tutelar esos derechos, en virtud, entre otros, de los principios de solidaridad y reciprocidad, justicia y paz internacional."

Y nada más, salvo ordenar la remisión de copia de la sentencia a los otros Poderes Públicos, y su publicación en la *Gaceta Oficial*, con indicación de lo siguiente en el "sumario" respectivo:

"Sentencia que declara que los Estados Unidos de América no tienen jurisdicción alguna, de ninguna intensidad, forma o atributo, para sancionar y promulgar actos de faz legal con aplicación en la República Bolivariana de Venezuela, siendo que el documento identificado como *"ley para la defensa de los derechos humanos y la sociedad civil en Venezuela 2014"*, carece de validez y efectividad y es absolutamente nula su ubicación o existencia en el plano jurídico para la República Bolivariana de Venezuela y sus nacionales." [9]

Basta leer estas resoluciones de la Sala Constitucional para constatar la inversión o confusión de roles que con ella se han producido en el Estado Totalitario que existe en Venezuela, caracterizado por un sistema de concentración y unicidad del Poder Público, en sustitución de la separación de Poderes, de manera que la condena razonada del Estado venezolano respecto de las acciones de un Estado extranjero que se consideran lesivas a la República, no se emite por el Poder Ejecutivo sino por el Poder Judicial. [10]

Con la sentencia, la Sala no sólo cumplió como supuesto órgano dependiente, la orden que le dio el Presidente de la República de emitir un dictamen en el cual se condenara la sanción por el Senado de los Estados Unidos de América de la "Ley del 2014 para la Defensa de los Derechos Humanos y la Sociedad Civil de Venezuela," y las actividades desplegadas por el Poder Ejecutivo de ese país en ejecución de la misma, lo que conforme a la Constitución es una competencia que sólo puede ejercida por el propio Poder Ejecutivo; sino que al prestarse para esta maniobra, violó su propia competencia en materia del recurso de interpretación constitucional, al dictar una sentencia-dictamen en la cual nada se interpreta respecto de los artículos 1, 5 y 322 de la Constitución, como supuestamente se le había "solicitado," y que por su claridad, nada contenían que pudiera ser objeto de interpretación.

Nueva York, 21 de febrero de 2015.

---

9   Si se hubiese tratado de una sentencia interpretativa, el texto informativo para el "Sumario" de la *Gaceta Oficial* debió haber sido el que sin embargo está en el "portal" de Internet del Tribunal Supremo (http://www.tsj.gob.ve/decisiones#1) al informar sobre el Expediente N° 15-0142 y sobre la sentencia N° 100, que tiene el siguiente texto: *"Se interpretan los artículos 1,5 y 322. de la Constitución Nacional,"* lo que evidentemente es falso y contradice el verdadero contenido de la sentencia que es el que precisamente su mismo texto se ordena anunciar en la *Gaceta Oficial*.

10 Por ello, incluso, el propio titular del diario *El Universal* del día 20 de febrero de 2015, donde se recoge la rueda de prensa dada por la Presidenta del Tribunal Supremo, anunciando la sentencia, que indica: "TSJ rechazó sanciones de EEUU por vulnerar el derecho internacional," expresando la reseña del periodista Víctor la Cruz que: "La Sala Constitucional del Tribunal Supremo de Justicia (TSJ) condenó las acciones injerencistas del Congreso y del ejecutivo de Estados Unidos (EEUU), por las sanciones que impusiera ese país a algunos funcionarios venezolanos, por su presunta participación en violación de derechos humanos." Véase en: http://www.eluniversal.com/nacional-y-politica/150220/tsj-rechazo-sanciones-de-eeuu-por-vulnerar-el-derecho-internacional.

OCTAVA PARTE

EL CUESTIONAMIENTO DEL PODER JUDICIAL VENEZOLANO HASTA POR UN TRIBUNAL EXTRANJERO*

La Sala IV (Sala Constitucional) de la Corte Suprema de Justicia de Costa Rica, viene de dictar con fecha 31 de julio de 2015 una sentencia dictada en un proceso de *hábeas corpus* (Exp: 15-008391-0007-CO; Res. N° 2015-011568)[1] o amparo a la libertad personal, en la cual al ordenar la libertad plena de un ciudadano croata/venezolano que estaba detenido en ese país desde diciembre de 2014, acusado en Venezuela de haber estafado a uno de los fondos públicos (el llamado "Fondo Chino"), lo hizo realizando un grave enjuiciamiento de la catastrófica situación del Poder Judicial venezolano, considerado por la mayoría de sus magistrados, simplemente como *carente de autonomía e independencia*, considerando que por ello, nadie podría esperar poder ser juzgado, incluso por delitos comunes, gozando de garantía judicial alguna y menos si hay alguna motivación política de por medio.

Se trata del enjuiciamiento más importante y certero efectuado por los magistrados de un tribunal extranjero sobre la lamentable situación del Poder Judicial venezolano que esperamos no origine, de parte del mismo, a través

---

* Texto del Comentario Jurisprudencial sobre "El cuestionamiento del Poder Judicial venezolano por un tribunal extranjero. De cómo la Sala IV (Sala Constitucional) de la Corte Suprema de Justicia de Costa Rica liberó a un presunto estafador cuya extradición había sido solicitada por el Estado de Venezuela, por errores inexcusables en la petición de extradición formulada, y además, por constatar que la ausencia de autonomía e independencia del Poder Judicial en Venezuela no le garantiza a nadie posibilidad alguna de debido proceso," redactado para ser publicado en la *Revista de Derecho Público*, N° 143 (Tercer Trimestre 20150, Editorial Jurídica Venezolana, Caracas 2015.

1 Véase el texto de la sentencia en http://jurisprudencia.poder-judicial.go.cr/SCIJ_PJ /busqueda/jurisprudencia/jur_Documento.aspx?param1=Fi-cha_Sentencia&nValor-1=1&nValor2=644651&strTipM=T&strDirSel=directo&_r=1Véase la noticia de prensa sobre dicha sentencia en http://www.nacion.com/su-cesos/poder-judicial/Sala-IV-extradicion-cuestiona-Venezuela_0_1504049615.html.

del Tribunal Supremo –responsable de la catástrofe judicial– alguna bizarra exhortación al Ejecutivo Nacional por ejemplo de ruptura de relaciones diplomáticas, en la misma tónica que lo hizo dicho Tribunal Supremo, cuando exhortó al Ejecutivo Nacional a que denunciara la Convención Americana de Derechos Humanos, luego de que la Corte Interamericana de Derechos Humanos dictara varias sentencias condenatorias contra el Estado y que dicho Tribunal las declarara "inejecutables" en Venezuela,[2] lo que condujo al poco tiempo con la lamentable denuncia efectiva de dicha Convención en 2013.[3]

La decisión de la Sala Constitucional de la Corte Suprema de Justicia de Costa Rica, en todo caso, por su importancia, amerita ser comentada.

I

El cuestionamiento del Poder Judicial en Venezuela, por la ausencia de autonomía e independencia, dado el control político que el Estado autoritario ejerce sobre el mismo, además de haberse formulado en el país en todas las formas posibles[4] como es bien sabido, antes de que Venezuela denunciara la

---

2   Véase las sentencias de la Sala Constitucional del Tribunal Supremo de Justicia N°
1.939 de 12 de diciembre de 2008 que declaró inejecutable la sentencia de la Corte
Interamericana en el caso *Apitz Barbera y otros vs. Venezuela* (2008), en
http://www.tsj.gov.ve/decisiones/scon/Diciembre/1939-181208-2008-08-
1572.htmlla; y la y la sentencia N° 1547 de fecha 17 de octubre de 2011, que también
declaró inejecutable la sentencia de la Corte Interamericana de Derechos Humanos,
de 1° de septiembre de 2011 dictada en el caso *Leopoldo López vs. Estado de Venezuela,* en http://www.tsj.gov.ve/decisiones/scon/Octubre/1547-171011-2011-11-
1130.html. Véase Allan R. Brewer-Carías, "El ilegítimo "control de constitucionalidad" de las sentencias de la Corte Interamericana de Derechos Humanos por parte la
Sala Constitucional del Tribunal Supremo de Justicia de Venezuela: el caso de la
sentencia *Leopoldo López vs. Venezuela, 2011,*" en *Constitución y democracia: ayer
y hoy. Libro homenaje a Antonio Torres del Moral.* Editorial Universitas, Vol. I, Madrid, 2013, pp. 1095-1124.

3   Véase la comunicación N° 125 de 6 de septiembre de 2012 dirigida por el entonces
Canciller de Venezuela, Nicolás Maduro, dirigida al Secretario General de la OEA,
en http://www.minci.gob.ve/wp-content/uploads/2013/09/Carta-Retiro-CIDH-Firma-
da-y-sello.pdf.

4   Sobre el tema entre mis trabajos, véase, entre otros: Allan R. Brewer-Carías, "La
progresiva y sistemática demolición institucional de la autonomía e independencia
del Poder Judicial en Venezuela 1999-2004", en *XXX Jornadas J.M Domínguez Escovar, Estado de derecho, Administración de justicia y derechos humanos,* Instituto
de Estudios Jurídicos del Estado Lara, Barquisimeto, 2005, pp. 33-174; "La justicia
sometida al poder [La ausencia de independencia y autonomía de los jueces en Venezuela por la interminable emergencia del Poder Judicial (1999-2006)]" en *Cuestiones
Internacionales. Anuario Jurídico Villanueva 2007,* Centro Universitario Villanueva,
Marcial Pons, Madrid 2007, pp. 25-57, y en *Derecho y democracia. Cuadernos Universitarios,* Órgano de Divulgación Académica, Vicerrectorado Académico, Universidad Metropolitana, Año II, N° 11, Caracas, septiembre 2007, pp. 122-138. Publicado en *Crónica sobre la "In" Justicia Constitucional. La Sala Constitucional y el au-*

Convención Americana de Derechos Humanos en 2013, lo hizo en varias ocasiones la Comisión Interamericana de Derechos Humanos, y en algunas, la Corte Interamericana de Derechos Humanos.

En al menos tres sentencias decididas contra Venezuela, en particular, en los casos *Apitz Barbera y otros vs. Venezuela* (2008),[5] *María Cristina Reverón Trujillo vs. Venezuela* (2009),[6] y *Mercedes Chocrón Chocrón vs. Venezuela* (2011),[7] en efecto, la Corte Interamericana de Derechos Humanos conoció y constató en alguna forma sobre la catastrófica situación del Poder Judicial en Venezuela.

Pero no siempre fue así, al punto de que en otro caso, como el caso *Allan R. Brewer-Carías vs. Venezuela* (2004),[8] la misma Corte, debido a las abiertas presiones políticas ejercidas por el gobierno de Venezuela contra la misma, incluso hasta en el texto mismo de la denuncia de la Convención Americana de Derechos Humanos de septiembre de 2013,[9] no se atrevió a juzgar a dicho Poder Judicial, y al contrario, lo avaló, pero sin motivación alguna.

---

toritarismo en Venezuela, Colección Instituto de Derecho Público. Universidad Central de Venezuela, N° 2, Editorial Jurídica Venezolana, Caracas 2007, pp. 163-193; "Sobre la ausencia de independencia y autonomía judicial en Venezuela, a los doce años de vigencia de la constitución de 1999 (O sobre la interminable transitoriedad que en fraude continuado a la voluntad popular y a las normas de la Constitución, ha impedido la vigencia de la garantía de la estabilidad de los jueces y el funcionamiento efectivo de una "jurisdicción disciplinaria judicial"), en *Independencia Judicial*, Colección Estado de Derecho, Tomo I, Academia de Ciencias Políticas y Sociales, Acceso a la Justicia org., Fundación de Estudios de Derecho Administrativo (Funeda), Universidad Metropolitana (Unimet), Caracas 2012, pp. 9-103; "The Government of Judges and Democracy. The Tragic Situation of the Venezuelan Judiciary," en *Venezuela. Some Current Legal Issues 2014, Venezuelan National Reports to the 19th International Congress of Comparative Law, International Academy of Comparative Law, Vienna, 20-26 July 2014*, Academia de Ciencias Políticas y Sociales, Caracas 2014, pp. 13-42.

5   Véase sentencia en http://www.corteidh.or.cr/docs/casos/articulos/se-riec_182_esp.pdf.

6   Véase sentencia en http://www.corteidh.or.cr/docs/casos/articulos/se-riec_197_esp.pdf.

7   Véase la sentencia en http://corteidh.or.cr/docs/casos/articulos/se-riec_227_esp.pdf.

8   Véase sentencia en http://www.corteidh.or.cr/docs/casos/articulos/se-riec_278_esp.pdf. Véase sobre esta sentencia Allan R. Brewer-Carías, *El caso Allan R. Brewer-Carías vs. Venezuela ante la Corte Interamericana de Derechos Humanos. Estudio del caso y análisis crítico de la errada sentencia de la Corte Interamericana de Derechos Humanos N° 277 de 26 de mayo de 2014*, Colección Opiniones y Alegatos Jurídicos, N° 14, Editorial Jurídica Venezolana, Caracas 2014.

9   En el texto de la comunicación N° 125 de día 6 de septiembre de 2012, suscrita por el Ministro de Relaciones Exteriores de Venezuela, Sr. Nicolás Maduro, quien luego asumió ilegítimamente la presidencia de la República, dirigida al Secretario General de la OEA, luego de denunciar una supuesta campaña de desprestigio contra al país desarrollada por parte de la Comisión Interamericana de Derechos Humanos y de la Corte Interamericana de Derechos Humanos contra Venezuela, citando entre otros

Ello lo hizo, al decidir en el caso que el Poder Judicial venezolano supuestamente podía llegar a corregir las violaciones masivas contra los derechos y garantías judiciales de la víctima, que fueron denunciadas, cometidas en un paródico proceso penal que estaba viciado de raíz, cuyo objeto, además, era una clara persecución política contra el denunciante; negándosele así a la víctima su derecho de acceso a la justicia y su derecho a la protección internacional.

En el caso *Allan Brewer Carías vs. Venezuela*, en efecto, mediante la sentencia N° 277 de 26 de mayo de 2014, la Corte Interamericana ordenó el archivo del expediente, sin decidir nada sobre los méritos del caso, pues supuestamente la víctima no había agotado los recursos internos, negándose a juzgar las denuncias formuladas sobre la situación del Poder Judicial, carente de autonomía e independencia, e ignorando de paso que efectivamente la víctima sí había agotado el único recurso interno disponible (que era el amparo penal); le negó su derecho de acceso a la justicia internacional, protegiendo en cambio la arbitrariedad cometida por el Estado autoritario. [10]

Conforme a esa sentencia, para la Corte Interamericana, en ese caso, la única forma para que la víctima pudiera pretender obtener justicia internacional era que, a pesar de ser un perseguido político, se entregara a sus perseguidores, para que una vez privado de libertad y sin garantías judiciales algunas, tratase de seguir, desde la cárcel, un proceso judicial que estaba viciado desde el inicio; de manera que si después de varios años lograba que el mismo avanzara, y las violaciones a sus derechos se agravaran, entonces, si aún contaba con vida, o desde la ultratumba, podía regresar ante la Corte Interamericana a denunciar los mismos vicios que con su sentencia la Corte se negó a conocer.

---

casos decididos, el caso *Leopoldo López,*, en forma por demás insólita, citó casos que la Corte no había aun decidido como fue precisamente caso *Allan R. Brewer-Carías vs. Venezuela*, sin duda para presionar indebidamente a los jueces de la propia Corte Interamericana, manifestando formalmente al Secretario General de la OEA la "decisión soberana de la República Bolivariana de Venezuela de denunciar la Convención. Americana sobre Derechos Humanos, cesando en esta forma respecto de Venezuela los efectos internacionales de la misma, y la competencia respecto del país tanto de la Comisión Interamericana de Derechos Humanos como de la Corte Interamericana de Derechos Humanos." Véase en http://www.minci.gob.ve/wp-content/uploads/2013/09/Carta-Retiro-CIDH-Firmada-y-sello.pdf. Sobre la inconstitucionalidad de dicha decisión véase, entre otros, Carlos Ayala Corao, "Inconstitucionalidad de la denuncia de la Convención Americana sobre Derechos Humanos por Venezuela" en *Revista de Derecho Público*, N° 131, Editorial Jurídica Venezolana, Caracas 2012.

10   Véase sentencia en http://www.corteidh.or.cr/docs/casos/articulos/se-riec_278_esp.pdf. Sobre esta sentencia véase Allan R. Brewer-Carías, *El caso Allan R. Brewer-Carías vs. Venezuela ante la Corte Interamericana de Derechos Humanos*. Estudio del caso y análisis crítico de la errada sentencia de la Corte Interamericana de Derechos Humanos N° 277 de 26 de mayo de 2014, Colección Opiniones y Alegatos Jurídicos, N° 14, Editorial Jurídica Venezolana, Caracas 2014).

En palabras de los Jueces **Manuel E. Ventura Robles** y **Eduardo Ferrer Mac-Gregor Poisot** expresadas en su importante *Voto Conjunto Negativo* a la sentencia de la Corte Interamericana, estando "de por medio el derecho a la libertad personal:

> *"Pretender que el señor Brewer Carías regrese a su país para perder su libertad y, en esas condiciones, defenderse personalmente en juicio, constituye un argumento incongruente y restrictivo del derecho de acceso a la justicia, al no haberse analizado en el caso precisamente los aspectos de fondo invocados por la hoy presunta víctima relacionados con diversas violaciones a los artículos 8 y 25 de la Convención Americana, que de manera consustancial condicionan los alcances interpretativos del artículo 7.5 del Pacto de San José respecto al derecho a la libertad personal "* (Párrafo 116).

Esta decisión de la Corte Interamericana, con razón, a juicio de los Magistrados Jinesta Lobo, Castillo Víquez, Rueda Leal, Hernández López y Salazar Alvarado de la Sala Constitucional de la Corte Suprema de Justicia de Costa Rica, expresado en la sentencia N° 2015-11568 del 31 de julio de 2015 que comentamos en estas páginas, *"pesa como una sombra en la trayectoria y jurisprudencia de la Corte Interamericana."* [11]

II

Y efectivamente es una sombra que no se podrá borrar jamás, por el daño irreversible causado al derecho, como precisamente se lo ha recordado a la Corte Interamericana y al propio Estado de Venezuela, la Sala Constitucional de la Corte Suprema de Justicia Costa Rica, en la sentencia citada de *habeas corpus* N° 2015-11568 de 31 de julio de 2015, al ordenar la liberación del detenido por presunta estafa al llamado Fondo Chino de Venezuela, por fallas cometidas por el propio Estado venezolano en la petición de extradición, al no haber aportado pruebas, que era lo más elemental procesalmente hablando y dice muy mal del Ministerio Público venezolano que debió haber contribuido a preparar el "expediente" de la solicitud de extradición; y además, por considerar, la mayoría de sus magistrados, que el Poder Judicial en Venezuela simplemente *carece de autonomía e independencia.*

El Poder Judicial de Venezuela en efecto había sido objeto de críticas y enjuiciamiento por parte de organismos internacionales, e incluso ha sido objeto de debate en tribunales de instancia en muchos países, pero quizás esta es la primera vez que magistrados de una Corte Suprema de Justicia (Sala

---

11   Véase el texto de la sentencia en http://jurisprudencia.poder-judicial.go.cr/SCIJ_PJ/busqueda/jurisprudencia/jur_Documento.aspx?param1=Fi-cha_Sentencia&nValor1=1&nValor2=644651&strTipM=T&strDirSel=directo&_r=1. Véase la noticia de prensa sobre dicha sentencia en http://www.nacion.com/su-cesos/poder-judicial/Sala-IV-extradicion-cuestiona-Venezuela_0_1504049615.html

Constitucional) de un país latinoamericano hayan cuestionado abiertamente en una de sus sentencia, la lamentable situación del Poder Judicial del país.

En efecto, entre los enjuiciamientos más recientes respecto del Poder Judicial y del Ministerio Público en Venezuela, que citan los magistrados de la Sala Constitucional de la Corte Suprema de Justicia de Costa Rica para fundamentar sus apreciaciones, está el *Informe de la Comisión Internacional de Juristas*, titulado *Fortalecimiento del Estado de Derecho en Venezuela* (Ginebra en marzo de 2014), en cuya Presentación al mismo, el Secretario General de la Comisión, Wilder Tayler, explicó que:

> "Este informe da cuenta de la falta de independencia de la justicia en Venezuela, comenzando con el Ministerio Público cuya función constitucional además de proteger los derechos es dirigir la investigación penal y ejercer la acción penal. El incumplimiento con la propia normativa interna ha configurado un Ministerio Público sin garantías de independencia e imparcialidad de los demás poderes públicos y de los actores políticos, con el agravante de que los fiscales en casi su totalidad son de libre nombramiento y remoción, y por tanto vulnerables a presiones externas y sujetos órdenes superiores.
>
> En el mismo sentido, el Poder Judicial ha sido integrado desde el Tribunal Supremo de Justicia (TSJ) con criterios predominantemente políticos en su designación. La mayoría de los jueces son "provisionales" y vulnerables a presiones políticas externas, ya que son de libre nombramiento y de remoción discrecional por una Comisión Judicial del propio TSJ, la cual, a su vez, tiene una marcada tendencia partidista. [...]".

Luego de referirse a que "el informe da cuenta además de las restricciones del Estado a la profesión legal," el Sr. Tayler concluyó su Presentación del Informe afirmando tajantemente que:

> "Un sistema de justicia que carece de independencia, como lo es el venezolano, es comprobadamente ineficiente para cumplir con sus funciones propias. En este sentido en Venezuela, un país con una de las más altas tasas de homicidio en Latinoamérica y en el familiares sin justicia, esta cifra es cercana al 98% en los casos de violaciones a los derechos humanos. Al mismo tiempo, el poder judicial, precisamente por estar sujeto a presiones externas, no cumple su función de proteger a las personas frente a los abusos del poder sino que por el contrario, en no pocos casos es utilizado como mecanismo de persecución contra opositores y disidentes o simples críticos del proceso político, incluidos dirigentes de partidos, defensores de derechos humanos, dirigentes campesinos y sindicales, y estudiantes."[12]

---

12   Véase en http://icj.wpengine.netdna-cdn.com/wp-content/uploads/2014/06/VENE-ZUELA-Informe-A4-elec.pdf

III

Sobre el caso de la solicitud de extradición del ciudadano croata/venezolano acusado de estafa en Venezuela, a la cual se refiere la sentencia de la Sala Constitucional de la Corte Suprema de Costa Rica, en febrero de 2015 ya la prensa en Venezuela había dado cuenta de que:

"la Sala Penal del Tribunal Supremo de Justicia declaró que *es procedente la extradición* de Costa Rica a Venezuela de Dan Dojc, presuntamente implicado en la estafa al Fondo Conjunto Chino Venezolano por el orden de 84 millones 916 mil 150 dólares, según se lee en la sentencia difundida en la página web del máximo tribunal del país."

Se informaba además, que el mencionado ciudadano, nacido en Yugoslavia pero con nacionalidad venezolana había sido "detenido en Costa Rica el 19 de diciembre de 2014".[13]

Conforme a la solicitud de Venezuela, en el curso del procedimiento de extradición que se siguió ante la jurisdicción penal de Costa Rica, el Tribunal Penal de Pavas mediante sentencia 18 de marzo del 2015 había ordenado la extradición. La decisión fue apelada y el detenido, además solicitó se le concediera el estatus de refugiado ante la Dirección de Migración y Extranjería. El Tribunal de Apelación de Goicoechea, en un voto dividido, rechazó la apelación, confirmando la extradición, y a la vez la Dirección de Migración le negó el refugio.

Sin embargo, la esposa del detenido interpuso un recurso de *habeas corpus* a su favor, el cual fue declarado con lugar por la Sala Constitucional de la Corte Suprema de Costa Rica, otorgando el amparo a favor del detenido mediante la mencionada sentencia N° 2015-11568 del 31 de julio de 2015. De la decisión dio cuenta la prensa en San José, informándose lo siguiente:

"La Sala Constitucional anuló la extradición de un venezolano, buscado en su país por estafa, porque no encontró pruebas de que cometiera los delitos que le atribuyen.

Adicionalmente, los magistrados rechazaron por unanimidad el envío del extranjero al cuestionar el sistema de justicia de Venezuela pues "carece de garantías mínimas de un sistema de justicia objetivo e imparcial", dice el voto N° 2015-11568.

Por esas dos razones, se ordenó la liberación inmediata del venezolano, quien estaba detenido en la cárcel de San Sebastián desde el 19 de diciembre del 2014 a raíz de una solicitud de extradición por supuesta es-

---

13   Véase Eligio Rojas: "Detenido en Costa Rica un estafador del Fondo Chino. Dan Dojc estafó al Fondo Conjunto Chino Venezolano por el orden de 84 millones 916 mil 150 dólares," en *Últimas Noticias*, 20 de febrero de 2015, en http://www.ultimasnoticias.com.ve/noticias/actualidad/sucesos/detenido-en-costa-rica-un-estafador-del-fondo-chin.aspx#ixzz3iq3DSzIN.

tafa, obtención fraudulenta de divisas, lavado de dinero y asociación ilícita. Este medio se reservará la identidad del foráneo por seguridad."
[...]

Vicios políticos. El magistrado Fernando Cruz aseguró que el Estado venezolano presenta graves debilidades jurídico-políticas para asegurar un enjuiciamiento que respete el debido proceso.

"Enviar a un ciudadano a un país que ha denunciado la Convención Americana de Derechos Humanos, la cual tutela derechos fundamentales, no brinda la confianza suficiente para admitir que el ciudadano que se entrega a otra jurisdicción será tratado conforme a las garantías básicas que merece cualquier ciudadano, no importa su nacionalidad", argumentó el alto juez.

Asimismo, indicó que el 75% de los jueces en Venezuela están nombrados en forma provisional y dependen de una autoridad política, por lo que podrían juzgar conforme a la voluntad de sus superiores.

Los magistrados Ernesto Jinesta, Fernando Castillo, Paul Rueda, Luis Fernando Salazar y Nancy Hernández explicaron, en una nota aparte, que para tutelar la libertad personal es necesario un sistema de justicia independiente que garantice objetividad e imparcialidad de los jueces."[14]

IV

Y en efecto, la sentencia de la Sala Constitucional de la Corte Suprema de Costa Rica Nº 2015-11568, después de analizar cuidadosamente el caso y sus antecedentes, en definitiva, al considerar que el tribunal penal de Costa Rica que había concedido la extradición lo había hecho sin analizar debidamente las pruebas aportadas por Venezuela para fundamentar la solicitud de extradición, al considerarlas insuficientes, en definitiva lo que decidió fue que Venezuela, como Estado solicitante, había fundamentado insuficientemente la solicitud, ordenando por ello la liberación del detenido.

La Sala Constitucional en efecto, afirmó que "el Estado requirente (Venezuela) *omitió aportar la prueba de cargo que respalda la investigación judicial, que se sigue en Venezuela contra el amparado*, donde se le atribuyen los delitos de estafa y otros" habiendo concluido para ordenar la libertad del detenido que:

---

14   Véase David Delgado G, "Sala IV anula extradición y cuestiona justicia en Venezuela," en *La Nación*, San José, 15 de agosto de 2015, en http://www.nacion.com/sucesos/poder-judicial/Sala-IV-extradicion-cuestiona-Venezuela_0_1504049615.html.

"al darse en este asunto una *evidente y palmaria inexistencia de prueba en el proceso de extradición que se sigue contra el amparado y no puede siquiera afirmarse que existen indicios comprobados sobre la posible ejecución de los distintos hechos delictivos que se le atribuyen*,"

por lo cual al haber:

"el amparado ha permanecido privado de libertad desde el 19 de diciembre de 2014 en el Centro de Atención Institucional de San Sebastián, estima esta Sala que se ha restringido ilegítimamente su libertad."

A ello se agregaron las apreciaciones de varios magistrados sobre la situación del Poder Judicial en Venezuela, para concluir el magistrado Fernando Cruz Castro en sus argumentos adicionales afirmando enfáticamente que:

"En estas condiciones, el proceso de extradición posee vicios esenciales de orden jurídico político. El amparado no enfrenta condiciones satisfactorias que aseguren que el Estado venezolano posee las condiciones para asegurar que ciudadano sometido a este proceso de extradición, enfrenta una acción represiva que responda a garantías básicas como la independencia de jueces y fiscales, que tenga la tutela debida del Derecho Internacional de los Derechos Humanos, al haber denunciado la Convención Americana de Derechos Humanos. *No hay debido proceso si juzgan jueces nombrados sin estabilidad, si acusan fiscales provisionales, sin garantías que aseguren su independencia en tutela de los derechos fundamentales y la vigencia de un juicio justo. La división de poderes que es la condición política básica que sustenta el propio enjuiciamiento penal, no existe bajo los supuestos que he reseñado.* No hay condiciones elementales que aseguren el equilibrio, la ponderación y los controles que requiere la actividad represiva del estado, razón por la que agrego estos argumentos para considerar que la privación de libertad bajo el mandato y voluntad del estado requirente, no es legítima en este caso, sino que contiene elementos que me demuestran que no hay condiciones institucionales que aseguren la defensa efectiva y los derechos fundamentales del amparado."

Con los mismos fundamentos, los magistrados **Ernesto Jinesta Lobo, Fernando Castillo Víquez, Paúl Rueda Leal, Nancy Hernández López** y **Luis Fernando Salazar Alvarado** en su "Nota separada" a la sentencia N° 2015-11568, hicieron referencia a las competencias de la Jurisdicción Constitucional de Costa Rica, destacando la competencia fundamental de la misma en materia de protección de la libertad personal, sobre lo cual afirmaron con razón que:

"Nuestra ley de la jurisdicción constitucional es una de las más amplias en esta materia y se sale de los parámetros clásicos del habeas corpus para incluir en su tutela, no sólo la libertad personal en sí y sus condiciones, sino también la obligación de velar por las garantías del debido proceso relacionadas con la libertad personal. La razón es sencilla: nuestro legislador, parte de la base de que ambas son interdependientes; no puede existir defensa efectiva de la libertad personal, sin las condiciones objetivas para su ejercicio."

Bajo esta premisa los magistrados, con razón, igualmente concluyeron que de la ley y jurisprudencia constitucional, resulta totalmente "inadmisible una tutela de la libertad personal de espaldas a la necesidad de unas condiciones preexistentes del sistema de justicia, y del proceso en sí, cuando está en juego un aspecto central de la dignidad humana como lo es la libertad de una persona," lo que ha reiterado la Sala de Costa Rica en sentencias diversas como la N° 1739-92 en la cual desarrolló aspectos generales y particulares del debido proceso enmarcando dentro de ellas, el *derecho general a la justicia.*

De ello concluyeron los magistrados costarricenses afirmando que:

"entre las condiciones esenciales para la tutela de la libertad personal, está, *la necesidad de que exista un sistema de justicia independiente que garantice la objetividad e imparcialidad de los jueces, condición sin la cual sería nugatoria la defensa de la libertad frente al ejercicio del poder punitivo del estado.*

Por esa razón, el juez llamado a intervenir en un proceso de extradición, no puede limitarse a la función meramente mecánica de comprobar los requisitos que establece la ley (o la Convención de Extradición en aquellos casos que exista relación bilateral con el país requirente). El juez tiene la obligación de ser cuidadoso de que la documentación aportada realmente cumpla con el objetivo de comprobar que se trata de una acusación formal, objetiva y legítima, que reúne los requisitos constitucionales y legales, así como que la persona requerida tendrá las garantías de defensa básicas de toda democracia una vez extraditado."

De lo anterior, los mismos magistrados Jinesta Lobo, Castillo Víquez, Rueda Leal, Hernández López y Salazar Alvarado, en la Nota separada a la sentencia N° 2015-11568, al referirse a la petición de extradición afirmaron categóricamente que en el caso había quedado acreditado, y en particular del voto del juez Porras Villalta (Voto salvado a la sentencia del Tribunal Superior penal rechazando la apelación), que "en el proceso de extradición, *no se aportó prueba ni indicio comprobado de que la persona requerida ha cometido delito en el país requerido,"* agregando la apreciación general de que:

"La omisión en sí misma es grave y suficiente para rechazar el pedido de extradición, pero lo es aún más cuando el país requirente ha sido cuestionado reiteradamente por carecer las garantías mínimas de un sistema de justicia objetivo e imparcial, tal y como ocurre en este caso concreto en que, organizaciones no gubernamentales y académicos de renombre, han confirmado una situación que es pública y notoria para cualquier estudioso del derecho en Iberoamérica."

V

Por ello, lo más importante de la sentencia, desde el punto de vista institucional, fue la opinión adicional que los magistrados de la Sala Constitucional de Costa Rica, expresaron en relación con la situación del Poder Judicial en Venezuela, que no garantiza un debido proceso.

En primer lugar se refirieron a los efectos catastróficos de la denuncia de la Convención Americana sobre Derechos Humanos por parte de Venezuela, sobre lo cual tal sentido, el Magistrado Fernando Cruz Castro, en sus razones adicionales a la sentencia consideró, en general, que:

"el Estado venezolano presenta serias debilidades jurídico-políticas para asegurarle al amparado un enjuiciamiento que cumpla con las garantías básicas de un debido proceso, conforme a las normas constitucionales y el derecho internacional de los derechos humanos."

Esas "serias debilidades estructurales," las fundó el magistrado Cruz Castro de entrada, en el "hecho que Venezuela haya denunciado la Convención Americana de Derechos Humanos," considerando que ello "constituye una *amenaza grave al respeto efectivo de los derechos fundamentales,*" agregando respecto de dicha absurda decisión del Estado venezolano de denunciar la Convención Americana, que:

"Un país que adopta una política que reduce los instrumentos que tutelan derechos fundamentales, tanto en su dimensión individual como social, *no brinda las garantías y la confianza que requiere un proceso de extradición. Enviar a un ciudadano a un país que ha denunciado una Convención que tutela de derechos fundamentales, no brinda la confianza suficiente para admitir que el ciudadano que se entrega a otra jurisdicción, será tratado conforme a las garantías básicas que merece cualquier ciudadano, no importa su nacionalidad.* Estimo que esta denuncia del Pacto de San José abre una serie de interrogantes que no me brindan una razonable convicción en el sentido que este ciudadano sometido a este proceso de extradición, se le dará el reconocimiento efectivo de todas sus garantías judiciales en un sentido amplio."

Concluyó el magistrado **Cruz Castro** su apreciación sobre la denuncia por Venezuela de la Convención Americana de Derechos Humanos indicando que como "el poder penal requiere la vigencia efectiva del derecho internacional de los derechos humanos [ello] ... no se aprecia en este caso" destacando cómo el *Informe del Consejo Económico y Social de naciones Unidas* (E/c.12/Ven./CO3) del 19 de junio de 2015 señala "su preocupación por dicha denuncia, porque puede afectar la vigencia efectiva de los derechos fundamentales."

VI

En segundo lugar, el mismo magistrado **Fernando Cruz Castro**, en las razones adicionales que escribió a la sentencia, destacó lo que consideró como el segundo punto de gran relevancia, que es "el tema de la independencia de la judicatura," haciendo referencia a que:

"diversos informes señalan una debilidad notable de la independencia de la judicatura, situación que nuevamente no asegura el respeto de los derechos fundamentales de una persona sometida a un procedimiento de extradición, en las condiciones del caso que se examina."

Sobre este aspecto, el magistrado destacó, en refuerzo de sus apreciaciones, lo afirmado en el *Informe* antes mencionado del Consejo Económico y Social de las Naciones Unidas (E/c.12/Ven./CO3) del 19 de junio de 2015 destacando la preocupación del Comité de Derechos Humanos:

"por la información sobre la falta de aplicación del procedimiento legalmente establecido para la designación y destitución de jueces, así como por el gran número de jueces que se encuentran asignados a cargos de forma provisional, quienes no gozan de estabilidad en sus funciones, lo cual puede afectar significativamente su independencia."

Sobre ello, el magistrado Cruz Castro en las mismas consideraciones adicionales a la sentencia estimó que:

"*jueces provisionales, no aseguran, de ninguna forma, la independencia de la judicatura, lo que incide directamente en la vigencia de las garantías del debido proceso para el amparado cuando se remita a Venezuela. Esta independencia de los jueces es una garantía fundamental para asegurar la vigencia de un estado constitucional y los derechos fundamentales de la persona sometida a enjuiciamiento. Si no hay independencia de los jueces, las garantías básicas de los ciudadanos, se debilitan y el poder represivo se convierte en un instrumento descontrolado.*"

Sobre "esta debilidad estructural en el sistema de garantías," el magistrado Cruz Castro también se refirió a las informaciones suministradas por la OMCT que cita como "una coalición de organizaciones no gubernamentales venezolanas, instituciones académicas y sociedad civil organizada,"[15] en su *Informe* de junio de 2015, donde se refiere que según la información contenida en la página oficial del Tribunal Supremo de Justicia:

"durante el año 2014 la Comisión Judicial del Tribunal Supremo de Justicia ha continuado decidiendo la designación *de jueces en los distintos Tribunales del país, que se encuentran casi en su totalidad en situación de provisionalidad o que son elegidos de forma temporal, itinerante y/o accidental para conocer de una causa específica.* En particular, en los meses de enero a agosto de ese mismo año se designaron, nombraron alrededor de mil ciento once jueces, de los cuales sólo veintidós son titulares."

---

15   Las siglas OMCT identifican a la Organización Mundial contra la Tortura.

El magistrado Cruz Castro complementó su apreciación sobre la debilidad del sistema judicial venezolano citando las "cifras suministradas por representantes del Estado venezolano ante la Comisión Interamericana de Derechos Humanos, en fecha 17 de marzo del 2015," conforme a las cuales:

"el sesenta y seis por ciento de la totalidad de los jueces del Poder Judicial son de carácter provisorio. Los jueces provisionales no tienen ninguna estabilidad laboral, siguiendo la línea jurisprudencial de la Sala Político Administrativa como de la Sala Constitucional del Tribunal Supremo de Justicia, acorde con el Decreto de reorganización del Poder Judicial, que sostiene que los jueces provisorios son de libre nombramiento y remoción...." (ver página 3 y 4 del informe)."

Lo anterior efectivamente es así, y continúa siendo así, es decir, que los jueces provisorios, que son la gran mayoría en el país, son removidos discrecionalmente por la mencionada Comisión del Tribunal Supremo de Justicia, de manera que la pretendida creación de la Jurisdicción Disciplinaria en 2011, no fue más que un engaño y otra mentira más del régimen.[16]

Se recordará, en efecto, que a finales de 2010 se sancionó la Ley del Código de Ética del Juez Venezolano y la Jueza Venezolana,[17] regulándose la Jurisdicción Disciplinaria Judicial y estableciéndose los tribunales correspondientes para "garantizar" la estabilidad de los jueces. La ilusión que ello creó al pensarse que se había dado algún paso de regulación aplicable a los jueces transitorios o temporales (art. 2), que son la gran mayoría de los que componen el Poder Judicial, fue disipada al poco tiempo, por la decisión adoptada de oficio por la Sala Constitucional del Tribunal Supremo de Justicia, mediante sentencia N° 516 de 7 de mayo de 2013,[18] dictada en el juicio de nulidad por inconstitucionalidad intentado contra la Ley, al suspender mediante una medida cautelar, los efectos de las normas de dicho Código que extendían su aplicación a dichos jueces temporales y provisorios, por no tratarse de jueces "que hayan ingresado a la carrera judicial," siendo por tanto "esencialmente de libre nombramiento y remoción" correspondiéndole "a la Comisión Judicial la competencia para sancionarlos y excluirlos de la función jurisdiccional," quedando así completamente excluidos del ámbito de la Jurisdicción Disciplinaria, y a la merced de la Comisión Judicial mencionada del Tribunal Supremo.

En definitiva consideró la Sala Constitucional que "la garantía de la inamovilidad [es] ínsita a la carrera judicial; y se obtiene la condición de juez de carrera si se gana el concurso de oposición público," por lo que basta con

---

16   Véase en general Allan R. Brewer-Carías, *La mentira como política de Estado. Crónica de una crisis política permanente. Venezuela 1999-2015* (Prólogo de Manuel Rachadell), Colección Estudios Políticos, N° 10, Editorial Jurídica Venezolana, Caracas 2015.

17   *Gaceta Oficial* N° 39.493 de 23-08-2010.

18   Véase en http://www.tsj.gov.ve/decisiones/scon/Mayo/516-7513-2013-09-1038.html.

no hacer concursos y nombrar jueces provisorios o temporales como ha ocurrido en los últimos dieciséis años para que simplemente no haya garantía alguna de estabilidad de los jueces.

Esa sentencia "cautelar" de la Sala Constitucional, además, acaba de ser "ratificada" por la Sala Constitucional del Tribunal Supremo de Justicia mediante sentencia N° 1082 de 11 de agosto de 2015, al declarar sin lugar la solicitud de que fuera revocada que habían formulado ante la misma los Presidentes de la Corte Disciplinaria Judicial y del Tribunal Disciplinario Judicial que integran la Jurisdicción Disciplinaria, simplemente porque los razonamientos que estos formularon en pro de la garantía de la independencia judicial "no convencieron" a la Sala Constitucional.[19]

Por ello, con razón, en sus razonamientos adicionales a la sentencia de la Sala Constitucional de la Corte Suprema de Costa Rica, además de destacar la falta de independencia de los jueces provisorios y temporales en Venezuela, que son la mayoría, el magistrado Cruz Castro también se refirió a la ausencia de independencia y autonomía del Ministerio Público, que en Venezuela, por lo demás, se organiza como parte de una rama distinta del Poder Público adicional, que es el Poder Ciudadano, el cual efectivamente también carece de autonomía e independencia y ha sido utilizado como un instrumento de persecución política.

Sobre esa lamentable situación, grave en un procedimiento penal acusatorio, el magistrado Cruz Castro destacó en sus argumentos adicionales, parte del *Informe de la Comisión Interamericana de derechos Humanos de 2014* (páginas 519 y siguientes), señalando "que la provisionalidad también ocurre con los fiscales del Ministerio Público, es decir, que jueces y fiscales en el proceso penal, no gozan de la estabilidad y la independencia que se requiere como garantía elemental que sustenta el debido proceso en un estado de Derecho.," agregando el magistrado que:

> "Jueces provisionales, fiscales provisionales, sometidos a la dirección y nombramiento de una autoridad política, pueden convertirse en "delegados del poder" pero no para juzguen conforme a los hechos, sino para que lo hagan según "voluntades políticas" que convierten el aparato judicial y la fiscalía, en una estructura que tiende un buen manto para ocultar la arbitrariedad y el abuso de poder."

VII

En la misma sentencia N° 2015-11568 de la Sala Constitucional de la Corte Suprema de Justicia de Costa Rica, como se dijo, se integró además una "Nota separada" de los Magistrados Ernesto Jinesta Lobo, Fernando Castillo Víquez, Paúl Rueda Leal, Nancy Hernández López y Luis Fernando Salazar Alvarado, en la cual en relación con la gravísima situación del Poder Judicial

---

19 Véase la sentencia en http://historico.tsj.gob.ve/decisiones/scon/agosto/180685-1082-11815-2015-09-1038.HTML.

en Venezuela, que no garantiza debido proceso alguno, citaron en apoyo de su argumentación, el *Informe* antes referido de la *Comisión Internacional de Juristas* de 2014, "que reconoce que tanto el Ministerio Público como la judicatura en Venezuela, carecen de independencia e imparcialidad," haciendo referencia además de a lo que hemos trascrito anteriormente en este comentario sobre la inestabilidad de los jueces provisionales y temporales, al hecho de que:

> "Incluso los propios jueces "titulares" están sujetos a ser suspendidos de sus cargos sin que pese contra ellos acusación ni procedimiento legal alguno. El caso de la jueza María Lourdes Afiuni es emblemático y representativo de esta situación irregular que describimos, pues a pesar de tratarse de una jueza "titular" y de que ejecutó una recomendación del Grupo de Trabajo sobre Detenciones Arbitrarias de la ONU de someter a proceso en libertad a una persona, por ese hecho fue inmediatamente detenida en la sede misma de su tribunal por la policía de seguridad, privada de su libertad, y sometida a un absurdo y arbitrario proceso penal bajo el requerimiento expreso del entonces Presidente de la República, Hugo Chávez Frías en cadena nacional de radio y televisión. Durante su encarcelamiento con presos comunes fue víctima de tratos crueles e inhumanos. Este caso ocasionó el llamado "efecto Afiuni" con consecuencias inhibitorias y de incluso autocensura, en el resto de la judicatura venezolana devastadoras para la independencia de la justicia."

De lo anterior concluyeron los magistrados haciendo referencia al antes mencionado *Informe*, que "*Un sistema de justicia que carece de independencia, como lo es el venezolano, es comprobadamente ineficiente para cumplir con sus funciones propias*," por lo que "*el poder judicial, precisamente por estar sujeto a presiones externas, no cumple su función de proteger a las personas frente a los abusos del poder* sino que por el contrario, en no pocos casos es utilizado como mecanismo de persecución contra opositores y disidentes o simples críticos del proceso político, incluidos dirigentes de partidos, defensores de derechos humanos, dirigentes campesinos y sindicales, y estudiantes."

Los magistrados hicieron referencia también, en apoyo a su criterio, lo expresado por "el jurista y profesor Alberto Arteaga, uno de los penalistas venezolanos más destacados en el sistema de justicia venezolano," que ha expresado:

> "...nuestro Poder Judicial se ha convertido en un simple apéndice del Poder Ejecutivo, llegando al extremo de que el Presidente, abiertamente, ha declarado que un procesado, como Leopoldo López, debe ser castigado como responsable de los delitos cometidos, sin que se haya dado pronunciamiento por tan descarada intromisión en el proceso a su cargo, en el cual debe decidir conforme a su conciencia y al derecho. Ahora, ni siquiera se cubre la formalidad de declarar que un asunto corresponde al Poder Judicial y que sus decisiones serán respetadas. Simplemente se

dictamina y se comienza a ejecutar una pena, como si no existiera la presunción de inocencia, el derecho a ser juzgado en liberad, el trato digno a un encarcelado y el respeto al dolor de su esposa, hijos, padres, amigos y de cualquier ciudadano que crea en la institucionalidad democrática. Sin duda, hay un país sumido en la más profunda crisis cuando la justicia no se hace sentir y se la pretende colocar al servicio de intereses políticos" (Alberto Arteaga, Justicia, ¿Materia pendiente?" en *El Universal*, Caracas, 30 de julio 2014, en www.eluniversal.com/opinión/140730/justicia-materia-pendiente).

Y agregaron los magistrados en su Nota separada a la sentencia de la Sala Constitucional, "*como referencia del deterioro del sistema de justicia venezolano*":

"la prueba y escrito de *amicus curiae*[20] presentados por el prestigioso constitucionalista Dr. Allan Brewer Carías en su *caso vs Venezuela*, ante la Corte Interamericana de Derechos Humanos N° 277 de 26 de mayo de 2014, *caso que pesa como una sombra en la trayectoria y jurisprudencia de la Corte Interamericana y en el cual se desnuda la realidad que vive el sistema judicial venezolano en la actualidad*".[21]

Y para completar los elementos para fundamentar su apreciación sobre la dramática situación del Poder Judicial en Venezuela, los magistrados Ernesto Jinesta Lobo, Fernando Castillo Víquez, Paúl Rueda Leal, Nancy Hernández

---

20 Los Magistrados citaron, entre ellos, los *amicus curiae* presentados por la *Inter American Bar Association*, el *Internacional Bar Association's Human Rights Institute*, *Association of the Bar of the City of New York*, *The Netherlands Institute of Human Rights*, las Comisiones de Derechos Humanos de la Federación de Colegios de Abogados de Venezuela con el apoyo de decenas de profesores, el Grupo de Profesores de Derecho Público de Venezuela, la Asociación Internacional de Derecho Administrativo, Asociación Mexicana de Derecho Administrativo, Asociación e Instituto Iberoamericano de Derecho Administrativo Jesús González Pérez. Véanse el texto de todos los documentos y *amicus curiae* presentados en el juicio ante la Corte Interamericana en Allan R. Brewer-Carías (Coordinador y editor), *Persecución política y violaciones al debido proceso. Caso CIDH Allan R. Brewer-Carías vs. Venezuela ante la Comisión Interamericana de Derechos Humanos y ante la Corte Interamericana de Derechos Humanos*. TOMO I: Denuncia, Alegatos y Solicitudes presentados por los abogados Pedro Nikken, Claudio Grossman, Juan Méndez, Helio Bicudo, Douglas Cassel y Héctor Faúndez. Con las decisiones de la Comisión y de la Corte Interamericana de Derechos Humanos como Apéndices, Editorial Jurídica Venezolana, Caracas 2015; TOMO II: Dictámenes, Estudios Jurídicos y Amicus Curiae, Editorial Jurídica Venezolana, Caracas 2015.

21 Los magistrados citaron el texto del libro: Allan R. Brewer-Carías, *El caso Allan R. Brewer-Carías vs. Venezuela ante la Corte Interamericana de Derechos Humanos*. Estudio del caso y análisis crítico de la errada sentencia de la Corte Interamericana de Derechos Humanos N° 277 de 26 de mayo de 2014, Colección Opiniones y Alegatos Jurídicos, N° 14, Editorial Jurídica Venezolana, Caracas, 2014.

El PODER JUDICIAL CUESTIONADO POR TRIBUNALES EXTRANJEROS

López y Luis Fernando Salazar Alvarado, en su Nota separada a la sentencia Nº 2015-11568 expresaron que "a ello hay que sumar las manifestaciones hechas por *las mismas autoridades venezolanas que han reconocido públicamente la intromisión directa del Poder Ejecutivo en su sistema judicial,*" indicando que "así lo reconoció el ex Magistrado y ex Vicepresidente de la Corte Suprema de Justicia de Venezuela, Eladio Aponte Aponte, quien formó parte de la jerarquía judicial durante 15 años, en unas declaraciones dadas ante la prensa y que fueron aportadas como prueba en el proceso del caso *Brewer Carías vs. Venezuela,*" copiando las siguientes preguntas y respuestas de sea trágica y repugnante entrevista:

> "Ante la pregunta de la *periodista* "¿Qué hizo usted para lograr ese ascenso luego en el TSJ? Cuál fue ese caso emblemático que usted considera que hizo que usted llegara hasta la Presidencia del TSJ? **Magistrado**: Yo creo que mi actuación fue muy pulcra y muy adaptada a los parámetros exigidos. A parte del currículum que tengo.

> *Periodista*: ¿Cuando usted habla de pulcra, significa leal al presidente? **Magistrado**: Si leal al gobierno.

> *Periodista*: ¿Más no leal a lo que establece la Constitución? **Magistrado**: Tienes razón, es cierto.

> Más adelante en la entrevista se refiera al caso conocido como caso "Usón" que se originó por el enjuiciamiento de un general del ejército por el delito de haber explicado en forma pública el efecto que tiene apuntar un lanzallamas hacia una celda de detenidos militares, quienes por ese hecho fueron achicharrados. Ante la pregunta de la *periodista*, ¿fue manipulado el caso? **Magistrado**: Si fue manipulado ese caso.

> *Periodista*: ¿Usted recibió alguna orden Presidencial, o alguna orden del Ejecutivo para actuar diferente a lo que la Fiscalía Militar hubiese actuado? **Magistrado**: Si

> *Periodista*: ¿Qué le dijeron? **Magistrado**: Bueno que… que había que acusarlo o imputarlo.

> *Periodista*: ¿Por qué lo hizo?… ¿Por que usted lo hizo? **Magistrado**: recibía órdenes.

> *Periodista*: ¿Qué pasa si usted no ejecutaba ordenes? **Magistrado**. Quedaba afuera. **Magistrado**: Sí, hay gente que la orden es no soltarlos, principalmente los comisarios.

> *Periodista*: ¿Quién da la orden y cuál es la orden y de qué? **Magistrado**: La orden viene de la Presidencia para abajo; no nos caigamos en dudas, en Venezuela no se da puntada si no lo aprueba el presidente.

Magistrado:...la justicia no vale... la justicia es una plastilina, digo plastilina porque se puede moldear a favor o en contra..."[22]

VIII

La sentencia de la Sala Constitucional de la Corte Suprema de Justicia de Costa Rica N° 2015-11568, es una manifestación más de la preocupación que existe en nuestros países por el desmantelamiento de la democracia en Venezuela, y en ello, por la demolición de lo que había de autonomía en independencia del Poder Judicial; todo en contra de lo establecido en la Constitución.

En esta en efecto, con uno de los lenguajes más floridos que se pueden encontrar en Constitución alguna en el Continente, no sólo se reitera el valor de la justicia, sino que se declara que "el Poder Judicial es independiente" (art. 254), disponiendo principios tendientes a "garantizar la imparcialidad y la independencia en el ejercicio de sus funciones" (art. 256) de los magistrados, jueces y demás funcionarios integrantes del sistema de justicia (Art. 256). Esa independencia y autonomía de los jueces, significa, en definitiva, como lo ha definido la Ley del Código de Ética del Juez Venezolano de 2010, que en "su actuación sólo deben estar sujetos a la Constitución de la República y al ordenamiento jurídico," y que "sus decisiones, en la interpretación y aplicación de la ley y el derecho, sólo podrán ser revisadas por los órganos jurisdiccionales que tengan competencia, por vía de los recursos procesales, dentro de los límites del asunto sometido a su conocimiento y decisión," de manera incluso que los órganos con competencia disciplinaria sobre los jueces sólo "podrán examinar su idoneidad y excelencia, sin que ello constituya una intervención indebida en la actividad jurisdiccional" (art. 4).[23]

Específicamente, para garantizar la independencia y autonomía del Poder Judicial, aparte de atribuirle el gobierno y administración del Poder Judicial al Tribunal Supremo de Justicia (Art. 267), la Constitución además asegura que el ingreso a la carrera judicial solo puede realizarse mediante un proceso de

---

22   La entrevista fue dada a la periodista Verioska Velasco para una emisora de televisión de Miami, USA (SoiTV), se transcribió y fue publicada en *El Universal*, Caracas   18-4-2012,   disponible   en: http://www.eluniversal.com/nacional-y-politica/120418/historias-secretas-de-un-juez-en-venezuela. El video se puede ver en http://www.youtube.com/watch?v=uYIbEEGZZ6s.

23   Véase la Ley del Código de Ética del Juez Venezolano y Jueza Venezolana en *Gaceta Oficial* N° 39.494 de 24-8-2010. El Código derogó expresamente el Reglamento que regía el funcionamiento de la Comisión de Funcionamiento y reorganización del Poder Judicial. Los jueces del Tribunal Disciplinario Judicial y de la Corte Disciplinaria Judicial fueron nombrados por Actos Legislativos publicados en *Gaceta Oficial* N° 39.693 de 10-06-2011. Véase el "Acta de Constitución del Tribunal Disciplinario Judicial," de 28-06-2011, en *Gaceta Oficial* N° 39.704 de 29-06-2011. Véase los comentarios en Allan R. Brewer-Carías, "La Ley del Código de Ética del Juez Venezolano de 2010 y la interminable transitoriedad del régimen disciplinario judicial," en *Revista de Derecho Público*, N° 128 (octubre-diciembre 2011), Editorial Jurídica Venezolana, Caracas, 2011, pp. 83-93.

selección pública, con participación ciudadana, estableciendo además el principio de su estabilidad judicial, al consagrar la inamovilidad de los jueces salvo cuando sea como consecuencia de sanciones disciplinarias que sólo pueden ser impuestas por jueces disciplinarios integrados en una Jurisdicción Disciplinaria Judicial (Arts. 255, 267).

Por tanto, en Venezuela, conforme a la Constitución, jueces sólo pueden ser quienes ingresen a la carrera judicial mediante concursos públicos que aseguren la idoneidad y excelencia de los participantes, quienes deben ser seleccionados por los jurados de los circuitos judiciales en la forma y condiciones que establezca la ley. A tal efecto, la Constitución exige que se garantice "la participación ciudadana en el procedimiento de selección y designación de los jueces."[24] La finalidad de los concursos públicos, como lo ha dicho incluso el Tribunal Supremo en sentencia Nº 2221 de 28 de noviembre de 2000, estriba "en la necesidad de que el Poder Judicial venezolano esté conformado, en su totalidad (jueces titulares y suplentes) por funcionarios de carrera, y de garantizar la idoneidad de quienes tienen la encomiable labor de administrar justicia;"[25] a cuyo efecto, precisamente conforme al mismo artículo 255, se les garantiza su estabilidad de manera que sólo pueden ser removidos o suspendidos de sus cargos mediante los procedimientos expresamente previstos en la ley, a ser desarrollados por una Jurisdicción Disciplinaria Judicial, a cargo de jueces disciplinarios (art. 267).

Lamentablemente, sin embargo, quince años después de aprobada la Constitución, ninguno de estos principios ha sido implementado en su totalidad. Nunca, en efecto, se han realizado los concursos públicos prescritos en la Constitución, habiéndose conformado durante todo ese tiempo el Poder Judicial casi exclusivamente con jueces temporales y provisorios, sin estabilidad alguna. A algunos de ellos se les ha "regularizado" un status de carrera judicial pero sin concurso público alguno, con lo cual aparentemente podría considerarse que gozan de cierta estabilidad. La realidad es que como lo advirtió desde 2003 la Comisión Interamericana de Derechos Humanos[26] en su *Infor-*

---

24   Sobre las Normas de Evaluación y Concursos de Oposición para el Ingreso y Permanencia en el Poder Judicial dictadas por la Comisión de Funcionamiento y Reestructuración del Sistema Judicial, convertida en Dirección Ejecutiva de la Magistratura (*Gaceta Oficial* Nº 36.910, de 14-03-2000), véase la sentencia de la Sala Constitucional del Tribunal Supremo Nº 1326 de 02-11-2000, en *Revista de Derecho Público,* Nº 84, Editorial Jurídica Venezolana, Caracas, 2000, pp. 111 y ss.

25   Véase en *Revista de Derecho Público*, Nº 84, Editorial Jurídica Venezolana, Caracas, 2000, pp. 116 y ss.

26   Un juez provisorio es un juez designado mediante un concurso público. Un juez temporal es un juez designado para cumplir una tarea específica o por un periodo específico de tiempo. En 2003, la Comisión Interamericana de Derechos Humanos indicó que había sido: "informada que sólo 250 jueces han sido designados por concurso de oposición de conformidad a la normativa constitucional. De un total de 1772 cargos de jueces en Venezuela, el Tribunal Supremo de Justicia reporta que solo 183 son titulares, 1331 son provisorios y 258 son temporales." *Reporte sobre la Situación*

me Anual de 2008 calificó esta situación como propia de un "problema endémico" que exponía a los jueces a su destitución discrecional, a cuyo efecto llamó la atención sobre el "permanente estado de emergencia al cual están sometidos los jueces."[27]

Pero si se lee el texto de la Constitución, lo que resulta es que al contrario, los jueces sólo podrían ser removidos a través de procedimientos disciplinarios conducidos por jueces disciplinarios que debía formar una Jurisdicción Disciplinaria Judicial. Sin embargo, de nuevo, esta última sólo se creó en 2010, habiendo asumido la función disciplinaria la antes mencionada Comisión ad hoc,[28] la cual, además de remover a los jueces en forma discrecional sin garantía alguna del debido proceso,[29] como lo destacó la misma Comisión Interamericana en su *Informe de 2009*, lo peor es que ella misma, no goza de independencia, pues sus integrantes son de la libre remoción discrecional de la Sala Constitucional.[30]

Esa Comisión de Reorganización, por tanto, literalmente "depuró" la judicatura de jueces que no estaban en línea con el régimen autoritario, como lo reconoció la propia Sala Constitucional,[31] removiendo discrecionalmente

---

de Derechos Humanos en Venezuela; OAS/Ser.L/V/II.118. doc.4rev.2; 29-12-2003, parágrafo 174, en http://www.cidh.oas.org/coun-tryrep/Venezuela2003eng/toc.htm. La Comisión también agregó que "un aspecto vinculado a la autonomía e independencia del Poder Judicial es el relativo al carácter provisorio de los jueces en el sistema judicial de Venezuela. Actualmente, la información proporcionada por las distintas fuentes indica que más del 80% de los jueces venezolanos son 'provisionales.'" *Id.*, par. 161.

27   Véase *Annual Report 2008* (OEA/Ser.L/V/II.134. Doc. 5 rev. 1. 25-02-2009), parágrafo 39.

28   La Sala Político-Administrativa del Tribunal Supremo de Justicia ha resuelto que la remoción de jueces temporales es una facultad discrecional de la Comisión de Funcionamiento y Reestructuración del Sistema Judicial, la cual adopta sus decisiones sin seguir procedimiento administrativo alguno. Véase Decisión N° 00463-2007 del 20 de marzo de 2007; Decisión N° 00673-2008 del 24 de abril de 2008 (citada en la Decisión N° 1.939 del 18 de diciembre de 2008, p. 42). La Sala Constitucional ha establecido la misma posición en la Decisión N° 2414 del 20 de diciembre de 2007 y Decisión N° 280 del 23 de febrero de 2007; y viene de ratificarlo en la sentencia N° 1082 de 11 de agosto de 2015, Véase en http://historico.tsj.gob.ve/decisiones/scon/agosto/180685-1082-11815-2015-09-1038.HTML.

29   Véase sentencia N° 1.939 del 18 de diciembre de 2008 de la Sala Constitucional del Tribunal Supremo de Justicia, (Caso: *Gustavo Álvarez Arias et al.*) en http://www.tsj.gov.ve/decisiones/scon/Diciembre/1939-181208-2008-08-1572.htmlla.

30   Véase *Annual Report 2009*, Par. 481, en http://www.cidh.org/annualrep/2009eng/-Chap.IV.f.eng.htm.

31   Sentencia N° 1.939 de 18 de diciembre de 2008 (Caso: *Abogados Gustavo Álvarez Arias y otros*), que declaró la inejecutabilidad de la sentencia de la Corte Interamericana de Derechos Humanos de 5 de agosto de 2008 (Caso: *Apitz Barbera y otros*

jueces que pudieran haber dictado decisiones que no complacían al Ejecutivo. Esto llevó a la Comisión Interamericanas de Derechos Humanos a decir, en el mismo *Informe Anual* de 2009, que "en Venezuela los jueces y fiscales no gozan de la garantía de permanencia en su cargo necesaria para asegurar su independencia en relación con los cambios de políticas gubernamentales."[32]

Como se dijo, una "Jurisdicción Disciplinaria Judicial" solo vino a conformarse en 2011, para asumir solo parcialmente la función disciplinaria que durante doce largos años ejerció una Comisión ad hoc que al margen de la Constitución funcionó desde 1999 con el aval del Tribunal Supremo, la cual, además de remover a los jueces en forma discrecional sin garantía alguna del debido proceso,[33] como lo destacó la misma Comisión Interamericana en su *Informe de 2009*, la misma no gozaba de independencia, pues sus integrantes designados por la Sala Constitucional, eran de su libre remoción.[34]

En 2011, sin embargo, con la conformación de la "Jurisdicción Disciplinaria Judicial" que creó la Ley del Código de Ética del Juez, integrada por una Corte Disciplinaria Judicial y un Tribunal Disciplinario Judicial, nada ha cambiado, pues conforme a una nueva Disposición Transitoria que se incorporó en la Ley del Código (Tercera), dicha Jurisdicción tampoco goza efectivamente de autonomía e independencia algunas, siendo más bien un apéndice de la mayoría que controla políticamente la Asamblea Nacional. En realidad, lo que ha ocurrido con esta nueva legislación y en virtud de la interminable transitoriedad, no ha sido otra cosa que lograr, primero, cambiarle el nombre a la antigua Comisión de Funcionamiento y Reorganización del Poder Judicial, y segundo, hacerla depender ya no del Tribunal Supremo, sino a la Asamblea Nacional, es decir, someterla a mayor control político.

Como consecuencia de todo ello, el lenguaje florido de la Constitución y de las leyes lamentablemente no han pasado de ser eso, lenguaje y sólo florido y exuberante, dada la poca aplicación y efectividad que en la práctica han tenido las previsiones constitucionales durante todo el tiempo de vigencia de la Constitución de 1999. La realidad de esa práctica política, es que la justicia ha estado y sigue en una permanente y anormal situación de transitoriedad o de emergencia, la cual continúa en 2011, a pesar de la conformación de la "Jurisdicción Disciplinaria Judicial," sobre todo al haber la Sala Constitucio-

---

["Corte Primera de lo Contencioso Administrativo"] vs. Venezuela, (Serie C, N° 182), en http://www.tsj.gov.ve/decisiones/scon/Diciembre/1939-181208-2008-08-1572.htmlla.

32   Véase *Informe Anual de 2009*, parágrafo 480, en http://www.cidh.oas.org/annualrep/2009eng/-Chap.IV.f.eng.htm.

33   Véase Tribunal Supremo de Justicia, Decisión N° 1.939 del 18 de diciembre de 2008 (Caso: *Gustavo Álvarez Arias et al.*), en *Revista de Derecho Público*, N° 116, Editorial Jurídica Venezolana, Caracas, 2008, pp. 89-106. También en http://www.tsj.gov.ve/decisiones/scon/Diciem-bre/1939-181208-2008-08-1572.html.

34   Véase *Annual Report 2009*, Par. 481, en http://www.cidh.org/annualrep/2009eng/-Chap.IV.f.eng.htm.

nal suspendido la aplicación de las normas que pretendían darle cierta garantía a los jueces provisionales.

De esa permanente e interminable transitoriedad, lo que ha resultado es un proceso también permanente y sistemático de progresiva demolición de lo que existía de autonomía e independencia del Poder Judicial, que ha sido llevado a cabo, deliberadamente, por diversos órganos del Estado, incluido el propio Tribunal Supremo de Justicia[35], con lo cual los valores de la Constitución en materia de justicia, no han pasado de ser sólo, simples enunciados.

Y por eso, precisamente, Tribunales como la Corte Suprema de Justicia de Costa Rica, que saben leer las Constituciones y apreciar las realidades políticas, a pesar de todas las declaraciones de la Constitución, ha hecho el grave enjuiciamiento sobre la ausencia de autonomía e independencia del Poder Judicial venezolano, que todos los demócratas le agradecemos[36].

New York, agosto de 2015.

---

35   Véase Allan R. Brewer-Carías, *Estado totalitario y desprecio a la Ley. La desconstitucionalización, desjuridificación, desjudicialización y desdemocratización de Venezuela*, Fundación de Derecho Público, Editorial Jurídica Venezolana, segunda edición, (Con prólogo de José Ignacio Hernández), Caracas 2015.

36   La decisión de la Corte Suprema de Justicia de Costa Rica, no ha sido la única que ha cuestionado la autonomía e independencia del Poder Judicial en Venezuela. El 11 de noviembre de 2015 se conoció que la Sala Primera del Supremo Tribunal Federal (STF) de Brasil también concedió el beneficio de libertad condicional a un empresario venezolano que estaba preso por petición de la justicia de Venezuela para ser extraditado, "por temer que no tenga derecho a un juicio imparcial en su país en caso de una probable extradición." La Corte informó en Comunicado sobre lo expresado por el magistrado Edson Fachin, instructor del proceso, en relación a que "la cooperación penal internacional cede, y *siempre debe ceder, a la necesidad de protección de los derechos más básicos de la persona humana, entre los cuales el derecho a ser juzgado, en el Estado solicitante (de la extradición), por un juez exento e imparcial, y bajo el escudo del debido proceso legal.*" El magistrado relator del proceso, además, "destacó que considera grave la decisión de Venezuela de renunciar a la Convención Americana de Derechos Humanos en 2012, lo que, en su opinión, indica un retroceso en el trato de asuntos básicos de los derechos de los ciudadanos." Véase la reseña: "Brasil otorga libertad a venezolano por dudar de imparcialidad de la justicia en Venezuela," en *lapatilla.com*, 11 de noviembre de 2015, en http://www.lapatilla.com/site/2015/11/11/brasil-otorga-libertad-a-venezolano-por-dudar-de-imparcialidad-de-la-justicia-en-venezuela/

NOVENA PARTE

EL AMPARO CONSTITUCIONAL DICTADO EN VENEZUELA CONTRA UN ESTADO EXTRANJERO[*]

La Sala Constitucional del Tribunal Supremo de Justicia de Venezuela mediante sentencia N° 973 del 25 de julio de 2014 (Caso: *Hugo Carvajal*),[1] declaró con lugar una acción de amparo constitucional intentada contra el Estado de Aruba, que forma parte del Reino de los Países Bajos, en protección a la libertad personal de un ciudadano venezolano (Hugo Carvajal), quien según la Sala no era un "ciudadano común," y quien había sido detenido por las autoridades de Aruba el día 23 de julio de 2014, al llegar la Isla.

Aun cuando el ciudadano Carvajal fue liberado por el gobierno del Reino de los Países Bajos tres días después, el día 27 de julio de 2014, declarándolo *persona non grata*, e independiente de las razones policiales por las cuales se lo detuvo y de las razones políticas y económicas por las cuales se lo habría liberado, lo que no es objeto de nuestro análisis, en este caso es importante analizar el contenido de la sentencia de la Sala Constitucional desde el punto de vista del Derecho Constitucional, pues además de estar seguro de que la liberación del detenido no se produjo porque así se lo hubiese "ordenado" un tribunal venezolano al gobierno del Reino de los Países Bajos, se trata de una sentencia única, en la cual se pueden encontrar todos los vicios procesales y sustantivos imaginables juntos.

Con esta sentencia, dictada además con una celeridad nunca antes vista, de horas, que transcurrieron desde que se presentó la acción hasta cuando se publicó la decisión, la Sala Constitucional violó todos los principios más elementales de cualquier jurisdicción y proceso:

---

[*] Texto del Comentario Jurisprudencial sobre "Una nueva creación de la Sala Constitucional: el amparo contra Estados extranjeros y el fuero privilegiado de su competencia a favor de los altos funcionarios públicos," publicado en la *Revista de Derecho Público*, N° 139 (Tercer Trimestre 2014, Editorial Jurídica Venezolana, Caracas 2014, pp. 162-173.

[1] Véase el texto de la sentencia en http://www.tsj.gov.ve/decisiones/scon/julio/167284-937-25714-2014-14-0770.HTML.

Primero, y quizás sin darse cuenta, que es lo más grave, violó el principio de la inmunidad jurisdiccional de los Estados que invoco en el propio texto de la sentencia, pues en definitiva, en ella condenó a un Estado extranjero, como es Aruba, que es un país o entidad política independiente dentro del Reino de los Países Bajos.

Segundo, dictó la sentencia violando el debido proceso, sin haber citado ni oído al presunto agraviante, que era el Estado de Aruba, violando el derecho a la defensa que la Constitución que la rige, que es la venezolana, considera como un derecho absoluto en todo estado y grado de un proceso.

Tercero, al asumir la competencia para conocer y decidir un amparo a la libertad personal o *habeas corpus,* violó las normas sobre competencia que en esa materia está reservada a los tribunales de primera instancia en lo penal, cercenando el derecho de los justiciables a la doble instancia y a la defensa, y creando un fuero privilegiado para los "altos funcionarios públicos" en violación del principio de igualdad.

Cuarto, dictó la sentencia sin actividad probatoria alguna, basándose en supuestos hechos públicos, notorios y comunicacionales que ni siquiera habían sido "publicados" en la prensa, porque simplemente no pudo haber tiempo para su generación, al haber ocurrido los hechos unas horas antes de la emisión del fallo.

Quinto, estableció en su sentencia una nueva clase de ciudadanos privilegiados, distintos a los "ciudadanos comunes," en abierta violación al derecho constitucional a la igualdad y no discriminación.

Con todas estas violaciones, lo que sin duda hubiera sido más complicado en el futuro para la Sala Constitucional, hubiera sido la respuesta a la situación que se hubiese originado si el Estado de Aruba no hubiese liberado por orden del gobierno de La Haya al Sr. Carvajal, y el amparo decretado hubiese sido "desacatado," pues ello hubiera exigido determinar qué hubiera tenido que hacer la Sala Constitucional para asegurar la ejecución de su fallo. Como una decisión como la adoptada por la Sala contra el Estado de Aruba debía tramitarse por vía diplomática, y como las relaciones exteriores de Aruba las lleva el Gobierno del Reino de los Países Bajos en La Haya, si el detenido no hubiese sido liberado, en caso de desacato del mandamiento de amparo, quedó para la ciencia ficción poder haber determinado a quién la Sala Constitucional iba a mandar a arrestar: al Primer Ministro de Aruba en Oranjestad, al Primer Ministro de los Países Bajos en La Haya o al propio Rey de los Países Bajos, mediante condena y órdenes de detención en un cuartel en Caracas, como lo hizo recientemente en el caso de los Alcaldes de los Municipios San Cristóbal y San Diego, encarcelados por desacato de un mandamiento de amparo.[2] Pero este capítulo ya no habrá forma de verlo, dado que el

---

2   Véase las sentencias de abril de 2014 en http://www.tsj.gov.ve/decisiones/scon/
       abril/162860-245-9414-2014-14-0205.HTML (también en *Gaceta Oficial* N° 40.391

gobierno del Reino de los Países Bajos decidió liberar al detenido, y no precisamente porque la Sala Constitucional de Venezuela se lo hubiese "ordenado."

Ahora bien, independientemente de la liberación del presunto agraviado dejó sin efectos la sentencia dictada por la Sala Constitucional, la misma quedó en los anales de la jurisprudencia constitucional, por las violaciones en las cuales incurrió la Sala, que deben analizarse.

I.   UN AMPARO CONTRA UN ESTADO EXTRANJERO

La solicitud de amparo constitucional a la libertad personal (*habeas corpus*) a favor del ciudadano Hugo Carvajal, detenido por las autoridades de Aruba el 23 de julio de 2014, y que originó la sentencia, fue presentada ante la Sala Constitucional el 25 de julio de 2014, por el el ciudadano Hugo Armando Carvajal Segovia, "contra la detención ilegal y arbitraria por parte de Aruba (país autónomo insular del Reino de los Países Bajos), del ciudadano Hugo Armando Carvajal Barrios, quien arribó a dicho país como funcionario diplomático del Estado Venezolano," con el petitorio específico de que "se ordene la inmediata libertad del sujeto en razón al artículo 44 de la Constitución de la República Bolivariana de Venezuela."

Sobre esa detención, el Ministerio de Relaciones Exteriores de Venezuela había publicado con fecha del día anterior, 24 de julio de 2014, un Comunicado informando que el Gobierno había rechazado "enérgicamente la detención ilegal y arbitraria del funcionario diplomático venezolano, portador de pasaporte que lo acredita como tal; Hugo Armando Carvajal Barrios, llevada a cabo en la isla de Aruba por parte de autoridades holandesas, que han actuado en violación de la normativa internacional vigente, en particular, de la Convención de Viena Sobre Relaciones Diplomáticas de 1961, reconocida por ambos Estados."[3] Lo cierto, en todo caso, es que no se trataba de un funcionario diplomático, sino de un funcionario consular, y por tanto la Convención que se le podía aplicar era la Convención de Viena sobre Relaciones Consulares y no la que regula las Convenciones Diplomáticas como erradamente indicó la Cancillería.[4]

En todo caso, en cuanto al petitorio de la acción de amparo intentada en protección del presunto agraviado detenido, el mismo fue precisado y ampliado en el texto de la demanda, solicitándose de la Sala Constitucional que:

---

de 10 de abril de 2014) y en http://www.tsj.gov.ve/decisio-nes/scon/abril/162992-263-10414-2014-14-0194.HTML.

3   Véase en http://www.mre.gov.ve/index.php?option=com_content&view=article&id=36946:2014-07-24-16-16-50&catid=3:comunicados&Itemid=108.

4   Véase lo expuesto por José Ignacio Hernández "Hugo Carvajal había sido nombrado Cónsul. ¿Es legal su detención?", en *Prodavinci*, 24 de Julio de 2014 en http://prodavinci.com/blogs/hugo-carvajal-habia-sido-nombrado-consul-es-legal-su-detencion-por-jose-ignacio-hernandez/.

"1.- Determine y declare la titularidad de la inmunidad y privilegios inherentes a su condición de Cónsul, de conformidad con la Constitución de la República Bolivariana de Venezuela, la Convención de Viena y demás Tratados internacionales.

2.- Se ordene sea puesto en libertad de inmediato y enviado de retorno a su país de origen.

3.- Se requiera en virtud del principio de Cooperación Judicial Internacional entre Órganos Jurisdiccionales de los Estados y en ejecución de los Tratados aplicables a los Tribunales, Cortes y demás Órganos Jurisdiccionales de Aruba y el Reino de los Países Bajos, la debida cooperación para que se materialice el mandamiento de Habeas Corpus.

4.- Se ordene al Ejecutivo Nacional por órgano del Ministerio del Poder Popular para las Relaciones Exteriores, a los fines que realice las gestiones y rogatorias pertinentes para lograr por vía diplomática el cumplimiento de las obligaciones inherentes a las Convenciones y Acuerdos válidamente suscritos entre la República Bolivariana de Venezuela y el Gobierno de Aruba y el Reino de los Países Bajos."

La Sala Constitucional, en su sentencia, concluyó declarando "procedente *in limine Litis* la solicitud de amparo," lo que repitió en la parte "dispositiva" del fallo al declarar "PROCEDENTE IN LIMINE LITIS la presente solicitud." Declarar "procedente" una solicitud, en el lenguaje procesal significa declarar "con lugar" "la solicitud de amparo" o "la presente solicitud," que no es otra que la que formuló el solicitante de amparo. Conforme a su propio texto, antes transcrito, la Sala Constitucional no hizo entonces otra cosa que, en definitiva, *acordar en todas sus partes lo que le había sido solicitado*, con lo cual "administrando justicia en nombre de la República por autoridad de la Ley," *primero*, determinó y declaró, sin actividad probatoria alguna, "la titularidad de la inmunidad y privilegios inherentes a su condición de Cónsul," del detenido y amparado; *segundo,* ordenó al Estado de Aruba que el detenido y amparado fuera "puesto en libertad de inmediato y enviado de retorno a su país de origen," *tercero*, requirió de "los Tribunales, Cortes y demás Órganos Jurisdiccionales de Aruba y el Reino de los Países Bajos, la debida cooperación para que se materialice el mandamiento de Habeas Corpus;" y *cuarto*, ordenó al Ejecutivo Nacional por órgano del Ministerio del Poder Popular para las Relaciones Exteriores de Venezuela, que "realice las gestiones y rogatorias pertinentes para lograr por vía diplomática el cumplimiento de las obligaciones" establecidas en las Convenciones y Acuerdos suscritos "con el Gobierno de Aruba y el Reino de los Países Bajos."

Además de este contenido del mandamiento de amparo que la Sala Constitucional expidió tan diligentemente, adicionalmente incluyó como parte del amparo otorgado, y que fue pronunciado como "*consecuencia*" de las ordenes anteriores, una "exhortación" al Ejecutivo Nacional, a través del Ministerio del Poder Popular para Relaciones Exteriores de la República, "a continuar las acciones tendentes a exigir a las autoridades de Aruba que procedan a la inmediata observancia y aplicación de la Convención de Viena sobre Relaciones Consulares, demás Tratados e Instrumentos Internacionales aplicables al servicio exterior."

De este contenido del mandamiento de amparo antes indicado, lo que destaca de bulto es que se dictó en un "proceso" que fue instaurado en Venezuela, ante un tribunal venezolano como es la Sala Constitucional del Tribunal Supremo de Justicia que es el máximo interprete y garante de la Constitución, contra actos ocurridos en el extranjero, en Aruba específicamente, cometidos por las autoridades de dicha Isla, que es un Estado independiente que forma parte del Reino de los Países Bajos. Como lo observó José Ignacio Hernández, en la demanda de amparo intentada, "Aun cuando la Sala Constitucional no quiso reconocerlo expresamente el único que podía ser demandado en este caso era el Reino de Holanda, cuyas autoridades acordaron la privación de libertad de Carvajal."[5] Sobre ello, el profesor Héctor Faúndez fue concluyente en indicar que el Tribunal Supremo "solo tiene competencias dentro del territorio nacional" y no puede "emitir un amparo contra una decisión adoptada por autoridades extranjeras en el extranjero," al igual que el profesor Carlos Ayala Corao quien expresó que "Los tribunales venezolanos tienen facultad para conocer de abusos contra venezolanos cometidos en el territorio, pero no pueden ejercer jurisdicción sobre otro Estado, porque no son tribunales internacionales ni ejercen jurisdicción universal porque Venezuela no la ha reconocido."[6]

Con su sentencia, por tanto, la Sala se le olvidó, o no advirtió, que estaba violando el principio universal de la inmunidad de jurisdicción de los Estados, conforme al cual un Estado no puede ser juzgado por los tribunales de otro Estado, salvo en los casos en los cuales dicho Estado haya aceptado y consentido someterse a la jurisdicción de dichos tribunales de otro Estado, el cual está regulado en el artículo 5 de la **Convención de las Naciones** Unidas sobre las inmunidades jurisdiccionales de los Estados y de sus bienes,[7] al precisar que, "todo Estado goza, para sí y sus bienes, de inmunidad de juris-

---

5   Véase José Ignacio Hernández, "¿Y porqué la Sala Constitucional protegió al general Carvajal?", en *Prodavinci*, 26 de julio de 2014, en http://proda-vinci.com/blogs/y-por-que-la-sala-constitucional-protegio-al-general-carvajal-por-jose-ignacio-hernandez/.

6   Véase en el reportaje "Juristas: TSJ no tiene facultad para juzgar actos de otros países. Faúndez y Ayala afirman que la Sala Constitucional erró en el caso Carvajal," de Juan Francisco Alonso, *El Universal*, 27 de julio de 2014, en http://www.eluniversal.com/nacional-y-politica/140727/juristas-tsj-no-tiene-facultad-para-juzgar-actos-de-otros-paises.

7   Véase sobre esto, Mariano T. se Alba Uribe, "Hugo Carvajal y el derecho internacional: Explicación sencilla" en *Juris Novus, Análisis del Acontecer Mundial,* July, 24, 2014, en http://jurisnovus.blogspot.com/2014/07/hugo-carvajal-y-el-derecho.html.

dicción ante los tribunales de otro Estado, según lo dispuesto en la presente Convención,"[8] salvo cuando haya consentimiento expreso del Estado.[9] Principio que, por lo demás, paradójicamente, fue invocado por la propia Sala en los fundamentos de su sentencia al indicar que ella, la Sala Constitucional, *"ha reconocido que la inmunidad de jurisdicción de los Estados constituye un principio universal de Derecho Internacional Público."* En este caso, sin embargo, a lo que se refirió la sentencia de la Sala Constitucional fue la inmunidad jurisdiccional de un funcionario consular, la cual conforme al artículo 43.1 de la *Convención de Viena sobre Relaciones Consulares* implica que "los funcionarios consulares y los empleados consulares no estarán sometidos a la jurisdicción de las autoridades judiciales y administrativas del Estado receptor," pero exclusivamente "por los *actos ejecutados en el ejercicio de las funciones consulares;"* y que conforme al artículo 41.1 de la misma Convención garantiza que "los funcionarios consulares no podrán ser detenidos o puestos en prisión preventiva sino cuando se trate de un delito grave y por decisión de la autoridad judicial competente."

Sin embargo, fue precisamente ese principio el que primero violó la Sala Constitucional al condenar mediante una sentencia de amparo al Estado de Aruba, país que es parte del Reino de los Países Bajos, ordenando a dicho Estado a cumplir una serie de mandamientos de amparo que sólo los tribunales de ese Estado podrían emitir contra dicho Estado.

La falta de claridad de la sentencia, o la ambigüedad de su dispositivo de declarar con lugar o "procedente" la solicitud de amparo formulada por el solicitante en la cual se pide que se ordene al Estado de Aruba la liberación del presunto agraviado detenido, pero sólo exhortando al Estado Venezolano que gestione la liberación, llevó a José Ignacio Hernández a expresar que

---

8   El artículo 6 de la Convención dispone entre los modos de hacer efectiva la inmunidad del Estado, los siguientes "1. Un Estado hará efectiva la inmunidad a que se refiere el artículo 5 absteniéndose de ejercer jurisdicción en un proceso incoado ante sus tribunales contra otro Estado y, a estos efectos, velará porque sus tribunales resuelvan de oficio la cuestión del respeto de la inmunidad de ese otro Estado a que se refiere el artículo. 2. Un proceso ante un tribunal de un Estado se entenderá incoado contra otro Estado si éste: a) es mencionado como parte en el proceso; o b) no es mencionado como parte en el proceso, pero este proceso tiende efectivamente a menoscabar los bienes, derechos, intereses o actividades de ese otro Estado."

9   El artículo 7 de la Convención sobre el tema del "consentimiento expreso al ejercicio de jurisdicción" establece que: "1. Ningún Estado podrá hacer valer la inmunidad de jurisdicción en un proceso ante un tribunal de otro Estado en relación con una cuestión o un asunto si ha consentido expresamente en que ese tribunal ejerza jurisdicción en relación con esa cuestión o ese asunto: a) por acuerdo internacional; b) en un contrato escrito; o c) por una declaración ante el tribunal o por una comunicación escrita en un proceso determinado."

"Quizás la Sala Constitucional no dictó una sentencia contra los Tribunales y autoridades del Reino de Holanda pues sabía que no podía hacerlo."[10]

II. UN AMPARO EMITIDO (*IN LIMENE LITIS*) EN VIOLACIÓN AL DERECHO A LA DEFENSA

El mandamiento de amparo emitido por la Sala Constitucional, además, se dictó en flagrante violación al derecho al debido proceso y a la defensa garantizados en la Constitución de 1999 (art. 49) y en el *Pacto Internacional de Derecho Civiles y Políticos* (art. 8.b), el cual también invocó la Sala Constitucional en su sentencia (no invocó la *Convención Americana sobre Derechos Humanos* porque a requerimiento de la propia Sala Constitucional formulado en 2003 y 2008, fue denunciada en 2012),[11] al haberse emitido, como lo dijo la Sala, *in limene litis*, es decir, de entrada al iniciarse el procedimiento luego de formulada la solicitud de amparo, sin citar ni oír a la parte contra quien se dirigió la solicitud, específicamente, el Estado de Aruba, como entidad independiente dentro del Reino de los Países Bajos, el cual resultó condenado por un tribunal venezolano sin siquiera haber sido citado ni oído.

El derecho al debido proceso, al decir de la propia Sala Constitucional, es una "garantía suprema dentro de un Estado de Derecho,"[12] que implica que todo proceso debe reunir "las garantías indispensables para que exista una tutela judicial efectiva,"[13] entre las cuales están: "el ser oído, la presunción de inocencia, el acceso a la justicia y a los recursos legalmente establecidos, la articulación de un proceso debido, la de obtener una resolución de fondo con fundamento en derecho, la de ser juzgado por un tribunal competente, imparcial e independiente, la de un proceso sin dilaciones indebidas y por supuesto, la de ejecución de las sentencias que se dicten en tales procesos."[14]

---

10   Véase José Ignacio Hernández, "/Porqué la Sala Constitucional protegió al general Carvajal?", en *Prodavinci,* 26 de julio de 2014, http://prodavinci.com/blogs/y-por-que-la-sala-constitucional-protegio-al-general-carvajal-por-jose-ignacio-hernandez/

11   Véase la sentencia de la Sala Constitucional del Tribunal Supremo N° 1.939 de 18 de diciembre de 2008 en el caso Caso *Abogados Gustavo Álvarez Arias y otros*, que más bien debió denominarse *Estado de Venezuela vs. Corte Interamericana de Derechos Humanos*, en Véase en http://www.tsj.gov.ve/decisiones/scon/Diciem-bre/1939-181208-2008-08-1572.html; y sentencia N° 1547 de fecha 17 de octubre de 2011 (Caso *Estado Venezolano vs. Corte Interamericana de Derechos Humanos*), en http://www.tsj.gov.ve/decisiones/scon/Octubre/1547-171011-2011-11-1130.html.

12   Véase sentencia N° 123 de la Sala Constitucional (Caso: *Sergio J. Meléndez*) de 17 de marzo de 2000, en *Revista de Derecho Público*, N° 81, (enero-marzo), Editorial Jurídica Venezolana, Editorial Jurídica Venezolana, Caracas 2000, p. 143.

13   Véase sentencia N° 97 de 15 de marzo de 2000 (Caso: *Agropecuaria Los Tres Rebeldes*), en *Revista de Derecho Público*, N° 81, (enero-marzo), Editorial Jurídica Venezolana, Caracas, 2000, p. 148.

14   Véase sentencia N° 80 de 1 de febrero de 2001 (Caso: *Impugnación de los artículos 197 del Código de Procedimiento Civil y 18 de la Ley Orgánica del Poder Judicial),*

Pero en particular, en relación con la garantía del derecho a la defensa (art. 49.1, Constitución), la misma Sala Constitucional lo ha considerado como un derecho constitucional "absoluto," e "inviolable" en todo estado y grado de la causa, "que no puede ser suspendido en el ámbito de un Estado de derecho, por cuanto configura una de las bases sobre las cuales tal concepto se erige."[15] Por ello, la Sala de Casación Civil, lo ha calificado como "el sagrado derecho a la defensa" y como "principio absoluto de nuestro sistema en cualquier procedimiento o proceso y en cualquier estado y grado de la causa."[16] Por todo lo anterior, también, la propia Sala Constitucional del Tribunal Supremo de Justicia ha reafirmado que:

"cualquiera sea la vía procesal escogida para la defensa de los derechos o intereses legítimos, las leyes procesales deben garantizar la existencia de un procedimiento que asegure el derecho de defensa de la parte y la posibilidad de una tutela judicial efectiva.

De la existencia de un proceso debido se desprende la posibilidad de que las partes puedan hacer uso de los medios o recursos previstos en el ordenamiento para la defensa de sus derechos e intereses. En consecuencia, *siempre que de la inobservancia de las reglas procesales surja la imposibilidad para las partes de hacer uso de los mecanismos que garantizan el derecho a ser oído en el juicio, se producirá indefensión y la violación de la garantía de un debido proceso y el derecho de defensa de las partes.*[17]

Estos principios rigen, por supuesto en materia de amparo, al punto de que específicamente en relación con los procesos de amparo, la Jurisdicción Constitucional en Venezuela anuló la previsión que se había incluido en el artículo 22 de la Ley Orgánica de Amparo sobre Derechos y Garantías Constitucionales de 1988, que autorizaba precisamente al juez de amparo para adoptar mandamientos de amparo *in limene lítis.* La nulidad de dicha norma fue pronunciada por sentencia dictada por la antigua Corte Suprema el 21 de

---

en *Revista de Derecho Público*, N° 85-86/87-88 (Enero-Diciembre), Editorial Jurídica Venezolana, Caracas, 2001, p. 90.

15 Así lo estableció la Sala Político Administrativa de la antigua Corte Suprema de Justicia, en sentencia N° 572 de 18-8-97. (Caso: *Aerolíneas Venezolanas, S.A. (AVENSA) vs. República (Ministerio de Transporte y Comunicaciones)*, en *Revista de Derecho Público*, N° 71-72 (Julio-Diciembre) Editorial Jurídica Venezolana, Caracas, 1977, p. 158.

16 Véase sentencia N° 39 de 26 de abril de 1995 (Caso: *A.C. Expresos Nas vs. Otros)*, en Jurisprudencia Pierre Tapia, N° 4, Caracas, abril 1995, pp. 9-12.

17 Véase en sentencia N° 97 de 15 de marzo de 2000 (Caso: *Agropecuaria Los Tres Rebeldes, C.A. vs. Juzgado de Primera Instancia en lo Civil, Mercantil, Tránsito, Trabajo, Agrario, Penal, de Salvaguarda del Patrimonio Público de la Circunscripción Judicial del Estado Barinas)*, en *Revista de Derecho Público*, N° 82, EJV, Caracas, 2000.

mayo de 1996,[18] precisamente por considerar que violaba la garantía del derecho a la defensa establecida en la Constitución, que ahora, la Sala Constitucional ha violado abiertamente, condenando al Estado de Aruba en un proceso, sin haber citarlo ni oído a sus representantes.

III. UN AMPARO DICTADO POR UN TRIBUNAL INCOMPETENTE, CERCENANDO EL DERECHO A LA DOBLE INSTANCIA Y CREANDO UN FUERO PRIVILEGIADO PARA CIERTA CATEGORÍA DE PERSONAS

Si algún tribunal venezolano hubiese sido competente para conocer de un amparo ejercido contra un Estado extranjero, lo que en ningún caso es admisible, dicho tribunal solo hubiera podido haber sido el tribunal competente de acuerdo con el artículo 40 de la Ley Orgánica de Amparo sobre Derechos y Garantías Constitucionales, que atribuye la competencia para conocer de las acciones de amparo en protección de la libertad personal, o *hábeas corpus*, en forma exclusiva, a los Juzgados de Primera Instancia en lo Penal.

La Sala Constitucional en el supuesto negado que algún juez en Venezuela hubiese podido tener competencia para conocer de una acción de amparo interpuesta contra un Estado extranjero, en ningún caso podía arrogarse una competencia que no tiene, usurpando las de los tribunales penales; y que no derivaba de la condición de Cónsul General que se atribuía al supuesto agraviado.

En el régimen venezolano del proceso de amparo, en efecto, la condición del presunto agraviado en ningún caso modifica la competencia de los tribunales para conocer de las acciones de amparo, siendo en cambio la condición del presunto agraviante la única que podría modificar dicha competencia como resulta del artículo 8° de la Ley Orgánica de Amparo sobre Derechos y Garantías Constitucionales, que le asigna competencia a las salas del Tribunal Supremo para conocer en única instancia de procesos de amparo intentados "contra los hechos, actos u omisiones emanados del Presidente de la República, de los Ministros, del Consejo Supremo Electoral y demás organismos electorales, del Fiscal General de la República, del Procurador General de la República o del Contralor General de la República."

Por tanto, la Sala Constitucional además de carecer de competencia para conocer de acciones de amparo contra Estados Extranjeros, en este caso, además, carecía de competencia por razón de la materia para resolver una acción de amparo a la libertad personal, pues de acuerdo con la ley que regula el amparo, sólo los tribunales de primera instancia penal pueden ejercer esa competencia.

Sin embargo, la Sala Constitucional se arrogó ilegalmente la competencia para conocer de este caso, argumentando simplemente que ella resultaba competente por tratarse de un amparo intentado "*a favor de un alto funciona-*

---

18   Véase en *Gaceta Oficial Extra* n° 5071 de 29–5–1996.

rio de la República, por violación de sus derechos fundamentales, por parte de un Estado integrante de la Comunidad Internacional, dada la alta investidura y función que ostenta el sujeto agraviado que requiere la tutela constitucional por parte de esta máxima instancia judicial, y atendiendo al sujeto señalado como agraviante."

Con esta decisión, ilegal desde su médula, la Sala además sentó un precedente inadmisible pues creó a favor de ciertas personas un "privilegio" que ninguna ley contempla de ser juzgados en su carácter de presunto agraviado por el máximo tribunal de la República, en única instancia.

Con ello, además, la Sala Constitucional cercenó el derecho constitucional a la doble instancia, que la misma Sala ha reconocido como derecho constitucional derivado del derecho a la defensa, violando además el principio de la igualdad en franca discriminación respecto de los "ciudadanos comunes."

IV. UN AMPARO EMITIDO SIN ACTIVIDAD PROBATORIA ALGUNA

La fundamentación básica contenida en la acción de amparo que se intentó y que es la motivación de la decisión de amparo contra el Estado de Aruba, fue que el presunto agraviado tenía la condición de Cónsul General de Venezuela en Aruba, y por tanto, tenía derecho a la inmunidad y prerrogativas diplomáticas establecidas en la Convención de Viena sobre Relaciones Consulares.

El solicitante alegó que el señor Hugo Carvajal había sido nombrado como tal Cónsul en enero de 2014, indicando que el nombramiento había sido informado al mes siguiente por el Consulado de Venezuela al gobierno de Aruba, y que este "no había negado el exequátur, por lo cual el ciudadano Hugo Carvajal se encontraba provisionalmente en uso de sus funciones, y consecuentemente amparado por la Convención de Viena sobre Relaciones Consulares," porque según el solicitante "es posible admitir provisionalmente a funcionarios consulares de manera tácita," lo cual sería entonces el caso del presunto agraviado.

La Sala para decidir, no realizó actividad probatoria alguna, y sólo indicó que se basaba en un "hecho público, notorio y comunicacional, tanto nacional como internacional, acreditado en autos con ejemplares de prensa por la parte solicitante," destacando entre otros hechos que la detención del Sr. Carvajal efectuada en Aruba se había producido "en la persona de un funcionario consular venezolano activo, no solo con posterioridad a su designación, sino incluso estando el Gobierno de Aruba en conocimiento de que el Cónsul General, jefe titular de la misión, Hugo Armando Carvajal Barrios, inició sus funciones consulares en fecha 07 de febrero de 2014, en virtud de la notificación que le efectuó el 10 de febrero de 2014, el Consulado General de Venezuela en Aruba al departamento de relaciones exteriores de Aruba."

La Sala Constitucional, entonces, sin prueba alguna, y sólo con base en el supuesto "hecho público y notorio comunicacional,"[19] pasó a "condenar del modo más enérgico la restricción de la libertad de la cual ha sido víctima el funcionario del servicio exterior de más alto rango que cumple funciones en Aruba." Luego pasó la Sala a transcribir *in extenso* varios artículos de la *Convención de Viena Sobre Relaciones Consulares*, relativos a los derechos y prerrogativas de los cónsules, pero sin referirse al artículo 12 de la Convención que establece que: "El jefe de oficina consular será admitido al ejercicio de sus funciones por una autorización del Estado receptor llamada exequátur, cualquiera que sea la forma de esa autorización;" ni al artículo 13 que establece que "Hasta que se le conceda el exequátur, el jefe de oficina consular

19 Debe recordarse que de acuerdo con la propia decisión de la Sala Constitucional del Tribunal Supremo en sentencia N° 98 de 15 de marzo de 2000 *(Caso: Coronel Oscar Silva Hernández,*)tales hechos públicos, notorios y comunicacionales, que no requieren prueba, deben ser sólo aquellos que "ocupan un espacio reiterado en los medios de comunicación social," admitiéndose que "puede ser acreditado por el juez o por las partes con los instrumentos contentivos de lo publicado, o por grabaciones o videos, por ejemplo, de las emisiones radiofónicas o de las audiovisuales, que demuestren la difusión del hecho, su uniformidad en los distintos medios y su consolidación; es decir, lo que constituye la noticia." Debe tratarse de la publicación coetánea por varios medios para que *"el colectivo adquiere conocimiento, al menos en lo esencial, de determinados hechos y al todo el mundo conocer el hecho o tener acceso a tal conocimiento,"* por lo cual la Sala Constitucional precisó las características que individualizan al hecho público, notorio y comunicacional que "crean una sensación de veracidad que debe ser tomada en cuenta por el sentenciador," cuando aparecen los siguientes "caracteres confluentes": "1. *Se trata de un hecho, no de una opinión o un testimonio, sino de un evento reseñado por el medio como noticia;* 2) Su difusión es simultánea por varios medios de comunicación social escritos, audiovisuales, o radiales, lo cual puede venir acompañado de imágenes; 3) Es necesario que *el hecho no resulte sujeto a rectificaciones, a dudas sobre su existencia, a presunciones sobre la falsedad del mismo, que surjan de los mismos medios que lo comunican, o de otros y, es lo que esta Sala ha llamado antes la consolidación del hecho, lo cual ocurre en un tiempo prudencialmente calculado por el juez, a raíz de su comunicación*; y 4) Que los hechos sean contemporáneos para la fecha del juicio o de la sentencia que los tomará en cuenta" (destacado añadido). Conforme a esto, un suceso como un terremoto, genera de inmediato un hecho público, notorio y comunicacional, pero no las opiniones sobre su causa. La detención de un alto funcionario público, como la del Sr. Carvajal también puede originar un hecho público, notorio y comunicacional, pero no los elementos que provocaron la detención que al contrario, requerirían de prueba. Véase la sentencia en *Revista de Derecho Público*, N° 101, enero-marzo 2005, Editorial Jurídica Venezolana, Caracas 2005. Véase sobre esa sentencia: Allan R. Brewer-Carías, Consideraciones sobre el 'hecho comunicacional' como especie del 'hecho notorio' en la doctrina de la Sala Constitucional del Tribunal Supremo," en *Revista de Derecho Público*, N° 101, enero-marzo 2005, Editorial Jurídica Venezolana, Caracas 2005, pp. 225-232; y "Sobre el llamado 'hecho comunicacional' como fundamento de una acusación penal", en *Temas de Derecho Penal Económico, Homenaje a Alberto Arteaga Sánchez* (Compiladora Carmen Luisa Borges Vegas), Fondo Editorial AVDT, Obras colectivas OC N° 2, Caracas 2007, pp. 787-816.

podrá ser admitido provisionalmente al ejercicio de sus funciones. En este caso le serán aplicables las disposiciones de la presente Convención," aun cuando en este último caso, "el jefe de oficina consular no podrá iniciar sus funciones antes de haber recibido el exequátur" (art. 12.3).

Al margen de dichas normas, que no fueron consideradas ni citadas en la sentencia, y que fueron las determinantes para la liberación final del presunto agraviado por parte del gobierno de los Países Bajos, la Sala Constitucional afirmó que el "sistema de privilegios e inmunidades" que establece la Convención, *"rige desde el momento en que los funcionarios del servicio exterior entren en el territorio del Estado receptor*, para tomar posesión de su cargo, o si se encuentran ya en ese territorio, desde el momento en que asuman sus funciones en la oficina consular, tal como ocurrió con el Cónsul General de la República Bolivariana de Venezuela en Aruba."

Esta posición no fue compartida por el juez que conoció el asunto en Aruba, quien el mismo día de la sentencia de la Sala Constitucional, decidió que en el caso "no había inmunidad diplomática,"[20] pues en el caso, el Reino de los Países Bajos que maneja las relaciones exteriores de Aruba no había otorgado el exequatur. Sin embargo, dos días después, el 27 de julio de 2014, el gobierno del Reino de los Países Bajos tomó la decisión de liberar al detenido reconociendo, en contrario, que sí gozaba de inmunidad diplomática, ordenando a la vez su expulsión de Aruba, al declararlo *"persona non grata."*[21] La decisión del Gobierno del Reino de los Países Bajos, según se indicó en el Comunicado del Ministerio de Relaciones Exteriores del mismo que fue leído por el Canciller de Venezuela el domingo 27 de julio de 2014, motivó el cambio de criterio en el contenido del antes mencionado artículo 13 de la Convención de Viena sobre Relaciones Consulares, que no había sido considerado hasta ese momento, que se refiere a la "Admisión Provisional del Jefe

---

20 Véase el reportaje: "The judge said our arrest of Mr. Carvajal was legal, that there is no diplomatic immunity in this case," Aruba's chief prosecutor, Peter Blanken, said late Friday, after the ruling was made. "Mr. Carvajal will remain behind bars here until he is extradited to the U.S," en "Immunity Denied for Venezuelan Official Arrested in Drug Case. Hugo Carvajal, Former Chief of Venezuela's Military Intelligence, Was Detained in Aruba at Request of U.S," by Dan Molonski, Wall Street Journal, July 25, 2014; en http://online.wsj.com/articles/venezuelan-arrested-in-drug-trafficking-case-to-claim-diplomatic-immunity-1406315275.

21 Véase el reportaje: "Aruba Releases Venezuelan Diplomat Sought by US," By Joshua Goodman and David McFadden Associated, ABC News, Bogotá Jul 27, 2014, donde se informa que: "at a hastily called news conference in Aruba's capital, the island's justice minister said Carvajal was being let go because Dutch Foreign Minister Frans Timmermans decided Carvajal did have immunity, but also declared him "persona non grata" — a term used by governments to remove foreign diplomats." The fact is that Mr. Carvajal was granted diplomatic immunity, but he is also considered persona non grata," Dowers told reporters at the news conference in Oranjestad that was streamed live on the Internet." Véase en: http://abcnews.go.com/International/wireStory/venezuela-aruba-free-diplomat-sought-us-24734460.

de Oficina Consular" y establece que "Hasta que se le conceda el exequátur, el jefe de oficina consular podrá ser admitido provisionalmente al ejercicio de sus funciones. En este caso le serán aplicables las disposiciones de la presente Convención." Con base en esa norma, el Comunicado leído indicó que:

> "En virtud del artículo 13 del convenio consular y en espera de la concepción de la acreditación, el jefe de una misión consular puede ser admitido provisionalmente para ejercer sus funciones. En ese caso son aplicadas las disposiciones del Convenio consular. Con base en este artículo el reino reconoce que las disposiciones del convenio consular se aplican a señor Carvajal Barrios. Esto significa que la detención del 23 de julio fue una violación de la inmunidad."[22]

En la Isla de Aruba por su parte Fiscal Jefe, Peter Blanken, si bien unos días antes había indicado que el Sr. Carvajal no tenía inmunidad diplomática, y que permanecería detenido mientras Estados Unidos adelantaba el procedimiento de extradición; expresó que las autoridades del Reino de los Países Bajos, del cual Aruba forma parte, decidieron en contra de lo resuelto por las autoridades judiciales de la Isla, como fue explicado por el Ministro de Relaciones Exteriores en La Haya. Agregó el Sr. Blanken que: "Hay un nuevo punto de vista de Relaciones Exteriores de Holanda. Relaciones Exteriores no es una competencia de Aruba, sino de Holanda. Ellos cambiaron su criterio," agregando que "al Sr. Carvajal no le será permitido volver a Aruba. Él es *persona non grata.*"[23]

---

22   Véase"Reino de los Países Bajos anunció liberación del general Hugo Carvajal," en panorama, 27 de julio de 2014, en http://panorama.com.ve/portal/app/push/noticia121404.php.

23   Véase el reportaje: "Netherlands Says Venezuelan Detained in Aruba Has Immunity. Aruban Authorities Free Former General Wanted by U.S. for Drug Trafficking," by Juan Forero and Dan Molonski, *The Wall Street Journal*, New York, July 28, 2014, p. A14. Allí se informó lo siguiente: "Ann Angela, a spokeswoman for the prosecutor's office, said the Netherlands, of which Aruba is a part, ruled that Mr. Carvajal had diplomatic immunity. Mr. Carvajal's release was announced at a news conference on the island by Arthur Dowers, the justice minister, and the chief prosecutor, Peter Blanken./ Mr. Blanken last week said Mr. Carvajal didn't have diplomatic immunity, and that he would remain jailed while the U.S. worked on extraditing him to face charges./ But he said officials in the Netherlands overruled judicial authorities on the island, with the foreign minister in The Hague explaining in a letter delivered on Sunday./ "There's a new point of view from foreign affairs in Holland," Mr. Blanken said. "Foreign affairs is not an Aruba matter, but a Dutch matter. They changed their mind." / Mr. Blanken added that Mr. Carvajal wouldn't be allowed back to Aruba. "He's a persona non grata." Véase también en: http://online.wsj.com/articles/netherlands-rules-venezuelan-detained-in-aruba-has-diplomatic-immunity-1406505987?mod=_newsreel_1.

V. UN AMPARO EMITIDO CREANDO UNA NUEVA CLASE DE CIU-DADANO DISTINTO AL "CIUDADANO COMÚN"

Por último, debe destacarse de la sentencia, su carácter discriminatorio, no sólo al crear, como antes se dijo, una nueva categoría de ciudadanos privilegiados en materia de juicios de amparo, que son los llamados "altos funcionarios del Estado" a quienes la Sala Constitucional les reconoció el privilegio o derecho exclusivo de intentar acciones de amparo ante el Tribunal Supremo, como un fuero especial, cercenándole en esta forma a los demandados, como presuntos agraviantes, el derecho a la doble instancia y a la defensa; sino otra categoría nueva de ciudadanos, los mismos "altos funcionarios públicos," que habrían pasado a ser ciudadanos "de primera," distintos a los "ciudadanos comunes."

En la motiva de la sentencia, en efecto, al referirse al caso del Sr. Carvajal, la Sala Constitucional observó "que en el caso de autos, se ha planteado que el aludido Cónsul General se encuentra *siendo tratado por parte de las autoridades de Aruba, como un ciudadano común*, desconociéndole el carácter conferido por el Estado Venezolano, debidamente designado como parte del cuerpo del servicio exterior de la República."

La Sala Constitucional, al establecer esta nueva clase social, de ciudadanos privilegiados distintos a los "ciudadanos comunes," simplemente desconoció que el artículo 21 de la Constitución establece el principio absoluto de la igualdad y no discriminación que no admite tratos de favor, ni distinción de categorías de ciudadanos por más funciones públicas que ejerzan. Al contrario, hay que recordarle a la Sala que todos los ciudadanos son iguales ante la ley, sin distinción.

***

En todo caso, e independiente de quién pudo ser la persona detenida en este caso, y del porqué se la detuvo y del porqué se la liberó, que no fue ciertamente por la "orden" dada por la Sala Constitucional, el alto Tribunal de la República dictó una sentencia en la cual dictó un mandamiento de amparo contra un Estado extranjero, por hechos ocurridos en el extranjero, violando el principio de la inmunidad jurisdiccional de los Estados. Para ello, además, violó el debido proceso y el derecho a la defensa de dicho Estado, al no haberlo citado ni oído previamente como presunto agraviante; asumió una competencia que es exclusiva de los tribunales de primera instancia en lo penal, violando las normas sobre competencia judicial y el derecho de los justiciables a la doble instancia, creando a favor de los "altos funcionarios públicos" un fuero judicial privilegiado cuando sean accionantes en amparo, en franca violación al derecho a la igualdad; dictó la sentencia sin actividad probatoria alguna, basándose en supuestos hechos públicos, notorios y comunicacionales que no habían podido adquirir siquiera dicho carácter por haber acaecido unas horas antes; y finalmente, estableció en su sentencia una nueva clase de ciudadanos privilegiados, distintos a los "ciudadanos comunes," en abierta violación al derecho constitucional a la igualdad y no discriminación.

Pero aparte de su contenido con todas estas violaciones, sin embargo, la verdad es que la sentencia no tuvo efecto alguno, y como bien lo apreció el periodista Juan Francisco Alonso al consultar sobre el tema a los profesores Carlos Ayala Corao y Héctor Faúndez, que la misma "no vale más que el papel donde fue impreso;"[24] a lo que se agrega lo expresado por el profesor José Ignacio Hernández, en el sentido de que "al final, la sentencia no pasa de ser algo anecdótico que los profesores tendremos en cuenta cuando expliquemos, en clase, el principio de inmunidad de jurisdicción de los Estados."[25]

Y nada más. Ese mismo interés académico es el que ha motivado estos comentarios.

New York, 28 de julio de 2014.

---

24   Véase "Juristas: TSJ no tiene facultad para juzgar actos de otros países. Faúndez y Ayala afirman que la Sala Constitucional erró en el caso Carvajal," reportaje de Juan Francisco Alonso, *El Universal*, 27 de julio de 2014, en http://www.eluniversal.com/nacional-y-politica/140727/juristas-tsj-no-tiene-facultad-para-juzgar-actos-de-otros-paises.

25   Véase José Ignacio Hernández, "/Porqué la Sala Constitucional protegió al general Carvajal?", en *Prodavinci*, 26 de julio de 2014, http://prodavinci.com/blogs/y-por-que-la-sala-constitucional-protegio-al-general-carvajal-por-jose-ignacio-hernandez/

DÉCIMA PARTE

EL SECRETO Y LA MENTIRA COMO POLÍTICA DE ESTADO Y EL FIN DE LA OBLIGACIÓN DE TRANSPARENCIA[*]

I

El Tribunal Supremo de Justicia, esta vez a través de su Sala Político Administrativa, pero siguiendo la orientación ya definida por la Sala Constitucional desde 2010, de consolidar a la Administración Pública como una "barraca de hierro," donde todo es secreto, en sustitución de la "Casa de Cristal" donde todo debería ser transparente,[1] de un plumazo le ha negado a los ciudadanos tres derechos constitucionales: el derecho a la transparencia gubernamental, el derecho de acceso a la justicia y el derecho de acceso a la información administrativa

---

[*] Texto del Comentario Jurisprudencial sobre "El secreto y la mentira como política de Estado y el fin de la obligación de transparencia. De cómo el Tribunal Supremo de Justicia liberó inconstitucionalmente al Banco Central de Venezuela de cumplir su obligación legal de informar al país sobre los indicadores económicos, arrebatándole a los ciudadanos sus derechos a la trasparencia gubernamental, de acceso a la justicia y de acceso a la información administrativa," preparado para ser publicado en la *Revista de Derecho Público,* Nº 143 (Tercer Trimestre 2015, Editorial Jurídica Venezolana, Caracas, 2015.

[1] Mediante sentencia Nº 745 de 15 de julio de 2010 (véase http://www.tsj.gov.ve/decisiones/scon/Julio/745-15710-2010-09-1003.html), la Sala Constitucional del Tribunal Supremo, declaró sin lugar la acción de habeas data intentada por la *Asociación Civil Espacio Público*, negándole su derecho de acceso a la información administrativa sobre las remuneraciones pagadas a los funcionarios de la Contraloría General de la República, alegando que frente a ello privaba el derecho a la privacidad o "intimidad económica" de los mismos. Sobre esta sentencia véanse los comentarios en Allan R. Brewer-Carías, "De la Casa de Cristal a la Barraca de Hierro: el Juez Constitucional vs. El derecho de acceso a la información administrativa," en *Revista de Derecho Público*, Nº 123, (julio-septiembre 2010), Editorial Jurídica Venezolana, Caracas, 2010, pp. 197-206.

Esto ha ocurrido mediante la sentencia No. 935 de 4 de agosto de 2015 dictada en el caso *Asociación Civil Transparencia Venezuela* contra el Presidente del Banco Central de Venezuela,[2] negándole a dicha Organización No Gubernamental el derecho que toda la población tiene a estar informada por el Banco Central de Venezuela, públicamente, sobre los indicadores económicos del país que legalmente dicha institución está obligada a producir y publicar.

II

En un Estado democrático de derecho como el que formalmente se declara en la Constitución, como parte esencial del derecho a la democracia,[3] los gobernantes están obligados a desarrollar las actividades gubernamentales con total transparencia, a los efectos de que los ciudadanos puedan ejercer el derecho más esencial de la democracia, que es el de controlar el ejercicio del poder.

Tal como lo expresó hace años el Juez Louis Brandeis de la Corte Suprema de los Estados Unidos, "la luz del sol es el mejor desinfectante, "[4] es decir, la publicidad respecto de las actividades gubernamentales es la mejor garantía al derecho político a la transparencia, de manera de poder asegurarle a los ciudadanos el derecho de tener información sobre la acción gubernamental para poder controlar la eficiencia y la eficacia en la Administración Pública, para lo cual, precisamente, la Constitución establece tanto el derecho de acceso a la información administrativa, como el derecho de los ciudadanos de acceso a la justicia para ejercer dicho control .

La democracia, en efecto, como régimen político, solo puede existir cuando se asegura a los ciudadanos la posibilidad de ejercer el control efectivo sobre el ejercicio del poder por parte de sus representantes, que son los gobernantes. De eso se trata la democracia: del ejercicio del poder en nombre de

---

2   Véase la sentencia del caso en http://historico.tsj.gob.ve/decisiones/spa/agosto/180-378-00935-5815-2015-2015-0732.HTML.

3   Véase Allan R. Brewer-Carías, "Algo sobre las nuevas tendencias del derecho constitucional: el reconocimiento del derecho a la constitución y del derecho a la democracia," en Sergio J. Cuarezma Terán y Rafael Luciano Pichardo (Directores), *Nuevas tendencias del derecho constitucional y el derecho procesal constitucional*, Instituto de Estudios e Investigación Jurídica (INEJ), Managua 2011, pp. 73-94; y *VNIVERSITAS, Revista de Ciencias Jurídicas (Homenaje a Luis Carlos Galán Sarmiento)*, Pontificia Universidad Javeriana, facultad de Ciencias Jurídicas, N° 119, Bogotá 2009, pp. 93-111; "El derecho a la democracia entre las nuevas tendencias del Derecho Administrativo como punto de equilibrio entre los Poderes de la Administración y los derecho del administrado," en Víctor Hernández Mendible (Coordinador), *Desafíos del Derecho Administrativo Contemporáneo (Conmemoración Internacional del Centenario de la Cátedra de Derecho Administrativo en Venezuela*, Tomo II, Ediciones Paredes, Caracas, 2009, pp. 1417-1439.

4   Véase Louis Brandeis, "What publicity can do?" en *Harper's Weekly December 20, 1913*.

los ciudadanos y de la posibilidad real para estos de poder controlar dicho ejercicio, lo que no sólo impone la necesidad de que realmente funcione un sistema de separación de poderes, de manera que los mismos puedan controlarse entre sí, sino de prever y asegurar que los ciudadanos tengan derecho, por una parte, de acceso a la información administrativa y por la otra, de acceso a las instancias judiciales para poder ejercer, reclamar y defender sus derechos, y en particular, poder exigir el control judicial sobre la gestión gubernamental.

He allí la relación entre transparencia gubernamental, acceso a la información y acceso a la justicia, siendo los últimos dos elementos, la condición esencial para lograr el control del primero, es decir, de la transparencia.

III

En materia de gestión económica del Estado, y en particular de gestión fiscal, por ejemplo, la Constitución establece entre los principios que la rigen, el *principio de la "transparencia"* (art. 311); el cual en general, en relación con todos los órganos de la Administración Pública, se repite en el artículo 141 del texto fundamental, al disponer que la misma, estando "al servicio de los ciudadanos,"[5] se fundamenta, entre otros, en los *"principios de transparencia, rendición de cuentas y responsabilidad en el ejercicio de la función pública, con sometimiento pleno a la ley y al derecho"* (artículo 141).

Dicho principio de la transparencia lo reitera la Ley Orgánica de la Administración Pública, al enumerar los principios con base en los cuales se debe desarrollar la actividad administrativa, indicando que son:"los principios de economía, celeridad, simplicidad, *rendición de cuentas*, eficacia, eficiencia, proporcionalidad, oportunidad, objetividad, imparcialidad, participación, honestidad, accesibilidad, uniformidad, modernidad, *transparencia, buena fe, paralelismo de la forma y responsabilidad en el ejercicio de la misma, con sometimiento pleno a la ley y al derecho, y con supresión de las formalidades no esenciales"* (art. 10).

A ello se agrega, específicamente en relación con el Banco Central de Venezuela, la declaración del artículo 319 de la Constitución que establece que dicha institución, *"se regirá por el principio de responsabilidad pública,"* a cuyo efecto además de rendir cuenta de sus actuaciones, metas y resultados de sus políticas ante la Asamblea Nacional, también debe rendir *"informes*

---

5   Este concepto de la Administración Pública al servicio del ciudadano, que caracteriza a la Administración del Estado social y democrático de derecho, es contrario al de la Administración del Estado Burocrático, dedicada al Monarca o a la burocracia. Como lo expresó Max Weber, el Estado Burocrático era una organización que trataba "de incrementar la superioridad del conocimiento profesional de las autoridades públicas, precisamente a través del secretismo y de la confidencialidad de sus intenciones;" y por eso, los gobiernos burocráticos, siempre fueron "gobiernos que excluyen la publicidad." Véase Max Weber, *Economía y Sociedad*, Vol. II, Fondo de Cultura Económica, México 1969, p. 744.

periódicos sobre el comportamiento de las variables macroeconómicas del país y sobre los demás asuntos que se le soliciten e incluirá los análisis que permitan su evaluación."

Para ello, el artículo 31 de la misma Ley del banco Central de Venezuela dispone específicamente que su gestión "se guiará por el *principio de la transparencia*," lo que significa que:

"sin menoscabo de sus responsabilidades institucionales, deberá mantener *informado, de manera oportuna y confiable al Ejecutivo Nacional y demás instancias del Estado, a los agentes económicos públicos y privados, nacionales y extranjeros y a la población acerca de la ejecución de sus políticas, las decisiones y acuerdos de su Directorio, los informes, publicaciones, investigaciones y estadísticas que permitan disponer de la mejor información sobre la evolución de la economía venezolana,* sin menoscabo de las normas de confidencialidad que procedan, conforme a la Constitución."

A tal efecto, además, el artículo 7.13 de la ley que lo rige dispone que para el adecuado cumplimiento de su objetivo, el Banco Central de Venezuela tendrá a su cargo, entre otras, la función de "Acopiar, producir y publicar las principales estadísticas económicas, monetarias, financieras, cambiarias, de precios y balanza de pagos."

De todo lo anterior, por el principio de la transparencia, como se establece expresamente en la Constitución, en la Ley Orgánica de la Administración Pública, y específicamente, en la Ley del Banco Central de Venezuela, esta institución tiene la obligación de informar al tanto a los órganos del Estado como a los ciudadanos en general, sobre los indicadores económicos, financieros, monetarios, cambiarios, de precios y de la balanza de pagos del país, para lo cual tiene la obligación de recopilar, producir y publicar dicha información.

Se trata, por tanto, de una obligación legal que el Banco tiene que cumplir, sin que sea necesario que haya requerimiento alguno específico de parte interesada, para que pueda haber control sobre sus actuaciones y la determinación, como lo indica el mismo artículo 319 de la Constitución, sobre si ha habido "incumplimiento sin causa justificada del objetivo y de las metas" de la institución, para la aplicación al directorio del mismo de las sanciones establecidas en la ley.

IV

El cumplimiento de dicha obligación legal de poner a disposición de la población de las informaciones o indicadores económicos del país, por supuesto, puede exigirse específicamente por cualquier ciudadano mediante el ejercicio del *derecho de petición* administrativa garantizado en el artículo 51 de la Constitución, o mediante el ejercicio del de derecho garantizado en el artículo 26 de la Constitución, conforme al cual

"Toda persona tiene *derecho de acceso a los órganos de administra-ción de justicia* para hacer valer sus derechos e intereses, incluso los co-lectivos o difusos; a la tutela efectiva de los mismos y a obtener con prontitud la decisión correspondiente."

En particular, en cuanto a este último derecho para exigir judicialmente ante los tribunales de la Jurisdicción Contencioso Administrativa el cumpli-miento por los funcionarios públicos de alguna obligación legal, particular-mente para asegurar el principio de la transparencia,[6] como la que se impone al Banco Central de Venezuela de informar sobre los asuntos económicos del país, el artículo 9.2 de la Ley Orgánica de dicha Jurisdicción de 2010 le atri-buye competencia a los tribunales de la misma para conocer de dos tipos de demandas: por una parte, contra "la *abstención* de las autoridades a producir un acto al cual estén obligados por la ley;" y por la otra contra "la *negativa* de las autoridades a producir un acto al cual estén obligados por la ley."

En ambos casos, conforme al artículo 23 de la misma Ley Orgánica, co-rresponde a la Sala Político-Administrativa del Tribunal Supremo de Justicia conocer de dichas demandas cuando se trate de "la abstención o la negativa" de los *altos funcionarios del Estado*, y en particular de las "máximas autori-dades de los demás órganos de rango constitucional," como es el caso del Banco Central, y para corregir dicha abstención o negativa imponiéndole a los funcionarios la obligación de cumplir con su obligación legal.

Se observa, en todo caso, que mediante esta regulación legal, la Ley Orgánica da cabida al menos a tres demandas o acciones contencioso admi-nistrativas: *primero*, la acción contencioso administrativa contra la abstención de un funcionario de cumplir una obligación que le está impuesta legalmente, como obligación genérica que tiene su fuente en la ley; segundo, la acción contencioso administrativa contra la abstención de un funcionario de cumplir una obligación que le está impuesta legalmente, pero que deriva en forma específica del ejercicio del derecho de petición ante la ausencia de obtener oportuna respuesta de un derecho de petición; y *tercero*, la acción contencio-so administrativa contra la negativa expresa o formal de un funcionario de

---

6   Véase en general sobre el ejercicio de este derecho, Víctor Hernández Mendible, "El derecho constitucional de acceso a la información pública y los medios de protección judicial," en Gonzalo Pérez Salazar, Luis Petit Guerra y Víctor R. Hernández-Mendible (Coords.), *La Justicia Constitucional y la Justicia Administrativa como ga-rantes de los Derechos Humanos, Homenaje a Gonzalo Pérez Luciani y en el marco del vigésimo aniversario de FUNEDA*, Centro de Estudios de Derecho Procesal Constitucional, Centro de Estudios de Derecho Público, Centro de Estudios de Regu-lación Económica de la Universidad Monteávila y Fundación de Estudios de Derecho Administrativo. Caracas. 2013. pp. 121-144; y Gina González Betancourt, "La inac-tividad de la Administración Pública en cuanto al derecho de acceso a la información pública y el principio de transparencia administrativa," en Víctor Hernández Mendi-ble (Director), *La actividad e inactividad administrativa y la jurisdicción contencio-so administrativa*, Editorial Jurídica Venezolana, Caracas, 2012, pp. 379 ss.

cumplir una obligación legal. Estas tres acciones dan origen a diferentes obligaciones probatoria para el accionante.

En el primer caso, de "abstención" de cumplir una obligación legal genérica por parte de un funcionario, el accionante lo que tiene que probar es simplemente que ha habido inacción del funcionario; en el segundo caso, del incumplimiento de la obligación específica del funcionario de dar oportuna respuesta a una petición ejercida por el accionante, éste lo que tiene que probar es que a pesar del requerimiento o gestión realizada ante la Administración para que se produzca la decisión debida, la misma no se ha dictado; y en el tercer caso, de la "negativa" del funcionario de cumplir una obligación legal, la misma que se concreta en un acto expreso, también deriva usualmente del ejercicio de un derecho de petición por un ciudadano ante un órgano de la Administración, que ésta se niega a resolver oportunamente. En los dos últimos casos, el accionante ante la justicia contencioso administrativa debe probar que formuló la petición, que puso en mora a la Administración para que respondiera o resolviera, y no ha obtenido oportuna respuesta o resolución concreta de lo solicitado.

Por tanto, la demanda o acción contencioso administrativa por abstención no sólo existe, como sucede en los dos últimos casos, cuando se da una relación jurídica específica entre la Administración y el ciudadano, que genera la obligación de la primera por ejemplo de responder oportunamente una petición concreta; sino que también se da, como sucede en el primer caso, en los casos de obligaciones genéricas de la Administración de actuar por imposición de una disposición legal.

Sobre esto ha sido clara la Sala Constitucional del Tribunal Supremo de Justicia al establecer el criterio de que "el recurso por abstención o carencia es un medio contencioso administrativo que puede - y debe – dar cabida a *la pretensión de condena al cumplimiento de toda obligación administrativa incumplida, sin que se distinga si ésta es específica o genérica,*"[7] dando origen como lo ha expresado Gina González Betancourt, a una jurisprudencia que ha establecido:

> "una ampliación del control sobre las manifestaciones de inactividad administrativa, mediante el recurso de abstención o carencia, lo cual puede juzgarse como una reforma positiva si lo vemos a la luz de ampliación del objeto de la pretensión, y abandono de interpretaciones restrictivas de acceso (entre obligaciones genéricas y específicas)."[8]

---

7   Véase sentencia N° 547 de 6 de abril de 2004 (Caso: *Ana Beatriz Madrid Agelvis*), en http://historico.tsj.gob.ve/decisiones/scon/abril/547-060404-03-1085.HTM.

8   Véase "La inactividad de la Administración Pública en cuanto al derecho de acceso a la información pública y el principio de transparencia administrativa," en Víctor Hernández Mendible (Director), *La actividad e inactividad administrativa y la jurisdicción contencioso administrativa*, Editorial Jurídica Venezolana, Caracas 2012, p. 389.

V

En el caso decidido por la Sala Político Administrativa mediante la sentencia N° 935 de 4 de agosto de 2015 que comentamos, se trató indudablemente del primer caso antes mencionado, es decir, de una demanda contencioso administrativa por abstención contra el Presidente del Banco Central de Venezuela de cumplir una obligación legal genéricamente establecida en la Constitución y la Ley del Banco Central de Venezuela.

En efecto, en julio de 2015, y conforme a las nomas antes mencionadas, los representantes de la Asociación Civil Transparencia Venezuela, alegando el "…incumplimiento de la obligación de rendición de cuentas establecida en el artículo 319 de la Constitución de la República Bolivariana de Venezuela, y a la opacidad generada por el incumplimiento de la obligación en la publicación de las principales estadísticas económicas del país dispuestas en los artículos 7 numerales 13 y 31 del Decreto con Rango, Valor y Fuerza de Ley de Reforma Parcial de la Ley del Banco Central de Venezuela," ejerciendo su derecho de acceso a la justicia interpusieron ante la Sala Político Administrativa del Tribunal Supremo demanda por abstención contra el Presidente del Banco Central de Venezuela, "al no ejercer una competencia legalmente atribuida por la Ley del Banco Central de Venezuela" alegando violación del derecho de "acceso de la información, lo cual compromete y transgrede principios fundamentales de un Estado Democrático y Social de Derecho y de Justicia preceptuado en nuestra Carta Magna." A tal efecto, la Asociación Civil accionante indicó que dicha "omisión puede constatarse mediante revisión de la página web del Banco Central de Venezuela, en la cual no se encuentra publicada ningún índice macroeconómico de lo que va del año 2015 (Enero- julio),"siendo la misma "ampliamente violatorio de obligaciones específicas, que se encuentran establecidas en los artículos 7 numeral 13 y 31 de la Ley del Banco Central de Venezuela, y a su vez violatorio de los principios constitucionales de participación, transparencia y justicia por los cuales debe guiarse todo ente u organismo de la administración pública."

En resumen expusieron los demandantes que "…la acción del Presidente del Banco Central de Venezuela al no cumplir con la obligación de hacer de conocimiento público, configura una abstención de su parte, toda vez que ha dejado de realizar una medida indispensable que le corresponde, para garantizar el cumplimiento de la ley, así como el derecho constitucional de toda ́persona a tener disponible y recibir en todo momento información oportuna, veraz, imparcial y sin censura de ningún tipo," solicitando del Tribunal Supremo que ordenara "al Presidente del Banco Central de Venezuela a que haga de acceso público mediante la publicación en la página web de ese Banco Central de las principales estadísticas económicas del país correspondientes a los meses de enero a julio del 2015, según lo dispuesto en los artículos 7 numeral 13 y 31 de la Ley del Banco Central." En definitiva que cumpliera con la obligación que le imponía la Ley.

VI

Siguiendo criterios jurisprudenciales establecidos precedentemente, en particular en la sentencia N°. 1.177 del 24 de noviembre de 2010,[9] la Sala procedió a tramitar la demanda incoada siguiendo el "procedimiento breve" aplicable a "las demandas relacionadas con reclamos por *la omisión, demora o deficiente* prestación de los servicios públicos, vías de hecho y abstenciones, cuando no tengan pretensiones de contenido patrimonial o indemnizatorio;" pero al hacerlo, *ilegítimamente procedió a cambiar el objeto de la demanda intentada*, transformando la demanda por "abstención" que fue la intentada para exigir el incumplimiento de una obligación legal genérica por parte del Banco Central, en una supuesta demanda por abstención de dar oportuna respuesta a una supuesta petición administrativa que nunca fue ejercida, por no ser necesaria legalmente, demanda que nunca fue intentada.

Es decir, para negarle a la accionante su derecho de acceso a la justicia para controlar la actuación del Presidente del Banco Central de Venezuela y exigir el cumplimiento de la obligación legal genérica que tiene impuesta, la Sala Político Administrativa procedió a desconocer el objeto de la demanda (que era la "abstención" de cumplimiento de una obligación legal), y considerándola impropiamente como una demanda por abstención o negativa a responder una petición para el cumplimiento de una obligación legal, procedió a declararla inadmisible porque supuestamente, la accionante no había acompañado a su demanda copia de alguna gestión poniendo en mora al Banco por no haber respondido a alguna supuesta petición.

En efecto, el artículo 66 de la ley Orgánica de la Jurisdicción Contencioso Administrativa establece que "en los casos de reclamo por la prestación de servicios públicos o por abstención", el accionante "deberá acompañar los documentos que acrediten los trámites efectuados," lo que tiene que entenderse, cuanto sea aplicable en virtud del principio *pro actione*. La acreditación de los "tramites efectuados" es fundamental si se trata de una demanda por reclamo por la prestación de servicios, e incluso por la abstención o negativa de la Administración de dar respuesta a una petición; pero no se aplica cuando se trata de una demanda por abstención de cumplir una obligación legal en beneficio de toda la población y no de una persona específica, en cuyo caso lo que el accionante tiene que acreditar es sólo el incumplimiento de la misma por el funcionario.

En este último caso, solo si el accionante no prueba con su demanda el hecho del incumplimiento, es que el tribunal podría declarar la inadmisibilidad de la demanda conforme a los artículos 35.4 y 66 de la Ley Orgánica de

---

9   Véase Caso *Asociación Civil Centros Comunitarios de Aprendizaje (CECODAP), Fundación Luz y Vida, Asociación Civil Manos por la Niñez y Adolescencia y otras interponen recurso por abstención o carencia contra la Presidencia de la República*, en   http://historico.tsj.gob.ve/decisiones/spa/noviembre/01177-241110-2010-2010-0497.HTML.

la Jurisdicción Contencioso Administrativa al requerir que a las demandas deben acompañarse *"los documentos indispensables para verificar su admisibilidad."*

Si se trata de una demanda por reclamo por la prestación de servicios públicos, deben aportarse los "documentos que acrediten los trámites efectuados" para el reclamo por la prestación deficiente; si se trata de una demanda por negativa o abstención de la Administración de responder una petición específica, por ejemplo, un recurso jerárquico ejercido ante la Administración, el accionante debe acreditar haber puesto en mora a la Administración,[10] para la obtención de la oportuna respuesta debida; pero si se trata de una demanda por abstención en cuanto al cumplimiento de una obligación legal general o genérica, impuesta por ley al funcionario, como es el caso por ejemplo de las obligaciones de publicidad de los indicadores económicos que se exige al Banco Central, lo que el accionante tiene que acreditar es simplemente el hecho de la abstención de cumplimiento de la obligación legal, sin que para demandar, tenga que previamente haber acudido específica e individualmente ante el mismo a pedir que el funcionario cumpla su obligación general.

VII

Esta distinción surge incluso de la propia sentencia de la Sala Político Administrativa que comentamos, al pretender fundamentar la misma en diversas sentencias anteriores en las cuales la Sala procedió a "constatar que el demandante haya acompañado los documentos indispensables para verificar su admisibilidad, que en las demandas de reclamo por la prestación de servicios públicos y en las demandas por abstención, se refiere a aquéllos que acrediten los trámites realizados ante la autoridad señalada como responsable de la omisión;" sentencias todas referidas a supuestos de hecho distintos al de la acción propuesta, pues se refirieron a casos de abstención de decidir peticiones concretas formuladas ante la Administración.

Dichas sentencias citadas incorrectamente como "precedentes," en efecto, fueron las siguientes: la sentencia N° 640 del 18 de mayo de 2011 dictada en un caso en el cual lo que se denunció fue a falta de respuesta de un recurso jerárquico, declarándose inadmisible la demanda porque no se presentó "prueba que acredite las gestiones que haya realizado ante la Administración

---

10   Sobre esto, en una Administración al servicio del ciudadano, debería bastar un solo reclamo para que la Administración quede en mora. La Sala Político Administrativa del Tribunal Supremo de Justicia, sin embargo, en sentencia N° 1504 de 16 de septiembre de 2011 (Caso: *Carlos Olivares Cruces*), consideró que dos solicitudes del interesado dirigidas a la Administración Pública solicitando respuesta, no eran suficientes para entender cumplido en el requisito de admisibilidad de esta acción. Véase en: http://historico.tsj.gob.ve/decisiones/spa/noviembre/01504-161111-2011-2011-1078.HTML.

para obtener respuesta";[11] la sentencia N° 1.748 del 8 de diciembre de 2011 dictada en un caso donde se demandó la falta de trasferencia de recursos ordinarios fiscales por parte del Ejecutivo Nacional al Estado Carabobo, declarándose inadmisible la demanda porque no constaba "que previo a la interposición de la acción, se hubieran agotado las gestiones ante el Ministro del Poder Popular para Relaciones Interiores y Justicia, a fin de solventar la omisión que le ha sido imputada;[12] la sentencia N° 384 del 25 de abril de 2012 (que no se ha podido consultar por aparecer "error" en la página del Tribunal Supremo; y la sentencia N° 444 del 23 de abril 2015 que resolvió una denuncia por carencia de decisión de un recurso jerárquico, declarándose inadmisible porque si bien se acompañó "copia del recurso jerárquico presentado ante el entonces Ministro del Poder Popular de Economía, Finanzas y Banca Pública," el accionante "no acompañó a su libelo ninguna prueba que acredite las gestiones que haya realizado ante la Administración para obtener respuesta"[13]

En todos los casos citados como supuestos precedentes, los accionantes habían requerido específicamente a la Administración, mediante una petición concreta, la realización de una actividad que la Administración debía realizar y que la misma no ejecutó, por lo que ante la ausencia de la oportuna respuesta, la Sala consideró que para acceder a la justicia, debían haber acreditado el haber puesto en mora a la Administración mediante una gestión o trámite específico reclamando la oportuna respuesta debida.

Todos esos casos son distintos al de la demanda intentada por la Asociación Civil Transparencia de Venezuela, que lo que exigía era que el funcionario demandado, en el caso, el Presidente del Banco Central de Venezuela, cumpliera con su obligación legal general de informar públicamente, al pueblo, sobre los indicadores económicos del país, conforme a la obligación constitucional y legal que tenía, para lo cual, la demandante, lo único que tenía que hacer en materia probatoria, era probar objetivamente el incumplimiento de dicha obligación, lo cual por lo demás era público y notorio, alegando para ello que dicha

> *"omisión puede constatarse mediante revisión de la página web del Banco Central de Venezuela, en la cual no se encuentra publicada ningún índice macroeconómico de lo que va del año 2015 (Enero-julio),"*

Por tanto, para intentar su demanda, la Asociación Civil Transparencia Venezuela no tenía que acompañar a su libelo, como erradamente lo afirmó la Sala en su sentencia:

---

11   Véase en http://historico.tsj.gob.ve/decisiones/spa/mayo/00640-18511-2011-2010-1203.HTML.

12   Véase en http://historico.tsj.gob.ve/decisiones/spa/diciembre/01748-81211-2011-2011-0025.HTML.

13   Véase en http://historico.tsj.gob.ve/decisiones/spa/abril/176603-00444-23415-2015-2015-0123.HTML.

"prueba que acredite las gestiones que haya realizado para solicitar y obtener del Presidente del Banco Central de Venezuela el cumplimiento de la obligación de rendición de cuentas establecida en el artículo 319 de la Constitución de la República Bolivariana de Venezuela y la publicación de las principales estadísticas económicas del país dispuestas en los artículos 7 numerales 13 y 31 del Decreto con Rango, Valor y Fuerza de Ley de Reforma Parcial de la Ley del Banco Central de Venezuela, sustento de la demanda de autos".

Nada tenía la Asociación Civil demandante que gestionar ante el Presidente del Banco Central. Este había incumplido objetivamente la obligación legal que tenía impuesta, y ello constaba en la propia página web de la institución. Al exigir esa prueba de alguna "gestión" o trámite, la Sala, contrariando el principio *pro actione*, y violando el derecho ciudadano de acceder a la justicia y obtener tutela judicial efectiva, distorsionó la acción contencioso administrativa intentada contra la carencia administrativa por omisión en el cumplimiento de obligaciones legales genéricas, y deliberadamente lo confundió con un recurso contra la negativa o abstención de la Administración de decidir peticiones específicas formuladas ante ella, por ejemplo, mediante recursos administrativos no respondidos, lo que no era el caso debatido.

Como lo ha interpretado la Sala Constitucional del Tribunal Supremo de Justicia, al referirse al principio *pro actione*, conforme al mismo:

"las condiciones de acceso a la justicia deben entenderse en el sentido de tamices que depuran el proceso, de allí, que la función ejercida por las formas y requisitos procesales esté en línea de hacer avanzar la pretensión por caminos racionales, y *no de imposibilitar injustificadamente el ejercicio de la acción*. Ello ha hecho afirmar a esta Sala que: *"las causales de inadmisibilidad deben estar legalmente establecidas (asimismo) ...deben ser proporcionales a la finalidad perseguida por las normas procesales, esto es, ser cauce racional para el acceso a la tutela judicial* (González Pérez, ob. Cit. Pág. 62), en el sentido de ordenar el proceso, por lo que no les es dable vulnerar el contenido esencial del derecho a la tutela judicial."(Sentencia n° 758/2000)."

Por otra parte, *el propio derecho a la tutela judicial efectiva garantiza la posibilidad de ejercicio eficiente de los medios de defensa, así como una interpretación de los mecanismos procesales relativos a la admisibilidad que favorezca el acceso de los ciudadanos a los órganos de justicia*"[14]

Es decir, dentro del alcance del principio *pro actione,* las condiciones y requisitos de acceso a la justicia no deben imposibilitar o frustrar injustifica-

---

14   Véase sentencia de la Sala Constitucional N° 1.064 de 19 de septiembre de 2000 (Caso *Cervecería Regional*), en http://historico.tsj.gob.ve/decisiones/scon/septiembre/1064-190900-00-2131.HTM.

damente el ejercicio de la acción a través de la cual se deduce la pretensión, lo que implica que "todo ciudadano tiene derecho a [...] que los requisitos procesales se interpreten en el sentido más favorable a la admisión de las pretensiones procesales."[15]

La sentencia que se comenta, al contrario, violó abiertamente el principio *pro actione* que deriva del principio de la progresividad en materia de derechos humanos (art. 19 Constitución), que le imponía a la Sala en caso de duda decidir a favor de la admisibilidad de la acción, para garantizarle a la accionante su derecho de acceder a la justicia y a obtener la tutela efectiva de sus derechos (art. 26); y con ello, además, violó abiertamente dicho derecho de acceder a la justicia, y además, el derecho ciudadano a la transparencia de la Administrativa al negarle a la demandante la posibilidad de controlar las omisiones del banco central de Venezuela en el cumplimiento de su obligación legal de recopilar e informar públicamente sobre los indicadores económicos del país.

Así, la Sala Político Administrativa del Tribunal Supremo de Justicia, en definitiva, decretó el secreto en materia económica, como política de Estado, liberando de hecho al Banco Central de Venezuela de su obligación legal de informar al país sobre los indicadores económicos, arrebatándole a los ciudadanos su derecho a la trasparencia gubernamental, su derecho de acceso a la justicia y su derecho a la información administrativa.

New York, 10 de agosto de 2015.

---

15   Véase en *Revista de Derecho Público* Nº 101, Editorial Jurídica Venezolana, Caracas 2005, pp. 88 ss.

DÉCIMA PRIMERA PARTE

LA DESCONSTITUCIONALIZACIÓN DE LA GARANTÍA DEL DEBIDO PROCESO EN LAS ACTUACIONES ADMINISTRATIVAS*

I

La más importante de las garantías constitucionales que las personas tienen frente a las actuaciones del Estado, además del derecho de acceso a la justicia y del derecho a la tutela judicial efectiva para poder controlar el sometimiento al derecho de los actos y actuaciones de sus autoridades, es que toda actuación de las mismas cumplida en ejercicio del poder público, se desarrolle en el curso de un debido proceso legal de acuerdo con las normas establecidas en la Constitución y las leyes, es decir, conforme al principio de legalidad, que no sólo debe guiar la actuación de los jueces en ejercicio de la función jurisdiccional, sino todas las actividades administrativas desarrolladas por todos los órganos de la Administración Pública.

Esa garantía al debido proceso[1] con esa extensión, como ha ocurrido en todas las Constituciones contemporáneas, fue desarrollada detalladamente en

---

* Texto del Comentario Jurisprudencial sobre "La garantía del debido proceso respecto de las actuaciones administrativas, y su desconstitucionalización en Venezuela por el Juez Contencioso Administrativo. Análisis jurisprudencial," redactado para ser publicado en la *Revista de Derecho Público,* Nº 141 (Primer Trimestre 2015, Editorial Jurídica Venezolana, Caracas, 2015.

1 Véase en general, en Venezuela, Antonieta Garrido de Cárdenas, "La naturaleza del debido proceso en la Constitución de la República Bolivariana de Venezuela de 1999", en *Revista de Derecho Constitucional,* Nº 5 (julio-diciembre), Editorial Sherwood, Caracas, 2001, pp. 89-116; Antonieta Garrido de Cárdenas, "El debido proceso como derecho fundamental en la Constitución de 1999 y sus medios de protección", en *Bases y principios del sistema constitucional venezolano (Ponencias del VII Congreso Venezolano de Derecho Constitucional realizado en San Cristóbal del 21 al 23 de Noviembre de 2001),* Volumen I, pp. 127-144.

el artículo 49 de la Constitución venezolana de 1999,[2] como una "garantía suprema dentro de un Estado de Derecho,"[3] denominándose como tal debido proceso, "aquél proceso que reúne las garantías indispensables para que exista una tutela judicial efectiva", de manera que "cualquiera sea la vía escogida para la defensa de los derechos o intereses legítimos, las leyes procesales deben garantizar la existencia de un procedimiento que asegure el derecho de defensa de la parte y la posibilidad de una tutela judicial efectiva"[4].

---

2   El artículo 49 de la Constitución dispone: "El debido proceso se aplicará a todas las actuaciones judiciales y administrativas; en consecuencia: 1. La defensa y la asistencia jurídica son derechos inviolables en todo estado y grado de la investigación y del proceso. Toda persona tiene derecho a ser notificada de los cargos por los cuales se le investiga, de acceder a las pruebas y de disponer del tiempo y de los medios adecuados para ejercer su defensa. Serán nulas las pruebas obtenidas mediante violación del debido proceso. Toda persona declarada culpable tiene derecho a recurrir del fallo, con las excepciones establecidas en esta Constitución y en la ley. 2. Toda persona se presume inocente mientras no se pruebe lo contrario. 3. Toda persona tiene derecho a ser oída en cualquier clase de proceso, con las debidas garantías y dentro del plazo razonable determinado legalmente por un tribunal competente, independiente e imparcial establecido con anterioridad. Quien no hable castellano, o no pueda comunicarse de manera verbal, tiene derecho a un intérprete. 4. Toda persona tiene derecho a ser juzgada por sus jueces naturales en las jurisdicciones ordinarias o especiales, con las garantías establecidas en esta Constitución y en la ley. Ninguna persona podrá ser sometida a juicio sin conocer la identidad de quien la juzga, ni podrá ser procesada por tribunales de excepción o por comisiones creadas para tal efecto. 5. Ninguna persona podrá ser obligada a confesarse culpable o declarar contra sí misma, su cónyuge, concubino o concubina, o pariente dentro del cuarto grado de consanguinidad y segundo de afinidad. La confesión solamente será válida si fuere hecha sin coacción de ninguna naturaleza. 6. Ninguna persona podrá ser sancionada por actos u omisiones que no fueren previstos como delitos, faltas o infracciones en leyes preexistentes. 7. Ninguna persona podrá ser sometida a juicio por los mismos hechos en virtud de los cuales hubiese sido juzgada anteriormente. 8. Todos podrán solicitar del Estado el restablecimiento o reparación de la situación jurídica lesionada por error judicial, retardo u omisión injustificados. Queda a salvo el derecho del o de la particular de exigir la responsabilidad personal del magistrado o de la magistrada, el juez o de la jueza; y el derecho del Estado de actuar contra éstos o éstas." Véase sobre nuestra participación en la redacción de esta norma, en la sesión del 21 de octubre de 1999 de la Asamblea nacional Constituyente, en Allan R. Brewer-Carías, *Asamblea Constituyente y Proceso Constituyente 1999*, Fundación de Derecho Público, Editorial Jurídica Venezolana, Caracas, 2014, p. 631.

3   Así lo ha considerado la Sala Constitucional del Tribunal Supremo de Justicia. Véase sentencia Nº 123 de la Sala Constitucional (Caso: *Sergio J. Meléndez*) de 17 de marzo de 2000, en *Revista de Derecho Público*, Nº 81, (enero-marzo), Editorial Jurídica Venezolana, Editorial Jurídica Venezolana, Caracas, 2000, p. 143.

4   Véase sentencia de la Sala Constitucional Nº 97 de 15 de marzo de 2000 (Caso: *Agropecuaria Los Tres Rebeldes vs. Juzgado de Primera Instancia en lo Civil, Mercantil, Tránsito, Trabajo, Agrario, Penal, de Salvaguarda del Patrimonio Público de*

II

Esta norma constitucional, como lo reiteró la Sala Constitucional del Tribunal Supremo en sentencia N° 80 de 1 de febrero de 2001, recoge la concepción más acabada respecto al contenido y alcance del derecho al debido proceso, en el sentido de que

"constituye un conjunto de garantías, que amparan al ciudadano, y entre las cuales se mencionan las del ser oído, la presunción de inocencia, el acceso a la justicia y a los recursos legalmente establecidos, la articulación de un proceso debido, la de obtener una resolución de fondo con fundamento en derecho, la de ser juzgado por un tribunal competente, imparcial e independiente, la de un proceso sin dilaciones indebidas y por supuesto, la de ejecución de las sentencias que se dicten en tales procesos. Ya la jurisprudencia y la doctrina habían entendido, que el derecho al debido proceso debe aplicarse y respetarse en cualquier estado y grado en que se encuentre la causa, sea ésta judicial o administrativa, pues dicha afirmación parte del principio de igualdad frente a la ley, y que en materia procedimental representa igualdad de oportunidades para las partes intervinientes en el proceso de que se trate, a objeto de realizar -en igualdad de condiciones y dentro de los lapsos legalmente establecidos- todas aquellas actuaciones tendientes a la defensa de sus derechos e intereses."[5]

En el mismo sentido, en otra sentencia, esta vez de la Sala Político Administrativa del mismo Tribunal Supremo, N° 157 de 17 de febrero de 2000, la misma precisó que:

"Se trata de un derecho complejo que encierra dentro de sí, un conjunto de garantías que se traducen en una diversidad de derechos para el procesado, entre los que figuran, el derecho a acceder a la justicia, el derecho a ser oído, el derecho a la articulación de un proceso debido, derecho de acceso a los recursos legalmente establecidos, derecho a un tribunal competente, independiente e imparcial, derecho a obtener una resolución de fondo fundada en derecho, derecho a un proceso sin dilaciones indebidas, derecho a la ejecución de las sentencias, entre otros, que se vienen configurando a través de la jurisprudencia. Todos estos derechos se desprenden de la interpretación de los ocho ordinales que consagra el artículo 49 de la Carta Fundamental.

Tanto la doctrina como la jurisprudencia comparada han precisado, que este derecho no debe configurarse aisladamente, sino vincularse a

---

la *Circunscripción Judicial del Estado Barinas*) en *Revista de Derecho Público*, N° 81, (enero-marzo), Editorial Jurídica Venezolana, Caracas, 2000, p. 148.

5   Véase Caso: *Impugnación de los artículos 197 del Código de Procedimiento Civil y 18 de la Ley Orgánica del Poder Judicial).*

otros derechos fundamentales como lo son, el derecho a la tutela efectiva y el derecho al respeto de la dignidad de la persona humana..."[6].

III

Ahora bien, en particular en relación con la garantía del derecho a la defensa, como pieza esencial de la garantía del debido proceso, el artículo 49.1 de la Constitución no sólo establece tal derecho a la *defensa*, sino a la *asistencia jurídica* (de abogado),[7] considerándolos como derechos inviolables en *todo estado y grado* de la investigación y del proceso. Adicionalmente, precisa el texto fundamental que toda persona tiene derecho a ser notificada de los cargos por los cuales se la investiga, de *acceder a las pruebas* y de *disponer del tiempo* y de *los medios adecuados* para ejercer su *defensa*.

En ese contexto, el derecho a la defensa ha sido amplio y tradicionalmente analizado por la jurisprudencia del Tribunal Supremo así como por sentada anteriormente por la antigua Corte Suprema de Justicia, considerándose como una "garantía que exige el respeto al principio esencial de contradicción, conforme al cual, las partes enfrentadas, en condiciones de igualdad, deben disponer de mecanismos suficientes que les permitan alegar y probar las circunstancias tendientes al reconocimiento de sus intereses, necesariamente, una sola de ellas resulte gananciosa."[8]

---

6   Véase Caso: *Juan C. Pareja P. vs. MRI,* en *Revista de Derecho Público,* N° 81, (enero-marzo), Editorial Jurídica Venezolana, Caracas, 2000, p. 135.

7   La Corte Primera de lo Contencioso Administrativo en sentencia N° 352 de 22-03-2001 (Caso: *Colegio de Médicos del Distrito Federal vs. Federación Médica Venezolana*) en tal sentido ha señalado que "la intervención real y efectiva del abogado garantiza a las partes actuar en el proceso de la forma más conveniente para sus derechos e intereses y les permite defenderse debidamente contra la parte contraria", en *Revista de Derecho Público,* N° 85-88, Editorial Jurídica Venezolana, Caracas, 2001, pp. 100 y ss.

8   Esto ya lo había sentado la sentencia N° 3682 de 19 de diciembre de 1999, la Sala Político Administrativa de la antigua Corte Suprema de Justicia al destacar que el reconocimiento constitucional del derecho a la defensa se extiende a todas las relaciones de naturaleza jurídica que ocurren en la vida cotidiana, y con especial relevancia, en aquellas situaciones en las cuales los derechos de los particulares son afectados por una autoridad pública o privada; de manera que el derecho constitucional impone que en todo procedimiento tanto administrativo como judicial, "se asegure un equilibrio y una igualdad entre las partes intervinientes, garantizándole el derecho a ser oída, a desvirtuar lo imputado o a probar lo contrario a lo sostenido por el funcionario en el curso del procedimiento". Véase en *Revista de Derecho Público,* N° 79-80, Editorial Jurídica Venezolana, Caracas 1999. Véase también sentencia N° 1166 de 29 de junio de 2001, Caso: *Alejandro Moreno vs. Sociedad Mercantil Auto Escape Los Arales, S.R.L.).*

El derecho a la defensa, como garantía del debido proceso, por tanto, no puede ser desconocido ni siquiera por el legislador,[9] lo que ha precisado con claridad la misma Sala Constitucional en sentencia N° 321 de 22 de febrero de 2002, al indicar que las limitaciones al derecho de defensa derivan por sí mismas del texto constitucional y si el Legislador amplía el espectro de tales limitaciones, las mismas devienen en ilegítimas. A tal efecto en dicha sentencia de 2002, la Sala señaló que cuando la norma del artículo 49.1 de la Constitución "faculta a la ley para que regule el derecho a la defensa," ello debe ser atendido por el ordenamiento adjetivo, pero sin que ello signifique:

"que sea disponible para el legislador el contenido del mencionado derecho, pues éste se halla claramente delimitado en las mencionadas disposiciones; si no que por el contrario, implica un mandato al órgano legislativo de asegurar la consagración de mecanismos que aseguren el ejercicio del derecho de defensa de los justiciables, no sólo en sede jurisdiccional, incluso en la gubernativa, en los términos previstos por la Carta Magna. De esta forma, las limitaciones al derecho de defensa en cuanto derecho fundamental derivan por sí mismas del texto constitucional, y si el Legislador amplía el espectro de tales limitaciones, las mismas devienen en ilegítimas; esto es, la sola previsión legal de restricciones al ejercicio del derecho de defensa no justifica las mismas, sino en la medida que obedezcan al aludido mandato constitucional.[10]

El derecho a la defensa, por tanto, es un derecho constitucional absoluto, "inviolable" en todo estado y grado de la causa como dice la Constitución, el cual corresponde a toda persona, sin distingo alguno si se trata de una persona natural o jurídica, por lo que no admite excepciones ni limitaciones.[11].Dicho derecho "es un derecho, fundamental que nuestra Constitución protege y que es de tal naturaleza, que no puede ser suspendido en el ámbito de un estado de

---

9   Por ello, ha sido por la prevalencia del derecho a la defensa que la Sala Constitucional, siguiendo la doctrina constitucional establecida por la antigua Corte Suprema de Justicia9, ha desaplicado por ejemplo normas que consagran el principio *solve et repete* como condición para acceder a la justicia contencioso-administrativa, por considerarlas inconstitucionales. Véase Sentencia N° 321 de 22 de febrero de 2002 (Caso: *Papeles Nacionales Flamingo, C.A. vs. Dirección de Hacienda del Municipio Guacara del Estado Carabobo* Véase en *Revista de Derecho Público*, N° 89-92, Editorial Jurídica Venezolana, Caracas, 2002.

10 Véase, Caso: *Papeles Nacionales Flamingo, C.A. vs. Dirección de Hacienda del Municipio Guacara del Estado Carabobo).

11 Por ello, por ejemplo, la Corte Primera de lo Contencioso Administrativo, en sentencia 15-8-97 (Caso: *Telecomunicaciones Movilnet, C.A. vs. Comisión Nacional de Telecomunicaciones (CONATEL)* señaló que. "resulta inconcebible en un Estado de Derecho, la imposición de sanciones, medidas prohibitivas o en el general, cualquier tipo de limitación o restricción a la esfera subjetiva de los administrados, sin que se dé oportunidad alguna de ejercicio de la debida defensa". Véase en *Revista de Derecho Público*, N° 71-72, Caracas, 1997, pp. 154-163.

derecho, por cuanto configura una de las bases sobre las cuales tal concepto se erige"[12].

Todas las Salas del Tribunal Supremo han reafirmado el derecho a la defensa como inviolable. Así, por ejemplo, la Sala de Casación Civil en sentencia N° 39 de 26 de abril de 1995, ha señalado sobre "el sagrado derecho a la defensa" es un "derecho fundamental cuyo ejercicio debe garantizar el Juez porque ello redunda en la seguridad jurídica que es el soporte de nuestro estado de derecho; más cuando la causa sometida a su conocimiento se dirige a obtener el reconocimiento y posterior protección de los derechos con rango constitucional". Este derecho, ha agregado la Sala, "es principio absoluto de nuestro sistema en cualquier procedimiento o proceso y en cualquier estado y grado de la causa" [13]. En otra sentencia N° 160 de 2 de junio de 1998, la Sala de casación Civil reiteró dicho derecho ha de "entenderse como la posibilidad cierta de obtener justicia del tribunal competente en el menor tiempo posible, previa realización, en la forma y oportunidad prescrita por la ley, de aquellos actos procesales encaminados a hacer efectivos los derechos de la persona" agregando que, por tanto, no es admisible "que alguien sea condenado si antes no ha sido citado, oído y vencido en proceso judicial seguido ante un juez competente, pues en tal caso se estaría ante una violación del principio del debido proceso."[14]

Por su parte la Sala de Casación Penal de la antigua Corte Suprema de Justicia en sentencia de 26 de junio de 1996, sostuvo que:

> "El derecho a la defensa debe ser considerado no sólo como la oportunidad para el ciudadano o presunto infractor de hacer oír sus alegatos, sino como el derecho de exigir del Estado e cumplimiento previo a la imposición de toda sanción de un conjunto de actos o procedimientos destinados o permitirle conocer con precisión los hechos que se le imputan, las disposiciones legales aplicables a los mismos, hacer oportunamente alegatos en su descargo y promover y evacuar pruebas que obren en su favor. Esta perspectiva del derecho de defensa es equiparable a lo que en otros estados de derecho ha sido llamado como principio del debido proceso.[15]

La Corte Plena de la antigua Corte Suprema de Justicia, por su parte, en sentencia de 30 de julio de 1996, enmarcó el derecho a la defensa dentro del derecho de los derechos humanos, protegido además en el ámbito de los ins-

---

12 Así lo estableció la Sala Político Administrativa de la antigua Corte Suprema de Justicia, en sentencia N° 572 de 18-8-97. (Caso: *Aerolíneas Venezolanas, S.A. (AVENSA) vs. República (Ministerio de Transporte y Comunicaciones)*.

13 Véase Caso: *A.C. Expresos Nas vs. Otros,* en *Jurisprudencia Pierre Tapia*, N° 4, Caracas, abril 1995, pp. 9-12.

14 Véase en *Jurisprudencia Pierre Tapia*, N° 6, junio 1998, pp. 34-37.

15 Véase en *Jurisprudencia Pierre Tapia*, N° 6, Caracas, junio 1996.

trumentos internacionales sobre derechos humanos, conforme al principio de la progresividad, señalando lo siguiente:

"Por ello, la Constitución de la República estatuye que la defensa pueda ser propuesta en todo momento, "en todo estado y grado del proceso", aún antes, entendiéndose por proceso, según Calamandrei, "el conjunto de operaciones metodológicas estampadas en la ley con el fin de llegar a la justicia". Y la justicia la imparte el Estado. En el caso concreto que se estudia, a través de este Alto Tribunal. El fin que se persigue es mantener el orden jurídico.

Así mismo, debe anotar la Corte que en materia de Derechos Humanos, el principio jurídico de progresividad envuelve la necesidad de aplicar con preferencia la norma más favorable a los derechos humanos, sea de Derecho Constitucional, de Derecho Internacional o de derecho ordinario. Esta doctrina de interpenetración jurídica fue acogida en sentencia de 3 de diciembre de 1990 por la Sala Político-Administrativa, en un caso sobre derechos laborales, conforme a estos términos:

...Igualmente debe señalarse que el derecho a la inamovilidad en el trabajo de la mujer embarazada y el derecho a disfrutar del descanso pre y post-natal *constituyen derechos inherentes a la persona humana los cuales se constitucionalizan, de conformidad con el artículo 50 de nuestro Texto Fundamental.* Según el cual "la enunciación de los derechos y garantías contenido en esta Constitución no debe entenderse como negación de otros que, siendo inherentes a la persona humana, no figuren expresamente en ella. La falta de ley reglamentaria de estos derechos no menoscaba el ejercicio de los mismos...."

Desde el punto de vista internacional, considera este Alto Tribunal que importa fortalecer la interpretación sobre esta materia, señalando la normativa existente.

Así, entre otros, el artículo 8, letra b) de la Convención Americana de Derechos Humanos (Pacto de San José de Costa Rica), establece lo siguiente:

"Toda persona tiene derecho a ser oída, con las debidas garantías y dentro de un plazo razonable por un Juez o Tribunal competentes, independiente e imparcial establecido con anterioridad por la ley, en la sustanciación de cualquier acusación penal formulada contra ella, o para la determinación de sus derechos y obligaciones de orden civil, laboral, fiscal o de cualquier carácter".

De la misma manera, el Pacto Internacional de los Derechos Civiles y Políticos, garantiza a toda persona el derecho a ser juzgado por sus jueces naturales, mediante proceso legal y justo, en el cual se aseguren en forma transparente todos sus derechos.

Esta normativa rige en plenitud dentro del país. Al efecto y tal como se indicó anteriormente, el artículo 50 de la Constitución de la República consagra la vigencia de los derechos implícitos conforme a la cual:

"La enunciación de los derechos y garantías contenidas en esta Constitución no debe entenderse como negación de otros que, siendo inherentes a la persona humana no figuran expresamente en ella".

A ello se agrega que las reproducidas disposiciones de tipo internacional se encuentran incorporadas al ordenamiento jurídico interno, conforme a lo previsto en el artículo 128 de la Constitución de la República."[16]

En definitiva, como también lo expresó la Sala Constitucional del Tribunal Supremo de Justicia en sentencia N° 97 de 15 de marzo de 2000,

"De la existencia de un proceso debido se desprende la posibilidad de que las partes puedan hacer uso de los medios o recursos previstos en el ordenamiento para la defensa de sus derechos e intereses. En consecuencia, siempre que de la inobservancia de las reglas procesales surja la imposibilidad para las partes de hacer uso de los mecanismos que garantizan el derecho a ser oído en el juicio, se producirá indefensión y la violación de la garantía de un debido proceso y el derecho de defensa de las partes."[17]

IV

Ahora bien, desde el punto de vista del derecho administrativo, la más importante innovación del artículo 49 de la Constitución venezolana fue el haber regulado expresamente que la garantía del debido proceso no se limita por supuesto a los procesos judiciales, sino que se aplica "a todas las actuaciones administrativas" siendo ello uno de los pilares fundamentales en el régimen del procedimiento administrativo.

Por ello, sobre esta garantía también se ha pronunciado el juez contencioso administrativo, como por ejemplo resulta de la sentencia N° 157 de 17 de febrero de 2000, de la Sala Político Administrativa del Tribunal Supremo de Justicia, en la cual precisó que:

"el debido proceso es un derecho aplicable a todas las actuaciones judiciales y administrativas, disposición que tiene su fundamento en el principio de igualdad ante la ley, dado que el debido proceso significa

---

16 Véase en *Revista de Derecho Público*, N° 67-68, EJV, Caracas, julio-diciembre 1996, pp. 169-171.

17 Véase sentencia N° 97 de 15 de marzo de 2000 (Caso: *Agropecuaria Los Tres Rebeldes, C.A. vs. Juzgado de Primera Instancia en lo Civil, Mercantil, Tránsito, Trabajo, Agrario, Penal, de Salvaguarda del Patrimonio Público de la Circunscripción Judicial del Estado Barinas*), en *Revista de Derecho Público*, N° 82, Editorial Jurídica Venezolana, Caracas, 2000.

que ambas partes en el procedimiento administrativo, como en el proceso judicial, deben tener igualdad de oportunidades, tanto en la defensa de sus respectivos derechos como en la producción de las pruebas destinadas a acreditarlos.["18]

Y más recientemente, en sentencia N° 1604 de 25 de noviembre de 2014, la misma Sala Político Administrativa del Tribunal Supremo, como juez contencioso administrativo, en relación con la garantía del debido proceso y su vigencia en relación con las actuaciones administrativas ha expresado que:

"De conformidad con lo previsto en los artículos 19, 25 y 49 de la Constitución de la República Bolivariana de Venezuela, todos los órganos y entes que integran la Administración Pública, en cualquiera de sus niveles político-territoriales, tienen el deber de respetar y garantizar los derechos constitucionales de los particulares, entre ellos, el derecho al debido procedimiento administrativo, el cual comprende las siguientes garantías: tener conocimiento del inicio de un procedimiento que involucre los derechos subjetivos o intereses del particular, tener acceso a las actas que conforman el expediente que habrá de formarse para dejar constancia escrita de las actuaciones en las que se soportará la voluntad administrativa, la posibilidad de ser oído por la autoridad competente y de participar activamente en la fase de instrucción del procedimiento, la libertad de alegar y contradecir, probar y controlar las pruebas aportadas al proceso; que se adopte una decisión expresa, oportuna, que tome en cuenta las pruebas y defensas aportadas, incluso para su desestimación, y que sea ejecutable; así como el derecho a recurrir de esa decisión."

De ello concluyó la Sala Político Administrativa con la afirmación de que:

"En conclusión, el derecho al debido proceso no se satisface con la sola manifestación de voluntad concretizada en el acto administrativo, previa instrucción de un procedimiento, sino que en el seno de este deben cumplirse un conjunto de garantías que coloquen al administrado en condiciones apropiadas para hacer valer sus intereses en juego frente a otros que se le opongan, dentro de las cuales está comprendido el ejercicio del derecho a la defensa, en sentido estricto."[19]

---

18   Véase Caso: *Juan C. Pareja P. vs. MRI,* en *Revista de Derecho Público,* N° 81, (enero-marzo), Editorial Jurídica Venezolana, Caracas 2000, p. 135.

19   Véase Caso: *Presidente del Colegio de Abogados del Estado Carabobo et al vs. Decreto presidencial N° 664 de fecha 10 de diciembre de 2013,* en http://www.tsj.gov.ve/decisiones/spa/noviembre/172007-01604-261114-2014-2014-0108.HTML.

V

Ahora bien, el caso sometido a la decisión de la Sala Político Administrativo del Tribunal Supremo y resuelto en la antes mencionada sentencia, tuvo su origen en un recurso contencioso administrativo de nulidad que un grupo de abogados del Estado Carabobo intentaron contra un decreto presidencial (acto administrativo) mediante el cual, con base en las potestades reguladas en la Ley de Protección y Defensa del Patrimonio Cultural, se declaró como Monumento Nacional la Plaza de Toros de la Ciudad de Valencia, identificada como "obra arquitectónica denominada *'Parque Recreacional Sur-Plaza Monumental'*, ubicada en la Parroquia Santa Rosa, del Municipio Valencia del Estado Carabobo."

Los impugnantes alegaron que el acto administrativo recurrido, que la Sala reconoció como acto administrativo de efectos generales, de carácter normativo, violaba una serie de derechos constitucionales y principios del procedimiento administrativo, que la Sala resumió así: "violación al derecho de propiedad, confiscación, debido proceso, libertad, identidad; así como también, los vicios de incompetencia del Presidente de la República que dictó el acto impugnado, desviación de poder, violación del principio de separación de poderes y, violación del principio de legalidad, participación ciudadana, pluralismo político y seguridad jurídica."

Conjuntamente con la acción de nulidad por inconstitucionalidad e ilegalidad intentada, los recurrentes formularon una pretensión de amparo constitucional, la cual fue precisamente la que la Sala Político Administrativa decidió al admitir la acción en la sentencia citada, a cuyo efecto, pasó a considerar únicamente "los derechos o garantías constitucionales susceptibles de ser protegidos por la acción de amparo intentada," que fueron los derechos constitucionales a la cultura, recreación, educación y libertad; el derecho constitucional al debido proceso; el derecho constitucional a la propiedad; y el derecho constitucional a la participación ciudadana.

A tal efecto, la Sala Político Administrativa, que como se dijo, es el más alto tribunal contencioso administrativo del país, partió de la premisa de reafirmar como antes se ha destacado, sobre la vigencia del derecho constitucional al debido proceso, en relación con las actuaciones administrativas, teniendo en cuenta, por supuesto, que las "actuaciones administrativas" a las que alude el artículo 49 de la Constitución y la propia sentencia de la Sala, no son otras que todas aquellas que desarrollan los órganos y entes de la Administración Pública, cualquiera que sea su jerarquía. Y las autoridades administrativas, por supuesto, para actuar, siempre lo tienen que hacer en ejercicio del Poder Público, es decir, en ejercicio de potestades públicas concretizadas en específicas competencias que deben estar reguladas en la Constitución y las leyes. Por el contrario, las actuaciones administrativas que no se ejerzan en ejercicio de potestades públicas conforme a las normas que regulas las competencias para su ejercicio, no pasan de ser simples vías de hecho, sujetas por supuesto a control judicial, pero que, por su propia patología, se ejecutan sin garantías algunas de debido proceso: por ello son vías de hecho.

VI

En el caso sometido a la decisión de la Sala, en efecto, los recurrentes argumentaron sobre la violación al debido proceso que para declarar la Plaza de Toros de Valencia, que es un bien del dominio de la Municipalidad de esa ciudad, como Monumento Nacional, se hizo, como lo resumió la sentencia, fundamentalmente, sin que se tramitara "el correspondiente procedimiento administrativo previo, que garantizara al Municipio Valencia y demás interesados a exponer las razones para poder oponerse al '*despojo del complejo propiedad del Municipio a favor del Poder Central.'*"

También alegaron, vinculado al debido proceso, según se resume en la sentencia, el vicio de "prescindencia total del procedimiento administrativo previo y consulta pública" indicándose que "de conformidad con la Constitución y las leyes nacionales '*era ineludible para el Presidente de la República consultar a los sectores interesados sobre la regulación de la administración, posesión y custodia de los bienes de dominio público municipal afectados, siendo por ello nulo el decreto cuestionado de conformidad con el encabezado del artículo 140 de la Ley Orgánica de Administración Pública.'*"

Sin embargo, frente a estos alegatos y después de la declaración tan tajante de que la garantía del debido proceso se aplica a todas las actuaciones administrativas y por tanto en los procedimientos administrativos tal como lo impone la Constitución, al considerar específicamente el caso, la Sala Político Administrativa del Tribunal Supremo de Justicia en la misma mencionada sentencia de 26 de noviembre de 2014, afirmó, sin argumentación ni fundamentación alguna, escuetamente, que:

> "las actuaciones a que aluden los recurrentes como lesivas obedecieron *al ejercicio de la Potestad del Estado, lo que lleva a inferir que no se trataba de un procedimiento en el que necesariamente debía concederse a los interesados específicas oportunidades para esgrimir argumentos o defensas.*"

Y nada más, con lo que simplemente negó que se pueda invocar la garantía del debido proceso frente al ejercicio del Poder Público por las autoridades administrativas.

Para llegar a tan absurda conclusión, la sentencia, sin embargo, citó una sentencia precedente de la Sala Constitucional del Tribunal Supremo N° 1817 del 28 de noviembre de 2008, en la cual se argumentó en forma general sobre el significado y la importancia de la aplicación de la Ley de Protección y Defensa del Patrimonio Cultural para la declaración de "monumentos nacionales" por "su valor para la historia nacional o por ser exponentes de nuestra cultura," como una forma de tutelar "las manifestaciones culturales que nutren la historia de la República en general y de las comunidades en particular," y "los derechos de las futuras generaciones en contar con bienes o elementos que forman parte fundamental de esa identidad cultural propia."[20] De ello, que nada tiene que ver con la necesidad de negar la garantía del debido proceso en el ámbito de las actuaciones administrativas, la Sala, pura y simplemente, concluyó afirmando que "cualquier declaratoria de monumento nacional constituye una acción tomada en beneficio de la población y en resguardo de la Nación; por tanto, visto el carácter personalísimo del amparo constitucional, debe desestimarse tal alegato. Así se decide."

Peor motivación, sin duda, es imposible encontrar una sentencia de un Tribunal Supremo para declarar sin lugar una pretensión de amparo constitucional, particularmente cuando se ha alegado violación del debido proceso.

VII

Pero allí está la sentencia, en la cual, quizás sin percatarse –ese es el único beneficio de la duda admisible, pero grave– el máximo órgano de la jurisdicción contencioso administrativa en Venezuela, simplemente desconstitucionalizó la garantía "constitucional" al debido proceso respecto de las actuaciones administrativas, que siempre resultan del ejercicio de potestades públicas o del Estado, habiendo mutado, ilícitamente, la Constitución.

Es decir, a partir de esta sentencia, el debido proceso dejó de ser una garantía constitucional en "todas las actuaciones administrativas" como lo dice el artículo 49 de la Constitución, pues dicha garantía, en palabras del Tribunal Supremo, no tiene vigencia en actuaciones administrativos que obedecen "al ejercicio de la Potestad del Estado," de lo que la propia Sala dedujo ("lleva a inferir"), que en esas actuaciones el procedimiento que se lleve a cabo no es un "un procedimiento en el que necesariamente deba concederse a los interesados específicas oportunidades para esgrimir argumentos o defensas."

Tan simple como eso. De un plumazo, la Sala Político Administrativa mutó la Constitución, ignorando por supuesto, que en toda actuación administrativa los órganos y entes de la Administración, desde el Presidente de la República hasta el funcionario de menor jerarquía en la Administración Pública, actúa siempre en "ejercicio de la Potestad del Estado," y que por tanto, no hay actuación administrativa –salvo las vías de hecho– en las cuales los entes y órganos de la administración no ejerzan una potestad estatal, conforme al ámbito de competencia que la Constitución y las leyes le confieren.

VIII

Es de destacar, por último y de paso, que en su afán por desconstitucionalizar derechos constitucionales en cuanto a su garantía en el ámbito de las actuaciones de la Administración, la Sala Político Administrativa en su sentencia comentada no sólo se limitó a eliminar la garantía constitucional del debido proceso de los procedimientos aplicables a las actuaciones administra-

---

20   Véase en http://www.tsj.gov.ve/decisiones/scon/noviembre/1817-281108-2008-08-0116.HTML.

tivas, sino que también desconstitucionalizó el derecho constitucional a la participación ciudadana.

En efecto los impugnantes habían alegado que el decreto presidencial impugnado se había dictado "sin la debida consulta pública y sin procedimiento administrativo previo," sobre lo cual la Sala se limitó a considerar que:

"el artículo 62 de la Constitución, en consonancia con los artículos 138, 139 y 140 de la Ley Orgánica de la Administración Pública, prevén la obligación de los órganos de la Administración Pública de promover la participación popular en la gestión pública y facilitar las condiciones más favorables para su práctica; en función de lo cual se contempló en la citada ley la celebración de una consulta pública que garantice la intervención de las comunidades organizadas y sectores interesados de la sociedad cuando se trate de casos de aprobación de normas *reglamentarias o de otra jerarquía*".

En la misma sentencia la Sala, sin embargo, como se dijo, ya había reconocido el carácter de acto administrativo de efectos generales y de contenido normativo, por tanto, de carácter reglamentario del decreto presidencial, pero sin embargo, lo que resolvió fue desestimar el alegato, declarando, también pura y simplemente, que:

"el principio de participación ciudadana no constituye un verdadero derecho subjetivo constitucional susceptible de tutela judicial directa, que pueda ser revisado en la oportunidad de resolver una medida cautelar de amparo constitucional."

Para desconocer el carácter constitucional del derecho a la participación política, la Sala, simplemente, señaló que supuestamente ello ya lo había expuesto "en anteriores oportunidades," haciendo referencia a las "sentencias Nos. 607 del 13 de mayo de 2009 y 98 del 28 de enero de 2010."

Sin embargo, en cuanto a la sentencia N° 607 de 13 de mayo de 2009, en la misma nada se resuelve en materia del derecho a la participación política, apareciendo incluso la palabra "participación" en el texto de la sentencia, una sola vez, al referirse a la participación de la Superintendencia de Seguros en ciertas actuaciones de fiscalización respecto de las empresas de seguro, sin relación alguna con el derecho o principio de la participación ciudadana.[21]

Y en cuanto a la otra sentencia citada como "precedente," la N° 98 de 28 de enero de 2010, en la misma se decidió un amparo cautelar formulado junto con una demanda de nulidad intentada por un conjunto de empresas de promoción inmobiliaria contra una resolución ministerial que había prohibido que en los contratos que tenían por objeto la adquisición de viviendas, se estableciera el cobro de cuotas, alícuotas, porcentajes y/o sumas adicionales

---

21   Véase   en   http://www.tsj.gov.ve/decisiones/spa/mayo/00607-13509-2009-2009-0046.HTML.

de dinero, basados en la aplicación del Índice de Precios al Consumidor (IPC) o de cualquier otro mecanismo de corrección monetaria; y frente al alegato de las impugnantes de que el acto administrativo impugnado se había dictado con "vulneración del principio de participación y lesión del derecho a la participación ciudadana de los productores de vivienda" lo que resolvió la Sala, sin argumentación alguna, fue que los principios:

> "de reserva legal, competencia, participación ciudadana y confianza legítima o expectativa plausible, y el acatamiento de los criterios vinculantes del Tribunal Supremo de Justicia, [...] no constituyen verdaderos derechos subjetivos constitucionales susceptibles de tutela judicial directa, que puedan ser revisados en la oportunidad de resolver la medida cautelar de amparo constitucional."[22]

Pero sin que el lector sepa el porqué de esas afirmaciones, y menos porqué se mezclan principios del procedimiento administrativo como los de reserva legal, competencia y confianza legítima, con un derecho constitucional previsto entre otros en el artículo 72 de la Constitución, que sin duda es justiciable en amparo como todo derecho constitucional. Sin embargo, de la sentencia citada como "precedente" lo que resultó fue no sólo la negación de la justiciabilidad del derecho a la participación política, contradiciendo una larga tradición jurisprudencial sentada en los lustros anteriores, sino la desconstitucionalización ilegitima del propio derecho a la participación política.

Esas son, lamentablemente, las ejecutorias de un Tribunal Supremo cuando ha sido sometido al poder, y actúa al servicio del autoritarismo.[23]

Nueva York, noviembre 2014

---

22 Véase en http://www.tsj.gov.ve/decisiones/spa/enero/00098-28110-2010-2009-1056.HTML.

23 Véase sobre ello Allan R. Brewer-Carías, "El juez constitucional al servicio del autoritarismo y la ilegítima mutación de la Constitución: el caso de la Sala Constitucional del Tribunal Supremo de Justicia de Venezuela (1999-2009)", en *Revista de Administración Pública*, N° 180, Madrid 2009, pp. 383-418; y en *IUSTEL, Revista General de Derecho Administrativo*, N° 21, junio 2009, Madrid, ISSN-1696-9650. Véase además el libro Allan R. Brewer-Carías, *Crónica sobre la "In" Justicia Constitucional. La Sala Constitucional y el autoritarismo en Venezuela*, Colección Instituto de Derecho Público. Universidad Central de Venezuela, N° 2, Editorial Jurídica Venezolana, Caracas 2007.

DÉCIMA SEGUNDA PARTE

TRANSPARENCIA Y ACCESO A LA JUSTICIA: PROGRESIÓN Y REGRESIÓN[*]

La transparencia de la gestión gubernamental es uno de los derechos políticos fundamentales que tienen los ciudadanos frente al Estado, al cual se refiere expresamente en la Carta Democrática Interamericana de 2001, como uno de los componentes esenciales de la democracia, y como parte del derecho político de los ciudadanos a la propia democracia.[1]

El artículo 4 de dicha Carta, en efecto, y hay que recordarlo una y otra vez, identifica a la democracia como un régimen político en el cual tienen que estar garantizados, y a ello tienen derecho los ciudadanos, no sólo el derecho político la celebración de elecciones periódicas, libres, justas y basadas en el sufragio universal y secreto, como expresión de la soberanía del pueblo (que es el derecho político al sufragio), sino el derecho al respeto a los derechos humanos y las libertades fundamentales; el derecho a que los gobernantes accedan al poder y lo ejerzan con sujeción al Estado de derecho; el derecho al

---

[*] Texto de base redactado para la conferencia dictada en el *II Congreso Jurídico de la Hacienda Pública*, Contraloría General de la República, San José Costa Rica, 8 y 9 septiembre 2015.

[1] Véase Allan R. Brewer-Carías, "Algo sobre las nuevas tendencias del derecho constitucional: el reconocimiento del derecho a la constitución y del derecho a la democracia," en Sergio J. Cuarezma Terán y Rafael Luciano Pichardo (Directores), *Nuevas tendencias del derecho constitucional y el derecho procesal constitucional*, Instituto de Estudios e Investigación Jurídica (INEJ), Managua 2011, pp. 73-94; y *VNIVERSITAS, Revista de Ciencias Jurídicas (Homenaje a Luis Carlos Galán Sarmiento)*, Pontificia Universidad Javeriana, facultad de Ciencias Jurídicas, Nº 119, Bogotá 2009, pp. 93-111; "El derecho a la democracia entre las nuevas tendencias del Derecho Administrativo como punto de equilibrio entre los Poderes de la Administración y los derecho del administrado," en Víctor Hernández Mendible (Coordinador), *Desafíos del Derecho Administrativo Contemporáneo (Conmemoración Internacional del Centenario de la Cátedra de Derecho Administrativo en Venezuela*, Tomo II, Ediciones Paredes, Caracas 2009, pp. 1417-1439.

pluralismo político y a asociarse en partidos y organizaciones políticas, y el derecho a la separación e independencia de los poderes públicos (Art. 3).

Esos elementos esenciales de la democracia, como derechos políticos y pilares fundamentales del régimen democrático del Estado de derecho, se complementan con los componentes esenciales de la democracia que también como derechos políticos se enumeran en el artículo 4 de la misma Carta Democrática Interamericana, y que son: el derecho político a la transparencia de las actividades gubernamentales, a la probidad y a la responsabilidad de los gobiernos en la gestión pública; el derecho a que el Estado respete en particular los derechos sociales y la libertad de expresión y de prensa; el derecho ciudadano a la subordinación de todas las instituciones del Estado a la autoridad civil legalmente constituida, incluido por supuesto el componente militar; y el derecho político a que los gobernantes y los órganos del Estado respeten al Estado de derecho.

Lo importante de concebir a la democracia conforme a esos elementos y componentes, y en su manifestación como derechos ciudadanos, es tomar conciencia de que con ellos, en conjunto, lo que se busca es asegurarles a los ciudadanos la posibilidad de ejercer un control efectivo respecto del ejercicio del poder público. De eso se trata la democracia, del ejercicio del poder en nombre de los ciudadanos y de la posibilidad real para estos de controlar dicho ejercicio, lo que no sólo impone la necesidad de que realmente funcione un sistema de separación de poderes, de manera que los diversos órganos electos puedan controlarse entre sí, sino de prever y asegurar que los ciudadanos tengan, por una parte, acceso a la información administrativa y por la otra acceso a las instancias judiciales para poder ejercer, reclamar y defender sus derechos, y en particular, poder exigir el control judicial sobre la gestión gubernamental.

He allí la relación entre transparencia y acceso a la justicia, siendo el segundo elemento, el acceso a la justicia, no sólo la condición esencial para lograr el control del primero, es decir, de la gestión pública transparente; sino en definitiva el mecanismo establecido en el plano nacional e internacional para asegurar la vigencia de los derechos humanos, el fortalecimiento del principio de legalidad y el establecimiento de responsabilidades administrativas.

Con base en las anteriores premisas, a continuación me referiré al tema de la transparencia gubernamental y el acceso a la justicia, a su progresión y regresión en el mundo contemporáneo, refiriéndome en lo posible a casos concretos, a cuyo efecto dividiré mi exposición en seis partes en las cuales me referiré, en *primer lugar*, el derecho de acceso a la información y su garantía judicial como condición para controlar la transparencia; en *segundo lugar*, al tratamiento del acceso a la justicia conforme al principio de la no discriminación; en *tercer lugar*, al acceso a la justicia en relación con el principio *pro accione*; en *cuarto lugar*, al acceso a la justicia y el agotamiento de recursos internos; en *quinto lugar*, el problema de la restricción del acceso a la justicia internacional para controlar los Estados, al estar sometido a la voluntad de los mismos; y en *sexto lugar*, a la relación entre el acceso a la justicia, el debido proceso, y tutela judicial efectiva.

I. EL DERECHO DE ACCESO A LA INFORMACIÓN Y SU GARANTÍA JUDICIAL COMO CONDICIÓN PARA CONTROLAR LA TRANSPARENCIA

Se atribuye al Juez Louis Brandéis de la Corte Suprema de los Estados Unidos haber utilizado la frase de que "la luz del sol es el mejor desinfectante,"[2] para referirse precisamente a la noción de transparencia como el primer correctivo contra la corrupción. Y ello es así efectivamente, de manera que podemos decir que la más eficaz garantía del derecho político a la transparencia, es la publicidad de la información administrativa, es decir, la apertura frente al secretismo, de manera de poder asegurarle a los ciudadanos el derecho de acceso a esa información como instrumento para, precisamente, poder controlar la eficiencia y la eficacia en la Administración Pública. La consecuencia de ello es que entonces, el ámbito de lo confidencial en el seno de la Administración Pública, como principio, debería quedar reducido a la mínima expresión, y sólo en materias vinculadas, por ejemplo, con la seguridad de la Nación.

Esta aproximación al concepto de la transparencia en el Gobierno responde a la idea política que se configuró en torno a la configuración de la Administración Pública como una "casa de cristal" (*la maison de verre*), que después de muchos años de opacidad administrativa, comenzó a desarrollarse vinculada al simbolismo de lo visible, lo asequible y lo transparente, contrario a lo cerrado, misterioso, inasequible o inexplicable. Es decir, la idea de que lo abierto y transparente, como sensación de tranquilidad y serenidad que resulta de lo dominado o racionalizado, en el seno de la Administración debe sustituir la angustia y la perturbación causadas por lo que es misterioso y desconocido.[3]

Este concepto de transparencia ha sido uno de los elementos clave en la evolución de la Administración Pública en el mundo democrático moderno, una vez que comenzó a estar más dedicada a los ciudadanos que al Monarca o a la burocracia.[4] Por ello, por ejemplo, la Constitución venezolana de 1999 declara que "La Administración está al servicio de los ciudadanos" y en su

---

2   Véase Louis Brandeis, "What publicity can do?," en *Harper's Weekly December 20, 1913*

3   Véase Jaime Rodríguez-Arana, "La transparencia en la Administración Pública," en *Revista Vasca de Administración Pública*, N° 42, Oñati 1995, p. 452.

4   El Estado Burocrático fue caracterizado por Max Weber como la organización que trataba "de incrementar la superioridad del conocimiento profesional de las autoridades públicas, precisamente a través del secretismo y de la confidencialidad de sus intenciones". Por eso, dijo Weber, los gobiernos burocráticos, debido a sus tendencias, son siempre "gobiernos que excluyen la publicidad." Véase Max Weber, *Economía y Sociedad*, Vol. II, Fondo de Cultura Económica, México, 1969, p. 744.

funcionamiento, entre otros, se fundamenta en el principio de la transparencia (artículo 141).[5]

Por supuesto, en Venezuela ello en la actualidad solo es un decir de lo que debería ser la Administración Pública, que no tiene vigencia alguna en la práctica política del Estado Totalitario que padecemos,[6] y basta para constatarlo una decisión de la Sala Constitucional del Tribunal Supremo de 2010,[7] mediante la cual lo que resolvió fue, al contrario, que en el país lo prevalece es la "secretud," al haber negado una acción de habeas data que había introducido por una ONG, que reclamaba su derecho de acceso a la información administrativa sobre remuneraciones pagadas a los funcionarios nada menos que de la Contraloría General de la República. Para negar el habeas data, la Sala Constitucional consideró que frente a la trasparencia gubernamental lo que privaba era el derecho a la privacidad o "intimidad económica" de los funcionarios, es decir, que la información solicitada implicaba una invasión a la esfera privada de los mismos, y que acceder a la información administrativa violaría el derecho al honor y privacidad consagrado en el artículo 60 de la Constitución.

Con esta decisión, de un golpe, de la "casa de cristal," que se había venido construyendo en Venezuela en relación con la Administración Púbica, pasó a un configurarse con el Estado totalitario en una "barraca de acero" rodeada de secretos, e impenetrable. Y ello se confirmó hace poco tiempo, en agosto de 2015, cuando el Tribunal Supremo de Justicia, esta vez en Sala Contencioso Administrativa (Sala Político Administrativa), declaró inadmisible una acción contencioso administrativa por omisión contra el Presidente del banco central de Venezuela, por la omisión en publicar los indicadores económicos del país desde enero de 2015, a lo cual está obligado legalmente, argumentando que la

---

5   El artículo 141 de la Constitución de Venezuela dispone: "*La Administración Pública está al servicio de los ciudadanos y ciudadanas y se fundamenta en los principios de honestidad, participación, celeridad, eficacia, eficiencia, transparencia, rendición de cuentas y responsabilidad en el ejercicio de la función pública, con sometimiento pleno a la ley y al derecho.*"

6   Véase en particular Allan R. Brewer-Carías, *Estado Totalitario y desprecio a la Ley. La desconstitucionalización, desjuridificación, desjudicialización y desdemocratización de Venezuela*, Fundación de Derecho Público, Editorial Jurídica Venezolana, segunda edición, (Con prólogo de José Ignacio Hernández), Caracas, 2015.

7   Véase sentencia Nº 745 de 15 de julio de 2010 (Caso *Asociación Civil Espacio Público*), en http://www.tsj.gov.ve/decisiones/scon/Julio/745-15710-2010-09-1003.html. Véase sobre dicha sentencia, Allan R. Brewer-Carías, "De la Casa de Cristal a la Barraca de Hierro: el Juez Constitucional Vs. El derecho de acceso a la información administrativa," en *Revista de Derecho Público*, Nº 123, (julio-septiembre 2010), Editorial Jurídica Venezolana, Caracas, 2010, pp. 197-206.

ONG recurrente no había solicitado directamente al funcionario que ordenara publicar lo que legalmente estaba obligado a hacer.[8]

Se ignoró así el avance tan fenomenal que ha tenido la protección del derecho de acceso a la información pública en el mundo, desde que el primer estatuto sobre el tema que se adoptó en Finlandia en 1951, el cual fue seguido por la Ley de libertad de información de los Estados Unidos (*Freedom of Information Act (FOIA)*) sancionada en 1966.[9]

La evolución en la materia condujo, por supuesto, como era de esperarse, a su amplio desarrollo en Europa,[10] y además, a su tratamiento en América Latina. Así por ejemplo, en Colombia en 1985 se promulgó la Ley N° 57 sobre la publicidad de documentos oficiales y administrativos, y en enero de

---

8   Véase sentencia N° 935 de 4 de agosto de 2015 (Caso *Asociación Civil Transparencia Venezuela*), en http://historico.tsj.gob.ve/decisiones/spa/agosto/18-0378-00935-5815-2015-2015-0732.HTML. Véase sobre dicha sentencia Allan R. Brewer-Carías, "El secreto y la mentira como política de Estado y el fin de la obligación de transparencia De cómo el Tribunal Supremo de Justicia liberó inconstitucionalmente al Banco Central de Venezuela de cumplir su obligación legal de informar al país sobre los indicadores económicos, arrebatándole a los ciudadanos sus derechos a la trasparencia gubernamental, de acceso a la justicia y de acceso a la información administrativa," 10 agosto 2015, en http://www.allanbrewercarias.com/Content/449725d9-f1cb-474b-8ab2-41efb849fea3/Content/Brewer.%20LO%20SECRETO%20Y%20LA%20MENTIRA%20COMO%20POL%C3%8DTICA%20DE%20ESTADO%20Y%20EL%20FIN%20DE%20LA%20OBLIGACI%C3%93N%20DE%20TRANSPARENCIA.pdf

9   En cuanto a la FOIA, su origen resulta de la creación, durante la década de los cincuenta, de Comisiones de Senadores y Representantes para resolver la falta de acceso efectivo a la información de acuerdo a las provisiones de la Ley de Procedimiento Administrativo (*Administrative Procedure Act*), las cuales, a pesar de ser muy importantes en su momento, fueron descritas por el Representante John E. Moss, como parte de la "teoría burocrática" que permitía que cada entidad pública decidiera qué tipo de información debía llegar al público. Véase Pierre-Francois Divier, "Etats-Unis L'Administration Transparente: L'accés des citoyens américins aux documents officiels," en *Revue du Droit Public et de la Science Politique en France et à l'étranger*, N° 1, Librairie Générale de Droit et de Jurisprudence, Paris, 1975, p. 64; Miguel Revenga Sánchez, "El imperio de la política. Seguridad nacional y secreto de Estado en el sistema constitucional norteamericano", Ariel, Madrid 1995, p. 153). Luego la FOIA fue reformado en 1974 y en 1976 para hacerla más eficiente. Durante los mismos años, luego de los escándalos de *Watergate* y los *Pentagon Papers* (documentos del Pentágono), se aprobaron dos nuevas leyes: la *Federal Privacy Act* y la *Federal Government in the Sunshine Act*. Véase James Michael, "Freedom of information in the United States," en *Public access to government-held information* (Norman Marsh Editor), Steven & Son LTD, Londres, 1987.

10   Véase Emilio Guichot, *Transparencia y acceso a la información en el derecho europeo*, Cuadernos Universitarios de Derecho Administrativo, Editorial Derecho Global, 2011.

2002, también en Panamá se sancionó la Ley N° 6 sobre las previsiones para la transparencia en la gestión pública y sobre acciones de habeas data.[11]

Luego también en México, en 2002, se sancionó la Ley Federal de Transparencia y Acceso a Información Gubernamental Pública para implementar el derecho fundamental a tener acceso a la información pública que se estableció en el artículo 6 de la Constitución, garantizando el derecho de todos de buscar la transparencia del servicio público por medio de la difusión de información pública, así como reforzar la posibilidad exigir responsabilidad administrativa. En la Ley se reguló además una presunción a favor de la publicidad, como "principio de mayor publicidad," contrario al secretismo, que luego se incorporó en una reforma constitucional en 2007. Así el principio en México es que toda información que esté en manos de cualquier autoridad o entidad pública debe considerarse cómo de carácter público, siendo la excepción de esta regla, su declaración temporal como reservada basada en motivos de interés público.

Posteriormente, bajo influencia de la legislación mexicana se han dictado estatutos diversos en la materia como los aprobados en el Perú en 2003 (Ley N° 27,806 de Transparencia y el acceso a la información pública); en Ecuador en 2004 (Ley Orgánica de Transparencia y acceso a la información pública), y el mismo año en la República Dominicana (Ley General N° 200-04 del Libre acceso a la información pública); en Honduras, en 2006 (Ley de Transparencia y acceso a la información pública); en Nicaragua en 2007 (Ley N° 621-2007 de acceso a la información); y en Chile (Ley de Transparencia y acceso a la información), en Guatemala (Ley de acceso a la información pública), y en Uruguay (Ley N° 18381 de acceso a la información pública y del *amparo informativo*), durante el año 2008.

Para promover la transparencia de las funciones administrativas dentro de todas las entidades públicas, todas estas Leyes establecen, *primero*, el derecho al acceso de información como un derecho fundamental de todos los ciudadanos; *segundo*, presumen expresamente que toda información emitida por las entidades públicas debe considerarse como de carácter público, con la excepción de los documentos confidenciales o aquellos declarados como reservados; *tercero*, casi todas establecen la presunción del silencio positivo ante la ausencia de respuestas expeditas a las solicitudes de información; y *cuarto*, obligan a las entidades públicas a publicar la información concerniente a su organización o a su funcionamiento.

Además, en muchas de estas leyes, y partiendo del precedente mexicano, también se establecen previsiones específicas para la protección judicial del derecho al acceso a la información, a través de acciones judiciales de protec-

---

11   Véase Javier Sheffer Tuñon, *Constitucionalización del derecho a la información. Su acceso y tutela*, Instituto Centroamericano de Estudios Políticos, Fundación Konrad Adenauer, Panamá, 2007.

ción como la acción de habeas data, que se configura como una especie de *amparo informativo*, tal como se lo califica en el derecho uruguayo.

En contraste con esta tendencia garantizadora del derecho a la transparencia, en Venezuela, a pesar de que la Constitución de Venezuela de 1999, consagra el derecho ciudadano a la información administrativa, es decir, el derecho de acceder a los archivos y registros administrativos, con las solas limitaciones aceptables dentro de una sociedad democrática en materias relativas a seguridad interior y exterior, a investigación criminal y a la intimidad de la vida privada (artículo 143), en la práctica el Estado totalitario lo que ha impuesto como regla contraria a la Constitución, es que todo es confidencial o secreto, lo que fue corroborado por las decisiones antes mencionadas del Tribunal Supremo de Justicia.

En la primera de las sentencias mencionadas, se resolvió la demanda intentada por la *Asociación Civil Espacio Público*, la cual en 2008 y 2009 había solicitado información a la Contraloría General de la República sobre "el salario base y otras erogaciones que devengan el Contralor General de la República y las remuneraciones del resto del personal de la Contraloría General de la República;" petición que fue rechazada por dicha oficina pública considerando que ello pertenecía a la esfera privada de los funcionarios. Contra dicha negativa se ejerció una acción de amparo constitucional precisamente del derecho de acceso a la información pública, considerando la accionante que "para lograr una gestión pública cónsona con los principios de transparencia y rendición de cuenta," era necesario "la publicidad de los recursos que se administran, incluyendo los sueldos de los funcionarios públicos, ya que éstos ejercen funciones públicas, están al servicio de los ciudadanos y sus remuneraciones se pagan con los tributos pagados por los ciudadanos." Con razón alegó la Asociación accionante que el tema de las remuneraciones de los funcionarios públicos, escapaba de la esfera privada de los mismos, no violándose con la solicitud de información, derecho alguno a la intimidad o privacidad de los funcionarios.

Sin embargo, la Sala Constitucional, en la mencionada sentencia N° 745 de 15 de julio de 2010 (Caso: *Asociación Civil Espacio Público*),[12] declaró sin lugar el amparo solicitado, al considerar, tras admitir el reconocimiento constitucional del derecho de la ciudadanía a solicitar información y a ser informada oportuna y verazmente sobre asuntos de interés público, que la posibilidad de tutelar el derecho mediante una acción judicial estaba limitado porque no se había dictado una ley expresa que determinase los límites aceptables al ejercicio del derecho, así como la información que podía ser solicitada por los ciudadanos. De ello dedujo la Sala, que en ausencia de dicha ley expresa:

---

12   Véase en http://www.tsj.gov.ve/decisiones/scon/Julio/745-15710-2010-09-1003.html.

"para salvaguardar los límites del ejercicio del derecho fundamental a la información, se hace necesario: i) que él o la solicitante de la información manifieste expresamente las razones o los propósitos por los cuales requiere la información; y ii) que la magnitud de la información que se solicita sea proporcional con la utilización y uso que se pretenda dar a la información solicitada."

De ello derivó la Sala, en relación con la solicitud de la Asociación accionante sobre la información sobre las remuneraciones de los funcionarios del órgano de control fiscal, que para decidir debía establecer la "ponderación entre el derecho a la información y el derecho a la intimidad de los funcionarios públicos," dando en dicho caso prioridad al derecho a la intimidad de los funcionarios, que la Sala consideró como un derecho fundamental (a la intimidad económica) que privaba particularmente porque no existía una ley general que obligase a hacer públicos los salarios de los funcionarios públicos, ya que a diferencia de los Estados Unidos de Norteamérica o Canadá, donde los salarios de los altos funcionarios del gobierno federal se aprueban y se fijan por Ley, lo que implica su publicidad obligatoria; -dijo la Sala- ello no existe en Venezuela. En el país, solo existen partidas presupuestarias globales en la Ley de Presupuesto anual, donde se indican los montos asignados a cada ente u órgano de la administración pública para las remuneraciones de personal, sin que se identifique en concreto a qué funcionario le pertenece una determinada remuneración, pues ello es información que pertenece al ámbito íntimo de cada individuo. Agregó, además la Sala, que por el carácter reservado de la declaración de impuesto sobre la renta, la remuneración de los funcionarios no es un dato de difusión pública, y permanece en la esfera privada o intimidad económica de los funcionarios.

Para reafirmar la negativa a lo solicitado por la Asociación Civil accionante, y además cercenarle su derecho de acceso a la justicia, la Sala solo consideró que la misma no había argumentado sobre la utilidad de la información solicitada sobre remuneraciones "para la participación ciudadana en pro de la transparencia de la gestión pública," considerando en definitiva que no existía "un título legítimo para tolerar la invasión en el derecho constitucional a la intimidad del Contralor General de la República y el resto de los funcionarios adscrito al órgano contralor;" para terminar declarando contra toda lógica, que la información sobre salarios de los funcionarios públicos forma parte del ámbito de la intimidad económica de los mismos.

Al contrario de lo decidido, el Magistrado Pedro Rafael Rondón Haaz, en su voto disidente a la sentencia, expresó que no le cabía duda "acerca de la naturaleza pública y no íntima del salario de los funcionarios públicos y de su pertenencia al ámbito del derecho a la información de los ciudadanos, en relación con el principio de transparencia en el ejercicio de la función pública (artículo 141, Constitución)," precisamente "como indicador de transparencia y como medio para el cabal ejercicio de la contraloría social a que tenemos derecho los venezolanos en el sistema democrático a que se refiere la Constitución."

En todo caso, con la sentencia mencionada, la Sala Constitucional le negó de entrada a la Asociación recurrente su derecho de acceso a la justicia para proteger su derecho a la información y a la transparencia, en una decisión dictada sin siquiera abrir el proceso a juicio ni a pruebas y por supuesto sin debate, declarando la acción "improcedente *in limene litis.*"

Esa decisión contrasta, por ejemplo, con lo decidido por la Sala Constitucional de la Corte Suprema de Costa Rica en 2008,[13] también al resolver en materia de información sobre los salarios de los funcionarios públicos, considerando al contrario que la misma es por esencia información pública de libre acceso. Y por supuesto aún más pública para el control de la trasparencia gubernamental si se trata de información sobre la remuneración de los funcionarios de la Contraloría General de la República que son quienes tienen a su cargo, en el ámbito del control fiscal, asegurar esa trasparencia y perseguir la corrupción administrativa.

El derecho de acceso a la justicia es, por tanto, la pieza clave en el Estado democrático de derecho para asegurar la posibilidad del ejercicio, no sólo del derecho de acceso a la información administrativa y del derecho a la transparencia gubernamental, sino de materialmente todos los derechos fundamentales. La negación del acceso a la justicia para proteger el derecho de acceso a la información administrativa equivale por tanto a la negación de la posibilidad de protección del derecho ciudadano a la transparencia gubernamental.

La importancia del derecho de acceso a la justicia, en todo caso, es de tal significación, que antes de haberse identificado conceptualmente en torno a un criterio o definición única, más bien ha conducido en algunos casos a que se haya llegado a adoptar un concepto que es omnicomprensivo de todas las garantías del debido proceso, llegando a identificarse, por ejemplo, en la doctrina de la Corte Interamericana de Derechos Humanos, en palabras del Juez Antonio Cançado Trindade, con el "derecho a la prestación jurisdiccional" o el "derecho a obtener justicia."[14]

El concepto, sin embargo, no siempre ha tenido este ámbito, habiéndose identificado en general como una de las garantías judiciales, la más importante sin duda, que es la de poder acceder a la jurisdicción, como se deduce, por ejemplo, de lo establecido en el artículo 26 de la Constitución venezolana de 1999, en el cual se diferencias tres derechos como esencia de las garantías judiciales: el derecho de acceso a la justicia; el derecho a la tutela efectiva de los derechos reclamados (comprensivo de los derechos derivados de la ga-

---

13 Como se ha resuelto en Costa Rica, en la sentencia N° 12852, Expediente: 08-010536-0007-CO, de 22/08/2008 de la Sala Constitucional, en http://200.91.68.20/scij/busqueda/jurisprudencia/jur_detalle_sentencia.asp?nBaseDatos=1&nTesauro=5&nValor1=1&strTipM=E1&tem6=0&nValor2=421476&pgn=TES&nTermino=14486&tem4="&tem2=&tem3=&nValor3=126882&strDirTe=DD.

14 Voto Disidente a la Sentencia de la Corte Interamericana de Derechos Humanos, Caso *Cinco Pensionistas vs. Perú*, 28 de febrero de 2003, par. 2.

rantía del debido proceso) y el derecho a obtención de una decisión judicial oportuna.[15]

Sin embargo, en su origen, el tratamiento del tema del acceso a la justicia la verdad es que no se vinculó con la garantía del debido proceso, sino más bien, con la eliminación de las barreras que existían y en muchos casos aún subsisten, para asegurar a todas las personas en plano de igualdad, el acceso a los tribunales para la protección de todos los derechos. Lo que me conduce al segundo de los temas que quería exponer, sobre la relación entre el acceso a la justicia y el principio de no discriminación.

II. EL TRATAMIENTO DEL ACCESO A LA JUSTICIA Y EL PRINCIPIO DE LA NO DISCRIMINACIÓN

En efecto, la expresión "acceso a la justicia," ahora tan frecuentemente utilizada, fue inicialmente acuñada y popularizada en el derecho comparado, como motivo de la definición de una política pública destinada a superar las barreras existentes respecto de determinadas personas, particularmente las menos favorecidas económicamente, que les impedían poder efectivamente acceder a la jurisdicción, con el objeto de asegurar en plano de igualdad, la posibilidad de la defensa de sus derechos y la resolución de los conflictos en los cuales pudieran estar envueltos. Se trataba de asegurar que el sistema de justicia no solo fuera igualitario de derecho, sino también de hecho.

Conforme a los más elementales principios del Estado de derecho, y con fundamento en la garantía de la igualdad, habiendo el Estado asumido el monopolio de impartir justicia, quitándosela de sus propias manos a los individuos, y por tanto, siendo el titular único de la función jurisdiccional, es decir de la de administrar justicia, el derecho más elemental de toda persona es el de poder acudir ante los tribunales a reclamar sus derechos y a obtener una decisión judicial consecuente.

Este derecho, para poder materializarse en una justicia igualitaria, progresivamente condujo no solo a la consagración constitucional como un derecho formal puesto a disposición de las personas para que se pudiera ejercer con los medios de los cuales cada quien dispusiera, sino a la implementación de una de "una acción estatal afirmativa para su protección"[16] que pudiera asegurar su efectivo ejercicio por todas las personas, sino discriminación. Y así fue que surgió el concepto en el mundo contemporáneo en los años setenta,

---

15 "Artículo 26. Toda persona tiene derecho de acceso a los órganos de administración de justicia para hacer valer sus derechos e intereses, incluso los colectivos o difusos; a la tutela efectiva de los mismos y a obtener con prontitud la decisión correspondiente. // El Estado garantizará una justicia gratuita, accesible, imparcial, idónea, transparente, autónoma, independiente, responsable, equitativa y expedita, sin dilaciones indebidas, sin formalismos o reposiciones inútiles."

16 Véase Mauro Cappelletti y Bryant Garth, *El acceso a la justicia. La tendencia en el movimiento mundial para hacer efectivos los derechos*, Fondo de Cultura Económica, México 1996, p. 11.

específicamente vinculado con los trabajos dirigidos por el profesor Mauro Cappellettti en el Instituto Universitario Europeo de Florencia en Italia, a través del denominado "Proyecto de Florencia sobre Acceso a la Justicia."[17]

1. *Proyecto de Florencia: Acceso a la justicia y el principio de la no discriminación*

Conforme a esa aproximación el tema del acceso a la justicia definida como política pública, comenzó a delinearse progresivamente superándose la actitud pasiva tradicional del Estado en relación con la desigualdad fáctica entre los litigantes que limitada el acceso al sistema judicial, entre otros factores, por los costos de los litigios, buscándose concebir soluciones y configurar modelos para asegurar que las personas de menos recursos tuviesen acceso a las instancias judiciales.

Se trató, en definitiva, de lograr que el Estado asumiera la tarea de buscar aliviar la "pobreza legal"[18] que impedía a muchas personas poder hacer uso cabal y efectivo de la ley y de las instituciones judiciales.

Ello condujo al establecimiento incluso en las Constituciones y en diversos instrumentos normativos internacionales, de obligaciones específicas para los Estados, a los efectos de asegurar efectivamente a todos el disfrute de los derechos, específicamente del derecho a la justicia.

Este es el sentido, en definitiva, de lo previsto en el artículo 1.1 de la Convención Americana de Derechos Humanos, donde se reguló como "Obligación de Respetar los Derechos," el compromiso de los Estados Partes no sólo "a respetar los derechos y libertades reconocidos en ella" sino "a garantizar su libre y pleno ejercicio a toda persona que esté sujeta a su jurisdicción, sin discriminación alguna por motivos de raza, color, sexo, idioma, religión, opiniones políticas o de cualquier otra índole, origen nacional o social, posición económica, nacimiento o cualquier otra condición social." En la Convención se regula esta obligación, al punto de que si el ejercicio de dichos derechos y libertades "no estuviere ya garantizado por disposiciones legislativas o de otro carácter, los Estados Partes se comprometen a adoptar, con arreglo a sus procedimientos constitucionales y a las disposiciones de esta Convención, las medidas legislativas o de otro carácter que fueren necesarias para hacer efectivos tales derechos y libertades (art. 1.2).

Fue en ese marco, por ejemplo, y conforme a las propuestas formuladas en el Proyecto de Florencia, que en muchos países se han ido eliminando las antiguas tasas o aranceles judiciales, que en otros tiempos los litigantes deb-

---

17 Véase Mauro Cappelletti (Director), *Accès a la justice et état-providence*, Publications de l'Institut Universitaire Européen, Economica Paris 1984.

18 Véase Mauro Cappelletti y Bryant Garth, *El acceso a la justicia. La tendencia en el movimiento mundial para hacer efectivos los derechos*, Fondo de Cultura Económica, México 1996, p. 11.

ían pagar por las diversas actuaciones en los procedimientos judiciales, prevaleciendo ahora en cambio, el principio de la gratuidad de la justicia.

En muchos países también se establecieron reglamentaciones a los efectos de determinar el monto de los honorarios de abogados, que siempre ha sido uno de los factores que más encarece el litigio, y se ha constituido en una barrera al acceso a la justicia; así como el régimen de pago de los costos procesales a la parte perdidosa.

2.   *Acceso a la justicia y conocimiento del derecho y de los derechos*

Por otra parte, y así sea solo para mencionarlo de pasada, otra de las principales barreras al acceso a la justicia, ha sido tradicionalmente la "ignorancia jurídica," es decir, el desconocimiento sobre que existen derechos que se pueden hacer valer y reclamar. Ello ha exigido el desarrollo programas de educación para que la población en general sepa el alcance de sus derechos y las vías para reclamarlos.

El problema de la "ignorancia jurídica," sin embargo, es claro que no se refiere solo al conocimiento o a la falta de conocimiento por parte del ciudadano común sobre sus propios derechos, sino que se agudiza cuando son los propios abogados los que desconocen el derecho y los derechos, siendo la raíz de esto la formación deficiente que reciben en muchas "Facultades de derecho" que gradúan abogados más por prescripción que por conocimiento del derecho. Ello, por supuesto, también ha obligado a definir programas de formación y perfeccionamiento tendientes precisamente a que los abogados puedan ser el instrumento más efectivo para asegurar el acceso a la justicia.

3.   *Acceso a la justicia y simplificaciones judiciales*

Otras formas de mitigar la barrera del acceso a la justicia, por el costo de llevar adelante los procesos judiciales, han sido las reformas judiciales destinadas a facilitar, por ejemplo, el desarrollo de una justicia más expedita, particularmente en el caso de reclamaciones de poco monto, lo que ha conducido, por ejemplo que en muchos países se haya desligado del sistema general de la administración de justicia, a los procesos relativos a reclamaciones vecinales o comunales, atribuyendo su resolución por ejemplo a los denominados jueces de paz o comunales, desarrollados mediante un procedimiento más simplificado.

En tal sentido, por ejemplo en la Constitución de Venezuela de 1999, se estableció la justicia de paz (que antes solo estaba regulada mediante ley) como competencia municipal (art. 178.7), remitiéndose a la ley su organización en las comunidades, debiendo los jueces de paz ser electos por votación universal, directa y secreta, conforme a la ley (art. 258);[19] disposición que sin embargo ha sido distorsionada por el Estado totalitario al integrarse la justicia

---

19   *Ley Orgánica de la Justicia de Paz*, (*G.O.* N° 4.817 Extra de 21-12-1994).

de paz al llamado "Estado Comunal" que no reconoce al sufragio como elemento legitimador de sus autoridades.

4. *Acceso a la justicia y los medios alternativos de justicia*

Otra política para promover el acceso a la justicia ha sido el desarrollo de los medios alternativos para la resolución de conflictos, al punto de por ejemplo haberse consagrado en el propio texto de las Constituciones el principio general de que el Estado debe promover "el arbitraje, la conciliación, la mediación y cualesquiera otros medios alternativos para la solución de conflictos," tal como se establece en el artículo 258 de la Constitución Venezolana.

En el mismo sentido, también ha habido progreso en cuanto al reconocimiento en las Constituciones de otros mecanismos de acceso a la justicia como los específicos respecto de los pueblos indígenas, tal como lo establece el artículo 260 de la Constitución venezolana, cuando dispone que las "autoridades legítimas de los pueblos indígenas podrán aplicar en su hábitat instancias de justicia con base en sus tradiciones ancestrales y que sólo afecten a sus integrantes, según sus propias normas y procedimientos, siempre que no sean contrarios a esta Constitución, a la ley y al orden público," remitiendo a la ley para determinar "la forma de coordinación de esta jurisdicción especial con el sistema judicial nacional."

Pero por supuesto, no bastan las declaraciones constitucionales, sino la ejecución de políticas públicas. Y éstas, por ejemplo en materia de arbitraje, en Venezuela han sido contrarias a la orientación de la Constitución al punto de que por ejemplo, en el campo del arbitraje internacional de inversiones, Venezuela ha llegado a denunciar en 2012 el Convenio sobre Arreglo de Diferencias Relativas a Inversiones entre Estados y Nacionales de Otros Estados (CIADI).

5. *Acceso a la justicia, la asistencia o ayuda judicial y la defensa pública*

Pero quizás las reformas más importantes desarrolladas en las últimas décadas en muchos Estados para facilitar y asegurar el acceso a la justicia de las personas pobres o en general menos favorecidas económicamente, ha sido el establecimiento de servicios oficiales de asistencia o ayuda judicial, como parte de la burocracia estatal, para en cierta forma asegurar lo que el Rey San Luis de Francia expresó, en 1272, luego de establecer un servicio de abogados para atender a los indigentes, que se trataba de asegurar el derecho y la justicia a cada quien "tanto a los pobres como a los ricos."[20]

Quizás por ello, uno de los países con mayor tradición en el establecimiento de sistemas estatales de asistencia judicial ha sido Francia, donde se inició con la Ley de asistencia judicial de 1851 hasta que se dictó la Ley de ayuda judicial de 1972, establecida para que las "personas con recursos insu-

---

20   Véase André Rials, *L'accès a la justice*, Presses Universitaires de France, París 1993, p. 18.

ficientes" pudieran "hacer valer sus derechos en Justicia y se pudieran beneficiar de una ayuda judicial." Para ello, la Ley dispuso que se estableciera una
oficina judicial en cada tribunal a cargo de un abogado actividad o retirado.
Dicha Ley de 1972 fue sustituida en 1991, agregando a la ayuda judicial el
servicio de "ayuda al acceso al derecho" para prestar servicio de asistencia y
consultas jurídicas y además, asistencia en procedimientos no contenciosos o
de la llamada "jurisdicción voluntaria."[21]

En Francia, incluso se ha arraigado el desarrollo progresivo de las pólizas
de seguros privados, otorgadas por las empresas de seguro, conforme a la
normativa del Código de seguros, para garantizar a los asegurados la debida
asistencia judicial.[22]

Estos servicios de asistencia judicial, en todo caso, se extendieron en toda
Europa, regulándose en los Códigos procesales, como fue el caso en Bélgica
y en España. En Bélgica, el Código Judicial estableció el principio de "la
asistencia judicial a quienes no dispongan de recursos necesarios para hacer
frente a los gastos de los procedimientos, incluso extrajudiciales, del pago de
timbres, y de expedición" (art. 664); y en España a partir de 1984, luego de
dictarse la ley sobre el derecho a la justicia gratuita que sustituyó el viejo
régimen del "beneficio de pobreza," sus normas se incorporaron en el Código
de Procedimiento (arts. 13-50), beneficiando a las personas con ingresos inferiores dos veces menos que el salario mínimo interprofesional.

Estos sistemas de ayuda legal o asistencia judicial se fueron estableciendo
en todos los países europeos, para atender a las personas con menos recursos,
como sucedió en el Reino Unido, Italia, Países bajos, Alemania, Suecia y
Suiza,[23] habiendo pasado el tema a estar posteriormente regulado en el ámbito
de la Unión Europea, donde por ejemplo, el Convenio Europeo de Derechos
Humanos dispuso en su artículo 6.3. c) la garantía del acusado a ser asistido
gratuitamente por un abogado de oficio si no tiene medios para pagarlo,
cuando los intereses de la justicia lo exijan; y la Carta de los derechos Fundamentales de la Unión Europea establece en su artículo 47 que se prestará
asistencia jurídica gratuita a quienes no dispongan de recursos suficientes,
siempre y cuando sea necesaria para garantizar la efectividad del acceso a la
justicia.

El resultado de todo ello, ha sido que en Europa, todos los Estados miembros de la Unión Europea tienen un régimen de asistencia jurídica gratuita, de
manera que las personas que carecen de recursos económicos suficientes para
acudir a los tribunales, pueden solicitar la asistencia jurídica gratuita al amparo de la legislación nacional. Sin embargo, como lo advierte el Portal Europeo
e-Justice, de la Unión Europea, los distintos regímenes nacionales de asistencia jurídica gratuita tienen grandes diferencias en cuanto a la filosofía que los

---

21   *Idem* pp. 23-45.

22   *Idem* pp. 73-116.

23   *Idem* pp. 57-72.

orienta, de manera que "en algunos Estados el objetivo general parece ser garantizar la disponibilidad general de los servicios jurídicos y el acceso a la justicia, mientras que en otros la asistencia jurídica gratuita sólo se reconoce a los más pobres."[24]

En América Latina, en los últimos lustros se han realizado muchos esfuerzos[25] para establecer programas estatales específicos de Asistencia Legal y Judicial, habiéndose inicialmente desarrollado programas de carácter no oficial, gerenciados por Organizaciones No Gubernamentales o Universidades públicas o privadas mediante la creación, por ejemplo, de Clínicas Jurídicas para asistir a las personas menos favorecidas económicamente en acciones y procedimientos judiciales; e igualmente, para asistir, con el mismo propósito, a grupos determinados de personas más sensibles, por género o condición social, como es el caso de la atención y defensa de las mujeres, campesinos o indígenas.[26]

Más recientemente, esos esfuerzos han cristalizado en organizaciones estatales que se han venido estableciendo en casi todos los países de América Latina, como han sido las Oficinas de Defensa o Defensoría Públicas que de programas diseñados inicialmente en relación con la defensa en los procesos penales, que fue en definitiva el origen de los programas estatales de "defensa pública," se han transformado progresivamente en instituciones generales destinadas a garantizar la "defensa pública y acceso a la justicia" abarcando muchas otras áreas distintas a la de la jurisdicción penal.

En algunos casos se trata de unidades organizativas que se han estructurado en el marco de la organización del Poder Ejecutivo, como es el caso de la Dirección General de Defensa Pública y Acceso a la Justicia en el Perú concebida como la "institución de la Defensa Pública Peruana," y definida "como organismo rector del Servicio de Asistencia Legal Gratuita.[27] En otros casos

---

24   Véase en https://e-justice.europa.eu/content_legal_aid-293-es.do.

25   Véase por ejemplo, en Jorge Correa Sutil, "Acceso a la justicia y reformas judiciales en A.L ¿Alguna esperanza de mayor igualdad? en http://www.palermo.edu/dere-cho/publicaciones/pdfs/revista_juridica/Especiales_SELA/SELA%201999%20-%20Ed%202000/04SELA99Juridica16.pdf.

26   Véase por ejemplo, el estudio comparado sobre la experiencia de este tipo de organizaciones en Costa Rica, República Dominicana, El Salvador, Ecuador, Guatemala, Nicaragua y Perú en José Thompson, *Access to Justice and Equity, A Study in seven countries of Latin America*, Inter-American Development Bank, Inter- American Institute of Human Rights, San José 2000.

27   "El servicio de Defensa Pública es brindado por el Ministerio de Justicia y Derechos Humanos (MINJUS), a través de la Dirección General de Defensa Pública y Acceso a la Justicia (DGDPAJ), a las personas que no cuenten con recursos económicos y en los demás casos en que la ley expresamente así lo establezca. Este servicio integral brinda Asistencia Legal Gratuita, en materia penal, de familia, civil y laboral, y defiende a personas que han sido víctimas de la vulneración de sus derechos en cualquiera de sus formas, y no cuentan con los recursos económicos para contratar a un

se trata de Oficinas Nacionales autónomas, como la Oficina de Defensa Pública de República Dominicana,[28] e incluso en otros casos, el servicio está integrado al sistema de justicia como es el caso de la Dirección de la Defensa Pública en Costa Rica[29] o del servicio de "Defensa Pública" en Venezuela, establecido como órgano con autonomía pero integrada al sistema de justicia. En este último caso, la institución está prevista en el artículo 268 de la Constitución, y funciona con "el propósito fundamental de garantizar en forma gratuita y sin exclusión la tutela judicial efectiva del derecho constitucional a la defensa."[30] También está el caso de la "Defensoría Pública" del Ecuador establecido también como un organismo autónomo que forma parte de la Función Judicial, "cuyo fin es garantizar el pleno e igual acceso a la justicia de las personas que, por su estado de indefensión o condición económica, social o cultural, no pueden contratar los servicios de defensa legal para la protección de sus derechos."[31]

6. *Acceso a la justicia y la protección de los derechos humanos*

Debe destacarse, por otra parte, también en relación con la garantía del derecho de acceso a la justicia, el desarrollo de organizaciones destinadas en especial para la protección de los derechos humanos, constituidas en paralelo al desarrollo de las oficinas o servicios generales de Defensa Pública. Ha sido el caso, en América Latina, de la creación de la institución de los Defensores del Pueblo o de los Defensores de Derechos Humanos, que progresivamente se ha ido incorporando en muchas de nuestras Constituciones, como instituciones con la misión específica de proteger la efectiva vigencia de los derechos y garantías constitucionales.

Inicialmente la misión se atribuyó a organizaciones pre-existentes, como fue el caso en Venezuela en la Constitución de 1961, del Ministerio Público atribuido al Fiscal General de la República, con la misión adicional de velar por la vigencia y respeto de los derechos y libertades públicas en los procesos

---

abogado." Véase la información en http://www.min-jus.gob.pe/defensapublica/index.php.

28 Véase en http://www.defensapublica.gov.do/.

29 Véase en http://www.poder-judicial.go.cr/defensapublica/index.php/servicios/defensa-agraria.

30 La Defensa Pública, "para actuar ante los órganos y entes nacionales, estadales y municipales ofrece sus servicios en materia penal, jurisdicción Penal Militar, Agraria, Laboral, Prevención, Condiciones y Medio Ambiente del Trabajo; Protección del Niño, Niña y Adolescente; Responsabilidad Penal del Adolescente; Indígena; Civil; Mercantil; Tránsito y Contencioso Administrativa; Tribunal Supremo de Justicia." Véase en http://www.defensapublica.gob.ve/index.php/servicios/en-que-ayudamos-materias-de-competencia.

31 Véase en http://www.defensoria.gob.ec/index.php/defensoria-publica/quienes-somos/que- es-la-defensoria-publica.

fundamentalmente de carácter penal; tarea que sin embargo, no fue lo efectiva en relación con la específica protección de los derechos humanos.

Fue precisamente por ello, que en contraste, en las décadas pasadas se ha generalizado en el constitucionalismo latinoamericano, la creación de instituciones desvinculadas del Ministerio Público y de la defensa penal, para velar por la vigencia de los derechos humanos, dotadas de autonomía funcional y en general a cargo de un alto funcionario de nombramiento parlamentario.

El proceso comenzó con la creación del Defensor del Pueblo en Guatemala en 1985, y es hoy el signo general en las Constituciones de América Latina, donde se consagra expresamente la figura del Defensor del Pueblo, del Defensor de los Derechos Humanos, o del Defensor de los Habitantes[32] y, en otros casos, incluso sin previsión constitucional, como es el caso en Costa Rica, donde por ley 7319 de 1992 se creó la figura de la Defensoría de los Habitantes, como órgano contralor que forma parte del Poder Legislativo.[33]

La tendencia de creación de estas instituciones se siguió también en la Constitución venezolana de 1999, separándose del Ministerio Público la protección institucional de los derechos humanos, tarea que se asignó al Defensor del Pueblo concebido incluso como una rama autónoma e independiente del Poder Público. Conforme al artículo 380 de la Constitución, este "tiene a su cargo la promoción, defensa y vigilancia de los derechos y garantías establecidos en esta Constitución y en los tratados internacionales sobre derechos humano, además de los intereses legítimos, colectivos o difusos de los ciudadanos".

En todos esos casos, esta institución se distingue de lo que podría considerarse como el modelo original que fue el del Ombudsman escandinavo, el cual fue concebido como mecanismo parlamentario de protección de los derechos pero frente a la Administración, producto en cierta forma de la lucha entre el Ejecutivo y el Parlamento, lo que obligó a este último a establecer un Comisionado Parlamentario para vigilar la Administración del Estado.

En el caso de la institución latinoamericana, ya no se trata de ese Ombudsman con la característica inicial, sino de un órgano constitucional con autonomía funcional que aun cuando es de nombramiento parlamentario, no está sometido al Parlamento ni responde a instrucciones parlamentarias. Tiene, por tanto, independencia frente a los Poderes del Estado en general y con lapso de duración generalmente coincidente con el período constitucional. Tiene, además, una característica importante, y es que en América Latina, goza de legitimación para intentar acciones de protección o tutela, es decir,

---

32   Véase por ejemplo, Jorge Luis Maiorano, "El Defensor del Pueblo en América Latina. Necesidad de Fortalecerlo," en *Revista de Derecho* (Valdivia), Vol. XII, diciembre 2001, pp. 191- 198; Carlos R. Constenla, *Teoría y práctica del Defensor del Pueblo,* Reus, Temis, Madrid 2010.

33   Véase en http://www.dhr.go.cr/la_defensoria/.

334 ALLAN R. BREWER-CARÍAS

acciones de amparo respecto de derechos individuales y colectivos o difusos, o acciones de inconstitucionalidad.

Sin embargo, hay que recordar que en algunos países de América Latina se ha seguido el modelo europeo vinculado a la protección frente a la Administración Pública, como es el caso de Argentina, donde la Constitución (art. 86), regula al Defensor del Pueblo como un defensor frente a la Administración, que tiene por objeto la protección de los derecho humanos ante hechos, actos u omisiones de la Administración Pública y el control del ejercicio de las funciones administrativas públicas.

En el resto de los países donde se ha consagrado la figura del Defensor del Pueblo o del Procurador para Defensa de los Derechos Humanos, no se especifica en forma alguna que la tarea de protección se deba ejercer en relación con la administración del Estado o al Poder Ejecutivo, sino frente a la universalidad de actores que puedan atentar contra los derechos humanos. Es el caso de las Constituciones de Colombia, Ecuador, El Salvador y Paraguay, aun cuando en algunos países como en Colombia y El Salvador, el Defensor de los Derechos Humanos o Derechos del Pueblo se vincula al Ministerio Público.

En otros casos, aun cuando independiente del Ministerio Público, el Defensor del Pueblo o Procurador de los Derechos Humanos, como sucede en Perú, Bolivia y Guatemala, además de la protección de los derechos en cualquier forma, tiene la tarea expresa de protegerlos frente a la Administración Pública, y de vigilar la actividad de esta.

III. ACCESO A LA JUSTICIA Y PRINCIPIO *PRO ACCIONE*

Otros de los aspectos medulares del derecho de acceso a la justicia, que ha implicado reformas y transformaciones significativas, ha sido el que ha tenido por objeto asegurar efectivamente el derecho de todos de accionar en justicia, de manera que en particular por lo que se refiere al control de constitucionalidad y legalidad de los actos estatales, los ciudadanos tengan posibilidad de ejercer las acciones correspondientes; y que en todo caso, conforme al principio de progresividad, la interpretación que el juez debe dar respecto de las condiciones de admisibilidad que las leyes establezcan para los diversos tipos de acciones, siempre se rija por el principio *pro actione*. Como lo ha interpretado la Sala Constitucional del Tribunal Supremo de Justicia:

"dentro del alcance del principio *pro actione,* las condiciones y requisitos de acceso a la justicia no deben imposibilitar o frustrar injustificadamente el ejercicio de la acción a través de la cual se deduce la pretensión, toda vez que "(...) *el propio derecho a la tutela judicial efectiva garantiza la posibilidad de ejercicio eficiente de los medios de defensa, así como una interpretación de los mecanismos procesales relativos a la admisibilidad que favorezca el acceso a los ciudadanos a los órganos de justicia."*[34]

El principio *pro actione,"* implica por tanto, que "todo ciudadano tiene derecho a [...] que los requisitos procesales se interpreten en el sentido más favorable a la admisión de las pretensiones procesales."[35] Ello tiene especial repercusión, por ejemplo, en el tratamiento de las condiciones de legitimación que se establecen en las leyes respecto de las acciones de amparo, de control de constitucionalidad de las leyes, de protección de intereses colectivos o difusos, o contencioso administrativas.

1.   *La legitimación en las acciones de amparo*

En cuanto a la legitimación en materia de amparo constitucional, el primer aspecto que tiene relación con el acceso a la justicia se refiere al carácter personalísimo de la acción, que tiene como consecuencia que en principio, solo puede ser intentada por la parte injuriada o agraviada. El principio *pro actione*, sin embargo, ha contribuido a atemperar dicha regla, de manera que se admite en muchas legislaciones que otras personas distintas puedan intentar la acción de amparo en nombre de la persona agraviada.

En esta materia, por ejemplo, una excepción general a la regla del carácter personal de la acción se ha desarrollado en relación con la acción de habeas corpus, en cuyo caso, como generalmente la persona agraviada está físicamente impedida de actuar personalmente por sufrir detención o libertad limitada, las leyes de amparo autorizan a cualquier persona a intentar la acción en representación suya (Argentina, Bolivia, Guatemala, Honduras, México, Nicaragua, Perú y Venezuela).[36]

En el mismo sentido, algunas leyes de amparo, para garantizar la protección constitucional, también establecen la posibilidad de que otras personas actúen representando a la parte agraviada e intenten la acción en su nombre. Puede ser cualquier abogado o familiar como se establece en Guatemala (art. 23), o cualquier persona como se establece en Paraguay (art. 567), Ecuador (art. 9.1), Honduras, Uruguay[37] y Colombia, donde cualquiera puede actuar

---

34   Véase sentencia de la Sala Constitucional N° 1.064/2000, del 19 de septiembre de 2000.

35   Véase en *Revista de Derecho Público* N° 101 de 2005 en pp. 88 ss.

36   Leyes de Amparo: Argentina (art. 5: cualquiera que lo represente); Bolivia (art. 89: cualquiera en su nombre); Guatemala (art. 85: cualquier otra persona); Honduras (art. 19: cualquier persona); México (art. 17: cualquier otra persona en su nombre); Nicaragua (art. 52: cualquier habitante de la República); Perú: (art. 26: cualquiera a su favor); Venezuela (art. 39: cualquiera que lo represente). En México, la ley impone en la parte agraviada la obligación de ratificar expresamente la interposición del recurso de amparo, al punto que si la queja no se ratifica, se reputará no presentada (art. 17).

37   En Honduras, la Ley sobre Justicia Constitucional autoriza a cualquier persona actuar por la parte agraviada, sin necesidad de poder, en cuyo caso el artículo 44 prevé que prevalecerá el criterio de la parte agraviada (art. 44). En Uruguay (art. 3) la Ley N°

en nombre de la parte agraviada cuando esta última esté en situación de inca-pacidad para asumir su propia defensa (art. 10).[38] El mismo principio está establecido en el Código Procesal Constitucional de Perú.[39]

Otro aspecto que se debe notar sobre la legitimación activa es que algunas leyes de amparo latinoamericanas, en forma restrictiva, obligan al accionante a nombrar formalmente a un abogado que le asista como, por ejemplo, se indica en el Código Judicial panameño (art. 2.261).

Por otra parte, muchas legislaciones otorgan legitimación para intentar la acción de amparo en nombre de los agraviados o de la colectividad, al Defen-sor de los Derechos Humanos o Defensor del Pueblo, como es el caso de Argentina, Bolivia, Colombia, Ecuador, El Salvador, Guatemala, Perú, Nica-ragua, Paraguay y Venezuela.

2. *La legitimación en las acciones de inconstitucionalidad con especial referencia a la despopularización de la acción popular*

En materia de control concentrado de constitucionalidad de las leyes, la regla tradicional, conforme a la orientación europea, ha sido que se limite el ejercicio de la acción directa a determinados funcionarios u órganos del Esta-do (Presidente del Gobierno, Ministerio Público, miembros del Parlamento), a quienes se da la legitimación necesaria para acceder a los Tribunales Consti-tucionales. En otros casos, por ejemplo, la legitimación activa se ha otorgado a los ciudadanos, pero cuando hayan sido lesionados en su interés personal y directo, como es el caso de Uruguay, Honduras y Paraguay.

En contraste con dichas manifestaciones restrictivas de acceso a la justicia constitucional, en cambio, otros sistemas han establecido una legitimación amplia, otorgada a cualquier ciudadano, con la posibilidad de ejercer una acción popular con base en su simple interés a la constitucionalidad, como se ha establecido en Colombia y Venezuela desde el siglo pasado.

También se ha establecido en Panamá como medio procesal para acceder a la Jurisdicción Constitucional de la Corte Suprema de Justicia, y además se

---

16.011 sobre la Acción de Amparo prevé que en casos en los que la parte agraviada, por sí misma o por su representante, no pudiese intentar la acción, entonces cualquie-ra puede hacerlo por ella, sin perjuicio de la responsabilidad del agente si éste hubie-se actuado con fraude, malicia o culpable ligereza (art. 4).

38   Véase Carlos Augusto Patiño Beltrán, *Acciones de tutela, cumplimiento, populares y de grupo*, Editorial Leyer, Bogotá, 2000, p. 10; y Juan Carlos Esguerra Portocarrero, *La protección constitucional del ciudadano*, Lexis, Bogotá, 2005, p. 122.

39   El artículo 41 del Código establece: "Cualquier persona puede comparecer en nom-bre de quien no tiene representación procesal, cuando esta se encuentre imposibilita-da para interponer la demanda por sí misma, sea por atentado concurrente contra la libertad individual, por razones de fundado temor o amenaza, por una situación de inminente peligro o por cualquier otra causa análoga. Una vez que el afectado se halle en posibilidad de hacerlo, deberá ratificar la demanda y la actividad procesal realizada por el procurador oficioso."

ha establecido en El Salvador y Nicaragua, correspondiendo por tanto a cualquier ciudadano. En Guatemala la acción se puede ejercer por "cualquier persona con el auxilio de tres abogados colegiados activos" (art. 134).

En Ecuador, en la Constitución de 1995 por ejemplo, se permitía que el Tribunal Constitucional pudiera conocer de peticiones de inconstitucionalidad de las leyes interpuestas por mil ciudadanos o de cualquier persona, previo informe favorable del Defensor del Pueblo sobre la procedencia, lo que en definitiva equivale a una acción popular. En otros casos, como en Honduras y en Uruguay, la acción de inconstitucionalidad de una ley sólo la pueden intentar quienes ostenten un interés personal, legítimo y directo.

Ahora bien, esta acción popular como institución fundamental para asegurar el acceso a la justicia en materia de control de constitucionalidad de las leyes, como antes dije, ha tenido una larga tradición particularmente en Venezuela que se remonta a su consagración por primera vez en América latina en la Constitución de 1858, pudiendo ejercerse por cualquier persona natural o jurídica, que goce de sus derechos, es decir, como lo señaló la Corte Suprema de Justicia en 1971, la acción está abierta "a cualquiera del pueblo (de ahí su denominación)", siendo su objetivo "la defensa de un interés público que es a la vez simple interés del accionante quien, por esta sola razón, no requiere estar investido de un interés jurídico diferenciado legítimo."[40] Basándose en ello, la Ley Orgánica del Tribunal Supremo de Justicia de 2010, califica la acción de inconstitucionalidad como una "demanda popular de inconstitucionalidad," lo que significa, como lo dijo la Sala Constitucional en sentencia N° 796 de 22 de julio de 2010 (Caso: *Asociación civil Súmate, Francisco Javier Suárez y otros*), que la acción popular "puede ser ejercida por cualquier ciudadano," es decir, "que toda persona tiene, en principio, la cualidad o interés procesal para la impugnación de las leyes o actos con rango de ley, por medio de la acción de nulidad por inconstitucionalidad," no exigiéndose "un interés procesal calificado, ni por la posible existencia de una especial situación de hecho que vincule alguna posición jurídico-subjetiva con cierta norma legal (individualizada), ni por el ejercicio de un cargo público, sea de representación popular o sea dentro del Poder Ciudadano."[41]

Sobre este concepto la jurisprudencia ha sido reiterativa, al afirmar que la acción popular "corresponde a todos y cada uno de los individuos que componen un conglomerado, para impugnar la validez de un acto del Poder Público que, por tener un carácter normativo y general, obra *erga omnes*, y,

---

40 *Véase* sentencia de la Corte Federal del 22/2/60, *Gaceta Forense* N° 27, 1960, pp. 107 et 108; así como la sentencia de la Corte Suprema de Justicia en la Sala Político–Administrativa del 3/10/63, *Gaceta Forense* N° 42, 1963, pp. 19 y 20, la del 6/2/64 *Gaceta Oficial* N° 27.373, 21/2/64, la del 30/5/63, *Gaceta Forense* N° 52, 1968, p. 109, y la del 25/9/73 *Gaceta Oficial* N° 1643 Extra, 21/3/74, p. 15.

41 Véase en http://www.tsj.gov.ve/decisiones/scon/Julio/796-22710-2010-09-0555.html.

por tanto, su vigencia afecta e interesa a todos por igual."[42] Es decir, en cuanto a la impugnación de actos normativos, éstos "pueden ser impugnados por la vía de la acción popular, ejercida libremente por cualquier ciudadano que se encuentre en el pleno goce de sus derechos, esto es, que tenga capacidad procesal" invocando simplemente "el derecho que tiene todo ciudadano a que la administración respete la legalidad."[43] En este caso, agregó la antigua Corte Suprema, "la acción que se da... a cualquiera del pueblo (de allí su denominación) está dirigida a la defensa de un interés público que es a la vez simple interés del accionante quien por esta sola razón no requiere estar investido de un interés jurídico diferencial o legítimo."[44]

Lamentablemente, sin embargo, a pesar de estas declaraciones, en el régimen autoritario que se ha instalado en los últimos años en Venezuela, la "popularidad" de la acción popular ha sido progresivamente restringida por el Juez Constitucional, en claro atentado al derecho de acceso a la justicia, negándose incluso el Juez Constitucional en algunos casos recibir siquiera la acción propuesta, declarándola como "improponible," término inventado para consolidar la arbitrariedad.[45]

En esa forma la Sala Constitucional, desconociendo el derecho de acceso a la justicia, para negarse a entrar a conocer de acciones populares, las ha declarado como "improponibles," comenzando todo con ocasión de las acciones de inconstitucionalidad y amparo que se ejercieron contra los actos del procedimiento de la reforma constitucional propuesta en 2007, la cual en definitiva

---

42   Véase la sentencia de la antigua Corte Federal de 14-03-60 en *Gaceta Forense* N° 27, 1960, págs. 127-132 y la sentencia de la Corte Suprema de Justicia en Sala Político-Administrativa de 18-02-71 en *Gaceta Oficial* N° 1.472 Extra. de 11-06-71. Véase en Allan R. Brewer-Carías, *Jurisprudencia de la Corte Suprema 1940-1975 y Estudios de Derecho Administrativo,* Tomo V, Vol. I, Caracas, 1978, pp. 209-304.

43   Véase la sentencia de la Corte Suprema de Justicia en Sala Político-Administrativa de 06-02-64 en *Gaceta Oficial* N° 27.373 de 21-02-64. Véase en Allan R. Brewer-Carías, *Jurisprudencia...*, *cit.*, Tomo V, Vol. I, pág. 296.

44. Véase la sentencia de la Corte Suprema de Justicia en Sala Político- Administrativa de 18-02-71 en *Gaceta Oficial* N° 1.472 Extra, de 11-06-71, y la sentencia de la Corte Suprema de Justicia en Sala Político-Administrativa de 21-11-74, en *G.O.* N° 30.594 de 10-01-75. Véase en Allan R. Brewer-Carías, *Jurisprudencia...*, *cit.,* Tomo V, Vol. I, págs. 304 y 314.

45. Sobre dicho término el reputado lingüista venezolano, recién fallecido, Alexis Rodríguez Márquez, dijo; "Al parecer se trata de un neologismo inventado por los eminentes magistrados de la Sala Constitucional....es un solemne disparate... la "improponibilidad" es lógicamente inexistente. Lo "improponible" es lo que no se puede proponer. ¿Cómo puede, entonces, ser "improponible" lo que ya ha sido propuesto? ¿Puede alguno de los ilustres magistrados explicarnos esta verdadera aporía?..... Los magistrados del Tribunal Supremo de Justicia deben ser sabios en Derecho; pero serán malos jueces si son ignorantes del idioma en que deban expresarse." Véase "La improponibilidad y la Real Academia," en http://elderechoenperspectiva.blogspot.com/2011/03/alguien-dijo-de-la-real-academia-de-la.html.

fue rechazada mediante referendo. El tema sin duda era polémico, por lo que las irregularidades gubernamentales para enfrentar las inevitables impugnaciones que se presentarían comenzaron en la víspera. Así sólo dos días después de que el Presidente de la República sometiera a la Asamblea su proyecto de reforma constitucional, el 17 de agosto de 2017, la Presidenta de la Sala Constitucional del Tribunal Supremo (es decir, de la Jurisdicción Constitucional) y del propio Tribunal Supremo, quien a la vez había sido miembro del Consejo Presidencial para diseñar dicha Reforma Constitucional, adelantándose a cualquier posible y previsible impugnación por inconstitucionalidad de la iniciativa presidencial y del trámite parlamentario, procedió a emitir opinión pública impunemente, prejuzgando sobre el asunto, dejando claro - dijo - : como lo reseño la prensa:

> "que la Sala Constitucional no tramitará ninguna acción relacionada con las modificaciones al texto fundamental, hasta tanto éstas no hayan sido aprobadas por los ciudadanos en el referendo. "Cualquier acción debe ser presentada después del referendo cuando la reforma ya sea norma, porque no podemos interpretar una tentativa de norma. Después de que el proyecto sea una norma podríamos entrar a interpretarla y a conocer las acciones de nulidad".[46]

La afirmación era otro soberano disparate, pues si la reforma se aprobaba por el pueblo mediante referendo ya no hubiera habido posibilidad de impugnar el procedimiento de reforma dada la legitimidad popular que habría adquirido.

Pero independientemente de este prejuzgamiento de la presidenta del Tribunal Supremo, la Sala Constitucional, que ella presidía, decidió mediante sentencia N° 2189 de Noviembre de 2007 (Caso *Confederación de Profesionales Universitarios de Venezuela (CONFEPUV)* y otros), sin que la Magistrado Presidenta se hubiese inhibido como hubiera correspondido en un Estado de derecho al haber adelantado públicamente opinión sobre lo decidido comprometiendo su imparcialidad,[47] declarando como "improponible" la acción de inconstitucionalidad propuesta contra el acto de la Asamblea Nacional que había sancionado la reforma constitucional,[48] lo que se repitió en

---

46   Reseña del periodista Juan Francisco Alonso, en *El Universal*, Caracas 18-08-2007.

47   Conforme al artículo 8 del Código de Ética del Juez, "La imparcialidad constituye supuesto indispensable para la correcta administración de justicia, y por ello el magistrado...juez... que se hallare incurso en alguna causal de inhibición o recusación o viere comprometida su imparcialidad por alguna circunstancia previa o sobreviniente al proceso del cual deba conocer, debe separarse inmediatamente del mismo sin esperar a que se le recuse."

48   Véase la sentencia del Tribunal Supremo de Justicia en Sala Constitucional N° 2189 de 22 de Noviembre de 2007, Caso *Confederación de Profesionales Universitarios de Venezuela (CONFEPUV) y otros*, en *Revista de Derecho Público*, N° 112, Editorial Jurídica Venezolana, Caracas, 2007, pp. 581 ss. (Véase también en http://www.tsj.gov.ve/decisio-nes/scon/Noviembre/2189-221107-07-1596.htm).

muchas otras sentencias, negando el derecho ciudadano acceder a la justicia y a obtener tutela judicial.[49] Para declarar como "improponible" la acción adujo además la Sala que los actos impugnados eran actos preparatorios de una enmienda constitucional, y por ello, no eran "impugnables por vía autónoma," renunciando así, a ejercer la justicia constitucional respecto de los procedimientos de reforma y enmienda constitucional.

Posteriormente, otra restricción a la popularidad de la *actio popularis* lo estableció la Sala Constitucional en 2010, de nuevo con motivo de la acción popular de inconstitucionalidad intentada por la *Asociación civil Súmate y otros,* contra las Resoluciones del Consejo Nacional Electoral de *enero de 2009",* mediante las cuales se convocó y fijó para el 15 de febrero de 2009, la celebración del Referéndum Aprobatorio de la Enmienda Constitucional de ese año para el establecimiento de la reelección indefinida,[50] en la sentencia N° 796 de 22 de julio de 2010 (Caso: *Asociación civil Súmate, Francisco Javier Suárez y otros*),[51] que le negó a la Asociación Civil impugnante el derecho a participar en el control de constitucionalidad de los actos impugnados, declarando su "falta de legitimación" porque la misma habría recibido en algún momento, *in illo tempore,* "financiamiento de naciones extranjeras para desarrollar actividad pública." Ello, a juicio de la Sala implicaba que entonces

---

49 Tal fue el caso de la sentencia N° 2108 de 7 de noviembre de 2007 (Ponente: Francisco Carrasqueño), dictada en el Caso *Jorge Paz y otros* con motivo de decidir la acción popular de inconstitucionalidad contra los actos ejecutados por el Presidente de la República el 15 de agosto de 2007; los actos del Ministro del Poder Popular del Despacho de la Presidencia; los actos de la Asamblea Nacional y de la Comisión Mixta, todos relacionados con el proyecto de reforma de la Constitución que por iniciativa del Presidente de la República tramitaba la Asamblea Nacional, también declarada como "improponible." Véase Allan R. Brewer-Carías, "El juez constitucional vs. la supremacía constitucional", en *Revista Iberoamericana de Derecho Procesal Constitucional,* N° 9, Editorial Porrúa, Instituto Iberoamericano de Derecho procesal Constitucional, México 2008, pp. 17-60; "El juez constitucional vs. la supremacía constitucional. (O de cómo la jurisdicción constitucional en Venezuela renunció a controlar la constitucionalidad del procedimiento seguido para la "reforma constitucional" sancionada por la Asamblea Nacional el 02 de noviembre de 2007, antes de que fuera rechazada por el pueblo en el referendo del 02 de diciembre de 2007)", en *Revista de Derecho Público*, n° 112, Editorial Jurídica Venezolana, Caracas 2007, pp. 661-694.

50 Véase Allan R. Brewer-Carías, "El Juez Constitucional vs. La alternabilidad republicana (La reelección continua e indefinida), en *Revista de Derecho Público*, n° 117, Caracas 2009, pp. 205-211.

51 Véase   en   http://www.tsj.gov.ve/decisiones/scon/Julio/796-22710-2010-09-0555.html. Véase los comentarios en Véase Allan R. Brewer-Carías, "La acción popular de inconstitucionalidad en Venezuela y su ilegitima restricción por el juez constitucional, " en *Estudios Constitucionales*, N° 9, 2, Centro de Estudios Constitucionales de Chile, Universidad de Talca, Santiago de Chile 2011, pp. 623-638. Véase la Revista N° 9, 2, en http://www.cecoch.cl/htm/revista/re-vista_9_2_2011.html; y el artículo en http://www.cecoch.cl/docs/pdf/re-vista_9_2_2011/articulo_14.pdf.

carecía "de legitimidad para actuar en defensa de intereses extranjeros sobre asuntos de política interna." Ello, por supuesto, lo dedujo la Sala, en contra de lo que disponen los propios estatutos de la Asociación, donde se define como su objetivo esencial, el "promover en todas las formas posibles de la democracia como sistema de convivencia social dentro del marco de la libertad y el respeto a los derechos humanos."[52]

O sea, que conforme a esta arbitraria doctrina jurisprudencial, en definitiva, la acción popular de inconstitucionalidad dejó de ser "popular," en el sentido de que para la Sala Constitucional no "toda persona" tiene la cualidad o interés procesal para intentarla, careciendo de legitimación, por ejemplo, según la Sala, aquellas "personas" que liderasen sectores que sean de oposición "al gobierno legítimo y democrático."[53] La Sala Constitucional, en realidad, lo único que persiguió fue discriminar inconstitucionalmente a una Asociación civil que ha cumplido una labor encomiable desde el punto de vista de la oposición al gobierno autoritario, y dejando sembrada la duda en torno a las consecuencias que pueden derivarse del destino que una entidad vinculada a la oposición pueda dar a los fondos que reciba, negándole el acceso a la justicia.

Pero más grave aún que esta arbitraria restricción puntual, y que la declaración sistemática de la "improponibilidad" de la acción popular cuando se ha intentado por particulares, en defensa del derecho a la Constitución, al sufragio y a la participación política, ha sido la práctica del control concentrado de constitucionalidad, que evidencia que en los últimos años, la mayoría de las acciones de inconstitucionalidad intentadas por los particulares han sido declaradas sistemáticamente sin lugar; en cambio, aquellas que han sido intentadas por el propio Estado, a través de sus altos funcionarios, han sido declaradas con lugar, entre las cuales muchas han sido interpuestas por personeros del Poder Nacional contra actos de los Estados y Municipios.

Así, en un reciente estudio efectuado de las sentencias de la Sala Constitucional dictadas con ocasión de acciones de inconstitucionalidad durante los años 2000 a 2013, teniendo en cuenta quién ha sido el demandante, si ha sido un órgano del Estado o un particular, se puede concluir indicando que "cuando la nulidad es solicitada por el sector público, la probabilidad de obtener un pronunciamiento favorable oscila entre el 15 y 45%; mientras que en el caso del sector privado este se encuentra entre el 0 y 10%,"[54] lo que llevó al autor del estudio, con razón, a preguntarse sobre la real "popularidad" la acción popular, es decir:

---

52 *Idem.*

53 *Idem.*

54 Véase Gabriel Sira Santana, "La impopularidad de la acción popular de inconstitucionalidad en la jurisprudencia de la Sala Constitucional del Tribunal Supremo de Justicia," en *Revista de Derecho Público*, N° 139, Editorial Jurídica Venezolana, Caracas 20014, pp. 145 a 161.

"¿Qué tan popular es una acción popular que al ser intentada por un ciudadano ajeno a la Administración Pública posee, estadísticamente hablando, menos probabilidad de obtener un pronunciamiento favorable a que si la acción fuese ejercida por un funcionario público? ¿Es esta la materialización de la "intención subjetiva del Constituyente" recogida en la Exposición de Motivos de la Carta Magna según la cual "todas las personas tienen a su alcance la acción popular clásica"?"[55]

Y la respuesta no es otra que la que el mismo autor del estudio sugiere, en el sentido de que "la acción popular cada día parece ser menos popular y tiende, exclusivamente, a la protección de las competencias que la Constitución de la República confirió al Poder Público Nacional como límite a la actuación de los estados y municipios en esta, de por sí, curiosa federación."[56]

3. *La legitimación en las acciones de protección de derechos o intereses difusos o colectivos*

Por otra parte, otro de los temas de gran interés en el mundo contemporáneo en relación con el derecho de acceso a la justicia, ha sido el del tratamiento de la protección de derechos colectivos y difusos, que incluso en algunos casos, ha encontrado consagración constitucional, como sucedió en Venezuela, precisamente como parte del derecho de acceso a la justicia, reconociendo el derecho de cualquier persona de solicitar protección no sólo de sus derechos personales, sino de los derechos "*colectivos*" y "*difusos*" (artículo. 26).

En relación con estos derechos colectivos, la Sala Constitucional del Tribunal Supremo de Venezuela consideró tales derechos como los que corresponden a un grupo indeterminadas de personas que forman parte de un sector de la población, cuando entre ellas existe un vínculo jurídico que las unifica, como sucede en los casos de daños a grupos profesionales, de vecinos, sindicatos, o de habitantes de un área urbana.[57] En relación con los derechos difusos, la misma Sala Constitucional estableció que en esos casos, se refiere a los que pueden afectar a la población en general porque buscan asegurar a las personas en general una mejor calidad de vida así como condiciones mínimas de existencia.[58] En este sentido, por ejemplo, están los daños al ambiente o a los consumidores que tienen efectos dañinos y expansivos en relación con grandes grupos de la población, y que responden a obligaciones genéricas de protección al ambiente o a los consumidores.[59]

---

55   *Idem*, p. 161.

56   *Idem*, p. 161.

57   *Véase* la sentencia de la Sala Constitucional N° 656 de 5 de junio de 2001 (Caso: *Defensor del Pueblo vs. Comisión Legislativa Nacional*).

58   *Idem*.

59   *Idem*.

Ahora bien, en relación con la legitimación activa para intentar acciones de amparo en búsqueda de protección de estos derechos colectivos y difusos, por ejemplo, la Sala Constitucional del Tribunal Supremo de Venezuela ha admitido la posibilidad de que *"cualquier individuo con capacidad legal"* pueda intentar la acción, cuando busca impedir daños a la población o partes de ella a las que pertenece, estando habilitado para intentar la acción basada en la protección de intereses difusos o colectivos.[60] Fue el caso, por ejemplo, de una acción de amparo intentada para la protección de los derechos electorales, en el cual, un ciudadano invocando los derechos generales del sufragio, intentó una acción de amparo que incluso, condujo en 2000 la suspensión inmediata de una elección general presidencial y legislativa.[61] En otras palabras, la Sala Constitucional ha admitido que "cualquier persona capaz que busque impedir daños a la población o a sectores de la misma a los que pertenece, puede intentar acciones en defensa de los intereses colectivos o difusos", extendiendo "la legitimación a las asociaciones, sociedades, fundaciones, cámaras, sindicatos y otras entidades colectivas dedicadas a la defensa de la sociedad, siempre que actúen dentro de los límites de sus fines societarios referidos a la protección de los intereses de sus miembros."[62]

En estos casos, la Sala Constitucional estableció las condiciones generales de la legitimación, decidiendo que la acción debe basarse "no sólo en el derecho personal o interés del accionante, sino también en el derecho común o colectivo".[63] En consecuencia, en estos casos debe existir una relación o vínculo "incluso sin ser de carácter jurídico, entre quien demanda en nombre del interés general de la sociedad o de parte de ella (interés social común) y el daño o peligro causado a la colectividad."[64]

---

60 *Idem.*

61. En estos casos, la Sala Constitucional incluso ha otorgado medidas cautelares con efectos *erga omnes* tanto a los individuos y la entidad que interpusieron la acción como "a todos los votantes como grupo". *Véase* sentencia de la Sala Constitucional Nº 483 de 29 de septiembre de 2000 (Caso: *"Queremos Elegir" y otros*), *Revista de Derecho Público*, Nº 82, 2000, EJV, pp. 489–491. En sentido similar véase la decisión de la misma Sala Nº 714 de 13–06–2000 (Caso: *APRUM*).

62 Véase sentencia de la Sala Constitucional de 30–06–2000 (Caso *Defensoría del Pueblo*. Véase las referencias y comentarios en Rafael Chavero, *El nuevo régimen del amparo constitucional en Venezuela*, Caracas 2001, pp. 110–114.

63 Véase sentencia Nº 1948 de 17–02–2000 (Caso: *William O. Ojeda O. vs. Consejo Nacional Electoral*).

64 *Idem.* Sin embargo, a pesar de las sentencias progresistas antes mencionadas en relación con la protección de los intereses colectivos o difusos, como los derechos políticos, en una más reciente decisión de 21 de noviembre de 2005, la Sala Constitucional ha revertido su decisión en un caso intentado por otro partido político denominado "Un Solo Pueblo". *Véase* Caso *Willian Ojeda vs. Ministro de la Defensa y los Comandantes Generales del Ejército y de la Guardia Nacional*, en *Revista de Derecho Público*, Nº 104, Editorial Jurídica Venezolana, Caracas 2005.

Estas acciones *"colectivas"* de amparo para la protección de derechos difusos, particularmente en materia ambiental, han sido expresamente constitucionalizados en América Latina, como es el caso de Argentina, en cuya Constitución se estableció que la acción de amparo puede intentarse por la parte afectada, el Defensor del Pueblo y las asociaciones registradas que persigan esos fines, contra cualquier tipo de discriminación en relación con los derechos para la protección del ambiente, la libre competencia, los derechos de usuarios y consumidores y los derechos de incidencia colectiva general (Artículo 43).[65]

En Perú, el artículo 40 del Código Procesal Constitucional también autoriza a cualquier persona para intentar acciones de amparo, en casos referidos a las amenazas o violaciones a los derechos ambientales u otros derechos difusos que gozan de reconocimiento constitucional, así como respecto de cualquier entidad con fines no lucrativos cuyos fines sean la defensa de esos derechos.

En sentido similar, en Brasil se ha regulado en la Constitución el *mandado de securança colectivo*, destinado a la protección de los derechos difusos o colectivos, que puede intentarse por los partidos políticos con representación en el Congreso nacional, por los sindicatos y los instrumentos de clase o asociaciones legalmente establecidas en defensa de los intereses de sus miembros, que hayan estado funcionando al menos durante el año (Artículo 5, LXIII).[66]

En Ecuador, el artículo 48 de la Ley de Amparo también autoriza a cualquier persona natural o jurídica para intentar una acción de amparo cuando se trate de la protección al ambiente, incluyendo a las comunidades indígenas a través de sus representantes.[67]

---

65   *Véase* Joaquín Brage Camazano, *La jurisdicción constitucional de la libertad*, Editorial Porrúa, México 2005, pp. 94 y ss.; Alí Joaquin Salgado, *Juicio de amparo y acción de inconstitucionalidad*, Astrea Buenos Aires 1987, pp. 81–89. En relación con asociaciones que pueden intentar la acción de amparo, la Suprema Corte de la nación ha considerado que no requieren registro formal. *Véase* sentencia 320:690, Caso: *Asociación Grandes Usuarios y sentencia 323:1339*, Caso *Asociación Benghalensis*, en Joaquín Brage Camazano, *La jurisdicción constitucional de la libertad*, Editorial Porrúa, México 2005, pp. 92–93.

66   Adicionalmente, desde 1985, en Brasil se ha desarrollado las "acciones civiles colectivas", en forma similar a las *Class Actions* del derecho norteamericano para la protección de derechos de grupo, como consumidores, aun cuando limitando la legitimación a las entidades públicas y a las asociaciones *Véase* Antonio Gidi, "Acciones de grupo y amparo colectivo en Brasil. La protección de derechos difusos, colectivos e individuales homogéneos", en Eduardo Ferrer Mac Gregor (Coordinador), *Derecho Procesal Constitucional*, Colegio de Secretarios de la Suprema Corte de Justicia de la Nación, Editorial Porrúa, Tomo III, México 2003, pp. 2.538 y ss.

67   Hernán Salgado Pesantes, *Manual de Justicia Constitucional Ecuatoriana*, Corporación Editora Nacional, Quito 2004, p. 76.

En el caso de Costa Rica, los amparos colectivos han sido admitidos por la Sala Constitucional de la Corte Suprema de Justicia en materias relativas al ambiente, basándose en la previsión constitucional que establece el derecho de todos "a un ambiente saludable y ecológicamente equilibrado" (Artículo 50); atribuyendo a cualquier persona "la legitimación para denunciar los actos que infrinjan tales derechos".[68]

Por último, por ejemplo, en Colombia, si bien la acción de tutela también responde al carácter personal y privado de la acción de amparo, de manera que sólo puede intentarse por el titular del derecho fundamental protegido por la Constitución[69], ello no significa que los derechos difusos o colectivos no encuentren protección judicial, a cuyo efecto la Constitución ha regulado la "acción popular" para la protección de los mismos.[70]

4. *La legitimación en las acciones contencioso administrativas de anulación y el tema del interés legítimo*

También en materia contencioso administrativo, en lo que se refiere a las acciones de impugnación de actos administrativos por razones de ilegalidad e inconstitucionalidad con el objeto de anularlos judicialmente, en general se han establecido condiciones de legitimación activa para accionar, que sin duda inciden en el derecho de acceso a la justicia.

En Venezuela, por ejemplo, es en la propia Constitución donde se ha regulado a la Jurisdicción contencioso administrativa, la cual se ha atribuido al Tribunal Supremo de Justicia en Sala Político Administrativa y Sala Electoral, y a otros tribunales establecidos legalmente, con competencia:

"para anular los actos administrativos generales o individuales contrarios a derecho, incluso por desviación de poder; condenar al pago de sumas de dinero y a la reparación de daños y perjuicios originados en responsabilidad de la Administración; conocer de reclamos por la prestación de servicios públicos y disponer lo necesario para el restablecimiento de las

---

68 *Véase* sentencia 1700–03 de la Sala Constitucional, en Rubén Hernández Valle, *Derecho Procesal Constitucional*, Editorial Juricentro, San José, 2001, pp. 239–240.

69 *Véase* Juan Carlos Esguerra Portocarrero, *La protección constitucional del ciudadano*, Lexis, Bogotá 2005, p. 121. Es por ello que el artículo 6,3 de la Ley de Tutela expresamente dispone que la acción de tutela es inadmisible cuando los derechos que se busca proteger son derechos colectivos como el derecho a la paz y otros referidos en el artículo 88 de la Constitución", particularmente porque para tal fin se ha establecido una vía específica denominada "acción popular".

70 Estas acciones populares están establecidas en la Constitución para la protección de los derechos e intereses relacionados con la propiedad pública, el espacio público, la seguridad pública y la salud, la moral administrativa, el ambiente, la libertad de competencia y otros de naturaleza similar. Todos estos son derechos difusos, y su protección se regula en la Ley 472 de 1998 relativa a las acciones populares. Esta ley también regula otras acciones para la protección de los derechos en caso de danos infringidos a un una pluralidad de personas.

situaciones jurídicas subjetivas lesionadas por la actividad administrativa" (art. 259).

Esta previsión implica que teniendo los ciudadanos el derecho de acceso a la justicia, todos tienen entonces el derecho de accionar ante dichos órganos para solicitar la revisión judicial de actos y actuaciones administrativas. A tal efecto, en cuanto a la legitimación activa para iniciar juicios contencioso administrativos, la Ley Orgánica de la Jurisdicción Contencioso Administrativa de 2010,[71] bajo una tendencia garantista del derecho de accionar, estableció en su artículo 29 que el mismo corresponde a quienes tengan "un interés jurídico actual" en relación con el objeto de la pretensión, es decir, que el interés exista al momento de realizarse la actuación procesal, basado en la relación o situación jurídica concreta de la persona, lo que dependerá por supuesto de la pretensión procesal que se formule ante la Jurisdicción.

En el caso de los juicios de nulidad contra los actos administrativos, respecto de la legitimación activa, la Ley Orgánica no estableció nada más, por lo que el "interés actual" exigido debe estar lógicamente condicionado por los efectos producidos por los actos impugnados.

Antes de la reforma de la Ley Orgánica de la Jurisdicción Contencioso Administrativa de 2010, sin embargo, en materia de acciones de nulidad contra los actos administrativos de efectos particulares, la legitimación activa tradicionalmente fue atribuida a quienes fueran titulares de un "interés personal, legítimo y directo"[72] en la impugnación del acto administrativo; exigencia que fue precisamente eliminada la LOJCA 2010, pero que no necesariamente ha desaparecido por completo, pues dependerá de los efectos del acto

Tal como se había desarrollado jurisprudencialmente anteriormente, la necesidad de que el recurrente en los juicios de nulidad tuviese un interés personal, legítimo y directo en la impugnación, implicaba que tratándose de actos individuales o de efectos particulares, en principio, en el proceso sólo podían "actuar los sujetos a quienes directamente afecta el acto administrativo,"[73] es decir, "los que tuvieran un interés legítimo en su anulación."[74] Esta noción de interés personal, legítimo y directo, fue precisada con acuciosidad

---

71   La Ley Orgánica fue sancionada por la Asamblea Nacional el 15 de diciembre de 2009, y publicada en *Gaceta Oficial* N° 39.447 de 16 de junio de 2010. Véase los comentarios a la Ley Orgánica en Allan R. Brewer-Carías y Víctor Hernández Mendible, *Ley Orgánica de la Jurisdicción Contencioso Administrativa*, Editorial Jurídica Venezolana, Caracas 2010.

72   Véase Allan R. Brewer-Carías, "Aspectos de la legitimación activa en los recursos contencioso-administrativos contra los actos administrativos de efectos particulares", en *Revista de Derecho Público,* N° 16, Editorial Jurídica Venezolana, Caracas, 1983, pp. 227-233.

73   Véase en *Gaceta Forense,* N° 27, pp. 127-132. Véase además en Allan R. Brewer-Carías, *Jurisprudencia de la Corte Suprema ... cit.*, Tomo V, Vol. I, *cit.,* p. 293.

74   Véase *Gaceta Oficial* N° 14.72 Extra, de 11-06-71.

por la Corte Primera de lo Contencioso- Administrativa en su sentencia del 13 de octubre de 1988 (caso: *Cememosa*), al clarificar que por *interés legítimo* "debe entenderse como la existencia de una tutela legal sobre la pretensión del actor;" que el *interés sea personal* "alude a la de que el actor haga valer en su nombre o en el de un sujeto o comunidad a los cuales representa, su pretensión;" y que el *interés sea directo*, se refiere a "que el efecto del acto recaiga sobre el actor" y que "el acto esté destinado al actor." En fin la exigencia apunta a que "el impugnante sea el afectado, el que recibe los efectos inmediatos de la decisión sobre su esfera de intereses."[75]

Esta exigencia, sin embargo, comenzó a variar después de sancionada la Constitución de 1999, mediante sentencia de la Sala Político Administrativa del Tribunal Supremo, en efecto, Nº 873 de 13 de abril de 2000 (Caso: *Banco FIVENEZ vs. Junta de Emergencia Financiera*), en la cual consideró que con las previsiones de la nueva Constitución había "quedado tácitamente derogado el criterio legitimador exigido en la Ley Orgánica de la Corte Suprema de Justicia, pues dicho criterio resulta incompatible con los principios que establece la nueva Constitución (Disposición Derogatoria única de la Constitución de 1999), al menos en lo que respecta a la exigencia de que el interés legitimador sea personal y directo," refiriéndose en particular al derecho al acceso a la justicia, al debido proceso, a la tutela judicial efectiva .La Sala concluyó entonces indicando que "el interés para recurrir que exige la nueva Constitución, obviamente, sigue siendo "legítimo", ya que el ordenamiento jurídico no puede proteger intereses ilegítimos." Sin embargo, por lo que respecta al interés directo, la Sala lo consideró sin aplicación por lo que el recurrente en estos procesos de nulidad, "cuando el particular pueda obtener de la impugnación del acto administrativo una ventaja o evitar un perjuicio, aunque no exista una relación inmediata entre la situación derivada o creada por el acto administrativo" debe admitirse la impugnación al ser "titular de un 'interés indirecto', lo cual lo legitima para ejercer el recurso contencioso administrativo."

Consideró la Sala, en consecuencia, que es suficiente para impugnar tanto actos de efectos particulares como actos de efectos generales, "que se tenga un interés conforme con el ordenamiento jurídico, aunque dicho interés no sea personal y directo." tratándose siempre, por supuesto de un interés legítimo y actual. Además, señaló la Sala que en lo que respecta a la exigencia de que el interés sea "personal," que "la nueva Constitución permite el acceso a la justicia para la defensa de los intereses "difusos" y "colectivos," concluyendo entonces que "el concepto de interés previsto en la nueva Constitución abarca los intereses estrictamente personales así como los intereses comunes de cuya satisfacción depende la de todos y cada uno de los que componen la sociedad." Terminó la Sala Político Administrativa aclarando que, en todo caso, "no puede confundirse la legitimación por simple interés legítimo que

---

75   Véase *Revista de Derecho Público,* Nº 82, Editorial Jurídica Venezolana, Caracas, 2000, pp. 445 ss.

exige la nueva Constitución con la denominada acción popular" en cuyo caso "al particular deberá admitírsele la interposición del recurso con independencia de que pueda ostentar un derecho o interés lesionado."[76]

Pero a pesar de este criterio jurisprudencial de 2000, la Ley Orgánica del Tribunal Supremo de Justicia de 2004 repitió en su texto la norma de la derogada Ley Orgánica de la Corte Suprema de 1976 (norma que había sido considerada tácitamente derogada por la Constitución por la Sala Político Administrativa del Tribunal Supremo), exigiéndose el "interés personal, legítimo y directo" como condición de legitimidad para interponer el recurso contencioso de anulación contra los actos administrativos de efectos particulares (Art. 21.9); razón por la cual continuó siendo, hasta 2010, la condición básica de la legitimación para intentar demandas de nulidad de actos administrativos de efectos particulares o para hacerse parte en los juicios. A partir la Ley Orgánica de la Jurisdicción Contencioso Administrativa de 2010, en la misma ni la Ley Orgánica del Tribunal Supremo de Justicia de ese mismo año estableció condición alguna del interés del recurrente para intentar acciones contencioso administrativas contra actos de efectos particulares, por lo que sobre la base esencial de tratarse siempre de un interés legítimo y actual, será la jurisprudencia la que irá delineando la legitimación.

En todo caso, distinta es la situación de la posibilidad de participación en los juicios como demandantes o como partes, de los entes, consejos comunales, colectivos y otras manifestaciones populares de planificación, control, ejecución de políticas y servicios públicos, en cuyo caso el acto administrativo impugnado debe tener vinculación con su ámbito de actuación. Esas entidades pueden incluso emitir su opinión en los juicios cuya materia debatida esté vinculada a su ámbito de actuación, aunque no sean partes (art. 10).

Se trata de lo que se ha regulado en la Constitución para la tutela judicial de los intereses colectivos o difusos (art. 26), como antes se ha dicho, en relación con situaciones jurídicas subjetivas que corresponden a una comunidad concreta o a la colectividad en general. Con ello, se ha reconocido también legitimación activa para actuar, a las entidades representativas de intereses colectivos legalmente establecidas y reconocidas (intereses colectivos), y a quienes en determinadas circunstancias invoquen la protección de los intereses supra-individuales que conciernen a toda la colectividad (intereses difusos), lo que se había recogido en el artículo 18.2 de la derogada Ley Orgánica del Tribunal Supremo de 2004.

En todo caso, tratándose de la impugnación de actos administrativos de efectos generales, como los reglamentarios, la legitimación para impugnarlos y para hacerse parte en los juicios corresponde a cualquier ciudadano, pues es una acción popular, que por ejemplo alegue en tal; carácter, un simple interés en la anulación o en el mantenimiento del acto impugnado.

---

76 Véase en *Revista de Derecho Público*, N° 82, Editorial Jurídica Venezolana, Caracas, 2002, pp. 582-583.

La acción en estos casos, en efecto, es una acción popular contencioso administrativa, tal como se derivaba del artículo 21.9 de la derogada Ley Orgánica del Tribunal Supremo de 2004, cuando disponía que "toda persona natural o jurídica, que sea *afectada en sus derechos o intereses* por un *acto administrativo de efectos generales* emanado de alguno de los órganos del Poder Público Nacional, Estadal o Municipal, puede demandar la nulidad del mismo ante el Tribunal Supremo de Justicia, por razones de inconstitucionalidad o de ilegalidad."

5. *La legitimación en las acciones contencioso administrativas por abstención o carencia: derecho de petición y transparencia*

El ejercicio del derecho de acceso a la información administrativa para poder controlar la transparencia administrativa, que como derecho constitucional tienen que tener los ciudadanos en un Estado de derecho, está usualmente garantizado por la previsión, también de orden constitucional, del derecho de petición y a obtener oportuna respuesta, y que es el vehículo inicial para tener acceso a la información.

La Constitución venezolana, por ejemplo, establece en el artículo 51 el derecho de toda persona "de representar o dirigir peticiones ante cualquier autoridad o funcionario público sobre los asuntos que sean de su competencia, y de obtener oportuna y adecuada respuesta," agregando, incluso que "quienes violen este derecho serán sancionados conforme a la ley, pudiendo ser destituidos del cargo respectivo." A tal efecto la Ley Orgánica de Procedimientos Administrativos de 1981,[77] en su artículo 2 dispone que "toda persona interesada podrá, por sí o por medio de su representante, dirigir instancias o peticiones a cualquier organismo, entidad o autoridad administrativa," las cuales deben "resolver las instancias o peticiones que se les dirijan o bien declarar, en su caso, los motivos que tuvieren para no hacerlo." Esta obligación se reitera en el artículo 3 de la misma Ley que agrega que "los funcionarios y demás personas que presten servicios en la Administración Pública, están en la obligación de tramitar los asuntos cuyo conocimiento les corresponda y son responsables por las faltas en que incurran," pudiendo los interesados "reclamar, ante el superior jerárquico inmediato, del retardo, omisión, distorsión o incumplimiento de cualquier procedimiento, trámite o plazo en que incurrieren los funcionarios responsables del asunto."

Por otra parte, la Constitución misma en Venezuela ha garantizado a los ciudadanos el "derecho a ser informados oportuna y verazmente por la Administración Pública, sobre el estado de las actuaciones en que estén directamente interesados, y a conocer las resoluciones definitivas que se adopten sobre el particular" (art. 143).

Estas disposiciones constitucionales y legales, relativas al derecho de acceso a la información, mediante la garantía del derecho de petición y a obte-

---

77 Véase en *Gaceta Oficial* N° 2.818 Extraordinario de 1-7-1981.

ner oportuna respuesta, para controlar la transparencia administrativa, se complementan además, con la regulación expresa, dentro de las vías judiciales para controlar a la Administración, del recurso contencioso administrativo contra la omisión o carencia de la Administración, el cual desarrollado desde antaño por la jurisprudencia de la antigua Corte Suprema de Justicia,[78] se ha regulado en forma expresa en la Ley Orgánica de la Jurisdicción Contencioso Administrativa de 2010.[79]

El artículo 9.2 de la Ley, como se ha dicho, establece entre la competencia de los tribunales de la Jurisdicción Contencioso Administrativa, la de conocer de "de la *abstención o la negativa* de las autoridades a producir un acto al cual estén obligados por la ley," correspondiendo la legitimación activa para intentar el recurso correspondiente al titular del derecho a obtener respuesta o decisión sobre determinado asunto. Por ello, en el texto de la demanda que se intente, la Ley Orgánica exige que se establezca la relación de los hechos y los fundamentos de derecho con sus respectivas conclusiones; debiendo producirse con el escrito de la demanda, los instrumentos de los cuales se derive el derecho reclamado (art. 33). La demanda por abstención o negativa de la Administración, por otra parte, debe interponerse en el lapso de 180 días continuos contados a partir del momento en el cual la Administración incurrió en la abstención (art. 32.3).

Estos son las únicas previsiones específicas relativas a la admisibilidad de la acción por abstención o negativa de la Administración. Sin embargo, en relación con la legitimación activa para intentar el recurso por abstención o carencia, cuando de lo que se trata es de falta de respuesta a un derecho de petición basado en el derecho a la información que de acuerdo con lo resuelto por la Sala Constitucional del Tribunal Supremo de Justicia, "está legitimado en función del principio de transparencia en la gestión pública," la misma Sala Constitucional ha determinado en 2010, "con carácter vinculante," que:

> "en ausencia de ley expresa, y para salvaguardar los límites del ejercicio del derecho fundamental a la información, se hace necesario que el solicitante de la información manifieste expresamente las razones o los propósitos por los cuales requiere la información."[80]

Esta condición de admisibilidad establecida por la Sala Constitucional que impone a los recurrentes contra la abstención de la Administración de responder las peticiones, la obligación de manifestar expresamente las razones o

---

78 Véase Allan R. Brewer-Carías, "La abstención, silencio y negativa de la Administración y su control", en *El Derecho Venezolano en 1982, Ponencias al XI Congreso Internacional de Derecho Comparado*, Facultad de Ciencias Jurídicas y Políticas, Universidad Central de Venezuela, Caracas 1982, pp. 603-617.

79 Véase en *Gaceta Oficial* N° 39.451 de 22 de junio de 2010.

80 Véase la antes mencionada sentencia N° 745 del 15 de julio de 2010 Caso: *Asociación Civil Espacio Público)* en http://www.tsj.gov.ve/decisiones/scon/Julio/745-15710-2010-09-1003.html.

los propósitos por los cuales requiere la información en el texto de las mismas, se ha convertido a la vez en una limitación al acceso a la justicia, que los tribunales contencioso administrativos han desarrollado progresivamente.

Así lo resolvió la Sala Político Administrativa del Tribunal Supremo de Justicia en sentencia N° 1636 de fecha 3 de diciembre de 2014, (caso: *Asociación Civil Espacio Público Vs. Ministro del Poder Popular para la Educación Universitaria, Ciencia y Tecnología*),[81] en la cual se declaró inadmisible el recurso por abstención formulado ante dicho Ministerio, para obtener respuesta a diversas solicitudes de información sobre diversas dificultades presentadas para los usuarios de internet de la empresa nacional de teléfonos, sobre si se habían realizado bloqueos o restricciones en diversos portales web de noticias , y si fueron realizadas a través de una orden gubernamental, solicitando "nombre de la persona que dio la orden, motivos de las mismas, así como, que se le provea de una lista de las páginas web bloqueadas y las fechas en que se realizaron dichas acciones." La Sala Político Administrativa del Tribunal Supremo, frente a ello, invocando el criterio vinculante de la Sala Constitucional, se limitó a expresar que la información requerida, podía "encontrarse en los informes anuales que son rendidos por los titulares de los ministerios ante la Asamblea Nacional," los cuales son "de carácter público," procediendo, sin más a declarar la "inadmisibilidad de la pretensión de abstención formulada."

Invocando estas sentencias, las Cortes de lo Contencioso Administrativo han venido declarando inadmisibles acciones contencioso administrativas contra la omisión administrativa en dar oportuna respuesta a peticiones de información formulada por diversas asociaciones, vaciando progresivamente el contenido tanto del derecho de acceso a la información como del derecho de petición y el derecho de acceso a la justicia.

Así, en sentencia de la Corte Segunda de lo Contencioso Administrativo, de 12 de agosto de 2015 (Caso *Asociación Civil Transparencia Venezuela contra el Servicio Autónomo de Registros y Notarías (SAREN)*),[82] dictada al conocer del recurso por abstención intentado contra dicho servicio por no haber respondido las "denuncias sobre posibles hechos de corrupción de funcionarios adscritos a esa Institución" formuladas por la mencionada Asociación, la Corte Segunda afirmó que "la accionante no formuló concretamente solicitud alguna al Servicio Autónomo de Registros y Notarías (SAREN), toda vez que, las comunicaciones remitidas al mencionado Servicio sólo contienen la información antes indicada y únicamente se limitó a incluir en cada una de las referidas comunicaciones la coletilla "a la espera de su pronta respuesta", sin haber manifestado de manera clara y elocuente, que era lo que le

---

81 Véase en http://historico.tsj.gob.ve/decisiones/spa/diciembre/172301-01636-31214-2014-2014-1142.HTML.

82 Véase en http://jca.tsj.gob.ve/DECISIONES/2015/AGOSTO/1478-12-AP42-G-2015-000211-2015-0784.HTML.

solicitaba al accionado." A pesar de que una denuncias de corrupción basta para que el órgano respectivo abra una averiguación y determine si se produjo o no, sin que nadie tenga que indicarle al funcionario qué, cuándo, cómo debe actuar, de ello concluyó la Corte primera observando que:

> "la parte actora no señaló las razones ni los propósitos por los cuales requería que el Servicio Autónomo de Registros y Notarías, le suministrara información referente a las presuntas denuncias efectuadas a funcionarios de ese Servicio por presuntos hechos de corrupción."

Por ello declaró inadmisible la acción, pero no contenta con ello, la misma Corte Segunda de lo Contencioso Administrativo, fue más allá, y afirmó sin base alguna que:

> "aun cuando tales razones y argumentos hubiesen sido explanados por la accionante, ésta no posee legitimación alguna para solicitarle al Servicio Autónomo de Registros y Notarías, que le suministre información relacionada a supuestos hechos de corrupción, dado que dichas investigaciones deben ser realizadas por los Organismos del Estado creados a tal fin, por lo que, mal puede pretender la Asociación Civil actora, acreditarse legitimación para efectuar tales requerimientos."

Simplemente, con esta sentencia se ha producido la negación al derecho de los ciudadanos a la transparencia gubernamental; del derecho de los ciudadanos a petición sobre asuntos administrativos, y a formular denuncias ante los órganos administrativos sobre hechos de corrupción, del derecho de acceso a la información, y del derecho de acceso a la justicia.[83]

IV. EL ACCESO A LA JUSTICIA Y EL AGOTAMIENTO DE RECURSOS PREVIOS

Otro tema relacionado con el derecho de acceso a la justicia, es el relativo a la restricción al mismo que pueda resultar del principio del necesario agotamiento previo de algunos procedimientos o acciones, lo que en el ámbito interno se regula en materia contencioso administrativo, y en el ámbito externo en materia de acceso a la jurisdicción internacional.

1. *El sistema de agotamiento de los recursos administrativos para acceder a la justicia contencioso administrativa*

En materia de control de legalidad y constitucionalidad de los actos administrativos, uno de los principios que tradicionalmente se han establecido como condición de admisibilidad de las acciones para impugnarlos, ha sido el

---

83   A esta sentencia le precedió la sentencia de la Corte Segunda de lo Contencioso Administrativo, de 28 de julio de 2015 (Caso *Asociación Civil Transparencia Venezuela contra el Instituto Nacional de Transporte Terrestre (INTT)*), en http://jca.tsj.gob.ve/DECISIONES/2015/JULIO/1478-28-AP42-G-2015-000185-2015-0705.HTML.

que deriva del privilegio establecido a favor de la Administración de poder revisar antes de que sean impugnados en vía contencioso administrativa, imponiéndose a los recurrentes la obligación de agotar previamente los recursos administrativos o gubernativos existentes. En esta materia, sin embargo, el derecho de acceso a la justicia contencioso administrativa ha venido teniendo prevalencia, habiéndose producido un cambio importante respecto del clásico principio del necesario agotamiento de la vía administrativa para poder acceder a la jurisdicción contencioso administrativa.

En efecto, el principio, por ejemplo, como fue establecido inicialmente en Venezuela por la jurisprudencia de la antigua Corte Federal desde 1953, implicaba que:

"el recurso extraordinario, contra los actos ilegales de la Administración no puede ser llevado ante el órgano jurisdiccional competente, sino después de haberse agotado la vía administrativa. De suerte que el titular de un interés legítimo que haya sufrido lesión como consecuencia de un acto administrativo determinado, debe ante todo interponer el recurso legal de apelación en el término que para el caso ha establecido la ley reguladora de la materia. Si así no lo hiciera, la decisión queda firme, y ello, porque realmente conviene al orden social, la estabilidad de los actos de la Administración Pública, sin perjuicio, claro está, de la garantía debida a los administrados, quiénes tienen a su alcance las vías adecuadas para hacer valer sus derechos."[84]

A partir de esa fecha, los actos administrativos en Venezuela no pudieron ser atacados de nulidad mediante el recurso contencioso-administrativo de anulación sino una vez agotada la vía administrativa a través de la interposición del recurso jerárquico respectivo,[85] procediendo el recurso de anulación solo contra el acto administrativo que fuera la última palabra de la Administración, o de un inferior, cuando no existiera recurso jerárquico que intentar contra su acto.[86]

---

84 Véase sentencia de la antigua Corte Federal, de 24-11-1953, *Gaceta Forense*, N° 2, Caracas 1953, pp. 185-186.

85 Véase sentencia de la antigua Corte Federal, de 5-8-5853, *Gaceta Forense*, N° 21, Caracas 1958, pp. 70-76. En esta sentencia también se expresa que "esa decisión de la autoridad superior en la respectiva escala, que causa, estado, es la que puede impugnarse por medio del recurso contencioso-administrativo y, por tanto, la que tiene que provocar el interesado, por medio de la apelación o el reclamo para ante esa autoridad superior".

86 Artículo 124.2. Véase Allan R. Brewer-Carías, "Las condiciones de recurribilidad de los Actos Administrativos en la vía Contencioso-Administrativa", en *Revista del Ministerio de Justicia*, N° 54, Caracas, 1966, pp. 83-11; en *Perspectivas del Derecho Público en la Segunda Mitad del Siglo XX. Homenaje al Profesor Enrique Sayagués Laso*, Instituto del Estudio de Administración Local, Madrid, 1969, *T.* V, pp. 743-769.

354 ALLAN R. BREWER-CARÍAS

En estos casos se hablaba de "acto que causaba estado," cuando no había otra instancia administrativa que pudiera revisarlo. Sobre ello, la antigua Corte Suprema de Justicia en sentencia de 4 de diciembre de 1961, expresó que "en ausencia, pues, de decisión Ministerial que agote la vía administrativa y cause estado dentro de la misma, resulta improcedente para la Corte dictar decisión alguna en el presente caso." El principio se había definido anteriormente, por la antigua Corte Federal en sentencia de 28 de octubre de 1959 al señalar que "causan estado aquellos actos que no son susceptibles de apelación por haberse agotado la vía gubernativa o jerárquica, ya sean ellos definitivos, ya de trámite, siempre que estos últimos decidan, directa o indirectamente, el fondo del asunto, de tal modo que ponga fin al juicio o hagan imposible su continuación," agregando que:

"Debe haberse agotado la vía administrativa, porque mientras tal cosa no ocurra, puede la Administración, en razón de la facultad que tiene el superior de revocar, suspender o modificar los actos del inferior dictar otra decisión que satisfaga, en todo o en parte, el reclamo del particular interesado y haga innecesario recurrir a la vía jurisdiccional. Es, pues, necesario que la resolución administrativa quede investida de una estabilidad que impida ulterior reforma, ya porque fue dictada por un funcionario que podía hacerlo sin apelación a ninguna otra autoridad superior; o ya porque, siendo apelable, se ha pronunciado sobre ella el funcionario más alto en la respectiva jerarquía administrativa. Es entonces cuando causa estado y puede recurrirse contra ella por la vía de lo contencioso-administrativo."[87]

Posteriormente, la Ley Orgánica de Procedimientos Administrativos de 1982[88] estableció una completa regulación de los recursos administrativos complementando lo que estaba previsto en la derogada Ley Orgánica de la

---

87 Véase en *Gaceta Forense*, N° 26, pp. 66-68. En igual sentido la misma Corte Federal, en sentencia de 5 de agosto de 1958, sostuvo lo siguiente: "Por otra parte, es bien sabido que el recurso contencioso-administrativo contra decisiones del Poder Administrador no puede intentarse sino cuando el interesado ha agotado la vía administrativa por medio del ejercicio *El Recurso Jerárquico*, que es precisamente la reclamación contra la decisión o un acto administrativo por ante el superior jerárquico, con el fin de que la revoque o modifique, por estimar que lesiona un derecho subjetivo o un interés legítimo del interesado y que transgrede normas legales vigentes. Esa decisión de la autoridad superior en la respectiva escala, que causa estado, es la que puede impugnarse por medio del recurso contencioso administrativo y, por tanto, la que tiene que provocar el interesado, por medio de la apelación o él reclamo para ante esa autoridad superior" (*V.*, en *Gaceta Forense*, N° 21, pp. 71 y 72). En estos mismos términos se ha pronunciado la Corte Suprema de Justicia en multitud de sentencias posteriores. (*V.*, los extractos en Allan R. Brewer-Carías, *Jurisprudencia de la Corte Suprema 1930-1974 y Estudios de Derecho Administrativo*, T. V, Vol. I, Caracas, 1978, pp. 324 a 350).

88 Artículo 95 LOPA.

Corte Suprema de Justicia de 1976 sobre requisitos de admisibilidad,[89] distinguiendo entre actos que ponen fin a la vía administrativa y actos que no ponen fin a la vía administrativa, estableciendo en estos últimos casos la necesidad de agotarla mediante el recurso jerárquico.

La condición de admisibilidad, en todo caso, comentó a variar y a ser eliminada, precisamente para garantizar el acceso a la justicia en los casos en los cuales se ejerciera una pretensión de amparo constitucional conjuntamente con la acción contencioso administrativa de anulación, en cuyo caso el artículo 5° de la Ley Orgánica estableció que:

"Cuando se ejerza la acción de amparo contra actos administrativos conjuntamente con el recurso contencioso administrativo de anulación que se fundamenta en la violación de un derecho constitucional, el ejercicio del recurso procederá en cualquier tiempo, aun después de transcurridos los lapsos de caducidad previstos en la ley; y no será necesario el agotamiento de la vía administrativa."

Por tanto, cuando se ejercía la acción de amparo contra actos administrativos, conjuntamente con el recurso contencioso administrativo de anulación, no operaba la causal de inadmisibilidad por falta de agotamiento de la vía administrativa.

Posteriormente, en una evolución posterior, se ha abandonado totalmente la exigencia del agotamiento de la vía administrativa para poder impugnar los actos administrativos, y en cambio, la Ley Orgánica de la Administración Pública lo que ha establecido como derecho de los administrados en sus relaciones con la Administración, es a "ejercer, a su elección y sin que fuere obligatorio el agotamiento de la vía administrativa, los recursos administrativos o judiciales que fueren procedentes para la defensa de sus derechos e intereses frente a las actuaciones y omisiones de la Administración Pública" (Art. 7.10).

2. *El sistema de agotamiento de los recursos internos y el acceso a la justicia internacional*

Igualmente como restricción al acceso a la justicia, pero en el ámbito de la justicia internacional, la Convención Americana de Derechos Humanos exige en su artículo 46.1,a) que para cualquier reclamación internacional dirigida en contra un Estado por violaciones a los derechos humanos, deben haberse agotado previamente los recursos de la jurisdicción interna, "conforme a los principios del Derecho Internacional generalmente reconocidos".

Con ello, como sucede en general en todas las otras instancias internacionales de protección de los derechos humanos, se diseñó el sistema interamericano de manera de asegurar que el mismo no pueda sustituir las jurisdicciones

---

89   Artículos 84.5 y 124. 29.

de los propios Estados, que tienen la responsabilidad primordial de respetar y garantizar los derechos consagrados en la Convención.

Sin embargo, ante el derecho humano de acceso a justicia, es claro que esta condición de inadmisibilidad derivada de la exigencia de agotamiento previo de los recursos de la jurisdicción interna, solo debe ser aplicada e interpretada de manera que no se cause indefensión a las víctima del ejercicio arbitrario del poder público, pues en general, conforme al artículo 29.a), de la Convención, ninguna de sus disposiciones puede interpretarse en el sentido de permitir que los Estados puedan suprimir el goce y ejercicio de los derechos y libertades reconocidos en la Convención, o limitarlos en mayor medida que la prevista en la propia Convención. Precisamente, por ello, por ejemplo, la Corte Interamericana ha indicado, que siendo el objetivo primordial de la Convención la protección internacional de los derechos humanos frente a las acciones arbitrarias de los Estados, la excepción de agotamiento de recursos internos no puede aplicarse cuando se trate de una situación de inexistencia de recursos internos efectivos que coloca a la víctima en estado de indefensión.

Y precisamente siempre se colocaría a la víctima en esa situación de indefensión, si la Corte procediera a conocer de alguna excepción de agotamiento de recursos internos sin analizar el fondo de las denuncias formuladas contra el Estado, en todos los casos en los cuales entre las mismas está precisamente la violación de las garantías judiciales, basadas en la ausencia de independencia y autonomía del Poder Judicial, lo que implica que los supuestos recursos internos son inexistentes en sí mismos o si existen son inefectivos. En esos casos, la Corte debe siempre resolver sobre el fondo de las denuncias formuladas, y no quedarse aisladamente en el análisis de la excepción preliminar.

En estos casos, como lo resolvió la Corte Interamericana desde su primera sentencia dictada en 1987 en el caso *Velásquez Rodríguez Vs. Honduras,,*[90] al

---

90 Véase Caso *Velásquez Rodríguez Vs. Honduras*. Excepciones Preliminares. Sentencia de 26 de junio de 1987. Serie C N° 1. En dicho caso *Velásquez Rodríguez*, la Corte en efecto consideró lo siguiente: "91. La regla del previo agotamiento de los recursos internos en la esfera del derecho internacional de los derechos humanos, tiene ciertas implicaciones que están presentes en la Convención En efecto, según ella, los Estados Partes se obligan a suministrar recursos judiciales efectivos a las víctimas de violación de los derechos humanos (art. 25), recursos que deben ser sustanciados de conformidad con las reglas del debido proceso legal (art. 8.1), todo ello dentro de la obligación general a cargo de los mismos Estados, de garantizar el libre y pleno ejercicio de los derechos reconocidos por la Convención a toda persona que se encuentre bajo su jurisdicción (art. 1), Por eso, cuando se invocan ciertas excepciones a la regla de no agotamiento de los recursos internos, como son la inefectividad de tales recursos o la inexistencia del debido proceso legal, no sólo se está alegando que el agraviado no está obligado a interponer tales recursos, sino que indirectamente se está imputando al Estado involucrado una nueva violación a las obligaciones contraídas por la Convención. En tales circunstancias la cuestión de los recursos internos se aproxima sensiblemente a la materia de fondo"

analizar el tema de las excepciones basadas en la falta de agotamiento de los recursos internos para acceder a la justicia internacional, cuando se alegan violaciones a los derechos y garantías judiciales, y particularmente, violaciones a los derechos al debido proceso, a un juez independiente, a la defensa, a la presunción de inocencia y a la protección judicial, lo que significa juzgar sobre el funcionamiento mismo del Poder Judicial, sobre todo si se denuncia la inexistencia de autonomía e independencia del mismo. En esos casos, la Corte Interamericana, como es obvio y elemental, consideró que tenía necesariamente que considerar y juzgar las violaciones aducidas, y no podía juzgar aisladamente sobre la excepción de agotamiento de los recursos internos (se hubieran o no agotado efectivamente). Para hacerlo debía antes entrar a considerar el fondo de las denuncias formuladas, particularmente porque en situaciones de ausencia de autonomía e independencia del Poder Judicial. Con base en ello, la Corte decidió desde 1987, que "acudir a esos recursos se convierte en una formalidad que carece de sentido. Las excepciones del artículo 46.2 serían plenamente aplicables en estas situaciones y eximirían de la necesidad de agotar recursos internos que, en la práctica, no pueden alcanzar su objeto."[91]

Como la propia Corte Interamericana lo interpretó en otra ocasión:

"… para que tal recurso exista, no basta con que esté previsto por la Constitución o la ley o con que sea formalmente admisible, sino que se requiere que sea realmente idóneo para establecer si se ha incurrido en una violación a los derechos humanos y proveer lo necesario para remediarla. No pueden considerarse efectivos aquellos recursos que, por las condiciones generales del país o incluso por las circunstancias particulares de un caso dado, resulten ilusorios. Ello puede ocurrir, por ejemplo, cuando su inutilidad haya quedado demostrada por la práctica, porque el Poder Judicial carezca de la independencia necesaria para decidir con imparcialidad o porque falten los medios para ejecutar sus decisiones; por cualquier otra situación que configure un cuadro de denegación de justicia, como sucede cuando se incurre en retardo injustificado en la decisión; o, por cualquier causa, no se permita al presunto lesionado el acceso al recurso judicial."[92]

---

91 *Caso Velásquez Rodríguez Vs. Honduras. Excepciones Preliminares.* Sentencia de 26 de junio de 1987. Serie C N° 1, párr. 68.

92 Corte IDH: *Garantías judiciales en estados de emergencia* (arts. 27.2, 25 y 8 Convención Americana sobre Derechos Humanos). Opinión Consultiva OC-9/87 del 6 de octubre de 1987. Serie A N° 9; ¶ 24. Igualmente, Corte IDH, *Caso Bámaca Velásquez vs. Guatemala.* Fondo. Sentencia de 25 de noviembre de 2000. Serie C N° 70; ¶ 191; Corte IDH, *Caso Tribunal Constitucional vs. Perú. Fondo, Reparaciones y Costas.* Sentencia de 31 de enero de 2001. Serie C N° 71, ¶ 90; Corte IDH, *Caso Bayarri vs. Argentina.* Excepción Preliminar, Fondo, Reparaciones y Costas. Sentencia de 30 de octubre de 2008. Serie C N° 187, ¶ 102; Corte IDH, *Caso Reverón Trujillo vs. Venezuela.* Excepción Preliminar, Fondo, Reparaciones y Costas. Sentencia de 30 de

En esas circunstancias, exigir el agotamiento de recursos internos, no sería otra cosa que decidir, sin motivación alguna, dándole un aval al Poder Judicial del Estado cuya independencia y autonomía es precisamente la que se cuestiona cuando se denuncias violaciones masivas al debido proceso.

Y eso fue lo que ocurrió recientemente en un caso ante la Corte Interamericana de Derechos Humanos, el caso *Allan R. Brewer-Carías vs. Venezuela*, decidido mediante sentencia N° 277 de 26 de mayo de 2014, ordenando el archivo del expediente, sin decidir nada sobre los méritos del caso, pues supuestamente la víctima no había agotado los recursos internos, negándose a juzgar sobre las denuncias efectuadas sobre la situación del Poder Judicial carente de autonomía e independencia, e ignorando de paso que efectivamente si se había agotado el único recurso interno disponible; negándose así a la víctima su derecho de acceso a la justicia internacional y protegiendo la arbitrariedad del Estado autoritario. [93] Decisión que a juicio de los Magistrados Jinesta Lobo, Castillo Víquez, Rueda Leal, Hernández López y Salazar Alvarado de la Sala Constitucional de la Corte Suprema de Justicia de Costa Rica, expresada en Nota separada a la sentencia N° 2015-11568 del 31 de julio de 2015, "pesa como una sombra en la trayectoria y jurisprudencia de la Corte Interamericana." [94]

Entre las denuncias formuladas en ese caso contra el Estado estaban las masivas violaciones por sus agentes a las garantías judiciales de la víctima, como fueron las violaciones a los derechos al debido proceso, a un juez independiente e imparcial, a la defensa, a la presunción de inocencia, y a la protección judicial; todo en medio de una situación de inexistencia de autonomía e independencia del Poder Judicial que la propia Corte Interamericana ya conocía por al menos tres casos anteriores decididos contra Venezuela: *Apitz*

---

junio de 2009. Serie C N° 198, ¶ 61; Corte IDH, *Caso Usón Ramírez vs. Venezuela. Excepción Preliminar, Fondo, Reparaciones y Costas.* Sentencia de 20 de noviembre de 2009. Serie C N° 207, ¶ 129; Corte IDH. *Caso Abrill Alosilla y otros vs. Perú. Fondo Reparaciones y Costas.* Sentencia de 4 de Marzo de 2011. Serie C N° 223, ¶ 75.

93   Véase la sentencia en http://www.corteidh.or.cr/docs/casos/articulos/seriec_278 _esp.pdf. Véase sobre esta sentencia: Allan R. Brewer-Carías, *El Caso Allan R. Brewer-Carías vs. Venezuela ante la Corte Interamericana de Derechos Humanos. Estudio del caso y análisis crítico de la errada sentencia de la Corte Interamericana de Derechos Humanos N° 277 de 26 de mayo de 2014*, Colección Opiniones y Alegatos Jurídicos, N° 14, Editorial Jurídica Venezolana, Caracas 2014.

94   Sentencia, dictada en el juicio de habeas corpus a favor del ciudadano Dan Dojc, en el proceso de extradición que se le seguía en Costa Rica a petición del Estado venezolano. Véase el texto de la sentencia en http://jurisprudencia.poder-judicial.go.cr/SCIJ_PJ/busqueda/jurisprudencia/jur_Documento.aspx?param1=Ficha_Sentencia&nValor1=1&nValor2=644651&strTipM=T&strDirSel=directo&_r=1 . Véase la noticia de prensa sobre dicha sentencia en http://www.nacion.com/sucesos/poder-judicial/Sala-IV-extradicion-cuestiona-Venezuela_0_1504049615.html

Barbera y otros (2008),[95] *María Cristina Reverón Trujillo* (2009),[96] y *Mercedes Chocrón Chocrón* (2011).[97]

En esos supuestos, la Corte Interamericana siempre sostuvo que no se podía decidir la excepción de falta de agotamiento de recursos internos que pudiera alegar el Estado demandado, sin primero entrar a conocer y decidir si en el Estado cuestionado había o no esencialmente garantías judiciales, es decir, si el Poder Judicial efectivamente era confiable, idóneo y efectivo para la protección judicial.

Sin embargo, en el caso mencionado, apartándose de su propia jurisprudencia,[98] para no decidir sobre las violaciones alegadas y evitar juzgar al Estado denunciado, el cual por lo demás venía presionando sistemáticamente a la Corte en toda forma, la Corte se excusó, sin razón jurídica alguna y en desconocimiento absoluto e inconcebible de las características peculiares del proceso de amparo constitucional en Venezuela, en el argumento de que para que la víctima pudiese haber pretendido acudir ante la jurisdicción internacional para buscar la protección que nunca pude obtener en su país, debió haber "agotado" los recursos internos en Venezuela, ignorando deliberadamente que en el caso, precisamente la víctima había intentado y agotado efectivamente, *el único recurso disponible y oportuno que tenía al comenzar la etapa intermedia del proceso penal* (noviembre de 2005) que fue la solicitud de amparo penal o "nulidad absoluta" de lo actuado por violación masiva de sus derechos y garantías constitucionales; recurso que jamás fue decidido por el juez de la causa, violando a la vez el derecho de la víctima a la protección judicial.

Lo que la inicua decisión de la Corte hizo en ese caso al ordenar archivar el expediente fue, en definitiva, resolver que para que la víctima que era un perseguido político pudiera pretender acceder a la justicia internacional buscando protección a sus derechos, debía previamente someterse ante jueces

---

95 Véase en http://www.corteidh.or.cr/docs/casos/articulos/seriec_182_esp.pdf.

96 Véase en http://www.corteidh.or.cr/docs/casos/articulos/seriec_197_esp.pdf.

97 Véase en http://corteidh.or.cr/docs/casos/articulos/seriec_227_esp.pdf.

98 En definitiva, como lo observó el profesor Héctor Faúndez, "Curiosamente, la sentencia de la Corte Interamericana, apartándose de su práctica anterior, omitió examinar esta excepción preliminar junto con el fondo de la controversia, a fin de determinar si, en efecto, la presunta víctima había sido objeto del ejercicio arbitrario del poder público, sin que hubiera recursos efectivos disponibles para subsanar esa situación, o sin que la víctima tuviera acceso a esos recursos. Como muy bien observan los jueces disidentes, esta es la primera vez en la historia de la Corte que ésta no entra a conocer el fondo del litigio para decidir si es procedente una excepción preliminar por falta de agotamiento de los recursos internos." Véase Héctor Faúndez Ledesma, "El agotamiento de los recursos de la jurisdicción interna y la sentencia de la Corte Interamericana de Derechos Humanos en el caso: Brewer-Carías (Sentencia nº 277 de 26 de mayo de 2014)," en *Revista de Derecho Público*, Nº 139, Editorial Jurídica Venezolana, Caracas 2014, p. 216.

carentes de independencia e imparcialidad en el paródico proceso penal iniciado en su contra por razones que eran puramente políticas, y allí tratar de gestionar que el mismo pasara de una supuesta "etapa temprana" en la cual se en criterio de la Corte supuestamente encontraba (párrafos 95, 96, 97, 98 de la sentencia), y en la cual por lo visto, en criterio de la Corte, se podrían violar impunemente las garantías judiciales; para que se pudiera llegar a una imprecisa y subsiguiente "etapa tardía," que nadie sabe cuál podría ser, y ver si se corregían los vicios denunciados; pero eso sí, con la víctima privada de libertad y sin garantía alguna del debido proceso, en un país como Venezuela donde simplemente no existe independencia y autonomía del Poder Judicial.[99]

Es decir, para la Corte Interamericana, la única forma para que la víctima en ese caso de ostensible persecución política, pudiera pretender obtener justicia internacional era que se entregara a sus perseguidores políticos, para que una vez privado de libertad y sin garantías judiciales algunas, tratase de seguir, desde la cárcel, un proceso judicial que estaba viciado desde el inicio; de manera que si después de varios años lograba que el mismo avanzara, y las violaciones a sus derechos se agravaran, entonces, si aún contaba con vida, o desde la ultratumba, podía regresar ante la Corte Interamericana a denunciar los mismos vicios que con su sentencia la Corte se negó a conocer.

---

99 Véase entre otros trabajos: Allan R. Brewer-Carías, "La progresiva y sistemática demolición institucional de la autonomía e independencia del Poder Judicial en Venezuela 1999-2004", en *XXX Jornadas J.M Domínguez Escovar, Estado de derecho, Administración de justicia y derechos humanos*, Instituto de Estudios Jurídicos del Estado Lara, Barquisimeto, 2005, pp. 33-174; "La justicia sometida al poder [La ausencia de independencia y autonomía de los jueces en Venezuela por la interminable emergencia del Poder Judicial (1999-2006)]" en *Cuestiones Internacionales. Anuario Jurídico Villanueva 2007,* Centro Universitario Villanueva, Marcial Pons, Madrid 2007, pp. 25-57, y en *Derecho y democracia. Cuadernos Universitarios*, Órgano de Divulgación Académica, Vicerrectorado Académico, Universidad Metropolitana, Año II, N° 11, Caracas, septiembre 2007, pp. 122-138. Publicado en *Crónica sobre la "In" Justicia Constitucional. La Sala Constitucional y el autoritarismo en Venezuela*, Colección Instituto de Derecho Público. Universidad Central de Venezuela, N° 2, Editorial Jurídica Venezolana, Caracas 2007, pp. 163-193; "Sobre la ausencia de independencia y autonomía judicial en Venezuela, a los doce años de vigencia de la constitución de 1999 (O sobre la interminable transitoriedad que en fraude continuado a la voluntad popular y a las normas de la Constitución, ha impedido la vigencia de la garantía de la estabilidad de los jueces y el funcionamiento efectivo de una "jurisdicción disciplinaria judicial"), en *Independencia Judicial*, Colección Estado de Derecho, Tomo I, Academia de Ciencias Políticas y Sociales, Acceso a la Justicia org., Fundación de Estudios de Derecho Administrativo (Funeda), Universidad Metropolitana (Unimet), Caracas 2012, pp. 9-103; "The Government of Judges and Democracy. The Tragic Situation of the Venezuelan Judiciary," en *Venezuela. Some Current Legal Issues 2014, Venezuelan National Reports to the 19th International Congress of Comparative Law, International Academy of Comparative Law, Vienna, 20-26 July 2014*, Academia de Ciencias Políticas y Sociales, Caracas 2014, pp. 13-42.

En palabras de los Jueces **Manuel E. Ventura Robles** y **Eduardo Ferrer Mac-Gregor Poisot** expresadas en su importante *Voto Conjunto Negativo* a la sentencia, estando "de por medio el derecho a la libertad personal:

> *"Pretender que el señor Brewer Carías regrese a su país para perder su libertad y, en esas condiciones, defenderse personalmente en juicio, constituye un argumento incongruente y restrictivo del derecho de acceso a la justicia, al no haberse analizado en el caso precisamente los aspectos de fondo invocados por la hoy presunta víctima relacionados con diversas violaciones a los artículos 8 y 25 de la Convención Americana,* que de manera consustancial condicionan los alcances interpretativos del artículo 7.5 del Pacto de San José respecto al derecho a la libertad personal " (¶ 116)

En realidad, hubiera bastado que los señores jueces, para percatarse de esa situación, y decidir en justicia, se hubieran leído – si no querían leer los alegatos y argumentos formulados en el caso, así como los dictámenes y *amicus curiae* que se presentaron en juicio -, al menos sus propias sentencias anteriores en las cuales la Corte ya había analizado y considerado la situación del Poder Judicial en Venezuela; y sobre todo, se hubiesen leído uno de los más recientes informes sobre la problemática estructural del Poder Judicial en Venezuela publicado solo dos meses antes de dictarse la sentencia (Ginebra en marzo de 2014), por la *Comisión Internacional de Juristas*, titulado *Fortalecimiento del Estado de Derecho en Venezuela*. En la Presentación al mismo, el Secretario General de la Comisión, Wilder Tayler, explicó que:

> "Este informe da cuenta de la falta de independencia de la justicia en Venezuela, comenzando con el Ministerio Público cuya función constitucional además de proteger los derechos es dirigir la investigación penal y ejercer la acción penal. El incumplimiento con la propia normativa interna ha configurado un Ministerio Público sin garantías de independencia e imparcialidad de los demás poderes públicos y de los actores políticos, con el agravante de que los fiscales en casi su totalidad son de libre nombramiento y remoción, y por tanto vulnerables a presiones externas y sujetos órdenes superiores.

> En el mismo sentido, el Poder Judicial ha sido integrado desde el Tribunal Supremo de Justicia (TSJ) con criterios predominantemente políticos en su designación. La mayoría de los jueces son "provisionales" y vulnerables a presiones políticas externas, ya que son de libre nombramiento y de remoción discrecional por una Comisión Judicial del propio TSJ, la cual, a su vez, tiene una marcada tendencia partidista. […]".

Luego de referirse a que "el informe da cuenta además de las restricciones del Estado a la profesión legal," el Sr. Tayler concluyó su Presentación del Informe afirmando tajantemente que:

"Un sistema de justicia que carece de independencia, como lo es el venezolano, es comprobadamente ineficiente para cumplir con sus funciones propias. En este sentido en Venezuela, un país con una de las más altas tasas de homicidio en Latinoamérica y de familiares sin justicia, esta cifra es cercana al 98% en los casos de violaciones a los derechos humanos. Al mismo tiempo, el poder judicial, precisamente por estar sujeto a presiones externas, no cumple su función de proteger a las personas frente a los abusos del poder sino que por el contrario, en no pocos casos es utilizado como mecanismo de persecución contra opositores y disidentes o simples críticos del proceso político, incluidos dirigentes de partidos, defensores de derechos humanos, dirigentes campesinos y sindicales, y estudiantes."[100]

Ese Poder Judicial, cuya situación de falta de independencia y autonomía quedó probada y evidenciada en el expediente ante la Corte Interamericana, y que por estar particularmente constituido en su gran mayoría por jueces provisorios, la propia Corte ya conocía y había decidido en los mencionados casos contra Venezuela: *Apitz Barbera y otros*, [101] *María Cristina Reverón Trujillo* (2009,[102] y *Mercedes Chocrón Chocrón*,(2011) [103]; fue el Poder Judicial que, sin embargo, en el caso *Brewer-Carías*, la misma Corte no se atrevió a juzgar, y al contrario, lo avaló, pero sin motivación alguna, al decidir que en el mismo supuestamente se podían realmente corregir las violaciones masivas cometidas en un proceso penal viciado de raíz, cuyo objeto además era la persecución política; negándosele así a la víctima el acceso a la justicia y al derecho a la protección internacional .

Lo que más llama la atención de la ceguera de la Corte Interamericana, sin duda deliberada, para negarse a apreciar y juzgar sobre a las violaciones a las garantía judiciales de la víctima derivadas de la situación del Poder Judicial en Venezuela, es que en cambio, en la misma ciudad donde tiene su sede la Corte Interamericana, en un tribunal nacional, como la muy importante Corte Suprema de Justicia de Costa Rica, sus magistrados no tuvieron ningún reparo cuando fue necesario para decidir un caso concreto, en apreciar sobre la situación de dicho Poder Judicial y sobre las faltas de garantías judiciales que en Venezuela existen para cualquier enjuiciado.

Y así, en una reciente sentencia de la Sala Constitucional de la Corte Suprema de Justicia de Costa Rica N° 2015-11568 del 31 de julio de 2015,[104]

---

100 Véase en http://icj.wpengine.netdna-cdn.com/wp-content/uploads/2014/06/VENE-ZUELA-Informe-A4-elec.pdf.

101 Véase en http://www.corteidh.or.cr/docs/casos/articulos/seriec_182_esp.pdf.

102 Véase en http://www.corteidh.or.cr/docs/casos/articulos/seriec_197_esp.pdf.

103 Véase en http://corteidh.or.cr/docs/casos/articulos/seriec_227_esp.pdf.

104 Sentencia, dictada en el juicio de habeas corpus a favor del ciudadano Dan Dojc, en el proceso de extradición que se le seguía en Costa Rica a petición del Estado venezolano. Véase el texto de la sentencia en http://jurisprudencia.poder-

dictada con motivo de conocer un recurso de habeas corpus a favor del ciudadano croata, nacionalizado venezolano, Dan Dojc, quien se encontraba detenido en Costa Rica desde el 19 de diciembre del 2014, bajo un proceso de
extradición, la Sala resolvió declarar con lugar la acción, ordenando la inmediata libertad del amparado, considerando que en el caso había "una evidente
y palmaria inexistencia de prueba en el proceso de extradición que se sigue
contra el amparado." La Sala consideró que el tribunal penal que tramitó la
extradición en Costa Rica había omitido "verificar que el Estado requirente
(Venezuela) aportara la prueba de cargo que respalda la investigación judicial, que se sigue en Venezuela contra el amparado, donde se le atribuyen los
delitos de estafa y otros,"[105] concluyendo que "no existe evidencia que de-
muestre que la petición de extradición contiene elemento de prueba o indicio
comprobado sobre la posible comisión de una acción delictiva."

A estos motivos puramente procesales y garantistas originados por las fallas cometidas por el propio Estado requirente en la petición de extradición,
que la Sala Constitucional consideró totalmente insuficientes por ausencia de
prueba, se sumaron otras "razones adicionales" para declarar con lugar el
habeas corpus expresadas por el magistrado **Cruz Castro**, relativas al "tema
de la independencia de la judicatura," dando cuenta de los diversos informes
que señalaban "una debilidad notable de la independencia de la judicatura,
situación que nuevamente no asegura el respeto de los derechos fundamentales de una persona sometida a un procedimiento de extradición, en las condiciones del caso que se examina." El Magistrado se refirió expresamente al
Informe del Consejo Económico y Social de la ONU (E/c.12/Ven./CO3) del
19 de junio de 2015, estimando:

"que jueces provisionales, no aseguran, de ninguna forma, la independencia de la judicatura, lo que incide directamente en la vigencia de
las garantías del debido proceso para el amparado cuando se remita a
Venezuela. Esta independencia de los jueces es una garantía fundamental
para asegurar la vigencia de un estado constitucional y los derechos fundamentales de la persona sometida a enjuiciamiento. Si no hay indepen-

---

judicial.go.cr/SCIJ_PJ/busqueda/jurisprudencia/jur_Documento.aspx?param1=Fi-
cha_Sentencia&nValor1=1&nValor2=644651&strTipM=T&strDirSel=directo&_r=1
. Véase la noticia de prensa sobre dicha sentencia en http://www.na-
cion.com/sucesos/poder-judicial/Sala-IV-extradicion-cuestiona-
Venezuela_0_1504049615.html. Véase la noticia de prensa sobre dicha sentencia en
La Nación, San José en http://www.nacion.com/sucesos/poder-judicial/Sala-IV-
extradicion-cuestiona-Venezuela_0_1504049615.html.

105 Sobre el caso, véase la reseña de prensa: "Detenido en Costa Rica un estafador del
Fondo Chino. Dan Dojc estafó al Fondo Conjunto Chino Venezolano por el orden
de 84 millones 916 mil 150 dólares", en *Ultimas Noticias*, Caracas 20 de febrero de
2015, en http://www.ultimasnoticias.com.ve/noticias/actualidad/sucesos/detenido-en-
costa-rica-un-estafador-del-fondo-chin.aspx.

dencia de los jueces, las garantías básicas de los ciudadanos, se debilitan y el poder represivo se convierte en un instrumento descontrolado [...]."

Jueces provisionales, fiscales provisionales, sometidos a la dirección y nombramiento de una autoridad política, pueden convertirse en "delegados del poder" pero no para juzguen conforme a los hechos, sino para que lo hagan según "voluntades políticas" que convierten el aparato judicial y la fiscalía, en una estructura que tiende un buen manto para ocultar la arbitrariedad y el abuso de poder [...]

En estas condiciones, el proceso de extradición posee vicios esenciales de orden jurídico político. El amparado no enfrenta condiciones satisfactorias que aseguren que el Estado venezolano posee las condiciones para asegurar que ciudadano sometido a este proceso de extradición, enfrenta una acción represiva que responda a garantías básicas como la independencia de jueces y fiscales, que tenga la tutela debida del Derecho Internacional de los Derechos Humanos, al haber denunciado la Convención Americana de Derechos Humanos. No hay debido proceso si juzgan jueces nombrados sin estabilidad, si acusan fiscales provisionales, sin garantías que aseguren su independencia en tutela de los derechos fundamentales y la vigencia de un juicio justo. La división de poderes que es la condición política básica que sustenta el propio enjuiciamiento penal, no existe bajo los supuestos que he reseñado. No hay condiciones elementales que aseguren el equilibrio, la ponderación y los controles que requiere la actividad represiva del estado, razón por la que agrego estos argumentos para considerar que la privación de libertad bajo el mandato y voluntad del estado requirente, no es legítima en este caso, sino que contiene elementos que me demuestran que no hay condiciones institucionales que aseguren la defensa efectiva y los derechos fundamentales del amparado."

En sentido similar, en la misma sentencia, en "Nota separada" de los Magistrados **Jinesta Lobo, Castillo Víquez, Rueda Leal, Hernández López** y **Salazar Alvarado** expresaron que:

"entre las condiciones esenciales para la tutela de la libertad personal, está, la necesidad de que exista un sistema de justicia independiente que garantice la objetividad e imparcialidad de los jueces, condición sin la cual sería nugatoria la defensa de la libertad frente al ejercicio del poder punitivo del estado.

Por esa razón, el juez llamado a intervenir en un proceso de extradición, no puede limitarse a la función meramente mecánica de comprobar los requisitos que establece la ley (o la Convención de Extradición en aquellos casos que exista relación bilateral con el país requirente). El juez tiene la obligación de ser cuidadoso de que la documentación aportada realmente cumpla con el objetivo de comprobar que se trata de una acusación formal, objetiva y legítima, que reúne los requisitos constitucionales y legales, así como que la persona requerida tendrá las garantías de defensa básicas de toda democracia una vez extraditado."

Con base en ello, los Magistrados destacaron que "en el proceso de extradición, no se aportó prueba ni indicio comprobado de que la persona requerida ha cometido delito en el país requerido," omisión que consideraron "en sí misma es grave y suficiente para rechazar el pedido de extradición, pero lo es aún más cuando el país requirente ha sido cuestionado reiteradamente por carecer las garantías mínimas de un sistema de justicia objetivo e imparcial [...], haciendo referencia como prueba "del deterioro del sistema de justicia venezolano," precisamente, a:

> "la prueba y escrito de *amicus curiae* ([3] Entre ellos, la Inter American Bar Association, el Internacional Bar Association´s Human Rights Institute, Association of the Bar of the City of New York, The Netherlands Institute of Human Rights, las Comisiones de Derechos Humanos de la Federación de Colegios de Abogados de Venezuela con el apoyo de decenas de profesores, el Grupo de Profesores de Derecho Público de Venezuela, la Asociación Internacional de Derecho Administrativo, Asociación Mexicana de Derecho Administrativo, Asociación e Instituto Iberoamericano de Derecho Administrativo Jesús González Pérez) presentados por el prestigioso constitucionalista Dr. Allan Brewer Carías en su caso *vs Venezuela*, ante la Corte Interamericana de Derechos Humanos No. 277 de 26 de mayo de 2014, caso que pesa como una sombra en la trayectoria y jurisprudencia de la Corte Interamericana y en el cual se desnuda la realidad que vive el sistema judicial venezolano en la actualidad.([4] *Estudio del caso y análisis de la errada sentencia de la Corte Interamericana de Derechos Humanos No. 277 de 26 de mayo de 2014*, Colección y Alegatos Jurídicos No. 14, Editorial Jurídica de Venezuela Caracas, 2014).

En esta forma, en la misma ciudad de San José, donde tiene su sede la Corte Interamericana de Derechos Humanos, ésta no quiso ver, ni quiso enterarse de la grave situación del Poder Judicial en Venezuela, de la cual en cambio sí se enteró y entró a conocer la Corte Suprema del país sede. Esta, por ello, lo dijo a la Corte Interamericana lo que ésta no quiso ver, rechazando enviar a Venezuela a una persona detenida por delitos comunes cuya extradición había sido solicitada, precisamente por considerar que allá no gozaría de garantía judiciales ni de debido proceso. Ello, en contra de lo apreciado por la Corte Interamericana, de considerar que dicho Poder Judicial sí era confiable, incluso para juzgar sobre delitos políticos falsamente imputados a un perseguido político.

V. EL PROBLEMA DE LA RESTRICCIÓN DEL ACCESO A LA JUSTICIA INTERNACIONAL PARA CONTROLAR LOS ESTADOS AL ESTAR SOMETIDO A LA VOLUNTAD DE LOS MISMOS

Por supuesto, cuando uno hace referencia a la justicia internacional y al derecho de acceso a la misma, la vigencia misma de este derecho está condicionada por la ratificación por parte de los Estados de alguna Convención Internacional que la regule, como es el caso precisamente de la Convención Americana de Derechos Humanos, que fue ratificada por casi todos los Estados americanos.

Por ello, el derecho de acceso a la justicia internacional en materia de derechos humanos, por ejemplo, en definitiva queda sujeto a la voluntad de los Estados de ratificar las Convenciones pertinentes, y de no denunciarlas como parte de sus políticas públicas, lo que en muchos casos ha buscado restringirse por ejemplo, atribuyendo rango constitucional al derecho humano a la protección internacional de los derechos fundamentales, como fue precisamente el caso de Venezuela, con la previsión del artículo 31[106] del texto fundamental, y además, dándosele incluso rango constitucional no solo a los derechos establecidos en los convenios internacionales,[107] sino a éstos mismos.[108]

Sin embargo, a pesar de estas previsiones, el Estado totalitario que se apoderó del país, durante la última década desarrolló una política contraria al

---

106 *Artículo 31.* Toda persona tiene derecho, en los términos establecidos por los tratados, pactos y convenciones sobre derechos humanos ratificados por la República, a dirigir peticiones o quejas ante los órganos internacionales creados para tales fines, con el objeto de solicitar el amparo a sus derechos humanos.// El Estado adoptará, conforme a procedimientos establecidos en esta Constitución y en la ley, las medidas que sean necesarias para dar cumplimiento a las decisiones emanadas de los órganos internacionales previstos en este artículo."

107 *"Artículo 23.* Los tratados, pactos y convenciones relativos a derechos humanos, suscritos y ratificados por Venezuela, tienen jerarquía constitucional y prevalecen en el orden interno, en la medida en que contengan normas sobre su goce y ejercicio más favorables a las establecidas en esta Constitución y en las leyes de la República, y son de aplicación inmediata y directa por los tribunales y demás órganos del Poder Público."

108 *"Artículo 339.* El decreto que declare el estado de excepción, en el cual se regulará el ejercicio del derecho cuya garantía se restringe, será presentado dentro de los ocho días siguientes de haberse dictado, a la Asamblea Nacional, o a la Comisión Delegada, para su consideración y aprobación, y a la Sala Constitucional del Tribunal Supremo de Justicia, para que se pronuncie sobre su constitucionalidad. El decreto *cumplirá con las exigencias, principios y garantías establecidos en el Pacto Internacional de Derechos Civiles y Políticos y en la Convención Americana sobre Derechos Humanos.* El Presidente o Presidenta de la República podrá solicitar su prórroga por un plazo igual, y será revocado por el Ejecutivo Nacional o por la Asamblea Nacional o por su Comisión Delegada, antes del término señalado, al cesar las causas que lo motivaron."

derecho de acceso a la justicia internacional en materia de derechos humanos, que ha conducido a la denuncia de la Convención Americana de Derechos Humanos.

Todo comenzó a partir de 2003 después de que con ocasión de la arbitraria destitución de los jueces de la Corte Primera de lo Contencioso Administrativa en violación de sus garantía judiciales, estos recurrieron ante el sistema interamericano buscando protección a sus derechos, la Corte Interamericana de Derechos Humanos, dictara sentencia en fecha de 5 de agosto de 2008,[109] condenando al Estado por la violación de las garantías judiciales, y ordenándole al Estado la reincorporarlos a las víctimas a cargos similares en el Poder Judicial.

Contra esta sentencia de la Corte Interamericana, los abogados del propio Estado recurrieron ante la Sala Constitucional del Tribunal Supremo, ejerciendo una bizarra "acción de control de la constitucionalidad referida a la interpretación acerca de la conformidad constitucional del fallo de la Corte Interamericana de Derechos Humanos, de fecha 5 de agosto de 2008," la cual tres meses después, decidió mediante la sentencia N° 1.939 de 12 de diciembre de 2008,[110] que declaró "inejecutable" la sentencia de la Corte Interamericana, fundamentándose para ello, en un precedente ocurrido en el Perú en 1999, citado ampliamente cuando el Tribunal Superior Militar rechazó la ejecución de una sentencia de la Corte Interamericana.[111]

El fundamento de la "acción" para que se declarase "inaceptable y de imposible ejecución por parte del propio Estado" la sentencia de la Corte Interamericana impugnada, fue que sus decisiones *"no son de obligatorio cumplimiento y son inaplicables si violan la Constitución,"* argumentando los abogados del Estado que lo contrario "sería subvertir el orden constitucional y atentaría contra la soberanía del Estado," a cuyo efecto denunciaron que la Corte Interamericana de Derechos Humanos violaba:

---

109 Véase Caso *Apitz Barbera y otros ("Corte Primera de lo Contencioso Administrativo") vs. Venezuela,* Excepción Preliminar, Fondo, Reparaciones y Costas, Serie C N° 182, en www.corteidh.or.cr.

110 Véase en http://www.tsj.gov.ve/decisiones/scon/Diciembre/1939-181208-2008-08-1572.html.

111 Véase sobre el caso la sentencia de la Corte Interamericana en el caso *Castillo Petruzzi y otros vs. Perú* el 4 de septiembre de 1998 (Excepciones Preliminares), en http://www.corteidh.or.cr/docs/casos/articulos/seriec_41_esp.pdf; y de 30 de mayo de 1999. El Congreso del Perú incluso aprobó el 8 de julio de 1999 el retiro del reconocimiento de la competencia contenciosa de la Corte, lo cual fue declarado inadmisible por la propia Corte Interamericana en la sentencia del caso *Ivcher Bronstein* de 24 de septiembre de 1999, estableciéndose el principio de que un "Estado parte sólo puede sustraerse a la competencia de la Corte mediante la denuncia del Tratado como un todo." Véase en Véase Sergio García Ramírez (Coord.), *de la Corte Interamericana de Derechos Humanos,* Universidad Nacional Autónoma de México, Corte Interamericana de Derechos Humanos, México 2001, pp. 769-771.

"la supremacía de la Constitución y su obligatoria sujeción violentando el principio de autonomía del poder judicial, pues la misma llama al desconocimiento de los procedimientos legalmente establecidos para el establecimiento de medidas y sanciones contra aquellas actuaciones desplegadas por los jueces que contraríen el principio postulado esencial de su deber como jueces de la República."

Para decidir, la Sala Constitucional, en definitiva, consideró que de lo que se trataba era de una "presunta controversia entre la Constitución y la ejecución de una decisión dictada por un organismo internacional fundamentada en normas contenidas en una Convención de rango constitucional," que buscaba que la Sala aclarase "una duda razonable en cuanto a la ejecución" del fallo de la Corte Interamericana, deduciendo entonces que de lo que se trataba era de "acción de interpretación constitucional" que la propia Sala constitucional había creado a partir de su sentencia de 22 de septiembre de 2000 *(caso Servio Tulio León)*.[112]

Ejerciendo esta competencia, la Sala consideró que el propio Estado tenía la legitimación necesaria para intentar la acción, ya que la Corte Interamericana había condenado a la República, buscando de la Sala Constitucional "una sentencia mero declarativa en la cual se establezca el verdadero sentido y alcance de la señalada ejecución con relación al Poder Judicial venezolano en cuanto al funcionamiento, vigilancia y control de los tribunales."

La Sala para decidir, consideró que la Corte Interamericana, para dictar su fallo, además de haberse contradicho al constatar la supuesta violación de los derechos o libertades protegidos por la Convención, había dictado:

"pautas de carácter obligatorio sobre gobierno y administración del Poder Judicial que son competencia exclusiva y excluyente del Tribunal Supremo de Justicia y estableció directrices para el Poder Legislativo, en materia de carrera judicial y responsabilidad de los jueces, violentando la soberanía del Estado venezolano en la organización de los poderes públicos y en la selección de sus funcionarios, lo cual resulta inadmisible."

La Sala consideró en definitiva, que la Corte Interamericana "utilizó el fallo analizado para intervenir inaceptablemente en el gobierno y administración judicial que corresponde con carácter excluyente al Tribunal Supremo de Justicia, de conformidad con la Constitución de 1999" (artículos 254, 255 y 267), desconociendo "la firmeza de decisiones administrativas y judiciales que han adquirido la fuerza de la cosa juzgada, al ordenar la reincorporación de los jueces destituidos," razón por la cual la consideró la sentencia interna-

---

112 Véase *Revista de Derecho Público*, N° 83, Editorial Jurídica Venezolana, Caracas 2000, pp. 247 ss. Véase Allan R. Brewer-Carías, "Le recours d'interprétation abstrait de la Constitution au Vénézuéla", en *Le renouveau du droit constitutionnel, Mélanges en l'honneur de Louis Favoreu*, Dalloz, Paris, 2007, pp. 61-70.

cional como *"inejecutable,"* con fundamento en normas constitucionales, exhortando, de paso:

"al Ejecutivo Nacional [para que] proceda a denunciar esta Convención, ante la evidente usurpación de funciones en que ha incurrido la Corte Interamericana de los Derechos Humanos con el fallo objeto de la presente decisión; y el hecho de que tal actuación se fundamenta institucional y competencialmente en el aludido Tratado."

Con esta sentencia el Estado comenzó el proceso de Venezuela de desligarse de la Convención Americana sobre Derechos Humanos, y por tanto, cercenar el derecho de los venezolanos a la protección internacional de sus derechos fundamentales, desligándose de la jurisdicción de la Corte Interamericana de Derechos Humanos, utilizando para ello a su propio Tribunal Supremo de Justicia, el cual lamentablemente ha demostrado ser el principal instrumento para la consolidación del autoritarismo en el país.[113]

Con base en todos estos precedentes, en 2011, la Sala Constitucional procedió a completar su objetivo de declarar "inejecutables" en Venezuela las decisiones de la Corte Interamericana de Derechos Humanos, consolidando una supuesta competencia que inventó para ejercer el "control de constitucionalidad" de las sentencias de la Corte Interamericana de Derechos Humanos, que por supuesto no tenía ni puede tener,[114] cuando conforme al artículo 31 de la Constitución, lo que tiene el Estado es la obligación de adoptar, conforme a los procedimientos establecidos en la Constitución y en la ley, "las medidas que sean necesarias para dar cumplimiento a las decisiones emanadas de los órganos internacionales" de protección de derechos humanos. Y ello lo hizo la Sala Constitucional mediante la sentencia No. 1547 de fecha 17 de octubre de 2011 (Caso *Estado Venezolano vs. Corte Interamericana de Derechos Humanos*),[115] dictada con motivo de otra "acción innominada de control de constitucionalidad" que fue intentada de nuevo por los abogados del Estado contra otra sentencia de la Corte Interamericana de Derechos Humanos, esta vez la de 1º de septiembre de 2011 dictada en el caso *Leopoldo López vs.*

---

113 Véase Allan R. Brewer-Carias, *Crónica sobre la "In" Justicia Constitucional. La Sala Constitucional y el autoritarismo en Venezuela*, Colección Instituto de Derecho Público. Universidad Central de Venezuela, Nº 2, Editorial Jurídica Venezolana, Caracas 2007; y "El juez constitucional al servicio del autoritarismo y la ilegítima mutación de la Constitución: el caso de la Sala Constitucional del Tribunal Supremo de Justicia de Venezuela (1999-2009)", en *Revista de Administración Pública*, Nº 180, Madrid 2009, pp. 383-418.

114 Sobre las competencias de los Tribunales Constitucionales, véase: en general, Allan R. Brewer-Carías, *Constitutional Courts as Positive Legislators in Comparative Law*, Cambridge University Press, New York 2011.

115 Véase   en   http://www.tsj.gov.ve/decisiones/scon/Octubre/1547-171011-2011-11-1130.html.

Estado de Venezuela.[116] En ella, la Corte Interamericana de Derechos Humanos había condenado al Estado venezolano por la violación del derecho al sufragio pasivo del ex Alcalde Sr. Leopoldo López cometida por la Contraloría General de la República al establecer administrativamente una "pena" de inhabilitación política, contra el mismo, considerando que dicho derecho político conforme a la Convención (art. 32.2) solo podía ser restringido, mediante sentencia judicial que imponga una condena penal,[117] ordenando la revocatoria de las decisiones inconvencionales.

En este caso, el Procurador General de la República justificó la supuesta competencia de la Sala Constitucional en su carácter de "garante de la supremacía y efectividad de las normas y principios constitucionales," conforme a la cual la Sala no podía dejar de realizar "el examen de constitucionalidad en cuanto a la aplicación de los fallos dictados por esa Corte y sus efectos en el país," considerando de nuevo que las decisiones de dicha Corte Interamericana sólo pueden tener "ejecutoriedad en Venezuela," en la medida que "el contenido de las mismas cumplan el examen de constitucionalidad y no menoscaben en forma alguna directa o indirectamente el Texto Constitucional;" es decir, que dichas decisiones "para tener ejecución en Venezuela deben estar conformes con el Texto Fundamental."

La Sala, en definitiva, consideró que lo que se había impuesto al ex Alcalde recurrente, había sido una "inhabilitación administrativa" y no una inhabilitación política considerando que la decisión de la Corte Interamericana en el caso, con órdenes dirigidas a órganos del Estado "se traduce en una injerencia en las funciones propias de los poderes públicos" y desconocía "la lucha del Estado venezolano contra la corrupción," alegando finalmente que la Corte Interamericana había transgredido el ordenamiento jurídico venezolano, pues desconocía:

> "la supremacía de la Constitución y su obligatoria sujeción, violentando el principio de autonomía de los poderes públicos, dado que la

---

116 Véase Allan R. Brewer-Carías, "El ilegítimo "control de constitucionalidad" de las sentencias de la Corte Interamericana de Derechos Humanos por parte la Sala Constitucional del Tribunal Supremo de Justicia de Venezuela: el caso de la sentencia *Leopoldo López vs. Venezuela, 2011,*" en *Constitución y democracia: ayer y hoy. Libro homenaje a Antonio Torres del Moral.* Editorial Universitas, Vol. I, Madrid, 2013, pp. 1095-1124.

117 Véase Allan R. Brewer-Carías, "La incompetencia de la Administración Contralora para dictar actos administrativos de inhabilitación política restrictiva del derecho a ser electo y ocupar cargos públicos (La protección del derecho a ser electo por la Corte Interamericana de Derechos Humanos en 2012, y su violación por la Sala Constitucional del Tribunal Supremo al declarar la sentencia de la Corte Interamericana como "inejecutable"), en Alejandro Canónico 'Sarabia (Coord.), *El Control y la responsabilidad en la Administración Pública, IV Congreso Internacional de Derecho Administrativo, Margarita 2012,* Centro de Adiestramiento Jurídico, Editorial Jurídica Venezolana, Caracas 2012, pp. 293-371.

misma desconoce abiertamente los procedimientos y actos legalmente dictados por órganos legítimamente constituidos, para el establecimiento de medidas y sanciones contra aquellas actuaciones desplegadas por la Contraloría General de la República que contraríen el principio y postulado esencial de su deber como órgano contralor, que tienen como fin último garantizar la ética como principio fundamental en el ejercicio de las funciones públicas."

Como consecuencia de ello, la Sala Constitucional, conforme a lo solicitado por el propio Estado, procedió a ejercer el también bizarro "control innominado de constitucionalidad," invocando el anterior fallo sentencia N° 1939 de 18 de diciembre de 2008 (caso: *Estado Venezolano vs. Corte Interamericana de derechos Humanos, caso Magistrados de la Corte Primera de lo Contencioso Administrativo*),[118] y la sentencia N° 1077 de 22 de septiembre de 2000 (Caso *Servio Tulio León Briceño*) sobre creación del recurso de interpretación constitucional,[119] supuestamente por existir una aparente antinomia entre la Constitución, la Convención Interamericana de Derechos Humanos, la Convención Americana contra la Corrupción y la Convención de las Naciones Unidas contra la Corrupción," y concluir su competencia:

"para verificar la conformidad constitucional del fallo emitido por la Corte Interamericana de Derechos Humanos, control constitucional que implica lógicamente un "control de convencionalidad" (o de confrontación entre normas internas y tratados integrantes del sistema constitucional venezolano), lo cual debe realizar en esta oportunidad esta Sala Constitucional, incluso de oficio; y así se decide."

En esta forma, lo que la Sala Constitucional realizó fue un supuesto "control de convencionalidad" pero para declarar "inconvencional" la propia sentencias de la Corte Interamericana, declarándola inejecutable en Venezuela, exhortando al Ejecutivo Nacional, de nuevo *a denunciar la Convención Americana*, y acusando a la Corte Interamericana de Derechos Humanos de persistir:

"en desviar la teleología de la Convención Americana y sus propias competencias, emitiendo órdenes directas a órganos del Poder Público venezolano (Asamblea Nacional y Consejo Nacional Electoral), usurpando funciones cual si fuera una potencia colonial y pretendiendo im-

---

118 Véase en *Revista de Derecho Público,* N° 116, Editorial Jurídica venezolana, Caracas 2008, pp. 88 ss.

119 Véase sobre esta sentencia los comentarios en Marianella Villegas Salazar, "Comentarios sobre el recurso de interpretación constitucional en la jurisprudencia de la Sala Constitucional," en *Revista de Derecho Público,* N° 84, Editorial Jurídica Venezolana, Caracas 2000, pp. 417 ss.; y Allan R. Brewer-Carías, *Crónica sobre la "In" Justicia Constitucional. La Sala Constitucional y el autoritarismo en Venezuela*, Colección Instituto de Derecho Público. Universidad Central de Venezuela, N° 2, Editorial Jurídica Venezolana, Caracas 2007, pp. 47-79.

poner a un país soberano e independiente criterios políticos e ideológicos absolutamente incompatibles con nuestro sistema constitucional."

La decisión política que se había venido construyendo por los órganos del Estado, de desligarse de sus obligaciones convencionales y denunciar la Convención, para cercenarle a los venezolanos su derecho de acceso a la justicia internacional, en lo cual un actor de primera línea fue la Sala Constitucional, finalmente se manifestó el día 6 de septiembre de 2012, cuando el Ministro de Relaciones Exteriores de Venezuela, Sr. Nicolás Maduro, quien ejerce actualmente la Presidencia de la República, luego de denunciar una supuesta campaña de desprestigio contra al país desarrollada por parte de la Comisión Interamericana de Derechos Humanos y de la Corte Interamericana de Derechos Humanos, citando entre otros casos decididos, el caso *Leopoldo López* , y más insólito aún, casos aún no decididos como el caso *Allan R. Brewer-Carías vs. Venezuela*, sin duda para a presionar indebidamente a los jueces de la propia Corte Interamericana, manifestó formalmente al Secretario General de la OEA la "decisión soberana de la República Bolivariana de Venezuela de denunciar la Convención. Americana sobre Derechos Humanos, cesando en esta forma respecto de Venezuela los efectos internacionales de la misma, y la competencia respecto del país tanto de la manifestó formalmente al Secretario General de la OEA, para el país, tanto de la Comisión Interamericana de Derechos Humanos como de la Corte Interamericana de Derechos Humanos.[120]

Esta decisión de denunciar la Convención Americana sobre Derechos Humanos no sólo fue realizada de mala fe frente el derecho internacional, sino en abierta violación a expresas normas de la Constitución de 1999,[121] quedando así cercenado el derecho de los venezolanos a la protección internacional.

---

120 Véase la comunicación N° 125 de 6 de septiembre de 2012 dirigida por el entonces Canciller de Venezuela, Nicolás Maduro, dirigida al Secretario General de la OEA, en http://www.minci.gob.ve/wp-content/uploads/2013/09/Carta-Retiro-CIDH-Firmada-y-sello.pdf.

121 Véase, entre otros, Carlos Ayala Corao, "Inconstitucionalidad de la denuncia de la Convención Americana sobre Derechos Humanos por Venezuela" en *Revista Europea de Derechos Fundamentales*, Instituto de Derecho Público, Valencia, España, N° 20/2° semestre 2012; en *Estudios Constitucionales*, Centro de Estudios Constitucionales de Chile, Universidad de Talca, año 10, N° 2, Chile, 2012; en la *Revista Iberoamericana de Derecho Procesal Constitucional*, Instituto Iberoamericano de Derecho Procesal Constitucional y Editorial Porrúa, N° 18, Julio-Diciembre, 2012; en la *Revista de Derecho Público*, N° 131, Caracas, julio-septiembre 2012; en el *Anuario de Derecho Constitucional Latinoamericano 2013*, Anuario 2013, Konrad Adenauer Stiftung: Programa Estado de Derecho para Latinoamérica y Universidad del Rosario, Bogotá, Colombia 2013 (disponible en: Fundación Konrad Adenauer www.kas.de/uruguay/es/publications/20306/ y en Biblioteca Jurídica Virtual del Instituto de Investigaciones Jurídicas de la UNAM, México: www.juridicas.unam.mx/publica/rev/cont.htm?=dconstla).

Ello, por ejemplo, ha sido considerado por el magistrado Cruz Castro, de la Sala Constitucional de la Corte Suprema de Costa Rica, en sus razones adicionales expuestas en la sentencia de habeas corpus N° 2015-11568 del 31 de julio de 2015,[122] en el caso del procedimiento de extradición del ciudadano Don Dojc, a favor del mismo, como argumento fundamental para acordar el amparo a la libertad personal, estimando "que el Estado venezolano presenta serias debilidades jurídico-políticas para asegurarle al amparado un enjuiciamiento que cumpla con las garantías básicas de un debido proceso, conforme a las normas constitucionales y el derecho internacional de los derechos humanos," indicando al efecto específicamente:

"1. El hecho que Venezuela haya denunciado la Convención Americana de Derechos Humanos, constituye una amenaza grave al respeto efectivo de los derechos fundamentales. Un país que adopta una política que reduce los instrumentos que tutelan derechos fundamentales, tanto en su dimensión individual como social, no brinda las garantías y la confianza que requiere un proceso de extradición. Enviar a un ciudadano a un país que ha denunciado una Convención que tutela de derechos fundamentales, no brinda la confianza suficiente para admitir que el ciudadano que se entrega a otra jurisdicción, será tratado conforme a las garantías básicas que merece cualquier ciudadano, no importa su nacionalidad. Estimo que esta denuncia del Pacto de San José abre una serie de interrogantes que no me brindan una razonable convicción en el sentido que este ciudadano sometido a este proceso de extradición, se le dará el reconocimiento efectivo de todas sus garantías judiciales en un sentido amplio [...]."

Esto, sin embargo, no lo vio la Corte Interamericana de Derechos Humanos en la sentencia del caso *Allan R. Brewer-Carías vs. Venezuela*, al decidir mediante sentencia N° 277 de 26 de mayo de 2014,[123] archivar el expediente, absteniéndose de juzgar sobre las denuncias formuladas sobre la situación del Poder Judicial carente de autonomía e independencia, e ignorando la denun-

---

122 Sentencia, dictada en el juicio de habeas corpus a favor del ciudadano Dan Dojc, en el proceso de extradición que se le seguía en Costa Rica a petición del Estado venezolano. Véase el texto de la sentencia en http://jurisprudencia.poder-judicial.go.cr/SCIJ_PJ/busqueda/jurisprudencia/jur_Documento.aspx?param1=Ficha_Sentencia&nValor1=1&nValor2=644651&strTipM=T&strDirSel=directo&_r=1 . Véase la noticia de prensa sobre dicha sentencia en *La Nación*, San José en http://www.nacion.com/sucesos/poder-judicial/Sala-IV-extradicion-cuestiona-Venezuela_0_1504049615.html.

123 Véase la sentencia en http://www.corteidh.or.cr/docs/casos/articulos/seriec_278_esp.pdf. Véase sobre esta sentencia: Allan R. Brewer-Carías, *El Caso Allan R. Brewer-Carías vs. Venezuela ante la Corte Interamericana de Derechos Humanos. Estudio del caso y análisis crítico de la errada sentencia de la Corte Interamericana de Derechos Humanos N° 277 de 26 de mayo de 2014*, Colección Opiniones y Alegatos Jurídicos, N° 14, Editorial Jurídica Venezolana, Caracas 2014.

cia de la Convención Americana por Venezuela que había sido comunicada más de un año antes, fundamentándola precisamente entre otros argumentos, en que ese caso *Allan R. Brewer-Carías* estaba pendiente de decisión. Al contrario de lo resuelto por la Corte Suprema de Justicia, el Juez Internacional que era el llamado naturalmente a apreciar la situación de falta de garantías judiciales, le negó a la víctima su derecho de acceso a la justicia internacional, considerando así que el Poder Judicial en Venezuela supuestamente le brindaba las garantías y la confianza que requería un juicio político, protegiendo en definitiva la arbitrariedad del Estado autoritario.

VI. ACCESO A LA JUSTICIA, DEBIDO PROCESO, Y TUTELA JUDICIAL EFECTIVA

De todo lo anteriormente expuesto, resulta que quizás el derecho humano más fundamental, en cualquier sociedad democrática, es sin duda el derecho a la justicia, que es la que como monopolio del Estado, éste debe garantizar a los individuos de manera de asegurarse que éstos no pretendan hacerse justicia con sus propias manos.

Por ello, el derecho a la justicia se configura como un haz de derechos o más precisamente de garantías judiciales que comprende, entre otros, el derecho de acceso a la justicia, que viene a ser quizás, la más importante, pues es mediante su ejercicio que las otras garantías judiciales, como el derecho al debido proceso en general, el derecho a la tutela judicial efectiva y el derecho a una decisión oportuna, pueden llevar a tener efectividad.

Por ello, por ejemplo, la Constitución de Venezuela distingue como formando parte del derecho humano a la justicia, cuatro garantías judiciales fundamentales a las cuales destina dos normas:

Por una parte, el artículo 26 que declara que "toda persona tiene (i) *derecho de acceso a los órganos de administración de justicia* para hacer valer sus derechos e intereses, incluso los colectivos o difusos; (ii) [derecho] *a la tutela efectiva* de los mismos y (iii) [derecho] *a obtener con prontitud la decisión* correspondiente."

Por la otra, el artículo 49 de la Constitución, también declara "el [derecho al] *debido proceso* [que] se aplicará a todas las actuaciones judiciales y administrativas," enumerándose entre los que lo componen, las siguientes garantías judiciales: el derecho a la defensa y la asistencia jurídica; el derecho a ser notificada de los cargos; el derecho de acceder a las pruebas; el derecho de disponer del tiempo y de los medios adecuados para ejercer su defensa; el derecho a la presunción de inocencia; el derecho a ser oído; el derecho a un tribunal independiente e imparcial; el derecho a un intérprete; el derecho al juez natural; el derecho a no confesarse culpable o declarar contra sí mismo; el derecho a ser sancionada por actos u omisiones previstos como delitos, faltas o infracciones en leyes preexistentes; el derecho a no ser sometida a juicio por los mismos hechos en virtud de los cuales hubiese sido juzgada anteriormente; el derecho a exigir responsabilidad del Estado por errores judiciales.

Dichos derechos o garantías judiciales, todos, por supuesto, están entrelazados y son interdependientes, pero no por ello pueden interpretarse indiscriminadamente, y establecerse alguna relación de genero/especie entre ellos que no responda a su propia naturaleza y formulación en los textos.

Esto ha ocurrido por ejemplo, en mi criterio, en el campo de la jurisprudencia de la Corte Interamericana de Derechos Humanos, con la interpretación que el Juez Antonio Cançado Trindade le ha dado a las disposiciones de la Convención Americana de Derechos Humanos, extensiva incluso respecto de los derechos constitucionales de los Estados Parte. En efecto, en un Voto Concurrente a la sentencia del caso, *"Cinco Pensionistas" vs. Perú* de 2003, el Juez Cançado se refirió al "amplio alcance del derecho de acceso a la justicia, en los planos tanto nacional como internacional," agregando que "tal derecho no se reduce al acceso formal, *stricto sensu*, a la instancia judicial;" para concluir afirmando que:

> "el derecho de acceso a la justicia, que se encuentra implícito en diversas disposiciones de la Convención Americana (y de otros tratados de derechos humanos) y que permea el derecho interno de los Estados Partes, significa, *lato sensu*, el derecho a obtener justicia. Dotado de contenido jurídico propio, configurase como un derecho autónomo a la prestación jurisdiccional, o sea, a la propia *realización* de la justicia."[124]

El Juez Cançado, con esta aproximación, le dio un sentido omnicomprensivo al derecho de "acceso" a la justicia, identificándolo con el "derecho a la justicia," cuando en realidad, el primero puede considerarse como uno de los componentes del segundo, pudiendo considerarse como lo hemos analizado en estas notas, más bien como "el derecho de accionar los recursos necesarios para la tutela de sus derechos y la solución de sus controversias."[125] Por ello, en nuestro criterio, la relación género / especie que en el ámbito latinoamericano consideramos que existe en esta materia es la que se establece entre el "derecho a la justicia" y el "derecho de acceso a la justicia"; y no como se deduce de lo antes indicado, entre el "derecho de acceso a la justicia" y el "derecho a la justicia" o a obtener justicia. Considerando que el "derecho general a la justicia" como lo declaró la Sala Constitucional de la Corte Suprema de Justicia de Costa Rica, en la sentencia líder 1739-92, se entiende

> "como la existencia y disponibilidad de un sistema de administración de la justicia, valga decir, de un conjunto de mecanismos idóneos para el ejercicio de la función jurisdiccional del Estado -declarar el derecho controvertido o restablecer el violado, interpretándolo y aplicándolo impar-

---

124 Véase Corte IDH. Caso *"Cinco Pensionistas" Vs. Perú*. Fondo, Reparaciones y Costas. Sentencia de 28 de febrero de 2003. Serie C Nº 98, en http://www.corteidh.or.cr/cf/Jurisprudencia2/busqueda_casos_contenciosos.cfm?lang=es.

125 Véase Paola Andrea Acosta Alvarado, *El derecho de acceso a la justicia en la jurisprudencia interamericana*, Universidad Externado de Colombia, Bogotá, p. 50.

cialmente en los casos concretos-; lo cual comprende, a su vez, un conjunto de órganos judiciales independientes especializados en ese ejercicio, la disponibilidad de ese aparato para resolver los conflictos y corregir los entuertos que origina la vida social, en forma civilizada y eficaz, y el acceso garantizado a esa justicia para todas las personas, en condiciones de igualdad y sin discriminación."

En todo caso, siempre se trata de destacar progresivamente la protección judicial, lo que ha llevado incluso a que en otros países, como ha sucedido en España, a establecer otras relaciones de género / especie en esta materia. Allí, partiendo del artículo 24 de la Constitución de 1978 que establece el derecho de todas las personas "a obtener la tutela efectiva de los jueces y tribunales en el ejercicio de sus derechos e intereses legítimos, sin que, en ningún caso, pueda producirse indefensión," en efecto, se ha establecido otra relación género/especie, considerándose que es el "derecho a la tutela judicial efectiva," como el derecho fundamental de contenido complejo y fuerza expansiva, el que comprende el derecho de las personas a tener libre acceso a los tribunales para solicitar de éstos la tutela de un derecho subjetivo o de un interés legítimo y obtener una resolución de fondo fundada en Derecho; y que en consecuencia, comprende tres derechos esenciales: el derecho de acceder al proceso o a la jurisdicción, el derecho a la defensa contradictoria, y el derecho a la efectividad de la sentencia.

En fin, sea cual fuere el ángulo bajo el cual se estudie el tema del acceso a la justicia como derecho fundamental, se trata de las garantías judiciales más esenciales al hombre, de manera que negarla es la negación misma del Estado de derecho, y propugnar el renacimiento del reino de la arbitrariedad como forma de gobierno. Sin la garantía de acceso a la justicia, además, no existiría democracia, pues no habría posibilidad alguna de controlar el ejercicio del poder, es decir, al Estado, y por supuesto, sería imposible hacer efectivo el derecho ciudadano a la trasparencia de la actividad gubernamental.

New York, septiembre 2015

DÉCIMA TERCERA PARTE

LA MASACRE DE LA CONSTITUCIÓN CON LOS DECRETOS DE ESTADO DE EXCEPCIÓN EN LOS MUNICIPIOS FRONTERIZOS CON COLOMBIA*

I. EL PRIMER "EXPERIMENTO" DE DECRETAR UN ESTADO DE EXCEPCIÓN Y LOS PROBLEMAS DEL "CONTRABANDO DE EXTRACCIÓN"

Mediante Decreto N° 1.950 de 21 de agosto de 2015,[1] quien ejerce la Presidencia de la República, Nicolás Maduro Moros, invocando lo establecido en

---

* Texto del Comentario sobre "La masacre de la Constitución y la aniquilación de las garantías de los derechos fundamentales. Sobre la anómala, inefectiva e irregular decisión del Ejecutivo Nacional de decretar un Estado de Excepción en la frontera con Colombia en agosto y septiembre de 2015, y la abstención del Juez Constitucional de controlar sus vicios de inconstitucionalidad, redactado para ser publicado en la *Revista de Derecho Público,* N° 143 (Tercer Trimestre 2015, Editorial Jurídica Venezolana, Caracas 2015.

1 Véase en *Gaceta Oficial* N° 6.194 del 21 de agosto de 2015. En realidad, como lo informó la prensa, el estado de excepción se decretó en esa fecha 21 de agosto de 2015, pero la *Gaceta Oficial,* circuló el 24 de agosto de 2015. Debe indicarse que el artículo 22 de la Ley Orgánica sobre los Estados de Excepción de 2001 (*Gaceta Oficial* N° 37.261 de 15-08-2001), establece que el decreto entra "en vigencia una vez dictado por el Presidente de la República, en Consejo de Ministros", agregando la norma que "deberá ser publicado en la *Gaceta Oficial* de la República Bolivariana de Venezuela y difundido en el más breve plazo por todos los medios de comunicación social, si fuere posible." Esta previsión legal, sin duda, es inconstitucional, pues no puede establecerse que un Decreto que tiene "rango y fuerza de Ley" pueda entrar en vigencia antes de su publicación. Conforme al artículo 215 de la Constitución, la ley sólo queda promulgada al publicarse con el correspondiente "Cúmplase" en la *Gaceta Oficial,* disponiendo el Código Civil, en su artículo 1, que "la Ley es obligatoria *desde su publicación* en la Gaceta Oficial" o desde la fecha posterior que ella misma indique (art. 1). El decreto de estado de excepción, por tanto, sólo puede entrar en vigencia desde su publicación en la *Gaceta Oficial,* no pudiendo entenderse este requisito de publicación y vigencia, como una mera formalidad adicional de divulgación como parece derivarse del texto del artículo 22 de la Ley Orgánica. Por supuesto, la

los artículos 226, 236.7, 337, 338 y 339 de la Constitución y los artículos 2, 3, 4, 5, 6, 8, 10, 15 y 23 de la Ley Orgánica sobre Estados de Excepción de 2001,² decretó el *"Estado de Excepción en los municipios Bolívar, Pedro María Ureña, Junín, Capacho Nuevo, Capacho Viejo y Rafael Urdaneta del Estado Táchira,"* con el único propósito, una vez desbrozado el texto del lenguaje inútilmente florido y redundante del Decreto, de que el Estado pueda *"atender eficazmente la situación coyuntural, sistemática y sobrevenida, del contrabando de extracción de gran magnitud, organizado a diversas escalas,"* supuestamente para *"impedir la extensión o prolongación de sus efectos y garantizar a toda la población el pleno goce y ejercicio de los derechos afectados por estas acciones."* Ese es, en esencia, el objeto, propósito o finalidad del Decreto, el cual fue aprobado por la Asamblea Nacional "en todas sus partes" el 25 de agosto de 2105,³ habiendo sido enviado ese mismo día a la Sala Constitucional del Tribunal Supremo de Justicia para que la misma conforme se establece en el artículo 339 de la Constitución se pronunciase sobre su constitucionalidad.⁴

Con igual texto, se dictó el Decreto N° 1.969 supuestamente "dado en Caracas" el 29 de agosto de 2015, declarando con idéntico contenido al Decreto N° 1.950, el excepción para la zona de los *Municipios Lobatera, Panamericano, García de Hevia y Ayacucho del Estado Táchira*; ⁵ aprobado también

---

forma de burlar estas consideraciones es publicar una *Gaceta Oficial* antedatada, para hacer aparecer que el decreto fue publicado el mismo día de su emisión, como ocurrió con el Decreto N° 1.950. Debe decirse, además, que mediante decreto N° 2.054 de 19 de octubre de 2015, se prorrogó la duración del Decreto N° 1950 de 21 de agosto de 2015 por 60 días más. Véase en *Gaceta Oficial* N° 40.769 de 19 de octubre de 2015.

2   Véase en *Gaceta Oficial* N° 37.261 de 15-08-2001. Sobre dicha ley véanse los comentarios en Allan R. Brewer-Carías, "El régimen constitucional de los estados de excepción" en Víctor Bazan (Coordinador), *Derecho Público Contemporáneo*. Libro en Reconocimiento al Dr. German Bidart Campos, Ediar, Buenos Aires, 2003, pp. 1137-1149. Véase en general sobre los estados de excepción en la Constitución de 1961: Jesús M. Casal H., "Los estados de excepción en la Constitución de 1999", en *Revista de Derecho Constitucional*, N° 1 (septiembre-diciembre), Editorial Sherwood, Caracas, 1999, pp. 45-54; Salvador Leal W., "Los estados de excepción en la Constitución", en *Revista del Tribunal Supremo de Justicia*, N° 8, Caracas, 2003, pp. 335-359; María de los Ángeles Delfino, "El desarrollo de los Estados de Excepción en las Constituciones de América Latina", en *Constitución y Constitucionalismo Hoy*. Editorial Ex Libris, Caracas, 2000, pp. 507-532.

3   Véase en *Gaceta Oficial* N° 40.732 de 25-08-2015.

4   Lo que efectivamente hizo mediante sentencia N° 1173 de 28 de agosto de 2015, en http://historico.tsj.gob.ve/decisiones/scon/agosto/181175-1173-28815-2015-2015-0979.HTML, LA CUAL SE COMENTA AL FINAL DE ESTE ESTUDIO.

5   Debe mencionarse que mediante Decreto N° 1.969 supuestamente "dictado" el 29 de agosto de 2015, el cual a pesar de tener *número posterior* a los decretos Nos. 1.960 a 1.967 que son de 31 de agosto de 2015 (todos firmados por el Vicepresidente Ejecutivo Arreaza por falta temporal del Presidente Maduro por estar de viaje en Vietnam y China) tiene *fecha anterior* a los mismos, para quizás convenientemente hacerlo

por la Asamblea Nacional mediante Acuerdo,[6] así declarado conforme a la Constitución por la Sala Constitucional del Tribunal Supremo de Justicia No. 1.174 de 8 de agosto de 2015.[7] Días después, también con idéntico contenido se decretó el Estado de excepción, mediante Decreto N° 1.989 de 7 de septiembre de 2015, en los *Municipios Indígena Bolivariano Guajira, Mara y Almirante Padilla del Estado Zulia,*[8] aprobado también por la Asamblea Nacional mediante Acuerdo.[9] Posteriormente, con igual contenido se dictaron los Decretos Nos. 2.013, 2.014, 2.015 y 2.016 de 15 de septiembre de 2015, mediante los cuales se declaró el Estado de Excepción en los *Municipios Machiques de Perijá, Rosario de Perijá, Jesús Enrique Losada, la Cañada de Urdaneta, Catatumbo, Jesús María Semprún y Colón del Estado Zulia*; y en los *Municipios Páez, Rómulo Gallegos y Pedro Camejo del Estado Apure;*[10] y

---

"coincidir" con el día de su viaje, el Sr. Maduro, actuando como Presidente de la República "en Consejo de Ministros" (quizás reunido en el aeropuerto antes de salir), habría decretado otro estado de excepción, con idéntico contenido al Decreto N° 1.950, pero para la zona de los *Municipios Lobatera, Panamericano, García de Hevia y Ayacucho del Estado Táchira.* Dicho Decreto, sobre el cual nadie había sabido hasta su sorpresiva y curiosa publicación en *Gaceta Oficial N° 40.735* de 31 de agosto de 2015 (junto con todos los otros mencionados Decretos). El Decreto fue aprobado por la Asamblea Nacional mediante acuerdo publicado en *Gaceta Oficial N° 40.737* de 2 de septiembre de 2015. Dicho Decreto, de paso quizás también habría buscado "regularizar" una insólita Resolución Ministerial conjunta Nos. 138 (Interior, Justicia y Paz) y 011185 (Defensa), del día anterior 28 de agosto de 2015, que había ordenado "al Comando Estratégico Operacional de la Fuerza Armada Nacional Bolivariana (CEOFANB), que girase instrucciones pertinentes a los Comandantes de las Regiones de Defensa Integral, *para restringir el desplazamiento fronterizo de personas, tanto por vía terrestre, aérea y marítima, así como el paso de vehículos,* en los municipios Lobatera, García de Hevia, Ayacucho y Panamericano, cuando en esa zona no se había decretado "restricción" alguna de garantías. Dicha Resolución, por tanto, sin asidero legal alguno, pura y simplemente había "suspendido" el derecho de libre circulación en dichos Municipios (*Gaceta Oficial N° 40734* de 28-8-2015) (*Artículo 2. Se prohíbe* en los Municipios Lobatera, García de Hevia, Ayacucho y Panamericano del Estado Táchira, *la circulación de personas, vehículos de transporte de carga, transporte de mercancías de cualquier rubro y de pasajeros*, a partir de la entrada en vigencia de esta resolución"). Aun cuando la Resolución fue "corregida" para referir la "suspensión" solo al "desplazamiento fronterizo" (*Gaceta Oficial N° 40.735* de 31-08-2015), siguió haciendo mención al trasporte "marítimo," aun cuando en las estribaciones de Los Andes donde están dichos Municipios fronterizos, que se sepa, no hay mar.

6   Véase en *Gaceta Oficial N° 40.742* de 09-09-2015.
7   Véase en *Gaceta Oficial N° 40.742* de 09-09-2015. Véase en http://historico.tsj.gob.ve/decisiones/scon/septiembre/181180-1174-8915-2015-15-0990.HTML.
8   Véase en *Gaceta Oficial N° 40.740* de 07-09-2015.
9   Véase en *Gaceta Oficial N° 40.742* de 09-09-2015.
10   Véase en *Gaceta Oficial N° 40.746* de 15-09-2015. El Decreto N° 2015 se re-publicó en *Gaceta Oficial N° 40.747* de 16-09-2015. En la *Gaceta Oficial N° 40.748* de 17 de septiembre de 2015 se publicaron los Acuerdos de la Asamblea Nacional aprobando dichos Decretos; y en las *Gacetas Oficiales N° 40.751* de 22 de septiembre de 2015 y

el Decreto N° 2071 de 23 de octubre de 2015, mediante el cual se estableció el estado de excepción en el *Municipio Atures del Estado Amazona* (zona N° 8).[11]

Para lograr el propósito mencionado en los decretos, todos relativos a estado de excepción en la frontera con Colombia, por supuesto, y hay que afirmarlo de entrada, no era ni es necesario decretar estado de excepción alguno; y decretarlo en la forma cómo se ha hecho, resulta una vía inútil e inefectiva para alcanzarlo, y menos aun cuando con el decreto de estado de excepción lo que se está es masacrando los derechos fundamentales de los habitantes de la zona, regularizando la absoluta impunidad de los responsables directos, dentro de las propias estructuras del propio Estado, de "la violencia delictiva" y de los "delitos conexos" que acompañan al contrabando de extracción.[12] Porque como lo ha dicho Claudio Fermín, en definitiva, en la frontera, "no es posible el contrabando sin la participación de militares venezolanos."[13]

Desde que se aprobó la Constitución en 1999, esta es la primera vez que se decreta un estado de excepción en Venezuela, y de entrada parece que

---

N° 40.752 de 23 de septiembre de 2015, se publicaron las sentencias de la Sala Constitucional declarando su "constitucionalidad."

11 Véase en *Gaceta Oficial* N° 40.773 de 23-10-2015.

12 Véase las referencias al tema, en la pregunta formulada por la periodista Hanna Tretrier de la *Agencia AP* al Presidente de la República Nicolás Maduro, en rueda de prensa, sobre "si existen mafias de contrabando en la frontera" y si "la corrupción dentro de las Fuerzas Armadas forma parte del problema;" así como la respuesta del funcionario indicando que "también lamentablemente logran influir en los organismos policiales y militares," informando sobre las "ordenes de vigilancia estricta y cercana" dadas sobre "todos los cuerpos policiales y militares." Véase el video de la pregunta y respuesta en la reseña: "Le preguntan a Maduro sobre la corrupción de los militares en la frontera... así respondió," en *La Patilla*, 24 de agosto de 2015, en http://www.lapatilla.com/site/2015/08/24/le-preguntan-a-maduro-sobre-la-corrupcion-de-los-militares-en-la-frontera-asi-respondio/. Véase además, la información difundida por Antonio María Delgado, en "Choque de bandas militares ocasionó cierre de frontera en Venezuela," en *El Nuevo Herald*, 24 de agosto de 2015, en http://www.elnuevoherald.com/noticias/mundo/america-latina/venezuela-es/article32272311.html; y la reseña del mismo Antonio María Delgado, "Congresista colombiano: cerraron frontera por guerra de carteles venezolanos," donde expresa: "El congresista colombiano Santiago Valencia denunció ante el pleno de la Cámara de Representantes que la decisión del gobernante venezolano Nicolás Maduro de cerrar la frontera obedece a las pretensiones del régimen de Caracas de ocultar un enfrentamiento entre carteles de la droga operados por militares del país petrolero," en *El Nuevo Herald*, 26 de agosto de 2015, en http://www.elnuevohe-rald.com/noticias/mundo/america-latina/venezuela-es/article32481624.html.

13 Véase Claudio Fermín, "Cobarde y vil autoridad," en *Últimas Noticias*, 27 de agosto de 2015, en http://www.ultimasnoticias.com.ve/opinion/firmas/claudio-fermin/cobarde-y-vil-autoridad.aspx#ixzz3k3ArrnPM.

quienes lo redactaron no se leyeron ni la Constitución ni la Ley Orgánica que los regula.[14]

En efecto, un estado de excepción sólo puede decretarse, por lo que implica respecto de la vigencia de la Constitución conforme lo establece el artículo 337 de la misma, cuando existan "circunstancias de orden social, económico, político, natural o ecológico, *que afecten gravemente la seguridad de la Nación, de las instituciones y de los ciudadanos,"* y además, indubitablemente, para hacer frente a los hechos que configuran dichas circunstancias *"resultan insuficientes las facultades de las cuales se disponen"* en los órganos del Estado. Por eso, conforme al artículo 6 de la misma Ley Orgánica, el decreto que declare los estados de excepción debe ser dictado "en caso de *estricta necesidad para solventar la situación de anormalidad*, ampliando las facultades del Ejecutivo Nacional."

Por eso es que el artículo 15 de la Ley Orgánica, asigna al Presidente de la República, en Consejo de Ministros, en estos casos de estados de excepción, a "dictar todas las medidas que estime convenientes en aquellas circunstancias que afecten gravemente la seguridad de la Nación, de sus ciudadanos y ciudadanas o de sus instituciones," y además, a "dictar medidas de orden social, económico, político o ecológico *cuando resulten insuficientes las facultades de las cuales disponen ordinariamente los órganos del Poder Público para hacer frente a tales hechos.*" En casos de estado de emergencia económica, conforme al artículo 11 de la Ley Orgánica, en el mismo se pueden disponer "las medidas oportunas, destinadas a resolver satisfactoriamente la anormalidad o crisis e impedir la extensión de sus efectos."

Ahora bien, la situación "coyuntural, sistemática y sobrevenida" originada en la frontera con Colombia en el Estado Táchira y posteriormente en el Estado Zulia por el denominado contrabando de extracción, no puede considerarse como tales "circunstancias de orden social, económico, político, natural o ecológico, *que afecten gravemente la seguridad de la Nación, de las instituciones y de los ciudadanos,"* y menos puede considerarse, salvo cuando se es total y esencialmente irresponsable como gobernante, que las instituciones del Estado venezolano carecen en la actualidad de facultades constitucionales y legales para hacer frente a esos hechos.

El llamado "contrabando de extracción," es decir, la actividad ilegal que consiste en sacar del territorio venezolano a través de las fronteras, productos nacionales o importados (que han ingresado al país bajo control del Estado a precios irrisorios) sin pagar impuestos ni aranceles aduanales, no es otra cosa que la consecuencia directa de una errada y absurda política económica de cuya realización el responsable es el propio Estado, que es el principal ideó-

---

14 Véase en general sobre estos decretos de 2015: Carlos García Soto, "Notas sobre el Decreto de Estado de Excepción dictado para municipios del Estado Táchira" y "Notas sobre el ámbito y requisitos del Estado de Excepción," en Revista Electrónica de Derecho Administrativo Venezolano, 2015, en http://redav.com.ve/notas-sobre-el-decreto-de-estado-de-excepcion-de-agosto-2015/.

logo de la "guerra económica" que ha decretado contra el pueblo, y que en lugar de detener la ilícita actividad, lo que hace es estimularla, degradando y corrompiendo a las personas. Basta un solo ejemplo para entender el fenómeno, y cómo con decretar un estado de excepción, nada se solucionará, sino que más bien se agravará:

> "mientras Venezuela es el país con la gasolina más barata del mundo, pues Colombia es el 3 país con la gasolina más cara del mundo es decir, mientras usted paga 1 tanque de 80 litros en 7bs en Venezuela en Colombia ese mismo tanque cuesta el equivalente a 2100 bs fuertes, lo cual convierte en vulnerable y tentativo dicho contrabando que [ha] podido penetrar y constituirse como una mafia cuasi perfecta que ha tocado, funcionarios de media gerencia y de alto nivel de igual forma funcionarios policiales y de la guardia nacional."[15]

Como el mismo autor de la cita anterior lo indica, la frontera entre Venezuela y Colombia "es una de las más extensas y activas del hemisferio" con una extensión "de 2.219Km., que abarca los estados: Zulia, Táchira, Apure y Amazonas, y los departamentos colombianos: Vichada, Arauca, Norte de Santander y Guajira," por lo que si no se cambia la política económica que produce el contrabando de extracción en la frontera del Táchira, y además, con ocasión de decretar el estado de excepción, se cierra allí la frontera, lo que ello provocará es el traslado del fenómeno a otras partes de la frontera. Como el mismo autor de la cita lo expresa:

> "con el establecimiento de controles, los modos delictivos mutan, cambian a formas mucho más perfiladas. Esto es comprobable cuando se cierra una frontera entre países vecinos como Venezuela y Colombia, la actividad contrabandista se dispara."[16]

Eso es precisa y lamentablemente, lo que va a lograr el gobierno con el decreto de estado de excepción, y con ello, mayor daño a la población empobrecida por las mismas políticas económicas, que encuentra en el enriquecimiento circunstancial, súbito e improductivo del contrabando, un medio de subsistencia, y mayor impunidad a los agentes de los propios órganos del

---

15   Véase Hugbel Roa, "Contrabando de extracción: Un poco de historia," en *Aporrea*, 4 de febrero de 2014, en http://www.aporrea.org/actualidad/a181340.html Sobre ello, el mismo autor indica que "estamos hablando de pérdidas de más de 1500 millones de dólares al año por concepto de alimentos y de 1400 millones de dólares por concepto de combustible cifras que tal vez se queden cortas por la magnitud del problema pero que generan una perdida inmensa a la población." Sobre ello, como lo expresó F. David Arráez Y. "la gasolina venezolana siempre fue atractiva y lo seguirá siendo para el contrabando mientras su precio continúe subsidiado, y ello es una decisión política soberana," en "El contrabando de extracción: una conspiración perfecta," en *Misión Verdad,* 8 de diciembre de 2014, en http://misionverdad.com/la-guerra-en-venezuela/el-contrabando-de-extraccion-una-conspiracion-perfecta .

16   *Idem.*

Estado responsables del contrabando a gran escala que no van a controlarse a sí mismos.

Respecto al fenómeno del contrabando de extracción, por tanto, lo primero que debió haber hecho el gobierno, antes de decretar un estado de excepción, es reconocer que el mismo tiene su origen en las políticas económicas del Estado, definidas y desarrolladas por el gobierno, que han sido de destrucción de la economía nacional, de aniquilación de la industria, y de la inversión e iniciativas privadas, haciendo depender la totalidad de la economía de bienes que tienen que importarse bajo el control de un Estado burocrático, incompetente y corrupto, y además, pobre, por la dependencia total de la economía del comportamiento de la producción petrolera y de los precios del petróleo.

Para atender la referida situación coyuntural, sistemática y sobrevenida, del contrabando de extracción, lo único que tiene que hacer el Ejecutivo Nacional, es cambiar de raíz la política económica que la origina. [17]

Ni la declaratoria del "Estado de excepción" mediante los Decretos N° 1.950, 1.969, 1.989, 2.013, 2.014, 2.015 y 2.016, ni la implementación de la restricción de los derechos humanos que el Presidente de la República se solaza en enunciar en sus textos, van a impedir en forma alguna la extensión o prolongación de los efectos del contrabando de extracción, que es lo que se quiere lograr con los Decretos; y al contrario, con su aplicación, lo que se va a lograr es impedir a toda la población el pleno goce y ejercicio de sus derechos, y no solo de los derechos afectados por las referidas acciones que giran en torno al contrabando de extracción, y además, extender los efectos de esa ilícita actividad a otras partes de la frontera.

Es decir, el contrabando de extracción, que es producto directo de una errada política económica, solo se superará cuando la misma se cambie. Por ello, con los Decretos y su ejecución militar y policial, no se va a restablecer la disciplina presupuestaria y superar el déficit fiscal; no se va a detener el financiamiento monetario del déficit del sector público y la transferencia de las reservas internacionales a fondos públicos extrapresupuestarios; no se va a superar ni la escasez de divisas, ni la escasez de bolívares; no se va a eliminar

---

17 Como lo argumentó Pedro Pablo Fernández: "Son los desequilibrios creados por el modelo económico los que estimulan el contrabando de extracción. Los productores del sur del lago pueden vender sus quesos 10 veces más caros en Colombia que en Venezuela y así pasa con todos los productos. Ni hablar de la gasolina regalada. El salario mínimo en Venezuela es Bs. 7.400 y en Colombia es 273 dólares, que en Cúcuta se pueden cambiar por Bs 200.000. Todo aquí está artificialmente barato, incluida la remuneración por el trabajo, eso generan un estímulo enorme al contrabando y lo que es peor, a la conformación de mafias que pone en riesgo la estabilidad misma del Estado. / La solución está en una profunda rectificación del modelo y en un programa económico que ofrezca la confianza necesaria para producir una reactivación del aparato productivo que genere empleos bien remunerados," en "Otra vez la Frontera", en *Ifedec. Centro de Políticas Públicas*, 26 de agosto de 2015, en http://www.ifedec.com/articulos/otra-vez-la-frontera/

el régimen de control de cambios ni se va a revaluar la moneda; no se va a eliminar el grave desabastecimiento de productos básicos; no se va a reducir la tasa de inflación que es la más alta del mundo; no se va a generar empleo; no se va a reducir la deuda pública; no se va a aumentar el ingreso fiscal del Estado, no se va a aumentar ni la explotación petrolera ni el precio de exportación del poco petróleo que sale del país; no se va a producir la reorganización y saneamiento financiero del holding petrolero nacional; en fin, con el decreto no se van a crear las condiciones económicas y sociales para mejorar la producción, distribución y comercio de bienes y servicios.

El artículo 11 de la Ley Orgánica sobre los Estados de Excepción, sin embargo, en particular en relación con los que declaren la emergencia económica, exige que el decreto respectivo debe disponer "las medidas oportunas, destinadas a resolver satisfactoriamente la anormalidad o crisis e impedir la extensión de sus efectos," es decir, el "contrabando de extracción." Nada de esto, por supuesto, contienen los Decretos, por lo que los mismos en realidad no tienen por objeto resolver los problemas que supuestamente los provocaron y que enumeran prolijamente en sus "Considerandos."

A continuación analizaremos lo dispuesto en los mencionados decretos, todos de idéntico contenido, limitándonos por tanto en estas notas a hacer referencia concreta al texto de primero de los decretos No. 1.950 de 21 de agosto de 2015.

II. EL MARCO CONSTITUCIONAL Y LEGAL PARA DECRETAR UN ESTADO DE EXCEPCIÓN, COMO ACTO PARA "PROTEGER LA CONSTITUCIÓN," QUE ES DE LA EXCLUSIVA RESPONSABILIDAD DEL PRESIDENTE DE LA REPÚBLICA, QUE SIN EMBARGO HA TRATADO DE ELUDIR, DELEGANDO INCONSTITUCIONALMENTE LA EJECUCIÓN DEL DECRETO EN UN GOBERNADOR DE ESTADO.

La Ley Orgánica sobre Estados de Excepción de 2001, no sólo regula los diferentes tipos de estados de excepción que pueden decretarse, y las condiciones para hacerlo, sino que además, regula "el ejercicio de los derechos que sean restringidos con la finalidad de restablecer la normalidad en el menor tiempo posible" (art. 1). Por ello, lo primero que prescribe la Ley Orgánica es que los estados de excepción "solamente pueden declararse *ante situaciones objetivas de suma gravedad que hagan insuficientes los medios ordinarios que dispone el Estado para afrontarlos*" (art. 2) y en caso de "*estricta necesidad para solventar la situación de anormalidad*" (art. 6).

Por otra parte, la misma Ley Orgánica exige que "toda medida de excepción debe ser proporcional a la situación que se quiere afrontar en lo que respecta a gravedad, naturaleza y ámbito de aplicación" (art. 4), debiendo además "tener una duración limitada a las exigencias de la situación que se quiere afrontar, sin que tal medida pierda su carácter excepcional o de no permanencia" (art. 5).

Se trata, por tanto, como lo indica la Constitución, de circunstancias excepcionales que sobrepasan las posibilidades de su atención mediante los mecanismos institucionales previstos para situaciones normales, pero que solo pueden dar lugar a la adopción de medidas que estén enmarcadas dentro de principios de logicidad, racionalidad, razonabilidad y proporcionalidad, lo que se configura como un límite al ejercicio de las mismas.

La esencia de su regulación en la Constitución, por otra parte, es que por las circunstancias que lo justifican, un decreto de estado de excepción solo se puede dictar para "proteger la Constitución" y los derechos fundamentales que consagra, como lo expresa el Título VIII "De la protección de la Constitución" en el cual está la normativa que permite dictarlos, y por supuesto, no para violarla, ni para violar los derechos fundamentales. El estado de excepción que se decrete, por tanto, no puede aniquilar el Estado de derecho,[18] ni puede convertirse en una "carta blanca" para la violación de los derechos humanos. [19]

En todo caso, tratándose de una medida extrema de "protección de la Constitución" los responsables de las decisiones tomadas como consecuencia de los estados de excepción, son única y exclusivamente los funcionarios del Poder Ejecutivo Nacional, a cuyos órganos compete la materia. Por ello, conforme se establece expresamente en el artículo 232 de la Constitución, "la declaración de los estados de excepción *no modifica el principio de la responsabilidad del Presidente de la República*, ni la del Vicepresidente Ejecutivo, ni la de los Ministros de conformidad con la Constitución y la ley."

Es una tremenda irresponsabilidad del Presidente de la República, por tanto, y una forma inconstitucional de evadir su responsabilidad, el que el Presidente de la República haya procedido a "delegar" en un órgano de otro Poder Público distinto al Poder Nacional, como es el Poder Estadal, la ejecución de

---

18   Véase María Amparo Grau, "¿Estado de Excepción sin Estado de derecho?, en *El Nacional*, Caracas 26 de agosto de 2015, en http://www.el-nacional.com/maria_amparo_grau/excepcion-Derecho_0_689931257.html.

19   Como por ejemplo se ha denunciado en el caso de la aplicación del Decreto Mo. 1.950 en relación con la persecución y deportación de ciudadanos colombianos, por el Procurador General de Colombia Alejandro Ordóñez Maldonado, quien ha denunciado "Una campaña de estigmatización en contra de personas y persecución en contra de personas que viven en la zona de frontera en razón a su nacionalidad colombiana." Véase la reseña "'Gobierno venezolano adoptó una política de ataque sistemático contra la población colombiana': Procurador. El Ministerio Público manifestó que la posición del Presidente de Venezuela, Nicolás Maduro constituiría un crimen de lesa humanidad que es competencia de la Corte Penal Internacional," en *El Espectador*, 27 de agosto de 2015, en http://www.elespectador.com/noticias/judicial/gobierno-venezolano-adopto-una-politica-de-ataque-siste-articulo-581327. Véase igualmente las declaraciones del Procurador: "Procurador Alejandro Ordóñez reitera que cierre de frontera colombo-venezolana es una política "sistemática" contra los colombianos," 25 de agosto de 2015, en http://www.ntn24.com/video/procurador-alejandro-ordonez-en-la-frontera-con-venezuela-66007.

un decreto de Estado de excepción, y eso es lo que ha hecho precisamente el Sr. Maduro, como Presidente, con el refrendo del Vicepresidente ejecutivo y de todos sus Ministros, en el Decreto N° 1.950 de 21 de agosto de 2015, al disponer en el artículo 13 que:

> "Artículo 13. Delego la ejecución del presente Decreto en el Gobernador del estado Táchira, José Gregorio Vielma Mora, quien será además el coordinador responsable y garante de la ejecución de las medidas que se adoptan en el mismo, con el apoyo de los Ministros del Poder Popular para Relaciones Interiores, Justicia y Paz, para la Defensa y de Economía y Finanzas."

Y repetir, además, en el artículo 17 que:

> "Artículo 17. "El Gobernador del estado Táchira, José Gregorio Vielma Mora, queda encargado de la ejecución de este Decreto."

Los actos de ejecución directa de la Constitución atribuidos al Presidente de la República, o actos de gobierno, como los que implica dictar y ejecutar un decreto de excepción,[20] son de su exclusiva responsabilidad y no son delegables, por lo que lo dispuesto en el artículo 16 de la Ley Orgánica de 2001 al disponer que decretado el estado de excepción, "el Presidente de la República *puede delegar su ejecución, total o parcialmente, en los gobernadores*, alcaldes, comandantes de guarnición o cualquier otra autoridad debidamente constituida, que el Ejecutivo Nacional designe," es una disposición inconstitucional. A ello se suma otra inconstitucionalidad que afecta la norma, por violación de los principios más elementales de la forma federal del Estado, conforme a los cuales los Gobernadores no son funcionarios dependientes ni subalternos del Presidente de la República, que son en los únicos que el mismo puede delegar atribuciones. Además, la norma del artículo 16 de la Ley Orgánica, puede considerarse que fue tácitamente derogada por el artículo 34 de la Ley Orgánica de Administración Pública, que es de fecha posterior (última reforma de 2014), que limita la delegación de manera que sólo puede ser dirigida exclusivamente hacia funcionarios inferiores y dependientes del delegante.[21]

---

20   La Sala Constitucional en sentencia N° 2139 de agosto de 2003, consideró expresamente que el acto de declaratoria de estados de excepción es un "acto de ejecución directa de la Constitución" que solo puede ser dictado por el Presidente de la República, siendo en cambio los actos de los gobernadores exclusivamente de "rango sublegal." Véase http://historico.tsj.gob.ve/decisiones/scon/agosto/2139-070803-02-1667.HTM.

21   La Sala Constitucional del Tribunal Supremo de Justicia, sin embargo, en la sentencia N° 1173 de 28 de agosto de 2015, al pronunciarse sobre la constitucionalidad del decreto N° 1950, omitió ejercer control alguno sobre la constitucionalidad de estas normas, limitándose a repetir lo que dice la Ley Orgánica, así: "Asimismo, el artículo 13 del Decreto contiene la disposición de una delegación al Gobernador del estado Táchira para la ejecución de éste, *"quien será además el coordinador responsable y*

En esta forma, todo el tren ejecutivo del Poder Nacional de la República, y la Sala Constitucional al ejercer su control de constitucionalidad se olvidaron que conforme a la Constitución de 1999, Venezuela se declara como un "Estado Federal Descentralizado" (art. 4 de la Constitución), y que en el mismo los Estados deberían gozar de autonomía como entidades políticas (art. 159 de la Constitución). Si bien, de hecho, el Estado autoritario ha desmantelado la Federación y acabado con la descentralización política,[22] al menos formal y constitucionalmente los funcionarios de los Estados, electos popularmente, como lo son los Gobernadores, no son órganos subalternos ni dependientes del Ejecutivo Nacional, ni pueden estar sujetos a sus órdenes o instrucciones, en quienes por tanto no puede el Jefe de Estado y del Ejecutivo nacional delegarle atribuciones, y menos las que le son otorgadas para su ejercicio exclusivo directamente en la Constitución, pues los Gobernadores ni son órganos inferiores al Presidente ni son dependientes del mismo.

En esta materia, hay que recordárselo al Presidente de la República, al Vicepresidente ejecutivo y a los Ministros y a sus asesores, y a la Sala Constitucional, la gran reforma que significó la Constitución de 1999 fue precisamente eliminar definitivamente el carácter que tenían los Gobernadores de ser "agentes del Ejecutivo nacional" en su jurisdicción, tal como lo establecía la Constitución de 1961.

Pero ello se le olvidó a quien ejerce la jefatura del Ejecutivo Nacional, quien además, ignoró lo que establece la Ley Orgánica de la Administración Pública que él mismo dictó en 2014,[23] en el sentido de que la competencia otorgada constitucionalmente al Presidente de la República es "irrenunciable, indelegable, improrrogable y no puede ser relajada por convención alguna, salvo los casos expresamente previstos en las leyes y demás actos normativos," (art. 26). De manera que cuando dicha Ley Orgánica reguló la posibilidad para los altos funcionarios ejecutivos, y entre ellos del mismo Presidente de la Re-

---

garante de la ejecución de las medidas que se adoptan en el mismo", siendo que ello encuentra plena correspondencia con el precepto legal estipulado por el artículo 16 de la Ley Orgánica sobre Estados de Excepción, orientado al aprovechamiento del despliegue operativo de las autoridades regionales y locales, según corresponda, a los fines del eficiente afrontamiento de las circunstancias presentadas, sin perjuicio de otras autoridades que puedan participar en la ejecución del Decreto, con arreglo a la ley." Véase en http://historico.tsj.gob.ve/decisiones/scon/agosto/181175-1173-28815-2015-2015-0979.HTML.

22 Véase Allan R. Brewer-Carías, "El 'Estado Federal descentralizado' y la centralización de la Federación en Venezuela. Situación y perspectiva de una contradicción constitucional", en *Constitución, democracia y control del poder*, Centro Iberoamericano de Estudios Provinciales y Locales (CIEPROL), Consejo de Publicaciones/Universidad de Los Andes/Editorial Jurídica Venezolana. Mérida 2004, pp. 111-144; y *Estado totalitario y desprecia a la Ley. La desconstitucionalización, desjuridificación, desjudicialización y desdemocratización de Venezuela*, Fundación de Derecho Público, Editorial Jurídica Venezolana, 2014.

23 Véase en *Gaceta Oficial* N° 6.47 Extraordinario de 17-11-2014.

pública, de poder "delegar" sus atribuciones, ello sólo es posible respecto de "atribuciones *que les estén otorgadas por ley"* (no por la Constitución como es la materia de estados de excepción), y la delegación sólo es posible hacerla hacia "los órganos o funcionarios *inmediatamente inferiores bajo su dependencia*," (art. 34). Estos funcionarios inmediatamente inferiores del órgano dependiente "al cual se haya delegado una atribución serán responsables por su ejecución" (art. 37).

No se percató el Presidente de la República, ni el Vicepresidente ejecutivo ni sus Ministros, ni sus asesores, que los Gobernadores de Estado no son funcionarios inmediatamente inferiores del Presidente ni son órganos dependientes del Ejecutivo nacional.

En consecuencia, la "delegación" establecida en el Decreto al Gobernador del Estado Táchira, para la ejecución del Decreto de Estado de excepción, sobre la cual la Sala Constitucional se abstuvo de pronunciarse en cuanto a su constitucionalidad en la sentencia N° 1173 de 28 de agosto de 2015,[24] que se comenta más adelante, es simplemente inconstitucional e ilegal, y todos los actos que dicte en ejecución del mismo, tienen que considerarse como producto de una autoridad usurpada, y por tanto son ineficaces y nulos de pleno derecho conforme al artículo 138 de la Constitución.

III. LA INCONSTITUCIONALIDAD DEL DECRETO DE ESTADO DE EXCEPCIÓN AL NO CALIFICARSE EL TIPO QUE SE DECRETA, CON LA CONSECUENTE IMPRECISIÓN RESPECTO DE LOS DERECHOS FUNDAMENTALES QUE PUEDEN SER RESTRINGIBLES

El artículo 338 de la Constitución distingue cuatro tipos específicos de estados de excepción que son: el estado de alarma, el estado de emergencia económica, el estado de conmoción interior y el estado de conmoción exterior; lo que por supuesto tiene consecuencias directas respecto de lo que implican, en particular, en materia de restricción de derechos fundamentales.

El primero es el *estado de alarma* que puede decretarse en todo o parte del territorio nacional cuando se produzcan *catástrofes, calamidades públicas u otros acontecimientos similares que pongan seriamente en peligro la seguridad de la Nación o de sus ciudadanos.* La Ley Orgánica incluye también, como motivo, el *peligro a la seguridad de las instituciones de la Nación.* Su duración no puede ser mayor a treinta días, prorrogables (art. 8, Ley Orgánica).

El segundo es el *estado de emergencia económica* que puede decretarse en todo o parte del territorio nacional cuando se susciten *circunstancias económicas extraordinarias que afecten gravemente la vida económica de la Na-*

---

24 Véase en http://historico.tsj.gob.ve/decisiones/scon/agosto/181175-1173-28815-2015-2015-0979.HTML.

ción. Su duración no puede ser mayor a sesenta días, prorrogables (art. 10, Ley Orgánica).

El tercero es el *estado de conmoción interior* en caso de *conflicto interno, que ponga seriamente en peligro la seguridad de la Nación, de sus ciudadanos o de sus instituciones,* estando dentro de las causas para declararlo, todas aquellas circunstancias excepcionales que impliquen grandes perturbaciones del orden público interno y que signifiquen un notorio o inminente peligro para la estabilidad institucional, la convivencia ciudadana, la seguridad pública, el mantenimiento del orden libre y democrático, o cuando el funcionamiento de los Poderes Públicos esté interrumpido. Su duración no puede ser mayor a noventa días, prorrogables (art. 13, Ley Orgánica).

Y el cuarto, es el *estado de conmoción exterior* que puede decretarse en caso *de conflicto externo, que ponga seriamente en peligro la seguridad de la Nación, de sus ciudadanos o de sus instituciones,* estando entre sus causas, todas aquellas situaciones que impliquen una amenaza a la Nación, la integridad del territorio o la soberanía. Su duración no puede ser mayor a noventa días, prorrogables (art. 10, Ley Orgánica).

El Decreto Nº 1.950 en forma imprecisa decretó "el Estado de Excepción en los municipios Bolívar, Pedro María Ureña, Junín, Capacho Nuevo, Capacho Viejo y Rafael Urdaneta del estado Táchira, dadas las circunstancias extraordinarias que afectan el orden socioeconómico y la paz social, de conformidad con el artículo 10 de la Ley Orgánica sobre Estados de Excepción," sin calificar expresamente el tipo de estado de excepción decretado, el cual sin embargo se deduce de la cita que se hace del artículo 10 de la ley Orgánica, que es el que se refiere al *estado de emergencia económica.*

La identificación del tipo de estado de excepción que se decreta es fundamental para evaluar la constitucionalidad del decreto, pues la restricción de derechos y garantías que pueden dictarse con el mismo tiene que tener relación con las circunstancias que originan el estado de excepción.[25]

---

25 Como lo observó Isaac Villamizar en relación con el Decreto 1.950: "El objeto del decreto pareciera ser el Estado de Excepción de *Emergencia Económica,* porque en la base legal y en el artículo 1 se alude al artículo 10 de la Ley Orgánica sobre Estados de Excepción, el cual regula única y exclusivamente la Emergencia Económica. Sin embargo, tanto en los considerandos que motivan el decreto, como en su parte resolutoria o dispositiva, se mencionan aspectos como el paramilitarismo, narcotráfico, situaciones de violencia delictiva y otras prácticas de tipo delincuencial, *que nada tienen que ver con el supuesto fáctico que exige la Constitución y la Ley sobre Estados de Excepción en la Emergencia Económica, cuando se suscitan circunstancias económicas extraordinarias que afecten gravemente la vida económica de la nación.* Esto configura lo que en la doctrina del Derecho Constitucional y Derecho Administrativo se denomina vicio de imprecisión del objeto del acto." Véase Isaac Villamizar, "Vicios jurídicos de la excepción," en *La Nación,* 1 de septiembre de 2015, en http://www.lana-cionweb.com/columnas/opinion/vicios-juridicos-de-la-excepcion/.

En efecto, como lo indica el artículo 339 de la Constitución, el decreto que declare el estado de excepción, cuando en el mismo se restringa alguna garantía constitucional, debe regular su ejercicio, y el mismo debe cumplir "con las exigencias, principios y garantías establecidos en el Pacto Internacional de Derechos Civiles y Políticos y en la Convención Americana sobre Derechos Humanos," instrumentos que por virtud de la propia Constitución forman parte del ordenamiento constitucional, a pesar de la inconstitucional denuncia de la Convención Americana efectuada por el Sr. Maduro en 2013 cuando ejercía el cargo de Ministro de relaciones Exteriores.[26]

En consecuencia, conforme al artículo 4 del Pacto Internacional de Derechos Civiles y Políticos, el estado de excepción solo puede llevar a "adoptar disposiciones" que, en la medida estrictamente limitada a las exigencias de la situación, suspendan las obligaciones contraídas (por los Estados) en virtud del Pacto. Las medidas, además, no pueden "ser incompatibles con las demás obligaciones que les impone el derecho internacional y no entrañen discriminación alguna fundada únicamente en motivos de raza, color, sexo, idioma, religión u origen social," y en igual sentido se dispone en el artículo 27 de la Convención Americana sobre Derechos Humanos, que es constitucionalmente aplicable.[27]

---

26 Véase la comunicación Nº 125 de 6 de septiembre de 2012 dirigida por el entonces Canciller de Venezuela, Nicolás Maduro, dirigida al Secretario General de la OEA, en http://www.minci.gob.ve/wp-content/uploads/2013/09/Carta-Retiro-CIDH-Firmada-y-sello.pdf. Sobre la inconstitucionalidad de esa decisión véase Carlos Ayala Corao, "Inconstitucionalidad de la denuncia de la Convención Americana sobre Derechos Humanos por Venezuela," en *Revista de Derecho Público*, Nº 131, Caracas, julio-septiembre 2012; en *Revista Europea de Derechos Fundamentales*, Instituto de Derecho Público, Valencia, España, Nº 20/2° semestre 2012; en *Estudios Constitucionales*, Centro de Estudios Constitucionales de Chile, Universidad de Talca, año 10, Nº 2, Chile, 2012; y en la *Revista Iberoamericana de Derecho Procesal Constitucional*, Instituto Iberoamericano de Derecho Procesal Constitucional y Editorial Porrúa, Nº 18, Julio-Diciembre, 2012.

27 Lamentablemente, y en contra de lo establecido en la Constitución (art. 19, 21) y en la Ley de Extranjería y Migración ("Artículo 13. Los extranjeros y extranjeras que se encuentren en el territorio de la República, tendrán los mismos derechos que los nacionales, sin más limitaciones que las establecidas en la Constitución de la República Bolivariana de Venezuela y las leyes"), el gobierno, en ejecución del decreto de estado de excepción, ha expresado a través de uno de sus voceros que solo garantiza los derechos humanos a quienes tengan residencia legal en el país, por lo que los extranjeros indocumentados, para el gobierno, simplemente parece que carecen de derechos en Venezuela. Véase las declaraciones de la dirigente Jacqueline Farías: "Se garantizarán los derechos humanos solo a quienes estén legales en Venezuela," en *El Nacional*, 29 de agosto de 2015, en http://www.el-nacional.com/politica/garantizaran-derechos-humanos-legales-Venezuela_0_691731056.html Al contrario, como lo expresó la Comisión de Justicia y Paz de la Conferencia Episcopal Venezolana, en un Comunicado titulado, *"Los derechos humanos son los mismos para todos,"* "el Estado tiene la obligación de garantizar los derechos humanos de todos sus ciudadanos

Por otra parte, el Pacto exige que todo Estado "que haga uso del derecho de suspensión" debe informar inmediatamente a todos los demás Estados Partes en el Pacto, por conducto del Secretario General de las Naciones Unidas, "de las disposiciones cuya aplicación haya suspendido y de los motivos que hayan suscitado la suspensión". Igualmente, deben comunicar la fecha "en que haya dado por terminada tal suspensión" (art. 4,3). La Convención Americana establece una disposición similar de información a los Estados Partes en la Convención, por conducto del Secretario General de la Organización de Estados Americanos (art. 27,3).

En todo caso, conforme al artículo 337 de la Constitución, y esto es quizás lo más importante de las consecuencias de decretar un estado de excepción, en cualquiera de sus formas, es que el Presidente de la República en Consejo de Ministros también puede "restringir temporalmente las garantías consagradas en la Constitución," con excepción de las garantías "referidas a los derechos a la vida, prohibición de incomunicación o tortura, el derecho al debido proceso, el derecho a la información y los demás derechos humanos intangibles."

Se destaca de esta norma, de entrada, que conforme a la Constitución, no hay posibilidad de "suspender" dichas garantías como lo autorizaba la Constitución de 1961 (art. 241), ni tampoco de restringirse los derechos constitucionales, sino sólo sus "garantías."[28] Para ello, el artículo 6 precisa que se trata de "la restricción temporal de las garantías constitucionales permitidas."

Por otra parte, en relación con la enumeración de las garantías constitucionales de derechos fundamentales que *no pueden ser objeto de restricción*, en forma alguna, conforme al antes mencionado artículo 337 de la Constitución, estas son las garantías al "derecho a la vida" (artículo 43); al derecho a la integridad física, psíquica y moral, en cuanto a la "prohibición de incomunicación o tortura" (art. 46.1); al "derecho al debido proceso" (art. 49); al derecho a la información (art. 58) y a "los demás derechos humanos intangibles. A esa enumeración de garantías de derechos no restringibles se deben agregar los enumerados en ese mismo sentido en el Pacto Internacional de Derechos Civiles y Políticos (art. 4), y en la Convención Americana de Derechos Humanos (art. 27), que son: la garantía de la igualdad y no discriminación; la garantía de no ser condenado a prisión por obligaciones contractuales; la garantía de la irretroactividad de la ley; el derecho a la personalidad; la libertad religiosa; la garantía de no ser sometido a esclavitud o servidumbre; la garantía de la integridad personal; el principio de legalidad; la protección

---

incluyendo los extranjeros bajo su jurisdicción." Comunicado de 28 de agosto de 2015.

28   Véase Allan R. Brewer-Carías, "Consideraciones sobre la suspensión o restricción de las garantías constitucionales", en *Revista de Derecho Público,* N° 37, Editorial Jurídica Venezolana, Caracas, 1989, pp. 5-25. La Ley Orgánica de 2001, sin embargo, inconstitucionalmente se refirió en el artículo 6 a "la restricción de una garantía o de un derecho constitucional."

de la familia; los derechos del niño; la garantía de la no privación arbitraria de la nacionalidad y el ejercicio de los derechos políticos al sufragio y el acceso a las funciones públicas.

Por todo ello, el artículo 7 de la Ley Orgánica indica que:

> "*Artículo 7:* No podrán ser restringidas, de conformidad con lo establecido en los artículos 339 de la Constitución de la República Bolivariana de Venezuela, 4.2 del Pacto Internacional de Derechos Civiles y Políticos y 27.2 de la Convención Americana sobre Derechos Humanos, las garantías de los derechos a: 1. La vida; 2. El reconocimiento a la personalidad jurídica; 3. La protección de la familia; 4. La igualdad ante la ley; 5. La nacionalidad; 6. La libertad personal y la prohibición de práctica de desaparición forzada de personas; 7. La integridad personal física, psíquica y moral; 8. No ser sometido a esclavitud o servidumbre; 9. La libertad de pensamiento, conciencia y religión; 10. La legalidad y la irretroactividad de las leyes, especialmente de las leyes penales; 11. El debido proceso; 12. El amparo constitucional; 13. La participación, el sufragio y el acceso a la función pública; 14. La información."

Lamentablemente, en esta enumeración, la Ley Orgánica omitió la "prohibición de incomunicación o tortura" que establece el artículo 337 de la Constitución; la garantía a no ser condenado a prisión por obligaciones contractuales; y los derechos del niño que enumeran las Convenciones Internacionales mencionadas, que tienen rango constitucional (art. 23).

En todo caso, de las anteriores regulaciones relativas a la restricción de garantías constitucionales como consecuencia de un decreto de estado de excepción, debe destacarse lo siguiente:

En *primer lugar*, debe insistirse en el hecho de que se eliminó de la Constitución la posibilidad de que se pudiesen "suspender" las garantías constitucionales, como lo autorizaba el artículo 241, en concordancia con el artículo 190.6 de la Constitución de 1961, y que en su momento dio origen a tantos abusos institucionales,[29] quedando ahora la potestad derivada del decreto de estados de excepción, a la sola posibilidad de "restringir" (art. 236.7) las garantías constitucionales.

Por ejemplo, el libre tránsito como derecho constitucional no puede ser suspendido, ni siquiera circunstancialmente. Ese derecho está regulado en el artículo 50 de la Constitución que establece:

> "Artículo 50. Toda persona puede transitar libremente y por cualquier medio por el territorio nacional, cambiar de domicilio y residencia, au-

---

29 Véase Allan R. Brewer-Carías, "Consideraciones sobre la suspensión o restricción de las garantías constitucionales," en *Revista de Derecho Público,* N° 37, Editorial Jurídica Venezolana, Caracas, 1989, pp. 5-25; y Allan R. Brewer-Carías, *Derecho y acción de amparo*, Tomo V, *Instituciones Políticas y Constitucionales*, Universidad Católica del Táchira-Editorial Jurídica Venezolana, Caracas 1997, pp. 11-44.

sentarse de la República y volver, trasladar sus bienes y pertenencias en el país, traer sus bienes al país o sacarlos, sin más limitaciones que las establecidas por la ley. [...] Los venezolanos y venezolanas pueden ingresar al país sin necesidad de autorización alguna.

Ningún acto del Poder Público podrá establecer la pena de extrañamiento del territorio nacional contra venezolanos."

La garantía de este derecho puede restringirse en un estado de excepción, por ejemplo, estableciendo controles o autorizaciones, pero lo que no puede hacerse es simplemente suspender el derecho, y eso y no otra cosa es lo que ocurre cuando se "cierra la frontera" como ha ocurrido en el Estado Táchira desde que se impuso el estado de excepción el 21 de agosto de 2015.[30] Cerrar la frontera impide el libre tránsito, es decir, "suspende" el ejercicio de un derecho, de manera que quien por ejemplo trabaja, enseña o vive del otro lado de la frontera simplemente no puede ejercer su derecho de transitar.[31] El derecho al libre tránsito, en ese caso, ha sido suspendido, y ello es contrario a la Constitución y a la Ley Orgánica.

En *segundo lugar*, la Constitución exige expresamente que el Decreto que declare el estado de excepción y restrinja garantías constitucionales, obligatoriamente debe "regular el ejercicio del derecho cuya garantía se restringe" (art. 339). Es decir, no es posible que el decreto "restrinja" una garantía constitucional pura y simplemente, sino que es indispensable que en el mismo decreto se regule en concreto el ejercicio del derecho. Por ejemplo, si se restringe la libertad de tránsito, en el mismo decreto de restricción, que tiene entonces que tener contenido normativo, debe especificarse en qué consiste la restricción, estableciendo por ejemplo, la prohibición de circular a determinadas horas (toque de queda), o en determinados vehículos.[32].

---

30 Véase por ejemplo la reseña de Carolina Rincón Ramírez, "Cierre de frontera con Venezuela toma visos de crisis humanitaria," en *El tiempo*, 24 de agosto de 2015, en http://www.eltiempo.com/colombia/otras-ciudades/cierre-de-la-frontera-colombo-venezolana-cierre-de-frontera-con-venezuela-toma-visos-de-crisis-humanitaria/16277355

31 Sobre ello, Isaac Villamizar ha indicado con razón que: "Cerrar totalmente la frontera, impidiendo que venezolanos entren a San Antonio desde Colombia, o viceversa, perjudicar a discapacitados, ancianos o población en situación de vulnerabilidad, desmembrar familias que quedan separadas entre ambos países, afectar el derecho de los niños a estar con su familia de origen, impedir totalmente el tránsito por los puentes internacionales, no es otra cosa que suspender totalmente el ejercicio de los derechos humanos y constitucionales, lo cual está expresamente prohibido en los artículos 337 y 339 de la CRBV." Véase Isaac Villamizar, "Vicios jurídicos de la excepción," en *La Nación*, 1 de septiembre de 2015, en http://www.lanacionweb.com/columnas/opinion/vicios-juridicos-de-la-excepcion/

32 Véase las críticas a la suspensión no regulada de las garantías constitucionales con motivo de los sucesos de febrero de 1989, en Allan R. Brewer-Carías, "Consideraciones sobre la suspensión o restricción de las garantías constitucionales," en *Revista de Derecho Público*, Nº 37, Editorial Jurídica Venezolana, Caracas, 1989, pp. 19 ss.;

Lamentablemente, sin embargo, en la Ley Orgánica no se desarrolló esta exigencia constitucional, quizás la más importante en materia de restricción de garantías constitucionales. Sólo regulándose normativamente su ejercicio, en el decreto que restrinja las garantías constitucionales, es que podría tener sentido la previsión del artículo 21 de la Ley Orgánica que dispone que:

> *Artículo 21*: El decreto que declare el estado de excepción suspende temporalmente, en las leyes vigentes, los artículos incompatibles con las medidas dictadas en dicho decreto.

Para que esta "suspensión" temporal de normas legales pueda ser posible, por supuesto, es necesario e indispensable que el decreto establezca la normativa sustitutiva correspondiente.

Por otra parte, en cuanto a la restricción de la garantía de los derechos constitucionales con motivo de la declaración de estado de excepción, conforme al artículo 24 de la Ley Orgánica, el Ejecutivo Nacional tiene la facultad de "requisar" los bienes muebles e inmuebles de propiedad particular que deban ser utilizados para restablecer la normalidad.[33] En estos supuestos, para que se ejecutase cualquier requisición, es indispensable la orden previa del Presidente de la República o de la autoridad competente designada, dada por escrito, en la cual se debe determinar la clase, cantidad de la prestación, debiendo expedirse una constancia inmediata de la misma.

IV. LOS DERECHOS CONSTITUCIONALES CUYAS GARANTÍAS FUERON RESTRINGIDAS CON EL DECRETO DE ESTADO DE EXCEPCIÓN N° 1.950 DE AGOSTO DE 2015, EL RÉGIMEN NORMATIVO REGULADO, Y SUS INCONSTITUCIONALIDADES

Como se ha dicho, el principio básico de la regulación constitucional de los derechos y libertades públicas en Venezuela, es decir, la verdadera "garantía" de esos derechos y libertades radica en la reserva establecida a favor del legislador para limitar o restringir dichos derechos. Sólo por ley pueden establecerse limitaciones a los derechos y libertades consagrados en la Constitución. Pero como hemos dicho, la propia Constitución admite la posibilidad de que algunas garantías constitucionales puedan ser restringidas en casos de estados de excepción, por decisión del Presidente de la República en Consejo de Ministros, lo que significa que durante el tiempo de vigencia de estas restricciones, las garantías de los derechos y libertades podrían ser reguladas por vía ejecutiva.

---

y en Allan R. Brewer-Carías, "Prólogo" al libro de Daniel Zovatto G., *Los Estados de excepción y los derechos humanos en América latina, cit.*, pp. 24 ss.

33. Sobre la requisición véase Allan R. Brewer-Carías, "Adquisición de propiedad privada por parte del Estado en el Derecho Venezolano" en Allan R. Brewer-Carías, *Jurisprudencia de la Corte Suprema 1930-1974* y *Estudios de Derecho Administrativo*, Tomo VI, Caracas, 1979, pp. 24 y 33.

Por ello, la consecuencia fundamental del decreto de estado de excepción que establezca la restricción de garantías constitucionales, es la posibilidad que tiene el Poder Ejecutivo de regular el ejercicio del derecho, asumiendo competencias que normalmente corresponderían al Legislador. Si la esencia de la garantía constitucional es la reserva legal para su limitación y reglamentación; restringida la garantía constitucional, ello implica la reducción del monopolio del legislador para regular o limitar los derechos, y la consecuente ampliación de los poderes del Ejecutivo Nacional para regular y limitar, por vía de Decreto, dichas garantías constitucionales.[34]

En el caso del Decreto N° 1.950 de 21 de agosto de 2015, que declaró el "Estado de Excepción en los Municipios Bolívar, Pedro María Ureña, Junín, Capacho Nuevo, Capacho Viejo y Rafael Urdaneta del Estado Táchira," su artículo 2 dispuso que "quedan restringidas" en el territorio de los mismos "las garantías de los derechos establecidos en los artículos 47, 48, 50, 53, 68 y 112 de la Constitución, en los cuales se declaran los derechos a la inviolabilidad del hogar doméstico (art. 47), a la inviolabilidad de las comunicaciones (art. 48), al libre tránsito (art. 50), al derecho de reunión (art. 53), el derecho a manifestar, pacíficamente y sin armas (art. 68), y el derecho la libertad económica, es decir, a el derecho de las personas pueden dedicarse libremente a la actividad económica de su preferencia (art. 112).

El régimen normativo como consecuencia de la restricción a la garantía de la reserva legal, que es la básica en relación con el ejercicio de estos derechos, se estableció en el decreto ley en la siguiente forma:

1. *Régimen normativo derivado de la restricción a la garantía del derecho a la inviolabilidad del hogar doméstico y la violación masiva de los derechos humanos de los extranjeros (colombianos)*

El artículo 47 de la Constitución que establece el derecho a la inviolabilidad del hogar doméstico, dispone lo siguiente:

"Artículo 47.   El hogar doméstico y todo recinto privado de persona son inviolables. No podrán ser allanados *sino mediante orden judicial*, para impedir la perpetración de un delito o para cumplir, de acuerdo con la ley, las decisiones que dicten los tribunales, respetando siempre la dignidad del ser humano.

Las visitas sanitarias que se practiquen, de conformidad con la ley, sólo podrán hacerse previo aviso de los funcionarios o funcionarias que las ordenen o hayan de practicarlas."

En relación con esta previsión constitucional sobre la garantía del derecho a la inviolabilidad del hogar doméstico que solo puede ser allanado mediante orden judicial, el artículo 2.1 del Decreto, al restringir la garantía, estableció la restricción de que "los organismos públicos competentes" "sin necesidad

---

34. *Cfr.*, Allan R. Brewer-Carías, *Las garantías constitucionales de los derechos del hombre,* Caracas, 1976, pp. 33, 40 y 41.

de orden judicial previa," pueden realizar "la inspección y revisión" y "ejecutar registros" en "el lugar de habitación, estadía o reunión de personas naturales, domicilio de personas jurídicas, establecimientos comerciales, o recintos privados abiertos o no al público," pero sometido ello a las siguientes condiciones acumulativas:

a) Que en los mismos, *"siempre que," dice la norma, "se lleven a cabo actividades económicas, financieras o comerciales de cualquier índole, formales o informales,"*

b) Que ello se haga para "determinar o investigar la perpetración de delitos o de graves ilícitos administrativos, contra las personas, su vida, integridad, libertad o patrimonio, así como delitos o ilicitudes relacionados con la afección de la paz, el orden público y Seguridad de la Nación, la fe pública, el orden socioeconómico, la identidad y orden migratorio, y delitos conexos,"

c) Que en la actuación o procedimiento se respeten "de forma absoluta la dignidad e integridad física, psíquica y moral de las personas" y el "debido proceso." A este último efecto, la norma ordena aplicar el último aparte del artículo 196 del Código Orgánico Procesal Penal, "debiendo el funcionario detallar en el acta correspondiente las diligencias realizadas y los hallazgos a fin de cumplir con la cadena de custodia."

Ahora bien, con motivo de la práctica, por los militares encargados de "ejecutar" las medidas restrictivas antes indicadas de realizar sin necesidad de orden judicial previa la inspección, revisión y registros en las casas de habitación, estadía o reunión de personas naturales, lo que se ha producido ha sido una inconstitucional e ilegal persecución masiva contra los extranjeros colombianos residentes en la zona fronteriza, con desprecio total a la legislación vigente, como si el estado de excepción hubiese barrido con las leyes, en una forma como nunca se había visto en toda la historia de ambos países.

Por ello, el Presidente de la Conferencia Episcopal Venezolana expresó, Monseñor Diego Padrón, alertó sobre "la deportación de colombianos tras el cierre de la frontera binacional en Táchira ordenada por el gobierno de Caracas" que "estaría generando faltas a los derechos humanos de los colombianos,"[35] a lo que se sumó la denuncia del presidente de la Comisión de Justicia y Paz de dicha Conferencia Episcopal, Monseñor Roberto Lückert, sobre "atropellos a los derechos humanos de los deportados durante la ejecución de la medida ordenada por el presidente Nicolás Maduro", agregando:.

"Les rompen las casas, les roban, los sacan como unos animales a la frontera. Tenemos que reclamar porque eso no puede continuar", dijo.

Calificó de una barbaridad la situación e indicó que "la presencia de los hermanos colombianos en Venezuela no es de ahora, ambos pueblos

---

35.   Véase la reseña "Presidente de Conferencia Episcopal expresa preocupación por violación de DDHH a colombianos," en *Correo del Caroní*, 27 de agosto de 2015, en http://www.correodelcaroni.com/index.php/nacional-2/item/36299-presidente-de-conferencia-episcopal-expresa-preocupacion-por-violacion-de-ddhh-a-colombianos.

conviven desde hace muchos años trasladándose a ambos lados de la frontera; ahora deportan a los colombianos porque no sirven a los intereses del gobierno, pero cuando necesitaban en la campaña electoral traían a los colombianos a votar."[36]

En el mismo sentido, el Comisionado Felipe González, Relator sobre los Derechos de los Migrantes de la Comisión Interamericana de Derechos Humanos, ha manifestado:

"Para la Comisión es sumamente preocupante la situación que están enfrentando las personas colombianas que viven o vivían en el estado de Táchira tras la declaratoria del estado de excepción y el cierre de la frontera por parte del Estado venezolano. La información de la que disponemos indica que estas deportaciones se estarían realizando de forma arbitraria, sin que se respetasen garantías de debido proceso migratorio, el principio de la unidad familiar, el interés superior del niño, el derecho a la integridad personal, ni el derecho a la propiedad de estas personas. La forma en la que se están llevando a cabo estas deportaciones indica que a estas personas se les están violando múltiples derechos humanos y que están siendo expulsadas de forma colectiva, algo que es completamente contrario al derecho internacional. Desde la Comisión también nos preocupa que entre las personas deportadas se encuentran refugiados y otras personas que requieren protección internacional, sobre las cuales el Estado venezolano tiene un deber de respetar el principio de no devolución."[37]

Y sin duda, además de los graves atentados contra los derechos humanos de los deportados o expulsados, obligados a abandonar el país de inmediato, sin procedimiento alguno, sin garantía de debido proceso, vejados, con pre-

---

36. Véase la reseña de Sofía Nederr, "Conferencia Episcopal denuncia atropellos a los deportados. El arzobispo de Coro, Monseñor Roberto Lücker, consideró una barbaridad el trato que se le ha dado a los ciudadanos colombianos, *El Nacional*, Caracas, 28 de agosto de 2015, en http://www.el-nacional.com/politica/Con-ferencia-Episcopal-denuncia-atropellos-deportados_0_691131120.html. Véase también, lo expresado por la Conferencia Episcopal de Colombia en la reseña: "Conferencia Episcopal de Colombia lamenta "tratos inhumanos" a deportados en la frontera," donde se expresa que "Compartimos el dolor y sufrimiento de las familias que han sido divididas, despojadas de sus bienes, heridas en su dignidad, muchas de las cuales han sido objeto de tratos inhumanos", reza el texto. La Conferencia lamenta que las familias estén siendo separadas y recuerda que la forma como están dividiendo a las familias va contra todo derecho," en NTN24, 26 de agosto de 2015 en http://www.ntn24.com/noticia/conferencia-episcopal-de-colombia-lamenta-tratos-inhumanos-que-guardias-venezolanos-dieron-a-66196.
37. Véase en Comisión Interamericana de Derechos Humanos, Comunicado de Prensa: "CIDH expresa preocupación sobre deportaciones arbitrarias de colombianos desde Venezuela," 28 de agosto de 2015, en http://www.oas.org/es/cidh/prensa/comunicados/2015/100.asp.

vias marcas hechas en las viviendas que ocupaban para ser destruidas,[38] como en cualquier bárbara persecución que la historia siempre ha querido olvidar,[39] todo se ha hecho, al margen del derecho, y en violación abierta no sólo a los principios del derecho internacional[40] sino a la propia a la Ley de Extranjeros

---

38   Véase el reportaje de Daniel Pardo, ""D", la marca que condena al derrumbe las casas de los colombianos deportados de Venezuela," en *BBC Mundo*, 26 de agosto de 2015, en http://www.bbc.com/mundo/noticias/2015/08/150825_venezuela_conflcto_frontera_dp.

39   Por ello, el Presidente de Colombia Juan Manuel Santos, dijo en tal sentido sobre lo ocurrido en la frontera, que "Registrando casas, removiendo a sus habitantes a la fuerza, separando familias, no permitiéndoles llevar consigo sus pertenencias, y marcando las casas para ser luego demolidas, son acciones totalmente inaceptables que recuerdan amargos episodios de la humanidad que no deben repetirse". Véase en William Neuman, "Feeing an Uncertain Future in Venezuela. Carrying What They Can, Colombians Leave Amid Crackdown on Immigrants," en *The New York Times*, New York, August 28, 2015, pp. A4 y A6. Véase además: Kejal Vyas y Sara Shaffer Muñoz, "Venezuela Crackdown Sows Chaos along the Border. Expulsion of Colombians residents, blamed the government for economic woes, trigger fear and panic," en *The Wall Street Journal*, New York, August 29, 2015, p. A6.

40   Por ello, Comisión Interamericana de Derechos Humanos le ha recordado al Estado venezolano que de conformidad con sus obligaciones internacionales en materia de derechos humanos, "debe adoptar todas las medidas que sean necesarias para garantizar que no se apliquen perfiles raciales en el marco de redadas migratorias. El Estado tiene un deber general de respetar todos los derechos de las personas migrantes, incluyendo su derecho vivir libres de discriminación y de toda forma de violencia, a su integridad personal, unidad familiar y propiedad. La CIDH reitera que, de conformidad a las normas y estándares internacionales, a los migrantes sujetos a procedimientos que puedan conllevar a su deportación, se les deben respetar garantías mínimas tales como: i) el derecho a ser escuchado por la autoridad competente en el marco del procedimiento tendiente a su deportación y a tener una oportunidad adecuada para ejercer su derecho de defensa; ii) a contar con interpretación y traducción; iii) a contar con representación legal iv) a la protección consular desde el momento de su detención; v) a recibir una notificación de la decisión que ordena su deportación; vi) a acceder a un recurso efectivo para impugnar la decisión de deportación; vii) a impugnar la decisión de deportación; y viii) el derecho a que los recursos interpuestos tengan efectos suspensivos sobre la decisión de deportación.// La Comisión recuerda que el Estado venezolano tiene la obligación de analizar, fundamentar y decidir de forma individual cada una de deportaciones que lleven a cabo. En este orden de ideas, reitera que las expulsiones colectivas son manifiestamente contrarias al derecho internacional. Asimismo, ante la posibilidad de que padres o familiares de personas a quienes les corresponde la nacionalidad venezolana sean deportados, la CIDH considera que los procedimientos que puedan llevar a la deportación de estas personas deben tomar en consideración el principio del interés superior de los hijos e hijas de los migrantes y el derecho de la persona sujeta a un procedimiento tendiente a su deportación a que se proteja su derecho a la vida familiar y el principio de unidad familiar, según las normas y estándares de derechos humanos." Véase en "Comunicado de Prensa" de la Comisión Interamericana de Derechos Humanos, "CIDH expresa preocupación sobre deportaciones arbitrarias de colombianos desde Venezuela," de 28

y Migración[41] de 2004, que al contrario de los hechos ocurridos, tiene una especial orientación garantista.

Sabemos que para el régimen totalitario, el derecho y el orden jurídico no importan y se desprecia, pero no por ello debemos dejar de indicar lo que esta Ley regula, para calibrar la magnitud de la violación de los derechos humanos de los extranjeros afectados; y a la vez, la mentira que acompaña todas las decisiones del gobierno.[42] En efecto, dicha Ley comienza en su artículo 15 por garantizar a los extranjeros el derecho a la tutela judicial efectiva en todos los actos que a éstos conciernan o se encuentren involucrados respecto a su condición de extranjeros, agregando que en los procedimientos administrativos que se establezcan en materia de extranjería, se deben respetar, en todo caso, las garantías previstas en la Constitución y las leyes, sobre el procedimiento administrativo, especialmente en lo relativo a la publicidad de los actos, contradicción, audiencia del interesado y motivación de las resoluciones y su recurribilidad.

En particular, en materia de deportación de extranjeros, la Ley define las causas de la medida, entre las cuales están por ejemplo, la referida a "que ingresen y permanezcan en el territorio de la República sin el visado correspondiente" (art. 38.1); a "los que se dediquen a la producción, distribución o posesión de sustancias estupefacientes y psicotrópicas o demás actividades conexas" (art. 39.2); o a los "comprometan la seguridad y defensa de la Nación, altere el orden público o esté incurso en delitos contra los Derechos Humanos, Derecho Internacional Humanitario o las disposiciones contenidas en los instrumentos internacionales, en los cuales sea parte la República" (Art. 39.4).[43]

---

de agosto de 2015, en http://www.oas.org/es/cidh/prensa/comunicados/2015/100.asp. Véase la reseña de Sergio Gómez Maser, "CIDH pide detener deportaciones de colombianos de inmediato," 28 de agosto de 2015, en *El Tiempo,* Bogotá 30 agosto de 2015, en http://www.eltiempo.com/mundo/ee-uu-y-canada/crisis-frontera-con-venezuela-cidh-pide-detener-deportaciones/16303615. Véase igualmente "CIDH pide a Venezuela detener "deportaciones arbitrarias" de colombianos," en *El Carabobeño*, Valencia, 30 de agosto de 2015, en http://www.el-carabobeno.com/porta-da/articulo/111617/cidh-pide-a-venezuela-detener-deportaciones-arbitrarias-de-colombianos.

41   Véase en *Gaceta Oficial* N° 37.944 de 24-05-2004. Sobre esta Ley véase Allan R. Brewer-Carías, *Régimen legal de la nacionalidad, ciudadanía y extranjería. Ley de Nacionalidad y Ciudadanía, Ley de Extranjería y Migración, Ley Orgánica sobre Refugiados y Asilados*, Colección Texto Legislativos N° 31, 1ª edición, Editorial Jurídica Venezolana, Caracas 2005.

42.   Véase Allan R. Brewer-Carías, *La mentira como política de Estado. Crónica de una crisis política permanente. Venezuela 1999-2015* (Prólogo de Manuel Rachadell), Colección Estudios Políticos, N° 10, Editorial Jurídica Venezolana, Caracas 2015.

43   Conforme al artículo 38 de la Ley, estarán sujetos a la medida de deportación del territorio de la República, los extranjeros que estén incursos en alguna de las siguientes causales: 1. Los que ingresen y permanezcan en el territorio de la República sin el

Lo importante a destacar es que para la imposición de la medida de deportación o expulsión de un extranjero, por la causa que sea, como lo dispone el artículo 41 de la Ley, el órgano competente del Ministerio del Interior y Justicia tiene necesariamente que ordenar el *inicio del correspondiente procedimiento administrativo* mediante *auto expreso*, que obligatoriamente se debe notificar al extranjero interesado dentro de las 48 horas siguientes al inicio de dicho procedimiento. Las autoridades tienen prohibición de deportación inmediata, y solo pueden, si lo consideran necesario, imponer medidas cautelares de garantía,[44] mientras el procedimiento sigue su curso.

La *notificación de inicio* del procedimiento deben contener la indicación expresa los hechos que motivaron el inicio del mismo, así como el derecho que tiene el extranjero interesado para *acceder al expediente administrativo* y de *disponer del tiempo que considere necesario para examinarlo*, para lo cual puede estar asistido de abogado de su confianza (art. 42). Esta notificación se

---

visado correspondiente. 2. Los que hayan ingresado al territorio de la República para desempeñar actividades sometidas a la autorización laboral y no cumplan con dicho requisito. 3. Los que no cumplan con la obligación de renovar el visado dentro del lapso que establece el Reglamento de esta Ley. 4. Los trabajadores extranjeros y las trabajadoras extranjeras cuando ejecuten trabajos distintos a aquellos para los cuales fueron contratados y en una jurisdicción diferente a la autorizada. 5. Haber sido multado por la autoridad competente en materia de extranjería y migración, dos (2) o más veces y ser renuente a la cancelación de la misma. Además, conforme al artículo 39 de la Ley, los extranjeros deben ser expulsados del territorio de la República en los siguientes casos: 1. Los que hayan obtenido o renovado el visado que autoriza su ingreso o permanencia en el territorio de la República, con fraude a la ley. 2. Los que se dediquen a la producción, distribución o posesión de sustancias estupefacientes y psicotrópicas o demás actividades conexas. 3. Los que encontrándose legalmente en el territorio de la República, propicien el ingreso legal o ilegal de otro extranjero o extranjera con falsas promesas de contrato de trabajo, promesas de visas o autorización de trabajo. 4. El que comprometa la seguridad y defensa de la Nación, altere el orden público o esté incurso en delitos contra los Derechos Humanos, Derecho Internacional Humanitario o las disposiciones contenidas en los instrumentos internacionales, en los cuales sea parte la República.

44. En dicho auto, a fin de garantizar la ejecución de las medidas de deportación o expulsión, la autoridad competente, podría imponer al extranjero que se encuentre sujeto al procedimiento de deportación o expulsión, las *medidas cautelares* siguientes: "1. Presentación periódica ante la autoridad competente en materia de extranjería y migración. 2. Prohibición de salir de la localidad en la cual resida sin la correspondiente autorización. 3. Prestación de una caución monetaria adecuada, para lo cual deberá tomarse en cuenta la condición económica del extranjero o extranjera. 4. Residenciarse mientras dure el procedimiento administrativo en una determinada localidad. 5. Cualquier otra que estime pertinente a los fines de garantizar el cumplimiento de la decisión de la autoridad competente, siempre que dicha medida no implique una privación o restricción del derecho a la libertad personal." La imposición de estas medidas cautelares no puede exceder de 30 días, contados a partir de la fecha en que se dicte.

debe practicar de conformidad con lo previsto en la Ley Orgánica de Procedimientos Administrativos.

En el mismo auto de apertura del inicio del procedimiento administrativo antes indicado, se le debe informar al extranjero que debe comparecer ante la autoridad competente en materia de extranjería y migración, al tercer día hábil siguiente a su notificación, a los fines de que se realice una *audiencia oral en la cual pueda exponer los alegatos* para ejercer su derecho a la defensa, para lo cual podrá disponer de todos los medios de prueba que considere pertinentes (art. 43).[45] Luego de haberse realizado la audiencia oral antes indicada, el órgano competente del Ministerio del Interior y Justicia debe *decidir dentro de las 72 horas siguientes a la celebración de dicha audiencia oral*; en forma *escrita y mediante acto administrativo debidamente motivado*, que deberá contener los requisitos consagrados en las disposiciones de la Ley Orgánica de Procedimientos Administrativos (art. 44). El artículo 50 de la ley insiste en establecer que la expulsión de extranjeros se debe hacer mediante *acto motivado*, dictado por el Ministerio del Interior y Justicia, en la cual se fijará el término para el cumplimiento de la misma.

La decisión de deportación o expulsión debe ser *notificada al extranjero* interesado dentro de las 24 horas siguientes a dicha decisión, la cual debe contener *el texto íntegro del acto administrativo con indicación de los recursos que procedan* y de los lapsos para ejercerlos, así como de los órganos o tribunales ante los cuales deberán interponerse.

En las decisiones que acuerden la deportación o expulsión de extranjeros *se debe fijar el término para el cumplimiento de tales decisiones*, el cual comenzará a transcurrir una vez que se hayan agotado todos los recursos administrativos y judiciales previstos en la ley y dicha medida de deportación o expulsión hubiere quedado definitivamente firme.

Conforme lo dispone el artículo 45 de la Ley, dentro de los cinco días hábiles siguientes a la decisión el extranjero interesado puede interponer *recurso jerárquico* ante el Ministro del Interior y Justicia; quien debe decidir mediante acto administrativo motivado, dentro de los 2 días hábiles siguientes a su interposición. El Ministerio del Interior y Justicia mediante Resolución motivada, revocará la visa o documento de ingreso o permanencia en el territorio de la República a los extranjeros y extranjeras incursos en las causales de deportación y expulsión previstas en los artículos 38 y 39 de la Ley.

De acuerdo con el artículo 50 de la Ley de Extranjeros y Migración Extranjería *solo en caso de incumplimiento del término fijado en el acto administrativo de expulsión (para abandonar el territorio de la República, se*

---

45. El extranjero interesado puede estar asistido de abogado de su confianza en la audiencia oral; y si no habla el idioma castellano o no puede comunicarse de manera verbal se le debe proporcionar un intérprete. Si el extranjero interesado solicitare en dicha audiencia que se le reconozca la condición de refugiado, se debe tramitar el asunto conforme al procedimiento establecido en la Ley Orgánica de Refugiados y Asilados.

puede proceder a la conducción del extranjero hasta el terminal de salida habilitado al efecto, donde la autoridad competente deba hacer efectiva la expulsión (art. 50).

En todo caso, la misma Ley garantiza a los extranjeros sometidos a las medidas de deportación o expulsión que posean bienes adquiridos legítimamente, el derecho de traslado y colocación de los mismos *durante un lapso de un año*, contado a partir de que la medida haya quedado definitivamente firme, para lo cual deben tener las facilidades necesarias. Dicho traslado lo pueden realizar por sí mismos o a través de representante o apoderado, debidamente autorizado mediante documento autenticado (art. 48).[46]

Leer estas disposiciones de una Ley que está vigente en Venezuela, y contrastarlas con la conducta desplegada por las autoridades civiles y militares en la frontera que controlan, con ocasión de la declaratoria del estado de excepción y el inconstitucional cierre de la frontera, lo que evidencia es la masiva y descarada violación de la ley, la cual como se dijo, desde el Estado totalitario se desprecia; pero a la vez el Presidente de la República afirma cínicamente ante el cierre indefinido de la frontera que "que hasta que no haya un "*mínimo de respeto a la ley*" no ve la posibilidad de abrirla."[47]

2. *La ausencia de régimen normativo respecto de la restricción a la garantía de la inviolabilidad de las comunicaciones*

El artículo 48 de la Constitución que establece el derecho a la inviolabilidad de las comunicaciones, dispone lo siguiente:

> "*Artículo 48*. Se garantiza el secreto e inviolabilidad de las comunicaciones privadas en todas sus formas. No podrán ser interferidas sino por orden de un tribunal competente, con el cumplimiento de las disposiciones legales y preservándose el secreto de lo privado que no guarde relación con el correspondiente proceso."

En esta materia, sin embargo, nada reguló el decreto sobre las modalidades y el alcance de la garantía del derecho por lo que el ejercicio del mismo no ha sido afectado ni restringido en forma alguna.

---

46. Además, conforme se indica en el artículo 49 de la Ley, los trabajadores extranjeros sujetos a las medidas de deportación o expulsión tienen derecho a percibir los salarios, prestaciones sociales y todos los beneficios establecidos en la ley que regula las relaciones de trabajo, contrataciones colectivas y demás leyes sociales aplicables con ocasión de la relación laboral.

47   Véase el reportaje de Daniel Pardo, ""D", la marca que condena al derrumbe las casas de los colombianos deportados de Venezuela," en *BBC Mundo*, 26 de agosto de 2015, en http://www.bbc.com/mundo/noticias/2015/08/150825_vene-zuela_conflcto_frontera_dp

3. *Régimen normativo derivado de la restricción a la garantía del derecho al libre tránsito y su inconstitucionalidad e ilegalidad*

El artículo 50 de la Constitución que establece el derecho al libre tránsito, dispone lo siguiente:

> *"Artículo 50.* Toda persona puede transitar libremente y por cualquier medio por el territorio nacional, cambiar de domicilio y residencia, ausentarse de la República y volver, trasladar sus bienes y pertenencias en el país, traer sus bienes al país o sacarlos, sin más limitaciones que las establecidas por la ley. En caso de concesión de vías, la ley establecerá los supuestos en los que debe garantizarse el uso de una vía alterna. Los venezolanos y venezolanas pueden ingresar al país sin necesidad de autorización alguna.
>
> Ningún acto del Poder Público podrá establecer la pena de extrañamiento del territorio nacional contra venezolanos o venezolanas."

Sobre esta previsión constitucional relativa a la garantía del derecho al libre tránsito de que solo puede ser limitado mediante ley, el decreto estableció dos tipos de restricciones:

Primero, el artículo 2.2 del Decreto, al restringir dicha garantía, estableció que "las autoridades competentes podrán practicar requisas personales, de equipajes y vehículos," pero sometido ello a las siguientes condiciones acumulativas:

a) Que se trata solo de una "restricción del tránsito de mercancías y bienes en los municipios Bolívar, Pedro María Ureña, Junín, Capacho Nuevo, Capacho Viejo y Rafael Urdaneta del estado Táchira,"

b) Que las requisas son "exclusivamente a los fines de determinar la comisión de los delitos" indicados en el artículo 2.1, es decir, los "delitos o de graves ilícitos administrativos, contra las personas, su vida, integridad, libertad o patrimonio, así como delitos o ilicitudes relacionados con la afección de la paz, el orden público y Seguridad de la Nación, la fe pública, el orden socioeconómico, la identidad y orden migratorio, y delitos conexos."

c) Que en los casos de "practicar requisas personales, de equipajes y vehículos," la deberán realizar las autoridades competentes "dentro del más estricto respeto a la integridad física, psíquica y moral de las personas mediante el cumplimiento de los protocolos que garantizan de forma efectiva y eficaz dicho respeto."

Segundo, el artículo 2.3 del Decreto, al restringir dicha garantía de la reserva legal respecto del derecho al libre tránsito, estableció que:

> "3. Los Ministerios del Poder Popular con competencia en las materias de Relaciones Interiores, Justicia y Paz, y Defensa, mediante Resolución Conjunta, podrán establecer restricciones al tránsito de bienes y personas en los municipios afectados por la declaratoria efectuada en el artículo 1° de este Decreto, así como el cumplimiento de determinados

requisitos o la obligación de informar el cambio de domicilio o residencia, la salida de la República o el ingreso a ésta, el traslado de bienes y pertenencias en el país, su salida o entrada, sin más limitaciones que las establecidas por la ley."

Esta previsión es completamente contraria a la Constitución. Como hemos dicho, conforme al artículo 339 de la Constitución, y esa fue la gran reforma en relación con lo que se establecía en la Constitución de 1961, en el decreto que declare el estado de excepción, necesariamente "se regulará el ejercicio del derecho cuya garantía se restringe." La Constitución excepcionalmente autoriza al Presidente de la República a restringir las garantías de ciertos derechos al declarar el estado de excepción, pero no lo autoriza a "delegar" o "autorizar" a su vez, a los Ministros a establecer restricciones a los derechos.

La restricción de garantías constitucionales y el decreto de estado de excepción, es uno de los típicos "actos de gobierno" [48] o actos ejecutivos dictados en "ejecución directa de la Constitución," que esta asigna en exclusividad al Presidente de la República en Consejo de Ministros (art. 236.7), [49] y cuya emisión por tanto no es delegable.

Es por tanto absolutamente inconstitucional que el Presidente pretenda "delegar," "transferir," "asignar," "trasladar" el ejercicio de competencias constitucionales de ejecución directa de la Constitución en los Ministros, que sólo él puede ejercer en Consejo de Ministros, y que además implican el ejercicio de poderes normativos.

En consecuencia, cualquier acto administrativo que dicte un Ministro conforme a la inconstitucional previsión, estableciendo "restricciones al tránsito de bienes y personas en los municipios afectados" por la declaratoria de estado de excepción, es a su vez inconstitucional; al igual que cualquier acto administrativo mediante los cuales un Ministro establezca o imponga "el cumplimiento de determinados requisitos o la obligación de informar el cambio de domicilio o residencia, la salida de la República o el ingreso a ésta, el traslado de bienes y pertenencias en el país, su salida o entrada," los cuales también serían absolutamente inconstitucionales.

---

48   Así lo califica expresamente la sentencia N° 1173 de 28 de agosto de 2015, que declara la "constitucionalidad" del decreto N° 1950 de 21 de agosto de 2-15 de estado de excepción. Véase en http://historico.tsj.gob.ve/decisiones/scon/agosto/181175-1173-28815-2015-2015-0979.HTML.

49   Art. 236. Son atribuciones y obligaciones del Presidente de la República (en Consejo de Ministros): 7. Declarar los estados de excepción y decretar la restricción de garantías en los casos previstos en esta Constitución." Véase sobre los actos de ejecución directa de la Constitución y su significado: Allan R. Brewer-Carías, "El control de constitucionalidad de los actos del Poder Ejecutivo dictados en ejecución directa e inmediata de la Constitución y el principio de la formación del derecho por grados en Venezuela," en *Revista Jurídica UDABOL*, Universidad de Aquino Bolivia, Año 1, N° 1, La Paz 2012, pp. 83-129.

Por lo demás, si el artículo 2.3 del Decreto N° 1.950 se entendiera como estableciendo una "delegación," olvidó el Presidente de la República que él mismo en la Ley Orgánica de la Administración Pública que dictó mediante Decreto Ley en 2014, estableció expresamente en su artículo 35.1 que "la delegación intersubjetiva o inter-orgánica no procederá [...] cuando se trate de la adopción de disposiciones de *carácter normativo*." La delegación, entonces en ese caso, además de inconstitucional, sería completamente ilegal.

4. *Régimen normativo derivado de la restricción a la garantía del derecho de reunión y su inconstitucionalidad e ilegalidad*

El artículo 53 de la Constitución que establece el derecho de reunión, dispone lo siguiente:

"Artículo 53. Toda persona tiene el derecho de reunirse, pública o privadamente, sin permiso previo, con fines lícitos y sin armas. Las reuniones en lugares públicos se regirán por la ley."

En relación con esta previsión constitucional sobre la garantía del derecho de reunión de que las reuniones en lugares públicos "se regirán por la ley," el artículo 2.4 del Decreto, al restringir la garantía, estableció la restricción de que:

"No se permitirán reuniones públicas que no hubieren sido previamente autorizadas por el funcionario en quien se delega la ejecución del presente Decreto."

Es decir, la restricción a la garantía del derecho fue el establecimiento en el decreto ley de la necesidad de una autorización previa por parte del "funcionario en quien se delega la ejecución" del decreto, que es el Gobernador del Estado Táchira. Como dicha delegación es contraria a la Constitución, como antes se ha argumentado, pues el Presidente sólo puede delegar atribuciones en funcionarios subalternos titulares de órganos que le son dependientes, y no en funcionarios electos, titulares de órganos de otro Poder Público (Poder Estadal) que no son sus inferiores ni subalternos, cualquier acto dictado por el mencionado Gobernador en ejecución del decreto es igualmente inconstitucional e ilegal.

Pero además, dicha previsión del artículo 2.4 del Decreto 1950 también es inconstitucional, al restringir la garantía del derecho de reunión en lugares públicos, porque ello no tiene relación directa con el motivo y objeto del decreto que fue el declarar un estado de excepción económica. No se establece en el decreto motivación alguna que permita establecer la vinculación entre el derecho de reunión en lugares públicos, y la situación del contrabando de extracción que se busca perseguir. Y ni siquiera el Decreto hizo referencia por ejemplo, a los mercados populares que se puedan realizar en lugares públicos, y el vínculo entre ellos y el contrabando de extracción.

5. *Régimen normativo derivado de la restricción a la garantía del derecho*
   de manifestación y su inconstitucionalidad e ilegalidad

El artículo 68 de la Constitución que establece el derecho de manifestación, dispone lo siguiente:

> "Artículo 68. Los ciudadanos y ciudadanas tienen derecho a manifestar, pacíficamente y sin armas, sin otros requisitos que los que establezca la ley.
>
> Se prohíbe el uso de armas de fuego y sustancias tóxicas en el control de manifestaciones pacíficas. La ley regulará la actuación de los cuerpos policiales y de seguridad en el control del orden público."

Sobre esta previsión constitucional relativa a la garantía del derecho de manifestación pacíficamente y sin armas de que solo la ley puede establecer requisitos para su ejercicio, el artículo 2.5 del Decreto estableció la restricción de que en la zona comprendida por el Decreto "sólo podrá ejercerse previa autorización del funcionario en quien se delega la ejecución del presente Decreto, emitida a solicitud de los manifestantes," la cual "deberá presentarse con una anticipación de quince (15) días a la fecha fijada para su convocatoria."

Respecto de esta restricción de un derecho político como es el derecho de manifestación, el mismo no tiene relación directa con el motivo y objeto del decreto, que fue el declarar un estado de excepción económica. Tampoco en este caso se establece en el decreto motivación alguna que permita establecer la vinculación entre el derecho de manifestación, como derecho político, y la situación del contrabando de extracción que se busca perseguir. La norma, por tanto, sin duda, está viciada de desviación de poder, pues con el decreto de estado de excepción económica se busca restringir el ejercicio de derechos políticos.

Además, como ante se dijo, igualmente en este caso el Decreto atribuye el otorgamiento de la autorización previa para poder manifestar al "funcionario en quien se delega la ejecución" del Decreto, que es el Gobernador del Estado Táchira. Como dicha delegación es contraria a la Constitución, como antes se ha argumentado, pues conforme a la ley Orgánica de la Administración Pública el Presidente sólo puede delegar atribuciones en funcionarios subalternos titulares de órganos que le son dependientes, y no en funcionarios electos, titulares de órganos de otro Poder Público (Poder Estadal) que no son sus inferiores ni subalternos, cualquier acto dictado por el mencionado Gobernador en ejecución del decreto es igualmente inconstitucional e ilegal.

6. *Régimen normativo derivado de la restricción a la garantía a ejercer*
   actividades económicas (libertad económica) y su inconstitucionalidad e
   ilegalidad

El artículo 112 de la Constitución que establece el derecho a la libertad económica, dispone lo siguiente:

"Artículo 112. Todas las personas pueden dedicarse libremente a la actividad económica de su preferencia, sin más limitaciones que las previstas en esta Constitución y las que establezcan las leyes, por razones de desarrollo humano, seguridad, sanidad, protección del ambiente u otras de interés social. El Estado promoverá la iniciativa privada, garantizando la creación y justa distribución de la riqueza, así como la producción de bienes y servicios que satisfagan las necesidades de la población, la libertad de trabajo, empresa, comercio, industria, sin perjuicio de su facultad para dictar medidas para planificar, racionalizar y regular la economía e impulsar el desarrollo integral del país."

En relación con esta previsión constitucional sobre la garantía del derecho a la libertad económica, que remite a la ley para establecer limitaciones a la misma, el artículo 2.6 del Decreto, al restringir la garantía, estableció la restricción de que:

"6. El Ministerio del Poder Popular para el Comercio, conjuntamente con los Ministerios con competencia en las materias de Alimentación, Agricultura y Tierras, y Salud, podrán establecer normas especiales para la disposición, traslado, comercialización, distribución, almacenamiento o producción de bienes esenciales o de primera necesidad, o regulaciones para su racionamiento; así como restringir o prohibir temporalmente el ejercicio de determinadas actividades comerciales."

Como antes se ha argumentado, esta previsión también es completamente contraria a la Constitución, ya que el artículo 339 de la misma, contrariamente a lo que establecía la Constitución de 1961, exige que en el decreto que declare el estado de excepción, necesariamente "se regulará el ejercicio del derecho cuya garantía se restringe," no autorizando al Presidente para en forma alguna "delegar" o "autorizar" a su vez, a los Ministros para establecer restricciones a los derechos. Como acto de ejecución directa de la Constitución, la restricción de garantías constitucionales y el decreto de estado de excepción, es una competencia exclusiva al Presidente de la República en Consejo de Ministros (art. 236.7), y cuya emisión no es delegable. Es por tanto absolutamente inconstitucional que el Presidente pretenda "delegar," "transferir," "asignar," "trasladar" en sus Ministros el ejercicio de competencias constitucionales de ejecución directa de la Constitución, que sólo él puede ejercer en Consejo de Ministros, y menos cuando se trata de poderes normativos..

En consecuencia, cualquier acto administrativo que dicte un Ministro conforme a la inconstitucional previsión, estableciendo normas especiales para la disposición, traslado, comercialización, distribución, almacenamiento o producción de bienes esenciales o de primera necesidad, o regulaciones para su racionamiento; así como restringir o prohibir temporalmente el ejercicio de determinadas actividades comerciales, sería a su vez inconstitucional.

Por lo demás, si el artículo 2.6 del Decreto N° 1950 también se entendiera como estableciendo una "delegación," olvidó el Presidente de la República que él mismo en la Ley Orgánica de la Administración Pública que dictó mediante Decreto Ley en 2014, estableció expresamente en su artículo 35.1 que "la delegación intersubjetiva o inter-orgánica no procederá [...] cuando se trate de la adopción de disposiciones de *carácter normativo*." La delegación, entonces en ese caso, además de inconstitucional, sería completamente ilegal.

Por último, en cualquier caso, si el funcionario inconstitucionalmente "delegado" ejerce las atribuciones delegadas, debe realizarlo mediante actos jurídicos formales que puedan ser controlados. El estado de excepción en materia económica no es ni puede entenderse como una "suspensión" del ordenamiento jurídico, [50] ni como el decreto de establecimiento de un "reino de la arbitrariedad," ni como uno operación de índole militar. Sin embargo, esto último es lo que parece se persigue con el Decreto, al militarizarse totalmente su ejecución por el funcionario "delegado," al designarse en el artículo 11, "al Comandante de la Zona Operativa de Defensa Integral (ZODI) del Táchira, responsable de las acciones de índole estratégico militar que con ocasión de este Decreto deban ejecutarse, bajo la coordinación del funcionario en quien se delega la ejecución del presente Decreto." [51]

---

50. Véase María Amparo Grau, "¿Estado de Excepción sin Estado de derecho?, en *El Nacional*, Caracas 26 de agosto de 2015, en http://www.el-nacional.com/maria_amparo_grau/excepcion-Derecho_0_689931257.html
51. Y no otra cosa parece, por ejemplo, haber ocurrido el día 25 de agosto de 2015, cuando en una "asamblea" para tratar de la implementación del estado de excepción en el Estado Táchira, el gobernador "delegado," con la participación del Presidente de la Asamblea Nacional, dio órdenes y adoptó decisiones vía twitter, así: "#AHORA "Mañana a las 12 del mediodía local que no esté abierto se aplicarán medidas" expresa gobernador @VielmaEsTachira desde la frontera. 18:58 - 25 ago 2015." De ello se da cuenta en la prensa así: "El gobernador del estado Táchira, José Gregorio Vielma Mora, le insistió a los comerciantes de la zona fronteriza a reabrir los comercios, de lo contrario las fuerzas de seguridad romperán las cadenas y candados. Durante la asamblea para aprobar el decreto de Estado de excepción realizada en Los Andes venezolanos, el gobernador dio la orden de abrir los negocios este miércoles. *"Mi general (Jefe de la Región Estratégica de Defensa Integral Los Andes, Efraín Velasco Lugo) llame a todos los comerciantes de la frontera, a partir de mañana comercio que no esté abierto vamos a aperturar (sic) la santamaría, vamos a romper las cadenas y los candados que oprimen al pueblo."* Véase la información de prensa en las reseñas: "Gobernador chavista amenaza con abrir comercios fronterizos a la fuerza," en *Diario Las Américas*, 26 de agosto de 2015, en http://www.diariolasamericas.com/4848_venezuela/3299937 gobernador-chavista-amenaza-abrir-comercios-fronterizos-fuerza.html; "Vielma Mora: Abriremos los locales de la frontera que no estén trabajando," en *El Mundo*, 26 de agosto de 2015, en http://www.el-mundo.com.ve/noticias/economia/poli-tica/vielma-mora-abriremos-los-locales-de-la-frontera-.aspx#ixzz3jvGqfTI9. O sea, el Gobernador "delegado" consideró la apertura de los comercios como una "acción de índole estratégico militar," y tomó decisiones en la forma de órdenes militares verbales, sin apego alguno a las formalidades de la actuación de la Administración Pública, y por tanto, sin seguridad jurídica alguna. Para el Estado totalitario, en fin, el derecho no tiene ningún valor. Véase Allan R.

7. *Régimen inconstitucional normativo que modifica las competencias constitucionales del Banco Central de Venezuela*

Conforme al artículo 318 de la Constitución, el Banco Central de Venezuela, para el adecuado cumplimiento de su objetivo, que "es lograr la estabilidad de precios y preservar el valor interno y externo de la unidad monetaria," tiene "entre sus funciones las de formular y ejecutar la política monetaria, participar en el diseño y ejecutar la política cambiaria, regular la moneda, el crédito y las tasas de interés, administrar las reservas internacionales, y todas aquellas que establezca la ley."

Un decreto de Estado de excepción, si bien puede permitir restringir las garantías constitucionales de ciertos derechos, no puede en forma alguna modificar las competencias de órganos constitucionales, como lo es el Banco Central de Venezuela. Sin embargo, el artículo 4 del Decreto No. 1.950 dispone que:

"Artículo 4°. El Ministerio del Poder Popular de Economía y Finanzas podrá establecer límites máximos de ingreso o egreso de moneda venezolana de curso legal en efectivo. De igual manera, dicho Ministerio podrá establecer restricciones a determinadas operaciones y transacciones comerciales o financieras, así como restringir dichas operaciones al uso de medios electrónicos debidamente autorizados en el país."

La Constitución es muy precisa estableciendo en su artículo 339 que "La declaración del estado de excepción no interrumpe el funcionamiento de los órganos del Poder Público," por lo que toda decisión que adopte el Ministerio de Economía y Finanzas que afecte las competencias del Banco Central de Venezuela es inconstitucional.

Además, también en este caso, si se entendiera que lo que se regula es una "restricción" al derecho al libre ejercicio de la actividad económica, igualmente en este caso, conforme al artículo 339, solo el Presidente de la República puede dictar el acto de ejecución directa de la Constitución regulando el ejercicio del derecho cuya garantía se restringe, no autorizando al Presidente para en forma alguna "delegar" o "autorizar" a su vez, a los Ministros para establecer restricciones a los derechos. Es por tanto absolutamente inconstitucional que el Presidente pretenda "delegar," "transferir," "asignar," "trasladar" en sus Ministros el ejercicio de competencias constitucionales de ejecución directa de la Constitución, que sólo él puede ejercer en Consejo de Ministros, y menos cuando se trata de poderes normativos.

En consecuencia, cualquier acto administrativo que dicte el Ministro de Economía y Finanzas conforme a la inconstitucional previsión, estableciendo límites máximos de ingreso o egreso de moneda venezolana de curso legal en

Brewer-Carías, *Estado totalitario y desprecia a la Ley. La desconstitucionalización, desjuridificación, desjudicialización y desdemocratización de Venezuela*, Fundación de Derecho Público, Editorial Jurídica Venezolana, 2014.

efectivo, y restricciones a determinadas operaciones y transacciones comerciales o financieras, y a restringir dichas operaciones al uso de medios electrónicos, sería inconstitucional.

Por lo demás, si el artículo 4 del Decreto No. 1.950 también se entendiera como estableciendo una "delegación," olvidó el Presidente de la República que él mismo, en la Ley Orgánica de la Administración Pública que dictó mediante Decreto Ley en 2014, estableció expresamente en su artículo 35.1 que "la delegación intersubjetiva o inter-orgánica *no procederá* [...] cuando se trate de la adopción de disposiciones de ca*rácter normativo.*" La delegación, entonces en ese caso, además de inconstitucional, sería completamente ilegal.

V. OTRAS REGULACIONES INCONSTITUCIONALES DEL DECRETO LEY: LAS ÓRDENES DADAS AL DEFENSOR DEL PUEBLO COMO SI FUERA SUBALTERNO DEL PODER EJECUTIVO

El decreto Nº 1.950, además de establecer regulaciones sobre asuntos ya regulados en las leyes, como la suspensión temporal del porte de armas (art. 5), o normas de coordinación entre los diversos órganos del Estado (por ejemplo, artículos 6, 10, 11), contiene otras disposiciones inconstitucionales, como es la orden viciada de usurpación de funciones, emanada del Presidente de la República dirigidas al Defensor del Pueblo que es un órgano del Poder Ciudadano, que es un Poder Público distinto, separado del Poder Ejecutivo, autónomo e independiente (art. 273), que no puede recibir órdenes de otro Poder y menos del Presidente de la República. Y ello, y no otra cosa, es lo que se expresa en el artículo 7 del decreto al disponer:

> "Artículo 7º. La Defensoría del Pueblo *comisionará* a los defensores delegados de los municipios Bolívar, Pedro María Ureña, Junín, Capacho Nuevo, Capacho Viejo y Rafael Urdaneta del estado Táchira, así como defensores especiales y nacionales, para atender la situación excepcional objeto de regulación en este Decreto, con el fin de que velen por el respeto de los derechos humanos de la población y ejerzan las acciones necesarias para su efectiva protección. A tal efecto, podrá reforzar su actuación comisionando defensores delegados de otros estados."

VI. EL ESTADO DE EXCEPCIÓN Y LA CREACIÓN DE UNA AUTORIDAD ÚNICA DE ÁREA A CARGO DE UN MILITAR PARA REFORZAR LA MILITARIZACIÓN DE LA FRONTERA

El 26 de agosto de 2015, se publicó el Decreto Nº 1.956 de la misma fecha, mediante el cual se nombró a un militar activo como "Autoridad Única de la Zona Uno, área determinada por los límites político-territoriales de los Municipios Bolívar, Junín, Capacho Nuevo, Capacho Viejo y Rafael Urdaneta del Estado Táchira, [52] que no tiene carácter orgánico (art. 1) y es depen-

---

52 Véase en *Gaceta Oficial* Nº 40.732 de 26 de agosto de 2015, contentiva del Decreto Nº 1.956 de la misma fecha, mediante el cual se nombra "al ciudadano Carlos Alber-

diente directamente del Presidente de la República (art. 5), materializando un proyecto que antes se había anunciado,[53] con el único objeto, sin duda demasiado laxo para definir una competencia pública, de *"establecer un nuevo orden en el sector de la frontera,* en el cual concurren diversos municipios, fortaleciendo la capacidad de organización y el liderazgo de las nuevas estructuras para una nueva frontera"* (art. 1).

Una Autoridad Única de Área en la zona, con esta competencia, en paralelo al decreto de un estado de emergencia, a cargo de un militar activo, no parece tener otro fin que no sea reforzar la militarización de la frontera, para lo cual se atribuye a dicho militar general la competencia general de coordinar todas las autoridades públicas del Ejecutivo Nacional con competencia en

to Martínez Stapulionis, como Autoridad Única de la Zona Uno, área determinada por los límites político-territoriales de los municipios que en él se indican, del estado Táchira. (Municipio Bolívar, Junín, Capacho Nuevo, Capacho Viejo y Rafael Urdaneta)." Mediante Decreto N° 1.970 de 1° de septiembre de 2015, el Presidente Maduro designó al "ciudadano Luis Rodolfo Arrieta Suárez, como Autoridad Única de la Zona 2, área determinada por los límites político-territoriales de los Municipios Lobatera, Panamericano, García de Hevia y Ayacucho del estado Táchira." Véase en *Gaceta Oficial* N° 40736 de 1° de septiembre de 2015. El decreto está "dado en Caracas" pero en esa fecha 1° de septiembre de 2015, Maduro estaba en China. Véase la información del 2 de septiembre de 2015: "Maduro intensifica su acercamiento a China en plena crisis fronteriza," donde incluso se anuncia que al día siguiente, el 3 de septiembre, asistirá "al desfile militar conmemorativo del 70 aniversario del fin de la Segunda Guerra Mundial que se celebrará en Pekín." Véase en *Noticiero Digital*, 2 de septiembre de 2015, en http://www.noticierodigital.com/2015/09/maduro-intensifica-su-acercamiento-a-china-en-plena-crisis-fronteriza/.

53   Por las informaciones de prensa publicadas el día 24 de agosto de 2015, se deduce que para el día anterior, el Decreto de estado de excepción aún estaba en "borrador," habiéndose propuesto además crear una "autoridad única de área" en la zona de seguridad de los municipios fronterizos del Estado Táchira. Véase por ejemplo la información: "Designada autoridad única para los municipios incorporados en el estado de excepción," en *Noticias Venezuela*, 24 de agosto de 2015. En esa reseña se lee lo siguiente expresado por el Presidente de la República: "He decidido designar un jefe único de esta zona número uno, *allí en la primera versión del decreto de estado de excepción,* creo la zona de seguridad fronteriza con cinco municipios, estamos agregando un sexto municipio, el municipio Rafael Urdaneta se está agregando al estado de excepción a partir de hoy (…) *Se trata del general Carlos Alberto Martínez, general de la República, quien desde este mismo momento asume la conducción de la zona uno,* y así iremos, fortaleciendo la capacidad de organización, el liderazgo de las nuevas estructuras para la nueva frontera." Maduro agradeció la labor del mandatario regional José Gregorio Vielma Mora durante las primeras horas de la aplicación del decreto en la región: "Yo le había solicitado al gobernador que asumiera en las primeras horas la conducción de la zona número uno, lo ha hecho muy bien, ahora yo estoy designando un Jefe Único, una Autoridad Única de estos seis municipios a la luz del estado de excepción, *para que lidere y sea el jefe de todas las acciones integrales para establecer un nuevo orden en la frontera, una nueva frontera."* Véase en http://noticiasvenezuela.info/2015/08/designada-autoridad-unica-para-los-municipios-incorporados-en-el-estado-de-excepcion/.

los Municipios (art. 2), así como la coordinación inter institucional con los diversos entes político territoriales, disponiendo que todos los entes públicos nacionales deben ejercer sus competencias conforme a los lineamientos y directrices de la Autoridad Única de Área (art. 3). El Decreto, además, ordena a todos los órganos y entes descentralizados o desconcentrados nacionales ejercer sus respectivas competencias bajo la coordinación y aprobación previa de la Autoridad Única de Área.[54]

VII. EL MARCO LEGAL PARA EL CONTROL JUDICIAL DE LOS DE- CRETOS DE ESTADOS DE EXCEPCIÓN Y SUS ACTOS DE EJE- CUCIÓN

Para corregir todas los actos estatales adoptados con motivo del decreto de un estado de excepción, el artículo 336.6 de la Constitución asigna a la Sala Constitucional del Tribunal Supremo de Justicia, la atribución de "revisar en todo caso, aun de oficio, la constitucionalidad de los decretos que declaren estados de excepción dictados por el Presidente o Presidenta de la Repúbli- ca"; lo que ratifica el artículo 339 al exigir que el Ejecutivo Nacional lo remi- ta a "la Sala Constitucional del Tribunal Supremo de Justicia, para que se pronuncie sobre su constitucionalidad."

Conforme al artículo 32 de la Ley Orgánica, la Sala Constitucional del Tribunal Supremo de Justicia debe decidir la revisión del decreto de estado de excepción en el lapso de diez días continuos contados a partir de la comuni- cación del Presidente de la República o del Presidente de la Asamblea Nacio- nal, o del vencimiento del lapso de 8 días continuos previsto en el artículo anterior.

Si la Sala Constitucional no se pronuncia en el lapso mencionado, con- forme al artículo 32 de la Ley Orgánica, los Magistrados que la componen "incurren en responsabilidad disciplinaria, pudiendo ser removido de sus cargos de conformidad con lo establecido en el artículo 265 de la Constitu- ción". Este es el primer supuesto de "falta grave" para la remoción de los Magistrados del Tribunal Supremo que se regula en la legislación, por parte de la Asamblea Nacional.

En el curso del procedimiento establecido, para cuyo desarrollo todos los días y horas se consideran hábiles (art. 39 Ley Orgánica), los interesados, durante los 5 primeros días del lapso para decidir que tiene la Sala Constitu-

---

54. En todas las otras zonas fronterizas donde se decretaron estados de excepción, se designaron autoridades únicas de área. Véase por ejemplo, los siguientes decretos: Decreto N° 2.017, Autoridad Única de la Zona Cuatro, municipios Machíques de Pe- rijá, Rosario de Perijá, Jesús Enrique Lossada y la Cañada de Urdaneta del estado Zulia; Decreto N° 2.018, Autoridad Única de la Zona Cinco, municipios Catatumbo, Jesús María Semprúm y Colón del estado Zulia; Decreto N° 2.019, Autoridad Única de la Zona Seis, municipio Páez del estado Apure y Decreto N° 2.020, Autoridad Única de la Zona Siete, municipios Rómulo Gallegos y Pedro Camejo del estado Apure. En *Gaceta Oficial* N° 40.747 de 16 de septiembre de 2015.

cional, pueden consignar los alegatos y elementos de convicción que sirvan para demostrar la constitucionalidad o la inconstitucionalidad del decreto que declare el estado de excepción, acuerden su prórroga o aumente el número de garantías restringidas.

No precisa el artículo, sin embargo, quienes pueden ser considerados "interesados", por lo que debe entenderse que al tratarse de un juicio de inconstitucionalidad relativo a un decreto "con rango y valor de ley," debería dársele el mismo tratamiento que el establecido para la acción popular, es decir, que para ser interesado basta alegar un simple interés en la constitucionalidad.

En todo caso, la Sala Constitucional del Tribunal Supremo de Justicia, dentro de los dos días siguientes debe admitir los alegatos y elementos de prueba que resulten pertinentes y desechar aquellos que no lo sean. Contra esta decisión, dispone la Ley Orgánica, "no se admitirá recurso alguno", lo cual es absolutamente superfluo, pues no existe recurso posible alguno en el ordenamiento jurídico constitucional, contra las decisiones de la Sala Constitucional.

La Sala Constitucional del Tribunal Supremo de Justicia debe decidir dentro de los tres días continuos siguientes a aquel en que se haya pronunciado sobre la admisibilidad de los alegatos y las pruebas presentadas por los interesados (art. 36).

En su decisión, conforme al artículo 37 de la Ley Orgánica:

> *"Artículo 37*: La Sala Constitucional del Tribunal Supremo de Justicia declarará la nulidad total o parcial del decreto que declara el estado de excepción, acuerda su prórroga o aumenta el número de garantías restringidas, cuando no se cumpla con los principios de la Constitución de la República Bolivariana de Venezuela, tratados internacionales sobre derechos humanos y la presente Ley."

En relación con los efectos de la decisión de la Sala Constitucional en el tiempo, la Ley Orgánica expresamente prescribe los efectos *ex tunc*, disponiendo que:

> *"Artículo 38*: La decisión de nulidad que recaiga sobre el decreto tendrá efectos retroactivos, debiendo la Sala Constitucional del Tribunal Supremo de Justicia restablecer inmediatamente la situación jurídica general infringida, mediante la anulación de todos los actos dictados en ejecución del decreto que declare el estado de excepción, su prórroga o aumento del número de garantías constitucionales restringidas, sin perjuicio del derecho de los particulares de solicitar el restablecimiento de su situación jurídica individual y de ejercer todas las acciones a que haya lugar. Esta decisión deberá ser publicada íntegramente en la *Gaceta Oficial* de la República Bolivariana de Venezuela."

Una Sala Constitucional actuando como juez constitucional en un Estado de derecho, sin duda, tendría en estas normas el poder suficiente para ejercer efectivamente el control de constitucionalidad del decreto de estado de excepción N° 1.950 del 21 de agosto de 2015, con el cual el Presidente de la República en Consejo de Ministros lo que ha hecho es masacrar la Constitución.

Por otra parte, de acuerdo con el artículo 27 de la Constitución, el ejercicio del derecho de amparo "no puede ser afectado en modo alguno por la declaratoria de estado de excepción o de la restricción de garantías constitucionales", derogándose en forma tácita el ordinal del artículo de la Ley Orgánica de Amparo sobre Derechos y Garantías Constitucionales de 1988 que restringía el ejercicio de la acción de amparo en las situaciones de restricción de Garantías Constitucionales.[55] Por ello, incluso, la propia Ley Orgánica enumera, entre las garantías no restringibles "el amparo constitucional" (art. 7.12).

En consecuencia, el artículo 40 de la Ley Orgánica dispone que:

> *"Artículo 40*: Todos los jueces o juezas de la República, en el ámbito de su competencia de amparo constitucional, están facultados para controlar la justificación y proporcionalidad de las medidas adoptadas con base al estado de excepción."

Esta norma, sin embargo, puede considerarse como inconvenientemente restrictiva, pues parecería que los jueces de amparo no podrían ejercer su potestad plena de protección frente a las violaciones de derechos y garantías constitucionales en estas situaciones de los estados de excepción, sino sólo en los aspectos señalados de justificación y proporcionalidad de las medidas que se adopten con motivo de los mismos.

En todo caso, jueces de amparo efectivamente independientes y autónomos, también tendrían en estas normas los poderes necesarios para controlar las inconstitucionalidades del Decreto N° 1.950 de 21 de agosto de 2015, a los cuales nos hemos referido.

Sin embargo, lamentablemente, Venezuela carece de un poder judicial autónomo e independiente que pueda permitir controlar las violaciones a los derechos humanos que se puedan cometer durante un Estado de excepción,[56]

---

55. Véase Allan R. Brewer-Carías, "El amparo a los derechos y la suspensión o restricción de garantías constitucionales", en *El Nacional,* Caracas, 14-4-89, p. A-4.

56 Por ello, con razón, Julio Dávila Cárdenas, citando a Daniel Zovatto, señaló que "cuando se utilizan los estados de excepción para violar los derechos humanos, se transgrede su verdadero objetivo, que es la defensa de la democracia y del Estado de Derecho. Para garantizarlo se requiere de un poder judicial independiente e imparcial que pueda controlar al ejecutivo. Al decir de alguna Corte extranjera ese no parece ser el caso de Venezuela;" en "Los estados de excepción," Caracas, 26 de agosto de 2015. Sobre la situación del Poder Judicial véase: Allan R. Brewer-Carías, "La progresiva y sistemática demolición institucional de la autonomía e independencia del Poder Judicial en Venezuela 1999-2004", en *XXX Jornadas J.M Domínguez Escovar, Estado de derecho, Administración de justicia y derechos humanos*, Instituto de Estudios Jurídicos del Estado Lara, Barquisimeto, 2005, pp. 33-174; "La justicia sometida al poder [La ausencia de independencia y autonomía de los jueces en Venezuela

por lo que los jueces de instancia con competencia en materia de amparo, por el carácter de transitorios o provisionales que tienen en general, y por tanto, carentes de autonomía e independencia,[57] de presentarse acciones de amparo contra medidas adoptadas conforme al Decreto, lamentablemente con casi absoluta seguridad, decidirán declarando inadmisibles, "improponibles" o improcedentes.[58]

En cuanto a la actuación de la Sala Constitucional, lamentablemente, como soporte fundamental que ha sido del régimen autoritario en el país,[59] también en este caso dejó de ejercer realmente un "control de constitucionalidad" respecto del Decreto de estado de excepción, dictando en cambio la sentencia Nº 1.173 de 28 de agosto de 2015, en la cual, como lo anunció la "Nota de prensa" de la propia Sala, lo que hizo fue reconocer "la valiente acción em-

---

por la interminable emergencia del Poder Judicial (1999-2006)]," en *Derecho y democracia. Cuadernos Universitarios*, Órgano de Divulgación Académica, Vicerrectorado Académico, Universidad Metropolitana, Año II, Nº 11, Caracas, septiembre 2007, pp. 122-138; y "The Government of Judges and Democracy. The Tragic Situation of the Venezuelan Judiciary," en *Venezuela. Some Current Legal Issues 2014, Venezuelan National Reports to the 19th International Congress of Comparative Law, International Academy of Comparative Law, Vienna, 20-26 July 2014*, Academia de Ciencias Políticas y Sociales, Caracas 2014, pp. 13-42.

57   Véase Allan R. Brewer-Carías, "La progresiva y sistemática demolición institucional de la autonomía e independencia del Poder Judicial en Venezuela 1999-2004", en *XXX Jornadas J.M Domínguez Escovar, Estado de derecho, Administración de justicia y derechos humanos*, Instituto de Estudios Jurídicos del Estado Lara, Barquisimeto, 2005, pp. 33-174; "La justicia sometida al poder [La ausencia de independencia y autonomía de los jueces en Venezuela por la interminable emergencia del Poder Judicial (1999-2006)]," en *Derecho y democracia. Cuadernos Universitarios*, Órgano de Divulgación Académica, Vicerrectorado Académico, Universidad Metropolitana, Año II, Nº 11, Caracas, septiembre 2007, pp. 122-138; y "The Government of Judges and Democracy. The Tragic Situation of the Venezuelan Judiciary," en *Venezuela. Some Current Legal Issues 2014, Venezuelan National Reports to the 19th International Congress of Comparative Law, International Academy of Comparative Law, Vienna, 20-26 July 2014*, Academia de Ciencias Políticas y Sociales, Caracas 2014, pp. 13-42.

58   Véase Allan R. Brewer-Carías, "El proceso constitucional de amparo en Venezuela: su universalidad y su inefectividad en el régimen autoritario," en *Horizontes Contemporáneos del Derecho Procesal Constitucional. Liber Amicorum Néstor Pedro Sagüés*, Centro de Estudios Constitucionales del Tribunal Constitucional, Lima 2011, Tomo II, pp. 219-261.

59   Véase Allan R. Brewer-Carías, *Crónica sobre la "In" Justicia Constitucional. La Sala Constitucional y el autoritarismo en Venezuela*, Colección Instituto de Derecho Público. Universidad Central de Venezuela, Nº 2, Editorial Jurídica Venezolana, Caracas 2007; "El juez constitucional al servicio del autoritarismo y la ilegítima mutación de la Constitución: el caso de la Sala Constitucional del Tribunal Supremo de Justicia de Venezuela (1999-2009)", en *Revista de Administración Pública*, Nº 180, Madrid 2009, pp. 383-418, y en en *IUSTEL, Revista General de Derecho Administrativo*, Nº 21, junio 2009, Madrid.

prendida por el Ejecutivo Nacional," declarando "confirmada la constitucionalidad del Decreto de Estado de Excepción, objeto del Acuerdo Aprobatorio que hiciera la Asamblea Nacional el día 25 de agosto de los corrientes." En esa forma, al decir de la "Nota de prensa" del Supremo Tribunal, con la "acción emprendida por el Ejecutivo Nacional, respaldada por la Asamblea Nacional y ahora por el Poder Judicial," queda "materializada la exigencia constitucional de la intervención de estos tres Poderes Públicos en la declaratoria de estados de excepción."[60] Intervención que se ha traducido, no en el ejercicio de algún control, sino en el sumiso respaldo de una decisión.

VIII. EL RESPALDO POLÍTICO AL DECRETO DE ESTADO DE EXCEPCIÓN POR PARTE DEL JUEZ CONSTITUCIONAL AL DECIDIR SOBRE LA "CONFIRMACIÓN" DE LA CONSTITUCIONALIDAD DEL MISMO

La Sala Constitucional del Tribunal Supremo de Justicia, en efecto, mediante sentencia N° 1.173 de 28 de agosto de 2015[61] no sólo "dictaminó" la "absoluta, plena e integral constitucionalidad" del Decreto N° 1190 del 21 de agosto de 2015 de declaratoria de estado de excepción, sino que más allá de control de constitucionalidad alguno, expresó

> "el respaldo orgánico de este cuerpo sentenciador de máximo nivel de la Jurisdicción Constitucional hacia las medidas contenidas en el Decreto objeto de examen de constitucionalidad dictado por el ciudadano Presidente de la República, en Consejo de Ministros, en reconocimiento por su pertinencia, proporcionalidad y adecuación, el cual viene a apuntalar con sólido basamento jurídico y con elevada significación popular, la salvaguarda del pueblo y su desarrollo armónico ante factores inéditos y extraordinarios adversos en nuestro país; reconocimiento que se hace extensivo a la aprobación otorgada por la Asamblea Nacional, de conformidad con la Constitución de la República Bolivariana de Venezuela."

Declaración, que por supuesto no es ni pertinente ni constitucional. Una cosa es "revisar la constitucionalidad" (art. 336.6 de la Constitución) o "pronunciarse sobre la constitucionalidad" (art. 339 de la Constitución) del decreto de estado de excepción, que es lo que conforme a la Constitución compete a la Sala Constitucional del Tribunal Supremo de Justicia, y otra es "considerar y aprobar el decreto" (art. 339 de la Constitución) lo que compete en exclusividad al órgano político de representación popular que es la Asamblea Nacional.

En todo caso, y limitándonos al supuesto "control de constitucionalidad" ejercido en relación con el decreto de estado de excepción, la Sala Constitucional se limitó a hacer un control meramente "formal," analizando su texto

---

60 Véase en http://www.tsj.gob.ve/-/tsj-confirma-constitucionalidad-del-decreto-que-declara-estado-de-excepcion.

61 Véase en http://historico.tsj.gob.ve/decisiones/scon/agosto/181175-1173-28815-2015-2015-0979.HTML.

para verificar que efectivamente el Presidente de la República lo había dictado invocando su "base constitucional y legal," dictándolo "en cumplimiento de todos los parámetros que prevé la Constitución" en relación con la "competencia" para emitirlo, la indicación de su "objeto," considerando que las razones invocadas en el mismo "justifican la constitucionalidad del Decreto," concluyendo con la estimación de que:

> "el Decreto en cuestión cumple con los principios y normas contenidos en la Constitución de la República Bolivariana de Venezuela, en tratados internacionales sobre derechos humanos válidamente suscritos y ratificados por la República, y en la Ley Orgánica sobre Estados de Excepción."[62]

La sentencia de la Sala Constitucional, simplemente formalista, no tiene ni un solo argumento o razonamiento sobre las cuestiones de constitucionalidad que afectan al Decreto, las cuales incluso fueron denunciadas formalmente por los únicos interesados que concurrieron al procedimiento, los ciudadanos Javier Villamizar y Horacio González, en su condición de Presidente y miembro, respectivamente, del *Centro de Estudiantes de la Escuela de Derecho de la Universidad Central de Venezuela*, quienes mediante escrito de 26 de agosto de 2015, que ampliaron en escrito de 27 de agosto de 2015, denunciaron importantes vicios de inconstitucionalidad del decreto de estado de excepción. La Sala, para eludir tener que analizar los argumentos esgrimidos y realizar un efectivo control de constitucionalidad del decreto en lugar del ejercicio que hizo de aprobación del mismo, lo que resolvió fue, con un arrogante desprecio de la participación ciudadana y sin exponer con base en qué argumento, que el escrito presentado inicialmente por los interesados participantes "no aporta elementos de convicción que sirvan de fundamento a los exiguos alegatos formulados en el mismo […] razón por la que forzosamente debe inadmitirse el aludido escrito, siendo en consecuencia inoficioso pronunciamiento alguno sobre la pretendida ampliación."[63]

En la sentencia de la Sala Constitucional N° 1.174 de 8 de agosto de 2015,[64] en la cual declaró conforme a la Constitución el Decreto N° 1.969 relativo al estado de excepción en los *Municipios Lobatera, Panamericano, García de Hevia y Ayacucho del Estado Táchira*; la Sala también desechó el escrito de impugnación del decreto, introducido por Leomagno Flores como tercero interviniente solicitando la declaratoria de nulidad del decreto, con el argumento de que el mismo estaba dirigido a "cuestionar la constitucionalidad de las medidas establecidas en el aludido decreto, sobre la base de razonamientos jurídicos que fueron objeto de control por esta Sala en la sentencia N° 1173 del 28 de agosto de 2015, en la que se realizaron amplios análisis sobre

---

62   Véase   en   http://historico.tsj.gob.ve/decisiones/scon/agosto/181175-1173-28815-2015-2015-0979.HTML.

63   *Idem.*

64   Véase en *Gaceta Oficial* N° 40.742 de 09-09-2015. Véase en http://historico.tsj.gob.ve/decisiones/scon/septiembre/181180-1174-8915-2015-15-0990.HTML.

la constitucionalidad y adecuación de la normativa establecida en el Decreto N° 1.950, cuyas circunstancias fácticas derivan de las mismas en las que se fundamenta el decreto objeto de control." En esta sentencia, sin embargo, además de declarar "la absoluta, plena e integral constitucionalidad del Decreto," la Sala fue más allá y procedió, sin competencia alguna para ello, a *ordenar* "que el referido decreto debe ser acatado y ejecutado por todo el Poder Público y la colectividad, conforme a sus previsiones y al resto del orden constitucional y jurídico en general, para alcanzar cabalmente sus cometidos."

New York, 25 agosto / 15 de septiembre de 2015

DÉCIMA CUARTA PARTE

LA CONSTITUCIONALIZACIÓN DEL CONTROL JUDICIAL DE LA ADMINISTRACIÓN: FORMALIDAD Y FRUSTRACIÓN[*]

El establecimiento de un sistema de control jurisdiccional de las actuaciones de los órganos del Poder Público es, sin duda, uno de los signos más destacados de la consolidación del Estado de derecho, pues implica la necesaria sumisión de todas las actuaciones de los órganos del Estado al ordenamiento jurídico preestablecido, compuesto no sólo por la Constitución y las leyes, sino por el conjunto de reglamentos y normas dictados por las autoridades competentes. Ello es además, la garantía del principio de la legalidad, que en relación con los órganos de la Administración Pública les impone la obligación de actuar con arreglo a lo establecido en la Constitución, ley y las otras normas jurídicas que regulan su actividad[1].

La fórmula del Estado de derecho implica, por tanto, la necesidad de prever las garantías de control judicial a los efectos de poder asegurar la sumisión de los órganos del Estado al derecho, y eso fue lo que fue estructurando en Venezuela desde el siglo XIX, con el desarrollo, además de la Jurisdicción Constitucional atribuida al Tribunal Supremo de Justicia en su Sala Constitucional para controlar la constitucionalidad de las leyes y demás actos dictados en ejecución de la Constitución, de la Jurisdicción Contencioso Administrativa atribuida también al Tribunal Supremo de Justicia en sus Salas Político Administrativa y Electoral y a otros tribunales establecidos en la ley, para

---

[*] Ponencia sobre "La constitucionalización de la jurisdicción Contencioso Administrativa en Venezuela: Formalidad y frustración," preparada para la presentación en la *XIV reunión del Foro Iberoamericano de Derecho Administrativo*, Facultad de Derecho, Universidad de Puerto Rico, San Juan de Puerto Rico, 26-30 de octubre de 2015.

1. Véase Antonio Moles Caubet, *El principio de legalidad y sus implicaciones,* Universidad Central de Venezuela, Facultad de Derecho, Publicaciones del Instituto de Derecho Público, Caracas, 1974.

controlar la conformidad con el derecho de las actuaciones de la Administración.

La distinción entre ambas Jurisdicciones se estableció, desde el inicio, no por la materia motivo de control (inconstitucionalidad o ilegalidad), sino por los actos objeto de control,[2] de manera que la Jurisdicción Constitucional tiene por objeto conocer de las acciones de nulidad por inconstitucionalidad que se intenten *contra las leyes y demás actos de rango legal o ejecución directa e inmediata de la Constitución;* y en cambio, la Jurisdicción Contencioso Administrativa tiene por objeto, entre otros, conocer de las *acciones de nulidad por inconstitucionalidad o ilegalidad contra los reglamentos y demás actos administrativos* y, por tanto, de rango *sub legal.*[3] La distinción entre dichas Jurisdicciones, en consecuencia, no se estableció nunca por el motivo de control.[4]

---

2.   Véase Allan R. Brewer–Carías, *Justicia Constitucional,* Tomo VI, *Instituciones Políticas y Constitucionales,* Editorial Jurídica Venezolana, Caracas, 1996; *Justicia contencioso administrativa,* Tomo VII, *Instituciones Políticas y Constitucionales,* Editorial Jurídica Venezolana, Caracas, 1997; y *La Justicia Constitucional. Procesos y procedimientos constitucionales,* Porrúa, México, 2007.

3   En tal sentido se resolvió en la sentencia de la Sala Constitucional N° 6 de 27 de enero de 2000 (Véase en *Revista de Derecho Público,* N° 81, (enero–marzo), Editorial Jurídica Venezolana, Caracas, 2000, p. 213.) lo que se ratificó expresamente por la misma la Sala, en sentencia N° 194 de 04 de abril de 2000, al decidir un recurso de nulidad por razones de inconstitucionalidad ejercido conjuntamente con una pretensión de amparo constitucional contra un dispositivo del Reglamento de Personal y Régimen Disciplinario del Personal del Instituto Autónomo Policía Municipal del Municipio Chacao y contra los actos administrativos dictados en ejecución del Reglamento impugnado, señalando lo siguiente: ""La Constitución vigente distingue claramente la jurisdicción constitucional de la contencioso administrativa, delimitando el alcance de ambas competencias en *atención al objeto de impugnación,* es decir, *al rango de los actos objeto de control y no a los motivos por los cuales se impugnan.*" Véase en *Revista de Derecho Público,* N° 82, Editorial Jurídica Venezolana, Caracas, 2000.

4   En tal sentido, la Sala Constitucional, en la sentencia N° 194 de 4 de abril de 2000 ratificó lo que había decidido en sentencia de 27 de enero de 2000 (Caso *Milagros Gómez y otros*), así: "El criterio acogido por el Constituyente para definir las competencias de la Sala Constitucional, atiende *al rango de las actuaciones objeto de control,* esto es, que dichas actuaciones tienen una relación directa con la Constitución que es el cuerpo normativo de más alta jerarquía dentro del ordenamiento jurídico en un Estado de derecho contemporáneo. Así las cosas, *la normativa constitucional aludida imposibilita una eventual interpretación que tienda a identificar las competencias de la Sala Constitucional con los vicios de inconstitucionalidad que se imputen a otros actos o con las actuaciones de determinados funcionarios u órganos del Poder Público.* " De lo anterior, la Sala concluyó precisando su propia competencia así: "la Sala Constitucional, en el ejercicio de la jurisdicción constitucional, conoce de los recursos de nulidad interpuestos contra los actos realizados en ejecución directa de la Constitución o que tengan forma de ley. De allí que, en el caso de autos, al tratarse el

En esta orientación, en la Constitución vigente de 1999, en cuanto a la *Jurisdicción Constitucional*, el artículo 334 dispuso que "corresponde exclusivamente a la Sala Constitucional del Tribunal Supremo de Justicia como jurisdicción constitucional, declarar la nulidad de las leyes y demás actos de los órganos que ejercen el Poder Público *dictados en ejecución directa e inmediata de la Constitución o que tenga rango de Ley"*. A tal efecto, el artículo 336 de la Constitución enumeró en forma particularizada las competencias de la Sala; el artículo 214 le otorga la competencia para realizar el control previo o preventivo de la constitucionalidad de las leyes antes de su promulgación; y el artículo 203 le asigna la competencia para determinar la constitucionalidad del carácter orgánico otorgado por la Asamblea Nacional a las leyes así calificadas, de forma previa a su promulgación.

La constitucionalización de la Jurisdicción Constitucional, sobre todo cuando se establece un control de constitucionalidad concentrado es de la esencia de la misma, pues es evidente que si no está regulada en el propio texto de la misma, no podría disponerse la anulación erga omnes de las leyes inconstitucionales.. Lo mismo, sin embargo no puede decirse de la Jurisdicción Contencioso Administrativa, que no necesariamente tiene que tener fuente constitucional, pudiendo estar regulada en las leyes, aun cuando en Venezuela la misma haya sido también constitucionalizada.

I.   LA CONSTITUCIONALIZACIÓN DE LA JURISDICCIÓN CONTENCIOSO ADMINISTRATIVA

En efecto, en cuanto a la *Jurisdicción Contencioso Administrativa*, la norma fundamental que constitucionaliza esta Jurisdicción en Venezuela está contenida en el artículo 259 de la Constitución de 1999[5], la cual dispone:

"La Jurisdicción Contencioso Administrativa corresponde al Tribunal Supremo de Justicia y a los demás tribunales que determina la ley. Los órganos de la Jurisdicción Contencioso Administrativa son competentes para anular los actos administrativos generales o individuales contrarios a derecho, incluso por desviación de poder; condenar al pago de sumas de dinero y a la reparación de daños y perjuicios originados en responsabilidad de la Administración; conocer de reclamos por la prestación de servicios públicos y disponer lo necesario para el restablecimiento de las situaciones jurídicas subjetivas lesionadas por la actividad administrativa."

Sobre este artículo, la Sala Constitucional del Tribunal Supremo de Justicia, en su sentencia de 23 de abril de 2010 dictada al declarar la constitucio-

---

reglamento impugnado de un acto de rango sublegal, esta Sala Constitucional carece de competencia para controlar su conformidad a Derecho, ya que tal competencia corresponde a la Jurisdicción Contencioso Administrativa. Así se decide". Véase en *Revista de Derecho Público*, N° 82, Editorial Jurídica Venezolana, Caracas 2000.

5   Véase en general Allan R. Brewer–Carías, *La Constitución de 1999. Derecho Constitucional Venezolano*, 2 Tomos, Editorial Jurídica Venezolana, Caracas, 2004.

nalidad del carácter "orgánico" de la Ley, dijo que con la misma, que tiene sustancialmente el mismo texto del artículo 206 de la Constitución de 1961:

"se terminó de desmontar la concepción puramente objetiva o revisora de la jurisdicción contencioso-administrativa, para acoger una visión de corte utilitarista y subjetiva, que no se limita a la fiscalización abstracta y objetiva de la legalidad de los actos administrativos formales, sino que se extiende a todos los aspectos de la actuación administrativa, como una manifestación del sometimiento a la juridicidad de la actuación del Estado y de la salvaguarda de las situaciones jurídicas de los particulares frente a dicha actuación." [6]

La configuración constitucional de dicha jurisdicción, por último, se completó en la misma Constitución de 1999, al regularse en el artículo 297, a la Jurisdicción Contencioso Electoral atribuyéndose su ejercicio a la Sala Electoral del Tribunal Supremo de Justicia y los demás tribunales que determine la ley; especializándose así, el control de legalidad y constitucionalidad respecto de los actos administrativos dictados por los órganos del Poder Electoral.

Toda esa constitucionalización del contencioso administrativo, sin embargo, no fue producto del Constituyente de 1999, pues la misma norma, con casi idéntico contenido, de estableció en el artículo 206 de la anterior Constitución de 1961; teniendo en todo caso el origen del proceso de darle base constitucional al control judicial de constitucionalidad y de la legalidad respecto de los actos de la Administración, para declarar su nulidad, en las normas de la Constitución de 1925. En las otras materias de la Jurisdicción, como son las demandas contra los entes públicos, particularmente el ámbito contractual, el origen de la constitucionalización está en las normas la Constitución de 1830. En todas estas disposiciones se reguló a la jurisdicción contencioso administrativa como un fuero judicial especial para la República; siendo en esa evolución la Constitución de 1947 la primera en emplear la expresión "procedimiento contencioso-administrativo" (Art. 220,10 y 220,12).

El desarrollo efectivo de la Jurisdicción, sin embargo, en realidad solo ocurrió a partir de la década de los sesenta cuando se estableció el régimen democrático en el país, que existió hasta 1999, cuando al comenzar a desarrollarse el régimen autoritario que aún existe, la existencia de la misma de un gran logro del Estado de derecho pasó a ser una gran frustración, pues si bien el ciudadano dispone de un arsenal de acciones y recursos para proteger sus derechos y exigir judicialmente que la Administración se someta a la ley, los mismos son totalmente inefectivos por la ausencia de autonomía e independencia de los jueces que conforman la Jurisdicción.

Pero independientemente por ahora de los trágicos efectos de esa frustración –a la cual nos referimos al final– de todo el proceso de constitucionali-

---

6   Véase en http://www.tsj.gov.ve/decisiones/scon/Abril/290-23410-2010-10-0008.html.

zación de la jurisdicción contencioso administrativa resulta claro que la misma siempre se configuró como una jurisdicción especial integrada al Poder Judicial, de manera que, como también ocurrió en la gran mayoría de los países latinoamericanos, el derecho administrativo no se construyó en Venezuela sobre la base de una supuesta distinción entre una "jurisdicción judicial" y una "jurisdicción administrativa," sino sobre la base de una competencia especializada de determinados tribunales para conocer de litigios en los cuales interviene la Administración, pero siempre integrados en el Poder Judicial.[7].

Como lo expresó acertadamente la antigua Corte Suprema de Justicia en sentencia de 15 de octubre de 1970 al comentar el texto del artículo 206 de la Constitución de 1961, se buscó, con el mismo:

"resolver, de una vez, en nuestro país, mediante un precepto constitucional, la polémica que ha dividido a tratadistas y legisladores, tanto en Europa como en América, acerca de la conveniencia de que sean órganos independientes del Poder Judicial los que conozcan de las cuestiones que se susciten entre los particulares y la Administración con motivo de la actividad propia de ésta, en sus diversos niveles. Como se indica en la Exposición de Motivos de la Constitución, ésta "consagra el sistema justicialista de la Jurisdicción Contencioso Administrativa", apartándose del sistema francés y reafirmando la tendencia tradicional predominante en la legislación nacional, de atribuir el control jurisdiccional de la legalidad de los actos de la Administración a los órganos del Poder Judicial."[8]

II. LOS PRINCIPIOS CONDICIONANTES DE LA JURISDICCIÓN CONTENCIOSO ADMINISTRATIVA

Fue precisamente con base en el artículo 206 de la anterior Constitución de 1961, que la jurisprudencia de la antigua Corte Suprema de Justicia elaboró en Venezuela las bases del contencioso administrativo[9], las cuales des-

---

7. Véase Martín Pérez Guevara, "Prólogo", en Allan R. Brewer-Carías, *Juris-prudencia de la Corte Suprema 1930–74 y Estudios de Derecho Administrativo*, Tomo II. *Ordenamiento Orgánico y Tributario del Estado*, Instituto de Derecho Público, Facultad de Derecho, Universidad Central de Venezuela, Caracas, 1976, pp. 1–10.

8. Véase sentencia de la antigua Corte Suprema de Justicia, Sala Político Administrativa de 15–12–70 en *Gaceta Forense*, Nº 70, 1970, pp. 179–185 y en *Gaceta Oficial*, Nº 29.434 de 6–2–71.

9. En cuanto a la jurisprudencia, véase en Allan R. Brewer–Carías, *Jurisprudencia de la Corte Suprema 1930–74 y Estudios de Derecho Administrativo*, Tomo V, *La Jurisdicción Contencioso Administrativa*, Vol. 1 y 2, Instituto de Derecho Público, Facultad de Derecho, Universidad Central de Venezuela, Caracas, 1978; Allan R. Brewer–Carías y Luís Ortiz Álvarez, *Las grandes decisiones de la jurisprudencia Contencioso administrativa*, Editorial Jurídica Venezolana, Caracas, 1996; y: Luís Ortiz–Álvarez, *Jurisprudencia de medidas cautelares en el contencioso administrativo (1980–1994)*, Editorial Jurídica Venezolana, Caracas, 1995.

arrolladas por la doctrina nacional[10], condujeron a la sanción de la derogada Ley Orgánica de la Corte Suprema de Justicia de 1976.[11] Fue en las Disposiciones Transitorias de esta última Ley, donde se reguló por primera vez con cierto detalle el procedimiento contencioso administrativo ante la Corte Suprema; y además, se establecieron normas sobre la organización de la Jurisdicción, con la indicación de los diversos tribunales que la integraban, que además de la Sala Político Administrativa de la Corte Suprema, fueron particularmente la Corte Primera de lo Contencioso Administrativo y Tribunales Superiores Contencioso Administrativos. Estas normas, sin embargo, incomprensiblemente se eliminaron de la reforma de la Ley Orgánica del Tribunal Supremo de Justicia de mayo de 2004[12], a pesar de regular en sus artículos 18 a 21 algunos principios del procedimiento contencioso administrativo. Posteriormente se sancionó la Ley Orgánica de la Jurisdicción Contencioso Administrativa en 2010 (LOJCA 2010),[13] que es el cuerpo normativo que actualmente regula la Jurisdicción, los procedimientos y su organización.

La Constitución de 1999, para ello, si bien atribuyó al legislador amplia potestad para la determinación de los tribunales que integran la jurisdicción contencioso administrativa, asignó directamente a la Sala Político Administrativa del Tribunal Supremo de Justicia competencia para:

10. Véase entre otros estudios colectivos: *El Control Jurisdiccional de los Poderes Públicos en Venezuela,* Instituto de Derecho Público, Facultad de Ciencias Jurídicas y Políticas, Universidad Central de Venezuela, Caracas, 1979; *Tendencias de la jurisprudencia venezolana en materia contencioso administrativa, 8ª Jornadas "J.M. Domínguez Escovar" (Enero 1983),* Facultad de Ciencias Jurídicas y Políticas, U.C.V., Corte Suprema de Justicia; Instituto de Estudios Jurídicos del Estado Lara, Tip. Pregón, Caracas, 1983; *Contencioso Administrativo, I Jornadas de Derecho Administrativo Allan Randolph Brewer–Carías,* Funeda, Caracas, 1995; *XVIII Jornadas "J.M. Domínguez Escovar, Avances jurisprudenciales del contencioso– administrativo en Venezuela,* 2 Tomos, Instituto de Estudios Jurídicos del Estado Lara, Diario de Tribunales Editores, S.R.L. Barquisimeto, 1993.

11. Ley Orgánica de la Corte Suprema de Justicia del 30 de julio de 1976 (LOCSJ) en *Gaceta Oficial* N° 1.893, Extraordinaria del 30–07–76. Véase sobre dicha Ley: Allan R. Brewer–Carías y Josefina Calcaño de Temeltas, *Ley Orgánica de la Corte Suprema de Justicia,* Editorial Jurídica Venezolana, Caracas 1994.

12. Véase Ley Orgánica del Tribunal Supremo de Justicia (LOTSJ), *Gaceta Oficial,* N° 37942 de 20–05–2004. Véase sobre esta Ley: Allan R. Brewer-Carías, *Ley Orgánica del Tribunal Supremo de Justicia. Procesos y procedimientos constitucionales y contencioso administrativo,* Editorial Jurídica Venezolana, Caracas 2006.

13 La Ley Orgánica fue sancionada por la Asamblea Nacional el 15 de diciembre de 2009, y publicada en *Gaceta Oficial* N° 39.447 de 16 de junio de 2010. Véase los comentarios a la Ley Orgánica en Allan R. Brewer-Carías y Víctor Hernández Mendible, *Ley Orgánica de la Jurisdicción Contencioso Administrativa,* Editorial Jurídica Venezolana, Caracas 2010.

"4. Dirimir las controversias administrativas que se susciten entre la República, algún Estado, Municipio u otro ente público, cuando la otra parte sea alguna de esas mismas entidades, a menos que se trate de controversias entre Municipios de un mismo Estado, caso en el cual la ley podrá atribuir su conocimiento a otro tribunal.

5. Declarar la nulidad total o parcial de los reglamentos y demás actos administrativos generales o individuales del Ejecutivo Nacional, cuando sea procedente.

6. Conocer de los recursos de interpretación sobre el contenido y alcance de los textos legales, en los términos contemplados en la ley."

En esta forma, al reservarse al Tribunal Supremo, en general, la declaratoria de nulidad de los actos administrativos del Ejecutivo Nacional, cuando sea procedente (artículo 266, numerales 5, 6 y 7), se dejó implícitamente previsto que podía corresponder a los demás Tribunales de la jurisdicción contencioso-administrativa la competencia para declarar la nulidad de los actos de las autoridades administrativas de los Estados y Municipios. Además, en cuanto a las demás autoridades nacionales que no conforman estrictamente el "Ejecutivo Nacional", el control contencioso-administrativo de sus actos, con base constitucional, se ha atribuido a otros tribunales distintos del Tribunal Supremo de Justicia, tanto por razones de inconstitucionalidad como de ilegalidad, como parcialmente se hizo desde 1976 al crearse la Corte Primera de lo Contencioso-Administrativo y atribuirle competencia en dicha materia, al igual que a ciertos Tribunales Superiores con competencia en lo civil.

Ahora es la LOJCA 2010 la que regula ampliamente toda la gama de tribunales contenciosos administrativos, incluyendo, además de la Sala Político Administrativa del Tribunal Supremo de Justicia, a los Juzgados Nacionales, los Juzgados Estadales y los Juzgados de Municipio de la jurisdicción Contencioso Administrativo (art. 11).

En todo caso, la importancia del texto del artículo 259 de la Constitución, y su efecto inmediato que fue la consolidación de la constitucionalización de la jurisdicción, implicó una serie de condicionantes en relación con su desarrollo legislativo,[14] que fueron los que informaron en general las disposiciones de la LOJCA 2010, y que son: primero, el principio de la especialidad de la Jurisdicción; segundo, el principio de la universalidad del control como manifestación del sometimiento del Estado al derecho (principio de legalidad); y tercero, el principio de la multiplicidad de los medios de control como manifestación del derecho ciudadano a la tutela judicial efectiva.

---

14. Véase Allan R. Brewer-Carías, *Nuevas Tendencias en el Contencioso Administrativo en Venezuela*, Editorial Jurídica Venezolana, Caracas, 1993.

1. *El principio de la especialidad de la Jurisdicción: actos administrativos, Administración, servicios públicos, actividad administrativa*

En primer principio que caracteriza a la jurisdicción contencioso administrativa es el principio de la especialidad, que implica que la misma se puede definir como el conjunto de órganos judiciales encargados de controlar la legalidad y la legitimidad de la actividad administrativa, en particular, de los actos administrativos, hechos y relaciones jurídico-administrativas. Como hemos dicho, no se trata de una "jurisdicción ordinaria" sino de una jurisdicción especial que es parte del Poder Judicial del Estado y cuyo ejercicio está encomendado a unos órganos judiciales determinados y especializados, en este caso, por razón de las personas jurídicas y de los actos sometidos a control.

En este sentido, es obvio que el sistema venezolano se aparta del sistema francés que nació de la interpretación del principio de la separación de poderes realizada a la luz de una peculiar tradición y evolución de desconfianza en los jueces, que tuvo su origen en los días de la Revolución francesa. De esta peculiaridad histórica derivó la prohibición para los jueces de poder controlar la Administración y sus actos. Ello condujo al propio desarrollo del derecho administrativo en Francia que tanto influenció en todos los países latinos; influencia que, sin embargo, no comprendió el sistema jurisdiccional administrativo separado del judicial que se desarrolló en Francia, el cual era difícilmente transportable en bloque a otro sistema jurídico[15]. Los mismos autores franceses han comprendido esta peculiaridad y han afirmado por supuesto, que la "jurisdicción administrativa" separada de la "jurisdicción judicial," no es condición necesaria para la existencia misma del derecho administrativo[16].

De acuerdo con el artículo 11 de la LOJCA 2010, los órganos del Poder Judicial que integran esta jurisdicción especial en lo contencioso administrativo, son los siguientes:

1. La Sala Político-Administrativa del Tribunal Supremo de Justicia;

2. Los Juzgados Nacionales de la Jurisdicción Contencioso Administrativa;

3. Los Juzgados Superiores Estadales de la Jurisdicción Contencioso Administrativa; y

4. Los Juzgados de Municipio de la Jurisdicción Contencioso Administrativa.

Estos tribunales deben decidir directamente los asuntos que se les sometan para lo cual tienen competencia y no pueden constituirse con asociados para

---

15 La situación de Colombia, en este sentido, es excepcional en el derecho comparado Véase, Miguel González Rodríguez, *Derecho procesal Administrativo*, Bogotá, 1986.

16. Véase Jean Rivero, *Droit Administratif*, Precis Dalloz, París, 1962, p.118.

dictar sentencia (art. 5). Todos deben orientar su actuación por los principios de justicia gratuita, accesibilidad, imparcialidad, idoneidad, transparencia, autonomía, independencia, responsabilidad, brevedad, oralidad, publicidad, gratuidad, celeridad e inmediación (art. 2).

Sin embargo, además de los enumerados en la LOJCA, debe decirse que también forman parte de la jurisdicción contencioso administrativa, los tribunales que forman la "jurisdicción especial tributaria" con un régimen especial previsto en el Código Orgánico Tributario (art. 11).

Otros componentes especiales de la jurisdicción contenciosa administrativa, aun cuando no reguladas en la LOJCA 2010, son los que forman la antes mencionada Jurisdicción Contencioso Electoral que consagra la Constitución y que se atribuye a la Sala Electoral del Tribunal Supremo de Justicia (art. 297), con competencia conforme a la LOTSJ 2010, para conocer entre otros, de "las demandas contencioso electorales que se interpongan contra actos, actuaciones y omisiones de los órganos del Poder Electoral, tantos los que estén directamente vinculados con los procesos comiciales, como aquellos que estén relacionados con su organización, administración y funcionamiento"(art. 27,1).

Se distingue, además, la jurisdicción especial contencioso administrativa en materia agraria y ambiental, prevista en la Ley de Tierras y Desarrollo Agrario,[17] atribuida a los Tribunales Superiores Regionales Agrarios y a la Sala Especial Agraria de la Sala de Casación Social del Tribunal Supremo de Justicia.[18]

Ahora bien, en cuanto a los asuntos sometidos al conocimiento de estos órganos de la Jurisdicción, los mismos están condicionados por una parte, por las personas jurídicas sometidas a dicha jurisdicción especial, en el sentido de que una de las partes de la relación jurídico-procesal debe ser en principio, una persona de derecho público o una persona jurídico estatal (la Administración), o una entidad privada u organización de carácter popular actuando en función administrativa o ejerciendo prerrogativas del Poder Público, o que, por ejemplo, preste un servicio público mediante concesión (art. 7, LOJCA 2010).

Por otra parte, respecto a las relaciones jurídicas, hechos y actos jurídicos, que la jurisdicción especial está llamada a juzgar, en principio, se trata de los actos, hechos y relaciones jurídico-administrativos, es decir, actos, hechos y relaciones jurídicas originados por la actividad administrativa (art. 8, LOJCA 2010), y por tanto de carácter sublegal. Es por ello que respecto del ámbito sustantivo de la Jurisdicción, los elementos para la su definición se derivan de

---

17   *Gaceta Oficial* Nº 37.323 del 13 de noviembre de 2001. La Ley fue reformada en 2010.

18   Véase sentencia de la Sala Político Administrativa Nº 836 del 15 de julio de 2004 *(*Caso: *Daniel Laguado Estupiñán)*.

lo establecido en el artículo 9 de la LOJCA 2010, al enumerase la competencia de la Jurisdicción para conocer de:

"1. Las impugnaciones que se interpongan contra los *actos administrativos* de efectos generales o particulares contrarios a derecho, incluso por desviación de poder.

2. De la *abstención o la negativa* de las *autoridades* a producir un acto al cual estén obligados por la ley.

3. Las reclamaciones contra las *vías de hecho* atribuidas a los *órganos del Poder Público.*

4. Las *pretensiones de condena* al pago de sumas de dinero y la reparación de daños y perjuicios originados por *responsabilidad* contractual o extracontractual de los *órganos que ejercen el Poder Público.*

5. Los reclamos por la *prestación de los servicios públicos* y el restablecimiento de las situaciones jurídicas subjetivas lesionadas por los *prestadores* de los mismos.

6. La resolución de los recursos de *interpretación* de leyes *de contenido administrativo.*

7. La resolución de las *controversias administrativas* que se susciten entre la *República, algún estado, municipio u otro ente público,* cuando la otra parte sea alguna de esas mismas entidades.

8. Las *demandas* que se ejerzan contra *la República, los estados, los municipios, los institutos autónomos, entes públicos, empresas o cualquier otra forma de asociación, en las cuales la República, los estados, los municipios o cualquiera de las personas jurídicas* antes mencionadas tengan participación decisiva.

9. Las *demandas* que ejerzan la *República, los estados, los municipios, los institutos autónomos, entes públicos, empresas o cualquier otra forma de asociación, en la cual la República, los estados, los municipios o cualquiera de las personas jurídicas* antes mencionadas tengan participación decisiva, si es *de contenido administrativo.*

10. Las *actuaciones, abstenciones, negativas o las vías de hecho* de los consejos comunales y de otras personas o grupos que en virtud de la participación ciudadana ejerzan *funciones administrativas.*

11. Las demás *actuaciones de la Administración Pública* no previstas en los numerales anteriores."

Por tanto, en general, se trata de una competencia especializada dentro de un único Poder Judicial que corresponde a ciertos tribunales, a los cuales están sometidas ciertas personas de derecho público o de derecho privado de carácter estatal, o personas o entidades que ejercen la función administrativa o prestan servicios públicos, y que juzga determinados actos o relaciones jurídicas de derecho administrativo.

Por ello puede decirse en cuanto a la especialidad de la jurisdicción contencioso administrativa, que la misma, en cuanto a la materia, se construye partiendo del contenido del artículo 259 de la Constitución, en el cual se hace referencia a los "*actos administrativos*", a la "*administración,*" a los "*servicios públicos*", a la "*responsabilidad*" administrativa y a la "*actividad administrativa,*" de lo que resulta que el ámbito y el dominio de la jurisdicción contencioso-administrativa en materia de control de legalidad y constitucionalidad es el conocimiento de los litigios en que la "administración" (o entidades no estatales actuando en función administrativa) sea parte, originados ya sea por "actos administrativos", la "responsabilidad" de la administración, por la prestación de "servicios públicos" o por la "actividad administrativa." Ello conlleva la competencia en materia de anulación y además en materia de resolución de todas las otras pretensiones que se pueden formular en demandas contra los entes públicos en las cuales no necesariamente se plantee la nulidad de actos administrativos, como serían las pretensiones de condena al pago de sumas de dinero y la reparación de daños y perjuicios originados por responsabilidad contractual y extracontractual de los órganos que ejerzan el Poder Público; así como las demandas por la actuación material constitutiva de vías de hecho de la Administración (arts. 9,3; 23,4; 24,4;25,5 LOCJCA 2010).

A lo anterior debe añadirse como una innovación de la Constitución de 1999, la competencia de la jurisdicción contencioso administrativa en materia de reclamos por la *prestación de los servicios públicos*; a lo que se agrega, la competencia en materia de *interpretación* de las leyes de contenido administrativo (art. 9,5, LOJCA 2010); para conocer de las demandas contra la abstención o la negativa de los entes públicos a dictar un acto al cual estén obligados por la ley (arts. 9, 2 y 10, LOJCA 2010); y en particular, la competencia que se atribuye a la Sala Político Administrativa en el artículo 266.4 de la Constitución, para dirimir las controversias administrativas que se susciten entre la República, algún Estado, Municipio u otro ente público, cuando la otra parte sea alguna de esas mismas entidades, a menos que se trate de controversias entre Municipios de un mismo Estado, caso en el cual la ley puede atribuir su conocimiento a otro tribunal, lo que da origen al *contencioso de la solución de controversias administrativas*, (art, 9,6; 23,7, LOJCA 2010).

2. *El principio de la universalidad del control: no hay actos excluidos de control*

El segundo de los principios que gobiernan a la Jurisdicción, es el de la *universalidad del control* que la Constitución regula en el artículo 259 respecto de las actividades y actos administrativos, como manifestación del principio de legalidad. Ello se ha recogido en la LOJCA al establecer que todos, absolutamente todos los actos administrativos pueden ser sometidos a control judicial ante los órganos de la jurisdicción contencioso administrativa por contrariedad al derecho, es decir, sea cual sea el motivo de la misma: inconstitucionalidad o ilegalidad en sentido estricto. La Constitución no admite excepciones ni la Ley Orgánica las prevé, y como en su momento lo explicó la Exposición de Motivos de la Constitución de 1961, la fórmula "contrarios a derecho es una enunciación general que evita una enumeración que puede ser peligrosa al dejar fuera de control algunos actos administrativos".

Por tanto, de acuerdo con la intención de la Constitución, toda actuación administrativa y, en particular, los actos administrativos emanados de cualquier ente u órgano de la Administración Pública o de cualquier otra persona o entidad actuando en función administrativa, por cualquier motivo de contrariedad al derecho, puedan ser controlados por los Tribunales que conforman la jurisdicción contencioso-administrativa. Ello implica que cualquier exclusión de control respecto de actos administrativos específicos sería inconstitucional, sea que dicha exclusión se haga por vía de ley o por las propias decisiones de los Tribunales, en particular, del propio Tribunal Supremo de Justicia.

Este principio implica, primero, que toda actividad administrativa o toda forma de acto administrativo queda sometido a control judicial contencioso administrativo, lo que se recoge expresamente en el artículo 8 de la LOJCA 2010 al indicar bajo el acápite de "universalidad del control," que es objeto de control de la Jurisdicción Contencioso Administrativa, "la actividad administrativa" desplegada por todos los órganos y entes sujetos a control, "lo cual incluye actos de efectos generales y particulares, actuaciones bilaterales, vías de hecho, silencio administrativo, prestación de servicios públicos, omisión de cumplimiento de obligaciones y, en general, cualquier situación que pueda afectar los derechos o intereses públicos o privados."

Segundo, el principio implica que esa actividad administrativa o acto administrativo que está sometido a control puede emanar de cualquier ente y órgano de la Administración Pública, no sólo la que actúa en ejercicio del Poder Ejecutivo sino en ejercicio de cualquiera de los otros Poderes Públicos, o de cualquier entidad incluso no estatal que actúe en función administrativa. Por ello en el artículo 7 de la Ley Orgánica se enumeran, aun cuando en forma imperfecta, como "entes y órganos controlados" o "sujetos al control de la Jurisdicción Contencioso Administrativa," a los siguientes: 1) Los órganos que componen la Administración Pública; 2). Los órganos que ejercen el Poder Público, en sus diferentes manifestaciones, en cualquier ámbito territorial o institucional; 3). Los institutos autónomos, corporaciones, fundaciones, sociedades, empresas, asociaciones y otras formas orgánicas o asociativas de derecho público o privado donde el Estado tenga participación decisiva; 4). Los consejos comunales y otras entidades o manifestaciones populares de planificación, control, ejecución de políticas y servicios públicos, cuando actúen en función administrativa; 5). Las entidades prestadoras de servicios públicos en su actividad prestacional; y 6) Cualquier sujeto distinto a los mencionados anteriormente, que dicte actos de autoridad o actúe en función administrativa.

Tercero, la universalidad del control no sólo radica en que todos los actos administrativos cualquiera sea el órgano, ente o entidad que los dicte están sometidos a control judicial, sino lo son por cualquier motivo de contrariedad al derecho, es decir, por razones de inconstitucionalidad como ilegalidad propiamente dicha.[19]

3. El principio de la tutela judicial efectiva

El tercer principio que caracteriza a la Jurisdicción radica en que es un instrumento para la tutela judicial efectiva frente a la Administración que la Constitución regula cono derecho fundamental (artículo 26), lo que implica que a los efectos de asegurar el sometimiento a la legalidad de la Administración Pública y el principio de la universalidad del control de la actividad administrativa, todas las personas tienen derecho de acceso a los órganos de la Jurisdicción contencioso administrativa como parte que son de la administración de justicia, para hacer valer sus derechos e intereses frente a la Administración Pública, sus órganos o entes, y ante las entidades que ejerzan la función administrativa, incluso los colectivos o difusos; y además, a obtener con prontitud la decisión correspondiente, mediante un procedimiento que garantice el debido proceso.

Como consecuencia de ello, la LOJCA 2010 ha establecido un elenco de *recursos y acciones* que se han puesto a disposición de los particulares y de toda persona interesada, que les permiten acceder a la justicia administrativa, lo que implica que además del recurso de nulidad contra los actos administrativos de efectos generales o de efectos particulares, o contra los actos administrativos generales o individuales, con o sin pretensión patrimonial o de amparo constitucional, está el recurso por abstención o negativa de los funcionarios públicos a actuar conforme a las obligaciones legales que tienen; el recurso de interpretación; el conjunto de demandas contra los entes públicos de orden patrimonial o no patrimonial, incluyendo las que tengan por motivo vías de hecho; las acciones para resolver los conflictos entre autoridades ad-

---

19   En tal sentido, la Sala Constitucional, en la sentencia Nº 194 de 4 de abril de 2000 ratificó lo que había decidido en sentencia de 27 de enero de 2000 (Caso *Milagros Gómez y otros*), así: "El criterio acogido por el Constituyente para definir las competencias de la Sala Constitucional, atiende *al rango de las actuaciones objeto de control,* esto es, que dichas actuaciones tienen una relación directa con la Constitución que es el cuerpo normativo de más alta jerarquía dentro del ordenamiento jurídico en un Estado de derecho contemporáneo. Así las cosas, *la normativa constitucional aludida imposibilita una eventual interpretación que tienda a identificar las competencias de la Sala Constitucional con los vicios de inconstitucionalidad que se imputen a otros actos o con las actuaciones de determinados funcionarios u órganos del Poder Público.*" Véase en *Revista de Derecho Público*, Nº 82, Editorial Jurídica Venezolana, Caracas, 2000.

ministrativas del Estado; y las acciones destinadas a reclamos respecto de la omisión, demora o prestación deficiente de los servicios públicos.

En esta forma puede decirse que en relación con los particulares y los ciudadanos, la regulación de la jurisdicción contencioso-administrativa en la LOJCA 2010, facilitando el control judicial de la actividad administrativa y en particular de los actos administrativos, viene a ser una manifestación específica del *derecho fundamental del ciudadano a la tutela judicial efectiva de sus derechos e intereses frente a la Administración*, en el sentido de lo establecido en el artículo 26 de la propia Constitución. La consecuencia de ello es que entonces, la jurisdicción contencioso administrativa se configura constitucional y legalmente como un instrumento procesal para la protección de los administrados frente a la Administración, y no como un mecanismo de protección de la Administración frente a los particulares; y ello a pesar de que en la LOJCA 2010 se atribuya a los órganos de la Jurisdicción competencia para conocer de las demandas que pueda intentar la Administración contra particulares,[20] o de las demandas entre personas de derecho público (artículo 9,8), lo que convierte a la Jurisdicción en cierta forma, como el fuero de la Administración. Sin embargo, en el primer aspecto, del control de la Administración a instancia de los administrados, tratándose de una manifestación de un derecho fundamental a dicho control, en la relación que siempre debe existir entre privilegios estatales, por una parte, y derechos y libertades ciudadanas, por la otra, este último elemento es el que debe prevalecer.

Este derecho a la tutela judicial efectiva y la garantía del principio de legalidad implican, por otra parte, la asignación al juez contencioso-administrativo de *amplísimos* poderes de tutela, no sólo de la legalidad objetiva que debe siempre ser respetada por la Administración, sino de las diversas situaciones jurídicas subjetivas que pueden tener los particulares en relación a la Administración. De allí que el contencioso-administrativo, conforme al artículo 259 de la Constitución, no sea solamente un proceso a los actos administrativos, sino que también está concebido como un sistema de justicia para la tutela de los derechos subjetivos y de los intereses de los administrados, incluyendo los derechos e intereses colectivos y difusos, donde por supuesto, se incluye también los derechos y libertades constitucionales.

Por tanto, el contencioso-administrativo no sólo se concibe como un proceso de protección a la legalidad objetiva, sino de tutela de los derechos e intereses de los recurrentes frente a la Administración. Por ello, el juez contencioso-administrativo, de acuerdo a los propios términos del artículo 259 de la Constitución, tiene competencia para anular los actos administrativos contrarios a derecho, y además, para condenar a la Administración al pago de

---

20   En este mismo sentido se establece en la Ley Orgánica del Tribunal Supremo de Justicia de 2010, al regularse la competencia de la Sala Político Administrativa del Tribunal Supremo de Justicia (art. 26,2). Sobre dicha Ley Orgánica, véase Allan R. Brewer-Carías y Víctor Hernández Mendible, *Ley Orgánica del Tribunal Supremo de Justicia 2010.*, Editorial Jurídica Venezolana, Caracas 2010.

sumas de dinero y a la reparación de daños y perjuicios originados en responsabilidad de la misma, y adicionalmente, para disponer lo necesario para el restablecimiento de las situaciones jurídicas subjetivas lesionadas por la autoridad administrativa, incluyendo en la expresión "situaciones jurídicas subjetivas" no sólo el clásico derecho subjetivo, sino los derechos constitucionales y los propios intereses legítimos, personales y directos de los ciudadanos. A lo anterior se agregan los reclamos derivados de la prestación de servicios públicos.

De lo anterior resulta entonces que a partir de la constitucionalización de la jurisdicción contencioso-administrativa en el texto constitucional de 1961 y luego en el de 1999, el contencioso-administrativo como instrumento procesal de protección de los particulares frente a la autoridad pública, se fue ampliado conforme a su desarrollo jurisprudencial antes de la sanción de la LOJCA 2010, distinguiéndose siete tipos de acciones contencioso administrativas,[21] que se indican más adelante sobre la nulidad de los actos administrativos o de contenido patrimonial, y además, en relación con la prestación de servicios públicos; las vías de hecho administrativas; las conductas omisivas de la Administración; la interpretación de leyes administrativas, y la solución de las controversias administrativas.

La LOJCA 2010, estableció en la materia, aun cuando en forma insuficiente, unas normas procesales comunes a todas las demandas, dividiendo arbitrariamente los procedimientos en tres tipos: *primero*, el procedimiento en las demandas de contenido patrimonial; *segundo*, un procedimiento denominado breve, para las acciones de contenido no patrimonial y en especial las destinadas a reclamos por la omisión, demora o deficiente prestación de los servicios públicos, contra las vías de hecho, y contra la abstención de la Administración; y *tercero*, un procedimiento común para las demandas de nulidad de actos administrativos, para la interpretación de leyes y para la solución de controversias administrativas. Decimos que es una división arbitraria, pues en realidad, por ejemplo, tal y como se había venido construyendo por la jurisprudencia, las demandas contra la carencia o abstención administrativas debían quizás seguir el mismo procedimiento establecido para las demandas de nulidad contra los actos administrativos; y las demandas contra vías de hecho, debía quizás seguir el mismo procedimiento establecido para las demandas de contenido patrimonial.

En todo caso, las acciones, recursos y pretensiones procesales varían en cada uno de esos tipos de contencioso y, por supuesto, también varían algunas reglas de procedimiento aplicables a los diversos procesos, que analizaremos más adelante.

---

21. Véase Allan R. Brewer-Carías, ""Los diversos tipos de acciones y recursos contencioso-administrativos en Venezuela", en *Revista de Derecho Público*, Nº 25, Editorial Jurídica Venezolana, Caracas, enero-marzo 1986, págs. 6 y ss.

III. LOS PROCESOS CONTENCIOSO ADMINISTRATIVOS CONFORME A LA LEY ORGÁNICA DE LA JURISDICCIÓN CONTENCIOSO ADMINISTRATIVA DE 2010

El sistema de los procesos contencioso administrativos que se regulan en la Ley Orgánica de 2010[22] resulta, sin duda, del conjunto de atribuciones asignadas a los diversos órganos de la Jurisdicción Contencioso Administrativa, que como antes se dijo, son la Sala Político Administrativa del Tribunal Supremo de Justicia en su cúspide, y en orden descendente, los Juzgados Nacionales de la Jurisdicción Contencioso Administrativa, los Juzgados Superiores Estadales de la Jurisdicción Contencioso Administrativos y los Juzgados Municipales de la Jurisdicción Contencioso Administrativos.

Esas competencias, establecidas en los artículos 23, 24, 25 y 26 de la Ley, en nuestro criterio, dan origen a siete procesos contencioso administrativos, que son: (i) el proceso contencioso administrativo de anulación de actos administrativos;[23] (ii) el proceso contencioso administrativo contra las carencias administrativas; (iii) el proceso contencioso administrativo de las demandas patrimoniales[24]; (iv) el proceso contencioso administrativo de las demandas contra las vías de hecho[25]; (v) el proceso contencioso administrativo en materia de prestación servicios públicos[26]; (vi) el proceso contencioso administrativo para la resolución de las controversias administrativas; y (vii) el proceso contencioso administrativo de interpretación de las leyes.[27]

---

22   Véase el texto en el libro: Allan R. Brewer-Carías "Introducción General al Régimen de la Jurisdicción Contencioso Administrativa," en Allan R. Brewer-Carías y Víctor Hernández Mendible, *Ley Orgánica de la Jurisdicción Contencioso Administrativa,* Editorial Jurídica Venezolana, Caracas 2010, pp. 9-151.

23   Véase en general la obra colectiva, *Comentarios a la Ley Orgánica de la Jurisdicción Contencioso Administrativa,* Vol. I y II, FUNEDA, Caracas, 2010 y 2011, respectivamente.

24   Véase Miguel Ángel Torrealba Sánchez, "Las demandas de contenido patrimonial en la Ley Orgánica de la Jurisdicción Contencioso Administrativa," en *Comentarios a la Ley Orgánica de la Jurisdicción Contencioso Administrativa,* Vol. II, FUNEDA, Caracas, 2011, pp. 299-340.

25   Véase Miguel Ángel Torrealba Sánchez, *La vía de hecho en Venezuela,* FUNEDA, Caracas, 2011.

26   Véase Jorge Kiriakidis, "Notas en torno al Procedimiento Breve en la Ley Orgánica de la Jurisdicción Contencioso Administrativa," *Comentarios a la Ley Orgánica de la Jurisdicción Contencioso Administrativa,* Vol. II, FUNEDA, Caracas, 2011, pp. 167-193.

27   Véase Allan R. Brewer-Carías, "Introducción General al Régimen de la Jurisdicción Contencioso Administrativa," en Allan R. Brewer-Carías y Víctor Hernández Mendible, *Ley Orgánica de la Jurisdicción Contencioso Administrativa,* Editorial Jurídica Venezolana, Caracas 2010, pp. 9-151.Véase además, Allan R. Brewer-Carías, "Los diversos tipos de acciones y recursos contencioso-administrativos en Venezue-

Debe señalarse además, que en el artículo 24.6 de la Ley Orgánica se atribuyó competencia a los Juzgados Nacionales de la Jurisdicción Contencioso Administrativa para conocer de "los juicios de expropiación intentados por la República, en primera instancia," con la apelación para ante la Sala Político Administrativa del Tribunal Supremo, y cuyo procedimiento se regula en la Ley de Expropiación por causa de utilidad pública o social de 2002.[28]

1. *El proceso contencioso administrativo de anulación de los actos administrativos*

En primer lugar está el proceso contencioso administrativo de anulación de actos administrativos, a cuyo efecto el artículo 23 asigna a la Sala Político Administrativa, competencia para conocer de:

5. Las demandas de nulidad contra los actos administrativos de efectos generales o particulares dictados por el Presidente o Presidenta de la República, el Vicepresidente Ejecutivo o Vicepresidenta Ejecutiva de la República, los Ministros o Ministras, así como por las máximas autoridades de los demás organismos de rango constitucional, si su competencia no está atribuida a otro tribunal.

6. Las demandas de nulidad que se ejerzan contra un acto administrativo de efectos particulares y al mismo tiempo el acto normativo sub-legal que le sirve de fundamento, siempre que el conocimiento de este último corresponda a la Sala Político-Administrativa.

El artículo 24 de la Ley, por su parte, asigna competencia a los Juzgados Nacionales de la Jurisdicción Contencioso Administrativa para conocer de:

5. Las demandas de nulidad de los actos administrativos de efectos generales o particulares dictados por autoridades distintas a las mencionadas en el numeral 5 del artículo 23 de esta Ley y en el numeral 3 del artículo 25 de esta Ley, cuyo conocimiento no esté atribuido a otro tribunal en razón de la materia.

El artículo 25 de la Ley Orgánica, además, asigna a los Juzgados Superiores Estadales de la Jurisdicción Contencioso Administrativa competencia para conocer de:

3. Las demandas de nulidad contra los actos administrativos de efectos generales o particulares, dictados por las autoridades estadales

---

la", en *Revista de Derecho Público,* N° 25, Editorial Jurídica Venezolana, Caracas, 1986, pp. 6 ss.

28   Véase en *Gaceta Oficial* N° 37.475 de 01-07-02. Véanse los comentarios sobre esta ley en Allan R. Brewer-Carías, Gustavo Linares Benzo, Dolores Aguerrevere Valero y Caterina Balasso Tejera, *Ley de Expropiación por Causa de Utilidad Pública o Interés Social,* Editorial Jurídica Venezolana, Caracas 2002.

o municipales de su jurisdicción, con excepción de las acciones de nulidad ejercidas contra las decisiones administrativas dictadas por la Administración del trabajo en materia de inamovilidad, con ocasión de una relación laboral regulada por la Ley Orgánica del Trabajo.

6. Las demandas de nulidad contra los actos administrativos de efectos particulares concernientes a la función pública, conforme a lo dispuesto en la ley.

Sobre estas competencias en materia de contencioso de anulación, debe observarse que conforme al artículo 8 de la Ley Orgánica de 2010, además de los actos administrativos de efectos generales y particulares, también pueden ser objeto de control judicial las "actuaciones bilaterales," lo que apunta, sin duda, a los contratos públicos. Esto se había establecido en la derogada Ley Orgánica de 2004, que expresamente preveía la posibilidad de la impugnación por ilegalidad o inconstitucionalidad de los contratos o acuerdos celebrados por la Administración cuando afectasen los intereses particulares o generales, legítimos, directos, colectivos o difusos de los ciudadanos, atribuyéndose la legitimidad a personas extrañas a la relación contractual (Art. 21, párrafo 2°). La Ley Orgánica de 2010, sin embargo, en esta materia, tampoco reguló procedimiento contencioso específico alguno.

2. *El proceso contencioso administrativo contra las carencias administrativas*

En segundo lugar está el proceso contencioso administrativo contra la carencia administrativa, que regula la Ley Orgánica en su artículo 23, al asignar a la Sala Político Administrativa, competencia para conocer de:

3. La abstención o la negativa del Presidente o Presidenta de la República, del Vicepresidente Ejecutivo o Vicepresidenta Ejecutiva de la República, de los Ministros o Ministras, así como de las máximas autoridades de los demás órganos de rango constitucional, a cumplir los actos a que estén obligados por las leyes.

Por su parte el artículo 24 de la Ley Orgánica le asigna a los Juzgados Nacionales de la Jurisdicción Contencioso Administrativa, competencia para conocer de:

3. La abstención o la negativa de las autoridades distintas a las mencionadas en el numeral 3 del artículo 23 de esta Ley y en el numeral 4 del artículo 25 de esta Ley.

Y conforme al artículo 25 de la Ley Orgánica, los Juzgados Superiores Estadales de la Jurisdicción Contencioso Administrativa son competentes para conocer de:

4. La abstención o la negativa de las autoridades estadales o municipales a cumplir los actos a que estén obligadas por las leyes.

3. *Los procesos contencioso administrativos de las controversias administrativas*

En tercer lugar, está el proceso contencioso administrativo previsto en la Ley es el proceso contencioso administrativo de resolución de controversias administrativas, a cuyo efecto, el artículo 23 asigna a la Sala Político Administrativa, competencia para conocer de:

7. Las controversias administrativas entre la República, los estados, los municipios u otro ente público, cuando la otra parte sea una de esas mismas entidades, a menos que se trate de controversias entre municipios de un mismo estado.

8. Las controversias administrativas entre autoridades de un mismo órgano o ente, o entre distintos órganos o entes que ejerzan el Poder Público, que se susciten por el ejercicio de una competencia atribuida por la ley.

Y conforme al artículo 25 de la Ley Orgánica, los Juzgados Superiores Estadales de la Jurisdicción Contencioso Administrativa son competentes para conocer de:

9. Las controversias administrativas entre municipios de un mismo estado por el ejercicio de una competencia directa e inmediata en ejecución de la ley.

4. *El proceso contencioso administrativo de las demandas patrimoniales*

En cuarto lugar, está el proceso contencioso administrativo de las demandas patrimoniales contra los entes públicos o que estos puedan intentar, a cuyo efecto, el artículo 23 de la ley le atribuye a la Sala Político Administrativa del Tribunal Supremo, competencia para conocer de:

1. Las demandas que se ejerzan contra la República, los estados, los municipios, o algún instituto autónomo, ente público, empresa, o cualquier otra forma de asociación, en la cual la República, los estados, los municipios u otros de los entes mencionados tengan participación decisiva, si su cuantía excede de setenta mil unidades tributarias (70.000 U.T.), cuando su conocimiento no esté atribuido a otro tribunal en razón de su especialidad.

2. Las demandas que ejerzan la República, los estados, los municipios, o algún instituto autónomo, ente público, empresa, o cualquier otra forma de asociación, en la cual la República, los estados, los municipios o cualquiera de los entes mencionados tengan participación decisiva, si su cuantía excede de setenta mil unidades tributarias (70.000 U.T.), cuando su conocimiento no esté atribuido a otro tribunal en razón de su especialidad.

10. Las demandas que se interpongan con motivo de la adquisición, goce, ejercicio o pérdida de la nacionalidad o de los derechos que de ella derivan.

11. Las demandas que se ejerzan con ocasión del uso del espectro radioeléctrico.

12. Las demandas que le atribuyan la Constitución de la República o las leyes especiales, o que le correspondan conforme a éstas, en su condición de máxima instancia de la Jurisdicción Contencioso Administrativa.

13. Las demás demandas derivadas de la actividad administrativa desplegada por las altas autoridades de los órganos que ejercen el Poder Público, no atribuidas a otro tribunal.

23. Conocer y decidir las pretensiones, acciones o recursos interpuestos, en el caso de retiro, permanencia, estabilidad o conceptos derivados de empleo público del personal con grado de oficiales de la Fuerza Armada Nacional Bolivariana.

Por su parte el artículo 24 de la Ley Orgánica asigna a los Juzgados Nacionales de la Jurisdicción Contencioso Administrativa, competencia para conocer de:

1. Las demandas que se ejerzan contra la República, los estados, los municipios, o algún instituto autónomo, ente público, empresa o cualquier otra forma de asociación, en la cual la República, los estados, los municipios u otros de los entes mencionados tengan participación decisiva, si su cuantía excede de treinta mil unidades tributarias (30.000 U.T.) y no supera setenta mil unidades tributarias (70.000 U.T.), cuando su conocimiento no esté atribuido expresamente a otro tribunal, en razón de su especialidad.

2. Las demandas que ejerzan la República, los estados, los municipios, o algún instituto autónomo, ente público, empresa o cualquier otra forma de asociación, en la cual la República, los estados, los municipios u otros de los entes mencionados tengan participación decisiva, si su cuantía excede de las treinta mil unidades tributarias (30.000 U.T.) y no supera setenta mil unidades tributarias (70.000 U.T.), cuando su conocimiento no esté atribuido a otro tribunal en razón de su especialidad.

8. Las demandas derivadas de la actividad administrativa contraria al ordenamiento jurídico desplegada por las autoridades de los órganos que ejercen el Poder Público, cuyo control no haya sido atribuido a la Sala Político-Administrativa o a los Juzgados Superiores Estadales de la Jurisdicción Contencioso Administrativa.

Conforme al artículo 25 de la Ley Orgánica, a los Juzgados Superiores Estadales de la Jurisdicción Contencioso Administrativa se les asigna competencia para conocer de:

1. Las demandas que se ejerzan contra la República, los estados, los municipios, o algún instituto autónomo, ente público, empresa o cualquier otra forma de asociación, en la cual la República, los estados, los municipios u otros de los entes mencionados tengan participación decisiva, si su cuantía no excede de treinta mil unidades tributarias (30.000 U.T.), cuando su conocimiento no esté atribuido a otro tribunal en razón de su especialidad.

2. Las demandas que ejerzan la República, los estados, los municipios, o algún instituto autónomo, ente público, empresa o cualquier otra forma de asociación, en la cual la República, los estados, los municipios u otros de los entes mencionados tengan participación decisiva, si su cuantía no excede de treinta mil unidades tributarias (30.000 U.T.), cuando su conocimiento no esté atribuido a otro tribunal en razón de su especialidad.

8. Las demandas derivadas de la actividad administrativa contraria al ordenamiento jurídico de los órganos del Poder Público estadal, municipal o local.

Una de las innovaciones de la Ley Orgánica de 2010 en la conformación del proceso contencioso administrativo de las demandas de contenido patrimonial, fue haber eliminado la referencia a demandas que pudieran derivarse de "contratos administrativos," que en el pasado había condicionado la distribución de competencias judiciales en la materia. La Ley 2010, ha regulado en cambio, la competencia en materia de demandas de contenido patrimonial, independientemente de que sean derivadas de responsabilidad contractual o extracontractual, y la misma ha sido sólo distribuida entre los diversos Juzgados según la cuantía. Por tanto, conflictos derivados de la ejecución de contratos del Estado, contratos públicos o contratos administrativos corresponden según la cuantía a los diversos tribunales de la jurisdicción.

Con ello puede decirse que quedó superada la necesidad que antes había de determinar cuándo un contrato público era o no era "contrato administrativo" para determinar la competencia de la jurisdicción contencioso administrativa, tal y como había sido establecida en la Ley Orgánica de la Corte Suprema de 1976 (art. 42.14) y repetida en la Ley Orgánica del Tribunal Supremo de 2004 (art. 5, párrafo 1º, 25). Debe mencionarse, sin embargo, que a pesar de aquellas normas, estimamos que la distinción entre contratos administrativos y contratos públicos que supuestamente no lo eran, no tenía sustantividad firme, ya que no había ni puede haber "contratos de derecho privado" de la Administración que pudiesen estar regidos exclusivamente por el derecho privado, que excluyeran el conocimiento de los mismos por la jurisdicción contencioso-administrativa.[29] En realidad, todos los contratos que celebra la Administración están sometidos en una forma u otra al derecho público y a todos se les aplica también el derecho privado, teniendo, según su objeto, un régimen preponderante de derecho público o de derecho privado;[30] por lo que la distinción no tenía ni tiene fundamento alguno, y menos cuando en Venezuela nunca ha habido dualidad de jurisdicciones (judicial y administrativa) que en Francia ha sido el verdadero sustento de la distinción.[31] Así como no puede haber acto unilateral dictado por los funcionarios públicos que no sea un acto administrativo, tampoco existen contratos celebrados por la Administración que no estén sometidos en alguna forma al derecho público.

En definitiva, como lo propusimos en 2004,[32] la referencia a "contratos administrativos" ha sido eliminada de la Ley Orgánica de 2010, atribuyéndose a los órganos de la misma todas las cuestiones concernientes a los contratos de la Administración, cualquiera que sea su naturaleza, según la cuantía.

5. *El proceso contencioso administrativo de las demandas contra las vías de hecho administrativas*

En quinto lugar, está el proceso contencioso administrativo de las demandas contra las vías de hecho administrativas, a cuyo efecto, el artículo 23.4 asigna a la Sala Político Administrativa del Tribunal Supremo, competencia para conocer de "las reclamaciones contra las vías de hecho atribuidas a las altas autoridades antes enumeradas."

Por su parte el artículo 24.4 de la Ley Orgánica asigna a los Juzgados Nacionales de la Jurisdicción Contencioso Administrativa, competencia para

---

29 Véase Allan R. Brewer-Carías, "La evolución del concepto de contrato administrativo," en *El Derecho Administrativo en América Latina, Curso Internacional,* Colegio Mayor de Nuestra Señora del Rosario, Bogotá, 1978, pp. 143-167; *Jurisprudencia Argentina,* N° 5.076, Buenos Aires, 13-12-1978, pp. 1-12; *Libro Homenaje al Profesor Antonio Moles Caubet,* Tomo I, Facultad de Ciencias Jurídicas y Políticas, Universidad Central de Venezuela, Caracas, 1981, pp. 41-69; y *Estudios de Derecho Administrativo,* Bogotá, 1986, pp. 61-90. Además, publicado como "Evoluçao do conceito do contrato administrativo," in *Revista de Direito Publico* N° 51-52, Sao Paulo, julio-diciembre 1979, pp. 5-19.

30 Véase Allan R. Brewer-Carías, *Contratos Administrativos,* Editorial Jurídica Venezolana, Caracas, 1992, pp. 46 ss.; y "La interaplicación del derecho público y del derecho privado a la Administración Pública y el proceso de huida y recuperación del derecho administrativo," en *Las Formas de la Actividad Administrativa. II Jornadas Internacionales de Derecho Administrativo Allan Randolph Brewer-Carías,* Fundación de Estudios de Derecho Administrativo, Caracas, 1996, pp. 59 ss.

31 Véase Jesús Caballero Ortiz, "¿Deben subsistir los contratos administrativos en una futura legislación?," en *El Derecho Público a comienzos del siglo XXI. Estudios homenaje al Profesor Allan R. Brewer-Carías,* Tomo II, Instituto de Derecho Público, UCV, Editorial Civitas Ediciones, Madrid, 2003, pp. 1773 ss.

32 Véase Allan R. Brewer-Carías, *Ley Orgánica del Tribunal Supremo de Justicia,* Editorial Jurídica Venezolana, Caracas, 2004, p. 219.

conocer de "Las reclamaciones contra las vías de hecho atribuidas a las autoridades a las que se refiere el numeral anterior."

Y conforme al artículo 25.5 de la Ley Orgánica, a los Juzgados Superiores Estadales de la Jurisdicción Contencioso Administrativa se les asigna competencia para conocer de "las reclamaciones contra las vías de hecho atribuidas a autoridades estadales o municipales de su jurisdicción."

6. *El proceso contencioso administrativo de las demandas relativas a los servicios públicos*

En sexto lugar, está el proceso contencioso administrativo de las demandas relativas a los servicios públicos regulado en el artículo 259 de la Constitución, de manera que en realidad, la única innovación en materia de competencias de la Jurisdicción contencioso administrativa en relación con lo que estaba regulado en la Constitución de 1961 (Art. 206), fue el agregado de dicho artículo, sobre la competencia de los órganos de la Jurisdicción para conocer de los "reclamos por la prestación de servicios públicos." Ello ha sido precisado en la LOJCA 2010, al atribuir a los órganos de la Jurisdicción competencia en materia de reclamos por la prestación de los servicios públicos y el restablecimiento de las situaciones jurídicas subjetivas lesionadas por los prestadores de los mismos (art. 9,5), asignando el conocimiento de la materia exclusivamente a los Juzgados de Municipio de la Jurisdicción Contencioso Administrativa, como competencia única, para conocer de "las demandas que interpongan los usuarios o usuarias o las organizaciones públicas o privadas que los representen, por la prestación de servicios públicos" (art. 26,1).[33]

7. *El proceso contencioso administrativo de interpretación de las leyes*

El séptimo proceso contencioso administrativo es el de interpretación de las leyes, a cuyo efecto el artículo 23.21 asigna a la Sala Político Administrativa, con exclusividad, competencia para conocer de "los recursos de interpretación de leyes de contenido administrativo."

Se precisó, en esta forma, frente a la competencia general de todas las Salas para interpretar las leyes, que lo que corresponde a la Sala Político Administrativa en exclusividad es sólo la interpretación de las leyes de "contenido administrativo."

---

33   Se dispuso sin embargo en la Disposición Transitoria Sexta de la Ley Orgánica, que hasta tanto entrasen en funcionamiento estos Juzgados de Municipio de la Jurisdicción Contencioso Administrativa, los Juzgados de Municipio existentes son los que deben conocer de esta competencia.

V. PRINCIPIOS GENERALES DEL PROCEDIMIENTO CONTENCIOSO ADMINISTRATIVO EN LAS DEMANDAS DE NULIDAD CONTRA LOS ACTOS ADMINISTRATIVOS

La Ley Orgánica de 2010, en relación a todos antes mencionados procesos, estableció un conjunto de normas procesales comunes a todas las demandas, y además, otras específicas, dividiendo arbitrariamente los procedimientos que deben seguirse en los procesos, sólo en tres tipos:

Primero, el procedimiento aplicable al proceso contencioso administrativo de las demandas de contenido patrimonial;

Segundo, un procedimiento denominado "breve," aplicable (i) al proceso contencioso administrativos de las demandas de contenido no patrimonial o indemnizatorio y en especial, las ejercidas con ocasión de la omisión, demora o deficiente prestación a los servicios públicos; (ii) al proceso contencioso administrativos de las demandas contra las vías de hecho; y (iii) al proceso contencioso administrativos de las demandas contra la abstención o carencia de la Administración; y

Tercero, un procedimiento común aplicable (i) el proceso contencioso administrativos anulación de los actos administrativos; (ii) al proceso contencioso administrativos para la interpretación de leyes; y (iii) al proceso contencioso administrativos para la solución de controversias administrativas.

Esta división de los procedimientos contencioso administrativos, como hemos dicho, fue hecha en forma arbitraria, sin explicación alguna de la agrupación de procesos, mezclando así en un procedimiento, procesos que nada tienen en común. No se entiende, por ejemplo, porqué a los procesos contencioso administrativos contra la carencia o abstención administrativas no se aplicó, por ejemplo, el mismo procedimiento establecido para los procesos contencioso administrativos de anulación de actos administrativos; o porqué a los procesos contencioso administrativos de demandas contra vías de hecho, no se aplicó el mismo procedimiento establecido para los procesos contencioso administrativos de las demandas de contenido patrimonial.

No es la intención en esta Ponencia referirnos a todas las normas procesales contencioso administrativa respecto de todas las demandas y procesos, limitándonos en esta oportunidad, por su interés general a referirnos a las normas de procedimiento para el proceso contencioso administrativo de anulación de los actos administrativos.

1. *Principios generales del proceso*

La Ley Orgánica estableció cuatro principios generales que rigen en todos los procesos contencioso administrativos, y por tanto, se aplican también el proceso de anulación de los actos administrativos, que son:

En primer lugar, el principio general de la *publicidad* que se consagra en el artículo 3 de la LOJCA 2010 al disponerse que "los actos del proceso serán públicos, salvo que la ley disponga lo contrario o el tribunal así lo decida por razones de seguridad, orden público o protección de la intimidad de las partes."

En segundo lugar, el principio general de la oficialidad, al disponerse en el artículo 4 de la LOJCA que el Juez es el órgano rector del proceso, lo que implica que está obligado a impulsarlo de oficio o a petición de parte, hasta su conclusión. Sin embargo, en cuanto a la posibilidad del juez de tener iniciativa procesal de oficio la misma está siempre establecida expresamente en la ley (art. 30), y se refiere a actuaciones en un proceso en curso. Por ejemplo, el juez tiene la posibilidad de hacer evacuar de oficio las pruebas que considere pertinentes (art. 39). a convocar de oficio para su participación en la audiencia preliminar a las personas, entes, consejos comunales, colectivos o cualquier otra manifestación popular de planificación, control y ejecución de políticas y servicios públicos, cuyo ámbito de actuación se encuentre vinculado con el objeto de la controversia, para que opinen sobre el asunto debatido (art. 58).

En tercer lugar, el principio de la oralidad de los procesos que se establece en la Ley, siguiendo una de las innovaciones más importantes en el ámbito judicial establecidas en la Constitución de 1999, lo cual proporciona celeridad, y permite la cercanía entre partes y jueces. Esa oralidad se materializa en las diversas Audiencias previstas en los procedimientos, como la Audiencia preliminar, la Audiencia conclusiva, la Audiencia de juicio.

Y el cuarto lugar, el principio general de la participación popular en el proceso, de manera que de acuerdo con el artículo 10 de la LOJCA 2010, los entes, consejos comunales, colectivos y otras manifestaciones populares de planificación, control, ejecución de políticas y servicios públicos, pueden emitir su opinión en los juicios cuya materia debatida esté vinculada a su ámbito de actuación, aunque no sean partes.

2. *Las partes en los procesos contencioso administrativos y la legitimación procesal*

La iniciativa procesal ante la jurisdicción contencioso administrativa se regula en el artículo 30 de la LOJCA 2010, al disponerse como principio que "los órganos de la Jurisdicción Contencioso Administrativa conocerán a instancia de parte," por lo que en cuanto a la presentación de las demandas de nulidad de actos administrativos, como en todos los casos de pretensiones procesales ante la Jurisdicción, por supuesto rige el principio dispositivo, no existiendo caso alguno en el cual el juez contencioso administrativo esté autorizado para iniciar un proceso de oficio, es decir, presentando alguna demanda.

La capacidad procesal para poder actuar ante la Jurisdicción contencioso administrativa, según se establece en el artículo 27 de la LOJCA 2010, corresponde a las partes, que pueden ser personas naturales o jurídicas, públicas o privadas, irregulares o de hecho, asociaciones, consorcios, comités, consejos comunales y locales, agrupaciones, colectivos y cualquiera otra entidad; las cuales en todo caso, en los juicios contencioso administrativo de anulación, de acuerdo con el artículo 28 de la LOJCA 2010, sólo pueden actuar en asistidos o representados por un abogado.

La noción de parte, por tanto, en los juicios contencioso administrativo, incluyendo los de nulidad de actos administrativos, es fundamental, pues la parte demandante es la que debe identificarse en la demanda como parte actora (arts. 33,2; 34); la parte demandada es la que debe citarse como parte demandada (art. 37); son las partes las que pueden formular observaciones a los autos del juez para mejor proveer (art. 39); son las partes las que pueden solicitar al juez dictar providencias (art 40); es la actuación de las partes la que puede evitar la perención (art. 41); es en relación con las partes que surgen las causales de recusación e inhibición de los jueces (art. 41 ss.); son las partes las que participan en la audiencia preliminar, pueden solicitar providencias de correcciones procedimentales, y pueden promover pruebas, convenir en hechos y oponerse a pruebas (arts. 57, 60 y 62); son las partes las que pueden solicitar al juez que se convoque a grupos organizados de la sociedad cuyo ámbito de actuación se encuentre vinculado con el objeto de la controversia, para que participen en la audiencia opinando sobre el asunto debatido (art. 58); son las partes las que pueden participar en la audiencia conclusiva (art. 63); son las partes las que deben ser notificadas de la sentencia (art. 64); son las partes las que en los juicios de nulidad pueden solicitar al juez que se notifique a determinadas personas (art. 68,3); son las partes las que pueden solicitar al juez dictar medidas (art. 69), las que son oídas en la audiencia oral (art. 70); son las partes las que como tales pueden atender al cartel de emplazamiento (art. 80), las que pueden participar en la audiencia de juicio (arts. 82 y 83), promover pruebas, convenir en hechos y oponerse a pruebas (art. 84); son las partes las que pueden solicitar que se dicten medidas cautelares (art 104); son las partes las que pueden participar en la ejecución de sentencias (art. 109, 110); son las partes las que pueden apelar de las sentencias (arts. 92, 94) y contestar la apelación (art. 94); y, en fin, son las partes las que pueden intentar el recurso especial de juridicidad (art. 95) y contestarlo (art. 99).

A. *Legitimación activa*

En cuanto a la legitimación activa para iniciar juicios contencioso administrativos, las personas y entidades antes indicados, conforme al artículo 29 de la LOJCA 2010, deben tener "un interés jurídico actual" es decir, que exista al momento de realizarse la actuación procesal, que tiene que referirse a la relación o situación jurídica concreta de la persona, lo que dependerá de la pretensión procesal que se formule ante la Jurisdicción

En el caso de los juicios de nulidad contra los actos administrativos, respecto de la legitimación activa, nada más se estableció en la Ley Orgánica, por lo que el interés actual exigido está condicionado por los efectos producidos por los actos impugnados. Tratándose de actos administrativos de efectos generales, la legitimación para impugnarlos y para hacerse parte en los juicios corresponde a cualquier ciudadano que por ejemplo alegue un simple interés en la anulación o en el mantenimiento del acto impugnado.

La acción en estos casos es una acción popular contencioso administrativa, tal como se derivaba del artículo 21.9 de la derogada Ley Orgánica del Tribunal Supremo de 2004, cuando disponía que "toda persona natural o jurídica, que sea *afectada en sus derechos o intereses* por un *acto administrativo de efectos generales* emanado de alguno de los órganos del Poder Público Nacional, Estadal o Municipal, puede demandar la nulidad del mismo ante el Tribunal Supremo de Justicia, por razones de inconstitucionalidad o de ilegalidad." Se trata de la misma acción popular que se ha establecido en materia de control de constitucionalidad de las leyes y que tiene sus antecedentes desde mitad del Siglo XIX.

Esta acción popular fue definida por la jurisprudencia, como la que "corresponde a todos y cada uno de los individuos que componen un conglomerado, para impugnar la validez de un acto del Poder Público que, por tener un carácter normativo y general, obra *erga omnes,* y, por tanto, su vigencia afecta e interesa a todos por igual."[34] En estos casos de impugnación de actos normativos, dijo la antigua Corte Suprema, éstos "pueden ser impugnados por la vía de la acción popular, ejercida libremente por cualquier ciudadano que se encuentre en el pleno goce de sus derechos, esto es, que tenga capacidad procesal" invocando simplemente "el derecho que tiene todo ciudadano a que la administración respete la legalidad."[35] En este caso, agregó la antigua Corte, "la acción que se da... a cualquiera del pueblo (de allí su denominación) está dirigida a la defensa de un interés público que es a la vez simple interés del accionante quien por esta sola razón no requiere estar investido de un interés jurídico diferencial o legítimo"[36].

En el régimen anterior del contencioso administrativo de nulidad de los actos administrativos de efectos particulares, debe recordarse que tradicionalmente la legitimación activa se atribuía a quienes fueran titulares de un "interés personal, legítimo y directo"[37] en la impugnación del acto adminis-

---

34   Véase la sentencia de la antigua Corte Federal de 14-03-60 en *Gaceta Forense* N° 27, 1960, págs. 127-132 y la sentencia de la Corte Suprema de Justicia en Sala Político-Administrativa de 18-02-71 en *Gaceta Oficial* N° 1.472 Extra. de 11-06-71. Véase en Allan R. Brewer-Carías, *Jurisprudencia de la Corte Suprema 1940-1975 y Estudios de Derecho Administrativo,* Tomo V, Vol. I, Caracas, 1978, pp. 209-304.

35   Véase la sentencia de la Corte Suprema de Justicia en Sala Político-Administrativa de 06-02-64 en *Gaceta Oficial* N° 27.373 de 21-02-64. Véase en Allan R. Brewer-Carías, *Jurisprudencia...,* *cit.,* Tomo V, Vol. I, pág. 296.

36.   Véase la sentencia de la Corte Suprema de Justicia en Sala Político- Administrativa de 18-02-71 en *Gaceta Oficial* N° 1.472 Extra, de 11-06-71, y la sentencia de la Corte Suprema de Justicia en Sala Político-Administrativa de 21-11-74, en *G.O.* N° 30.594 de 10-01-75. Véase en Allan R. Brewer-Carías, *Jurisprudencia...,* *cit.,* Tomo V, Vol. I, págs. 304 y 314.

37   Véase Allan R. Brewer-Carías, "Aspectos de la legitimación activa en los recursos contencioso-administrativos contra los actos administrativos de efectos particulares", en *Revista de Derecho Público,* N° 16, Editorial Jurídica Venezolana, Caracas, 1983, pp. 227-233.

trativo; exigencia que fue eliminada la LOJCA 2010, por lo que en estos casos debe recurrirse a los principios generales para adecuadamente establecer la legitimación.

En efecto, como se había desarrollado jurisprudencialmente, la necesidad de que el recurrente en los juicios de nulidad tuviese un interés personal, legítimo y directo en la impugnación, implicaba que tratándose de actos individuales o de efectos particulares, en principio, en el proceso sólo podían "actuar los sujetos a quienes directamente afecta el acto administrativo,"[38] es decir, "los que tuvieran un interés legítimo en su anulación."[39] Esta noción de interés personal, legítimo y directo, fue precisada con acuciosidad por la Corte Primera de lo Contencioso- Administrativa en su sentencia del 13 de octubre de 1988 (caso: *Cememosa*), al clarificar que por *interés legítimo* "debe entenderse como la existencia de una tutela legal sobre la pretensión del actor;" que el *interés sea personal* "alude a la de que el actor haga valer en su nombre o en el de un sujeto o comunidad a los cuales representa, su pretensión;" y que el *interés sea directo*, se refiere a "que el efecto del acto recaiga sobre el actor" y que "el acto esté destinado al actor." En fin la exigencia apunta a que "el impugnante sea el afectado, el que recibe los efectos inmediatos de la decisión sobre su esfera de intereses."[40]

Esta exigencia, sin embargo, debe recordarse que comenzó a variar en 2000, mediante sentencia de la Sala Político Administrativa del Tribunal Supremo, en efecto, N° 873 de 13 de abril de 2000 (Caso: *Banco FIVENEZ vs. Junta de Emergencia Financiera*), en la cual consideró que con las previsiones de la Constitución de 1999, había "quedado tácitamente derogado el criterio legitimador exigido en la Ley Orgánica de la Corte Suprema de Justicia, pues dicho criterio resulta incompatible con los principios que establece la nueva Constitución (Disposición Derogatoria única de la Constitución de 1999), al menos en lo que respecta a la exigencia de que el interés legitimador sea personal y directo." La Sala concluyó entonces indicando que "el interés para recurrir que exige la nueva Constitución, obviamente, sigue siendo "legítimo", ya que el ordenamiento jurídico no puede proteger intereses ilegítimos." Sin embargo, por lo que respecta al interés directo, la Sala lo consideró sin aplicación por lo que el recurrente en estos procesos de nulidad, "cuando el particular pueda obtener de la impugnación del acto administrativo una ventaja o evitar un perjuicio, aunque no exista una relación inmediata entre la situación derivada o creada por el acto administrativo" debe admitirse la impugnación al ser "titular de un 'interés indirecto', lo cual lo legitima para ejercer el recurso contencioso administrativo."

---

38   Véase en *Gaceta Forense,* N° 27, pp. 127-132. Véase además en Allan R. Brewer-Carías, *Jurisprudencia de la Corte Suprema ... cit.*, Tomo V, Vol. I, *cit.,* p. 293.

39   Véase *Gaceta Oficial* N° 14.72 Extra, de 11-06-71.

40   Véase *Revista de Derecho Público*, N° 82, Editorial Jurídica Venezolana, Caracas, 2000, pp. 445 ss.

Consideró la Sala, en consecuencia, que es suficiente para impugnar tanto actos de efectos particulares como actos de efectos generales, "que se tenga un interés conforme con el ordenamiento jurídico, aunque dicho interés no sea personal y directo." tratándose siempre, por supuesto de un interés legítimo y actual. Además, señaló la Sala que en lo que respecta a la exigencia de que el interés sea "personal," que "la nueva Constitución permite el acceso a la justicia para la defensa de los intereses "difusos" y "colectivos," concluyendo entonces que "el concepto de interés previsto en la nueva Constitución abarca los intereses estrictamente personales así como los intereses comunes de cuya satisfacción depende la de todos y cada uno de los que componen la sociedad." Terminó la Sala Político Administrativa aclarando que, en todo caso, "no puede confundirse la legitimación por simple interés legítimo que exige la nueva Constitución con la denominada acción popular" en cuyo caso "al particular deberá admitírsele la interposición del recurso con independencia de que pueda ostentar un derecho o interés lesionado."[41]

Pero a pesar de este criterio jurisprudencial de 2000, la Ley Orgánica de 2004 repitió en su texto la norma de la derogada Ley Orgánica de 1976 (norma que había sido considerada tácitamente derogada por la Constitución por la Sala Político Administrativa del Tribunal Supremo), exigiéndose el "interés personal, legítimo y directo" como condición de legitimidad para interponer el recurso contencioso de anulación contra los actos administrativos de efectos particulares (Art. 21.9); razón por la cual continuó siendo, hasta 2010, la condición básica de la legitimación para intentar demandas de nulidad de actos administrativos de efectos particulares o para hacerse parte en los juicios. A partir de 2010, sin embargo, como se dijo, ni la Ley Orgánica de la Jurisdicción Contencioso Administrativa, ni la Ley Orgánica del Tribunal Supremo de Justicia de 2010 establecen condición alguna de interés del recurrente para intentar acciones contencioso administrativas contra actos de efectos particulares, por lo que sobre la base esencial de tratarse siempre de un interés legítimo y actual, será la jurisprudencia la que irá delineando la legitimación.

En todo caso, distinta es la situación de la posibilidad de participación en los juicios como demandantes o como partes, de los entes, consejos comunales, colectivos y otras manifestaciones populares de planificación, control, ejecución de políticas y servicios públicos, en cuyo caso el acto administrativo impugnado debe tener vinculación con su ámbito de actuación. Esas entidades pueden incluso emitir su opinión en los juicios cuya materia debatida esté vinculada a su ámbito de actuación, aunque no sean partes (art. 10).

Se trata de lo que se ha regulado en la Constitución para la tutela judicial de los intereses colectivos o difusos (art. 26), resultado del reconocimiento para la participación en los juicios de nulidad de los actos administrativos, además del interés personal, legítimo y directo del recurrente, de otras situa-

---

41   Véase en *Revista de Derecho Público,* N° 82, Editorial Jurídica Venezolana, Caracas, 2002, pp. 582-583.

ciones jurídicas subjetivas que corresponden a una comunidad concreta o a la colectividad en general. Con ello, se ha reconocido legitimación para actuar a las entidades representativas de intereses colectivos legalmente establecidas y reconocidas (intereses colectivos), y a quienes en determinadas circunstancias invoquen la protección de los intereses supra-individuales que conciernen a toda la colectividad (intereses difusos), lo que se había recogido en el artículo 18.2 de la derogada Ley Orgánica del Tribunal Supremo de 2004.

B. *Las reglas de la legitimación activa en caso de pretensiones de anulación y de condena*

Otro aspecto que debe mencionarse en relación con las demandas de nulidad de los actos administrativos, tal como se regula en los artículos 76 a 96 de la LOJCA 2010, es que en las normas de procedimiento que en ellos se establece solo se reguló el caso de las demandas de nulidad de los actos administrativos, sin hacerse referencia alguna a los casos en los cuales la demanda de nulidad de los actos administrativos se acompañen con otras pretensiones en adición a la sola anulación de los mismos, como son las pretensiones procesales de condena o amparo, o las de contenido patrimonial conforme se establece en el artículo 259 de la Constitución y se establecía en el artículo 21.18 de la derogada Ley Orgánica del Tribunal Supremo de 2004.

En estos últimos casos, sin embargo, no se regularon normas de procedimiento específicas en la LOJCA 2010, por lo que además de aplicarse el procedimiento previsto para las demandas de nulidad, con las previsiones sobre notificaciones y emplazamientos, en nuestro criterio debe efectuarse la citación del ente demandado, por ejemplo, en encabeza del Procurador General, como representante de la República.

A tal efecto, el artículo 21.18 de la derogada Ley Orgánica del Tribunal Supremo de 2004 establecía lo siguiente:

"En su fallo definitivo el Tribunal Supremo de Justicia declarará, si procede o no, la nulidad de los actos o de los artículos impugnados, y determinará, en su caso, los efectos de la decisión en el tiempo; igualmente podrá, de acuerdo con los términos de la solicitud, condenar el pago de sumas de dinero y a la reparación de daños y perjuicios originados en responsabilidad de la administración, así como disponer lo necesario para el restablecimiento de las situaciones jurídicas subjetivas lesionadas por la actividad administrativa."

El sentido de esta norma, aún derogada, tiene una importancia destacada en la configuración que debe darse al procedimiento contencioso-administrativo en Venezuela, con las siguientes implicaciones:

En *primer lugar*, que las pretensiones de anulación de los actos administrativos pueden acompañarse de pretensiones de condena. Por tanto, cuando éstas dependan de lesiones a situaciones jurídicas subjetivas producidas por actos administrativos, en la misma demanda de anulación de éstos pueden acumularse las pretensiones de condena, con lo cual si bien se sigue el procedimiento de los juicios de nulidad deben incorporarse elementos generales como la citación de la Administración y el agotamiento del procedimiento administrativo previo a las acciones de contenido patrimonial contra la República conforme a las previsiones de la Ley Orgánica de la Procuraduría General de la República y a lo previsto en la última parte del artículo 7.10 de la Ley Orgánica de la Administración Pública.

En *segundo lugar*, que las pretensiones de condena que pueden acompañar al recurso de anulación, de acuerdo al artículo 259 de la Constitución, pueden tener su origen básicamente en la responsabilidad de la Administración derivada del acto administrativo ilegal, buscándose la condena a la Administración al pago de sumas de dinero, a la reparación de daños y perjuicios o al restablecimiento de la situación jurídica subjetiva lesionada por la actividad administrativa. Esta variedad de pretensiones tiene efectos fundamentales en cuanto a la legitimación activa y al contenido de la decisión del juez contencioso-administrativo.

En efecto, en cuanto a la legitimación activa, el derogado artículo 21.18 de la Ley Orgánica mencionada ratificó el fin del antiguo monopolio que antes de 1976, había tenido el derecho subjetivo en relación con las situaciones jurídicas subjetivas, particularmente en cuanto a su resarcibilidad o indemnizabilidad. En esta forma, la tradicional idea de que el interés personal, legítimo y directo era sólo una situación jurídica *procesal* para impugnar actos administrativos, y de que la pretensión de condena sólo correspondía a los titulares de derechos subjetivos puede decirse que quedó superada, de lo que resulta que dentro de las situaciones jurídicas subjetivas sustantivas, además del tradicional derecho subjetivo también cabe ubicar los intereses legítimos, y éstos, al igual que aquéllos, pueden dar lugar a pretensiones de condena y a su resarcimiento.

Por tanto, la legitimación activa en el contencioso de anulación y condena no sólo corresponde al titular de un derecho subjetivo lesionado por el acto administrativo impugnado, sino también al titular de un interés personal, legítimo y actual, lo cual, por supuesto, variaría según el tipo de pretensión de condena. Por ejemplo, si se trata de una pretensión de condena derivada de responsabilidad administrativa originada por el acto administrativo impugnado, pueden distinguirse dos supuestos: si se trata de un acto administrativo que lesiona el derecho subjetivo al cocontratante de la Administración en relación con un contrato celebrado con la Administración, la legitimación activa para impugnar el acto ilegal, y pretender el pago de sumas de dinero o la reparación de daños y perjuicios, corresponde al titular del derecho subjetivo contractual lesionado (cocontratante). En el mismo orden de ideas, por ejemplo, si se trata de un acto administrativo que lesiona el derecho subjetivo del funcionario público de carrera a la estabilidad, la legitimación activa para impugnar un acto ilegal de destitución y para pretender el pago de sumas de dinero, la reparación de daños y perjuicios por la destitución ilegal o el restablecimiento al cargo público de carrera, corresponde al titular del derecho subjetivo lesionado (funcionario público destituido).

Pero la responsabilidad de la Administración no sólo puede surgir de la lesión de derechos subjetivos (contractuales o estatutarios), sino también puede surgir de la lesión a intereses legítimos y personales, cuyos titulares no sólo tienen la legitimación para impugnar los actos administrativos ilegales que los lesionen, sino también para pretender la condena a la Administración a la reparación de daños y perjuicios originados por el acto ilegal, y al restablecimiento del interés legítimo lesionado por la autoridad administrativa. Por ejemplo, el propietario de una parcela de terreno en una zona urbana residencial, frente a un acto administrativo ilegal que cambie la zonificación de la parcela colindante, no sólo tiene la legitimación para impugnar el acto ilegal y solicitar su nulidad, sino para que se le resarzan los daños y perjuicios ocasionados por el mismo (por ejemplo, daños ambientales, eliminación del derecho a una vista o panorama, etc.) y, para que se le restablezca la situación jurídica lesionada (demolición de la construcción realizada al amparo del acto ilegal y anulado y restablecimiento de la zonificación original).

C. *Legitimación pasiva*

En cuanto a la legitimación pasiva en los casos de demandas de nulidad de los actos administrativos, la situación de demandado corresponde conforme a la LOJCA 2010 a la Administración Pública interesada, en cabeza del representante del órgano o ente que haya dictado el acto, quien debe ser notificado (art. 78,1), al cual, por lo demás, se le debe requerir el expediente administrativo (art. 79). Además, la condición de demandados también corresponde a los interesados que sea necesario que sean emplazados mediante cartel (art. 80).

Debe mencionarse que el artículo 137 de la derogada Ley Orgánica de la Corte Suprema de 1976 establecía en forma expresa, que en los juicios contencioso administrativos contra los actos administrativos de efectos particulares, podían hacerse parte todas las personas que reunieran las mismas condiciones exigidas para el accionante o recurrente, es decir, todos los titulares de un interés personal, legítimo y directo en defender el acto impugnado (Art. 137). Esta norma, sin embargo, aun cuando no se recogió en la LOJCA 2010; no impide que se pueda considerarse que el mismo principio se aplica, en el sentido de que para hacerse parte en los juicios atendiendo al emplazamiento, la persona debe ostentar un interés actual y legítimo, y en su caso personal en la anulación del acto, o en su mantenimiento; o pueda acudir alegando la representación de intereses colectivos o difusos.

3. *El trámite procesal de las demandas y la acumulación de acciones*

Las demandas ejercidas ante la *Jurisdicción Contencioso Administrativa*, incluyendo las de nulidad, conforme se dispone en el artículo 31 de la LOJCA 2010 se deben tramitar conforme a lo previsto en la propia Ley; y supletoriamente, se deben aplicar las normas de procedimiento de la Ley Orgánica del Tribunal Supremo de Justicia y del Código de Procedimiento Civil. Sin embargo, cuando el ordenamiento jurídico no contemple un procedimiento especial, el Juez puede aplicar el que considere más conveniente para la realización de la justicia.

En cuanto a la acumulación de acciones, la LOJCA 2010 nada dispone, salvo respecto de la inadmisibilidad en caso de acumulación de pretensiones que se excluyan mutuamente o cuyos procedimientos sean incompatibles (Art. 35,2). Sin embargo, el artículo 31.3 de la Ley Orgánica del Tribunal Supremo de Justicia de 2010 en cuanto a las diversas Salas del mismo, incluida la Sala Político Administrativa dispone que la competencia para "conocer de los juicios en que se ventilen varias acciones conexas, siempre que al tribunal esté atribuido el conocimiento de alguna de ellas". Las razones de esta acumulación de acciones son, en general, las mismas que rigen en el procedimiento ordinario. La competencia de la sala es, en este caso, una competencia por conexión o por continencia de la causa, y se admite por el interés que existe de evitar el riesgo de que se dicten sentencias contrarias o contradictorias en asuntos que tengan entre sí una conexión.

4.   *Requisitos de las demandas y de su presentación*

En todos los procesos contencioso administrativos, conforme se indica en el artículo 33 de la LOJCA 2010, el escrito de la demanda debe expresar: 1. La identificación del tribunal ante el cual se interpone; 2. El nombre, apellido y domicilio de las partes, carácter con que actúan, su domicilio procesal y correo electrónico, si lo tuviere; y si alguna de las partes fuese persona jurídica debe indicarse la denominación o razón social y los datos relativos a su creación o registro; 4. La relación de los hechos y los fundamentos de derecho con sus respectivas conclusiones; 5. El fundamento del reclamo y su estimación si lo que se pretende es la indemnización de daños y perjuicios; 6. Los instrumentos de los cuales se derive el derecho reclamado, los que deberán producirse con el escrito de la demanda; y 7. La identificación del apoderado y la consignación del poder.

En casos justificados puede presentarse la demanda en forma oral ante el tribunal, el cual debe ordenar su trascripción. La negativa del juez a aceptar la presentación oral debe estar motivada por escrito.

La demanda debe presentarse ante el tribunal competente; sin embargo, de acuerdo con el artículo 34 de la LOJCA 2010, cuando en el domicilio del demandante no exista un tribunal de la jurisdicción contencioso administrativa competente para conocer de la demanda, el demandante puede presentarla ante un tribunal de municipio, el cual debe remitir inmediatamente el expediente, foliado y sellado, al tribunal señalado por la parte actora. La caducidad de la acción se debe determinar por la fecha de presentación inicial de la demanda. Para ello, el tribunal receptor antes de efectuar la indicada remisión, lo debe hacer constar al pie del escrito y en el libro de presentación.

5. *La admisión de la demanda y la verificación de las causales de inadmisibilidad*

Presentada la demanda, la primera operación que el juez debe realizar es verificar que la misma cumple los requisitos de admisibilidad de la misma, que en el artículo 35 de la LOJCA 2010 se formulan en sentido negativo, como causales de inadmisibilidad. Si el tribunal constata que el escrito de la demanda cumple con esos requisitos, de acuerdo con el artículo 36 de la LOJCA 2010, debe entonces proceder a decidir la admisión de la demanda, dentro de los 3 días de despacho siguientes a su recibo.

Estas causales de inadmisibilidad de las demandas contencioso administrativas, conforme al artículo 35 de la LOJCA 2010, que son los supuestos en los cuales las demandas se deben declarar inadmisibles, son los siguientes:

En primer lugar, la caducidad de la acción (art. 35,1), la cual se aplica a las acciones de nulidad de los actos administrativos, en particular cuando se impugnan actos administrativos de efectos particulares, en cuyo caso, conforme se establece en el artículo 32 de la LOJCA 2010, las mismas caducan conforme a las siguientes reglas:

Primero, en los casos de acciones de nulidad contra actos administrativos de efectos particulares, las mismas deben interponerse en el término de 180 días continuos, contados a partir de su notificación al interesado, o cuando la Administración no haya decidido el correspondiente recurso administrativo en el lapso de 90 días hábiles, contados a partir de la fecha de su interposición. La regla tradicional en materia contencioso administrativa de anulación es que a pesar de la caducidad de la acción, la ilegalidad del acto administrativo de efectos particulares puede oponerse siempre por vía de excepción, salvo disposiciones especiales, lo que se ha conservado en la Ley Orgánica (art. 32,1). Cuando el acto administrativo impugnado sea de efectos temporales, el lapso dentro del cual debe interponerse la acción de nulidad es de 30 días continuos.

Como se dijo, la condición de admisibilidad de las acciones de nulidad basada en la caducidad, sólo se aplica en la impugnación de actos administrativos de efectos particulares;[42] lo que implica que las acciones de nulidad contra los actos administrativos de efectos generales dictados por el Poder Público pueden intentarse en cualquier tiempo.

En segundo lugar, la acción debe declararse inadmisible en los casos de acumulación de pretensiones que se excluyan mutuamente o cuyos procedimientos sean incompatibles (art. 35,2). Esta causal deriva del régimen general establecido en el artículo 78 del Código de Procedimiento Civil, que dispone

---

42   Véase Allan R. Brewer-Carías, *El control de la constitucionalidad de los actos estatales.* Caracas, 1977, págs. 7-10; y "El recurso contencioso-administrativo, contra los actos de efectos particulares" en *El control jurisdiccional de los Poderes Públicos en Venezuela,* Instituto de Derecho Público, Universidad Central de Venezuela, Caracas 1979, págs. 173-174.

que "no podrán acumularse en el mismo libelo pretensiones que se excluyan mutuamente, o que sean contrarias entre sí ni las que por razón de la materia no correspondan al conocimiento del mismo Tribunal; ni aquellas cuyos procedimientos sean incompatibles entre sí. Sin embargo, podrán acumularse en un mismo libelo dos o más pretensiones incompatibles para que sean resueltas una como subsidiaria de la otra siempre que sus respectivos procedimientos no sean incompatibles entre sí".

En tercer lugar, y específicamente en relación con las demandas con contenido patrimonial, que también pueden formularse con las acciones de nulidad, es causal de inadmisibilidad cuando se produzca el incumplimiento del procedimiento administrativo previo a las demandas contra la República, los estados, o contra los órganos o entes del Poder Público a los cuales la ley les atribuye tal prerrogativa (art. 35,3). En esos casos, la Ley Orgánica de la Procuraduría General de la República, que es la que regula el procedimiento administrativo previo a las demandas patrimoniales, dispone que "los funcionarios judiciales deben declarar inadmisibles las acciones o tercerías que se intente contra la República, sin que se acredite el cumplimiento de las formalidades del procedimiento administrativo previo" (art. 60).

En cuarto lugar, las demandas deben declararse inadmisibles cuando con el escrito de las mismas no se consignarse los instrumentos de los cuales se derive el derecho reclamado (art. 33,6), y que sean indispensables para verificar su admisibilidad (art. 35,4).

En quinto lugar, las demandas deben declararse inadmisibles cuando exista cosa juzgada (art. 35,5).

En sexto lugar, las demandas también deben declararse inadmisibles cuando el escrito de las mismas contenga conceptos irrespetuosos (art. 35,6).

Y por último, en séptimo lugar, las demandas contencioso administrativas también deben declararse inadmisibles cuando sean contrarias al orden público, a las buenas costumbres o a alguna disposición expresa de la ley (art. 35,7).

6. *Tramitación procesal*

A. *El auto de admisión y las notificaciones*

En cuanto al procedimiento para la tramitación de las demandas sobre nulidad de actos administrativos, el artículo 76 de la LOJCA 2010 establece el *iter* procesal necesario en la siguiente forma: se inicia con la admisibilidad de la demanda (artículo 77, LOJCA 2010) que el tribunal debe decidir dentro de los 3 días de despacho siguientes a la recepción de la misma, notificándose conforme al 78 de la LOJCA 2010, a las siguientes personas y entes: 1. En los casos de recursos de nulidad, se debe notificar al representante del órgano que haya dictado el acto; en los casos de recursos de interpretación, se debe notificar al órgano del cual emanó el instrumento legislativo; y en los de controversias administrativas, la notificación debe hacerse al órgano o ente contra quien se proponga la demanda. 2. Al Procurador General de la República y al

Fiscal General de la República, y 3. A cualquier otra persona, órgano o ente que deba ser llamado a la causa por exigencia legal o a criterio del tribunal.

Estas notificaciones se deben realizar mediante oficio que debe ser entregado por el Alguacil en la oficina receptora de correspondencia de órgano o ente de que se trate. El Alguacil debe dejar constancia, inmediatamente, de haber notificado y de los datos de identificación de la persona que recibió el oficio.

Además, en el auto de admisión, conforme se dispone en el artículo 80 de la LOJCA 2010, se debe ordenar la notificación de los interesados, mediante un cartel que debe ser publicado en un diario que ha de indicar el tribunal, para que comparezcan a hacerse parte e informarse de la oportunidad de la audiencia de juicio. El cartel debe ser librado el día siguiente a aquél en que conste en autos la última de las notificaciones ordenadas. En los casos de demandas de nulidad de actos administrativos de efectos particulares no será obligatorio el cartel de emplazamiento, a menos que razonadamente lo justifique el tribunal.

El demandante debe retirar el cartel de emplazamiento dentro de los 3 días de despacho siguientes a su emisión, lo debe publicar, y luego consignar la publicación, dentro de los 8 días de despacho siguientes a su retiro. El incumplimiento de estas cargas, da lugar a que el tribunal declare el desistimiento del recurso y ordene el archivo del expediente, salvo que dentro del lapso indicado algún interesado se diera por notificado y consignara su publicación (art 81).

Por otra parte, el tema del procedimiento en los casos de acumulación de otras pretensiones con las demandas de nulidad, también requiere de consideración especial. Como se dijo, los artículos 76 a 96 de la Ley Orgánica de 2010 solo regulan las demandas en las cuales se solicite la nulidad de un acto administrativo, sin precisarse que las mismas pueden estar acompañadas de otras pretensiones, ignorándose así que en muchos casos, la demanda de nulidad de los actos administrativos no se agota con la sola pretensión de anulación de los mismos, sino que puede estar acompañada de otras pretensiones procesales de contenido patrimonial tal como lo establece en el artículo 259 de la Constitución. La Ley Orgánica, sin embargo, nada estableció como procedimiento específico en esta materia, por lo que además de aplicarse el *iter* antes señalado del procedimiento previsto para las demandas de nulidad, con las notificaciones y emplazamientos, en nuestro criterio en esos casos debe además efectuarse la citación del ente demandado, por ejemplo, en cabeza del Procurador General, como representante de la República.

B.   *La Audiencia de juicio*

En estos procedimientos de nulidad, el tribunal conforme a lo establecido en el artículo 82 de la LOJCA 2010, debe convocar a la realización de la Audiencia de juicio, a la cual deben concurrir las partes y los interesados. En los tribunales colegiados, en esta misma oportunidad, se debe designar ponente. Si el demandante no asistiera a la audiencia se debe entender desistido el procedimiento. Al comenzar la audiencia de juicio, el tribunal debe señalar a las partes y demás interesados, el tiempo disponible para sus exposiciones orales, las cuales además pueden consignar por escrito. En esta misma oportunidad las partes podrán promover sus medios de pruebas.

7. *Poderes del juez en los juicios contencioso administrativos*

Una de las innovaciones importantes de la Ley Orgánica de 2010 es que ha investido al juez contencioso administrativo "de las más amplias potestades cautelares," a cuyo efecto lo autoriza para "dictar, aún de oficio, las medidas preventivas que resulten adecuadas a la situación fáctica concreta, imponiendo ordenes de hacer o no hacer a los particulares, así como a los órganos y entes de la Administración Pública, según el caso concreto, en protección y continuidad sobre la prestación de los servicios públicos y en su correcta actividad administrativa" (art. 4).

A tal efecto, la Ley establece un procedimiento común para el caso de tramitación de medidas cautelares en los procesos contencioso administrativos, el cual se debe aplicar en general, incluso en los casos de solicitudes de amparo cautelar que se formulen junto con las acciones de nulidad de actos administrativos (art. 103).

Las medidas cautelares, en general, conforme al artículo 104 de la LOJCA 2010, deben solicitarse por las partes en cualquier estado y grado del procedimiento, pudiendo ser acordadas por el tribunal como las estime pertinentes "para resguardar la apariencia del buen derecho invocado y garantizar las resultas del juicio, ponderando los intereses públicos generales y colectivos concretizados y ciertas gravedades en juego, siempre que dichas medidas no prejuzguen sobre la decisión definitiva."

A tal efecto, el tribunal, como se dijo, cuenta con los más amplios poderes cautelares para proteger no sólo a los demandantes, sino como lo dice el artículo 104, a "la Administración Pública, a los ciudadanos, a los intereses públicos y para garantizar la tutela judicial efectiva y el restablecimiento de las situaciones jurídicas infringidas mientras dure el proceso." En las causas de contenido patrimonial, la Ley Orgánica prescribe que el tribunal puede sin embargo, exigir garantías suficientes al solicitante.

Una vez recibida la solicitud de medida cautelar, el tribunal debe abrir un cuaderno separado para el pronunciamiento que deberá formularse dentro de los 5 días de despacho siguientes (art. 105). En el caso de tribunales colegiados el juzgado de sustanciación debe remitir inmediatamente el cuaderno separado, y recibido este, se debe designar ponente, de ser el caso, y decidirse sobre la medida dentro de los 5 días de despacho siguientes. Al trámite de las medidas cautelares se le debe dar prioridad (art. 105). El trámite de la oposición que formulen las partes a las medidas cautelares se rige por lo dispuesto en el Código de Procedimiento Civil (art. 106)

Pero además de los poderes del juez en materia de medidas cautelares, otro de los aspectos importantes de la evolución de los procesos contencioso administrativos de anulación, es el de los poderes generales del juez en la decisión que ponga fin al juicio, teniendo competencia amplia en materia de anulación y de condena, con la posibilidad de llegar a sustituir la actuación de la Administración.

En efecto, en el esquema tradicional del contencioso-administrativo de anulación, el juez se limitaba a anular el acto recurrido correspondiendo a la Administración la ejecución de la decisión judicial. El juez no podía ni ordenar actuaciones a la Administración ni sustituirse a la Administración y adoptar decisiones en su lugar. Sin embargo, este criterio tradicional ha sido superado por el derecho positivo, y no sólo la pretensión de anulación puede estar acompañada de pretensiones de condena al pago de sumas de dinero o la reparación de daños y perjuicios, sino que más importante aún, la pretensión de anulación puede estar acompañada de pretensiones de condena a la Administración al restablecimiento de la situación jurídica subjetiva (derecho subjetivo o interés legítimo) lesionada, lo que implica el poder del juez de formular órdenes o mandatos de hacer o de no hacer (prohibiciones) a la Administración.

No se olvide que el artículo 259 de la Constitución habla de los poderes del juez contencioso-administrativo para "disponer lo necesario para el restablecimiento de las situaciones jurídicas subjetivas lesionadas por la actividad administrativa," con lo cual se le está confiriendo una especie de jurisdicción de equidad similar a las decisiones de *injunction* o *mandamus* del derecho angloamericano.[43] Por tanto, al "disponer lo necesario para el restablecimiento de la situación jurídica lesionada," no sólo puede el juez contencioso administrativo ordenar a la Administración adoptar determinadas decisiones, sino prohibirle actuar en una forma determinada. Y más aún, cuando sea posible con la sola decisión judicial, puede restablecer directamente la situación jurídica lesionada (y no sólo ordenarle a la Administración que la restablezca).

VI. APRECIACIÓN FINAL: LA GRAN FRUSTRACIÓN QUE DERIVA DE UN CONTROL INEFECTIVO

El sistema contencioso administrativo en Venezuela, tal como se puede apreciar de lo antes expuesto, es sin duda uno de los más completos que muestra el derecho comparado, desarrollado por la legislación y la jurisprudencia partiendo de la normativa establecida en la propia Constitución, y que se fue consolidado durante el régimen democrático que vivió el país hasta 1999, durante el cual la independencia y autonomía del poder judicial, a pesar de sus fallas, era la regla.

Y es que para que un sistema de control de la actuación administrativa sea efectivo, no bastan con las declaraciones constitucionales ni con desarrollos legislativos y jurisprudenciales, sino que es esencial que los tribunales que componen la Jurisdicción Contencioso Administrativa gocen de autonomía e

---

43   Véase H. W. R. Wade, *Administrative Law, Oxford,* 1982, págs. 515, 629.

independencia, particularmente por el hecho de que sus decisiones siempre implican enfrentar el poder, especialmente el Poder Ejecutivo.

Si esa autonomía no está garantizada ni la independencia está blindada, el mejor sistema de justicia contencioso administrativa no será sino letra muerta; y lamentablemente, esta es la situación del sistema contencioso administrativo en Venezuela, tal como ha venido ocurriendo en los últimos años durante el gobierno autoritario que se ha desarrollado en el país desde 1999, que se ha convertido ya en un Estado Totalitario, [44] basado entre otras, una política continua de sometimiento del poder judicial al control político, [45] con la anuencia del propio Tribunal Supremo. [46] Ello ha afectado a la Jurisdicción Contencioso Administrativa, la cual en los últimos lustros ha dejado de ser un efectivo sistema de control de las actuaciones administrativas.

Ello, al menos, es lo que nos muestra la experiencia en los últimos años del funcionamiento de la Jurisdicción Contencioso Administrativa, [47] particularmente desde que el Poder Ejecutivo, a partir de 2000 controló el nombramiento de los Magistrados del Tribunal Supremo de Justicia, lo que se consolidó a partir de 2004, [48] y se agravó en 2010, [49] mediante un nombramiento de

---

44 Véase Allan R. Brewer-Carías, *Estado Totalitario y desprecio a la Ley. La desconstitucionalización, desjudicialización, desjuridificación y desdemocratización de Venezuela*, Editorial Jurídica Venezolana, Caracas, 2015.

45 Véase Rafael J. Chavero Gazdik, *La Justicia Revolucionaria. Una década de reestructuración (o involución) Judicial en Venezuela*, Editorial Aequitas, Caracas 2011; Laura Louza Scognamiglio, *La revolución judicial en Venezuela*, FUNEDA, Caracas 2011; Allan R. Brewer-Carías, "La progresiva y sistemática demolición institucional de la autonomía e independencia del Poder Judicial en Venezuela 1999-2004", en *XXX Jornadas J.M Domínguez Escovar, Estado de derecho, Administración de justicia y derechos humanos*, Instituto de Estudios Jurídicos del Estado Lara, Barquisimeto, 2005, pp. 33-174.

46 Véase Allan R. Brewer-Carías, "La justicia sometida al poder. La ausencia de independencia y autonomía de los jueces en Venezuela por la interminable emergencia del Poder Judicial (1999-2006)" en *Cuestiones Internacionales. Anuario Jurídico Villanueva 2007*, Centro Universitario Villanueva, Marcial Pons, Madrid 2007, pp. 25-57; en *Derecho y democracia. Cuadernos Universitarios*, Órgano de Divulgación Académica, Vicerrectorado Académico, Universidad Metropolitana, Año II, Nº 11, Caracas, septiembre 2007, pp. 122-138; y "La progresiva y sistemática demolición institucional de la autonomía e independencia del Poder Judicial en Venezuela 1999-2004", en *XXX Jornadas J.M Domínguez Escovar, Estado de derecho, Administración de justicia y derechos humanos*, Instituto de Estudios Jurídicos del Estado Lara, Barquisimeto, 2005, pp. 33-174.

47 Véase Antonio Canova González, *La realidad del contencioso administrativo venezolano (Un llamado de atención frente a las desoladoras estadísticas de la Sala Político Administrativa en 2007 y primer semestre de 2008)*, Funeda, Caracas, 2009.

48 Tal como lo reconoció públicamente el Presidente de la Comisión parlamentaria que escogió los Magistrados, al punto de afirmar públicamente que "En el grupo de postulados no hay nadie que vaya actuar contra nosotros." Dicho diputado en efecto, de-

Magistrados casi todos sometidos al Poder Ejecutivo; y desde que el Poder Ejecutivo, en 2003, utilizando al propio Tribunal Supremo, intervino a la Corte Primera de lo Contencioso Administrativo, secuestrando su competencia, destituyendo a sus Magistrados, con o que no sólo quedó clausurada por

claró a la prensa: "Si bien los diputados tenemos la potestad de esta escogencia, el Presidente de la República fue consultado y su opinión fue tomada muy en cuenta." Añadió: "Vamos a estar claros, nosotros no nos vamos a meter autogoles. En la lista había gente de la oposición que cumplen con todos los requisitos. La oposición hubiera podido usarlos para llegar a un acuerdo en las últimas sesiones, pero no quisieron. Así que nosotros no lo vamos a hacer por ellos. En el grupo de postulados no hay nadie que vaya actuar contra nosotros." Véase *El Nacional*, Caracas, 13 de diciembre de 2004. La Comisión Interamericana de Derechos Humanos sugirió en su Informe a la Asamblea General de la OEA para 2004 que las "normas de la Ley Orgánica del Tribunal Supremo de Justicia habrían facilitado que el Poder Ejecutivo manipulara el proceso de elección de magistrados llevado a cabo durante 2004." Véase Comisión Interamericana de Derechos Humanos, *Informe sobre Venezuela 2004*, párrafo 180.

49   Con motivo de la ilegítima "reforma" de la Ley Orgánica del Tribunal Supremo de 2010, mediante una irregular "reimpresión por error material" (Véase Víctor Rafael Hernández Mendible, "Sobre la nueva reimpresión por "supuestos errores" materiales de la Ley Orgánica del Tribunal Supremo, octubre de 2010," y Antonio Silva Aranguren, "Tras el rastro del engaño en la web de la Asamblea Nacional," en *Revista de Derecho Público*, N° 124, Editorial Jurídica Venezolana, Caracas 2101, pp. 110-111 y pp. 112-114, respectivamente), el nombramiento de los nuevos Magistrados del Tribunal Supremo significó el control total de casi todas sus Salas por el poder político, al punto de que Hildegard Rondón de Sansó señaló que "El mayor de los riesgos que plantea para el Estado la desacertada actuación de la Asamblea Nacional en la reciente designación de los Magistrados del Tribunal Supremo de Justicia, no está solo en la carencia, en la mayoría de los designados de los requisitos constitucionales, sino el haber llevado a la cúspide del Poder Judicial la decisiva influencia de un sector del Poder Legislativo, ya que para diferentes Salas, fueron elegidos cinco parlamentarios." Destacó además la profesora Sansó que "todo un sector fundamental del poder del Estado, va a estar en manos de un pequeño grupo de sujetos que no son juristas, sino políticos de profesión, y a quienes corresponderá, entre otras funciones el control de los actos normativos;" agregando que "Lo más grave es que los resignantes, ni un solo momento se percataron de que estaban nombrando a los jueces máximos del sistema jurídico venezolano que, como tales, tenían que ser los más aptos, y de reconocido prestigio como lo exige la Constitución." Concluyó reconociendo entre "los graves errores" que incidieron sobre la elección, el hecho de "la configuración del Comité de Postulaciones Judiciales, al cual la Constitución creó como un organismo neutro, representante de los "diferentes sectores de la sociedad" (Art. 271), pero la Ley Orgánica del Tribunal Supremo de Justicia, lo convirtió en forma inconstitucional, en un apéndice del Poder Legislativo. La consecuencia de este grave error era inevitable: los electores eligieron a sus propios colegas, considerando que hacerlo era lo más natural de este mundo y, ejemplo de ello fueron los bochornosos aplausos con que se festejara cada nombramiento." Véase en Hildegard Rondón de Sansó, *"Obiter Dicta*. En torno a una elección," en *La Voce d'Italia*, Caracas 14-12-2010.

más de diez meses, sino afectada de muerte durante la más de una década que ha transcurrido.

En efecto, uno de los trágicos ejemplos de la lamentable situación se sujeción del Poder Judicial al poder político fue el caso que ocurrió con motivo un proceso contencioso administrativo de nulidad y amparo iniciado por la Federación Médica Venezolana el 17 de julio de 2003 por ante la Corte Primera de lo Contencioso Administrativo, contra los actos administrativos del Alcalde Metropolitano de Caracas, del Ministro de Salud y del Colegio de Médicos del Distrito Metropolitano de Caracas mediante los cuales se había decidido contratar médicos de nacionalidad cubana para el desarrollo de un importante programa asistencial de salud en los barrios de Caracas, pero sin que se cumpliera con los requisitos para el ejercicio de la medicina establecidos en la Ley de Ejercicio de la Medicina.

La Federación Médica Venezolana consideró dicho programa como discriminatorio y violatorio de los derechos de los médicos venezolanos a ejercer su profesión, al permitir a médicos extranjeros ejercer la profesión médica sin cumplir con las condiciones establecidas en la Ley para el ejercicio de la profesión médica, y en consecuencia, intentó la acción de nulidad y amparo, en representación de los derechos colectivos de los médicos venezolanos al trabajo y a la igualdad, solicitando su protección.[50]

Un mes después de intentada la demanda, el 21 de agosto de 2003, la Corte Primera de lo Contencioso Administrativa dictó una medida cautelar de amparo considerando que había suficientes elementos en el caso que hacían presumir la violación del derecho a la igualdad ante la ley de los médicos venezolanos, ordenando la suspensión temporal del programa de contratación de médicos cubanos, y ordenando al Colegio de Médicos del Distrito Metropolitano sustituir los médicos cubanos ya contratados sin licencia por médicos venezolanos o médicos extranjeros con licencia para ejercer la profesión en Venezuela.[51]

La respuesta gubernamental a esta decisión judicial preliminar adoptada como una simple medida cautelar, pero que tocaba un programa social muy sensible para el gobierno, fue el anuncio público del Ministro de Salud, del Alcalde Metropolitano y del propio Presidente de la República de que la medida no iba a ser acatada ni ejecutada en forma alguna.[52] Ante esto anuncios

---

50 Véase Claudia Nikken, "El caso "Barrio Adentro": La Corte Primera de lo Contencioso Administrativo ante la Sala Constitucional del Tribunal Supremo de Justicia o el avocamiento como medio de amparo de derechos e intereses colectivos y difusos," in *Revista de Derecho Público*, N° 93-96, Editorial Jurídica Venezolana, Caracas, 2003, pp. 5 ss.

51 Véase la decisión de 21 de agosto de 2003 en *Idem.*, pp. 445 ss.

52 El Presidente de la república dijo: "*Váyanse con su decisión no sé para donde, la cumplirán ustedes en su casa si quieren...*", en el programa de TV *Aló Presidente*, N° 161, 24 de Agosto de 2003.

de varias dependencias gubernamentales, la Sala Constitucional del Tribunal Supremo de Justicia, controlada por el Ejecutivo, adoptó la decisión de avocarse al caso decidido por la Corte Primera de lo Contencioso Administrativo, y usurpando las competencias de la misma, declaró la nulidad del amparo cautelar decidido. De seguidas, un grupo de agentes de la policía política (DISIP) allanó la sede de la Corte Primera, después de detener a un escribiente o alguacil de la misma por motivos fútiles; el Presidente de la República, entre otras expresiones usadas, se refirió al Presidente de la Corte Primera como "un bandido;"[53] y unas semanas después, la Comisión Especial Judicial del Tribunal Supremo de Justicia, sin fundamento legal alguno, destituyó a los cinco magistrados de la Corte Primera, la cual fue intervenida.[54] A pesar de la protesta de los Colegios de Abogados del país e incluso de la Comisión Internacional de Juristas;[55] el hecho es que la Corte Primera de lo Contencioso Administrativo permaneció cerrada, sin jueces, por más de diez meses,[56] tiempo durante el cual simplemente no hubo justicia contencioso administrativa en el país.

Y toda esta catástrofe institucional ocurrió por haber "osado" unos jueces, dictar una simple medida cautelar de amparo constitucional en contra de autoridades nacionales y municipales en relación con la contratación ilegal de médicos extranjeros por parte de órganos del Estado, para un programa de atención médica en los barrios de Caracas.[57]

---

53 Discurso público, 20 septiembre de 2003.

54 Véase la información en *El Nacional*, Caracas, 5 de noviembre de 2003, p. A2. En la misma página el Presidente destituido de la Corte Primera dijo: "La justicia venezolana vive un momento tenebroso, pues el tribunal que constituye un último resquicio de esperanza ha sido clausurado".

55 Véase en *El Nacional*, Caracas, 21 de octubre de 2003, p. A-5; y en *El Nacional*, Caracas, 18 de noviembre de 2004, p. A-6.

56 Véase en *El Nacional*, Caracas, 24 de octubre de 2003, p. A-2; y en *El Nacional*, Caracas, 16 de julio de 2004, p. A-6.

57 Véase sobre este caso la referencia en Allan R. Brewer-Carías, "La justicia sometida al poder y la interminable emergencia del poder judicial (1999-2006)", en *Derecho y democracia. Cuadernos Universitarios*, Órgano de Divulgación Académica, Vicerrectorado Académico, Universidad Metropolitana, Año II, N° 11, Caracas, septiembre 2007, pp. 122-138; "La justicia sometida al poder (La ausencia de independencia y autonomía de los jueces en Venezuela por la interminable emergencia del Poder Judicial (1999-2006)) en *Cuestiones Internacionales. Anuario Jurídico Villanueva 2007*, Centro Universitario Villanueva, Marcial Pons, Madrid 2007, pp. 25-57. Los Magistrados de la Corte Primera destituidos en violación de sus derechos y garantías, demandaron al Estado por violación de sus garantías judiciales previstas en la Convención Interamericana de Derechos Humanos, y la Corte Interamericana de Derechos Humanos condenó al Estado por dichas violaciones en sentencia de fecha 5 de agosto de 2008, (Caso *Apitz Barbera y otros ("Corte Primera de lo Contencioso Administrativo") vs. Venezuela*). Véase en http://www.corteidh.or.cr/ Excepción Preliminar, Fondo, Reparaciones y Costas, Serie C N° 182. Frente a ello, sin embargo, la

Como la respuesta gubernamental a dicho un amparo cautelar fue ejecutada a través de órganos judiciales controlados políticamente,[58] es fácil imaginar lo que significó para los jueces que luego fueron nombrados para reemplazar a los destituidos, quienes sin duda comenzaron "entender" cómo es que debían y podían comportarse en el futuro, frente al poder.

Esa misma Comisión Judicial del Tribunal Supremo junto con la Comisión de Reorganización del Poder Judicial nombrada por la Asamblea Nacional Constituyente desde 1999, ambas sin base ni constitucional ni legal, en todo caso, fueron las que durante más de diez años destituyeron masivamente a los jueces en Venezuela, sin debido proceso ni garantías de cualquier índole, sustituyéndolos por jueces provisionales o temporales, sin estabilidad, y dependientes del poder, algunos de los cuales, sin embargo se pretendió hasta darles status permanente en 2006.[59]

Todo ello es lo que ha conducido a que en la actualidad, los tribunales que conforman la jurisdicción contencioso administrativa se niegan a aplicar el derecho administrativo, a controlar a la Administración Pública y a proteger a los ciudadanos frente a la misma. Y la situación, por supuesto se ha extendido a otras jurisdicciones como por ejemplo ocurrió en otro caso, también con

---

Sala Constitucional del Tribunal Supremo de Justicia en sentencia N° 1.939 de 18 de diciembre de 2008 (Caso *Gustavo Álvarez Arias y otros*), declaró inejecutable dicha decisión de la Corte Interamericana. Véase en http://www.tsj.gov.ve/decisiones/scon/Diciembre/1939-181208-2008-08-1572.html.

58 Véase Allan R. Brewer-Carías, "La progresiva y sistemática demolición institucional de la autonomía e independencia del Poder Judicial en Venezuela 1999–2004," en *XXX Jornadas J.M Domínguez Escovar, Estado de derecho, Administración de justicia y derechos humanos,* Instituto de Estudios Jurídicos del Estado Lara, Barquisimeto, 2005, pp. 33–174; "La justicia sometida al poder (La ausencia de independencia y autonomía de los jueces en Venezuela por la interminable emergencia del Poder Judicial (1999-2006))," en *Cuestiones Internacionales. Anuario Jurídico Villanueva 2007*, Centro Universitario Villanueva, Marcial Pons, Madrid, 2007, pp. 25–57.

59 En esta materia, la Constitución de 1999 establece en general el régimen de ingreso a la carrera judicial y de ascenso en ella, exclusivamente mediante concursos públicos que aseguren excelencia, garantizándole a los ciudadanos el derecho a participar en el procedimiento de selección y nombramiento de los jueces. En consecuencia, los jueces no pueden ser removidos de sus cargos sino a través de procesos disciplinarios, desarrollados ante jueces disciplinarios que deben conformar la jurisdicción disciplinaria de los mismos (Artículo 255). Lamentablemente, esto también ha sido letra muerta, pues los concursos públicos para seleccionar jueces no se han realizado en el país dese 2002, y casi todos los jueces han sido nombrados temporalmente sin participación ciudadana, y la jurisdicción disciplinaria en 2009 aún no existe. Además, la suspensión y destitución de los jueces corresponde a sendas Comisiones ubicadas en el Tribunal Supremo, sin fundamento constitucional, mediante las cuales se ha intervenido y "depurado" al poder judicial. Véase por ejemplo, Comisión Interamericana de Derechos Humanos, *Informe sobre la Situación de los Derechos Humanos en Venezuela*, OEA/Ser.L/V/II.118, d.C. 4 rev. 2, 29 de December de 2003, Paragraph 11, p. 3.

efectos devastadores respecto de la jurisdicción penal, que condujo no sólo a la destitución de una juez, sino a su encarcelamiento, por habérsele "ocurrido" cumplir con su deber y dictar una sentencia siguiendo recomendaciones de un Panel de expertos de Naciones Unidas en materia de Detenciones Arbitrarias, y ordenar el enjuiciamiento en libertad de un procesado a lo que además, tenía derecho. Ello no sólo le costó su cargo, sino que le costó su propia libertad, en una detención que el mismo Panel de expertos de Naciones Unidas calificó de arbitraria indicando que:

> "Las represalias por ejercer funciones constitucionalmente garantizadas y la creación de un clima de temor en el poder judicial y en los abogados no sirve a otro propósito que el de socavar el estado de derecho y obstruir la justicia."[60]

En todas las jurisdicciones, pero en particular, en el ámbito de la Jurisdicción Contencioso Administrativa, esa situación de sumisión e inhibición forzada, ha socavado los principios más elementales del Estado de derecho, que materialmente ha desaparecido en el país, a pesar de todas las declaraciones constitucionales;[61] y ello los profesores de derecho administrativo tenemos que seguirlo denunciando en todos los foros, como lo hizo el profesor Antonio Canova González, a quien es obligatorio citar, al repetir que se ha negado y se sigue negando:

> "a ver morir en mi país el Derecho Administrativo, a sabiendas de que es el instrumento para garantizar la libertad de los ciudadanos, sin revelar de forma contundente lo que ocurre y señalar con firmeza a los culpables."[62]

Y estos son, sin duda, aquellos que desde 1999 asaltaron el Poder y el Estado, apropiándoselo en beneficio personal y de otros países, y en todo caso, en perjuicio de los ciudadanos, y quienes en nombre de una supuesta "democracia participativa," que no es otra cosa sino una excusa para evitar que el pueblo participe efectivamente e para imponer un régimen socialista por el cual nadie ha votado, y más bien el pueblo ha rechazado; han venido aniquilando la democracia representativa con todos sus elementos y componentes

---

60   Véase "Expertos de la ONU critican a Chávez por detención de la juez Afiuni," donde se indica que en el Comunicado, el grupo de expertos "expresaron hoy su profunda preocupación por el reciente arresto de una juez en Venezuela, y lo calificaron de "golpe del presidente venezolanos, Hugo Chávez, a la independencia de los magistrados y abogados en el país." Véase en *Actualidad Unión Radio*, 16-12-2009, en http://www.unionradio.net/Actualidad/?NewsId=35473.

61   Véase Allan R. Brewer-Carías, *Authoritarian Government vs. The Rule of Law*, Editorial Jurídica Venezolana, Caracas, 2013.

62   Véase Antonio Canova González, *La realidad del contencioso administrativo venezolano (Un llamado de atención frente a las desoladoras estadísticas de la Sala Político Administrativa en 2007 y primer semestre de 2008)*, cit., p. 14.

esenciales, entre ellos la posibilidad misma de controlar judicialmente a los órganos de los Poderes Públicos.[63]

Sin duda, una Ley como la Ley Orgánica de la Jurisdicción Contencioso Administrativa de 2010, en cualquier parte del mundo podría ser una pieza fundamental llamada a garantizar la constitucionalidad y legalidad de las acciones del Estado, y la libertad y los derechos ciudadanos. Esa Ley, a pesar de sus deficiencias, en un régimen democrático, hubiera podido ser un instrumento fenomenal para garantizar el sometimiento de Administración a la Constitución y las leyes.

Lamentablemente, sin embargo, por la sumisión del Poder Judicial en su conjunto a los designios del Poder Ejecutivo, en Venezuela dicha ley en estos tiempos no pasa de ser un conjunto de papeles sin importancia. ¿De qué sirve una ley de la jurisdicción contencioso administrativa si los jueces que la integran se inhiben sistemáticamente a controlar a la Administración tal como lo demuestran las estadísticas en la materia? Con ello, lo que han hecho es legitimar el ejercicio autoritario del Poder, llegando los Magistrados del Tribunal Supremo a considerar incluso que el principio mismo de la separación de poderes, no es un mecanismo de protección a los derechos ciudadanos, sino un instrumento que más bien "debilita al Estado"[64]

Esto es lo único que además explica, que por ejemplo, después de que los jueces de la Corte Primera de lo Contencioso Administrativo destituidos en 2003, acudieran a la justicia internacional y obtuvieran protección de la Corte Interamericana de Derechos Humanos mediante sentencia de 5 de agosto de 2008[65] que condenó al Estado por violación de sus garantías judiciales ordenando incluso pagarles compensación, reincorporarlos a cargos similares en el Poder Judicial, y publicar parte de la sentencia en la prensa venezolana; sin embargo, haya sido la propia la Sala Constitucional del Tribunal Supremo, en sentencia N° 1.939 de 12 de diciembre de 2008,[66] citando como precedente una sentencia del Tribunal Superior Militar del Perú de 2002, la que declaró dicha sentencia de la Corte Interamericana como "inejecutable" en Venezuela,[67] solicitando al Ejecutivo que denunciara la Convención Americana de

---

63   Véase Allan R. Brewer-Carías, *Dismantling Democracy. The Chávez Authoritarian Experiment*, Cambridge University Press, New York, 2010.

64   Véase Juan Francisco Alonso, "La división de poderes debilita al estado. La presidenta del TSJ [Luisa Estela Morales] afirma que la Constitución hay que reformarla," *El Universal*, Caracas, 15-12-2009, http://www.eluniversal.com/2009/12/05/pol_art_morales:-la-divisio_1683109.shtml

65   Véase Caso *Apitz Barbera y otros ("Corte Primera de lo Contencioso Administrativo") vs. Venezuela*, Excepción Preliminar, Fondo, Reparaciones y Costas, Serie C N° 182, in www.corteidh.or.cr.

66   Véase caso *Gustavo Álvarez Arias y otros* (Expediente: 08-1572), en http://www.tsj.gov.ve/decisiones/scon/Diciembre/1939-181208-2008-08-1572.html.

Derechos Humanos que supuestamente había usurpado los poderes del Tribunal Supremo, lo que finalmente hizo el Poder Ejecutivo en 2012.

Todo esto, por supuesto, contrasta con las previsiones de la Constitución de 1999, en la cual se encuentra una de las declaraciones de derechos más completas de América Latina, con previsiones expresas sobre la Jurisdicción Contencioso Administrativa difícilmente incluidas en otros textos constitucionales; lo que demuestra que para que exista control judicial de la actuación del Estado, lo que es indispensable es que el Poder Judicial sea autónomo e independiente, y esté fuera del alcance del Poder Ejecutivo. Al contrario, cuando el Poder Judicial está controlado por el Poder Ejecutivo, como lo muestra la situación venezolana, las declaraciones constitucionales de derechos y sobre las posibilidades de exigirlos ante la justicia y de controlar la actuación de la Administración se convierten en letra muerta, y las regulaciones de la Jurisdicción Contencioso Administrativa como normas totalmente inoperantes y vacías.

New York, mayo de 2015

---

67   Véase Carlos Ayala Corao, *La "inejecución" de las sentencias internacionales en la jurisprudencia constitucional de Venezuela (1999-2009),* Fundación Manuel García Pelayo. Caracas 2009; Allan R. Brewer-Carías, "La interrelación entre los Tribunales Constitucionales de América Latina y la Corte Interamericana de Derechos Humanos, y la cuestión de la inejecutabilidad de sus decisiones en Venezuela," en Armin von Bogdandy, Flavia Piovesan y Mariela Morales Antoniazzi (Coodinadores), *Direitos Humanos, Democracia e Integraçao Jurídica na América do Sul,* Lumen Juris Editora, Rio de Janeiro 2010, pp. 661-70; y en *Anuario Iberoamericano de Justicia Constitucional,* Centro de Estudios Políticos y Constitucionales, N° 13, Madrid, 2009, pp. 99-136.

DÉCIMA QUINTA PARTE
PRESIONES POLÍTICAS CONTRA LA CORTE INTERAMERICANA DE DERECHOS HUMANOS: DENEGACIÓN DE JUSTICIA Y DE DESPRECIO AL DERECHO[*]

I. UN TEMA DE SIEMPRE: SOBRE LA DESIGNACIÓN DE LOS JUECES PARA ASEGURAR SU INDEPENDENCIA Y AUTONOMÍA

El problema más universal de la justicia ha sido siempre el de la elección o selección de los jueces, con el objeto de asegurar la independencia y autonomía del Poder Judicial y garantizar que al impartir justicia, aquéllos sean independientes de los demás poderes del Estado y además, autónomos en el sentido de que decidan con sujeción sólo y estricta a la ley, libres de presiones o intereses políticos.

Para ello, el tema central y recurrente ha sido cómo asegurar métodos de escogencia de los jueces que garanticen, *primero*, que los jueces se designen de manera transparente mediante estrictos criterios de selección, basados en el mérito; y *segundo*, que tal designación se haga de manera de asegurar la independencia, autonomía e imparcialidad del juez, sea cual sea el órgano o cuerpo llamado a hacer la elección.

Fue en esa línea que por ejemplo, conforme a los Principios básicos relativos a la independencia de la judicatura de las Naciones Unidas, "10. Las personas seleccionadas para ocupar cargos judiciales serán personas íntegras e idóneas y tendrán la formación o las calificaciones jurídicas apropiadas. Todo

---

[*] Ponencia sobre "Los efectos de las presiones políticas de los Estados en las decisiones de la Corte Interamericana de Derechos Humanos. Un caso de denegación de justicia internacional y de desprecio al derecho," presentada para el *XII Congreso Iberoamericano de Derecho Constitucional, "El Diseño institucional del Estado Democrático,"* en la sección: *Eje temático: Funciones públicas y nueva relación entre el derecho constitucional, el derecho internacional y los escenarios jurídico-globales,* Instituto Iberoamericano de Derecho Constitucional, Universidad Externado de Colombia, Bogotá, 16-17 septiembre de 2015.

método utilizado para la selección de personal judicial garantizará que éste no sea nombrado por motivos indebidos."... [1]

Por su parte, por ejemplo, la Carta de los Jueces en Europa de la Asociación Europea de Jueces adoptada en 1993, estableció el Principio de que:

> "La selección de los jueces debe basarse exclusivamente en criterios objetivos destinados a asegurar la competencia profesional. La selección debe realizarse por un órgano independiente que represente a los jueces. En la designación de los jueces no debe haber la influencia externa y en particular, la influencia política."[2]

De ello deriva el principio o recomendación general, de que el método de selección de los jueces deben apuntar a que la misma se haga por un órgano independiente de los órganos del Estado, en particular del Poder Ejecutivo y del Poder Legislativo, que además represente a los jueces en general, lo que implica que en tal proceso no debe haber influencias políticas o de cualquier índole.

Por su parte, el Comité de Ministros del Consejo de Europa, en la Recomendación N°. R (94) 12 dirigida a los Estados Miembros *sobre la Independencia, Eficiencia y Papel de los jueces,* adoptada en 1994, estableció en el *Principio* I, 2,c, que:

> "La autoridad encargada de tomar las decisiones sobre selección y carrera de los jueces debe ser independiente del gobierno y de la administración. A los efectos de salvaguardar dicha independencia, deben establecerse reglas para asegurar, por ejemplo, que sus miembros sean electos por la Judicatura y que la autoridad pueda decidir por sí misma, conforme a sus reglas procedimentales. [3]

El principio general que deriva de esta recomendación, en cuanto al método de selección, de nuevo es que la misma se haga por un órgano independiente del gobierno y la administración (Poder Ejecutivo); agregando que en aquellos casos en los cuales las provisiones o tradiciones constitucionales o legales permitan la designación de los jueces por el gobierno, entonces,

---

1   En cuanto a los Jueces Internacionales, otra serie de principios y declaraciones pueden consultarse en http://icj.wpengine.netdna-cdn.com/wp-content/uploads/2012/04/-icj_independence_of_judiciary_instruments_2004.pdf; y en http://www.icj.org/new-icj-publication-international-principles-on-the-indepen-dence-and-accountability-of-judges-lawyers-and-prosecutors-a-practitioners-guide/.

2   Véase el texto en Stefanie Ricarda Roos y Jan Woischnik, *Códigos de ética judicial. Un estudio de derecho comparado con recomendaciones para los países latinoamericanos*, Konrad Adenauer Stiftung, Programa de Estado de Derecho para Sudamérica, Montevideo, 2005, p. 77.

3   *Idem*, p. 80.

"debe haber garantías para asegurar que el procedimiento para la designación de los jueces sea transparente e independiente en la práctica, y que la decisión se esté influenciada por ninguna otro motivo que no sean los relacionados con los antes mencionados criterios objetivos."[4].

El mismo Comité de Ministros adoptó un Memorando Explicativo de la *Recomendación* N°, R (94) 12, en el cual insistió en que "es esencial que la independencia de los jueces esté garantizada cuando sean seleccionados y a lo largo de su carrera profesional" y que, "en particular, cuando la decisión de nombrar los jueces se adopte por un órgano que no sea independiente del gobierno o de la administración, por ejemplo, por el parlamento o el Presidente del Estado, es importante que tales decisiones se tomen solo sobre la base de criterios objetivos", y siempre mediante procedimientos que "sean transparentes e independientes en la práctica."[5].

En definitiva, cualquiera sea el método de selección de los jueces, el propósito fundamental de los mismos tiene que ser asegurar mediante métodos transparentes y de carácter objetivo, no sujetos a presiones políticas, la escogencia de los mejores juristas para que cumplan la función de impartir justicia. Todo lo cual, por supuesto, adquiere mayor importancia si se trata de la selección de jueces para la Corte Suprema o los Tribunales Constitucionales de un país, cuando tienen a su cargo asegurar la supremacía constitucional y el control de la constitucionalidad de las leyes.

Los mismos principios y criterios se deben aplicar, por supuesto, en la designación de los jueces de la Corte Interamericana de Derechos Humanos, la cual tiene a su cargo asegurar la vigencia de la Convención Americana de Derechos Humanos, y asegurar el control de convencionalidad de las actuaciones de los Estados miembros.

En ambos casos, sea que se trate de Tribunales Supremos o Constitucionales, o de la Corte Interamericana de Derechos Humanos, estamos en presencia de órganos con jurisdicción importante, nacional o internacional, de manera que cualquier desviación en el cumplimiento de sus funciones, puede producir un descalabro en el sistema que están llamados a proteger y garantizar.

Ese poder, por ejemplo, llevó a Alexis de Tocqueville, cuando descubrió la democracia en América, y referirse a la Corte Suprema de los Estados Unidos, a estimar que la misma no sólo era depositaria de "un inmenso poder político"[6] sino que era "el más importante poder político de los Estados Uni-

---

4   *Idem*, p. 80.

5   *Idem*, pp. 87-88.

6   Véase Alexis De Tocqueville, *Democracy in America* (Ed. by J.P. Mayer and M. Lerner), The Fontana Library, London, 1968, p. 122, 124.

dos,"[7] al punto de considerar que "caso no había cuestión política en los Estados Unidos que tarde o temprano no se convirtiera en una cuestión judicial."[8]

Por ello, para de Tocqueville, en los poderes de la Corte Suprema "continuamente descansa la paz, la prosperidad y la propia existencia de la Unión", agregando que

> "Sin [los Jueces de la Corte Suprema] la Constitución sería letra muerta; es ante ellos que apela el Ejecutivo cuando resiste las invasiones del órgano legislativo; el legislador para defenderse contra los as altos del Ejecutivo; la Unión para hacer que los Estados le obedezcan; los Estados para rechazar las exageradas pretensiones de la Unión; el interés público contra el interés privado; el espíritu de conservación contra la inestabilidad democrática."[9]

En consecuencia, todo el mecanismo de balance y contrapesos del sistema de separación de poderes en los Estados Unidos descansa en la Corte Suprema y en el poder de los jueces para poder ejercer el control de constitucionalidad de la legislación; lo que por supuesto se puede decir, de todas las Cortes Supremas y Tribunales Constitucionales. Y lo mismo puede decirse de la Corte Interamericana de Derechos Humanos en la cual descansa el funcionamiento del sistema interamericano de protección de los derechos humanos y el poder de controlar la convencionalidad de los actos de los Estados miembros.

Por esos poderes, por tanto, el tema de la elección de los jueces que deben integrar esos altos tribunales es vital para el funcionamiento del sistema democrático, pues por esencia se trata de órganos que en sí mismos no están sujetos a control alguno, de manera que cualquier distorsión o abuso por parte de los mismos queda exento de revisión.

Por ello, George Jellinek dijo con razón que la única garantía respecto del guardián de la Constitución (lo que también se aplica al guardián de la Convención) en definitiva descansa en la "conciencia moral";[10] y Alexis de Tocqueville, más precisamente en su observación sobre el sistema constitucional norteamericano dijo, que:

---

7   *Ibid.*, p. 120.

8   *Ibid.*, p. 184.

9   *Ibid.*, p. 185.

10 Véase George Jellinek, *Ein Verfassungsgerichtshof fur Österreich*, Alfred HOLDER, Vienna 1885, citado por Francisco Fernández Segado, "Algunas reflexiones generales en torno a los efectos de las sentencias de inconstitucionalidad y a la relatividad de ciertas fórmulas estereotipadas vinculadas a ellas," en *Anuario Iberoamericano de Justicia Constitucional*, Centro de Estudios Políticos y Constitucionales, N° 12, 2008, Madrid 2008, p. 196.

"los jueces federales no sólo deben ser buenos ciudadanos y hombres con la información e integridad indispensable en todo magistrado, sino que deben ser hombres de Estado, sabios para distinguir los signos de los tiempos, que no tengan miedo para sobrepasar con coraje los obstáculos que puedan, y que sepan separase de la corriente cuando amenace con doblegarlos.

El Presidente, quien ejerce poderes limitados, puede errar sin causar graves daños al Estado. El Congreso puede decidir en forma inapropiada sin destruir la unión, porque el cuerpo electoral en el cual el Congreso se origina, puede obligarlo a retractarse en sus decisiones cambiando sus miembros. Pero si la Corte Suprema en algún momento está integrada por hombres imprudentes o malos, la Unión puede ser sumida en la anarquía o la guerra civil."[11]

En el mismo sentido, Alexander Hamilton, en la discusión sobre el texto de la Constitución norteamericana advirtió sobre "la autoridad de la propuesta Corte Suprema de los Estados Unidos," y particularmente de sus:

"poderes para interpretar las leyes conforme al espíritu de la Constitución, lo que habilita a la Corte a moldearlas en cualquier forma que pueda considerar apropiada, especialmente porque sus decisiones no serán en forma alguna sometidas a revisión o corrección por parte del órgano legislativo."

Hamilton concluyó entonces, afirmando que:

"Las legislaturas de varios Estados, pueden en cualquier momento rectificar mediante ley las objetables decisiones de sus respectivas cortes. Pero los errores y usurpaciones de la Corte Suprema de los Estados Unidos serán incontrolables e irremediables."[12]

Esto es lo que hay que tener en mente, particularmente en regímenes democráticos cuando las Cortes supremas por ejemplo se convierten en legisladores o peor aún, en constituyentes, sin estar sujetos a responsabilidad alguna. En esos casos, incluso, tratándose de tribunales constitucionales por ejemplo, la penumbra de los límites entre interpretación y jurisdicción normativa "puede transformar el guardián de la Constitución en soberano."[13]

---

11 Véase Alexis de Tocqueville, *Democracy in America*, ch. 8, "The Federal Constitution," traduc. Henry Reeve, revisada y corregida, 1899, http://xroads.virginia.edu/HYPER/ DETOC/1_ch08.htm Véase también, Jorge Carpizo, *El Tribunal Constitucional y sus límites*, Grijley, Lima 2009, pp. 46–48.

12 Véase Alexander Hamilton, N° 81 de *The Federalist*, "The Judiciary Continued, and the Distribution of the Judiciary Authority"; Clinton Rossiter (Ed.), *The Federalist Papers*, Penguin Books, New York 2003, pp. 480.

13 Véase Francisco Fernández Segado, "Algunas reflexiones generales en torno a los efectos de las sentencias de inconstitucionalidad y a la relatividad de ciertas fórmulas

Mutatis mutandi, lo mismo puede decirse de la Corte Interamericana de Derechos Humanos, que si llegase a estar conformada por "hombres imprudentes o malos" como los calificaba de Tocqueville, dado que no se les puede exigir responsabilidad en el ejercicio de sus funciones, ni las decisiones que adopten son controlables o revisables, las consecuencias para el sistema interamericano de protección de los derechos humanos pueden ser graves.

De allí na necesidad, también, de establecer métodos para la designación de los jueces interamericanos que mediante la transparencia necesaria, aseguren la designación de hombres sabios y probos que aseguren la efectividad de la justicia internacional ante las lesiones a los derechos humanos, particularmente cuando las víctimas no encuentren justicia en sus respectivos países.

II. LAS PREVISIONES CONVENCIONALES PARA LA DESIGNACIÓN DE LOS JUECES DE LA CORTE INTERAMERICANA DE DERECHOS HUMANOS

Conforme a lo establecido en el artículo 52.1 de la Convención Americana de Derechos Humanos, la Corte Interamericana de Derechos Humanos se compone de "siete jueces, nacionales de los Estados miembros de la Organización, elegidos a título personal entre juristas de la más alta autoridad moral, de reconocida competencia en materia de derechos humanos, que reúnan las condiciones requeridas para el ejercicio de las más elevadas funciones judiciales conforme a la ley del país del cual sean nacionales o del Estado que los proponga como candidatos." Esto mismo se establece el Estatuto de la Corte (art. 4.1).

La elección de los jueces se debe realizar, como lo indica el artículo 53 de la Convención, "en votación secreta y por mayoría absoluta de votos de los Estados Partes en la <u>Convención</u>, en la Asamblea General de la Organización, de una lista de candidatos propuestos por esos mismos Estados." Esto mismo se establece en los artículos 4.1 y 7 del Estatuto de la Corte.

A lo anterior, el Estatuto agrega en cuanto al procedimiento de selección que seis meses antes de la celebración del período ordinario de sesiones de la Asamblea General de la OEA, previa a la terminación del mandato para el cual fueron elegidos los jueces de la Corte, el Secretario General de la OEA debe pedir por escrito a cada Estado parte en la Convención, presentar sus candidatos dentro de un plazo de noventa días (artículo 8.1); con lo cual dicho Secretario General debe preparar una lista en orden alfabético de los candidatos presentados, y la comunicará a los Estados partes, de ser posible, por lo menos treinta días antes del próximo período de sesiones de la Asamblea General de la OEA (artículo 8.2).

---

estereotipadas vinculadas a ellas," *Anuario Iberoamericano de Justicia Constitucional*, Centro de Estudios Políticos y Constitucionales, Nº 12, 2008, Madrid 2008, p. 161.

De acuerdo con este procedimiento, por tanto, es claro que los Estados son los que proponen a sus candidatos a jueces, para su elección a título personal, por mayoría absoluta de votos de los Estados en la Convención en la Asamblea de la OEA; propuesta que implica, como es natural, la realización de una "campaña" o promoción para la obtención de apoyos y respaldo a las candidaturas; campaña en la cual en muchos casos no han dejado de participar los propios candidatos, ya que la elección es a "título personal."

En esta forma, los Estados Partes den la Convención proponen y eligen a los Jueces de la Corte Interamericana que es una "institución judicial autónoma cuyo objetivo es la aplicación e interpretación de la Convención Americana sobre Derechos Humanos" (art. 1 del Estatuto), que están llamados precisamente a juzgar las propias conductas de los Estados que los eligen, así como a condenar las violaciones que cometan contra los derechos garantizados en la Convención Americana. Para ello, la garantía de que los jueces actuarán conforme a los principios de "independencia, imparcialidad, dignidad y prestigio de su cargo" (art. 18.1.c) está fundamentalmente en los requisitos impuestos por la Convención y el Estatuto, en el sentido de que debe tratarse de "juristas de la más alta autoridad moral, de reconocida competencia en materia de derechos humanos, que reúnan las condiciones requeridas para el ejercicio de las más elevadas funciones judiciales conforme a la ley del país del cual sean nacionales o del Estado que los proponga como candidatos" (art. 52. y 4.1, respectivamente).

El Estatuto, además, precisa para evitar sumisión de entrada respecto de los Estados que es incompatible con el ejercicio del cargo de Juez de la Corte Interamericana "con el de los cargos y actividades" de los "de miembros o altos funcionarios del Poder Ejecutivo," pero estableciendo una excepción respecto de "cargos que no impliquen subordinación jerárquica ordinaria, así como los de agentes diplomáticos que no sean Jefes de Misión ante la OEA o ante cualquiera de sus Estados miembros" (art. 18). Excepción, esta que abre la puerta a la posibilidad de ejercicio del cargo de Juez, a personas que ejercen actividades que les pueden impedir "cumplir sus obligaciones, o que afecten su independencia, imparcialidad, la dignidad o prestigio de su cargo" (art. 18). Piénsese sólo, por ejemplo, en cualquier distinguido abogado, quien sin ocupar cargo alguno en el Poder Ejecutivo de un país, sea el principal contratista en asesoría jurídica a la Presidencia de la República en el mismo. Actividad sin duda legítima, que no implica "subordinación jerárquica ordinaria" pero que lo puede convertir en un velado agente del Estado, y que puede afectar precisamente su independencia, imparcialidad, dignidad o prestigio en su cargo paralelo de juez.

El procedimiento de selección de los jueces de la Corte interamericana establecido en la Convención, sin embargo, no ha estado exento de críticas. Si cada Estado Partes en la Convención tuviese realmente un solo voto independiente, y cada uno evaluara con seriedad los candidatos y votara según su conciencia (al menos la de los hacedores de su política internacional), la elección por la mayoría absoluta de votos como es requerido, podría cumplir su función de asegurar la elección de hombres prudentes y buenos. Pero ello no siempre es así, lo que ha llevado a Katya Salazar y María Clara Galvis, a constatar que "la falta de participación y de transparencia ha sido un rasgo distintivo de los procesos de selección que se llevan a cabo cuando se vence el mandato de uno o de varios de los siete integrantes" de los órganos de protección del Sistema Interamericano de Derechos Humanos, refiriéndose en particular a la Corte Interamericana de Derechos Humanos; llegando a expresar en particular que:

> "Aunque los miembros actuales y pasados de la [...] Corte han reunido los requisitos convencionales, la opacidad y el secretismo de los procedimientos de selección, tanto a nivel interno como en el marco de la OEA, han incidido en que en algunos casos la postulación de una persona dependa más de su cercanía con el poder ejecutivo, que de sus capacidades y méritos. Por su parte, la forma en que se lleva a cabo la elección en la Asamblea General de la OEA ha respondido más a consideraciones políticas y al intercambio de votos entre Estados que a una evaluación seria de las calidades y los méritos profesionales del candidato o candidata, evaluación que solo algunos Estados realizan."[14]

III. EL PROBLEMA DEL CONTROL POLÍTICO DE LOS VOTOS DE LOS ESTADOS PARTES EN LA CONVENCIÓN EN LA ASAMBLEA DE LA ORGANIZACIÓN DE ESTADOS AMERICANOS PARA LA ADECUADA ELECCIÓN DE LOS JUECES DE LA CORTE INTERAMERICANA

La observación anterior formulada por las mencionadas especialistas en el tema del debido proceso, de que en algunos casos, la postulación de candidatos a jueces de la Corte Interamericana, haya dependido más de "su cercanía con el poder ejecutivo, que de sus capacidades y méritos," y de que en otros casos la elección realizada por los Estados Partes en la Convención en la Asamblea General de la OEA haya "respondido más a consideraciones políticas y al intercambio de votos entre Estados que a una evaluación seria de las calidades y los méritos profesionales del candidato o candidata, evaluación que solo algunos Estados realizan," se ha tornado en los últimos lustros, en mucho más problemática, por la situación fáctica de que la mayoría de los votos en las Asambleas de la OEA los ha controlado un solo país, con el resultado de que la elección de jueces, en muchos casos, ha sido el resultado

---

14   Véase Katya Salazar y María Clara Galvis, "Hacia un proceso transparente y participativo de selección de integrantes de la Comisión y la Corte interamericanas de derechos humanos," *Due Process of Law Foundation*, en http://www.justiciaviva.org.pe/especiales/eleccion-comisionado-cidh/articulos/proceso-transparente.pdf; y "Transparencia y participación en la selección de integrantes de la Comisión y de la Corte Interamericana de Derechos Humanos: una tarea pendiente," en *Aportes DPLF. Revista de la Fundación para el debido proceso*, Nº 17, diciembre de 2012, p. 21 ss., en http://www.dplf.org/si-tes/default/files/aportes_17_web.pdf.

mucho más de un "intercambio de votos entre Estados" por compromisos adquiridos de otra índole "que a una evaluación seria de las calidades y los méritos profesionales del candidato."

Es lo que lamentablemente ha ocurrido con el caso de Venezuela, que con el arma del petróleo y de la ideologización de órganos internacionales latinoamericanos ha impuesto su voluntad en la OEA, como quedó evidenciado en la votación que todos los interesados pudieron ver "en vivo y directo" por los medios audiovisuales, que tuvo lugar el 21 de marzo de 2014, mediante la cual se le cercenó el derecho de una diputada venezolana Maria Corina Machado, a hablar sobre la situación de Venezuela en la sesión de la Asamblea de la OEA, por expresa invitación del representante de Panamá, y que sin vergüenza alguna, os representantes de la mayoría de los países fue votando hasta lograr que la pretensión de Venezuela se impusiera, de que la sesión fuese "secreta."

Ello quedó explicado el mismo día 21 de marzo de 2014, en el diario *El Comercio,* de Lima, por el ex canciller del Perú, Luis Gonzalo Posada, en una dura entrevista concedida al periodista Rodrigo Cruz,[15] en la cual reveló lo que en los últimos años ha sido el secreto a voces más publicitado en el funcionamiento de la OEA, y es que –como lo aseveró–, "el organismo interamericano defiende los intereses del régimen venezolano", refiriéndose al control que el gobierno de Venezuela ha tenido sobre los votos y las votaciones en dicho organismo cuando se trata de asuntos en los cuales el gobierno ha tenido especial interés político, nacional o internacional.

Lo que en décadas anteriores se denunciaba sistemáticamente respecto de las influencia de los Estados Unidos en las votaciones en la OEA, el mundo latinoamericano en efecto, en los últimos lustros ha constatado la influencia del gobierno de Venezuela en las votaciones en la OEA, habiendo sido la última de ellas, por lo demás vergonzosa, en el caso de la invitación que el gobierno de Panamá le hiciera a la diputada venezolana Maria Corina Machado para que hablara sobre la situación en el país, lo que fue rechazado vergonzosamente por 22 sumisos votos países americanos de los 38 votos expresados, que siguieron ciegamente la línea del gobierno venezolano.

A eso se refirió precisamente el ex canciller peruano en la entrevista, el mismo día en el cual ocurrió el vergonzoso voto en la sesión de la OEA en Washington, al denunciar que en la misma "no se permitió que la diputada venezolana María Corina Machado denunciara la "represión" que ejerce el régimen de Nicolás Maduro contra los jóvenes opositores". A la pregunta de *¿Cómo entender lo sucedido hoy en la reunión de la OEA en Washington?,* la respuesta del ex canciller fue tajante y directa:

---

15   Véase Rodrigo Cruz, "Hoy se ha consumado un golpe de estado chavista en la OEA. El ex canciller Luis Gonzales Posada aseveró que el organismo interamericano defiende los intereses del régimen venezolano", en *El Comercio,* Lima 21 de marzo de 2014,   en   http://elcomercio.pe/politica/internacional/hoy-se-ha-consumado-golpe-estado-chavista-oea-noticia-1717550.

"Hoy día se ha consumado un golpe de estado chavista en la OEA. Hoy el chavismo ha demostrado su inmenso poder dentro de la organización al manejar los 17 votos del Caribe a través del petróleo barato, además del de sus socios políticos como Argentina, Brasil, Uruguay, Ecuador y Bolivia. Todos ellos en su conjunto hacen una mayoría absoluta de 22 votos contra 11 países que no están en esa línea."

Agregó, además, el ex canciller:

"Estamos ante una institución controlada a través de la influencia petrolera, y que tiene el padrinazgo de 3 países que aparentemente están comprometidos por la democracia. Pero que a la hora de la verdad se constituyen en centro de protección de un modelo político autoritario. Me refiero directamente al Brasil, a la Argentina y a Uruguay."

Y ante la pregunta de *¿Por qué este hecho debe preocupar tanto a los países americanos?*, la respuesta del ex canciller Luis Gonzalo Posada fue:

"Esto es muy grave porque cualquier tema sustantivo para los países americanos no podrá tratarse si no se tiene el beneplácito de Venezuela, quien es el que gobierna esta institución desde hace muchos años. Es por eso también que se han creado organismos paralelos como la Unasur y la Celac que expresan ideas políticas absolutamente distantes a las nuestras."

Y ante la pregunta de *¿Cómo llegó la OEA a esta situación tan complicada?*, la respuesta del ex canciller fue aún más clara:

"Creo que ha ido languideciendo poco a poco. Y en esa misma medida a partir del año 2000 el chavismo lo fue capturando con el petróleo. Los 17 países del caribe, cuyos votos siempre van a estar a favor de Venezuela, han seguido por esa vía. El secretario general de la OEA, el señor Insulsa, quien es débil y timorato, incapaz de levantar la voz, le debe su elección al chavismo. De tal manera que tenemos un caso de un organismo formado por un régimen totalitario. Esta es una página de oscuridad que se está escribiendo en América Latina y que no podemos mantener en silencio."[16]

En ese panorama, por supuesto, hay que situar la última elección de los jueces de la Corte Interamericana de Derechos Humanos que ocurrió el **5 de junio de 2012** durante la XLII Asamblea General de la OEA celebrada en Cochabamba, Bolivia, cuando se eligieron tres de los siete jueces de la Corte Interamericana de Derechos Humanos, los señores **Eduardo Ferrer Mac-**

---

16   Rodrigo Cruz, "Hoy se ha consumado un golpe de estado chavista en la OEA. El ex canciller Luis Gonzales Posada aseveró que el organismo interamericano defiende los intereses del régimen venezolano", *El Comercio*, Lima 21 de marzo de 2014, en http://elcomercio.pe/politica/internacional/hoy-se-ha-consumado-golpe-estado-chavista-oea-noticia-1717550.

Gregor (México), **Humberto Sierra Port**o (Colombia) y **Roberto de Figueiredo Caldas** (Brasil), siendo los cuatro restantes los señores **Diego García Sayán** (Perú); **Manuel Ventura Robles** (Costa Rica), **Eduardo Vio Grossi** (Chile), y **Alberto Pérez Pérez** (Uruguay).

IV. LA POSICIÓN DE RECHAZO DE VENEZUELA CONTRA LA CORTE INTERAMERICANA DE DERECHOS HUMANOS A PARTIR DE 2008, LAS PRESIONES POLÍTICAS INDEBIDAS EJERCIDAS CONTRA LA MISMA Y LA DENUNCIA DE LA CONVENCIÓN AMERICANA EN 2012

Ya para el momento de esta nueva elección de jueces para la Corte Interamericana, quienes entraron en funciones el 1 de enero de 2013, Venezuela había marcado en forma muy precisamente, su posición de rechazo al Sistema interamericano de protección de los derechos humanos, y en particular, además de contra la Comisión Interamericana, contra la Corte Interamericana de derechos Humanos, particularmente a raíz de algunas decisiones de condena a Venezuela por la violación de los derechos humanos. [17]

Este rechazo que fue construyéndose progresivamente de la mano de la Sala Constitucional del Tribunal Supremo de Justicia, se manifestó por primera vez en la sentencia N° 1.942 de 15 de julio de 2003 (Caso: *Impugnación de artículos del Código Penal, Leyes de desacato*),[18] en la cual se declaró sin lugar una acción de inconstitucionalidad intentada contra normas del Código Penal que limitaban el derecho de expresión del pensamiento en relación con las actuaciones de los funcionarios públicos, criminalizando el ejercicio del derecho, en la cual se invocaba entre sus fundamentos, la doctrina de la Comisión Interamericana y de la Corte Interamericanas en materia de "leyes de desacato." La Sala, en dicha sentencia, al referirse a los Tribunales Internacionales comenzó declarando en general, pura y simplemente, que en Venezuela, "por encima del Tribunal Supremo de Justicia y a los efectos del artículo 7 constitucional" que regula el principio de la supremacía constitucional,

> "no existe órgano jurisdiccional alguno, a menos que la Constitución o la ley así lo señale, y que aun en este último supuesto, la decisión que se contradiga con las normas constitucionales venezolanas, carece de aplicación en el país, y así se declara."

---

17 Véase Carlos Ayala Corao, *La "inejecución" de las sentencias internacionales en la jurisprudencia constitucional de Venezuela (1999-2009)*, Fundación Manuel García Pelayo. Caracas, 2009.

18 Véase en *Revista de Derecho Público*, N° 93-96, Editorial Jurídica Venezolana, Caracas 2003, pp. 136 ss.

O sea, la negación total del ejercicio de sus funciones de control de convencionalidad por parte de la Corte Interamericana,[19] precisando que los fallos de la misma "violatorios de la Constitución de la República Bolivariana de Venezuela se haría inejecutable en el país." La Sala agregó que "ello podría dar lugar a una reclamación internacional contra el Estado, pero la decisión se haría inejecutable en el país, en este caso, en Venezuela." Es decir, la tesis sentada fue que las sentencias de la Corte Interamericana "para ser ejecutadas dentro del Estado, tendrán que adaptarse a su Constitución, [...] lo contrario sería que Venezuela renunciara a la soberanía."[20] Quedaba así abierto el terreno para que en casos de condena al Estado, la Sala procediera a declarar inejecutables las sentencias de la Corte Interamericana de Derechos Humanos lo que precisamente ocurrió cinco años después, a partir de 2008, concluyendo el proceso con la lamentable denuncia de la Convención Americana por parte del Estado en septiembre de 2012.

La primera decisión de la Sala Constitucional en la que esto se produjo fue la sentencia N° 1.939 de 18 de diciembre de 2008 conocida como: *Abogados Gustavo Álvarez Arias y otros,* y que más bien debió denominarse *Estado de Venezuela vs. Corte Interamericana de Derechos Humanos*, porque el Sr. Álvarez y los otros en realidad sino los abogados del Estado (Procuraduría General de la República). En la misma Sala declaró inejecutable en el país la sentencia que había dictado la Corte Interamericana de Derechos Humanos Primera cuatro meses antes, el 5 de agosto de 2008, en el caso *Apitz Barbera y otros ("Corte Primera de lo Contencioso Administrativo") vs. Venezuela*, en la cual se había condenado al Estado Venezolano por violación de los derechos al debido proceso de unos jueces de la Corte Primera de lo Contencioso Administrativo, quienes habían sido destituidos de sus cargos sin garantías judiciales algunas.[21]

Estos, en 2003, habían dictado una medida cautelar en un juicio contencioso administrativo contra actos administrativos del Alcalde Metropolitano de Caracas de contratación de médicos extranjero sin licencia de acuerdo con la Ley de ejercicio de la medicina, que había iniciado la federación Médica venezolana, en representación de derechos colectivos de los médicos, por

---

19 Véase Allan R. Brewer-Carías y Jaime Orlando Santofimio, *El Control de convencionalidad y responsabilidad del Estado,* Prólogo de Luciano Parejo, Universidad Externado de Colombia, Bogotá 2013.

20 *Idem.,* p. 139.

21 Véase Allan R. Brewer-Carías, "La interrelación entre los Tribunales Constitucionales de América Latina y la Corte Interamericana de Derechos Humanos, y la cuestión de la inejecutabilidad de sus decisiones en Venezuela," en Armin von Bogdandy, Flavia Piovesan y Mariela Morales Antoniazzi (Coordinadores), *Direitos Humanos, Democracia e Integraçao Jurídica na América do Sul*, Lumen Juris Editora, Rio de Janeiro 2010, pp. 661-70; y en *Anuario Iberoamericano de Justicia Constitucional*, Centro de Estudios Políticos y Constitucionales, N° 13, Madrid 2009, pp. 99-136.

violación al derecho al trabajo y a la no discriminación.[22] La reacción gubernamental contra esa simple medida cautelar suspensión temporal del programa de contratación,[23] fue el anuncio público de todas las autoridades, incluso del Presidente de no acatamiento de la sentencia de la Corte Primera,[24] lo que fue seguido de una medida policial de allanamiento de la sede de la Corte Primera, la detención de un escribiente o alguacil por motivos fútiles, y unas semanas después, la destitución sin fundamento legal alguno, de los cinco magistrados de la Corte, la cual fue intervenida,[25] quedando la justicia contencioso administrativa clausurada en el país por casi un año.[26] A partir de entonces, por lo demás, comenzó el principio de la posibilidad de controlar la legalidad de la actividad administrativa,[27] afianzándose el control político sobre el Poder Judicial en Venezuela.[28]

Contra la arbitrariedad de la destitución de los altos jueces fue que los mismos recurrieron ante el sistema interamericano buscando protección a sus derechos, de lo que resultó la sentencia de la Corte Interamericana de Derechos Humanos, de 5 de agosto de 2008,[29] condenando al Estado por la viola-

---

22 Véase Claudia Nikken, "El caso "Barrio Adentro": La Corte Primera de lo Contencioso Administrativo ante la Sala Constitucional del Tribunal Supremo de Justicia o el avocamiento como medio de amparo de derechos e intereses colectivos y difusos," en *Revista de Derecho Público*, N° 93–96, Editorial Jurídica Venezolana, Caracas, 2003, pp. 5 ss.

23 Véase la decisión de 21 de agosto de 2003 en *Idem.*, pp. 445 ss.

24 El Presidente de la República dijo: "*Váyanse con su decisión no sé para donde, la cumplirán ustedes en su casa si quieren…*", en el programa de TV *Aló Presidente*, N° 161, 24 de Agosto de 2003.

25 Véase la información en *El Nacional*, Caracas, Noviembre 5, 2003, p. A2. En la misma página el Presidente destituido de la Corte Primera dijo: "*La justicia venezolana vive un momento tenebroso, pues el tribunal que constituye un último resquicio de esperanza ha sido clausurado*".

26 Véase en *El Nacional*, Caracas, Octubre 24, 2003, p. A–2; y *El Nacional*, Caracas, Julio 16, 2004, p. A–6.

27 Véase Antonio Canova González, *La realidad del contencioso administrativo venezolano (Un llamado de atención frente a las desoladoras estadísticas de la Sala Político Administrativa en 2007 y primer semestre de 2008)*, Funeda, Caracas 2009.

28 Véase Allan R. Brewer–Carías, "La progresiva y sistemática demolición institucional de la autonomía e independencia del Poder Judicial en Venezuela 1999–2004," en *XXX Jornadas J.M Domínguez Escovar, Estado de derecho, Administración de justicia y derechos humanos*, Instituto de Estudios Jurídicos del Estado Lara, Barquisimeto, 2005, pp. 33–174; "La justicia sometida al poder (La ausencia de independencia y autonomía de los jueces en Venezuela por la interminable emergencia del Poder Judicial (1999–2006))," en *Cuestiones Internacionales. Anuario Jurídico Villanueva 2007*, Centro Universitario Villanueva, Marcial Pons, Madrid, 2007, pp. 25–57.

29 Véase Caso *Apitz Barbera y otros ("Corte Primera de lo Contencioso Administrativo") vs. Venezuela*, Excepción Preliminar, Fondo, Reparaciones y Costas, Serie C N° 182, en www.corteidh.or.cr.

ción de las garantías judiciales, y a reincorporarlos a las víctimas a cargos similares en el Poder Judicial.

Fue contra esta sentencia de la Corte Interamericana que los abogados del Estado recurrieron ante la Sala Constitucional del Tribunal Supremo, ejerciendo una bizarra "acción de control de la constitucionalidad referida a la interpretación acerca de la conformidad constitucional del fallo de la Corte Interamericana de Derechos Humanos, de fecha 5 de agosto de 2008," la cual tres meses después, decidió mediante la sentencia N° 1.939 de 12 de diciembre de 2008,[30] que declaró inejecutable la sentencia de la Corte Interamericana, fundamentándose para ello, en un precedente ocurrido en el Perú en 1999, citado ampliamente cuando el Tribunal Superior Militar rechazó la ejecución de una sentencia de la Corte Interamericana.[31]

El fundamento de la "acción" para que se declarase "inaceptable y de imposible ejecución por parte del propio Estado" la sentencia de la Corte Interamericana impugnada, fue que sus decisiones *"no son de obligatorio cumplimiento y son inaplicables si violan la Constitución,"* argumentando los abogados del Estado que lo contrario "sería subvertir el orden constitucional y atentaría contra la soberanía del Estado," a cuyo efecto denunciaron que la Corte Interamericana de Derechos Humanos violaba:

> "la supremacía de la Constitución y su obligatoria sujeción violentando el principio de autonomía del poder judicial, pues la misma llama al desconocimiento de los procedimientos legalmente establecidos para el establecimiento de medidas y sanciones contra aquellas actuaciones desplegadas por los jueces que contraríen el principio postulado esencial de su deber como jueces de la República."

Para decidir la Sala Constitucional, en definitiva, consideró que de lo que se trataba era de una "presunta controversia entre la Constitución y la ejecución de una decisión dictada por un organismo internacional fundamentada en normas contenidas en una Convención de rango constitucional," que buscaba que la Sala aclarase "una duda razonable en cuanto a la ejecución" del fallo

---

30   Véase en http://www.tsj.gov.ve/decisiones/scon/Diciembre/1939-181208-2008-08-1572.html.

31   Véase sobre el caso la sentencia de la Corte Interamericana en el caso *Castillo Petruzzi y otros vs. Perú* el 4 de septiembre de 1998 (Excepciones Preliminares), en http://www.corteidh.or.cr/docs/casos/articulos/seriec_41_esp.pdf; y de 30 de mayo de 1999. El Congreso del Perú incluso aprobó el 8 de julio de 1999 el retiro del reconocimiento de la competencia contenciosa de la Corte, lo cual fue declarado inadmisible por la propia Corte Interamericana en la sentencia del caso *Ivcher Bronstein* de 24 de septiembre de 1999, estableciéndose el principio de que un "Estado parte sólo puede sustraerse a la competencia de la Corte mediante la denuncia del Tratado como un todo." Véase en Véase *Sergio García Ramírez (Coord.),* de la Corte Interamericana de Derechos Humanos, *Universidad Nacional Autónoma de México, Corte Interamericana de Derechos Humanos, México 2001,* pp. 769-771.

de la Corte Interamericana, deduciendo entonces que de lo que se trataba era de "acción de interpretación constitucional" que la propia Sala constitucional había creado a partir de su sentencia de 22 de septiembre de 2000 *(caso Servio Tulio León).*[32]

Ejerciendo esta competencia, consideró que el propio Estado tenía la legitimación necesaria para intentar la acción, ya que la Corte Interamericana había condenado a la República, buscando de la Sala Constitucional "una sentencia mero declarativa en la cual se establezca el verdadero sentido y alcance de la señalada ejecución con relación al Poder Judicial venezolano en cuanto al funcionamiento, vigilancia y control de los tribunales."

La Sala para decidir, consideró que la Corte Interamericana, para dictar su fallo, además de haberse contradicho al constatar la supuesta violación de los derechos o libertades protegidos por la Convención, había dictado:

"pautas de carácter obligatorio sobre gobierno y administración del Poder Judicial que son competencia exclusiva y excluyente del Tribunal Supremo de Justicia y estableció directrices para el Poder Legislativo, en materia de carrera judicial y responsabilidad de los jueces, violentando la soberanía del Estado venezolano en la organización de los poderes públicos y en la selección de sus funcionarios, lo cual resulta inadmisible."

La Sala consideró en definitiva, que la Corte Interamericana "utilizó el fallo analizado para intervenir inaceptablemente en el gobierno y administración judicial que corresponde con carácter excluyente al Tribunal Supremo de Justicia, de conformidad con la Constitución de 1999" (artículos 254, 255 y 267), desconociendo "la firmeza de decisiones administrativas y judiciales que han adquirido la fuerza de la cosa juzgada, al ordenar la reincorporación de los jueces destituidos," razón por la cual la consideró la sentencia internacional como *"inejecutable,"* con fundamento en normas constitucionales, exhortando, de paso:

"al Ejecutivo Nacional [para que] proceda a denunciar esta Convención, ante la evidente usurpación de funciones en que ha incurrido la Corte Interamericana de los Derechos Humanos con el fallo objeto de la presente decisión; y el hecho de que tal actuación se fundamenta institucional y competencialmente en el aludido Tratado."

Con esta sentencia el Estado comenzó el proceso de Venezuela de desligarse de la Convención Americana sobre Derechos Humanos, y de la jurisdicción de la Corte Interamericana de Derechos Humanos utilizando para ello a su propio Tribunal Supremo de Justicia, el cual lamentablemente ha demos-

---

32   Véase *Revista de Derecho Público*, N° 83, Editorial Jurídica Venezolana, Caracas 2000, pp. 247 ss. Véase Allan R. Brewer-Carías, "Le recours d'interprétation abstrait de la Constitution au Vénézuéla", en *Le renouveau du droit constitutionnel, Mélanges en l'honneur de Louis Favoreu*, Dalloz, Paris, 2007, pp. 61-70.

trado ser el principal instrumento para la consolidación del autoritarismo en el país.[33]

Con base en todos estos precedentes, en 2011, la Sala Constitucional procedió a completar su objetivo de declarar inejecutables las decisiones de la Corte Interamericana de Derechos Humanos, consolidando la supuesta competencia que inventó para ejercer el "control de constitucionalidad" de las sentencias de la Corte Interamericana de Derechos Humanos, que por supuesto no tenía ni puede tener,[34] cuando conforme al artículo 31 de la Constitución, lo que tiene el Estado es la obligación de adoptar, conforme a los procedimientos establecidos en la Constitución y en la ley, "las medidas que sean necesarias para dar cumplimiento a las decisiones emanadas de los órganos internacionales" de protección de derechos humanos. Y ello lo hizo la Sala Constitucional mediante sentencia Nº 1547 de fecha 17 de octubre de 2011 (Caso *Estado Venezolano vs. Corte Interamericana de Derechos Humanos*),[35] dictada con motivo de otra "acción innominada de control de constitucionalidad" que fue intentada de nuevo por los abogados del Estado contra otra sentencia de la Corte Interamericana de Derechos Humanos, esta vez la de 1º de septiembre de 2011 dictada en el caso *Leopoldo López vs. Estado de Venezuela*,[36] en la cual la Corte Interamericana de Derechos Humanos había condenado al Estado venezolano por la violación del derecho al sufragio pasivo del ex Alcalde Sr. Leopoldo López cometida por la Contraloría General de la República al establecer administrativamente una "pena" de inhabilitación política, contra el mismo, considerando que dicho derecho político conforme a la Convención (art. 32.2) solo podía ser restringido, mediante sentencia

---

33   Véase Allan R. Brewer-Carias, *Crónica sobre la "In" Justicia Constitucional. La Sala Constitucional y el autoritarismo en Venezuela*, Colección Instituto de Derecho Público. Universidad Central de Venezuela, Nº 2, Editorial Jurídica Venezolana, Caracas 2007; y "El juez constitucional al servicio del autoritarismo y la ilegítima mutación de la Constitución: el caso de la Sala Constitucional del Tribunal Supremo de Justicia de Venezuela (1999-2009)", en *Revista de Administración Pública*, Nº 180, Madrid, 2009, pp. 383-418.

34   Sobre las competencias de los Tribunales Constitucionales, véase: en general, Allan R. Brewer-Carías, *Constitutional Courts as Positive Legislators in Comparative Law*, Cambridge University Press, New York, 2011.

35   Véase en http://www.tsj.gov.ve/decisiones/scon/Octubre/1547-171011-2011-11-1130.html.

36   Véase Allan R. Brewer-Carías, "El ilegítimo "control de constitucionalidad" de las sentencias de la Corte Interamericana de Derechos Humanos por parte la Sala Constitucional del Tribunal Supremo de Justicia de Venezuela: el caso de la sentencia *Leopoldo López vs. Venezuela, 2011*," en *Constitución y democracia: ayer y hoy. Libro homenaje a Antonio Torres del Moral*. Editorial Universitas, Vol. I, Madrid, 2013, pp. 1095-1124.

judicial que imponga una condena penal,[37] ordenando la revocatoria de las decisiones inconvencionales.

En este caso, el Procurador General de la República justificó la supuesta competencia de la Sala Constitucional en su carácter de "garante de la supremacía y efectividad de las normas y principios constitucionales," conforme a la cual la Sala no podía dejar de realizar "el examen de constitucionalidad en cuanto a la aplicación de los fallos dictados por esa Corte y sus efectos en el país," considerando de nuevo que las decisiones de dicha Corte Interamericana sólo pueden tener "ejecutoriedad en Venezuela," en la medida que "el contenido de las mismas cumplan el examen de constitucionalidad y no menoscaben en forma alguna directa o indirectamente el Texto Constitucional;" es decir, que dichas decisiones "para tener ejecución en Venezuela deben estar conformes con el Texto Fundamental."

La Sala, en definitiva, consideró que lo que se había impuesto al ex Alcalde recurrente, había sido una "inhabilitación administrativa" y no una inhabilitación política considerando que la decisión de la Corte Interamericana en el caso, con órdenes dirigidas a órganos del Estado "se traduce en una injerencia en las funciones propias de los poderes públicos" y desconocía "la lucha del Estado venezolano contra la corrupción," alegando finalmente que la Corte Interamericana había transgredido el ordenamiento jurídico venezolano, pues desconocía:

> "la supremacía de la Constitución y su obligatoria sujeción, violentando el principio de autonomía de los poderes públicos, dado que la misma desconoce abiertamente los procedimientos y actos legalmente dictados por órganos legítimamente constituidos, para el establecimiento de medidas y sanciones contra aquellas actuaciones desplegadas por la Contraloría General de la República que contraríen el principio y postulado esencial de su deber como órgano contralor, que tienen como fin último garantizar la ética como principio fundamental en el ejercicio de las funciones públicas."

Como consecuencia de ello, la Sala Constitucional, conforme a lo solicitado por el propio Estado, procedió a ejercer el también bizarro "control innominado de constitucionalidad," invocando el anterior fallo sentencia N° 1939 de 18 de diciembre de 2008 (caso: *Estado Venezolano vs. Corte Inter-*

---

37   Véase Allan R. Brewer-Carías, "La incompetencia de la Administración Contralora para dictar actos administrativos de inhabilitación política restrictiva del derecho a ser electo y ocupar cargos públicos (La protección del derecho a ser electo por la Corte Interamericana de Derechos Humanos en 2012, y su violación por la Sala Constitucional del Tribunal Supremo al declarar la sentencia de la Corte Interamericana como "inejecutable"), en Alejandro Canónico 'Sarabia (Coord.), *El Control y la responsabilidad en la Administración Pública, IV Congreso Internacional de Derecho Administrativo, Margarita 2012*, Centro de Adiestramiento Jurídico, Editorial Jurídica Venezolana, Caracas 2012, pp. 293-371.

americana de derechos Humanos, caso Magistrados de la Corte Primera de lo Contencioso Administrativo),[38] y la sentencia N° 1077 de 22 de septiembre de 2000 (Caso *Servio Tulio León Briceño*) sobre creación del recurso de interpretación constitucional,[39] supuestamente por existir una aparente antinomia entre la Constitución, la Convención Interamericana de Derechos Humanos, la Convención Americana contra la Corrupción y la Convención de las Naciones Unidas contra la Corrupción," y concluir su competencia:

> "para verificar la conformidad constitucional del fallo emitido por la Corte Interamericana de Derechos Humanos, control constitucional que implica lógicamente un "control de convencionalidad" (o de confrontación entre normas internas y tratados integrantes del sistema constitucional venezolano), lo cual debe realizar en esta oportunidad esta Sala Constitucional, incluso de oficio; y así se decide."

En esta forma, lo que la Sala Constitucional realizó fue un supuesto "control de convencionalidad" pero para declarar "inconvencional" la propia sentencias de la Corte Interamericana, declarándola inejecutable en Venezuela, exhortando al Ejecutivo Nacional, de nuevo a denunciar la Convención Americana, y acusando a la Corte Interamericana de Derechos Humanos de persistir:

> "en desviar la teleología de la Convención Americana y sus propias competencias, emitiendo órdenes directas a órganos del Poder Público venezolano (Asamblea Nacional y Consejo Nacional Electoral), usurpando funciones cual si fuera una potencia colonial y pretendiendo imponer a un país soberano e independiente criterios políticos e ideológicos absolutamente incompatibles con nuestro sistema constitucional."

La decisión política que se había venido construyendo por los órganos del Estado, de desligarse de sus obligaciones convencionales y denunciar la Convención, en lo cual un actor de primera línea fue la Sala Constitucional, finalmente se manifestó el día 11 de septiembre de 2012, a los pocos meses de designados los nuevos jueces de la Corte, y antes de que tomaran posesión en enero de 2013, cuando el Ministro de Relaciones Exteriores de Venezuela, Sr. Nicolás Maduro, quien ejerce actualmente la Presidencia de la República, luego de denunciar una supuesta campaña de desprestigio contra al país desarrollada por parte de la Comisión Interamericana de Derechos Humanos y de

---

38   Véase en *Revista de Derecho Público,* N° 116, Editorial Jurídica Venezolana, Caracas 2008, pp. 88 ss.

39   Véase sobre esta sentencia los comentarios en Marianella Villegas Salazar, "Comentarios sobre el recurso de interpretación constitucional en la jurisprudencia de la Sala Constitucional," en *Revista de Derecho Público*, N° 84, Editorial Jurídica Venezolana, Caracas 2000, pp. 417 ss.; y Allan R. Brewer-Carías, *Crónica sobre la "In" Justicia Constitucional. La Sala Constitucional y el autoritarismo en Venezuela*, Colección Instituto de Derecho Público. Universidad Central de Venezuela, N° 2, Editorial Jurídica Venezolana, Caracas 2007, pp. 47-79.

la Corte Interamericana de Derechos Humanos, citando entre otros casos decididos, el caso *Leopoldo López* , y más insólito aún, casos aún no decididos como el caso *Allan R. Brewer-Carías vs. Venezuela*, sin duda para a presionar indebidamente a los jueces de la propia Corte Interamericana, manifestó formalmente al Secretario General de la OEA la "decisión soberana de la República Bolivariana de Venezuela de denunciar la Convención. Americana sobre Derechos Humanos, cesando en esta forma respecto de Venezuela los efectos internacionales de la misma, y la competencia respecto del país tanto de la manifestó formalmente al Secretario General de la OEA, para el país, tanto de la Comisión Interamericana de Derechos Humanos como de la Corte Interamericana de Derechos Humanos.

Esta decisión de denunciar la Convención Americana sobre Derechos Humanos no sólo fue realizada de mala fe frente el derecho internacional, sino en abierta violación a expresas normas de la Constitución de 1999.[40]

A las sentencias antes indicadas se suma ahora recientemente, la sentencia de la Sala Constitucional N° 1.175 de 10 de septiembre de 2015,[41] mediante la cual también se declaró como "inejecutable" la sentencia de la Corte Interamericana de Derechos Humanos, de 22 de junio de 2015, dictada en el caso *Granier y otros (Radio Caracas Televisión), vs. Venezuela*,[42] que condenó a Estado venezolano, entre otros, por restringir indirectamente el derecho a la libertad de expresión de accionistas, directivos y periodistas del canal *Radio Caracas Televisión* ("RCTV"), con motivo de la decisión arbitraria discriminatoria del Estado de no renovar la concesión del mismo en 2007, en violación de las garantías judiciales garantizadas en la Convención; sentencia de la Sala Constitucional que también fue dictada al conocer de una acción de "control de control de convencionalidad" trastocada en na "acción de control de constitucionalidad" ejercida contra la sentencia de la Corte Interamericana por abogados

---

40   Véase, entre otros, Carlos Ayala Corao, "Inconstitucionalidad de la denuncia de la Convención Americana sobre Derechos Humanos por Venezuela*" en *Revista Europea de Derechos Fundamentales*, Instituto de Derecho Público, Valencia, España, N° 20/2° semestre 2012; en *Estudios Constitucionales*, Centro de Estudios Constitucionales de Chile, Universidad de Talca, año 10, N° 2, Chile, 2012; en la *Revista Iberoamericana de Derecho Procesal Constitucional*, Instituto Iberoamericano de Derecho Procesal Constitucional y Editorial Porrúa, N° 18, Julio-Diciembre, 2012; en la *Revista de Derecho Público*, N° 131, Caracas, julio-septiembre 2012; en el *Anuario de Derecho Constitucional Latinoamericano 2013*, Anuario 2013, Konrad Adenauer Stiftung: Programa Estado de Derecho para Latinoamérica y Universidad del Rosario, Bogotá, Colombia 2013 (disponible en: Fundación Konrad Adenauer www.kas.de/uruguay/es/publications/20306/ y en Biblioteca Jurídica Virtual del Instituto de Investigaciones Jurídicas de la UNAM, México: www.juridicas.unam.mx/publica/rev/cont.htm?=dconstla).

41   Véase en http://historico.tsj.gob.ve/decisiones/scon/septiembre/181181-1175-10915-2015-15-0992.HTML.

42   Véase en http://www.corteidh.or.cr/cf/Jurisprudencia2/busqueda_casos_contenciosos.cfm?lang=es.

de la Procuraduría General de la República, por considerar que dicha sentencia de la Corte Interamericana había sido dictada "en franca violación a la Convención Americana sobre Derechos Humanos, a otros instrumentos internacionales sobre la materia y en total desconocimiento a la Constitución de la República Bolivariana de Venezuela."

Sin embargo, como ya el Ejecutivo Nacional había denunciado la Convención Americana de Derechos Humanos por exhortación de las sentencias anteriores, en esta lo que hizo la Sala fue sugerir:

> "al Ejecutivo Nacional, a quien corresponde dirigir las relaciones y política exterior de la República Bolivariana de Venezuela, a tenor de lo dispuesto en el artículo 236, numeral 4, de la Constitución de la República Bolivariana de Venezuela, así como al órgano asesor solicitante de conformidad con el artículo 247 *eiusdem,* para que evalúen la posibilidad de remitir a la Asamblea General de la Organización de Estados Americanos, copia de este pronunciamiento con el objeto de que ese órgano analice la presunta desviación de poder de los jueces integrantes de la Corte Interamericana de Derechos Humanos."[43]

V. LAS PRESIONES POLÍTICAS DE VENEZUELA CONTRA LA CORTE INTERAMERICANA, LA DENUNCIA DE LA CONVENCIÓN Y LA SENTENCIA DEL CASO *ALLAN R. BREWER CARÍAS VS. VENEZUELA* DE MAYO DE 2014

Las presiones políticas de Venezuela contra la Corte Interamericana después de las dos sentencias antes mencionadas de la Sala Constitucional del Tribunal Supremo de Justicia de 2008 y 2011 desconociendo abiertamente la autoridad de la misma y declarando inejecutables en Venezuela sus sentencias, exhortando además a que el Ejecutivo Nacional denunciara la Convención y se retirara del Sistema interamericano de protección de los derechos humanos, continuaron manifestándose intensamente en denuncias públicas formuladas contra la Comisión Interamericana, sus Comisionados y la Corte, en 2012 precisamente en los mismos tiempos en los cuales estaban planteadas las candidaturas de nuevos jueces para la Corte Interamericana a ser electos en la XLII Asamblea General de la OEA que se iba a realizar en Cochabam-

---

43 Véase los comentarios sobre la sentencia de la Corte Interamericana de Derechos Humanos y de la Sala Constitucional del Tribunal Supremo de Justicia sobre el caso *RCTV*, en Allan R. Brewer-Carías, "La condena al Estado en el caso *Granier y otros (RCTV) vs. Venezuela*, por violación a la libertad de expresión y de diversas garantías judiciales. Y de cómo el Estado, ejerciendo una bizarra "acción de control de convencionalidad" ante su propio Tribunal Supremo, ha declarado inejecutable la sentencia en su contra," 14 septiembre de 2015, en http://www.allanbrewer-carias.com/Content/449725d9-f1cb-474b-8ab2-41efb849fea3/Content/Brewer.%20La%20condena%20al%20Estado%20en%20el%2 0caso%20CIDH%20Granier%20(RCTV)%20vs.%20Venezuela.%2014%20sep.%20 2015.pdf.

ba, Bolivia, el 5 de junio de 2012, y en la cual efectivamente se eligieron tres jueces de la Corte Interamericana de Derechos Humanos, todos con el apoyo decidido de Venezuela y de los Estados cuyo voto controlaba.

Recuérdese la lógica expuesta por el ex canciller del Perú **Luis Gonzalo Posada** unos meses después, en marzo de 2014, sobre el funcionamiento de la Asamblea de la OEA bajo el control de votos que tenía Venezuela, a la cual hemos hecho referencia, cuando explicó que "estamos ante una institución controlada a través de la influencia petrolera, y que tiene el padrinazgo de 3 países que aparentemente están comprometidos por la democracia. Pero que a la hora de la verdad se constituyen en centro de protección de un modelo político autoritario." El ex canciller se refería "directamente al Brasil, a la Argentina y a Uruguay;" situación que consideró muy grave "porque cualquier tema sustantivo para los países americanos no podrá tratarse si no se tiene el beneplácito de Venezuela, quien es el que gobierna esta institución desde hace muchos años."[44]

Esa situación de política internacional, en medio de la presión que venía ejerciendo Venezuela sobre el sistema interamericano, es lo único que puede contribuir a entender cómo, después del intenso cortejeo diplomático que debe haberse realizado sobre Venezuela por los Estados y quizás por algunos de los propios candidatos personalmente, buscando apoyo para que el Estado votara por ellos, Venezuela haya finalmente dado su voto y el de sus aliados, para elegir los nuevos jueces en Cochabamba, entre los cuales estuvo precisamente el postulado nacional de Brasil (Roberto de Figueiredo Caldas), país que en las palabras del ex canciller Gonzalo Posada (junto con Uruguay y Argentina) se habían constituido "en centro de protección de un modelo político autoritario" de Venezuela, y además, por otro juez, nacional de Colombia (Humberto Sierra Porto), país que aun cuando Gonzalo Posada no lo incluyó en el grupo de protección del modelo autoritario venezolano, tenía al Presidente autoritario de Venezuela como "su nuevo mejor amigo."[45]

---

44   Véase Rodrigo Cruz, "Hoy se ha consumado un golpe de estado chavista en la OEA. El ex canciller Luis Gonzales Posada aseveró que el organismo interamericano defiende los intereses del régimen venezolano", *El Comercio*, Lima 21 de marzo de 2014, en http://elcomercio.pe/politica/internacional/hoy-se-ha-consumado-golpe-estado-chavista-oea-noticia-1717550.

45   Expresión utilizada por el entonces candidato Juan Manuel Santos, actual Presidente de Colombia en relación con el Presidente de Venezuela, Véase el reportaje "Santos dice que Chávez es "su nuevo mejor amigo." Asegura además que si bien ninguno de los dos ha sido "santo de la devoción" del otro, él decidió que de llegar a la presidencia debía mejorar las relaciones con su vecino, lo cual comenzó en agosto con el restablecimiento de los lazos diplomáticos," en *Revista Semana*, o de noviembre de 2010, en http://www.semana.com/mundo/articulo/santos-dice-chavez-su-nuevo-mejor-amigo/124284-3. Este vínculo continuó posteriormente, después del fallecimiento de Chávez. Véase por ejemplo, el reportaje "Colombia y Venezuela, de nuevo mejores amigos. Cancilleres y ministros de ambos países evaluaron las cooperaciones en seguridad, energía y comercio", *Revista Semana*, 2 agosto 2013, en

La campaña para la elección de los jueces y el referido cortejeo que debió producirse sobre Venezuela, buscando votos para el apoyo de los jueces, se desarrolló además, durante los meses en los cuales se venía gestando la denuncia de la Convención Americana de Derechos Humanos por parte de Venezuela, en ejecución de los exhortos hechos por la Sala Constitucional en 208 y 2012 antes mencionados, lo que finalmente se materializo tres meses después de la última elección de los jueces de la Corte, mediante comunicación N° 125 de 6 de septiembre de 2012 dirigida por el entonces Canciller de Venezuela, Nicolás Maduro, quien actualmente ejerce la Presidencia, dirigida al Secretario General de la OEA.[46]

En la misma, el gobierno de Venezuela acusó a la Comisión y a la Corte Interamericanas de ser instituciones "secuestradas por un pequeño grupo .de burócratas, desaprensivos" que habían impedido las reformas necesarias al "llamado" Sistema Interamericano, y que se habían convertido en "arma política arrojadiza destinada a minar la estabilidad" del país, "adoptando una línea de acción injerencista en los asuntos internos" del gobierno, los cuales, afirmó el Canciller, desconocían el contenido y disposiciones de la Convención que se denunciaba, particularmente la exigencia de que para hacer procedente la actuación de dichos órganos, era necesario "el agotamiento de los recursos internos del Estado" lo que a juicio del Estado, constituía "un desconocimiento al orden institucional y jurídico interno, de cada uno de los Estados." Todo ello, para el Canciller, se había constituido "como un ejercicio de violación flagrante y sistemática" de la Convención, lo que indicó se evidenciaba "en los casos que detalladamente exponemos en el anexo de la presente Nota" considerados como instrumentos para el "apuntalamiento de la campaña internacional de desprestigio" contra Venezuela.

El Canciller, sin embargo, anticipándose a la Nota explicativa anunciada, en el mismo texto de su comunicación de denuncia de la Convención hizo referencia a varios casos ya decididos (caso *Ríos, Perozo y otros contra Venezuela, caso Leopoldo López contra Venezuela,* caso *Usón Ramírez contra Venezuela; caso Raúl Díaz Peña contra Venezuela*) por la Corte, y lo que es más grave por la presión indebida que significó, a un caso que aún no estaba decidido y que estaba ya bajo el conocimiento de la Corte Interamericana, que fue el caso *Allan R. Brewer-Carías contra Venezuela.*

Sobre este último caso, el Canciller le explicó al Secretario General de la OEA, que el mismo había sido "admitido por la Comisión sin que el denunciante hubiera agotado los recursos internos, violando lo dispuesto en el artículo 46.1 de la Convención e instando al Estado venezolano *"adoptar medidas para asegurar la independencia del poder judicial."* Agregó el Canciller

---

http://www.semana.com/nacion/ar-ticulo/colombia-venezuela-nuevo-mejores-amigos/352865-3.

46   Véase el texto en http://www.minci.gob.ve/wp-content/uploads/2013/09/Carta-Retiro-CIDH-Firmada-y-sello.pdf.

en su comunicación, que "este comportamiento irregular de la .Comisión, injustificadamente favorable Brewer Carias:

"produjo de hecho, desde La sola admisión de la causa, el apuntalamiento de la campaña internacional de desprestigio contra la República Bolivariana de Venezuela, acusándole de .persecución política. Detalles adicionales sobre estos casos son incluidos en la Nota anexa."

Mayor presión sobre los jueces de la Corte Interamericana, los que estaban y los recién nombrados en junio de ese mismo año y que comenzarían a ejercer sus funciones tres meses después en enero de 2013 ciertamente no podía concebirse, sobre todo cuando se trataba de un caso ya en conocimiento de la Corte que no había sido decidido, cuya sola admisión habría sido el "apuntalamiento" de la supuesta "campaña internacional de desprestigio" contra Venezuela.

Y en la Nota anexa a la comunicación de denuncia de la Convención, en efecto, el Canciller fue más explícito en cuanto a la campaña de presión política que con la misma Venezuela ejercía contra la Corte en relación con este caso aún no decidido, que provocaba precisamente el retiro de Venezuela, donde se indicó lo que sigue:

"Caso Allan Brewer Carías contra Venezuela.

El 8 de septiembre de 2009, la Comisión admitió la petición hecha el 24 de enero de 2007 por un grupo de abogados,[47] en la cual se alegaba que los tribunales venezolanos eran responsables de la *"persecución política del constitucionalista Allan R. Brewer Carías en el contexto de un proceso judicial en su contra por el delito de conspiración para cambiar violentamente la Constitución," en el contexto de los hechos ocurridos entre el ll y el 13 de abril de 2002."*

Cabe destacar que al mencionado señor Brewer Carías se le sigue juicio en Venezuela por su participación en el golpe de Estado de Abril de 2002, por ser redactor del decreto mediante el cual se instalaba un Presidente de facto, se abolía la Constitución Nacional, se cambiaba el nombre de la República, se desconocían todas las instituciones del Estado; se destituían a todos los miembros y representantes de los Poderes Públicos, entre otros elementos.

Al admitir la petición, la CIDH instó al Estado venezolano a *"Adoptar medidas para asegurar la independencia del poder judicial"* con lo cual prejuzgaba que dicha independencia no existía.

El 7 de marzo de 2012, la Comisión informo al Estado venezolano que el caso sería llevado a la Corte, a pesar de qué no. se habían agotado

---

47   Se refería el Estado a los distinguidos profesores Pedro Nikken, Claudio Grossman, Juan E. Méndez, Douglas Cassel, Helio Bicudo y Héctor Faúndez Ledezma.

los recursos internos. Este ejemplo es más grave, debido a que el juicio penal contra Allan Brewer no se ha podido llevar a cabo en Venezuela, en virtud de que nuestra legislación procesal penal no permite que el juicio pueda realizarse en ausencia del imputado, y es el caso que el imputado Brewer Carías huyó del país, como se conoce públicamente encontrándose prófugo de la justicia hasta la fecha."

Aparte de que Brewer-Carías no participó en conspiración alguna, no redactó decreto alguno y no se fugó en forma alguna, y de que el proceso aludido estaba extinguido desde diciembre de 2007 por una Ley de Amnistía dictada por el Presidente de la República mediante delegación legislativa sobre los hechos ocurridos entre el 11 y 13 de abril de 2002, lo que no se percató el Canciller de Venezuela, al acusar a la Comisión de haber prejuzgado sobre la inexistencia de independencia judicial en Venezuela, cuando instó al Estado al admitir la denuncia para que adoptara las medidas necesarias *"para asegurar la independencia del poder judicial;"* es que el propio Estado, en esta comunicación dirigida a la Corte Interamericana en relación con un caso pendiente de decisión, prejuzgaba sobre los hechos que originaron la persecución política y daba por culpable a la víctima de lo que injustamente se le acusó, violándose de nuevo su derecho a la presunción de inocencia.

Pero en realidad ese hecho, para el Estado era irrelevante, pues de lo que se trataba era de presionar políticamente a los jueces de la Corte Interamericana, a quienes había acusado reiteradamente en la misiva por el "pervertido ejercicio" en sus funciones, y de advertirles, sobre todo a los jueces recién electos con los votos controlados por Venezuela, de lo "importante" y "grave" que era el caso *Brewer Carías*, y particularmente, el tema del agotamiento de los recursos internos.

Pues bien, lo cierto fue que la Corte Interamericana, unos meses después de que la denuncia de la Convención por Venezuela comenzara a surtir efectos (septiembre de 2013), desconociendo su propia jurisprudencia (y el ordenamiento constitucional venezolano en materia de amparo constitucional), el día 26 de mayo de 2014 dictó sentencia en el caso *Allan R. Brewer-Carías vs. Venezuela*, que fue la N° 277 emitida con el voto favorable de los Jueces **Humberto Antonio Sierra Porto (Colombia),** Presidente y Ponente; **Roberto F. Caldas (Brasil), Diego García-Sayán (Perú)** y **Alberto Pérez Pérez (Uruguay),** ordenando el archivo del expediente, sin decidir nada sobre 'los méritos del caso, salvo su inadmisibilidad pues supuestamente Brewer no había agotado los recursos internos, negando su derecho de acceso a la justicia internacional y protegiendo una tremenda arbitrariedad del Estado autoritario. La sentencia se emitió con el destacado *Voto Conjunto Negativo* de los Jueces **Manuel E. Ventura Robles (Costa Rica) y Eduardo Ferrer MacGregor Poisot (México).**[48]

---

48 Véase la sentencia en http://www.corteidh.or.cr/docs/casos/articulos/seriec_278_esp.pdf. El Juez **Eduardo Vio Grossi,** el 11 de julio de 2012, apenas el ca-

En la petición que originó el caso se había alegado la violación masiva por parte de los agentes del Estado venezolano de los derechos y garantías judiciales (a la defensa, a ser oído, a la presunción de inocencia, a ser juzgado por un juez imparcial e independiente, al debido proceso judicial, a seguir un juicio en libertad, a la protección judicial) y otros (a la honra, a la libertad de expresión, incluso al ejercer mi profesión de abogado, a la seguridad personal y a la circulación y a la igualdad y no discriminación), consagrados en los artículos 44. 49, 50, 57 y 60 de la Constitución de Venezuela y de los artículos 1.1, 2, 7, 8.1, 8.2, 8.2.c, 8.2.f, 11, 13, 22, 24 y 25 de la Convención Americana sobre Derechos Humanos, en el proceso penal que fue iniciado en contra de Brewer-Carías en octubre de 2005, sin fundamento alguno, por el delito de "conspiración para cambiar violentamente la Constitución," y sólo con motivo de su actuación como abogado en ejercicio en el momento de la crisis política originada por la anunciada renuncia del Presidente de la República en abril de 2002, en medio de la cual se solicitó su opinión jurídica sobre un proyecto de "decreto de gobierno de transición democrática" ya redactado que se sometió a su consideración, y respecto del cual, incluso, dio una opinión adversa. La acusación en su contra, sin duda, fue la excusa para materializar la persecución política en su contra por su posición crítica respecto del régimen autoritario que se había instalado en el país desde 1999.

La sentencia de la Corte Interamericana de Derechos Humanos, se limitó conforme a lo presionado por el Estado, a resolver archivar el expediente, denegándosele en definitiva el acceso a la justicia, y protegiendo en cambio a un Estado que se había burlado sistemáticamente de sus propias decisiones, renunciando así la Corte a cumplir con sus obligaciones convencionales de conocer y juzgar las violaciones de los derechos humanos reconocidos en la Convención, en este caso de los derechos y garantías del denunciante. Para ello, por supuesto, tuvo que decidir violando la propia Convención, es decir, dictando una decisión injusta y contradictoria (y carente de motivación), abandonando la que quizás era su más tradicional jurisprudencia sentada desde 1987 en el caso *Velásquez Rodríguez Vs. Honduras,*[49] que le imponía la obligación de entrar a conocer del fondo de la causa que eran las violaciones alegadas al debido proceso (a las garantías judiciales, como la violación a los

---

so se presentó ante la Corte, muy honorablemente se excusó de participar en el mismo conforme a los artículos 19.2 del Estatuto y 21 del Reglamento, ambos de la Corte Interamericana, recordando que en la década de los ochenta se había desempeñado como investigador en el Instituto de Derecho Público de la Universidad Central de Venezuela, cuando Brewer Carías era Director del mismo, precisando que aunque ello había acontecido hacía ya bastante tiempo, "no desearía que ese hecho pudiese provocar, si participase en este caso en cuestión, alguna duda, por mínima que fuese, acerca de la imparcialidad," tanto suya "como muy especialmente de la Corte." La excusa le fue aceptada por el Presidente de la Corte el 7 de septiembre de 2012, después de consultar con los demás Jueces, estimando razonable acceder a lo solicitado.

49   Caso *Velásquez Rodríguez Vs. Honduras*. Excepciones Preliminares. Sentencia de 26 de junio de 1987. Serie C Nº 1.

derechos al debido proceso, a un juez independiente e imparcial, a la defensa, a la presunción de inocencia, y a la protección judicial) en medio de una situación de inexistencia de autonomía e independencia del Poder Judicial que la propia Corte Interamericana ya conocía por al menos tres casos anteriores. En esos supuestos, la Corte Interamericana siempre sostuvo que no se podía decidir la excepción de falta de agotamiento de recursos internos que pudiera alegar el Estado demandado, sin primero entrar a conocer y decidir si en el Estado cuestionado había o no esencialmente garantías judiciales, es decir, si el Poder Judicial efectivamente era confiable, idóneo y efectivo para la protección judicial.

Sin embargo, en este caso, apartándose de su propia jurisprudencia, para no decidir sobre las violaciones alegadas y evitar juzgar al Estado denunciado, el cual como se ha dicho venía presionándola en toda forma sistemática, la Corte se excusó, sin razón jurídica alguna y en desconocimiento absoluto e inconcebible de las características peculiares del proceso de amparo constitucional en Venezuela, en el argumento de que para que Brewer pudiese haber pretendido acudir ante la jurisdicción internacional para buscar la protección que nunca pudo obtener en mi país, debía haber "agotado" los recursos internos en Venezuela, ignorando deliberadamente que él había intentado y agotado efectivamente, en noviembre de 2005, *el único recurso disponible y oportuno que tenía al comenzar la etapa intermedia del proceso penal*, que fue la solicitud de "nulidad absoluta" de lo actuado por violación masiva de sus derechos y garantías constitucionales, conocida como "amparo penal;" recurso que jamás fue decidido por el juez de la causa, violando a la vez su derecho a la protección judicial.

Lo que la inicua decisión de la Corte hizo al ordenar archivar el expediente fue, en definitiva, resolver que para que Brewer pudiera pretender acceder a la justicia internacional buscando protección a sus derechos, debía previamente someterse ante jueces carentes de independencia e imparcialidad en el paródico proceso penal iniciado en su contra por razones que eran puramente políticas, y allí tratar de gestionar que el mismo pasara de una supuesta "etapa temprana" en la cual se encontraba (párrafos 95, 96, 97, 98 de la sentencia), y en la cual por lo visto, en criterio de la Corte, se pueden violar impunemente las garantías judiciales; para que se pudiera llegar a una imprecisa y subsiguiente "etapa tardía," que nadie sabe cuál podría ser, y ver si se corregían los vicios denunciados; pero eso sí, privado de libertad y sin garantía alguna del debido proceso, en un país donde simplemente no existe independencia y autonomía del Poder Judicial.[50]

---

50 Véase entre otros trabajos: Allan R. Brewer-Carías, "La progresiva y sistemática demolición institucional de la autonomía e independencia del Poder Judicial en Venezuela 1999-2004", en *XXX Jornadas J.M Domínguez Escovar, Estado de derecho, Administración de justicia y derechos humanos*, Instituto de Estudios Jurídicos del Estado Lara, Barquisimeto, 2005, pp. 33-174; "La justicia sometida al poder [La ausencia de independencia y autonomía de los jueces en Venezuela por la interminable

Es decir, para la Corte Interamericana, la única forma para que Brewer Carías pudiera pretender obtener justicia internacional en un caso de ostensible persecución política, era que se entregara a sus perseguidores políticos, para que una vez privado de libertad y sin garantías judiciales algunas, tratase de seguir, desde la cárcel, un proceso judicial que estaba viciado desde el inicio; de manera que si después de varios años lograba que el mismo avanzara, y las violaciones a sus derechos se agravaran, entonces, si aún contaba con vida, o desde la ultratumba, podía regresar ante la Corte Interamericana a denunciar los mismos vicios que con su sentencia la Corte se negó a conocer. En palabras de los Jueces **Manuel E. Ventura Robles** y **Eduardo Ferrer Mac-Gregor Poisot** expresadas en su *Voto Conjunto Negativo* a la sentencia, estando "de por medio el derecho a la libertad personal:

> *"Pretender que el señor Brewer Carías regrese a su país para perder su libertad y, en esas condiciones, defenderse personalmente en juicio, constituye un argumento incongruente y restrictivo del derecho de acceso a la justicia, al no haberse analizado en el caso precisamente los aspectos de fondo invocados por la hoy presunta víctima relacionados con diversas violaciones a los artículos 8 y 25 de la Convención Americana,* que de manera consustancial condicionan los alcances interpretativos del artículo 7.5 del Pacto de San José respecto al derecho a la libertad personal " (Párrafo 114)

Y todo ello, que es lo más absurdo aún, en relación con un "proceso" que en la práctica ya se había extinguido en Venezuela, pues el que se había iniciado en 2005 había desaparecido legalmente en virtud de una Ley de Amnistía dictada en diciembre de 2007, mediante la cual se despenalizaron los

emergencia del Poder Judicial (1999-2006)]" en *Cuestiones Internacionales. Anuario Jurídico Villanueva 2007,* Centro Universitario Villanueva, Marcial Pons, Madrid 2007, pp. 25-57, y en *Derecho y democracia. Cuadernos Universitarios*, Órgano de Divulgación Académica, Vicerrectorado Académico, Universidad Metropolitana, Año II, N° 11, Caracas, septiembre 2007, pp. 122-138. Publicado en *Crónica sobre la "In" Justicia Constitucional. La Sala Constitucional y el autoritarismo en Venezuela*, Colección Instituto de Derecho Público. Universidad Central de Venezuela, N° 2, Editorial Jurídica Venezolana, Caracas 2007, pp. 163-193; "Sobre la ausencia de independencia y autonomía judicial en Venezuela, a los doce años de vigencia de la constitución de 1999 (O sobre la interminable transitoriedad que en fraude continuado a la voluntad popular y a las normas de la Constitución, ha impedido la vigencia de la garantía de la estabilidad de los jueces y el funcionamiento efectivo de una "jurisdicción disciplinaria judicial"), en *Independencia Judicial*, Colección Estado de Derecho, Tomo I, Academia de Ciencias Políticas y Sociales, Acceso a la Justicia org., Fundación de Estudios de Derecho Administrativo (Funeda), Universidad Metropolitana (Unimet), Caracas 2012, pp. 9-103; "The Government of Judges and Democracy. The Tragic Situation of the Venezuelan Judiciary," en *Venezuela. Some Current Legal Issues 2014, Venezuelan National Reports to the 19th International Congress of Comparative Law, International Academy of Comparative Law, Vienna, 20-26 July 2014*, Academia de Ciencias Políticas y Sociales, Caracas 2014, pp. 13-42.

hechos por los que se había acusado a Brewer Carías y a otros abogados, habiéndose extinguido en consecuencia el proceso penal para todos los imputados. Sin embargo, como él tuvo la osadía de reclamar justicia ante la justicia internacional, no sólo la Corte Interamericana se la denegó, sino que en Venezuela, por ello, se lo "castigó" de manera tal que la extinción del proceso penal operó para todos, excepto para su persona por haber reclamado sus derechos.

La decisión de la Corte Interamericana, como se ha dicho en todo caso, se adoptó en un momento de intensa presión política que el Estado venezolano ejerció sobre la misma y sobre algunos de sus Jueces, que es lo único que en definitiva puede justificar el inexplicable cambió en la jurisprudencia de la Corte, para terminar protegiendo a un Estado que despreció sus sentencias, que los calificó de "pervertidos" y cercenarle el acceso a la justicia a un ciudadano que acudió a la ella clamando por la que no la podía obtener en su país.

La presión sobre los jueces de la Corte ejercida por Venezuela, por el control que tenía sobre la mayoría de los votos en la Asamblea General de la OEA, como lo describió con precisión el ex canciller del Perú **Luis Gonzalo Posada** en marzo de 2014, dos meses antes de que se dictase la sentencia, en el sentido de que se trataba "una institución controlada a través de la influencia petrolera," y el "padrinazgo" de países que protegían el "modelo político autoritario," en la cual ningún "tema sustantivo para los países americanos" podía "tratarse si no se tiene el beneplácito de Venezuela, quien es el que gobierna esta institución desde hace muchos años,"[51] coincidió además, con un momento en el funcionamiento de la Corte en la cual, en particular, los intereses políticos personales de algunos jueces comenzaron a darse a conocer, como fue el de la anunciada candidatura del juez **Diego García Sayán** para la Secretaría General de la Organización de Estados Americanos, a la cual aspiraba desde 2013, desde antes de ser dictada la sentencia; lo que sin duda, durante todo ese tiempo, le había requerido cortejar a los electores, que son precisamente los Estados, para buscar sus votos, a pesar de que ellos son a los que los jueces están llamados a juzgar.

Para lograr su cometido de ser juez-candidato o candidato-juez a ese alto cargo político internacional, sin separase de su cargo de Juez, el juez **García Sayán** logró que el Juez **Humberto Antonio Sierra Porto,** Presidente de la Corte, lo autorizase a proceder entonces a realizar todas las actividades políticas necesarias para promover su candidatura, totalmente incompatibles con el cargo de Juez, lo que le exigía por el control de votos antes mencionado, sin duda, el que cortejara al Estado venezolano. Y así fue entonces que el Juez

---

51 Véase Rodrigo Cruz, "Hoy se ha consumado un golpe de estado chavista en la OEA. El ex canciller Luis Gonzales Posada aseveró que el organismo interamericano defiende los intereses del régimen venezolano", *El Comercio*, Lima 21 de marzo de 2014, en http://elcomercio.pe/politica/internacional/hoy-se-ha-consumado-golpe-estado-chavista-oea-noticia-1717550.

García Sayán al fin, el 16 de agosto de 2014, hizo pública su aspiración, que era un secreto a voces desde meses antes, continuando con su afán de buscar los votos de los Estados para que lo apoyasen y eligieran.

Esta decisión del Presidente Juez **Sierra Porto**, adoptada de espaldas a la Corte, motivó que los Jueces **Eduardo Vio Grossi** y **Manuel Ventura** consignaran y publicaran el 21 de agosto de 2014, una "Constancia de Disentimiento" cuestionando la decisión del Presidente Juez **Sierra Porto**, y solicitando que por "la trascendencia del asunto para el desarrollo de la propia Corte," quedase registrada en sus archivos "su disconformidad," tanto con la solicitud formulada por el Juez **García Sayán**, para que *mientras fuese candidato* a la Secretaría General de la OEA se le excusase *"de participar en la deliberación e las sentencias u otras decisiones relativas a casos contenciosos, supervisión de cumplimiento de sentencias o medidas provisionales sobre las que la Corte tenga que pronunciarse;"* como con lo resuelto unilateralmente por el Presidente de la Corte, Juez **Sierra Porto** aceptando la mencionada excusa.

Era evidente que el Juez **García Sayán** no podía pretender seguir ejerciendo su cargo como Juez de la Corte Interamericana y además, simultáneamente, seguir de Juez con una "excusa" para realizar la gestión política de compromisos internacionales buscando apoyos y votos de los Estados Partes en los procesos ante la Corte Interamericana, en particular de Venezuela y sus aliados, los cuales son los sujetos a ser juzgados por la propia Corte. Al contrario, lo que debió haber hecho el Juez **García Sayán** era haber renunciado a su cargo desde antes, para dedicarse de lleno a la actividad política que demandaba su postulación como candidato a la Secretaría General de la OEA, como bien lo indicaron los Jueces **Vio Grossi** y **Ventura Robles**, en su "Constancia de Disentimiento," y conforme a lo que está previsto en el artículo 21.1 del Estatuto del Corte, lo cual sin embargo no hizo. Por ello, la propia conclusión de los jueces **Ventura Robles** y **Vio Grossi,** fue que:

> "es a todas luces evidente que la *"actividad"* consistente en la candidatura a la Secretaría General de la OEA, no solo puede en la práctica impedir el ejercicio del cargo de juez de la Corte, sino que también puede afectar la *"independencia, "imparcialidad", "dignidad" o "prestigio"* con que necesariamente debe ser percibido dicho ejercicio por quienes comparecen ante la Corte demandando Justicia en materia de derechos humanos."

Por esa situación, que atentaba contra la credibilidad de la Corte, y además por la presión que Venezuela había estado ejerciendo ante la propia Corte, era evidente que era difícil poder esperar justicia, lo que quedó evidenciado con la sentencia de la misma, dictada unos meses antes de esos eventos, y durante el tiempo en el cual la aspiración a la candidatura de parte del Juez **García Sayán** a la Secretaria General de la OEA era ya bien conocida.

Con dicha sentencia, como se dijo, la Corte Interamericana no sólo demostró una incomprensión extrema del sistema constitucional venezolano de protección de los derechos humanos mediante el amparo o tutela constitucional, ignorando deliberadamente la solicitud de amparo penal que los abogados de Brewer carías habían ejercido a los pocos días de formularse acusación en su contra en octubre de 2005, sino que la mayoría sentenciadora llegó a afirmar que si el escrito de una petición de amparo o tutela constitucional, como fue la nulidad absoluta que se había intentado a través de los abogados, tenía 532 páginas, entonces según el peregrino criterio de la Corte Interamericana, la acción de amparo dejaba de serlo, porque en su miope criterio, por la "extensión" del libelo, la solicitud misma no se podría resolver perentoriamente.

Pero además, la Corte Interamericana incurrió en el gravísimo error de afirmar que en un proceso penal supuestamente existiría la referida "etapa temprana" (párrafos 95, 96, 97, 98) que como lo advirtieron los Jueces **Eduardo Ferrer Mac Gregor** y **Manuel Ventura Robles**, en su *Voto Conjunto Negativo* a la sentencia, es un "*nuevo concepto* acuñado en la Sentencia y en la jurisprudencia" (párrafo 46), que implica la absurda consecuencia de que si en la misma (como sería la etapa de investigación de un proceso penal) se han cometido violaciones a los derechos y garantías constitucionales, las violaciones nunca podrían ser apreciadas ni juzgadas por el juez internacional, porque eventualmente podrían ser corregidas en el curso del proceso interno (en el entendido, por supuesto, de que se tratase de un sistema donde funcione el Estado de derecho), así el proceso íntegro estuviese viciado.

Ello equivale a dejar sentada la doctrina de que en esa "etapa temprana" del proceso penal se pueden violar impunemente las garantías judiciales, y las víctimas lo que tienen que hacer es esperar *sine die*, incluso privadas de libertad y en condiciones inhumanas, para que un sistema judicial sometido al Poder político, instrumento para la persecución y deliberadamente lento, termine de demoler todos los derechos y garantías, para entonces, después de varios años de prisión sin juicio, las víctimas quizás puedan pretender tener oportunidad de acudir al ámbito internacional buscando justicia.

Como lo advirtieron los Jueces **Ferrer Mac Gregor** y **Ventura Robles** en su *Voto Conjunto Negativo*, en "la Sentencia se consideró que en este caso en el cual todavía se encuentra pendiente la audiencia preliminar y una decisión al menos de primera instancia, *no era posible entrar a pronunciarse sobre la presunta vulneración de las garantías judiciales*, debido *a que todavía no habría certeza sobre cómo continuaría el proceso* y si muchos de los alegatos presentados *podrían ser subsanados a nivel interno*" (párrafo 25, e igualmente párrafos 35, 46, 50), considerando el *Voto Conjunto Negativo* que con ello, la Corte Interamericana:

> "contradice la línea jurisprudencial del propio Tribunal Interamericano en sus más de veintiséis años de jurisdicción contenciosa, desde su primera resolución en la temática de agotamiento de los recursos internos

como es el caso *Velásquez Rodríguez Vs. Honduras,*[52] ***creando así un preocupante precedente contrario a su misma jurisprudencia y al derecho de acceso a la justicia en el sistema interamericano*** " (párrafo 47).

Por ello, los Jueces **Ferrer Mac Gregor** y **Ventura Robles** en su *Voto Conjunto Negativo* insistieron en este grave error de la sentencia de la Corte de establecer esta "nueva teoría" de la "etapa temprana" de un proceso, que:

> "representa un retroceso que afecta al sistema interamericano en su integralidad, en cuanto a los asuntos ante la Comisión Interamericana y casos pendientes por resolver por la Corte, toda vez que tiene *consecuencias negativas para las presuntas víctimas en el ejercicio del derecho de acceso a la justicia. Aceptar que en las "etapas tempranas" del procedimiento no puede determinarse alguna violación (porque eventualmente puedan ser remediadas en etapas posteriores) crea un precedente que implicaría graduar la gravedad de las violaciones atendiendo a la etapa del procedimiento en la que se encuentre; más aún, cuando es el propio Estado el que ha causado que no se hayan agotado los recursos internos en el presente caso, dado que ni siquiera dio trámite a los recursos de nulidad de actuaciones —de 4 y 8 de noviembre de 2005— por violación a derechos fundamentales*" (párrafo 56).

Todo ello llevó a los Jueces disidentes en su *Voto Conjunto Negativo* a concluir que la utilización por la sentencia, como uno de sus argumentos centrales, de "***la artificiosa teoría,***" - así la califican -:

> "de la "etapa temprana" del proceso, para no entrar al análisis de las presuntas violaciones a los derechos humanos protegidos por el Pacto de San José, constituye un *claro retroceso en la jurisprudencia histórica de esta Corte, pudiendo producir el precedente que se está creando consecuencias negativas para las presuntas víctimas en el ejercicio del derecho de acceso a la justicia*; derecho fundamental de gran trascendencia para el sistema interamericano en su integralidad, al constituir en sí mismo una garantía de los demás derechos de la Convención Americana en detrimento del efecto útil de dicho instrumento" (párrafo 119).

Con esta sentencia, en realidad, la mayoría sentenciadora de la Corte Interamericana, integrada por un Juez que paralelamente aspiraba a ser candidato a la Secretaria General de la OEA, para lo cual tenía que contar con los votos de los Estados que estaba juzgando, en particular de Venezuela; dos jueces nacionales de países que en criterio del ex canciller del Perú, **Luis Gonzalo Posada**, protegían el "modelo político autoritario" de Venezuela; y un juez nacional de otro Estado que consideraba al Presidente de dicho régimen autoritario como el "nuevo mejor amigo;" al pensar que el viciado proceso penal seguido en mi contra como instrumento de persecución política

---

52   *Caso Velásquez Rodríguez Vs. Honduras*. Excepciones Preliminares. Sentencia de 26 de junio de 1987. Serie C N° 1.

podía avanzar y salir de la "etapa temprana" en la que en criterio de la Corte se encontraba, y considerar que el Estado, con el Poder Judicial como está, podía sin embargo corregir los vicios denunciados; lo que resolvió en definitiva fue darle un aval a la situación y el funcionamiento del Poder Judicial en Venezuela, en una sentencia nula, pues para ello no realizó motivación alguna, considerándolo apropiado para impartir justicia, que era precisamente todo lo contrario de lo que fue denunciado, y de la realidad política del país.

Si el Estado venezolano despreció la justicia internacional el negarse a ejecutar las sentencias de la Corte Interamericana, minando su majestad decisora; con sentencias como esta, dictada protegiendo a un Estado despreciador de sus sentencias, ha sido la misma Corte la que está contribuyendo a minar la confianza que pudieran tener en ella los ciudadanos cuando buscan la justicia que no encuentran en sus países. Y si no hay justicia, como lo escribió Quevedo hace siglos: "*Si no hay justicia, Qué difícil es tener razón*!!"

Y no puede haber justicia internacional confiable cuando un juez de la Corte Interamericana, como el Juez **Diego García Sayán**, quien presidió la Corte cuando se realizó la audiencia del caso en septiembre de 2013, ya aspiraba a ser candidato a la Secretaría General de la Organización de Estados Americanos, candidatura que se concretó en agosto de 2014, oportunidad en la cual obtuvo un insólito permiso mencionado del Presidente de la Corte de entonces, Juez **Serra Porto** para sin dejar de ser Juez, dedicarse de lleno a buscar y completar los votos de los Estados que necesitaba en apoyo de dicha candidatura; Estados que estaban siendo juzgados por él mismo como miembro de la propia Corte.

Dos aspectos importantes de orden sustantivo, en todo caso, deben destacarse de esta sentencia Nº 277 de 26 de mayo de 2014 de la Corte Interamericana de Derechos Humanos, resueltos sin motivación alguna, y es primero, el desconocimiento más absoluto por parte de los jueces sentenciadores sobre la institución del amparo en Venezuela, materia sobre la cual sin embargo juzgaron sin motivación en su sentencia, desconociendo que efectivamente en mi caso si se habían agotado los recursos internos antes de acudir ante la Comisión, que era la solicitud de nulidad absoluta o amparo penal formulada y que era el único disponible al inicio de la etapa intermedia del proceso penal; y segundo, el desconocimiento más absoluto de la situación del Poder Judicial en Venezuela, al abandonar la jurisprudencia tradicional de la Corte, en el sentido de que cuando se alegan denuncias sobre el debido proceso y la falta de independencia y autonomía de los jueces, la Corte no puede entrar a decidir sobre el alegato de la falta de agotamiento de los recursos internos, sin resolver previamente el fondo sobre la situación del Poder Judicial.

VI. LA SENTENCIA DEL CASO *ALLAN R. BREWER CARÍAS VS. VENEZUELA* DE MAYO DE 2014 Y LA IGNORANCIA DEL RÉGIMEN DEL AMPARO EN VENEZUELA

La sentencia de la Corte Interamericana dictada en el caso *Allan R. Brewer-Carías vs. Venezuela*, en efecto, al ordenar archivar el expediente acogiendo "la excepción preliminar interpuesta por el Estado relativa a la falta de agotamiento de recursos internos," lo hizo ignorando supinamente el ordenamiento constitucional venezolano, pues sin motivación ni argumentación alguna, decidió que la solicitud de nulidad absoluta de todo lo actuado en el proceso penal, o amparo penal por violaciones constitucionales que los abogados defensores de Brewer Carías habían intentado en el proceso penal, como se alegó, sin embargo no era el único recurso disponible, idóneo y efectivo que existían para la defensa de sus derechos en ese momento de iniciarse la etapa intermedia del proceso, cuando aún no había habido de decisión judicial alguna. En contraste con lo resuelto por la mayoría sentenciadora de la Corte, en cambio, los Jueces **Ferrer Mac Gregor** y **Ventura Robles**, en su Voto Conjunto Negativo fueron claros y tajantes al considerar que "En el presente caso, los representantes del señor Brewer utilizaron los medios de impugnación previstos en la legislación venezolana –recursos de nulidad absoluta– para poder garantizar sus derechos fundamentales en el procedimiento penal" (párr. 50).

La única "motivación" para haber llegado a la conclusión contraria, de que con la solicitud de nulidad no se había agotado el único recurso interno disponible, fue la peregrina idea de que por su extensión (523 páginas), el recurso de nulidad de todo lo actuado, no podía resolverse "en el plazo de tres días señalado en el artículo 177 del COPP," a pesar de los "alegatos involucrados, entre otros, la inimputabilidad del abogado por el ejercicio de su profesión y detalladas controversias que no sólo son procesales sino que involucran aspectos sustantivos de fondo y de imputabilidad" (párrafo 132). Es decir, por la extensión del escrito y la argumentación efectuada según la Corte Interamericana el amparo dejaba de ser una petición de amparo, porque no podría resolverse perentoriamente. Por ello, con razón, en el Voto Conjunto Negativo de los Jueces Eduardo **Ferrer Mac Gregor** y **Manuel Ventura Robles** se advierte la incongruencia de la sentencia indicándose que:

> "a pesar de la complejidad de los alegatos de ambas partes sobre el momento procesal en que debe resolverse, en la Sentencia se entra posteriormente a definir un aspecto polémico, entre otros argumentos, dejando ver que un recurso de 523 páginas no podía resolverse en 3 días, *como si la extensión del recurso sea lo que determina el momento procesal en que se debe resolver*" (párrafo 94).

En efecto, en el proceso penal, los representantes de Brewer formularon ante el juez de la causa, antes y después de que se intentase la acusación fiscal (el 4 de octubre de 2005 y el 8 de noviembre de 2015), sendas solicitud de nulidad absoluta de todo lo actuado por violación a sus derechos y garantías judiciales, conforme al artículo 190 del Código Orgánico Procesal Penal, consagrado con el carácter de *amparo penal*; la última de las cuales se formuló conjuntamente con la contestación y oposición a la acusación, como lo prevé expresamente la Ley Orgánica de Amparo sobre Derechos y Garantías Constitucionales. Pero frente a ello, la respuesta de la Corte fue que en el caso "no se interpusieron los recursos *que el Estado señaló como adecuados*, a saber el recurso de apelación establecido en los artículos 451 a 158 del COPP, el recurso de casación señalado en los artículos 459 a 469 del COPP, y el recurso de revisión indicado en los artículos 470 a 477 del COPP" (párrafo 97); que por supuesto eran de imposible interposición por la etapa en la cual se encontraba el proceso; concluyendo entonces la Corte Interamericana con su apreciación de que hay que esperar a que "durante el juicio puede llegar a declararse la existencia de dichas irregularidades y proceder a la anulación de todo lo actuado o la recomposición del proceso en lo pertinente" (Parágrafo 98), para lo cual habría que entregarse a los perseguidores y perder la libertad. Tan simple como eso, concluyendo sin motivación desechando los "argumentos de los representantes en el sentido que dichos escritos fueran adecuados y suficientes para dar por satisfecho el requisito establecido en el artículo 46.1.a) de la Convención Americana" del agotamiento de los recursos internos párrafo 99).

Con ello, la mayoría sentenciadora lo que demostró fue una ignorancia supina del ordenamiento constitucional y legal venezolano regulador del "amparo constitucional," que confirma que la solicitud de nulidad absoluta por violación de derechos y garantías judiciales en materia penal, es una pretensión de amparo constitucional que efectivamente es un recurso "idóneo" para considerar inaplicable la excepción a la regla del agotamiento de los recursos internos (párrafo 115).

En efecto, al igual que la Constitución de 1961, la Constitución de 1999 (art. 27) reguló en Venezuela el "derecho de amparo," en el sentido de que no solo estableció "una" única y específica acción o recurso de amparo como un particular medio de protección judicial, y como es el caso en general en América Latina,[53] sino un "derecho de amparo" o "derecho a ser amparado," como derecho fundamental que se puede materializar y de hecho se materializa, a través de diversas acciones y recursos judiciales, incluso a través de una "acción autónoma de amparo" que regula la Ley Orgánica de Amparo sobre Derechos y Garantías Constitucionales de 1988.[54] Este carácter del amparo,

---

53   Véase Allan R. Brewer-Carías, *El amparo a los derechos y libertades constitucionales. Una aproximación comparativa*, Universidad Católica del Táchira, San Cristóbal 1993; Instituto Interamericano de Derechos Humanos (Curso Interdisciplinario), San José, Costa Rica, 1993. y *Constitutional Protection of Human Rights in Latin America. A Comparative Study of the Amparo Proceedings*, Cambridge University Press, New York, 2008.

54   Véase Allan R. Brewer–Carías, Carlos Ayala Corao y Rafael J. Chavero Gazdik, *Ley Orgánica de Amparo sobre Derechos y Garantías Constitucionales,* Editorial Jurídica Venezolana, Caracas 2007.

como un "derecho constitucional", en nuestro criterio es el elemento clave para identificar la institución venezolana.[55]

Lo anterior implica que la pretensión de amparo además de poder ser formulada mediante la acción autónoma de amparo, puede formularse conjuntamente con la acción de inconstitucionalidad de las leyes o con la acción contencioso administrativa de anulación de actos administrativos, y además, conforme al artículo 6.5 de la Ley Orgánica de Amparo sobre derechos y garantías constitucionales, también puede formularse conjuntamente con otros medios procesales o acciones ordinarias. De ello deriva que el agraviado puede recurrir a las vías judiciales ordinarias o hacer uso de medios judiciales preexistentes, para alegar la violación o amenaza de violación de un derecho o garantía constitucional, y en tal caso "el Juez deberá acogerse al procedimiento y a los lapsos establecidos en los artículos 23, 24 y 26 de la presente ley, a fin de ordenar la suspensión provisional de los efectos del acto cuestionado."

Ello además, fue expresamente resuelto por la doctrina judicial de la Corte Suprema de Justicia que fue establecida en el conocido caso *Tarjetas Banvenez* resuelto en sentencia de 10 de julio de 1991, precisándose la interpretación de la Ley Orgánica en el sentido de que en estos casos de amparos formulado como pretensión junto con una acción, petición o solicitud ordinaria o en el curso del proceso derivado de la misma, no tiene carácter de acción principal sino subordinada, accesoria a la acción o solicitud junto con la que se formula, sometida por tanto al pronunciamiento jurisdiccional final que se emita en la misma; pudiendo tener en algunos casos efectos anulatorios, y en otros, efectos temporales y provisorios si se trata de solos efectos cautelares (no restablecedores) suspensivos de la ejecución de un acto, mientras dure el juicio para evitar que una sentencia a favor del accionante se haga inútil en su ejecución.[56]

En caso específico del "amparo penal" que puede ejercerse mediante las solicitudes de nulidad absoluta de actuaciones procesales por violación de derechos y garantías constitucionales, el mismo tiene que formularse con la vía procesal prevista en el artículo 191 del Código Orgánico Procesal Penal (COPP) que es la solicitud de nulidad para enervar las lesiones constitucionales aducidas, lo que incluso en ese caso hace inadmisible que pueda ejercerse una acción "autónoma" de amparo. En efecto, en el proceso penal, en el marco constitucional de protección de derechos y garantías constitucionales, el COPP le atribuye a los jueces de control la obligación de "hacer respetar las garantías procesales" (art. 64); a los jueces de la fase preliminar, la obligación

---

55   Véase Allan R. Brewer–Carías, "El derecho de amparo y la acción de amparo", *Revista de Derecho Público,* N° 22, Editorial Jurídica Venezolana, Caracas, 1985, pp. 51 y ss.

56   Véase sentencia de la antigua Corte Suprema de Justicia, Sala Político Administrativa de 3–8–89, *Revista de Derecho Público*, N° 39, Editorial Jurídica Venezolana, Caracas, 1989, p. 136.

500 ALLAN R. BREWER-CARÍAS

de "controlar el cumplimiento de los principios y garantías establecidos en este Código, en la Constitución de la República, tratados, convenios o acuerdos internacionales suscritos por la República" (Art. 282); y también en general, a los jueces de control, durante las fases preparatoria e intermedia, "la obligación de "respetar las garantías procesales" (art. 531). Y precisamente para lograr el ejercicio del control judicial efectivo respecto de la observancia de los derechos y garantías constitucionales, fue que el COPP estableció lo que la jurisprudencia del Tribunal Supremo de Justicia ha denominado como "amparo penal" que es la solicitud o recurso de nulidad absoluta de actuaciones procesales,[57] que se encuentra regulada en el Capítulo II ("De las nulidades") del Título VI ("De los Actos Procesales y las Nulidades"), y que se puede formular por cualquiera de las partes respecto de los actos y actuaciones fiscales y judiciales que puedan haber violado los derechos y garantías constitucionales; en cualquier estado y grado del proceso siempre que sea antes de dictarse sentencia definitiva; y que el juez está obligado a decidirla de inmediato, es decir, perentoriamente, en el lapso de tres días siguientes como lo dispone el artículo 177 del Código Orgánico, sin que se establezca oportunidad preclusiva única para ser decidido.[58]

Para caracterizar este "amparo penal," el artículo 190 del COPP establece el principio general de que "los actos cumplidos en contravención o con inobservancia de las formas y condiciones previstas en este Código, la Constitución de la República, las leyes, tratados, convenios y acuerdos internacionales suscritos por la República" cuando estén viciados de nulidad absoluta, en ningún caso pueden ser apreciados "para fundar una decisión judicial, ni utilizados como presupuestos de ella;" considerándose como "nulidades absolutas" en el artículo 191, precisamente aquellas "que impliquen *inobservancia o violación de derechos y garantías fundamentales previstos en este Código, la Constitución de la República, las leyes y los tratados, convenios o acuerdos internacionales* suscritos por la República" incluyendo hasta 2013, por supuesto, a la Convención Americana. Por todo ello, los actos o actuaciones viciadas de nulidad absoluta no pueden siquiera ser saneados (art. 193), ni ser convalidados (art. 194), siendo no sólo una potestad sino una obligación del juez penal, pues conforme al artículo 195 "el juez deberá" "declarar su nulidad por auto razonado o señalar expresamente la nulidad en la resolución respectiva, de oficio o a petición de parte."

---

57 Véase por ejemplo, Sentencia Nº 1453 de la Sala Constitucional de 10-08-2001, Caso *Pedro Emanuel Da Rocha Almeida, y* otros). Véase en http://www.tsj.gov.ve/decisiones/scon/Agosto/1453-100801-01-0458.htm.

58 Véase sentencia Nº 205 de la Sala de Casación Penal del Tribunal Supremo de 14-05-2009. *Manuel Antonio Sánchez Guerrero y otros).* http://www.tsj.gov.ve/decisiones/scp/Mayo/205-14509-2009-C09-121.html. y sentencia de la Sala Constitucional del Tribunal Supremo en sentencia Nº 2061 (Caso: *Edgar Brito Guedes*), de 05-11-2007. Véase en http://www.tsj.gov.ve/deci-siones/scon/Noviembre/2061-051107-07-1322.htm.

Dejando aparte la actuación de oficio, el COPP consagra en esas normas, una *solicitud o recurso formal* en cabeza de las partes en el proceso penal para requerir del juez penal ("a petición de parte"), que cumpla con su obligación de declarar la nulidad absoluta de las actuaciones fiscales o judiciales que sean violatorias de los "derechos y garantías fundamentales", que el propio Código declara como viciadas de nulidad absoluta, y por tanto, no subsanables ni convalidables. Por ello, precisa el Código que "tal declaratoria" no procede "por defectos insustanciales en la forma," por lo que sólo pueden "anularse las actuaciones fiscales o diligencias judiciales del procedimiento que ocasionaren a los intervinientes un perjuicio reparable únicamente con la declaratoria de nulidad" (art. 195).

Sobre esta solicitud o "recurso de nulidad," además, la Sala Constitucional del Tribunal Supremo también ha precisado que en el actual proceso penal, "ha sido considerada como una verdadera sanción procesal —la cual puede ser declarada de oficio o a instancia de parte— dirigida a privar de efectos jurídicos a todo acto procesal que se celebra en violación del ordenamiento jurídico-constitucional," señalando que "la referida sanción conlleva suprimir los efectos legales del acto írrito."[59] Por su parte, también sobre este "recurso de nulidad," la Sala de Casación Penal del Tribunal Supremo, en sentencia de Nº 3 de fecha 11 de enero de 2002,[60] fijó sus características destacando la estrecha vinculación entre el artículo 190 del Código Orgánico Procesal Penal y el artículo 48.8 de la Constitución "donde se advierte la posibilidad de solicitar del Estado el restablecimiento o reparación de la situación viciada por error judicial, retardo u omisión justificada. Lo cual significa que aquellos actos de fuerza, usurpación, así como los ejercidos en franca contrariedad a la ley, acarrean ineficacia, nulidad de lo actuado y responsabilidad individual del funcionario." La Sala explicó así, en otra sentencia Nº 3 de fecha 11 de enero de 2002, que este "principio de nulidad" forma parte "de las reglas mínimas que sustentan el debido proceso," y está fundamentado en la existencia de las nulidades absolutas, no convalidables, "las cuales son denunciables en cualquier estado y grado del proceso, pues afectan la relación jurídica procesal," y como tales, "tanto las partes y el Juez deben producir la denuncia de la falta cometida a objeto de imponer el correctivo." En estos casos, dijo la Sala, el COPP regula las nulidades absolutas por violaciones constitucionales "de manera abierta, sólo *atendiendo a la infracción de garantías constitucionales y aquellas que se encontraren planteadas por la normativa internacional de*

---

59   Véase Sentencia Nº 880 del Tribunal Supremo de Justicia en Sala Constitucional del 29-02-2001, Caso *William Alfonso Ascanio*. Véase en http://www.tsj.gov.ve/decisiones/scon/Mayo/880-290501-01-0756%20.htm. En igual sentido la sentencia de la Sala de Casación Penal del Tribunal Supremo de Justicia en sentencia Nº 32 de 10-02-2011 (Caso: *Juan Efraín Chacón*). Véase en http://www.tsj.gov.ve/decisiones/scp/Fe-brero/032-10211-2011-N10-189.html.

60   Véase Caso: *Edwin Exequiel Acosta Rubio y otros*, en http://www.tsj.gov.ve/decisiones/scp/Enero/003-110102-010578.htm.

los derechos humanos, en cuyo caso se debe proceder a la nulidad de los actos procesales;" razón por la cual "la nulidad bajo éste régimen abierto que contempla el Código Orgánico Procesal Penal puede ser planteada a instancia de partes o aplicadas de oficio en cualquier etapa o grado del proceso por quien conozca de la causa."[61]

Por otra parte, el COPP establece además en su artículo 195 que "el auto que acuerde la nulidad" en estos casos de nulidad absoluta o amparo penal, debe ser un auto razonado en el cual se señale "expresamente la nulidad en la resolución respectiva," y en el mismo, se debe "individualizar plenamente el acto viciado u omitido," y se debe determinar "concreta y específicamente, cuáles son los actos anteriores o contemporáneos a los que la nulidad se extiende por su conexión con el acto anulado," así como "cuáles derechos y garantías del interesado afecta, cómo los afecta." El Código, igualmente regula los efectos del auto judicial mediante el cual se decida el "recurso de nulidad," indicando que "la nulidad de un acto, cuando fuere declarada, conlleva la de los actos consecutivos que del mismo emanaren o dependieren." Además, precisa el Código que "la declaración de nulidad no podrá retrotraer el proceso a etapas anteriores, con grave perjuicio para el imputado, salvo cuando la nulidad se funde en la violación de una garantía establecida en su favor" (art. 196).

En consecuencia, la decisión del juez a los efectos de declarar la nulidad absoluta de actos fiscales o judiciales violatorios de derechos y garantías constitucionales, de acuerdo con lo dispuesto en los artículos 190 a 196 del COPP, puede ser adoptada en todo estado y grado del proceso, y cuando la denuncia de nulidad se formule, debe ser resuelta en el lapso general de tres (3) días siguientes a la formulación de la petición conforme al artículo 177 del Código Orgánico Procesal Penal, y la misma no está restringida legalmente a que sólo pueda ser dictada exclusivamente en alguna oportunidad procesal precisa y determinada, como sería por ejemplo, en la audiencia preliminar. Y no podría ser así, pues como se ha dicho, la petición de nulidad se puede intentar en cualquier etapa y grado del proceso. Ello lo ha confirmado la Sala de Casación Penal del Tribunal Supremo de Justicia en sentencia N° 32 de 10 de febrero de 2011,[62] al señalar que la única exigencia en cuando a la solicitud de nulidad absoluta es que su pedimento se debe formular "con anterioridad al pronunciamiento de la decisión definitiva;" y la Sala Constitucional del Tribunal Supremo en sentencia N° 201 del 19 de febrero de 2004 al señalar también que *el recurso de nulidad se admite únicamente para que sea decidido por "el sentenciador antes de dictar el fallo definitivo; y, por lo tanto, con la decisión judicial precluye la oportunidad para solicitar una*

---

61   *Idem.*

62   Véase sentencia de la Sala de Casación Penal del Tribunal Supremo de Justicia en sentencia N° 32 de 10 de febrero de 2011, Caso *Juan Efraín Chacón.* Véase en http://www.tsj.gov.ve/decisiones/scp/Febrero/032-10211-2011-N10-189.html.

declaratoria de tal índole, pedimento que sería intempestivo... "(Negrillas de la Sala Penal)."[63]

De todo lo anteriormente expuesto, resulta, por tanto, que conforme al COPP, formulada una solicitud de nulidad o amparo penal por violación de derechos y garantías constitucionales o de las consagradas en los tratados internacionales sobre derechos humanos, no se exige en forma alguna que el auto declarativo de nulidad absoluta de actuaciones fiscales o judiciales, se dicte en alguna audiencia judicial y menos en la audiencia preliminar del proceso penal. Al contrario, la decisión puede dictarse de oficio o a solicitud de parte en cualquier momento del proceso, pues la naturaleza constitucional de la violación denunciada y la nulidad absoluta que conlleva, obligan al juez a decidir cuando la misma se formule mediante un recurso de nulidad interpuesto por parte interesada, o cuando el propio juez la aprecie de oficio. Por tanto, conforme a los artículos 177 y 190 y siguientes del COPP, el juez no tiene que esperar una oportunidad procesal específica para adoptar su decisión, y está obligado a decidir de inmediato, perentoriamente, en el lapso de los tres (3) días siguientes que prescribe el artículo 177 del Código Orgánico y además, por la obligación que tiene de darle primacía a los derechos humanos.

Todo ello se confirmó en las sentencias de la Sala Constitucional del Tribunal Supremo de fecha 20 de julio de 2007[64] que cita la anterior sentencia N° 256/2002, (caso: *"Juan Calvo y Bernardo Priwin*), en la cual se afirmó que

> "Para el proceso penal, el juez de control durante la fase preparatoria e intermedia hará respetar las garantías procesales, pero el Código Orgánico Procesal Penal no señala una oportunidad procesal para que se pida y se resuelvan las infracciones a tales garantías, lo que incluye las transgresiones constitucionales, sin que exista para el proceso penal una disposición semejante al artículo 10 del Código de Procedimiento Civil, ni remisión alguna a dicho Código por parte del Código Orgánico Procesal Penal."

Por ello, la Sala consideró que la decisión la debe adoptar el juez dependiendo de **la etapa procesal en que se formule, de manera que si "se interpone en la fase intermedia, el juez puede resolverla bien antes de la audiencia preliminar o bien como resultado de dicha audiencia, variando de acuerdo a la lesión constitucional alegada,"** lo que significa que si hay lesiones que infringen "en forma irreparable e inmediata la situación jurídica

---

63 Citada por la misma sentencia de Sala de Casación Penal del Tribunal Supremo de Justicia en sentencia N° 32 de 10-02-2011. Véase en http://www.tsj.gov.ve/deci-siones/scp/Febrero/032-10211-2011-N10-189.html.

64 Véase sentencia N° 1520 de la Sala Constitucional de 20-07-2007 (Caso Luis Alberto Martínez González). Véase en http://www.tsj.gov.ve/deci-siones/scon/Julio/1520-200707-07-0827.htm.

de una de las partes," el juez debe decidir a de inmediato, antes de la audiencia preliminar. Sólo si la **"nulidad coincide con el objeto de las cuestiones previas, la resolución de las mismas debe ser en la misma oportunidad de las cuestiones previas; es decir, en la audiencia preliminar"** (Negritas de este fallo)."[65]

Lo cierto, en esta materia, como en todo lo que concierne al derecho de amparo, en caso de solicitudes de nulidad absoluta por violaciones de derechos y garantías constitucionales, el juez penal está en la obligación de darle preeminencia a los derechos humanos, y privilegiar la decisión sobre las denuncias de nulidades absolutas por violación de los derechos y garantías constitucionales, decidiendo de inmediato las solicitudes de nulidad fundados en dichas violaciones, sin dilaciones y con prevalencia sobre cualquier otro asunto, por más extensa que sea la petición formulada.[66] Y precisamente por

---

65 Véase sentencia de la Sala Constitucional N° 256 (caso *Juan Calvo y Bernardo Priwin*) de 14-02-2002. Véase en http://www.tsj.gov.ve/decisiones/scon/Fe-brero/256-140202-01-2181%20.htm.

66 Ello, por lo demás, deriva de las previsiones de la propia Constitución, conforme a la doctrina sentada por las diversas Salas del Tribunal Supremo de Justicia, según la cual, en Estado Constitucional o Estado de Derecho y de Justicia, la dignidad humana y los derechos de la persona tienen una posición preferente, lo que implica la obligación del Estado y de todos sus órganos a respetarlos y garantizarlos como objetivo y finalidad primordial de su acción pública. Ello ha sido decidido así, por ejemplo, en sentencia N° 224 del 24 de febrero de 2000 de la Sala Política Administrativa del Tribunal Supremo de Justicia, al afirmarse sobre "la preeminencia de la dignidad y los derechos humanos" constituyendo estos últimos, "el sistema de principios y valores que legitiman la Constitución," que garantizar "a existencia misma del Estado," y que "tienen un carácter y fuerza normativa, establecida expresamente en el artículo 7 de la Constitución," lo que "conlleva la sujeción y vinculatoriedad de todos los órganos que ejercen el Poder Público impregnando la vida del Estado (en sus aspectos jurídico, político, económico y social)." De acuerdo con la Sala, ese "núcleo material axiológico, recogido y desarrollado ampliamente por el Constituyente de 1999, dada su posición preferente, representa la base ideológico que sustenta el orden dogmático de la vigente Constitución, imponiéndose al ejercicio del Poder Público y estableciendo un sistema de garantías efectivo y confiable," de lo que concluyó la Sala afirmando que "todo Estado Constitucional o Estado de Derecho y de Justicia, lleva consigo la posición preferente de la dignidad humana y de los derechos de la persona, la obligación del Estado y de todos sus órganos a respetarlos y garantizarlos como objetivo y finalidad primordial de su acción pública;" agregando que "la Constitución venezolana de 1999 consagra la preeminencia de los derechos de la persona como uno de los valores superiores de su ordenamiento jurídico y también refiere que su defensa y desarrollo son uno de los fines esenciales del Estado." De otra sentencia de la misma Sala Constitucional N° 3215 de 15 de junio de 2004, esta Sala concluyó señalando que en Venezuela, "la interpretación constitucional debe siempre hacerse conforme al principio de preeminencia de los derechos humanos, el cual, junto con los pactos internacionales suscritos y ratificados por Venezuela relativos a la materia, forma parte del bloque de la constitucionalidad." Véase Sentencia N° 3215 de la Sala

esta primacía y preeminencia de los derechos humanos, el juez penal, al conocer de una solicitud o recurso de nulidad, actúa como juez constitucional para controlar la constitucionalidad de las actuaciones fiscales y judiciales. Como lo ha dicho la Sala Constitucional del Tribunal Supremo, "el recurso de nulidad en materia adjetiva penal, se interpone cuando en un proceso penal, las partes observan que existen actos que contraríen las formas y condiciones previstas en dicho Código adjetivo, la Constitución de la República Bolivariana de Venezuela, las leyes y los tratados, convenios o acuerdos internacionales, suscritos por la República, *en donde el Juez Penal, una vez analizada la solicitud, o bien de oficio, procederá a decretar la nulidad absoluta o subsanará el acto objeto del recurso;*"[67] concluyendo, en sentencia N° 256 de 14 de febrero de 2002 (Caso: *Juan Calvo y Bernardo Priwin*) que "la inconstitucionalidad de un acto procesal -por ejemplo- no requiere necesariamente de una [acción de] amparo, ni de un juicio especial para que se declare, ya que dentro del proceso donde ocurre, el juez, quien es a su vez un tutor de la Constitución, y por lo tanto en ese sentido es Juez Constitucional, puede declarar la nulidad pedida."[68] Esto lo repitió la Sala Constitucional en sentencia N° 1520 de 20 de julio de 2007 al señalar:

> "Por otra parte, en sentencia de esta Sala N° 256/2002, caso: *"Juan Calvo y Bernardo Priwin",* se indicó que las nulidades por motivos de inconstitucionalidad (como lo sería el desconocimiento de derechos de rango constitucional) que hayan de ser planteadas en los diferentes procesos judiciales, *no necesariamente deben ser presentadas a través de la vía del [la acción de] amparo constitucional,* pues en las respectivas leyes procesales existen las vías específicas e idóneas para la formulación de las mismas, y que en el caso del proceso penal dicha vía procesal está prevista en los artículos 190 y 191 *eiusdem.*"[69]

Todo lo anterior fue además objeto de una "interpretación vinculante" establecida por la Sala Constitucional conforme al artículo 335 de la Constitución en sentencia N° 221 de 4 de marzo de 2011,[70] "sobre el contenido y alcance de la naturaleza jurídica del instituto procesal de la nulidad," dictada en

---

Constitucional de 15 de junio de 2004 Interpretación del artículo 72 de la Constitución, en http://www.tsj.gov.ve/de-cisiones/scon/Junio/1173-150604-02-3215.htm.

67   Véase sentencia N° 1453 del Tribunal Supremo de Justicia en Sala Constitucional del 10-08-2001, Expediente N° 01-0458, en *Jurisprudencia del Tribunal Supremo de Justicia, Oscar R. Pierre Tapia,* N° 8, Año II, Agosto 2001.

68   Véase sentencia N° 256 del Tribunal Supremo de Justicia en Sala Constitucional del 14/02/02, exp. N° 01-2181, en http://www.tsj.gov.ve/decisiones/scon/Febrero/256-140202-01-2181%20.htm.

69   Véase sentencia N° 1520 de 20-07-2007 en http://www.tsj.gov.ve/decisiones/scon/Ju-lio/1520-200707-07-0827.htm

70   Caso: *Francisco Javier González Urbina y otros* en http://www.tsj.gov.ve/decisiones/scon/Marzo/221-4311-2011-11-0098.html.

virtud del "empleo confuso que a menudo se observa por parte de los sujetos procesales en cuanto a la nulidad de los actos procesales cumplidos en contravención o con inobservancia de las formas y condiciones previstas en la ley." En dicha sentencia, la Sala Constitucional del Tribunal Supremo resolvió, citando su anterior sentencia N° 1228 de fecha 16 de junio de 2005 (Caso: *Radamés Arturo Graterol Arriechi*), que la solicitud de nulidad absoluta no está concebida por el legislador dentro del COPP

> "como un medio recursivo ordinario, toda vez que va dirigida fundamentalmente a sanear los actos procesales cumplidos en contravención con la ley, durante las distintas fases del proceso –artículos 190 al 196 del Código Orgánico Procesal Penal– y, por ello, es que el propio juez que se encuentre conociendo de la causa, debe declararla de oficio".

Agregó la Sala para reforzar que el conocimiento de la solicitud de nulidad corresponde al juez de la causa, que

> "no desconoce el derecho de las partes de someter a la revisión de la alzada algún acto que se encuentre viciado de nulidad, pero, esto solo es posible una vez que se dicte la decisión que resuelva la declaratoria con o sin lugar de la nulidad que se solicitó, pues contra dicho pronunciamiento es que procede el recurso de apelación conforme lo establecido en el artículo 196 del Código Orgánico Procesal Penal."[71]

En definitiva, la petición de nulidad absoluta por violación de derechos y garantías judiciales, en el régimen del COOP es en sí misma una pretensión de amparo, especialísima en el campo penal, que enmarcaba en los casos previstos en el artículo 6 ordinal 5° de la Ley Orgánica de Amparo de 1988 tal como fueron desarrollados por la jurisprudencia, que el juez está obligado a decidir en el lapso brevísimo de tres días como lo exige el artículo 177 del COPP, sin necesidad de que las partes o el acusado estén presentes, estándole además vedado al juez diferir la decisión del amparo constitucional o nulidad absoluta solicitada por violaciones constitucionales, para la oportunidad de celebración de la audiencia preliminar. Y si el juez lo hace, la Sala Constitucional ha considerado que ello constituye una violación indebida al debido proceso.

Esta doctrina, en resumen, fue ratificado en las siguientes sentencias: *Primero*, la sentencia N° 2161 de 5 de septiembre de 2002 (Caso *Gustavo Enrique Gómez Loaiza*), en la cual la Sala Constitucional expresó que:

> "De la regulación de la nulidad contenida en los artículos 190 al 196 del Código Orgánico Procesal Penal, se colige que los actos procesales pueden adolecer de defectos en su conformación, por lo que las partes pueden atacarlos lo más inmediatamente posible –mientras se realiza el

---

71   Caso: Francisco Javier González Urbina y otros) en http://www.tsj.gov.ve/decisiones/scon/Marzo/221-4311-2011-11-0098.html.

acto o, dentro de los tres días después de realizado o veinticuatro horas después de conocerla, si era imposible advertirlos antes- de conformidad con lo dispuesto en los artículos 192 y 193 *eiusdem*, precisamente, mediante una solicitud escrita y un procedimiento, breve, expedito, donde incluso se pueden promover pruebas, sino fuere evidente la constatación de los defectos esenciales, a fin de dejar sin efecto alguna actuación por inobservancia e irregularidad formal en la conformación de misma, que afecte el orden constitucional, siendo ésta la hipótesis contemplada en el artículo 4 de la Ley Orgánica de Amparo sobre Derechos y Garantías Constitucionales [equivalente al artículo 13 de la Ley Orgánica de 2013], cuando prevé que podrá intentarse la acción de amparo si algún órgano jurisdiccional dicte u ordene una resolución, sentencia o acto que lesione un derecho fundamental; esto es, que con tal disposición se busca la nulidad de un acto procesal, pero ya como consecuencia jurídica de la infracción, configurándose entonces una nulidad declarada mediante el amparo como sanción procesal a la cual refiere la doctrina *supra* citada."[...] Observamos así, que la nulidad solicitada de manera auténtica puede tener la misma finalidad del amparo accionado con fundamento en el artículo 4 de la Ley Orgánica de Amparo sobre Derechos y Garantías Constitucionales, es decir para proteger la garantías, no sólo constitucionales, sino las previstas en los acuerdos y convenios internacionales...[72]

Segundo, la sentencia N° 349 de 26 de febrero de 2002 (Caso *Miguel Ángel Pérez Hernández y otros*) en la cual la Sala Constitucional resolvió que:

> "La solicitud de nulidad es "un medio que, además de preexistente, es indiscutiblemente idóneo para la actuación procesal, en favor de los intereses jurídicos cuya protección se pretende en esta causa; más eficaz, incluso, en términos temporales y de menor complejidad procesal que el mismo [acción de] amparo, habida cuenta de que la nulidad es decidida conforme a las sencillas reglas de los artículos 212 y 194 del Código Orgánico Procesal Penal."[73]

Y *tercero,* la sentencia N° 100 de 6 de febrero de 2003 (Caso *Leonardo Rodríguez Carabali)*, en la cual la Sala Constitucional sostuvo que en el caso:

> "el accionante contaba con un medio procesal preexistente, tanto o más idóneo, expedito, abreviado y desembarazado que la misma acción de amparo, como era, conforme al artículo 212 del antedicho Código, la solicitud de nulidad de la misma decisión contra la cual ha ejercido la presente acción tutelar; pretensión esta que debía ser decidida, incluso, como una cuestión de mero derecho, mediante auto que debía ser dictado dentro del lapso de tres días que establecía el artículo 194 (ahora, 177) de

---

72   Véase en http://www.tsj.gov.ve/decisiones/scon/septiembre/2161-050902-01-0623.HTM.

73   Véase http://www.tsj.gov.ve/decisiones/scon/febrero/349-260202-01-0696.HTM.

la ley adjetiva; vale decir, en términos temporales, esta incidencia de nulidad absoluta tendría que haber en un lapso ostensiblemente menor que el que prevé la ley, en relación con el procedimiento de amparo."[74]

De todo lo anterior resulta, precisamente, que en materia penal, la solicitud de nulidad absoluta prevista en los artículos 190 y siguientes del COPP, es la vía para formular en el propio proceso penal la pretensión de amparo por violación de los derechos y garantías constitucionales, siendo la vía procesal idónea para enervar las lesiones constitucionales aducidas en los términos del artículo 6, ordinal 5° de la Ley Orgánica de 1988. Dicha pretensión de amparo formulada como solicitud de nulidad absoluta contra actos procesales viciados de vicios no subsanables, acorde con la inmediatez que requiere la protección constitucional, debía ser obligatoriamente decidida en el lapso breve de tres días previsto en el artículo 177 del COPP, como se ha dicho, sin que le sea permitido al juez diferir la decisión a la audiencia preliminar. Lo importante de la obligación del juez de decidir perentoriamente y depurar el proceso de inconstitucionalidades, es que si no lo hace, no sólo no puede convocar la audiencia preliminar, sino que el juicio queda paralizado, sin que exista remedio efectivo contra la inacción para lograr la decisión de nulidad. En estos casos, la posible acción de amparo que pudiera pensarse en intentar contra la inacción o abstención del juez de la causa, lo que podría conducir es a una orden del juez superior para que el juez omiso inferior decida sobre la solicitud de nulidad absoluta, y nada más; lo que sería totalmente ineficaz para la protección constitucional solicitada que sólo se podría satisfacer con la decisión sobre dicha nulidad o amparo solicitada. Esta inacción u omisión del juez de decidir, por otra parte podría conducir a la aplicación de sanciones disciplinarias contra el juez omiso, incluyendo su destitución, pero de nuevo, ello sería ineficaz para la resolución del tema de fondo que es la petición de nulidad o amparo constitucional y saneamiento del proceso.

En esta forma, el "amparo penal" regulado como la solicitud de nulidad absoluta de actuaciones en el proceso penal que se formula ante el propio juez de la causa por violación de derechos y garantías constitucionales, es conforme al COPP, la vía idónea de amparo constitucional a que hacía referencia el artículo 6, ordinal 5° de la Ley Orgánica de Amparo de 1988, no siendo admisible en esos casos, el ejercicio de una acción "autónoma" de amparo.

Sin embargo, la mayoría sentenciadora de la Corte Interamericana en su sentencia, definitivamente no entendieron o no quisieron entender el régimen constitucional venezolano del amparo, y consideraron sin fundamento ni argumentación algunas, que precisamente el amparo penal antes comentado que se intentó y agotó en mi caso, no era un recurso idóneo, lo que es un error inexcusable.

---

74   Véase http://www.tsj.gov.ve/decisiones/scon/febrero/100-060203-01-1908.HTM.

En cambio, los Jueces **Ferrer Mac Gregor** y **Ventura Robles**, en su Voto Conjunto Negativo, sí entendieron cabalmente la institución del amparo penal, al exponer, contrariamente a lo decidido en la sentencia, lo siguiente:

"42. Conforme lo han señalado los representantes –criterio que compartimos–, el recurso de nulidad constituye, por su naturaleza, "el amparo en materia procesal penal" razón por la cual "si el recurso de amparo debe esperar, para su resolución a la celebración de una audiencia preliminar que puede diferirse indefinidamente […] el recurso no sería en modo alguno sencillo y rápido". En este sentido, tal y como consta en el expediente, una sentencia de la Sala Constitucional venezolana de 6 de febrero de 2003, señala que:

[… E]l accionante contaba con un medio procesal preexistente, <u>tanto o más idóneo, expedito, abreviado y desembarazado que la misma acción de amparo</u>, como era, conforme al artículo 212 del antedicho Código, <u>la solicitud de nulidad</u> de la misma decisión contra la cual ha ejercido la presente acción tutelar; pretensión esta que debía ser decidida, incluso, como una cuestión de mero derecho, mediante auto que debía ser dictado dentro del lapso de tres días que establecía el artículo 194 (ahora, 177) de la ley adjetiva; vale decir, en términos temporales, <u>esta incidencia de nulidad absoluta tendría que haber sido sustanciada y decidida en un lapso ostensiblemente menor que el que prevé la ley, en relación con el procedimiento de amparo.</u>*(Subrayado añadido).*

43. En otras palabras, el recurso de nulidad absoluta de todo lo actuado, cuando se trata de vulneración del debido proceso que involucra derechos fundamentales, como amparo en materia penal, debería ser, conforme el artículo 25 de la Convención Americana, un recurso efectivo, sencillo y rápido ante los jueces o tribunales competentes, que ampare contra actos que violen sus derechos fundamentales reconocidos por la Constitución, la ley o la Convención.

44. Con base en las anteriores consideraciones, queda claro, a nuestro parecer, que los recursos de nulidad interpuestos por los representantes del señor Brewer en el proceso penal interno, se constituyen en recursos idóneos y efectivos, incluso más efectivos que un recurso de amparo en el caso concreto -conforme a la propia jurisprudencia de la Sala Constitucional transcrita-."

En esta forma, tenemos una Corte interamericana que al ejercer el control de convencionalidad y juzgar si en el orden interno se habían agotado o no los recursos internos como condición de admisibilidad de la denuncia, en desconocimiento absoluto del derecho constitucional venezolano, deliberadamente o por error, ignoró las características del amparo constitucional venezolano, y protegiendo al Estado simplemente le denegó al denunciante su derecho de acceso a la justicia internacional, y todo argumentando que para poder acceder él debía entregarse a sus perseguidores, ser privado de libertad y desde la prisión, tratar de lograr que en el proceso penal "avanzase" y pasara de la supuesta "etapa temprana" en la cual se encontraba, hacia otra "etapa tardía," consideración que significaba que la Corte Interamericana estaba decidiendo que el Poder Judicial en Venezuela era confiable por ser autónomo e independiente; lo que por supuesto, nadie le puede creer.

VII. LA SENTENCIA DE LA CORTE INTERAMERICANA EN EL CASO *ALLAN R. BREWER CARÍAS VS. VENEZUELA* DE MAYO DE 2014, EL DESPRECIO A LA JURISPRUDENCIA DE LA PROPIA CORTE Y LA SITUACIÓN DEL PODER JUDICIAL EN VENEZUELA

En efecto, hasta la sentencia del caso *Allan R. Brewer-Carías vs. Venezuela* de mayo de 2014, quizás la más tradicional doctrina jurisprudencial de la Corte Interamericana había sido sentada desde su primer caso contencioso, el Caso *Velásquez Rodríguez Vs. Honduras* de 1987,[75] sobre el tema de las excepciones basadas en la falta de agotamiento de los recursos internos para acceder a la justicia internacional, estableciendo que en un proceso, cuando se alegan violaciones a los derechos y garantías judiciales, y particularmente, violaciones a los derechos al debido proceso, a un juez independiente, a la defensa, a la presunción de inocencia y a la protección judicial, lo que significa juzgar sobre el funcionamiento mismo del Poder Judicial, sobre todo si se denuncia la inexistencia de autonomía e independencia del mismo, la Corte, como es obvio y elemental, tiene necesariamente que considerar y juzgar las violaciones aducidas, y no puede juzgar aisladamente sobre la excepción de agotamiento de los recursos internos (se hayan o no se hayan agotado efectivamente), sin antes entrar a considerar el fondo de las denuncias formuladas; particularmente porque en situaciones de ausencia de autonomía e independencia del Poder Judicial, como lo decidió la Corte desde 1987, "acudir a esos recursos se convierte en una formalidad que carece de sentido. Las excepciones del artículo 46.2 serían plenamente aplicables en estas situaciones

---

75   Véase Caso *Velásquez Rodríguez Vs. Honduras*. Excepciones Preliminares. Sentencia de 26 de junio de 1987. Serie C, N° 1. En dicho caso *Velásquez Rodríguez*, la Corte en efecto consideró lo siguiente: "91. La regla del previo agotamiento de los recursos internos en la esfera del derecho internacional de los derechos humanos, tiene ciertas implicaciones que están presentes en la Convención. En efecto, según ella, los Estados Partes se obligan a suministrar recursos judiciales efectivos a las víctimas de violación de los derechos humanos (art. 25), recursos que deben ser sustanciados de conformidad con las reglas del debido proceso legal (art. 8.1), todo ello dentro de la obligación general a cargo de los mismos Estados, de garantizar el libre y pleno ejercicio de los derechos reconocidos por la Convención a toda persona que se encuentre bajo su jurisdicción (art. 1). Por eso, cuando se invocan ciertas excepciones a la regla de no agotamiento de los recursos internos, como son la inefectividad de tales recursos o la inexistencia del debido proceso legal, no sólo se está alegando que el agraviado no está obligado a interponer tales recursos, sino que indirectamente se está imputando al Estado involucrado una nueva violación a las obligaciones contraídas por la Convención. En tales circunstancias la cuestión de los recursos internos se aproxima sensiblemente a la materia de fondo.

y eximirían de la necesidad de agotar recursos internos que, en la práctica, no pueden alcanzar su objeto."[76]

Como la propia Corte Interamericana lo interpretó en otra ocasión:

"... para que tal recurso exista, no basta con que esté previsto por la Constitución o la ley o con que sea formalmente admisible, sino que se requiere que sea realmente idóneo para establecer si se ha incurrido en una violación a los derechos humanos y proveer lo necesario para remediarla. **No pueden considerarse efectivos aquellos recursos que, por las condiciones generales del país o incluso por las circunstancias particulares de un caso dado, resulten ilusorios.** Ello puede ocurrir, por ejemplo, cuando su inutilidad haya quedado demostrada por la práctica, **porque el Poder Judicial carezca de la independencia necesaria para decidir con imparcialidad** o porque falten los medios para ejecutar sus decisiones; **por cualquier otra situación que configure un cuadro de denegación de justicia,** como sucede cuando se incurre en retardo injustificado en la decisión; o, por cualquier causa, no se permita al presunto lesionado el acceso al recurso judicial."[77]

En esas circunstancias, exigir el agotamiento de recursos internos, no era otra cosa que decidir, sin motivación alguna, avalando al Poder Judicial del Estado cuya independencia y autonomía es precisamente la que se cuestionaba cuando se denuncian violaciones masivas al debido proceso. Y en esas circunstancias, en el caso concreto *Allan R. Brewer-Carias vs. Venezuela*, agotado como había sido, como lo apreciaron los Jueces **Ferrer Mac Gregor** y **Ventura Robles**, en su Voto Conjunto Negativo, "los medios de impugnación previstos en la legislación venezolana -recursos de nulidad absoluta- para poder garantizar sus derechos fundamentales en el procedimiento penal" (párrafo 50) la apreciación de la sentencia de que el procedimiento en el proceso penal venezolano llevado en contra de Brewer se encontraba en una "etapa temprana," por lo que supuestamente "quedaban pendientes otros re-

---

76   *Caso Velásquez Rodríguez Vs. Honduras. Excepciones Preliminares.* Sentencia de 26 de junio de 1987. Serie C N° 1, párr. 68.

77   Corte IDH: *Garantías judiciales en estados de emergencia* (arts. 27.2, 25 y 8 Convención Americana sobre Derechos Humanos). Opinión Consultiva OC-9/87 del 6 de octubre de 1987. Serie A N° 9; ¶ 24. Igualmente, Corte IDH, *Caso Bámaca Velásquez vs. Guatemala.* Fondo. Sentencia de 25 de noviembre de 2000. Serie C N° 70; ¶ 191; Corte IDH, *Caso Tribunal Constitucional vs. Perú. Fondo, Reparaciones y Costas.* Sentencia de 31 de enero de 2001. Serie C N° 71, ¶ 90; Corte IDH, *Caso Bayarri vs. Argentina.* Excepción Preliminar, Fondo, Reparaciones y Costas. Sentencia de 30 de octubre de 2008. Serie C N° 187, ¶ 102; Corte IDH, *Caso Reverón Trujillo vs. Venezuela.* Excepción Preliminar, Fondo, Reparaciones y Costas. Sentencia de 30 de junio de 2009. Serie C N° 198, ¶ 61; Corte IDH, *Caso Usón Ramírez vs. Venezuela.* Excepción Preliminar, Fondo, Reparaciones y Costas. Sentencia de 20 de noviembre de 2009. Serie C N° 207, ¶ 129; Corte IDH. *Caso Abrill Alosilla y otros vs. Perú.* Fondo Reparaciones y Costas. Sentencia de 4 de Marzo de 2011. Serie C N° 223, ¶ 75.

cursos internos en etapas posteriores que podrían haber garantizado" sus derechos, no fue más que una burla, ante la inexistencia de autonomía e independencia del Poder Judicial.

En realidad, hubiera bastado que los señores jueces para percatarse de esa situación, y decidir en justicia, que se hubieran leído –si no querían leer los alegatos y argumentos formulados en el caso, así como los dictámenes y *amicus curiae* que se presentaron en juicio–, al menos sus sentencias anteriores en las cuales la Corte ya había analizado y considerado la situación del Poder Judicial en Venezuela; y sobre todo, uno de los más recientes informes sobre la problemática estructural del Poder Judicial en Venezuela publicado solo dos meses antes (Ginebra en marzo de 2014) de dictarse la sentencia, por la *Comisión Internacional de Juristas*, titulado *Fortalecimiento del Estado de Derecho en Venezuela*. En la Presentación al mismo, el Secretario General de la Comisión, Wilder Tayler, explicó que:

> "Este informe da cuenta de la falta de independencia de la justicia en Venezuela, comenzando con el Ministerio Público cuya función constitucional además de proteger los derechos es dirigir la investigación penal y ejercer la acción penal. El incumplimiento con la propia normativa interna ha configurado un Ministerio Público sin garantías de independencia e imparcialidad de los demás poderes públicos y de los actores políticos, con el agravante de que los fiscales en casi su totalidad son de libre nombramiento y remoción, y por tanto vulnerables a presiones externas y sujetos órdenes superiores.
>
> En el mismo sentido, el Poder Judicial ha sido integrado desde el Tribunal Supremo de Justicia (TSJ) con criterios predominantemente políticos en su designación. La mayoría de los jueces son "provisionales" y vulnerables a presiones políticas externas, ya que son de libre nombramiento y de remoción discrecional por una Comisión Judicial del propio TSJ, la cual, a su vez, tiene una marcada tendencia partidista. […]".

Luego de referirse a que "el informe da cuenta además de las restricciones del Estado a la profesión legal," el Sr. Tayler concluyó su Presentación del Informe afirmando tajantemente que:

> "Un sistema de justicia que carece de independencia, como lo es el venezolano, es comprobadamente ineficiente para cumplir con sus funciones propias. En este sentido en Venezuela, un país con una de las más altas tasas de homicidio en Latinoamérica y en el familiares sin justicia, esta cifra es cercana al 98% en los casos de violaciones a los derechos humanos. Al mismo tiempo, el poder judicial, precisamente por estar sujeto a presiones externas, no cumple su función de proteger a las personas frente a los abusos del poder sino que por el contrario, en no pocos casos es utilizado como mecanismo de persecución contra opositores y disidentes o simples críticos del proceso político, incluidos dirigentes de

partidos, defensores de derechos humanos, dirigentes campesinos y sindicales, y estudiantes."[78]

Ese Poder Judicial, cuya situación de falta de independencia y autonomía quedó probada y evidenciada en el expediente de la Corte Interamericana, y que por estar particularmente constituido en su gran mayoría por jueces provisorios, la propia Corte ya conocía y había decidido en los casos contra Venezuela: *Apitz Barbera y otros,*[79] *María Cristina Reverón Trujillo* (2009,[80] y *Mercedes Chocrón Chocrón,*(2011)[81] estas dos últimas jueces penales; fue el Poder Judicial que, sin embargo, en el caso de Brewer Carías, la misma Corte no se atrevió a juzgar, y al contrario, lo avaló, pero sin motivación, al decidir que en el mismo se podían realmente corregir las violaciones masivas cometidas en un proceso penal viciado de raíz, cuyo objeto además era la persecución política..

New York, mayo / septiembre 2015

---

78   Véase en http://icj.wpengine.netdna-cdn.com/wp-content/uploads/2014/06/VENE-ZUELA-Informe-A4-elec.pdf.

79   Véase en http://www.corteidh.or.cr/docs/casos/articulos/seriec_182_esp.pdf.

80   Véase en http://www.corteidh.or.cr/docs/casos/articulos/seriec_197_esp.pdf.

81   Véase en http://corteidh.or.cr/docs/casos/articulos/seriec_227_esp.pdf.

DÉCIMA SEXTA PARTE

EL CASO *GRANIER Y OTROS (RCTV) VS. VENEZUELA*: LA VIOLACIÓN DE LA LIBERTAD DE EXPRESIÓN, RESPONSABILIDAD DEL ESTADO E 'INEJECUTABILIDAD' DE LA SENTENCIA INTERNACIONAL DE CONDENA[*]

La Corte Interamericana de Derechos Humanos, mediante sentencia de 22 de junio de 2015, dictada en el caso *Granier y otros (Radio Caracas Televisión), vs. Venezuela,*[1] condenó al Estado venezolano:

Primero, por restringir indirectamente el derecho a la libertad de expresión de accionistas, directivos y periodistas del canal *Radio Caracas Televisión* ("RCTV"), en violación de los artículos 13.1 y 13.3 en relación con el artículo 1.1 de la Convención Americana;

Segundo, por violar, en perjuicio de las víctimas, el artículo 13 en relación con el deber de no discriminación contenido en el artículo 1.1 de la Convención Americana;

Tercero, por violar el derecho a un debido proceso, previsto en el artículo 8.1 en relación con el artículo 1.1 de la Convención Americana, en los procedimientos de transformación de los títulos y renovación de la concesión en perjuicio de las víctimas;

Cuarto, por violar el derecho al plazo razonable, previsto en el artículo 8.1 en relación con el artículo 1.1 de la Convención Americana, en el

---

[*] Texto del Comentario Jurisprudencial sobre "La condena al Estado en el caso *Granier y otros (RCTV)* vs. Venezuela, por violación a la libertad de expresión y de diversas garantías judiciales, y de cómo el Estado, ejerciendo una bizarra "acción de control de convencionalidad" ante su propio Tribunal Supremo, ha declarado inejecutable la sentencia en su contra," preparado para ser publicado en la *Revista de Derecho Público*, N° 142 (Segundo Trimestre 2015, Editorial Jurídica Venezolana, Caracas 2015.

1 Véase en http://www.corteidh.or.cr/cf/Jurisprudencia2/busqueda_casos_contenciosos.cfm?lang=es.

proceso contencioso administrativo de nulidad intentado por las víctimas y en el trámite de la medida cautelar innominada en el marco del mismo; y

Quinto, por violar los derechos a ser oído y al plazo razonable, contenidos en el artículo 8.1 en relación con el artículo 1.1 de la Convención Americana, en el trámite de la demanda por intereses difusos y colectivos que se había intentado en perjuicio de las víctimas (párr. 419).

La sentencia puso así fin a la causa que había sido iniciada ante la Corte en febrero de 2013 por la Comisión Interamericana de Derechos Humanos, con motivo de la denuncia que le había sido formulada en febrero de 2010, por los profesores Carlos Ayala Corao y Pedro Nikken en representación de accionistas, directivos y periodistas del canal *Radio Caracas Televisión* ("RCTV"), alegando la violación por parte del Estado de la libertad de expresión de las víctimas, al decidir, en 2007, no renovarle la concesión de radiodifusión a la empresa que le había sido originalmente otorgada en 1953, hecho que había venido siendo anunciado por funcionarios gubernamentales desde 2002, con motivo en la línea editorial del canal que había sido adversa al gobierno.

En su demanda, la Comisión consideró que dicha decisión estaba viciada de desviación de poder, y había sido dictada además, en violación del derecho a la igualdad y no discriminación, al debido proceso y a la protección judicial de las víctimas; alegando además, que la sentencia cautelar que había sido dictada por la Sala Constitucional del Tribunal Supremo de Justicia en ese mismo año 2007, mediante la cual se puso en posesión al Estado, sin proceso alguno, todos los bienes de propiedad de la empresa, había violado el derecho de propiedad de las víctimas.

Después de desarrollado el proceso con la participación activa del Estado, al decidir sobre responsabilidad del mismo por las violaciones cometidas contra los derechos de las víctimas, dispuso: *primero*, que el Estado debía restablecer la concesión de la frecuencia del espectro radioeléctrico correspondiente al canal 2 de televisión (párr. 380, 419);

Segundo, que para que la anterior medida no sea ilusoria y sin que ello supusiera un pronunciamiento sobre el derecho a la propiedad, el Estado debía devolverle a RCTV los bienes que le habían sido incautado mediante medidas cautelares, por considerar la Corte que eran elementos indispensables para la efectiva operación de la concesión (párr. 381); y

Tercero, que una vez efectuado el restablecimiento de la concesión a RCTV, el Estado debía en un plazo razonable ordenar la apertura de un proceso abierto, independiente y transparente para el otorgamiento de la frecuencia del espectro radioeléctrico correspondiente al canal 2 de televisión, siguiendo para tal efecto el procedimiento establecido en la Ley Orgánica de Telecomunicaciones o la norma interna vigente para tales efectos (párr. 382, 419).

Adicionalmente la Corte decidió, *cuarto*, que el Estado debía hacer público el texto de la sentencia en la prensa y en el sitio web de la Comisión Nacional de Telecomunicaciones (Conatel) (párr. 386, 419); *quinto*, que el Estado debía tomar las medidas necesarias a fin de garantizar que todos los futuros procesos de asignación y renovación de frecuencias de radio y televisión que se lleven a cabo, sean conducidos de manera abierta, independiente y transparente (párr. 394, 419); y *sexto*, que el Estado debía pagar, dentro del plazo de un año, determinadas cantidades por concepto de indemnizaciones por daño material e inmaterial, y el reintegro de costas y gastos (párr. 413, 414, 410, 419).

La sentencia de la Corte Interamericana contra el Estado de Venezuela fue de fecha 22 de junio de 2015, pero solo se publicó en el sitio web de la Corte en fecha el 8 de septiembre. Al día siguiente, 9 de septiembre de 2015, sin embargo, funcionarios de la Procuraduría General de la República (abogados del Estado) introdujeron ante la Sala Constitucional del Tribunal Supremo de Justicia una inédita "acción de control convencionalidad *"con respecto al sentido, alcance y aplicabilidad"* de la sentencia de la Corte Interamericana, que fue decidida por la Sala al día siguiente, sin proceso alguno, mediante sentencia N° 1.175 de 10 de septiembre de 2015, declarando: *primero,* que la sentencia de la Corte Interamericana había sido dictada "en franca violación a la Convención Americana sobre Derechos Humanos, a otros instrumentos internacionales sobre la materia y en total desconocimiento a la Constitución de la República Bolivariana de Venezuela;" y *segundo*, que dicha decisión es **"INEJECUTABLE"** (énfasis del texto original), "por constituir una grave afrenta a la Constitución de la República Bolivariana de Venezuela y al propio sistema de protección internacional de los derechos humanos. Para completar su sentencia, la Sala Constitucional del Tribunal Supremo de Justicia, concluyó sugiriendo:

> "al Ejecutivo Nacional, a quien corresponde dirigir las relaciones y política exterior de la República Bolivariana de Venezuela, a tenor de lo dispuesto en el artículo 236, numeral 4, de la Constitución de la República Bolivariana de Venezuela, así como al órgano asesor solicitante de conformidad con el artículo 247 *eiusdem,* para que evalúen la posibilidad de remitir a la Asamblea General de la Organización de Estados Americanos, copia de este pronunciamiento con el objeto de que ese órgano analice la presunta desviación de poder de los jueces integrantes de la Corte Interamericana de Derechos Humanos."[2]

Esa fue la respuesta del Estado venezolano a la condena que le impuso la Corte Interamericana.

A continuación analizaremos tanto el contenido de la sentencia de la Corte Interamericana, en relación con los diversos puntos debatidos ante la misma; así como los aspectos resaltantes de la sentencia de la Sala Constitucional, dictada *in audita parte*, es decir, sin proceso alguno, sin litis, en abierta viola-

---

2   Véase en http://historico.tsj.gob.ve/decisiones/scon/septiembre/181181-1175-10915-2015-15-0992.HTML.

ción al derecho al debido proceso y a la defensa que la Constitución declara inviolable en todo estado y grado de la causa (art. 49), desafiando en forma íntegra al Sistema Interamericano de Protección de Derechos Humanos y en franca violación a la Carta Democrática Interamericana.

I. EL TEMA DE LA REDUCCIÓN DE LA PROTECCIÓN INTERNA-CIONAL SOLO RESPECTO DE LOS DERECHOS DE LAS PERSO-NAS NATURALES, Y LA EXCLUSIÓN DE PROTECCIÓN DE LAS PERSONAS JURÍDICAS.

El proceso ante la Corte Interamericana no fue entre la empresa Radio Caracas Televisión (RCTV) y el Estado venezolano, sino entre un grupo de accionistas, directivos y trabajadores de dicha empresa que fueron los que denunciaron al Estado por violación a sus derechos. La sentencia de la Corte Interamericana, por tanto, no protegió a la empresa Radio Caracas televisión (RCTV), como compañía anónima, sino a los accionistas, directivos y periodistas de dicha empresa, todas como personas naturales, cuyos derechos fueron los que se consideraron violados.

Esos derechos que la Corte considero violados, por tanto, los ejercían las víctimas como lo indicó la Corte, "cubiertos por una figura o ficción jurídica creada por el mismo sistema jurídico," distinguiéndose así claramente "los derechos de los accionistas de una empresa de los de la persona jurídica" (párr. 146).

En tal contexto, la Corte procedió "a analizar el ejercicio del derecho a la libertad de expresión por parte de las personas naturales a través de las personas jurídicas" (párr. 147) y su violación por el Estado; considerando que "los medios de comunicación son verdaderos instrumentos de la libertad de expresión, que sirven para materializar este derecho" por quienes "los utilizan como medio de difusión de sus ideas o informaciones;" configurándose "generalmente, asociaciones de personas que se han reunido para ejercer de manera sostenida su libertad de expresión" (párr. 148), de manera semejante a cómo los "sindicatos constituyen instrumentos para el ejercicio del derecho de asociación de los trabajadores y los partidos políticos son vehículos para el ejercicio de los derechos políticos de los ciudadanos"(párr. 148).

De todo ello, dedujo la Corte Interamericana "que las restricciones a la libertad de expresión frecuentemente se materializan a través de acciones estatales o de particulares que afectan, no solo a la persona jurídica que constituye un medio de comunicación, sino también a la pluralidad de personas naturales, tales como sus accionistas o los periodistas que allí trabajan, que realizan actos de comunicación a través de la misma y cuyos derechos también pueden verse vulnerados" (párr. 151). De allí pasó la Corte a analizar la violación de los derechos de los directivos, accionistas y trabajadores de Radio Caracas televisión que fueron alegados, aclarando que en la sentencia, que en lo concerniente a los alegatos de violación de la libertad de expresión y del principio de la no discriminación, las referencias a "RCTV" debían "entenderse como el medio de comunicación mediante el cual las presuntas víctimas ejercían su derecho a la libertad de expresión y no como una referencia expresa a la persona jurídica denominada "RCTV C.A" (párr. 151).

II. LA VIOLACIÓN AL DERECHO A LA LIBERTAD DE EXPRESIÓN

Los representantes de las víctimas alegaron en el caso, que la no renovación de la concesión de la cual era titular Radio Caracas Televisión en 2007 mediante acciones del Estado, constituyeron actos arbitrarios del mismo "tendientes deliberadamente, a la supresión de un medio de comunicación independiente, [...] fundados en consideraciones políticas de castigo a la línea de difusión de información e ideas de RCTV," lo cual había sido anunciado públicamente por altos funcionarios del Estado, incluido el Presidente de la República, desde 2002; denunciando dos hechos relevantes: por una parte "la no renovación de la concesión de RCTV," y por la otra "la toma arbitraria por el Estado de sus bienes destinados a la radiodifusión audiovisual," que consideraron debían ser vistos "como un todo, es decir, como una unidad, que se concretó en el cierre de RCTV" (párr. 126); y que resumieron expresando que:

> "La incautación judicial de los equipos de RCTV (estaciones de transmisión, antenas y repetidoras) y su asignación a CONATEL, unas 56 horas antes del anunciado cese de la concesión, confiere particular nitidez a la violación de la libertad de expresión [...]. La inusualmente rápida e insólita intervención judicial de 'oficio' que colocó en manos del Ejecutivo Nacional los bienes que venían utilizando las víctimas para difundir ideas e informaciones, demuestra que ha existido al menos una estrategia concertada de los órganos del Estado Venezolano dirigida a privar a RCTV de la posibilidad de seguir siendo un medio al servicio de la libertad de expresión" (párr. 126).

Los alegatos formulados por los representantes de las víctimas, de violación a su derecho a la libertad de expresión fueron por tanto referidos a dos hechos que la Corte estaba obligada a resolver: por una parte, el de la no renovación arbitraria de la concesión de RCTV; y por la otra, el de la incautación ilegítima de sus bienes utilizados para el ejercicio del derecho.

La Corte, sin embargo, decidió sobre el primero de estos hechos, pero se abstuvo de decidir sobre el segundo en el contexto de la violación a la libertad de expresión que era donde había sido alegado, considerándolo sin embargo en forma aislada.

1. *Los hechos, alegatos y decisión sobre la violación de la libertad de expresión por parte del Estado por la decisión de no renovación de la concesión, adoptada en forma arbitraria y con desviación de poder*

La empresa Radio Caracas Televisión era titular de una concesión de radiodifusión que le había sido otorgada desde 1953. En 1987, a raíz de haberse dictado el Decreto N° 1.577 de 27 de mayo de 1987, contentivo del Reglamento sobre Concesiones para Televisoras y Radiodifusoras, que otorgaba a los concesionarios el derecho de "preferencia para la extensión de la concesión por otro período de veinte (20) años" (art. 3), dicha concesión le fue renovada a la empresa hasta 2007.

Antes del vencimiento de dicho plazo, en 2000, se dictó la Ley Orgánica de Telecomunicaciones (LOTEL), que creó a la Comisión Nacional de Telecomunicaciones (Conatel), con competencia, entre otras, para "otorgar, revocar y suspender las habilitaciones administrativas y concesiones" (art. 35). El artículo 210 de la Ley, además, dispuso el procedimiento para la transformación de las concesiones y los permisos que habían sido otorgados con anterioridad a su entrada en vigencia en las "habilitaciones administrativas, concesiones u obligaciones de notificación o registros" establecidos en la nueva Ley.

A pesar de que desde el año 2002 diversos funcionarios del Estado venezolano, entre ellos el Presidente de la República, habían anunciado públicamente que las concesiones de las cuales eran titulares algunos medios privados de comunicación social, entre ellos RCTV, no serían renovados, lo que además se indicó expresamente en publicaciones oficiales como un *Libro Blanco sobre RCTV* (marzo 2007), la empresa en 2002 solicitó la transformación de su título de concesión al nuevo régimen jurídico establecido en la LOTEL, a lo cual no se dio respuesta sino en 2007; y en 2007, solicitaron la emisión de los nuevos títulos por 20 años renovando la concesión.

En respuesta a dichas solicitudes, en marzo de 2007, CONATEL comunicó a RCTV la decisión del Estado de que la concesión de RCTV no sería renovada, no como sanción, sino por el vencimiento del lapso de vigencia de la misma (hasta 27 de mayo de 2007), razón por la cual, no había lugar al inicio de un procedimiento administrativo sobre renovación de la concesión, considerando además que conforme a la legislación vigente el concesionario no tenía derecho a la renovación automática de la concesión. El Estado, en esa forma, como el espectro radioeléctrico es del dominio público había decidido reservarse el uso y explotación de esa porción del espectro radioeléctrico que había sido concedida a RCTV, a los efectos de "permitir la democratización del uso del medio radioeléctrico y la pluralidad de los mensajes y contenidos" mediante la creación de un canal público de televisión abierta. Por todo ello, además, en marzo de 2007 se dio por terminado el procedimiento administrativo iniciado en 2002 para la transformación del título de la concesión.

En todo caso, contra la "amenaza inminente, inmediata y posible" de cierre de la empresa, en febrero de 2007, RCTV intentó una acción de amparo ante la Sala Constitucional, contra la omisión de las autoridades del Estado en responder las peticiones formuladas, por violación de sus derechos a la libertad de expresión, al debido proceso y a la igualdad y no discriminación. La acción fue declarada inadmisible el 17 de mayo de 2007 porque Conatel, durante el curso del procedimiento de amparo, ya había dado respuesta sobre la no renovación de la concesión, y porque los recurrentes contaban con otras vías judiciales contencioso administrativa para la defensa de sus derechos, destacando que RCTV ya había interpuesto dicha acción ante la Sala Político Administrativa del Tribunal Supremo el 17 de abril de 2007. Por esta última razón, la Sala Constitucional también declaró inadmisible otra acción de amparo intentada por RCTV solicitando el cese de la aplicación del Plan Nacional de Telecomunicaciones, Informática y Servicios Postales 2007-2013 (párrs. 105, 106).

En cuanto a la acción contencioso administrativa de nulidad de las decisiones adoptadas por Conatel, luego de negar las medidas cautelares solicitadas, la Sala Político Administrativa del Tribunal Supremo nunca decidió el caso y el proceso continuó en estado de producción de pruebas (párr. 111).

Esos hechos fueron en síntesis los que se denunciaron ante la Corte Interamericana como violatorios de la libertad de expresión de las víctimas, que garantiza el artículo 13 de la Convención Americana de Derechos Humanos, en el cual se declara, *primero*, que el mismo "comprende la libertad de buscar, recibir y difundir informaciones e ideas de toda índole, sin consideración de fronteras, ya sea oralmente, por escrito o en forma impresa o artística, o por cualquier otro procedimiento de su elección;" y *segundo*, que el ejercicio de dicho derecho "no puede estar sujeto a previa censura sino a responsabilidades ulteriores, las que deben estar expresamente fijadas por la ley y ser necesarias para asegurar el respeto a los derechos o a la reputación de los demás, o la protección de la seguridad nacional, el orden público o la salud o la moral públicas."

Tal declaración se completa en la norma con la indicación de que "no se puede restringir el derecho de expresión por vías o medios indirectos, tales como el abuso de controles oficiales o particulares de papel para periódicos, de frecuencias radioeléctricas, o de enseres y aparatos usados en la difusión de información o por cualesquiera otros medios encaminados a impedir la comunicación y la circulación de ideas y opiniones."

Con base en esta norma, la Corte Interamericana ha establecido que dada la importancia de la libertad de expresión para el funcionamiento de una sociedad democrática, los límites o restricciones que se puedan establecer a su ejercicio deben siempre respetar la garantía del pluralismo de medios, para lo cual, en cuanto a los procesos que versen sobre el otorgamiento o renovación de concesiones o licencias relacionadas con la actividad de radiodifusión, deben estar guiados por "criterios objetivos que eviten la arbitrariedad," para lo cual "es preciso que se establezcan las salvaguardas o garantías generales de debido proceso," con la finalidad de "evitar el abuso de controles oficiales y la generación de posibles restricciones indirectas" (párr. 171).

Con base en los hechos mencionados, la Comisión Interamericana y los representantes de las víctimas denunciaron ante la Corte que la decisión de no renovar la concesión de RCTV por parte del Estado fue en virtud de la línea editorial crítica del canal, considerando que en la adopción de la decisión hubo desviación de poder o de afectación indirecta del derecho. Alegaron además, los representantes de las víctimas, que "la única razón por la cual no procedería la renovación de la concesión" sería el incumplimiento de la ley, los reglamentos y el título de la concesión, conforme al estándar reconocido y aplicable en el derecho administrativo en materia de concesiones de telecomunicaciones, no teniendo el Estado poder discrecional o arbitrario alguno "para negar pura y simplemente la extensión o renovación del título de una estación de televisión abierta."

Para decidir sobre las violaciones alegadas, la Corte Interamericana consideró que en los términos del artículo 13 de la Convención Americana, en el cual no se consagra un derecho absoluto (párr. 144), "la libertad de expresión requiere, por un lado, que nadie sea arbitrariamente menoscabado o impedido de manifestar su propio pensamiento y representa, por tanto, un derecho de cada individuo; pero implica también, por otro lado, un derecho colectivo a recibir cualquier información y a conocer la expresión del pensamiento ajeno" (párr. 136), de manera que las infracciones a dicha norma pueden presentarse bajo diferentes hipótesis.

En particular en cuanto concierne a las restricciones indirectas violatorias al derecho a la libertad de expresión a que se refiere el artículo 13.3 de la Convención, ejemplificando "el abuso de controles oficiales o particulares de papel para periódicos, de frecuencias radioeléctricas, o de enseres y aparatos usados en la difusión de información o por cualesquiera otros medios encaminados a impedir la comunicación y la circulación de ideas y opiniones," la Corte consideró que dicha enumeración no es taxativa haciendo referencia al artículo 13 de la "Declaración de Principios sobre la Libertad de Expresión" donde se indican otros ejemplos de medios o vías indirectas violatorias, que en todo caso, deben restringir "efectivamente, en forma indirecta, la comunicación y la circulación de ideas y opiniones," teniendo en cuenta que "la restricción indirecta puede llegar a generar un efecto disuasivo, atemorizador e inhibidor sobre todos los que ejercen el derecho a la libertad de expresión, lo que, a su vez, impide el debate público sobre temas de interés de la sociedad" (párr.146).

La Corte Interamericana, sobre el argumento de los representantes de la vulneración al derecho a la libertad de expresión basado en la existencia de un supuesto derecho a la renovación de la concesión, precisó que conforme a la normativa aplicable en Venezuela, en realidad no se consagra derecho alguno de renovación o a una prórroga automática de las concesiones (párr. 174), sino solo un derecho de preferencia para la extensión de las mismas que hubieran dado cumplimiento a las disposiciones legales pertinentes (art. 3 Reglamento), como "una consideración especial o una cierta ventaja que puede o no otorgarse dependiendo de lo estipulado en la normativa aplicable" (párr. 176). De ello se desprende, además, que conforme al artículo 210 de la LOTEL, solicitada una extensión, el Estado "no está obligado a conceder la renovación, ni tampoco establece una prórroga automática a quienes solicitaran la transformación de los títulos" (párr. 178).

De lo anterior concluyó la Corte Interamericana en su sentencia que la alegada restricción a la libertad de expresión, en el caso, "no se deriva de que la concesión que tenía RCTV no fuera renovada automáticamente." Sin embargo, la Corte indicó que en el caso, los peticionarios habían efectivamente solicitado la conversión de la concesión y su prórroga, sin que los procedimientos correspondientes se hubieran llevado a cabo; y se refirió a la manifestación del Estado de que "tratándose del vencimiento del lapso de vigencia de una concesión, [...] no hay lugar al inicio de un procedimiento administrativo", y en consecuencia, en cuanto a la solicitud de conversión la respuesta del Estado, que el procedimiento administrativo se daba por terminado, por decaimiento de la solicitud (párr. 180).

Ahora bien, en cuanto a la decisión del Estado de no renovar la concesión, la Corte Interamericana pasó en su sentencia a analizar las actuaciones estatales que condujeron a esa decisión con la finalidad de determinar si se configuró una vulneración al derecho a la libertad de expresión como restricción indirecta prohibida en el artículo 13.3 de la Convención. La Corte se refirió a los alegatos tanto la Comisión Interamericana como los representantes de las víctimas en el sentido de que la razón formulada por el Estado de no renovar la concesión con el supuesto objeto de propender a la "la democratización del uso del medio radioeléctrico y la pluralidad de los mensajes y contenidos" (párr. 188), no había sido "la finalidad real" de la decisión (párr. 189), sino al contrario, la misma se había adoptado para castigar a RCTV por la línea editorial crítica contra el Gobierno, habiendo éste obrado en forma arbitraria y en desviación de poder (párr. 189).

Analizadas las pruebas, la Corte concluyó considerando que la decisión de no renovar la concesión en efecto, "fue tomada con bastante anterioridad a la finalización del término de la concesión y que la orden fue dada a Conatel y al Ministerio para la Telecomunicación desde el ejecutivo" (párr. 193), argumentando además, que "no es posible realizar una restricción al derecho a la libertad de expresión con base en la discrepancia política que pueda generar una determinada línea editorial a un gobierno" (párr. 194), para concluir considerando que "que la finalidad declarada [para no renovar la concesión] no era la real y que sólo se dio con el objetivo de dar una apariencia de legalidad a las decisiones" (párr.. 196)

De todo ello, la Corte Interamericana, sobre el derecho a la libertad de expresión, concluyó decidiendo que "los hechos del presente caso implicaron una desviación de poder, ya que se hizo uso de una facultad permitida del Estado con el objetivo de alinear editorialmente al medio de comunicación con el gobierno" (párr. 197). Sobre dicha desviación de poder, la misma, a juicio de la Corte Interamericana,

> "tuvo un impacto en el ejercicio de la libertad de expresión, no sólo en los trabajadores y directivos de RCTV, sino además en la dimensión social de dicho derecho (*supra* párr. 136), es decir, en la ciudadanía que se vio privada de tener acceso a la línea editorial que RCTV representaba. En efecto, la finalidad real buscaba acallar voces críticas al gobierno, las cuales se constituyen junto con el pluralismo, la tolerancia y el espíri-

tu de apertura, en las demandas propias de un debate democrático que, justamente, el derecho a la libertad de expresión busca proteger" (párr. 198).

De todo lo anterior, concluyó la Corte considerando que en el caso se vulneraron los artículos 13.1 y 13.3 de la Convención Americana en relación con el artículo 1.1 de la misma, en perjuicio de varios de las víctimas, condenando al Estado por ello, porque en el caso:

> "se configuró una restricción indirecta al ejercicio del derecho a la libertad de expresión producida por la utilización de medios encaminados a impedir la comunicación y circulación de la ideas y opiniones, al decidir el Estado que se reservaría la porción del espectro y, por tanto, impedir la participación en los procedimientos administrativos para la adjudicación de los títulos o la renovación de la concesión a un medio que expresaba voces críticas contra el gobierno" (párr. 199).

2. *Los hechos, alegatos y decisión sobre la violación de la libertad de expresión por la decisión de la Sala Constitucional del Tribunal Supremo de poner en posesión del Estado de los bienes de RCTV*

Como antes se indicó, otro de los alegatos formulados por los peticionantes sobre violación de la libertad de expresión, se basó en el hecho de que los bienes de RCTV fueron incautados por el Estado, impidiéndosele con ello a las víctimas ejercer su derecho a la libertad de expresión, violándose además su derecho de propiedad.

En efecto, con ocasión de los anuncios de la no renovación de la concesión de radiodifusión a RCTV, los representantes de varios comités de usuarios intentaron ante la Sala Constitucional del Tribunal Supremo el 22 de mayo de 2007, una acción de amparo constitucional, alegando que la nueva emisora TVes que se había anunciado por el Estado que haría su transmisión a través del espectro utilizado por RCTV, no contaba con los equipos de infraestructura de transmisión y repetición necesarios para garantizar la cobertura nacional, solicitando a la Sala, para proteger sus derechos fundamentales a la confianza legítima, a la no discriminación y a obtener un servicio público de calidad, que:

> "ordenara medidas cautelares para permitir a TVes de manera temporal el acceso, uso y operación de la plataforma que estaba siendo utilizada por RCTV para el uso y explotación de la porción del espectro radioeléctrico, independientemente de sus propietarios o poseedores" (párr. 94).

En respuesta a esta petición de amparo, tres días después, el 25 de mayo de 2007, la Sala Constitucional en efecto, mediante sentencia Nº 956, "ordenó, a través de medidas cautelares innominadas, el traspaso temporal a CONATEL del uso de los bienes propiedad de RCTV, tales como "microondas, telepuertos, transmisores, equipos auxiliares de televisión, equipos auxiliares de energía y clima, torres, antenas, casetas de transmisión, casetas de planta, cerca perimetral y acometida eléctrica" (párr.. 95) para a la vez ser usados por TVes.[3]

El día anterior, 24 de mayo de 2007, por otra parte unos ciudadanos y un comité de usuarios interpusieron ante la Sala Constitucional del Tribunal Supremo una demanda por intereses difusos y colectivos, ejercida conjuntamente con medida cautelar innominada (para que RCTV no interrumpiera sus transmisiones) contra el Presidente de la República y el director de Conatel alegando que el eventual cierre de RCTV, cuya inminencia se demostraba por los discursos de los demandados, limitaría en forma grave e ilegítima el derecho a la libertad de expresión e información de la ciudadanía, al privarla de una de las opciones televisivas que tenían los venezolanos para recibir la programación de opinión, recreación e información de su preferencia (párr. 96). Al día siguiente la Sala mediante sentencia N° 957, otorgó efectivamente medidas cautelares, pero no las solicitadas, sino al contrario, otras, de oficio, para asegurar la "posibilidad de que los aludidos usuarios puedan efectivamente acceder en condiciones de igualdad y con el mantenimiento de un estándar mínimo de calidad al correspondiente servicio, al margen de la vigencia o no del permiso o concesión a un operador privado específico," consistente en que como TVes "podría no contar con la infraestructura necesaria para la transmisión a nivel nacional," en forma similar a lo decidido en la sentencia N° 956, le asignó a CONATEL "de manera temporal y a los fines de tutelar la continuidad en la prestación de un servicio público universal", "el derecho de uso de los equipos necesarios para las operaciones anteriormente mencionadas," que eran propiedad de RCTV. Las medidas cautelares fueron ejecutadas los días 27 y 28 de mayo de 2007, con el traspaso a CONATEL del uso de los bienes indicados en las decisiones correspondientes, y el 28 de mayo TVes pasó a trasmitir su programación a través del canal 2 de la red de televisión abierta (párr. 98, 99, 100).[4]

---

3   Véanse los comentarios sobre esta confiscatoria sentencia en Allan R. Brewer-Carías, "El juez constitucional en Venezuela como instrumento para aniquilar la libertad de expresión plural y para confiscar la propiedad privada: El caso RCTV", *Revista de Derecho Público*", N° 110, (abril-junio 2007), Editorial Jurídica Venezolana, Caracas 2007, pp. 7-32. Publicado en *Crónica sobre la "In" Justicia Constitucional. La Sala Constitucional y el autoritarismo en Venezuela*, Colección Instituto de Derecho Público. Universidad Central de Venezuela, N° 2, Editorial Jurídica Venezolana, Caracas 2007, pp. 468-508.

4   Véanse igualmente los comentarios sobre esta otra confiscatoria sentencia en Allan R. Brewer-Carías, "El juez constitucional en Venezuela como instrumento para aniquilar la libertad de expresión plural y para confiscar la propiedad privada: El caso RCTV", *Revista de Derecho Público*", N° 110, (abril-junio 2007), Editorial Jurídica Venezolana, Caracas 2007, pp. 7-32. Publicado en *Crónica sobre la "In" Justicia Constitucional. La Sala Constitucional y el autoritarismo en Venezuela*, Colección Instituto de Derecho Público. Universidad Central de Venezuela, N° 2, Editorial Jurídica Venezolana, Caracas 2007, pp. 468-508.

Los representantes de RCTV, el 31 de mayo de 2007, se opusieron a la medida cautelar contenida en la mencionada sentencia N° 957, de incautación de bienes, pero luego de presentar el escrito de promoción de pruebas, el proceso de la oposición quedó paralizado, y la promoción de las pruebas nunca fue tramitada (párr. 112).

Independientemente de las vicisitudes procesales antes mencionadas, los representantes de las víctimas alegaron que con las medidas cautelares innominadas decretadas por la Sala Constitucional, ordenando el traspaso temporal a CONATEL del uso de los bienes propiedad de RCTV, para a la vez ser usados por TVes, se había configurado como una violación al derecho de propiedad, como "una estrategia concertada de los órganos del Estado Venezolano dirigida a privar a RCTV de la posibilidad de seguir siendo un medio al servicio de la libertad de expresión" (párr. 126). Alegaron, en efecto, que en el caso, con las medidas cautelares decretadas se había violado el derecho de propiedad privada garantizado por el artículo 21 de la Convención pues se habían configurado como "una incautación confiscatoria de los bienes materiales de RCTV en un proceso arbitrario," que por la ausencia de pago de una justa indemnización, "es una confiscación a privación ilegítima que viola el artículo 21 de la Convención." La sentencia de la Corte menciona además, que los representantes "agregaron que la incautación arbitrada por el Tribunal Supremo de Justicia fue un acto confiscatorio cubierto con la apariencia de una medida cautelar, una apariencia que fue irrelevante para alterar la naturaleza confiscatoria de ese acto y RCTV fue privada de esos bienes en abierta violación del artículo 21(2) de la Convención" (párr. 329).

La Corte Interamericana, sin embargo, se inhibió de considerar la violación alegada de la incautación de bienes de RCTV como vulneración a la libertad de expresión, y solo la analizó como un alegato independiente de violación al derecho de propiedad, pasando en consecuencia a desecharlo y concluir que no hubo violación el derecho de propiedad de las víctimas, coincidiendo en ello con lo argumentado por la Comisión Interamericana.

En efecto, en el caso, la Comisión había encontrado que Venezuela no había violado el derecho a la propiedad privada de las víctimas previsto en el artículo 21 de la Convención, pues para declarar violado el derecho a la propiedad, era necesario que se encontrase plenamente demostrada la afectación del patrimonio personal de las presuntas víctimas, no habiendo probado las mismas en el caso, que eran accionistas de RCTV, es decir, "el posible efecto directo sobre el patrimonio personal de los accionistas presentados como víctimas como resultado de la incautación de los bienes de RCTV" (párr. 324). En definitiva la Corte Interamericana recordó que "no es competente para analizar las presuntas violaciones a la Convención que se hayan ocurrido en contra de personas jurídicas, razón por la cual no puede analizar las consecuencias que se derivaron de la imposición de medidas cautelares a los bienes que formaban parte del patrimonio de RCTV, ni determinar si estas han vulnerado la propiedad de la persona jurídica de la empresa" (párr. 348).

Por ello, en este caso, la Corte Interamericana no procedió a analizar "la posible vulneración al derecho a la propiedad que se habría causado a RCTV como consecuencia de la incautación de sus bienes, por tratarse de una persona jurídica," y en consecuencia se limitó a "examinar el presunto efecto que tales medidas cautelares pudieron tener de forma directa sobre el patrimonio de los accionistas, es decir sobre las acciones de los cuales son propietarios" (párr. 352). Y la conclusión fue que al alegarse "la posible vulneración al derecho a la propiedad de las presuntas víctimas como consecuencia de la pérdida de valor de las acciones derivada de la no renovación de la concesión para el uso del espectro electromagnético y de la imposición de medidas cautelares sobre los bienes de RCTV" (párr. 354), sin embargo, en el caso de esa empresa, "la constitución accionaria compleja, consecuencia de una estructura societaria amplia de personas jurídicas con patrimonios separados, dificulta aún más poder establecer una relación directa y evidente entre la alegada pérdida de valor de acciones y las afectaciones al patrimonio de la persona jurídica de RCTV" (párr. 355).

Por ello, en definitiva, la Corte Interamericana consideró que en el caso no se había probado la afectación que la incautación de los bienes tuvo en el derecho a la propiedad de las víctimas, "toda vez, que para poderse establecer semejante vulneración, debió acreditarse en primer lugar, una afectación a las empresas que son accionistas directas y la forma como esto pudo haber repercutido en cada una de las personas jurídicas que, a su vez, hacen parte del amplio andamiaje societario, hasta llegar a las acciones o fideicomisos de los cuales las presuntas víctimas son propietarios directos" (párr. 358). En fin, la Corte consideró que en el caso, no quedó "demostrado que el Estado haya violado el derecho de propiedad privada de las presuntas víctimas, en los términos del artículo 21 de la Convención" (párr. 359).

En relación con esta decisión, sin embargo, debe destacarse lo expresado por el Juez Eduardo Ferrer Mac Gregor en su "Voto Parcialmente Disidente," en el cual advirtió con razón, que "en la Sentencia se aborda el estudio de la alegada violación al derecho a la propiedad privada de manera aislada y no relacionado con el derecho a la libertad de expresión —como sí se hace con respecto al derecho de igualdad ante la ley que fue declarado violado—," estimando, con razón, que "el estudio del derecho a la propiedad debió realizarse a la luz del derecho a la libertad de expresión, pues evidentemente este precepto encierra un contenido patrimonial en el derecho que protege" (párr. 14).

Bajo este ángulo, el Juez Ferrer Mac Gregor se refirió a la argumentación de las víctimas cuando indicaron que "la incautación arbitrada por la Sala Constitucional del Tribunal Supremo de Justicia resulta un acto confiscatorio cubierto con la apariencia de una medida cautelar," por lo que la Corte Interamericana, sobre la violación del derecho de propiedad, debió "ver más allá de la apariencia y analizar cuál era *la situación real detrás del acto denunciado*; en especial, en un contexto en donde ha quedado demostrado que las finalidades declaradas por el Estado no eran las motivaciones reales (configurándose una "desviación de poder"), y sólo se perseguía el simple hecho de revestir las actuaciones del Estado de legalidad" (párr. 120).

Por ello, el Juez Ferrer Mac Gregor concluyó que en el caso, el Estado debió garantizar, si es que la finalidad de la medida cautelar era "garantizar a toda la población venezolana un servicio de transmisión de televisión de calidad," un proceso en el cual hubiera "una declaratoria de utilidad pública, un procedimiento expropiatorio y pagar una justa indemnización" (párr. 121), agregando que:

> "el Estado lejos de tomar en cuenta y garantizar lo dispuesto por el artículo 21.2 de la Convención, basándose en la figura de medida cautelar, ordenó la incautación de los bienes que se realizó sin previa declaratoria de utilidad pública, sin apegarse a un procedimiento expropiatorio y, mucho menos, pagar una justa indemnización; lo que analizado bajo el contexto de represión de la libertad de expresión (declarado probado en la Sentencia), contraviene lo dispuesto en el artículo 21.2 del Pacto de San José" (párr. 121).

Es decir, concluyó el Juez Ferrer Mac Gregor, que "al estar en realidad ante una confiscación de bienes, lo que el Estado tenía la obligación de garantizar era una justa indemnización a los accionistas de RCTV por los equipos incautados. Es decir, la indemnización no iba a versar sobre la persona moral constituida como RCTV, sino en favor de los socios, los cuales se hubieran beneficiado de dicha indemnización en proporción a su participación accionaria dentro de RCTV" (párr. 125).

III. LA VIOLACIÓN AL DERECHO A LA IGUALDAD Y NO DISCRIMINACIÓN

Otro de los derechos cuya violación alegó la Comisión Interamericana ante la Corte Interamericana fue el derecho a la igualdad y no discriminación de las víctimas declarado en el artículo 24 de la Convención Americana cuando prohíbe la discriminación de derecho o de hecho, no sólo en cuanto a los derechos consagrados en la Convención, sino en lo que respecta a todas las leyes que apruebe el Estado y a su aplicación (párr. 200). Para ello se alegó que en la renovación de la concesiones de radiodifusión a RCTV en 2007 había habido un "tratamiento diferenciado", que había sido otorgado "a dos televisoras que se encontraban en condiciones técnicas y jurídicas idénticas, ya que a una se le renovó la licencia para explotar el espectro radioeléctrico, al mismo tiempo que fue negada la renovación de RCTV" (párr. 201).

El argumento, en el caso del alegato del trato diferenciado entre los canales RCTV y Venevisión, exigía determinar si el mismo perseguía una finalidad legítima y si era útil, necesario y estrictamente proporcionado para lograr dicha finalidad (párr. 202), sobre lo cual la Comisión Interamericana había señalado que en el caso de RCTV, la finalidad no era legítima, debido a que la decisión había sido "adoptada con la finalidad de sancionar al canal por sus opiniones políticas críticas y enviar un mensaje a los restantes medios de comunicación venezolanos sobre las consecuencias de no seguir la línea editorial e informativa marcada por el gobierno" (párr.. 204).

La Corte consideró que "el principio de la protección igualitaria y efectiva de la ley y de la no discriminación constituye un dato sobresaliente en el sistema tutelar de los derechos humanos" (párr. 215) e hizo referencia al alegato de la Comisión en el caso, en el sentido de que "el trato diferenciado sufrido por los directivos y trabajadores de RCTV fue discriminatorio y arbitrario, en contravención de los artículos 1.1 y 24 de la Convención," (párr. 216), basado en la "existencia de un indicio razonable respecto a que el trato diferenciado hacia RCTV habría estado basado en una categoría prohibida de discriminación contenida en el artículo 1.1, es decir, las opiniones políticas expresadas por los directivos y trabajadores de RCTV" (párr. 222).

En esta materia, para juzgar, la Corte consideró que "tratándose de la prohibición de discriminación por una de las categorías protegidas contempladas en el artículo 1.1 de la Convención, la eventual restricción de un derecho exige una fundamentación rigurosa y de mucho peso, invirtiéndose, además, la carga de la prueba, lo que implicaba que correspondía a la autoridad demostrar que su decisión no tenía un propósito ni un efecto discriminatorio;" es decir, que en este caso, "ante la comprobación de que el trato diferenciado hacia RCTV estaba basado en una de las categorías prohibidas, el Estado tenía la obligación de demostrar que la decisión de reservarse el espectro no tenía una finalidad o efecto discriminatorio" (párr. 228).

En la materia, el Estado solo alegó que supuestamente "la decisión de reservarse la porción del espectro asignado a RCTV y no la de otro canal de televisión obedeció a que RCTV contaba con características técnicas específicas que reducían costos y ampliaban el espectro de transmisión" (párr. 229), argumentación que por lo demás no fue manifestada en la decisión de no renovar la concesión. Por todo lo cual, la Corte Interamericana concluyó al contrario que en el caso, "existen elementos para determinar que la decisión de reservarse la porción del espectro asignado a RCTV implicó un trato discriminatorio en el ejercicio del derecho a la libertad de expresión que tuvo como base la aplicación de una de las categorías prohibidas de discriminación contempladas en el artículo 1.1 de la Convención Americana (párr. 235), considerando por tanto al Estado como responsable de la violación del derecho a la libertad de expresión establecido en el artículo 13 en relación con el deber de no discriminación contenido en el artículo 1.1 de la Convención Americana, en perjuicio de algunas de las víctimas, condenando al Estado por ello.

IV. LA VIOLACIÓN DE LAS GARANTÍAS JUDICIALES EN EL PROCEDIMIENTO ADMINISTRATIVO DE RENOVACIÓN DE LA CONCESIÓN

El artículo 8.1 de la Convención Americana de Derechos Humanos establece lo que se denominan las "garantías judiciales," al disponer, específicamente, que:

"Toda persona tiene derecho a ser oída, con las debidas garantías y dentro de un plazo razonable, por un juez o tribunal competente, independiente e imparcial, establecido con anterioridad por la ley, en la sustanciación de cualquier acusación penal formulada contra ella, o para la determinación de sus derechos y obligaciones de orden civil, laboral, fiscal o de cualquier otro carácter."

Se trata de la garantía del debido proceso que por ejemplo, en el artículo 49 de la Constitución de Venezuela se establece expresamente que se aplica no solo a los procesos judiciales, sino a los procedimientos administrativos.

En el mismo sentido, y esto es de particular interés para el derecho administrativo, la Corte Interamericana al decidir el caso Granier y otros (RCTV) vs. Venezuela, también consideró que el artículo 8.1 de la Convención, a pesar de que se denomine "garantías judiciales," también se aplica en materia de procedimientos administrativos, para lo cual incluso la Corte utilizó la expresión de "debido proceso administrativo" (párr. 238).

A tal efecto, la Corte recordó en su sentencia que el artículo 8.1 de la Convención garantiza "que las decisiones en las cuales se determinen derechos de las personas deben ser adoptadas por las autoridades competentes que la ley interna determine y bajo el procedimiento dispuesto para ello," por lo que en el caso, al no haberse llevado a cabo los procedimientos administrativos de transformación de los títulos de RCTV y de renovación de la concesión de estación de televisión abierta, la Corte consideró que ello incidió en la determinación de los derechos de los directivos y trabajadores de RCTV, considerando por tanto aplicables en el caso las garantías judiciales establecidas en el artículo 8.1 de la Convención Americana (párr. 243).

A tal efecto, la Corte reiteró el criterio de que "los procedimientos relacionados con el otorgamiento o renovación de las licencias o concesiones deben cumplir con ciertas salvaguardas o garantías generales con la finalidad de evitar un abuso de controles oficiales o la generación de restricciones indirectas" (párr. 171, 244). Frente a ello, sin embargo, en el caso, tanto la Comisión como los representantes de las víctimas, como lo indicó la Corte, no solo "alegaron que el marco legal del procedimiento a seguir para la renovación de la concesión no se encontraba establecido de manera clara en el derecho interno," sino además, que se habrían incumplido "otras garantías judiciales, como el derecho a ser oído o el deber de motivación de la decisión" (párr. 245).

Para resolver sobre las denuncias de violación a las garantías judiciales, la Corte analizó el régimen aplicable conforme a la Ley Orgánica de Telecomunicaciones de 2000, y al Reglamento sobre habilitaciones administrativas y concesiones, tanto respecto del procedimiento de trasformación de las concesiones y permisos otorgados de conformidad con la legislación anterior a dicha Ley, como del procedimiento de renovación de las concesiones, destacando en este último que incluso en el propio texto de la Ley se define la concesión del uso del espectro radioeléctrico, como "un acto administrativo unilateral" mediante el cual Conatel, "otorga o renueva, por tiempo limitado, a una persona natural o jurídica la condición de concesionario para el uso y explotación de una determinada porción del espectro radioeléctrico," previo cumplimiento de los requisitos establecidos en la Ley y los reglamentos (párr. 247).

Con base en las normas reguladoras del procedimiento administrativo y con los argumentos de las partes, la Corte concluyó que tanto para la transformación de los títulos como para la renovación de las concesiones existía toda una normativa aplicable para garantizar el debido procedimiento administrativo, pero que a pesar de que los mismos fueron iniciados por los apoderados de RCTV mediante la introducción de las solicitudes, "el Estado tomó la decisión de no aplicarlos," razón por la cual la Corte pasó a "valorar las razones expuestas por el Estado para no haber seguido el referido procedimiento" (párr. 252).

A tal efecto, y recordando que en la sentencia ya la Corte había decidido que la finalidad de dar por terminados los procedimientos administrativos sobre la transformación de los títulos y la renovación de la concesión era "acallar al medio de comunicación" (párrs. 198 y 199), consideró que ello era contrario a las garantías previstas por el artículo 8 de la Convención, "pues era necesario que los procedimientos administrativos continuaran para efectos de definir si se aceptaba o no la transformación o renovación de la concesión" con lo cual de haber sido seguidos "respetando las salvaguardas mínimas que dichas normas establecen, se habría podido evitar la arbitrariedad en la decisión." De ello concluyó la Corte Interamericana que "la existencia de dichos procedimientos y que se haya decidido no aplicarlos es justamente un efecto más de la finalidad real e ilegítima que ya fue declarada en la presente Sentencia" (párrs. 198, 199 y 252).

En consecuencia, la conclusión de la Corte sobre la violación alegada del debido procedimiento administrativo fue que estando "dispuesto un debido proceso para la transformación de los títulos y para la renovación de la concesión" el hecho de que el mismo hubiera sido "deliberadamente omitido por el Estado," vulneró "las garantías judiciales previstas en el artículo 8.1 en relación con el artículo 1.1 de la Convención Americana" en perjuicio de las víctimas (párr. 253), condenando al Estado por ello.

V. LA VIOLACIÓN DE LAS GARANTÍAS JUDICIALES EN LOS PROCEDIMIENTOS JUDICIALES

1. *Violación del derecho a plazo razonable en el procedimiento contencioso administrativo de nulidad*

En el caso de las decisiones adoptada por el Estado respecto de RCTV de no iniciar el procedimiento administrativo de trasformación de los títulos y de no renovar la concesión, las víctimas ejercieron sendos recursos contencioso administrativos de nulidad con solicitudes de amparo cautelar y medidas cautelares innominadas de protección. El juicio correspondiente que se inició nunca avanzó y para cuando la Corte Interamericana decidió, aún se encontraba en la fase de prueba (párrs. 111, 254).

Aplicando al caso los diversos parámetros para juzgar si en esa situación hubo vulneración del artículo 8.1 de la Convención por incumplimiento del "derecho al plazo razonable" en lo que respecta al recurso de nulidad, la Corte examinó los cuatros criterios establecidos en su jurisprudencia en la materia relativos a) la complejidad del asunto; b) la actividad procesal del interesado; c) la conducta de las autoridades judiciales; y d) la afectación generada en la situación jurídica de las personas involucradas en el proceso; precisando además, que correspondía al Estado "justificar, con fundamento en los criterios señalados, la razón por la cual ha requerido del tiempo transcurrido para tratar el caso y, en caso de no demostrarlo, la Corte tiene amplias atribuciones para hacer su propia estimación al respecto" (párr. 255), habiendo concluido que al no haberse decidido nunca el caso, no podía caber duda alguna "que Venezuela vulneró el derecho al plazo razonable previsto en el artículo 8.1 en relación con el artículo 1.1 de la Convención Americana" en perjuicio de las víctimas, condenando al Estado por ello.

2. *Violación del derecho a plazo razonable en la decisión de la petición de amparo cautelar formulada junto con el recurso contencioso administrativo*

Como es bien sabido, pero a la vez a veces bien incomprendido por la Corte Interamericana,[5] en Venezuela el amparo como derecho de protección de los derechos fundamentales, no solo puede demandarse mediante una acción autónoma de amparo, sino también conjuntamente con otras acciones, como pretensión de amparo, tal como se establece expresamente en la Ley Orgánica de Amparo sobre derechos y garantías constitucionales desde 1988. Ese es quizás el signo más distintivo de la regulación de la institución del amparo en Venezuela.[6]

Con base en ello, las víctimas, en el caso, conjuntamente con la acción de nulidad contencioso administrativa que intentaron contra las decisiones de no renovar la concesión y dar por terminado el procedimiento de transformación de las mismas, solicitaron a la Sala Constitucional conforme al artículo 5 de la Ley Orgánica de Amparo, que decretara una medida de amparo cautelar y

---

5   Véase Allan R. Brewer-Carías, *El caso Allan R. Brewer-Carías vs. Venezuela ante la Corte Interamericana de Derechos Humanos. Estudio del caso y análisis crítico de la errada sentencia de la Corte Interamericana de Derechos Humanos Nº 277 de 26 de mayo de 2014*, Colección Opiniones Y Alegatos Jurídicos, Nº 14, Editorial Jurídica Venezolana, Caracas 2014.

6   Véase Allan R. Brewer-Carías, "Sobre las diversas formas de ejercicio del derecho constitucional de amparo en Venezuela: Comentarios a la fallida reforma de la Ley Orgánica de Amparo de 1988, sancionada en 2014," en *El proceso constitucional de amparo. Balance y Reforma*, del Centro de Estudios Constitucionales, Lima 2015.

además, en protección de sus derechos, otras medidas cautelares, que nunca fueron resueltas.

Por ello, la Comisión Interamericana y los representantes de las víctimas alegaron violación del artículo 25.1 de la Convención en razón del retraso en la decisión de las peticiones de amparo cautelar y de otras medidas cautelares. Sobre ello, la Corte reiterando su criterio de "que el amparo debe ser un recurso "sencillo y rápido", en los términos del artículo 25.1 de la Convención," señaló "que otros recursos deben resolverse en un "plazo razonable," conforme al artículo 8.1 de la Convención," (párr. 282), incluyendo entre estos, a las otras medidas cautelares que habían sido solicitada por las víctimas, para concluir que no contaba "con elementos que permitan concluir que la medida cautelar revista una naturaleza igual al amparo cautelar" (párr. 282). El criterio excesivamente formalista de la Corte Interamericana la llevó a concluir entonces que "si bien tanto el amparo cautelar como la medida cautelar pueden obtener el mismo resultado como, por ejemplo, la suspensión de los efectos del acto administrativo cuya anulación se pretende, "la diferencia entre el amparo y otras medidas cautelares, radica en que aquél alude exclusivamente a la violación de derechos y garantías de rango constitucional'" (párr. 283).

Para resolver, la Corte hizo referencia al caso *Apitz Barbera y otros Vs. Venezuela* en el cual diferenció la duración de la resolución del amparo de la duración de la resolución del recurso de nulidad considerando que, aunque ejercidos conjuntamente, tienen fines distintos, concluyendo que la "alegada demora injustificada de un recurso de amparo debe ser analizado a la luz del artículo 25 de la Convención, mientras que los demás recursos deberán ser examinados bajo el "plazo razonable" que emana del artículo 8.1 de la Convención"(párr. 284). Por ello, la Corte pasó a realizar el análisis relativo a la medida cautelar innominada, en relación con la violación al derecho a ser oído dentro de un plazo razonable, contenido en el artículo 8.1 de la Convención Americana (párr.. 285), concluyendo que "el plazo de más de tres meses para resolver dicha medida cautelar vulneró el derecho al plazo razonable" (párr. 286) consagrado en el artículo 8.1 de la Convención, en relación con el artículo 1.1 de la misma, en perjuicio de las víctimas (párr. 287), condenando al Estado por ello.

3.   *Violación de las garantías judiciales en el proceso judicial respecto de la incautación de bienes*

Contra la medida cautelar dictada por la Sala Constitucional del Tribunal Supremo de Justicia, incautando los bienes de RCTV, poniéndolos en posesión de Conatel para su uso por TVes, sin haber garantizado el derecho a la defensa, las víctimas formularon oposición a la misma, la cual nunca fue decidida por la Sala. Como lo argumentó la Comisión Interamericana, la legislación venezolana "contempla la rápida resolución de las oposiciones a las medidas cautelares," considerando que en el caso se había violado el artículo 25 de la Convención, con el resultado de que al no resolverse la oposición formulada, "la medida cautelar que dio lugar a la incautación de los bienes de RCTV, se ha mantenido durante todo el tiempo que la oposición ha estado pendiente de resolución" (párr. 298).

La Corte Interamericana, consideró en cambio que debía analizar los hechos relativos a la oposición de la medida cautelar en el marco del derecho a un plazo razonable, contenida en el artículo 8.1 de la Convención, concluyendo que como desde junio de 2007 no se ha realizado ninguna diligencia en el marco del proceso para resolver dicha oposición (párr. 112), y el Estado no había justificado la existencia de tal retraso e inactividad, declaró como vulnerado el plazo razonable en ese proceso, y además, vulnerado por el Estado, el derecho a ser oído y al plazo razonable contenidos en el artículo 8.1, en relación con el artículo 1.1 de la Convención Americana en perjuicio de las víctimas (párr. 307 y 308), condenando así de nuevo al Estado .

VI. LA EVASIÓN DE LA CORTE INTERAMERICANA EN JUZGAR SOBRE LA ALEGADA FALTA DE INDEPENDENCIA Y AUTONOMÍA DEL PODER JUDICIAL

A lo largo del escrito presentado ante la Corte Interamericana por los representantes de las víctimas, junto con las denuncias de la violación de las garantías judiciales establecidas en la Convención Americana en los procesos administrativos y judiciales desarrollados en el caso, alegaron repetidamente, además, sobre la violación a las mismas garantías por la "falta de independencia e imparcialidad" del Poder Judicial, en especial, del Tribunal Supremo de Justicia al conocer de los procesos judiciales del caso.

Sobre estas denuncias, la Corte Interamericana se limitó a señalar que dicha denuncia sobre el contexto de falta de independencia e imparcialidad en cuanto al recurso contencioso administrativo nunca decidido, que "dicho contexto no fue debidamente alegado y presentado, dado que no se alegaron elementos probatorios que permitan concluir la existencia del mismo en el presente caso" agregando que:

> "no basta con realizar una mención general a un alegado contexto para que sea posible concluir que existía la vulneración, por lo que es necesario que se presenten argumentos concretos sobre la posible afectación en el proceso de la cual se podría derivar la falta de independencia o imparcialidad. Por ello, en los términos que fue presentado por los representantes no es posible concluir la alegada vulneración a la independencia e imparcialidad en este proceso contencioso" (párr. 278).

Dicha excusa para obviar entrar a juzgar sobre la catastrófica falta de independencia del Poder Judicial en Venezuela,[7] la repitió la Corte a lo largo de

---

7   Véase, *en general*, Allan R. Brewer-Carías, "La progresiva y sistemática demolición de la autonomía e independencia del Poder Judicial en Venezuela (1999-2004)," en *XXX Jornadas J.M Domínguez Escovar, Estado de Derecho, Administración de Justicia y Derechos Humanos*, Instituto de Estudios Jurídicos del Estado Lara, Barqui-

la sentencia (párr. 303-305), llegando a indicar en los puntos Resolutivos 11 y 12 de la sentencia, que "no se encuentra probado que el Estado haya violado las garantías de independencia e imparcialidad previstas en el artículo 8.1 de la Convención" en relación con los procesos judiciales en el caso, que además nunca fueron decididos.

Al contrario, el tema fue tratado en varios de los votos particulares de los Jueces, comenzando por el "Voto disidente" del Juez Manuel Ventura Robles, precisamente formulado respecto de esos dos puntos Resolutivos, explicando al contrario de lo resuelto por la Corte que:

> "un punto clave para entender la presente sentencia es la falta de independencia e imparcialidad del Poder Judicial de Venezuela, reiterada por la Corte en las sentencias emitidas en los casos: *Apitz Barbera y Otros*[8], *Reverón Trujillo*[9] *y Chocrón Chocrón*[10], y para comprender la consecuencia de la misma en el presente caso: la violación del derecho de propiedad" (párr. 3).

---

simeto 2005, pp. 33-174; Allan R. Brewer-Carías, "El constitucionalismo y la emergencia en Venezuela: entre la emergencia formal y la emergencia anormal del Poder Judicial," en Allan R. Brewer-Carías, *Estudios sobre el Estado Constitucional (2005-2006)*, Editorial Jurídica Venezolana, Caracas 2007, pp. 245-269; y Allan R. Brewer-Carías "La justicia sometida al poder. La ausencia de independencia y autonomía de los jueces en Venezuela por la interminable emergencia del Poder Judicial (1999-2006)," en *Cuestiones Internacionales. Anuario Jurídico Villanueva 2007,* Centro Universitario Villanueva, Marcial Pons, Madrid 2007, pp. 25-57, *disponible en* www.allanbrewercarias.com, (Biblioteca Virtual, II.4. Artículos y Estudios Nº 550, 2007) pp. 1-37. Véase también Allan R. Brewer-Carías, *Historia Constitucional de Venezuela,* Editorial Alfa, Tomo II, Caracas 2008, pp. 402-454.

8   Caso *Apitz Barbera y otros ("Corte Primera de lo Contencioso Administrativo") vs. Venezuela.* Excepción Preliminar, Fondo, Reparaciones y Costas. Sentencia de 5 de agosto de 2008. Serie C Nº 182, párr. 148. En este caso la Corte declaró que: "el Estado violó el derecho de los señores Apitz, Rocha y Ruggeri a ser juzgados por un tribunal con suficientes garantías de independencia". Ver además párrafos: 109 a 148.

9   Caso *Reverón Trujillo vs. Venezuela.* Excepción Preliminar, Fondo, Reparaciones y Costas. Sentencia de 30 de junio de 2009. Serie C Nº 197, párr. 127. La Corte señaló que "algunas de las normas y prácticas asociadas al proceso de reestructuración judicial que se viene implementando en Venezuela, por las consecuencias específicas que tuvo en el caso concreto, provoca una afectación muy alta a la independencia judicial". Ver además párrafos: 67 a 70, 77 a 79, 81, 114, 121 y 122.

10   Caso *Chocrón Chocrón vs. Venezuela.* Excepción Preliminar, Fondo, Reparaciones y Costas. Sentencia de 1 de julio de 2011. Serie C Nº 227, párr. 142. De acuerdo con la Corte: "la inexistencia de normas y prácticas claras sobre la vigencia plena de garantías judiciales en la remoción de jueces provisorios y temporales, por sus consecuencias específicas en el caso concreto, genera[ron] una afectación al deber de adoptar medidas idóneas y efectivas para garantizar la independencia judicial". *Ver además párrafos: 97 a 110.*

A tal efecto, el Juez Ventura Robles en su Voto Disidente, se refirió a la garantía de la independencia de los jueces como uno de los objetivos principales que tiene la separación de los poderes públicos, con el objeto de "evitar que el sistema judicial y sus integrantes se vean sometidos a restricciones indebidas en el ejercicio de su función por parte de órganos ajenos al Poder Judicial o, incluso, por parte de aquellos magistrados que ejercen funciones de revisión o apelación", abarcando la garantía de la independencia judicial "la garantía contra presiones externas, de tal forma que el Estado debe abstenerse de realizar injerencias indebidas en el Poder Judicial o en sus integrantes; es decir, con relación a la persona del juez específico, y debe prevenir dichas injerencias e investigar y sancionar a quienes las cometan" (párr. 4).

Con base en lo anterior, al referirse al caso *Granier y otros vs. Venezuela*, en lo que respecta al argumento de los representantes sobre la "falta de probidad procesal con la que actuaron las Salas del Tribunal Supremo de Justicia, revelando así una total falta de independencia por parte de ese máximo órgano judicial [así como] una evidente desviación del Poder Público", el Juez Ventura destacó los siguientes puntos:

"i)   la decisión de incautar los bienes de RCTV fue tomada en el marco de los procesos del amparo constitucional y de la demanda por intereses difusos y colectivos en los que se solicitaron medidas cautelares. En uno de dichos procesos el Tribunal Supremo tomó, de oficio y sin que le hubiera sido requerida, la decisión de asignar el uso de los bienes propiedad de RCTV a TVes para que esta última pudiera transmitir en todo el territorio nacional;

ii)   para el momento en que se dictó la medida cautelar que otorgaba el uso de los bienes a CONATEL, TVes había sido recientemente creada y no contaba con la infraestructura necesaria para la transmisión a nivel nacional, por lo que el Tribunal Supremo le otorgó de oficio el uso de los bienes propiedad de RCTV;

iii)   los representantes de RCTV no tuvieron oportunidad de participar en el proceso de manera directa, ya que aun cuando la medida cautelar resolvería sobre el uso de los bienes propiedad de RCTV, no fueron ni citados a comparecer ni notificados de manera directa, y solo tenían oportunidad de intervenir en el proceso como coadyuvantes, y

iv)   después de más de siete años, la medida cautelar continúa vigente permitiendo el uso por parte del Estado de los bienes propiedad de RCTV, sin que el TSJ haya realizado ninguna diligencia para resolver la oposición a esta medida cautelar." (párr. 6)

De todo lo anterior, el Juez Ventura Robles concluyó afirmando con razón que "la actuación del Tribunal Supremo de Justicia coadyuvó con las decisiones tomadas por órganos del Poder Ejecutivo respecto a reservarse el uso del espectro asignado inicialmente a RCTV y la creación de un canal de televisión propiedad del Estado, puesto que la medida cautelar innominada fue ordenada por el TSJ con la finalidad de otorgarle al canal estatal recién creado los bienes que necesitaba para operar" (párr.. 7); es decir, que:

"la actuación del Tribunal Supremo contribuyó con la desviación de poder, haciendo uso de una facultad permitida con el objetivo ilegítimo de cooperar con las decisiones tomadas por órganos del Poder Ejecutivo. El Tribunal Supremo de Justicia actuó con falta de independencia al decidir la medida cautelar innominada sobre el uso de los bienes de RCTV" (párr. 8).

De todo lo anterior dedujo con razón el Juez Ventura Robles, que "a pesar de que en la demanda por intereses difusos y colectivos se solicitaba al Tribunal Supremo permitir a RCTV continuar con sus transmisiones, el TSJ decidió de oficio asignar a TVes el uso de los bienes de RCTV," de lo que resultó que "el TSJ intervino en la decisión de las medidas cautelares con una posición previamente tomada, que era coadyuvar con las decisiones de los órganos del Poder Ejecutivo, protegiendo los intereses de TVes y otorgándole los bienes que requería para comenzar a operar;" todo lo cual "manifiesta una falta de imparcialidad en la actuación de la Sala Constitucional al resolver la medida cautelar." (párr. 9). Por ello, a juicio del Juez Ventura Robles, sin duda, "el Tribunal Supremo de Justicia incumplió con la garantía de imparcialidad en la resolución de la decisión sobre el uso de los bienes de RCTV y el Estado violó el derecho de propiedad al seguir el Tribunal sin independencia alguna, la línea del Poder Ejecutivo, que despojó, arbitrariamente, de sus bienes a RCTV" (párr. 9). [11]

Por su parte, el Juez Eduardo Vio Grossi, en su "Voto Individual Concurrente" a la sentencia, se refirió igualmente a la gran incidencia que tiene en el ejercicio efectivo de la democracia y, por ende, de la libertad de pensamiento y de expresión, el principio de separación de poderes y, más específicamente, el de la independencia del poder judicial, destacando, en lo que se refiere a la independencia del Poder Judicial en Venezuela, lo que la propia Corte Interamericana refirió en el caso *Chocrón Chocrón Vs. Venezuela,* al señalar:

"en el 2010 el Poder Judicial tenía un porcentaje de jueces provisorios y temporales de aproximadamente el 56%, conforme a lo señalado en el discurso de la Presidenta del TSJ, porcentaje que en la época de los hechos del presente caso alcanzó el 80%. Esto, además de generar obstá-

---

11   Como lo analizamos en su momento en Allan R. Brewer-Carías, "El juez constitucional en Venezuela como instrumento para aniquilar la libertad de expresión plural y para confiscar la propiedad privada: El caso RCTV", *Revista de Derecho Público*", Nº 110, (abril-junio 2007), Editorial Jurídica Venezolana, Caracas 2007, pp. 7-32. Publicado en *Crónica sobre la "In" Justicia Constitucional. La Sala Constitucional y el autoritarismo en Venezuela,* Colección Instituto de Derecho Público. Universidad Central de Venezuela, Nº 2, Editorial Jurídica Venezolana, Caracas 2007, pp. 468-508.

culos a la independencia judicial, resulta particularmente relevante por el hecho de que Venezuela no ofrece a dichos jueces la garantía de inamovilidad que exige el principio de independencia judicial. Además, la Corte observa que los jueces provisorios y temporales son nombrados discrecionalmente por el Estado, es decir, sin la utilización de concursos públicos de oposición y muchos de éstos han sido titularizados a través del denominado 'Programa Especial para la Regularización de la Titularidad' (PET). Esto quiere decir que las plazas correspondientes han sido provistas sin que las personas que no hagan parte del Poder Judicial hayan tenido oportunidad de competir con los jueces provisorios para acceder a esas plazas. Tal como fue señalado en el caso Reverón Trujillo, a pesar de que a través del PET se adelantan evaluaciones de idoneidad, este procedimiento otorga estabilidad laboral a quienes fueron inicialmente nombrados con absoluta discrecionalidad."[12]

El Juez Eduardo Ferrer Mac Gregor también se refirió al tema de la falta de independencia judicial, expresando en su "Voto Parcialmente Disidente" que difería "de la mayoría en cuanto a que no se comprobó la violación a las garantías de independencia e imparcialidad contenidas en el artículo 8.1 en relación con el artículo 1.1 de la Convención (Resolutivos 11 y 12 de la Sentencia)." El Juez Ferrer, al contrario, estimó que:

"al haberse declarado y probado en el caso la existencia de una "desviación de poder", debido a que se hizo uso de una facultad permitida del Estado con el objetivo de "alinear editorialmente" al medio de comunicación con el gobierno, la consecuencia lógica y coherente sería haber declarado también violada las garantías de independencia e imparcialidad judicial que prevé el artículo 8.1 de la Convención Americana. Lo anterior debido a que la finalidad no declarada en las actuaciones en sede de los procedimientos administrativos y, particularmente, de la Sala Constitucional del Tribunal Supremo de Justicia, al resolver de oficio las "medidas cautelares innominadas", denotan, en su conjunto, que coadyuvaron a la intención real y finalidad no declarada, consistente en acallar las voces críticas del gobierno a través del cierre de RCTV. Además, dicho análisis debió necesariamente vincularse con el "contexto" probado por la Corte IDH; esto es, con motivo de que "el Tribunal considera que fueron probados, en el presente caso, el 'ambiente de intimidación' generado por las declaraciones de altas autoridades estatales en contra de medios de comunicación independientes" y "un discurso proveniente de sectores oficialistas de descrédito profesional contra los periodistas" (párr. 125).

Es decir, de acuerdo con lo expresado por el Juez Ferrer Mac Gregor, "al haber quedado demostrado plenamente que en el caso se configuró una "des-

---

12 Caso *Chocrón Chocrón Vs. Venezuela*. Excepción Preliminar, Fondo, Reparaciones y Costas. Sentencia de 1 de julio de 2011. Serie C N° 227, párr. 110.

viación de poder" —decidido por unanimidad en la Sentencia—, debido a que se hizo uso de una facultad permitida del Estado con el objetivo de "alinear editorialmente" al medio de comunicación con el gobierno; la consecuencia lógica y natural era no sólo declarar la violación del artículo 13, sino también del artículo 8.1 de la Convención Americana en relación con las garantías de independencia e imparcialidad" (párr. 127).

Esa falta de independencia e imparcialidad del Poder Judicial, en el caso decidido por la Corte Interamericana quedó evidenciada en particular con la actuación de la Sala Constitucional del Tribunal Supremo de Justicia, como lo destacó el Juez Mac Gregor, cuando la misma "determinó asignar el uso de los bienes propiedad de RCTV a TVes a través del otorgamiento de las medidas cautelares en dos procesos donde se le hacían requerimientos contrarios" (párr.. 135), a pesar de que en la demanda por intereses difusos y colectivos se solicitaba al Tribunal Supremo lo contrario, es decir, permitir a RCTV continuar con sus transmisiones. Es decir, como lo observó el Juez Mac Gregor, "el Tribunal Supremo de Justicia decidió, de oficio, asignar a TVes el uso de los bienes de RCTV," con lo que quedó reflejado "que el análisis de los hechos, planteados en la demanda, fue realizado con base en la decisión previamente tomada de otorgar a TVes la plataforma y los bienes que necesitaba para poder transmitir a nivel nacional" (párr.. 135), [13] todo lo cual ponía en evidencia, a juicio del Juez Ferrer Mac Gregor:

> "una clara falta de imparcialidad en la actuación de la Sala Constitucional al resolver la medida cautelar presentada conjuntamente con la demanda por intereses difusos y colectivos; lo que corrobora que el Tribunal Supremo contribuyó con la finalidad no declarada e ilegítima (desvío de poder)" (¶ 135).

En fin, concluyó el Juez Ferrer Mac Gregor en su Voto Parcialmente Disidente, que "la Corte IDH debió establecer que el Tribunal Supremo de Justicia incumplió con las garantías de independencia e imparcialidad en la resolución de la decisión sobre la incautación de los bienes de RCTV, situación que también se advierte respecto del recurso contencioso de nulidad, ya que todas estas resoluciones, en su conjunto, coadyuvan con la decisión previa, tomada por las autoridades del poder ejecutivo, de no renovar la concesión de RCTV" (párr. 136).

---

13   Tal como lo analizamos en su momento en Allan R. Brewer-Carías, "El juez constitucional en Venezuela como instrumento para aniquilar la libertad de expresión plural y para confiscar la propiedad privada: El caso RCTV", *Revista de Derecho Público*", Nº 110, (abril-junio 2007), Editorial Jurídica Venezolana, Caracas 2007, pp. 7-32. Publicado en *Crónica sobre la "In" Justicia Constitucional. La Sala Constitucional y el autoritarismo en Venezuela*, Colección Instituto de Derecho Público. Universidad Central de Venezuela, Nº 2, Editorial Jurídica Venezolana, Caracas 2007, pp. 468-508.

VII. LA BIZARRA "ACCIÓN DE CONTROL DE CONVENCIONA-LIDAD" INTENTADA POR EL PROPIO ESTADO VENEZOLANO CONTRA LA SENTENCIA DE LA CORTE INTERAMERICANA QUE LO CONDENÓ, ANTE SU PROPIO TRIBUNAL SUPREMO Y LA DECLARATORIA DE SU INEJECUTABILIDAD POR LA SALA CONSTITUCIONAL

La inexcusable evasiva de la Corte Interamericana de Derechos Humanos en proceder a juzgar y condenar al Estado venezolano por violación de la garantía judicial prevista en el artículo 8.1 de la Convención Americana por falta de independencia e imparcialidad del Poder Judicial, y en particular del Tribunal Supremo, es muy posible que se comience a disipar ya definitivamente, después de que de nuevo, en un breve lapso de 24 horas después de publicada la sentencia de la Corte Interamericana en el caso *Granier y otros (RCTV) vs. Venezuela*, la Sala Constitucional del Tribunal Supremo de Justicia, a solicitud de los abogados del propio Estado, declarara dicha sentencia como "inejecutable" en Venezuela, mediante la sentencia N° 1175 de 10 de septiembre de 2015.[14]

1. *La interposición por el Estado de una acción de "control de convencionalidad" de la sentencia de la Corte Interamericana ante la Sala Constitucional*

Para lograr ese "récord" judicial, los representantes de la Procuraduría General de la República, al día siguiente de la publicación de la sentencia de la Corte Interamericana, el 9 de septiembre de 2015, invocando el artículo 335 de la Constitución que lo que regula es el control de constitucionalidad de las leyes y demás actos del Estado venezolano de ejecución directa de la Constitución, intentaron lo que denominaron una "acción de control de convencionalidad" "con respecto al sentido, alcance y aplicabilidad de la decisión tomada por la Corte Interamericana de Derechos Humanos en fecha 22 de junio de 2015, en el *caso Granier y otros (Radio Caracas Televisión) Vs. Venezuela*, con fundamento en la Convención Interamericana sobre Derechos Humanos," solicitando de la Sala que declarase la "*inejecutabilidad*" de dicha sentencia mediante "sentencia definitivamente firme sin relación ni informes."

Los abogados del Estado, en efecto, argumentaron que las dudas sobre la sentencia dictada por la Corte Interamericana provenían de que en la misma:

"no sólo se hacen declaraciones acerca de las supuestas violaciones a derechos humanos por parte del Estado Venezolano a los solicitantes; sino que adicionalmente el fallo contiene órdenes de hacer que a juicio de esta Procuraduría coliden directamente con normas de protección consti-

---

14 Véase en http://historico.tsj.gob.ve/decisiones/scon/septiembre/181181-1175-10915-2015-15-0992.HTML.

tucional establecidas en el ordenamiento jurídico venezolano, tal y como explicaremos más adelante en el presente escrito recursivo."

Sobre ello, los representantes del Estado consideraron que era "de vital importancia" el "determinar el sentido, alcance y ejecutabilidad del fallo, cuyo control de convencionalidad" solicitaron, para poder cumplir cabalmente con sus "competencias como órgano asesor, representante y defensor de los intereses patrimoniales de la República," pues de la "simple lectura del fallo" le surgían:

"serias dudas acerca de la posibilidad de ejecutar las órdenes contenidas en el mismo sin transgredir el ordenamiento constitucional venezolano y más importante aún, sin violar derechos humanos y derechos subjetivos de terceros, legítimamente adquiridos; como consecuencia de la no renovación del Contrato de Concesión del espacio radioeléctrico que había sido otorgada a la empresa RCTV, S.A. y que venció el día 27 de mayo de 2007."

Alegaron además los representantes del Estado, que:

"la ejecución de las mencionadas órdenes implicarían además el desconocimiento de otros actos y procedimientos administrativos llevados a cabo por el Estado Venezolano, a través de los cuales se terminó otorgando bajo régimen de concesión, el uso de la mencionada frecuencia radioeléctrica a la empresa TVes, quien vería interrumpido su uso de manera abrupta, sin que mediara procedimiento o justificación alguna."

De allí, concluyeron los abogados del Estado que "sea materialmente imposible para el Estado Venezolano proceder a ejecutar la Sentencia mencionada sin incurrir a su vez en violación de derechos constitucionales de los trabajadores del periodismo que hacen vida en el canal de televisión que hoy en día ostenta el uso de la frecuencia radioeléctrica correspondiente al canal 2;" destacando además, una supuesta "incongruencia" de la sentencia:

"que la hace igualmente inejecutable, al realizar declaraciones evidentemente contradictorias, toda vez que por una parte se señala expresamente que "...no se encuentra probado que el Estado haya violado el derecho de propiedad privada, contemplado en el artículo 21, en relación con el artículo 1.1 de la Convención Americana...", para luego ordenar, por una parte, el restablecimiento de la concesión y por la otra, "...la apertura de un proceso abierto, independiente y transparente para el otorgamiento de la frecuencia del espectro radioeléctrico correspondiente al canal 2 de televisión..."

2. *Sobre la supuesta competencia de la Sala Constitucional para controlar la constitucionalidad de las sentencias de la Corte Interamericana de Derechos Humanos*

Para entrar a conocer de la acción interpuesta, y sobre su propia competencia, la Sala Constitucional invocó lo que había decidido en la sentencia N°

1.547 de 17 de noviembre de 2011 (Caso *Estado Venezolano vs. Corte Interamericana de Derechos Humanos*),[15] mediante la cual declaró "inejecutable" la sentencia dictada por la Corte Interamericana dictada un mes antes en el caso *Leopoldo López vs. Venezuela*, y en la cual inventó que además de velar por la uniforme interpretación y aplicación de la Constitución,

> "tiene la facultad, incluso de oficio, de *"verificar la conformidad constitucional del fallo emitido por la Corte Interamericana de Derechos Humanos, control constitucional que implica lógicamente un 'control de convencionalidad' (o de confrontación entre normas internas y tratados integrantes del sistema constitucional venezolano)."*

Con base en ello, la Sala Constitucional, simplemente, cambió la calificación de la acción intentada, que denominó como acción de "control de constitucionalidad," o "una modalidad innominada de control concentrado," ratificando que le correspondía "ejercer un control sobre la sentencia a ejecutar, ante una aparente antinomia" entre la Constitución y la Convención Americana de Derechos Humanos, "producto de la pretendida ejecución del fallo dictado el 22 de junio de 2015 por la Corte Interamericana de Derechos Humanos, que condenó a la República Bolivariana de Venezuela," por violación de derechos de las víctimas y a ejecutar medidas reparadoras.

3. *Sobre el control ejercido por la Sala Constitucional sobre los argumentos empleados por la Corte Interamericana en su sentencia*

Establecida su competencia, la Sala Constitucional, "en su condición de órgano encargado de velar por la supremacía y efectividad de las normas y principios constitucionales," consideró que debía:

> "emitir el respectivo control constitucional del fallo dictado el 22 de junio de 2015 por la Corte Interamericana, *no para ejercer control sobre los argumentos en los que se sustentó el fallo emitido por la Corte Interamericana de Derechos Humanos*, ya que no es su alzada, sino para determinar sí es conforme o no con los principios, garantías y normas constitucionales."

Sin embargo, lo primero y único que hizo la Sala Constitucional en su sentencia, contrariamente a esta afirmación, fue precisamente "ejercer control sobre los argumentos" esgrimidos por la Corte Interamericana al admitir la demanda en protección de los derechos humanos de los accionistas, directivos y trabajadores de la empresa RCTV, como personas naturales, y no de la

---

15 Véase en http://www.tsj.gov.ve/decisiones/scon/Octubre/1547-171011-2011-11-1130.html. Véase sobre dicha sentencia, Allan R. Brewer-Carías, "El ilegítimo "control de constitucionalidad" de las sentencias de la Corte Interamericana de Derechos Humanos por parte la Sala Constitucional del Tribunal Supremo de Justicia de Venezuela: el caso de la sentencia *Leopoldo López vs. Venezuela, 2011*," en *Constitución y democracia: ayer y hoy. Libro homenaje a Antonio Torres del Moral*. Editorial Universitas, Vol. I, Madrid, 2013, pp. 1095-1124.

persona jurídica (RCTV), haciendo referencia a una supuesta "orden imparti-da por la Corte, en el sentido de reparar el supuesto daño a la empresa Radio Caracas Televisión, como si se tratara de una víctima de violación de los derechos humanos," lo cual, como resulta de la simple lectura de la sentencia de la Corte, no es cierto. Para hacer esa afirmación, sin embargo, la Sala Constitucional no hizo otra cosa que actuar como una supuesta "alzada" de la Corte Interamericana al concluir que en la sentencia "controlada":

> "se denota una hilación entre la simple argumentación de la Corte pa-ra declarar la improcedencia de las excepciones del Estado venezolano, por una parte, y, por la otra, en el desarrollo del fallo contradice su pro-pio argumento correspondiente a que su decisión tutela derechos indivi-duales de personas naturales y no de personas jurídicas cuando se ex-tienden en explicar cómo el Estado venezolano vulneró el derecho a la propiedad del grupo de trabajadores, directivos y periodistas o de la per-sona jurídica RCTV."

Y para fundamentar su control sobre la sentencia, la Sala Constitucional apeló a la argumentación del Voto Disidente del Juez Alberto Pérez Pérez a la sentencia controlada, quién según la Sala, encontró "contradicciones *en los argumentos* de la sentencia en relación al dispositivo," de lo cual la Sala Constitucional simplemente concluyó que:

> "el presente fallo de la Corte Interamericana resulta inejecutable en derecho, por cuanto el mismo contraviene el artículo 1 de la Convención Interamericana de Derechos Humanos, ya que se ordena la restitución de los derechos de la empresa Radio Caracas Televisión C.A., mediante el mantenimiento de una concesión del espectro radioeléctrico, correspon-diente al canal 2 de televisión, lo cual atenta contra el derecho irrenun-ciable del Pueblo venezolano a la autodeterminación, a la soberanía y a la preeminencia de los derechos humanos."

La Sala Constitucional continuó el ejercicio del control que se arrogó so-bre la sentencia de la Corte Interamericana, precisamente haciendo lo que afirmó no haría, es decir, "controlando los argumentos de la sentencia," para lo cual hizo referencia al "alegato formal y estrictamente procesal" sobre "la pretendida extemporaneidad y preclusividad" de la excepción sobre agota-miento de los recursos internos opuesta por el Estado, utilizado, para "deses-timarla" y haber así asumido la Corte Interamericana la jurisdicción para conocer de un caso, "sobre el cual actualmente cursan procesos ante la juris-dicción interna de la República." La Sala agregó que por el "principio de subsidiariedad," solo correspondía al Estado "resolver las denuncias de su-puestas violaciones de derechos humanos," por "razones de soberanía nacio-nal," y porque supuestamente "es precisamente el Estado el más enterado de la situación, el más capacitado para corregirla y el más interesado en resolver el conflicto planteado."

Aparte de que lo último mencionado evidentemente que no es ni era cierto en la situación de un Poder Judicial sometido al control político, y además, porque los juicios pendientes en Venezuela, después de ocho años, no habían pasado de la etapa de promoción de pruebas, con esa argumentación, la Sala Constitucional lo que hizo no fue otra cosa que controlar la argumentación de la sentencia internacional, como si fuera tribunal de alzada de la Corte Interamericana.

No tiene sentido alguno, por tanto, que la Sala Constitucional en Venezuela argumente para controlar la sentencia de la Corte Interamericana que ésta habría decidido "sin ningún sustento jurídico, que los recursos ejercidos en el derecho no han sido debidamente tramitados, en franca violación a los derechos humanos a la defensa, a un proceso con todas las garantías, al acceso a la justicia y a la tutela judicial efectiva por parte de esa Corte que está llamada a tutelar derechos humanos de todas las personas," cuando ello es lo más evidente que ocurrió en el caso, y por eso, la condena al Estado por violación de las garantías judiciales establecidas en el artículo 8.1 de la Convención, al violarse con ese retardo en decidir el derecho al plazo razonable, y además las garantías al debido proceso, a ser oídos y a la defensa.

Por tanto, el mismo argumento de la Sala Constitucional en su sentencia al ejercer "el presente control de constitucionalidad" sobre los argumentos empleados por la Corte Interamericana aduciendo que "actualmente continúan los trámites jurídicos de algunos recursos internos que se siguen ante la jurisdicción venezolana, referidos al caso de la no renovación de la concesión a RCTV," y de que por eso, no se habrían agotado los recursos internos, no es más que una admisión y confesión del propio Estado condenado, expresada a través del máximo tribunal de la República, de la violación de las garantías judiciales de las víctimas.[16]

La conclusión de toda la sentencia de la Sala Constitucional, en la cual hizo precisamente lo que anunció no haría, que era ejercer el "control sobre

---

16 Ello se ratifica en otras partes de la sentencia de la Sala Constitucional, como cuando afirma que: "Anteriormente esta Sala se refirió a la falta de argumentación de la Corte en sus consideraciones para desestimar las excepciones alegadas por el Estado venezolano, sobre la falta de agotamiento de los recursos en jurisdicción interna. Al respecto, el fallo de la Corte se limita a enunciar de vaga manera el supuesto retardo injustificado de este Tribunal Supremo de Justicia para decidir las acciones ejercidas por la "persona jurídica RCTV" abriendo así la posibilidad de inmiscuirse de forma arbitraria e irrespetuosa en el libre desenvolvimiento de los procesos judiciales existentes en la República Bolivariana de Venezuela, referidos a la decisión de la Comisión Nacional de Telecomunicaciones (CONATEL), a no renovar la concesión para la explotación del espacio radioeléctrico a la "persona jurídica RCTV", la cual no debe verse como una violación de derechos humanos, pues el demandante es una persona jurídica, sino como una solicitud de nulidad de un acto administrativo realizado por el organismo del Ejecutivo Nacional, al que la Ley Orgánica de Telecomunicaciones (LOTEL) le ha asignado la atribución de otorgar o no un espacio a cualquiera que solicite la explotación del espectro radioeléctrico.

los argumentos" empleados por la Corte Internacional para dictar su sentencia como si fuera un tribunal de alzada, fue precisamente que "la motivación de la Corte para desechar la excepción interpuesta por el Estado venezolano es insuficiente," quedando supuestamente "demostrado que la Corte Interamericana de Derechos Humanos violó el artículo 46 de la propia Convención Americana de Derechos Humanos, toda vez que tramitó la referida causa a pesar de que la petición formulada por las supuestas víctimas era inadmisible por no haberse agotados los recursos en la jurisdicción interna."

En todo caso, la Sala Constitucional continuó en su fallo ejerciendo "el control sobre los argumentos" empleados por la Corte Interamericana para decidir sobre las violaciones a la libertad de expresión, a la no discriminación, y a las garantías judiciales, el derecho al plazo razonable y de protección judicial en el procedimiento de renovación de la concesión a RCTV en perjuicio de sus accionistas, directivos y trabajadores, achacando a la Corte Interamericana la violación de la propia Convención al afirmar simplemente y por lo demás, sin ningún sustento, que:

> "tales circunstancias, además de contrariar realmente los propios derechos que pretenden tutelarse, soslayan otros tantos derechos humanos, como lo son el derecho a obtener decisiones congruentes y motivadas, el derecho al juez natural (competente, independiente e imparcial), el derecho al debido proceso y, en fin, el derecho a la tutela judicial efectiva, lo cuales se vinculan a las garantías judiciales previstas en el artículo 8 de la Convención Americana de Derechos Humanos, citado como fundamento de la decisión *sub examine*."

Por último, la Sala Constitucional invocó lo resuelto en su sentencia Nº 1.309 del 1 de noviembre de 2000, cuando declaró que "la propia Constitución, además de haber creado la Sala Constitucional dentro del Tribunal Supremo de Justicia, la concibió como un órgano jurisdiccional competente para asegurar la integridad, supremacía y efectividad de la Constitución," lo que le atribuye competencia para ejercer "la tutela constitucional en su máxima intensidad, al punto de constituirse en el máximo intérprete y garante de la Constitución, al tiempo de ser el ente rector del aparato jurisdiccional respecto a su aplicación." De ello, la Sala determinó que luego de "considerar la solicitud de control de constitucionalidad que ha planteado la Procuraduría General de la República," y de examinar "la sentencia de la Corte Interamericana de Derechos Humanos:"

> "resulta inaceptable que se pretenda desvirtuar la efectividad y supremacía constitucional, intentando imponer al Estado Venezolano obligaciones que no sólo serían consecuencia de argumentos y conclusiones contradictorias carentes de veracidad, sino que se instituyen en enunciados total y absolutamente incompatibles con la Constitución de la República Bolivariana de Venezuela."

Razón por la cual, la Sala Constitucional del Tribunal Supremo terminó su sentencia de "control de constitucionalidad" de la sentencia de la Corte Interamericana de Derechos Humanos de fecha 22 de junio de 2015 dictada en el caso *Granier y otros (RCTV) vs. Venezuela*, declarando que la misma se dictó "en franca violación a la Convención Americana sobre Derechos Humanos, a otros instrumentos internacionales sobre la materia y a la Constitución de la República Bolivariana de Venezuela," y por tanto, declarando que la misma es "inejecutable":

> "por constituir una grave afrenta a la Constitución de la República Bolivariana de Venezuela y al propio sistema de protección internacional de los derechos humanos.

Se recuerda, por supuesto, que no fue la primera vez que la Sala Constitucional ha declarado como "inejecutables sentencias" de la Corte Interamericana de condena al Estado Venezolano. Ya ocurrió con la sentencia dictada por la Corte Interamericana el 5 de agosto de 2008 (Caso *Apitz Barbera y otros ("Corte Primera de lo Contencioso Administrativo") vs. Venezuela* que había condenado al Estado por la violación de las garantías judiciales de unos Jueces superiores, ordenando reincorporarlos a cargos similares en el Poder Judicial, la cual tres meses después, fue objeto de control de constitucionalidad por la Sala Constitucional mediante sentencia N° 1.939 de 12 de diciembre de 2008,[17] que la declaró inejecutable en Venezuela; y ocurrió lo mismo con la sentencia de la Corte Interamericana, antes mencionada, dictada en el caso *Leopoldo López vs Venezuela*, que la Sala Constitucional mediante sentencia N° 1.547 de 17 de noviembre de 2011 (Caso *Estado Venezolano vs. Corte Interamericana de Derechos Humanos*),[18] también declarada como "inejecutable."

En estas dos sentencias, la Sala Constitucional concluyó con la exhortación al Ejecutivo Nacional de denunciar la Convención Americana de Dere-

---

17 Véase en http://www.tsj.gov.ve/decisiones/scon/Diciembre/1939-181208-2008-08-1572.html Véase los comentarios sobre esa sentencia en Allan R. Brewer-Carías, "La interrelación entre los Tribunales Constitucionales de América Latina y la Corte Interamericana de Derechos Humanos, y la cuestión de la inejecutabilidad de sus decisiones en Venezuela," en Armin von Bogdandy, Flavia Piovesan y Mariela Morales Antoniazzi (Coordinadores), *Direitos Humanos, Democracia e Integraçao Jurídica na América do Sul*, Lumen Juris Editora, Rio de Janeiro 2010, pp. 661-70; y en *Anuario Iberoamericano de Justicia Constitucional*, Centro de Estudios Políticos y Constitucionales, N° 13, Madrid 2009, pp. 99-136.

18 Véase en http://www.tsj.gov.ve/decisiones/scon/Octubre/1547-171011-2011-11-1130.html. Véase sobre dicha sentencia, Allan R. Brewer-Carías, "El ilegítimo "control de constitucionalidad" de las sentencias de la Corte Interamericana de Derechos Humanos por parte la Sala Constitucional del Tribunal Supremo de Justicia de Venezuela: el caso de la sentencia *Leopoldo López vs. Venezuela, 2011*," en *Constitución y democracia: ayer y hoy. Libro homenaje a Antonio Torres del Moral*. Editorial Universitas, Vol. I, Madrid, 2013, pp. 1095-1124.

chos Humanos, lo que finalmente se materializó en 2012, mediante comunicación N° 125 de 6 de septiembre de 2012 dirigida por el entonces Canciller de Venezuela, Nicolás Maduro, quien actualmente ejerce la Presidencia, dirigida al Secretario General de la OEA.[19] Por tanto, en la sentencia de la Sala Constitucional declarando inejecutable la sentencia de la Corte Interamericana en el caso *Granier y otros (RCTV) vs. Venezuela* de fecha 22 de junio de 2015, denunciada la Convención, lo que hizo la Sala Constitucional fue "sugerir" que el Estado venezolano acusara a los Jueces de la Corte Interamericana ante la Asamblea General de la OEA, proponiendo:

> "al Ejecutivo Nacional, a quien corresponde dirigir las relaciones y política exterior de la República Bolivariana de Venezuela, a tenor de lo dispuesto en el artículo 236, numeral 4, de la Constitución de la República Bolivariana de Venezuela, así como al órgano asesor solicitante de conformidad con el artículo 247 *eiusdem,* para que evalúen la posibilidad de remitir a la Asamblea General de la Organización de Estados Americanos, copia de este pronunciamiento con el objeto de que ese órgano analice la presunta desviación de poder de los jueces integrantes de la Corte Interamericana de Derechos Humanos."

VIII. UNA NUEVA VIOLACIÓN A LA CARTA DEMOCRÁTICA INTERAMERICANA POR PARTE DEL ESTADO VENEZOLANO SOBRE LA CUAL LA CORTE ESTÁ OBLIGADA A PRONUNCIARSE

La sentencia de la Corte Interamericana de Derechos Humanos condenando al Estado venezolano hizo expresa referencia al artículo 4 de la Carta Democrática Interamericana, en el cual se identifica a "la libertad de expresión y de prensa" como uno de los elementos fundamentales de la democracia, por lo que al declararse violado dicho derecho, ello sin duda implica la violación de la propia Carta por parte del Estado. Por ello, con la sentencia de la Sala Constitucional desconociendo la sentencia de la Corte Interamericana que declaró culpable al Estado por violación a la libertad de expresión de las víctimas, declarándola inejecutable, puede decirse que se ha producido una nueva violación a la Carta.

En efecto, tal como lo destacó el Juez Eduardo Vio Grossi en su "Voto Individual Concurrente" a la sentencia del *Caso Granier y otros (Radio Caracas Televisión) vs. Venezuela*, haciendo referencia al rol de la Corte Interamericana en relación con la obligación del Estado en respetar y acatar la sentencia, ello significa que ante la rebelión del Estado en ejecutar la decisión de la Corte Interamericana, materializada con la sentencia de la Sala Constitucional N° 1.175 de 10 de septiembre de 2015, que constituye el primer informe que el Estado debía rendir ante la Corte Interamericana sobre "las medidas adoptadas

---

19   Véase el texto en http://www.minci.gob.ve/wp-content/uploads/2013/09/Carta-Retiro-CIDH-Firmada-y-sello.pdf.

para cumplir con la misma" conforme a lo indicado en la sentencia de la Corte (párr.. 419-20), ésta tiene ahora la obligación, en virtud del dispositivo de la propia sentencia, de declarar que ha habido incumplimiento "íntegro" de la sentencia por parte del Estado, lo cual la obliga a plantearlo como violación de la Carta Democrática ante los órganos del Sistema Interamericano.

En efecto, como lo destacó el Juez Vio Grossi en su "Voto Individual Concurrente" "la Carta Democrática Interamericana es, a la vez, una "resolución de una organización internacional declarativa de derecho" y una "interpretación auténtica" de los tratados a que se refiere, incluyendo la Convención Americana, "en lo atingente, ambas, a la democracia" (párr. A.1). Se trata de "una fuente auxiliar del Derecho Internacional, incluso de mayor relevancia que la jurisprudencia de la Corte, en tanto determina, por parte de los Estados Partes de las mismas, las reglas convencionales en la materia en cuestión", es decir, la democracia (párr. A.2).

Conforme a la Carta, por tanto, "el ejercicio efectivo de la democracia en los Estados americanos constituye una obligación jurídica internacional" habiéndose adoptado la misma "con la finalidad tanto de que se resguardara debida y oportunamente la plena vigencia de la democracia como de que, en el evento en que en un Estado americano se viera alterada, ella fuese prontamente restablecida" (párr. A.a.1).

Lo importante, en todo caso, es que la Carta Democrática fue "suscrita para ser aplicada, es decir, para que tenga *efecto útil* y para que su valor lo sea para todos los Estados miembros de la OEA y para todos los órganos del Sistema Interamericano, incluyendo, consecuentemente, a la Corte (párr. A.a.3), y si bien, como destacó el Juez Vio Grossi, la sentencia indica que la misma fue invocada respecto de Venezuela en 2002, con ocasión del golpe de estado ocurrido para la restauración del estado de derecho, nada autoriza "bajo ninguna circunstancia o pretexto alguno, a las legítimas autoridades restablecidas en sus cargos, a violar los derechos humanos de quienes presumiblemente hubiesen participado en aquel ilícito internacional y menos aún, hacerlo años después de acontecido el mismo y sin que se les haya incoado acción judicial alguna por tal motivo" (párr. A.a.3).

Ahora bien, como lo destacó el juez Vio Grossi, la Corte Interamericana tiene competencia "para considerar, en los casos que le son sometidos y conoce, la conformidad o disconformidad de la conducta del Estado con la Carta Democrática Interamericana," pues "esta última contempla, para el caso de violación de la obligación de ejercer la democracia representativa, la participación tanto de los órganos políticos de la OEA como de los órganos previstos en la Convención" (párr. A.b.1). Sin embargo, a diferencia de los órganos políticos de la OEA, a quienes compete adoptar decisiones de orden político ante las violaciones de la Carta (párr. A.b.2), si bien a la Corte:

> "no le competería condenar a un Estado parte de la Convención por violar la citada Carta, al menos debe considerar tal fenómeno en el contexto, no únicamente de los específicos hechos violatorios de los dere-

chos humanos del caso sometido a su conocimiento y resolución, sino también de los términos de la Convención, interpretados por dicha Carta. Si no fuese así, no tendría sentido la inclusión de los derechos humanos en esta última" (párr. A.b.4).

Partiendo de esta perspectiva, es evidente que en el presente caso de un Estado como Venezuela, desconociendo la decisión de la Corte Interamericana de Derechos Humanos que lo ha condenado por violación de derechos humanos, al declarar "inejecutable" su sentencia condenatoria, tiene que ser evaluado por la Corte Interamericana en el marco de la ejecución de una decisión dictada en un caso contencioso concreto o específico, denunciado la violación de la Carta Democrática. Si bien, como lo ha expresado el Juez Vio Grossi, ello no sería obligatorio o vinculante para los órganos de la OEA:

> "sí puede constituir uno de los elementos a tener presente por éstos, en el marco de la interrelación entre las diferentes instancias y órganos del Sistema Interamericano, en la eventualidad de emitir un pronunciamiento al amparo de lo previsto en la Carta Democrática Interamericana. Un pronunciamiento de la Corte en este sentido sería, por ende, una relevante contribución con relación a uno de los principales propósitos de la OEA[20] y principios de los Estados americanos[21], máxime cuando en el primer considerando del preámbulo de la Convención se reafirma el *"propósito de consolidar en este Continente, dentro del cuadro de las instituciones democráticas, un régimen de libertad personal y de justicia social, fundado en el respeto de los derechos esenciales del hombre"* (párr. A.b.5).

Le corresponde entonces ahora a la Corte Interamericana de Derechos Humanos declarar la violación por parte del Estado de Venezuela, no sólo de sus deberes convencionales establecidos en la Convención Americana de Derechos Humanos por incumplir "integralmente" con la sentencia condenatoria de la Corte Interamericana, sino con lo dispuesto en la Carta Democrática Interamericana.

En Venezuela, es bien conocido, durante los últimos años se ha producido una ruptura del orden democrático que ha afectado la totalidad de los elementos esenciales de la democracia enumerados en el artículo 4 de la Carta De-

---

20   Artículo 2.b) de la Carta de la OEA: *"La Organización de los Estados Americanos, para realizar los principios en que se funda y cumplir sus obligaciones regionales de acuerdo con la Carta de las Naciones Unidas, establece los siguientes propósitos esenciales: b) Promover y consolidar la democracia representativa dentro del respeto al principio de no intervención".*

21   Artículo 3.d) de la Carta de la OEA: *"Los Estados americanos reafirman los siguientes principios: d) La solidaridad de los Estados americanos y los altos fines que con ella se persiguen, requieren la organización política de los mismos sobre la base del ejercicio efectivo de la democracia representativa".*

mocrática.[22] En la realidad de funcionamiento del Estado Totalitario que se ha edificado en el país,[23] no hay efectiva vigencia de un sistema de órganos del Estado con titulares electos libremente, que esté montado sobre un real y efectivo sistema de separación e independencia de los poderes públicos. Por ello, sin un poder judicial autónomo e independiente que pueda permitir el control del ejercicio del poder,[24] en la práctica no hay realmente elecciones libres y justas, ni efectiva representatividad democrática; no hay pluralismo político, ni efectiva participación democrática en la gestión de los asuntos públicos; no hay real y efectiva garantía del respeto de los derechos humanos y de las libertades fundamentales; y no se puede asegurar que el acceso al poder y su ejercicio se hagan con sujeción al Estado de derecho, es decir, que realmente exista y funcione un gobierno sometido a la Constitución y a las leyes.[25]

---

22 Véase Allan R. Brewer-Carías, *Dismantling Democracy. The Chávez Authoritarian Experiment*, Cambridge University Press, New York 2010; y "La demolición del Estado de derecho y la destrucción de la democracia en Venezuela (1999-2009)," en José Reynoso Núñez y Herminio Sánchez de la Barquera y Arroyo (Coordinadores), *La democracia en su contexto. Estudios en homenaje a Dieter Nohlen en su septuagésimo aniversario,* Instituto de Investigaciones Jurídicas, Universidad Nacional Autónoma de México, México, 2009, pp. 477-517. Las violaciones a la carta Democrática Interamericana por Venezuela, por lo demás, comenzaron apenas se adoptó la misma. Véase, Allan R. Brewer-Carías, *Aide Memoire, febrero 2002. La democracia venezolana a la luz de la Carta Democrática Interamericana.* Caracas, febrero 2001, en http://www.allanbrewer-carias.com/Content/449725d9-f1cb-474b-8ab2-41efb849fea3/Content/I,%202,%2021.%20La%20democracia%20venezolana%20a%20la%20luz%20de%20la%20Carta%20Democratica%20Interamericana%20_02-02-_SIN%20PIE%20DE%20PAGINA.pdf.

23 Allan R. Brewer-Carías, *Estado totalitario y desprecio a la ley. La desconstitucionalización, desjuridificación, desjudicialización y desdemocratización de Venezuela,* Fundación de Derecho Público, Editorial Jurídica Venezolana, segunda edición (Con prólogo de José Ignacio Hernández), Caracas, 2015.

24 Al contrario, en Venezuela, el Poder Judicial y en particular, el Tribunal Supremo ha sido el principal instrumento de consolidación del autoritarismo y destrucción de la democracia. Véase, Allan R. Brewer-Carías, *El golpe a la democracia dado por la Sala Constitucional (De cómo la Sala Constitucional del Tribunal Supremo de Justicia de Venezuela impuso un gobierno sin legitimidad democrática, revocó mandatos populares de diputada y alcaldes, impidió el derecho a ser electo, restringió el derecho a manifestar, y eliminó el derecho a la participación política, todo en contra de la Constitución),* Colección Estudios Políticos N° 8, Editorial Jurídica venezolana, segunda edición, (Con prólogo de Francisco Fernández Segado), Caracas, 2015.

25 Allan R. Brewer-Carías, *Constitución, democracia y control del poder,* (Prólogo de Fortunato González Cruz), Centro Iberoamericano de Estudios Provinciales y Locales (CIEPROL), Consejo de Publicaciones/Universidad de Los Andes/Editorial Jurídica Venezolana. Mérida, octubre 2004; "Los problemas del control del poder y el autoritarismo en Venezuela", en Peter Häberle y Diego García Belaúnde (Coordinadores), *El control del poder. Homenaje a Diego Valadés,* Instituto de Investigaciones Jurídicas, Universidad Nacional Autónoma de México, Tomo I, México 2011, pp. 159-188.

Igualmente, dada la ausencia de una efectiva vigencia de un sistema de separación e independencia de los poderes públicos que permita el control de los mismos, ninguno de los componentes esenciales de la democracia a los que alude la misma *Carta Democrática Interamericana* tiene efectiva aplicación en el país, es decir, no hay posibilidad real de exigir la transparencia y probidad de las actividades gubernamentales, ni la responsabilidad de los gobernantes en la gestión pública; no hay forma de garantizar el efectivo respeto de los derechos sociales, ni la libertad de expresión y de prensa; no se puede asegurar la subordinación de todas las autoridades del Estado a las instituciones civiles del Estado, incluyendo la militar, y al contrario lo que existe es un Estado militarizado y militarista; en definitiva, no se puede asegurar el respeto al Estado de derecho.

De lo anterior resulta, por tanto, que en Venezuela, sólo cuando se restablezca un sistema de efectiva elección popular de sus gobernantes, y un efectivo sistema de separación de poderes que permita la posibilidad real de que el poder pueda ser controlado, es que puede haber democracia, y sólo cuando ésta esté asegurada es que los ciudadanos podrán encontrar garantizados sus derechos. Ello es precisamente lo que en Venezuela es necesario reconstruir, la democracia, y es lo que la Corte Interamericana está ahora obligada a propugnar.

Por tanto, en la situación actual de repetida condena al Estado venezolano por violación de los derechos humanos por parte de la Corte Interamericana, y ahora del desconocimiento "integro" y oficial de la sentencia de la Corte Interamericana de Derechos Humanos, en particular, de la recién dictada en el caso *Granier y otros (RCTV) vs. Venezuela*, declarada por el Tribunal Supremo como "inejecutable" en el país, lo que existe en los términos del artículo 19 de la Carta Democrática es una situación general de "ruptura del orden democrático" que afecta "gravemente el orden democrático" del mismo, lo que impone a la Corte Interamericana, al conocer de dicho incumplimiento, como lo ha expresado el Juez Eduardo Vio Grossi en su Voto Individual Concurrente (párr. A.b.5) el deber de pronunciarse.

Y en esa forma, hacer así una relevante contribución con relación a algunos propósitos definidos en la Carta de la Organización de Estados Americanos que es "*promover y consolidar la democracia representativa" (art. 2.b)* y velar porque *la organización política de los Estados se establezca "sobre la base del ejercicio efectivo de la democracia representativa (art. 3.d)*, máxime cuando en el primer considerando del preámbulo de la Convención Americana de Derechos Humanos cuya aplicación la Corte está obligada a vigilar, se reafirma el *"propósito de consolidar en este Continente, dentro del cuadro de las instituciones democráticas, un régimen de libertad personal y de justicia social, fundado en el respeto de los derechos esenciales del hombre."*

New York, 14 de septiembre de 2015

DÉCIMA SÉPTIMA PARTE

LA CONDENA CONTRA LEOPOLDO LÓPEZ O DE CÓMO LOS JUECES DEL HORROR ESTÁN OBLIGANDO AL PUEBLO A LA REBELIÓN POPULAR*

I

Leopoldo López, ex alcalde y destacado dirigente de la oposición venezolana ha sido condenado a prisión por una Juez penal, parte sin duda de los "jueces del horror" que conforman el Poder Judicial venezolano, completamente sometido y dependiente del poder político ejercido por el Poder Ejecutivo, por el "delito" de haber expresado su opinión política, públicamente, en contra del gobierno de Venezuela, todo en ejercicio de su libertad de expresión de pensamiento que le garantiza la Constitución. Para ello, la Juez provisoria a cargo del Juzgado Vigésimo Octavo de Primera Instancia en Función de Juicio del Circuito Judicial del Área Metropolitana de Caracas), mediante sentencia de 10 de septiembre de 2015, cuyo texto solo se conoció un mes después, el 9 de octubre de 2015, imaginó que López había sido instigador público y determinador para que otros ciudadanos supuestamente cometieran el delito de incendio y daños a bienes públicos, y además, ideó que se había asociado para delinquir, aplicando la Ley contra la Delincuencia Organizada y el Terrorismo, pero sin indicar cuál asociación ni quiénes eran sus integrantes, ni cuál era el motivo delictivo de la misma.

Esta barbaridad jurídica no es sino una muestra más de la suspensión, de hecho, de la vigencia de la Constitución, la cual sin embargo se invoca por cuanto funcionario tenga copia de ella, pero no para aplicarla, sino para violarla, como resultado de un proceso que se inició incluso antes de que la misma se hubiera puesto en vigencia en diciembre de 1999, cuando se aprobó de espaldas al pueblo, un conjunto de disposiciones transitorias inconstitucio-

---

* Texto del Comentario Jurisprudencial redactado sobre la sentencia dictada el 10 de septiembre de 2015 por la Juez provisoria del Juzgado Vigésimo Octavo de Primera Instancia en Función de Juicio del Circuito Judicial del Área Metropolitana de Caracas en la causa penal contra Leopoldo López, 10 de octubre de 2015.

nales.[1] Con ellas se inició, desde entonces, una desenfrenada carrera por consolidar el apoderamiento del Estado por parte de quienes lo habían asaltado mediante la Asamblea Nacional Constituyente de 1999, desmantelando la separación de poderes, y demoliendo, desde dentro, las instituciones democráticas, utilizando para ello los propios mecanismos de la democracia.[2]

El resultado logrado de todo ello es el que está a la vista, y la sentencia contra Leopoldo López es una muestra más del hecho de haber colocado a todos los poderes del Estado al servicio del autoritarismo,[3] comenzando por el Tribunal Supremo de Justicia, y todo el Poder Judicial, y particularmente, por una parte, los jueces penales convertidos en agentes de la persecución política, y por la otra, la Sala Constitucional que se convirtió en el más diabólico instrumento del Estado Totalitario, porque además, siendo el "guardián de la Constitución" no tiene quien la controle.[4]

El resultado ha sido que luego de quince años, casi todo el Poder Judicial ha quedado conformado por jueces temporales o provisorios, y por tanto, dependientes del Poder político;[5] y los otros poderes de control, todos han

1   Véanse los comentarios sobre el Decreto de Transición Constitucional de 20 de diciembre de 1999 en Allan R. Brewer-Carías, *Golpe de Estado y proceso constituyente en Venezuela*, Universidad Nacional Autónoma de México, México 2002.

2   Véase Allan R. Brewer-Carías, *Dismantling Democracy. The Chávez Authoritarian Experiment*, Cambridge University Press, New York 2010; "La demolición del Estado de derecho y la destrucción de la democracia en Venezuela," en *Revista Trimestral de Direito Público (RTDP)*, N° 54, Instituto Paulista de Direito Administrativo (IDAP), Malheiros Editores, Sao Paulo, 2011, pp. 5-34.

3   Véase Allan R. Brewer-Carías, *Authoritarian Government v. The Rule of Law. Lectures and Essays (1999-2014) on the Venezuelan Authoritarian Regime Established in Contempt of the Constitution*, Fundación de Derecho Público, Editorial Jurídica Venezolana, Caracas 2014.

4   Véase Allan R. Brewer-Carías, "El juez constitucional al servicio del autoritarismo y la ilegítima mutación de la Constitución: el caso de la Sala Constitucional del Tribunal Supremo de Justicia de Venezuela (1999-2009)", en *Revista de Administración Pública*, N° 180, Madrid 2009, pp. 383-418; *Reforma Constitucional y Fraude a la Constitución (1999-2009)*, Academia de Ciencias Políticas y Sociales, Caracas 2009.

5   Véase Allan R. Brewer-Carías, "Sobre la ausencia de independencia y autonomía judicial en Venezuela, a los doce años de vigencia de la constitución de 1999 (O sobre la interminable transitoriedad que en fraude continuado a la voluntad popular y a las normas de la Constitución, ha impedido la vigencia de la garantía de la estabilidad de los jueces y el funcionamiento efectivo de una "jurisdicción disciplinaria judicial"), en *Independencia Judicial*, Colección Estado de Derecho, Tomo I, Academia de Ciencias Políticas y Sociales, Acceso a la Justicia org., Fundación de Estudios de Derecho Administrativo (Funeda), Universidad Metropolitana (Unimet), Caracas 2012, pp. 9-103; y The Government of Judges and Democracy. The Tragic Situation of the Venezuelan Judiciary," en Sophie Turenne (Editor.), *Fair Reflection of Society in Judicial Systems - A Comparative Study*, Ius Comparatum. Global Studies in Comparative Law, Vol. 7, Springer 2015, pp. 205-231; publicado también en el libro: *Venezuela. Some Current Legal Issues 2014, Venezuelan National Reports to the*

quedado sometidos y neutralizados por el Poder Ejecutivo, de manera que tenemos una Contraloría que no controla, una Defensoría del Pueblo que no protege ni defiende, un Ministerio Público que lo que hace es perseguir a los opositores, dejando impunes los cientos de asesinatos callejeros; y un Poder Electoral que parece ser el agente político de los candidatos del Estado.

Pero eso sí, todos hacen la propaganda de que actúan "legalmente," pues como lo manifestó la Defensora del Pueblo en marzo de 2014 al referirse a la inconstitucional detención y encarcelamiento del Alcalde de la oposición Vicencio Scarano Spisso ordenada por el Tribunal Supremo sin debido proceso, usurpando la jurisdicción penal, por el supuesto delito de desacato a un mandamiento de amparo, revocándole de paso su mandato electivo,[6] para justificarla, que:

"Es imposible que con la presencia de todos los poderes públicos se cometa una ilegalidad."[7]

Es decir, que supuestamente, si el Estado totalitario –que es el que controla la totalidad de los poderes y de la vida de los ciudadanos– viola los derechos humanos, si ello lo hace *con la participación de todos los poderes públicos* incluyendo el Poder Judicial controlado, así sea todo contrario a la Constitución, entonces ello es "legal"; lo que hace recordar la terrible conclusión a la cual llegó un destacado lector de la traducción que hizo Carlos Armando Figueredo del libro de Ingo Müller, *Los Juristas del Horror*, sobre la conducta de los jueces durante el nazismo,[8] de que "los atropellos, las prisiones, las torturas y aún el exterminio en masa se hicieron de manera legal y apegado a

---

19th International Congress of Comparative Law, International Academy of Comparative Law, Vienna, 20-26 July 2014, Academia de Ciencias Políticas y Sociales, Caracas 2014, pp. 13-42.

6   Véase sentencia N° 138 de la Sala Constitucional del Tribunal Supremo de Justicia de 17 de marzo de 2014, en http://www.tsj.gov.ve/decisiones/scon/marzo/162025-138-17314-2014-14-0205.HTML Véase los comentarios en Allan R. Brewer-Carías, "La ilegítima e inconstitucional revocación del mandato popular de Alcaldes por la Sala Constitucional del Tribunal Supremo, usurpando competencias de la Jurisdicción penal, mediante un procedimiento "sumario de condena y encarcelamiento. (El caso de los Alcaldes Vicencio Scarno Spisso y Daniel Ceballo)," en *Revista de Derecho Público,* N° 138 (Segundo Trimestre 2014, Editorial Jurídica Venezolana, Caracas 2014, pp. 176-213.

7   Véase lo declarado por Gabriela Ramírez, Defensora del Pueblo, en Juan Francisco Alonso, "Con caso Scarano TSJ echó a la basura 12 años de jurisprudencia. Juristas alertan que Sala Constitucional no puede condenar a nadie", en *El Universal* viernes 21 de marzo de 2014, en http://www.eluniversal.com/nacional-y-politica/140321/con-caso-scarano-tsj-echo-a-la-basura-12-anos-de-jurisprudencia

8   Véase Ingo Müller, *Hitler's justice: The Courts of the Third Reich*, Cambridge University Press, 1991. Traducción al castellano por Carlos Armando Figueredo: Ingo Müller, *Los Juristas del Horror*, Caracas 2006.

la norma," pues estaban apoyados por todos los poderes públicos que comandaba un autócrata.

II

En Venezuela, precisamente, ese control absoluto que el régimen autoritario ejerce sobre el Poder Judicial, es lo único que explica que entre los innumerables abusos cometidos contra dirigentes de oposición, se haya encarcelado y condenado a más de 13 años prisión a Leopoldo López, por el sólo hecho de haber sido uno de los líderes del movimiento de calle que se convocó en todo el país en febrero de 2014, generando manifestaciones pacíficas de protesta y de rechazo al régimen.

Por ello, y por expresar su opinión política en esas manifestaciones, el Ministerio Público controlado por el Poder Ejecutivo lo acusó de todos los delitos inimaginables como homicidio, terrorismo, incendio y daños, y además, de los delitos de instigación pública y asociación para delinquir,[9] de manera que a su solicitud, y sin prueba alguna, inmediatamente, en el mismo mes de febrero de 2014 a López se le dictó auto de detención.[10] Para ello, nada importó que varios de los delitos invocados efectivamente se hubieran cometidos por militares, agentes de la policía política o grupos de exterminio paramilitares, como quedó evidenciado en cientos de videos que circularon por las redes sociales, los cuales, en lugar de haber sido aceptados como pruebas, la Fiscal General de la República lo que hizo fue calificar a dichas redes como "perversas," precisamente porque por el control férreo que el Estado ejerce sobre los medios de comunicación y por la censura, esas redes fueron el único medio de información que hubo sobre los actos cometidos.[11]

Luego de desecharse la imputación penal por cargos tan absurdos como los de homicidio y terrorismo,[12] y una vez formalizada la acusación, más de un año después de la parodia que se siguió con la denominación de "juicio" que se había iniciado en junio de 2014,[13] desarrollada precisamente en un

---

9   Véase "Fiscalía presentó acusación contra Leopoldo López," *El Nacional*, Caracas 14 de abril de 2014, en http://www.el-nacional.com/politica/Fiscalia-General-acusacion-Leopoldo-Lopez_0_385161540.html.

10   Véase "Un tribunal ordena la detención de Leopoldo López," en *El Tiempo.com.ve*, Puerto la Cruz, 13, de febrero de 2014, en http://eltiempo.com.ve/vene-zuela/politica/un-tribunal-ordena-la-detencion-de-leopoldo-lopez/126105.

11   Véase Luisa Ortega Díaz: Las redes sociales se han convertido en un mecanismo perverso", Noticiero Digital.com, 23 de marzo de 2014, en http://www.noticierodigital.com/2014/03/luisa-ortega-diaz-las-redes-sociales-se-han-convertido-en-un-mecanismo-perverso/

12   Véase "desechan cargos por terrorismo y homicidio a Leopoldo López," en *El Universal*, 20 de febrero de 2014, en http://www.eluniversal.com/nacional-y-politica/140220/desechan-cargos-de-terrorismo-y-homicidio-a-leopoldo-lopez

13   Véase "Ministerio Público logró pase a juicio de Leopoldo López por hechos de violencia del 12 de febrero," en Correo del *Orinoco*, 5 de junio de 2014, en http://www.correodelorinoco.gob.ve/nacionales/ministerio-publico-logro-pase-a-juicio-leopoldo-lopez-por-hechos-violencia-ocurridos-12-febrero/

Poder Judicial sometido, una Juez cuyo nombre ni merece ser mencionado en esta crónica (la juez provisoria a cargo del Juzgado Vigésimo Octavo de Primera Instancia en Función de Juicio del Circuito Judicial del Área metropolitana de Caracas), mediante sentencia dictada el 10 de septiembre de 2015, condenó a Leopoldo López a 13 años, 9 meses y 12 horas de prisión, siguiendo lo exigido en la acusación, por haber sido supuestamente el *determinador de los delitos de incendio y daños, y el autor de los delitos de instigación pública y de asociación para delinquir.*[14] Como lo apreció con razón *Amnistía Internacional*, la sentencia se dictó "sin ninguna evidencia creíble en su contra" lo que "muestra la absoluta falta de independencia e imparcialidad judicial en Venezuela," agregando que:

> "Los cargos contra Leopoldo López nunca fueron adecuadamente sustanciados y la sentencia de prisión en su contra tiene una clara motivación política. Su único 'crimen' es ser líder de un partido opositor en Venezuela."

> Nunca debió haber sido arrestado arbitrariamente o enjuiciado en primer lugar. Es un prisionero de consciencia y debe ser liberado inmediata e incondicionalmente.

> Con esta decisión, Venezuela está eligiendo ignorar principios básicos de derechos humanos y dando una luz verde a más abusos."[15]

III

La acusación contra Leopoldo López, en efecto, como resulta del texto mismo de la acusación fiscal, se basó en el hecho de que él se habría expresado a través de tres medios distintos de comunicación, haciendo:

> "llamados a la violencia, desconocimiento de las autoridades legítimas y la desobediencia de las leyes, que desencadenó en el ataque desmedido por un grupo de personas que actuaron de forma individual, pero determinados por los discursos del mencionado ciudadano, contra la sede del Ministerio Público, de siete carros, de los cuales seis eran patrullas pertenecientes al Cuerpo de Investigaciones Científicas, Penales y Criminalísticas, de igual forma, atacaron y destruyeron la plaza de Parque Carabobo, actos éstos vandálicos ejecutados con objetos contundentes e incendiarios."

---

14 Véase el texto del escrito la acusación en http://cdn.eluniversal.com/2014/06/02/ACUSACION_LEOPOLDO.pdf

15 Véase las declaraciones de Erika Guevara-Rosas, Directora para las Américas de Amnistía Internacional, en "Venezuela: Sentencia contra líder de la oposición muestra absoluta falta de independencia judicial," Amnistía Internacional, 10 de septiembre de 2015, en https://www.amnesty.org/es/press-releases/2015/09/venezuela-sentence-against-opposition-leader-shows-utter-lack-of-judicial-independence/

Todos dichos actos, a juicio de la acusación:

"fueron ejecutados como consecuencia de la persuasión e inducción realizada por el ciudadano Leopoldo Eduardo López Mendoza, quien ejerció una fuerte influencia no solo en su manera de pensar, sino en las potenciales acciones de sus destinatarios, quienes actuaron y cumplieron cabalmente el mensaje de ir por las cabezas de los Poderes Públicos y desconocer las autoridades legítimas."

Concluyendo el Ministerio Público, que era:

"evidente que todo el aparataje empleado por el ciudadano Leopoldo Eduardo López Mendoza, no fue realizado por sí mismo, necesariamente contó con una estructura delictiva, que le permitía operar, especialistas en discurso, en twitter, en telefonía, financiamiento, entre otras cosas, en fin todo para poder desarrollar su plan criminal, que no era otro que persuadir e inducir a un grupo de personas que comparten su discurso para desconocer las autoridades legítimas y las leyes y propiciar la salida del Presidente de la República Bolivariana de Venezuela."[16]

La acusación estuvo montada para perseguir un "delito de opinión,"[17] dedicando buena parte del texto a citar un informe pericial de una experta en lingüística (Rosa Amelia Asuaje León),[18] la cual al analizar el "discurso" de Leopoldo López, pudo afirmar –solo en forma de hipótesis– que "por los hallazgos que arrojan los textos analizados, los discursos del ciudadano Leopoldo López (los días previos al 12 de febrero del presente año) *pudieron preparar* a sus seguidores para que activaran lo que él llamó #LaSalida del día 12 de febrero y los días subsiguientes;" considerando además la experta, que:

"el orador (Leopoldo López) al cultivar la ira en su discurso, argumentando en contra del actual gobierno nacional, *pudo haber transferido* este sentimiento a su público (seguidores), mediante la activación de un mecanismo discursivo que él denominó #La Salida, bajo una argumentación que denunciaba al presente gobierno (dirigido por el presidente Nicolás Maduro) de haber cometido una serie de faltas, excesos y omisio-

---

16   Véase el texto del escrito la acusación en http://cdn.eluniversal.com/2014/ 06/02/ACUSACION_LEOPOLDO.pdf

17   Por ello, con razón, Ramón Escobar León expresó que "Resulta un atentado a la libertad de expresión el hecho de que por medio del análisis de un discurso se pueda privar a alguien de su libertad. Se trata de la represión del discurso oral y escrito de los hablantes," en Ramón Escobar León, "Lingüística y derecho: el caso de Leopoldo López," en *El Nacional,* Caracas 11 de noviembre de 2015, en http://www.el-nacional.com/ramon_escovar_leon/Linguistica-derecho-caso-Leopoldo-Lopez_0_535746451.html.

18   Debe destacarse que esta experta en lingüística, es columnista en el portal web Aporrea.org. Véase http://www.aporrea.org/autores/rosa.asuaje/

nes que *pudieron haber exacerbado* a quienes siguen a Leopoldo López para materializar esa salida por una posible vía violenta, toda vez que el orador (Leopoldo López) se dirigió a sus destinatarios sin detallar que la salida iba a ser pacífica, por ejemplo, y que la misma estaría amparada en el marco de la Constitución..."[19]

Luego, la perito, pasó a referirse al artículo 350 de la Constitución – que por cierto nada tiene que ver con la experticia en lingüística - indicando que el mismo "se activaría, siempre y cuando, se den las condiciones en él previstas: si el régimen de gobierno, cualquiera que fuese, llegase a contrariar los valores, principios y garantías democráticos o menoscabe los derechos humanos," agregando que:

"El discurso del ciudadano Leopoldo López emitido el 23 de enero del presente año argumenta que el actual gobierno nacional, encabezado por el presidente Nicolás Maduro es antidemocrático, entre otros calificativos, y que no hay respeto por los derechos fundamentales de los venezolanos como la vida, salud, seguridad, alimentación o al trabajo; sin embargo, no basta con que el locutor los enuncie para que estos sean verdaderos.

Es consecuencia, es importante reiterar que plantear una salida de cualquier gobierno democrático, fuera del marco de la Constitución, y cuyo escenario serán las calles, no conlleva a pensar, en ningún momento y bajo ningún sentido lógico, que esa lucha tendrá como propósito la no violencia. Un acto de subversión del orden establecido, del *statu quo*, siempre acarreará el peligro de ser violento."

O sea, siempre en el terreno de las hipótesis, la perito en lingüística entró a considerar cuestiones jurídicas como las que giran en torno a la interpretación del artículo 350 de la Constitución, llegando a la conclusión de que toda

---

19 La propia experta, semanas después indicó expresamente que solo había formulado hipótesis, señalando que: "Debe recordar la ciudadanía que siguió el caso que yo jamás utilicé verbos en modo indicativo y siempre empleé el modo potencial para expresar que el ciudadano *podría, estaría en condiciones de...*," indicando además que "sería sumamente irresponsable de mi parte que yo dijese allí que López señaló expresamente que había que incendiar la Fiscalía o que había que usar métodos de violencia física, pues ello no constaba ni en la muestra ni en el corpus del material que se me fue dado por la Fiscalía para analizar." En Rosa Amelia Asuaje: "La responsabilidad y el exfiscal Nieves," Véase Rosa Amelia Asuaje: "La responsabilidad y el exfiscal Nieves," en *Panorama.com.ve*, 29 de octubre de 2015, en http://www.panorama.com.ve/opinion/Rosa-Amelia-Asuaje-La-responsabilidad-y-el-exfiscal-Nieves-20151029-0042.html. Por ello, con razón, Ramón Escobar León consideró que "El basamento de la sentencia de López es en realidad un análisis hipotético de las consecuencias del discurso político de un venezolano.," en Ramón Escobar León, "Lingüística y derecho: el caso de Leopoldo López," en *El Nacional*, Caracas 11 de noviembre de 2015, en http://www.el-nacional.com/ramon_escovar_leon/Linguistica-derecho-caso-Leopoldo-Lopez_0_535746451.html.

persona que invoque el derecho ciudadano a la desobediencia civil y a la resistencia frente a gobiernos que se consideran ilegítimos que garantiza la Constitución en dicha norma, necesariamente tendrá un propósito violento.

Ese análisis, precisamente fue el fundamento para la acusación formulada contra Leopoldo López por el "delito de opinión," aun cuando este se haya encubierto por el Ministerio Público, al concluir la acusación indicando que:

"la conducta desplegada por el imputado *Leopoldo Eduardo López Mendoza*, se subsume en los delitos de *determinador en el delito de incendio*, previsto y sancionado en el artículo 343 en relación con el artículo 83 ambos del código penal; *determinador en el delito de daños*, previsto y sancionado en los artículos 473, numeral 3° y 474 en relación con el artículo 83 todos del código penal; *autor en el delito de intimidación publica*, previsto y sancionado en el artículo 285, del Código Penal y *asociación*, previstos y sancionado en el artículo 37 de la Ley Orgánica Contra la Delincuencia Organizada y Financiamiento al terrorismo, en *concurso real de delitos*, conforme a lo dispuesto en el artículo 88 del Código Penal; todo lo cual se soporta en los diversos elementos de convicción obtenidos en una imparcial, objetiva, expedita y científica investigación, y con fundamento en los siguientes argumentos."

O sea, no es que el acusado haya sido autor del delito de incendio o daño, sino que de lo que se le acusó fue de haber sido el "determinador" o "inductor" del mismo, en el sentido de haber causado "la resolución criminal en otra persona" de cometer dichos delitos considerando la acusación, para ello, que su actuación y su discurso político fue la "condición *sine qua non* de la resolución delictiva del autor, de modo que no es posible inducir a quien ya estaba convencido o decidido a cometer el hecho típicamente perseguible." Es decir, como lo dijo el Fiscal:

"La persona que induce a otra en la comisión de un crimen, no lo realiza ella, ni colabora en su ejecución, se transmite una idea criminosa, llevando el provocador en su inteligencia la misma finalidad que inculca en la del provocado, en ello coparticipan de un mismo hecho criminal."

Por ello, el Fiscal acusador precisó que supuestamente:

"Era clara la estrategia fijada por el ciudadano Leopoldo Eduardo López Mendoza y su grupo estructurado, de utilizar los medios de comunicación social convencionales y alternativos para darle fuerza a sus discursos de contenido violento, pues su único propósito era desaparecer la tranquilidad pública, al llamar a un grupo de personas en correspondencia con su alocución para desconocer las autoridades legítimas y las leyes."

Y la conclusión del Fiscal fue entonces que:

"La participación del ciudadano Leopoldo López, no consistió en desplegar de manera directa los delitos de Incendio y Daños, pero existen elementos, como la *experticia de análisis de los discursos del imputado*

Leopoldo López, suficientes para estimar que sí determino e indujo a los manifestantes a realizar *un ataque en contra de la sede del Ministerio Público, y en contra de bienes del Estado Venezolano*, lo cual realizó de manera pública, desde días anteriores, e inclusive el mismo 12 de febrero de 2014, en un discurso donde incitaba a desconocer a la autoridad legítimamente constituida e ir por las cabezas de los Poderes Públicos, siendo sin duda una influencia psicológica significativa para un grupo de personas que actuaron *determinados por los discursos del ciudadano Leopoldo López*, y en consecuencia *ejecutaron la instrucción impartida*, resultando en principio atacada el Ministerio Público, posteriormente fueron embestidas otras instituciones del Estado, también determinados por la convocatoria a la desobediencia y al ataque formulado por el imputado, *tal como se evidencia en la experticia de análisis de discurso*, la cual arroja entre otros particulares "…que el ciudadano Leopoldo López posee un *ethos* discursivo que domina e incide sobre el *ethos* de sus destinatarios; en consecuencia, todo aquello que el destinador o locutor le diga a sus destinatarios, ejercería una fuerte influencia, no sólo en su manera de pensar, sino en las potenciales acciones que los destinatarios pueden realizar, actuando en consecuencia, de allí que lo que él diga o pueda transmitir a su audiencia sea transferido efectivamente, tanto, que sus destinatarios se sienten animados a seguir, en acciones, lo que este les indica que deberían hacer, aunque no les explique claramente…"

En ocasión a tal llamado, con la plena y total convicción que su convocatoria en tales términos sería acatada por el colectivo, principalmente por los estudiantes, *intencionalmente* el imputado Leopoldo López, *los llamó a ir por las cabezas de los poderes públicos y las instituciones, por lo cual un grupo de personas, algunos de ellos ya acusados por el Ministerio Público, fueron a acatar el llamado de Leopoldo López, y arremetieron en contra de la sede de la Institución, con la intención de ocasionar daños, incendiaron* dicha sede tal como lo refleja la Inspección Técnica practicada por los funcionarios adscritos a la Unidad Criminalística para vulneración de Derechos Fundamentales del Ministerio Público, la cual arroja como resultado que tanto en el área de Biblioteca central del Ministerio Público, como en la puerta de acceso, hubo combustión, que fue neutralizada posteriormente por funcionarios adscritos a la Dirección de Seguridad de la Institución, lo cual evidencia la perpetración del delito de incendio" (Destacados nuestros).[20]

---

20   Véase el texto del escrito la acusación en http://cdn.eluniversal.com/2014/06/02/ ACUSACION_LEOPOLDO.pdf. Véase en todo caso, lo comentado al final de este capítulo, en relación a cómo el Fiscal acusador, Franklin Nieves, unas semanas después confesó que todas las pruebas en las cuales se basó la acusación eran falsas, y que el juicio en si mismo, fue una farsa. Entre otras en la entrevista al Fiscal Franklin Nieves, que le hizo el periodista Fernando del Rincón en el programa *Conclusiones* en *CNN Español*, el 27 de octubre de 2015, en "Exfiscal: Leopoldo es inocente, lo

O sea, que de un discurso político opositor en el cual se reclamó la ilegitimidad del gobierno y la necesidad de su cambio, pero en el cual nunca se mencionó, ni se dijo ni directa ni indirectamente que había que ir a incendiar o dañar determinados bienes o edificaciones, y menos los de propiedad pública, el Fiscal dedujo solo por un malabarismo "lingüístico" que Leopoldo López, intencionalmente, supuestamente le habría impartido una instrucción a los manifestantes de ir a incendiar y dañar bienes públicos induciéndolos en particular a que debían ir a incendiar y causar daños a la sede del Ministerio Público. Tan simple y aberrante como eso.

Por ello, de esa acusación, como lo destacó José Ignacio Hernández, en realidad, lo que se evidencia fue:

"que el juicio a Leopoldo López se inició en función a las opiniones por él expresadas. Es decir, López no está siendo enjuiciado por incendiar o destruir edificios. Esos hechos violentos, sin duda alguna, justifican todo rechazo y el inicio de las investigaciones correspondientes. Pero de eso no trata el proceso contra López. El proceso penal versa, básicamente, sobre un juicio a las opiniones políticas de López."[21]

De ello, la conclusión del mismo José Ignacio Hernández fue, con razón, que hasta donde entendía:

"no se ha considerado que Leopoldo López llamó directa y enfáticamente a quemar o destruir edificios ni a desobedecer las Leyes. Por el contrario, lo que se considera es que su discurso político, al llamar a protestas para la salida del Gobierno, habría degenerado en hechos de violencia e incitaciones para violar Leyes. Es decir, el juicio penal se basa en la interpretación del discurso político, más que en el discurso en sí.

La relación de causalidad es por ello mediata, no inmediata. Tan es así que para acreditar los delitos por los cuales fue acusado se requirieron más de doscientas páginas y hasta un informe experto. Un delito de opinión, por parte de un político, para ser consistente con la libertad de expresión, no debería pasar por un análisis tan detallado. Solo puede haber delito de opinión en un político si su discurso, de manera clara, directa, expresa y sin margen de duda alguna, constituye un delito. Caso concreto, deberá favorecerse a la libertad de expresión."[22]

---

pusieron preso porque temen a su liderazgo," en http://cnnespanol.cnn.com/2015/10/27/exfiscal-leopoldo-es-inocente-lo-pusieron-preso-porque-temen-a-su-liderazgo/.

21 Véase José Ignacio Hernández, "Todo lo que debe saber para entender por qué se enjuicia a Leopoldo López," en *Prodavinci*, 16 de junio de 2014, en http://prodavinci.com/blogs/todo-lo-que-debe-saber-para-entender-por-que-se-enjuicia-a-leopoldo-lopez-por-jose-i-hernandez/

22 Véase José Ignacio Hernández, "Todo lo que debe saber para entender por qué se enjuicia a Leopoldo López," en *Prodavinci*, 16 de junio de 2014, en

Nada de eso ocurrió en este caso: López no llamó ni incitó a nadie, ni directa ni indirectamente, y mucho menos intencionalmente para que fuera a incendiar o dañar bienes de naturaleza alguna, por lo que nunca pudo haber sido "determinador" de esos delitos; ni se asoció con nadie con intención criminal, con el propósito de que se cometieran esos delitos. Y en todo caso, del largo relato de la sentencia nada de ello se probó en juicio.

IV

Pero ello no lo tomó en cuenta ni el Ministerio Público ni la Juez. En el caso de Leopoldo López, el objetivo del gobierno era apresarlo para sacarlo de la escena política. Ya antes lo había intentado hacer al decretar el Contralor General de la República, sin duda por encargo del gobierno, su inhabilitación política, lo que está prohibido no sólo en la Constitución,[23] sino en la Convención Americana de Derechos Humanos, razón por la cual la Corte declaró responsable al Estado de su violación.[24]

---

http://prodavinci.com/blogs/todo-lo-que-debe-saber-para-entender-por-que-se-enjuicia-a-leopoldo-lopez-por-jose-i-hernandez/

23   Allan R. Brewer-Carías, "La incompetencia de la Administración Contralora para dictar actos administrativos de inhabilitación política restrictiva del derecho a ser electo y ocupar cargos públicos (La protección del derecho a ser electo por la Corte Interamericana de Derechos Humanos en 2012, y su violación por la Sala Constitucional del Tribunal Supremo al declarar la sentencia de la Corte Interamericana como "inejecutable"), en Alejandro Canónico Sarabia (Coord.), *El Control y la responsabilidad en la Administración Pública, IV Congreso Internacional de Derecho Administrativo, Margarita 2012*, Centro de Adiestramiento Jurídico, Editorial Jurídica Venezolana, Caracas 2012, pp. 293-371; y "El derecho político de los ciudadanos a ser electos para cargos de representación popular y el alcance de su exclusión judicial en un régimen democrático (O de cómo la Contraloría General de la República de Venezuela incurre en inconstitucionalidad e inconvencionalidad al imponer sanciones administrativas de inhabilitación política a los ciudadanos), en *Revista Elementos de Juicio*, Año V, Tomo 17, Bogotá 2011, pp. 65-104.

24   La sentencia de la Corte Interamericana en el caso Leopoldo López vs. Venezuela se dictó el 1º de septiembre de 2011, pero fue declarada "inejecutable" en Venezuela por sentencia de la Sala Constitucional Nº 1547 de fecha 17 de octubre de 2011 (Caso *Estado Venezolano vs. Corte Interamericana de Derechos Humanos*, en http://www.tsj.gov.ve/decisiones/scon/Octubre/1547-171011-2011-11-1130.html). Véase sobre ello Allan R. Brewer-Carías, "El ilegítimo "control de constitucionalidad" de las sentencias de la Corte Interamericana de Derechos Humanos por parte la Sala Constitucional del Tribunal Supremo de Justicia de Venezuela: el caso de la sentencia *Leopoldo López vs. Venezuela, 2011*," en *Constitución y democracia: ayer y hoy. Libro homenaje a Antonio Torres del Moral*. Editorial Universitas, Vol. I, Madrid, 2013, pp. 1.095-1124. Véase también el Comunicado de 37 juristas a favor de Leopoldo López, en *El Universal*, 28 de septiembre de 2011, http://www.eluniversal.com/nacional-y-politica/110928/comu-nicado-de-37-juristas-a-favor-de-leopoldo-lopez.

Ahora había que apresarlo por lo que decía, por su discurso opositor y por su liderazgo, y no otra cosa se deduce de la acusación fiscal en su contra, en la cual absurdamente se argumenta que en febrero de 2014 Leopoldo López, como líder político de oposición, no es que tenía un partido político y unos seguidores, sino "todo un aparataje" que según la Fiscalía, constituía una "estructura delictiva," que además contaba con "especialistas en discurso, en twitter, en telefonía, financiamiento, entre otras cosas," es decir todo lo que usualmente tiene y hace un partido y los grupos políticos en un país democrático, llegando a afirmar que todo ello, no era para participar legítimamente en el juego democrático, sino "para poder desarrollar su plan criminal," que solo era "persuadir e inducir a un grupo de personas que comparten su discurso para desconocer las autoridades legítimas y las leyes y propiciar la salida del Presidente de la República Bolivariana de Venezuela."

O sea, que con esa acusación todo el que haga oposición en Venezuela, es decir, que acuse al gobierno de ilegítimo, y que propugne su salida del poder, corre el riesgo de que se lo acuse de cualquier delito, pues cualquier partido político bajo esa óptica fiscal es una "estructura delictiva" o "banda de criminales."

La consecuencia de ese enfoque autoritario, como era previsible y lo habían anunciado funcionarios gubernamentales, fue que el día 10 de septiembre de 2015, la Juez de la causa dictase contra Leopoldo López la sentencia condenatoria en el caso, por considerar que en el juicio, supuestamente había quedado "acreditada su responsabilidad penal por la comisión de los delitos *de determinador en el delito de incendio* previsto y sancionado en el artículo 343, primer aparte en relación con el artículo 83, ambos del Código Penal; *de determinador en el delito de daños* previsto y sancionado en los artículos 473.3 y 474 del Código Penal, en relación con el artículo 83 del mismo Código; de *autor en el delito de instigación pública* previsto y sancionado en el artículo 285 el Código Penal y *asociación para delinquir* previsto y sancionado en el artículo 37 de la Ley Orgánica contra la Delincuencia Organizada y Financiamiento al terrorismo" (pág. 2).[25]

La aberrante sentencia solo se publicó el 1° de octubre de 2015, los abogados de la defensa solo pudieron tener copia de la misma varios días después,[26] y la misma solo pudo conocerse públicamente casi un mes después de dictada, el 9 de octubre de 2015. Sobre la sentencia, el abogado coordinador

---

25 Ello, con algunas variantes fue lo que la prensa pudo informar al dictarse la sentencia. Véase "Tribunal sentenció a Leopoldo López 13 años de prisión por responsabilidad en violencia de 2014," en *Venezolana de Televisión*, 10 de septiembre de 2015, en http://www.vtv.gob.ve/articulos/2015/09/10/tribunal-sentencio-a-leopoldo-lopez-a-mas-de-13-anos-y-9-meses-8551.html

26 Véase la reseña de Edgar López, "Sentencia contra López y los estudiantes es una narración de hechos sin pruebas," en *El Nacional*, 3 de octubre de 2015, en http://www.el-nacional.com/politica/Sentencia-Lopez-estudiantes-narracion-pruebas_0_712729003.html

de la defensa de Leopoldo López, aún antes de tener copia de la misma y del estudio que hizo de su lectura en el Tribunal, globalmente consideró que estaba:

"cargada de vicios y que sus argumentos son débiles. Es débil especialmente desde el punto de vista probatorio: nunca se acreditó el determinador en daños, hay ausencia de evidencia en cuanto al delito de o de asociación para delinquir. Se basa en los testimonios de los expertos que analizaron el discurso y el Twitter de López, Rosa Amelia Asuaje y Mariano Alí, pero toma extractos con pinza que no reflejan la realidad de lo que dijeron y se contradicen con el testimonio de otros testigos que aclararon que Leopoldo López nunca llamó a la violencia." [27]

Por ello es que, como lo reseñó la prensa, el mismo Leopoldo López, durante su exposición ante la juez cuando dictó la sentencia le haya dicho que:

"Usted tiene más miedo de dictar esta sentencia que yo de escucharla," afirmando que "el proceso en su contra buscaba criminalizar la palabra, por cuanto se le estaba acusando de incitar a los hechos de violencia registrados el año pasado por impulsar 'La Salida,' la cual consideró que "era constitucional y enumeró los mecanismos constitucionales que, según él, la permiten; y la justificó asegurando que los poderes públicos en Venezuela violan la Carta Magna." [28]

Sobre esta condena, José Ignacio Hernández, en síntesis y con toda razón, observó que la misma no es otra cosa sino "un grave caso de violación de Derechos Humanos que afecta sensiblemente al sistema democrático," considerando que Leopoldo López "es un "prisionero de conciencia," es decir, "una persona que ha sido *juzgada y condenada por sus opiniones políticas.*" En el caso, señaló Hernández, López fue "condenado *por lo que el Estado interpretó que dijo y no por ningún hecho cierto y concreto;*" en "un proceso de contenido político en el cual, desde un comienzo, se sabía el final." [29]

---

27 Véase la reseña de Álex Vásquez, "Con declaraciones de los propios testigos rebatirán la condena de López," *El Nacional*, 5 de octubre de 2015, en http://www.el-nacional.com/politica/declaraciones-propios-testigos-rebatiran-Lopez_0_713928718.html

28 Véase las reseñas: "Jueza condena a Leopoldo López a casi 14 años de cárcel por hechos del 12F," en *El Universal*, 10 de septiembre de 2015, en http://www.eluniversal.com/nacional-y-politica/150910/jueza-condena-a-leopoldo-lopez-a-casi-14-anos-de-carcel-por-hechos-del; "Condenaron a Leopoldo López a 13 años y 9 meses de cárcel por los hechos de violencia del 12-F," en *El Nacional*, 11 de septiembre de 2015, en http://www.el-nacional.com/politica/Condenaron-Leopoldo-Lopez-hechos-violencia_0_700129993.html

29 Véase José Ignacio Hernández, "Sobre el juicio y la condena a Leopoldo López," en *Prodavinci*, 11 de septiembre de 2015, en http://prodavinci.com/blogs/sobre-el-juicio-y-condena-a-leopoldo-lopez-por-jose-ignacio-hernandez/

Como lo observó Luis Ugalde S.J.:

"Sin probar delito alguno, Leopoldo López fue condenado a 14 años de cárcel. Muchos sabíamos que Venezuela estaba bajo una dictadura mal disfrazada, pero ahora el mundo se va enterando de que este Régimen es el gran empobrecedor de los pobres, con una inflación que supera el 200% en dos años y un desabastecimiento que constituye una calamidad nacional, y que en Venezuela no hay estado de derecho.

¿Cuál es el delito de Leopoldo López, Antonio Ledezma, de los cuatro estudiantes condenados, de los presos políticos y de los inhabilitados y perseguidos? Ni violencia, ni muerte; si de eso se tratara el Gobierno y sus jueces estarían atareados con los 25.000 asesinatos por año. *Su "delito" consiste en ser opositores con liderazgo. El Régimen, a su conveniencia, decide quiénes han de ser difamados, sometidos a escarnio, encarcelados, exiliados o inhabilitados.* Así fue en la Alemania nazi, en la Unión Soviética, en China, o en Cuba: *todo disidente, todo líder que exprese su desacuerdo, es un "delincuente."* Tomada la decisión, lo que sigue es simple tramoya y decoración del escenario para justificar la condena y la ejecución pública. A Leopoldo López no le han probado ningún delito para condenarlo a 14 años, pero es lo que estaba en la voluntad del poder dictatorial."[30]

V

Y así fue; en un paródico proceso, a Leopoldo López se lo condenó a prisión, no porque haya cometido delito alguno, sino porque el Estado consideró que su discurso político había que criminalizarlo, es decir, había que criminalizar el ejercicio de su libertad de expresión del pensamiento que le garantiza la Constitución, y por ello, se lo condenó por haber expresado sus ideas políticas; y todo, con el falaz argumento de que supuestamente, por sus palabras, habría sido "determinador" de que otras personas, que ni siquiera conocía, en el curso de una manifestación pública, hubieran supuestamente incendiado y dañado unos bienes de propiedad pública, aun cuando en su discurso nunca se refirió a tales acciones; y porque además, supuestamente, era parte de una "asociación para cometer hechos punibles" y habría instigado a desobedecer las leyes, pero sin siquiera identificarse dicha "asociación criminal para delinquir" ni a los supuestos "asociados" conspiradores.

Como lo recordó la Comisión Interamericana de Derechos Humanos al manifestar su preocupación por la omisión del Poder Judicial venezolano en publicar durante casi un mes el texto de la sentencia contra López, el mismo fue un proceso para declarar a Leopoldo López *"culpable por los delitos vinculados al ejercicio de la libertad de expresión y sus derechos políticos"*

---

30 Véase Luis Ugalde, "Leopoldo, dictadura, elecciones," en *El Nacional*, Caracas, 24 de septiembre de 2015, en http://www.el-nacional.com/sj-_luis_ugalde/Leopoldo-dictadura-elecciones_0_707329426.html

condenándoselo por los delitos de "instigación pública, daños a la propiedad, incendio intencional, asociación para delinquir," considerando que:

> "el abuso de tipos penales vagos y ambiguos, que permiten la atribución de responsabilidades a quienes participan o convocan a una manifestación, genera un efecto amedrentador en el ejercicio del derecho a la protesta, que resulta incompatible con los principios democráticos."

Agregó además la Comisión Interamericana en su Comunicado de Prensa del 25 de septiembre de 2015, al mostrar su preocupación por la falta de publicación de la sentencia de condena, que:

> "el derecho a la protesta incluye el derecho a elegir la causa y objetivo de la misma; y el llamado no violento a un cambio de la política estatal o del propio gobierno forma parte de los discursos especialmente protegidos," de manera que "la responsabilidad por actos de violencia cometidos durante una protesta debe ser atribuida en forma individual."[31]

VI

Esos delitos que se atribuyeron, respecto de los cuales la Juez de la causa contra Leopoldo López encontró que éste supuestamente habría sido "determinador" en su comisión por otros, fueron, en efecto, los delitos de "incendio" y de "daño," además de considerarlo como "autor" de los delitos de "instigación pública" y de "asociación para delinquir."

Según el texto de la sentencia, el primero de los delitos mencionados, del que se atribuye a Leopoldo López haber sido *determinador*, es el *delito de incendio* que es uno de los delitos "contra la conservación de los intereses públicos y privados," referido al incendio de construcciones, que está previsto y sancionado el artículo 343 del Código Penal, en el cual se dispone que:

> "**Artículo 343.** El que haya incendiado algún edificio u otras construcciones, productos del suelo aun no recogidos o amontonados, o depósitos de materias combustibles, será penado con presidio de tres a seis años.
>
> Si el incendio se hubiere causado en edificios destinados a la habitación o en edificios públicos, o destinados a uso público, a una empresa de utilidad pública o plantas industriales, al ejercicio de un culto, a almacenes o depósitos de efectos industriales o agrícolas, de mercaderías, de

---

31   Comisión Interamericana de Derechos Humanos, "Comunicado de Prensa," 25 de septiembre de 2015, en http://www.oas.org/es/cidh/prensa/comunicados/2015/107.asp Véase la notica en la reseña "CIDH pide a Venezuela publicar sentencia contra Leopoldo López," donde se menciona que "el secretario general de la OEA, Luis Almagro, pidió recientemente que la comunidad internacional tenga acceso a la sentencia condenatoria de López, quien ha recibido muestras de apoyo y solidaridad de Gobiernos, expresidentes, organizaciones no gubernamentales y artistas." Véase en *Noticias Caracol*, 25 de septiembre de 2015, en http://www.noticiascaracol.com/mundo/cidh-pide-venezuela-publicar-sentencia-contra-leopoldo-lopez.

materias primas inflamables o explosivas o de materias de minas, vías férreas, fosos, arsenales o astilleros, el presidio será por tiempo de cuatro a ocho años.

En la misma pena incurrirá quien por otros medios causare daños graves a edificios u otras instalaciones industriales o comerciales.

El que haya dañado los medios empleados para la transmisión de energía eléctrica, o de gas o quien haya ocasionado la interrupción de su suministro, será penado con prisión de dos a seis años."

El segundo de los delitos respecto del cual la sentencia le atribuye a Leopoldo López haber sido *determinador,* es el *delito de daños,* que es uno de los delitos "contra la propiedad," previsto y sancionado en los artículos 473.3 y 474 del Código Penal, en los que se dispone:

"**Artículo 473.** El que de cualquier manera haya destruido, aniquilado, dañado o deteriorado las cosas, muebles o inmuebles, que pertenezcan a otro, será castigado, a instancia de parte agraviada, con prisión de uno a tres meses.

La prisión será de cuarenta y cinco días a dieciocho meses, si el hecho se hubiere cometido con alguna de las circunstancias siguientes […]:

3. En los edificios públicos o en los destinados a algún uso público, a utilidad pública o al ejercicio de un culto; o en edificios u obra de la especie indicada en el artículo 349, o en los monumentos públicos, los cementerios o sus dependencias.."

"**Artículo 474.** Cuando el hecho previsto en el artículo precedente se hubiere cometido con ocasión de violencias o resistencia a la autoridad, o en reunión de diez o más personas, todos los que hayan concurrido al delito serán castigados así:

En el caso de la parte primera, con prisión hasta de cuatro meses; y en los casos previsto en el aparte único, con prisión de un mes a dos años, procediéndose siempre de oficio."

Estos delitos se relacionaron en la sentencia con lo previsto en el artículo 83 del mismo Código que regula la concurrencia de varias personas en un mismo hecho punible, y establece:

"**Artículo 83.** Cuando varias personas concurren a la ejecución de un hecho punible, cada uno de los perpetradores y de los cooperadores inmediatos queda sujeto a la pena correspondiente al hecho perpetrado. En la misma pena incurre el que ha determinado a otro a cometer el hecho."

El tercero de los delitos atribuidos a Leopoldo López, en este caso como *autor,* es el *delito de instigación pública,* que es uno de los delitos "contra el orden público," que regula la instigación para delinquir, y está previsto en el artículo 285 del Código penal, así:

"**Artículo 285.** Quien instigare a la desobediencia de las leyes o al odio entre sus habitantes o hiciere apología de hechos que la ley prevé como delitos, de modo que ponga en peligro la tranquilidad pública, será castigado con prisión de tres años a seis años."

Y el cuarto de los delitos también atribuido a Leopoldo López, como *autor,* es el de *asociación para delinquir* previsto en el artículo 37 de la Ley Orgánica contra delincuencia organizada y financiamiento al terrorismo (*Gaceta Oficial* N° 39.912 del 30 de abril de 2012), en los cuales se dispone entre los "delitos contra el orden público," el siguiente:

"**Artículo 37.** Quien forme parte de un grupo de delincuencia organizada, será penado o penada por el solo hecho de la asociación con prisión de seis a diez años."

En cuanto a la definición de qué ha de entenderse por "delincuencia organizada," el artículo 4.9 de la Ley la define la como:

"**Artículo 4.9.** Delincuencia organizada: la acción u omisión de tres o más personas asociadas por cierto tiempo con la intención de cometer los delitos establecidos en esta Ley y obtener, directa o indirectamente, un beneficio económico o de cualquier índole para sí o para terceros. Igualmente, se considera delincuencia organizada la actividad realizada por una sola persona actuando como órgano de una persona jurídica o asociativa, con la intención de cometer los delitos previstos en esta Ley."

Ante todos estos delitos, para que se condene a una persona, lo primero que tendría que tener claramente demostrado el juez es que el condenado haya actuado *con dolo,* es decir, que haya "tenido la intención de realizar el hecho" que constituye el delito (art. 61, Código Penal). En el caso, la Juez debió haber probado que Leopoldo López actuó con intención delictiva, es decir, que conminó personalmente a varias personas determinadas para que incendiaran edificios y causaran daños a bienes, y para ello incitó con intención dolosa y se asoció con otros en forma permanente por cierto tiempo mediante algún plan criminal a ser desarrollado por una organización criminal, integrada por sujetos todos resueltos a delinquir, es decir con tal intención dolosa; y además, con la intención de obtener un beneficio para sí.

Nada de eso por supuesto ocurrió ni pudo ser probado por la Juez. Como lo advirtió Jesús Ollarves, esa supuesta "intención de cometer los delitos" atribuidos a Leopoldo López, para poder condenarlo, tendría que estar probada "sobre la base de verdaderas pruebas y no de simples indicios fiscales y menos de conjeturas surgidas a última hora."[32] Y en particular, la Juez debería haber probado que:

---

32   Véase Jesús Ollarves, "La jueza Barreiros está en aprietos," en *Provea,* 17 de septiembre de 2015, en http://www.derechos.org.ve/2015/09/17/jesus-ollarves-la-jueza-barreiros-esta-en-aprietos/. Igualmente en *ACN Agencia Carabobeña de Noticias,* en

"la convocatoria y realización de una marcha constituye asociación para delinquir, y la conjunción de las actividades y voluntades de los seguidores de Leopoldo López corresponden a un plan criminal permanente."[33]

VII

Nada de ello, por supuesto, como se dijo, podía ser probado en el juicio, pues Leopoldo López con ocasión de las manifestaciones estudiantiles del 12 de febrero de 2014, ni incendió nada ni causó dañó a nada, ni estaba presente cuando algo se incendió o si hizo daño a algo, ni indujo dolosamente a nadie para que fuera a incendiar o dañar bienes, y menos, las instalaciones del Ministerio Público, ni instigó a la desobediencia de las leyes, ni se asoció con nadie en una empresa delictiva, ni por cierto tiempo ni por largo tiempo, para delinquir, o con la intención de cometer delitos, ni formó parte de organización criminal alguna para ejecutar algún plan criminar para incendiar o dañar propiedades.

Al contrario, sin embargo, la Juez de la causa, en su sentencia, después de supuestamente analizar las "pruebas" sobre los hechos ocurridos en fecha 12 de Febrero de 2014, concluyó en que habría "quedado demostrado":

> que un grupo nutrido de manifestantes, [...] acataron el llamado efectuado por el Ciudadano Leopoldo López y otros dirigentes políticos del partido Voluntad Popular, para lo cual el ciudadano Leopoldo López, *expresándose a través de los distintos medios de comunicación* hizo llamados a la calle los cuales produjeron una serie de hechos violentos, desconocimiento de las autoridades legítimas y la desobediencia de las leyes, que desencadenó en el ataque desmedido por un grupo de personas que *actuaron determinados por los discursos del mencionado ciudadano*, contra la sede del Ministerio Público, así como el incendio de siete carros, de los cuales seis eran patrullas pertenecientes al Cuerpo de Investigaciones Científicas, Penales y Criminalísticas, de igual forma, atacaron, destruyeron, dañaron la plaza de Parque Carabobo, actos éstos vandálicos ejecutados con objetos contundentes e incendiarios" (pp. 257-258) (Destacados nuestros).

Asimismo, después de analizar las declaraciones de testigos, todos funcionarios públicos, la Juez consideró que habría quedado "acreditado que un grupo de personas se reunieron en las inmediaciones de la sede del Ministerio Público, y *luego del discurso dado por el ciudadano Leopoldo López, una vez retirado del lugar*, procedieron a realizar una serie de actos violentos, ocasionando serios daños a dicha sede, a siete unidades del Cuerpo de Investigaciones Científicas y Criminalísticas, y a la Plaza Parque Carabobo," consideran-

---

http://agenciacn.com/opinion/articulo-de-jesus-ollarves-la-jueza-barrei-ros-esta-en-aprietos/

33 *Idem.*

do que los manifestantes " se encontraban instigando" (pp. 258-259) (Destacados nuestros).

Igualmente después de analizadas declaraciones de un grupo de testigos, la Juez concluyó sobre la veracidad de los hechos que ocurrieron el 12 de febrero de 2014, que:

"luego de su discurso y *una vez retirado del lugar el ciudadano Leopoldo López,* se presentó una situación irregular en la cual hubo serios daños a la sede del Ministerio Público, a CINCO unidades del cuerpo de investigaciones científicas, penales y criminalísticas, las cuales quedaron sin valor comercial y daños a la Plaza Parque Carabobo," (p. 261) (Destacados nuestros).

VIII

Aparte de las pruebas anteriores, la Juez valoró la declaración de dos expertos que analizaron los discursos de Leopoldo López.

En primer lugar valoró la declaración del experto Mariano Alfonso Alí, quien analizó el discurso de Leopoldo López formulado en su cuenta twiter@LeopoldoLópez durante tres meses, entre el 1° de enero y el 18 de marzo de 2014, refiriéndose a los "parámetros que un líder debe tomar en cuenta al momento de emitir sus mensajes y transmitir sus discursos," concluyendo que:

"Leopoldo López utilizó el twitter como un poder fáctico [...] lanzando mensajes en contra del actual gobierno, desconociendo su legitimidad," expresando "por ejemplo "el que se cansa pierde" el cual fue retwiteado, [...] la salida "sosVenezuela'" "el Estado delincuente el cual también fue ampliamente difundido."

En particular, el experto observó que:

"En cuanto al día 12 de febrero, hubo una descalificación a los representantes de los poderes del Estado, algunos adjetivos relevantes que manifestó: un Estado delincuente, asesino, narcotraficante, entre otros, considerando el experto que esos mensajes tenían un propósito que es llegarle al receptor, construyendo el modelo básico de comunicación que es emisor, medio (por donde se transmite el mensaje), mensaje y el receptor, para construir una idea en torno a una visión de país para que le llegue a sus seguidores que, para ese momento era más de 2 millones 700 mil" (p. 262).

Otras características del discurso de Leopoldo López, que destacó el experto, fue que:

"habla por todos los venezolanos y venezolanas, no solamente habla en primera persona, habla por toda la oposición y habla por todos los demás venezolanos que, no son parte de la oposición [...] afirmando que el país está dividido en dos, y que los venezolanos supuestamente están secuestrados por un Estado delincuente y por un Presidente que manda sus grupos armados a asesinar venezolanos, y un pequeño grupo, y digo pequeño porque él lo califica como una cúpula que, ha secuestrado los poderes del Estado, tales emisiones de mensajes causa en el ánimo de sus seguidores una conducta agresiva, poniendo en peligro la tranquilidad pública, produciéndose en la edificación grandes y evidentes signos de violencia" (pp. 262-263).

De lo anterior, en todo caso, hay que observar que sobre lo que sí tiene razón el experto en cuya opinión se basó la Juez para dictar su fallo, es su atinada apreciación de que para la oposición, efectivamente en Venezuela lo que existe es un Estado delincuente, controlado por un pequeño grupo que tiene secuestrado todos los poderes del Estado. Ello nadie lo puede negar, de manera que mal podría ser un delito decir la verdad, la cual además todo el mundo sabe.[34]

Pero en segundo lugar, la Juez, en su sentencia, también valoró la declaración de la otra experta ya mencionada, Rosa Amelia Azuaje León,[35] quien también realizó un "estudio de lingüística" del contenido de *cuatro discursos* de Leopoldo López, considerando que "a través de sus discursos envió mensajes descalificativos que desencadenaron las acciones violentas y eminentes daños a la sede Fiscal y cuerpo de investigaciones," pasando luego la experta a dar consejos y reglas de conducta sobre qué y en qué forma es como un líder político debe expresarse, indicando entre otras cosas que:

> "lo correcto en su posición de líder es la de llamar a la calma, la tranquilidad, la paz, y a la utilización de los mecanismos adecuados establecidos en la Ley, para plantear su descontento con el actual gobierno" (p. 263).

La experta en efecto reconoció, según relata la sentencia, que López se dirigió a "un pueblo a quien él conoce muy bien […] conformado en su mayoría por jóvenes que tienen inquietudes, que se sienten indignados, que tienen legítimas razones para sentirse indignados." A ese pueblo, según la experta, López se dirigió planteando "topos" de "cambio de sistema, de cambio de gobierno," comenzando "con una exhortación muy poderosa que es la de expresar que este sistema no sirve." La experta, sin embargo, a pesar de hacer esas afirmaciones, alegó no ofrecer criterios políticos, sino solo:

> "hacer un trabajo descriptivo de lo que el ciudadano Leopoldo López ha hecho y el me dirá si tengo o no tengo razón, porque finalmente fue él quien habló no yo, ese topos de cambio de sistema y cambio de gobierno" (p. 263).

---

34   Véase, por ejemplo, Carlos Tablante y Marcos Tarre, *Estado delincuente. Cómo actúa la delincuencia organizada en Venezuela* (Prólogo de Baltazar Garzón), La Hoja del Norte, Caracas 2013.

35   Como se dijo, Rosa Amelia Azuaje León, experta en lingüística, es columnista en el portal web Aporrea.org. Véase en http://www.aporrea.org/autores/rosa.asuaje/.

Por supuesto, la defensa de López bien alegó que la experta no tenía razón, pero por supuesto ello no tuvo importancia para la Juez, a pesar de la salvedad hecha por la experta.

En todo caso, esos cambios de sistema, según la experta, en los discursos de Leopoldo López, supuestamente se darían a través de lo que él denominó "la salida," que la experta consideró como un "programa negativo" que propugnaba "cambiar el actual sistema que hay por otro sistema que sea más democrático […], donde la justicia sea para todos y no para un grupo." (p. 263).

Otro de los "topos" que analizó la experta en los discursos políticos de López, fue el haber éste hecho una referencia histórica al nombre de Rómulo Betancourt, lo que por lo visto conduce al absurdo de pensar que en la mente de la experta ello es un delito. La experta, sin embargo, luego de reconocer que era muy difícil encontrar que la figura de Betancourt pudiera tener impacto en "un destinatario joven," afirmó que en el haber López parangonando dos "momentos históricos de la historia de Venezuela," el "23 de Enero de 1958 con el 23 de Enero de 2014," no era un inocente hecho, pues consideró que "no hay discurso inocente y no quiero decir que lo estoy criminalizando, pero todo discurso se construye mediante unos fines determinados y eso es una práctica social." De manera que después de expresar "que me corrija la defensa si me estoy equivocando," y aclarar que ella (la experta) no se iba "a meter con la verdad, las verdades son demasiado esquivas para yo tocarlas," consideró que la referencia a Betancourt había sido para recurrir a su "*auctoritas*" (p. 264).

De allí la experta pasó a analizar otro de los "topos" de los discursos de López, que fue la "distinción muy clara entre pueblo y gobierno" que ella dedujo de los discursos, en el sentido de que "el pueblo es bueno, el gobierno no, el pueblo es humillado, el pueblo está siendo objeto de violaciones a sus derechos humanos en cambio el gobierno no," agregando incluso la experta una disquisición sobre otro "topo" que fue que "además, el pueblo considera legítimo desconocer a un gobierno ilegitimo;" agregando la experta que:

> "si se deslegitima el gobierno y se dice claramente que esto es un gobierno ilegítimo, pues salir a la calle a conquistar la democracia por medios constitucionales, en el día de hoy, constitucionalmente es muy complicado, o sea discursivamente es una tarea titánica" (p. 265).

La Juez, en su sentencia, continuó acotando a la experta considerando que estaba acreditado que Leopoldo López, en una rueda de prensa que dio el 23 de enero de 2014, "intensificó su discurso e inició una campaña pública y agresiva" contra el Presidente de la República Nicolás Maduro y las instituciones del Estado, expresando "que el actual Gobierno tiene vínculos con el narcotráfico," además "de ser corrupto, opresor, antidemocrático, y que era necesario salir a conquistar la democracia, y que para ello el cambio o la salida solo iba ser posible con el pueblo en la calle" (pp. 265-266). Para ello, la experta consideró que López tenía preparado un discurso, recordando el derrocamiento de Pérez Jiménez, sobre la base de la expresión "Tenemos que salir a conquistar la democracia," lo que a su juicio significaba que:

> "su fin no era otro que sembrar la idea en sus seguidores, que solo la calle podía generar un cambio, invitándolos a ser protagonistas, con el fin de desconocer la legitimidad del Ejecutivo Nacional, así como de las cabezas de los Poderes Públicos, (palabras éstas que recalcó en la entrevista rendida ante el canal de noticias CNN en español, el día 11 de febrero del año 2014) (p. 266).

De todo ello la experta dedujo que la estrategia fijada por Leopoldo López y su "grupo estructurado," era clara:

> "utilizar los medios de comunicación social convencionales y alternativos para darle fuerza a sus discursos de contenido violento, pues su único propósito era desaparecer la tranquilidad pública, al llamar a un grupo de personas en correspondencia con su alocución, para desconocer las autoridades legítimas y las leyes" (p. 266).

La experta luego entró en argumentos jurídicos al analizar el planeamiento de López de que la gente se mantuviera en la calle "hasta tanto el Presidente de la República 'se fuera,'" considerando la experta que ello "no era posible constitucionalmente," toda vez que el Presidente había sido electo para el período 2014 hasta 2019.[36]

De seguidas, la experta pasó a referirse a otro discurso "de forma violenta" de López, pronunciado el 12 de febrero de 2015, en el cual estableció "como consigna '#LaSalida- #LaCalle,'" deduciendo de ello la experta que su fin:

> "era realizar un cambio total y profundo de quienes conducen el Poder Público Nacional, con el fin que fueran sustituidos de sus cargos," reforzando "nuevamente su pretensión de desconocer a las autoridades legítimas" (p. 266).

Refirió además, la experta, que al llegar López a la sede del Ministerio Púbico para requerir la libertad de los estudiantes detenidos en el Estado Táchira, al no haber sido atendidos los manifestantes por la Fiscal General:

---

36 Por ello, con razón, Ramón Escobar León consideró que la experta, en su Informe, "se desdobla en jurista y de inmediato entra en el terreno de la interpretación constitucional. En este sentido interpreta los artículos 6, 71, 72, 73 y 74 de la Constitución para concluir que la "salida" propuesta por López implica la revocatoria del "mandato por elección popular". Se trata entonces de un informe que pretende ser lingüístico y jurídico y que termina sin ser ni una cosa ni la otra, pues es realizado por quien no es jurista y porque las supuestas pruebas lingüísticas son analizadas sin considerar el contexto," en Ramón Escobar León, "Lingüística y derecho: el caso de Leopoldo López," en *El Nacional*, Caracas 11 de noviembre de 2015, en http://www.elnacional.com/ramon_escovar_leon/Linguistica-derecho-caso-Leopoldo-Lopez_0_535746451.html.

"gritaban consignas en contra de la institución y de su máxima autoridad; sin mencionar el discurso agresivo, todo ello siempre bajo la mirada de su líder y vocero Leopoldo López, *quien luego decidió retirarse del lugar*" (p. 267) (Destacado nuestro).

IX

La sentencia continuó afirmando, y aquí no se sabe si en la misma se seguía o no parafraseando a la experta,[37] que otros ciudadanos "tomaron una actitud violenta, con ira descontrolada y comenzaron a arremeter contra la sede del Ministerio Público, lanzando directamente a dicho inmueble piedras, objetos contundentes, bombas molotov, causando graves daños en la fachada del edificio" [...], instigando estos otros ciudadanos, así como el resto de los manifestantes, a la desobediencia de las leyes, poniendo en peligro la tranquilidad pública, produciéndose en la edificación grandes y evidentes signos de violencia [...] lanzaron bombas molotov al interior del edificio [...] causando combustión" (p. 267). Igualmente la sentencia detalló las experticias realizadas sobre los textos de todos los grafitis, pintas y anotaciones formulados por los manifestantes contra el gobierno (p 268), de lo cual dedujo la Juez que no quedaba duda "que las personas que acudieron a la sede de la Fiscalía General de la República eran seguidores del Ciudadano Leopoldo López," por los "panfletos alusivos al Partido Voluntad Popular, así como mensajes alusivos" a La Salida [...] al exigir la renuncia del Presidente de la República, así como transcripciones de palabras dichas por el Ciudadano Leopoldo López" (p. 268).

De todo lo anterior, la Juez en su sentencia consideró que

"claramente se determina que el ciudadano Leopoldo López, *no utilizó los medios apropiados establecidos en la Constitución*, para que sus demandas fueran atendidas, *sino que utilizó el arte de la palabra*, para hacer creer en sus seguidores que existía una supuesta salida constitucional, cuando no estaban dadas las condiciones que pretendía, como era, la renuncia del Presidente de la República, el referéndum revocatoria que sólo podría estar previsto para el año 2016, su propósito *a pesar de sus*

---

37 Semanas después, la propia experta en lingüística reconoció que "El hecho de que la jueza Barreiros haya puesto en su sentencia, (página 263) que yo inculpaba al ciudadano López por la quema de la sede fiscal y de los cuerpos de seguridad, es una interrogante que aún me hago, pues quien haya tenido acceso a la lectura de la sentencia y de mis declaraciones (plagada, por cierto, de numerosos errores de transcripción), jamás leerá que en mi registro de habla yo me refiriera al Ministerio Público como "sede fiscal" ni al CICPC como "cuerpo de seguridad"; además porque, y esto es lo más importante, no tenía yo pruebas para afirmar ello. Quiero pensar en la buena pro de la ciudadana jueza quien, quiso parafrasearme junto al añadido de sus propios juicios." Véase Rosa Amelia Asuaje: "La responsabilidad y el exfiscal Nieves," en *Panorama.com.ve*, 29 de octubre de 2015, en http://www.panorama.com.ve/opinion/Rosa-Amelia-Asuaje-La-responsabilidad-y-el-exfiscal-Nieves-20151029-0042.html

llamados a la paz y la tranquilidad, como líder político era conseguir la salida del actual gobierno a través de los *llamados a la calle, la desobediencia de la ley, y el desconocimiento de los Poderes Públicos del Estados, todos legítimamente constituidos"* (p. 269).

O sea, según la Juez, Leopoldo López no habría utilizado los medios "apropiados" para su discurso político, y sin decirle cuáles eran los apropiados, lo condenó en definitiva por un delito de omisión, es decir, por no haber hecho lo que la Juez consideró que era apropiado, pero sin decir qué era. Por ello, la conclusión de la sentencia fue entonces que a pesar de que la Constitución garantiza el derecho a la libre expresión del pensamiento (art. 57) y el derecho a manifestar pacíficamente (art. 68), Leopoldo López sin embargo, "envió un *mensaje no adecuado a sus seguidores*, quienes en su mayoría eran jóvenes, llamándolos a la calle a una supuesta *salida constitucional y democrática, cuando debió haberlo hecho a través de la vía constitucional, activando estos mecanismo*," (p 270). Es decir, de nuevo, la condena fue por no haber actuado en forma "adecuada" según el criterio de la Juez, decidiendo entonces que:

> *"quedó acreditado que el ciudadano Leopoldo Eduardo López Mendoza, es responsable penalmente en los delitos de <u>determinador en el delito de incendio</u>, previsto y sancionado en el artículo 343 primer aparte en relación con el artículo 83 ambos del Código Penal; <u>determinador en el delito de daños</u>, previsto y sancionado en los artículos 473, numeral 3 y 474 en relación con el artículo 83 todos del Código Penal; <u>Autor en el delito de instigación pública</u>, previsto y sancionado en el artículo 285, del Código Penal y <u>Asociación para delinquir</u>, previstos y sancionados en el artículo 37 de la Ley Orgánica Contra la Delincuencia Organizada y Financiamiento al Terrorismo"* (p. 270) (Destacados en el original).

X

Luego de esta afirmación tajante, expresada como consecuencia de haber "valorado" las pruebas, la Juez pasó a exponer los "fundamentos de hecho y de derecho" de su sentencia (Capítulo IV), analizando las diversas normas del Código Penal en las cuales fundamentó la condena.

Sobre el artículo 285 del Código Penal que se refiere a la *instigación pública a delinquir*, la Juez fue precisa en reconocer que el tipo delictivo implica:

> "conllevar a otro a que intencionalmente" haga una cosa; "no es meramente proponer que se cometa, sino promover en cierta forma coactiva a ello, valiéndose de la excitación de las personas o de los instintos de la persona a quien se instiga [...] El instigador quiere el hecho, pero lo quiere producido por otro, quiere cansar ese hecho a través de la psiquiatría del otro, determinando en éste la resolución de ejecutarlo" (p. 273).

Es decir, en el caso de Leopoldo López, la Juez para poder condenarlo por este delito instigación pública a delinquir tuvo que haber considerado probado que él quería dolosamente que específicamente los ciudadanos Damián Daniel Martin Garcia, Angel de Jesus Gonzalez y Holdack Hernandez Christian Rene, en concreto, incendiaran el edificio del Ministerio Público y causaran daños a bienes públicos ubicados en ese lugar, induciéndolos a ello. Es decir, tenía que haber probado, en frase de la propia sentencia, que el supuesto instigador [Leopoldo López] quería el hecho [incendio y daños a bienes públicos], pero lo quería producido por otros [Damián Martin, Angel Gonzalez y Holdack Hernandez], quería causar ese hecho a través de la psiquiatría de los otros, determinando en estos la resolución de ejecutarlo.

Eso, por supuesto no está probado en forma alguna en el expediente, habiéndose en cambio limitado la Juez a hacer la afirmación genérica falsa y distante del tipo delictivo, de que lo que "quedó demostrado" fue que esos ciudadanos:

"actuando determinados por el ciudadano Leopoldo Lopez, instigaron a la desobediencia de las leyes, con el fin de que se generara violencia y de esta forma crear el caos y perturbar la tranquilidad y la paz de la ciudadanía, como efectivamente sucedió el día 12 de febrero de 2014, ya que ambos imputados se encontraban en el lugar de las hechos, conjuntamente con los demás manifestantes que causaban destrozos" (p. 273)

En esa afirmación no hay referencia alguna a la supuesta inducción por parte de López de específicamente incendiar o dañar determinados bienes por parte de esas determinadas personas; por lo que no es sino una aberración jurídica "deducir" que Leopoldo López "fue *determinador* en el delito de *instigación pública*" (p. 274), basándose la Juez, para llegar a esa insólita conclusión solo en lo que consideró "discursos de contenido violento" de López, cuyo supuesto "único propósito era desaparecer la tranquilidad pública," liderando una marcha hacia la Fiscalía "con el fin de entregar un supuesto documento solicitando la liberación de unos estudiantes," propugnando "un cambio total y profundo de quienes conducen el Poder Público Nacional, con el fin que fueran sustituidos de sus cargos," lo que a juicio de la Juez, "refuerza nuevamente su pretensión de desconocer a las autoridades legítimas." También refirió la Juez el hecho de que los manifestantes:

"gritaban consignas en contra de la institución y de su máxima autoridad; sin mencionar el discurso agresivo, todo ello siempre bajo la mirada de su líder y vocero Leopoldo López, quien luego decidió retirarse del lugar" (pp. 274-275).

Recordó la Juez en la sentencia, además, que efectivamente los "hechos violentos" comenzaron a ocurrir luego de la retirada de López del lugar de los mismos, pero sin indicar de acuerdo a su propia definición de la instigación a delinquir, ¿cómo pudo Leopoldo López entonces "conllevar" a los otros condenados "a que intencionalmente" incendiaran o dañaran algo?; es decir, ¿cómo pudo Leopoldo López, "promover en cierta forma coactiva" incendiar o dañar determinados bienes del Ministerio Público?; en fin, cómo fue que Leopoldo López, como instigador pudo haber querido "el hecho, pero queriéndolo producido por otro?;" ¿cómo es que pudo querer "causar ese hecho [incendio y daño] a determinados bienes del Ministerio Publico a través de la psiquiatría de otros, determinando en estos la resolución de ejecutarlo"? (p. 273).

XI

Luego pasó la Juez a analizar el *delito de daños* previsto en el artículo 473 del Código Penal, por el cual se condenó a otras personas, indicando que sugiere la destrucción o deterioro de las cosas muebles o inmuebles realizada por los otros condenados, que en el caso concreto ocasionaron "una serie de daños importantes a la sede del Ministerio Público y a la Plaza Parque Carabobo," afirmando, pura y simple, que los mismos fueron "determinados por el ciudadano Leopoldo López," (p. 277); pero sin decir cómo, en qué forma, ni cuándo.

Lo mismo ocurre en la sentencia respecto del de delito de *incendio*, previsto y sancionado en el artículo 343 del Código Penal, por el cual también se condenó a otras personas, indicando la Juez, que para aplicar la norma se debe tratar "causar un fuego grande para hacer arder aquello que no estaba destinado a ello, causando un peligro público," (p. 277), afirmando también pura y simple que el mismo fue "determinado por el ciudadano Leopoldo López" (p. 277); pero sin decir cómo, en qué forma, ni cuándo pudo Leopoldo López determinar que fueran esos ciudadanos específicos los que debían cometer esos delitos.

XII

La sentencia también hizo mención al *delito de asociación para delinquir* previsto y sancionado en el artículo 37 de la Ley Orgánica contra la Delincuencia Organizada y Financiamiento al Terrorismo (2012), indicando que se trata de "un tipo penal autónomo que sanciona la simple asociación" de manera que la norma "castiga la mera intención criminal," lo que Alberto Arteaga considera con razón como un "disparate" pues ni los pensamientos ni las simples intenciones pueden delinquir.[38] La Juez, sin embargo así lo consideró, agregando que la norma persigue "el dolo directo (intención de realizar el tipo objetivo y voluntad de hacerlo)," castigando "sin requerir ni siquiera el comienzo de la ejecución del delito fin, ni por supuesto, un daño al bien jurídico que se pretendía ofender, todo lo que significa *como conspiración* que

---

38 Sobre esto, Alberto Arteaga ha considerado que en la sentencia se "comete el exabrupto de asegurar que se trata un delito de peligro que castiga la mera intención criminal. Los pensamientos no delinquen, las simples intenciones no delinquen. Sostener lo contrario, como lo hace la jueza Barreiros en la página 277 del fallo, es un disparate." Véase en la reseña de Edgar López, "Sentencia contra López amenaza a todos los líderes de oposición," en *El Nacional*, Caracas 9 de octubre de 2015, en http://www.el-nacional.com/politica/Sentencia-Lopez-amenaza-lideres-oposicion_0_716328542.html#.VhhBGIUCRAU.twitter.

es, una anticipación notable al límite de la punición que normalmente plantea el comienzo de la ejecución." (pp. 277-278).

De allí la Juez argumentó que el requisito subjetivo para poder aplicar el tipo delictivo está "constituido por el *objetivo criminal consistente en la finalidad de la comisión de uno o más delitos*," todo lo cual:

> "exige un dolo *ab initio*, por *cuanto los agentes deben haberse asociado para delinquir*, de forma y modo que no hay delito en los casos en que se constituye una sociedad cualquiera, con un fin lícito, diferente del objetivo concretamente criminal que exige la figura, lo que no hace mudar el carácter de la sociedad, de lícita a ilícita" (p. 278) (Destacados nuestros).

Es decir, de acuerdo con la Juez, este tipo delictivo exige que exista y esté constituida "una empresa criminal," consumándose el delito que "por el solo hecho de formar parte de la asociación, independientemente de los delitos que ese grupo pudiese llegar a cometer."

Por ello, para aplicar este delito a Leopoldo López, en el caso decidido, en palabras de la propia Juez, debía haber estado probado en el expediente que él estaba asociado en una "empresa criminal," que desde el inicio era dolosa pues las personas de la asociación debían haberse asociado para delinquir; asociación que debía haberse "constituido con un objetivo criminal," es decir, con un objetivo delictivo especifico, la cual con sus asociados debía tener una "intención dolosa desde el inicio" que es la de cometer un crimen determinado (p. 278).

Sin embargo nada de eso existía ni por supuesto pudo considerarse como probado en la aberrante sentencia, limitándose la Juez a señalar que en el caso Leopoldo López, el supuestamente había contado "con un grupo estructurado de otros dirigentes políticos, entre ellos, la ciudadana Maria Corina Machado y Gaby Arellano," quienes supuestamente "se encontraban al frente del edificio sede del Ministerio Público, al momento en que el ciudadano Leopoldo López, ofreció su discurso y posteriormente se retira" (p. 278).

O sea, de acuerdo con esta supuesta Juez, por el hecho de que otras personas estaban en el mismo lugar donde Leopoldo López dio un discurso, junto con una multitud de manifestantes, ya habría una "asociación para delinquir," llegando a la bizarra conclusión de involucrar en esa conspiración o asociación para delinquir, de paso, y sin fundamento alguno, a otras dos personas, destacadas dirigentes políticas, como son Maria Corina Machado y Gaby Arellano, que no eran parte del proceso penal ni estaban siendo juzgadas, y que estaban en frente de la sede del Ministerio Público junto con miles de manifestantes, todos los cuales por lo visto también podrían considerarse parte de la supuesta y falsa "empresa criminal."

Es decir, ello lo que significa es el descarrío de la Juez, con su sentencia, de tratar de decir que había *tres personas* en la "empresa criminal" que su mente imaginó, que es lo que exige el tipo delictivo del artículo 37 y 4.9 de la Ley Orgánica contra la Delincuencia Organizada y Financiamiento al Terrorismo, para lo cual insensatamente incluyó en la asociación para delinquir a Maria

Corina Machado y Gaby Arellano, así como a la multitud de personas que estaban en la manifestación, todos los cuales supuestamente también formarían parte de la "asociación criminal" por la cual la Juez condenó a López.

Esta aberración jurídica se complementa con la afirmación de la Juez, hecha de la nada, de que supuestamente habría quedado demostrado que Leopoldo López, "forma parte de una asociación delictiva," simplemente porque supuestamente su fin era "iniciar una campaña pública y agresiva" contra el Presidente de la República y las instituciones del Estado, "haciendo del conocimiento a la audiencia, acompañantes y en general a las personas afines con su discurso, que el actual Gobierno tiene vínculos con el narcotráfico," señalando además, que el gobierno era "corrupto, opresor, antidemocrático, y que era necesario salir a conquistar la democracia," lo que solo "iba ser posible con el pueblo en la calle [...] sin tomar en cuenta que su llamado no es el llamado del ciudadano común, sino de una persona que mueve masas" (p. 279).

Y así, sin indicar cómo ni cuándo se habría supuestamente formado o conformado la supuesta empresa o asociación criminal de más de tres personas, incluso con fines de lucro, ni con quienes, ni cuál era el delito que habían acordado intencionalmente y en común cometer, ni cuándo lo iban a cometer, ni en qué forma se evidenciaba la intención dolosa de cometer delito; la Juez terminó su sentencia condenando a todos los acusados, y en particular a Leopoldo López, por supuestamente haber sido *determinador en el delito de incendio*, (4 a 8 años de prisión); *determinador en el delito de daños*, (un mes a dos años de prisión); *autor en el delito de instigación pública*, (3 a 6 años de prisión) y *asociación para delinquir* (6 a 10 años de prisión) *"quedando en definitiva la pena a imponer en trece (13) años, nueve (9) meses, siete (7) días y doce (12) horas de prisión."*

XIII

Cuando se lee esta sentencia, lo que salta con evidencia es su carácter vicarial respecto del Ministerio Público y del aparato de persecución y represión del Estado Totalitario, procediendo la Juez que la dictó a seguir a ciegas lo que sin duda había sido "ordenado" por los fiscales del Ministerio Público, sin siquiera tomarse la molestia de tratar de argumentar la contradicción en la cual incurrió al aplicar los diversos tipos delictivos para condenar a Leopoldo López, con lo que ella misma describió en la sentencia para que pudieran ser aplicados.

Sobre el delito de instigación pública, la Juez dijo que solo se podía aplicar a quien llevara intencionalmente a otro cometer un determinado delito, que el autor quería que fuera cometido por otro, determinando en éste la resolución de ejecutarlo (p. 273); pero en el expediente nada aparece indicando que Leopoldo López dolosamente quiso que los ciudadanos Damián Daniel Martín Garcia, Angel de Jesus Gonzalez y Holdack Hernandez Christian Rene, en concreto, incendiaran algo y dañaran algo, y que los hubiera inducido a ello. Leopoldo López ni siquiera estaba en el lugar de los hechos cuando se produjo un incendio y se dañaron bienes, y posiblemente ni conocía personalmente a quienes los pudieron haber producido, de manera que era imposible que estuviese probado que intencionalmente los determinara, a ellos específicamente, para que incendiaran o dañaran determinados bienes. Es simplemente imposible, por tanto, que la Juez, irresponsablemente, haya llegado a la convicción de que Leopoldo López haya sido "determinador" de los delitos de daños e incendio supuestamente cometidos por los otros ciudadanos condenados, sin establecer cómo, en qué forma, ni cuándo pudo Leopoldo López determinar que fueran ellos, precisamente esos ciudadanos específicos, los que debían cometer esos delitos específicos.

Igualmente es una aberración inexcusable, generadora de responsabilidad individual de la Juez, que la misma en su sentencia haya condenado a Leopoldo López, nada menos que por el delito de asociación para delinquir previsto y sancionado en una Ley como la Ley Orgánica contra la Delincuencia Organizada y Financiamiento al Terrorismo, solamente por haber expresado su opinión política, como líder político de oposición, en contra del gobierno, precisamente a través de discursos ante una multitud de personas. La misma Juez indicó en la sentencia que para aplicar este tipo delictivo, debía probar que López formaba parte de una asociación o empresa criminal, constituida por más de tres personas, con intención dolosa desde su inicio, de cometer un delito específico.

Pero en el expediente nada aparece en tal sentido, por lo que en la sentencia lo único que irresponsablemente indicó la Juez que tuviese relación con alguna "asociación," fue el hecho de que López, cuando dio su discurso el día 12 de febrero de 2015 frente del edificio sede del Ministerio Público, había contado "con un grupo estructurado de otros dirigentes políticos, entre ellos, la ciudadana María Corina Machado y Gaby Arellano," y una multitud de personas. Por ello, Jesús Ollarves indicó sobre la sentencia, que con la misma no sólo se abre el "riesgo de ir a la cárcel por expresar públicamente una opinión crítica a las autoridades de los órganos del poder público," sino que:

> "En esta oportunidad, un juez se atreve a algo más grave: a sentenciar que cualquier organización política opositora, en sí misma, es una asociación para delinquir. Al señalar, sin prueba alguna, que la ex diputada María Corina Machado y la dirigente de Voluntad Popular Gaby Arellano forman parte de un grupo de delincuencia organizada, los partidos políticos y cualquier expresión de la sociedad civil quedan criminalizados."[39]

---

39 Agregó Ollarves: "La sentencia no precisa cómo López, Machado y Arellano estaban articulados a efectos de ejecutar actos delictivos ni demuestra el carácter permanente de la organización desde su creación hasta el momento de los hechos punibles, en este caso los actos vandálicos ocurridos durante el desenlace de la marcha opositora del 12 de febrero de 2014." Véase en la reseña de Edgar López, "Sentencia contra López amenaza a todos los líderes de oposición," en *El Nacional*, Caracas 9 de octubre de 2015, en http://www.el-nacional.com/politica/Sentencia-Lopez-amenaza-lideres-oposicion_0_716328542.html#.VhhBGIUCRAU.twitter

No hay forma alguna de valorar esta sentencia, que no sea afirmando que se trata de un insulto al derecho y a la inteligencia, y un claro ejemplo de cómo el régimen totalitario desprecia la Ley. Por ello, con razón, José Miguel Vivancos de *Human Rights Watch* expresó que decisiones como esta:

"se toman en el Palacio de Gobierno y no en el Poder Judicial. No tengo mayor esperanza en que instancias superiores del Poder Judicial puedan revertir una sentencia que constituye una arbitrariedad, a Leopoldo López se le ha condenado sin pruebas. Hemos tenido acceso a su expediente judicial y no existe evidencia alguna que justifique incluso una orden de detención."[40]

Por ello, lo único digno de ser leído en esta sentencia es, en realidad, el reconocimiento y la apología que en ella hizo la Juez sobre el bien logrado liderazgo político de Leopoldo López en el país, como líder de oposición, que es en definitiva lo que explica su emisión, como orden que le fue dada a la Juez para tratar de acallarlo.

El "delito" por el cual fue condenado López, en definitiva, como resulta evidente del análisis del texto de la sentencia, no fue otro que el "delito de opinión," lo que implicó que se lo condenó por su discurso, de manera que lo que se persiguió fue el "delito" de haber manifestado públicamente su opinión política, como líder opositor exitoso,[41] contra el gobierno totalitario que padecemos los venezolanos, y haber denunciado todos los vicios que afectan al régimen, promoviendo la necesidad de que dicho gobierno sea removido del ejercicio del poder.

La sentencia, en definitiva, habiendo sido dictada sin pruebas o basada en pruebas falsas, solo pone en evidencia que la misma se dictó porque la Juez había recibido la orden de dictarla condenando a López y a los otros acusados, en la misma forma cómo los Fiscales también tenían la orden de acusarlos, aún sin pruebas o con pruebas falsas, desarrollándose así una gran farsa judicial que se montó contra ellos.

Como lo reconoció el propio Fiscal acusador en el caso, Franklin Nieves, quince días después de conocida la sentencia y después de huir del país, por

---

40   Véase en la reseña "HRW: Los jueces en Venezuela son soldados de la causa chavista," en *El Nacional*, Caracas 9 de octubre de 2015, en http://www.el-nacional.com/politica/HRW-jueces-Venezuela-soldados-chavista_0_716928318.html.

41   Por ello, con razón, Alberto Arteaga ha expresado sobre la sentencia, que "López fue condenado solamente por el hecho de ser un líder político de oposición;" y Luis Ollarves ha indicado que la sentencia crea "una interpretación muy amplia e ilegítima sobre la naturaleza del mensaje de los dirigentes políticos contra el gobierno," teniendo entonces "por objeto criminalizar e intimidar a la disidencia y viola la libertad de expresión." Véase la reseña de Edgar López, "Sentencia contra López amenaza a todos los líderes de oposición," en *El Nacional*, Caracas 9 de octubre de 2015, en http://www.el-nacional.com/politica/Sentencia-Lopez-amenaza-lideres-oposicion_0_716328542.html#.VhhBGIUCRAU.twitter.

supuesto, muy tardíamente pues el daño ya estaba causado, al referirse a la *"presión"* ejercida sobre él por *"el Ejecutivo Nacional y sus superiores jerárquicos para que continuara defendiendo las pruebas falsas con que se había condenado al ciudadano Leopoldo López."* [42] Dicho Fiscal acusador, además, se refirió a la presión que recibió para continuar con dicha *farsa de "juicio violándosele los derechos injustamente a estas personas,"* [43] y en general, además, en otras entrevistas de 27 y 28 de octubre de 2015 explicó cómo el sistema judicial en Venezuela –y no sólo en el caso López–, está totalmente controlado, y sometido al capricho que en forma de órdenes recibe tanto del Presidente de la República como del Presidente de la Asamblea Nacional. [44]

---

42 Véase sobre estas declaraciones, el comentario de José Ignacio Hernández, "La declaración del fiscal Franklin Nieves y el caso de Leopoldo López," en *Prodavinci*, Caracas 24 de octubre de 2015, en http://prodavinci.com/blogs/la-declaracion-del-fiscal-franklin-nieves-y-el-caso-de-leopoldo-lopez-por-jose-ignacio-hernandez-2/

43 Véase el video de las declaraciones del Fiscal Francklin Nieves en https://www.youtube.com/watch?v=gfbJ8CUOiuo y en https://www.youtube.com/watch?v=GQeC7DCV7_s. Véase sobre ellas, además, las siguientes reseñas en los medios de comunicación: "Fiscal del caso López huyó de Venezuela: Querían que siguiera defendiendo pruebas falsas," donde se informa que: "El fiscal venezolano Franklin Nieves, aseguró en una grabación en vídeo que salió del país debido a las presiones del Gobierno de Venezuela. Presiones del gobierno responderían a la defensa de las pruebas falsas con que se había condenado al político opositor Leopoldo López," en *cooperativa.cl*, 24 octubre de 2015, en http://www.cooperativa.cl/noticias/mundo/venezuela/politica/fiscal-del-caso-lopez-huyo-de-venezuela-querian-que-siguiera-defendiendo-pruebas-falsas/2015-10-24/100801.html; Sobre ello, Juan Carlos Gutiérrez, abogado defensor de López, con razón expresó que "El fiscal evidencia una vez más la ilegalidad de su condena, es el resultado de un fraude procesal" y que "El juicio contra López se encuentra viciado de nulidad absoluta. La condena debe ser revocada e inmediatamente liberado." Véase en: "Juicio a López fue una farsa, dice fiscal que lo acusó" "Franklin Nieves, Fiscal 41 de Venezuela y uno de los dos que presentó la acusación contra el opositor venezolano Leopoldo López, huyó del país y en un video dice que la condena de prisión contra López fue dictada con pruebas falsas," en *La Prensa 35*, 24 de octubre de 2015, en http://impresa.prensa.com/panorama/Juicio-Lopez-farsa-fiscal-acuso_0_4330816885.html.

44 Véase la entrevista al Fiscal Franklin Nieves, que le hizo el periodista Fernando del Rincón en el programa *Conclusiones* en *CNN Español*, el 27 de octubre de 2015, en "Exfiscal: Leopoldo es inocente, lo pusieron preso porque temen a su liderazgo," en http://cnnespanol.cnn.com/2015/10/27/exfiscal-leopoldo-es-inocente-lo-pusieron-preso-porque-temen-a-su-liderazgo/; la que le hizo la periodista Tamoa Calzadilla: "Entrevista exclusiva con ex fiscal Franklin Nieves: "El sistema de justicia padece el terror del caso Afiuni" (Parte I)," en http://runrun.es/rr-es-plus/232503/entrevista-exclusiva-con-ex-fiscal-franklin-nieves-el-sistema-de-justicia-padece-el-terror-del-caso-afiuni-parte-i.html; y la entrevista hecha en NTN24", "La conciencia me pesa como una cadena perpetua": exfiscal Franklin Nieves a NTN24 sobre caso Leopoldo López," en http://ntn24.com/noticia/en-vivo-siga-el-cara-a-cara-franklin-nieves-el-exfiscal-que-acuso-con-pruebas-falsas-a-leopoldo-74794

Con esto, quizás ahora el Presidente de la Corte Interamericana de Derechos Humanos y los otros jueces que decidieron archivar el expediente del caso *Allan R. Brewer-Carías vs. Venezuela* avalando el funcionamiento del Poder Judicial venezolano, negándose a juzgar sobre la situación real de la ausencia total de autonomía e independencia de los jueces y fiscales en el país, denegándole al denunciante la justicia internacional requerida, se convenzan del error en el cual incurrieron y del daño que causaron.

Las declaraciones del fiscal venezolano Franklin Nieves, como hecho público y notorio comunicacional de carácter sobrevenido, deberían ser suficientes para que ejerciendo el control de convencionalidad de su propia sentencia, dichos jueces procedieran a revisarla para garantizar en el caso el derecho al debido proceso.[45]

New York, 10 / 29 de octubre de 2015

---

45   La sentencia fue dictada por los Jueces **Humberto Sierra Porto** (Colombia), Presidente; **Diego García Sayán** (Perú); **Roberto de Figueiredo Caldas** (Brasil); y **Alberto Pérez Pérez** (Uruguay); y contó con un importante Voto Conjunto Disidente de los jueces **Eduardo Ferrer Mac-Gregor** (México), y **Manuel Ventura Robles** (Costa Rica). Véase el texto de la sentencia en http://www.corteidh.or.cr/docs/casos/articulos/seriec_278_esp.pdf; y en: Allan R. Brewer-Carías, El caso Allan R. Brewer-Carías vs. Venezuela ante la Corte Interamericana de Derechos Humanos. Estudio del caso y análisis crítico de la errada sentencia de la Corte Interamericana de Derechos Humanos N° 277 de 26 de mayo de 2014, Colección Opiniones y Alegatos Jurídicos, N° 14, Editorial Jurídica Venezolana, Caracas 2014. Véase sobre las pruebas, opiniones jurídicas y *amicus curiae* argumentando sobre la catastrófica situación del Poder Judicial venezolano, ignoradas por los jueces en: Allan R. Brewer-Carías (Coordinador y editor), *Persecución política y violaciones al debido proceso. Caso CIDH Allan R. Brewer-Carías vs. Venezuela ante la Comisión Interamericana de Derechos Humanos y ante la Corte Interamericana de Derechos Humanos.* TOMO I: Denuncia, Alegatos y Solicitudes presentados por los abogados Pedro Nikken, Claudio Grossman, Juan Méndez, Helio Bicudo, Douglas Cassel y Héctor Faúndez. Con las decisiones de la Comisión y de la Corte Interamericana de Derechos Humanos como Apéndices, Editorial Jurídica Venezolana, Caracas 2015; TOMO II: Dictámenes, Estudios Jurídicos y Amicus Curiae, Editorial Jurídica Venezolana, Caracas 2015.

DÉCIMA OCTAVA PARTE

LA CRIMINALIZACIÓN DEL DERECHO A MANIFESTAR Y EL DESPRECIO A LA LIBERTAD DE LOS ESTUDIANTES.

O de cómo los jueces del horror, en el juicio contra Leopoldo López, condenaron arbitrariamente al estudiante Ángel González Suárez por haber manifestado*

> *"Ella en todo momento **sentía presión** porque sabe que nosotros somos inocentes, ella lo sabe [...]. Juan Carlos Gutiérrez, abogado de López, le pidió que tomara una decisión justa y transparente, y le pidió **que no se dejara guiar por una orden. Pero ella sabe que era su libertad o la nuestra."***

> **Ángel de Jesús González Suárez,** *condenado*

> *"a mis amigos jueces y fiscales [...] yo los invito a decir la verdad, a perder el miedo y a que levanten sus voces y manifiesten su descontento **por la presión que ejercen nuestros superiores amenazándonos con destituirnos, con mandarnos a la cárcel,** y esa serie de argumentos que siempre nos ponen **para amenazarnos y que podamos realizar el capricho** de todas esas personas"*

> **Franklin Nieves,** *Fiscal acusador*

I

La juez provisoria a cargo del Juzgado Vigésimo Octavo de Primera Instancia en Función de Juicio del Circuito Judicial del Área metropolitana de

---

* Texto del Comentario Jurisprudencial redactado sobre la sentencia dictada el 10 de septiembre de 2015 por la Juez provisoria del Juzgado Vigésimo Octavo de Primera Instancia en Función de Juicio del Circuito Judicial del Área Metropolitana de Caracas en la causa penal contra Leopoldo López y otros estudiantes, 13 de octubre de 2015.

Caracas, mediante la sentencia dictada el 10 de septiembre de 2015 en la cual condenó sin prueba alguna a Leopoldo López, también condenó a los estudiantes, Demián Daniel Martín García, Christian René Holdak Hernández y Ángel de Jesús González Sánchez por diversos delitos, supuestamente cometidos con ocasión de las manifestaciones estudiantiles de protesta contra el gobierno que se sucedieron el día 12 de febrero de 2014.

En cuanto a Leopoldo López, la sentencia de esta juez del horror lo condenó inconstitucionalmente por un inexistente "delito de opinión," es decir, *por haber ejercido su libertad de expresión del pensamiento* en las protestas de febrero de 2014, lo que por supuesto no es punible; y en cuanto a la decisión contra a los estudiantes Demián Daniel Martín García, Christian René Holdak Hernández y Ángel González Sánchez, la juez los condenó, en realidad y fundamentalmente, por el solo hecho *de haber protestado y ejercer su derecho a la manifestación pública*, junto con muchas otros estudiantes y personas, el día de la juventud, 12 de febrero de 2014, en oposición al gobierno, lo cual tampoco es punible.

Como para el régimen totalitario cualquier forma de ejercer los derechos garantizados en la Constitución es una "acción delictiva" que hay que castigar, tal y como sucedió en ese juicio, hubo que montar entonces una parodia judicial para atribuirle a Leopoldo López los supuestos delitos de haber sido el *determinador de los delitos de incendio y daños* cometidos por otros *y de autor de los delitos de instigación pública y de asociación para delinquir*, condenándolo en definitiva por haber expresado su pensamiento;[1] para atribuirle a los jóvenes estudiantes Ángel González Suárez y Demián Martín García, el supuesto delito de *instigación pública* previsto en el artículo 285 del Código Penal, para igualmente condenarlos en definitiva por haber ejercido su derecho a manifestar; y para atribuirle al estudiante Holdak Hernández, el haber supuestamente cometido los delitos de *incendio, daños, instigación pública y agavillamiento*.

En este último caso, la Juez provisoria del horror, en efecto, consideró que Damián Martin y Ángel González, actuando determinados por el ciudadano Leopoldo López, porque el día 12 de febrero de 2014,

"se encontraban en el lugar de las hechos, conjuntamente con los demás manifestantes que causaban destrozos, instigando estos dos ciudadanos, así como el resto de los manifestantes, a la desobediencia de las leyes, poniendo en peligro la tranquilidad pública" […] (p. 273).

---

1 Véase los comentarios respecto de la condena a Leopoldo López en Allan R. Brewer-Carías, "La condena contra Leopoldo López por el "delito de opinión." O de cómo los jueces del horror están obligando al pueblo a la rebelión popular." 10 de octubre de 2015, en http://www.allanbrewercarias.com/Content/449725d9-f1cb-474b-8ab2-41efb849fea3/Content/Brewer.%20I,%202,%20119.%20CONDENA%20DE%20LE OPOLDO%20L%C3%93PEZ.%2010%20Oct.%202016.pdf.

O sea, el ejercicio del derecho a manifestar que garantizaba el artículo 68 de la Constitución, por arte de esta sentencia se convirtió en una acción delictiva; con la consecuencia de que protestar, como lo han hecho y hacen los estudiantes en manifestaciones públicas en el mundo entero, – que si se tornan violentas es generalmente por la represión de los cuerpos policiales o para-policiales-criminales protegidos por el gobierno–, se convirtió en un crimen que cometen, como dice la sentencia, "todos los manifestantes." Todos, en criterio de la juez, por manifestar, incurren en el delito de instigación pública a la desobediencia de las leyes.

II

En particular respecto de la inicua condena pronunciada por la juez provisoria contra el joven estudiante de administración industrial, Ángel de Jesús González Sánchez, de 19 años de edad, quien para inicios de 2014 ni siquiera se había inscrito en el Consejo Nacional Electoral, por el delito de "instigación pública" previsto en el artículo 285 del Código Penal, como él mismo, en su propia defensa lo expuso ante el tribunal, fue en definitiva por haber acudido al llamado en general que hicieron los estudiantes para protestar contra el gobierno en una de las tantas manifestaciones ocurridas en Caracas el 12 de febrero de 2014, con motivo del día de la juventud.

Esto fue lo que él mismo declaró, en defensa propia, sobre los hechos y su presencia en la manifestación:

"El día 12/02/2014 la marcha convocada por los estudiantes por causa propia, no como viene a destacar la Fiscalía, que me convocó un político; una marcha del día de la juventud, no puede venir a decir la Fiscalía que aquí se me vino a manipular e instigar.[2]

---

2   En una entrevista posterior, que le hizo la periodista Maria Alesia Sosa Calcaño, el joven estudiante precisó: "**—¿Qué te llevó a marchar el 12F?** —La situación que atravesaba y atraviesa Venezuela: escasez, inflación, colas, violencia. Eso me crea indignación. No puedo quedarme de brazos cruzados viendo cómo el país se desangra. Pudiéramos ser una potencia, pero por la mala administración de un gobierno no podemos serlo. Es un gobierno que le ha quitado el futuro a los jóvenes, que los reprime, los persigue. Me da un sentimiento muy grande, por lo menos en mi pueblo, Naiguatá, ver esas colas bajo el sol, ver que nadie consigue nada o que todo es demasiado caro. Son cosas que me obligan a hacer algo, si uno no lo hace, ¿quién lo va a hacer? No podemos seguir esperando. [...] quise ir más allá, quise poner un granito de arena para levantar al país, por eso fui a marchar ese día."—**¿Cómo fue el 12F desde que te despertaste?** —Me levanté con ganas y entusiasmo. Con unos amigos de Naiguatá fui a la universidad y de allí a Plaza Venezuela a concentrarme con los demás estudiantes. De ahí fuimos a Parque Carabobo a llevar el documento en apoyo a los estudiantes que estaban detenidos en Táchira; nos concentramos en el Ministerio Público. Pedíamos que nos atendiera la fiscal Luisa Ortega, pero no bajó. Allí empezaron los disturbios. Muchas bombas, corredera, estaban todos los cuerpos de seguridad del Estado: la GNB, PNB, el Sebin, CICPC, y los Tupamaros, colectivos armados. Todos arremetiendo contra los estudiantes, con sus escudos y sus cascos."

Luego de estar concentrado [en] plaza, vino y ocurrió la muerte de Basil Da Costa,[3] lo que generó la violencia y los daños [a] la Fiscalía. Fueron el asesinato de Bassil y la indignación [lo que originaron] los daños causados. Esos hechos no fueron por mi causa como viene a decirlo aquí la Fiscalía. Aquí vinieron más de 50 funcionarios y ninguno dijo [quién] hizo aquello, ninguno [...] todos dijeron: yo no aprehendí a nadie. ¿Y esto que es (foto")?: cómo me detienen en la Plaza Carabobo funcionarios del Cuerpo de Investigaciones Científicas Penales y Criminalísticas, unos armados apuntándome. ¿Por qué motivo? ¿Si ninguno me nombró y ninguno dijo que yo estaba quemando patrullas? Me prendieron así por así, porque les dio la gana. [4]

Véase en Maria Alesia Sosa Calcaño, "Conozca a Ángel González, el otro joven condenado en la causa de Leopoldo López," en *El Periódico Venezolano*, 10 de octubre de 2015, en http://elperiodicovenezolano.com/conozca-a-angel-gonzalez-el-otro-joven-condenado-en-la-causa-de-leopoldo-lopez/

3   En la misma entrevista antes mencionada el joven González precisó: "**—¿Qué te impactó de ese día?** —Yo vi cuando mataron a Bassil (Dacosta), un hermano venezolano, un héroe, a quien tristemente lo mató el Sebin, no lo mató Leopoldo López, como dice el Gobierno. Lo mató un cuerpo de seguridad del Estado, por protestar. Estaban disparando con armas de fuego, con perdigones, bombas lacrimógenas, y aparte tenían cascos y escudos para protegerse, ¿de qué? Si los manifestantes no tenían nada. Sólo estábamos protestando." Véase en Maria Alesia Sosa Calcaño, "Conozca a Ángel González, el otro joven condenado en la causa de Leopoldo López," en *El Periódico Venezolano*, 10 de octubre de 2015, en http://elperiodicovenezolano.com/conozca-a-angel-gonzalez-el-otro-joven-condenado-en-la-causa-de-leopoldo-lopez/

4   En la misma entrevista el joven González precisó: "**—¿Tuviste miedo?** —Algo me llamó a quedarme ahí. Había muchos estudiantes, y no quería dejar solos a los que se quedaron. Con mi celular empecé a grabar todo lo que estaba pasando. Por eso es que a mi me detienen, porque estaba documentando lo que ahí pasaba, cuando estaban quemando las patrullas. Al verme grabando, me agarraron cuatro personas vestidas de civiles. **—¿Te dijeron por qué te habían detenido?** —En ningún momento me resistí al arresto porque el que no la debe no la teme. Yo no hice nada. No me dijeron por qué me estaban llevando preso, ahí se llevaron al que les dio la gana. Primero me llevaron a la sede del CICPC de Parque Carabobo. Ahí nos tuvieron arrodillados seis horas contra la pared, como si fuéramos unos delincuentes. Nos golpeaban, nos daban cachetadas, nos pisaban los pies. Un periodista portugués estaba entre los esposados, y no entendía lo que le decían porque no hablaba español. El funcionario le pedía su cédula, y él no entendía. Lo golpearon por no comprender." [...] **—¿Te preguntas por qué te tocó a ti pasar por esto?** —No me da rabia. Me tocó porque yo estaba ahí en la plaza, fue algo al azar, si me hubiera ido ese día no me hubiera tocado, pero yo decidí quedarme. Iban a agarrar a cualquiera que estuviera allí. El día que nos detuvieron había un chamo que tenía piedras en el bolso, y era militante del Psuv, a él lo liberaron aunque fue al único que le encontraron objetos contundentes en su morral, y a nosotros simplemente por estar en contra del gobierno, nos dejaron detenidos. Véase en Maria Alesia Sosa Calcaño, "Conozca a Ángel González, el otro joven condenado en la causa de Leopoldo López," en *El Periódico Venezolano*, 10 de

Como lo mencionado por mi abogado: yo no he votado ni estoy inscrito en el Consejo Nacional Electoral. ¿Por qué la vinculación con lo de la instigación? Una persona que no está inscrita en ningún lado, ¿a quién puede instigar? ¿A qué personas que estaban alrededor de la plaza del Ministerio Público? [5]

Aquí no hay prueba que se me impute algo. Dice el Fiscal que yo tenía una piedra. Una sola foto tiene el Fiscal de la supuesta piedra. Eso es falso, y así me lo permite [decir] la Constitución." [6]

Y así es. Según la propia relación que hizo la juez del horror de las actas del expediente, no hay prueba alguna de culpabilidad contra el estudiante González Sánchez. Pero sin embargo, la inicua sentencia de la juez provisoria, desde la primera página, arbitrariamente declaró que supuestamente estaba "acreditada la responsabilidad de Ángel de Jesús González Sánchez por el delito de instigación pública previsto en el artículo 285 del Código Penal" (p. 1), pero sin basarse en prueba alguna.

III

En efecto de la enunciación de los hechos que hizo la juez provisoria del horror, en relación con el joven González Suárez, lo único que quedó probado conforme a la relación que hizo la sentencia, fue que efectivamente el joven González Suárez, como miles de otros estudiantes, estuvo en la manifestación

---

octubre de 2015, en http://elperiodicovenezolano.com/conozca-a-angel-gonzalez-el-otro-joven-condenado-en-la-causa-de-leopoldo-lopez/

5 En la misma entrevista el joven González precisó: "**—¿Conocías a Leopoldo López antes de este proceso?** —No, lo había visto por televisión. Lo conocí en el tribunal, porque unieron nuestras causas. Igual que a los muchachos (Coello, Holdack, Martín). No militaba en ningún partido, ni siquiera estaba inscrito en el Consejo Nacional Electoral. **—¿Por qué nunca habías votado?** —No sé, estaba esperando alguna elección más importante. Ahora me la paso convenciendo a la gente para que vaya a votar el 6 de diciembre en las parlamentarias. Si no votas le das más chance al gobierno de hacer fraude, si uno sale a votar las posibilidades de hacer trampa son mínimas." Véase en Maria Alesia Sosa Calcaño, "Conozca a Ángel González, el otro joven condenado en la causa de Leopoldo López," en *El Periódico Venezolano*, 10 de octubre de 2015, en http://elperiodicovenezo-lano.com/conozca-a-angel-gonzalez-el-otro-joven-condenado-en-la-causa-de-leopoldo-lopez/.

6 En la misma entrevista el joven González precisó: "**¿—Hay una foto tuya que presentó el fiscal del ministerio público, Franklin Nieves, donde apareces con algo en la mano y él dijo que era una bomba.** —En la foto aparezco con un trapo bañado en vinagre, que utilicé para protegerme de las bombas lacrimógenas. A partir de una foto inventaron lo que les dio la gana, pero la historia es otra, lo viví yo, no consignaron los videos." Véase en Maria Alesia Sosa Calcaño, "Conozca a Ángel González, el otro joven condenado en la causa de Leopoldo López," en *El Periódico Venezolano*, 10 de octubre de 2015, en http://elperiodicovenezo-lano.com/conozca-a-angel-gonzalez-el-otro-joven-condenado-en-la-causa-de-leopoldo-lopez/

que se desarrolló en la fecha indicada en los alrededores de la sede del Ministerio Público (p. 3); lo que no requería prueba y además nadie lo había negado.

Eso, por supuesto no es delito, y nada autoriza a que los Fiscales acusadores hayan "deducido" que la sola presencia de los estudiantes en la manifestación hubiera sido porque específicamente habrían atendido el llamado que supuestamente les hizo Leopoldo López (p. 63), lo que en todo caso, incluso de haber sido así, tampoco sería delito alguno.

Además, los Fiscales alegaron en el caso contra el joven González, sin prueba alguna, que supuestamente llevaba "piedras" en su bolso o mochila, y que en algún momento habría "tirado piedras;" alegato que presentaron en forma por lo demás tan deleznable e insustancial, al punto de que la propia juez ni siquiera los mencionó ni tuvo en cuenta para dictar su sentencia.

En definitiva, la acusación sólo quedó reducida, después de un intento infructuoso de agregar el delito de agavillamiento, por el delito de instigación pública, paro sin aportar nada en el proceso que pudiera probar que el joven hubiera incurrido en el mismo.

Como lo preguntó en la audiencia su abogado Rigoberto Quintero Asuaje: "¿de qué manera instigaba este muchacho a la gente? ¿Será que tenía un altavoz, un auto parlante, o dinero o armas para instigar la gente?, porque los videos echaron por tierra todas las falsedades que se dijeron aquí" (p. 84), indicándole a la Juez provisoria lo siguiente:

> "aquí no hubo instigación de parte de Ángel de Jesús González Sánchez, un muchacho que lo que hace es estudiar. Todos son estudiantes. ¿Le va a negar su tribunal a que no marche, a que no busque una mejoría? [...] Me niego creer que haya tanta farsa en este juicio y tantos inventos y demostraron que había mentira. Sus ojos vieron con mucha claridad, si Ángel de Jesus estaba tirando una piedra [en la foto donde estaba] ahí aparece como un muñeco de trapo, parado allí, [...], si estaba solo parado allí, [...] usted pidió una averiguación [...] no la han hecho, porque allí está la verdad de las cosas porque es muy placentero pedir una condena, pero más vale medio metro de justicia que cien kilómetros de derecho" (p. 85).

Por su parte el abogado Joel García Hernández, también en representación del estudiante González Sánchez, le argumentó a la juez provisoria:

> "el Ministerio Público manifiesta que Ángel de Jesús González lanzaba piedras contra el Ministerio Público, yo reto al Ministerio Público en su réplica a que muestren en la fotografía donde Ángel de Jesús González lanza y arroja piedras [...] Nadie ha negado aquí que ángel de Jesús González estaba en esa marcha, [...] él asistió a la marcha como asistió millones de venezolanos, yo estuve en esa marcha, y a mí no me convocó Leopoldo López, me convocó la situación país, yo estaba en esa marcha, si estaba, esas fotografías son de él, pero de allí a que esté arro-

jando piedras, objetos contundentes contra el Ministerio Público es totalmente falso" (p. 86).

Y luego de supuestamente analizar todas las experticias sobre los hechos, en las cuales nunca se mencionó al joven González, y en particular a la acusación contra él por el delito de instigación, el abogado García concluyó indicando que:

> "el delito de instigación pública tiene varios supuestos, uno de ellos es la desobediencia a las leyes, argumentar el odio entre sus habitantes, y el otro es la apología del delito El Ministerio público de forma genérica establece que él está siendo acusado, pero no sabemos bajo qué supuestos, si es de instigación por desobedecer a las leyes o porque fomenta al odio o porque hace una apología" (p. 88).

Sin embargo, a pesar de la ausencia de pruebas, en la supuesta determinación "precisa y circunstanciada de los hechos" que hizo el tribunal, analizando las declaraciones de funcionarios públicos casi todos policías, ninguno de los cuales siquiera nombró a González (pp. 137-258), según la juez, habría quedado "acreditada la culpabilidad" del estudiante Ángel González por el delito instigación a delinquir (pp. 136, 137), diciendo que dichos testimonios daban "certeza de que los manifestantes entre ellos Demián Martin y Ángel González se encontraban instigando" (pp. 258-259); afirmando además la sentencia, de la nada, sin prueba alguna, que estos dos "se desplazaron por todas las inmediaciones de Parque Carabobo conjuntamente con los demás manifestantes que causaban destrozos, instigando estos dos ciudadanos" (p. 267).

IV

De lo antes comentado resulta entonces que el delito atribuido al estudiante Ángel González Sánchez fue el *delito de instigación pública*, que es uno de los delitos "contra el orden público" está previsto es en el artículo 285 del Código penal, así:

> "**Artículo 285.** Quien instigare a la desobediencia de las leyes o al odio entre sus habitantes o hiciere apología de hechos que la ley prevé como delitos, de modo que ponga en peligro la tranquilidad pública, será castigado con prisión de tres años a seis años."

Para poder aplicar este tipo delictivo, en palabras de la propia juez del horror, se requiere probar que el acusado haya "conllevado a otro a que intencionalmente" cometa una acción delictiva, aclarando que "no es meramente proponer que se la cometa, sino promover en cierta forma coactiva a ello, valiéndose de la excitación de las personas o de los instintos de la persona a quien se instiga." De acuerdo con las palabras de la juez provisoria, el instigador "quiere el hecho," es decir, quiere que deliberadamente el hecho delictivo en concreto se produzca, es decir, se cometa por otros; en otras palabras, "lo quiere producido por otro, quiere causar ese hecho a través de la psiquiatría del otro, determinando en éste la resolución de ejecutarlo" (p. 273).

Por tanto, para poder haber condenado a Ángel González, estudiante de 19 años, residente en Naiguatá, de este delito, la juez del horror tuvo que haber considerado probado que González, dolosamente, quería que específicamente alguien, a quien nunca nombraron los Fiscales acusadores, ni la juez provisoria en ninguna parte de su sentencia, hubiera cometido algún delito, cuya naturaleza tampoco se identifica en ninguna parte de la sentencia.

Por tanto, cabría preguntarse: ¿a quién instigó Ángel González, y a realizar qué tipo de acción fue que instigó? Eso, en la sentencia, quedó como un misterio, pues simplemente al estudiante González se lo condenó sin decir porqué, y sin que haya habido prueba alguna de delito. En definitiva, se lo condenó por haber osado asistir a una manifestación popular.

V

Por tanto, como la juez provisoria seguramente tenía la orden política de condenar a varios en el proceso, condenó al joven González Sánchez de un delito que no cometió,[7] pues en ninguna línea ni párrafo alguno de la sentencia se indicó a quién deliberadamente y con cuál intención criminal el joven González habría instigado para delinquir, ni cuál fue el delito que otros habrían cometido supuestamente instigados por González.

---

7   En la misma entrevista antes reseñada el joven González precisó: —**¿Qué sentiste cuando la jueza Barreiros leyó la sentencia?** —La jueza no leyó una sentencia, ella leyó la acusación: que Demián y yo habíamos incendiado, que nos movíamos por los alrededores de Parque Carabobo con unos radios walkie-talkies, que lanzamos ataques a la Fiscalía sincronizados, que Leopoldo nos instigó, todo eso dijeron. —**¿Qué esperabas el día de la audiencia final?** —No, ya yo sabía que nos iban a condenar. Yo estaba convencido. Yo entendí que esto era un juicio político. Simplemente porque todo el juicio fue injusto, se violó el estado de derecho. Tenían que condenarnos porque a ellos no les conviene tenerlo a él (Leopoldo López) fuera. Ellos saben que si él está fuera, esto se acaba. Yo no tenía esperanzas. Ya yo lo sabía. Y Marco (Coello) también lo sabía. Marco no es un prófugo de la justicia, simplemente fue a buscar en otro país las garantías que su país no le dio.[…] —**¿Qué opinas del sistema de justicia venezolano?** —Aquí no hay estado de derecho. Si tu caso es político, lo pierdes. Aquí si no estás a favor del Gobierno, o vas preso, o te sacan del país, o te persiguen, o te matan. Sí hay jueces honestos y que cumplen su trabajo, en casos de robo asesinato, o cosas así sí puede haber justicia. Pero cuando se trata de un caso político, no hay esperanza. —**¿Qué piensas de la jueza Susana Barreiros?** —Ella en todo momento sentía presión porque sabe que nosotros somos inocentes, ella lo sabe. Hubo un momento en que se le aguaron los ojos cuando Juan Carlos Gutiérrez, abogado de López, le pidió que tomara una decisión justa y transparente, y le pidió que no se dejara guiar por una orden. **Pero ella sabe que era su libertad o la nuestra.**" Véase en Maria Alesia Sosa Calcaño, "Conozca a Ángel González, el otro joven condenado en la causa de Leopoldo López," en *El Periódico Venezolano*, 10 de octubre de 2015, en http://elperiodicovenezolano.com/conozca-a-angel-gonzalez-el-otro-joven-condenado-en-la-causa-de-leopoldo-lopez/

Por supuesto, tampoco existe línea ni párrafo alguno en la sentencia que diga cómo, en qué forma, con qué frases, y a quien, el joven Ángel González habría instigado "a la desobediencia de las leyes," o si lo que hizo fue instigar "al odio entre los habitantes" del país, o si habría hecho alguna "apología de hechos que la ley prevé como delitos," de manera de poner "en peligro la tranquilidad pública." Nada de ello siquiera se comentó o argumentó en la sentencia, siendo por ello una sentencia nula, carente de motivación; habiendo incurrido la juez provisoria en una insólita irresponsabilidad por la que en algún momento habrá de pagar.

VI

En la sentencia dictada, en todo caso, además de haberse condenado a Leopoldo López, sin pruebas, por el delito de instigación para delinquir supuestamente a través de Damián Daniel Martín García y Ángel González, a éstos a la vez, igualmente sin prueba alguna también se los condenó porque supuestamente:

> "actuando determinados por el ciudadano Leopoldo Lopez, instigaron a la desobediencia de las leyes, con el fin de que se generara violencia y de esta forma crear el caos y perturbar la tranquilidad y la paz de la ciudadanía, como efectivamente sucedió el día 12 de febrero de 2014, ya que ambos imputados se encontraban en el lugar de las hechos, conjuntamente con los demás manifestantes que causaban destrozos" (p. 273).

En esta afirmación, por supuesto, no hay referencia alguna a la supuesta inducción por parte de López a los dos jóvenes estudiantes para específicamente por ejemplo, incendiar o dañar determinados bienes por parte de esas determinadas personas, desobedecer las leyes, generar violencia, crear el caos y perturbar la tranquilidad y la paz de la ciudadanía.

Por ello, no es sino una aberración jurídica el pretender "deducir" que Leopoldo López "fue determinador en el delito de instigación pública" (p. 274), basándose la Juez, para llegar a esa insólita conclusión, solo en lo que ella o la experto en lingüística, en la que se basó, apreciaron de los discursos de Leopoldo López como teniendo "contenido violento," y que habría pronunciado supuestamente con el "único propósito de desaparecer la tranquilidad pública," liderando una marcha hacia la Fiscalía "con el fin de entregar un supuesto documento solicitando la liberación de unos estudiantes," propugnando "un cambio total y profundo de quienes conducen el Poder Público Nacional, con el fin que fueran sustituidos de sus cargos," lo que a juicio de la Juez, "refuerza nuevamente su pretensión de desconocer a las autoridades legítimas." También refirió la Juez el hecho de que los manifestantes:

> "gritaban consignas en contra de la institución y de su máxima autoridad; sin mencionar el discurso agresivo, todo ello siempre bajo la mirada de su líder y vocero Leopoldo López, quien luego decidió retirarse del lugar" (pp. 274-275).

Y como de acuerdo con la sentencia, Ángel González Sánchez, se encontraba "en el lugar de los hechos" y fue detenido, entonces se le imputó a él, a la vez, el delito de instigación para delinquir.

O sea a López se lo condenó mediante el análisis mal intencionado de su discurso político por haber instigado a Ángel González a cometer el delito de instigar, y a Ángel Gonzáles a su vez, se le condenó también por haber instigado a delinquir, pero en este caso, sin decir la sentencia en qué forma, cómo, diciendo qué, ni a qué delito a su vez instigó a cometer, ni a quien habría instigado.

VII

Sin embargo, la juez provisoria simplemente consideró sin motivación alguna que en el juicio habría quedado "acreditado," que Ángel de Jesús González, "era responsable penalmente por el delito de instigación pública, previsto y sancionado en el artículo 285 del Código Penal," por el que había sido acusado por el Ministerio Público (pp. 270, 272).

Para llegar a esta conclusión, la juez provisoria del horror, en el capítulo sobre fundamentos de hecho y de derecho de la sentencia, sin motivación alguna, solo concluyó diciendo que:

> "En el presente juicio quedó demostrado que los imputados Damian Daniel Martin Garcia y Ángel de Jesús González, actuando determinados por el ciudadano Leopoldo Lopez, instigaron a la desobediencia de las leyes, con el fin de que se generara violencia y de esta forma crear el caos y perturbar la tranquilidad y la paz de la ciudadanía, como efectivamente sucedió el día 12 de febrero de 2014, ya que ambos imputados se encontraban en el lugar de las hechos, conjuntamente con los demás manifestantes que causaban destrozos, instigando estos dos ciudadanos, así como el resto de los manifestantes, a la desobediencia de las leyes, poniendo en peligro la tranquilidad pública, produciéndose en la edificación grandes y evidentes signos de violencia […] (p. 273)

O sea, además, que de acuerdo con la sentencia de la juez provisoria del horror, *todos los manifestantes*, es decir, "*el resto de los manifestantes*," habrían también incurrido en el delito de incitación pública. ¿Se dio cuenta la juez de lo que estaba escribiendo? ¿Sabía qué significa escribir que estaban "instigando estos dos ciudadanos, así como el resto de los manifestantes, a la desobediencia de las leyes."?

Lo más asombroso de esta absurda decisión, en todo caso, es que de nuevo, sin prueba alguna, y solo basada en que esas personas estaban en el lugar de los hechos – como estuvieron miles de manifestantes –, la juez del horror afirmó que había llegado "a la firme convicción" de que "los ciudadanos Demián Daniel Martín García y Ángel de Jesús González, eran responsables penalmente por el delito de instigación pública previsto y sancionado en el artículo 285 del Código Penal" (p. 279), condenando así ignominiosamente al estudiante Ángel de Jesús González Sánchez, de 19 años de edad, imponiéndole una pena de cuatro (4) años y seis (6) meses de prisión (p. 282); solo por haber estado en una manifestación estudiantil !!

Esa es la típica decisión judicial adoptada en un Estado totalitario en el cual el hombre, el ser humano, su libertad y sus derechos no importan, lo que además se agrava por el hecho de que la Juez, en su sentencia, lo que hizo fue darle un aviso a todos los estudiantes del país para que supieran que a su juicio, manifestar contra el gobierno en definitiva es un delito. Esa era la "orden superior" que tenía que no era otra que criminalizar el derecho a manifestar, sabiendo que si la desobedecía podía ser destituida e incluso perder su propia libertad.

Como lo recordó el propio estudiante condenado al referirse a dicha Juez Susana Barreiros en la entrevista que le hicieron luego de dictada la sentencia, cuando le preguntaron qué pensaba sobre la Juez, dijo:

"Ella en todo momento *sentía presión porque sabe que nosotros somos inocentes*, ella lo sabe. Hubo un momento en que se le aguaron los ojos cuando Juan Carlos Gutiérrez, abogado de López, le pidió que tomara una decisión justa y transparente, y le pidió que *no se dejara guiar por una orden*. Pero *ella sabe que era su libertad o la nuestra.*"[8]

Y así fue efectivamente, habiendo sido el propio Fiscal acusador el que le dio la razón al estudiante condenado, cuando quince días después, aun habiendo sido el artífice de la falsa acusación causante del daño, una vez fuera del país – de donde huyó - invitó públicamente a los jueces y fiscales a "decir la verdad," a "perder el miedo," y a que levantasen sus voces para manifestar:

"su descontento *por la presión que ejercen nuestros superiores amenazándonos con destituirnos, con mandarnos a la cárcel*, y esa serie de argumentos absurdos que siempre nos ponen, para amenazarnos y que podamos *realizar el capricho* de todas esas personas."[9]

---

8 Véase en Maria Alesia Sosa Calcaño, "Conozca a Ángel González, el otro joven condenado en la causa de Leopoldo López," en *El Periódico Venezolano*, 10 de octubre de 2015, en http://elperiodicovenezolano.com/conozca-a-angel-gonzalez-el-otro-joven-condenado-en-la-causa-de-leopoldo-lopez/

9 Óigase las declaraciones en video en https://www.youtube.com/watch?v=gfbJ8CUOiuo y en https://www.youtube.com/watch?v=GQeC7DCV7_s . Véase la reseña de las declaraciones en: "Juicio a López fue una farsa, dice fiscal que lo acusó" "Franklin Nieves, Fiscal 41 de Venezuela y uno de los dos que presentó la acusación contra el opositor venezolano Leopoldo López, huyó del país y en un video dice que la condena de prisión contra López fue dictada con pruebas falsas," en *La Presna 35*, 24 de octubre de 2015, en http://impresa.prensa.com/panorama/Juicio-Lopez-farsa-fiscal-acuso_0_4330816885.html.

En esta forma, en Venezuela, como es sabido desde hace lustros, el propio Fiscal acusador de este caso político, confirmó que los jueces y fiscales no tienen autonomía ni independencia alguna, por lo que sus decisiones están sujetas y son el resultado de presiones políticas para satisfacer los intereses o caprichos de Poder Ejecutivo o de los jerarcas dentro de la propia Fiscalía General de la República.

New York, 13 / 24 de octubre de 2015

DÉCIMA NOVENA PARTE

EL ESTADO IRRESPONSABLE *

I. LAS PREVISIONES CONSTITUCIONALES SOBRE EL PRINCIPIO DE LEGALIDAD Y LA RESPONSABILIDAD DEL ESTADO

El sometimiento del Estado al derecho, y en particular, de la Administración a la Constitución y a la ley, se configura uno de los principios más esenciales del derecho administrativo, que es el principio de la legalidad, al punto de que si el mismo no está asegurado, simplemente no existe Estado de derecho, ni hay derecho administrativo del Estado de derecho.

Entre las múltiples consecuencias de ese principio de legalidad y del sometimiento del Estado al derecho, está en primer lugar, la consagración del principio de la separación de poderes, y por tanto, de la garantía del control judicial de la actuación de la Administración, de manera que los particulares, en sus relaciones con la Administración, puedan acudir ante una justicia autónoma e independiente para el reclamo de sus derechos y en resguardo de la legalidad; con lo que quedó superado el principio contrario, el del absolutismo del Estado (*L'État c'est moi*), que quedó en la historia anterior al surgimiento del derecho administrativo,

En segundo lugar, como consecuencia del sometimiento del Estado al derecho, también está la garantía de la responsabilidad del Estado, que lo obliga a reparar los daños y perjuicios que puedan causar sus actuaciones en la espera jurídica de los particulares cuando impliquen lesión o pérdida de algún derecho, que no están obligados legalmente a soportar, con lo que también quedó superado el principio contrario, el de la irresponsabilidad del Estado propio del Estado absoluto (*L'État ne peut mal faire*; *The King can do no Wrong*), el cual también quedó en la historia anterior al surgimiento del derecho administrativo

---

*   Nota redactada para la Presentación en el *XIII Foro Iberoamericano de Derecho Administrativo*, sobre "Responsabilidad patrimonial del Estado," organizado por el *Foro Iberoamericano de Derecho Administrativo*, Universidad Panamericana, Ciudad de México, 13 de octubre de 2014.

Esos dos principios están establecidos expresamente en la Constitución venezolana de 1999, en la cual se incluyeron, en relación con el principio de legalidad y el sometimiento del Estado y la Administración a la justicia, y sobre la responsabilidad del Estado tanto en el ámbito nacional como internacional, las siguientes previsiones:

Artículo 2. Venezuela se constituye en un Estado democrático y social de Derecho y de Justicia, que propugna como valores superiores de su ordenamiento jurídico y de su actuación, la vida, la libertad, la justicia, la igualdad, la solidaridad, la democracia, la responsabilidad social y, en general, la preeminencia de los derechos humanos, la ética y el pluralismo político

Artículo 7. La Constitución es la norma suprema y el fundamento del ordenamiento jurídico. Todas las personas y los órganos que ejercen el Poder Público están sujetos a esta Constitución.

Artículo 25. Todo acto dictado en ejercicio del Poder Público que viole o menoscabe los derechos garantizados por esta Constitución y la ley es nulo; y los funcionarios públicos y funcionarias públicas que lo ordenen o ejecuten incurren en responsabilidad penal, civil y administrativa, según los casos, sin que les sirvan de excusa órdenes superiores.

Artículo 29. El Estado estará obligado a investigar y sancionar legalmente los delitos contra los derechos humanos cometidos por sus autoridades.

Las acciones para sancionar los delitos de lesa humanidad, violaciones graves de los derechos humanos y los crímenes de guerra son imprescriptibles. Las violaciones de los derechos humanos y los delitos de lesa humanidad serán investigados y juzgados por los tribunales ordinarios. Dichos delitos quedan excluidos de los beneficios que puedan conllevar su impunidad, incluidos el indulto y la amnistía.

Artículo 30. El Estado tendrá la obligación de indemnizar integralmente a las víctimas de violaciones de los derechos humanos que le sean imputables, o a su derechohabientes, incluido el pago de daños y perjuicios.

El Estado adoptará las medidas legislativas y de otra naturaleza para hacer efectivas las indemnizaciones establecidas en este artículo.

El Estado protegerá a las víctimas de delitos comunes y procurará que los culpables reparen los daños causados.

Artículo 31. Toda persona tiene derecho, en los términos establecidos por los tratados, pactos y convenciones sobre derechos humanos ratificados por la República, a dirigir peticiones o quejas ante los órganos internacionales creados para tales fines, con el objeto de solicitar el amparo a sus derechos humanos.

El Estado adoptará, conforme a procedimientos establecidos en esta Constitución y en la ley, las medidas que sean necesarias para dar cumplimiento a las decisiones emanadas de los órganos internacionales previstos en este artículo.

Artículo 131. Toda persona tiene el deber de cumplir y acatar esta Constitución, las leyes y los demás actos que en ejercicio de sus funciones dicten los órganos del Poder Público.

Artículo 137. Esta Constitución y la ley definen las atribuciones de los órganos que ejercen el Poder Público, a las cuales deben sujetarse las actividades que realicen.

Artículo 138. Toda autoridad usurpada es ineficaz y sus actos son nulos.

Artículo 139. El ejercicio del Poder Público acarrea responsabilidad individual por abuso o desviación de poder o por violación de esta Constitución o de la ley.

Artículo 140. El Estado responderá patrimonialmente por los daños que sufran los o las particulares en cualquiera de sus bienes y derechos, siempre que la lesión sea imputable al funcionamiento de la Administración Pública.

Artículo 141. La Administración Pública está al servicio de los ciudadanos y ciudadanas y se fundamenta en los principios de honestidad, participación, celeridad, eficacia, eficiencia, transparencia, rendición de cuentas y responsabilidad en el ejercicio de la función pública, con sometimiento pleno a la ley y al derecho.

Artículo 255. *[...]* Los jueces o juezas son personalmente responsables, en los términos que determine la ley, por error, retardo u omisiones injustificados, por la inobservancia sustancial de las normas procesales, por denegación, parcialidad y por los delitos de cohecho y prevaricación en que incurran en el desempeño de sus funciones.

Artículo 259. La jurisdicción contencioso administrativa corresponde al Tribunal Supremo de Justicia y a los demás tribunales que determine la ley. Los órganos de la jurisdicción contencioso administrativa son competentes para anular los actos administrativos generales o individuales contrarios a derecho, incluso por desviación de poder; condenar al pago de sumas de dinero y a la reparación de daños y perjuicios originados en responsabilidad de la Administración; conocer de reclamos por la prestación de servicios públicos y disponer lo necesario para el restablecimiento de las situaciones jurídicas subjetivas lesionadas por la actividad administrativa.

Estas normas, sin embargo, en el marco del Estado totalitario que se ha desarrollado en el país desde 1999, en la práctica no tienen efectiva aplicación, por lo que el principio de legalidad no encuentra garantía alguna, y el Estado es esencialmente irresponsable. Y ello, no sólo por el sometimiento del Poder Judicial al poder político, sino por la política que ha desarrollado el "Estado de Justicia" de escaparse precisamente de la justicia.

II. EL SOMETIMIENTO DEL PODER JUDICIAL AL PODER POLÍTICO

Si bien la Constitución proclama que Venezuela se constituye en un "Estado de justicia," en la práctica política hay una ausencia de tal, que deriva de la inexistencia de autonomía e independencia del Poder Judicial por su sometimiento, en su conjunto al Poder Ejecutivo y al Poder Legislativo.[1] A este último, específicamente, mediante el control político que ha venido ejerciendo la Asamblea en forma progresiva, desde 2000 hasta 2010, sobre el Tribunal Supremo, mediante el nombramiento como Magistrados a personas totalmente comprometidas con el partido oficial, que han expresado además públicamente que su misión, antes que impartir justicia, es contribuir a la ejecución de la política socialista del gobierno.[2] Además, la Asamblea Nacional se ha atribuido inconstitucionalmente la potestad de nombrar a los jueces de la corte y tribunal de la Jurisdicción Disciplinaria del Poder Judicial, que es la que ejecuta la remoción de los jueces del país, para lo cual, por supuesto, siguen la pauta dictada por el partido de gobierno en la Asamblea, de la cual dependen.[3]

Por otra parte, en Venezuela, los jueces los designa el propio Tribunal Supremo de Justicia, sin que se cumpla la Constitución en cuanto a la exigencia de concurso público con participación ciudadana. El nombramiento ha sido libre, con el resultado de que la gran mayoría de los jueces son provisionales y temporales, y por tanto, totalmente dependientes y controlados políticamente.

---

1 Véase sobre ello lo que ya advertíamos en 2004 en Allan R. Brewer–Carías, "La progresiva y sistemática demolición de la autonomía en independencia del Poder Judicial en Venezuela (1999–2004)", en *XXX Jornadas J.M Domínguez Escovar, Estado de derecho, Administración de justicia y derechos humanos,* Instituto de Estudios Jurídicos del Estado Lara, Barquisimeto, 2005, pp. 33–174; y más recientemente en "La demolición de las instituciones judiciales y la destrucción de la democracia: La experiencia venezolana," en *Instituciones Judiciales y Democracia. Reflexiones con ocasión del Bicentenario de la Independencia y del Centenario del Acto Legislativo 3 de 1910,* Consejo de Estado, Sala de Consulta y Servicio Civil, Bogotá 2012, pp. 230-254.

2 Véase el Discurso de Orden de la Magistrada Deyanira Nieves Bastidas, Apertura del Año Judicial 2014, en http://www.tsj.gov.ve/informacion/miscelaneas/DiscursodeOrdenApertura2014DeyaniraNieves.pdf.

3 Véase Allan R. Brewer–Carías, "Sobre la ausencia de carrera judicial en Venezuela: jueces provisorios y temporales y la irregular Jurisdicción Disciplinaria Judicial," en prensa en *Revista de Derecho Funcionarial,* Caracas 2014.

Por tanto, el principio de la independencia y autonomía del Poder Judicial que declara el artículo 254 de la Constitución de 1999, se ha convertido en letra muerta, pues la base fundamental para asegurarlas está en las normas relativas al ingreso de los jueces a la carrera judicial y a su permanencia y estabilidad en los cargos, que no se cumplen, y nunca se han cumplido en los tres lustros de vigencia del texto fundamental. El que lea las normas constitucionales, sin embargo, se maravillará de encontrar que el artículo 255 de la Constitución, en cuanto a la carrera judicial, prevé que el ingreso a la misma y el ascenso de los jueces solo se podría hacerse mediante concursos públicos de oposición que aseguren la idoneidad y excelencia de los participantes, debiendo además la ley garantizar la participación ciudadana en el procedimiento de selección y designación de los jueces. Sin embargo, nunca, durante la vigencia de la Constitución, se han desarrollado esos concursos, en esa forma.

Pero además, en cuanto a la estabilidad de los jueces, dice la Constitución que los mismos sólo pueden ser removidos o suspendidos de sus cargos mediante juicios disciplinarios llevados a cabo por jueces disciplinarios (art. 255); pero tampoco en ese case ello jamás se ha implementado, y a partir de 1999,[4] más bien se regularizó, en una ilegítima transitoriedad constitucional, la existencia de una Comisión de Funcionamiento del Poder Judicial creada ad hoc para "depurar" el poder judicial.[5] Esa Comisión, durante más de 10 años destituyó materialmente a casi todos los jueces del país, discrecionalmente y sin garantía alguna del debido proceso,[6] los cuales fueron reemplazados por jueces provisorios o temporales,[7] por supuesto dependientes del poder

---

4   Véase nuestro voto salvado a la intervención del Poder Judicial por la Asamblea Nacional Constituyente en Allan R. Brewer–Carías, *Debate Constituyente, (Aportes a la Asamblea Nacional Constituyente)*, Tomo I, (8 agosto–8 septiembre), Caracas 1999; y las críticas formuladas a ese proceso en Allan R. Brewer–Carías, *Golpe de Estado y proceso constituyente en Venezuela*, Universidad Nacional Autónoma de México, México, 2002.

5   Véase Allan R. Brewer–Carías, "La justicia sometida al poder y la interminable emergencia del poder judicial (1999–2006)", en *Derecho y democracia. Cuadernos Universitarios*, Órgano de Divulgación Académica, Vicerrectorado Académico, Universidad Metropolitana, Año II, N° 11, Caracas, septiembre 2007, pp. 122–138.

6   La Comisión Interamericana de Derechos Humanos también lo registró en el Capítulo IV del *Informe* que rindió ante la Asamblea General de la OEA en 2006, que los "casos de destituciones, sustituciones y otro tipo de medidas que, en razón de la provisionalidad y los procesos de reforma, han generado dificultades para una plena vigencia de la independencia judicial en Venezuela" (párrafo 291); destacando aquellas "destituciones y sustituciones que son señaladas como represalias por la toma de decisiones contrarias al Gobierno" (párrafo 295 ss.); concluyendo que para 2005, según cifras oficiales, "el 18,30% de las juezas y jueces son titulares y 81,70% están en condiciones de provisionalidad" (párrafo 202).

7   En el *Informe Especial* de la Comisión sobre Venezuela correspondiente al año 2003, la misma también expresó, que "un aspecto vinculado a la autonomía e independen-

y sin garantía alguna de estabilidad. Ello, por lo demás, ha continuado hasta el presente, demoliéndose sistemáticamente la autonomía judicial, sin que haya variado nada la creación en 2011 de unos tribunales de la llamada "Jurisdicción Disciplinaria Judicial" que quedó sujeta a la Asamblea Nacional, quien designa a los "jueces disciplinarios."[8]

Con todo ello, el derecho a la tutela judicial efectiva y al control judicial del poder del Estado ha quedado marginado, siendo imposible garantizar efectivamente equilibrio alguno entre el Estado y su Administración y los derechos de los ciudadanos–administrados; lo que se agrava con la configuración del Tribunal Supremo de Justicia de Venezuela como un poder altamente politizado[9], y lamentablemente sujeto a la voluntad del Presidente de la República, lo que en la práctica ha significado la eliminación de toda la autonomía del Poder Judicial.

Por ello, los jueces en Venezuela, en general, no son capaces ni pueden realmente impartir justicia justa, particularmente, si con ello afectan en alguna forma alguna política gubernamental o a algún funcionario público, lo que ocurre precisamente cuando se solicita la nulidad de alguna actuación o se exige responsabilidad del Estado, sabiendo, como lo saben, que una decisión de ese tipo significa destitución inmediata, como tantas veces ha ocurrido en los últimos años. En algunos casos, incluso con encarcelamiento de los jueces que osaron dictar una sentencia que no complació al gobierno.

Allí está como muestra, el caso de la Juez Afiuni, destituida por haber seguido la recomendación del Grupo de Expertos de la ONU sobre detenciones arbitrarias, y cambiarle la detención a un procesado por un régimen libertad

---

cia del Poder Judicial es el relativo al carácter provisorio de los jueces en el sistema judicial de Venezuela. Actualmente, la información proporcionada por las distintas fuentes indica que más del 80% de los jueces venezolanos son "provisionales". *Informe sobre la Situación de los Derechos Humanos en Venezuela 2003*, cit. párr. 161.

8   Véase Allan R. Brewer-Carías, "Sobre la ausencia de independencia y autonomía judicial en Venezuela, a los doce años de vigencia de la constitución de 1999 (O sobre la interminable transitoriedad que en fraude continuado a la voluntad popular y a las normas de la Constitución, ha impedido la vigencia de la garantía de la estabilidad de los jueces y el funcionamiento efectivo de una "jurisdicción disciplinaria judicial"), en *Independencia Judicial*, Colección Estado de Derecho, Tomo I, Academia de Ciencias Políticas y Sociales, Acceso a la Justicia org., Fundación de Estudios de Derecho Administrativo (Funeda), Universidad Metropolitana (Unimet), Caracas 2012, pp. 9-103.

9   Véase lo expresado por el magistrado Francisco Carrasqueño, en la apertura del año judicial en enero de 2008, al explicar que: "no es cierto que el ejercicio del poder político se limite al Legislativo, sino que tiene su continuación en los tribunales, en la misma medida que el Ejecutivo", dejando claro que la "aplicación del Derecho no es neutra y menos aun la actividad de los magistrados, porque según se dice en la doctrina, deben ser reflejo de la política, sin vulnerar la independencia de la actividad judicial". *V.* en *El Universal*, Caracas, 29–01–2008.

con presentación ante el Tribunal, que no le gustó al Presidente de la República. Por orden personal pública de éste último, la juez fue encarcelada de inmediato, con trato brutal, incluso sin desarrollo del proceso penal por algunos años, lo que llevó al mismo Grupo de Expertos de la ONU a considerar estos hechos como "un golpe del Presidente Hugo Chávez contra la independencia de los jueces y abogados" solicitando la "inmediata liberación de la juez," concluyendo que "las represalias ejercidas sobre jueces y abogados por el ejercicio de sus funciones garantizadas constitucionalmente creando un clima de temor, solo sirve para minar el Estado de derecho y obstruir la justicia."[10].

Con un Poder Judicial sometido políticamente, es evidente que no puede existir un Estado de Justicia, y menos aún si el mismo es utilizado como instrumento para la persecución política de la disidencia. En este sentido, los tribunales están llenos de causas abiertas por razones políticas para la persecución, con el objeto de apresar disidentes sin que exista voluntad efectiva de someterlos a juicio, porque ni motivos ni pruebas habría para ello. Ese fue, por ejemplo, el resultado de las detenciones de estudiantes realizadas con ocasión de la manifestaciones estudiantiles de febrero de 2014, quienes en su mayoría luego fueron liberados, pero sin gozar de libertad plena, después de sufrir brutal escarmiento. Otro ejemplo ha sido la detención del dirigente político de oposición Leopoldo López, a quien se ha sometido a juicio penal por los más graves delitos políticos, sin prueba alguna, sólo para encerrarlo en prisión con un juicio cuya audiencia preliminar ni siquiera se ha realizado y quizás, seguramente; no se realizará jamás. Por ello, el Grupo de Trabajo de la ONU sobre Detenciones arbitrarias, también en este caso, exigió el 23 de septiembre de 2014, la libertad de Leopoldo López y otorgarle "una reparación integral, incluida la compensación de carácter indemnizatorio y moral," lo cual por supuesto fue rechazado por el gobierno. [11]

III. EL ESTADO IRRESPONSABLE, ESCAPADO DE LA JUSTICIA CONTENCIOSO ADMINISTRATIVA

Como resulta de lo anterior, el sometimiento del Poder Judicial al poder político, ha sido el factor fundamental para que el propio Estado, sus organizaciones y sus funcionarios se hayan escapado de la justicia, es decir, que de

---

10   Véase   en   at   http://www.unog.ch/unog/website/news_media.nsf/%28httpNewsByYear_en%29/93687E8429BD53A1C125768E00529DB6?OpenDocument&cntxt=B35C3&cookielang=fr. El 14-10-2010, el mismo Grupo de Trabajo de la ONU solicitó formalmente al Gobierno venezolano que la Juez fuse "sometida a un juicio apegado al debido proceso y bajo el derecho de la libertad provisional". Véase en *El Universal*, 14-10-2010, en http://www.eluniversal.com/2010/10/14/pol_ava_instancia-de-la-onu_14A4608051.shtml

11   Véase la información en el reportaje "ONU pide liberar a Leopoldo López; el gobierno lo rechaza," en CNN, 11 de octubre de 2014, en http://cnnespanol.cnn.com/2014/10/11/onu-pide-liberar-a-leopoldo-lopez-el-gobierno-de-venezuela-lo-rechaza/.

hecho no están ni pueden ser sometidos a la justicia, con el resultado de que lo que tenemos en Venezuela a pesar de las declaraciones constitucionales, es un Estado totalmente incontrolado e irresponsable, al cual no se lo puede someter a juicio en el orden interno, pues los tribunales, al contrario, lo garantizar que no respondan ante los mismos de sus acciones inconstitucionales o ilegales, o que causan daños a las personas.

Basta analizar las sentencias del Tribunal Supremo de Justicia en los últimos tres lustros, para constar que en materia de control de constitucionalidad de las leyes y otros actos estatales, a pesar de que el país cuenta con un sistema mixto de control de la constitucionalidad, y en particular con el instrumento de la acción popular, las acciones intentadas por los particulares contra las leyes jamás son decididas, y por tanto, difícilmente se encuentra alguna sentencia anulatoria, salvo que haya sido intentada por los abogados del propio Estado, en interés del mismo. Además, en cuanto a la acción de amparo, también establecida en la Constitución, ya dejó de ser un medio efectivo de protección de los derechos ciudadanos, de manera que las decisiones dictadas contra funcionarios públicos sólo "protegen" cuando el poder político da su acuerdo, o cuando con ello se busca un determinado fin político como la sanción a funcionarios por desacato, lo que incluso ha llevado a la revocación del mandato popular de funcionarios, sin base constitucional alguna.[12]

Pero en particular, por lo que se refiere a la justicia contencioso administrativa establecida para controlar la legalidad de la actuación de la Administración y condenar a la misma por responsabilidad, el control político que se ejerce sobre la Jurisdicción Contencioso Administrativa ha conducido a que en los últimos lustros la misma haya dejado de ser un efectivo sistema para el control judicial de las actuaciones administrativas. Es evidente que si la autonomía de los jueces no está garantizada ni la independencia está blindada, el mejor sistema de justicia contencioso administrativa como el regulado en el artículo 259 de la Constitución es letra muerta; y lamentablemente, esto es lo que también ha ocurrido en Venezuela en los últimos años durante el gobierno autoritario.

Este proceso de deterioro comenzó a evidenciarse abiertamente desde 2003 con motivo de la destitución in limine de los magistrados de la Corte Primera de lo Contencioso Administrativa con ocasión de haber dictado una medida cautelar en un proceso contencioso administrativo de nulidad y amparo iniciado el 17 de julio de 2003 a solicitud de la Federación Médica Venezolana contra los actos del Alcalde Metropolitano de Caracas, del Ministro de Salud y del Colegio de Médicos del Distrito Metropolitano de Caracas, por la contratación indiscriminada de médicos extranjeros no licenciados para ejercer la medicina en el país para atender el desarrollo de un importante progra-

---

12   Véase lo expuesto sobre la inconstitucional revocación del mandato popular de alcaldes por supuesto desacato a órdenes de amparo en Allan R. Brewer-Carías, *Golpe a la democracia dado por la Sala Constitucional*, Editorial Jurídica Venezolana, Caracas 2014.

ma asistencial de salud en los barrios de Caracas, violándose además Ley de Ejercicio de la Medicina; al estimar la Corte que había una presunción grave de violación del derecho al trabajo y a la igualdad de los médicos venezolanos.

La Federación Médica Venezolana en efecto, había considerado que la actuación pública cuestionada era discriminatoria y violatoria de los derechos de los médicos venezolanos (derecho al trabajo, entre otros) a ejercer su profesión médica, al permitir a médicos extranjeros ejercerla sin cumplir con las condiciones establecidas en la Ley. Por ello la Federación intentó la acción de nulidad y amparo, en representación de los derechos colectivos de los médicos venezolanos, solicitando su protección.[13] Un mes después, el 21 de agosto de 2003, la Corte Primera dictó una medida cautelar de amparo considerando que había suficientes elementos en el caso que hacían presumir la violación del derecho a la igualdad ante la ley de los médicos venezolanos, ordenando la suspensión temporal del programa de contratación de médicos cubanos, y ordenando al Colegio de Médicos del Distrito Metropolitano sustituir los médicos cubanos ya contratados sin licencia por médicos venezolanos o médicos extranjeros con licencia para ejercer la profesión en Venezuela.[14]

La respuesta gubernamental a esta decisión preliminar de carácter cautelar, que tocaba un programa social muy sensible para el gobierno, fue el anuncio público del Ministro de Salud, del Alcalde metropolitano y del propio Presidente de la República en el sentido de que la medida cautelar dictada no iba a ser acatada en forma alguna por el Estado;[15] anuncios que fueron seguidos de varias decisiones gubernamentales:

La Sala Constitucional del Tribunal Supremo de Justicia, controlada por el Ejecutivo, adoptó la decisión de avocarse al caso decidido por la Corte Primera de lo Contencioso Administrativo, y usurpando competencias en la materia, declaró la nulidad del amparo cautelar decidido por esta. A ello siguió que un grupo de agentes de la policía política allanó la sede de la Corte Primera, después de detener a un escribiente o alguacil de la misma por motivos fútiles; y luego que el Presidente de la República, entre otras expresiones usadas, se refiriera al Presidente de la Corte Primera como "un bandido."[16] Unas semanas después, la Comisión Especial Judicial del Tribunal Supremo

---

13   Véase Claudia Nikken, "El caso "Barrio Adentro": La Corte Primera de lo Contencioso Administrativo ante la Sala Constitucional del Tribunal Supremo de Justicia o el avocamiento como medio de amparo de derechos e intereses colectivos y difusos," en *Revista de Derecho Público*, N° 93–96, Editorial Jurídica Venezolana, Caracas, 2003, pp. 5 ss.

14   Véase la decisión de 21 de agosto de 2003 en *Revista de Derecho Público*, N° 93–96, Editorial Jurídica Venezolana, Caracas, 2003, pp. 445 ss.

15   El Presidente de la República dijo: "*Váyanse con su decisión no sé para donde, la cumplirán ustedes en su casa si quieren…*", en el programa de TV *Aló Presidente*, N° 161, 24 de Agosto de 2003.

16   Discurso público, 20 septiembre de 2003.

de Justicia, sin fundamento legal alguno, destituyó a los cinco magistrados de la Corte Primera, la cual fue intervenida.[17] A pesar de la protesta de los Colegios de Abogados del país e incluso de la Comisión Internacional de Juristas;[18] el hecho es que la Corte Primera permaneció cerrada sin jueces por más de diez meses,[19] tiempo durante el cual simplemente no hubo justicia contencioso administrativa en el país.

Esa fue la respuesta gubernamental a un amparo cautelar dictado por el juez contencioso administrativo competente respecto de un programa gubernamental sensible; respuesta que fue dada y ejecutada a través de órganos judiciales controlados políticamente. Ello, por supuesto, lamentablemente significó no sólo que los jueces que fueron luego nombrados para reemplazar a los destituidos comenzaron a "entender" cómo debían comportarse en el futuro frente al poder; sino que condujo a la abstención progresiva de todo control contencioso administrativa de las acciones gubernamentales. De ello resulta que la Jurisdicción contencioso administrativa en Venezuela, de raigambre y jerarquía constitucional, simplemente hoy no existe en la práctica.

Y para que quedara clara la situación catastrófica de estas actuaciones sobre el Poder Judicial, la demanda que intentaron los jueces contencioso administrativo destituidos ante el Sistema Interamericano de protección de los Derechos Humanos por violación a sus garantías constitucionales judiciales, a pesar de que fue decidida por la Corte Interamericana de Derechos Humanos, en 2008, condenando al Estado,[20] de nada sirvió sino para que la Sala Constitucional del Tribunal Supremo, en sentencia N° 1.939 de 12 de diciembre de 2008,[21] citando como precedente una sentencia del Tribunal Superior Militar del Perú de 2002, declarara que la sentencia del tribunal internacional era "inejecutable" en Venezuela. La Sala además, solicitó al Ejecutivo que denunciara la Convención Americana de Derechos Humanos porque la Corte Interamericana supuestamente había usurpado los poderes del Tribunal Supremo, lo que el Ejecutivo cumplió cabalmente en 2011.

---

17   Véase la información en *El Nacional*, Caracas, Noviembre 5, 2003, p. A2. En la misma página el Presidente destituido de la Corte Primera dijo: "*La justicia venezolana vive un momento tenebroso, pues el tribunal que constituye un último resquicio de esperanza ha sido clausurado*".

18   Véase en *El Nacional*, Caracas, Octubre 12, 2003, p. A–5; y *El Nacional*, Caracas, Noviembre 18,2004, p. A–6.

19   Véase en *El Nacional*, Caracas, Octubre 24, 2003, p. A–2; y *El Nacional*, Caracas, Julio 16, 2004, p. A–6.

20   Véase sentencia de la Corte Interamericana de 5 de agosto de 2008, Caso *Apitz Barbera y otros ("Corte Primera de lo Contencioso Administrativo") vs. Venezuela,* Excepción Preliminar, Fondo, Reparaciones y Costas, Serie C N° 182, en www.corteidh.or.cr.

21   Véase sentencia de la Sala Constitucional, sentencia N° 1.939 de 18 de diciembre de 2008 (Caso *Abogados Gustavo Álvarez Arias y otros –Procuraduría General de la República– vs. Corte Interamericana de Derechos Humanos*), en http://www.tsj.gov.ve/decisiones/scon/Diciembre/1939-181208-2008-08-1572.html.

La consecuencia de todo ello es que la Jurisdicción contencioso administrativa, cayó en desuso, de manera que no más del uno por ciento de la totalidad de las sentencias dictadas por dichos tribunales son anulatorias de actos administrativos o de responsabilidad administrativa,[22] habiendo quedado reducida a resolver cuestiones laborales de la función pública o tributarias.

Siendo el Estado venezolano uno que no está sometido al derecho, por no poder ser controlado ni respecto del cual los ciudadanos pueden exigir responsabilidad, sin duda, no puede haber Estado de Justicia, lo que ha conducido a consolidar la existencia de un Estado irresponsable, un derecho público que está sólo al servicio exclusivo del Estado, y un derecho administrativo como un orden desequilibrado, donde sólo encuentra protección el propio Estado sin que los particulares sean objeto de protección y menos de garantía.

IV EL ESTADO IRRESPONSABLE, ESCAPADO DE LA JUSTICIA INTERNACIONAL EN MATERIA DE DERECHOS HUMANOS

Pero la irresponsabilidad del Estado y la decisión de escaparse de la justicia y negarse a someterse a la misma no sólo ocurre en el ámbito nacional, sino que también ha rebasado las fronteras, por lo que además de haberse desligado y desentendido de poder ser juzgado por los tribunales nacionales, también ello ha ocurrido respecto de la justicia internacional. Ello sucedió, primero, al denunciar el Estado en 2006, el Tratado de la Comunidad Andina de Naciones, retirándose Venezuela de dicha Comunidad, y escapándose así de la jurisdicción del Tribunal Andino de Justicia,[23] y segundo, al denunciar el Estado en 2012 la Convención Americana sobre Derechos Humanos, para escaparse de la jurisdicción de la Corte Interamericana de Derechos Humanos.[24]

Este huida, incluso se comenzó a materializar incluso antes de tal lamentable denuncia de la Convención Americana sobre Derechos Humanos, cuando a partir de 2008, como se dijo, el Estado venezolano desconoció a la justicia internacional, rebelándose contra las decisiones de la Corte Interamerica-

---

22   Véase Antonio Canova González, *La realidad del contencioso administrativo venezolano (Un llamado de atención frente a las desoladoras estadísticas de la Sala Político Administrativa en 2007 y primer semestre de 2008)*, Funeda, Caracas 2008.

23   Comunicación oficial del Ministro de Relaciones Exteriores de 22-4-2006 enviada a la CAN. Véase el texto en http://www10.iadb.org/intal/cartamensual/cartas/Articulo.aaspx?Id=2e424fd3-30ec-46e9-8c92-fcce18b3e128. Véase así mismo la información en http://www10.iadb.org/intal/cartamensual/cartas/Articulo.aspx?Id=2e424fd3-30ec-46e9-8c92-fcce18b3e128. Véase los comentarios en "El largo camino para la consolidación de las bases constitucionales de la Integración Regional Andina y su abandono por el régimen autoritario de Venezuela", en André Saddy (Coord.), *Direito Público Econômico Supranacional*, Rio de Janeiro: Lumen Juris Editora, 2009, pp. 319-351.

24   Comunicación del Ministro de Relaciones Exteriores al Secretario General de la OEA de 6-9-2012. Véase la Nota de Prensa de la OEA lamentando la decisión en http://www.oas.org/es/cidh/prensa/comunicados/2012/117.asp.

na de Derechos Humanos, incurriendo en desacato mediante el expediente de declararlas como "inejecutables" en Venezuela, particularmente aquellas condenatorias contra el Estado venezolano pronunciadas por responsabilidad del Estado derivada de la violación de derechos humanos.

Ello ocurrió, primero, con la sentencia mencionada de la Corte Interamericana dictada en el citado caso de los Magistrados de la Corte Primera de lo Contencioso Administrativa destituidos por haber dictado una medida cautelar de amparo contra la actividad lesiva de órganos públicos, [25] mediante la cual se condenó al Estado por violación de los derechos a las garantías judiciales lesionadas, exigiéndosele responsabilidad patrimonial. Dicha sentencia internacional, sin embargo, fue declarada como "inejecutable" en Venezuela por la Sala Constitucional del Tribunal Supremo de Justicia mediante sentencia de N° 1.939 de 18 de diciembre de 2008 (Caso *Abogados Gustavo Álvarez Arias y otros*)[26] dictada precisamente a petición del Procurador General de la República (que es el abogado del Estado), quien había intentado un inconstitucional "recurso de control de constitucionalidad" de dicha sentencia.

Ocurrió, además, con la sentencia de la Corte Interamericana dictada en el caso del ex Alcalde Leopoldo López, quien fue objeto de una medida de inhabilitación política impuesta inconstitucionalmente por un órgano administrativo como la Contraloría General de la República, [27] la cual también a petición del Procurador General de la República (que es el abogado del Estado) fue declarada como "inejecutable" en el país por la Sala Constitucional del Tribunal Supremo de Justicia mediante sentencia. N° 1547 de 17 de octubre de 2011 (Caso *Estado Venezolano vs. Corte Interamericana de Derechos Humanos*),[28] para lo cual el Tribunal Supremo también admitió la inexistente

---

25 Véase la sentencia de la Corte Interamericana de Derechos Humanos de 5 de agosto de 2008, caso *Apitz Barbera y otros ("Corte Primera de lo Contencioso Administrativo") vs. Venezuela,* Excepción Preliminar, Fondo, Reparaciones y Costas, Serie C N° 182.

26 Véase la sentencia N° 1.939 de la Sala Constitucional del Tribunal Supremo de Venezuela de 18 de diciembre de 2008, Caso *Abogados Gustavo Álvarez Arias y otros*, en http://www.tsj.gov.ve/decisiones/scon/Diciembre/1939-181208-2008-08-1572.html.Véase los comentarios sobre estas sentencias en Allan R. Brewer-Carías, "La interrelación entre los Tribunales Constitucionales de América Latina y la Corte Interamericana de Derechos Humanos, y la cuestión de la inejecutabilidad de sus decisiones en Venezuela," en Armin von Bogdandy, Flavia Piovesan y Mariela Morales Antoniazzi (Coodinadores), *Direitos Humanos, Democracia e Integraçao Jurídica na América do Sul*, Lumen Juris Editora, Rio de Janeiro 2010, pp. 661-70; y en *Anuario Iberoamericano de Justicia Constitucional,* Centro de Estudios Políticos y Constitucionales, N° 13, Madrid 2009, pp. 99-136.

27 Véase la sentencia de la Corte Interamericana de Derechos Humanos la Corte Interamericana de 1° de septiembre de 2011, caso *Leopoldo López vs. Estado de Venezuela)*, en http://www.tsj.gov.ve/decisiones/scon/Octubre/1547-171011-2011-11-1130.html.

28 Véase la sentencia N° 1547 de 17 de octubre de 2011 (Caso *Estado Venezolano vs. Corte Interamericana de Derechos Humanos*), en http://www.tsj.gov.ve/decisiones/scon/Octubre/1547-171011-2011-11-1130.html. Véase nuestros comentarios en

"acción de control de constitucionalidad" de las sentencias del órgano juris-diccional internacional.[29]

En esta forma, en materia de violaciones a los derechos humanos, el Esta-do venezolano se tornó en un Estado irresponsable en el ámbito internacional, al haberse escapado de la justicia internacional.

V. EL ESTADO IRRESPONSABLE, ESCAPADO DE LA JUSTICIA ARBITRAL INTERNACIONAL

Pero la decisión del Estado de escaparse a toda costa de la justicia nacio-nal e internacional, y tornarse en un Estado irresponsable, no sólo se ha refe-rido a la jurisdicción de los tribunales nacionales e internacionales, sino in-cluso a los tribunales arbitrales internacionales, lo que se ha materializado con la denuncia por el Estado del Convenio sobre Arreglo de Diferencias Relativas a Inversiones entre Estados y Nacionales de Otros Estados, con base en el cual funciona el Centro Internacional de Arreglo de Diferencias Relativas a Inversiones (CIADI), que regula los medios de arbitraje interna-cional para la protección de inversiones.[30] Dicho Convenio adoptado en 1964,

---

Allan R. Brewer-carías, "El ilegítimo "control de constitucionalidad" de las senten-cias de la Corte Interamericana de Derechos Humanos por parte la Sala Constitucio-nal del Tribunal Supremo de Justicia de Venezuela: el caso de la sentencia *Leopoldo López vs. Venezuela, 2011*," en *Constitución y democracia: ayer y hoy. Libro home-naje a Antonio Torres del Moral*. Editorial Universitas, Vol. I, Madrid, 2013, pp. 1.095-1.124.

29   A las sentencias indicadas se suma la sentencia de la Sala Constitucional N° 1.175 de 10 de septiembre de 2015 (Véase en http://historico.tsj.gob.ve/decisio-nes/scon/septiembre/181181-1175-10915-2015-15-0992.HTML), mediante la cual se declaró como "inejecutable" la sentencia de la Corte Interamericana de Derechos Humanos, de 22 de junio de 2015, dictada en el caso *Granier y otros (Radio Caracas Televisión), vs. Venezuela* (Véase en http://www.corteidh.or.cr/cf/Jurispru-dencia2/busqueda_casos_contenciosos.cfm?lang=es) que condenó a Estado venezo-lano, entre otros, por restringir indirectamente el derecho a la libertad de expresión de accionistas, directivos y periodistas del canal *Radio Caracas Televisión* ("RCTV"), en violación de los artículos 13.1 y 13.3 en relación con el artículo 1.1 de la Conven-ción Americana; también al conocer de una acción de control de constitucionalidad de la sentencia ejercida por abogados de la Procuraduría General de la República, por considerar que dicha sentencia de la Corte Interamericana había sido dictada "en franca violación a la Convención Americana sobre Derechos Humanos, a otros ins-trumentos internacionales sobre la materia y en total desconocimiento a la Constitu-ción de la República Bolivariana de Venezuela".

30   Comunicación oficial del Estado enviada al CIADI el 24-1-2012. Véase la información del CIADI en https://icsid.worldbank.org/ICSID/Front ServLet?requestType=CasesRH&actionVal=OpenPage&PageType=AnnouncementsF rame&FromPage=Announcements&pageName=Announcement100.

luego de aprobada por el Congreso en 1994,[31] entró en vigencia en Venezuela en 1995. Conforme se indicó en el *Informe* de los Directores Ejecutivos del Banco Mundial proponiendo el texto de la Convención en 1965, en relación con las diversas formas del consentimiento escrito por parte de los Estados miembros de la Convención para someterse a la jurisdicción del CIADI, además de la cláusula expresa que se pueda establecer en un contrato público o del Estado, como por ejemplo en los contratos de obra pública, o en un tratado o acuerdo bilateral para la protección de inversiones (BIT), precisó que "el Estado contratante en su legislación de promoción de inversiones puede ofrecer someter controversias resultantes de cierta clase de inversiones a la jurisdicción del Centro, en cuyo caso el inversionista puede dar su consentimiento mediante la aceptación por escrito de la oferta del Estado," lo que en nuestro criterio ocurrió con la ley de Promoción y protección de Inversiones de 1999.[32]

Conforme a las normas del mencionado Convenio del CIADI, varios casos importantes fueron decididos por Tribunales Arbitrales en contra de Venezuela, particularmente con ocasión de la estatización indiscriminada de inversiones sin el pago de la compensación debida, razón por lo cual en enero de 2012 el Gobierno decidió denunciar el Convenio CIADI, lo que comenzó a surtir efectos en julio de 2012, habiéndose así escapado Venezuela de los mecanismos de justicia arbitral internacional. Insólitamente, sin embargo, en el Comunicado oficial del gobierno de Venezuela justificando la decisión del país de salirse del Convenio CIADI[33] se mencionó que su ratificación en 1993 había sido efectuada por un "gobierno débil" sin legitimidad popular bajo la presión de sectores económicos tradicionales que supuestamente habían participado en el desmantelamiento de la soberanía nacional de Venezuela, refiriéndose con ello al Gobierno del Presidente Ramón J. Velásquez (1993-1994), del cual quien expone formó parte como Ministro para la Descentralización.

Por ello, al contrario de lo indicado, y con conocimiento de causa, afirmo, que dicho gobierno transitorio del Presidente Velásquez de 1993 designado transitoriamente a los efectos de completar el período constitucional del Presidente Carlos Andrés Pérez, quien había sido sometido juicio con autoriza-

---

31 Véase Ley Aprobatoria del Convenio sobre Arreglo de Diferencias Relativas a Inversiones entre Estados y Nacionales de otros Estados, en *Gaceta Oficial* N° 4.832 Extra. de 29-12-1994.

32 Véase Allan R. Brewer-Carías, "La reciente tendencia hacia la aceptación del arbitraje en la contratación estatal en el derecho venezolano," en Jaime Rodríguez Arana, Miguel Ángel Sendín, Jorge E. Danós Oróñez, Jorge Luis Cáceres Arce, Verónica Rojas Montes, Neil Amador Huámán Paredes (Coordinadores), *Contratación Pública. Doctrina Nacional e Internacional*, Volumen II, XII Foro Iberoamericano de Derecho Administrativo, Adrus Editores, Arequipa 2013, pp. 803-830.

33 Véase el texto del "Comunicado Oficial" en http://www.noticierodigital.com/2012/01/ramirez-ratifica-salida-de-venezuela-del-ciadi/.

ción del Congreso, tuvo que adoptar importantes decisiones en muchos campos,[34] como por ejemplo en material de promoción y protección de inversiones, con la firma del Convenio CIADI, con lo cual estuve de acuerdo en el Gabinete Ejecutivo, la cual obedeció a la política general prevaleciente de atraer inversiones internacionales al país, abriéndose la vía para la justicia arbitral internacional. Y todo ello, en medio de la esencial misión que tuvo dicho gobierno de transición de asegurar la continuidad del régimen democrático en el país, y particularmente, la realización exitosa de las elecciones presidenciales que se realizaron en diciembre de 1993. Dicho gobierno asumió la continuidad de la conducción del Estado en medio de la grave crisis política y económica que afectó al Estado de partidos de la época, teniendo para ello toda la legitimidad necesaria derivada de la Constitución.

Con la denuncia del Convenio CIADI, el Estado venezolano, en realidad, lo que ha hecho, conforme a su política definida en los últimos lustros, lo que ha hecho es escaparse también, de la justicia arbitral internacional, ratificando así su carácter de Estado irresponsable a nivel internacional.

México 13 de octubre de 2014.

---

34   Véase el libro colectivo: *Ramón J. Velásquez. Estudios sobre una trayectoria al servicio de Venezuela,* Universidad Metropolitana, Universidad de Los Andes-Táchira, Caracas 2003.

APÉNDICES

Apéndice 1:

VENEZUELA: EL OCASO DEL ESTADO DE DERECHO
Informe de la Comisión Internacional de Juristas, 29 Octubre 2015[*]

"*Ginebra, Suiza.* "Este Informe es el resultado del seguimiento que la CIJ viene haciendo desde hace varios años sobre la situación del Poder judicial y de los derechos humanos en Venezuela, así como de la Misión *in situ* liderada por Alejandro Salinas, realizada en agosto de 2015.

Desde su anterior Informe, *Fortaleciendo el Estado de Derecho en Venezuela* (2014), la CIJ ha constatado una vertiginosa degradación de la situación de los Derechos Humanos, un grave y sistemático menoscabo de la independencia e imparcialidad del Poder Judicial, y la total erosión del Estado de Derecho en Venezuela.

"Hay un claro divorcio entre el deber ser establecido en la Constitución y los compromisos internacionales y por otro lado lo que se refleja en la realidad," dijo Alejandro Salinas, el autor del informe.

"Esta situación ya observada en años anteriores, se ve agravada por una serie de medidas del Gobierno venezolano que han significado ceder soberanía en favor de organizaciones criminales," añadió.

En las últimas semanas, la CIJ ha constatado una acelerada escalada de los ataques contra los defensores de derechos humanos y toda forma de oposición social y política.

"La situación en Venezuela es, sin lugar a duda, configura una grave y persistente crisis de los derechos humanos, la democracia y del Estado de Derecho. La Comunidad internacional está en mora y debe reaccionar bajo del derecho internacional," dijo Wilder Tayler, Secretario General de la CIJ.

---

[*] Véase en:http://www.icj.org/venezuela-human-rights-and-rule-of-law-in-deep-crisis/ *Contactos*: Wilder Tayler, Secretario General de la CIJ, t: +41 22 979 3825 ; e: wilder.tayler@icj.org; Alejandro Salinas, autor del informe, e: alejandro.Salinasrivera@gmail.com

La CIJ ha visto agravada la situación de la falta de independencia de la justicia en general, en virtud no sólo de la falta de independencia del Poder Judicial dada la inexistencia de estabilidad de la gran mayoría de los jueces y de la casi totalidad de los fiscales del Ministerio Público; así como también, la falta de garantías para el ejercicio de los defensores de derechos humanos y en algunos casos de la profesión de abogado.

En este sentido, la CIJ manifiesta su preocupación frente las consecuencias representadas en los altísimos niveles de impunidad judicial en los casos de violaciones de derechos humanos y de las víctimas de delitos comunes en general, lo cual contrasta con la inusual prontitud con la que se abren juicios, se dictan medidas cautelares restrictivas y se condenan a miembros activos de la sociedad civil, líderes sociales y a opositores políticos.

Entre los casos que más representativos de esta situación se encuentran, entre otros, la reapertura del juicio penal contra la jueza María Lourdes Afiuni; la detención preventiva para someter a juicio al abogado Tadeo Arrieche; la orden de captura contra los miembros directivos y de los consejos editoriales de "*El Nacional*", "*Tal Cual*" y "*La Patilla*"; y la condena de Leopoldo López a casi 14 años de prisión.

Finalmente, la CIJ desea llamar la atención sobre la gravedad que significa que desde el mes de agosto del presente año 2015, 23 municipios en Venezuela hayan estado siendo sometidos a estados de excepción con la restricción de varios de los derechos consagrados en el Pacto Internacional de Derechos Civiles y Políticos, sin que estén claramente cumplidos los requisitos internacionales como la gravedad de la situación que no pueda ser enfrentada con los poderes ordinarios del estado, la estricta necesidad y proporcionalidad de las medidas.

Es de gran preocupación para la CIJ las medidas arbitrarias tomadas contra nacionales colombianos que han sido deportados masivamente, incluidos menores de edad; y además, que estando por darse inicio a la campaña política para las elecciones de diputados a la Asamblea Nacional el próximo 6 de diciembre, se hayan restringido – sin justificación – los derechos de reunión pública y de manifestación pacífica, por el efecto restrictivo que ello implica para el ejercicio libre de los derechos políticos en una sociedad democrática."

Venezuela: El ocaso del Estado de Derecho Informe Misión 2015[*]

I.   Antecedentes

En 2013 la Comisión Internacional de Juristas (CIJ) dio inicio a la elaboración de un informe sobre la situación del sistema judicial en Venezuela. El informe denominado "Fortaleciendo el Estado de Dere-

[*]   Informe elaborado por Alejandro Salinas Rivera, bajo la supervisión del Wilder Tayler, Secretario General de la CIJ. © Copyright Comisión Internacional de Juristas, Septiembre 2015

cho en Venezuela"[1], hecho público en 2014, se enfocó principalmente en analizar el estado de la independencia del Poder Judicial, en particular, y demás operadores de la justicia, en general.

Debido a los acontecimientos sociales y políticos ocurridos durante el año 2014 y de las consecuencias derivadas de ellos, la CIJ resolvió realizar un nuevo informe, que complemente y actualice el anterior, pero que intente también identificar nuevos aspectos de la realidad venezolana.

La CIJ realizó *in situ* una serie de entrevistas con actores relevantes. Lo observado tras las entrevistas y el análisis de documentación pertinente reflejó un cuadro complejo en el cual la autonomía, la independencia y la imparcialidad del Poder Judicial y de los demás actores del sistema judicial se ha visto menoscaba grave y sistemáticamente. Además, se observó que tanto las autoridades responsables de la justicia, como las autoridades políticas actúan con desdén frente a la independencia y la autonomía que, al menos formalmente, deben tener las instituciones judiciales.[2]. Hay un claro divorcio entre el deber ser establecido en la Constitución y los compromisos internacionales y por otro lado lo que se refleja en la realidad.

Otro elemento que se observó y que agrava la situación es la falta de respeto y compromiso del Estado, y en particular de los órganos jurisdiccionales, frente a las decisiones y recomendaciones que emanan de los órganos internacionales de derechos humanos, sean regionales o universales. La Comisión Interamericana de Derechos Humanos (CIDH) señaló en el Informe Anual 2014 en su informe del Capítulo IV sobre Venezuela que en forma reiterada "la posición adoptada por Venezuela de no aceptar ni cumplir las decisiones y recomendaciones de organismos internacionales de derechos humanos, y en particular de los órganos del sistema interamericano de de-

---

1 Disponible en español en: http://icj.wpengine.netdna-cdn.com/wp-content/up-loads/2014/06/VENEZUELAInforme-A4-elec.pdf Disponible en inglés en: http://icj.wpengine.netdna-cdn.com/wp-content/uploads/2014/11/Venezuela Strengthening-the-RoL-Publications-Reports-2014-Eng.pdf

2 *The Rule of Law Index 2015 del World Justice Project*, señala que Venezuela se encuentra ubicada en el lugar 102 de 102 países examinados, es decir en último lugar. Lo más crítico de esta evidencia es que el estado de derecho (rule of law), concebido como el marco en el cual es posible combatir eficazmente la corrupción, pobreza y enfermedad, y proveer paz, desarrollo y respeto a los derechos humanos y libertades fundamentales, se encuentra en el caso de Venezuela muy deteriorado. *El Rule of Law Index 2015* fue construido teniendo en cuenta ocho factores o categorías: límites a los poderes del Gobierno; ausencia de corrupción, apertura del Gobierno, derechos fundamentales, orden y seguridad, cumplimiento de obligaciones, justicia civil y justicia criminal. Con estos factores se intenta reflejar como las personas experimentan el estado de derecho en su vida cotidiana.

rechos humanos, bajo el argumento de que contravienen la soberanía nacional, no se corresponde con los principios del derecho internacional aplicables[3]. A juicio de la CIDH, Venezuela registra un grave precedente en este ámbito ya que el Estado no ha dado cumplimiento sustancial a las sentencias emitidas por la Corte Interamericana y sus órganos de justicia han llegado a declarar la inejecutabilidad de las decisiones de dicho Tribunal por considerarlas contrarias a la Constitución. Este debilitamiento en la protección de los derechos humanos de las y los habitantes de Venezuela, se agravó con la denuncia de la *Convención Americana [sobre Derechos Humanos]* por parte del Estado, que entró en vigencia a partir del 10 de septiembre de 2013. Como se indica en un apartado posterior, esta decisión configura un retroceso y las y los venezolanos han perdido una instancia para la protección de sus derechos, y cuentan con menos recursos para defenderse. Como Estado miembro de la OEA, respecto a lo hechos ocurridos con posterioridad a la entrada en vigor de la denuncia de la Convención Americana, Venezuela continúa sujeta a la competencia de la Comisión y las obligaciones que le imponen la Carta de la OEA y la *Declaración Americana [de los] Derechos y Deberes del Hombre."*[4]

Las entrevistas realizadas con abogados, académicos y jueces permitieron tener un cuadro amplio acerca de los aspectos que preocupan y afectan el ejercicio de la justicia. Las entrevistas dieron luces sobre el profundo deterioro de la independencia judicial y, sobre todo, acerca de la falta de confianza en los mecanismos institucionales. Este hecho es preocupante en miras a los desafíos que se deberán enfrentar para reconstruir la trama de relaciones y de confianzas necesarias para un futuro estado democrático de derecho y el cumplimiento de sus obligaciones internacionales de proteger efectivamente a todas las personas frente a las violaciones a los derechos humanos.

Los hallazgos hechos son preocupantes y poco alentadores. El Gobierno de la República Bolivariana de Venezuela ha adoptado en materia de seguridad y derechos humanos una política que está plagada de contradicciones. El Gobierno ha resuelto instaurar zonas o áreas del país que quedan bajo el control de grupos armados. Estas áreas llamadas *zonas de paz* son básicamente espacios territoriales, urbanos o rurales, que quedan bajo el control total de los grupos armados. Los grupos armados están alentados por el Gobierno para que ejerzan control efectivo en las áreas en la cuales operan. De esta

---

3   CIDH, *Democracia y Derechos Humanos en Venezuela*, 30 de diciembre de 2009, párr. 1.161

4   *Informe Anual de la Comisión Interamericana de Derechos Humanos – 2014*, de 7 de mayo de 2015, Capítulo IV Venezuela, párr. 335.

forma, las fuerzas policiales no pueden intervenir y la población civil queda a merced de los grupos armados, en casi todos los aspectos de la vida social. Los grupos armados imparten justicia, distribuyen alimentos y ejercen violencia[5]. El Estado -paradójicamente- ha cedido soberanía en favor de organizaciones criminales y deja a merced de éstas a las personas que viven en dichas áreas.

Este mismo fenómeno se observa en las prisiones. En este caso las autoridades han cedido la administración y control de los recintos penitenciarios a las bandas criminales y los llamados "pranes"[6] que se encuentran en su interior[7].

Las *zonas de paz* fueron implementadas al inicio en los municipios con los índices delictivos más altos del estado de Miranda, como parte del "Movimiento Por la Paz y la Vida", impulsado por el Gobierno del Presidente Nicolás Maduro. La intención de esta iniciativa fue

---

5   "Esto se va poniendo cada vez peor; los medios que utiliza el Gobierno y que para controlar a los delincuentes son pura pantalla, porque por debajo lo que hay es apoyo al crimen. Las **zonas de paz** son auténticos refugios de malandros, que solo han servido para el aumento de la delincuencia. De eso puede dar fe cada una de las policías de esas zonas y la gente que vive ahí. Esa es una prueba de la protección del delito por parte del Estado", expresó el padre Alejandro Moreno, psicólogo y doctor en Ciencias Sociales con más de 30 años de experiencia en trabajo social en barrios de Caracas, al diario electrónico Panampost; ver: http://es.panampost.com/thabata-molina/2015/05/07/zonas-de-paz-venezolanas-encubren-reinado-de-terror-de-delincuentes/

6   PRAN (preso rematado asesino nato) o Principal es la denominación dada a los jefes criminales que tienen el control de los recintos penitenciarios.

7   Los líderes de las bandas criminales en prisión ejercen el control efectivo de los recintos. Los pranes venden los cuartos de los presos, cobran dinero para la comida (una cuota mensual), ejercen acciones de disciplina interna, negocian la celebración de fiestas y el ingreso de personas (cónyuges y trabajadoras sexuales), y fijan condiciones generales con el Ministerio del Poder Popular del Servicio Penitenciario. Para el Observatorio Venezolano de Prisiones (OVP) el problema de fondo de las cárceles en Venezuela radica en el hacinamiento y la violencia al interior de los recintos. Se reconoce que hay un 190% de hacinamiento en los recintos penitenciarios en 2014. En 2013 hubo 506 muertos y en el primer semestre de 2014 hubo 150 muertos según el OVP. El Director del OVP, Humberto Prado, señaló en 2013: "En las cárceles existe pena de muerte y si usted viola uno de los códigos que hay dentro de las cárceles que quienes los aplican son los pranes, simplemente te mueres y estos grupos existen por la complicidad con las autoridades del Estado". También señaló Prado que "durante 2013, 674 internos se cosieron la boca, mecanismo de protesta que usan los presos para que su solicitud de traslado a otro penal se concrete pues en la cárcel donde se encuentra 'su vida corre peligro' por causa de esos liderazgos (los pranes)".
     http://www.elmundo.es/america/2014/01/30/52ea3ca022601de2258b456f.html

desmovilizar a las bandas delictivas de la zona, a fin de incorporarlas a la sociedad, a través del trabajo comunitario y el desarme voluntario. Sin embargo los resultados de esta política pública son diametralmente opuestos a su idea original.

Estos hallazgos, que son la consecuencia de decisiones y políticas adoptadas por el propio Gobierno, reflejan una situación socialmente explosiva y que va en un sentido contrario para la consolidación de un verdadero Estado de Derecho.

Otro aspecto destacable, aunque también poco alentador, es la existencia de los llamados *operativos para la liberación y protección del pueblo* (OLP). Se trata básicamente de operaciones policiales y militares destinadas a copar un área, generalmente sectores de viviendas populares (Gran Misión Vivienda Venezuela), con la excusa de buscar elementos involucrados en paramilitarismo, narcotráfico o "bachaquerismo" (robo o contrabando de pequeña escala). Desafortunadamente estas operaciones conllevan violaciones masivas de derechos humanos y de libertades fundamentales, que afectan especialmente a los sectores más vulnerables de la población, que se ven doblemente violentados, en primer término por los grupos armados que controlan *de facto* las áreas donde habitan, y luego por el Gobierno a través de las acciones desproporcionadas de control social.

La contradicción en las acciones y políticas del Estado es evidente. Por un lado el Estado cede soberanía en favor de grupos armados en las llamadas *zonas de paz* y, por otra lado, es el mismo Estado el que ordena la "liberación" de elementos "indeseables" asociados a bandas criminales, a través de los OLP.

En síntesis, el único afectado es el pueblo venezolano que ve conculcados sus derechos humanos y libertades a gran escala. El resultado al final es una grave inseguridad personal que afecta especialmente los derechos a la vida, la integridad personal y la libertad de toda la población, ante el incumplimiento por el Estado de sus compromisos internacionales en la materia y la instrumentalización de la justicia para perseguir a la disidencia en sus diversas expresiones.

II.   El Poder Judicial

Este poder del Estado enfrenta un problema estructural de enorme envergadura. La mayoría de los jueces sigue en situación provisional, tal como fue constatado en el informe de la CIJ de 2014, y se calcula que esta situación afecta al 66% de los jueces[8]. Hasta la fecha no ha

---

8   El Comité de Derechos Humanos de las Naciones Unidas, reconoce que sólo el 34% de los jueces es titular de su cargo ("Observaciones finales sobre el cuarto informe periódico de la República Bolivariana de Venezuela", Julio de 2015, párr. 15).

habido cambios importantes en la materia y la precariedad laboral de los jueces se mantiene, con los efectos negativos como la autocensura y la sumisión a la autoridad, afectando severamente su independencia.

Venezuela no tiene un Poder Judicial independiente del poder político. El Tribunal Supremo de Justicia (TSJ) es la cúspide de la pirámide judicial en Venezuela y, por ello, sus decisiones son fundamentales para ordenar y controlar el funcionamiento de los tribunales inferiores. Este hecho contribuye a que las líneas políticas que emanan del TSJ impregnan totalmente a los tribunales inferiores. Las decisiones del TSJ -que están asociadas al poder político- afectan directamente la autonomía de los jueces inferiores y, por tanto, las conductas que se aparten de tales directrices son severamente sancionadas. Claro ejemplo de ello es la situación que aún afecta a la jueza María Lourdes Afiuni[9].

La CIDH informó que "ha observado de manera reiterada en sus Informes anteriores sobre Venezuela, como la falta de independencia y autonomía del poder judicial frente al poder político constituye uno de los puntos más débiles de la democracia venezolana. En la misma línea, ha señalado que esa falta de independencia ha permitido a su vez que en Venezuela se utilice el poder punitivo del Estado para criminalizar a los defensores de derechos humanos, judicializar la protesta pacífica y perseguir penalmente a los disidentes políticos."[10].

Por su parte, la Relatoría Especial de Naciones Unidas para la independencia de los jueces y abogados, ha reiterado su preocupación por el alto número de jueces y fiscales en situación de provisionalidad en Venezuela, considerando que éstos serían "sujetos de diversos mecanismos de interferencias políticas que afectan su independencia", en particular teniendo en cuenta que su remoción es "absoluta-

---

9   La jueza María Lourdes Afiuni fue arrestada el 10 de diciembre de 2009, tras emitir una decisión de sustitución de la medida privativa de libertad del ciudadano Eligio Cedeño, por una medida cautelar menos gravosa. La decisión se basó en lo previsto por el Código Orgánico Procesal Penal que establece un plazo máximo de dos años para la detención preventiva; y en la Opinión No. 10/2009 (Venezuela) emitida por el Grupo de Trabajo sobre la Detención Arbitraria de las Naciones Unidas de 1 de septiembre de 2009, que declaró la detención de Cedeño como arbitraria, con base en su prolongada extensión. Al día siguiente, en cadena nacional de radio y televisión, el entonces Presidente de la República Hugo Chávez, calificó a la jueza Afiuni de "bandida", exigió "dureza" contra ella, y pidió que le aplicarán la pena máxima de 30 años de prisión. (Ver: CIDH, Informe Anual de la Comisión Interamericana de Derechos Humanos -2012, OEA/Ser. L/V/II.147 Doc. 1 de 5 marzo de 2013 Capítulo IV respecto de Venezuela, párrs. 485-486).

10   *Informe Anual de la Comisión Interamericana de Derechos Humanos* - 2014, Doc. Cit., párr. 328.

mente discrecional: sin causa, ni procedimiento ni recurso judicial efectivo."[11]. Asimismo, en el marco del Examen Periódico Universal (EPU), el Grupo de Trabajo del Consejo de Derechos Humanos de la ONU sobre Venezuela, recomendó al Estado adoptar las medidas necesarias para garantizar la independencia del poder judicial, en particular, lo relativo al establecimiento de procedimientos claros y transparentes para el nombramiento de jueces y fiscales, y "poner fin al carácter provisional del nombramiento de los jueces."[12]. Estas recomendaciones fueron rechazadas por el Estado venezolano[13].

En el mes de junio de 2014 se registraron declaraciones de la Relatora Especial para la independencia de los jueces y abogados, Gabriela Knaul, en las cuales expresó su preocupación por "la interferencia del poder político en el poder judicial y el incremento de los incidentes que vulneran los derechos humanos de los jueces y fiscales venezolanos". En el marco de un evento público realizado en paralelo a una sesión del Consejo de Derechos Humanos de las Naciones Unidas (ONU), la Relatora señaló haber recibido "innumerables denuncias sobre la falta de independencia de los jueces y fiscales", y destacó que uno de los problemas centrales sería "la falta de magistrados de carrera, y el hecho de que la mayoría de jueces tengan nombramientos de corta duración", lo que "debilita el sistema judicial". Estas declaraciones fueron rechazadas públicamente por la Fiscal General de la República de Venezuela, quien indicó estar "alarmada por la falta de información de la relatora", y que debía enviársele información sobre "los cursos que se han abierto en el Ministerio para darle estabilidad a los fiscales."[14].

Al margen de la situación relativa a la precariedad e inestabilidad laboral que enfrentan los jueces, sus decisiones judiciales son revisadas por sus superiores con un criterio estrictamente político. Es común que los jueces, ante situaciones que puedan tener un matiz político o que afecten de alguna forma los intereses del Estado, esperen instrucciones de sus superiores antes de actuar o resolver, ya que de lo contrario están sujetos a represalias.

Otro aspecto que evidencia un problema estructural en la administración de justicia está relacionado con los procedimientos y la carga

---

11   OHCHR, "Preocupante la situación de la justicia en Venezuela", advierte experto de la ONU, 30 de julio de 2009.

12   Recomendaciones 96.14-96.20 Informe del Grupo de Trabajo sobre el Examen Periódico Universal, Venezuela (República Bolivariana de), A/HCR/19/12 de 7 de diciembre de 2011.

13   Informe Anual de la Comisión Interamericana de Derechos Humanos - 2014, Doc. Cit., párr. 538.

14   Ibíd., párr. 539.

de trabajo de los jueces. Dado que el Poder Judicial está orientado a servir los intereses políticos del Gobierno, en general no ha habido la revisión y la modernización suficientes de los mecanismos y procedimientos con miras a mejorar la calidad de la justicia ni para aumentar los índices de eficiencia y eficacia. Esto tiene como efecto que la administración de justicia sea tardía e ineficaz, por lo que los ciudadanos quedan con la sensación de que la justicia no sirve para resolver los conflictos, sea en el orden penal, mercantil, civil, laboral o de familia.

Operadores del sistema judicial, como los abogados y jueces, también tienen la impresión de que el sistema judicial no satisface las expectativas de justicia que demanda la población.

El sistema judicial solamente es eficaz para servir al poder político.

En una reciente investigación realizada por Antonio Cánova González y otros académicos[15] acerca de las sentencias dictadas por el TSJ en un período de casi diez años, se demuestra que el Poder Judicial adopta decisiones con un marcado sesgo político. Por ejemplo, entre 2005 y 2013 el 99% de las solicitudes de medidas cautelares hechas por entes públicos fueron acogidas. En contrario, en igual período, el 98% de las solicitudes de medidas cautelares hechas por particulares en contra de decisiones de la autoridad fueron negadas. Es evidente el desequilibrio en el criterio aplicado por la autoridad judicial.

Las actuaciones del Poder Judicial y, en particular, del TSJ se encuentran dictadas por el poder político. El presidente de la Asamblea Nacional, diputado Diosdado Cabello, a través de su programa de televisión "Con el mazo dando" anuncia directrices a los miembros del Poder Judicial e incluso da instrucciones para incoar procesos judiciales, especialmente en contra de opositores políticos o defensores de derechos humanos[16]. A través de un mecanismo llamado "patriotas

---

15   Antonio Cánova González et al, *El TSJ al servicio de la revolución. La toma, los números y los criterios del TSJ venezolano (2004-2013)*, Editorial Galipan, Caracas 2014.

16   El 12 de mayo de 2014 el presidente de la Asamblea Nacional, Diosdado Cabello, en el programa de televisión del canal del Estado VTV "Con el mazo dando" habría acusado a 14 personas de conspiradores que serían puestas a la orden de la justicia venezolana. Entre los acusados habría señalado a Alfredo Romero, Director del Foro Penal Venezolano (FPV). Por otra parte se tuvo conocimiento que durante el programa del 6 de noviembre de 2014 el presidente de la Asamblea Nacional habría emitido declaraciones en contra las organizaciones que asistieron a las audiencias ante Comité contra la Tortura de Naciones Unidas entre las personas señaladas figurarían el Director del OVP Humberto Prado y el Coordinador General de PROVEA, Marino Alvarado. Asimismo, habría señalado que la ONG Espacio Público "es una de las 12 ONG que impulsan con intereses ocultos denuncias de torturas y tratos crueles contra el gobierno venezolano". Seguidamente se habría referido

cooperantes"[17], el diputado Cabello toma conocimiento de denuncias de conductas de personas - incluso afectando muchas veces su privacidad- que supuestamente afectan al Gobierno. Estas conductas son denunciadas en el programa de televisión y de esa forma se "notifica" a las autoridades judiciales para que procedan a realizar las acciones y represalias correspondientes. En el programa de 5 de agosto de 2015 se criticó a la organización no gubernamental (ONG) de derechos humanos PROVEA[18] y se la acusó de "atacar y criminalizar a la Operación Liberación del Pueblo (OLP)". El "patriota cooperante" que hizo la denuncia también señaló que Inti Ramírez, director de PROVEA, "está documentando falsos hechos de violación a los derechos humanos durante las Operaciones de Liberación del Pueblo (OLP), para llevarlo como caso a instancias internacionales".

Esta modalidad de denuncia y de interferencia en las decisiones judiciales afecta gravemente no sólo el trabajo de los defensores de derechos humanos y de otras personas y grupos, sino la independencia del Poder Judicial, pues sus autoridades se encuentran "orientadas" a través de las pautas que emanan directamente del poder político.

Otro aspecto que perturba seriamente al Poder Judicial está relacionado con la corrupción. Desafortunadamente no hay cifras o datos oficiales confiables, sin embargo, el capítulo venezolano de Transparencia Internacional ha señalado que el TSJ contribuye a la opacidad. En un caso reciente seguido contra el Banco Central de Venezuela (BCV), a través de sentencia de 4 de agosto de 2015, el TSJ resolvió no dar lugar a una demanda presentada en contra del BCV que pedía que éste órgano público publique datos de importancia para conocer el estado de la economía del país. El BCV no quiere entregar información sobre inflación, escasez, balanza de pagos, producto interno bruto, entre otros datos de relevancia.

La decisión del TSJ en este caso limita el acceso a la información pública en un área que es sensible para el Gobierno, por ello su decisión evidencia una clara motivación política y de paso contribuye a la opacidad.

La corrupción es un problema endémico en el país, afecta a un amplio espectro de instituciones. En el Índice de Percepción de Corrupción de Transparencia Internacional (TI), Venezuela ocupa el lu-

---

al Director de la ONG, Carlos Correa, como "amigo de los prófugos de la justicia venezolana". Ver *Informe Anual de la Comisión Interamericana de Derechos Humanos - 2014, Doc. Cit.,* párr. 692.

17   Se trata de denuncias anónimas hechas por ciudadanos.

18   Programa Venezolano de Educación-Acción en Derechos Humanos, PROVEA.

gar 161 de 175 países observados. En el indicador de independencia del Poder Judicial, elaborado por el Foro Económico Mundial, Venezuela ocupa el lugar 142 de 142 países observados. Es el peor desempeño de todos.

El Barómetro Global de Corrupción de TI de 2013 señala que la percepción de corrupción aumentó en el período 2007-2010 en un 86%. Además, el Poder Judicial junto a las policías son las instituciones que tienen el más alto índice de percepción de corrupción.

En asuntos entre particulares en el lenguaje común se habla de "vender sentencias", ya que se atribuye a los jueces que ellos resuelven considerando quien paga más por sus decisiones.

A lo anterior cabe sumar el bajo nivel de las remuneraciones de los jueces. Debido a la distorsión que provoca el hecho de que hay en el país tres tipos de cambio de la moneda[19] los jueces perciben remuneraciones muy bajas[20], con lo cual se aumenta más el peligro de la corrupción en su desempeño.

En el ámbito de la eficacia de las medidas judiciales para combatir el flagelo de la inseguridad ciudadana, el Poder Judicial y los restantes operadores del sistema, como es el caso del Ministerio Público, han demostrado ser poco efectivos. Recientemente el Observatorio de Seguridad Ciudadana de la Universidad de Las Américas Puebla (México)[21] señaló que "países de la región como **Venezuela,** Surinam, Santa Lucía, Haití, Ecuador, Dominica, Cuba, Antigua y Barbuda, Guatemala, Granada, Belice, Uruguay y Bolivia (que) no generan la información estadística suficiente para poderlos estudiar dentro del IGI. Estos países tienen solamente seis o menos indicadores de medición por lo que podemos catalogarlos dentro de la zona de **impunidad estadística y problemas estructurales.** Sus gobiernos deben hacer un esfuerzo mayor para reportar sus estadísticas a Naciones Unidas."[22]

Es un hecho de común conocimiento que la impunidad es un fenómeno que afecta a la comunidad nacional e internacional, que tiene carácter multidimensional y multifactorial, y que además involucra a dos sectores críticos: las fuerzas de seguridad pública y la justicia. Desafortunadamente Venezuela no ha colaborado con datos para

---

19   El tipo de cambio oficial es de 6,3 bolívares por dólar. En el mercado negro el tipo de cambio es de 670 bolívares por dólar.

20   Dependiendo del tipo de cambio aplicado un juez de primera instancia percibe aproximadamente 50 dólares mensuales de remuneración.

21   Centro de Estudios sobre Impunidad y Justicia, Universidad de Las Américas Puebla, *Índice Global de Impunidad IGI 2015,* Ed. Fundación, Universidad de Las Américas Puebla, México, abril 2015.

22   *Ibídem,* negrilla añadida.

realizar el Índice Global de Impunidad (IGI). Sin embargo, a través de otras fuentes se estima que la tasa de homicidios es una de las más altas del planeta. Cifras oficiales señalan que durante el 2013 hubo 11.761 homicidios (lo que representa una tasa de 39 por cada 100.000 habitantes). Por su parte, la ONG Observatorio Venezolano de Violencia (OVV), informó que el año 2014 los homicidios ascendieron a 24.980, con una tasa de 82 muertes violentas por cada 100 mil habitantes[23]. Así, Venezuela tiene la segunda tasa más alta del mundo[24].

La CIDH en su Informe Anual 2014[25] señaló que conforme a datos recientes de la Oficina de las Naciones Unidas contra la Droga y el Delito (ONUDD), los Estados de la región no están cumpliendo debidamente su obligación de proteger a las personas bajo su jurisdicción y que la situación se ha empeorado. En efecto, en el informe de la ONUDD sobre los homicidios en el mundo en 2013 se presenta a las

---

23   Informe 2014 Observatorio Venezolano de Violencia (OVV), destaca a Venezuela como el país con la segunda tasa de homicidios del mundo, siendo primero Honduras. Esta tasa muestra un leve incremento con relación a la reportada para el año 2013, una vez ajustada la base poblacional del cálculo, lo cual indica que no han existido avances en el control del delito y la violencia en el país, a pesar de los importantes anuncios y planes desarrollados por las autoridades. El informe destaca que la propensión general observada por los distintos equipos de investigación es hacia la expansión del delito violento en todo el territorio nacional. Zonas que hasta hace poco tiempo eran seguras, se han convertido en territorio de las bandas armadas que agreden y extorsionan a sus habitantes.

24   El Comité de Derechos Humanos de las Naciones Unidas ha señalado que "mientras toma nota de las acciones desplegadas por el Estado parte en materia de prevención del delito, nota con preocupación los informes sobre un muy elevado número de muertes violentas en el Estado parte, incluyendo casos presuntamente perpetrados por oficiales de mantenimiento del orden (art. 6). [...] El Estado parte debe redoblar sus esfuerzos con miras a prevenir y combatir las muertes violentas, incluyendo la intensificación de las acciones de desarme de la población civil. Debe también velar por que todos los casos de muertes violentas sean investigados de manera pronta, exhaustiva, independiente e imparcial y que los autores sean llevados ante la justicia y debidamente sancionados." ("Observaciones finales sobre el cuarto informe periódico de la República Bolivariana de Venezuela", Julio de 2015, párr. 11).

25   *Informe Anual de la Comisión Interamericana de Derechos Humanos - 2014,* Doc. Cit., párr. 18. En ese informe, la CIDH señaló que "[a] Asimismo, los altos grados de impunidad que se registra en Venezuela, las graves situaciones de inseguridad ciudadana y de violencia en los centros penitenciarios, son también elementos que la Comisión ha considerado como una especial afectación al ejercicio de los derechos humanos a la vida y a la integridad personal de los venezolanos, entre otros." (párr. 326).

Américas[26] como la región con las tasas de homicidios más altas[27]. Se señala que la tasa mundial de homicidios es, en promedio, de 6,2 por 100.000 personas, pero en América Central es, en promedio, de 25 homicidios por 100.000 personas[28], en tanto que, en América del Sur[29] y el Caribe[30], las tasas se sitúan entre 16 y 23 homicidios por 100.000 personas[31]. Estas tasas son aproximadamente el triple o el cuádruple del promedio mundial y podrían ser más elevadas cuando se las analiza por país[32]. Ocho de los diez países con las tasas de homicidios más altas del mundo están en las Américas. Desafortunadamente, en este cuadro Venezuela ocupa un lugar destacado. Los índices del país tienden hacia el agravamiento de la situación descrita por la CIDH y la ONUDD, por ejemplo en el año 2000 la tasa de homicidios de Venezuela era de 32,87 por cada 100.000 habitantes, menos de la mitad de lo que puede observar en 2014[33].

El informe del OVV indica que "[e]n los estudios de opinión realizados empleando encuestas por muestreo, hemos encontrado que hay

---

26 Véase en general United Nations Office on Drugs and Crime, *Global Study on Homicide 2013: Trends, Contexts, Data* ("Informe de la ONUDD sobre los homicidios"), que se encuentra en http://www.unodc.org/documents/gsh/pdfs/2014 GLOBAL HOMICIDE BOOK web. pdf

27 *Ibidem.*

28 Según el informe de la ONUDD sobre los homicidios, la región de América Central abarca Belice, Costa Rica, El Salvador, Guatemala, Honduras, México, Nicaragua y Panamá. Véase el informe de la ONUDD sobre los homicidios, p. 7.

29 Según el informe de la ONUDD sobre los homicidios, la región de América del Sur abarca Argentina, Bolivia (Estado Plurinacional de), Brasil, Chile, Colombia, Ecuador, Guayana Francesa, Guyana, Paraguay, Perú, Surinam, Uruguay y Venezuela (República Bolivariana de). Véase el informe de la ONUDD sobre los homicidios, p. 7.

30 Según el informe de la ONUDD sobre los homicidios, la región del Caribe comprende Anguila, Antigua y Barbuda, Aruba, Bahamas, Barbados, Cuba, Dominica, Grenada, Guadalupe, Haití, Islas Caimán, Islas Turcas y Caicos, Islas Vírgenes Británicas, Islas Vírgenes de Estados Unidos, Jamaica, Martinica, Montserrat, Puerto Rico, República Dominicana, Saint Kitts y Nevis, San Vicente y las Granadinas, Santa Lucía y Trinidad y Tobago. Véase el informe de la ONUDD sobre los homicidios, p. 7.

31 Informe de la ONUDD sobre los homicidios, pp. 12, 22.

32 Al respecto, Belice, El Salvador, Guatemala, Honduras, Jamaica y **Venezuela** tienen tasas nacionales de homicidios que exceden en gran medida los promedios subregionales, con 44,7, 41,2, 39,9, 90,4, 39,3 y **53,7** homicidios por 100.000 personas, respectivamente, en 2012. Véase el informe de la ONUDD sobre los homicidios, pp. 125-127.

33 *http://www.datosmacro.com; El número de homicidios en Venezuela aumentó en 2012.*

un incremento en el miedo de las personas. Estas dejan de realizar actividades, regresan a casa y se encierran más temprano y confían más en la protección de sus vecinos que en la policía. Las personas no se sienten protegidas por las autoridades y **perciben que no hay justicia ni castigo.** Menos del 10% de la población confía en la capacidad del gobierno para enfrentar eficientemente el delito y restaurar la seguridad."[34].

En reciente publicación la organización InSightCrime[35] se informa sobre la falta de antecedentes oficiales para medir la violencia en el país y la falta de colaboración de las autoridades en esta materia. Además, indica esta organización que "los homicidios van a aumentar durante el año 2015, dado que Venezuela enfrenta un déficit de ingresos debido a la caída de los precios del petróleo y al aumento de la agitación social."[36].

En el citado Índice Global de Impunidad se destaca que "es necesario destinar los recursos necesarios para las estructuras de seguridad y justicia. Sin embargo, es mucho más importante que estas instituciones funcionen adecuadamente y respeten los derechos humanos"[37]. En el caso de Venezuela, la autoridad judicial no advierte la necesidad e importancia de esta actitud.

La independencia del Poder Judicial se puede evaluar a partir de su posición relativa dentro de la estructura organizacional del Estado, pero también observando cómo los jueces actúan. Las entrevistas realizadas a operadores del sistema judicial subrayan la precaria condición en la cual se encuentran los jueces, debido principalmente al hecho de ser mayoritariamente provisionales en sus cargos, pero además hay otros factores que son preocupantes: el miedo y la falta de preparación profesional.

Los jueces tienen miedo porque sus condiciones laborales son inestables y porque saben que si sus decisiones afectan de alguna forma a las autoridades pueden ser sancionados o incluso exonerados del Poder Judicial. En este sentido el llamado "efecto Afiuni" es una realidad.

Por otra parte, la práctica de incorporar a egresados de la Universidad Bolivariana de Venezuela (UBV) al sistema judicial, ya sea como jueces o fiscales, tiene un efecto negativo en la calidad de la justicia, pero también en su independencia. Los egresados de la UBV no

---

34   Informe 2014 Observatorio Venezolano de Violencia (OVV).

35   InSightCrime es una fundación dedicada al estudio del crimen organizado en Latinoamérica y el Caribe.

36   http://es.insightcrime.org/análisis/venezuela-pais-mas-pelgroso-latinoamerica

37   *Índice Global de Impunidad IGI 2015, Op. Cit., resumen ejecutivo.*

tienen todas las calificaciones académicas y profesionales necesarias[38] para desempeñar adecuadamente las funciones de jueces o fiscales, por lo que ello los hace vulnerables y permeables al poder político.

El Poder Judicial en un estado democrático de derecho está llamado a ejercer una función esencial de equilibrio y de control entre los poderes públicos. Sin embargo, lo observado es que hoy el Poder Judicial en Venezuela ha renunciado -voluntaria u obligadamente-, a cumplir con este papel.

Formalmente no hay impedimentos para que el Poder Judicial cumpla cabalmente su función, pero las actuales autoridades judiciales han renunciado *de facto* a ejercer sus funciones. La Constitución de 1999 establece la división de poderes[39] y expresamente señala que el Estado democrático y social de Derecho y de Justicia "requiere la existencia de unos órganos que, institucionalmente caracterizados por su independencia, tengan la potestad constitucional que les permita ejecutar y aplicar imparcialmente las normas que expresan la voluntad popular, someter a todos los poderes públicos al cumplimiento de la Constitución y las leyes, controlar la legalidad de la actuación administrativa y ofrecer a todas las personas tutela efectiva en el ejercicio de sus derechos e intereses legítimos."[40].

Lo dispuesto en la Constitución da cuenta de que no hay limitaciones *de iure* para que el Poder Judicial cumpla con la función que le demanda la sociedad democrática. Sin embargo, el TSJ se impone restricciones y ejerce su potestad judicial subordinándola a otros poderes del Estado, en especial el Poder Ejecutivo Nacional.

La Constitución de 1999 expresamente señala que "[e]l ingreso a la carrera judicial y el ascenso de los jueces o juezas será por **concursos de oposición públicos** que aseguren la idoneidad y excelencia de los o las participantes y serán seleccionados o seleccionadas por los jurados de los circuitos judiciales, en la forma y condiciones

---

38 En informe de la CIJ *"Fortaleciendo el Estado de Derechos en Venezuela"*, se informó que la formación de los estudiantes de la carrera de estudios legales en la UBV era deficiente pues no contenía materias esenciales para formación de abogados, tales como derecho penal, derecho civil y derecho procesal civil. Es una práctica común de los colegios de abogados establecer cursos de nivelación para aquellos egresados de la UBV, con el fin de que puedan ser admitidos en el colegio y sean reconocidos como abogados. La UBV es una institución creada con una orientación ideológica para la formación bajo la doctrina de la Revolución Bolivariana.

39 Artículos 136 y 253 y ss. de la Constitución de la República Bolivariana de Venezuela.

40 Exposición de motivos del Capítulo III del Poder Judicial y del Sistema de Justicia, Constitución de 1999.

que establezca la ley. El nombramiento y juramento de los jueces o juezas corresponde al Tribunal Supremo de Justicia. La ley garantizará la participación ciudadana en el procedimiento de selección y designación de los jueces o juezas. Los jueces o juezas sólo podrán ser removidos o suspendidos de sus cargos mediante los procedimientos expresamente previstos en la ley."[41]. Esta clara disposición constitucional se encuentra incumplida por las autoridades ya que no ha habido concursos de oposición públicos al menos desde el año 2003. Ello ha conllevado además a una situación irregular frente a la Constitución y las obligaciones internacionales del Estado en materia de independencia judicial, ya que el TSJ ha establecido que los jueces provisionales (así como los accidentales, temporales y suplentes), son de "libre nombramiento y libre remoción discrecional" por parte de una Comisión Judicial integrada por magistrados del propio TSJ, sin ningún procedimiento, ni causa legal ni control judicial.

En la Apertura de las Actividades Judiciales del año 2015, la Presidenta del TSJ, magistrada Gladys María Gutiérrez Alvarado, al referirse a la Comisión Judicial del TSJ, señaló que ésta **designó** un total de 1.547 jueces y juezas: "[e]sta cifra denota la gestión eficiente de la Comisión Judicial en la provisión de los cargos vacantes, según la normativa aplicable y la jurisprudencia emanada de este Alto Tribunal para garantizar la absoluta continuidad en la prestación de la administración de justicia en todas las jurisdicciones y materias a nivel nacional".[42]. De esta forma la propia presidenta del TSJ ratificó el incumplimiento de la norma constitucional que obliga la realización de concursos públicos de oposición.

III. El Ministerio Público

En 2014, a raíz de las manifestaciones populares y estudiantiles, el Ministerio Público (MP) informó que más de 3.700 personas fueron detenidas y presentadas ante los tribunales, acusadas de diversos delitos, tales como: obstrucción de vías, *agavillamiento*[43], e instigación a delinquir. A esta cifra se le deben adicionar todas las detenciones puras y simples hechas por organismos de seguridad, pero que no terminaron con la presentación formal del detenido ante un tribunal.

---

41 Artículo 255 de la Constitución de la República Bolivariana de Venezuela (negrilla añadida).

42 http://www.tsj.gob.ve/noticiastsj/-/journalcontent/56/10184/78561?referer Plid=11142

43 Este delito está tipificado por el artículo 286 del Código Penal de Venezuela en los siguientes términos "Cuando dos o más personas se asocien con el fin de cometer delitos, cada una de ellas será penada, por el solo hecho de la asociación, con prisión de dos a cinco años".

El Observatorio Venezolano de Conflictividad Social (OVCS) registró, entre enero y diciembre de 2014, 9.286 protestas, esta cifra es 111% más alta que la registrada en 2013, que fueron 4.410. El 52% de las protestas fueron de rechazo al Gobierno[44].

Las cifras que presenta el OVCS reflejan una efervescencia social en aumento, que fue controlada a través de la represión policial.

Hay aproximadamente 2.000 personas sometidas a proceso penal tras las manifestaciones de principios de 2014.

El OVCS señaló que "el gobierno venezolano respondió a esta ola de protestas y movilizaciones pacíficas con un discurso de descalificación, prácticas sistemáticas de represión, militarización de algunas ciudades y criminalización de la protesta. Esta situación promovió una escalada del conflicto con resultados lamentables en todo el país. La violencia y represión hacia manifestantes alcanzó cifras inéditas en la historia venezolana, sólo comparable con los sucesos del *Caracazo* de 1989. Según datos oficiales, difundidos por el Ministerio Público en el mes de junio, desde febrero hasta junio se registraron 3.306 manifestantes detenidos, 973 heridos y 42 fallecidos."[45].

Según la misma fuente "[d]esde los poderes públicos se respaldó el uso desproporcionado y excesivo de la fuerza de la Guardia Nacional Bolivariana (GNB) y de la Policía Nacional Bolivariana (PNB). Además de la fuerza pública del Estado, los manifestantes fueron agredidos por grupos paramilitares, civiles armados pro- gobierno, que actuaron con permisividad y en coordinación con funcionarios del Estado. Durante el primer trimestre de 2014 se registraron acciones violentas de grupos paramilitares en al menos 437 protestas, equivalente a 31% de las protestas registradas en ese período. En la mayoría de las protestas donde se presentaron estos grupos se reportaron heridos de bala."[46]. Lo denunciado por el OVCS da cuenta de un hecho -la participación de grupos paramilitares- que abre una nueva dimensión a la compleja situación de violaciones a los derechos humanos en el país, pues incorpora un nuevo actor, que no está totalmente bajo el control del Gobierno, pero que afecta con sus acciones directamente el goce de libertades fundamentales.

El Ministerio Público es una institución de larga data en Venezuela, la Constitución de 1961 lo consagró como institución autónoma del Estado y la Constitución de 1999 le dio la condición de órgano del Poder Público Nacional integrado al Poder Ciudadano. Sin embargo, en los últimos años ha disminuido fuertemente su función original y

---

44 Observatorio Venezolano de Conflictividad Social. *Informe de Conflictividad Social en Venezuela en 2014.*

45 *Ibídem.*

46 *Ibídem.*

particularmente su autonomía. Actualmente esta institución se ha transformado en un instrumento de represión de la disidencia en todas sus expresiones, destinado a cumplir las órdenes del poder político.

Es alarmante que el MP tenga solamente cinco fiscales titulares. Esta cifra la entregó la Fiscal General de la República, Luisa Ortega Díaz[47]. Con esta información se ratifica un hecho denunciado hace tiempo cual es la provisionalidad en los cargos de fiscal[48], tal como sucede con los jueces. Así queda de manifiesto la debilidad estructural de la institución y su vulnerabilidad frente al poder político.

En el reciente examen del Cuarto informe periódico de la República Bolivariana de Venezuela ante el Comité de Derechos Humanos de las Naciones Unidas, el Comité -entre otras recomendaciones- señaló al Estado que "debe redoblar sus esfuerzos con miras a prevenir y combatir las muertes violentas, incluyendo la intensificación de las acciones de desarme de la población civil. Debe también velar por que todos los casos de muertes violentas sean investigados de manera pronta, exhaustiva, independiente e imparcial y que los autores sean llevados ante la justicia y debidamente sancionados"[49]. Esta recomendación está dirigida directamente al MP, que tiene la función de investigar (o a lo menos dirigir la investigación) en caso de muertes violentas o delitos graves. Como se ha indicado previamente Venezuela tiene la segunda tasa más alta de homicidios del mundo, lo que evidencia que hay una falla considerable de parte de los organismos de seguridad y, en particular, del MP.

Es importante al respecto tener en cuenta la recomendación del Comité de Derechos Humanos en esta materia: "[e]l Estado parte debe tomar medidas inmediatas para asegurar y proteger la plena autonomía, independencia e imparcialidad de los jueces y fiscales y garantizar que su actuación esté libre de todo tipo de presiones e injerencias. En particular, debe adoptar medidas para corregir a la mayor brevedad posible la situación de provisionalidad en la que se encuentra la mayoría de los jueces y fiscales"[50].

---

47 Diario *El Nacional,* edición de viernes 31 de julio de 2015. Esta declaración fue hecha en la Escuela Nacional de Fiscales con ocasión del IV Concurso Público de Credenciales y Oposición para el Ingreso a la Carrera Fiscal. Para llenar 15 cargos se inscribieron 16 personas.

48 Al examinar el Cuarto informe periódico de la República Bolivariana de Venezuela, el Comité de Derechos Humanos de las Naciones Unidas señaló que "lamenta no haber recibido información sobre el porcentaje de fiscales del Ministerio Público que son titulares y, al respecto, le preocupan los informes que indican que ese porcentaje sería muy bajo." ("Observaciones finales [....]", Doc Cit., párr. 15).

49 "Observaciones finales [....]", Doc Cit., párr. 11.

50 "Observaciones finales [....]", Doc Cit., párr. 15.

En el marco de la persecución penal que lleva cabo el MP hay un aspecto que requiere ser destacado. En los últimos meses la persecución penal ha estado más enfocada en contra de la oposición política y en el control de la protesta social, especialmente a partir de 2014. Esto marca un punto de inflexión, porque es evidente que la persecución penal está dirigida hacia opositores políticos, defensores de derechos humanos[51] y activistas sociales o gremiales, como es el caso del abogado Tadeo Arrieche Franco[52] y del dirigente gremial

---

51 El 20 de marzo de 2015, mediante comunicado de prensa, la Comisión Interamericana de Derechos Humanos (CIDH) expresó su alarma ante los señalamientos, actos de intimidación y acciones de descrédito de las que son objeto algunas personas en Venezuela como consecuencia de ejercer su derecho a acudir al Sistema Interamericano de Derechos Humanos. La CIDH recibió información según la cual varias de las personas que acudieron ante ese órgano a exponer sobre diversos temas de derechos humanos en Venezuela, habrían sido señalados por altas autoridades del Estado, y se habría divulgado información específica sobre su ubicación en determinados días y horarios. Específicamente, el Presidente de la Asamblea Nacional, Diosdado Cabello, en el programa de televisión del canal del Estado VTV "Con el mazo dando" emitido el 11 de febrero de 2015, mencionó a las personas que iban a participar en audiencias de la Comisión en marzo. En el portal en Internet de dicho programa de televisión, esta información está publicada bajo el título "ONG de la Extrema Derecha, cuadran con Comisionado de la CIDH, para sancionar el programa 'Con el Mazo Dando'". Allí también se publican fotografías de seis defensores de derechos humanos, un logo de la Corte Interamericana, y, sobre la foto del Presidente de la Asamblea Nacional, una mira telescópica similar a la que se usa para apuntar a un blanco al utilizar un arma. Los artículos refieren a la participación de Marco Antonio Ponce, del Observatorio Venezolano de Conflictividad Social (OVC); Rafael Uzcátegui, del Programa Venezolano de Educación-Acción en Derechos Humanos (PROVEA); Ligia Bolívar, del Centro de Derechos Humanos de la Universidad Católica Andrés Bello (UCAB); Carlos Nietos, de Una Ventana para la Libertad; Rocío San Miguel, de Control Ciudadano; Carlos Correa, de Espacio Público; Liliana Ortega, del Comité de Familiares de las Víctimas de los sucesos ocurridos entre el 27 de febrero y los primeros días de marzo de 1989 (COFAVIC), en las audiencias de la Comisión. ("CIDH expresa su alarma ante intimidación en Venezuela contra personas que acuden al Sistema Interamericano de Derechos Humanos", Comunicado de Prensa No. 032/15, de 20 de marzo de 2015).

52 Tadeo Arrieche Franco, abogado, fue detenido por el Servicio Bolivariano de Inteligencia Nacional (SEBIN) el 8 de febrero de 2015 en el aeropuerto de Barcelona (Edo. de Anzoátegui) sin orden de aprehensión, por la investigación que lleva a cabo el Gobierno sobre supuestas irregularidades en la distribución de alimentos por parte de la cadena de supermercados Día Día Supermercados, que es cliente de la firma de abogados ASPEN Legal, de la cual es parte el abogado Arrieche Franco. El abogado Tadeo Arrieche Franco fue detenido por ser el apoderado judicial de la cadena Día Día Supermercados. La ocupación de la empresa Día Día Supermercados fue anun-

Fray Roa[53], o las situaciones que afectan a los dirigentes políticos Leopoldo López y Antonio José Ledezma, o los alcaldes Daniel Ceballos y Vicente Scarano Spisso[54], entre otros.

Las detenciones selectivas de abogados o dirigentes sociales o gremiales tienen un claro objetivo político, cual es generar el repliegue de las personas que se atreven a manifestar su disconformidad. El caso del abogado Tadeo Arrieche Franco es una señal hacia el sector empresarial y, en especial, hacia los abogados que defienden sus derechos e intereses.

En este sentido el papel que tiene el MP es fundamental. El MP es el ente persecutor, es la institución que está llamada a dejar sin efecto todas aquellas medidas que adopten otros órganos del Estado y que contravienen el derecho o la lógica más básica, pero lamentablemente no lo hace.

El Comité de Derechos Humanos también manifestó su preocupación por los informes sobre descalificación, amenazas y/o ataques

---

ciada por el Presidente Nicolás Maduro durante un evento con militantes del partido PSUV, en donde acusó a los directivos de la cadena de estar involucrados en una "guerra alimentaria". El presidente de la Asamblea Nacional, diputado Diosdado Cabello, declaró desde los depósitos de la empresa ubicados en La Yaguara (Caracas), sobre la ocupación temporal de la empresa, a través de una transmisión en vivo la cadena de televisión VTV durante la madrugada del 2 de febrero de 2015. El abogado Tadeo Arrieche Franco está acusado por el Ministerio Público por los delitos de boicot y desestabilización de la economía. Actualmente se encuentra privado de libertad. La situación de Tadeo Arrieche Franco vulnera explícitamente el Art. 18 de los Principios Básicos sobre la Función de los Abogados, disposición que señala que los abogados no pueden ser identificados con sus clientes como consecuencia del desempeño de sus funciones. Tadeo Arrieche Franco no tiene ninguna otra relación con la empresa, salvo la de ser su representante judicial.

53　Fray Roa es el director general de la Federación Venezolana de Licoreros y Afines. Roa fue detenido por el Servicio Bolivariano de Inteligencia Nacional (SEBIN) el 24 de julio de 2015, por haber declarado a la cadena CNN que el sector licorero se encuentra en crisis. El Gobierno lo acusó de inmediato por "generar alarma". Hasta la fecha se encuentra detenido.

54　La Sala Constitucional del TSJ ordenó a los alcaldes Daniel Ceballos y Vicente Scarano Spisso, realizar toda acción legítima para prevenir y repeler las obstaculizaciones a las calles públicas en el marco de las protestas del año 2014 en los municipios de San Cristóbal (Edo. de Táchira) y San Diego (Edo. de Carabobo), con el riesgo de incurrir en desacato a la autoridad si incumplían la orden. Posteriormente, la Sala Constitucional, actuando como un tribunal penal, condenó a los dos alcaldes a pena de prisión, sin que hayan gozado de un debido proceso penal o derecho a la defensa. Con estas decisiones fueron removidos de sus cargos como alcaldes. Daniel Ceballos se encuentra con arresto en su domicilio desde el 11 de agosto de 2015.

presuntamente perpetrados contra periodistas, defensores de los derechos humanos y abogados. El Comité recomendó al Estado adoptar las medidas necesarias para: a) Ofrecer protección efectiva a los periodistas, defensores de los derechos humanos, activistas sociales y abogados que sean objeto de actos de intimidación, amenazas y/o ataques a causa de su trabajo de monitoreo e información sobre cuestiones de derechos humanos y otras cuestiones de interés público; b) Garantizar que ningún agente estatal adopte medidas o realice actos que pudieran constituir intimidación, persecución, descalificación o una injerencia indebida en el trabajo de los periodistas, los defensores de los derechos humanos, los activistas sociales, los abogados y los miembros de la oposición política o en sus derechos en virtud del Pacto; y c) Asegurar que se investiguen de manera pronta, exhaustiva, independiente e imparcial todas las alegaciones relativas a actos de intimidación, amenazas y ataques y que los autores sean llevados ante la justicia y debidamente sancionados[55].

Todas las recomendaciones hechas por el Comité de Derechos Humamos implican que el MP, en particular, y el Poder Judicial, en general, adopten una actitud pro-derechos humanos y en favor de la protección de las libertades fundamentales. Sin embargo, ello no será posible en tanto estas instituciones sigan subordinadas al poder político.

IV. Nuevos motivos de preocupación

1. Zonas de paz o territorios de paz: cesión voluntaria de soberanía estatal

En 2013 el Gobierno, a través del Viceministro del Interior, José Vicente Rangel Ávalos, dio inicio a un diálogo con cientos de grupos armados para impulsar un proceso de desarme y reinserción social de los delincuentes. Las conversaciones les exigían a las pandillas dejar la delincuencia y desmovilizarse, a cambio, el Gobierno les proveería empleo e insumos para la producción. El viceministro Rangel Ávalos se reunió con 280 bandas y declaró en la televisión pública algunas de estas zonas como "territorios de paz".

Sin embargo el resultado fue otro. Las negociaciones les dieron a las bandas control de las zonas y les permitió ganar más poder del que ya tenían. Estas zonas son en los hechos áreas sin control policial. Se trata de verdaderos "territorios liberados", donde los cuerpos de seguridad no pueden ingresar y las bandas organizadas cometen distintos delitos de forma impune. En algunas zonas se han reportado el desplazamiento de familias, como consecuencia de la violencia y por la exigencia de sus viviendas de parte de los delincuentes.

---

55 "Observaciones finales [....]", Doc Cit., párr. 17.

Para muchos estos "territorios de paz" (como dice el Gobierno) son simplemente nichos de impunidad o "territorio liberado". El proyecto piloto se inició en el estado de Miranda, en total abarcó 17,45 kilómetros cuadrados del estado. Las *zonas de paz* se estructuraron en ocho sectores del municipio Andrés Bello, entre las parroquias San José de Barlovento y Cumbo.

Hay denuncias que señalan que las *zonas de paz* sirven también para ocultar a delincuentes evadidos de las cárceles o solicitados por las autoridades[56]. En Barlovento (Edo. de Miranda) también se reportó la intimidación a familias para que entreguen a los varones jóvenes para incorporarlos a las filas de las organizaciones delictivas.

La policía del estado de Miranda (Polimiranda) ha señalado que el número de homicidios en el estado aumentó en 2014 respecto a 2013, aumento que se atribuye a las negociaciones con los grupos armados. Además, se calcula que hay más de 60 *zonas de paz* en este estado que rodea a la ciudad de Caracas y que es uno de los más poblados del país.

El problema se ha extendido a otras zonas del país. Hay áreas cedidas *de facto* a grupos armados, por ejemplo en el estado de Apure operan las denominadas Fuerzas Bolivarianas de Liberación (FBL). Las *zonas de paz* están diseminadas en los estados de Miranda, Zulia, Táchira, Aragua, Guárico y en el Distrito Metropolitano de Caracas.

Son varias las razones que explican el estado de violencia en estas zonas, pero sin duda que la causa principal de la violencia es la falta de instituciones[57]. La ausencia del Estado es notoria y se ve agravado este hecho por la decisión del poder político de seguir estimulando que los grupos armados tengan el control de las *zonas de paz*.

Al respecto cabe destacar lo señalado por el comisario Eliseo Guzmán, Director de la policía del estado de Miranda: "[e]n un país donde el 90% de los homicidios no tienen ningún tipo de consecuencia legal y donde las cárceles están controladas por delincuentes (conocidos como pranes), se cocina el caldo de cultivo para que bandas como estas operen sin dificultad."[58].

Un hecho destacable y preocupante es que las bandas o grupos armados de las *zonas de paz* se han unido para enfrentar al que con-

---

56 http://runrun.es/nacional/venezuela-2/207830/zonas-de-paz-corredores-para-el- libre-comercio-de-la-droga.html#

57 Mirla Pérez, profesora de antropología de la Universidad Central de Venezuela.

58 http://www.bbc.com/mundo/noticias/2015/07/150727 Venezuela zonas de paz —dp

sideran un enemigo común: "el Gobierno", que se identifica con las policías (Policía Nacional Bolivariana (PNB); Cuerpo de Investigaciones Científicas, Penales y Criminalísticas (CICPC)[59]; policías estaduales y municipales; y el Servicio Bolivariano de Inteligencia Nacional[60] (SEBIN)[61].

La instalación y funcionamiento de las *zonas de paz* está asociada con la Fundación Movimiento por la Paz y la Vida[62], la cual está adscrita al Ministerio para el Despacho de la Presidencia y Seguimiento de la Gestión de Gobierno. La Presidenta de la Fundación es la Ministra Carmen Meléndez.

De acuerdo al Decreto N° 1.783, publicado en la Gaceta Oficial N° 40.668, de 26 de mayo de 2015, el Movimiento "tendrá por objeto el financiamiento, la asistencia técnica, la evaluación y el control administrativo, financiero y presupuestario de los planes y proyectos generados en el marco del Movimiento por la Paz y la Vida, en materia de promoción de políticas que coadyuven a dar celeridad al cumplimiento de los fines que le son propios."[63].

Esta fundación es la encargada de entregar créditos y subsidios a las bandas que ejercen control social y territorial. Además está vinculada con el nuevo Viceministerio de Asuntos para la Paz, a cargo de José Vicente Rangel Ávalos (quien fuera anteriormente Viceministro del Interior).

Uno de los problemas que enfrenta esta iniciativa es que no fue debidamente diseñada ni menos discutida con otros actores del Esta-

---

59 El Cuerpo de Investigaciones Científicas, Penales y Criminalísticas (CICPC), antes conocido como Cuerpo Técnico de Policía Judicial (CTPJ) y en sus orígenes como Policía Técnica Judicial (PTJ), es el principal organismo de investigaciones penales de Venezuela.

60 El SEBIN es un organismo de inteligencia y contra-inteligencia interior y exterior de Venezuela, depende del Ministerio del Poder Popular para Relaciones Interiores, Justicia y Paz, fue establecido formalmente el 2 de junio de 2010, según lo dispuesto en la Gaceta Oficial número 376.851.

61 http://runrun.es/nacional/venezuela-2/212961/10-claves-para-entender-las-zonas-de-paz.html

62 La Fundación Movimiento para la Paz y la Vida, es la encargada de financiar los planes y proyectos generados en el marco del Movimiento para la Paz y la Vida.

El Movimiento por la Paz y la Vida es una iniciativa del Estado enmarcada en la Gran Misión A Toda Vida Venezuela y en el Proyecto de la Patria 2013-2019 creada para que todos los movimientos sociales, colectivos, comunidades organizadas y personas, tengan voz sobre las acciones que el Gobierno Bolivariano adelanta en materia de seguridad ciudadana.

63 Decreto N° 1.783, Artículo 3.

do que están asociados al tema de la seguridad. Un informe de la policía del estado de Miranda destacó: "[a]nte el conocimiento de los hechos denunciados de manera informal por los ciudadanos a distintas autoridades de la policía estadal y policías municipales han sostenido encuentros para fijar estrategias y aplicar un plan de seguridad; no obstante, la labor se ha visto frustrada debido a que los sectores mencionados forman parte de las llamadas 'Zonas de Paz', plan que adelanta el Ministerio de Interior, Justicia y Paz, que prohíbe a los funcionarios de seguridad ingresar para realizar labores preventivas y acciones relativas a la reducción del delito."[64].

La misma comunicación se refiere a los incrementos en los índices delictivos de zonas como Barlovento, que hasta el año 2013 tenía una de las tasas más bajas de la región. "En los últimos meses ha ocupado un sitial 'rojo' tras el incremento de las cifras de homicidios, robos y otros hechos de violencia."[65].

Para la policía del estado de Miranda, los Valles del Tuy y Barlovento son los sectores que encabezan las cifras de homicidio en el estado. Entre las dos regiones suman 535 asesinatos. Las proyecciones señalan 912 hechos de sangre para finales de año 2015.

El criminólogo Fermín Mármol García asegura que con el desarrollo de este plan se confirma la "atomización de micro estados en el Estado venezolano, clasificados entre la república de los pranes, los colectivos armados y violentos, la acción de los paramilitares y las zonas de paz, alcanzando ya -al menos- el 10% de las parroquias[66] del país."[67].

2.   Operativos de liberación y protección del pueblo (OLP)

Los OLP son una iniciativa impulsada por el Gobierno, en particular por el Presidente Nicolás Maduro, destinada a "contrarrestar las acciones de supuestos paramilitares" en diferentes comunidades del país y en algunos urbanizaciones o barrios. El Presidente Nicolás Maduro ha justificado estas acciones porque "la operación liberación por el pueblo (OLP) puesta en marcha [...] en cuatro puntos del país

---

64   http://www.panorama.com.ve/contenidos/2014/10/16/noticia_0129.html; Sabrina Machado *"Reportaje: Zonas de paz o territorio apache"*.

65   http://www.panorama.com.ve/contenidos/2014/10/16/noticia_0129.html; Sabrina Machado *"Reportaje: Zonas de paz o territorio apache"*.

66   Parroquia es la menor subdivisión territorial del país. Venezuela es un Estado federal que se divide en Estados, y estos en municipios autónomos y estos a su vez en parroquias. En total, el país tiene 1.136 parroquias que forman los 335 municipios (integrados a los 23 estados y al Distrito Capital).

67   http://www.panorama.com.ve/contenidos/2014/10/16/noticia_0129.html Sabrina Machado *"Reportaje: Zonas de paz o territorio apache"*.

ha descubierto que en las zonas donde se emprendieron las actuaciones policiales se encontró "esclavismo sexual, tráfico de drogas y vínculos extraños con la gente que odia este país desde Colombia, vínculos extraños con sus enlaces internos en el país."[68].

Sin embargo, esta medida se realiza al margen de las normas que regulan la acción policial en su lucha contra la delincuencia y también no respeta ninguna de las normas internacionales que regulan la acción de los encargados de hacer cumplir la ley. Estas operaciones movilizan fuerzas policiales y militares, como la Guardia Nacional Bolivariana (GNB).

Organizaciones de derechos humanos como PROVEA han señalado su preocupación por este tipo de iniciativas, que conllevan abusos y excesos policiales, y que afectan fundamentalmente a los sectores más pobres de la sociedad venezolana. PROVEA ha expresado que "este plan supone graves riesgos para los derechos humanos y constituye un retroceso respecto a los avances alcanzados durante el proceso de reforma policial impulsado por el fallecido Presidente Chávez y encabezado por la Comisión Nacional de Reforma Policial (Conarepol)."[69].

En opinión de PROVEA el "OLP es una **razzia** dirigida a criminalizar y estigmatizar a los más pobres, pero también a otros sectores de la sociedad."[70].

Según las cifras del Ministerio del Poder Popular para Relaciones Interiores, Justicia y Paz (MPPRIJP) desde el 13 de julio de 2015 y hasta el 11 de agosto de 2015, un número de 5.789 funcionarios de la GNB, Guardia del Pueblo[71], SEBIN, CICPC, Policía Nacional Boliva-

---

68 http://contrapunto.com/noticia/maduro-arranco-operacion-liberacion-y-   proteccion-del-pueblo-olp/ *Maduro: arrancó operación de Liberación del Pueblo (OLP).* 11 de agosto de 2015.

69 La Comisión para la Reforma Policial (CONAREPOL) fue creada en abril de 2006 con el propósito de construir un nuevo modelo policial para encarar la democratización e inclusión social que vive el país y que se adecue al marco de un Estado Democrático y Social de Derecho y de Justicia. Luego de 9 meses la Comisión para la Reforma Policial presentó sus conclusiones del proceso de consulta ciudadana y de diagnóstico, así como los lineamientos generales que permitan definir un nuevo modelo policial para el país. En Venezuela hasta entonces solo existían cuerpos policiales específicos (como el CICPC), estadales (como Polizulia) y municipales (como Polichacao), a pesar de que la constitución de 1999, establece que también debía crearse un cuerpo a nivel nacional que conviviera con los ya existentes.

70 http://www.eluniversal.com/nacional-y-politica/150813/provea-pide-al-gobierno- detener-la-olp-por-ser-una-razzia-contra-pobres

71 La Guardia del Pueblo es un cuerpo militar que está asociado a la Guardia Nacional Bolivariana. Se lo considera un "componente social" de la GNB.

riana y policías regionales han participado en operativos realizados en distintas comunidades populares en el marco del despliegue de los OLP.

Durante el mismo período y como consecuencia de estas operaciones han muerto 52 personas en supuestos enfrentamientos con las fuerzas públicas. Uno de estos enfrentamientos fue el ocurrido en la zona denominada Cota 905[72]. En este lugar murieron 14 personas.

Los hechos ocurridos en la *zona de paz* Cota 905 reflejan inequívocamente la paradoja de las políticas públicas destinadas a combatir la delincuencia. La Cota 905 como *zona de paz* estaba bajo el control de grupos armados reconocidos por el Gobierno, sin embargo la decisión de actuar en la zona tuvo "el objetivo de recuperar vehículos robados y tomar el control de la zona [...]"[73]. A todas luces hay un contrasentido. Sin embargo la gravedad de esta contradicción surge de las consecuencias materiales. El operativo en la Cota 905 tuvo como efecto que 14 personas fueron "dadas de baja" por los cuerpos de seguridad y más de 100 personas fueron detenidas[74].

En el marco de los OLP ha habido casos de violaciones a los derechos humanos. PROVEA señala que son 23 operativos los reconocidos por el MPPRIJP en su página web. Un total de 4.021 personas han sido detenidas en los estados de Miranda, Aragua, Monagas, Carabobo, Portuguesa, Zulia, Anzoátegui, Yaracuy, Barinas, Lara y el Distrito Metropolitano de Caracas durante el primer mes de ejecución de los OLP. De este total sólo 368 personas han sido puestas a disposición del Ministerio Público debido a su presunta vinculación con la comisión de hechos punibles. De acuerdo a estas cifras el 90,8% de

---

72   El 13 de julio de 2015 fue allanado la zona de paz del municipio Libertador, denominada Cota 905, en Caracas. En esta ocasión las fuerzas de seguridad detuvieron personas, allanaron las viviendas y se produjeron supuestos enfrentamientos que dieron como resultado la muerte de 14 personas, según los primeros informes policiales. Este operativo se inició a las 4 de la mañana.

73   Diario *El Universal,* edición de 13 de julio de 2015, Natalia Matamoros *"Cuerpos de seguridad toman la Cota 905".*

74   El Ministro de Relaciones Interiores, Justicia y Paz, Gustavo González López, señalo en rueda de prensa que "(h)emos recuperado 20 vehículos. Esos vehículos estaban concentrados en esas áreas y los usaban para fines de extorsión, *vacuna,* incluso amenazaban de muerte a sus propietarios. Hemos recuperado 12 armas cortas, 2 armas largas, 2 granadas fragmentarias, detenidas 134 personas. De esas, 32 son extranjeros y estamos haciendo la vinculación directa con el **paramilitarismo colombiano** aquí directamente en el centro de Caracas, en la Cota 905. Usaban la droga, usaban los dólares para acometer y comprar estas organizaciones delictivas para fines inconfesables" ("Ministro confirma 14 muertos y 134 detenidos en Cota 905", Diario *El Universal,* edición de 13 de julio de 2015).

las detenciones practicadas en el marco de los OLP han sido arbitrarias e ilegales y apenas en el 9,1% se presume la vinculación de los aprehendidos con hechos delictivos[75].

De acuerdo a lo informado por el MPPRIJP, 3.463 viviendas han sido allanadas durante la ejecución del OLP. En estos operativos se realizaron allanamientos en todas las viviendas. En ninguno de los casos los allanamientos -denominados "inspecciones" y "auditorias" por los funcionarios policiales-, contaron con una orden judicial. Igualmente en muchas de las situaciones de allanamientos masivos, los habitantes de las comunidades dijeron que no hubo presencia de fiscales del Ministerio Público durante la realización de los mismos. Además, se han reportado numerosas denuncias de hurtos y destrozos ocasionados a viviendas que han sido objeto de estos allanamientos ilegales. PROVEA registró el testimonio de un habitante de la Cota 905 que pidió resguardar su identidad: "[e]l CICPC ingresó en mi casa sin orden de allanamiento, tumbaron la puerta, robaron pañales, alimentos y otras cosas. El día 18 de julio regresaron a mi casa y hurtaron otras cosas que habían quedado."[76].

Es preocupante constatar en estas operaciones la **xenofobia** que impregna el discurso oficial. El Presidente Nicolás Maduro ha señalado en varias ocasiones que hay elementos colombianos -que asimila a paramilitares- que justifican las operaciones. Al respecto señaló que mantendrá su postura firme para "enfrentar, desmontar y derrotar las prácticas de paramilitarismo que grupos enemigos de la patria han querido implantar en el país replicando un modelo que le ha hecho daño al pueblo colombiano"[77]. Sin embargo no hay evidencias reales de vínculos con el paramilitarismo.

También es altamente preocupante que en el discurso político que justifica estas acciones se haga explícita la precariedad del goce de los derechos de las personas afectadas. El Gobierno ha señalado que los "malos elementos" usan las viviendas asignadas por el Gobierno

---

75 PROVEA, *Razzia contra los pobres: un mes de OLP*, 13 de agosto de 2015.

76 *Ibídem.*

77 http://contrapunto.com/noticia/maduro-arranco-operacion-liberacion-y-proteccion-del-pueblo-olp/; *Maduro: arrancó operación de Liberación del Pueblo (OLP)*. 11 de agosto de 2015. El Ministro de Relaciones Interiores, Justicia y Paz, Gustavo González López, señaló a propósito de la operación en la Cota 905. "Pido el apoyo del pueblo para evitar ser penetrados por organizaciones perversas que buscan destruir todo lo bello que hemos construido (...) No permitamos que elementos **extranjeros** con su droga, sus dólares, vayan colocando en nuestra población, hijos, el daño perverso que sigamos siendo para ellos, un país de odio" ("Ministro confirma 14 muertos y 134 detenidos en Cota 905", Diario *El Universal*, edición de 13 de julio de 2015).

en el marco del plan Gran Misión Vivienda Venezuela[78] y ello ha dado lugar a **desalojos forzosos,** como sucedió en el caso de 200 viviendas ubicadas en el kilómetro 3 de la carretera Panamericana, en el sector El Cují. En este operativo las viviendas precarias fueron desalojadas y demolidas[79].

El Gobierno ha indicado que en el operativo del sector El Cují participaron más de 600 efectivos policiales, de distintos cuerpos, y se desalojaron 113 familias.

Un tercer motivo de preocupación radica en el hecho que el Gobierno ha elaborado un discurso político que recuerda la **doctrina de seguridad nacional** (la supuesta existencia de un enemigo interno y otro externo), que otrora fue invocada por dictaduras en América Latina para justificar la acción represiva por parte de las fuerzas de seguridad en contra de amplios sectores disidentes de la población. Esta justificación está en abierta disonancia con el discurso pro derechos humanos y pro derechos ciudadanos que han sido constantes del Gobierno, a lo menos en lo formal[80]. El peligro que supone este discurso basado en un enfoque reminiscente de la doctrina de seguridad nacional es que hace primar la lógica belicista, además de estigmati-

---

78 La Gran Misión Vivienda Venezuela (GMVV) constituye el plan de construcción de viviendas del Gobierno que pretende solucionar de manera estructural el histórico déficit habitacional que ha padecido la población venezolana, particularmente los sectores sociales más desfavorecidos y vulnerables.

79 PROVEA ha descrito este hecho como similar a la práctica de Israel en contra de palestinos. PROVEA reportó que "(e)n este caso el Estado irrespetó las garantías procesales en el caso de desalojos forzosos adoptadas por la ONU en el sentido que no realizó una consulta con las personas afectadas y no otorgó un plazo razonable de notificación previa y, por el contrario, realizó el desalojo y demolición de forma sorpresiva. Además los afectados reportaron abusos, malos tratos y detenciones arbitrarias.". El Ministro de Relaciones Interiores, Justicia y Paz señaló que en el operativo en Ciudad Tiuna "(h)emos recuperado inmediatamente 12 apartamentos, cuyos propietarios habían sido desplazados, están siendo evaluados por la Gran Misión Vivienda Venezuela y aprovechando esto, tenían en su poder material de construcción desde cerraduras, máquinas de soldar, rotomartillos, motosierras, esmeriles, bombas de agua. Ya están a disposición de la Misión Vivienda. Fueron desmanteladas siete bandas con siete cabecillas". (13 de julio de 2015)   (http://www.entornointeligente.com/articulo/6450001/VENEZUELA-Ministro-   confirma-14-muertos-y-134-detenidos-en-Cota-905-en-Caracas-13072015).

80 El discurso político del Gobierno pretende entregar un mensaje en el cual se destaca la orientación y preocupación de las políticas públicas en favor de los derechos de las personas y el bienestar social. Sin embargo, las acciones del Estado, en muchos casos, contradicen el discurso político oficial. Se observa una falta de semantización del discurso político, porque no están claros los significados de los términos utilizados en el discurso político.

zar y criminalizar a amplios sectores de la sociedad (hay que tener presente la criminalización de la protesta social que ha tenido lugar en el último tiempo). De esta forma se intenta justificar el uso excesivo de la fuerza por parte de los funcionarios policiales y militares. El peligro de esta posición radica en que puede indicar que Venezuela corre el riesgo de haberse embarcado hacia la construcción de un Estado policial y militar, donde primarían los intereses del Estado en desmedro de los derechos humanos y las libertades fundamentales de las personas[81].

La CIDH informó que "[l]a militarización de las fuerzas de seguridad para mantener o restablecer el orden cuando hay disturbios o manifestaciones se observa también en otros países de la región como **Venezuela** en donde se promulgó el Decreto N° 1.605 del 20 de febrero de 2015, mediante el cual se crea el 'Reglamento Orgánico de la Dirección General de Contrainteligencia Militar'. Se ha informado que, por medio de este decreto, se ha creado una estructura de inteligencia militar que se asemeja a la que tenían algunas dictaduras militares en Sudamérica, especialmente las estructuras creadas en virtud de la **doctrina de seguridad nacional,** según la cual se otorgaban competencias y jurisdicción ilimitados a las fuerzas de seguridad para llevar a cabo operaciones de inteligencia y contrainteligencia que dependían directamente del Presidente de la República, en cuyo marco se cometieron numerosas violaciones de derechos humanos"[82].

3. Colectivos armados: connivencia con las autoridades

Desde hace tiempo se viene observando una relación impropia entre el Gobierno y sus cuerpos de seguridad con organizaciones criminales armadas. Esta relación de complicidad entre las autoridades y los llamados colectivos armados se expresa al momento de ejercer represión en contra de opositores políticos o de manifestantes sociales o estudiantiles.

La paradoja de esta situación es que estos grupos son conocidos, sus áreas de influencia están bien demarcadas y están identificados sus líderes, además algunos de ellos tienen páginas web donde describen sus actividades y dan a conocer sus objetivos. Sin embargo, el Gobierno no los persigue y prefiere llegar a acuerdos con ellos y, lo preocupante, es que se observa que también son parte o integran las

---

81 Este análisis es compartido por organizaciones de derechos humanos, especialmente PROVEA.

82 Informe Anual de la Comisión Interamericana de Derechos Humanos 2014, Capítulo IV, párr. 26. Ver igualmente: Asociación Civil Control Ciudadano, "Maduro oficializa figura del 'enemigo' con reforma de inteligencia militar", 18 de febrero de 2015 (http://www.controlciudadano.org/noticias/detalle.php?&notid = 12669).

acciones de represión en contra de los manifestantes de la protesta social.

Los llamados "colectivos" son un concepto que engloba una serie de organizaciones sociales impulsadas desde el Gobierno en apoyo a la revolución bolivariana. Sin embargo, desafortunadamente dentro de los colectivos también se encuentran grupos asociados con la violencia, las armas y el miedo. A comienzo de los años 2000 eran conocidos como "círculos bolivarianos", sin embargo varios de estos grupos que se autodenominan "colectivos" existen desde los años 60, procedentes de la lucha armada.

Bajo el paragua de "colectivo" se incluye a una heterogénea gama de organizaciones como las comunas, las UBCH (Unidades de Batalla Bolívar-Chávez), los consejos comunales, los Círculos de Buen Vivir o de Lucha Popular. Cada organización tiene diferentes formas y objetivos que van desde obras sociales o de propaganda política, hasta acciones paramilitares o parapoliciales. El crecimiento de los "colectivos" en Venezuela aumentó con la llegada al poder del ex presidente Hugo Chávez y la Revolución Bolivariana.

Para el Gobierno y sus seguidores los llamados "colectivos" tienen exclusivamente fines culturales, ideológicos y pacíficos, empero hay denuncias y evidencias gráficas que relacionan a algunos de ellos con labores de control político parapolicial y con su participación en la represión violenta de protestas pacíficas que se generaron desde el 12 de febrero de 2014.

En su Informe Anual de 2014 la CIDH manifestó como un "tema de especial preocupación [...] las denuncias sobre supuestos ataques de **grupos civiles armados** en contra de los manifestantes en varias ciudades del país. Durante la audiencia sobre situación general de derechos humanos celebrada en el 150° Período de Sesiones, organizaciones de la sociedad civil indicaron (que) se registraron recurrentes denuncias de actos de hostigamientos e incluso 'disparos indiscriminados' en las zonas donde se desarrollaban las protestas, incluyendo áreas residenciales. Indicaron que en algunos casos, la actuación de estos grupos se realizaba de manera conjunta o con supuesta aquiescencia de miembros de la Fuerza Pública. Por su parte, el Estado venezolano presentó información muy preocupante sobre la supuesta presencia de 'francotiradores' en edificios desde donde supuestamente de efectuaban disparos contra personas civiles y funcionarios militares presentes en las manifestaciones. El Estado informó que en al menos dos casos, registrados en el estado Táchira, dos personas habrían fallecido tras recibir disparos de arma de fuego realizados desde un vehículo en marcha."[83].

Para el periodista Franz von Bergen del diario *El Nacional* "los colectivos armados se convirtieron en órganos de 'control social'. Estos grupos coordinan acciones con fuerzas de seguridad y con el PSUV[84], que tiene una comisión encargada de Seguridad y Defensa Integral."[85].

El 5 de marzo de 2014, el Presidente Nicolás Maduro pidió públicamente que estos movimientos participaran en el control de manifestaciones. "Yo le hice un llamado a las UBCH, a los consejos comunales, a las comunas, a los colectivos: *candelita que se prenda, candelita que se apaga*[86], dijo al conmemorar el primer aniversario de la muerte de Hugo Chávez. Días después buscó cambiar el sentido de sus palabras asegurando que se refería a apagar las candelitas "con paz". En otra declaración le dio un espaldarazo a su modo de actuar: "Y los colectivos se han portado de manera impecable."[87].

Se puede constatar en el Informe Anual de 2014 de la CIDH que durante 2014, se continuó recibiendo información sobre el funcionamiento de la *Milicia Obrera Bolivariana* creada en 2013 para la "defensa de la soberanía nacional", y para "fortalecer la alianza obrero-militar de la Fuerza Armada Nacional Bolivariana" con "la clase obrera"[88]. De acuerdo a la información disponible, existe un registro de aproximadamente seis mil trabajadores inscritos en la Milicia Obrera[89], y en el mes de abril de 2014, el Presidente de la República ascendió "al grado de Primer Teniente de la Milicia Nacional Bolivariana (MNB) a integrantes de la clase obrera pertenecientes a esta fuerza."[90]. Durante 2014, el Presidente Nicolás Maduro también realizó

---

83   *Informe Anual de la Comisión Interamericana de Derechos Humanos* - 2014, Doc. Cit., párr. 365.

84   Partido Socialista Unido de Venezuela, PSUV.

85   http://www.el-nacional.com/siete   dias/colectivos-poder   0 377362382.html; Franz von Bergen, *Los colectivos y el poder.*

86   http://www.el-nacional.com/siete   dias/colectivos-poder   0 377362382.html; Franz von Bergen, *Los colectivos y el poder.*

87   *Ibídem.*

88   Ver: *Informe Anual de la Comisión Interamericana de Derechos Humanos - 2014*, Doc. Cit., párr. 352.

89   Según cifras ofrecidas por el Presidente de la Federación Unitaria Nacional de Trabajadores Bolivarianos de la Construcción, Marco Tulio Díaz. Ver: "6.000 inscritos de la central bolivariana en milicia obrera", Diario *El Mundo,* edición de 15 de septiembre de 2014.

90   "Clase obrera de la Milicia Nacional Bolivariana recibió ascenso a grado de Primer Teniente", Diario *Correo del Orinoco,* edición de 13 de abril de 2014.

llamados públicos para se continúe avanzando en la conformación de otra figura denominada "cuerpos combatientes"[91].

Desde 2011 han empezado a aparecer denuncias como lo sucedido en la fiesta de Lídice[92], según las cuales funcionarios de la Guardia Nacional Bolivariana (GNB) se involucraron en procedimientos llevados a cabo por colectivos armados. Las fechas coinciden con la creación, en noviembre de ese año, de la Guardia del Pueblo, comando adscrito en su momento al Dispositivo Bicentenario de Seguridad (DI-BISE), y compuesto por funcionarios de la GNB[93].

En un informe presentado por la ONG Control Ciudadano[94] en audiencia ante la CIDH, en octubre de 2010, se señaló "que en Caracas, en un radio de acción de 12 km alrededor del Palacio Presidencial de Miraflores y de la propia sede de la *Milicia Nacional Bolivariana* funcionan colectivos sociales armados al margen de la ley, afectos al proceso que lideró el presidente Chávez. Estos colectivos sociales armados, pública y comunicacionalmente han exhibido armas de guerra, han amenazado con delinquir y en algunos casos han cometido delitos sin que a la fecha el Estado venezolano haya tomado medidas judiciales efectivas al respecto. Nos referimos entre otros a los colec-

---

91 *Ibídem*. Desde el año 2013, la Milicia Nacional Bolivariana habría reactivado la creación de este tipo de figuras en las instituciones públicas y privadas, de conformidad con lo dispuesto en la reforma a la Ley Orgánica de la Fuerza Armada Nacional Bolivariana. Ver: Agencia Venezolana de Noticia, *Milicia reactiva creación de cuerpos combatientes en instituciones públicas y privadas,* 14 de agosto de 2013. En agosto de 2014, tras las indicaciones del Presidente de la República, habría sido activado por ejemplo en el estado Anzoátegui, el "cuerpo de combatientes de la Milicia Laboral Bolivariana". Ver: Noticiasdeaquí.net, *Activado en Anzoátegui cuerpos combatientes de la Milicia Bolivariana,* 9 de agosto de 2014.

92 El diario *El Nacional* informó el 15 de octubre de 2013 que un colectivo y la Guardia del Pueblo actuaron en forma coordinada para disolver una fiesta callejera que se desarrollaba el sábado en la madrugada en la redoma Los Mangos de Lídice. Los testimonios recabados en el lugar indican que 30 personas, entre militares y miembros del Colectivo Lídice, llegaron en motos para detener una reunión callejera en la que vecinos del sector y de zonas adyacentes bebían y escuchaban música a alto volumen.

El colectivo Lídice está acusado de participar en el homicidio de tres personas en junio de 2012.

93 *Ibídem*.

94 Asociación Civil Control Ciudadano, para la Seguridad, la Defensa y la Fuerza Armada Nacional.

tivos sociales: Coordinadora Simón Bolívar, La Piedrita, Carapaica, Colectivo Montaraz, Tupamaro y Alexis Vive."[95].

Varias organizaciones de derechos humanos, agrupadas en la *Coalición de Organizaciones del Foro por la Vida,*[96] informaron al Comité contra la Tortura de las Naciones Unidas, en febrero de 2014, que: "La Piedrita es uno de varios 'colectivos' que funcionan en la parroquia 23 de Enero, en Caracas, a escasas cuadras del palacio de gobierno. Los 'colectivos' también tienen presencia en otras ciudades del país. El director de la ONG Observatorio Venezolano de la Violencia no ha dudado en calificarlos como grupos paramilitares de izquierda con el aval del gobierno, que no hace nada ante ellos"[97].

Esta misma coalición de organizaciones informó que "[e]n el marco de los planes de desarme implantados por el gobierno, un integrante de un colectivo del 23 de Enero fue detenido por la Policía Nacional Bolivariana (PNB) el 16 de julio de 2013. Le fueron incautados un arma de fuego solicitada por haber sido usada en delitos, así como diversas municiones. Desde las 3 a.m., miembros de diversos colectivos se presentaron en la sede de la PNB exigiendo la liberación del detenido. Hacia las 11 de la mañana la PNB fue rodeada por motorizados de los colectivos, impidiendo el tránsito. A las 3 p.m., tras la llegada de una comisión de los servicios de inteligencia, los miembros de los colectivos se retiraron, afirmando que habían llegado a un 'acuerdo'. No se produjeron detenciones."[98].

También se informó que "[e]n la ciudad de Mérida, la acción de los colectivos es recurrente. En respuesta a cualquier manifestación de protesta pública, estos individuos, pertenecientes al grupo de los Tupamaros, toman calles de la ciudad y residencias estudiantiles, cometiendo actos de vandalismo, destrozo a propiedades, agresiones con

---

95 Ver Informe alternativo de la Coalición de Organizaciones del Foro por la Vida a los Informes Periódicos Tercero y Cuarto combinados de la República Bolivariana de Venezuela ante el Comité contra la Tortura, párr. 27, Presentación ante el 140° periodo de Audiencias de la Comisión Interamericana de Derechos Humanos el día viernes 29 de octubre de 2010 a las 5.00 pm en Washington DC. Disponible en: http://www.infociudadano.com/wp-content/uploads/2010/11/Presentaciones-ante- la-CIDH-en-la_Audiencia-del-29-de-Qctubre-de-2010.pdf

96 Acción Ciudadana contra el SIDA (ACCSI); Centro de Derechos Humanos de la Universidad Católica Andrés Bello (CDH-UCAB); CIVILIS Derechos Humanos; Espacio Público; Programa Venezolano de Educación - Acción en Derechos Humanos (Provea)

97 Informe alternativo de la Coalición de Organizaciones del Foro por la Vida a los Informes Periódicos Tercero y Cuarto combinados de la República Bolivariana de Venezuela ante el Comité contra la Tortura, párr. 26

98 *Ibídem,* párr. 28.

armas de fuego en las que han resultado heridas y fallecidas varias personas. Mérida es sede de una importante universidad nacional, por lo que los estudiantes salen en protesta por diversos asuntos y los Tupamaros han tomado a los estudiantes y su campus como blanco principal de ataque. Estas acciones se realizan frente a la mirada pasiva de la policía local y, a pesar de que su actuación ha sido documentada en videos y fotografías, no son llevados a la justicia. Se han registrado algunos casos aislados de detenciones de miembros de colectivos, solo cuando están presuntamente relacionados con agresiones y fallecimientos que involucran a funcionarios."[99].

Los colectivos armados no se encuentran amparados ni menos reconocidos por la Constitución ni las leyes, sin embargo el Gobierno los apadrina. El sociólogo Luis Cedeño, director de la organización Paz Activa[100], en una entrevista a un medio digital explicó que "[l]os colectivos tienen que tener recursos para financiarse. Podría venir del Estado, que apoya a los colectivos en general, porque también están los colectivos culturales. No quiero decir que los recursos que el gobierno le da a los colectivos se usan para comprar armas. Simplemente digo que hay colectivos que se desvían para tener funciones policíacas y militares."[101].

Conforme a las informaciones recibidas, los colectivos armados en Caracas no solo han recibido armas de parte del Gobierno, como lo ha denunciado la oposición, también han sido dotados de motocicletas, equipos de comunicaciones, sistemas de vigilancia y gozan de toda la autonomía para ejercer control y autoridad en los cerros de Caracas, donde la policía tiene vedado el ingreso, en especial en las llamadas *zonas de paz*. Así lo informa *El País* de Colombia, en un reportaje titulado "Así operan los 'colectivos', las fuerzas paramilitares chavistas de Venezuela"[102], y además concluye que estos "grupos paramilitares", como los llamó el líder opositor Henrique Capriles, se han extendido por todo el país con el beneplácito del Gobierno y la complicidad de la Fuerza Armada, atacando y amenazando a quienes

---

99 *Ibídem*, párr. 29.

100 La Asociación civil Paz Activa es una organización que se dedica a la promoción del desarrollo humano de la población venezolana en el ámbito de la convivencia social, así como la creación de mecanismos e instancias de participación para la solución pacífica de los conflictos.

101 "¿Qué son los Colectivos?" 9 de octubre de 2014, en http://runrun.es/nacional/venezuela-2/160575/que-son-los-colectivos.html

102 "Así operan los 'colectivos', las fuerzas paramilitares chavistas de Venezuela", Diario *El País* (Colombia), edición de 23 de febrero de 2014 (http://www.elpais.com.co/elpais/internacional/noticias/asi-operan-colectivos-fuerzas-paramilitares-chavistas-venezuela).

manifiestan su inconformismo con el modelo socialista que dejó el ex presidente Hugo Chávez[103].

El ex alcalde metropolitano de Caracas, Antonio Ledezma, aseguró que los colectivos son grupos armados que perturban la paz del país y que cometen actos violentos seguros de que pueden obrar con impunidad. "Ellos siembran el país de violencia porque se sienten validados no solo por el ex presidente Chávez que los mostró como el brazo armado de la revolución, sino ahora por el presidente Nicolás Maduro que acaba de felicitarlos públicamente por el papel que cumplen"[104], expresó Antonio Ledezma, quien recalcó que estos colectivos no tiene nada qué ver con los grupos culturales y de teatro en algunas zonas.

En el citado reportaje del diario *El País,* el General (r) Fernando Ochoa Antich, ex Ministro de Defensa y ex Canciller venezolano, aseguró que el Gobierno utiliza los colectivos, pero que no tiene control sobre ellos, y aseveró: "Yo lo que creo es que Maduro busca una crisis institucional para tratar de fortalecerse y usa el terrorismo de Estado porque quiere la hegemonía, pero no logra penetrar ideológicamente en más de la mitad de la población."[105].

La CIDH ha señalado que en el marco de las manifestaciones ocurridas durante los primeros meses de 2014, el Presidente de la República anunció la conformación de "Comandos Populares Antigolpe" que tendrían como función "revisar y contrarrestar los planes golpistas y fascistas" en contra del Gobierno. En el mes de febrero de 2014, fue instalado el "Comando Nacional Antigolpe" presidido por el Presidente de la Asamblea Nacional, Diosdado Cabello[106]. De acuerdo a la información disponible, dichos comandos están integrados también por las denominadas "Unidades de Batalla Bolívar-Chávez" conformadas dentro del Partido Socialista Unido de Venezuela (PSUV)[107].

El cuadro descrito por las organizaciones de derechos humanos y reportado a los órganos de tratados o al sistema interamericano de protección de derechos humanos da cuenta de una situación grave de connivencia entre la autoridad y los llamados "colectivos" armados.

---

103 "¿Qué son los Colectivos?" 9 de octubre de 2014, Doc. Cit..

104 "Así operan los 'colectivos', las fuerzas paramilitares chavistas de Venezuela", Doc. Cit..

105 *Ibídem.*

106 Ver declaraciones del Presidente de la República Nicolás Maduro en: http://www.youtube.com/watch?v=vLnuhRXTSEc Ver también: Correo del Orinoco, *Este jueves se reunirá el Comando Nacional Antigolpe para derrotar al fascismo,* 20 de febrero de 2014.

107 *Ver: AVN, En Monagas comando popular antigolpe ayuda a mantener la paz ciudadana,* 25 de febrero de 2014.

Esta situación contiene el germen de la erosión de las instituciones democráticas y del estado de derecho. Desafortunadamente la experiencia histórica en América Latina, y también en otras latitudes, indica que cuando el Estado cede espacio en favor de los grupos armados se transita en un camino sin retorno. Los grupos armados tienden a copar todos los espacios que el Estado les cede. Las instituciones democráticas se erosionan, la justicia se desprestigia y el poder se transfiere desde las instituciones republicanas a los grupos que detentan las armas y que usan la violencia como base de persuasión.

4. Libertad de expresión restringida: situación que afecta a los periodistas y medios de comunicación

Las denuncias sobre amenazas y violaciones de derechos humanos a periodistas y medios de comunicación se han visto incrementadas a partir de febrero de 2014.

La organización no gubernamental Espacio Público, especializada en la promoción de la libertad de expresión y acceso a la información, ha señalado que "durante el año 2014 el sistema de justicia venezolano fue utilizado para hostigar a medios de comunicación y periodistas, para censurar información y para limitar y condenar el derecho a la protesta. En algunos casos los Poderes Ejecutivo y Legislativo a través de entes como Conatel,[108]cuerpos policiales, entes de administración de divisas, Ministerios, y la propia Asamblea Nacional han cometido actos que violan el derecho a la libertad de expresión. En estos casos, al reclamar una reparación al sistema judicial, este ha convalidado los mismos. En otros casos ha sido directamente el Poder Judicial el que ha violado el derecho, realizando actos de censura e interpretación restrictiva del derecho."[109].

Lo descrito por Espacio Público muestra una situación que se ha ido agravando y que no tiene visos de mejoría.

Hay varios ejemplos de hostigamiento y de medidas judiciales que han afectado directamente a medios de comunicación y periodistas. El caso del diario *Correo de Caroní* (Ciudad Guayana, Edo. de Bolívar), es ejemplo de cómo mediante una medida judicial se afecta el derecho a informar. El Tribunal Primero de Juicio de Puerto Ordaz decretó una medida cautelar innominada que ordenó al *Correo del Caroní* a no publicar información sobre el caso de un empresario de la zona. Esta medida tuvo por objeto prohibir de antemano el publicar informaciones, ideas y opiniones, y no tuvo como fin garantizar la im-

---

108 Comisión Nacional de Telecomunicaciones (CONATEL).

109 Oswaldo Cali, *El uso del sistema de justicia venezolano para restringir la libertad de expresión*, Espacio Público, Caracas, 2015.

parcialidad del proceso judicial, sino inhibir el debate público en relación a una determinada circunstancia que afectaba a una persona.

Otro caso de notoriedad pública fue el **hostigamiento judicial** en contra del diario *Tal Cual*. La ONG Espacio Público ha señalado que el diputado Diosdado Cabello interpuso una querella penal en contra de la junta directiva del diario *Tal Cual* y del articulista Carlos Genatios por el delito de difamación agravada. De acuerdo con el diputado Cabello, un artículo publicado por el referido articulista en el diario *Tal Cual* le atribuía la frase *"si no les gusta la inseguridad, váyanse"*, la cual alega no haber dicho. El Tribunal 29 de Control Penal del Área Metropolitana de Caracas se pronunció el 6 de marzo de 2014, declarando admisible la demanda e imponiendo medidas cautelares que incluían la prohibición de salida del país y presentación semanal ante el Tribunal del articulista y de los cuatro miembros de la junta directiva del medio[110].

A este respecto es relevante destacar las demandas penales y la demanda civil por daño moral millonaria por difamación que presentó el presidente de la Asamblea Nacional en contra de los directivos y el consejo de redacción de los medios *El Nacional*, *Tal Cual* y el medio electrónico *La Patilla*, por haber reproducido una noticia que apareció en el diario español *ABC*, en la cual se reprodujo una supuesta investigación penal en los Estados Unidos de América por presunto tráfico de drogas. Lo sorprendente de este caso es que el juez admitió con celeridad la demanda y ordenó de inmediato medidas restrictivas de libertad de circulación, prohibiendo la salida del país de los directivos de los medios. Nuevamente el Poder Judicial es instrumento del poder político para perseguir la disidencia y la información independiente y crítica[111].

El 15 de octubre de 2014, la Sala de Casación Civil del TSJ ordenó al diario *El Nacional* y a las periodistas Hercilia Garnica e Ibeyise Pacheco a pagar una indemnización de 4 millones 500 mil bolívares (aproximadamente US$ 714 mil) a un médico por daño moral. El TSJ declaró sin lugar los recursos de casación interpuestos por las acusadas en contra de una sentencia dictada el 15 de mayo de 2013 por el Juzgado Superior Primero en lo Civil, Mercantil y de Tránsito de la Circunscripción Judicial del Área Metropolitana de Caracas. El caso se refiere a unos artículos publicados en 1991 cuyo contenido seña-

110 Teodoro Petkoff, Manuel Puyana, Francisco Layrisse y Juan Antonio Golía.

111 Comisión Interamericana de Derechos Humanos, "CIDH y su Relatoría Especial manifiestan profunda preocupación ante la estigmatización y el hostigamiento judicial contra tres medios de comunicación en Venezuela", Comunicado de prensa Nº 093/15 de 24 de agosto de 2015
(http://www.oas.org/es/cidh/prensa/comunicados/2015/093.asp)

larían mala praxis por parte del médico, lo que fue considerado por él como una campaña de desprestigio y deshonra en su contra. El Tribunal también ordenó a la C.A. Editora El Nacional que permitiera el derecho a réplica por parte del médico a través de cinco remitidos que el profesional decida en la primera página de uno de los cuerpos del medio, sin ningún costo.

Espacio Público también ha denunciado la práctica de **prohibir la entrada de periodistas a la Asamblea Nacional**[112]. Este hecho ha afectado a la periodista Marieugenia Morales Pinto, quien es la encargada de la fuente parlamentaria para el diario *El Nacional.* La periodista presentó una demanda de amparo constitucional contra el presidente de la Asamblea Nacional, Diosdado Cabello, y en contra del Director de Comunicación e Información de la Asamblea Nacional, Ricardo Durán. En esta demanda alegó una vulneración a su derecho a la libertad de expresión, comunicación y trabajo, dado que se le impidió acceder a las instalaciones de Asamblea Nacional y realizar adecuadamente su trabajo como periodista. En este caso, la Sala Constitucional del TSJ en sentencia del 2 de mayo del año 2014, declaró inadmisible dicho recurso constitucional, expresando únicamente que el recurso interpuesto estaba sustentado en una *inepta acumulación de pretensiones,* debido a que ambos demandados ostentaban de cargos públicos diferentes y, por ende, debían de ser procesados por tribunales distintos.

Desde el año 2010 los periodistas que no pertenecen a la ANTV[113] no pueden ingresar al hemiciclo de sesiones de la Asamblea Nacional y han tenido importantes restricciones en la cobertura de la fuente parlamentaria.

Otro aspecto que está afectando gravemente la libertad de expresión es la **escasez de papel para la prensa,** lo cual ha afectado gravemente la circulación de varios diarios independientes tanto de la capital como de provincia. Este hecho ha sido denunciado en varias ocasiones, pero lamentablemente el Gobierno ha desestimado tales denuncias.

Roberto Enríquez, presidente del Partido Social Cristiano (COPEI), interpuso contra Rafael Ramírez, en su carácter de Vicepresidente del Área Económica Financiera del Consejo de Ministros del Poder Popular para Energía y Petróleo, una acción de amparo constitucional el día 6 de febrero del año 2014. Dicho recurso expresaba que debido a

---

112 TSJ, Sala Constitucional, *Caso Marieugenia Morales Pinto c. Diosdado Cabello y Ricardo Durán,* Sentencia No. 322 del 02.05.2014. Recuperada el 20.10.2014 desde: http://www.tsj.gov.ve/decisiones/scon/mayo/163536-322-2514-2014-13- 0508.HTML

113 ANTV es el medio de televisión oficial de la Asamblea Nacional.

los controles aplicados en la política cambiaria, se hacía casi imposible a los periódicos nacionales la adquisición de papel para la prensa, lo que conllevaba a una afectación o suspensión de la garantía a la libertad de expresión y a la libertad de prensa. La Sala Constitucional del TSJ estimó que la acción de amparo no puede invocarse para prevenir casos hipotéticos, sino únicamente respecto a violaciones o evidencias objetivas que lesionen algún derecho o garantía constitucional. De esta forma el tribunal consideró inadmisible el amparo interpuesto, debido a que no encontraba los supuestos necesarios que destacaran una violación a la libertad de expresión y a la libertad de prensa[114].

La CIDH también ha manifestado su preocupación sobre esta materia y señaló que "fue informada de que como consecuencia de la escasez de papel prensa presuntamente ocasionada por el proceso necesario para solicitar divisas para la importación de éste, al menos diez diarios regionales habrían dejado de circular y otros 31 medios habrían tenido que reducir su paginación."[115].

Durante la audiencia 'Situación del derecho a la libertad de expresión e información en Venezuela' celebrada en el marco del 150° Período de Sesiones de la CIDH el 28 de marzo de 2014, la Comisión recibió con preocupación información sobre la persistencia del problema de la escasez de papel para la prensa y sus efectos en la libertad de prensa en Venezuela. Según informaron las organizaciones de la sociedad civil participantes, el Estado venezolano estaría haciendo un "uso discrecional" de los mecanismos regulares de aprobación y liquidación de dólares para la importación de papel para beneficiar a determinados medios según su línea editorial. De acuerdo con la información suministrada, esta práctica habría traído como consecuencia la salida de circulación de una decena de medios de comunicación y la reducción del número de páginas en otros medios. La escasez de papel también habría tenido como consecuencia la salida de trabajadores de los diarios afectados[116].

Un aspecto de preocupación reciente es la constante afectación de las comunicaciones por **internet**. Espacio Público ha denunciado este hecho y ha presentado recursos ante el TSJ, pero sin éxito[117].

---

114 Espacio Público, *Informe sobre el hostigamiento judicial 2014*.

115 *Informe Anual de la Comisión Interamericana de Derechos Humanos - 2014*, Doc. Cit, párr. 485.

116 *Ibíd.*, párr. 500.

117 TSJ, Sala Político Administrativa, Caso: Espacio Público c. M.P.P.E.U.C.T., Sentencia N° 01636 de fecha 02.12.2014. Recuperada el 11.03.2015 desde: http://historico.tsj.gov.ve/decisiones/spa/diciembre/172301-01636-31214-2014- 2014-1142.HTML

En septiembre de 2014, la ONG Espacio Público presentó un recurso de abstención o carencia en contra del Ministerio del Poder Popular para la Educación Universitaria, Ciencia y Tecnología, por una petición de información no respondida por esta institución, en la cual se pedía obtener información relacionada a los posibles bloqueos u obstáculos a ciertos contenidos de Internet desde el estado de Táchira y otros, por parte de CANTV[118] en el año 2014. No obstante, la Sala Político Administrativa del TSJ, al margen de la Constitución, estableció que para responder una solicitud de información se requería que el solicitante indicara las razones por las cuales solicita la información y que esta finalidad que sea *"proporcional"* al tipo de información solicitada. Además, la Sala afirmó que la información "sobre la actividad que ejecutará el Estado para el [...] desarrollo del sector de las telecomunicaciones y la tecnología de la información" están ligadas a la seguridad nacional del Estado, una de las causales por las cuales podría teóricamente negarse el acceso a la información. Finalmente señaló la sentencia que esta petición de información "atenta contra la eficacia y eficiencia que debe imperar en el ejercicio de la Administración Pública, [...], situación que obstaculizaría y recargaría además innecesariamente el sistema de administración de justicia ante los planteamientos de esas abstenciones."[119].

El estado actual de la libertad de expresión en Venezuela es crítico. Las medidas restrictivas, sean judiciales o administrativas, han afectado el ejercicio de esta libertad fundamental en una sociedad democrática. Las restricciones para acceder a las fuentes o para transmitir los contenidos están perturbando el ejercicio de este derecho humano, en sus todas sus dimensiones.

Como ha señalado la organización Un Mundo Sin Mordaza "[l]a censura y autocensura han sido la sombra de los medios de comunicación venezolanos durante muchos años, sin embargo, desde hace unos meses el avasallamiento a cualquier idea u opinión distinta a la que plantea el Gobierno Nacional actual se ha intensificado. El cerco mediático está cada vez más fortalecido, dejando muy poco espacio para la diversidad de fuentes de información a la ciudadanía. Cada día se estrechan los canales de información y, a su vez, se castigan y eliminan las vías alternas."[120].

---

118 La Compañía Anónima Nacional Teléfonos de Venezuela (CANTV), ente adscrito al Ministerio del Poder Popular para Ciencia, Tecnología e Innovación, junto a sus filiales Movilnet y Caveguías.

119 Espacio Público, *Informe sobre el hostigamiento judicial 2014.*

120 "COMUNICADO: Situación actual de la Libertad de Expresión en Venezuela" (www.sinmordaza.org).

La libertad de expresión se encuentra amenazada por diversas razones. Hay hostigamiento en contra de periodistas y medios de comunicación, hay serias dificultades para adquirir papel prensa, hay bloqueo a internet por parte de la autoridad, pero lo más grave es que se usa a los propios medios de comunicación para perseguir y acallar a la prensa, como es el caso de los programas de televisión del presidente de la Asamblea Nacional o el programa de radio del Presidente Nicolás Maduro "En contacto con Maduro", disponible en las radioemisoras Radio Nacional de Venezuela, YVK Mundial y Radio del Sur. A través de estos medios se persigue a periodistas, defensores de derechos y medios de comunicación opositores.

El 22 de julio de 2015 un grupo de expertos y relatores de las Naciones Unidas y del Sistema Interamericano de Derechos Humanos[121] lamentaron los intentos por desacreditar e intimidar a defensores de derechos humanos en la televisión controlada por el Estado de Venezuela, en represalia por sus actividades en materia de derechos humanos y su cooperación con Naciones Unidas y organismos regionales de derechos humanos.

En el comunicado los expertos llamaron la atención al ataque sistemático de los defensores de derechos humanos a través del programa televisivo semanal "Con el mazo dando", transmitido por el canal del estado Venezolana de Televisión (VTV), que incluye la divulgación y publicación de información personal en la página Web del programa. El mismo es conducido por el presidente de la Asamblea Nacional, diputado Diosdado Cabello, quien sale al aire haciendo acusaciones contra activistas de derechos humanos y organizaciones de la sociedad civil, con el aparente fin de intimidarlos.

En 2010 el Relator Especial para la Libertad de Expresión de la OEA presentó un completo informe sobre la situación de la libertad de expresión en el país. En dicho informe se da cuenta de una pormenorizada serie de situaciones y acciones promovidas por el Estado que afectaban gravemente el ejercicio de la libertad de expresión en todas sus dimensiones. Entre otros aspectos se destacaban los actos de agresión en contra de periodistas; procesos administrativos y discipli-

---

121 "Es hora de poner fin a las represalias televisadas contra defensores de derechos humanos en Venezuela", suscrito por los Expertos de la ONU Michel Forst, Relator Especial sobre la situación de los defensores de los Derechos Humanos; David Kaye, Relator Especial sobre la promoción y la protección del derecho a la libertad de opinión y de expresión; y Maina Kiai, Relator Especial sobre los derechos a la libertad de reunión pacífica y de asociación; y los expertos del Sistema Interamericano de Derechos Humanos: José de Jesús Orozco, Relator sobre Defensoras y Defensores de los Derechos Humanos; y Edison Lanza, Relator Especial sobre Libertad de Expresión.

narios en contra de periodistas y medios de comunicación; prohibición de publicar ciertos contenidos en medios impresos; acciones legales contra organizaciones defensoras de los derechos humanos y de libertad de expresión; uso abusivo de las cadenas presidenciales; un marco regulatorio que no propicia el desarrollo del derecho a libre expresión ni de otras libertades fundamentales.

Desafortunadamente los temas abordados anteriormente siguen pendientes y con frustración se debe señalar que se han agravado. Los hechos denunciados hasta la fecha confirman un cuadro de restricción creciente de la libertad de expresión y de otros derechos propios de una sociedad democrática, en cuya restricción el poder judicial juega un rol fundamental.

V. Conclusiones y recomendaciones

Las observaciones y hallazgos hechos relativos al sistema de justicia en Venezuela y las políticas de seguridad implementadas por el Gobierno muestran un cuadro grave, complejo y sombrío.

La paradojas descritas y la falta de control estatal en determinadas zonas del territorio manifiestan un deterioro en el diseño y la implementación de las políticas públicas en temas tan sensibles como la administración de justicia, el control y dirección sobre las fuerzas de seguridad, el control de la criminalidad, y el respeto de derechos humanos y libertades fundamentales.

Evaluando cada uno de los aspectos abordados en el presente informe se puede señalar a modo de **conclusión** lo siguiente:

a) El Poder Judicial, como poder público fundamental del Estado y garante del estado de derecho, ha desatendido gravemente su función de control y equilibrio entre los demás poderes del Estado. El Poder Judicial ha sido copado y ha cedido espacio a la injerencia del poder político, expresado especialmente por el papel que juega la Asamblea Nacional y su presidente, el diputado Diosdado Cabello.

b) Los problemas estructurales del Poder Judicial, descritos en el informe anterior de la CIJ, no han sido subsanados y, peor aún, se han visto agravados. La situación de precariedad de los jueces y de fiscales se mantiene. No ha habido concursos públicos de oposición para llenar los cargos vacantes, tal como dispone la Constitución de la República y la mayoría de los jueces y la casi totalidad de los fiscales son provisorios sin estabilidad alguna.

c) Junto a lo anterior, las condiciones laborales de los jueces se han visto deterioradas. La carga de trabajo, la inseguridad en el empleo, el control disciplinario discrecional, los bajos salarios y la inseguridad en el ejercicio mismo del cargo, hacen que la situación que enfrentan los jueces los haga vulnerables a la corrupción, fenómeno que se encuentra muy presente en el país y que afecta gravemente al Poder Judicial y las policías.

d) Lo experimentado por los jueces también es aplicable a los fiscales, incluso a mayor escala.

e) El poder político, encarnado fundamentalmente en la Asamblea Nacional y en la Presidencia de la República, ejercen una presión indebida sobre el Poder Judicial, especialmente el TSJ, y sobre el Ministerio Público. Esta coacción queda reflejada en las instrucciones emanadas del poder político a través de diversos medios, incluso la televisión. El poder político no respeta la separación de poderes ni menos la independencia y autonomía de los poderes del Estado. Para el poder político el Poder Judicial es un apéndice subordinado a su mandato revolucionario.

f) El Poder Judicial y el Ministerio Público han orientado su gestión hacia la defensa de los intereses del Gobierno, dejando de lado la defensa de los derechos y garantías de las personas. Este desvío de las funciones queda de manifiesto en la investigación realizada sobre el TSJ por Antonio Cánova González y otros y publicado en el libro *El TSJ al servicio de la revolución*.

g) Las autoridades judiciales, especialmente el TSJ, desconocen la importancia y la influencia del derecho internacional de los derechos humanos y, además, han desconocido sistemáticamente las sentencias y recomendaciones que emanan de los órganos internacionales de promoción y protección de los derechos humanos.

h) El Estado venezolano no reconoce sus obligaciones internacionales en materia de promoción y protección de los derechos humanos. Venezuela no invita ni permite el ingreso de los mecanismos de supervisión como la CIDH, los relatores o grupos de trabajo.

i) La decisión del Estado venezolano de denunciar en 2012 la *Convención Americana sobre Derechos Humanos*, para evitar que la Corte Interamericana de Derechos Humanos pudiera ejercer jurisdicción sobre el Estado, ha significado que la población quede sin protección de este órgano judicial respecto a las violaciones a los derechos humanos que ocurran con posterioridad a que dicha denuncia entró en vigor en el año 2013.

j) La protesta social ha aumentado sustancialmente en 2014, sin embargo la respuesta del Gobierno ha sido criminalizarla y reprimirla. Los estudiantes, los líderes políticos, los alcaldes, los

defensores de derechos humanos, los periodistas y los abogados, han debido enfrentar a los organismos de seguridad del
Estado y las órdenes de investigación y captura del Ministerio
Público. El Estado, a través de sus instituciones, actúa de manera arbitraria y con un claro afán de perseguir y reprimir a los
disidentes.

k)   El Poder Judicial no está cumpliendo con su principal función
de resolver los conflictos que afectan a las personas. Hay una
profunda crisis de confianza y de credibilidad en la gestión de
los actores judiciales por parte de los ciudadanos y de los operadores del sistema, como es el caso de los abogados. El sistema de justicia ha demostrado ser ineficaz e ineficiente, los
datos sobre impunidad avalan esta opinión.

l)   El Estado de Derecho se encuentra en una profunda crisis.
Todos los parámetros que sirven para medir el estado de salud
del estado de derecho en Venezuela señalan un mal desempeño. El *Rule of Law Index 2015* sitúa a Venezuela como el
país con el desempeño más bajo del planeta (lugar 102 de 102
países analizados).

m) La opacidad en el manejo de la información de interés público
es evidente, por ejemplo el Banco Central de Venezuela se
niega a entregar datos que son fundamentales para conocer el
estado de la economía. Esta opacidad es avalada por el TSJ.
Es una práctica instalada en los organismos públicos de no entregar información que ellos consideran sensible para los intereses del Estado. De esta forma Venezuela no proporciona
información ni data a los organismos internacionales, como es
el caso de la Oficina de las Naciones Unidas contra la Droga y
el Delito.

n)   A pesar de la falta de información oficial todos los indicadores
internacionales señalan que Venezuela ocupa los peores lugares en cuanto a desempeño en materias tan relevantes como
percepción de corrupción, inseguridad ciudadana (objetiva y
subjetiva), impunidad, desarrollo humano, entre otros. Lamentablemente la tendencia ha sido hacia el agravamiento de la situación y no en el sentido contrario.

o)   Otro aspecto que genera gran preocupación es la tasa de
homicidios. Venezuela tiene la segunda tasa más alta de
homicidios del mundo. Este indicador da cuenta del fracaso de
las políticas públicas en materia de seguridad, pero también
refleja el incumplimiento por el Estado de su obligación de garantizar los derechos humanos de los ciudadanos.

p)   Es altamente preocupante la falta de diseño y de una adecuada implementación de las políticas públicas serias y democrá-

ticas destinadas a combatir el delito. La instauración de las llamadas *zonas de paz* refleja este hecho. Esta iniciativa destinada a llegar a acuerdos con grupos armados con el afán de disminuir la violencia y resocializar delincuentes ha demostrado ser un completo fracaso, con el agravante de generar más violencia y "territorios liberados" al margen del control estatal.

q) Se constata la presencia de numerosos grupos armados que tienen control social y territorial en las llamadas *zonas de paz,* junto con la existencia de "colectivos" armados que desarrollan actividades paramilitares o parapoliciales. Este hecho da cuenta de un cuadro de descontrol estatal que afecta directamente el goce de garantías y derechos humanos de la población más vulnerable.

r) Los llamados *operativos para la liberación y protección del pueblo* (OLP) impulsados por el Gobierno para combatir el delito en determinadas áreas del país, incluyendo la ciudad de Caracas, se han transformado en razias en contra de la población más vulnerable y de paso provocan violaciones masivas de derechos humanos y libertades fundamentales. Las razones invocadas para justificar estas operaciones policiales y militares se basan en supuestos que no están debidamente comprobados, como la existencia de paramilitares o contrabandistas. Estas operaciones demuestran las contradicciones existentes en la política pública para el combate del delito.

s) Es preocupante constatar que el discurso político de las más altas autoridades del Gobierno, como el Presidente de la República y el Ministro del Poder Popular para las Relaciones Interiores, para justificar los OLP, contenga elementos de xenofobia, reminiscencia de la doctrina de seguridad nacional y desprecio explícito hace el goce de los derechos humanos de la población más vulnerable.

t) También llama la atención que las fuerzas de seguridad del Estado tengan una relación impropia con grupos armados de distinta índole y participen en conjunto en tareas de represión, en especial cuando se trata de reprimir la protesta social.

u) El Estado a través de diversas iniciativas ha cedido soberanía en favor de grupos armados y bandas de delincuentes. Esto se refleja claramente con la instalación de las llamadas *zonas de paz* y también se observa en la manera que están siendo gestionados los recintos penitenciarios.

v) En relación con la situación carcelaria se observa altas tasas de hacimiento y de gravísimos índices de violencia en el interior de los recintos. El Estado no está cumpliendo con su deber de cautelar los derechos de las personas que se encuentra bajo su custodia. La situación penitenciaria es crítica y las autoridades no responden adecuadamente ante la magnitud del problema.

w) Se observa la existencia de múltiples organismos estatales de seguridad (nacional, estadual y municipal) que operan en forma simultánea. Algunos de ellos con una clara orientación policial, pero otros con un carácter más militar, pero que igualmente actúan en tareas de control ciudadano y combate del delito. Esta dispersión de organismos de seguridad, algunos de los cuales se superponen en cuanto a sus funciones y que también tienen disputas de competencia, genera un ambiente propicio para la descoordinación y la ambigüedad en la cadena de responsabilidades funcionarias. Además, se suman a estos organismos estatales otros que son para-estatales llamados "milicias", que no tienen un claro lugar en la estructura de seguridad del Estado, pero que si contribuyen al clima de inseguridad general que afecta a la población.

x) En relación con los abogados y el ejercicio de la profesión se ha observado que aquellos que se dedican a la promoción y protección de los derechos humanos son objeto de hostigamiento por parte de las autoridades políticas, a través del SEBIN o el Ministerio Público, o directamente por el presidente de la Asamblea Nacional, diputado Diosdado Cabello. Sin embargo, otros abogados que defienden intereses corporativos de empresas también son objeto de amedrentamientos, como el caso de Tadeo Arrieche Franco. Este caso muestra como el poder político intenta disuadir a los abogados de asumir la defensa de las empresas que son afectadas por decisiones del Gobierno, por ejemplo en materia de expropiaciones o requisa de bienes.

y) Los líderes políticos de la oposición, las autoridades municipales que han discrepado con las decisiones del poder político central y los defensores de derechos humanos, se encuentran en un permanente estado de amenaza de ver sus derechos humanos y garantías constitucionales violados o severamente afectados. La situación que viven Leopoldo López, Daniel Ceballos, Antonio José Ledezma y Vicente Scarano Spisso, es un ejemplo de cómo el poder político, de la mano con las autoridades judiciales, afecta gravemente los derechos humanos de las personas que públicamente han manifestado su discrepancia con el Gobierno.

z) La situación judicial que aflige a la jueza María Lourdes Afiuni se ha ido agravando, dado que el Poder Judicial ha decidido reiniciar el juicio en su contra, pero sin ofrecer garantía de que se realizará bajo los principios de imparcialidad e independencia que son requeridos para un proceso penal de tanta relevancia.

aa) En general las organizaciones de derechos humanos y los defensores de derechos humanos son objeto de hostigamiento, lo cual ha sido señalado por organismos internacionales. Sin embargo, las autoridades políticas no cejan en su afán de hostigar y de presionar con el objeto de evitar las denuncias que hacen los defensores tanto en el ámbito interno, como en el ámbito internacional, claro ejemplo de estas conductas es el programa de televisión de Diosdado Cabello "Con el mazo dando", que se transmite semanalmente, y el mecanismo de denuncia anónima llamado "patriota cooperante".

bb) La grave situación que aqueja a la libertad de expresión también es preocupante, porque hay denuncias de hostigamiento judicial en contra de medios de comunicación, como es el caso de los diarios *El Nacional, Tal Cual* y el diario electrónico *La Patilla,* entre otros. Estas medidas han perjudicado a periodistas y a los miembros de las juntas directivas y consejos de redacción de esos medios, como es lo que sucedió con Teodoro Petkoff y los otros integrantes de la junta del diario *Tal Cual,* con Miguel Henrique Otero presidente y otros integrantes de la junta directiva y del consejo de redacción de *El Nacional* y de Alberto Federico Ravell y otros integrantes de *La Patilla.* La gravedad de estos hechos se funda en que ha quedado en evidencia la complicidad del Poder Judicial de actuar prestamente ante los requerimientos del poder político y adoptar, en consecuencia, medidas restrictivas que afectan derechos y garantías

cc) La libertad de expresión también se ha visto afectada por la restricción de papel para los diarios y revistas. Debido al control que ejerce el Gobierno para adquirir divisas, los medios de comunicación escrita no tienen suficiente papel para sus publicaciones. Esto ha significado que algunos medios han debido cerrar u otros a disminuir sustancialmente las páginas de sus ediciones.

dd) Otro capítulo es la restricción al acceso a internet. Hay denuncias sobre el bloqueo al acceso a internet y sobre el bloqueo a señales de canales de televisión.

ee) En general se observan limitaciones y restricciones a la labor de los periodistas, especialmente aquellos que cubren temas políticos o que dan cuenta de los problemas sociales y económicos que enfrenta a diario la población.

En la esfera de las **recomendaciones,** teniendo a la vista la grave situación que afecta principalmente al Poder Judicial, pero que va más allá y que involucra a otros actores del Estado, es necesario hacer algunas observaciones generales y otras específicas en relación con algunos organismos estatales y políticas públicas.

- Venezuela debe revisar la denuncia hecha a la *Convención Americana sobre Derechos Humanos,* con miras a retirarla y reconocer en pleno la jurisdicción de la Corte Interamericana de Derechos Humanos.

- Venezuela debe dar cumplimiento a las sentencias de la Corte Interamericana de Derechos Humanos, así como a las decisiones de la Comisión Interamericana de Derechos Humanos y de los órganos de derechos humanos del sistema de las Naciones Unidas.

- Venezuela debe extender una invitación amplia y abierta a los mecanismos y procedimientos especiales de las Naciones Unidas *(standing invitation)* y a la Comisión Interamericana para que visiten el país y den lugar a un diálogo constructivo con las autoridades y la sociedad.

- Venezuela debe contribuir a la transparencia de la información pública y proveer de data y antecedentes al requerimiento que se le hace al respecto.

- Debe llevarse a cabo un programa sostenido de formación de jueces y fiscales a fin de proveer su mejor capacitación.

- Mientras se llevan a cabo los concursos de oposición públicos para los nombramientos de jueces y fiscales, sus nombramientos provisorios deben ser hechos de manera abierta, competitiva y transparente de manera que se garantice la idoneidad e independencia de los candidatos.

- El Poder Judicial debe garantizar la estabilidad de todos los jueces incluidos los provisorios mientras se proveen los cargos permanentes mediante concursos de oposición públicos. En este sentido, las remociones sólo pueden llevarse a cabo mediante: causas legales predeterminadas, debido proceso y derecho a un recurso judicial efectivo.

- El Poder Judicial debe dar inicio al proceso de concursos públicos de oposición, conforme lo dispone la Constitución de la República, para llenar los cargos de jueces que actualmente se encuentran provisionales.

- El Poder Judicial debe implementar en su práctica las normas sobre independencia de la justicia contenidas en el Art. XVIII de la *Declaración Americana de los Derechos y Deberes del Hombre,* Art. 10 de la *Declaración Universal de Derechos Humanos* y en el Art. 14 del *Pacto Internacional de Derechos Civiles y Políticos.* Además debe tener a la vista los estándares contenidos en los *Principios Básicos sobre la Independencia de la Judicatura*, en la jurisprudencia de la Corte Interamericana y en las recomendaciones de la Comisión Interamericana.

- El Ministerio Público debe garantizar la estabilidad de los fiscales y también dar inicio al proceso de concursos públicos de oposición para cubrir los cargos de los fiscales que se encuentran en situación de precariedad.

- El Poder Judicial debe garantizar la independencia e imparcialidad en sus decisiones, además de adoptar medidas destinadas a combatir eficazmente la corrupción que afecta a la institución.

- El Poder Judicial y el Ministerio Público deben mantener y fortalecer su autonomía frente a los otros poderes del Estado, para restablecer la confianza de los operadores judiciales y de la población en general.

- El Poder Judicial debe realizar gestiones internas que garanticen la eficiencia y eficacia de la administración de justicia, para dar una respuesta adecuada a la demanda de justicia pronta, expedita y efectiva que exige la sociedad venezolana.

- El Gobierno debe revisar las políticas públicas que han permitido la instalación de las llamadas *zonas de paz,* a la luz del respeto a los derechos humanos y libertades fundamentales, y teniendo en cuenta los estándares internacionales en materia de combate al delito y seguridad ciudadana.

- El Gobierno debe detener de inmediato la ejecución de los OLP, que han demostrado ser una política pública mal diseñada y peor ejecutada, y que es fuente de violaciones masivas de derechos humanos.

- El Gobierno debe revisar su relación con los grupos armados, como es el caso de los llamados "colectivos" armados y las milicias, y no continuar otorgando beneficios económicos y materiales que son desviados para fines delictuales.

- El Gobierno debe hacer un esfuerzo para erradicar las prácticas de corrupción en los organismos de seguridad del Estado.

- El Gobierno debe tomar acciones para garantizar la vida, la integridad personal y la seguridad de los reclusos en los recintos penitenciarios y bajar las tasas de hacinamiento, y así disminuir la alta tasa de homicidios y heridos que afecta al sistema penitenciario en Venezuela.

- El Gobierno debe cesar su política de hostigamiento en contra de defensores de derechos humanos, líderes políticos, abogados y periodistas, haciendo uso abusivo de los medios de comunicación, especialmente la televisión.

- El Gobierno debe garantizar el ejercicio de la libertad de expresión, en sus dos dimensiones, y para ello debe proveer las divisas necesarias para la compra de papel y evitar los bloqueos al acceso a internet y señales de televisión.

- El Gobierno debe cesar la persecución política y judicial en contra de medios de comunicación por la emisión de legítimas y pacíficas informaciones y opiniones que están dentro del marco del estado de derecho.

Teniendo a la vista las recomendaciones generales, hay algunos aspectos más específicos adicionales que deben ser revisados por las autoridades judiciales competentes y por el Ministerio Público de Venezuela en lo inmediato:

- El proceso judicial en contra de la jueza María Lourdes Afiuni debe ser dejado sin efecto por carecer de bases para sustentar su prosecución. En todo caso, dicho proceso debe ser conducido conforme a los más altos estándares de un Estado de Derecho, garantizando el debido proceso, la independencia judicial, la asistencia de observadores, la transparencia del procedimiento y el acceso de los medios de comunicación.

- El proceso judicial en contra del abogado Tadeo Arrieche Franco debe concluir a la brevedad y sobreseer la causa en su contra, pues en caso contrario se sentaría un precedente muy negativo en contra del libre ejercicio de la profesión de abogado, afectando disposiciones expresas de los *Principios Básicos sobre la Función de los Abogados* de las Naciones Unidas.

  - Los procesos judiciales seguidos en contra de los dirigentes políticos Leopoldo López, Daniel Ceballos, Antonio Ledezma y Vicente Scarano Spisso deben cesar y decretarse de inmediato la libertad de los acusados. Estos procesos no tienen suficientes bases para sustentar su prosecución y es evidente su motivación política.

Miembros de la Comisión

Agosto de 2015

Presidente:

Prof. Sir Nigel Rodley, Reino Unido

Vicepresidentes:

Prof. Robert Goldman, Estados Unidos
Jueza Michèle Rivet, Canadá

Comité Ejecutivo:

Prof. Carlos Ayala, Venezuela
Juez Azhar Cachalia, Sudáfrica
Prof. Jenny E. Goldschmidt, Países Bajos
Sra. Imrana Jalal, Fiji
Sra. Hina Jilani, Pakistán
Sra. Karinna Moskalenko, Rusia
Prof. Mónica Pinto, Argentina
Jueza Radmila Dicic, Serbia

Otros Comisionados:

Prof. Kyong-Wahn Ahn, Rép. de Corea

Sr. Muhannad Al-Hassani, Siria

Juez Adolfo Azcuna, Filipinas
Dra. Catarina de Albuquerque, Portugal
Sr. Abdelaziz Benzakour, Marruecos
Juez Ian Binnie, Canadá

Sir Nicolas Bratza, Reino Unido

Prof. Miguel Carbonell, México
Juez Moses Chinhengo, Zimbabue
Prof. Andrew Clapham, Reino Unido

Jueza Elisabeth Evatt, Australia
Sr. Roberto Garretón, Chile
Prof. Michelo Hansungule, Zambia

Jueza Qinisile Mabuza, Swazilandia

Juez José Antonio Martín Pallín, España

Juez Charles Mkandawire, Malawi
Sr. Kathurima M'Inoti, Kenia
Jueza Yvonne Mokgoro, Sudáfrica
Jueza Sanji Monageng, Botswana

Jueza Tamara Morschakova, Rusia

Prof. Vitit Muntarbhorn, Tailandia
Juez Egbert Myjer, Países Bajos
Juez John Lawrence O'Meally, Australia

Juez Fatsah Ouguergouz, Argelia
Dra. Jarna Petman, Finlandia
Prof. Victor Rodriguez Rescia,

Sra. Sara Hossain, Bangladesh

Sra. Gulnora Ishankanova, Uzbekistán
Sr. Shawan Jabarin, Palestina
Jueza Kalthoum Kennou, Túnez
Prof. David Kretzmer, Israel
Prof. César Landa, Perú
Juez Ketil Lund, Noruega

Costa Rica
Sr. Belisario dos Santos Junior, Brasil
Prof. Marco Sassoli, Italia-Suiza
Juez Ajit Prakash Shah, India
Sr. Raji Sourani, Palestina
Juez Philippe Texier, Francia
Juez Stefan Trechsel, Suiza
Prof. Rodrigo Uprimny Yepes, Colombia

Apéndice 2:

CARTA DE RESPUESTA DEL
SECRETARIO GENERAL ALMAGRO A LA PRESIDENTA
DEL CONSEJO NACIONAL ELECTORAL DE VENEZUELA
SOBRE GARANTÍAS EN LAS ELECCIONES DEL 6D
10 de Noviembre de 2015

10 de noviembre de 2015.

Señora Tibisay Lucena,

He recibido su amable carta, a la que accedieron algunos medios de comunicación latinoamericanos, en la que lamentablemente se rechaza el ofrecimiento que realizáramos de una observación electoral de la Organización de Estados Americanos (OEA) en las elecciones parlamentarias a llevarse a cabo el 6 de diciembre de 2015.

Lamento además que el rechazo se fundara en un posicionamiento político y no en los argumentos que hacen a la justicia y a las garantías necesarias para el desarrollo de un proceso electoral.

No objeto que Usted muestre una posición política pero supongo que tiene absolutamente claro que el trabajo de justicia electoral trasciende completamente ese tipo de posiciones y requiere ponerse al frente de las garantías exigidas por los partidos, sean del Gobierno o de la oposición.

En su carta me reitera que el sistema electoral de Venezuela es extraordinariamente eficiente, pero entiendo que las garantías electorales no refieren únicamente a la eficiencia.

Hubiera esperado que en su carta usted se pusiera al frente de las garantías exigidas y que de la misma surgiera que están cubiertas todas las necesidades de los partidos políticos venezolanos, tanto del Gobierno como de la oposición para asegurar que las elecciones se van a llevar a cabo de una forma justa y transparente.

Si la Secretaria General de la OEA fuera indiferente a los pedidos de la oposición de los países sobre una observación electoral estaríamos faltando gravemente a nuestro trabajo, que es el de respaldar el buen funcionamiento de un proceso electoral para todos los partidos políticos involucrados.

Estaríamos faltando gravemente a nuestro trabajo si no tuviéramos en cuenta las condiciones en que se desarrolla la campaña electoral en Venezuela respecto a las futuras elecciones legislativas. Es preocupante que del análisis de esas condiciones tengamos que concluir que hoy por hoy, las dificultades solamente alcanzan a los partidos de la oposición.

En este escenario todos tenemos algo que ver, ya sea por acción o por omisión, pero ese hecho hace definitivamente a la esencia de su trabajo.

Usted está a cargo de la justicia electoral, usted es su garante. En usted deben confiar todos, todos los partidos, todos los ciudadanos y toda la comunidad internacional porque Venezuela tiene obligaciones con la democracia que trascienden a su propia jurisdicción. Una elección necesita que todos los actores involucrados, ciudadanos, partidos políticos, prensa y sociedad civil en general tengan asegurado el más pleno goce de todos sus derechos civiles y políticos.

Usted nos ha visto insistir para realizar una observación electoral porque es nuestro trabajo velar por la justicia electoral de la región, porque la justicia electoral es requisito para el buen funcionamiento de una democracia y para garantizar el más pleno respecto a los derechos civiles y políticos de todos y cada uno de sus ciudadanos.

La oposición de su país nos ha pedido reiteradamente que la misma se realice y, como ya lo expresara, las garantías usted se las debe también a ellos, pues su Gobierno tiene muchas formas de asegurarse que el resultado sea justo. Y no es que esta sea una pretensión destemplada, es una obligación suya, legal y moral. Es una obligación del CNE pero también es una obligación de la OEA.

Si yo mirara para otro lado ante el reclamo de la oposición de su país y de la comunidad internacional estaría faltando a mis deberes esenciales. Si usted no dispone de mecanismos que aseguren una observación que tenga las más plenas garantías para su trabajo, usted está faltando a obligaciones que hacen a la esencia de las garantías que debe otorgar.

Su trabajo es velar por elecciones justas y transparentes que se desarrollen con las máximas garantías. Esto implica velar por esas garantías desde meses antes de las elecciones. Es lo necesario y hacer lo necesario es una cuestión de justicia electoral.

Velar por la justicia y transparencia de las elecciones es nuestra obligación también, y no es injerencia. Injerencia seria si yo desatendiera reclamos justos y fundados, si mirara para otro lado ante esta situación. En tal caso estaría siéndolo por omisión, porque por mi inacción estaría dejando llevar adelante medidas que afectan a candidatos y que de tal manera, afectan posibilidades de que todos los ciudadanos elijan libre y plenamente.

Es por lo anterior que le presento a continuación los fundamentos de mis insistentes ofrecimientos de observación electoral, basados en la exigibilidad de condiciones y garantías de justicia electoral. Los mismos representan condiciones del proceso político electoral de Venezuela que me llevan a reafirmar que una observación internacional les brindaría a todos los venezolanos mayor tranquilidad de espíritu a la hora del conteo de los votos.

Condiciones Generales del proceso y la campaña electoral, un terreno de juego desnivelado.

He sido advertido de que *la oposición venezolana no ha gozado de condiciones de participación equitativas en la campaña electoral*.

En un contexto de elevada polarización política y desconfianza, las autoridades electorales, lejos de garantizar condiciones de plena igualdad entre los postulantes, reproducen el discurso oficial y aumentan la desconfianza del electorado opositor sobre las elecciones e instituciones del país.

Como dijo uno de los líderes políticos del Uruguay de inicios del Siglo XX, Don José Batlle y Ordóñez "No es que el pueblo nunca se equivoque, sino que es el único que tiene el derecho de equivocarse". El pueblo tiene que tener las máximas garantías de libertad para expresarse; y los partidos políticos así como los políticos tienen que tener las mayores garantías para ser elegidos. Cualquier obstáculo en este sentido limita la acción política en su más amplia expresión, limita los derechos del pueblo, los derechos de los partidos y los derechos de los ciudadanos que ejercen la política.

Lo dijo tan maravillosamente Bob Marley: *"**What we really need is the right to be right and the right to be wrong**"*.

Debemos lograr juntos que ese derecho tan elemental de la democracia sea garantido por el CNE de Venezuela. Es esencial que yo lo manifieste.

- ### Uso de recursos financieros para las campanas

También he sido informado que la *ausencia de topes o controles al gasto de campaña* significa que los candidatos del gobierno pueden, y en efecto lo harían, utilizar recursos. El gobierno, incluso despliega a una gran cantidad de empleados públicos y recursos estatales para la campaña.

No es inútil recordar al respecto el artículo 5 de la Carta Democrática Interamericana

"El fortalecimiento de los partidos y de otras organizaciones políticas es prioritario para la democracia. Se deberá prestar atención especial a la problemática derivada de los altos costos de las campañas electorales y al establecimiento de un régimen equilibrado y transparente de financiación de sus actividades"

- ### Acceso a los medios de comunicación

Al parecer esto se suma a la *ausencia de garantías de acceso a los medios de comunicación para aquellas candidaturas que no cuenten con el financiamiento del Estado.*

He sido informado que el Estado y el CNE no garantizan igualdad de condiciones a todos los postulantes para la promoción de sus candidaturas y sus propuestas. No existiendo financiación estatal, el oficialismo ha recurrido a utilizar los recursos económicos que administra como Gobierno Nacional.

- ### Confusión en las papeletas electorales

Se me ha planteado preocupación respecto a eventuales *confusiones que podrían generarse en el electorado por la ubicación final que tendrían los partidos postulantes en la papeleta de votación, de acuerdo a lo anunciado por el CNE a fines de octubre.* Entiendo que la ubicación en la boleta depende del total de votos que obtengan los partidos por lista. Sin embargo, se me ha informado que al lado de la tarjeta de la Mesa de la Unidad (MUD) se ubicó la del partido Movimiento de Integridad Nacional (MIN-Unidad), partido intervenido por el Tribunal Supremo de Justicia, que fue expulsado de la MUD y que inscribió candidatos de forma autónoma. **La ubicación de la tarjeta, junto al uso de colores** y **nombres similares podría generar confusión al momento de la votación.**

Se me ha informado asimismo que el CNE ha prohibido el uso de colores, símbolos y nombres de otros partidos bajo el argumento de su similitud con otros partidos en la tarjeta. Las similitudes entre la tarjeta de la MUD y de MIN-Unidad van más allá de los colores y símbolos, MIN-Unidad inscribió a última hora un candidato llamado a Ismael García, quien es un obrero de 28 años de edad sin previa militancia política, para optar a un cargo de diputado. En la boleta electoral, el joven aparecerá al lado de otro Ismael García, quien es un conocido dirigente de la oposición. Incluso el presidente Maduro hizo referencia en cadena nacional de televisión a la tarjeta de MIN-Unidad como si fuera la tarjeta de la oposición (MUD).

- **Plan de Seguridad, Operación liberación del Pueblo**

A ello se suma la *implementación del plan de seguridad denominado Operación Liberación del Pueblo (OLP)*, el cual ha sido denunciado por diversas organizaciones defensoras de Derechos Humanos por ser responsable de detenciones masivas y de presuntas ejecuciones extrajudiciales.

Igualmente se desarrolla una *actividad permanente de amenazas y judicialización a los trabajadores, estudiantes o sectores populares que en la calle expresan su malestar por la situación económica y social del país.*

Es preocupante que esa actividad sea además promovida por el Presidente Nicolás Maduro, quien asegura que tendrá mano dura contra quien proteste en el marco de esta coyuntura electoral, así como por el actual presidente de la Asamblea Nacional, Diosdado Cabello, quien apoya y da difusión a actividades ilegales de espionaje y seguimiento a opositores.

- **Cambios en las reglas de juego**

La campaña electoral arrancó en 2015 con inhabilitaciones, pero al anuncio de la fecha le siguieron ajustes en cuanto a:

- la distribución de género

- nuevas inhabilitaciones

- un nuevo cambio que podría afectar la cantidad de diputados opositores: 6 estados que concentran el 52% del Registro Electoral sólo podrán elegir 64 diputados, mientras que en los 18 restantes se elegirán 100 diputados. En el Distrito Capital, donde en 2010 se escogieron 13 diputados, esta vez se escogerán 11. El grupo de inhabilitados son reconocidos liderazgos de la oposición

- **Las inhabilitaciones a candidatos opositores**

A la fecha han sido inhabilitados para ejercer cargos públicos y participar en las elecciones de diciembre 7 individuos:

- el ex gobernador Manuel Rosales (ex candidato presidencial y ex gobernador del estado Zulia);

- el ex gobernador Pablo Pérez (ex alcalde de Maracaibo y ex gobernador del estado Zulia),

- la líder de oposición María Corina Machado (diputada electa con más votos a nivel nacional en 2010),

- el ex alcalde Daniel Ceballos (San Cristóbal, estado Táchira); - el ex alcalde Enzo Scarano (San Diego, estado Carabobo);

- Carlos Vecchio (dirigente del partido Voluntad Popular); y

- Leopoldo López, quien ya tenía una inhabilitación anterior y que fue ratificada hasta el 2017.

Las inhabilitaciones solamente operan para dirigentes opositores, quienes muchas veces han tenido problemas para presentar descargos y plantear su defensa. Se han tenido que enfrentar a casos prejuzgados y en los que ninguna posibilidad de defensa es admitida.

Las inhabilitaciones basadas en acusaciones que no han sido sustanciadas en procedimientos en los que consta la existencia de garantías básicas para descargos y defensa limita los derechos del pueblo en cuanto a su posibilidad de elegir. La política debería abrir la puerta para que la ciudadanía se exprese y sea la ciudadanía la que juzgue la acción política que han tenido los inhabilitados.

- **Intervención de partidos políticos por el poder judicial**

A través de medidas cautelares se suspendió la directiva del COPEI y se nombró un Consejo Directivo nuevo por el Tribunal.

La oposición llega a las elecciones con importantes liderazgos inhabilitados o detenidos, con limitada capacidad para acceder a los medios de comunicación, bajo el escrutinio del sistema de inteligencia del país y con el peso de la interpretación del marco jurídico del país en contra.

No puedo hacer la vista gorda ante hechos concretos que claramente vulneran derechos en el marco de la campaña electoral y al propio proceso electoral:

- *ausencia de topes o controles al gasto de campaña,*

- *acceso desigual a los medios de comunicación a candidatos del oficialismo y de la oposición,*

- *nuevas regulaciones sobre la ubicación y características de las papeletas de votación que podrían llevar a confusiones al momento de sufragar,*

- *implementación de medidas de seguridad que limitan la libertad de expresión,*

- *judicialización y amenazas a manifestantes pacíficos,*

- *inhabilitaciones y cambios en las condiciones de distribución de género y de la representación estatal que podrían afectar los resultados electorales y finalmente,*

- *la intervención de partidos políticos por el poder judicial.*

Frente a estos hechos señora Lucena, no podemos mirar para otro lado ni usted ni yo.

Decretos de Estado de excepción y su impacto en el proceso electoral:

En el campo de las garantías para los electores, la situación más grave es la negación de los derechos y garantías constitucionales por vía de la declaración del estado de excepción en 23 municipios de tres Estados del país, en períodos que varían desde el 19 de agosto hasta el 7 de diciembre del 2015.

La campaña electoral y los períodos de excepción coinciden en lapsos diferentes en todos los municipios *limitando los derechos políticos de reunión, organización y movilización, eliminando efectivamente la posibilidad de realizar campaña en dichos municipios.*

Los decretos de estado de excepción en 23 municipios de 3 Estados de la República Bolivariana de Venezuela (Táchira, Zulia, y Apure) no afectan directamente los derechos a elegir, a ser electos, ni la organización de las elecciones. En consecuencia no se establecen mediante esos decretos mecanismos legales para que el Organismo Ejecutivo, el Consejo Nacional Electoral (CNE) u otra entidad del Estado afecten o impidan la realización de las elecciones.

Como usted misma ha afirmado, *"los decretos de estados de excepción emitidos por la Asamblea Nacional y el Tribunal Supremo de Justicia en ningún momento afectan la esfera de los derechos políticos y civiles de las electoras y los electores relativos al proceso comicial"* ya que *"las medidas están orientadas a combatir el contrabando de extracción y los delitos contra la moneda nacional".*

Coincidimos con usted en que no se está afectando directamente el derecho efectivo al sufragio.

Sin embargo, entiendo que los decretos limitan derechos que podrían afectar indirectamente la campaña electoral.

La declaración de estado de excepción restringe, entre otros, los derechos de la inviolabilidad del hogar y todo recinto privado, el libre tránsito en el territorio nacional, de reunión pública o privada sin permiso previo y el de manifestar pacíficamente. Las reuniones públicas y las manifestaciones pacíficas deben ser previamente autorizadas por los funcionarios en quienes se delega la ejecución de los decretos. La delegación de autoridad de los decretos recae en los Gobernadores de los Estados de los Municipios.

Los decretos también establecen que los organismos públicos competentes podrán inspeccionar y revisar el lugar de habitación, estadía o reunión de personas naturales y domicilio de personas jurídicas, entre otras, así como requisas personales y de equipaje, con el fin de ejecutar registros para determinar o investigar la perpetración de delitos sin necesidad de orden judicial previa.

Considerando que la Ley Orgánica de Procesos Electorales (LOPRE), entiende por campaña electoral las actividades de carácter público desarrolladas por los candidatos y candidatas que tengan como propósito captar, estimular o persuadir al electorado para que vote a favor de uno u otro contendiente dentro de un plazo señalado; la declaración de excepción podría afectar la campaña en al menos dos sentidos.

Por un lado, existe un *riesgo de concentración de discrecionalidad en los Gobernadores de los Estados, pues se delega en una persona la capacidad de autorizar o no, manifestaciones y reuniones que puedan tener como propósito captar o estimular el voto.*

Los Gobernadores de los Estados del Táchira, Zulia y Apure fueron todos electos por el Partido Socialista Unido de Venezuela (PSUV) y son parte de la alianza oficialista, lo que incrementa el riego implícito en la concentración de discrecionalidad.

Por otro lado, la posibilidad de ejecutar registros sin orden judicial a cargo de los órganos públicos competentes, podría prestarse a abusos por parte de la fuerza pública con trasfondo político, considerando sobre todo que las casas de campaña son algunas veces recinto de reunión de personas naturales o domicilios de personas jurídicas, lo cual podría generar un clima desfavorable para una campaña electoral justa.

Analizar la correlación de fuerzas políticas y el contexto en las zonas afectadas es importante para sopesar los potenciales riesgos derivados de los decretos de excepción. En las Elecciones Legislativas del 2010 el oficialismo (alianza PSUV) obtuvo la mayoría en la Asamblea Nacional: 98 de 165 curules, pero en los Estados de Táchira, Zulia y Apure obtuvo 9 frente a 18 escaños ganados por la opositora Mesa de Unidad Democrática (MUD) de los 27 en juego. En las Elecciones Regionales del 2012 el PSUV ganó las gobernaciones de los Estados aludidos y las Elecciones Municipales 2013-14 el mismo partido venció en 14 de los 23 municipios afectados en la actualidad por el estado de excepción.

El estado de excepción habilita al Presidente de la República a regular, mediante Decreto-Ley, los derechos que han sido suspendidos. Por consiguiente, al no haber sido suspendido el derecho al sufragio el Presidente no puede regular ninguno de los aspectos del proceso electoral.

Si bien los decretos de estado de excepción no afectan directamente el derecho efectivo al sufragio, si afectan indirectamente a la campaña electoral al limitar los derechos de reunión, organización y movilización, al concentrar la discrecionalidad de los gobernadores para permitir o no esas actividades y al facultar la ejecución de registros sin orden judicial.

Libertad de Prensa y de Expresión:

La Corte Interamericana de Derechos Humanos (CIDH) ha defendido que la libertad de expresión y de prensa es un elemento esencial de la democracia y que cuando ellas faltan se están creando condiciones para la formación de sistemas autoritarios.

Los conceptos que ha manejado la CIDH en cuanto a la necesidad de "crear un clima de respeto y tolerancia hacia todas las ideas y opiniones" y que "la diversidad, el pluralismo y el respeto por la difusión de todas las ideas y opiniones, son condiciones fundamentales en cualquier sociedad democrática". En consecuencia, las autoridades deben contribuir decisivamente a la construcción de un clima de tolerancia y respeto en el cual todas las personas puedan expresar su pensamiento y opiniones sin miedo a ser agredidas, sancionadas o estigmatizadas por ello.

Asimismo, es "deber del Estado crear las condiciones que permitan que todas las ideas u opiniones puedan ser libremente difundidas, incluyendo la obligación de investigar y sancionar adecuadamente a quienes usan la violencia para silenciar a los comunicadores o a los medios de comunicación".

La libertad de expresión es un derecho esencial del funcionamiento de la democracia, como lo es el derecho al acceso a la información. Ambos deben ser garantizados en su más amplia expresión.

Periodistas de *El Universal* expresaron que "alarma el creciente cerco comunicacional que se ha venido levantando sobre algunos voceros e instituciones de la sociedad venezolana que representan a importantes sectores que, poco a poco, están quedando al margen del registro noticioso, en detrimento del derecho constitucional a la información."

En ese sentido y considerando el contexto electoral en Venezuela, preocupa que se hayan censurado artículos sobre conferencias de prensa y actos políticos del gobernador de Miranda, Henrique Capriles, así como cualquier información procedente de dirigentes políticos de la MUD. Esto habla de una *inequidad de acceso a los medios entre los representantes del oficialismo y de la oposición.*

Es preocupante que se continúen reportando en gran cantidad *amenazas, acosos y violencia contra periodistas y medios* en Venezuela.

Podemos enumerar algunos casos como el despido de las periodistas Eliana Andrade del programa de opinión *"Polos Encontrados,* Ingrid Bravo de *FM Center* "por presiones del Gobierno", Génesis Arévalo que fue despedida el 10 de junio del diario *La Verdad* y Mariana de Barros despedida de *Globovisión,* el despido de José Hurtado quien tenía fueros sindicales, todos estos casos denunciados como despidos por presión política gubernamental de una u otra forma, lo mismo ocurre con los casos de Juan José Peralta o Vanessa Sénior; la denuncia de renuncia inducida de Víctor Amaya por artículos críticos al Gobierno, la cancelación de programas como "Al Rojo Vivo", de *Radio Anaco* y *104.3 FM* luego de 18 años al aire. Podría seguir mencionándole casos en los que el ejercicio de la libertad de expresión los afecto laboralmente con el despido.

El principio 13 de la Declaración de Principios sobre Libertad de Expresión de la CIDH sostiene que: "[l]a utilización del poder del Estado y los recursos de la hacienda pública; la concesión de prebendas arancelarias; la asignación arbitraria y discriminatoria de publicidad oficial y créditos oficiales; el otorgamiento de frecuencias de radio y televisión, entre otros, con el objetivo de presionar y castigar o premiar y privilegiar a los comunicadores sociales y a los medios de comunicación en función de sus líneas informativas, atenta contra la libertad de expresión y deben estar expresamente prohibidos por la ley. Los medios de comunicación social tienen derecho a realizar su labor en forma independiente. Presiones directas o indirectas dirigidas a silenciar la labor informativa de los comunicadores sociales son incompatibles con la libertad de expresión".

Otros problemas recurrentes para el periodismo que hace planteos opositores es la *escasez de papel de prensa,* que afecto a varios rotativos del país.

Como lo es también la *concentración de medios de comunicación por parte del Estado,* sobre todo televisivos, como parte de la realidad política de Venezuela en 2015.

El principio 12 de la Declaración de Principios sobre Libertad de Expresión de la CIDH establece que "los monopolios u oligopolios en la propiedad y control de los medios de comunicación deben estar sujetos a leyes antimonopólicas por cuanto conspiran contra la democracia al restringir la pluralidad y diversidad que asegura el pleno ejercicio del derecho a la información de los ciudadanos".

La *falta de renovación de concesiones* también ha colocado a medios independientes en situación de absoluta vulnerabilidad en cuanto a que a que operan en un limbo jurídico y están expuestos a presiones directas o indirectas de las autoridades.

La Corte Interamericana de Derechos Humanos dictaminó el 22 de junio que el cierre de *RCTV* fue arbitrario y que el motivo era "acallar al medio de comunicación". Por ello, ordenó al Estado venezolano a "restablecer la concesión de la frecuencia" y "devolver los bienes" que le habían sido incautados, para luego abrir un "proceso abierto, independiente y transparente" para otorgar el uso de la frecuencia. El Tribunal resaltó que "al realizar el gobierno un trato diferenciado basado en el agrado o disgusto que le causaba la línea editorial de un canal, esto conlleva que se genere un efecto disuasivo, atemorizador e inhibidor sobre todos los que ejercen el derecho a la libertad de expresión, ya que envía un mensaje amedrentador para los otros medios de comunicación respecto a lo que les podría llegar a ocurrir en caso de seguir una línea editorial como la de *RCTV".* La Corte consideró que el Estado era "responsable de la violación del derecho a la libertad de expresión establecido en el artículo 13 en relación con el deber de no discriminación contenido en el artículo 1.1 de la Convención Americana".

La condena de Leopoldo López:

Desde hacía tiempo en nuestro continente no se daba que uno de los máximos dirigentes opositores estuviera preso cuando una elección. La última referencia es la de Wilson Ferreira Aldunate en Uruguay en 1984.

En un fallo de primera instancia del 1 de octubre de 2015 se condena a varios ciudadanos venezolanos por hechos ocurridos el 12 de febrero de 2014. Es un juicio oral por lo que buena parte del fallo transcribe las intervenciones de las partes, de los testigos y de los peritos.

Uno de los condenados, el que por otra parte recibió la mayor pena, Leopoldo Eduardo LOPEZ MENDOZA, lo fue por los delitos de: determinador en el delito de incendio; determinador en el delito de daños; autor en el delito de instigación pública; asociación para delinquir.

Por todo ello fue condenado a 13 años, 9 meses, 7 días y 12 horas de prisión, sin posibilidad de medidas sustitutivas, o sea con "privación de libertad, debiendo permanecer recluido en el Centro Nacional de Procesados Militares".

El texto del fallo, de más de 280 páginas, comienza señalando que "los hechos objeto del presente juicio...se originaron con ocasión a los sucesos ocurridos en fecha 12 de febrero de 2014, día en que un gran número de manifestantes...entre los cuales (los demás condenados en este fallo)..., en atención al llamado efectuado por el ciudadano Leopoldo Eduardo López Mendoza y otros dirigentes políticos del partido Voluntad Popular, éste expresándose a través de los distintos medios de comunicación realizó llamados a la calle, los cuales produjeron una serie de hechos violentos, el desconocimiento de las autoridades legítimas y la desobediencia de las leyes, desencadenándose el ataque desmedido por un grupo de personas contra la sede del Ministerio Público, así como siete carros, de los cuales seis eran patrullas..., al igual que causaron daños, destruyendo la plaza Parque Carabobo, a través de actos vandálicos ejecutados con objetos contundentes e incendiarios".

La acusación en contra de Leopoldo López fue interpuesta por el Ministerio Público el 4 de abril de 2014, para los que el Fiscal Franklin Nieves expuso los hechos y los fundamentos de la ratificación de la acusación el 23 de julio de 2015. El fallo transcribe su exposición. En ella comienza diciendo que expondrá los hechos y que, según él, la jueza "podrá apreciar cómo este ciudadano Leopoldo Eduardo López Mendoza expresándose a través de los distintos medios de comunicaciones sociales, así como las redes sociales y en especial a través de su cuenta Twitter, influyendo en sus seguidores emitió una serie de mensajes lo que desencadenó un ataque desmedido de ese grupo de personas que él mismo convocó para el 12 de febrero...todo lo cual se llevó de una manera premeditada en virtud de que todos estos actos estaban preparados previamente a los fines de su ejecución, crónica de una muerte anunciada....".

Describe luego los hechos: manifestantes que pretenden ver a la Fiscal General, sin éxito, para entregarle una petición, luego discusiones que allí suceden y que terminan en actos de violencia, según él "bajo la mirada complaciente de su líder Leopoldo López, quien se montó en su camioneta y se retiró". "Una vez que se retira comienza la arremetida contra la sede del Ministerio Público".

Luego describe daños que se producen e insiste en supuestos: "qué hubiese pasado si hubiese sido un día de clases con los niños de la escuela vecina", etc.. .y concluye que "todos estos hechos fueron realizados bajo la persuasión y determinación del ciudadano López quien ejerció esta influencia a través de las diferentes alocuciones, discursos, ...mensajes a través de las redes sociales...para poder desarrollar este plan criminal que ellos se han propuesto con el fin de obtener el poder en Venezuela...".

Exponen luego los abogados defensores de los distintos acusados. Por Leopoldo López lo hace el abogado Juan Carlos Gutiérrez. Dice entre otros puntos que la fiscalía "no desarrolla, no prepara, no le explica... cómo se consumaron (los cuatro delitos de los que lo acusa)". Y ejemplifica en un caso: el de asociación para delinquir (por el que será condenado a ocho años), donde dice que "el Ministerio Público presenta imaginativamente diciendo que él se imagina que detrás del discurso de Leopoldo López hay un grupo de personas que le redactan el discurso, que le financian,...que actúan de manera en común... los hechos relacionados con este tipo penal son total y absolutamente inexistentes, y de igual manera con los restantes cargos...".

Analiza presunto delito tras presunto delito para concluir que "lo único que se le imputa es la palabra, lo que dijo, y más grave aún no es lo que dijo López, es lo que la imaginación del Fiscal del discurso de López.... y determinador (que es de lo que se acusa a López) es lo que se conoce como el autor intelectual del hecho,....el determinador no es una conducta que se ejecuta mediante persuasión ni inducción, es una conducta que se ejecuta mediante ordenes...o instrucción directa dirigida hacia un sujeto específico individualizado y determinado ..." y detalla numerosas intervenciones de López llamando a la paz, democracia, justicia, etc.

Expone luego Leopoldo López. Refiere a la larga historia de enfrentamientos con el gobierno, fallo de la Corte Interamericana incluido, a sus denuncias a las autoridades, y declara "asumo mi responsabilidad de haber convocado a una manifestación pacífica no violenta en el contexto de una protesta nacional...". Detalla sus posiciones e insiste en que "el camino que nosotros hemos propuesto (renuncia, revocatorio, asamblea constituyente) está dentro de la constitución". Le sigue luego el interrogatorio que le formula la representante del Ministerio Público sobre los hechos del 12 de febrero, su conocimiento, su participación, donde reitera su condena a los hechos violentos ocurridos.

La Fiscalía (Sanabria y luego Franklin Nieves) expuso sus conclusiones las que inicia diciendo que "un político por ambición de poder llegó a cometer hechos delictivos...con un único objetivo...capitalizar políticamente así tuviese que delinquir....y comienza con este ciudadano haciendo llamados a la población diciendo que la salida debía ser violenta"...aunque inmediatamente precisa que "claro él no lo dijo con esas palabras que la salida debía ser violenta pero....". Y Nieves concluye que "todos... fueron contestes en que ese día los daños en la sede del Ministerio Público la participación del ciudadano Leopoldo López no consistió en él mismo lanzar piedras, hormigones, sino que esa determinación provocó que esas personas provocadas por esos mensajes fueran las que reaccionaran..."..."que el discurso conduce a una acción que puede a la violencia como lo que ocurrió ese día...". Sobre el delito de instigación pública por los discursos y sobre el delito de asociación para delinquir dice que se realizó un allanamiento en la plaza Altamira donde se encontró "gran cantidad de alimentos, vinagre, miguelitos..."

En respuesta, la defensa de López retoma en detalle los argumentos ya expuestos. Y, por ejemplo, en relación al asunto de la Plaza Altamira menciona que nunca se mencionó a López, que hay vicios en la forma en que fue hecho el procedimiento, etc... El propio López nuevamente se declara inocente, reconoce haber convocado la marcha pacífica y que así se retiraron; los hechos de violencia fueron posteriores y provocados...que en ningún momento instigó a la violencia, que los caminos que propuso para el cambio de gobierno son los que indica la constitución, que no hay vínculo entre él y los daños causados.

Se adjuntan luego las declaraciones de testigos de los hechos, expertos, peritos.

La jueza concluye que:

. "quedó demostrado que un grupo nutrido de manifestantes ....acataron el llamado efectuado por el ciudadano Leopoldo López y otros dirigentes políticos del partido Voluntad Popular, para lo cual el ciudadano Leopoldo López, expresándose a través de los distintos medios de comunicación hizo llamados a la calle los cuales produjeron una serie de hechos violentos, desconocimiento de las autoridades legítimas y la desobediencia de las leyes que desencadenó el ataque desmedido por un grupo de personas que actuaron determinados por los discursos del mencionado ciudadano contra la sede....".

. Los que "luego del discurso dado por el ciudadano Leopoldo López, una vez retirado del lugar, procedieron a realizar una serie de actos violentos"....

. que, de acuerdo a lo que opinó un semiólogo, sobre el poder de los twitters los que según el fallo "tales emisiones de mensajes causan en el ánimo de sus seguidores una conducta agresiva, poniendo en peligro la tranquilidad pública" y que de acuerdo a otra semióloga, "a través de sus discursos envió mensajes descalificativos que desencadenaron las acciones violentas..". De ahí la jueza afirma que es "clara la estrategia fijada por el ciudadano López y su grupo estructurado, de utilizar los medios de comunicación social convencionales y alternativos para darle fuerza a sus discursos de contenido violento, pues su único propósito era desaparecer la tranquilidad pública...".

"que el ciudadano López.....utilizó el arte de la palabra para hacer creer en sus seguidores que existía una supuesta salida constitucional....." y que "envió un mensaje no adecuado a sus seguidores, quienes en su mayoría eran jóvenes...".

Y la jueza entonces dictamina que:

. "quedó demostrado que los imputados...... determinados por el ciudadano Leopoldo López instigaron a la desobediencia de las leyes, con el fin de que se generara violencia y de esta forma crear el caos..."

. " que el ciudadano..... y otros, determinados por el ciudadano López estuvieron golpeando al portón,...causando destrozos..." .

"que el ciudadano López fue determinador en el delito de instigación pública.....determinó a través del uso de los medios de comunicación social.....sus discursos de contenido violento, pues su único propósito era desaparecer la tranquilidad pública...".

. que "el ciudadano ..... determinado por el ciudadano Leopoldo López participó y de hecho resultó aprehendido en momentos en que estaba efectuando el incendio de siete unidades.."

. En cuanto a la asociación para delinquir la jueza dice que se trata de un delito "que se consuma por el solo hecho de formar parte de la asociación, independientemente de los delitos que pudiese llegar a cometer"....y que "el requisito subjetivo del tipo está constituido por el objetivo criminal consistente en la finalidad de la comisión de uno o más delitos". Y que, en este caso, "contó con un grupo estructurado" y "quedó demostrado que el ciudadano Leopoldo López forma parte de una asociación delictiva, siendo su fin iniciar una campaña pública y agresiva contra el Presidente de la República...".

. y concluye que actuó "sin tomar en cuenta que su llamado no es el llamado de un ciudadano común sino de una persona que mueve masas...".

Por todo lo cual es condenado por los delitos ya mencionados a la pena de más de trece años de reclusión.

Esta pena es la suma de las siguientes:

a. determinador en el delito de incendio: 6 años

b. determinador en el delito de daños: 1 año y 15 días

c. instigación pública: 4 años y 6 meses

d. asociación para delinquir: 8 años

La jueza dice que hay concurso real de delitos y en base a ello, recurriendo al artículo 88 del Código Penal aplica la pena mayor correspondiente al delito más grave (asociación para delinquir) y le suma de mitad de las demás. Lo que dan los casi catorce años.

Este fallo pone en manos de interpretaciones judiciales muy subjetivas la interpretación de los discursos políticos opositores y derecho a la asociación que significa la constitución de movimientos políticos.

El derecho a manifestar y el derecho a asociarse con fines políticos están expresamente reconocidos en la Declaración Americana de los Derechos y Deberes del Hombre (artículos XXI y XXII), así como toda persona tiene derecho a la libertad de expresión y de difusión de su pensamiento (artículo III). Es cierto que todo ello de manera pacífica pero, en este caso, el vínculo entre lo dicho por el líder político y lo que ocurrió posteriormente como actos violentos se pueden poner en duda, al existir dudas razonables tanto sobre la instigación como la asociación para delinquir. Dudas que se vuelven más importantes ante las recientes declaraciones del entonces Fiscal Nieves.

Por lo que yo insistiré en la importancia de estos dos aspectos: las garantías para el discurso opositor y para el libre funcionamiento de los partidos opositores.

De la misma manera que considero fundamental traer estas citas de la sentencia de Leopoldo López, también considero fundamental decirle *que la muerte de 43 personas es un horrendo crimen y es un horrendo crimen callar ante 43 muertos, ante 43 homicidios.*

Es un horrendo crimen callar ante la muerte de un estudiante que está manifestando pacíficamente. Es un horrendo crimen callar ante los estudiantes que permanecen encarcelados sin acusación fiscal por el mismo delito de manifestar pacíficamente.

La sentencia contra un lider de la oposicion es un asunto de funcionamiento de la democracia, por eso yo mismo insistí en pedir la sentencia, por eso estudie la sentencia y analice el respeto de las garantías durante el proceso.

Por eso usted también debió analizarla. La libertad o condena de todo ciudadano hace al mal o buen funcionamiento del sistema judicial. La sentencia de condena a un lider opositor es una muestra muy grande del funcionamiento de todo el sistema democrático y, por lo tanto, un tema relevante para toda la comunidad internacional y para el hemisferio.

Es ilegitimo que se me pida que no refiera a estos asuntos que hacen a la esencia de un buen funcionamiento del sistema democrático. Si yo no prestara atención o callara ante los hechos respecto a los cuales hice referencia en la presente, me deslegitimaria, especialmente ante la esencia de los principios en que creo y espero nunca abandonar de defensa de la democracia y firmeza en la promocion de los derechos humanos.

Toda esta concatenación de eventos reviste una enorme gravedad en el funcionamiento del sistema democrático. No podemos mirar para otro lado Señora Lucena, ni usted ni yo.

El 6 de diciembre habrá elecciones legislativas en la República Bolivariana de Venezuela y le cabe a usted una responsabilidad fundamental al respecto. En sus manos está la legitimidad del arma política fundamental que le queda a su pueblo, que es el derecho al voto con garantías para todos.

Al defender la democracia y los derechos humanos a elegir y a ser electo, me es imposible dejar de referirme a lo que significa una elección con candidatos proscriptos.

Proscribir un candidato es *denegarle un derecho civil básico a ser elegido* y a su vez desde esa proscripción, *limitar el derecho civil básico del ciudadano a elegir.* Reducir el espectro de posibilidades de elegir en una democracia es limitar las posibilidades de esa democracia.

Recuerde señora Lucena que solamente el pueblo proscribe y proscribe a través del voto.

Por todo lo expuesto en esta carta, existen razones para creer que las condiciones en las que el pueblo va a ir a votar el 6 de diciembre no están en estos momentos garantizadas al nivel de transparencia y justicia electoral que usted desde el CNE debería garantizar.

Sin perjuicio de ello tengo la esperanza que en el tiempo que queda hasta esa fecha usted pueda brindar soluciones a por lo menos algunas de esas condiciones esenciales, para evitar que las dificultades que ya se plantean en el proceso electoral y en la campaña se trasladen al proceso de escrutinio.

Usted puede y debe corregir esas dificultades, aun cuando sus efectos negativos persistan, porque esa es su función. Desde las herramientas de justicia electoral y desde el derecho, usted debe brindar las garantías para que las dificultades y los problemas puedan superarse.

Desde la acción, usted debe disponer de los instrumentos con los que cuenta para hacer efectivas esas garantías antes, durante y después del momento de la elección, tanto para el gobierno como para la oposición y principalmente, para hacer cumplir la voluntad de los votantes.

El 6 de Diciembre es de todos. La libertad, la democracia y el respeto a los derechos humanos son valores de todos. Frente a la más mínima duda sobre el funcionamiento de la democracia, nuestro deber, el suyo Señora Lucena y el mío es dar garantías para todos y no desviar la vista ni hacer oídos sordos a la realidad que tenemos frente a nosotros.

Sinceramente,

Luis Almagro
Secretario General

ÍNDICE GENERAL